There's more to this program than meets the page.

Get course tools and resources anytime you need with the **Sentieri** Supersite.

Why Supersite means better learning:

- Engages and focuses students
- Improves student performance
- Saves you time with auto-grading, quick setup, and reporting tools
- Provides flexibility to personalize your course
- Offers cost-saving digital options

Visit vistahigherlearning.com/new-supersite to learn more.

INSTRUCTOR'S ANNOTATED EDITION

2nd EDITION

Sentieri

ATTRAVERSO L'ITALIA CONTEMPORANEA

Julia M. Cozzarelli
Ithaca College

VISTA® HIGHER LEARNING
Boston, Massachusetts

Publisher: José A. Blanco
Editorial Development: Deborah Coffey, Aliza B. Krefetz
Project Management: Hillary Gospodarek, Sharon Inglis
Rights Management: Maria Rosa Alcaraz Pinsach, Annie Pickert Fuller, Caitlin O'Brien
Technology Production: Egle Gutiérrez, Sonja Porras, Paola Ríos Schaaf
Design: Mark James, Erik Restrepo, Andrés Vanegas
Production: Manuela Arango, Oscar Díez, Jennifer López

Student Text (Casebound) ISBN: 978-1-62680-760-0
Student Text (Casebound-SIMRA) ISBN: 978-1-62680-761-7
Instructor's Annotated Edition ISBN: 978-1-62680-763-1

Library of Congress Control Number: 2014948564

1 2 3 4 5 6 7 8 9 WC 19 18 17 16 15 14

Instructor's Annotated Edition

Table of Contents

THE VISTA HIGHER LEARNING STORY

Your Specialized Foreign Language Publisher

Independent, specialized, and privately owned, Vista Higher Learning was founded in 2000 with one mission: to raise the teaching and learning of world languages to a higher level. This mission is based on the following beliefs:

- It is essential to prepare students for a world in which learning another language is a necessity, not a luxury.
- Language learning should be fun and rewarding, and all students should have the tools necessary for achieving success.
- Students who experience success learning a language will be more likely to continue their language studies both inside and outside the classroom.

With this in mind, we decided to take a fresh look at all aspects of language instructional materials. Because we are specialized, we dedicate 100 percent of our resources to this goal and base every decision on how well it supports language learning.

That is where you come in. Since our founding in 2000, we have relied on the continuous and invaluable feedback from language instructors and students nationwide. This partnership has proved to be the cornerstone of our success by allowing us to constantly improve our programs to meet your instructional needs.

The result? Programs that make language learning exciting, relevant, and effective through:

- an unprecedented access to resources
- a wide variety of contemporary, authentic materials
- the integration of text, technology, and media, and
- a bold and engaging textbook design

By focusing on our singular passion, we let you focus on yours.

The Vista Higher Learning Team

VISTA®
HIGHER LEARNING

500 Boylston Street, Suite 620 Boston, MA 02116-3736 TOLLFREE: 800-618-7375
TELEPHONE: 617-426-4910 FAX: 617-426-5209 **www.vistahigherlearning.com**

Getting to Know SENTIERI, Second Edition

Vibrant and original, **SENTIERI**, Second Edition, takes a fresh, student-friendly approach to introductory Italian aimed at making students' learning and instructors' teaching easier, more enjoyable, and more successful. **SENTIERI** develops students' speaking, listening, reading, and writing skills so that they will be able to express their own ideas and interact with others meaningfully and for real-life purposes.

NEW to the Second Edition

- Enhanced Supersite—groundbreaking technology with powerful course management tools and a simplified user experience, now with iPad®-friendly* features and vText
- Online Partner Chat and video Virtual Chat activities for conversational skill-building and oral practice
- Expanded online grammar practice with diagnostics
- 5 new authentic **Lo zapping** TV-clips
- New **Lo zapping** short film in Unit 11
- New **Lettura** reading in Unit 11, with audio-sync technology on the Supersite

Plus, the original hallmark features of SENTIERI

- A unique, easy-to-navigate design with color-coded lesson sections and textbook pages that are visually engaging, featuring photos, drawings, realia, and charts designed for instructional impact and visual appeal
- Distinctive and cohesive integration of video—from a specially shot **Fotoromanzo** dramatic series to authentic TV clips and short films in the **Lo zapping** feature in every unit
- A unique vocabulary practice sequence that alternates between recognition and production practice at every level of discourse: words, phrases or sentences, and dialogues
- An integrated grammar presentation that provides students with immediate access to information essential for communication by presenting each grammar explanation with its associated activities on one self-contained spread of two facing pages
- A unique four-part practice sequence for every grammar point, moving from form-focused **Provalo!** activities to directed **Pratica** activities, to communicative, interactive **Comunicazione** activities, and cumulative, open-ended **Ricapitolazione** activities
- **Un piccolo aiuto** and **Attenzione** boxes with on-the-spot linguistic and cultural tips or notes, and **risorse** boxes with correlations to student supplements
- Systematic development of reading and writing skills, incorporating learning strategies and a process approach
- A rich, contemporary cultural presentation of the everyday lives of Italian speakers
- Groundbreaking, text-specific technology specially designed to expand students' learning and instructors' teaching options
- vText—the interactive, online text—perfect for hybrid courses

*Students must use a computer for audio recording and select presentations and tools that require Flash or Shockwave.

TABLE OF CONTENTS

strutture	sintesi	avanti

strutture	sintesi	avanti

strutture	sintesi	avanti

Appendici

strutture	sintesi	avanti

The SENTIERI, Second Edition, Supersite

The **SENTIERI,** Second Edition, Supersite is your online source for integrating text and technology resources. The Supersite enhances language learning and facilitates simple course management. With powerful functionality, a focus on language learning, and a simplified user experience, the Supersite offers features based directly on feedback from thousands of users.

- **An End to Student Frustration:** Make it a cinch for students to track due dates, save work, and access all assignments and resources.
- **Set-Up Ease:** Customize your course and section settings, create your own grading categories, plus copy previous settings to save time.
- **All-in-One Gradebook:** Add your own activities or use the new grade adjustment tool for a true, cumulative grade.
- **Grading Options:** Choose to grade student-by-student, question-by-question, or spot check. Plus, give targeted feedback via in-line editing and voice comments.
- **Accessible Student Data:** Conveniently share information one-on-one, or issue class reports in the formats that best fit you and your department.

For Instructors

- A gradebook to manage rosters, assignments, and grades
- Time-saving auto-graded activities, plus question-by-question and automated spot-checking
- A communication center for announcements, notifications, and help requests
- Pre-made sample syllabus and sample lesson plan in customizable RTF format
- Testing Program in editable RTF format
- Answer keys, audioscripts, Italian and English video scripts, grammar presentation slides, and digital image bank
- Online administration of quizzes, tests, and exams—now with time limits and password protection
- Tools to add your own content to the Supersite
    - Create and assign Partner Chat and open-ended activities
    - Upload and assign videos and outside resources
- Single sign-on feature for integration with your LMS
- MP3 files of the complete Textbook, Lab Manual, and Testing Audio Programs
- Live Chat for video chat, audio chat, and instant messaging
- Voiceboards for oral assignments, group discussions, and projects

Each section of your textbook comes with activities on the **SENTIERI** Supersite, many of which are auto-graded for immediate feedback. Plus, the Supersite is iPad®-friendly*, so it can be accessed on the go! Visit **vhlcentral.com** to explore this wealth of exciting resources.

CONTESTI
- Audio recordings of all vocabulary items
- Audio for **Contesti** listening activity
- Image-based vocabulary activity
- Textbook activities
- Additional online-only practice activities
- Audio recording of **Pronuncia e ortografia** presentation
- Record-compare audio activities

FOTOROMANZO
- Streaming video of **Fotoromanzo** episodes, with instructor-managed options for subtitles and transcripts in Italian and English
- Textbook activities
- Additional online-only practice activities

CULTURA
- **Cultura** reading
- Keywords and support for **Su Internet**
- Textbook activities
- Additional online-only practice activities

STRUTTURE
- Grammar presentations
- Textbook and extra practice activities
- Chat activities for conversational skill-building and oral practice

SINTESI
- Chat activities for conversational skill-building and oral practice
- Streaming video of **Lo zapping** TV clips and short films
- Textbook activities
- Additional online-only practice activities

AVANTI
- **Panorama** readings
- **Su Internet** research activity
- Textbook activities
- Additional online-only practice activities
- Audio-sync **Lettura** readings
- Audio for **In ascolto**
- Composition engine writing activity for **Scrittura**

VOCABOLARIO
- Vocabulary list with audio
- Customizable study lists

Plus! Also found on the Supersite:
- All textbook and lab audio MP3 files
- Communication center for instructor notifications and feedback
- Live Chat tool for video chat, audio chat, and instant messaging without leaving your browser
- A single gradebook for all Supersite activities
- WebSAM online Student Activities Manual
- **vText** online, interactive student edition with access to Supersite activities, audio, and video

Supersite features vary by access level. Visit **vistahigherlearning.com** to explore which Supersite level is right for you.

*Students must use a computer for audio recording and select presentations and tools that require Flash or Shockwave.

INSTRUCTOR RESOURCES

- **Instructor's Annotated Edition (IAE)**
  The IAE provides support for classroom teaching: expansions, variations, teaching tips, and the answer key to the textbook activities.
- **SENTIERI, Second Edition, Instructor's DVD**
  This DVD contains the complete **SENTIERI Fotoromanzo** episodes with Italian and English subtitles.
- **Digital Image Bank**
  Available on the Supersite, the digital image bank consists of maps of Italy, the textbook's **Contesti** illustrations, and clock images to practice telling time.
- **Grammar Presentation Slides**
  Also available on the Supersite are PowerPoint presentations of each **Strutture** grammar point.
- **SENTIERI, Second Edition, Supersite**
  In addition to full access to the Student Supersite, the password-protected Instructor Supersite offers a robust course management system that allows instructors to assign and track student progress, as well as instructor resources including the Textbook and Lab Audioscripts, Italian and English videoscripts, Supplementary Vocabulary lists, answers to **Practica** and **Provalo!** exercises, and Student Activities Manual Answer Key.
- **Sample Lesson Plan and Syllabi**
  The **SENTIERI, Second Edition,** Sample Lesson Plan and Syllabi are available on the Supersite.
- **Testing Program**
  The Testing Program contains quizzes for every lesson, tests for every unit, mid-term exams, final exams, and optional testing sections.
  - **Quizzes** There is one discrete-answer quiz and one quiz with several open-response items for every lesson for a total of 48 quizzes.
  - **Tests and Exams** There are 12 unit-level tests (1 for each unit) as well as 4 mid-term exams (Units 1–3, 4–6, 7–9, and 10–12), and 5 final exams, 3 for quarter system programs (Units 1–4, 5–8, and 9–12) and 2 for semester programs (Units 1–6 and 7–12).
  - **Optional testing sections** There are six optional testing sections per unit, covering the **Fotoromanzo** episodes, the **Cultura** readings, and the **Panorama** and **Lettura** sections in **Avanti**.
  - **Answer keys** The Testing Program also includes the answer key for all tests, quizzes, and exams.
  - **Testing Program MP3s** These audio files provide the recordings of the Testing Program's listening sections.

STUDENT RESOURCES

- **Student Edition (SE)**
  The SE is available in hardcover, loose-leaf, and digital format (online vText).
- **Student Activities Manual**
  The Student Activities Manual is divided into three sections: the Workbook, the Video Manual, and the Lab Manual. The activities in the Workbook section provide additional practice of the vocabulary and grammar in each textbook lesson and the cultural information in each unit's **Avanti** section. The Video Manual section includes pre-viewing, while-viewing, and post-viewing activities for the **SENTIERI Fotoromanzo**, and the Lab Manual section contains activities for each textbook lesson that build listening comprehension, speaking, and pronunciation skills in Italian.
- **Lab Program MP3s**
  The Lab Program MP3s contain the recordings needed to complete the activities in the Lab Manual.
- **Textbook MP3s**
  The Textbook MP3s contain the recordings needed to complete the listening activities in **Contesti**, **Pronuncia e ortografia**, **In Ascolto**, and **Vocabolario** sections.
- **Online Student Activities Manual**
  Incorporating the **SENTIERI** Video, as well as the complete Lab Program, this component delivers the Workbook, Video Manual, and Lab Manual online with automatic scoring. Instructors have access to powerful classroom management and gradebook tools that allow in-depth tracking of students' scores.
- **SENTIERI, Second Edition, Supersite**
  Your passcode to the Supersite (vhlcentral.com) gives you access to a wide variety of interactive activities for each section of every lesson of the student text; auto-graded activities for extra practice with vocabulary, grammar, video, and cultural content; reference tools; grammar practice with diagnostics; the **Lo zapping** TV commercials and short films; the **Fotoromanzo**; the Textbook MP3s, and the Lab Program MP3s.
- **vText Online Interactive Text**
  Provides the entire student edition textbook with notetaking and highlighting capabilities. It is fully integrated with Supersite and other online resources.

ICONS & *RISORSE* BOXES

ICONS

These icons in the Second Edition of **SENTIERI** alert you to the type of activity or section involved.

Icons legend	
Listening activity/section	Additional content found on the Supersite: audio, video, and presentations
Activity also on the Supersite	Recycling activity
Pair activity	Information Gap activity
Group activity	*Fogli d'attività*

- The Information Gap activities and those involving **Fogli d'attività** (*activity sheets*) require handouts that your instructor will give you.
- The listening icon appears in **Contesti**, **Pronuncia e ortografia**, **In ascolto**, and **Vocabolario** sections.
- The Supersite icon appears on pages for which there is additional online content, like audio, video, or presentations.
- The recycling icon tells you that to finish a specific activity you will need to use vocabulary and/or grammar learned in previous lessons.

RISORSE BOXES

Risorse boxes let you know exactly which print and technology ancillaries you can use to reinforce and expand on every section of every lesson in your textbook. They include page numbers when applicable.

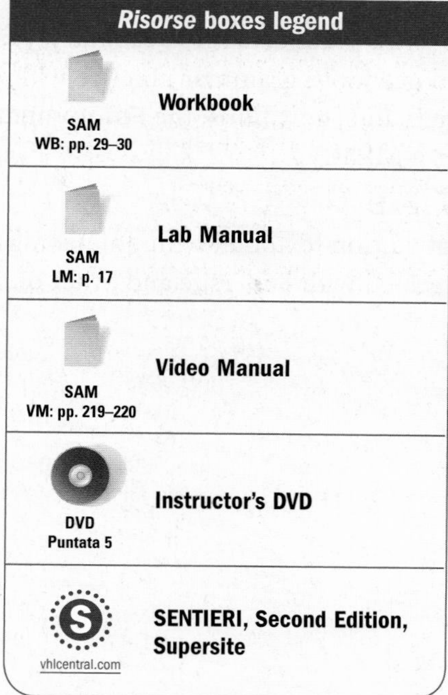

vText provides an online, interactive version of the Student Edition that links directly with Supersite practice activities, audio, and video. Plus, all online resources are located on one platform so you can complete assignments and access resources quickly and conveniently.

- Links on the vText page to all mouse-icon textbook activities, audio, and video
- Note-taking capabilities for students
- Easy navigation with searchable table of contents and page number browsing
- Access to all Supersite resources
- Now iPad®-friendly* for on-the-go access!

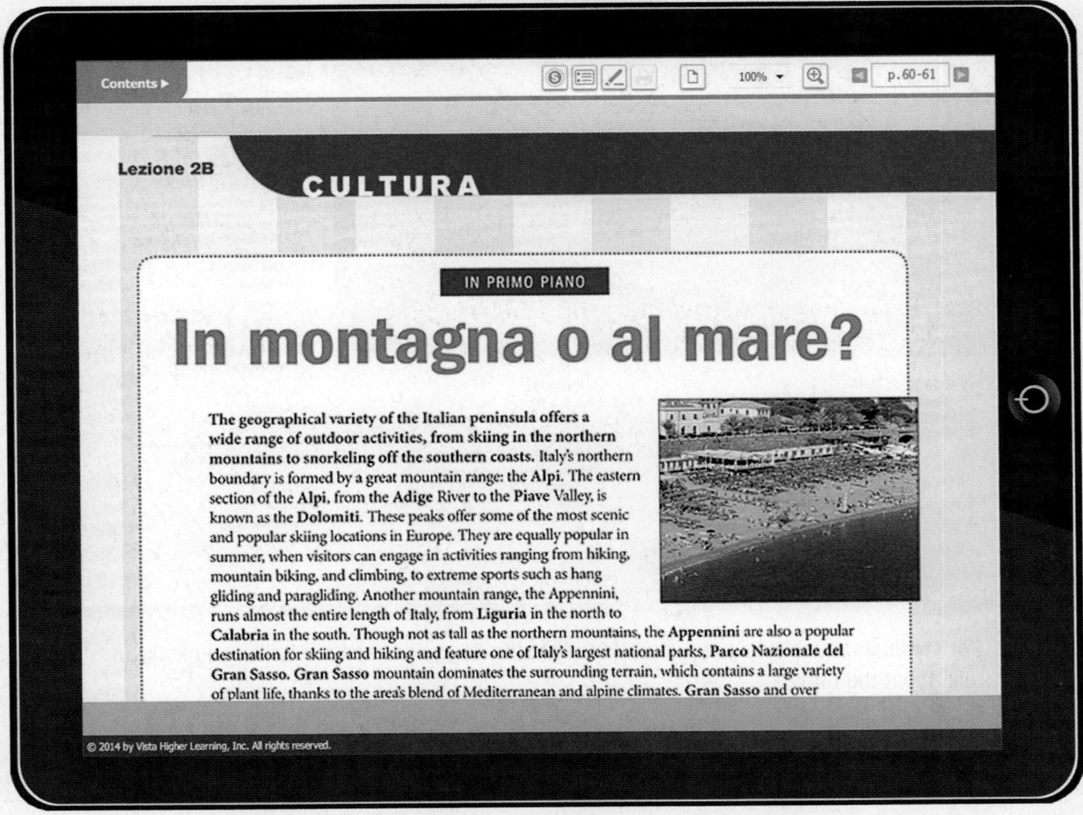

* Students must use a computer for audio recording and select presentations and tools that require Flash or Shockwave.

UNIT OPENERS

outline the content and features of each unit.

UNITÀ 2

Il tempo libero

Lezione 2A

CONTESTI
pagine 40–43
- Sports and pastimes
- Letter combinations **gli**, **gn**, and **sc**

FOTOROMANZO
pagine 44–45
- **Che cosa vuoi fare?**

CULTURA
pagine 46–47
- **Giochiamo a pallone!**

STRUTTURE
pagine 48–51
- Regular **-are** verbs
- **Andare**, **dare**, **fare**, and **stare**

SINTESI
pagine 52–53
- **Ricapitolazione**
- **Lo zapping**

Lezione 2B

CONTESTI
pagine 54–57
- Weather and seasons
- Italian vowels

FOTOROMANZO
pagine 58–59
- **Che tempo fa?**

CULTURA
pagine 60–61
- **In montagna o al mare?**

STRUTTURE
pagine 62–67
- The verb **avere**
- Regular **-ere** verbs and **piacere**
- Numbers 101 and higher

SINTESI
pagine 68–69
- **Ricapitolazione**

Per cominciare
- Where is Riccardo sitting?
  a. allo stadio b. in biblioteca c. in piazza
- Which word describes what Riccardo is doing?
  a. ascoltare la musica b. andare in bicicletta c. guardare la TV
- What month is it?
  a. dicembre b. agosto c. febbraio

AVANTI
pagine 70–76
Panorama: Roma
Lettura: Read a brochure for a national park.
In ascolto: Listen to a conversation about weekend activities.
Scrittura: Write a description of yourself.
Vocabolario dell'Unità 2

Per cominciare activities jump-start the units, allowing you to use the Italian you know to talk about the photos.

Content thumbnails break down each unit into its two lessons (A and B) and one **Avanti** section, giving you an at-a-glance summary of the vocabulary, grammar, cultural topics, and language skills covered in the unit.

Supersite

Supersite resources are available for every section of the unit at **vhlcentral.com.** Icons show you which textbook activities are also available online, and where additional practice activities are available. The description next to the Ⓢ icon indicates what additional resources are available for each section: videos, audio recordings, readings, presentations, and more!

Supersite features vary by access level. Visit **vistahigherlearning.com** to explore which Supersite level is right for you.

CONTESTI

presents and practices vocabulary in meaningful contexts.

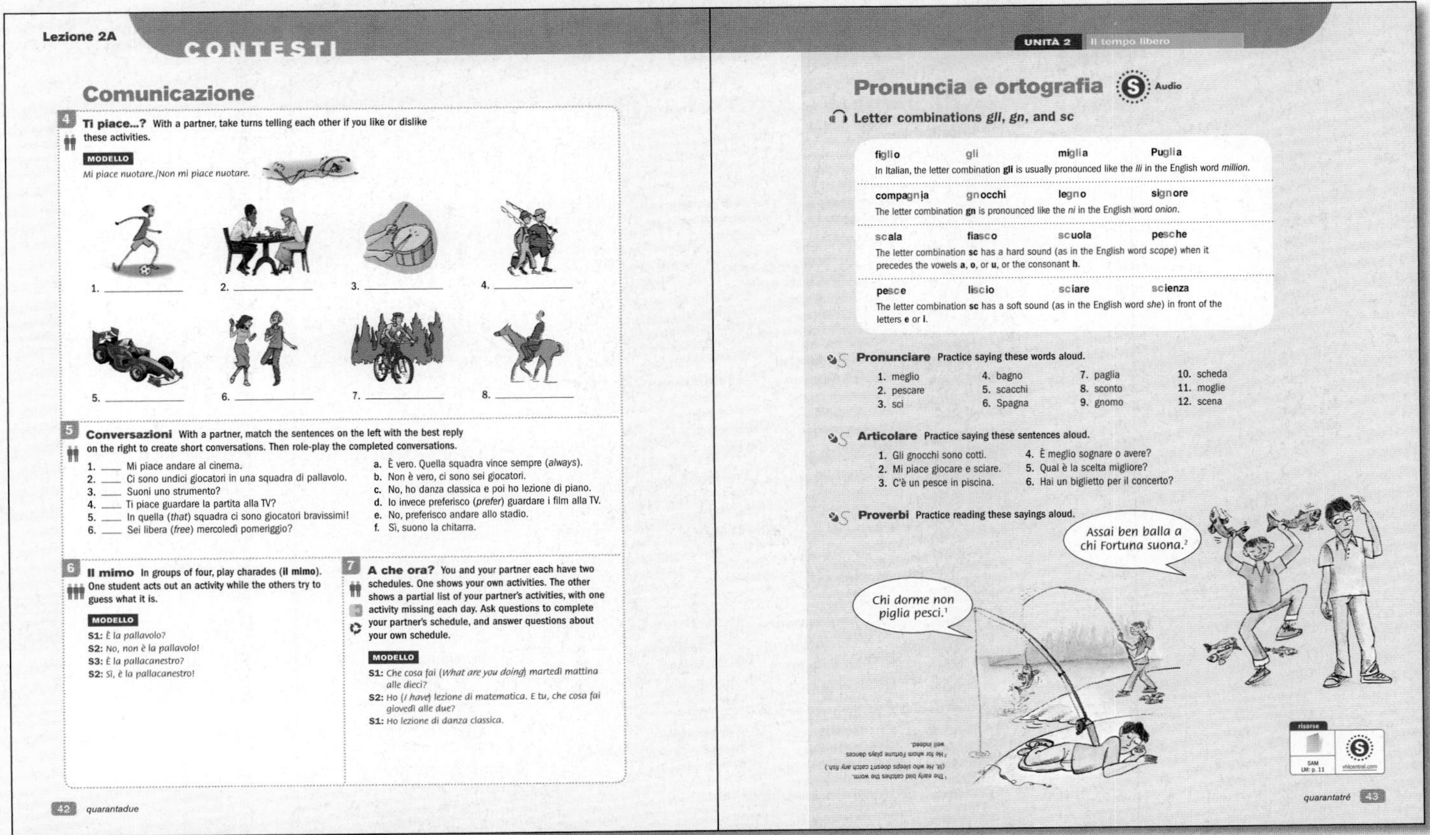

Lezione 2A

CONTESTI

Comunicazione

4 Ti piace...? With a partner, take turns telling each other if you like or dislike these activities.

MODELLO

Mi piace nuotare./Non mi piace nuotare.

1. ________ 2. ________ 3. ________ 4. ________

5. ________ 6. ________ 7. ________ 8. ________

5 Conversazioni With a partner, match the sentences on the left with the best reply on the right to create short conversations. Then role-play the completed conversations.

1. ___ Mi piace andare al cinema.
2. ___ Ci sono undici giocatori in una squadra di pallavolo.
3. ___ Suoni uno strumento?
4. ___ Ti piace guardare la partita alla TV?
5. ___ In quella (*that*) squadra ci sono giocatori bravissimi!
6. ___ Sei libera (*free*) mercoledì pomeriggio?

a. È vero. Quella squadra vince sempre (*always*).
b. Non è vero, ci sono sei giocatori.
c. No, ho danza classica e poi ho lezione di piano.
d. Io invece preferisco (*prefer*) guardare i film alla TV.
e. No, preferisco andare allo stadio.
f. Sì, suono la chitarra.

6 Il mimo In groups of four, play charades (**il mimo**). One student acts out an activity while the others try to guess what it is.

MODELLO

S1: *È la pallavolo?*
S2: *No, non è la pallavolo!*
S3: *È la pallacanestro?*
S2: *Sì, è la pallacanestro!*

7 A che ora? You and your partner each have two schedules. One shows your own activities. The other shows a partial list of your partner's activities, with one activity missing each day. Ask questions to complete your partner's schedule, and answer questions about your own schedule.

MODELLO

S1: *Che cosa fai (What are you doing) martedì mattina alle dieci?*
S2: *Ho (I have) lezione di matematica. E tu, che cosa fai giovedì alle due?*
S1: *Ho lezione di danza classica.*

42 quarantadue

UNITÀ 2 Il tempo libero

Pronuncia e ortografia

Audio

Letter combinations *gli*, *gn*, and *sc*

figlio	gli	miglia	Puglia

In Italian, the letter combination **gli** is usually pronounced like the *lli* in the English word *million*.

compagnia	gnocchi	legno	signore

The letter combination **gn** is pronounced like the *ni* in the English word *onion*.

scala	fiasco	scuola	pesche

The letter combination **sc** has a hard sound (as in the English word *scope*) when it precedes the vowels **a**, **o**, or **u**, or the consonant **h**.

pesce	liscio	sciare	scienza

The letter combination **sc** has a soft sound (as in the English word *she*) in front of the letters **e** or **i**.

Pronunciare Practice saying these words aloud.

1. meglio
2. pescare
3. sci
4. bagno
5. scacchi
6. Spagna
7. paglia
8. sconto
9. gnomo
10. scheda
11. moglie
12. scena

Articolare Practice saying these sentences aloud.

1. Gli gnocchi sono cotti.
2. Mi piace giocare e sciare.
3. C'è un pesce in piscina.
4. È meglio sognare o avere?
5. Qual è la scelta migliore?
6. Hai un biglietto per il concerto?

Proverbi Practice reading these sayings aloud.

Assai ben balla a chi Fortuna suona.[2]
Chi dorme non piglia pesci.[1]

[1] The early bird catches the worm. (*lit.* He who sleeps doesn't catch any fish.)
[2] He for whom Fortune plays dances well indeed.

risorse

SAM LM: p. 11

vhlcentral.com

quarantatré 43

Communicative goals highlight the real-life tasks you will be able to carry out in Italian by the end of each lesson.

Risorse boxes let you know exactly what print and technology ancillaries you can use to reinforce and expand on every strand of every lesson in your textbook.

Illustrations High-frequency vocabulary is introduced through expansive, full-color illustrations.

Vocabulario boxes call out other important theme-related vocabulary in easy-to-reference Italian-English lists. To teach proper pronunciation of new words, vocabulary lists identify the stressed syllable of a word with a dot if it does not follow the normal pronunciation pattern.

Contesti always includes a listening activity, as well as other activities that practice the new vocabulary in meaningful contexts.

Comunicazione follows the recognition and production pedagogical sequence. The activities in this section allow you to use the vocabulary creatively in interactions with a partner, a small group, or the entire class.

Icons provide on-the-spot visual cues for various types of activities: pair, small group, recyclng, listening-based, video-related, handout-based, information gap, and internet activities.

Supersite

- Audio recordings of all vocabulary items
- Audio for **Contesti** listening activity
- Textbook activities
- Additional online-only practice activities

Supersite features vary by access level. Visit **vistahigherlearning.com** to explore which Supersite level is right for you.

PRONUNCIA E ORTOGRAFIA

presents the rules of Italian pronunciation and spelling.

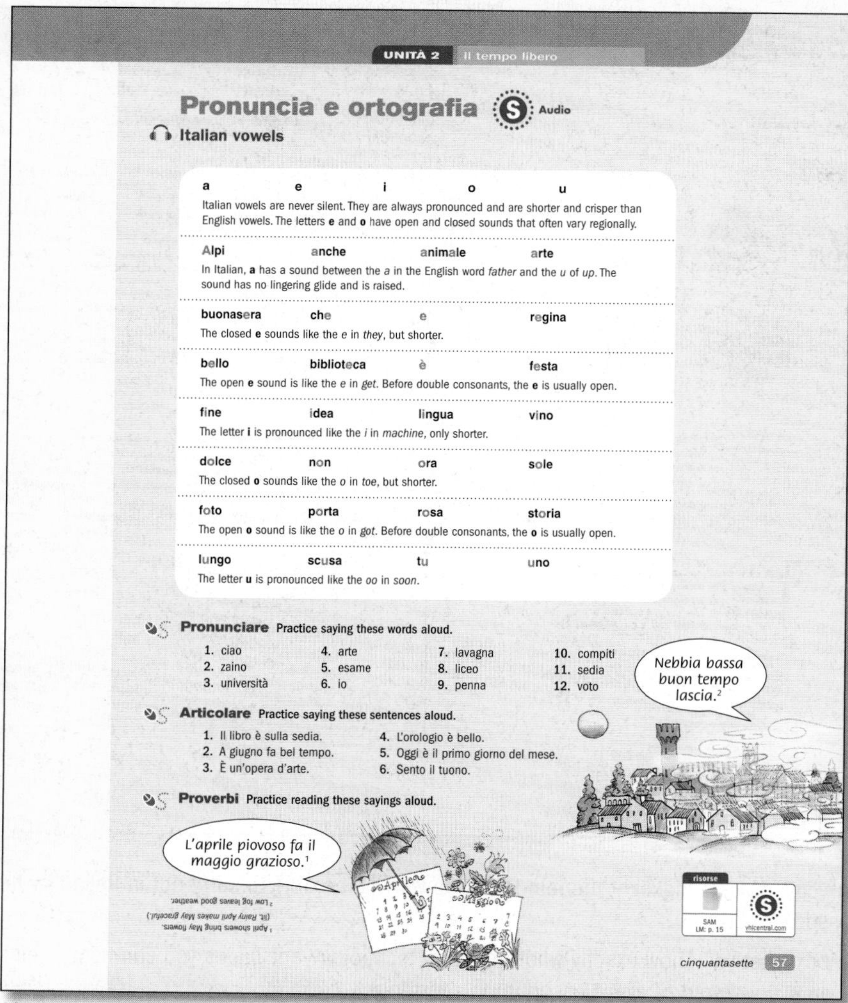

UNITÀ 2 Il tempo libero

Pronuncia e ortografia (S) Audio

Italian vowels

a **e** **i** **o** **u**

Italian vowels are never silent. They are always pronounced and are shorter and crisper than English vowels. The letters **e** and **o** have open and closed sounds that often vary regionally.

Alpi **anche** **animale** **arte**

In Italian, **a** has a sound between the *a* in the English word *father* and the *u* of *up*. The sound has no lingering glide and is raised.

buonasera **che** **e** **regina**

The closed **e** sounds like the *e* in *they*, but shorter.

bello **biblioteca** **è** **festa**

The open **e** sound is like the *e* in *get*. Before double consonants, the **e** is usually open.

fine **idea** **lingua** **vino**

The letter **i** is pronounced like the *i* in *machine*, only shorter.

dolce **non** **ora** **sole**

The closed **o** sounds like the *o* in *toe*, but shorter.

foto **porta** **rosa** **storia**

The open **o** sound is like the *o* in *got*. Before double consonants, the **o** is usually open.

lungo **scusa** **tu** **uno**

The letter **u** is pronounced like the *oo* in *soon*.

Pronunciare Practice saying these words aloud.

1. ciao
2. zaino
3. università
4. arte
5. esame
6. io
7. lavagna
8. liceo
9. penna
10. compiti
11. sedia
12. voto

Articolare Practice saying these sentences aloud.

1. Il libro è sulla sedia.
2. A giugno fa bel tempo.
3. È un'opera d'arte.
4. L'orologio è bello.
5. Oggi è il primo giorno del mese.
6. Sento il tuono.

Proverbi Practice reading these sayings aloud.

Nebbia bassa buon tempo lascia.²
L'aprile piovoso fa il maggio grazioso.¹

¹ April showers bring May flowers. (lit. Rainy April makes May graceful.)
² Low fog leaves good weather.

risorse: SAM LM: p. 15 | vhlcentral.com

cinquantasette 57

The headset icon at the top of the page indicates when an explanation and activities are recorded for convenient use in or outside of class.

Explanation The rules of Italian pronunciation and spelling are presented clearly with abundant model words and phrases. The orange highlighting feature focuses your attention on the target structure.

Practice Pronunciation and spelling practice is provided at the word and sentence levels. The final activity features illustrated sayings and proverbs so you can practice the pronunciation or spelling point in an entertaining cultural context.

Supersite

- Audio recording of **Pronuncia e ortografia** presentation
- Record-and-compare textbook audio activities

Supersite features vary by access level. Visit **vistahigherlearning.com** to explore which Supersite level is right for you.

FOTOROMANZO

tells the story of a group of students living in Rome, Italy.

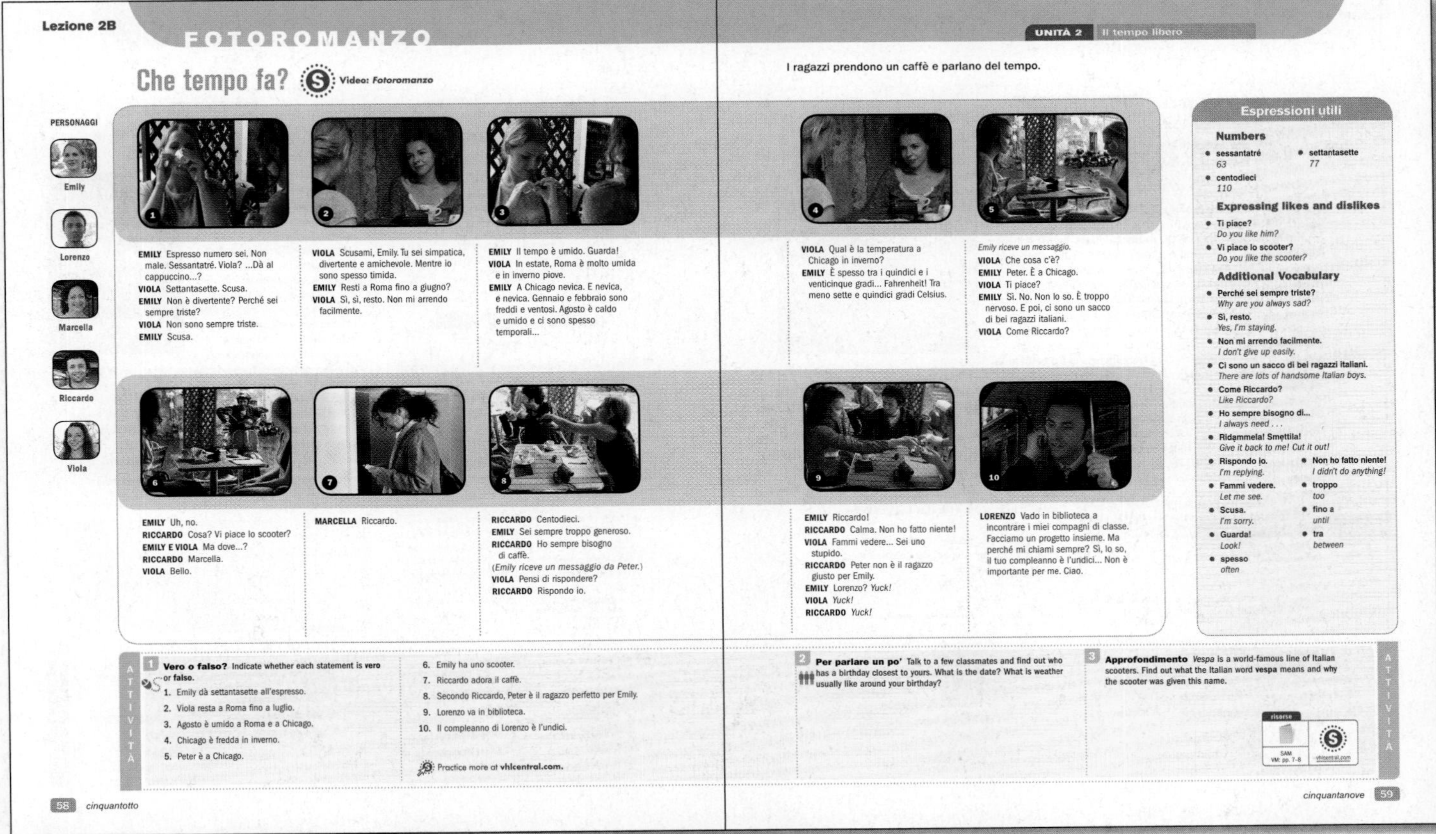

Lezione 2B

FOTOROMANZO

Che tempo fa?

Video: *Fotoromanzo*

PERSONAGGI

Emily

Lorenzo

Marcella

Riccardo

Viola

1 **EMILY** Espresso numero sei. Non male. Sessantatré. Viola? ...Dà al cappuccino...?
VIOLA Settantasette. Scusa.
EMILY Non è divertente? Perché sei sempre triste?
VIOLA Non sono sempre triste.
EMILY Scusa.

2 **VIOLA** Scusami, Emily. Tu sei simpatica, divertente e amichevole. Mentre io sono spesso timida.
EMILY Resti a Roma fino a giugno?
VIOLA Sì, sì, resto. Non mi arrendo facilmente.

3 **EMILY** Il tempo è umido. Guarda!
VIOLA In estate, Roma è molto umida e in inverno piove.
EMILY A Chicago nevica. E nevica, e nevica. Gennaio e febbraio sono freddi e ventosi. Agosto è caldo e umido e ci sono spesso temporali...

6 **EMILY** Uh, no.
RICCARDO Cosa? Vi piace lo scooter?
EMILY E VIOLA Ma dove...?
RICCARDO Marcella.
VIOLA Bello.

7 **MARCELLA** Riccardo.

8 **RICCARDO** Centodieci.
EMILY Sei sempre troppo generoso.
RICCARDO Ho sempre bisogno di caffè.
(*Emily riceve un messaggio da Peter.*)
VIOLA Pensi di rispondere?
RICCARDO Rispondo io.

UNITÀ 2 Il tempo libero

I ragazzi prendono un caffè e parlano del tempo.

4 **VIOLA** Qual è la temperatura a Chicago in inverno?
EMILY È spesso tra i quindici e i venticinque gradi... Fahrenheit! Tra meno sette e quindici gradi Celsius.

5 *Emily riceve un messaggio.*
VIOLA Che cosa c'è?
EMILY Peter. È a Chicago.
VIOLA Ti piace?
EMILY Sì. No. Non lo so. È troppo nervoso. E poi, ci sono un sacco di bei ragazzi italiani.
VIOLA Come Riccardo?

9 **EMILY** Riccardo!
RICCARDO Calma. Non ho fatto niente!
VIOLA Fammi vedere... Sei uno stupido.
RICCARDO Peter non è il ragazzo giusto per Emily.
EMILY Lorenzo? *Yuck!*
VIOLA *Yuck!*
RICCARDO *Yuck!*

10 **LORENZO** Vado in biblioteca a incontrare i miei compagni di classe. Facciamo un progetto insieme. Ma perché mi chiami sempre? Sì, lo so, il tuo compleanno è l'undici... Non è importante per me. Ciao.

Espressioni utili

Numbers
- **sessantatré** *63*
- **settantasette** *77*
- **centodieci** *110*

Expressing likes and dislikes
- **Ti piace?** *Do you like him?*
- **Vi piace lo scooter?** *Do you like the scooter?*

Additional Vocabulary
- **Perché sei sempre triste?** *Why are you always sad?*
- **Sì, resto.** *Yes, I'm staying.*
- **Non mi arrendo facilmente.** *I don't give up easily.*
- **Ci sono un sacco di bei ragazzi italiani.** *There are lots of handsome Italian boys.*
- **Come Riccardo?** *Like Riccardo?*
- **Ho sempre bisogno di...** *I always need . . .*
- **Ridạmmela! Smẹttila!** *Give it back to me! Cut it out!*
- **Rispondo io.** *I'm replying.*
- **Fammi vedere.** *Let me see.*
- **Scusa.** *I'm sorry.*
- **Guarda!** *Look!*
- **spesso** *often*
- **Non ho fatto niente!** *I didn't do anything!*
- **troppo** *too*
- **fino a** *until*
- **tra** *between*

ATTIVITÀ

1 **Vero o falso?** Indicate whether each statement is **vero** or **falso**.
1. Emily dà settantasette all'espresso.
2. Viola resta a Roma fino a luglio.
3. Agosto è umido a Roma e a Chicago.
4. Chicago è fredda in inverno.
5. Peter è a Chicago.
6. Emily ha uno scooter.
7. Riccardo adora il caffè.
8. Secondo Riccardo, Peter è il ragazzo perfetto per Emily.
9. Lorenzo va in biblioteca.
10. Il compleanno di Lorenzo è l'undici.

Practice more at **vhlcentral.com.**

2 **Per parlare un po'** Talk to a few classmates and find out who has a birthday closest to yours. What is the date? What is weather usually like around your birthday?

3 **Approfondimento** *Vespa* is a world-famous line of Italian scooters. Find out what the Italian word **vespa** means and why the scooter was given this name.

risorse
SAM VM: pp. 7–8
vhlcentral.com

58 *cinquantotto*

cinquantanove 59

Personaggi The photo-based conversations take place among a cast of recurring characters—four college students, their landlady (who owns the boarding house), and her teenage son.

***Fotoromanzo* video episodes** The **Fotoromanzo** is a versatile component that can be assigned as homework, presented in class, or used as review.

Conversations The conversations reinforce vocabulary from **Contesti.** They also preview structures from the upcoming **Strutture** section in context and in a comprehensible way.

Espressioni utili organizes new, active words and expressions by language function so you can focus on using them for real-life, practical purposes.

Supersite

- Streaming video of the **Fotoromanzo**
- End-of-video **Riepilogo** section where key vocabulary and grammar from the episode are called out
- Textbook activities
- Additional online-only practice activities

Supersite features vary by access level. Visit **vistahigherlearning.com** to explore which Supersite level is right for you.

CULTURA

explores cultural themes introduced in **CONTESTI** and **FOTOROMANZO**.

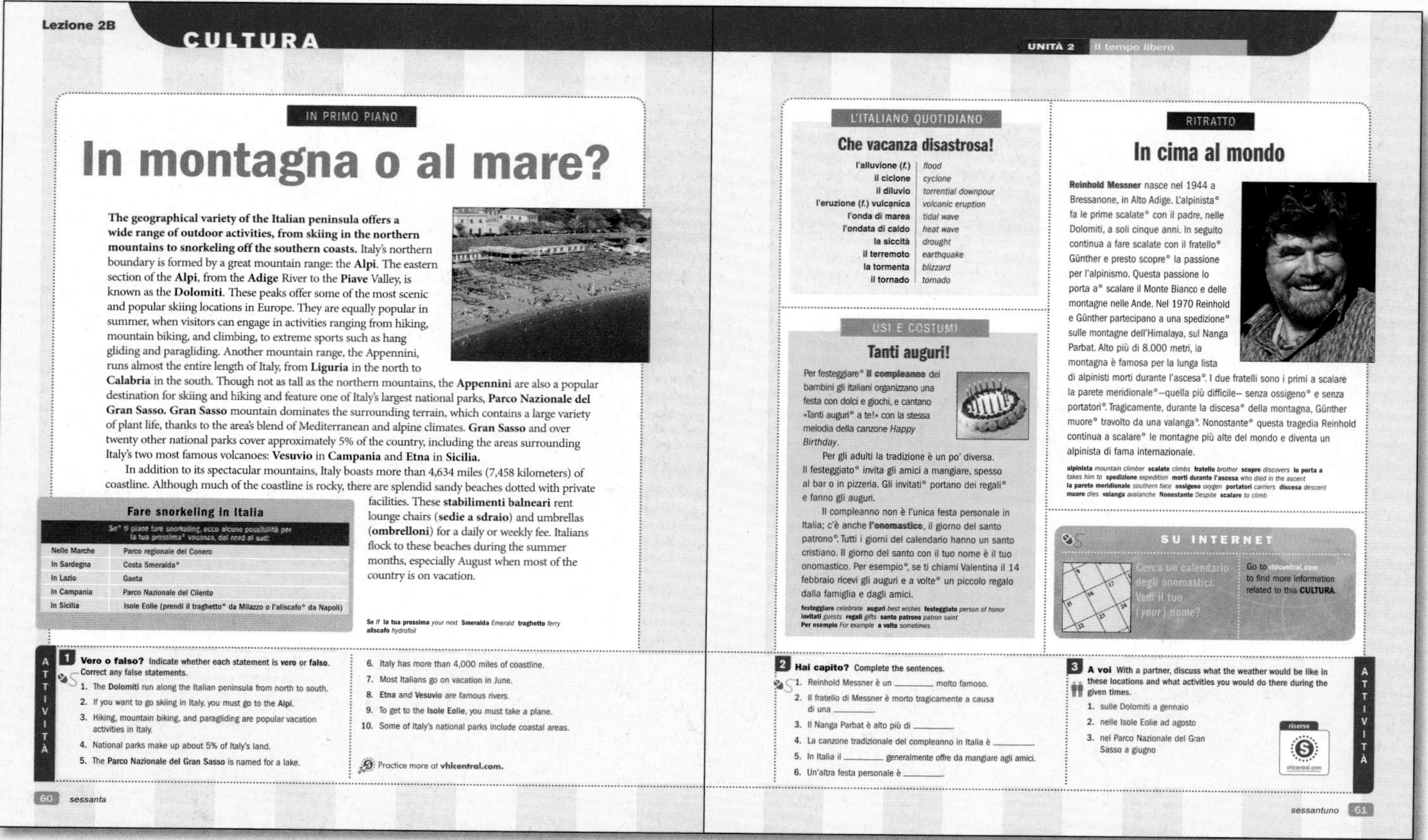

Lezione 2B

CULTURA

UNITÀ 2 Il tempo libero

IN PRIMO PIANO

In montagna o al mare?

The geographical variety of the Italian peninsula offers a wide range of outdoor activities, from skiing in the northern mountains to snorkeling off the southern coasts. Italy's northern boundary is formed by a great mountain range: the **Alpi**. The eastern section of the **Alpi**, from the **Adige** River to the **Piave** Valley, is known as the **Dolomiti**. These peaks offer some of the most scenic and popular skiing locations in Europe. They are equally popular in summer, when visitors can engage in activities ranging from hiking, mountain biking, and climbing, to extreme sports such as hang gliding and paragliding. Another mountain range, the Appennini, runs almost the entire length of Italy, from **Liguria** in the north to **Calabria** in the south. Though not as tall as the northern mountains, the **Appennini** are also a popular destination for skiing and hiking and feature one of Italy's largest national parks, **Parco Nazionale del Gran Sasso. Gran Sasso** mountain dominates the surrounding terrain, which contains a large variety of plant life, thanks to the area's blend of Mediterranean and alpine climates. **Gran Sasso** and over twenty other national parks cover approximately 5% of the country, including the areas surrounding Italy's two most famous volcanoes: **Vesuvio** in **Campania** and **Etna** in **Sicilia.**

In addition to its spectacular mountains, Italy boasts more than 4,634 miles (7,458 kilometers) of coastline. Although much of the coastline is rocky, there are splendid sandy beaches dotted with private facilities. These **stabilimenti balneari** rent lounge chairs (**sedie a sdraio**) and umbrellas (**ombrelloni**) for a daily or weekly fee. Italians flock to these beaches during the summer months, especially August when most of the country is on vacation.

Fare snorkeling in Italia

Se° ti piace fare snorkeling, ecco alcune possibilità per la tua prossima° vacanza, dal nord al sud:	
Nelle Marche	Parco regionale del Conero
In Sardegna	Costa Smeralda°
In Lazio	Gaeta
In Campania	Parco Nazionale del Cilento
In Sicilia	Isole Eolie (prendi il traghetto° da Milazzo o l'aliscafo° da Napoli)

Se *If* **la tua prossima** *your next* **Smeralda** *Emerald* **traghetto** *ferry* **aliscafo** *hydrofoil*

ATTIVITÀ

1 Vero o falso? Indicate whether each statement is **vero** or **falso**. Correct any false statements.

1. The **Dolomiti** run along the Italian peninsula from north to south.
2. If you want to go skiing in Italy, you must go to the **Alpi**.
3. Hiking, mountain biking, and paragliding are popular vacation activities in Italy.
4. National parks make up about 5% of Italy's land.
5. The **Parco Nazionale del Gran Sasso** is named for a lake.
6. Italy has more than 4,000 miles of coastline.
7. Most Italians go on vacation in June.
8. **Etna** and **Vesuvio** are famous rivers.
9. To get to the **Isole Eolie**, you must take a plane.
10. Some of Italy's national parks include coastal areas.

Practice more at **vhlcentral.com.**

L'ITALIANO QUOTIDIANO

Che vacanza disastrosa!

l'alluvione (*f.*)	*flood*
il ciclone	*cyclone*
il diluvio	*torrential downpour*
l'eruzione (*f.*) vulcanica	*volcanic eruption*
l'onda di marea	*tidal wave*
l'ondata di caldo	*heat wave*
la siccità	*drought*
il terremoto	*earthquake*
la tormenta	*blizzard*
il tornado	*tornado*

USI E COSTUMI

Tanti auguri!

Per festeggiare° **il compleanno** dei bambini gli italiani organizzano una festa con dolci e giochi, e cantano «Tanti auguri° a te!» con la stessa melodia della canzone *Happy Birthday*.

Per gli adulti la tradizione è un po' diversa. Il festeggiato° invita gli amici a mangiare, spesso al bar o in pizzeria. Gli invitati° portano dei regali° e fanno gli auguri.

Il compleanno non è l'unica festa personale in Italia; c'è anche **l'onomastico**, il giorno del santo patrono°. Tutti i giorni del calendario hanno un santo cristiano. Il giorno del santo con il tuo nome è il tuo onomastico. Per esempio°, se ti chiami Valentina il 14 febbraio ricevi gli auguri e a volte° un piccolo regalo dalla famiglia e dagli amici.

festeggiare *celebrate* **auguri** *best wishes* **festeggiato** *person of honor* **invitati** *guests* **regali** *gifts* **santo patrono** *patron saint* **Per esempio** *For example* **a volte** *sometimes*

RITRATTO

In cima al mondo

Reinhold Messner nasce nel 1944 a Bressanone, in Alto Adige. L'alpinista° fa le prime scalate° con il padre, nelle Dolomiti, a soli cinque anni. In seguito continua a fare scalate con il fratello° Günther e presto scopre° la passione per l'alpinismo. Questa passione lo porta a° scalare il Monte Bianco e delle montagne nelle Ande. Nel 1970 Reinhold e Günther partecipano a una spedizione° sulle montagne dell'Himalaya, sul Nanga Parbat. Alto più di 8.000 metri, la montagna è famosa per la lunga lista di alpinisti morti durante l'ascesa°. I due fratelli sono i primi a scalare la parete meridionale°—quella più difficile— senza ossigeno° e senza portatori°. Tragicamente, durante la discesa° della montagna, Günther muore° travolto da una valanga°. Nonostante° questa tragedia Reinhold continua a scalare° le montagne più alte del mondo e diventa un alpinista di fama internazionale.

alpinista *mountain climber* **scalate** *climbs* **fratello** *brother* **scopre** *discovers* **lo porta a** *takes him to* **spedizione** *expedition* **morti durante l'ascesa** *who died in the ascent* **la parete meridionale** *southern face* **ossigeno** *oxygen* **portatori** *carriers* **discesa** *descent* **muore** *dies* **valanga** *avalanche* **Nonostante** *Despite* **scalare** *to climb*

SU INTERNET

Cerca un calendario degli onomastici. Vedi il tuo (*your*) nome?

Go to vhlcentral.com to find more information related to this **CULTURA**.

2 Hai capito? Complete the sentences.

1. Reinhold Messner è un ________ molto famoso.
2. Il fratello di Messner è morto tragicamente a causa di una ________.
3. Il Nanga Parbat è alto più di ________.
4. La canzone tradizionale del compleanno in Italia è ________.
5. In Italia il ________ generalmente offre da mangiare agli amici.
6. Un'altra festa personale è ________.

3 A voi With a partner, discuss what the weather would be like in these locations and what activities you would do there during the given times.

1. sulle Dolomiti a gennaio
2. nelle Isole Eolie ad agosto
3. nel Parco Nazionale del Gran Sasso a giugno

risorse vhlcentral.com

60 sessanta

sessantuno 61

In primo piano presents a main, in-depth reading about the lesson's cultural theme. Full-color photos bring to life important aspects of the topic, while charts with statistics and/or intriguing facts support and extend the information.

L'italiano quotidiano exposes you to current, contemporary language by presenting familiar words and phrases related to the lesson's theme that are used in everyday spoken Italian.

Usi e costumi puts the spotlight on the people, places, and traditions of regions where Italian is spoken.

Ritratto showcases places, events, and products explaining their significance in the Italian culture, or it highlights the accomplishments of Italian people and how they contribute to their culture and the global community.

Supersite

- Main cultural reading
- **Su Internet** research activity
- Textbook activities
- Additional online-only practice activities

Supersite features vary by access level. Visit **vistahigherlearning.com** to explore which Supersite level is right for you.

STRUTTURE

uses an innovative design to support the learning of Italian grammar.

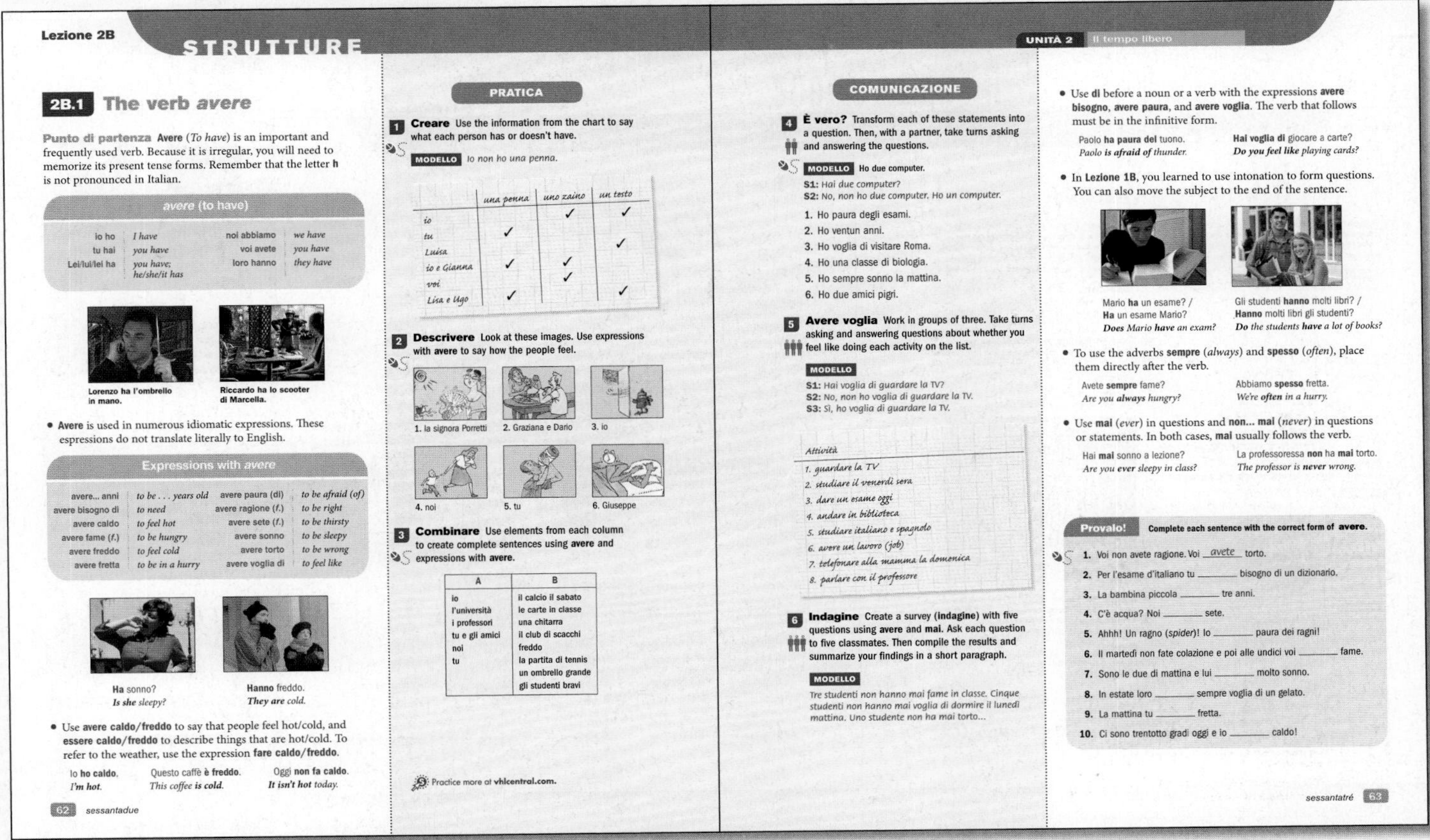

Lezione 2B

STRUTTURE

2B.1 The verb *avere*

Punto di partenza **Avere** (*To have*) is an important and frequently used verb. Because it is irregular, you will need to memorize its present tense forms. Remember that the letter **h** is not pronounced in Italian.

avere (to have)			
io ho	*I have*	noi abbiamo	*we have*
tu hai	*you have*	voi avete	*you have*
Lei/lui/lei ha	*you have; he/she/it has*	loro hanno	*they have*

Lorenzo ha l'ombrello in mano.

Riccardo ha lo scooter di Marcella.

- **Avere** is used in numerous idiomatic expressions. These espressions do not translate literally to English.

Expressions with *avere*			
avere... anni	*to be . . . years old*	avere paura (di)	*to be afraid (of)*
avere bisogno di	*to need*	avere ragione (*f.*)	*to be right*
avere caldo	*to feel hot*	avere sete (*f.*)	*to be thirsty*
avere fame (*f.*)	*to be hungry*	avere sonno	*to be sleepy*
avere freddo	*to feel cold*	avere torto	*to be wrong*
avere fretta	*to be in a hurry*	avere voglia di	*to feel like*

Ha sonno?
Is she sleepy?

Hanno freddo.
They are cold.

- Use **avere caldo/freddo** to say that people feel hot/cold, and **essere caldo/freddo** to describe things that are hot/cold. To refer to the weather, use the expression **fare caldo/freddo**.

Io **ho caldo.** *I'm hot.*
Questo caffè **è freddo.** *This coffee **is cold**.*
Oggi **non fa caldo.** *It isn't hot today.*

62 sessantadue

PRATICA

1 Creare Use the information from the chart to say what each person has or doesn't have.

MODELLO *Io non ho una penna.*

	una penna	uno zaino	un testo
io		✓	✓
tu	✓		
Luisa			✓
io e Gianna	✓	✓	
voi		✓	
Lisa e Ugo	✓		✓

2 Descrivere Look at these images. Use expressions with **avere** to say how the people feel.

1. la signora Porretti
2. Graziana e Dario
3. io
4. noi
5. tu
6. Giuseppe

3 Combinare Use elements from each column to create complete sentences using **avere** and expressions with **avere**.

A	B
io l'università i professori tu e gli amici noi tu	il calcio il sabato le carte in classe una chitarra il club di scacchi freddo la partita di tennis un ombrello grande gli studenti bravi

Practice more at **vhlcentral.com.**

UNITÀ 2 Il tempo libero

COMUNICAZIONE

4 È vero? Transform each of these statements into a question. Then, with a partner, take turns asking and answering the questions.

MODELLO Ho due computer.
S1: *Hai due computer?*
S2: *No, non ho due computer. Ho un computer.*

1. Ho paura degli esami.
2. Ho ventun anni.
3. Ho voglia di visitare Roma.
4. Ho una classe di biologia.
5. Ho sempre sonno la mattina.
6. Ho due amici pigri.

5 Avere voglia Work in groups of three. Take turns asking and answering questions about whether you feel like doing each activity on the list.

MODELLO
S1: *Hai voglia di guardare la TV?*
S2: *No, non ho voglia di guardare la TV.*
S3: *Sì, ho voglia di guardare la TV.*

Attività
1. *guardare la TV*
2. *studiare il venerdì sera*
3. *dare un esame oggi*
4. *andare in biblioteca*
5. *studiare italiano e spagnolo*
6. *avere un lavoro (job)*
7. *telefonare alla mamma la domenica*
8. *parlare con il professore*

6 Indagine Create a survey (**indagine**) with five questions using **avere** and **mai**. Ask each question to five classmates. Then compile the results and summarize your findings in a short paragraph.

MODELLO
Tre studenti non hanno mai fame in classe. Cinque studenti non hanno mai voglia di dormire il lunedì mattina. Uno studente non ha mai torto...

- Use **di** before a noun or a verb with the expressions **avere bisogno**, **avere paura**, and **avere voglia**. The verb that follows must be in the infinitive form.

Paolo **ha paura del** tuono. *Paolo **is afraid of** thunder.*
Hai voglia di giocare a carte? ***Do you feel like** playing cards?*

- In **Lezione 1B**, you learned to use intonation to form questions. You can also move the subject to the end of the sentence.

Mario **ha** un esame? / **Ha** un esame Mario?
***Does** Mario **have** an exam?*

Gli studenti **hanno** molti libri? / **Hanno** molti libri gli studenti?
***Do** the students **have** a lot of books?*

- To use the adverbs **sempre** (*always*) and **spesso** (*often*), place them directly after the verb.

Avete **sempre** fame? *Are you **always** hungry?*
Abbiamo **spesso** fretta. *We're **often** in a hurry.*

- Use **mai** (*ever*) in questions and **non... mai** (*never*) in questions or statements. In both cases, **mai** usually follows the verb.

Hai **mai** sonno a lezione? *Are you **ever** sleepy in class?*
La professoressa **non** ha **mai** torto. *The professor is **never** wrong.*

Provalo! Complete each sentence with the correct form of **avere**.

1. Voi non avete ragione. Voi __avete__ torto.
2. Per l'esame d'italiano tu ______ bisogno di un dizionario.
3. La bambina piccola ______ tre anni.
4. C'è acqua? Noi ______ sete.
5. Ahhh! Un ragno (*spider*)! Io ______ paura dei ragni!
6. Il martedì non fate colazione e poi alle undici voi ______ fame.
7. Sono le due di mattina e lui ______ molto sonno.
8. In estate loro ______ sempre voglia di un gelato.
9. La mattina tu ______ fretta.
10. Ci sono trentotto gradi oggi e io ______ caldo!

sessantatré 63

Text format Each lesson contains two or three grammar points. For each grammar point, the explanation and practice activities appear on two facing pages. Grammar explanations on the outside panels offer handy, on-page support for the activities in the central panels, giving you immediate access to essential information.

Graphics-intensive design Photos from the **SENTIERI,** Second Edition, Video Program consistently integrate the lesson's **Fotoromanzo** episode with the grammar explanations. Additional photos, drawings, and graphic devices liven up activities and heighten visual interest.

Attrezzi boxes call out information you already learned or cross-references related topics you will see in future units.

Provalo! offers you your first practice of each new grammar point. It gets you working with the grammar point right away in simple, easy-to-understand formats.

Pratica provides a wide range of guided activities that combine the lesson vocabulary and previously learned material with grammar practice.

Communication activities offer opportunities for creative expression using the lesson's grammar and vocabulary. You do these activities with a partner, in small groups, or with the whole class.

Supersite

- Grammar presentation
- Textbook activities
- Additional online-only practice activities
- Chat activities for conversational skill-building and oral practice

Supersite features vary by access level. Visit **vistahigherlearning.com** to explore which Supersite level is right for you.

SINTESI

pulls the lesson together with **Ricapitolazione** and **Lo zapping**.

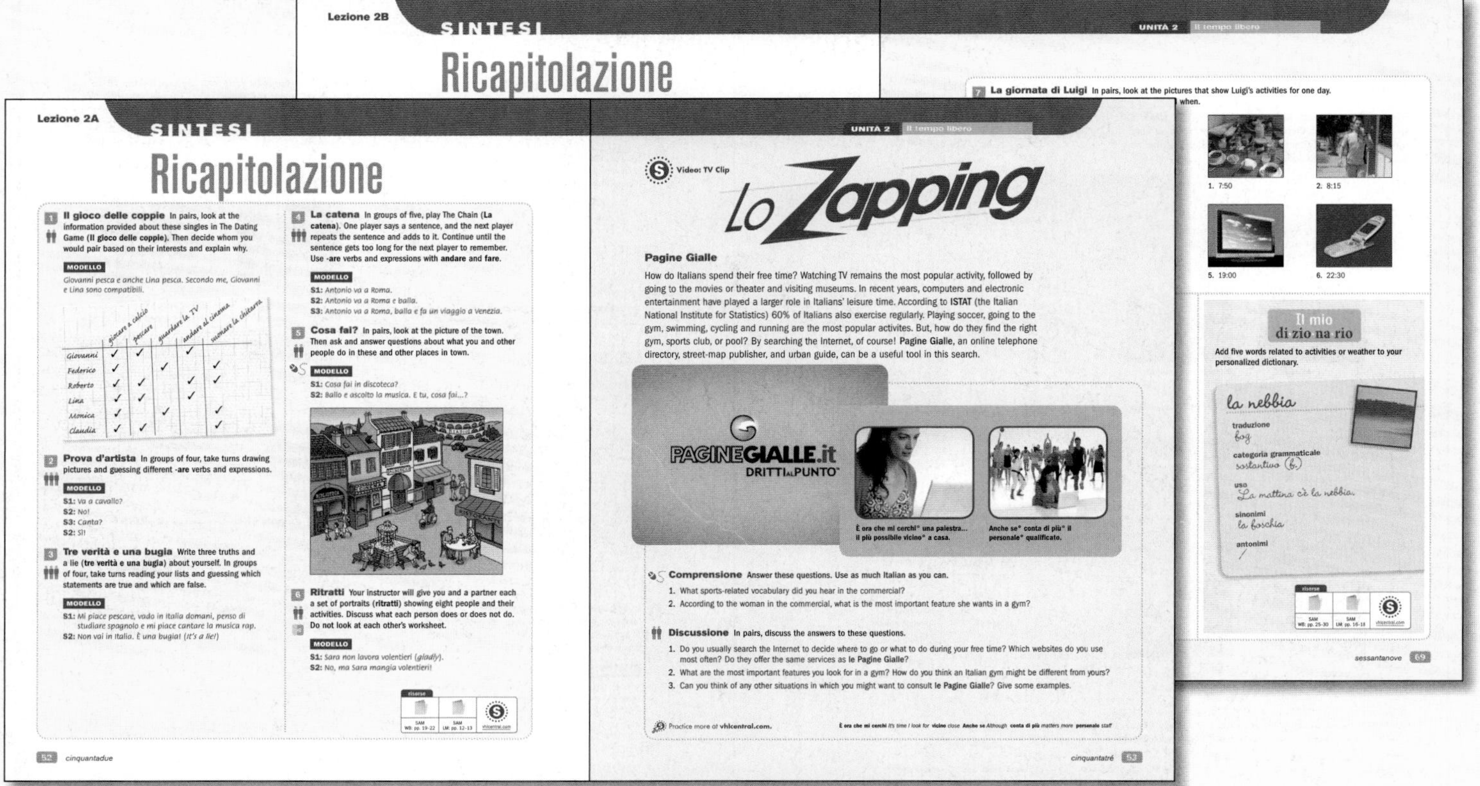

Lezione 2B

SINTESI

Ricapitolazione

UNITÀ 2 Il tempo libero

7 La giornata di Luigi In pairs, look at the pictures that show Luigi's activities for one day. ... when.

1. 7:50
2. 8:15
5. 19:00
6. 22:30

Il mio dizionario

Add five words related to activities or weather to your personalized dictionary.

la nebbia
traduzione: fog
categoria grammaticale: sostantivo (f.)
uso: La mattina c'è la nebbia.
sinonimi: la foschia
antonimi: /

risorse: SAM WB: pp. 25-30 | SAM LM: pp. 16-18 | vhlcentral.com

sessantanove 69

Lezione 2A

SINTESI

Ricapitolazione

1 Il gioco delle coppie In pairs, look at the information provided about these singles in The Dating Game (**Il gioco delle coppie**). Then decide whom you would pair based on their interests and explain why.

MODELLO
Giovanni pesca e anche Lina pesca. Secondo me, Giovanni e Lina sono compatibili.

	giocare a calcio	pescare	guardare la TV	andare al cinema	suonare la chitarra
Giovanni	✓	✓		✓	
Federico	✓		✓		✓
Roberto	✓	✓		✓	✓
Lina	✓	✓		✓	
Monica	✓		✓		✓
Claudia	✓	✓			✓

2 Prova d'artista In groups of four, take turns drawing pictures and guessing different **-are** verbs and expressions.

MODELLO
S1: *Va a cavallo?*
S2: *No!*
S3: *Canta?*
S2: *Sì!*

3 Tre verità e una bugia Write three truths and a lie (**tre verità e una bugia**) about yourself. In groups of four, take turns reading your lists and guessing which statements are true and which are false.

MODELLO
S1: *Mi piace pescare, vado in Italia domani, penso di studiare spagnolo e mi piace cantare la musica rap.*
S2: *Non vai in Italia. È una bugia! (It's a lie!)*

4 La catena In groups of five, play The Chain (**La catena**). One player says a sentence, and the next player repeats the sentence and adds to it. Continue until the sentence gets too long for the next player to remember. Use **-are** verbs and expressions with **andare** and **fare**.

MODELLO
S1: *Antonio va a Roma.*
S2: *Antonio va a Roma e balla.*
S3: *Antonio va a Roma, balla e fa un viaggio a Venezia.*

5 Cosa fai? In pairs, look at the picture of the town. Then ask and answer questions about what you and other people do in these and other places in town.

MODELLO
S1: *Cosa fai in discoteca?*
S2: *Ballo e ascolto la musica. E tu, cosa fai...?*

6 Ritratti Your instructor will give you and a partner each a set of portraits (**ritratti**) showing eight people and their activities. Discuss what each person does or does not do. Do not look at each other's worksheet.

MODELLO
S1: *Sara non lavora volentieri (gladly).*
S2: *No, ma Sara mangia volentieri!*

risorse: SAM WB: pp. 19-22 | SAM LM: pp. 12-13 | vhlcentral.com

52 cinquantadue

UNITÀ 2 Il tempo libero

Video: TV Clip

Lo Zapping

Pagine Gialle

How do Italians spend their free time? Watching TV remains the most popular activity, followed by going to the movies or theater and visiting museums. In recent years, computers and electronic entertainment have played a larger role in Italians' leisure time. According to **ISTAT** (the Italian National Institute for Statistics) 60% of Italians also exercise regularly. Playing soccer, going to the gym, swimming, cycling and running are the most popular activites. But, how do they find the right gym, sports club, or pool? By searching the Internet, of course! **Pagine Gialle**, an online telephone directory, street-map publisher, and urban guide, can be a useful tool in this search.

È ora che mi cerchi° una palestra... il più possibile vicino° a casa.

Anche se° conta di più° il personale° qualificato.

Comprensione Answer these questions. Use as much Italian as you can.

1. What sports-related vocabulary did you hear in the commercial?
2. According to the woman in the commercial, what is the most important feature she wants in a gym?

Discussione In pairs, discuss the answers to these questions.

1. Do you usually search the Internet to decide where to go or what to do during your free time? Which websites do you use most often? Do they offer the same services as **le Pagine Gialle**?
2. What are the most important features you look for in a gym? How do you think an Italian gym might be different from yours?
3. Can you think of any other situations in which you might want to consult **le Pagine Gialle**? Give some examples.

Practice more at **vhlcentral.com**.

È ora che mi cerchi *It's time I look for* **vicino** *close* **Anche se** *Although* **conta di più** *matters more* **personale** *staff*

cinquantatré 53

Ricapitolazione activities integrate the lesson's grammar points with previously learned vocabulary and structures, providing consistent, built-in review as you progress through the text. In all B lessons, this feature is two pages long to provide better coverage.

Pair and group icons call out the communicative nature of the activities. Situations, role-plays, games, personal questions, interviews, and surveys are just some of the types of activities that you will engage in.

Information gap activities, identified by the interlocking puzzle pieces, engage you and a partner in problem-solving situations. You and your partner each have only half of the information you need, so you must work together to accomplish the task at hand.

Lo zapping features television clips in Italian, supported by background information, images, and activities to help you understand and check your comprehension.

Re-entering icons call out the activities in which you will practice the lesson's grammar and vocabulary along with previously learned material.

Il mio dizionario appears in the **Ricapitolazione** section of the B lesson in each unit. It offers the opportunity to increase your vocabulary and to personalize it at the same time.

Supersite

- Chat activities for conversational skill-building and oral practice
- Streaming video of **Lo zapping** TV clips
- Textbook activities
- Additional online-only practice activities

Supersite features vary by access level. Visit **vistahigherlearning.com** to explore which Supersite level is right for you.

SINTESI

Lo zapping cortometraggio

Units 10 through 12 feature short-subject dramatic films by contemporary Italian filmmakers.

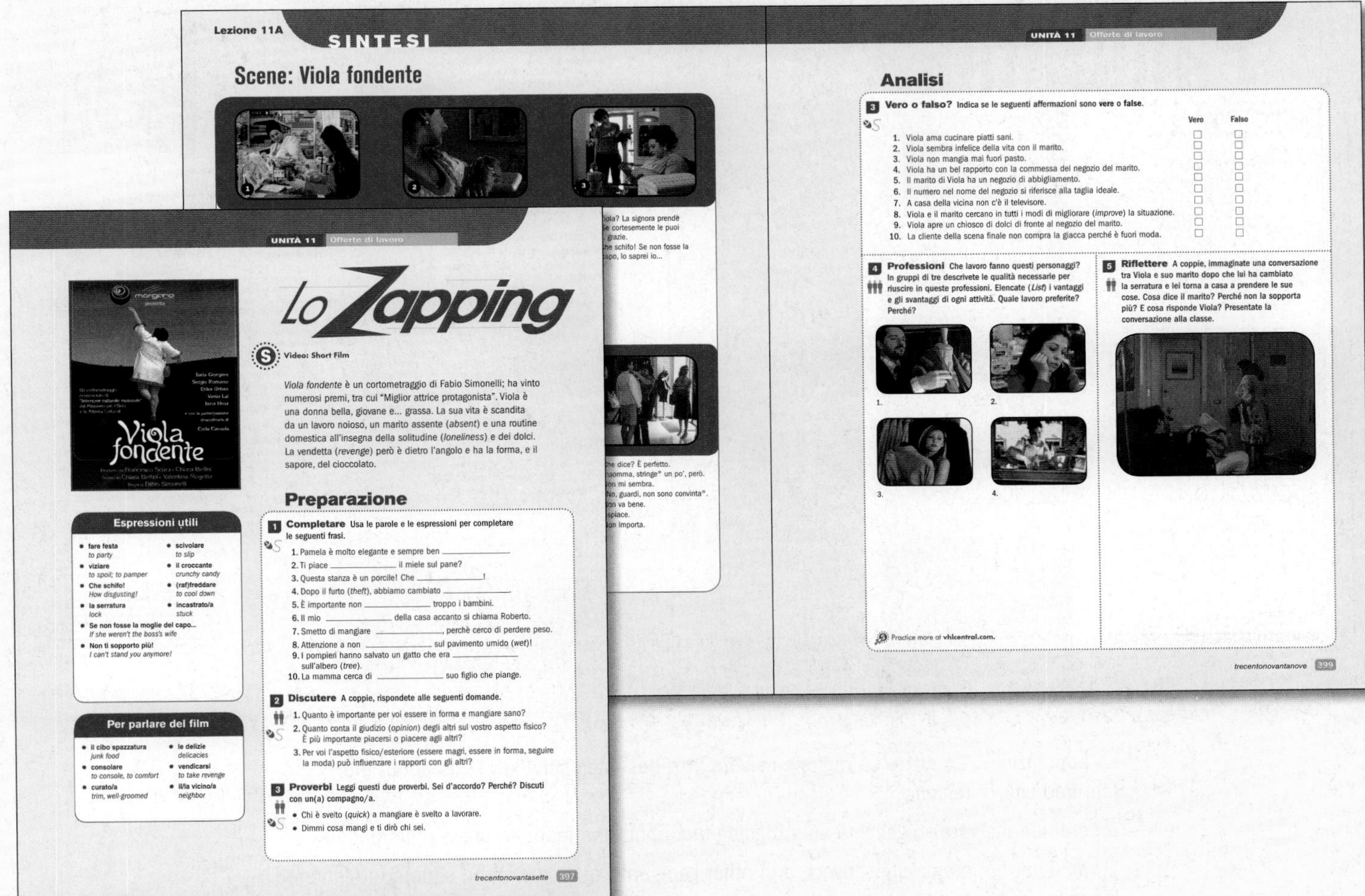

Lezione 11A SINTESI

Scene: Viola fondente

UNITÀ 11 Offerte di lavoro

Viola fondente

Espressioni utili

- **fare festa** *to party*
- **viziare** *to spoil; to pamper*
- **Che schifo!** *How disgusting!*
- **la serratura** *lock*
- **scivolare** *to slip*
- **il croccante** *crunchy candy*
- **(raf)freddare** *to cool down*
- **incastrato/a** *stuck*
- **Se non fosse la moglie del capo...** *If she weren't the boss's wife*
- **Non ti sopporto più!** *I can't stand you anymore!*

Per parlare del film

- **il cibo spazzatura** *junk food*
- **consolare** *to console, to comfort*
- **curato/a** *trim, well-groomed*
- **le delizie** *delicacies*
- **vendicarsi** *to take revenge*
- **il/la vicino/a** *neighbor*

Lo Zapping

Video: Short Film

Viola fondente è un cortometraggio di Fabio Simonelli; ha vinto numerosi premi, tra cui "Miglior attrice protagonista". Viola è una donna bella, giovane e... grassa. La sua vita è scandita da un lavoro noioso, un marito assente (*absent*) e una routine domestica all'insegna della solitudine (*loneliness*) e dei dolci. La vendetta (*revenge*) però è dietro l'angolo e ha la forma, e il sapore, del cioccolato.

Preparazione

1 Completare Usa le parole e le espressioni per completare le seguenti frasi.

1. Pamela è molto elegante e sempre ben ________.
2. Ti piace ________ il miele sul pane?
3. Questa stanza è un porcile! Che ________!
4. Dopo il furto (*theft*), abbiamo cambiato ________.
5. È importante non ________ troppo i bambini.
6. Il mio ________ della casa accanto si chiama Roberto.
7. Smetto di mangiare ________, perchè cerco di perdere peso.
8. Attenzione a non ________ sul pavimento umido (*wet*)!
9. I pompieri hanno salvato un gatto che era ________ sull'albero (*tree*).
10. La mamma cerca di ________ suo figlio che piange.

2 Discutere A coppie, rispondete alle seguenti domande.

1. Quanto è importante per voi essere in forma e mangiare sano?
2. Quanto conta il giudizio (*opinion*) degli altri sul vostro aspetto fisico? È più importante piacersi o piacere agli altri?
3. Per voi l'aspetto fisico/esteriore (essere magri, essere in forma, seguire la moda) può influenzare i rapporti con gli altri?

3 Proverbi Leggi questi due proverbi. Sei d'accordo? Perché? Discuti con un(a) compagno/a.

- Chi è svelto (*quick*) a mangiare è svelto a lavorare.
- Dimmi cosa mangi e ti dirò chi sei.

trecentonovantasette 397

UNITÀ 11 Offerte di lavoro

Analisi

3 Vero o falso? Indica se le seguenti affermazioni sono **vere** o **false**.

		Vero	Falso
1.	Viola ama cucinare piatti sani.	☐	☐
2.	Viola sembra infelice della vita con il marito.	☐	☐
3.	Viola non mangia mai fuori pasto.	☐	☐
4.	Viola ha un bel rapporto con la commessa del negozio del marito.	☐	☐
5.	Il marito di Viola ha un negozio di abbigliamento.	☐	☐
6.	Il numero nel nome del negozio si riferisce alla taglia ideale.	☐	☐
7.	A casa della vicina non c'è il televisore.	☐	☐
8.	Viola e il marito cercano in tutti i modi di migliorare (*improve*) la situazione.	☐	☐
9.	Viola apre un chiosco di dolci di fronte al negozio del marito.	☐	☐
10.	La cliente della scena finale non compra la giacca perché è fuori moda.	☐	☐

4 Professioni Che lavoro fanno questi personaggi? In gruppi di tre descrivete le qualità necessarie per riuscire in queste professioni. Elencate (*List*) i vantaggi e gli svantaggi di ogni attività. Quale lavoro preferite? Perché?

1. 2. 3. 4.

5 Riflettere A coppie, immaginate una conversazione tra Viola e suo marito dopo che lui ha cambiato la serratura e lei torna a casa a prendere le sue cose. Cosa dice il marito? Perché non la sopporta più? E cosa risponde Viola? Presentate la conversazione alla classe.

Practice more at vhlcentral.com.

trecentonovantanove 399

Espressioni utili highlight phrases and expressions useful in understanding the film.

Per parlare del film features the words that you will encounter and use in activities in the short film section.

Preparazione Pre-viewing exercises set the stage for the short-subject film and provide key background information, facilitating comprehension.

Scene A synopsis of the film's plot with captioned video stills prepares you visually for the film.

Analisi Post-viewing activities go beyond checking comprehension, allowing you to discover broader themes.

Supersite

- Streaming video of **Lo zapping** short films
- Textbook activities
- Additional online-only practice activities

Supersite features vary by access level. Visit **vistahigherlearning.com** to explore which Supersite level is right for you.

AVANTI

Panorama presents cultural information about Italy and other areas where Italian is spoken.

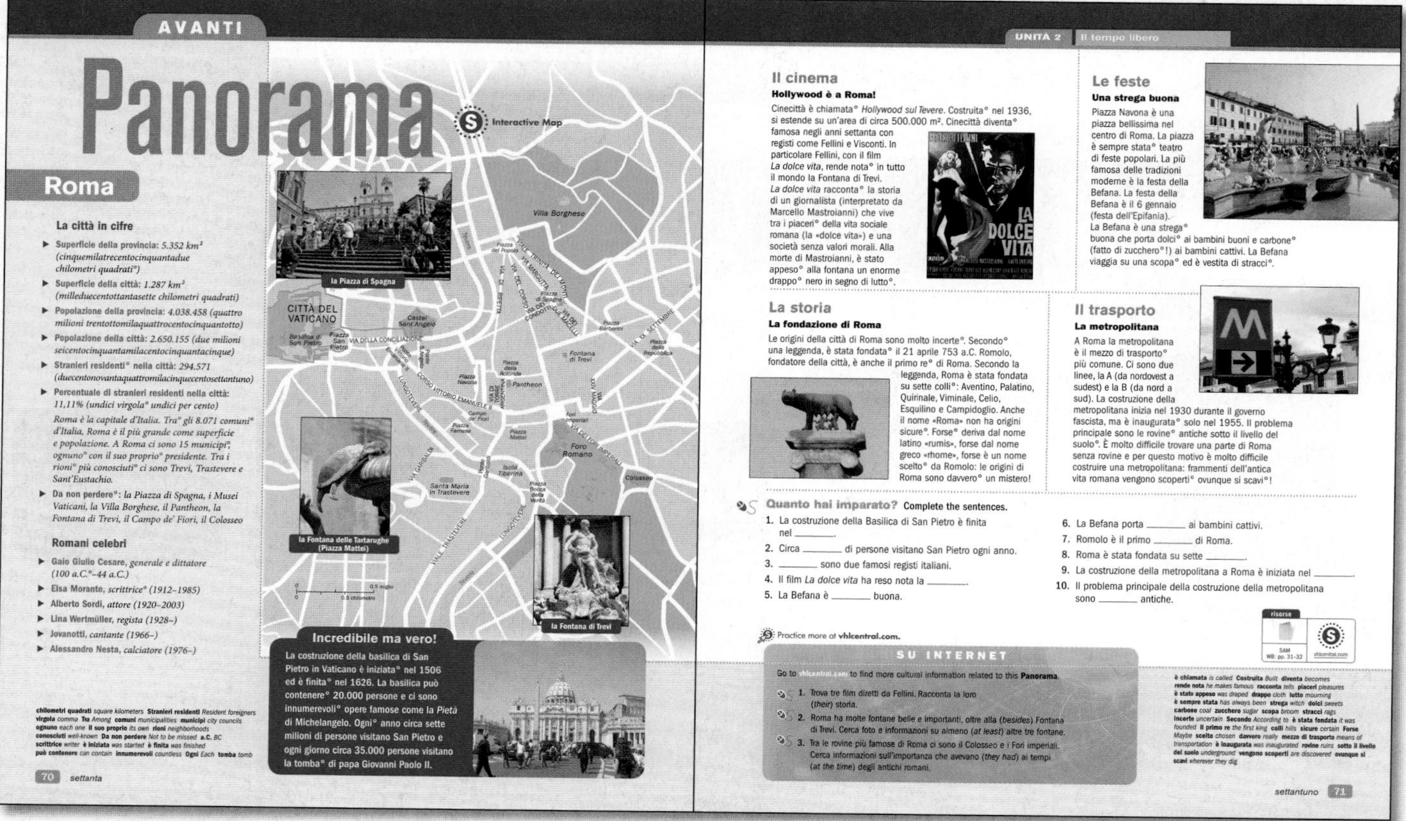

AVANTI

Panorama

Roma

La città in cifre

- **Superficie della provincia:** *5.352 km² (cinquemilatrecentocinquantadue chilometri quadrati°)*
- **Superficie della città:** *1.287 km² (milleduecentottantasette chilometri quadrati)*
- **Popolazione della provincia:** *4.038.458 (quattro milioni trentottomilaquattrocentocinquantotto)*
- **Popolazione della città:** *2.650.155 (due milioni seicentocinquantamilacentocinquantacinque)*
- **Stranieri residenti° nella città:** *294.571 (duecentonovantaquattromilacinquecentosettantuno)*
- **Percentuale di stranieri residenti nella città:** *11,11% (undici virgola° undici per cento)*

  Roma è la capitale d'Italia. Tra° gli 8.071 comuni° d'Italia, Roma è il più grande come superficie e popolazione. A Roma ci sono 15 municipi°, ognuno° con il suo proprio° presidente. Tra i rioni° più conosciuti° ci sono Trevi, Trastevere e Sant'Eustachio.
- **Da non perdere°:** *la Piazza di Spagna, i Musei Vaticani, la Villa Borghese, il Pantheon, la Fontana di Trevi, il Campo de' Fiori, il Colosseo*

Romani celebri

- **Gaio Giulio Cesare,** *generale e dittatore (100 a.C.°–44 a.C.)*
- **Elsa Morante,** *scrittrice° (1912–1985)*
- **Alberto Sordi,** *attore (1920–2003)*
- **Lina Wertmüller,** *regista (1928–)*
- **Jovanotti,** *cantante (1966–)*
- **Alessandro Nesta,** *calciatore (1976–)*

chilometri quadrati *square kilometers* **Stranieri residenti** *Resident foreigners* **virgola** *comma* **Tra** *Among* **comuni** *municipalities* **municipi** *city councils* **ognuno** *each one* **il suo proprio** *its own* **rioni** *neighborhoods* **conosciuti** *well-known* **Da non perdere** *Not to be missed* **a.C.** *BC* **scrittrice** *writer* **è iniziata** *was started* **è finita** *was finished* **può contenere** *can contain* **innumerevoli** *countless* **Ogni** *Each* **tomba** *tomb*

Interactive Map

la Piazza di Spagna

la Fontana delle Tartarughe (Piazza Mattei)

la Fontana di Trevi

Incredibile ma vero!

La costruzione della basilica di San Pietro in Vaticano è iniziata° nel 1506 ed è finita° nel 1626. La basilica può contenere° 20.000 persone e ci sono innumerevoli° opere famose come la *Pietà* di Michelangelo. Ogni° anno circa sette milioni di persone visitano San Pietro e ogni giorno circa 35.000 persone visitano la tomba° di papa Giovanni Paolo II.

70 settanta

UNITÀ 2 Il tempo libero

Il cinema
Hollywood è a Roma!

Cinecittà è chiamata° *Hollywood sul Tevere*. Costruita° nel 1936, si estende su un'area di circa 500.000 m². Cinecittà diventa° famosa negli anni settanta con registi come Fellini e Visconti. In particolare Fellini, con il film *La dolce vita*, rende nota° in tutto il mondo la Fontana di Trevi. *La dolce vita* racconta° la storia di un giornalista (interpretato da Marcello Mastroianni) che vive tra i piaceri° della vita sociale romana (la «dolce vita») e una società senza valori morali. Alla morte di Mastroianni, è stato appeso° alla fontana un enorme drappo° nero in segno di lutto°.

Le feste
Una strega buona

Piazza Navona è una piazza bellissima nel centro di Roma. La piazza è sempre stata° teatro di feste popolari. La più famosa delle tradizioni moderne è la festa della Befana. La festa della Befana è il 6 gennaio (festa dell'Epifania). La Befana è una strega° buona che porta dolci° ai bambini buoni e carbone° (fatto di zucchero°!) ai bambini cattivi. La Befana viaggia su una scopa° ed è vestita di stracci°.

La storia
La fondazione di Roma

Le origini della città di Roma sono molto incerte°. Secondo° una leggenda, è stata fondata° il 21 aprile 753 a.C. Romolo, fondatore della città, è anche il primo re° di Roma. Secondo la leggenda, Roma è stata fondata su sette colli°: Aventino, Palatino, Quirinale, Viminale, Celio, Esquilino e Campidoglio. Anche il nome «Roma» non ha origini sicure°. Forse° deriva dal nome latino «rumis», forse dal nome greco «rhome», forse è un nome scelto° da Romolo: le origini di Roma sono davvero° un mistero!

Il trasporto
La metropolitana

A Roma la metropolitana è il mezzo di trasporto° più comune. Ci sono due linee, la A (da nordovest a sudest) e la B (da nord a sud). La costruzione della metropolitana inizia nel 1930 durante il governo fascista, ma è inaugurata° solo nel 1955. Il problema principale sono le rovine° antiche sotto il livello del suolo°. È molto difficile trovare una parte di Roma senza rovine e per questo motivo è molto difficile costruire una metropolitana: frammenti dell'antica vita romana vengono scoperti° ovunque si scavi°!

Quanto hai imparato? Complete the sentences.

1. La costruzione della Basilica di San Pietro è finita nel ________.
2. Circa ________ di persone visitano San Pietro ogni anno.
3. ________ sono due famosi registi italiani.
4. Il film *La dolce vita* ha reso nota la ________.
5. La Befana è ________ buona.
6. La Befana porta ________ ai bambini cattivi.
7. Romolo è il primo ________ di Roma.
8. Roma è stata fondata su sette ________.
9. La costruzione della metropolitana a Roma è iniziata nel ________.
10. Il problema principale della costruzione della metropolitana sono ________ antiche.

Practice more at **vhlcentral.com.**

risorse — SAM WB: pp. 31-32 — vhlcentral.com

SU INTERNET

Go to vhlcentral.com to find more cultural information related to this **Panorama**.

1. Trova tre film diretti da Fellini. Racconta la loro (*their*) storia.
2. Roma ha molte fontane belle e importanti, oltre alla (*besides*) Fontana di Trevi. Cerca foto e informazioni su almeno (*at least*) altre tre fontane.
3. Tra le rovine più famose di Roma ci sono il Colosseo e i Fori imperiali. Cerca informazioni sull'importanza che avevano (*they had*) ai tempi (*at the time*) degli antichi romani.

è chiamata *is called* **Costruita** *Built* **diventa** *becomes* **rende nota** *he makes famous* **racconta** *tells* **piaceri** *pleasures* **è stato appeso** *was draped* **drappo** *cloth* **lutto** *mourning* **è sempre stata** *has always been* **strega** *witch* **dolci** *sweets* **carbone** *coal* **zucchero** *sugar* **scopa** *broom* **stracci** *rags* **incerte** *uncertain* **Secondo** *According to* **è stata fondata** *it was founded* **il primo re** *the first king* **colli** *hills* **sicure** *certain* **Forse** *Maybe* **scelto** *chosen* **davvero** *really* **mezzo di trasporto** *means of transportation* **è inaugurata** *was inaugurated* **rovine** *ruins* **sotto il livello del suolo** *underground* **vengono scoperti** *are discovered* **ovunque si scavi** *wherever they dig*

settantuno 71

La popolazione/La città/La regione in cifre provides interesting key facts about the featured city, or region.

Incredibile ma vero! highlights an intriguing fact about the featured place or its people.

Maps point out major cities, rivers, and other geographical features and situate the featured place in the context of its immediate surroundings.

Quanto hai imparato? exercises check your understanding of key ideas, and **risorse** boxes reference the two pages of additional activities in the **SENTIERI** Student Activities Manual.

Readings A series of brief paragraphs explores different facets of the featured location's culture such as history, landmarks, fine art, literature, and aspects of everyday life.

Supersite

- **Su Internet** research activity
- Textbook activities
- Additional online-only practice activities

Supersite features vary by access level. Visit **vistahigherlearning.com** to explore which Supersite level is right for you.

AVANTI

Lettura develops reading skills in the context of the unit's theme.

AVANTI

UNITÀ 2 Il tempo libero

Lettura

Audio: Reading

Prima di leggere

STRATEGIA

Predicting content through formats

Recognizing the format of a document can help you to predict its content. For instance, invitations, greeting cards, and classified ads follow easily identifiable formats, which usually give you a general idea of the information they contain. Look at the text below and try to identify it based on its format.

LE TEMPERATURE OGGI IN ITALIA

	min	max			min	max	
Ancona	+12	+17	C	Milano	+10	+14	P/B
Aosta	+5	+11	T	Napoli	+14	+16	P
Bari	+17	+19	S	Palermo	+16	+21	C
Bologna	+13	+17	P/B	Pescara	+13	+17	C
Cagliari	+14	+21	S	Reggio C.	+21	+26	S
Catania	+19	+23	N	Roma	+14	+16	P
Firenze	+11	+14	P	Torino	+10	+12	P
Genova	+12	+19	T	Venezia	+13	+16	C

C=Coperto B=Nebbia° N=Nuvoloso P=Pioggia S=Sereno° T=Temporale

Nebbia *Fog* **Sereno** *Clear*

If you guessed that this is a newspaper weather forecast, you are correct. You can infer that the document contains information about the weather in Italy, including high and low temperatures and the weather forecast for different cities.

Esamina il testo

Briefly look at the document. What is its format? What kind of information is given? How is it organized? Are there any visuals? What kind? What types of documents usually contain these elements?

Parole affini

As you have already learned, in addition to format, you can use cognates to help you predict the content of a document. With a classmate, make a list of all the cognates you find in the reading selection. Based on these cognates and the format of the document, can you guess what this document is and what it's for?

72 settantadue

Parco Nazionale del Gran Sasso

Il Parco Nazionale del Gran Sasso offre atmosfere e paesaggi magici°. Durante tutto l'anno ci sono numerose attività ed escursioni.

- Ci sono 130 km di piste da sci° adatte anche allo sciatore più esigente°, con impianti di risalita° moderni ed efficienti.
- Per gli appassionati degli sport estremi ci sono scalate° e l'alpinismo° ad altezze che raggiungono° i 2.912 metri.
- In estate le attività più diffuse sono l'equitazione° e l'escursionismo°.
- Le strutture sportive di Roccaraso offrono al turista diverse alternative: dal pattinaggio° al nuoto, dal bowling al tennis.
- In estate ci sono percorsi vita° a diverso grado di difficoltà e sentieri° per passeggiare e apprezzare° meravigliosi panorami.
- E per gli amanti degli animali, il Parco Nazionale permette di osservare numerose specie animali° che vivono in completa libertà.

Il Parco Nazionale del Gran Sasso comprende°:

3 Regioni
5 Province
44 Comuni
2600 specie vegetali
350 camosci°
40 lupi°
15 coppie di falco° pellegrino
150 cervi°
8 coppie di aquile° reali
40 specie di piante a rischio di estinzione°

Parco Nazionale del Gran Sasso
Telefono: 011 167 80 64
Fax: 011 167 80 60
Web: www.gr.laga.it
Indirizzo e-mail: info@gransassolaga.it
Indirizzo: Via Sassemorone, 67 Roccaraso (AQ)

comprende *comprises* **camosci** *chamois* **lupi** *wolves* **falco** *falcon* **cervi** *deer* **aquile** *eagles* **a rischio di estinzione** *endangered* **paesaggi magici** *magical landscapes* **piste da sci** *ski slopes* **impianti di risalita** *ski lifts* **esigente** *demanding* **scalate** *climbing* **alpinismo** *mountaineering* **raggiungono** *reach* **equitazione** *horseback riding* **escursionismo** *hiking* **pattinaggio** *skating* **percorsi vita** *nature walks* **sentieri** *paths* **apprezzare** *appreciate* **specie animali** *animal species*

Dopo la lettura

Rispondere Select the correct response or completion to each question or statement, based on the reading.

1. Questo è un opuscolo (*brochure*) di...
   a. un'agenzia di viaggio.
   b. un parco nazionale.
   c. un negozio di articoli sportivi.
2. Il Parco Nazionale del Gran Sasso...
   a. ospita (*is home to*) 150 cervi.
   b. è la montagna più alta d'Europa.
   c. non ha piste da sci.
3. Le montagne del parco offrono...
   a. un bosco di sequoie.
   b. paesaggi magici.
   c. vedute sul mare.
4. A Roccaraso ci sono...
   a. trecento aquile.
   b. diversi alberghi a cinque stelle (*five-star*).
   c. piste da pattinaggio.
5. Lo sport più popolare in inverno è...
   a. lo sci.
   b. il pattinaggio.
   c. l'equitazione.
6. In estate i turisti...
   a. sciano.
   b. fanno escursioni.
   c. fanno il bagno al mare.
7. Per chi (*those who*) ama gli animali ci sono...
   a. numerosi ristoranti per vegetariani.
   b. due zoo.
   c. possibilità di osservare gli animali in completa libertà.
8. Ci sono diverse attività...
   a. soltanto (*only*) in estate.
   b. in inverno e in primavera.
   c. durante tutto l'anno.

Completare Complete the sentences.

1. Il numero di telefono è ______.
2. Il numero di fax è ______.
3. Il sito Internet del parco è ______.
4. L'indirizzo di posta elettronica è ______.
5. L'indirizzo stradale (*mailing*) è ______.

Practice more at **vhlcentral.com.**

settantatré 73

Readings are directly tied to the unit theme and recycle vocabulary and grammar you have learned. The selections in Units 1–9 are cultural texts, while those in Units 10–12 are literary pieces.

Prima di leggere presents valuable reading strategies and pre-reading activities that strengthen your reading abilities in Italian and English.

Dopo la lettura includes post-reading activities that check your comprehension of the reading.

Supersite

- Textbook activities
- Additional online-only practice activities
- Audio-sync technology for all readings

Supersite features vary by access level. Visit **vistahigherlearning.com** to explore which Supersite level is right for you.

AVANTI

In ascolto and **Scrittura** develop listening and writing skills in the context of the unit's theme.

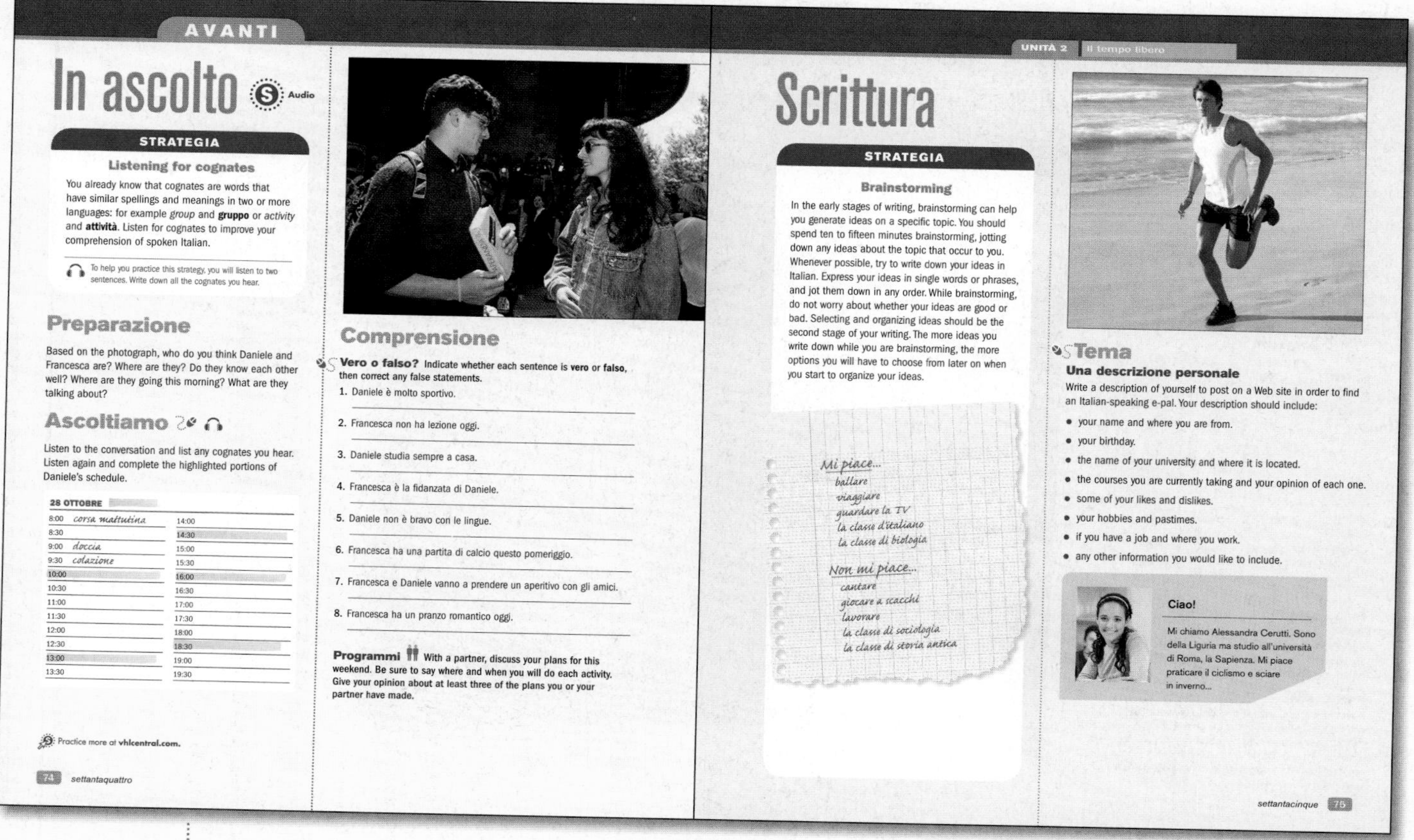

AVANTI

In ascolto

Audio

STRATEGIA

Listening for cognates

You already know that cognates are words that have similar spellings and meanings in two or more languages: for example *group* and **gruppo** or *activity* and **attività**. Listen for cognates to improve your comprehension of spoken Italian.

To help you practice this strategy, you will listen to two sentences. Write down all the cognates you hear.

Preparazione

Based on the photograph, who do you think Daniele and Francesca are? Where are they? Do they know each other well? Where are they going this morning? What are they talking about?

Ascoltiamo

Listen to the conversation and list any cognates you hear. Listen again and complete the highlighted portions of Daniele's schedule.

28 OTTOBRE			
8:00	*corsa mattutina*	14:00	
8:30		14:30	
9:00	*doccia*	15:00	
9:30	*colazione*	15:30	
10:00		16:00	
10:30		16:30	
11:00		17:00	
11:30		17:30	
12:00		18:00	
12:30		18:30	
13:00		19:00	
13:30		19:30	

Practice more at **vhlcentral.com.**

74 settantaquattro

Comprensione

Vero o falso? Indicate whether each sentence is **vero** or **falso**, then correct any false statements.

1. Daniele è molto sportivo.
2. Francesca non ha lezione oggi.
3. Daniele studia sempre a casa.
4. Francesca è la fidanzata di Daniele.
5. Daniele non è bravo con le lingue.
6. Francesca ha una partita di calcio questo pomeriggio.
7. Francesca e Daniele vanno a prendere un aperitivo con gli amici.
8. Francesca ha un pranzo romantico oggi.

Programmi With a partner, discuss your plans for this weekend. Be sure to say where and when you will do each activity. Give your opinion about at least three of the plans you or your partner have made.

UNITÀ 2 Il tempo libero

Scrittura

STRATEGIA

Brainstorming

In the early stages of writing, brainstorming can help you generate ideas on a specific topic. You should spend ten to fifteen minutes brainstorming, jotting down any ideas about the topic that occur to you. Whenever possible, try to write down your ideas in Italian. Express your ideas in single words or phrases, and jot them down in any order. While brainstorming, do not worry about whether your ideas are good or bad. Selecting and organizing ideas should be the second stage of your writing. The more ideas you write down while you are brainstorming, the more options you will have to choose from later on when you start to organize your ideas.

Mi piace...
ballare
viaggiare
guardare la TV
la classe d'italiano
la classe di biologia

Non mi piace...
cantare
giocare a scacchi
lavorare
la classe di sociologia
la classe di storia antica

Tema

Una descrizione personale

Write a description of yourself to post on a Web site in order to find an Italian-speaking e-pal. Your description should include:

- your name and where you are from.
- your birthday.
- the name of your university and where it is located.
- the courses you are currently taking and your opinion of each one.
- some of your likes and dislikes.
- your hobbies and pastimes.
- if you have a job and where you work.
- any other information you would like to include.

Ciao!

Mi chiamo Alessandra Cerutti. Sono della Liguria ma studio all'università di Roma, la Sapienza. Mi piace praticare il ciclismo e sciare in inverno...

settantacinque 75

In ascolto uses a recorded conversation or narration to develop your listening skills in Italian. **Strategia** and **Preparazione** prepare you for listening to the recorded passage.

Ascoltiamo guides you through the recorded passage, and **Comprensione** checks your understanding of what you heard.

Strategia in **Scrittura** provides useful strategies that prepare you for the writing task presented in **Tema**.

Tema describes the writing topic and includes suggestions for approaching it. It also provides useful terms and/or phrases related to the writing task that may be useful in developing the topic.

Supersite

- Textbook activities
- Additional online-only practice activities
- Composition engine writing activity for **Scrittura**

Supersite features vary by access level. Visit **vistahigherlearning.com** to explore which Supersite level is right for you.

VOCABOLARIO

summarizes all the active vocabulary of the unit.

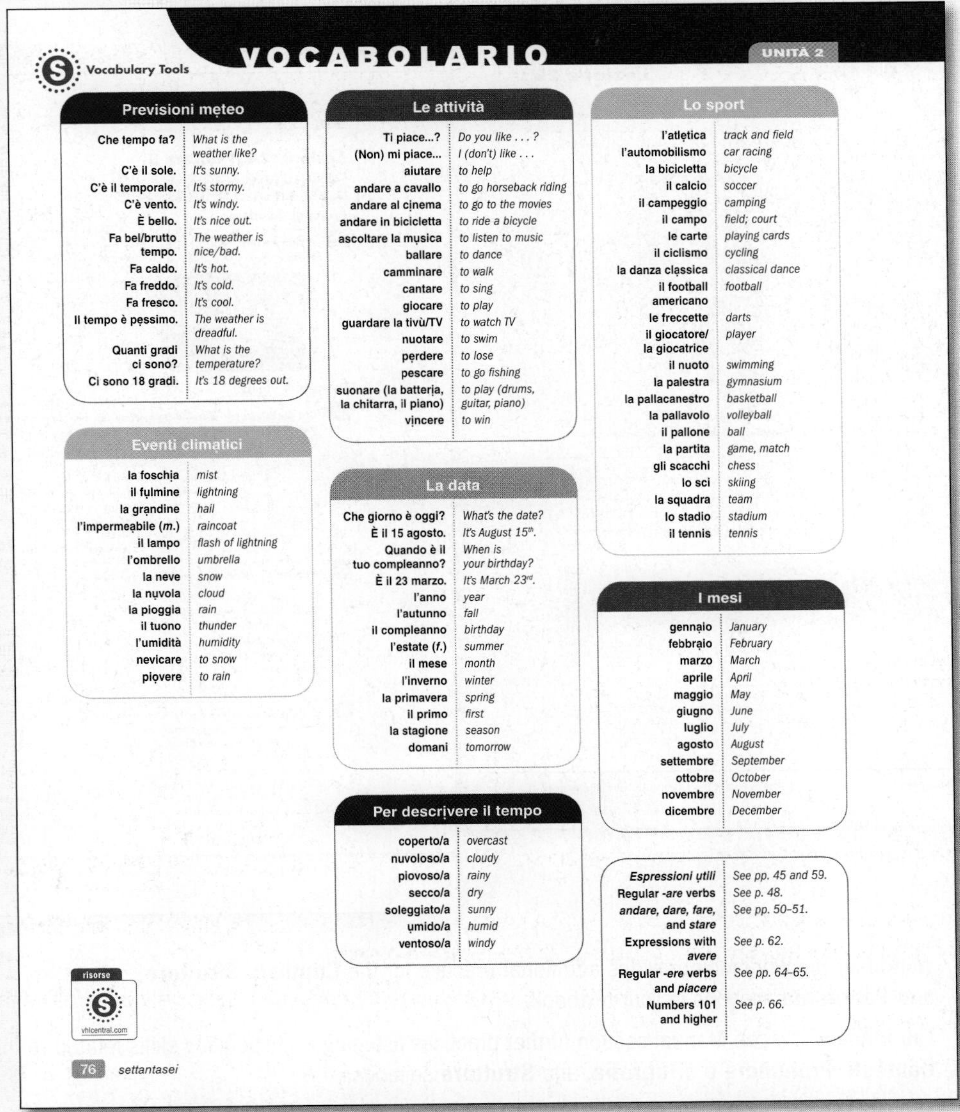

Vocabulary Tools

VOCABOLARIO

UNITÀ 2

Previsioni meteo

Che tempo fa?	*What is the weather like?*
C'è il sole.	*It's sunny.*
C'è il temporale.	*It's stormy.*
C'è vento.	*It's windy.*
È bello.	*It's nice out.*
Fa bel/brutto tempo.	*The weather is nice/bad.*
Fa caldo.	*It's hot.*
Fa freddo.	*It's cold.*
Fa fresco.	*It's cool.*
Il tempo è pessimo.	*The weather is dreadful.*
Quanti gradi ci sono?	*What is the temperature?*
Ci sono 18 gradi.	*It's 18 degrees out.*

Eventi climatici

la foschia	*mist*
il fulmine	*lightning*
la grandine	*hail*
l'impermeabile (*m.*)	*raincoat*
il lampo	*flash of lightning*
l'ombrello	*umbrella*
la neve	*snow*
la nuvola	*cloud*
la pioggia	*rain*
il tuono	*thunder*
l'umidità	*humidity*
nevicare	*to snow*
piovere	*to rain*

Le attività

Ti piace...?	*Do you like . . . ?*
(Non) mi piace...	*I (don't) like . . .*
aiutare	*to help*
andare a cavallo	*to go horseback riding*
andare al cinema	*to go to the movies*
andare in bicicletta	*to ride a bicycle*
ascoltare la musica	*to listen to music*
ballare	*to dance*
camminare	*to walk*
cantare	*to sing*
giocare	*to play*
guardare la tivù/TV	*to watch TV*
nuotare	*to swim*
perdere	*to lose*
pescare	*to go fishing*
suonare (la batteria, la chitarra, il piano)	*to play (drums, guitar, piano)*
vincere	*to win*

La data

Che giorno è oggi?	*What's the date?*
È il 15 agosto.	*It's August 15th.*
Quando è il tuo compleanno?	*When is your birthday?*
È il 23 marzo.	*It's March 23rd.*
l'anno	*year*
l'autunno	*fall*
il compleanno	*birthday*
l'estate (*f.*)	*summer*
il mese	*month*
l'inverno	*winter*
la primavera	*spring*
il primo	*first*
la stagione	*season*
domani	*tomorrow*

Per descrivere il tempo

coperto/a	*overcast*
nuvoloso/a	*cloudy*
piovoso/a	*rainy*
secco/a	*dry*
soleggiato/a	*sunny*
umido/a	*humid*
ventoso/a	*windy*

Lo sport

l'atletica	*track and field*
l'automobilismo	*car racing*
la bicicletta	*bicycle*
il calcio	*soccer*
il campeggio	*camping*
il campo	*field; court*
le carte	*playing cards*
il ciclismo	*cycling*
la danza classica	*classical dance*
il football americano	*football*
le freccette	*darts*
il giocatore/ la giocatrice	*player*
il nuoto	*swimming*
la palestra	*gymnasium*
la pallacanestro	*basketball*
la pallavolo	*volleyball*
il pallone	*ball*
la partita	*game, match*
gli scacchi	*chess*
lo sci	*skiing*
la squadra	*team*
lo stadio	*stadium*
il tennis	*tennis*

I mesi

gennaio	*January*
febbraio	*February*
marzo	*March*
aprile	*April*
maggio	*May*
giugno	*June*
luglio	*July*
agosto	*August*
settembre	*September*
ottobre	*October*
novembre	*November*
dicembre	*December*

Espressioni utili	See pp. 45 and 59.
Regular *-are* verbs	See p. 48.
andare, dare, fare,* and *stare	See pp. 50–51.
Expressions with *avere*	See p. 62.
Regular *-ere* verbs and *piacere*	See pp. 64–65.
Numbers 101 and higher	See p. 66.

risorse

vhlcentral.com

76 settantasei

Vocabulary All the lesson's active vocabulary is brought together, grouped in easy-to-study thematic lists.

Supersite

- Audio recordings of all vocabulary items
- Customizable study lists

Supersite features vary by access level. Visit **vistahigherlearning.com** to explore which Supersite level is right for you.

Student Activities Manual

Nome ____ Data ____

Unità 2 **Lezione 2B**

CONTESTI

1 **Il tempo** Listen to each statement and write the number of the statement below the picture it describes. There are more statements than pictures.

a. ____ b. ____

c. ____ d. ____

2 **Identificare** You will hear a series of words. Write the word that does not belong in each series.

1. ____ 4. ____
2. ____ 5. ____
3. ____ 6. ____

3 **Completare** You will hear a statement. Use the information it provides to complete the partial statement in your lab manual.

Modello

You see: Il tempo è ____
You hear: Piove e c'è vento.
You write: brutto

1. Il tempo è ____.
2. Questo (*This*) mese è ____.
3. La prossima (*next*) stagione è l' ____.
4. C'è un ____.
5. Fa molto ____.
6. La stagione è l' ____.

Lab Manual

14 **Unità 2** Lab Activities © 2016 by Vista Higher Learning, Inc. All rights reserved.

Nome ____ Data ____

Lezione 2A, Puntata 3 **Fotoromanzo**

CHE COSA VUOI FARE?

Prima di guardare

1 **Il fine settimana** In this episode, the characters talk about their plans for the weekend. What activities do you think they have planned to do?

Durante il video

2 **Chi parla?** As you watch this episode, indicate which character says each line: **Marcella, Riccardo, Emily, Viola,** or **Lorenzo.**

____ 1. Programmi per il fine settimana?
____ 2. Che cosa ti piace fare?
____ 3. Anch'io penso di studiare.
____ 4. Guarda che non siamo in vacanza.
____ 5. All'inizio è difficile per molti studenti.
____ 6. Tu adesso frequenti l'università a Roma!
____ 7. L'Abruzzo è il passato.
____ 8. Vivere in una grande città è una cattiva idea.

3 **Attività** Check off the activities that are mentioned in this episode.

- ❑ 1. giocare a pallacanestro
- ❑ 2. guardare uno spettacolo di danza
- ❑ 3. guardare la TV
- ❑ 4. passeggiare
- ❑ 5. giocare a freccette
- ❑ 6. andare al cinema
- ❑ 7. andare a un concerto
- ❑ 8. ballare
- ❑ 9. giocare a tennis
- ❑ 10. giocare a calcio
- ❑ 11. giocare a pallavolo
- ❑ 12. nuotare
- ❑ 13. ascoltare musica
- ❑ 14. fare spese

4 **Collegare** Watch the scene as the four friends discuss their day. Match the first half of these sentences with the correct endings.

____ 1. Allora, siete a Roma... a. cose da fare a Roma.
____ 2. Io penso di andare... b. da una settimana ormai.
____ 3. Venerdì io vado a... c. in vacanza.
____ 4. Comincio a insegnare... d. a freccette.
____ 5. Ci sono un milione di... e. uno spettacolo di danza classica.
____ 6. Io adoro giocare... f. a un concerto domenica.
____ 7. Guarda che non siamo... g. fra due settimane.
____ 8. Impari un sacco... h. di cose nuove.

Video Manual

© 2016 by Vista Higher Learning, Inc. All rights reserved. **Lezione 2A Fotoromanzo** Activities 5

Workbook The Workbook provides additional practice for the **Contesti**, **Strutture**, and **Panorama** sections in your textbook.

Lab Manual The Lab Manual section further practices listening and speaking skills related to the **Contesti**, **Pronuncia e ortografia**, and **Strutture** sections.

Video Manual The Video Manual provides activities to be completed before, during, and after viewing each lesson's **Fotoromanzo**.

Supersite

- Audio for Lab Manual activities
- Streaming video of **Fotonovela**
- WebSAM online Student Activities Manual

Supersite features vary by access level. Visit **vistahigherlearning.com** to explore which Supersite level is right for you.

THE *FOTOROMANZO* EPISODES

Fully integrated with your textbook, the **SENTIERI Fotoromanzo** contains twenty-four dramatic episodes, one for each lesson of the text. The episodes relate the adventures of four college students who are studying in Rome. They live at the **Pensione Marcella**, a boarding house. The video tells their story and the story of Marcella and her teenage son, Paolo.

The **Fotoromanzo** dialogues in each printed textbook lesson are actually an abbreviated version of the dramatic episode featured in the video. Therefore, each **Fotoromanzo** section can be used as preparation before you see the corresponding video episode, after it as review, or as a stand-alone section.

As you watch the video, you will first see the characters interact using the vocabulary and grammar you are studying. Their dialogues carefully incorporate new vocabulary and grammar with previously taught language. After the episode there is a **Riepilogo** segment that summarizes the key language functions and grammar points used in the dramatic episode.

THE CAST

Here are the main characters you will meet when you watch the SENTIERI Video:

From Chicago
Emily

From Abruzzo
Viola

From Bari
Riccardo

From Milan
Lorenzo

From Rome
Marcella

From Rome
Paolo

SENTIERI and the *Standards for Foreign Language Learning*

Since 1982, when the *ACTFL Proficiency Guidelines* were first published, that seminal document and its subsequent revisions have influenced the teaching of modern languages in the United States. **SENTIERI**, Second Edition, was written with the concerns and philosophy of the *ACTFL Proficiency Guidelines* in mind, incorporating a proficiency-oriented approach from its planning stages.

SENTIERI'S pedagogy was also informed from its inception by the *Standards for Foreign Language Learning in the 21st Century.* First published in 1996 under the auspices of the National Standards in Foreign Language Education Project, the Standards are organized into five goal areas, often called the Five Cs: Communication, Cultures, Connections, Comparisons, and Communities.

Since **SENTIERI**, Second Edition, takes a communicative approach to the teaching and learning of Italian, the Communication goal is central to the student text. For example, the diverse formats used in the **Comunicazione** and **Sintesi** activities in each lesson—pair work, small group work, class circulation, information gap, task-based, and so forth—engage students in communicative exchanges, providing and obtaining information, and expressing feelings, emotions, and ideas. The **Scrittura** section focuses on developing students' communication skills in writing.

The Cultures goal is most overtly evident on four pages of each lesson: in the **Fotoromanzo** and **Cultura** sections, as well as in the **Panorama** feature in the **Avanti** section at the end of each unit. The students can also acquire information and recognize distinctive cultural viewpoints in the literary texts of the **Lettura** sections. However, **SENTIERI**, Second Edition, also weaves culture into virtually every page, exposing students to the multiple facets of practices, products, and perspectives of Italian speakers. In keeping with the Connections goal, students can connect with other disciplines such as communications, business, geography, history, fine arts, science, and math in the **Lo zapping** and **Panorama** features. Moreover, **Su Internet** boxes in **Cultura, Lo zapping,** and **Panorama** support the Connections and Communities goals as students work through those sections and complete the related activities on the **SENTIERI**, Second Edition, Supersite. As for the Comparisons goal, it is reflected in **Pronuncia e ortografia** and the **Strutture** sections.

Special Standards icons also appear on the student text pages of your Instructor's Annotated Edition to call out sections that have a particularly strong relationship with the Standards. These are a few examples of how **SENTIERI**, Second Edition, was written with the Standards firmly in mind, but you will find many more as you work with the student textbook and its ancillaries.

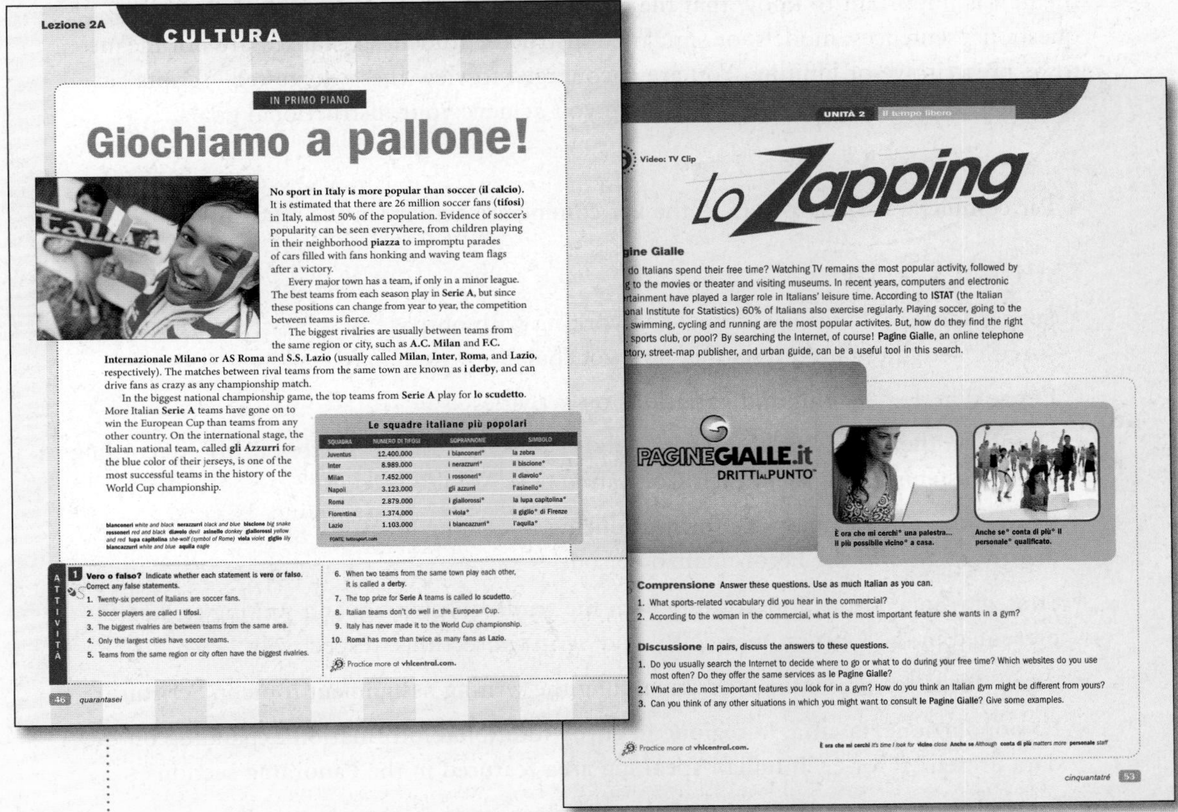

Lezione 2A

CULTURA

IN PRIMO PIANO

Giochiamo a pallone!

No sport in Italy is more popular than soccer (il calcio). It is estimated that there are 26 million soccer fans (**tifosi**) in Italy, almost 50% of the population. Evidence of soccer's popularity can be seen everywhere, from children playing in their neighborhood **piazza** to impromptu parades of cars filled with fans honking and waving team flags after a victory.

Every major town has a team, if only in a minor league. The best teams from each season play in **Serie A**, but since these positions can change from year to year, the competition between teams is fierce.

The biggest rivalries are usually between teams from the same region or city, such as **A.C. Milan** and **F.C. Internazionale Milano** or **AS Roma** and **S.S. Lazio** (usually called **Milan**, **Inter**, **Roma**, and **Lazio**, respectively). The matches between rival teams from the same town are known as **i derby**, and can drive fans as crazy as any championship match.

In the biggest national championship game, the top teams from **Serie A** play for **lo scudetto**. More Italian **Serie A** teams have gone on to win the European Cup than teams from any other country. On the international stage, the Italian national team, called **gli Azzurri** for the blue color of their jerseys, is one of the most successful teams in the history of the World Cup championship.

Le squadre italiane più popolari

SQUADRA	NUMERO DI TIFOSI	SOPRANNOME	SIMBOLO
Juventus	12.400.000	i bianconeri°	la zebra
Inter	8.989.000	i nerazzurri°	il biscione°
Milan	7.452.000	i rossoneri°	il diavolo°
Napoli	3.123.000	gli azzurri	l'asinello°
Roma	2.879.000	i giallorossi°	la lupa capitolina°
Fiorentina	1.374.000	i viola°	il giglio° di Firenze
Lazio	1.103.000	i biancazzurri°	l'aquila°

FONTE: tuttosport.com

bianconeri *white and black* **nerazzurri** *black and blue* **biscione** *big snake* **rossoneri** *red and black* **diavolo** *devil* **asinello** *donkey* **giallorossi** *yellow and red* **lupa capitolina** *she-wolf (symbol of Rome)* **viola** *violet* **giglio** *lily* **biancazzurri** *white and blue* **aquila** *eagle*

ATTIVITÀ

1 Vero o falso? Indicate whether each statement is **vero** or **falso**. Correct any false statements.

1. Twenty-six percent of Italians are soccer fans.
2. Soccer players are called **i tifosi**.
3. The biggest rivalries are between teams from the same area.
4. Only the largest cities have soccer teams.
5. Teams from the same region or city often have the biggest rivalries.
6. When two teams from the same town play each other, it is called a **derby**.
7. The top prize for **Serie A** teams is called **lo scudetto**.
8. Italian teams don't do well in the European Cup.
9. Italy has never made it to the World Cup championship.
10. **Roma** has more than twice as many fans as **Lazio**.

Practice more at **vhlcentral.com.**

46 quarantasei

UNITÀ 2 Il tempo libero

Video: TV Clip

Lo Zapping

gine Gialle

do Italians spend their free time? Watching TV remains the most popular activity, followed by g to the movies or theater and visiting museums. In recent years, computers and electronic rtainment have played a larger role in Italians' leisure time. According to **ISTAT** (the Italian onal Institute for Statistics) 60% of Italians also exercise regularly. Playing soccer, going to the , swimming, cycling and running are the most popular activites. But, how do they find the right , sports club, or pool? By searching the Internet, of course! **Pagine Gialle**, an online telephone ctory, street-map publisher, and urban guide, can be a useful tool in this search.

È ora che mi cerchi° una palestra... Il più possibile vicino° a casa.

Anche se° conta di più° il personale° qualificato.

Comprensione Answer these questions. Use as much Italian as you can.

1. What sports-related vocabulary did you hear in the commercial?
2. According to the woman in the commercial, what is the most important feature she wants in a gym?

Discussione In pairs, discuss the answers to these questions.

1. Do you usually search the Internet to decide where to go or what to do during your free time? Which websites do you use most often? Do they offer the same services as **le Pagine Gialle**?
2. What are the most important features you look for in a gym? How do you think an Italian gym might be different from yours?
3. Can you think of any other situations in which you might want to consult **le Pagine Gialle**? Give some examples.

Practice more at **vhlcentral.com.**

È ora che mi cerchi *It's time I look for* **vicino** *close* **Anche se** *Although* **conta di più** *matters more* **personale** *staff*

cinquantatré 53

Communication Understand and be understood: read and listen to understand Italian speakers, converse with others, and share your thoughts clearly through speaking and writing.

Cultures Experience Italian culture through the viewpoints, places, objects, behaviors, and beliefs important to Italian identity.

Connections Apply what you learn in your Italian course to your other studies; apply what you know from other courses to your Italian studies.

Comparisons Discover in which ways the Italian language and culture are like your own—and how they differ.

Communities Engage with Italian-speaking communities locally, nationally, and internationally both in your courses and beyond—for life.

Learning to Use Your Instructor's Annotated Edition

SENTIERI, Second Edition, offers you a comprehensive, thoroughly developed Instructor's Annotated Edition (IAE). It features student text pages overprinted with answers to all activities with discrete responses. Each page also contains annotations for a few selected activities that were written to complement and support varied teaching styles, to extend the already rich contents of the student textbook, and to save you time in class preparation and course management.

Because the **SENTIERI**, Second Edition, IAE is different from instructor's editions available with other Italian programs, this section is designed as a quick orientation to the principal types of instructor annotations it contains. As you familiarize yourself with them, it is important to know that the annotations are suggestions only. Any Italian questions, sentences, models, or simulated instructor-student exchanges are not meant to be prescriptive or limiting. You are encouraged to view these suggested "scripts" as flexible points of departure that will help you achieve your instructional goals.

For the Unit Opening Page

- **Per cominciare** The answers to the **Per cominciare** activity in the student text

For the Lessons

- **Suggestion** Teaching suggestions for working with on-page materials, carrying out specific activities, and presenting new vocabulary or grammar
- **Expansion** Expansions and variations on activities
- **Script** (on the Instructor's Supersite only) Transcripts of the Textbook MP3 recordings for the listening activity in each **Contesti** and **In Ascolto** section
- **Espressioni utili** Suggestions for introducing upcoming **Strutture** grammar points incorporated into the **Fotoromanzo** episode
- **Strategia** Suggestions for working with the reading, listening, and writing strategies presented in the **Lettura, In ascolto,** and **Scrittura** sections, respectively
- **Tema** Ideas for presenting and expanding the writing assignment topic in **Scrittura**
- **La popolazione, la città, la regione in cifre** Additional information expanding on the data presented for each Italian-speaking area featured in the **Panorama** sections
- **Incredibile ma vero!** Curious facts about an aspect of the area featured in the **Panorama** sections
- **Successful Language Learning** Tips and strategies to help students grasp difficult concepts
- **Prima di leggere** Triggers to activate prior knowledge and opinions related to readings in the **Cultura** and **Lettura** sections

COURSE PLANNING

The entire **SENTIERI**, Second Edition, program was developed with an eye to flexibility and ease of use in a wide variety of course configurations. **SENTIERI,** Second Edition, can be used in courses taught on semester or quarter systems, and in courses that complete the book in two or three semesters. Here are some sample course plans that illustrate how **SENTIERI**, Second Edition, can be used in different academic situations. You should, of course, feel free to organize your courses in the way that best suits your students' needs and your instructional objectives.

Two-Semester System

The following chart illustrates how **SENTIERI**, Second Edition, can be completed in a two-semester course. This division of material allows the present tense, direct and indirect object pronouns, reflexives, the **passato prossimo**, the **imperfetto**, and the **trapassato prossimo** to be presented in the first semester; the second semester focuses on the imperative, the conditional, the future, and the present and past subjunctive.

Semester 1	Semester 2
Units 1–6	Units 7–12

Three-Semester or Quarter System

This chart shows how **SENTIERI**, Second Edition, can be used in a three-semester or quarter course. The units are divided over each semester/quarter, allowing students to absorb the material at a steady pace.

Semester/Quarter 1	Semester/Quarter 2	Semester/Quarter 3
Units 1–4	Units 5–8	Units 9–12

Four-Semester System

This chart shows how **SENTIERI**, Second Edition, can be used in a four-semester course.

Semester 1	Semester 2	Semester 3	Semester 4
Units 1–3	Units 4–6	Units 7–9	Units 10–12

Lesson Plan

The sample lesson plan for **SENTIERI**, Second Edition, is available on the instructor's part of the **SENTIERI**, Second Edition, Supersite at **vhlcentral.com**, along with a sample syllabus for each semester of a two-semester course. You will find general suggestions and plans for the two lessons in each unit, as well as each end-of-unit **Avanti** section. The lesson plan and syllabi are not prescriptive. You should feel free to present lesson materials as you see fit, tailoring them to your own teaching preferences and to your students' learning styles. It is our hope that you will find the **SENTIERI**, Second Edition, program very flexible: simply pick and choose from its array of instructional resources and sequence them in the way that makes the most sense for your course.

General Teaching Considerations

Orienting Students to the Student Textbook

Because **SENTIERI**, Second Edition, treats interior and graphic design as an integral part of students' language-learning experience, you may want to take a few minutes to orient students to the student textbook. Have them flip through one unit, and point out that the units are all organized exactly the same way with two short lessons and a concluding **Avanti** section. Also point out how the major sections of each lesson are color-coded for easy navigation: green for **Contesti**, yellow for **Fotoromanzo**, red for **Cultura**, orange for **Strutture**, purple for **Sintesi**, and blue for **Avanti** and **Vocabolario**. Let them know that, because of these design elements, they can be confident that they will always know "where they are" in their textbook.

Emphasize that sections are self-contained, occupying either a full page or a spread of two facing pages, thereby eliminating "bad breaks" and the need to flip back and forth to do activities or to work with explanatory material. Finally, call students' attention to the use of color to highlight key information in elements such as charts, diagrams, word lists, activity models, titles, and help boxes such as **Attenzione!**, **Un piccolo aiuto**, and **Attrezzi**.

Flexible Lesson Organization

SENTIERI, Second Edition, uses a flexible lesson organization designed to meet the needs of diverse teaching styles, instructional goals, and institutional requirements. For example, you can begin with the unit opening page and progress sequentially through a unit. If you do not want to devote class time to grammar, you can assign the **Strutture** explanations for outside study, freeing up class time for other purposes like developing oral communication skills; increasing awareness of Italian television broadcasts; building listening, reading, and writing skills; learning more about Italian speakers; or working with the video program. You might decide to work with the **Avanti** section in order to focus on students' reading skills and their knowledge of Italy. On the other hand, you might prefer to skip these sections entirely, exploiting them periodically in response to your students' interests as the opportunity arises. If you plan on using the **SENTIERI**, Second Edition, Testing Program, however, be aware that its tests and exams check language presented in **Contesti**, **Strutture**, and the **Espressioni utili** boxes of **Fotoromanzo**.

Identifying Active Vocabulary

All words and expressions taught in the illustrations, **Vocabolario** lists, and **Attenzione!** boxes in **Contesti** are considered active, testable vocabulary. The words and expressions in the **Espressioni utili** boxes in **Fotoromanzo**, as well as words in charts, word lists, and sample sentences in **Strutture** are also part of the active vocabulary load. At the end of each unit, **Vocabolario** provides a convenient one-page summary of the items that students should know and that may appear on tests and exams. The phrases and expressions in **Fotoromanzo** are also active, but they are not in the **Vocabolario** page. You will want to point this out to students.

Taking into Account the Affective Dimension

While many factors contribute to the quality and success rate of learning experiences, two factors are particularly germane to language learning. One is students' beliefs about how language is learned; the other is language-learning anxiety.

As studies show and experienced instructors know, students often come to modern languages courses either with a lack of knowledge about how to approach language learning or with mistaken notions about how to do so. For example, many students believe that making mistakes when speaking the target language must be avoided because doing so will lead to permanent errors. Others are convinced that learning another language is like learning any other academic subject. In other words, they believe that success is guaranteed, provided they attend class regularly, learn the assigned vocabulary words and grammar rules, and study for exams. In fact, in a study of college-level beginning language learners in the United States, over one-third of the participants thought that they could become fluent if they studied the language for only one hour a day for two years or less. Mistaken and unrealistic beliefs such as these can cause frustration and ultimately demotivation, thereby significantly undermining students' ability to achieve a successful language-learning experience.

Another factor that can negatively impact students' language-learning experiences is language-learning anxiety. As Professor Elaine K. Horwitz of The University of Texas at Austin and Senior Consulting Editor of **VISTAS**, First Edition, wrote, "Surveys indicate that up to one-third of American foreign language students feel moderately to highly anxious about studying another language. Physical symptoms of foreign language anxiety can include heart-pounding or palpitations, sweating, trembling, fast breathing, and general feelings of unease." The late Dr. Philip Redwine Donley, **VISTAS** co-author and author of articles on language-learning anxiety, spoke with many students who reported feeling nervous or apprehensive in their classes. They mentioned freezing when called on by their instructors or going inexplicably blank when taking tests. Some so dreaded their classes that they skipped them or dropped the course.

Based on what Vista Higher Learning learned from instructors and students using our highly successful introductory Spanish and French programs, **SENTIERI**, Second Edition, contains several features aimed at reducing students' language anxiety and supporting their successful language learning. First of all, the highly structured, visually dramatic interior design of the **SENTIERI**, Second Edition, student text was conceived as a learning tool to make students feel comfortable with the content and confident about navigating the lessons. In addition, the student text provides on-the-spot **Attenzione!, Un piccolo aiuto, Attrezzi,** and **Punto di partenza** boxes that assist students by making relevant connections with new information or reminding them of previously learned concepts.

General Suggestions for Using the SENTIERI *Fotoromanzo* Video Episodes

The **Fotoromanzo** section in each lesson and the **SENTIERI**, Second Edition, Video were created as interlocking pieces. All photos in **Fotoromanzo** are actual video stills from the corresponding video episode, while the printed conversations are abbreviated versions of the dramatic segment. Both the **Fotoromanzo** conversations and their expanded video versions represent comprehensible input at the discourse level; they were purposely written to use language from the corresponding lesson's **Contesti** and **Strutture** sections. Thus, as of **Puntata 2** in **Lezione 1B**, they recycle known language, preview grammar points students will study later in the lesson, and, in keeping with Krashen's concept of "i + 1," contain a small amount of unknown language.

Because the **Fotoromanzo** textbook sections and the dramatic episodes of the **SENTIERI**, Second Edition, Video are so closely connected, you may use them in many different ways. For instance, you can use **Fotoromanzo** as an advance organizer, presenting it before showing the video episode. You can also show the video episode first and follow up with **Fotoromanzo**. You can even use **Fotoromanzo** as a stand-alone, video-independent section.

Depending on your teaching preferences and campus facilities, you might decide to show all video episodes in class or to assign them solely for viewing outside of the classroom. You could begin by showing the first one or two episodes in class to familiarize yourself and students with the characters, storyline, style, and **Riepilogo** sections. After that, you could work in class only with **Fotoromanzo** and have students view the remaining video episodes outside of class. No matter which approach you choose, students have ample materials to support viewing the video independently and processing it in a meaningful way. For each video episode, there are activities in the **Fotoromanzo** section of the corresponding textbook lesson, as well as pre-viewing, while-viewing, and post-viewing activities in the **SENTIERI**, Second Edition, Video Manual section of the *Student Activities Manual.*

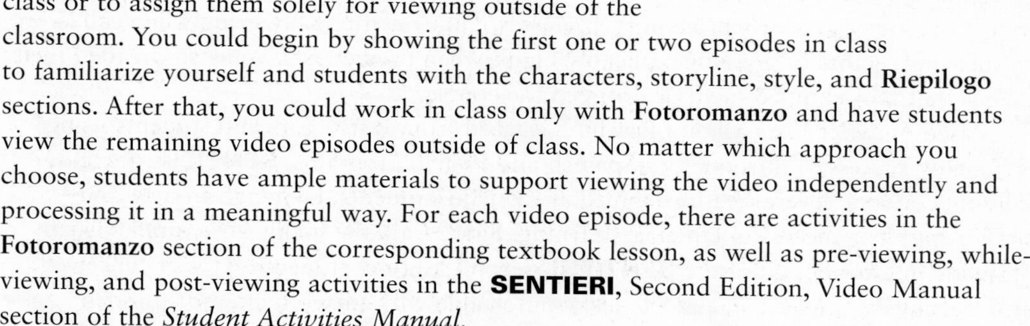

You might also want to use the **SENTIERI**, Second Edition, video in class when working with the **Strutture** sections. You could play the parts of the dramatic episode that correspond to the video stills in the grammar explanations or show selected scenes and ask students to identify certain grammar points.

You could also focus on the **Riepilogo** sections that appear at the end of each lesson's dramatic episode to summarize the key language functions and grammar points used. In class, you could play the parts of the **Riepilogo** section that exemplify individual grammar points as you progress through each **Strutture** section. You could also wait until you complete a **Strutture** section and review it and the lesson's **Contesti** section by showing the corresponding **Riepilogo** section in its entirety.

When showing the **Fotoromanzo** video segments in your classes, you might want to implement a process approach. You could start with an activity that prepares students for the video segment by taking advantage of what they learned in the **Contesti** section. This could be followed by an activity that students do while you play parts of or the entire video segment. The final activity, done in the same class period or in the next one as warm-up, could recap what students saw and heard and move beyond the video segment's topic. The following suggestions for using the **Fotoromanzo** video segments in class are in addition to those on the individual pages of the Instructor's Annotated Edition, and they can be carried out as described or expanded upon in any number of ways.

Before viewing

- Ask students to guess what the segment might be about based on what they've learned in **Contesti** or by asking them to look at the video stills.
- Have pairs make a list of the lesson vocabulary they expect to hear in the video.
- Read a list of true-false or multiple-choice questions about the video to the class. Students must use what they know about the characters to guess the answers. Confirm their guesses after watching the segment.

While viewing

- Show the video segment with the audio turned off and ask students to use lesson vocabulary and previously learned structures to describe what they see. Have them confirm their guesses by showing the segment again with the audio on.
- Have students refer to the list of words they brainstormed before viewing the video and put a check in front of any words they actually hear or see in the segment.
- First, have students simply watch the video. Then, show it again and ask students to take notes on what they see and hear. Finally, have them compare their notes in pairs or groups for confirmation.
- Photocopy the segment's videoscript from the Instructor's Resource Manual and white out words and expressions related to the lesson theme. Distribute the scripts for pairs or groups to complete as cloze paragraphs.
- Show the video segment before moving on to **Contesti** to jump-start the lesson's vocabulary, grammar, and cultural focus. Have students tell you what vocabulary and grammar they recognize from previous lessons.

After viewing

- Have students say what aspects of the information presented in the corresponding textbook lesson are included in the video segment.
- Ask groups to write a brief summary of the content of the video segment. Have them exchange papers with another group for peer editing.
- Have students pick one new aspect of the corresponding textbook lesson's cultural theme that they learned about from watching the video segment. Have them research more about that topic and write a list or paragraph to expand on it.

About Lo zapping commercials and short films

An Italian TV commercial or a short film, **cortometraggio,** appears at the end of the first lesson in each unit. The purpose of this feature is to expose the students to the language and culture contained in authentic media pieces. The following list of the television commercials and short films is organized by unit and lesson for your convenience.

Lo zapping pubblicità

Unità 1 **Lezione 1A**
Dizionari Zanichelli (15 sec)

Unità 2 **Lezione 2A**
Pagine Gialle (30 sec)

Unità 3 **Lezione 3A**
Galletto Vallespluga (30 sec)

Unità 4 **Lezione 4A**
Telecom Italia Mobile (29 sec)

Unità 5 **Lezione 5A**
Calcio vigna (1 min 30 sec)

Unità 6 **Lezione 6A**
La febbre (43 sec)

Unità 7 **Lezione 7A**
Leroy Merlin (2 min 17 sec)

Unità 8 **Lezione 8A**
Autostrade per l'Italia (31 sec)

Unità 9 **Lezione 9A**
Le città, i mercati (1 min 07 sec)

Lo zapping cortometraggi

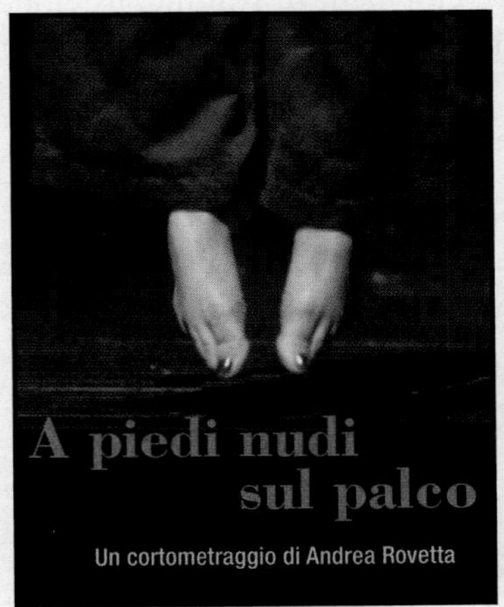

Unità 10 Lezione 10A
A piedi nudi sul palco (4 min 30 sec)

Unità 11 Lezione 11A
Viola fondente (13 min 26 sec)

Unità 12 Lezione 12A
Lo sguardo ritrovato (15 min 35 sec)

About strategies in **Lettura**, **In ascolto**, and **Scrittura**

SENTIERI, Second Edition, takes a process approach to the development of reading, listening, and writing skills. These are lists of the different strategies taught in each unit so that you may refer to them in one convenient place.

Lettura

Unità 1 Recognizing cognates
Unità 2 Predicting content through formats
Unità 3 Predicting content from visuals
Unità 4 Scanning
Unità 5 Skimming
Unità 6 Recognizing word families
Unità 7 Predicting content from the title
Unità 8 Guessing meaning from context
Unità 9 Reading for the main idea
Unità 10 Making inferences and using metaphors
Unità 11 Identifying point of view
Unità 12 Summarizing a text in your own words

In ascolto

Unità 1 Listening for words you know
Unità 2 Listening for cognates
Unità 3 Asking for repetition
Unità 4 Listening for the gist
Unità 5 Listening for key words
Unità 6 Listening for specific information
Unità 7 Using visual cues
Unità 8 Recognizing the genre of spoken discourse
Unità 9 Using background information
Unità 10 Guessing the meaning of words through context
Unità 11 Listening for linguistic clues
Unità 12 Jotting down notes as you listen

Scrittura

Unità 1 Writing in Italian
Unità 2 Brainstorming
Unità 3 Using idea maps
Unità 4 Adding details
Unità 5 Using a dictionary
Unità 6 How to report an interview
Unità 7 Making an outline
Unità 8 Expressing and supporting opinions
Unità 9 Using linking words
Unità 10 Using note cards
Unità 11 Writing strong introductions
Unità 12 Considering audience and purpose

On behalf of its author and editors, Vista Higher Learning expresses its sincere appreciation to the instructors nationwide who reviewed materials from **SENTIERI**. Their input and suggestions were vitally helpful in forming and shaping the Second Edition into its final, published form.

Reviewers

Maria Rita Barbarino
Syracuse University, NY

Brian Barone
University of Central Florida, FL

Viktor Berberi
University of Minnesota, Morris, MN

Kelly Blank
Xavier University, OH

Emma O. Brombin
Daytona State College, FL

Danila Cannamela
University of North Carolina at Chapel Hill, NC

Cynthia Capone
George Washington University, DC

Mark Cerosaletti
SUNY Cortland, NY

Giuliana Chapman
Roanoke College, VA

Amy Chambless
University of North Carolina at Chapel Hill, NC

Rachel Cullenen
Ithaca College, NY

Linda De Caterina
San Diego City College, CA

Sydney Conrad
University of North Carolina-Chapel Hill, NC

Antonella Dell'Anna
Arizona State University, AZ

Carmen De Lorenzo
Michigan State University, MI

Vito Di Giulio
Napa Valley College, CA

Antonietta Di Pietro
Florida International University, FL

Lisa DiSanti Rosenthal
Illinois State University, IL

Kate Greenburg
University of North Carolina at Chapel Hill, NC

Marinella M. Griffith
College of Charleston, SC

Tessa Gurney
University of North Carolina, NC

David Hamilton
Concordia College, MN

Eileen Juskie
College of Dupage, IL

Erich Lichtscheidl
Montgomery County Community College, PA

Loredana Lo Bianco
California State University of Fresno, CA

Antonella Longoni
George Washington University, VA

Martin Marafioti
Pace University, NY

Lorenza Marcin
University of Richmond, VA

Judith Mazziotti
Daemen College, NY

Barbara Michael
Monterey Peninsula College, CA

J. Vincent H. Morrissette
Fairfield University, CT

Annalisa Mosca
Purdue University, IN

Rosa Motta Christopher
Newport University, VA

Giuseppe Natale
University of Nevada, Las Vegas, NV

Elaine Navia
Andrews University, MI

Mirta Pagnucci
Northern Illinois University, IL

Gloria Pastorino
Fairleigh Dickinson University, NJ

Lorella Paltrinieri
Colorado State University, CO

Maria Roglieri
St. Thomas Aquinas College, NY

Steven J. Sacco
San Diego State University, CA

Simona Sansovini
Metropolitan State University, CO

Francesca Santoro
George Washington University, VA

Elizabeth Scheiber
Rider University, NJ

Maria Grazia Spina
University of Central Florida, FL

Gabriele Steiner
Modesto Junior College, CA

Giuseppe Tassone
University of Washington, WA

Rachel Toncelli
Rhode Island College, RI

Maria Traub
Neumann University, PA

Massimiliano Verita
Fox Valley Technical College, WI

Molly M. Zaldivar
University of Texas at San Antonio, TX

2nd EDITION

Sentieri

ATTRAVERSO L'ITALIA CONTEMPORANEA

Julia M. Cozzarelli
Ithaca College

UNITÀ 1

Ciao, come va?

Per cominciare

- What are these people saying?
  a. Scusa. (b.) Buongiorno! c. Grazie.
- How many women are there in the photo?
  (a.) una b. due c. tre
- What do you think is an appropriate title for this woman?
  a. signori b. professore (c.) signorina

Lezione

1A

CONTESTI

Communicative Goals

You will learn how to:

- use greetings and make introductions
- use expressions of courtesy

Vocabulary Tools

Come va?

Suggestion Model each dialogue for the students and have them repeat in chorus. Then assign roles and have students act out the conversations.

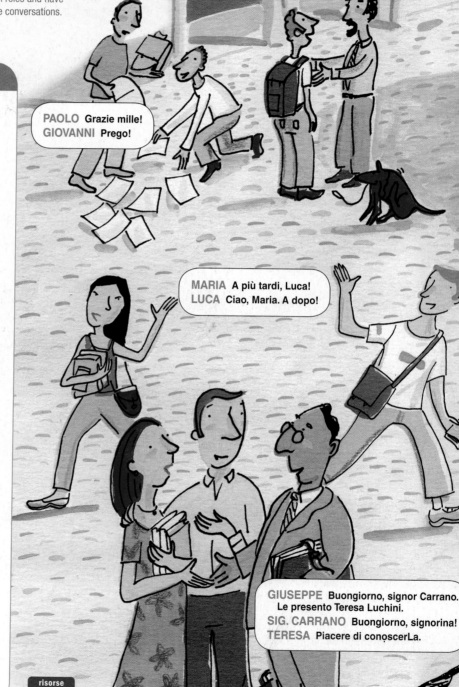

MICHELE Salve, signor Ciampi, come va?
SIG. CIAMPI Ciao, Michele! Abbastanza bene. E tu, come stai?
MICHELE Sto molto bene, grazie.

PAOLO Grazie mille!
GIOVANNI Prego!

MARIA A più tardi, Luca!
LUCA Ciao, Maria. A dopo!

GIUSEPPE Buongiorno, signor Carrano. Le presento Teresa Luchini.
SIG. CARRANO Buongiorno, signorina!
TERESA Piacere di conọscerLa.

Vocabolario

saluti e addịi	*hellos and good-byes*
Buonasera.	*Good evening.*
Buonanotte.	*Good night.*
A domani.	*See you tomorrow.*
A presto.	*See you soon.*
ArrivederLa/ci. (*form./fam.*)	*Good-bye.*
Buona giornata!	*Have a nice day!*
Come sta? (*form.*)	*How are you?*
Come stai? (*fam.*)	*How are you?*
Anch'ịo.	*Me, too.*
Così così.	*So-so.*
Non c'è male.	*Not bad.*
Sto male.	*I am not well.*
presentazioni	*introductions*
Come si chiama? (*form.*)	*What is your name?*
Come ti chiami? (*fam.*)	*What is your name?*
E Lei/tu? (*form./fam.*)	*And you?*
Le/Ti presento... (*form./fam.*)	*This is [name].*
Piacere.	*Delighted.*
Piacere di conọscerLa/ti. (*form./fam.*)	*Pleased to meet you.*
Piacere mịo.	*My pleasure.*
forme di cortesịa	*polite expressions*
Grazie.	*Thank you.*
Di niente.	*You're welcome.*
per favore	*please*
Scusi/a. (*form./fam.*)	*Excuse me.*
persone	*people*
la donna	*woman*
il/la ragazzo/a	*boy/girl*
signor(a)...	*Mr./Mrs. . . .*
l'uomo (*pl.* uọmini)	*man (men)*
Dov'è?	*Where is it?*
là/lì	*there*
qua/qui	*here*

Suggestion Point out that the familiar cadence of Italian is due in large part to having the stress of each word on the next-to-last syllable. When presenting new vocabulary, this text uses a "diacritical dot" for words that do not follow this pattern.

risorse

SAM WB: pp. 1–2	SAM LM: p. 1	vhlcentral.com

MARCO Buongiorno, mi chiamo Marco. E Lei, come si chiama?
ANNA Mi chiamo Anna.
MARCO Molto piacere, Anna!
SOFIA Buongiorno, Caterina!
CATERINA Ciao, Sofia!
SOFIA Come stai?
CATERINA Sto bene, grazie. E tu, come stai? Tutto bene?
SOFIA Molto bene, grazie!

Attenzione!

In Italian, people can be addressed formally or informally. Use **tu** forms with a close friend or someone younger than you. Use **Lei** forms with a boss, someone older than you, or someone you do not know.

Suggestion Encourage students to learn the vocabulary in context by writing their own sentences and visualizing the images on these pages.

Pratica

1 Categorizzare Put each of the following words into the correct category.

buonanotte	la donna	la ragazza	scusi
buonasera	grazie	salve	l'uomo

Forme di cortesia	Persone	Saluti
grazie	la donna	buonanotte
scusi	la ragazza	buonasera
	l'uomo	salve

2 Completare Complete each conversation with the appropriate word.

1. —Grazie mille!
   —Prego!
2. —Sono il signor Colombo, il professore di matematica.
   —Buongiorno, professore!
3. —Ciao Elisa, come stai?
   —Non c'è male.
4. —Martina, ti presento Andrea.
   —Piacere di conoscerti!

2 Have students work in pairs to role-play each of the conversations. Then have them switch roles and repeat.

3 Trovare la risposta Choose the response that best completes each conversation.

3 Suggestion Draw students' attention to the use of dashes in dialogues in Italian. For more information, see p. 365.

1. —Ciao Matteo, come stai?
   (a.) —Bene, grazie.
   b. —Anch'io.
2. —Grazie, Paola.
   a. —Per favore.
   (b.) —Di niente.
3. —Arrivederci!
   (a.) —A presto.
   b. —Così così.
4. —Buongiorno, professor Migliorini. Le presento Alfredo.
   a. —Scusi, Alfredo!
   (b.) —Piacere di conoscerti, Alfredo!
5. —Sto bene, grazie. E tu?
   a. —Mi chiamo Andrea.
   (b.) —Non c'è male.
6. —Piacere di conoscerti.
   (a.) —Piacere mio!
   b. —Per favore.
7. —Dov'è la signora Rossi?
   (a.) —È là.
   b. —Scusa.
8. —Come si chiama Lei?
   a. —Buona giornata!
   (b.) —Mi chiamo Paolo DeMarco.

4 Rispondere Respond to each question or statement you hear.

Answers will vary. Sample answers are provided.

1. Mi chiamo [name].
2. Sto molto bene, grazie.
3. Piacere!
4. Piacere mio.
5. Prego.
6. Arrivederci.

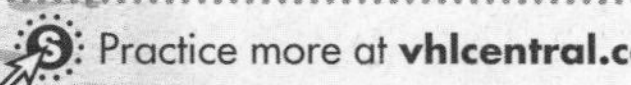
Practice more at **vhlcentral.com.**

Comunicazione

5 **Ascoltiamo!** Listen to the conversations. Then decide with a partner whether each conversation is formal (**formale**) or informal (**informale**).

	formale	informale
1.	☐	☑
2.	☐	☑
3.	☑	☐
4.	☐	☑
5.	☑	☐
6.	☑	☐

5 Suggestion Before playing the audio track, ask students to brainstorm markers of formal and informal speech. These could include the use of titles and last names, as well as formal pronouns and verb forms. Ask students how formal and informal context is demonstrated in English.

6 **Tocca a te!** In pairs, look at each illustration. Discuss how you would greet the people, ask them for their names, and ask how they are doing. For each situation, write a short dialogue and then act it out. Pay attention to the use of **tu** and **Lei**. Answers will vary.

1. Signora Bindi

2. Rosa

3. Signor Monti

4. Gemma

6 Suggestion Point out that the final **-e** is dropped from **signore** when using the last name to address a man, but that the **-e** is kept if not using the name. Ex.: **Buongiorno signore, come sta?**

7 **Mi chiamo...** Your instructor will give you and a partner two different worksheets with descriptions of five different people. Use the information from your worksheet to introduce yourselves and talk about how you are feeling. Role-play each of the five identities on your worksheet. Answers will vary.

MODELLO

S1: *Buongiorno, mi chiamo Vittorio. Come ti chiami?*
S2: *Ciao! Mi chiamo Silvia. Come stai?*
S1: *Sto molto bene, grazie. E tu?*

7 Suggestion Ask volunteers to read the **modello** aloud.

8 **Presentazioni** In groups of three, introduce yourselves and ask your group members how they are doing. Then join another group and introduce one another to the new group. Answers will vary.

MODELLO

S1: *Ciao, mi chiamo Laura. E tu?*
S2: *Mi chiamo Fabio.*
S1: *Come stai?*
S2: *Bene, grazie. E tu?*
S1: *Anch'io sto bene. Fabio, ti presento Michele.*
S3: *Ciao, Fabio. Molto piacere!*

8 Expansion Have the students repeat the activity in a formal context.

Pronuncia e ortografia

The Italian alphabet

lettera	esempio	lettera	esempio	lettera	esempio
a (a)	**abilità**	h (acca)	**hai**	q (cu)	**quattro**
b (bi)	**banana**	i (i)	**idea**	r (erre)	**radio**
c (ci)	**città**	l (elle)	**lungo**	s (esse)	**speciale**
d (di)	**delizioso**	m (emme)	**mamma**	t (ti)	**terribile**
e (e)	**elegante**	n (enne)	**natura**	u (u)	**università**
f (effe)	**famoso**	o (o)	**opera**	v (vu)	**video**
g (gi)	**generoso**	p (pi)	**pizza**	z (zeta)	**zoo**

The Italian alphabet is made up of 21 letters. Although these letters are all found in the English alphabet, some are pronounced differently. The letter **h** is not pronounced in Italian.

jeans **kiwi** **weekend** **taxi** **yogurt**

j (**i lunga**), **k** (**cappa**), **w** (**doppia vu**), **x** (**ics**), and **y** (**ịpsilon**) are used primarily in foreign terms.

sete	**sette**	**sono**	**sonno**
thirst	*seven*	*I am*	*sleep*

A double consonant often distinguishes between two similarly spelled words. The sound of the doubled consonant should be emphasized and held for an extra beat. When spelling double consonants aloud, say **due** (*two*) or **doppia** (*double*).

é = e accento acuto **à = a accento grave**

When spelling aloud, indicate accented letters by saying **accento acuto** (´) or **accento grave** (`).

Suggestions
- See **Lezione 1B** for sounds of **c** and **g**, **Lezione 2A** for the sounds of **gl**, **gn**, and **sc**, and **Lezione 2B** for the vowel sounds.
- Point out to students that Italian follows very regular rules of phonetics that will help them pronounce most words they see and write most words they hear.

L'alfabeto Practice saying the Italian alphabet and sample words aloud.

Come si scrive? Spell these words aloud in Italian. For uppercase letters, say **maiuscola: L = elle maiuscola.** **Expansion** Ask each student to spell his/her own name in Italian.

1. Roma
2. arrivederci
3. università
4. Firenze
5. ciao
6. yacht
7. musica
8. Milano
9. esatto
10. karaoke
11. numero
12. città

Proverbi Practice reading these sayings aloud.

[1] To err is human.
[2] All's well that ends well!

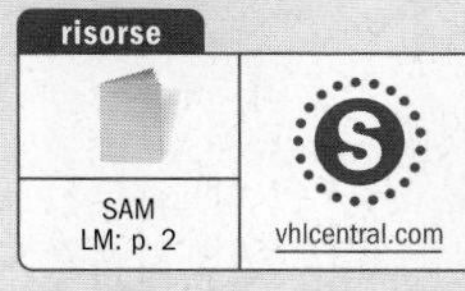

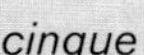

FOTOROMANZO

Ciao, io sono...

Video: *Fotoromanzo*

PERSONAGGI

Emily

Lorenzo

Marcella

Paolo

Riccardo

Viola

1

MARCELLA Sì? Chi è?
RICCARDO Scusi, è Lei la signora Marcella? Io sono Riccardo. Piacere di conoscerLa.
MARCELLA Piacere mio. Benvenuto.
RICCARDO Grazie. È bello qui.
MARCELLA Grazie.

Suggestion Point out that Riccardo addresses Marcella using the formal **Lei**.

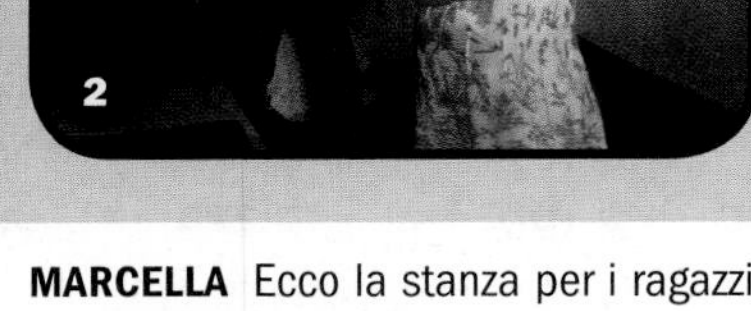
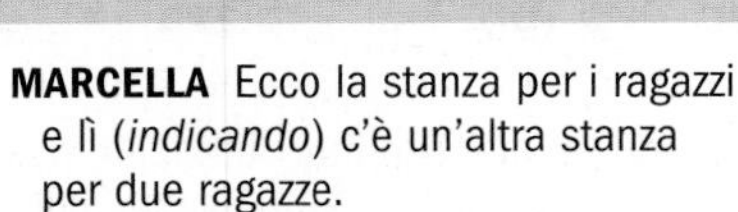
2

MARCELLA Ecco la stanza per i ragazzi e lì (*indicando*) c'è un'altra stanza per due ragazze.
RICCARDO Quattro studenti?
MARCELLA Molto bene.
RICCARDO Grazie.

3

MARCELLA Arrivo subito. Scusa.
EMILY Salve... C'è qualcuno? Marcella? Sono Emily. Emily Rufo Eriksson da Chicago. C'è qualcuno?
MARCELLA Benvenuta, Emily. Io sono Marcella. Quante valigie hai?
EMILY Una. E lo zaino.
MARCELLA Ecco la stanza delle ragazze.

6

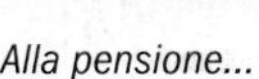

Alla pensione...
EMILY Il computer è pronto.
MARCELLA *I'm Marcella. This is my house...*
RICCARDO *I'm Riccardo. I'm Italian.* Ciao, America! Prima lezione d'italiano: sedia... matita... libro... amica.

7

PAOLO Ciao, mamma.
MARCELLA Ciao, Paolo. Vieni, ti presento Riccardo ed Emily.
PAOLO Ciao, io sono... Paolo.

Suggestion Point out that Paolo kisses his mother on the cheek in greeting, as many young Italians would.

8

MARCELLA Ciao.
LORENZO Sono Lorenzo. Dov'è la stanza?
MARCELLA Benvenuto, Lorenzo. Io sono Marcella e questi sono Paolo, Riccardo ed Emily... Da questa parte. Scusa.

ATTIVITÀ

1 Vero o falso? Indicate whether each statement is **vero** or **falso**.

1. Marcella e Riccardo sono vecchi amici (*old friends*). Falso.
2. Alla pensione c'è una stanza per i ragazzi e una per le ragazze. Vero.
3. Emily è una ragazza italiana. Falso.
4. Emily non ha (*doesn't have*) valigie. Falso.
5. Lorenzo è a Roma. Vero.
6. Emily ha (*has*) un computer. Vero.
7. Marcella è la mamma di Paolo. Vero.
8. Viola sta molto bene. Falso.
9. Vicino alla pensione c'è un supermercato. Falso.
10. Ci sono quattro studenti nella pensione. Vero.

1 Expansion Have students correct the false statements.

Practice more at **vhlcentral.com.**

I ragazzi arrivano alla pensione.

Expansion Have students volunteer to read the characters' parts aloud. Then have them get together in groups of six to act out the episode.

Tell students that a **bar** in Italy typically serves coffee, sandwiches, and pastries, as well as alcoholic beverages.

4

Al cellullare...

LORENZO Pronto... A Roma... Non lo so. Ma dai... No... Lasciami in pace, per favore!

5

LORENZO Ma vuoi stare
VIOLA Scusa! ...Grazie.

Suggestion Show students t… uses **Benvenuto** when talking **Benvenuta** when talking to a f… **Benvenuti** when talking to a gr… gender. Students will learn more adjective agreement in **Struttur…**

Spell out first + last names using letters + names of cities

9

VIOLA Grazie, grazie mille. Siete molto gentili. Sono Viola.
RICCARDO Io sono Riccardo.
EMILY Emily.
PAOLO Paolo.
RICCARDO Benvenuta a Roma.
VIOLA Grazie.
RICCARDO Come va?
VIOLA Non c'è male.

10

MARCELLA Benvenuti nella mia pensione. Allora, ci sono ristoranti, bar e una biblioteca qui vicino. Ci sono anche diversi autobus che vanno in centro... Quanti studenti?
RICCARDO Uno... due... tre. Tre. Quattro. Quattro studenti.
MARCELLA Alla città di Roma! Cin, cin!
TUTTI A Roma. Cin, cin!

Espressioni utili

Introductions

- **Chi è?**
  Who is it?
- **C'è qualcuno?**
  Is anybody there?
- **Scusi, è Lei la …** **Marcella? Io sono … conoscerLa.**
  …cella? I'm Riccardo.
- **È bello qui.**
  …t's nice here.
- **… sono Paolo,**
  … Paolo, Riccardo,

…ary

- **… e lì c'è un'altra**
  … and there is … e.
- *…ve?*
- **…, per favore!**
  Leave me alone, please!
- **Il computer è pronto.**
  The computer is ready.
- **sedia, matita, libro, amica...**
  chair, pencil, book, friend . . .
- **Ci sono ristoranti, bar e una biblioteca.**
  There are restaurants, cafés, and a library.
- **Vuoi stare attenta!**
  Pay attention!
- **Pronto.**
  Hello (on the phone).
- **Arrivo subito.**
  I'll be right there.
- **Ma dai.**
  Oh, come on.
- **Non lo so.**
  I don't know.
- **Vieni.**
  Come.
- **Da questa parte.**
  This way.
- **prima**
  first
- **Siete molto gentili.**
  You (pl.) are very nice.
- **Cin, cin!**
  Cheers!

ATTIVITÀ

2 **Per parlare un po'** In groups of three, imagine that you are exchange students meeting for the first time. Introduce yourselves to one another. Include information such as your name and where you are from. Be prepared to present your conversation to the class.
Answers will vary.

2 Expansion Have volunteers act out their conversations for the class or another group.

3 **Approfondimento** Did you know that there are seven hills (**colli**) in Rome? And a river (**fiume**) with an island (**isola**)? Use the Internet to find their names in Italian.

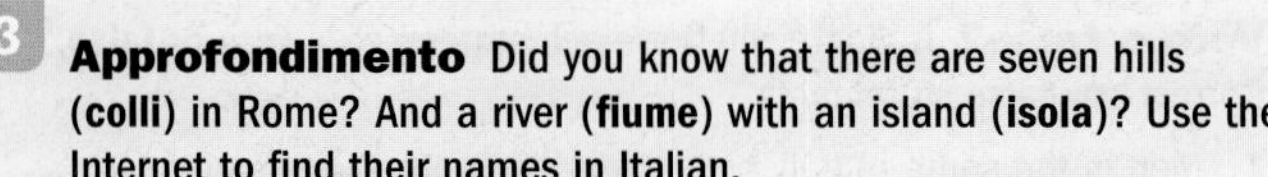

Seven hills: **Aventino**, **Campidoglio**, **Celio**, **Esquilino**, **Palatino**, **Quirinale**, **Viminale**.
River: **Tevere**. Island: **Isola Tiberina**.

3 Expansion Explain that Rome is also called **la città eterna** or "caput mundi". Ask students if they know what the Latin expression means and how to say it in English.

risorse

SAM
VM: pp. 1–2

vhlcentral.com

CULTURA

Prima di leggere Ask students how they greet people in a variety of social settings. Are there any differences between age groups or locations? What is their initial impression of how Italians (or Europeans) great each other?

IN PRIMO PIANO

Baci dall'Italia!

Friends and family in Italy traditionally give each other a kiss (un bacio) on each cheek when they say hello and good-bye. The first **bacio** always goes on the left cheek, followed by the right, so you should lean to your right when you greet someone in this way.

To give an Italian-style kiss, press your cheek against the other person's and make a kissing sound. There may or may not be contact between your lips and the person's cheek. These kisses are often accompanied by a hand on the other person's shoulder or shoulders; a greater amount of contact indicates a closer personal connection with the person you are greeting. Young adults often give two or three kisses to their close friends, accompanied by a hug.

Greeting friends with a kiss is common among women, while men customarily greet each other with a handshake (**una stretta di mano**). Men who are related or are very close friends may exchange kisses if they haven't seen each other in a long time, or on a special occasion. In a business setting, colleagues (both men and women) shake hands. The Italian handshake is firm, with one or two quick shakes up and down.

There are slight variations on these traditions from person to person and region to region. For example, kissing is more prevalent in the southern part of Italy, where men are also more likely to greet one another with a kiss. When in doubt, simply follow the lead of the person you are greeting!

Un piccolo aiuto

When greeting someone considerably older than you or someone in a position of authority, you should always address him/her with the formal **Lei**. Wait for that person to suggest that the informal **tu** be used. (**Diamoci del tu?**)

ATTIVITÀ

1 Vero o falso? Indicate whether each statement is **vero** or **falso**. Correct any false statements.

1. Men in the south of Italy never greet each other with a kiss. Falso. They often kiss.
2. In Italy, work colleagues usually shake hands. Vero.
3. Two women who are friends may greet each other with a kiss. Vero.
4. Placing a hand on someone's shoulder is considered disrespectful. Falso. A greater amount of contact indicates a closer personal connection.
5. Most young Italians kiss four times. Falso. They kiss two or three times.
6. The Italian handshake is firm and quick. Vero.
7. Men always shake hands when they greet each other. Falso. Close friends or relatives sometimes kiss.
8. Italians give the first kiss on the right cheek. Falso. The first kiss is on the left cheek.
9. Italians kiss both when saying hello and good-bye. Vero.
10. Kisses are usually accompanied by a kissing sound. Vero.

 Practice more at **vhlcentral.com.**

Usi e costumi Point out that when addressing a man with his professional title and name, the final **-e** is dropped from **signore, professore, dottore,** and **ingegnere: signor Martini, dottor Ghezzi.**

Ritratto Bring in pictures from **Carnevale** with the traditional costumes of the **commedia dell'arte** or show photos from the Internet. Tell students that **Venezia** is the Italian name for Venice.

L'ITALIANO QUOTIDIANO

I saluti

Alla prossima!	*Until next time!*
Buon fine settimana!	*Have a nice weekend!*
Che c'è di nuovo?	*What's new?*
Ci sentiamo!	*Talk to you soon!*
Ci vediamo!	*See you soon!*
Come te la passi?	*How are you getting along?*
Ehilà!	*Hey there!*
Il solito.	*The usual.*
Niente di nuovo.	*Nothing new.*

USI E COSTUMI

Buongiorno, professoressa!

Italians tend to be very formal in their greetings, usually addressing each other with their social titles (**signore**, **signora**, **signorina**) or professional titles (**professore**, **professoressa**, **dottore**, **dottoressa**, **ingegnere°**, **avvocato°**).

Greetings vary according to the time of day and whether you are saying hello or good-bye. For example, **buongiorno** is used to say hello during the early part of the day, but if you say **buona giornata**, you are wishing someone a good day as you say good-bye. Later in the afternoon (how late in the afternoon varies considerably from region to region), Italians use **buonasera** to say hello. **Buonanotte** is used only to say good-bye at nighttime; otherwise you should use **arrivederci** or **arrivederLa**. In an informal situation, **ciao** is all you need for hello and good-bye!

ingegnere *engineer* **avvocato** *lawyer*

RITRATTO

I personaggi della commedia dell'arte

La commedia dell'arte is a form of improvisational theater based on common themes of life, such as love, jealousy, and poverty. Originating in the 16th century in northern Italy, this form of theater was performed in the streets by troupes of actors who portrayed a cast of standard characters representing typical human traits, each with its own unique costume. The long list of characters represents different regions and cities in Italy. Many of them inspired the traditional masks of **Carnevale** in **Venezia**. Among the most popular characters are **Arlecchino** (Harlequin), a servant whose clown-like costume has a colorful diamond pattern; **Colombina**, **Arlecchino**'s love interest who doesn't reciprocate but pokes fun at him; **Pantalone**, a wealthy miser who speaks in Venetian dialect and wears a red vest, a black cloak, and a mask with a hooked nose; and **il Dottore**, the wine-loving doctor from **Bologna** who wears long black academic robes and a short black mask.

SU INTERNET

What are the personalities and outfits of some characters in the commedia dell'arte?

Go to **vhlcentral.com** to find more information related to this **CULTURA**.

ATTIVITÀ

2 Hai capito? Answer these questions.

1. At what time of day would you say **buonanotte**? at night
2. What title would you use to address your female doctor? dottoressa
3. How would you tell someone to have a nice day? Buona giornata.
4. Which **commedia dell'arte** character speaks in Venetian dialect? Pantalone
5. Who is in love with **Colombina**? Arlecchino

3 A voi With a partner, practice meeting and greeting people in the following situations. Answers will vary.

1. You arrive at your professor's office at five o'clock in the afternoon.
2. You meet a group of friends outside the library.
3. Your Italian roommate introduces you to a good friend.

3 Expansion Have students make up short dialogues using the expressions they have learned so far and incorporating as many of these new greetings as possible.

STRUTTURE

Suggestion Suggest to students that they memorize words ending in **-e** along with the indefinite article in order to help remember the gender. Go around the room naming objects and asking the class if they are masculine or feminine. Ex.: **Ecco una lavagna! *Lavagna* è maschile o femminile?**

1A.1 Nouns and articles

Punto di partenza A noun is a word that identifies a person, animal, place, thing, or idea. As in English, Italian nouns are singular or plural. All Italian nouns also have gender, even those that refer to objects; they are either masculine or feminine.

- Nouns that refer to males are usually masculine, and those that refer to females are usually feminine. One exception is **persona** (*person*), a feminine noun that can refer to a man or a woman.

masculine		feminine	
amico	*(male) friend*	**amica**	*(female) friend*
attore	*actor*	**attrice**	*actress*
studente	*(male) student*	**studentessa**	*(female) student*

- Usually, nouns that end in **-o** are masculine, and nouns that end in **-a** are feminine.

masculine		feminine	
libro	*book*	**casa**	*house*
tavolo	*table*	**domanda**	*question*
ufficio	*office*	**idea**	*idea*

- Nouns that end in **-e** may be either masculine or feminine. Memorize the gender of these nouns as you learn them.

masculine		feminine	
esame	*exam*	**automobile**	*car*
ristorante	*restaurant*	**notte**	*night*

- Nouns ending in a consonant or **-ore** are masculine, and nouns ending in **-ione** are feminine.

masculine		feminine	
autobus	*bus*	**lezione**	*lesson*
computer	*computer*	**stazione**	*station*
dottore	*(male) doctor*	**televisione**	*television*

- To form the plural of most Italian nouns, you need to change the final vowel. The masculine ending **-o** becomes **-i**, and the feminine ending **-a** becomes **-e**. Regardless of gender, singular nouns ending in **-e** change the vowel to **-i** to form the plural.

	singular		plural	
masculine	**ragazzo**	*boy*	**ragazzi**	*boys*
	ristorante	*restaurant*	**ristoranti**	*restaurants*
feminine	**donna**	*woman*	**donne**	*women*
	notte	*night*	**notti**	*nights*

PRATICA

1 Scegliere Choose the correct article.

un, una, un' o uno?
1. _un_ autobus
2. _un_ albergo
3. _una_ signora
4. _uno_ sport
5. _un'_ idea
6. _un_ libro

la, lo, il, l', le, gli o i?
7. _lo_ studente
8. _i_ ragazzi
9. _l'_ attrice
10. _gli_ autori
11. _le_ amiche
12. _la_ casa

2 Trasformare Provide the plural of each word.

1. lezione (lezioni)
2. caffè (caffè)
3. ragazza (ragazze)
4. studente (studenti)
5. amico (amici)
6. attrice (attrici)
7. sport (sport)
8. tavolo (tavoli)
9. domanda (domande)
10. persona (persone)
11. dottore (dottori)
12. albergo (alberghi)

3 Completare Complete sentences 1–4 with the correct indefinite article (**l'articolo indeterminativo**). Then complete sentences 5–8 with the correct definite article (**l'articolo determinativo**).

1. La signora comunica _un'_ idea.
2. L'autore conclude _un_ libro.
3. In città c'è _un_ albergo.
4. È _una_ domanda intelligente.
5. Il ragazzo assiste _gli_ attori.
6. Il traffico blocca _l'_ autobus.
7. _I_ professori arrivano in albergo.
8. _Le_ amiche sono a casa.

4 Scegliere Complete the sentences with the appropriate definite or indefinite article.

1. Marco è _il_ capitano della squadra (*of the team*).
2. _La_ professoressa d'italiano si chiama Nadia Piacentini.
3. Il tennis è _uno_ sport divertente (*fun*).
4. Roberto Benigni è _un_ attore famoso.
5. _L'_ ufficio del Prof. Specchio è grande (*big*).
6. La Sapienza è _un'_ università importante.
7. Professore, ho (*I have*) _una_ domanda!
8. Tutti (*All of*) _i_ ragazzi studiano italiano.

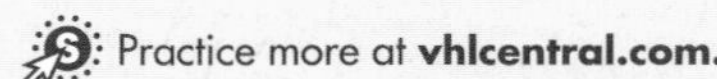
Practice more at **vhlcentral.com.**

COMUNICAZIONE

5 Categorie In pairs, indicate a category for each group of items. Be sure to include the definite article.

MODELLO Dante Alighieri, Italo Calvino, Umberto Eco
gli autori

1. Lamborghini, Ferrari, Alfa Romeo le automobili
2. *Harry Potter*, *Sentieri*, dizionario i libri
3. Macintosh, Dell, Toshiba i computer
4. Olive Garden, Ruby Tuesday, IHOP i ristoranti
5. Hilton, Marriott, Holiday Inn gli alberghi
6. Jennifer Lawrence, Kerry Washington, Scarlett Johansson le attrici

6 Che cos'è? In pairs, take turns identifying each photo.

MODELLO

S1: *Che cos'è* (*What is it*)?
S2: *È* (*It is*) *una televisione.*

1. È un tavolo. 2. È un'automobile. 3. È un ristorante.

4. È una casa. 5. È un libro. 6. È un computer.

7 Prova d'artista In small groups, take turns drawing people or objects you've learned for the others to guess. The person who guesses correctly is the next to draw. Answers will vary.

Suggestion The articles **lo**, **gli**, and **uno** are also used with masculine nouns beginning with **gn**, **ps**, **pn**, **x**, and **y**.

Suggestion Ask students if they can guess the full word for which **foto** is an abbreviation. Write additional examples of common abbreviated words on the board, such as **una bici** and **una moto**.

- When referring to an all-male group or a mixed group of males and females, use the masculine plural form.

gli amici *the (male and female) friends*
gli studenti *the (male and female) students*

- To form the plural of most nouns ending in **-co**, **-ca**, **-go**, and **-ga**, add an **h** in order to maintain the hard **c** or **g** sound. One exception is **amico**, which becomes **amici**.

singular		plural	
albergo	*hotel*	**alberghi**	*hotels*
amica	*friend*	**amiche**	*friends*

- Shortened nouns and nouns that end in a consonant or accented vowel do not change from the singular to the plural.

singular		plural	
una foto	*a photo*	**due foto**	*two photos*
un autobus	*a bus*	**due autobus**	*two buses*
un caffè	*coffee*	**due caffè**	*two coffees*

Articles

- The indefinite article refers to an unspecified person or thing and corresponds to the English *a/an*.

	before . . .		
masculine	z or s + consonant	**uno** studente	***a*** *student*
	a vowel or other consonants	**un** uomo	***a*** *man*
feminine	a vowel	**un'**idea	***an*** *idea*
	a consonant	**una** città	***a*** *city*

- The definite article (*the*) indicates a specific person or thing.

	before . . .	singular		plural	
masculine	a vowel	**l'**autore	***the*** *author*	**gli** autori	***the*** *authors*
	z or s + consonant	**lo** sport	***the*** *sport*	**gli** sport	***the*** *sports*
	other consonants	**il** libro	***the*** *book*	**i** libri	***the*** *books*
feminine	a vowel	**l'**amica	***the*** *friend*	**le** amiche	***the*** *friends*
	a consonant	**la** casa	***the*** *house*	**le** case	***the*** *houses*

Suggestion Tell the students that to pronounce **gli** they should pretend there is peanut butter on their upper molars, and try to scrape it off with the back of their tongues.

Provalo! ***Maschile*** **(masculine) or *femminile* (feminine)?**

1. ragazzo *maschile*
2. ufficio maschile
3. attrice femminile
4. caffè maschile
5. dottore maschile
6. notte femminile
7. computer maschile
8. stazione femminile
9. idea femminile
10. studente maschile

Expansion Ask students to supply the plural of each word.

1A.2 Numbers 0–100

Punto di partenza As in English, numbers in Italian follow patterns. Memorizing the numbers **0–30** will help you learn **31–100**.

Numbers 0–30

0–10	11–20	21–30
0 zero		
1 uno	**11** ụndici	**21** ventuno
2 due	**12** dọdici	**22** ventidue
3 tre	**13** trẹdici	**23** ventitré
4 quattro	**14** quattọrdici	**24** ventiquattro
5 cinque	**15** quịndici	**25** venticinque
6 sei	**16** sẹdici	**26** ventisei
7 sette	**17** diciassette	**27** ventisette
8 otto	**18** diciotto	**28** ventotto
9 nove	**19** diciannove	**29** ventinove
10 dieci	**20** venti	**30** trenta

- In Italian, the number **uno** changes to agree with the noun it precedes. The forms of the number **uno** and the indefinite article are the same (see **Strutture 1A.1**).

una matita	**un'**amica	**un** quaderno	**uno** zaino
a/one *pencil*	***a/one*** *friend*	***a/one*** *notebook*	***a/one*** *backpack*

- Note that **venti** drops its final vowel when combined with **-uno** and **-otto**, and that the addition of **-tre** requires an accent. These patterns repeat in numbers **31–100**.

Numbers 31–100

31–35	36–40	50–100
31 trentuno	**36** trentasei	**50** cinquanta
32 trentadue	**37** trentasette	**60** sessanta
33 trentatré	**38** trentotto	**70** settanta
34 trentaquattro	**39** trentanove	**80** ottanta
35 trentacinque	**40** quaranta	**90** novanta
		100 cento

- Numbers that end in **-uno** may drop the **-o** before plural nouns.

cinquantuno anni	**ottantun** amiche
fifty-one *years*	***eighty-one*** *friends*

Suggestion Model the change between **venti** and **ventuno**, **trenta** and **trentuno**, **quaranta** and **quarantuno**, etc.

PRATICA

1 Completare Complete each series with the missing number. Then write the number in Italian.

MODELLO 2, 4, __6__, 8, 10; __*sei*__

1. 0, 10, 20, 30, __40__; __quaranta__
2. 4, __8__, 12, 16, 20; __otto__
3. 94, __93__, 92, 91, 90; __novantatré__
4. 55, 66, 77, __88__, 99; __ottantotto__
5. 4, __14__, 24, 34, 44; __quattordici__
6. __65__, 70, 75, 80, 85; __sessantacinque__

2 Descrivere Write how many of each item there are.

MODELLO la televisione (3)
Ci sono tre televisioni.

1. (25) lo zaino
Ci sono venticinque zaini.

2. (89) lo studente
Ci sono ottantanove studenti.

3. (63) l'amico
Ci sono sessantatré amici.

4. (74) il dizionario
Ci sono settantaquattro dizionari.

5. (11) la biblioteca
Ci sono undici biblioteche.

6. (96) l'albergo
Ci sono novantasei alberghi.

3 Leggere ad alta voce In pairs, take turns reading the numbers aloud and writing them down. (Note that Italian phone numbers are read in double digits.)

MODELLO

La mamma: zero settantuno, settantacinque, novantadue, cinquantaquattro

1. la mamma: 071-75.92.54
zero settantuno, settantacinque, novantadue, cinquantaquattro
2. il taxi: 0583-71.01.30
zero cinque ottantatré, settantuno, zero uno, trenta
3. la polizia: 081-25.99.61.11
zero ottantuno, venticinque, novantanove, sessantuno, undici
4. il dottore: 06-85.73.64.92
zero sei, ottantacinque, settantatré, sessantaquattro, novantadue
5. l'ufficio: 08-16.50.41.80
zero otto, sedici, cinquanta, quarantuno, ottanta

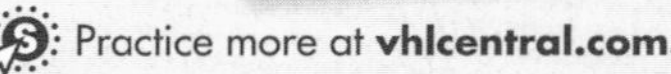
Practice more at **vhlcentral.com.**

3 Expansion Have students circulate around the room asking for each others' phone numbers. Write on the board **Qual è il tuo numero di telefono?** and model it for them first. The student who collects the most numbers wins.

COMUNICAZIONE

4 **L'impiccato** In pairs, play Hangman (**L'impiccato**). Try to guess what number your partner is spelling.

Answers will vary.

MODELLO

D I __ I __ __ __ __ (*diciotto*)
S1: *C'è una O?*
S2: *Sì! Ci sono due O!*

5 **Expansion** After the activity, ask students the same questions. When they say yes, ask them **Dov'è il/la professore(ssa)?** Model one for them, replying by indicating yourself and stating **Ecco il/la professore(essa)!**

5 **In classe** In pairs, take turns saying whether each item is in your classroom, and how many there are.

Answers will vary.

MODELLO

S1: *C'è un professore?*
S2: *Sì, c'è un professore./*
No, non c'è un professore.

1.

2.

3.

4.

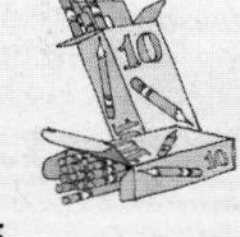
5.

6.

6 **A casa mia** In groups of three, create a list of ten people or items. Then ask each other how many of each there are at your house (**a casa tua**).

Answers will vary.

MODELLO

S1: *Quanti libri ci sono a casa tua?*
S2: *A casa mia (At my house), ci sono sessantadue libri.*
S3: *Ci sono novantuno libri a casa mia.*

libri
cani
telefoni
computer
televisioni
tavoli
zaini

C'è and *ci sono*

- In Italian, use **c'è** (*there is . . . /is there . . . ?*) and **ci sono** (*there are . . . /are there . . . ?*) to talk about the existence of people or things. Use **c'è** with singular nouns and **ci sono** with plural nouns.

C'è una sedia? ***Is there** a chair?*	**Ci sono** tre sedie. ***There are** three chairs.*
Ci sono computer in biblioteca. ***There are** computers in the library.*	**C'è** una televisione? ***Is there** a television?*

- To ask *how many?* use **quanti** with masculine plural nouns and **quante** with feminine plural nouns and place **ci sono** at the end of the question. Remember, because **quanti** and **quante** are plural forms, use **ci sono**.

Quanti studenti ci sono? ***How many** students are there?*	**Quante** matite ci sono? ***How many** pencils are there?*

- Use **molti** with masculine plural nouns and **molte** with feminine plural nouns to mean *many* or *a lot*.

Ci sono **molti** studenti. *There are **a lot of** students.*	Ci sono **molte** matite. *There are **a lot of** pencils.*

- Add **non** (*not*) to make **c'è** and **ci sono** negative.

Non c'è lezione. ***There is no** class.*	**Non ci sono** molti esami. ***There aren't** many exams.*

Ecco

- Unlike **c'è** and **ci sono**, which simply state the existence of something or someone, **ecco** draws attention to the presence of an object or person. **Ecco** is invariable.

Ci sono sei professori d'italiano. ***There are** six Italian professors.*	**Ecco** i professori! ***Here/There are** the professors!*
C'è un dizionario in biblioteca? ***Is there** a dictionary in the library?*	**Ecco** il dizionario. ***Here/There is** the dictionary.*

Provalo! Write the Italian word for each number.

1. 2 *due*	**6.** 7 sette	**11.** 11 undici
2. 67 sessantasette	**7.** 45 quarantacinque	**12.** 59 cinquantanove
3. 16 sedici	**8.** 100 cento	**13.** 81 ottantuno
4. 28 ventotto	**9.** 36 trentasei	**14.** 15 quindici
5. 91 novantuno	**10.** 77 settantasette	**15.** 43 quarantatré

Ricapitolazione

Suggestion Remind students that learning a language takes practice and repetition. By reviewing and practicing, they will become more comfortable with the language. Encourage students to use Italian at all times when they do pair or group activities.

1 Trova la coppia In pairs, create twelve game cards. On six of the cards, draw pictures of nouns you learned in this lesson. On the other six cards, write the name of each item, including the definite article. Then shuffle the cards, place them face down, and take turns matching them. Answers will vary.

2 Caccia al tesoro Work in groups of four. Each pair creates a list of four types of words or expressions the other pair must find in their textbooks. Exchange lists and look through your textbooks for each item on the list. Write down the word and the page number. Answers will vary.

1. *un nome femminile plurale*
2. *un numero fra il 3 e il 23*
3. *un saluto informale*

. . .

3 In centro In pairs, take turns asking if each person or item indicated is in the picture. If it is, ask where it is. Your partner responds by pointing to the item. Answers will vary slightly. Sample answers are provided.

MODELLO

S1: *C'è un ristorante?*
S2: *Sì.*
S1: *Dov'è?*
S2: *Ecco il ristorante, qui (here)!*

autobus	casa	ristorante	università
automobile	donna	stazione	uomo

Non c'è un autobus. C'è un'automobile. C'è una casa. C'è una donna. C'è un ristorante. Non c'è una stazione. Non c'è un'università. C'è un uomo.

4 Presentazioni With a partner, go to meet another pair. One person per pair should introduce him-/herself and his/her partner. Use items from the list to role-play formal and informal situations. Switch roles until you have met every pair in the class. Answers will vary.

amico/a	professore(ssa)
dottore(ssa)	studente(ssa)

5 Alla facoltà You are new on campus and ask another student for help finding these places and classes. He/She tells you the building **(l'edificio)** and the room **(l'aula)** and you thank him/her. Switch roles and repeat with another item from the list. Answers will vary.

MODELLO

S1: *Scusa, dov'è l'esame d'italiano?*
S2: *Italiano… Edificio Z, aula novantanove.*
S1: *Grazie!*
S2: *Prego!*

Ufficio del Prof. Ferra	Edificio C Aula 20
Ufficio della Prof.ssa Nardi	Edificio F Aula 15
Letteratura italiana	Edificio M Aula 56
Matematica	Edificio A Aula 31
L'esame di biologia	Edificio T Aula 77
L'esame di arte	Edificio H Aula 11
Sala professori	Edificio P Aula 98
Sala computer	Edificio B Aula 42

6 Parole intrecciate You and your partner each have half the words of a word search **(le parole intrecciate)**. Pick a number and a letter and say them to your partner, who will tell you if he/she has a letter in the corresponding space. Do not look at each other's worksheets.

6 Suggestion Circulate around the room and monitor students' activity closely to make sure they are using Italian and not peeking at each other's pictures.

risorse

SAM WB: pp. 3–6	SAM LM: pp. 3–4	vhlcentral.com

Lo Zapping

Zanichelli

Zanichelli is an Italian publishing company, founded in 1859 in Modena and currently based in Bologna. Specializing in textbooks and reference materials for students, teachers, and medical and legal professionals, Zanichelli offers a catalogue of over 1000 different publications. Dictionaries (**dizionari**) play a major role in this catalogue. Since 1941, Zanichelli has published the famous ***Vocabolario della Lingua Italiana*** (*Italian Language Dictionary*) by Nicola Zingarelli. In addition to their popular line of bilingual dictionaries in a variety of languages (**lingue**), Zanichelli also publishes reference books on subjects ranging from psychology to cinema.

Suggestion This TV clip uses several vocabulary terms taught in **1B Contesti** and **Strutture 1B.2**. You may choose to present this section after students have completed **Lezione 1B**, or you may use it to preview the many cognates taught in this lesson.

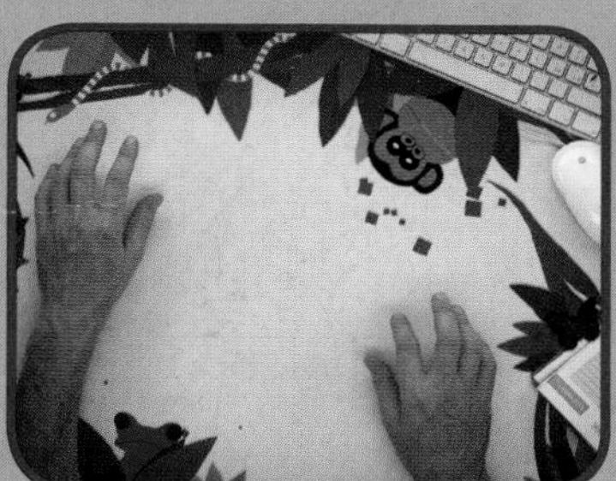

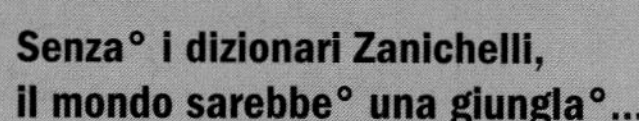
Senza° i dizionari Zanichelli, il mondo sarebbe° una giungla°...

...per sapere°, per fare°

Comprensione Circle the correct answers.

1. How many different dictionaries are mentioned in the commercial?
   - a. tre
   - b. quattro
   - (c.) cinque
   - d. sei
2. Which language is not mentioned in the commercial?
   - a. francese
   - (b.) greco
   - c. spagnolo
   - d. italiano

Expansion Show students the Zanichelli website. Have them look up the Italian word of the day (**la parola del giorno**) and the recommended film of the day from the famous **Morandini Dizonario dei film**.

Discussione In pairs, discuss the answers to these questions. Use as much Italian as you can. Answers will vary.

1. Do you prefer to use print dictionaries or electronic dictionaries? What do you think are the advantages of each?
2. Does this ad make you want to buy a Zanichelli dictionary? Why or why not?

Practice more at **vhlcentral.com.**

Senza *without* **sarebbe** *would be* **giungla** *jungle* **sapere** *to know* **fare** *to do*

CONTESTI

1. ___ è l'intruso perchè non è
- un oggetto in classe
- una materia
- un luogo
- una persona
- un tipo di libro

2. Do 'expansion'

...unno/a typically refers to ...s high school students, while lo/ ... high school or university students.

Vocabulary Tools

...facoltà

...s that **la gente** is a feminine singular ... multiple people. Have students compare ...e and **le persone**.

Co...

Yo...

Suggestion Tell students that the plural noun **i compiti** is used to refer to homework in general. The singular **il compito** refers to a specific task or assignment.

l'agenda	*planner*
gli appunti	*notes*
i compiti	*homework*
l'esame (*m.*)	*exam*
la porta	*door*
il testo	*textbook*
il voto	*grade*
i luoghi	***places***
l'aula	*lecture hall, classroom*
la biblioteca	*library*
la facoltà	*department*
il liceo	*high school*
la mensa	*cafeteria*
l'università	*university*
le materie	***subjects***
l'arte (*f.*)	*art*
l'economia	*economics*
la giurisprudenza	*law*
l'informatica	*computer science*
le lettere	*arts; humanities*
le lingue	*languages*
la medicina	*medicine*
le scienze	*science*
la storia	*history*
gli studi	*studies*
la gente	***people***
Chi è?	*Who is it?*
l'alunno/a	*(K-12) student*
l'amico/a	*friend*
la classe	*class*
il/la compagno/a di classe	*classmate*
l'insegnante	*instructor*

l'orologio
la matita
lo studente
la finestra
la studentessa
il libro
il quaderno
il dizionario
la penna
il cestino
il foglio di carta

risorse
SAM WB: pp. 7–8
SAM LM: p. 5
vhlcentral.com

Suggestion To introduce this vocabulary, move around the room and ask **Che cos'è?** and **Chi è?** about as many of these items as possible.

Attenzione!

When you answer the question **Che cos'è?**, use **È...** to talk about a single item and **Sono...** to talk about more than one item.

Pratica

1 Suggestion Review and explain the answers. Use simple expressions and as many cognates as possible, but give explanations in Italian and make gestures when necessary. Ex.: **Dove si trova la finestra? È nell'aula, vero?**

1 Trova l'intruso Choose the word that does not belong.

1. a. la finestra
   b. la porta
   (c.) la storia
   d. la sedia
2. a. l'università
   (b.) l'orologio
   c. la biblioteca
   d. l'aula
3. a. il libro
   b. il dizionario
   c. il testo
   (d.) la cartina
4. a. lo studente
   b. la professoressa
   (c.) il voto
   d. l'amico
5. (a.) il quaderno
   b. la giurisprudenza
   c. le scienze
   d. l'economia
6. a. gli appunti
   b. la matita
   c. la penna
   (d.) il compagno di classe

2 Mettere etichette Label each item with a word from the lesson vocabulary.

Answers may vary slightly.

MODELLO *la matita*

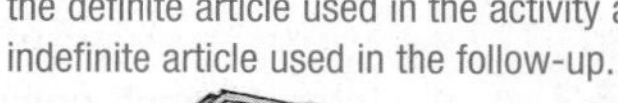

2 Expansion Follow up by asking **Dove c'è una matita?** Find a pencil and model the response, **Ecco una matita.** Point out the difference between the definite article used in the activity and the indefinite article used in the follow-up.

1. la penna
2. il libro/il testo/il dizionario 
3. la sedia 
4. lo zaino 
5. l'orologio 
6. la porta 

3 Completare Choose the best response or completion for each question or statement.

1. Aldo studia...
   a. la sedia.
   b. il banco.
   (c.) le scienze.
2. Chi è? È...
   a. la penna.
   (b.) il professore.
   c. la storia.
3. Nello (*In the*) zaino c'è...
   (a.) il libro.
   b. il compagno di classe.
   c. la facoltà.
4. Ci sono molti libri in...
   (a.) biblioteca.
   b. il voto.
   c. l'informatica.
5. La medicina, le lettere e la storia sono...
   a. luoghi.
   (b.) materie.
   c. persone.
6. Che cosa c'è in aula?
   (a.) la lavagna
   b. gli studi
   c. la mensa
7. La professoressa De Luca è...
   a. gli appunti.
   b. la matita.
   (c.) l'insegnante.
8. L'italiano, l'inglese e il francese sono...
   a. compiti.
   b. agende.
   (c.) lingue.

Practice more at **vhlcentral.com.**

Comunicazione

4 Descrivere With a partner, use the word bank to ask and answer questions about the illustration.

Answers will vary. Sample answers are provided.

MODELLO

S1: *Ci sono studenti nell'aula?*
S2: *Sì, ci sono otto studenti.*

cartina	lavagna	porta
dizionario	orologio	sedia
finestra	persona	studente

C'è una cartina. Non c'è un dizionario. C'è una finestra. C'è una lavagna. C'è un orologio. Ci sono nove persone. C'è una porta. Non c'è una sedia. Ci sono otto studenti.

4 Expansion Have students ask follow-up questions about the illustration using the question words **quanti/e** and **dove**.

5 Dov'è? Listen to each conversation. Then indicate which conversation takes place in each of these locations.

1. l'aula conversazione 3
2. la biblioteca conversazione 1
3. la mensa conversazione 4
4. l'autobus conversazione 2

6 Cosa c'è nello zaino? List six different items you have in your backpack. Then, in pairs, compare your lists. Answers will vary.

Nel mio (*my*) zaino c'è/ci sono...

1. ______
2. ______
3. ______
4. ______
5. ______
6. ______

Nello zaino di <u>*nome*</u> c'è/ci sono...

1. ______
2. ______
3. ______
4. ______
5. ______
6. ______

7 L'inventario You and another student are taking inventory in the university supplies office. Introduce yourselves, then ask and answer questions about how many of each item there are.

MODELLO (7)

S1: *Scusa, quanti cestini ci sono?*
S2: *Ci sono sette cestini.*

1. (26) Ci sono ventisei quaderni.

2. (58) Ci sono cinquantotto libri.

3. (1) C'è un orologio.

4. (10) Ci sono dieci matite.

5. (81) Ci sono ottantuno cartine.

6. (67) Ci sono sessantasette agende.

6 Suggestion Explain to students that the construction **di** + [*name*] is one way of indicating possession, as in: **È lo zaino di Mariano.** *(It is Mariano's backpack.)*

6 Expansion Follow up by asking students to report their answers. Then ask them if they have any silly things in their backpacks. Use words they will recognize. Ex.: **Laura, c'è un panino nel tuo zaino? Roberto, c'è una lavagna nello zaino?**

Pronuncia e ortografia 

The letters c and g

caldo	**c**oppa	**c**urva	**c**hiaro

c has a hard sound (as in the English word *cat*) when followed by the vowels **a**, **o**, or **u**, or when followed by the letter **h**.

cena	**c**ento	**c**iao	**c**ibo

c has a soft sound (as in the English word *chat*) when followed by the vowels **e** or **i**.

gatto	**g**ọndola	**g**usto	spa**g**hetti

Similarly, **g** has a hard sound (as in the English word *gap*) when followed by the vowels **a**, **o**, or **u**, or by the letter **h**.

gelato	**g**ente	pạ**g**ina	fa**g**ioli

g has a soft sound (as in the English word *gem*) when followed by the vowels **e** or **i**.

Pronunciare Practice saying these words aloud.

1. ciao
2. gala
3. logico
4. cono
5. lago
6. vicino
7. parco
8. liceo
9. giallo
10. compiti
11. felice
12. Cina

Articolare Practice saying these sentences aloud.

1. La bicicletta costa cento dollari.
2. L'università è grande.
3. Oggi fa caldo.
4. L'orologio è bello.
5. Il ragazzo mangia alla mensa.
6. Il principe è coraggioso.

Proverbi Practice reading these sayings aloud.

Ogni volta che apri un libro, qualcosa impari.[1]
Italiano

[1] Every time you open a book, you learn something.
[2] Think before you speak. (lit. *Think today and speak tomorrow*.)

Suggestions

- Ask students to list as many Italian foods and drinks as they can. Write these on the board. Try to elicit the words **spaghetti**, **bruschetta**, **gelato**, **cappuccino** and **Chianti**. Emphasize the sounds of **c** and **g** while underlining those letters.
- Point out that while some of these spelling and pronunciation rules are different from English, they are consistent and can be learned. Encourage patience, as students will need some time to "re-program" their brains. Remind them once again of the words that they already know how to spell and pronounce, such as **cappuccino**.
- Encourage students to practice listening to and writing as many new words as they can. Give them the following words to write down: **cinema**, **giorno**, **caprese**, **calcio**, **gamba**, **chiodo**, **ghetto**, **lungo**, **ceci**, **amico**.

risorse
SAM LM: p. 6
vhlcentral.com

FOTOROMANZO

Il primo giorno di scuola

Prima di vedere Have students scan the dialogue and find adjectives of nationality and phrases that describe people's personality or character.

PERSONAGGI

Emily

Lorenzo

Marcella

Riccardo

Viola

1

LORENZO Riccardo!
RICCARDO Ciao Lorenzo. Come stai? Cosa studi?
LORENZO Economia. E tu?
RICCARDO Il lunedì e il mercoledì, scienze politiche e diritto romano. Il martedì e il giovedì, diritto costituzionale.

2

LORENZO E il venerdì?
RICCARDO Il venerdì sono pigro. Sono bravo in questo.
LORENZO Sei un tipo strano.
RICCARDO Un libro. Un quaderno. Tu sei un tipo serio.

Suggestion Tell students that **tipo** is commonly used colloquially to mean *guy.*

3

LORENZO Senti, di dove sei?
RICCARDO Di Bari. Sono per metà greco e per metà italiano. E tu?
LORENZO Io sono di Milano.
RICCARDO È una città molto bella e interessante.
LORENZO Grazie.

6

EMILY Dov'è la mia cartina? Aha! È qui, giusto?
VIOLA Sì. Giusto. Tu invece sei di Chicago. Che ora è lì adesso?
EMILY Sono le undici e mezza, dunque sette ore... dieci, nove, otto, sette, sei, cinque, le quattro e mezza del mattino!

Suggestion Have students volunteer to read the dialogue aloud.

7

EMILY Che cosa c'è?
VIOLA Dov'è la mia agenda? Aha! È nella stanza.
(Entra Marcella.)
VIOLA Buongiorno, Marcella.
MARCELLA Buongiorno, Viola. Buongiorno, Emily. Come stai?
EMILY Molto bene, grazie. Ho lezione di italiano fra un'ora.

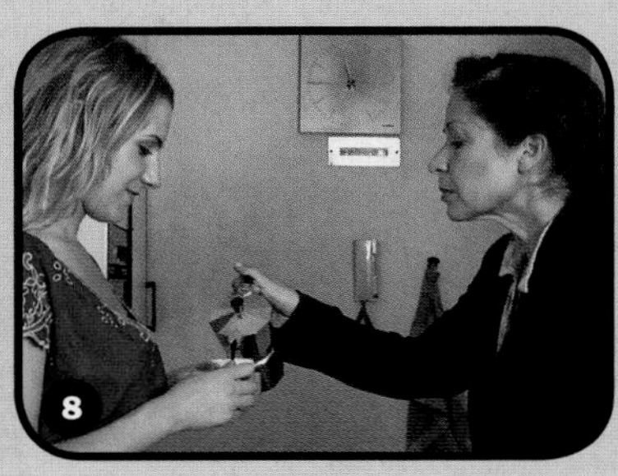
8

MARCELLA Caffè?
EMILY Sì, grazie.
MARCELLA In Italia, il caffè è importante. Fare un buon caffè non è facile. Questa è la tua prima lezione.
EMILY Dove sono la penna e il quaderno? Ah.
(Prova il caffè.)
EMILY Ottimo! Delizioso!
MARCELLA Grazie, grazie.

ATTIVITÀ

1 Chi è? To which character does each statement refer?

1. Studia economia. Lorenzo
2. È pigro. Riccardo
3. È greco e italiano. Riccardo
4. Per Lorenzo, è antipatica! Viola
5. Nella sua città sono le quattro e mezza. Emily
6. Ha un'agenda. Viola
7. Ha lezione di italiano fra un'ora. Emily
8. Per lei, il caffè è importante. Marcella
9. È nervosa. Viola
10. È una ragazza studiosa. Viola

Practice more at **vhlcentral.com.**

1 Expansion To further practice the vocabulary and expressions in the **Fotoromanzo**, ask students the following questions: **Come stai? Di dove sei? Cosa studi? Quando hai lezione di italiano? Che ore sono?**

I ragazzi parlano della (*talk about*) scuola e della personalità.

Espressioni utili Point out that the answer to **In bocca al lupo** (literally, *May the wolf die*) is **Crepi!** Explain that **crepare** is a colloquial form of the verb **morire** (*to die*).

4

5

LORENZO E Viola, di dov'è?
RICCARDO È abruzzese, credo. Di Capistrello... Emily è degli Stati Uniti. Chicago, *The Windy City*.
(Continua.)
RICCARDO Emily è divertente, socievole e indipendente. Viola invece è studiosa e timida.
LORENZO Viola è antipatica.

Alla pensione...
EMILY Di dove sei, Viola?
VIOLA Sono abruzzese.
EMILY Che città?
VIOLA Capistrello.

Suggestion Ask students to locate Bari, Capistrello, and Milano on a map of Italy. Encourage them to use the Internet if necessary.

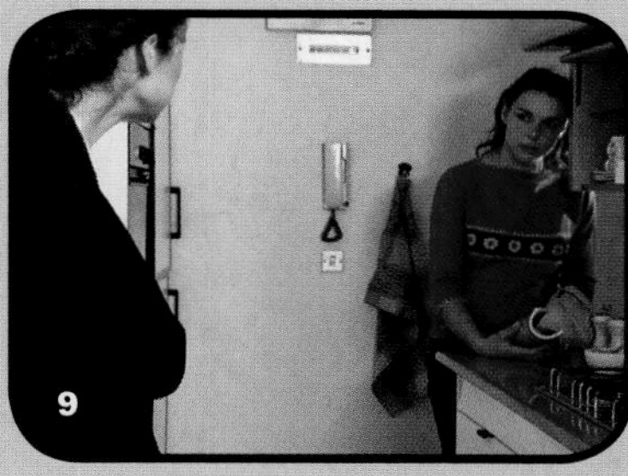

9

10

MARCELLA Che cosa c'è?
VIOLA Sono nervosa.
MARCELLA Su, non ti preoccupare.
VIOLA Sì, ma...
MARCELLA Viola. Sei una ragazza intelligente e studiosa. La scuola è facile.
VIOLA È facile a Capistrello.
MARCELLA E anche a Roma.

MARCELLA In bocca al lupo.
VIOLA Crepi. Grazie.
MARCELLA Mi raccomando.

Espressioni utili

Describing people

- **Il venerdì sono pigro. Sono bravo in questo.** *On Fridays I'm lazy. I'm good at that.*
- **Sei un tipo strano.** *You're a weird guy.*
- **Di dove sei?** *Where are you from?*
- **Sono per metà greco e per metà italiano.** *I'm half Greek and half Italian.*
- **È abruzzese, credo.** *She's from Abruzzo, I believe.*
- **Emily è divertente, socievole e indipendente. Viola, invece, è studiosa e timida.** *Emily is fun, sociable, and independent. Viola, on the other hand, is studious and shy.*

Talking about classes

- **Cosa studi?** *What do you study?*
- **Il lunedì e il mercoledì, scienze politiche e diritto romano.** *On Mondays and Wednesdays, Political Science and Roman Law.*
- **Ho lezione di italiano fra un'ora.** *I have an Italian class in an hour.*
- **Questa è la tua prima lezione.** *This is your first lesson.*

Additional vocabulary

- **È qui, giusto?** *It's here, right?*
- **Che cosa c'è?** *What's wrong?*
- **Che ora è lì adesso?** *What time is it there now?*
- **Sono le undici e mezza.** *It's 11:30.*
- **Fare un buon caffè non è facile.** *Making a good coffee is not easy.*
- **Su, non ti preoccupare.** *Come on, don't worry.*
- **In bocca al lupo.** *Good luck.*
- **Crepi.** *Thanks.*
- **Mi raccomando.** *Take care of yourself.*
- **antipatica** *unpleasant*

ATTIVITÀ

2 **Per parlare un po'** In pairs, choose the words from this list that you would use to describe yourselves. What personality traits do you have in common? Be prepared to share your answers with the class. Answers will vary.

divertente	pigro	strano
indipendente	serio	studioso
nervoso	socievole	timido

2 Expansion Have students write a brief description of themselves using "**Sono...**". Read the descriptions aloud for the class to guess who wrote them.

3 **Approfondimento** There are twenty regions (**regioni**) in Italy, each with its own capital (**capoluogo**). Find the Italian names of five regions and their capitals. Answers will vary.

3 Expansion Write the students' answers on the board and supply the names of the regions and capitals that are missing.

CULTURA

Expansion Point out that instead of the **università**, students may choose to go to a vocational school, an **accademia delle belle arti** or a **conservatorio** for music.

Suggestion Draw students' attention to the use of commas and periods in the table. Point out that Italian style uses a period to separate thousands and hundreds, and a comma to separate whole numbers from decimals. Students will learn more about large numbers in **Lezione 2B.**

IN PRIMO PIANO

All'università!

Italy is home to some of the oldest universities in Europe; the cities of Bologna, Padova, Napoli, and Siena have universities dating back to the 13th century or earlier. Almost every major town in Italy has a public university. Most Italian students attend their hometown university and many students continue to live with their parents.

Universities in Italy don't have campuses, but are comprised of numerous buildings, usually in the city center.

Most universities are public and the cost of tuition (**le tasse universitarie**) is less than in-state tuition at public universities in the United States. There are a few private universities, including the **Università Bocconi** in **Milano** for business and economics and the **LUISS** (**Libera Università Internazionale degli Studi Sociali**) in **Roma** for economics, law, and political science. One of the most prestigious public universities in Italy is **La Scuola Normale Superiore di Pisa.**

After passing the national exam (**l'esame di stato**) to complete high school, students can enroll in any university by applying directly to their chosen department (**la facoltà**). Students can complete a three-year degree (**la laurea**), which corresponds to a bachelor's degree, or continue for another two years to receive the equivalent of a master's degree (**la laurea magistrale**). Before a reform of the university system in 1999, students were required to complete four or five years of study to receive their **laurea**, now called the **laurea del vecchio ordinamento.** The most popular degrees are in **economia**, **scienze politiche**, and **giurisprudenza**, followed by **medicina** and **ingegneria**°. Whatever the field, most classes follow a lecture format and have oral exams, though some, such as the sciences (**le scienze**) and math (**la matematica**), also include a written component.

ingegneria *engineering* **Percentuale** *Percentage* **Insegnamento** *Education*

Italian matriculations by discipline

AREE DISCIPLINARI	NUMERO TOTALE	PERCENTUALE°
Economia/Statistica	45.884	14,2%
Scienze politiche/sociali	40.970	12,6%
Giurisprudenza	36.949	11,4%
Medicina	31.476	9,7%
Ingegneria	31.396	9,7%
Lettere	26.603	8,2%
Linguistica	17.769	5,5%
Geografia/Biologia	17.675	5,5%
Architettura	15.605	4,8%
Insegnamento°	15.070	4,6%

FONTE: MIUR Ufficio di statistica

ATTIVITÀ

1 Vero o falso? Indicate whether each statement is **vero** or **falso.** Correct any false statements.

1. Most Italian students leave their hometown to attend university. Falso. Most stay in their hometown.
2. The most popular degrees are in economics and political science. Vero.
3. To receive **la laurea magistrale**, students study for five years. Vero.
4. Italian universities are more expensive than those in the United States. Falso. They are less expensive.
5. Italian universities typically don't have a central campus. Vero.
6. Most exams in Italy are written. Falso. Most exams are oral.
7. Students must pass a national exam at the end of high school before attending college. Vero.
8. Many university students live with their parents. Vero.
9. The **Università Bocconi** specializes in law. Falso. It specializes in business and economics.
10. Students who want a less specialized degree can receive **la laurea** in three years. Vero.

Practice more at **vhlcentral.com.**

Ritratto Ask students to share what they know about Dante Alighieri, Francesco Petrarca, and Niccolò Copernico. Encourage them to research these men on the Internet and present their findings to the class.

L'ITALIANO QUOTIDIANO

In facoltà

Che noia!	*How boring!*
la bacheca	*bulletin board*
il/la prof	*professor*
essere bocciato	*to fail (exam)*
ẹssere forte in...	*to be strong in (subject)*
ẹssere negato/a per...	*to be no good at (subject)*
frequentare la lezione	*to attend class*
passare	*to pass (exam)*
saltare la lezione	*to skip class*
superare	*to pass (exam)*

USI E COSTUMI

I voti italiani

Grades in the Italian university system are on a 30-point scale, with 18 as the minimum passing grade. The grade for each course is usually based on a single exam. Once they have completed all their courses, students must write a thesis or another similar research project. The final grade for the degree, comprised of the average received in the courses and additional points for the thesis, is given on a 110-point scale. It is possible to receive bonus points (**lode**) on both exams and the thesis, so an excellent student could graduate with **110 e lode**°.

110 e lode *with honors*

RITRATTO

Un'università storica

Founded in 1088, the **Università di Bologna**, known to its students as **Unibo**, is the oldest university in Europe. The first lessons offered in the 11th century were in rhetoric, grammar, and logic. By the 14th century, the curriculum had expanded to include medicine, philosophy, arithmetic, astronomy, and theology. The 15th century brought Greek and Hebrew as well. Medicine and experimental sciences would continue throughout the 16th and 17th centuries, and in 1637 the famous anatomical theater for human dissections was constructed. Among the many renowned scholars who have studied at the university over the years are **Dante Alighieri**, **Francesco Petrarca**, and **Niccolò Copernico**. Situated in the center of **Bologna** with its famous **portici**°, the **Unibo** is both the physical and intellectual heart of the city. Today almost 80,000 students enrolled in twenty-three **facoltà** can choose from numerous **corsi di laurea**°, from **antropologia** to **studi internazionali**.

portici *arcades* **corsi di laurea** *academic programs*

SU INTERNET

Research programs at the Unibo. Find five courses you'd like to take.

Go to **vhlcentral.com** to find more information related to this **CULTURA**.

ATTIVITÀ

2 Completare Complete these sentences.

1. The **Università di Bologna** is the ___oldest___ university in Europe.
2. The first lessons offered were in rhetoric, ___grammar___, and logic.
3. The **Università di Bologna** is commonly called ___Unibo___.
4. If you graduate with honors in Italy, the grade you receive is ___110 e lode___.
5. The minimum passing grade for an exam is ___18___ points.

3 A voi What are the main differences between Italian universities and those in the United States? With a partner, brainstorm a list of these differences. Which system do you prefer, and why?

Answers will vary.

3 Expansion Have each group compare their answers with another group and discuss.

1B.1 Subject pronouns and the verb essere

NATIONAL comparisons STANDARDS

Punto di partenza In Italian, as in English, a verb is a word denoting an action or a state of being. The subject of a verb is the person or thing that carries out the action.

SUBJECT	VERB
La professoressa	parla italiano.
The teacher	*speaks Italian.*

- Subject pronouns replace a noun that is the subject of a verb.

SUBJECT PRONOUN	VERB
Lei	parla italiano.
She	*speaks Italian.*

- As in English, Italian subject pronouns are divided into three groups of singular and plural forms: first person, second person, and third person.

Subject pronouns

	singular		plural	
first person	io	*I*	noi	*we*
second person	tu	*you* (fam.)	voi	*you*
	Lei	*you* (form.)	Loro	*you* (form.)
third person	lui	*he*	loro	*they*
	lei	*she*		

- Unlike *I* in English, **io** is not capitalized unless it begins a sentence. Also note that in Italian, *it* and *they* are seldom expressed when referring to animals or objects.

Studio l'italiano anch'**io**.	È un cane.	Sono libri d'italiano.
***I** study Italian, too.*	***It's** a dog.*	***They** are Italian books.*

- The English *you* has multiple equivalents in Italian. When addressing one person, use either **tu** or **Lei**, depending on the degree of formality necessary.

Paolo, **tu** parli bene.	Signor Bruni, **Lei** parla molto bene.
*Paolo, **you** speak well.*	*Mr. Bruni, **you** speak very well.*

- Write **Lei** (*you*, form.) with a capital **L** to distinguish it from **lei** (*she*). In formal situations, use **Lei** whether you are speaking to a man or a woman.

Che cosa studia **lei**?	Professor Balli, **Lei** cosa insegna?
*What does **she** study?*	*Professor Balli, what do **you** teach?*

Suggestion Point out that many Italian speakers do not capitalize **Lei**, except in very formal writing, but that the distinction is usually clear from context. You may also want to explain that in Southern Italy, **voi** is typically used as the polite form, even when addressing a single person.

PRATICA

1 Riempire Fill in the blanks with the correct form of the verb **essere**.

1. Io ___sono___ italiana.
2. Voi ___siete___ intelligenti.
3. Lui ___È___ un attore famoso.
4. Francesca e Mario ___sono___ studenti.
5. Io e Anna ___siamo___ all'università.
6. La signora Casetti ___è___ una professoressa.
7. Tu ___sei___ a New York.
8. Antonio ___è___ in classe.

2 Completare Complete each sentence with the subject pronoun and the correct form of **essere**.

MODELLO  *Lei è* un'attrice.

1. ___Lei è___ un'insegnante.

2. ___Loro sono___ studenti d'italiano.

3. ___Lui è___ il signor Paoli.

4. ___Loro sono___ in classe.

5. ___Lei è___ una studentessa.

6. ___Loro sono___ in biblioteca.

3 Creare Use the cues to write complete sentences using **essere**.

MODELLO lui / amico

Lui è un amico.

Suggestion Tell students that the indefinite article is often omitted after **essere** when referring to a person's profession, but must be included before an adjective. Ex.: **Sono insegnante.** *but* **Lei è un buon insegnante.**

1. noi / i ragazzi Noi siamo i ragazzi.
2. tu / un alunno Tu sei un alunno.
3. io / uno studente di lingue Io sono uno studente di lingue.
4. lei / un'insegnante di storia Lei è un'insegnante di storia.
5. voi / amici di Luisa Voi siete amici di Luisa.
6. loro / compagni di classe Loro sono compagni di classe.
7. lui / un professore bravissimo Lui è un professore bravissimo.
8. loro / studentesse di storia Loro sono studentesse di storia.

Practice more at **vhlcentral.com.**

COMUNICAZIONE

4 **Descrizioni** In pairs, look at each picture and use the prompt to take turns asking and answering questions about the illustrations. Answers will vary.

MODELLO

S1: *È una televisione?*
S2: *No, non è una televisione. È un cane.*

una televisione?

1. un telefono?
Sì, è un telefono.

2. un ristorante?
No, non è un ristorante. È un'aula.

3. una cartina?
Sì, è una cartina.

4. un professore?
No, non è un professore. È un computer.

5. un aeroporto?
No, non è un aeroporto. È una casa.

6. una motocicletta?
No, non è una motocicletta. È un'automobile.

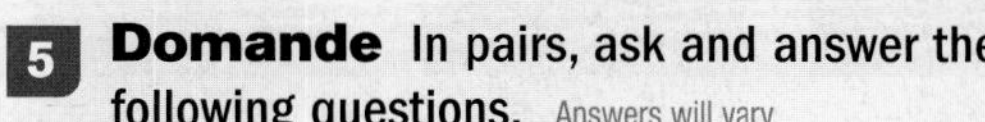

5 **Domande** In pairs, ask and answer the following questions. Answers will vary.

MODELLO

S1: *Sei un professore?*
S2: *No, non sono un professore. Sono uno studente.*

1. Sei la signora Rossi?
2. Tu e io siamo studenti di matematica?
3. Tu e i compagni di classe siete americani?
4. La classe d'italiano è difficile?
5. Il dizionario inglese-italiano è importante?
6. La mensa dell'università è buona?

6 **Piacere di conoscerti** In groups of three, role-play the following situation: You and your roommate meet your friend on campus. Introduce yourselves and ask how each person is doing. Then each person should say something about him-/herself using a form of **essere**. Answers will vary.

6 **Expansion** Ask for volunteers to introduce members of their group to the whole class.

Suggestion Point out that while **essere** is irregular, its endings follow a pattern that will become more noticeable to students as they learn more verbs. They can always count on the **io** form ending in **-o**, the **tu** form in **-i**, the **noi** form in **-iamo**, etc.

- Use **voi** to address a group of people in both formal and informal settings. The formal second-person plural form **Loro** is seldom used, and is presented here for recognition only.

Voi siete bravi studenti.	Signore, **voi** parlate inglese?
You are good students.	*Ladies, do **you** speak English?*

Suggestion Point out that the formal second-person forms for **Lei** and **Loro** are equivalent to the third-person singular and plural forms (**è** and **sono**). This is true for all verbs.

The verb *essere*

- **Essere** (*To be*) is an irregular verb because its conjugation (the set of forms for the different subjects) does not follow a pattern. The basic form **essere** is an *infinitive*, meaning it does not correspond to any particular subject.

essere (to be)

singular forms		plural forms	
io **sono**	*I am*	noi **siamo**	*we are*
tu **sei**	*you are*	voi **siete**	*you are*
Lei **è**	*you are* (form.)	Loro **sono**	*you are* (form.)
lui/lei **è**	*he/she is*	loro **sono**	*they are*

- Unlike English, Italian does not require subject pronouns and, in fact, they are usually omitted. In the case of **è** and **sono**, use the context of the sentence to identify the subject.

Sono studente.	**Sono** brave studentesse?
***I am** a student.*	***Are they** good students?*

- Rising intonation at the end of a sentence transforms a statement into a yes-or-no question. To reply in the negative, place **non** (*not*) directly before the verb. Use **no** only as a negative response, equivalent to *no* in English.

È un dizionario?	No, **non** è un dizionario.
Is it a dictionary?	*No, it's **not** a dictionary.*

- Note the differences in meaning in these statements.

È un esame.	**C'è** un esame.	**Ecco** un esame!
*It **is** an exam.*	***There is** an exam.*	***Here is** an exam!*

Suggestion Demonstrate the difference between **è** and **ecco** by asking **Che cos'è?** and **Dov'è?** about several objects.

Provalo! Choose the correct subject pronoun in each sentence.

1. (Tu/Voi) siete americani.
2. (Lui/Loro) è in biblioteca.
3. (Io/Noi) sono generoso.
4. (Io/Tu) sei in Italia.
5. (Io/Voi) sono alla mensa alle due.
6. (Noi/Tu) sei un attore.
7. (Loro/Lei) sono a casa.
8. (Voi/Tu) siete dottori.
9. (Lui/Noi) siamo timide.
10. (Tu/Lei) è una ragazza simpatica.

Suggestion Encourage students to use different methods for learning verbs, such as repeating them aloud, making flash cards, using them in sentences, etc. Tell them that everyone has language-learning preferences and there is not one right way.

1B.2 Adjective agreement

NATIONAL
comparisons
STANDARDS

Punto di partenza Adjectives are words that describe people, places, and things. In Italian, adjectives are often used with the verb **essere** to point out the qualities of the subject.

Emily è divertente, socievole e indipendente.

Fare un buon caffè non è facile.

- Many adjectives in Italian are cognates. Their spellings and meanings are similar in both Italian and English.

Cognate adjectives

contento/a	*content, happy*	lungo/a	*long*
difficile	*difficult*	nervoso/a	*nervous*
(dis)onesto/a	*(dis)honest*	serio/a	*serious*
generoso/a	*generous*	sincero/a	*sincere*
importante	*important*	socievole	*sociable*
indipendente	*independent*	studioso/a	*studious*
intelligente	*intelligent*	timido/a	*timid, shy*
interessante	*interesting*	tranquillo/a	*tranquil, calm*

Other common adjectives

antipatico/a	*unpleasant*	facile	*easy*
bello/a	*beautiful, handsome*	felice	*happy*
bravo/a	*good, skilled*	noioso/a	*boring*
buono/a	*good*	pigro/a	*lazy*
cattivo/a	*bad, naughty*	simpatico/a	*nice, likeable*
divertente	*fun*	triste	*sad*

- Although both **buono** and **bravo** mean *good*, use **bravo** to describe someone who is skilled or talented.

La pizza è **buona**.	L'insegnante d'italiano è **brava**.
*The pizza is **good**.*	*The Italian teacher is **good**.*

- Unlike in English, most adjectives in Italian follow the noun.

È un libro **noioso**.	Sono ragazzi **studiosi**.
*It's a **boring** book.*	*They are **studious** boys.*

Suggestion Point out that **simpatico** and **antipatico** are generally used only to describe people.

PRATICA

1 Completare Use adjectives from the word bank to complete each sentence. Answers will vary. Sample answers are provided.

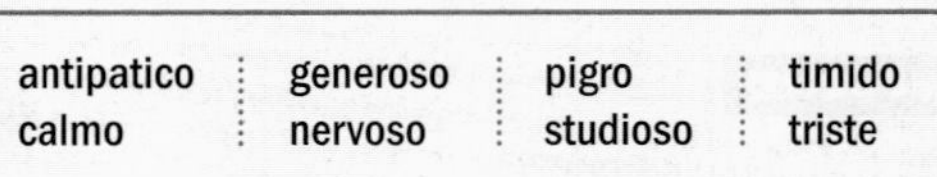

antipatico	generoso	pigro	timido
calmo	nervoso	studioso	triste

MODELLO La ragazza è *antipatica*.

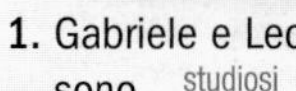

1. Gabriele e Leo sono studiosi.
2. Antonella e Patrizia sono tristi.
3. Giulia è generosa.

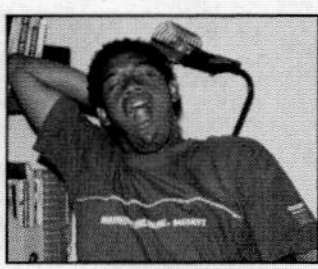

4. Chiara è nervosa.
5. Marcello è pigro.
6. Stefano e Fiorenza sono calmi.

2 Creare Use the cues to write complete sentences.

MODELLO io / nervoso
Io sono nervoso/a.

2 Suggestion Remind students to pay attention to the gender and number of the subject when deciding on the appropriate adjective form.

1. noi / onesto
Noi siamo onesti/e.
2. Franca / timido
Franca è timida.
3. io e Gianni / intelligente
Io e Gianni/Noi siamo intelligenti.
4. tu / generoso
Tu sei generoso/a.
5. Anna e Caterina / pigro
Anna e Caterina/Loro sono pigre.
6. voi / sincero
Voi siete sinceri/e.

3 Descrivere Identify the nationality of each person or group of people.

MODELLO Dimitri è della Grecia. Lui è *greco*.

1. Paul e Jon sono di Boston. Sono americani.
2. Tu e Julie siete del Canada. Siete canadesi.
3. Chyou è della Cina. Lei è cinese.
4. Alessandra è dell'Italia. Lei è italiana.
5. Tu e io siamo del Messico. Siamo messicani/e.
6. Tu sei della Francia. Tu sei francese.

Practice more at **vhlcentral.com**.

COMUNICAZIONE

4 **Come sono?** In pairs, take turns describing each person or thing indicated. Agree (**È vero!**) or disagree (**Non è vero!**) with each description you hear. If you disagree, give your own opinion. Answers will vary.

MODELLO Johnny Depp

S1: *È un attore terribile.*
S2: *È vero, è un attore terribile. / Non è vero! È un attore bravo.*

1. Will Smith e Will Ferrell (**attori**)
2. Angelina Jolie e Scarlett Johansson (**attrici**)
3. Sophia Loren (**attrice**)
4. Leonardo DiCaprio (**attore**)
5. Giorgio Armani e Gianni Versace (**stilisti**)
6. Leonardo da Vinci (**artista**)
7. Dante Alighieri (**scrittore**)
8. Luciano Pavarotti e Andrea Bocelli (**cantanti**)

5 **Personaggi** In pairs, imagine you are writing a script for a soap opera that includes the following characters. For each person, write a short description that includes the person's name, nationality, and a few adjectives that describe him/her. Answers will vary.

5 Expansion Have students describe their classmates. Circulate, asking the class questions such as **Com'è Giuseppe?** Encourage them to be humorous but kind by modeling this for them.

MODELLO

Si chiama Anastasia Regina. È svizzera. È difficile, antipatica, intelligente e disonesta.

1.

2.

3.

4.

5.

6.

6 **Il mio capo** Role-play the following situation: You and a friend both have part-time jobs and each of you is convinced that your boss (**il mio capo**) is the worst boss ever. Describe your bosses to each other. Be creative! Answers will vary.

Expansion As an additional activity to practice adjectives and the verb **essere**, write the names of several celebrities on small slips of paper. Tape one slip on the back of each student. They must ask each other questions about their identities until they guess who they are. Ex.: **Sono un uomo o una donna? Sono un'attrice? Come sono? Sei alta, bionda e australiana. Sono Nicole Kidman?**

Agreement

Italian adjectives agree in gender and number with the nouns they modify. In **Strutture 1A.1** you learned how to make nouns plural; adjectives change their final vowel in a similar way.

- Adjectives whose masculine singular form ends in **-o** have four possible endings: **-o** (*masc.*) and **-a** (*fem.*) in the singular, and **-i** (*masc.*) and **-e** (*fem.*) in the plural. To refer to groups of mixed gender, use the masculine plural ending **-i**.

Giorgio è **contento**. *Giorgio is **happy**.*	Giorgio e Laura sono **contenti**. *Giorgio and Laura are **happy**.*
Silvia è **contenta**. *Silvia is **happy**.*	Silvia e Laura sono **contente**. *Silvia and Laura are **happy**.*

- Adjectives that end in **-e** in the singular change to **-i** in the plural.

Lucia è **intelligente**. *Lucia is **intelligent**.*	Lucia e Roberto sono **intelligenti**. *Lucia and Roberto are **intelligent**.*

- Most adjectives ending in **-co**, **-ca**, **-go**, and **-ga** require an **h** in the plural to maintain the hard sound of the **c** or **g**. Exceptions include the masculine plural adjectives **simpatici** and **antipatici**.

È **simpatica**. *She is **nice**.*	Le ragazze sono **simpatiche**. *The girls are **nice**.*
È un **amico tedesco**. *He is a **German friend**.*	Gli **amici** sono **tedeschi**. *The **friends** are **German**.*

- Adjectives of nationality also follow the rules of agreement described above. Unlike in English, they are not capitalized.

Adjectives of nationality

americano/a	*American*	**italiano/a**	*Italian*
canadese	*Canadian*	**marocchino/a**	*Moroccan*
cinese	*Chinese*	**messicano/a**	*Mexican*
francese	*French*	**spagnolo/a**	*Spanish*
giapponese	*Japanese*	**svedese**	*Swedish*
greco/a	*Greek*	**svizzero/a**	*Swiss*
inglese	*English*	**tedesco/a**	*German*

- Use **Di dove** + **essere** to ask about someone's nationality or origin. To name a city in the reply, use **di**.

Di dove sei? ***Where are you from?***	Sono **italiana**. Sono **di Roma**. *I am **Italian**. I am **from Rome**.*

Provalo! **Write the correct forms of the adjectives.**

1. Loro sono *generosi/e*. (generoso)
2. Lisa è simpatica. (simpatico)
3. Hiroshi è giapponese. (giapponese)
4. Io non sono pigro/a. (pigro)
5. Gli esami sono facili. (facile)
6. Silvia è tedesca. (tedesco)

STRUTTURE

1B.3 Telling time

Punto di partenza Use the verb **essere** with numbers to tell time.

- To ask for the time in Italian, use **ora** (*hour*) in either the singular or plural form.

Che **ora è**?/ Che **ore sono**? ▶ *What time is it?*

- Express time with either **sono** or **è**, depending on the hour. Use **è** with **mezzogiorno** (*noon*), **mezzanotte** (*midnight*), and 1:00. Note the use of the definite article with **una**.

È **mezzogiorno/mezzanotte**.

È **l'una**.

Suggestion Emphasize that while it doesn't matter how students express the question (either **Che ora è?** or **Che ore sono?**), they must answer in the plural for all hours of the day except noon, midnight, and one.

- Express all other hours with **sono le** + [*number*].

Sono le sei.

Sono le dieci.

- To express minutes from the hour to the half hour, use **e** (*and*). To express minutes from the half hour to the next hour, subtract the minutes from that hour using **meno** (*minus*).

Sono le quattro **e cinque**.

Sono le tre **meno dieci**.

- You can use **un quarto** or **quindici** for *a quarter past*, **meno un quarto** for *a quarter to*, and **mezzo/mezza** or **trenta** for the half hour.

È l'una e **un quarto**.

Sono le sette e **mezzo**.

PRATICA

1 Dire l'ora Give the time shown on each clock.

MODELLO *Sono le dodici meno venti.*

1. Sono le otto e mezzo / mezza / trenta.

2. È l'una e quindici / un quarto.

3. Sono le otto meno venti.

4. Sono le undici meno venti / un quarto.

5. È mezzogiorno / È mezzanotte.

6. Sono le quattro e venti.

7. Sono le due meno dieci.

8. Sono le sei e venticinque.

2 Sostituire Change the time in each sentence from the 24-hour clock to standard time.

MODELLO Sono le quindici e quaranta.
Sono le quattro meno venti del pomeriggio.

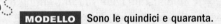

1. Sono le ventuno e trenta.
   Sono le nove e mezzo/mezza/trenta di sera.
2. Sono le sedici.
   Sono le quattro del pomeriggio.
3. Sono le diciannove e tre.
   Sono le sette e tre di sera.
4. Sono le quattordici e quindici.
   Sono le due e quindici/un quarto del pomeriggio.
5. Sono le venti.
   Sono le otto di sera.
6. Sono le ventidue e quarantacinque.
   Sono le undici meno venti/un quarto di sera.

3 Che ore sono? In pairs, look at Giulia's schedule. Then take turns asking and answering questions about her activities. Answers will vary.

MODELLO

S1: *Dov'è Giulia alle nove e dieci lunedì mattina?*
S2: *Giulia è in biblioteca.*

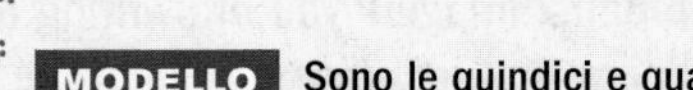

	lunedì	martedì	mercoledì
9:10	biblioteca	ufficio del Prof. Rossi	letteratura inglese
11:00		italiano	ingegneria
13:30	letteratura	mensa	
15:15	latino		geometria
17:45	giornalismo		informatica

3 Expansion Ask students where they are at particular times of the day. Ex.: **Dove sei alle otto di mattina? Dove sei a mezzogiorno?**

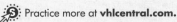

Practice more at **vhlcentral.com**.

COMUNICAZIONE

4 Rispondere In pairs, take turns asking and answering these questions. Answers will vary.

MODELLO

S1: *Quando vai (When do you go) alla mensa?*
S2: *Il lunedì e il mercoledì. E tu?*

1. Quando vai in biblioteca?
2. Quando vai alla lezione d'italiano?
3. Che giorno è oggi?
4. Che giorno è domani?
5. Che ore sono adesso (*now*)?
6. A che ora vai a casa oggi?

5 Televisione In pairs, use these television listings to ask and answer questions about whe programs begin. Answers will vary.

MODELLO

S1: *A che ora è la televendita?*
S2: *È alle nove e quindici di mattina.*

i cartoni animati	*cartoons*
il film giallo	*mystery*
il gioco televisivo	*game show*
l'oroscopo	*horoscope*
la telenovela	*soap opera*
il telegiornale	*news*
la televendita	*infomercial*

GIOVEDÌ

Rai Uno	Canale 5	Teleregione
8:00 Telegiornale	**7:30** TG 5 (telegiornale)	**9:15** Televendita
12:50 Il commissario Rex (telefilm)	**11:00** Oroscopo	**13:00** Formula 1 (sport)
16:00 Heidi (cartoni animati)	**15:35** La ruota della fortuna (gioco televisivo)	**18:30** Anche i ricchi piangono (telenovela)
21:00 La Piovra (film giallo)	**23:00** Il Maurizio Costanzo Show (talk show)	**21:50** Un pesce di nome Wanda (commedia)

6 Tocca a voi Create your own class schedule. In groups of three, ask and answer questions about each other's schedule. Answers will vary.

MODELLO

S1: *Che cosa hai (What do you have) il lunedì mattina?*
S2: *Ho (I have) lezione di storia. E tu?*
S1: *Io ho lezione di economia.*

6 Expansion Find current movie listings for an Italian movie theater to show in class. Try to find some good examples of current American movies with Italian titles that students will be able to recognize. Ask questions about the movie times.

Suggestion Explain to students that there are no set rules about the transition from **pomeriggio** to **sera** to **notte**, and **mattina**. In many parts of Italy, **il pomeriggio** ends at about 5 p.m. Unlike in English, in Italian, times between midnight and about 5 a.m. are generally referred to as **di notte**, as seen in item 6.

- To distinguish between a.m. and p.m., use the expressions **di mattina/del mattino** (*in the morning*), **del pomeriggio** (*in the afternoon*), **di sera** (*in the evening*), and **di notte** (*at night*).

Sono le tre **del pomeriggio**.
*It's three **p.m.***

Sono le undici **di mattina**.
*It's eleven **a.m.***

- To ask what time something takes place, use **A che ora?** Express the reply with **a mezzogiorno/mezzanott...**

think of daily activities to list on the board

lunedì	martedì	mercoledì	giovedì	venerdì	sabato	domenica
Monday	*Tuesday*	*Wednesday*	*Thursday*	*Friday*	*Saturday*	*Sunday*

Che giorno è?
What day is it?

Oggi è **venerdì**.
*Today is **Friday**.*

Domani è **sabato**.
*Tomorrow is **Saturday**.*

- To express a recurring event, use the singular definite article before the day. Refer to a specific day without the article.

Ho lezione d'italiano **il lunedì**.
*I have Italian class **on Mondays**.*

Vado in biblioteca **lunedì**.
*I'm going to the library **on Monday**.*

Provalo! Complete each sentence with the correct time.

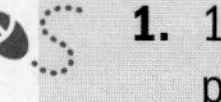

1. 1:00 p.m.: È l'una del pomeriggio.
2. 6:20 a.m.: Sono le sei e venti di mattina.
3. 7:25 p.m.: Sono le sette e venticinque di sera.
4. 12:00 p.m.: È mezzogiorno.
5. 5:55 a.m.: Sono le sei meno cinque di mattina.
6. 4:00 a.m.: Sono le quattro di notte.
7. 3:30 p.m.: Sono le tre e mezzo/mezza/trenta del pomeriggio.
8. 12:00 a.m.: È mezzanotte.

SINTESI

Ricapitolazione

1 Personaggi celebri In groups of four, each person writes a description of an international celebrity. Take turns reading the descriptions aloud while the other group members guess who it is. Answers will vary.

MODELLO

S1: *È alta, bella, intelligente e ha (she has) molti bambini (kids) con Brad Pitt. Chi è?*
S2: *Angelina Jolie!*

2 Come sei? Your instructor will give you a worksheet. Survey as many classmates as possible to ask if they would use the adjectives listed to describe themselves. Then decide which two students in the class are most similar. Answers will vary.

MODELLO

S1: *Sei timido?*
S2: *Sì, sono timido. / No, sono socievole.*

Aggettivi	Nomi
1. timido/a	Giulia, Anna, Lele
2. generoso/a	
3. sincero/a	
4. intelligente	
5. studioso/a	
6. nervoso/a	
7. pigro/a	
8. indipendente	

3 Compagni di classe Write a paragraph describing the students in your Italian class. What are some of their names? What are their personalities? What is their heritage? Use all the Italian you have learned so far. Share your observations with a partner. Do you agree? Answers will vary.

4 Sette differenze Your instructor will give you and your partner two different drawings of a classroom. Do not look at each other's drawings. Ask and answer questions to identify seven differences between the two drawings. Answers will vary.

MODELLO

S1: *C'è una finestra nella tua (your) aula?*
S2: *Sì, c'è una finestra nella mia (my) aula. / No, non c'è una finestra nella mia aula.*

5 L'orario perfetto In pairs, each person creates his/her ideal class schedule. Once you have created the schedules, take turns asking and answering questions about your classes and what time they take place. Answers will vary.

MODELLO

S1: *Ho (I have) lezione di arte il martedì.*
S2: *A che ora è la lezione?*
S1: *È alle 11:00 di mattina.*

	lunedì	martedì	mercoledì	giovedì	venerdì
9:00					
10:00	italiano		italiano		italiano
11:00		informatica			informatica
14:00	arte		economia	arte	
15:30		matematica			matematica

6 L'impiccato In pairs, play Hangman using the vocabulary you learned in **Lezione 1A** and **Lezione 1B**. Before you begin each word, give a hint about what it is. Answers will vary.

MODELLO

S1: *Che cos'è?*
S2: *È un luogo. / È una materia. / È una persona.*
S1: *C'è una b?*

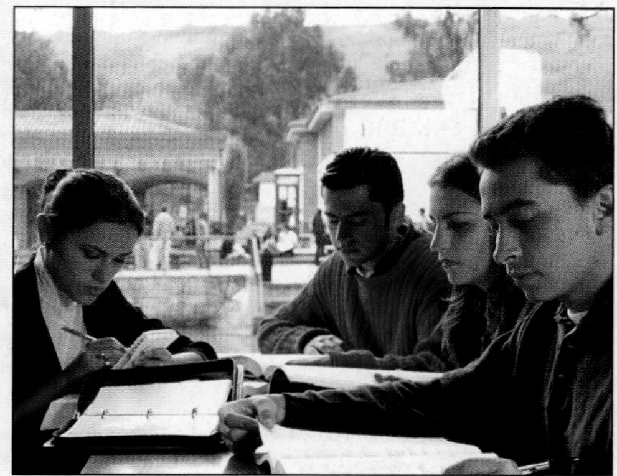

7 Alla stazione

In pairs, take turns asking and answering when each train (**treno**) leaves (**parte**) or arrives (**arriva**). Answers will vary slightly.

MODELLO

S1: *A che ora arriva il treno da (from) Firenze?*
S2: *Alle dieci e tre di mattina. A che ora parte il treno per (to) Trieste?*
S1: *Alle undici meno dieci di sera.*

Arrivi	Ora	Partenze	Ora
Firenze	10:03	Perugia	6:30
Bologna	11:30	Terni	8:45
Milano	12:15	Torino	13:00
Napoli	16:37	Genova	17:46
Assisi	18:22	Palermo	19:58
Venezia	21:45	Trieste	22:50
Reggio Calabria	23:10	Aosta	23:58

7 Expansion Ask students to identify each of these cities on a map. Then, encourage them to use the Internet to find train schedules from Rome to each of these cities. Will they need to change trains? How long is the trip?

8 La telenovela

In groups of four, create descriptions of the following four characters who will appear in a soap opera about university life in Italy. For each character, say what he/she is like and what classes he/she is taking. Make your descriptions as complete as possible. Answers may vary.

MODELLO

Fabio Neri è italiano. È pigro e noioso. Studia lettere a Roma.

Francesca Balli

Anne Dupont

Sergio Franchi

Fabio Neri

8 Expansion Ask for a volunteer from each group to share their results with the class. Then use each group's results for further practice with adjectives by getting students to provide the opposites of the adjectives they used. Ex.: **Fabio Neri è pigro e noioso, allora non è attivo o interessante, vero? E Francesca Balli non è...**

Il mio di·zio·na·rio

Add five words related to classes and personal descriptions to your personal dictionary.

il gesso

ciao!

traduzione
chalk

categoria grammaticale
sostantivo (m.)

uso
Scrivo sulla lavagna con il gesso.

sinonimi
—

antonimi
—

Suggestion Tell students that the best way to learn vocabulary is in context; writing a sentence using a new word is especially helpful. For adjectives, learning pairs of opposites is particularly useful.

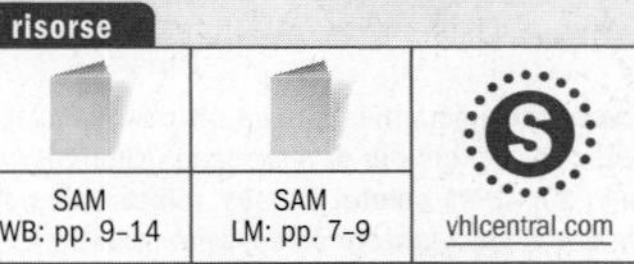

risorse
SAM
WB: pp. 9–14
SAM
LM: pp. 7–9
vhlcentral.com

Panorama

connections cultures — NATIONAL STANDARDS

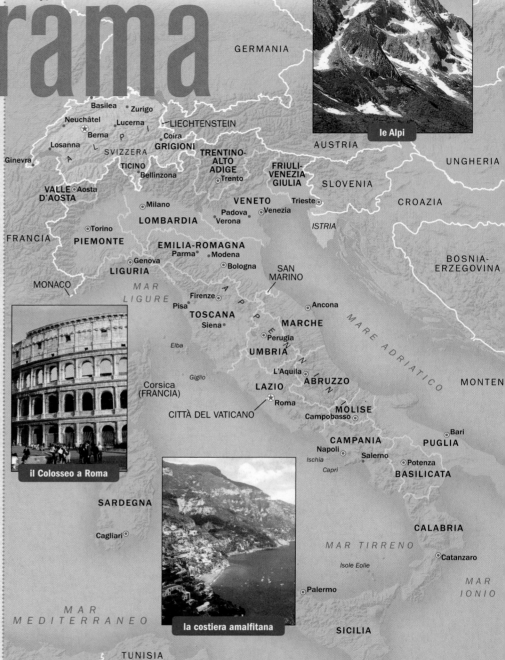

Interactive Map

Dove si parla italiano?

La popolazione in cifre°

- Numero di paesi° dove l'italiano è una lingua ufficiale°: *4*
- Numero di paesi dove si parla italiano°: *più di° 15*
- Numero di italofoni° nel mondo°: *più di 65.000.000*

Suggestion Ask students in which other countries they think Italian might be spoken, and why. Make a list of these countries and discuss whether Italian is spoken there as a result of colonization or immigration.

Popolazioni (paesi)

- Italia: *61.482.297*
- Svizzera (Ticino): *8.036.917 (341.652)*
- San Marino: *32.538*
- Città del Vaticano: *836*

Popolazioni (città principali)

- Roma: *2.650.155*
- Milano: *1.316.497*
- Napoli: *958.126*
- Torino: *895.034*
- Palermo: *654.080*
- Genova: *596.908*

Italiani celebri°

- Cristoforo Colombo, *Liguria, esploratore (1451–1506)*
- Leonardo da Vinci, *Toscana, artista e scienziato (1452–1519)*
- Sophia Loren, *Campania, attrice (1934–)*
- Mario Andretti, *Istria, pilota automobilistico° (1940–)*
- Giuseppe Tornatore, *Sicilia, regista° e sceneggiatore° (1956–)*
- Carmen Consoli, *Sicilia, cantante° (1974–)*

le Alpi

il Colosseo a Roma

la costiera amalfitana

Incredibile ma vero! Find out which students have parents, grandparents, or other relatives who speak an Italian dialect.

Incredibile ma vero!

La lingua ufficiale in Italia è l'italiano, ma non si parla solo italiano! In Italia ci sono anche dozzine di° dialetti° diversi e due idiomi° (ladino e sardo). In alcune° regioni la gente parla l'italiano, il dialetto e anche una delle seguenti° lingue: provenzale, francoprovenzale, tedesco, sloveno, serbo-croato, albanese, greco o catalano.

cifre *numbers* **paesi** *countries* **lingua ufficiale** *official language* **si parla italiano** *Italian is spoken* **più di** *more than* **italofoni** *Italian-speakers* **nel mondo** *in the world* **celebri** *famous* **pilota automobilistico** *racecar driver* **regista** *director* **sceneggiatore** *screenwriter* **cantante** *singer* **dozzine di** *dozens of* **dialetti** *dialects* **idiomi** *languages* **alcune** *some* **seguenti** *following*

La storia

Dal latino all'italiano

Molti dialetti italiani derivano dal° latino. L'italiano moderno—quello che studi° a lezione—deriva dal dialetto toscano, originario della regione Toscana. Negli anni 1200 e 1300 la Toscana è economicamente molto forte e il toscano è usato° per gli affari° in molti luoghi. Allo stesso tempo° ci sono importanti poeti toscani—come Dante (1265–1321), Petrarca (1304–1374) e Boccaccio (1313–1375)—che usano° il toscano nella letteratura. Oggi l'italiano è la lingua ufficiale in Italia, nella° Repubblica di San Marino, nella Città del Vaticano, nella Svizzera italiana e in alcune aree di Slovenia e Croazia.

Le tradizioni

I colori della bandiera italiana

La bandiera° italiana nasce il 7 gennaio 1797 nella città di Reggio Emilia. È verde, bianca e rossa°. Perché questi colori? Il verde rappresenta il colore delle uniformi militari; il rosso e il bianco sono i colori dello stemma° di Milano. La bandiera italiana più lunga del mondo misura° 1.570 metri ed è stata portata° a New York dall'Italia l'11 ottobre 1999 per il Columbus Day. Gli ingredienti della pizza Margherita (basilico°, mozzarella e pomodoro°) sono ispirati° ai colori della bandiera.

La geografia

Suggestion Tell students that **km²** (*square kilometers*) is pronounced **chilometri quadrati**.

La Città del Vaticano e la Repubblica di San Marino

In Italia ci sono due stati indipendenti, la Città del Vaticano e San Marino. La Città del Vaticano nasce l'11 febbraio 1929. Con 0,44 km² è il più piccolo° stato del mondo. Ci sono circa 900 abitanti°. È una monarchia assoluta con due principali gruppi nazionali (italiani e svizzeri) e le lingue ufficiali sono l'italiano e il latino. San Marino è una repubblica parlamentare° con circa 32.000 abitanti. La lingua ufficiale è l'italiano.

Lo sport

Forza Azzurri!

Il calcio° è lo sport italiano più popolare. Ci sono un totale di 111 squadre° divise in Serie A, Serie B, Serie C1 e Serie C2. I giocatori° della squadra nazionale italiana si chiamano «gli Azzurri» per il colore della maglia°. Il colore azzurro° è il colore della bandiera dei Savoia, antichi sovrani° d'Italia. Le squadre più conosciute° della Serie A sono il Milan, la Juventus, la Roma, l'Inter e la Lazio. La nazionale italiana ha vinto° quattro campionati° del mondo: nel 1934, 1938, 1982 e 2006.

Suggestion Encourage students to read the articles aloud. Students will learn to talk about dates and numbers 101 and higher in **Lezione 2B**.

Quanto hai imparato? Complete the sentences.

1. Il ladino e il sardo sono ___idiomi___.
2. L'italiano moderno deriva dal dialetto ___toscano___.
3. In Italia molti ___dialetti___ derivano dal latino.
4. I poeti toscani che usano il dialetto toscano nella letteratura sono ___Dante, Petrarca e Boccaccio___.
5. La bandiera italiana nasce il ___7 gennaio 1797___.
6. I colori della bandiera italiana sono ___verde, bianco e rosso___.
7. La Città del Vaticano e la Repubblica di San Marino sono due ___stati indipendenti___.
8. San Marino è una repubblica ___parlamentare___.
9. In Italia ci sono 132 ___squadre___ di calcio.
10. Il colore azzurro della maglia è il colore della ___bandiera___ dei Savoia.

Practice more at **vhlcentral.com.**

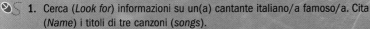

SU INTERNET

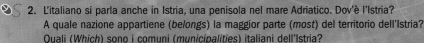

Go to vhlcentral.com to find more cultural information related to this **Panorama**.

1. Cerca (*Look for*) informazioni su un(a) cantante italiano/a famoso/a. Cita (*Name*) i titoli di tre canzoni (*songs*).
2. L'italiano si parla anche in Istria, una penisola nel mare Adriatico. Dov'è l'Istria? A quale nazione appartiene (*belongs*) la maggior parte (*most*) del territorio dell'Istria? Quali (*Which*) sono i comuni (*municipalities*) italiani dell'Istria?

derivano dal *are derived from* **quello che studi** *what you study* **usato** *used* **affari** *business* **Allo stesso tempo** *At the same time* **usano** *use* **nella** *in the* **bandiera** *flag* **verde, bianca e rossa** *green, white, and red* **stemma** *coat of arms* **misura** *measures* **è stata portata** *was taken* **basilico** *basil* **pomodoro** *tomato* **ispirati** *inspired* **più piccolo** *smallest* **abitanti** *citizens* **repubblica parlamentare** *parliamentary republic* **calcio** *soccer* **squadre** *teams* **giocatori** *players* **maglia** *jersey* **azzurro** *blue* **antichi sovrani** *former rulers* **conosciute** *known* **ha vinto** *has won* **campionati** *championships*

Audio: Reading

Prima di leggere

STRATEGIA

Recognizing cognates

Cognates are words that share similar meanings and spellings in two or more languages. When reading in Italian, it's helpful to look for cognates and use them to guess the meaning of what you're reading. However, watch out for false cognates. For example, **libreria** means *bookstore*, not *library*, and **lettura** means *reading*, not *lecture*. Look at this list of Italian words. Can you guess the meaning of each word?

cultura	**persona**
famoso	**ristorante**
informazione	**speciale**
interessante	**studiare**
lezione	**televisione**
minuto	**turista**
monumento	**università**

Esamina il testo

Briefly look at the document. What kind of information is listed? In what order is it listed? Where do you usually find such information? Can you guess what this document is?

Parole affini

Read the list of cognates in the **Strategia** box again. How many can you find in the reading selection? Are there additional cognates in the reading? Which ones? Can you guess their English equivalents?

Indovinare

In addition to using cognates and words you already know, you can also use context to guess the meaning of words you do not know. Find the following words in the reading selection and try to guess what they mean. Compare your answers with those of a classmate.

con	domani	partita	pranzo	tutto

Prima di leggere Encourage students to use these pre-reading techniques with any Italian reading they encounter. Assure them that it is not necessary to understand every word to get the general meaning. However, if one word is blocking their understanding of a whole sentence, they should look it up.

L'agenda

Lunedì

10:00 ufficio postale per spedire° le lettere

12:30 pranzo con Martina in pizzeria

14:00–17:00 lezione di arte all'università

Martedì

9:00–11:00 lezione d'italiano all'università

11:00 incontrare il Prof. Fortunato all'università

13:00 pranzo alla mensa con Enrico

Mercoledì

Tutto il giorno: studiare per l'esame di domani!

di Giovanni

Giovedì

9:00–12:00 esame d'italiano!
13:00–15:30 lezione di matematica all'università
16:00 gelato con gli amici alla Gelateria Pascoli

Venerdì

10:30 appuntamento dal dentista
14:00–15:00 lezione di tennis
20:00 cena° al Ristorante Toscana con i compagni di classe

Sabato

21:15 cinema con Sara

Domenica

Mattina: dormire°!
Pomeriggio: partita di calcio allo stadio.

spedire *to mail* **cena** *dinner* **dormire** *sleep*

Dopo la lettura

Quando si fanno queste cose? Give the day and time when Giovanni is scheduled to do each activity.

MODELLO Giovanni is meeting Enrico.
martedì all'una del pomeriggio

1. Giovanni mails letters.
   lunedì alle dieci
2. Giovanni plays tennis.
   venerdì alle due del pomeriggio
3. Giovanni has an Italian test.
   giovedì alle nove di mattina
4. Giovanni is meeting his friends for ice cream at Gelateria Pascoli.
   giovedì alle quattro del pomeriggio
5. Giovanni goes to the stadium.
   domenica pomeriggio
6. Giovanni has a dentist's appointment.
   venerdì alle dieci e mezzo/mezza/trenta di mattina
7. Sara and Giovanni are going to the movies.
   sabato alle nove e quindici/un quarto di sera
8. Giovanni has pizza for lunch.
   lunedì alle dodici e mezzo/mezza/trenta
9. Giovanni studies for the Italian test.
   mercoledì, tutto il giorno
10. Professor Fortunato and Giovanni are meeting at the university.
    martedì alle undici

La mia agenda With a partner, use Giovanni's schedule as a model to create your weekly schedules. Use your schedules to plan a time to meet next week.

MODELLO

S1: *Martedì alle tre del pomeriggio?*
S2: *No, c'è lezione d'italiano.*
S1: *Allora (Then), martedì alle quattro?*
S2: *Va bene (OK)!*

Quando si fa? Point out that while Italians use the 24-hour clock for schedules, they normally use the 12-hour clock in conversation (with expressions such as **di mattina** or **del pomeriggio**), as reflected in this activity.

 Practice more at **vhlcentral.com.**

In ascolto

Audio

STRATEGIA

Listening for words you know

You can get the gist of a conversation by listening for words and phrases you already know.

To help you practice this strategy, listen to these sentences and make a list of the words you have already learned.

______ ______

______ ______

Preparazione

Look at the photograph. Where are these people? What are they doing? In your opinion, do they know one another? Why or why not? What do you think they're talking about?

Ascoltiamo

As you listen, circle the items you associate with Paola and those you associate with Davide.

PAOLA	DAVIDE
i libri	(economia)
(l'esame)	il dizionario
l'orologio	il voto
(la biblioteca)	(l'esame)
la mensa	la finestra
(Sta bene.)	Sta male.
un amico	(un amico)

Ascoltiamo! Remind students that they should not feel anxious if they do not understand every word. For now, they should focus on listening for information based on the cues in the activity. Tell them that listening, like reading and writing, is a skill that will improve with practice.

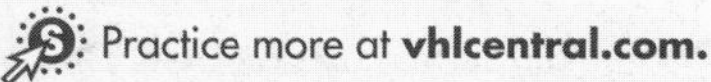
Practice more at **vhlcentral.com.**

Comprensione

Vero o falso? Based on the conversation you heard, indicate whether each statement is **vero** or **falso.**

	Vero	Falso
1. Paola studia italiano.	☑	☐
2. Paola è una professoressa.	☐	☑
3. Paola sta male.	☐	☑
4. La professoressa di Paola si chiama Tina.	☑	☐
5. Davide studia con un'amica.	☐	☑
6. Davide ha un esame domani.	☑	☐
7. Davide studia economia.	☑	☐
8. Davide è a casa.	☐	☑

Presentazioni It's your turn to get to know your classmates. Using the conversation you heard as a model, select a partner you do not know, and introduce yourself to him/her in Italian. Follow the steps below.

- Greet your partner.
- Ask how he/she is doing.
- Ask about his/her class schedule.
- Ask about his/her teachers.
- Introduce your partner to another student.
- Say good-bye.

Presentazioni Students will often gravitate towards other students they already know, so if they are not following the directions and choosing a new student to speak to, redirect them to someone else, or have them repeat the activity with someone new.

Scrittura

STRATEGIA

Writing in Italian

Why do we write? All writing has a purpose. For example, we may write a poem to reveal our innermost feelings, a letter to share information, or an essay to persuade others to accept a point of view. Writing requires time, thought, effort, and a lot of practice. Here are some tips to help you write more effectively in Italian.

DO

- **Try to write your ideas in Italian.**
- **Try to make an outline of your ideas.**
- **Decide what the purpose of your writing will be.**
- **Use the grammar and vocabulary that you know.**
- **Use your textbook for examples of style, format, and expressions in Italian.**
- **Use your imagination and creativity to make your writing more interesting.**
- **Put yourself in your reader's place to determine if your writing is interesting.**

DON'T

- **Translate your ideas from English to Italian.**
- **Simply repeat what is in the textbook or on a web page.**
- **Use a bilingual dictionary until you have learned how to use one effectively.**

Strategia Stress the importance of not translating ideas from English to Italian. Although students may think it is helpful to write out their ideas in English first, it is detrimental to learning a new language. Encourage them to write brief notes in Italian to outline their ideas so they are sure to use only vocabulary they understand.

Tema

Fai una lista!

Imagine that several Italian-speaking students will be spending a year at your school. You've been asked to put together a list of people and places that might be useful and of interest to them. Your list should include:

- Your name, address, phone number(s) (home and/or cell), and e-mail address
- The names of two or three other students in your Italian class, their addresses, phone numbers, and e-mail addresses
- Your Italian teacher's name, office and/or cell phone number(s), e-mail address, as well as his/her office hours
- Your school library's phone number and hours
- The names, addresses, and phone numbers of three places near your school where students like to go (a bookstore, a coffee shop or restaurant, a theater, a skate park, etc.)

NOME: *Prof. Caspani (professore d'italiano)*
INDIRIZZO: *McNeil University*
NUMERO DI TELEFONO: *654-3458 (ufficio)*
NUMERO DI CELLULARE: *919-0040*
INDIRIZZO E-MAIL: *profcaspani@mcneilU.edu*
APPUNTI: *orario ufficio: 9–12*

NOME: *Al Buon Gelato*
INDIRIZZO: *8970 McNeil Road*
NUMERO DI TELEFONO: *658-0349*
NUMERO DI CELLULARE: *-*
INDIRIZZO E-MAIL: *info@buongelato.com*
APPUNTI: *aperto ogni giorno 10.00–22.00*

VOCABOLARIO

Saluti e addịi

Ciao.	*Hi.; Good-bye.*
Salve.	*Hello.*
Buongiorno.	*Hello.; Good morning.*
Buonasera.	*Good evening.*
Buonanotte.	*Good night.*
A domani.	*See you tomorrow.*
A dopo.	*See you later.*
A più tardi.	*See you later.*
A presto.	*See you soon.*
ArrivederLa/ci. (*form./fam.*)	*Good-bye.*
Buona giornata!	*Have a nice day!*
Come sta/stai? (*form./fam.*)	*How are you?*
Come va?	*How are things?*
Tutto bene?	*Everything OK?*
Abbastanza bene.	*Pretty well.*
Anch'ịo.	*Me, too.*
Così così.	*So-so.*
Non c'è male.	*Not bad.*
Sto (molto) bene.	*I am (very) well.*
Sto male.	*I am not well.*
per favore	*please*
Grazie.	*Thank you.*
Grazie mille.	*Thanks a lot.*
Di niente.	*You're welcome.*
Prego.	*You're welcome.*
Scusi/a. (*form./fam.*)	*Excuse me.*

Le presentazioni

Come si/ti chiama/i? (*form./fam.*)	*What is your name?*
E Lei/tu? (*form./fam.*)	*And you?*
Le/Ti presento… (*form./fam.*)	*This is [name].*
Mi chiamo…	*My name is…*
Molto piacere.	*A real pleasure.*
Piacere.	*Delighted.*
Piacere di conọscerLa/ti. (*form./fam.*)	*Pleased to meet you.*
Piacere mịo.	*My pleasure.*

Suggestion Remind students that they are responsible for all the vocabulary on this page. Encourage them to learn the words in context, and to practice spelling and pronunciation simultaneously by listening to and writing the words. Remind them that they must learn the articles along with the nouns.

Alla facoltà

l'agenda	*planner*
gli appunti	*notes*
l'ạutobus	*bus*
l'automọbile (*f.*)	*car*
il banco	*desk*
il caffè	*coffee*
la cartina	*map*
il cestino	*wastebasket*
la classe	*class*
i cọmpiti	*homework*
il computer	*computer*
la domanda	*question*
il dizionario	*dictionary*
l'esame (*m.*)	*exam*
la foto(grafịa)	*photo(graph)*
la finestra	*window*
il foglio di carta	*sheet of paper*
la gomma	*eraser*
l'idea	*idea*
la lavagna	*blackboard*
la lezione	*lesson*
il libro	*book*
la matita	*pencil*
l'orologio	*clock; watch*
la penna	*pen*
la porta	*door*
il quaderno	*notebook*
la sedia	*chair*
lo sport	*sport*
il tạvolo	*table*
la televisione	*television*
il testo	*textbook*
il voto	*grade*
lo zaino	*backpack*

I luoghi

l'albergo	*hotel*
l'aula	*lecture hall, classroom*
la biblioteca	*library*
la casa	*house*
la città	*city*
la facoltà	*department*
il liceo	*high school*
la mensa	*cafeteria*
il ristorante	*restaurant*
la stazione	*station*
l'ufficio	*office*
l'università	*university*

Le persone

l'alunno/a	*(K-12) student*
l'amico/a	*friend*
l'attore/l'attrice	*actor/actress*
l'autore (*m./f.*)	*author*
il/la compagno/a di classe	*classmate*
la donna	*woman*
il/la dottore(ssa)	*doctor*
la gente	*people*
l'insegnante	*instructor*
il/la professore(ssa)	*professor; teacher*
il/la ragazzo/a	*boy/girl*
signor(a)...	*Mr./Mrs. . . .*
signorina...	*Miss . . .*
lo/la studente(ssa)	*student*
l'uomo (*pl.* uọmini)	*man (men)*

Le materie

l'arte (*f.*)	*art*
l'economịa	*economics*
la giurisprudenza	*law*
l'informạtica	*computer science*
le lẹttere	*arts; humanities*
le lingue	*languages*
la medicina	*medicine*
le scienze	*science*
la storia	*history*
gli studi	*studies*

Identificare

c'è/ci sono	*there is/there are*
(Che) cos'è?	*What is it?*
Chi è?	*Who is it?*
ecco	*here*
là/lì	*there*
molti/e	*many*
qua/qui	*here*
Quanti/e…?	*How many . . . ?*

Espressioni ụtili	*See pp. 7 and 21.*
Numbers 0–100	*See p. 12.*
Subject pronouns	*See p. 24.*
ẹssere	*See p. 25.*
Adjectives	*See pp. 26–27.*
Telling time	*See pp. 28–29.*
Days of the week	*See p. 29.*

Il tempo libero

UNITÀ

2

Per cominciare

- Where is Riccardo sitting?
  a. allo stadio b. in biblioteca (c.) in piazza
- Which word describes what Riccardo is doing?
  (a.) ascoltare la mu̦sica b. andare in bicicletta c. guardare la TV
- What month is it?
  a. dicembre (b.) agosto c. febbraio

Lezione

2A

Communicative Goals

You will learn how to:

- talk about sports
- talk about activities and pastimes

CONTESTI

I passatempi

Vocabulary Tools

Suggestion Encourage students to visualize the activities while learning the words, or to associate each word with someone they know.

Vocabolario

espressioni	*expressions*
Ti piace...?	*Do you like . . . ?*
(Non) mi piace...	*I (don't) like . . .*
le attività	*activities*
andare a cavallo	*to go horseback riding*
andare al cịnema	*to go to the movies*
andare in bicicletta	*to ride a bicycle*
ascoltare la mụsica	*to listen to music*
ballare	*to dance*
cantare	*to sing*
guardare la tivù/TV	*to watch TV*
nuotare	*to swim*
pescare	*to go fishing*
suonare (la batterịa, la chitarra, il piano)	*to play (drums, guitar, piano)*
lo sport	*sports*
l'atlẹtica	*track and field*
l'automobilismo	*car racing*
il campeggio	*camping*
il campo	*field; court*
il ciclismo	*cycling*
la danza clạssica	*classical dance*
il football americano	*football*
le freccette	*darts*
il nuoto	*swimming*
la palestra	*gymnasium*
la pallavolo	*volleyball*
lo sci	*skiing*
lo stadio	*stadium*

Suggestion Ask students questions about the activities, providing the first answer as an example. Ex.: **Chi gioca a calcio? David Beckham gioca a calcio. Chi gioca a tennis?**

risorse

SAM WB: pp. 17–18	SAM LM: p. 10	vhlcentral.com

Expansion Have students list the activities pictured that they like to do and those that they don't like to do.

Attenzione!

Use **giocare a** with games and sports.
Giocano a scacchi/pallavolo.
They play chess/volleyball.
Use **suonare** with musical instruments.
Suono il piano/la chitarra.
I play piano/guitar.

Pratica

1 Trova l'intruso Circle the word that doesn't belong.

MODELLO la chitarra, (il calcio), la batteria, il piano

1. il tennis, andare in bicicletta, (cantare), il football americano
2. le freccette, (il campeggio), gli scacchi, le carte
3. il campo, lo stadio, (nuotare), la palestra
4. cantare, suonare la batteria, (le freccette), ascoltare la musica
5. lo stadio, la squadra, il calcio, (la danza classica)
6. (andare al cinema), la pallavolo, andare a cavallo, lo sci

2 Categorizzare Write each word you hear in the correct category.

Luoghi	Passatempi
1. la palestra	1. andare a cavallo
2. il campo	2. il calcio
3. lo stadio	3. il ciclismo
4. il cinema	4. il tennis
5.	5. le freccette
6.	6. la pallavolo

3 Le coppie Match each activity to a picture.

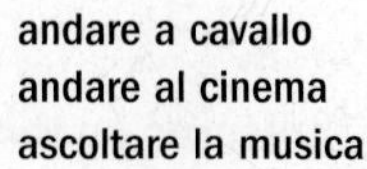

andare a cavallo	camminare nel parco	giocare a tennis
andare al cinema	giocare a calcio	guardare la TV
ascoltare la musica	giocare a carte	suonare la chitarra

1. giocare a calcio

2. andare a cavallo

3. suonare la chitarra

4. andare al cinema

5. giocare a carte

6. ascoltare la musica

7. guardare la TV

8. giocare a tennis

9. camminare nel parco

Practice more at **vhlcentral.com.**

Comunicazione

4 **Ti piace...?** With a partner, take turns telling each other if you like or dislike these activities.

MODELLO

Mi piace nuotare./Non mi piace nuotare.

4 Suggestion Until students have learned to use **piacere** with plural nouns, model correct usage and encourage them to use the expressions **Ti piace...?** and **(Non) mi piace...** with verbs and singular nouns only.

1. (Non) mi piace il calcio.

2. (Non) mi piace giocare a scacchi.

3. (Non) mi piace suonare la batteria.

4. (Non) mi piace pescare.

5. (Non) mi piace l'automobilismo.

6. (Non) mi piace ballare.

7. (Non) mi piace il ciclismo.

8. (Non) mi piace andare a cavallo.

5 **Conversazioni** With a partner, match the sentences on the left with the best reply on the right to create short conversations. Then role-play the completed conversations.

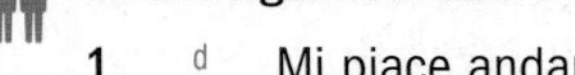

1. __d__ Mi piace andare al cinema.
2. __b__ Ci sono undici giocatori in una squadra di pallavolo.
3. __f__ Suoni uno strumento?
4. __e__ Ti piace guardare la partita alla TV?
5. __a__ In quella (*that*) squadra ci sono giocatori bravissimi!
6. __c__ Sei libera (*free*) mercoledì pomeriggio?

a. È vero. Quella squadra vince sempre (*always*).
b. Non è vero, ci sono sei giocatori.
c. No, ho danza classica e poi ho lezione di piano.
d. Io invece preferisco (*prefer*) guardare i film alla TV.
e. No, preferisco andare allo stadio.
f. Sì, suono la chitarra.

6 **Il mimo** In groups of four, play charades (**il mimo**). One student acts out an activity while the others try to guess what it is. Answers will vary.

MODELLO

S1: *È la pallavolo?*
S2: *No, non è la pallavolo!*
S3: *È la pallacanestro?*
S2: *Sì, è la pallacanestro!*

7 **A che ora?** You and your partner each have two schedules. One shows your own activities. The other shows a partial list of your partner's activities, with one activity missing each day. Ask questions to complete your partner's schedule, and answer questions about your own schedule. Answers will vary.

MODELLO

S1: *Che cosa fai (What are you doing) martedì mattina alle dieci?*
S2: *Ho (I have) lezione di matematica. E tu, che cosa fai giovedì alle due?*
S1: *Ho lezione di danza classica.*

7 Expansion Have students ask each other about two additional activities based on their actual schedules.

Pronuncia e ortografia

Letter combinations *gli*, *gn*, and *sc*

figlio **gli** **miglia** **Puglia**

In Italian, the letter combination **gli** is usually pronounced like the *lli* in the English word *million*.

compagnia **gnocchi** **legno** **signore**

The letter combination **gn** is pronounced like the *ni* in the English word *onion*.

scala **fiasco** **scuola** **pesche**

The letter combination **sc** has a hard sound (as in the English word *scope*) when it precedes the vowels **a**, **o**, or **u**, or the consonant **h**.

pesce **liscio** **sciare** **scienza**

The letter combination **sc** has a soft sound (as in the English word *she*) in front of the letters **e** or **i**.

Suggestions
- Refer students back to **Lezione 1B** for the rules about **ce** and **ge**. Point out that this material builds cumulatively and that if they are still not clear about the rules for **ce** and **ge**, they should review them.
- Demonstrate the presence of **g** in the **gli** and **gn** sounds by pronouncing it exaggeratedly. Remind students that Italian is very regular phonetically and that any sound you hear must be written.
- Point out that by contrast, the double **l** in Italian is pronounced just so — as a double **l**.
- Tell students that masculine nouns beginning with **gn** take the articles **lo**, **gli**, and **uno**.

Pronunciare Practice saying these words aloud.

1. meglio
2. pescare
3. sci
4. bagno
5. scacchi
6. Spagna
7. paglia
8. sconto
9. gnomo
10. scheda
11. moglie
12. scena

Articolare Practice saying these sentences aloud.

1. Gli gnocchi sono cotti.
2. Mi piace giocare e sciare.
3. C'è un pesce in piscina.
4. È meglio sognare o avere?
5. Qual è la scelta migliore?
6. Hai un biglietto per il concerto?

Expansion Have students repeat the following words aloud and then write them down: **ciglia**, **taglio**, **schiuma**, **scemo**, **ignorante**, **fascia**, **bruschetta**, **schema**, **maglia**, and **pugno.**

Proverbi Practice reading these sayings aloud.

Assai ben balla a chi Fortuna suona.[2]

Chi dorme non piglia pesci.[1]

1 The early bird catches the worm. (lit. He who sleeps doesn't catch any fish.)
2 He for whom Fortune plays dances well indeed.

risorse

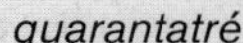

FOTOROMANZO

Che cosa vuoi fare?

Suggestion Have groups of students predict what each character's plans for the weekend are. Write their predictions on the board.

PERSONAGGI

Emily

Lorenzo

Marcella

Paolo

Riccardo

Viola

1

MARCELLA Buon appetito!
EMILY Ma è delizioso!
RICCARDO Mmh.
VIOLA Squisito!
LORENZO Molto buono.

2

MARCELLA Allora, siete a Roma da una settimana ormai. Come va? ...Programmi per il fine settimana?
RICCARDO Io penso di andare a un concerto domenica.
LORENZO La squadra italiana di ciclismo dà un seminario all'università sabato.
EMILY Venerdì io vado a uno spettacolo di danza classica.

3

VIOLA Io? Studio... Comincio a insegnare fra due settimane.
MARCELLA Studiare è importante. Ma anche il tempo libero. Che cosa ti piace fare?
EMILY A me piace giocare a pallacanestro e a pallavolo!

6

LORENZO Freccette?
RICCARDO Giocare a freccette è bello.
PAOLO Io adoro giocare a freccette.

7

LORENZO Anche studiare va bene. Anch'io penso di studiare.
EMILY Studiare? Per soltanto un corso?
RICCARDO Allora, voi due state a casa e studiate insieme, mentre io ascolto musica, vado al cinema e gioco a freccette.
LORENZO Guarda che non siamo in vacanza. Siamo qui per imparare.

8

MARCELLA All'inizio è difficile per molti studenti.
EMILY E poi tu adesso frequenti l'università a Roma! Impari un sacco di cose nuove. Visiti posti nuovi. Tu, tu... mangi!

Expansion Divide students i... and have ... the dialog... them to b... even over... Model cor... for them.

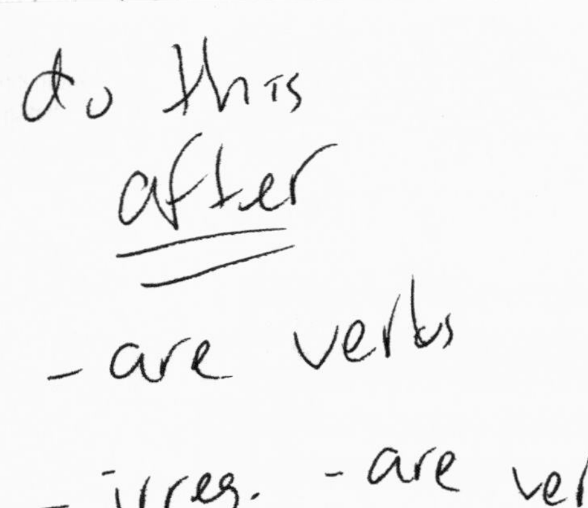

...ach statement is **vero**

...ciate the food). Vero.
...ncerto sabato. Falso.
... pallavolo. Vero.
...a. Vero.
...te. Falso.
... false statements.

6. Riccardo vuole (*wants to*) andare al cinema. Vero.
7. Lorenzo è in vacanza. Falso.
8. Marcella dice (*says*) che all'inizio è facile. Falso.
9. Viola frequenta l'università a Roma. Vero.
10. Viola adora vivere in una grande città. Falso.

 Practice more at **vhlcentral.com.**

I ragazzi parlano dei programmi (*plans*) per il fine settimana.

4

LORENZO Pallavolo?
EMILY Sì.
RICCARDO Beh, la pallavolo è divertente.
PAOLO Io adoro la pallavolo.

5

EMILY Ci sono un milione di cose da fare a Roma, Viola... Un po' d'aiuto?
RICCARDO Fare spese... Passeggiare...
EMILY Giocare a tennis, a calcio o a freccette.

9

RICCARDO L'Abruzzo è il passato.
EMILY Non ascoltare Riccardo.
RICCARDO Già, non ascoltare Riccardo.

10

MARCELLA Stai tranquilla, Viola.
VIOLA No. Vivere in una grande città è una cattiva idea.

Suggestion After students read the **Fotoromanzo**, review their predictions together. Then ask a few questions to guide them in summarizing the episode.

Espressioni utili

Plans for the weekend

- **Che cosa ti piace fare?** *What do you like to do?*
- **penso di...** *I'm thinking of . . .*
- **Studio.** *I'm studying.*
- **Io vado a uno spettacolo.** *I'm going to a show.*
- **A me piace giocare a...** *I like to play . . .*
- **Io adoro...** *I love . . .*
- **Ci sono un milione di cose da fare a Roma.** *There are a million things to do in Rome.*
- **fare spese** *going shopping*
- **passeggiare** *taking a walk*

Time expressions

- **ormai** *by now; already*
- **fra due settimane** *in two weeks*
- **mentre** *while*
- **all'inizio** *at first*

Additional vocabulary

- **Comincio a insegnare.** *I begin teaching.*
- **Guarda che non siamo in vacanza.** *Look, we are not on vacation.*
- **Frequenti l'università a Roma.** *You're studying at the university in Rome.*
- **Impari un sacco di cose nuove.** *You're learning a ton of new things.*
- **Già, non ascoltare Riccardo.** *Yeah, don't listen to Riccardo.*
- **Vivere in una grande città è una cattiva idea.** *Living in a big city is a bad idea.*
- **squisito** *exquisite*
- **allora** *so; then*
- **soltanto un corso** *only one class*
- **insieme** *together*
- **beh** *well*
- **adesso** *now*

ATTIVITÀ

2  **Per parlare un po'** In this episode, the characters talk about their plans for the weekend. Discuss these plans with a partner. Do any of the characters' interests remind you of your own? With whom would you like to spend the weekend? Answers will vary.

2 Expansion Encourage students to talk about their plans for the weekend in simple Italian. Write a few examples on the board: **Sabato penso di andare allo stadio.**

3  **Approfondimento** Lorenzo mentions a presentation by the national cycling team. *Il Giro d'Italia* (Tour of Italy) is a bicycle race that takes place in Italy every year. Find out when it usually takes place and how long it lasts. Who was the winner last year? What color is the jersey worn by the leaders? Answers will vary.

3 Expansion Tell students that there is also a race for riders under 25. The winner wears a white jersey (**maglia bianca**).

risorse

SAM
VM: pp. 5–6

vhlcentral.com

CULTURA

Prima di leggere Ask students if they know any other Italian soccer teams or if they follow any soccer teams from any other country. **Segui il calcio? Per chi fai il tifo?**

IN PRIMO PIANO

Giochiamo a pallone!

No sport in Italy is more popular than soccer (il calcio). It is estimated that there are 26 million soccer fans (**tifosi**) in Italy, almost 50% of the population. Evidence of soccer's popularity can be seen everywhere, from children playing in their neighborhood **piazza** to impromptu parades of cars filled with fans honking and waving team flags after a victory.

Every major town has a team, if only in a minor league. The best teams from each season play in **Serie A**, but since these positions can change from year to year, the competition between teams is fierce.

The biggest rivalries are usually between teams from the same region or city, such as **A.C. Milan** and **F.C. Internazionale Milano** or **AS Roma** and **S.S. Lazio** (usually called **Milan**, **Inter**, **Roma**, and **Lazio**, respectively). The matches between rival teams from the same town are known as **i derby**, and can drive fans as crazy as any championship match.

In the biggest national championship game, the top teams from **Serie A** play for **lo scudetto**. More Italian **Serie A** teams have gone on to win the European Cup than teams from any other country. On the international stage, the Italian national team, called **gli Azzurri** for the blue color of their jerseys, is one of the most successful teams in the history of the World Cup championship.

Suggestion Ask students the colors of their favorite team, for any sport. **Quali sono i colori della tua squadra del cuore?**

bianconeri *white and black* **nerazzurri** *black and blue* **biscione** *big snake* **rossoneri** *red and black* **diavolo** *devil* **asinello** *donkey* **giallorossi** *yellow and red* **lupa capitolina** *she-wolf (symbol of Rome)* **viola** *violet* **giglio** *lily* **biancazzurri** *white and blue* **aquila** *eagle*

Le squadre italiane più popolari

SQUADRA	NUMERO DI TIFOSI	SOPRANNOME	SIMBOLO
Juventus	12.400.000	i bianconeri°	la zebra
Inter	8.989.000	i nerazzurri°	il biscione°
Milan	7.452.000	i rossoneri°	il diavolo°
Napoli	3.123.000	gli azzurri	l'asinello°
Roma	2.879.000	i giallorossi°	la lupa capitolina°
Fiorentina	1.374.000	i viola°	il giglio° di Firenze
Lazio	1.103.000	i biancazzurri°	l'aquila°

FONTE: tuttosport.com

Suggestion Point out that the national team is spelled **Azzurri** with a capital **A**, while the team from Naples is not.

ATTIVITÀ

1 Vero o falso? Indicate whether each statement is **vero** or **falso**. Correct any false statements.

1. Twenty-six percent of Italians are soccer fans.
   Falso. Almost 50% are fans.
2. Soccer players are called **i tifosi**.
   Falso. I tifosi are fans.
3. The biggest rivalries are between teams from the same area.
   Vero.
4. Only the largest cities have soccer teams.
   Falso. Every major town has a team.
5. Teams from the same region or city often have the biggest rivalries.
   Vero.
6. When two teams from the same town play each other, it is called a **derby**. Vero.
7. The top prize for **Serie A** teams is called **lo scudetto**.
   Vero.
8. Italian teams don't do well in the European Cup.
   Falso. They do very well.
9. Italy has never made it to the World Cup championship.
   Falso. They are one of the most successful teams in the history of the World Cup.
10. **Roma** has more than twice as many fans as **Lazio**.
    Vero.

 Practice more at **vhlcentral.com.**

L'italiano quotidiano Explain to students that while **il pallone** means *ball*, the term is often used colloquially to refer to soccer.

Ritratto Explain to students that the definite article **la** is frequently used when referring to a woman by her last name only: **La Vezzali vince la medaglia d'oro.**

L'ITALIANO QUOTIDIANO

Tutto sport

l'arbitro	*referee*
l'arrampicata	*climbing*
il basket	*basketball*
il calciatore	*soccer player*
il pallone	*soccer*
il parapendio	*paragliding*
il premio	*prize*
gli sport estremi	*extreme sports*
il windsurf	*windsurfing*
tifare	*to root for a team*

USI E COSTUMI

I passatempi italiani

Ecco alcuni° passatempi amati° dagli italiani:
Andare al cinema a vedere° un film europeo, oppure° un blockbuster americano.
Andare al mare, sicuramente° il tipo di vacanza più popolare.
Andare in montagna a sciare o a fare snowboard°. In inverno° molti italiani vanno in settimana bianca°.

Fare una passeggiata in campagna. In autunno molti italiani **raccolgono funghi**°.
Fare un giro in centro. Nei fine settimana è l'attività preferita.
Giocare a bocce è molto popolare tra i pensionati°, ma è divertente per tutta la famiglia. È un gioco tradizionale.

alcuni *some* **amati** *favorite* **a vedere** *to watch* **oppure** *or* **sicuramente** *surely* **fare snowboard** *go snowboarding* **In inverno** *In the winter* **vanno in settimana bianca** *go on a ski vacation* **raccolgono funghi** *gather mushrooms* **i pensionati** *retired people*

RITRATTO

Una vera campionessa italiana

Valentina Vezzali nasce° a Jesi, in provincia di Ancona, il 14 febbraio del 1974. Inizia a praticare la scherma° nel 1980 e vince il primo premio nel 1983. È stata la prima schermitrice a vincere tre medaglie d'oro° individuali nel fioretto° in tre Giochi Olimpici consecutivi. Ai Giochi di Atlanta, nel 1996, la Vezzali vince la medaglia d'argento° individuale e la medaglia d'oro nella prova di squadra. Alle Olimpiadi di Sydney, nel 2000, vince due medaglie d'oro, nella prova individuale e di squadra. Ad Atene°, nel 2004, riceve° un'altra medaglia d'oro nell'individuale. Quando°, nel 2008, vince la medaglia d'oro nell'individuale a Pechino°, la Vezzali diventa° l'atleta italiana più vincente° della storia.

nasce *is born* **Inizia a praticare la scherma** *She begins to practice fencing* **medaglie d'oro** *gold medals* **fioretto** *foil* **d'argento** *silver* **Atene** *Athens* **riceve** *she receives* **Quando** *When* **Pechino** *Beijing* **diventa** *becomes* **più vincente** *winningest*

SU INTERNET

Cerca (*Look for*) i nomi di altri campioni olimpici italiani.

Go to **vhlcentral.com** to find more information related to this **CULTURA**.

2 Hai capito? Complete the sentences.

1. Valentina Vezzali ha vinto tre medaglie d'oro individuali nel __il fioretto__.
2. Nel 2008, Valentina partecipa alle Olimpiadi di __Pechino__.
3. La Vezzali è __l'atleta__ italiana più vincente della storia.
4. Raccogliere __i funghi__ in campagna è un passatempo popolare.
5. Il tipo di vacanza più popolare è sicuramente __andare al mare__.
6. Le __bocce__ sono un gioco tradizionale.

3 A voi Using the cues below, discuss with your partner whether you both like to do these activities. Answers will vary.

1. andare al cinema
2. fare gli sport estremi
3. tifare per una squadra

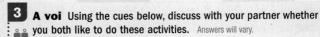

ATTIVITÀ

Costumi e usanze Have students brainstorm a list of popular American pastimes and then compare them to Italian pastimes.

STRUTTURE

Suggestion Point out that the endings for verbs in **-are** are similar to other verb endings, regular and irregular.

2A.1 Regular *-are* verbs

Punto di partenza As you learned in **Lezione 1B**, the infinitive is the basic form of a verb. In English, it is preceded by the word *to*: *to be*, *to play*, *to eat*, and so on. The infinitive in Italian is a single word, consisting of a stem and one of three characteristic endings: **-are**, **-ere**, or **-ire**.

parl**are**	lẹgg**ere**	part**ire**
to speak	*to read*	*to leave*

- To form the present tense of a regular **-are** verb, drop the **-are** and add the ending that corresponds to the subject performing the action.

parlare (to speak)

io parlo	*I speak*	noi parliamo	*we speak*
tu parli	*you speak*	voi parlate	*you speak*
Lei/lui/lei parla	*you speak; he/she/it speaks*	loro pạrlano	*they speak*

Suggestion Tell students that when the verb **parlare** is followed by the name of a language, the definite article is usually omitted. Ex.: **Parlo italiano.**

- Use the same endings to conjugate other regular **-are** verbs in the present tense.

Regular *-are* verbs

abitare	*to live (in)*	lavorare	*to work*
arrivare	*to arrive*	mandare	*to send*
aspettare	*to wait (for)*	mangiare	*to eat*
cambiare	*to change*	pagare	*to pay*
cenare	*to have dinner*	pensare (a/di)	*to think (about/ of)*
cercare	*to look for*		
chiamare	*to call*	portare	*to bring; to wear*
(in)cominciare (a)	*to begin (to)*	praticare	*to practice*
comprare	*to buy*	ricordare	*to remember*
desiderare	*to desire, to want*	(ri)tornare	*to return*
dimenticare	*to forget*	spiegare	*to explain*
frequentare	*to attend*	studiare	*to study*
guidare	*to drive*	telefonare (a)	*to telephone*
incontrare	*to meet with*	trovare	*to find*
imparare (a)	*to learn (to)*	usare	*to use*
insegnare	*to teach*	viaggiare	*to travel*

- The English equivalent of the Italian present tense varies depending on the context of the sentence.

Carlo **balla**.	**Suoni** la chitarra?
*Carlo **dances**.*	***Do you play** the guitar?*
*Carlo **is dancing**.*	***Are you playing** the guitar?*
*Carlo **does dance**.*	***Will you play** the guitar?*

1 Suggestion Tell students that the regular verb **praticare** (*to practice; to play*) is often used when talking about sports.

PRATICA

1 Completare Complete the conversation with the correct form of each verb.

PAOLO Ti piace lo sport?
GIANNI Sì! Io e Antonio siamo allenatori di una squadra di pallavolo. Antonio (1) ___aiuta___ (aiutare) la squadra il lunedì e il mercoledì; io (2) ___lavoro___ (lavorare) il martedì e il venerdì. E tu?
PAOLO Io sono pigro e non (3) ___pratico___ (praticare) sport. Ma la mia amica Antonella (4) ___gioca___ (giocare) a pallavolo. Il sabato noi (5) ___guardiamo___ (guardare) la TV perché c'è il football americano e mi piace molto.
GIANNI Ho (*I have*) un'idea! Sabato andiamo al parco e tu ed io (6) ___camminiamo___ (camminare) insieme. Che ne pensi?
PAOLO Va bene, è una buon'idea!

2 Creare Create complete sentences using the words provided.

1. io / ascoltare la musica classica
   Io ascolto la musica classica.
2. i professori / insegnare la lezione
   I professori insegnano la lezione.
3. Clara / aiutare l'amica
   Clara aiuta l'amica.
4. tu e Francesco / frequentare il club di scacchi
   Tu e Francesco frequentate il club di scacchi.
5. noi / giocare a carte la domenica pomeriggio
   Noi giochiamo a carte la domenica pomeriggio.
6. la signora Zotti / telefonare al dottore
   La signora Zotti telefona al dottore.
7. io / abitare in Italia
   Io abito in Italia.
8. Andrea e Giovanna / suonare la chitarra
   Andrea e Giovanna suonano la chitarra.

2 Expansion Change the subjects to make them either singular or plural and then call on students to provide the conjugations. Ex.: **Io ascolto la musica classica. Ed io e i miei amici? Noi…**

3 Descrivere Say what each person or group of people is doing.

1. Noi ___mangiamo___ la pizza.

2. Tu ___suoni___ il piano al club.

3. Valeria ed Elena ___nuotano___.

4. Lucia e Matteo ___ballano___.

5. Io ___canto___ un'aria.

6. Il signor Ughetti ___guarda___ la TV.

3 Expansion Use the verbs as prompts to ask more specific personal questions. Ex.: **Gli studenti mangiano in classe? Chi suona la chitarra?**

Practice more at **vhlcentral.com.**

COMUNICAZIONE

4 **Le nostre attività** In pairs, ask about your partner's habits and activities. Once you have both asked and answered the questions, present your findings to the class. Answers will vary.

MODELLO
Cristina abita a New York e lavora dopo le lezioni...

1. Giochi a freccette?
2. Balli in discoteca il venerdì sera?
3. Mangi i broccoli e gli zucchini?
4. Chiami spesso la tua (*your*) famiglia?
5. Abiti a New York?
6. Guardi la danza classica alla TV?
7. Lavori dopo (*after*) le lezioni?
8. Pensi di studiare sabato sera?

5 Expansion Ask students the names they assigned the people in the picture. Then have the class use adjectives to describe them.

5 **Al parco** In pairs, look at the picture of the people in the park. Together, create names for the people shown and write a paragraph that describes what they are doing. Answers will vary.

6 **Caccia al tesoro** As a class, create a list of eight activities and go on a scavenger hunt (**caccia al tesoro**). Ask your classmates whether they like the activities on the list. When you find someone who likes an activity, write his or her name on your list. The first person to collect eight names wins. Answers will vary.

Suggestion Before writing any forms of **giocare** or **spiegare** on the board, elicit the conjugation from students orally. Stress the hard **c** and **g** sounds. Then remind students that they must insert an **h** to keep that hard sound in front of an **i** or **e**.

- Verbs whose stems end in **-c** or **-g** require a spelling change in the **tu** and **noi** forms. Add an **h** to the stem in order to maintain the hard sound of the **c** or **g**.

Giochiamo a pallacanestro. ***We're playing** basketball.*	**Spieghi** le regole del gioco. ***You explain** the rules of the game.*

- To create the **tu** and **noi** forms of most verbs with stems ending in **-i**, such as **mangiare** and **studiare**, drop the **i** before adding the ending.

Suggestion Tell students that the verb **sciare** (*to ski*) is an example of a verb that does not drop the **-i** from its stem in these forms.

Mangi il pesce? ***Do you eat** fish?*	**Studi** bene. ***You study** well.*
Mangiamo allo stadio. ***We're eating** at the stadium.*	**Studiamo** fra un'ora. ***We'll study** in an hour.*

- Some common verbs that are followed by a preposition in English do not take a preposition in Italian.

Ascoltano la musica rap. ***They listen to** rap music.*	**Aspetta** la sua amica. ***She's waiting for** her friend.*
Cerco una bicicletta. ***I'm looking for** a bicycle.*	**Guardi** i giocatori? ***Are you looking at** the players?*

- Other verbs may require the use of a preposition in Italian, especially when followed by an infinitive.

Telefonano a Luigi. ***They're calling** Luigi.*	**Imparate a** nuotare? ***Are you learning** to swim?*
Giochiamo a calcio. ***We're playing** soccer.*	Il bambino **comincia a** parlare. *The baby**'s starting** to talk.*
Penso a loro. ***I'm thinking about** them.*	**Penso di** studiare l'arabo. ***I'm thinking of** studying Arabic.*

ATTREZZI
To express yourself with greater accuracy, use these adverbs: **oggi** (*today*), **domani** (*tomorrow*), **spesso** (*often*), **sempre** (*always*), **tutti i giorni** (*every day*), **a volte** (*sometimes*), **abbastanza** (*enough*).

Provalo! Draw students' attention to the **h** in **giochi**. Then change the subject of item 3 to **noi** and elicit the form from the class in chorus. Ask **Come si scrive *cerchiamo*?** and write it down, drawing attention to the **h**.

Provalo! **Complete the sentences with the correct present tense form of each verb in parentheses.**

1. Io *parlo* (parlare) italiano.
2. Giulia e Anna non studiano (studiare) lo spagnolo.
3. Lei cerca (cercare) una palestra vicino a casa.
4. Noi mangiamo (mangiare) il pesce il venerdì.
5. Tu giochi (giocare) a calcio.
6. Franca viaggia (viaggiare) spesso in Europa.
7. Io e Marcello pensiamo (pensare) di andare alla partita.
8. Tu e Annabella incontrate (incontrare) Jacopo oggi?

STRUTTURE

2A.2 *Andare, dare, fare,* and *stare*

Punto di partenza The verbs **andare** (*to go*), **dare** (*to give*), **fare** (*to do; to make*), and **stare** (*to be; to stay*) are common irregular **-are** verbs. You will have to memorize their present-tense forms. **Suggestion** Ask the class to give the conjugation of a regular **-are** verb. Point out the similarities in the new irregular endings.

***andare* (to go)**

io vado	*I go*	noi andiamo	*we go*
tu vai	*you go*	voi andate	*you go*
Lei/lui/lei va	*you go; he/she/it goes*	loro vanno	*they go*

- Use **andare** + **a** + [*infinitive*] to talk about what people are going to do. Note that this construction indicates movement only and, unlike in English, is not equivalent to the future tense.

Vai a pescare al lago?
***Are you going** fishing at the lake?*

Le ragazze **non vanno a** ballare.
*The girls **aren't going** dancing.*

- In general, use the preposition **a** before the names of cities and small islands, and **in** before the names of countries or regions.

Non andiamo a Roma.
***We're not going to** Rome.*

Vado in Italia.
***I am going to** Italy.*

***dare* (to give)**

io do	*I give*	noi diamo	*we give*
tu dai	*you give*	voi date	*you give*
Lei/lui/lei dà	*you give; he/she/it gives*	loro danno	*they give*

- Note the use of the preposition **a** (*to*) in these examples.

Maria **dà** le carte **a** Giuseppe.
*Maria **gives** the cards **to** Giuseppe.*

Do la bici **a** Clara.
***I'm giving** the bike **to** Clara.*

- **Dare** is used in these common expressions.

Expressions with *dare*

dare del tu	*to address informally*	dare del Lei	*to address formally*
dare un esame	*to take an exam*	dare una mano	*to lend a hand*

Pina **dà del Lei** al professore.
*Pina **addresses** the professor **formally.***

Diamo una mano a Leo.
***We're helping** Leo.*

PRATICA

1 Completare Circle the correct verb form to complete each sentence.

1. Maria (dà, dai) il libro a Claudio.
2. Antonio e Giancarlo (state, stanno) zitti.
3. Io non (faccio, fanno) colazione oggi.
4. Tu (dai, date) del tu o del Lei alla signora Rossi?
5. Noi (facciamo, fanno) una gita a Roma domenica.
6. Il signor Perrioli (va, vado) all'università il lunedì.
7. Tu e Gioia (stai, state) attente alla lezione.
8. Io e Maurizio (diamo, danno) una mano agli amici.

2 Creare Create complete sentences using the words provided.

2 Expansion Have students create new sentences by changing the subjects.

MODELLO io / dare un esame
Io do un esame.

1. noi / stare a casa
   Noi stiamo a casa.
2. tu / fare colazione / alle sette di mattina
   Tu fai colazione alle sette di mattina.
3. Lei / dare il libro / a Chiara
   Lei dà il libro a Chiara.
4. loro / andare a Milano / nel 2012
   Loro vanno a Milano nel 2012.
5. io / fare una domanda / a lezione
   Io faccio una domanda a lezione.
6. voi / dare una mano / al professore
   Voi date una mano al professore.

3 Descrivere Use **andare, dare, fare,** or **stare** to say what each person or group of people is doing or feeling. Answers will vary. Sample answers are provided.

MODELLO Enrico
Enrico dà un esame.

1. Giovanna
   Giovanna fa colazione.

2. gli studenti
   Gli studenti stanno attenti.

3. Andrea e Giuliana
   Andrea e Giuliana fanno le spese.

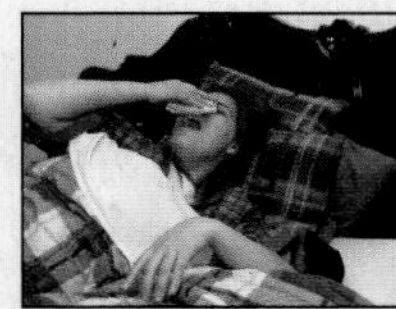

4. Patrizia
   Patrizia non va a lezione.

Practice more at **vhlcentral.com.**

COMUNICAZIONE

4 **Chi...?** **In groups of four, ask and answer these questions about the group.** Answers will vary.

1. Chi sta bene?
2. Chi sta male?
3. Chi va a una partita di calcio domani?
4. Chi sta a casa venerdì sera?
5. Chi fa la spesa al supermercato?
6. Chi fa i compiti in biblioteca?
7. Chi va spesso in palestra?
8. Chi sta attento/a a lezione?

5 **A che ora?** **Create a schedule for your week. In pairs, ask and answer questions about what you do and when. Summarize your findings.** Answers will vary.

5 Expansion Have each pair ask another pair the same questions in the plural. Ex.: **A che ora fate colazione?**

MODELLO

Il giovedì Annabella fa colazione alle sette. Io faccio colazione alle otto...

	giovedì	venerdì	sabato	domenica
7:00	colazione	colazione		
9:00	lezione	lezione	colazione	colazione
11:00		lezione		
16:00	dentista			
18:00	biblioteca		cinema	
22:00		discoteca		

6 **Il gioco del dare** **In small groups, play the giving game (il gioco del dare). Take turns passing items such as a book, a backpack, or a pencil among the group. One player describes the action as it occurs and calls Alt! (*Stop!*) after 90 seconds. Play until everyone has had a chance to be the narrator.** Answers will vary.

MODELLO

Stefano dà lo zaino a Piero. Piero dà lo zaino a Olivia e Serena. Loro danno lo zaino a Simone...

fare (to do; to make)

io faccio	*I do/make*	noi facciamo	*we do/make*
tu fai	*you do/make*	voi fate	*you do/make*
Lei/lui/lei fa	*you do/make; he/she/it does/makes*	loro fanno	*they do/make*

- The verb **fare** is also used in many common expressions.

Expressions with *fare*

fare attenzione	*to pay attention*	fare una foto	*to take a picture*
fare il bagno/la doccia	*to take a bath/a shower*	fare una gita	*to take a field trip*
fare colazione	*to have breakfast*	fare una passeggiata	*to take a walk*
fare due passi	*to take a short walk*	fare la spesa/le spese	*to buy groceries/to shop*
fare una domanda	*to ask a question*	fare un viaggio	*to take a trip*

Massimo **fa colazione** al bar.
*Massimo **has breakfast** at the café.*

Facciamo le spese?
Are we going shopping?

stare (to stay; to be)

io sto	*I stay/am*	noi stiamo	*we stay/are*
tu stai	*you stay/are*	voi state	*you stay/are*
Lei/lui/lei sta	*you stay/are; he/she/it stays/is*	loro stanno	*they stay/are*

- In **Lezione 1A**, you learned to use **stare** to inquire about someone's health. It is also used in the expressions **stare zitto/a** (*to be/stay quiet*) and **stare attento/a** (*to pay attention*).

Noi **stiamo zitte.**
*We're **keeping quiet.***

Gli studenti **stanno attenti.**
*The students **are paying attention.***

Suggestion Point out that other than in the first person, the endings of **stare, dare,** and **fare** are identical. Encourage students to learn these verbs together.

Provalo! **Complete the table with the missing verb forms.**

	andare	dare	fare	stare
1. io	vado	do	faccio	sto
2. tu	vai	dai	fai	stai
3. Lei/lui/lei	va	dà	fa	sta
4. noi	andiamo	diamo	facciamo	stiamo
5. voi	andate	date	fate	state
6. loro	vanno	danno	fanno	stanno

SINTESI

Ricapitolazione

1 Il gioco delle coppie In pairs, look at the information provided about these singles in The Dating Game (**Il gioco delle coppie**). Then decide whom you would pair based on their interests and explain why. Answers will vary.

MODELLO **1 Expansion** Have each pair of students compare their answers with another group and discuss their matches.

Giovanni pesca e anche Lina pesca. Secondo me, Giovanni e Lina sono compatibili.

	giocare a calcio	*pescare*	*guardare la TV*	*andare al cinema*	*suonare la chitarra*
Giovanni	✓	✓		✓	
Federico	✓		✓		✓
Roberto	✓	✓		✓	✓
Lina	✓	✓		✓	
Monica	✓		✓		✓
Claudia	✓	✓			✓

2 Prova d'artista In groups of four, take turns drawing pictures and guessing different **-are** verbs and expressions. Answers will vary.

MODELLO

S1: *Va a cavallo?*
S2: *No!*
S3: *Canta?*
S2: *Sì!*

3 Tre verità e una bugia Write three truths and a lie (**tre verità e una bugia**) about yourself. In groups of four, take turns reading your lists and guessing which statements are true and which are false. Answers will vary.

MODELLO

S1: *Mi piace pescare, vado in Italia domani, penso di studiare spagnolo e mi piace cantare la musica rap.*
S2: *Non vai in Italia. È una bugia!* (*It's a lie!*)

4 La catena In groups of five, play The Chain (**La catena**). One player says a sentence, and the next player repeats the sentence and adds to it. Continue until the sentence gets too long for the next player to remember. Use **-are** verbs and expressions with **andare** and **fare**. Answers will vary.

MODELLO

S1: *Antonio va a Roma.*
S2: *Antonio va a Roma e balla.*
S3: *Antonio va a Roma, balla e fa un viaggio a Venezia.*

5 Cosa fai? In pairs, look at the picture of the town. Then ask and answer questions about what you and other people do in these and other places in town. Answers will vary.

MODELLO

S1: *Cosa fai in discoteca?*
S2: *Ballo e ascolto la musica. E tu, cosa fai...?*

6 Ritratti Your instructor will give you and a partner each a set of portraits (**ritratti**) showing eight people and their activities. Discuss what each person does or does not do. Do not look at each other's worksheet. Answers will vary.

MODELLO

S1: *Sara non lavora volentieri* (*gladly*).
S2: *No, ma Sara mangia volentieri!*

6 Expansion Have students explain their choices by using adjectives to describe the people in the pictures. Ex.: **Sara non lavora volentieri perché è pigra.**

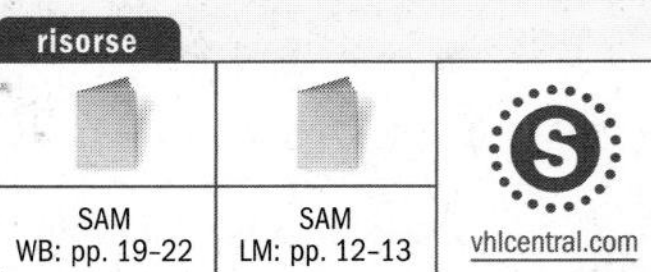

risorse
SAM
WB: pp. 19-22
SAM
LM: pp. 12-13
vhlcentral.com

Lo Zapping

Pagine Gialle

Suggestion Ask students to describe what they see in the commercial. Encourage them to express themselves in Italian and to use the lesson vocabulary.

How do Italians spend their free time? Watching TV remains the most popular activity, followed by going to the movies or theater and visiting museums. In recent years, computers and electronic entertainment have played a larger role in Italians' leisure time. According to **ISTAT** (the Italian National Institute for Statistics) 60% of Italians also exercise regularly. Playing soccer, going to the gym, swimming, cycling and running are the most popular activites. But, how do they find the right gym, sports club, or pool? By searching the Internet, of course! **Pagine Gialle**, an online telephone directory, street-map publisher, and urban guide, can be a useful tool in this search.

Suggestion Pause the video at nine seconds, and have students identify as many sports and leisure activities as they can using lesson vocabulary.

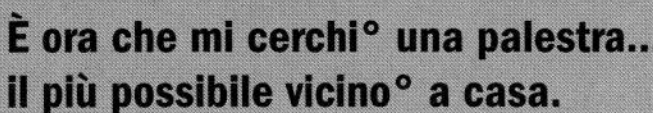

È ora che mi cerchi° una palestra... il più possibile vicino° a casa.

Anche se° conta di più° il personale° qualificato.

Comprensione Answer these questions. Use as much Italian as you can.

Answers may vary slightly. Sample answers are provided.

1. What sports-related vocabulary did you hear in the commercial? (una) palestra
2. According to the woman in the commercial, what is the most important feature she wants in a gym? (il) personale qualificato

Discussione In pairs, discuss the answers to these questions.

Answers will vary.

1. Do you usually search the Internet to decide where to go or what to do during your free time? Which websites do you use most often? Do they offer the same services as **le Pagine Gialle**?
2. What are the most important features you look for in a gym? How do you think an Italian gym might be different from yours?
3. Can you think of any other situations in which you might want to consult **le Pagine Gialle**? Give some examples.

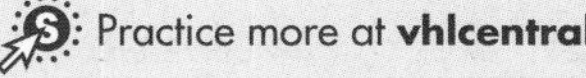

È ora che mi cerchi *It's time I look for* **vicino** *close* **Anche se** *Although* **conta di più** *matters more* **personale** *staff*

Lezione

2B

Communicative Goals

You will learn how to:

- discuss the weather and seasons
- talk about the months of the year

CONTESTI

Vocabulary Tools

Che tempo fa oggi?

Suggestion Ask the class **Chi ha il compleanno in inverno?** Then follow up with **Quando è il tuo compleanno?**

Vocabolario

previsioni meteo	*weather forecast*
Che tempo fa?	*What is the weather like?*
C'è il temporale.	*It is stormy.*
È bello.	*It is nice out.*
Fa bel/brutto tempo.	*The weather is nice/bad.*
Il tempo è pessimo.	*The weather is dreadful.*
Quanti gradi ci sono?	*What is the temperature?*
Ci sono 18 gradi.	*It is 18 degrees out.*
eventi climatici	*weather events*
la foschia	*mist*
il fulmine	*lightning*
la grandine	*hail*
il lampo	*flash of lightning*
la neve	*snow*
la nuvola	*cloud*
la pioggia	*rain*
il tuono	*thunder*
l'umidità	*humidity*
per descrivere il tempo	*to describe the weather*
coperto/a	*overcast*
piovoso/a	*rainy*
secco/a	*dry*
soleggiato/a	*sunny*
umido/a	*humid*
ventoso/a	*windy*
la data	*the date*
Quando è il tuo compleanno?	*When is your birthday?*
È il 23 marzo.	*It's March 23rd.*
domani	*tomorrow*
l'anno	*year*
il compleanno	*birthday*
il mese	*month*
la stagione	*season*

l'inverno: dicembre, gennaio, febbraio

Suggestion Elicit weather terms from students by asking them **Che tempo fa?** about locations they will know. Ex.: **Che tempo fa a Chicago? (È ventoso.) Che tempo fa in Alaska d'inverno? (Fa freddo e nevica.)**

l'estate (*f.*): giugno, luglio, agosto

risorse

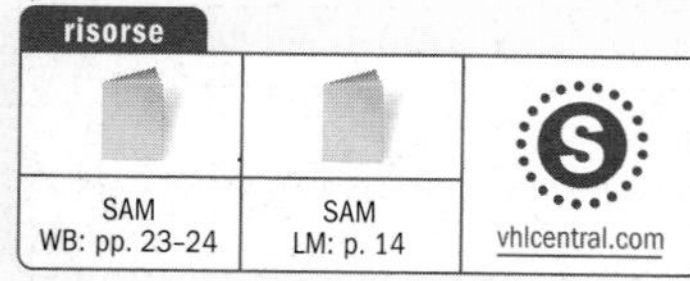

Suggestion Point out that 0° Celsius is freezing, 25° C is a pleasant summer day, 40° C is a high fever, and 100° C is the boiling point of water.

Attenzione!

In Italy, the temperature is given in degrees Celsius. Convert from Celsius to Fahrenheit with this formula:
F = (C × 1.8) + 32.
Convert from Fahrenheit to Celsius with this formula:
C = (F – 32) × 0.56.
11°C = 52°F 78°F = 26°C

Piove. (piọvere)

l'ombrello

l'impermeạbile (*m.*)

la primavera: marzo, aprile, maggio

l'autunno: settembre, ottobre, novembre

Suggestion Point out that with the exception of **fa bello/brutto/caldo/freddo/fresco**, most weather expressions are either **è** + [*adjective*] or **c'è** + [*noun*].

Pratica

1 Trova la coppia Create a set of fourteen cards. On seven of the cards, draw pictures of words from the lesson vocabulary. On the other seven cards, write the corresponding vocabulary words. With a partner, use the cards to play concentration (**trova la coppia**). Answers will vary.

2 Completare Complete each sentence in the weather report with a word from the lesson vocabulary. Answers may vary slightly. Sample answers are provided.

MODELLO **Roma: 30°C** A Roma fa caldo e c'è *il sole*.

1. **Milano: 15°C** A Milano fa fresco e c'è il temporale.
2. **Venezia: 22°C** A Venezia fa caldo ed è piovoso.
3. **Napoli: 32°C** A Napoli fa molto caldo e c'è il sole.
4. **Bari: 16°C** A Bari fa fresco ed è nuvoloso.
5. **Bolzano: -2°C** A Bolzano fa freddo e c'è la neve.
6. **Cagliari: 25°C** A Cagliari fa caldo ed è ventoso.

3 Scegliere Choose the label that corresponds to each picture.

a. Mamma mia! Che vento forte!
b. Guarda il fulmine! C'è il temporale.
c. Fa caldo con questo sole!
d. C'è una nuvola grossa grossa!

1. a

2. c

3. b

4. d

4 Rispondere Answer each question you hear using a complete sentence. Answers will vary.

1. ______
2. ______
3. ______
4. ______
5. ______
6. ______

Practice more at **vhlcentral.com.**

NATIONAL
communication
STANDARDS

Comunicazione

5 Expansion Have the same partners use the completed conversations as models to create their own dialogues.

5 Parlare del tempo Work with a partner to put these conversations in the correct order by numbering each sentence or response.

1. __3__ Non mi piace il vento! Qui in Sicilia c'è il sole e fa caldo.
   __2__ Fa brutto tempo. È nuvoloso e c'è vento.
   __4__ Che bello! In estate mi piace il bel tempo.
   __1__ Gabriella, che tempo fa a Milano oggi?

2. __4__ Perché fa freddo e nevica spesso; la neve mi piace tanto!
   __2__ Sicuramente l'inverno.
   __1__ Qual è la tua (*your*) stagione preferita, Alfredo?
   __3__ Davvero? (*Really?*) Perché ti piace l'inverno?

6 Dare consigli You are writing to a student in Italy who will be studying in your town this fall. Write an e-mail telling her what the weather is like in your town during six different months of the year. Share your e-mail with a partner. Answers will vary.

5 Suggestion Explain to students that **perché** can mean either *why* or *because*, as seen in the second conversation. They must use context to determine how the word is being used.

MODELLO

Fa bello e fa brutto!

A: sara0412@scrivilaposta.it
Da: iloveskiing92@mail098.com
Data: 29 gennaio
Oggetto: Fa bello e fa brutto!

Cara Sara,
Come stai? Spero benissimo!
Mi hai chiesto (*You asked me*) com'è il tempo qui a Hanover. Ti spiego: a gennaio e febbraio fa molto freddo e nevica tanto. Ti piace la neve? Io adoro l'inverno perché vado a sciare...

7 Che tempo fa in Italia? You and your partner have different worksheets showing the weather in several Italian cities. Work together to complete the information on both sheets. Answers will vary.

MODELLO

S1: *Che tempo fa a Milano?*
S2: *A Milano fa bel tempo: c'è il sole e ci sono diciotto gradi.*

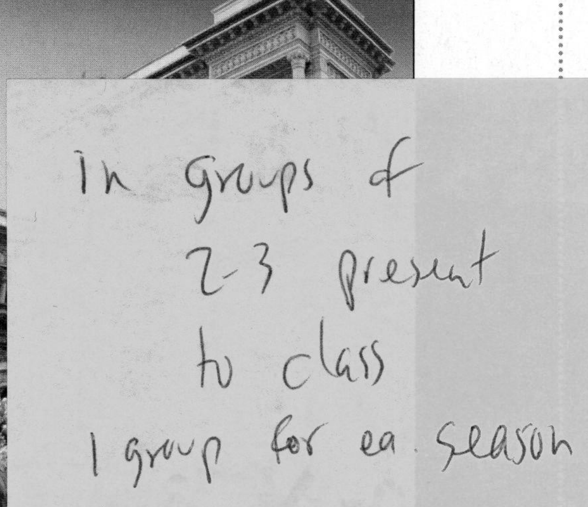
In groups of
2-3 present
to class
1 group for ea. season

8 Il bollettino meteo Work with a partner to prepare a weather report (**bollettino meteo**):

- Mention the day, date, and season.
- Present the weather forecast for the next seven days.
- Prepare a poster to illustrate your presentation.
- Say what activity is best for each day. Answers will vary.

Il tempo in Italia a luglio — Torino

lunedì 23	martedì 24	mercoledì 25
27°C	32°C	31°C
sole	molto nuvoloso	temporali

Oggi è lunedì 23 luglio. È estate e fa bel tempo. C'è il sole. È una bella giornata per andare in bicicletta!

8 Expansion Encourage students to choose an Italian city and use the Internet to find an actual weather report (in Italian) for that city. Have each student present his/her findings to the class.

Pronuncia e ortografia

Italian vowels

a **e** **i** **o** **u**

Italian vowels are never silent. They are always pronounced and are shorter and crisper than English vowels. The letters **e** and **o** have open and closed sounds that often vary regionally.

Alpi **anche** **animale** **arte**

In Italian, **a** has a sound between the *a* in the English word *father* and the *u* of *up*. The sound has no lingering glide and is raised.

buonasera **che** **e** **regina**

The closed **e** sounds like the *e* in *they*, but shorter.

bello **biblioteca** **è** **festa**

The open **e** sound is like the *e* in *get*. Before double consonants, the **e** is usually open.

fine **idea** **lingua** **vino**

The letter **i** is pronounced like the *i* in *machine*, only shorter.

dolce **non** **ora** **sole**

The closed **o** sounds like the *o* in *toe*, but shorter.

foto **porta** **rosa** **storia**

The open **o** sound is like the *o* in *got*. Before double consonants, the **o** is usually open.

lungo **scusa** **tu** **uno**

The letter **u** is pronounced like the *oo* in *soon*.

Suggestion Point out that the name of each vowel is also the way it is pronounced. Demonstrate that there is no variation between each vowel's sound, with the exception of minor differences between the open and closed sounds of **e** and **o**. Most students will have difficulty perceiving or reproducing these differences but should be reassured that this is normal.

Expansion Have students write the following words: **dizionario**, **scuola**, **meteo**, **amichevole**, **violino**, **musica**, **fantastico**, and **oceano**.

Pronunciare Practice saying these words aloud.

1. ciao
2. zaino
3. università
4. arte
5. esame
6. io
7. lavagna
8. liceo
9. penna
10. compiti
11. sedia
12. voto

Articolare Practice saying these sentences aloud.

1. Il libro è sulla sedia.
2. A giugno fa bel tempo.
3. È un'opera d'arte.
4. L'orologio è bello.
5. Oggi è il primo giorno del mese.
6. Sento il tuono.

Proverbi Practice reading these sayings aloud.

Nebbia bassa buon tempo lascia.[2]

L'aprile piovoso fa il maggio grazioso.[1]

1 April showers bring May flowers. (lit. Rainy April makes May graceful.)

2 Low fog leaves good weather.

risorse

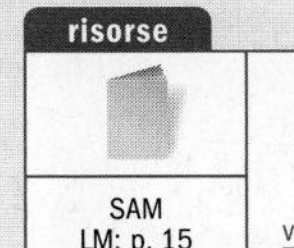

FOTOROMANZO

Che tempo fa?

Video: *Fotoromanzo*

Suggestion Have students make a list of vocabulary that they expect to see in an episode about the weather. Write their answers on the board.

PERSONAGGI

Emily

Lorenzo

Marcella

Riccardo

Viola

Suggestion Have students volunteer to read the characters' parts in the **Fotoromanzo** aloud.

EMILY Espresso numero sei. Non male. Sessantatré. Viola? ...Dà al cappuccino...?
VIOLA Settantasette. Scusa.
EMILY Non è divertente? Perché sei sempre triste?
VIOLA Non sono sempre triste.
EMILY Scusa.

VIOLA Scusami, Emily. Tu sei simpatica, divertente e amichevole. Mentre io sono spesso timida.
EMILY Resti a Roma fino a giugno?
VIOLA Sì, sì, resto. Non mi arrendo facilmente.

EMILY Il tempo è umido. Guarda!
VIOLA In estate, Roma è molto umida e in inverno piove.
EMILY A Chicago nevica. E nevica, e nevica. Gennaio e febbraio sono freddi e ventosi. Agosto è caldo e umido e ci sono spesso temporali...

EMILY Uh, no.
RICCARDO Cosa? Vi piace lo scooter?
EMILY E VIOLA Ma dove...?
RICCARDO Marcella.
VIOLA Bello.

MARCELLA Riccardo.

RICCARDO Centodieci.
EMILY Sei sempre troppo generoso.
RICCARDO Ho sempre bisogno di caffè.
(*Emily riceve un messaggio da Peter.*)
VIOLA Pensi di rispondere?
RICCARDO Rispondo io.

ATTIVITÀ

1 **Vero o falso?** Indicate whether each statement is **vero** or **falso**.

1. Emily dà settantasette all'espresso. Falso.
2. Viola resta a Roma fino a luglio. Falso.
3. Agosto è umido a Roma e a Chicago. Vero.
4. Chicago è fredda in inverno. Vero.
5. Peter è a Chicago. Vero.
6. Emily ha uno scooter. Falso.
7. Riccardo adora il caffè. Vero.
8. Secondo Riccardo, Peter è il ragazzo perfetto per Emily. Falso.
9. Lorenzo va in biblioteca. Vero.
10. Il compleanno di Lorenzo è l'undici. Falso.

1 Suggestion Have students correct the false statements.

Practice more at **vhlcentral.com.**

I ragazzi prendono un caffè e parlano del tempo.

4

VIOLA Qual è la temperatura a Chicago in inverno?
EMILY È spesso tra i quindici e i venticinque gradi... Fahrenheit! Tra meno sette e quindici gradi Celsius.

Suggestion Point out that numbers in this sentence are preceded by the definite article.

5

Emily riceve un messaggio.
VIOLA Che cosa c'è?
EMILY Peter. È a Chicago.
VIOLA Ti piace?
EMILY Sì. No. Non lo so. È troppo nervoso. E poi, ci sono un sacco di bei ragazzi italiani.
VIOLA Come Riccardo?

9

EMILY Riccardo!
RICCARDO Calma. Non ho fatto niente!
VIOLA Fammi vedere... Sei uno stupido.
RICCARDO Peter non è il ragazzo giusto per Emily.
EMILY Lorenzo? *Yuck!*
VIOLA *Yuck!*
RICCARDO *Yuck!*

10

LORENZO Vado in biblioteca a incontrare i miei compagni di classe. Facciamo un progetto insieme. Ma perché mi chiami sempre? Sì, lo so, il tuo compleanno è l'undici... Non è importante per me. Ciao.

Espressioni utili

Numbers

- **sessantatré** *63*
- **settantasette** *77*
- **centodieci** *110*

Expressing likes and dislikes

- **Ti piace?** *Do you like him?*
- **Vi piace lo scooter?** *Do you like the scooter?*

Additional Vocabulary

- **Perché sei sempre triste?** *Why are you always sad?*
- **Sì, resto.** *Yes, I'm staying.*
- **Non mi arrendo facilmente.** *I don't give up easily.*
- **Ci sono un sacco di bei ragazzi italiani.** *There are lots of handsome Italian boys.*
- **Come Riccardo?** *Like Riccardo?*
- **Ho sempre bisogno di...** *I always need . . .*
- **Ridạmmela! Smẹttila!** *Give it back to me! Cut it out!*
- **Rispondo ịo.** *I'm replying.*
- **Non ho fatto niente!** *I didn't do anything!*
- **Fammi vedere.** *Let me see.*
- **troppo** *too*
- **Scusa.** *I'm sorry.*
- **fino a** *until*
- **Guarda!** *Look!*
- **tra** *between*
- **spesso** *often*

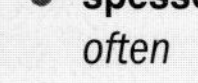

ATTIVITÀ

2 **Per parlare un po'** Talk to a few classmates and find out who has a birthday closest to yours. What is the date? What is weather usually like around your birthday? Answers will vary.

2 Suggestion Brainstorm questions students might ask to find the person whose birthday is closest to their own. Once they have found that person, have them do this activity in pairs. Ask volunteers to tell the class what they learned about their partners. Remind them to use as much Italian as possible.

3 **Approfondimento** *Vespa* is a world-famous line of Italian scooters. Find out what the Italian word **vespa** means and why the scooter was given this name. Answers will vary.

3 Expansion Have students find out the name of the company that manufactures Vespa scooters and the year in which the first Vespa was made.

risorse

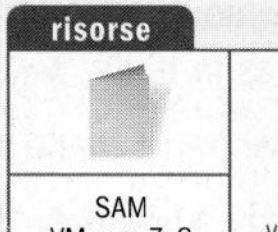
SAM VM: pp. 7–8

vhlcentral.com

CULTURA

IN PRIMO PIANO

In montagna o al mare?

The geographical variety of the Italian peninsula offers a wide range of outdoor activities, from skiing in the northern mountains to snorkeling off the southern coasts. Italy's northern boundary is formed by a great mountain range: the **Alpi**. The eastern section of the **Alpi**, from the **Adige** River to the **Piave** Valley, is known as the **Dolomiti**. These peaks offer some of the most scenic and popular skiing locations in Europe. They are equally popular in summer, when visitors can engage in activities ranging from hiking, mountain biking, and climbing, to extreme sports such as hang gliding and paragliding. Another mountain range, the Appennini, runs almost the entire length of Italy, from **Liguria** in the north to **Calabria** in the south. Though not as tall as the northern mountains, the **Appennini** are also a popular destination for skiing and hiking and feature one of Italy's largest national parks, **Parco Nazionale del Gran Sasso. Gran Sasso** mountain dominates the surrounding terrain, which contains a large variety of plant life, thanks to the area's blend of Mediterranean and alpine climates. **Gran Sasso** and over twenty other national parks cover approximately 5% of the country, including the areas surrounding Italy's two most famous volcanoes: **Vesuvio** in **Campania** and **Etna** in **Sicilia.**

In addition to its spectacular mountains, Italy boasts more than 4,634 miles (7,458 kilometers) of coastline. Although much of the coastline is rocky, there are splendid sandy beaches dotted with private facilities. These **stabilimenti balneari** rent lounge chairs (**sedie a sdraio**) and umbrellas (**ombrelloni**) for a daily or weekly fee. Italians flock to these beaches during the summer months, especially August when most of the country is on vacation.

Fare snorkeling in Italia

Se° ti piace fare snorkeling, ecco alcune possibilità per la tua prossima° vacanza, dal nord al sud:	
Nelle Marche	Parco regionale del Conero
In Sardegna	Costa Smeralda°
In Lazio	Gaeta
In Campania	Parco Nazionale del Cilento
In Sicilia	Isole Eolie (prendi il traghetto° da Milazzo o l'aliscafo° da Napoli)

Dopo la lettura Ask students **Dove ti piace fare le vacanze? In montagna o al mare?** Then follow up by asking them which locations from the reading they would like to visit on vacation.

Se *If* **la tua prossima** *your next* **Smeralda** *Emerald* **traghetto** *ferry* **aliscafo** *hydrofoil*

ATTIVITÀ

1 **Vero o falso?** Indicate whether each statement is **vero** or **falso**. Correct any false statements. Answers may vary slightly.

1. The **Dolomiti** run along the Italian peninsula from north to south.
   Falso. The **Dolomiti** form the northeastern border of Italy.
2. If you want to go skiing in Italy, you must go to the **Alpi**.
   Falso. You can also ski in the **Appennini**.
3. Hiking, mountain biking, and paragliding are popular vacation activities in Italy. Vero.
4. National parks make up about 5% of Italy's land.
   Vero.
5. The **Parco Nazionale del Gran Sasso** is named for a lake.
   Falso. It is named for a mountain.
6. Italy has more than 4,000 miles of coastline.
   Vero.
7. Most Italians go on vacation in June.
   Falso. August is the most popular month for vacation.
8. **Etna** and **Vesuvio** are famous rivers.
   Falso. **Etna** and **Vesuvio** are volcanoes.
9. To get to the **Isole Eolie**, you must take a plane.
   Falso. You can take a ferry or a hydrofoil.
10. Some of Italy's national parks include coastal areas.
    Vero.

Practice more at **vhlcentral.com.**

Usi e costumi Point out some patron saints of Italian cities and their festivals, such as **San Giovanni**, **24 giugno a Firenze** and **San Gennaro**, **19 settembre a Napoli**.

L'ITALIANO QUOTIDIANO

Che vacanza disastrosa!

l'alluvione (*f.*)	*flood*
il ciclone	*cyclone*
il diluvio	*torrential downpour*
l'eruzione (*f.*) vulcanica	*volcanic eruption*
l'onda di marea	*tidal wave*
l'ondata di caldo	*heat wave*
la siccità	*drought*
il terremoto	*earthquake*
la tormenta	*blizzard*
il tornado	*tornado*

USI E COSTUMI

Tanti auguri!

Per festeggiare° **il compleanno** dei bambini gli italiani organizzano una festa con dolci e giochi, e cantano «Tanti auguri° a te!» con la stessa melodia della canzone *Happy Birthday*.

Per gli adulti la tradizione è un po' diversa. Il festeggiato° invita gli amici a mangiare, spesso al bar o in pizzeria. Gli invitati° portano dei regali° e fanno gli auguri.

Il compleanno non è l'unica festa personale in Italia; c'è anche **l'onomastico**, il giorno del santo patrono°. Tutti i giorni del calendario hanno un santo cristiano. Il giorno del santo con il tuo nome è il tuo onomastico. Per esempio°, se ti chiami Valentina il 14 febbraio ricevi gli auguri e a volte° un piccolo regalo dalla famiglia e dagli amici.

festeggiare *celebrate* **auguri** *best wishes* **festeggiato** *person of honor* **invitati** *guests* **regali** *gifts* **santo patrono** *patron saint* **Per esempio** *For example* **a volte** *sometimes*

RITRATTO

In cima al mondo

Reinhold Messner nasce nel 1944 a Bressanone, in Alto Adige. L'alpinista° fa le prime scalate° con il padre, nelle Dolomiti, a soli cinque anni. In seguito continua a fare scalate con il fratello° Günther e presto scopre° la passione per l'alpinismo. Questa passione lo porta a° scalare il Monte Bianco e delle montagne nelle Ande. Nel 1970 Reinhold e Günther partecipano a una spedizione° sulle montagne dell'Himalaya, sul Nanga Parbat. Alto più di 8.000 metri, la montagna è famosa per la lunga lista di alpinisti morti durante l'ascesa°. I due fratelli sono i primi a scalare la parete meridionale°—quella più difficile— senza ossigeno° e senza portatori°. Tragicamente, durante la discesa° della montagna, Günther muore° travolto da una valanga°. Nonostante° questa tragedia Reinhold continua a scalare° le montagne più alte del mondo e diventa un alpinista di fama internazionale.

alpinista *mountain climber* **scalate** *climbs* **fratello** *brother* **scopre** *discovers* **lo porta a** *takes him to* **spedizione** *expedition* **morti durante l'ascesa** *who died in the ascent* **la parete meridionale** *southern face* **ossigeno** *oxygen* **portatori** *carriers* **discesa** *descent* **muore** *dies* **valanga** *avalanche* **Nonostante** *Despite* **scalare** *to climb*

SU INTERNET

Cerca un calendario degli onomastici. Vedi il tuo (*your*) nome?

Go to **vhlcentral.com** to find more information related to this **CULTURA**.

ATTIVITÀ

2 Hai capito? Complete the sentences.

1. Reinhold Messner è un ___alpinista___ molto famoso.
2. Il fratello di Messner è morto tragicamente a causa di una ___valanga___.
3. Il Nanga Parbat è alto più di ___8.000 metri___.
4. La canzone tradizionale del compleanno in Italia è ___«Tanti auguri a te!»___.
5. In Italia il ___festeggiato___ generalmente offre da mangiare agli amici.
6. Un'altra festa personale è ___l'onomastico___.

3 A voi With a partner, discuss what the weather would be like in these locations and what activities you would do there during the given times. Answers will vary.

1. sulle Dolomiti a gennaio
2. nelle Isole Eolie ad agosto
3. nel Parco Nazionale del Gran Sasso a giugno

3 Expansion Ask students where and when they would like to go on vacation and what types of activities they would like to do while on vacation.

2B.1 The verb *avere*

Punto di partenza **Avere** (*To have*) is an important and frequently used verb. Because it is irregular, you will need to memorize its present tense forms. Remember that the letter **h** is not pronounced in Italian.

avere (to have)			
io ho	*I have*	noi abbiamo	*we have*
tu hai	*you have*	voi avete	*you have*
Lei/lui/lei ha	*you have; he/she/it has*	loro hanno	*they have*

Lorenzo ha l'ombrello in mano.

Riccardo ha lo scooter di Marcella.

- **Avere** is used in numerous idiomatic expressions. These expressions do not translate literally to English.

Expressions with *avere*			
avere... anni	*to be . . . years old*	avere paura (di)	*to be afraid (of)*
avere bisogno di	*to need*	avere ragione (*f.*)	*to be right*
avere caldo	*to feel hot*	avere sete (*f.*)	*to be thirsty*
avere fame (*f.*)	*to be hungry*	avere sonno	*to be sleepy*
avere freddo	*to feel cold*	avere torto	*to be wrong*
avere fretta	*to be in a hurry*	avere voglia di	*to feel like*

Suggestion Point out that **fame**, **sete**, and **paura** are nouns, not adjectives as they are in the English expressions.

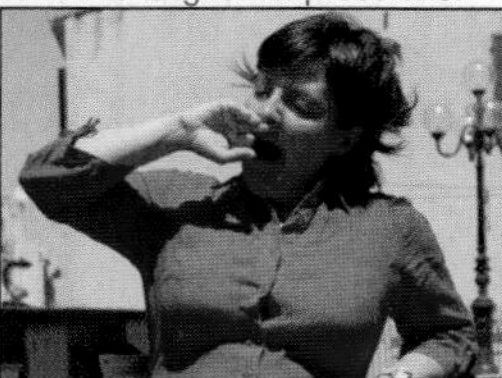
Ha sonno?
***Is she** sleepy?*

Hanno freddo.
***They are** cold.*

- Use **avere caldo/freddo** to say that people feel hot/cold, and **essere caldo/freddo** to describe things that are hot/cold. To refer to the weather, use the expression **fare caldo/freddo**.

Io **ho caldo**.	Questo caffè **è freddo**.	Oggi **non fa caldo**.
***I'm** hot.*	*This coffee **is cold**.*	***It isn't hot** today.*

PRATICA

1 Creare Use the information from the chart to say what each person has or doesn't have. Answers will vary.

MODELLO *Io non ho una penna.*

	una penna	uno zaino	un testo
io		✓	✓
tu	✓		
Luisa			✓
io e Gianna	✓	✓	
voi		✓	
Lisa e Ugo	✓		✓

2 Descrivere Look at these images. Use expressions with **avere** to say how the people feel. Answers may vary slightly.

1. la signora Porretti
La signora Porretti ha caldo.

2. Graziana e Dario
Graziana e Dario hanno fame.

3. io
Io ho freddo.

4. noi
Noi abbiamo fretta.

5. tu
Tu hai sete.

6. Giuseppe
Giuseppe ha sonno.

3 Combinare Use elements from each column to create complete sentences using **avere** and expressions with **avere**. Answers will vary.

A	B
io	il calcio il sabato
l'università	le carte in classe
i professori	una chitarra
tu e gli amici	il club di scacchi
noi	freddo
tu	la partita di tennis
	un ombrello grande
	gli studenti bravi

3 Suggestion This activity may be done orally or in writing. You could also put students in pairs to see how many different, but logical, sentences they can produce.

Practice more at **vhlcentral.com.**

COMUNICAZIONE

4 **È vero?** Transform each of these statements into a question. Then, with a partner, take turns asking and answering the questions. Answers will vary.

MODELLO Ho due computer.

S1: *Hai due computer?*
S2: *No, non ho due computer. Ho un computer.*

1. Ho paura degli esami.
2. Ho ventun anni.
3. Ho voglia di visitare Roma.
4. Ho una classe di biologia.
5. Ho sempre sonno la mattina.
6. Ho due amici pigri.

5 **Avere voglia** Work in groups of three. Take turns asking and answering questions about whether you feel like doing each activity on the list. Answers will vary.

MODELLO

S1: *Hai voglia di guardare la TV?*
S2: *No, non ho voglia di guardare la TV.*
S3: *Sì, ho voglia di guardare la TV.*

Attività

1. *guardare la TV*
2. *studiare il venerdì sera*
3. *dare un esame oggi*
4. *andare in biblioteca*
5. *studiare italiano e spagnolo*
6. *avere un lavoro (job)*
7. *telefonare alla mamma la domenica*
8. *parlare con il professore*

Suggestion Have each group compare their results with another. Ask for volunteers to share their findings with the class, then discuss which activities are most common.

6 **Indagine** Create a survey (**indagine**) with five questions using **avere** and **mai**. Ask each question to five classmates. Then compile the results and summarize your findings in a short paragraph. Answers will vary.

MODELLO

Tre studenti non hanno mai fame in classe. Cinque studenti non hanno mai voglia di dormire il lunedì mattina. Uno studente non ha mai torto...

- Use **di** before a noun or a verb with the expressions **avere bisogno**, **avere paura**, and **avere voglia**. The verb that follows must be in the infinitive form.

Paolo **ha paura del** tuono.
*Paolo **is afraid of** thunder.*

Hai voglia di giocare a carte?
***Do you feel like** playing cards?*

- In **Lezione 1B**, you learned to use intonation to form questions. You can also move the subject to the end of the sentence.

Mario **ha** un esame? / **Ha** un esame Mario?
***Does** Mario **have** an exam?*

Gli studenti **hanno** molti libri? / **Hanno** molti libri gli studenti?
***Do** the students **have** a lot of books?*

- To use the adverbs **sempre** (*always*) and **spesso** (*often*), place them directly after the verb.

Avete **sempre** fame?
*Are you **always** hungry?*

Abbiamo **spesso** fretta.
*We're **often** in a hurry.*

- Use **mai** (*ever*) in questions and **non... mai** (*never*) in questions or statements. In both cases, **mai** usually follows the verb.

Hai **mai** sonno a lezione?
*Are you **ever** sleepy in class?*

La professoressa **non** ha **mai** torto.
*The professor is **never** wrong.*

Suggestion Tell the students some things that you are afraid of, exaggeratedly pantomiming them. Then ask about their fears. Ex.: **Io ho paura del buio, dei serpenti e dei ragni. E tu, hai paura dei serpenti?**

Provalo! Complete each sentence with the correct form of **avere**.

1. Voi non avete ragione. Voi _avete_ torto.
2. Per l'esame d'italiano tu _hai_ bisogno di un dizionario.
3. La bambina piccola _ha_ tre anni.
4. C'è acqua? Noi _abbiamo_ sete.
5. Ahhh! Un ragno (*spider*)! Io _ho_ paura dei ragni!
6. Il martedì non fate colazione e poi alle undici voi _avete_ fame.
7. Sono le due di mattina e lui _ha_ molto sonno.
8. In estate loro _hanno_ sempre voglia di un gelato.
9. La mattina tu _hai_ fretta.
10. Ci sono trentotto gradi oggi e io _ho_ caldo!

STRUTTURE

Suggestion Ask students to read out the verb conjugations, and write them on the board. Ask them to identify the differences between **-are** and **-ere** verbs.

2B.2 Regular *-ere* verbs and *piacere*

Punto di partenza In **Lezione 2A**, you learned how to form the present tense of **-are** verbs by attaching different endings to the stem. Conjugate regular **-ere** verbs in the same way, using the endings shown in the chart below.

lęggere (to read)			
io leggo	*I read*	**noi leggiamo**	*we read*
tu leggi	*you read*	**voi leggete**	*you read*
Lei/lui/lei legge	*you read; he/she/it reads*	**loro lęggono**	*they read*

- Use the same endings to conjugate other regular **-ere** verbs. Unlike **-are** verbs, **-ere** verbs require no spelling changes when the stem ends in **-c** or **-g**. As a result, the conjugation may include both the soft and hard sounds of these letters.

Common regular *-ere* verbs			
chiędere	*to ask (for)*	**ripętere**	*to repeat*
chiudere	*to close*	**rispǫndere (a)**	*to reply (to)*
cǫrrere	*to run*	**scrįvere**	*to write*
dipingere	*to paint*	**spęndere**	*to spend (money)*
męttere	*to put*	**vedere**	*to see*
pręndere	*to take*	**vęndere**	*to sell*
ricęvere	*to receive*	**vįvere**	*to live*

- The infinitives of most **-ere** verbs are stressed on the third-to-last syllable.
- The verb **prendere** is used in the idiomatic expression **prendere una decisione** (*to make a decision*). It can also mean *to have* when referring to food or drink.

Prendo una decisione a luglio.
***I'll make a decision** in July.*

Laura **prende** un caffè.
*Laura **is having** a coffee.*

- Use **chiedere** to ask for things. **Domandare** can be used to request information, although the use of **chiedere** is becoming more widespread in such instances. Use the expression **fare una domanda** for *to ask a question*.

Chiedi una penna a Marta?
***Are you going to ask** Marta **for** a pen?*

Lui **domanda/chiede** che tempo fa.
***He's asking** how the weather is.*

Faccio una domanda al professore.
***I'm asking** the professor **a question**.*

PRATICA

1 Creare Use the cues to create complete sentences.

MODELLO io / rispondere / al telefono
Io rispondo al telefono.

1. tu / spendere / dieci dollari per la penna
   Tu spendi dieci dollari per la penna.
2. i direttori / prendere / le decisioni importanti
   I direttori prendono le decisioni importanti.
3. noi / vendere / il caffè
   Noi vendiamo il caffè.
4. gli studenti / correre / la maratona
   Gli studenti corrono la maratona.
5. la mamma / leggere / la storia al bambino
   La mamma legge la storia al bambino.
6. tu e io / chiedere / le indicazioni
   Io e tu chiediamo le indicazioni.
7. voi / vincere / la partita di pallavolo
   Voi vincete la partita di pallavolo.
8. io / ricevere / un bel voto
   Io ricevo un bel voto.

2 Completare Write the correct expression with **piacere** to complete each sentence.

tu
1. Ti piace cantare nella doccia.

noi
2. Ci piace sciare in inverno.

io
3. Mi piacciono i cavalli marroni.

Patrizio
4. Gli piace la primavera.

voi
5. Non vi piace la pioggia.

io e Nicola
6. Ci piacciono le carte e i giochi.

3 Rispondere In groups, take turns asking and answering the questions using complete sentences.
Answers will vary.

MODELLO
S1: *Scrivi al computer?*
S2: *Sì, scrivo al computer.*
S3: *No, non scrivo al computer.*

1. Vedi molti film in italiano?
2. Prendi spesso la pasta al ristorante?
3. Ti piace l'estate?
4. Leggi molti libri romantici?
5. Corri spesso?
6. Chiedi molti soldi (*money*) alla famiglia?

Practice more at **vhlcentral.com.**

COMUNICAZIONE

4 **Frasi mescolate** In pairs, create eight sentences using items from each column. Be creative!
Answers will vary.

MODELLO

Gli studenti d'italiano prendono buoni voti all'esame.

A	B
io	aiutare
Silvio	chiedere
le amiche	giocare
io e Gina	perdere
tu e Silvana	prendere
tu	ricevere
la squadra di football americano	scrivere
gli studenti d'italiano	vedere

5 **Ti piace o non ti piace?** In pairs, ask and answer the questions in this survey. Then compare your likes and dislikes with those of another pair of classmates. Answers will vary.

MODELLO

Mi piace pescare. A Laura piacciono i broccoli.
Non ci piace il caffè.

Ti piace/piacciono...	Sì	No		Sì	No
i broccoli?	☐	☐	dipingere?	☐	☐
pescare?	☐	☐	il caffè?	☐	☐
i temporali?	☐	☐	il campeggio?	☐	☐
la neve?	☐	☐	l'inverno?	☐	☐
la danza classica?	☐	☐	ballare?	☐	☐

6 **Personaggi** In pairs, create descriptions of four characters (**personaggi**) for a new television program based on the photos below. Give the characters names and ages and talk about their activities, likes, and dislikes. Answers will vary.

1.

2.

3.

4.

Suggestion Point out that **piacere** does not mean *to like*, but *to be pleasing*, and that what is liked is the subject. Circle the subject of a sample sentence and draw arrows to the verb **piacere**, demonstrating agreement between subject and verb. Remind students not to translate directly from English.

The verb *piacere*

To express likes and dislikes, use the verb **piacere** (*to please*). **Piacere** is most often used in the third person singular or plural.

piacere

+ singular noun or infinitive

io	**Mi piace** l'estate. **Mi piace** dipingere.	*I like summer.* *I like to paint.*
tu	**Ti piace** il calcio. **Ti piace** correre.	*You like soccer.* *You like to run.*
Lei	**Le piace** il ciclismo. **Le piace** scrivere.	*You like cycling.* *You like to write.*
lui	**Gli piace** la pioggia. **Gli piace** cantare.	*He likes the rain.* *He likes to sing.*
lei	**Le piace** il nuoto. **Le piace** ballare.	*She likes swimming.* *She likes to dance.*
noi	**Ci piace** la pallavolo. **Ci piace** pescare.	*We like volleyball.* *We like to go fishing.*
voi	**Vi piace** lo sci. **Vi piace** camminare.	*You like skiing.* *You like to walk.*
loro	**Gli piace** il tennis. **Gli piace** avere ragione.	*They like tennis.* *They like to be right.*

+ plural noun

io	**Mi piacciono** i temporali.	*I like storms.*
tu	**Ti piacciono** i compleanni.	*You like birthdays.*
Lei	**Le piacciono** le stagioni.	*You like the seasons.*
lui	**Gli piacciono** gli scacchi.	*He likes chess.*
lei	**Le piacciono** i libri.	*She likes books.*
noi	**Ci piacciono** le automobili.	*We like cars.*
voi	**Vi piacciono** i computer.	*You like computers.*
loro	**Gli piacciono** i compiti.	*They like homework.*

- Use **a** + [*name/noun*] instead of a pronoun (**mi**, **ti**, **gli**, etc.) to specify to whom you are referring. Be sure to use the definite article with nouns in this structure.

A Stefano non piacciono gli esami.
***Stefano** doesn't like exams.*

Agli studenti piace la neve.
***The students** like snow.*

Provalo! Complete each sentence with the correct form of the verb indicated.

1. Aldo e Franco leggono (leggere) il libro.
2. Rosa ripete (ripetere) la domanda.
3. Io scrivo (scrivere) una lettera.
4. Voi perdete (perdere) il numero di telefono.
5. Io e Teresa riceviamo (ricevere) le lettere.
6. Tu metti (mettere) il libro nello zaino.

6 Expansion Ask for volunteers to introduce themselves to the class as a character of their choice. Have the class vote on which character they would prefer to watch on TV.

STRUTTURE

NATIONAL comparisons STANDARDS

2B.3 Numbers 101 and higher

Punto di partenza In **Lezione 1A** you learned the numbers 0–100. The chart below shows numbers above one hundred.

Numbers 101 and higher

101 centouno	**800** ottocento
183 centottantatré	**900** novecento
198 centonovantotto	**1.000** mille
200 duecento	**1.100** millecento
208 duecentootto	**2.000** duemila
300 trecento	**5.000** cinquemila
400 quattrocento	**100.000** centomila
500 cinquecento	**550.000** cinquecentocinquantamila
600 seicento	**1.000.000** un milione
700 settecento	**8.000.000** otto milioni

Suggestion Play the aria "Madamina" from Don Giovanni. Give students a handout of the lyrics with the numbers removed and have them fill in the blanks.

- Italian uses a period, rather than a comma, to indicate thousands and millions. A comma is the equivalent of the English decimal point.

  English **€2,320.50** **€2.320,50** Italian

- Use these words to talk about math in Italian. When reading or writing out equations, **fa** is often used to mean *equals*.

Sịmboli matemạtici

+	più	*plus*	–	meno	*minus*
×	per	*times*	:	diviso	*divided by*
=	uguale	*equals*	%	percento	*percent*

100 : 20 = 5
Cento diviso venti uguale cinque.

60 × 3 = 180
Sessanta per tre fa centottanta.

- Say **un milione** to express *one million*, but do not use **un** with **cento** or **mille** to mean *one hundred* or *one thousand*.

  Ecco **un milione di** dollari!
  *Here's **a million** dollars!*

  Ha **cento** anni Luigi?
  *Is Luigi **one hundred** years old?*

- The plural of **mille** is **-mila** and the plural of **milione** is **milioni**. **Cento** is invariable and does not change form. Drop the **o** from **cento** when it is followed by **-ottanta** (**centottanta**).

  ventimila spettatori
  ***twenty thousand** spectators*

  trecentonovanta studenti
  ***three hundred ninety** students*

Suggestion While it is not incorrect to retain the **o** in **cent(o)ottanta**, this text uses the spelling **centottanta** in all activities and assessments.

PRATICA

1 Completare Calculate the answer to each equation. Then write out the entire equation in words.
Answers may vary slightly. Sample answers are provided.

MODELLO 200 + 300 =
Duecento più trecento fa cinquecento.

1. 5.000 – 3.000 = Cinquemila meno tremila fa duemila.
2. 6 × 400 = Sei per quattrocento fa duemilaquattrocento.
3. 2.000.000 : 2 = Due milioni diviso due fa un milione.
4. 4.800 : 1.200 = Quattromilaottocento diviso milleduecento fa quattro.
5. 155 + 310 = Centocinquantacinque più trecentodieci fa quattrocentosessantacinque.
6. 9.000 – 7.000 = Novemila meno settemila fa duemila.
7. 1.000.000 + 1.200.000 = Un milione più un milione duecentomila fa due milioni duecentomila.
8. 50 × 70 = Cinquanta per settanta fa tremilacinquecento.

2 Descrivere Say when these people were born.

MODELLO Lisa / 1993
Lisa è nata nel millenovecentonovantatré.

1. Franco / 1990
   Franco è nato nel millenovecentonovanta.
2. Antonio / 1948
   Antonio è nato nel millenovecentoquarantotto.
3. Maria / 1930
   Maria è nata nel millenovecentotrenta.
4. Alberta / 2007
   Alberta è nata nel duemilasette.
5. Michele e Mario / 1929
   Michele e Mario sono nati nel millenovecentoventinove.
6. Elena / 1963
   Elena è nata nel millenovecentosessantatré.
7. Giovanni e Giovanna / 1999
   Giovanni e Giovanna sono nati nel millenovecentonovantanove.
8. la signora Parati / 1958
   La signora Parati è nata nel millenovecentocinquantotto.

2 Expansion Ask students **E tu, in che anno sei nato/a?** Go around the room as quickly as possible, having each student respond.

3 Rispondere With a partner, take turns asking and saying how many people live in each province.

MODELLO Bari: 1.594.109
S1: *Quanti abitanti ci sono nella provincia di Bari?*
S2: *Ci sono un milione cinquecentonovantaquattromilacentonove abitanti.*

1. Firenze: 970.414
   Ci sono novecentosettantamilaquattrocentoquattordici abitanti.
2. Milano: 3.884.481
   Ci sono tre milioni ottocentottantaquattromilaquattrocentottantuno abitanti.
3. Roma: 4.013.057
   Ci sono quattro milioni tredicimilacinquantasette abitanti.
4. Napoli: 3.082.756
   Ci sono tre milioni ottantaduemilasettecentocinquantasei abitanti.
5. Gorizia: 141.229
   Ci sono centoquarantunomiladuecentoventinove abitanti.
6. Torino: 2.248.955
   Ci sono due milioni duecentoquarantottomilanovecentocinquantacinque abitanti.

3 Suggestion Have each student find the population of three other Italian provinces and present their findings to the class.

Practice more at **vhlcentral.com.**

COMUNICAZIONE

4 Date famose In pairs, look at the timeline and say when each event took place.

MODELLO La fondazione di Roma è nel (*in*)...

La fondazione di Roma è nel settecentocinquantatré a.C. (avanti Cristo).

1. Dante inizia (*begins*) la *Divina Commedia*... Dante inizia la Divina Commedia nel milletrecentoquattro.
2. Michelangelo inizia la Cappella Sistina... Michelangelo inizia la Cappella Sistina nel millecinquecentootto.
3. Il Regno d'Italia nasce (*is born*)... Il regno d'Italia nasce nel milleottocentosessantuno.
4. La Prima Guerra Mondiale inizia... La Prima Guerra Mondiale inizia nel millenovecentoquattordici.
5. Mussolini muore (*dies*)... Mussolini muore nel millenovecentoquarantacinque.
6. L'Italia adotta (*adopts*) l'euro... L'Italia adotta l'euro nel duemiladue.

5 Quanto spendi? In pairs, take turns asking and saying how much you spend on each item. What do you think each item is worth? Answers will vary.

MODELLO

S1: *Quanto spendi per il computer?*
S2: *Per il computer spendo milleottocento euro.*

1. 

2. 

3. 

4. 

6 Spendere soldi On separate index cards, write down six luxury items and their prices between zero and 70,000 euros. Be creative! Then combine your cards with those of two classmates and discuss how each of you would spend 100,000 euros. Answers will vary.

MODELLO

S1: *Mi piacciono le automobili eleganti. Spendo 65.000 euro per l'automobile.*
S2: *Ma ora (now) non hai soldi per il viaggio in Egitto!*

Expansion Have students circulate around the room asking each other **Quando sei nato/a?** Have them record everyone's birthday and identify the oldest and youngest students in the class. The first person to figure it out wins.

Suggestion Tell students that **euro** is an invariable masculine noun. Encourage students to find out the exchange rate between the euro and the dollar.

- Before a noun, use **di** after **milione/i** unless it is followed by other numbers. **Di** can also be written as **d'** before a vowel.

tre milioni duecento euro *three million two hundred euros*	**tre milioni di/d'**italiani *three million Italians*

La data

- Use **il** before a number representing a year.

il duemilaundici *the year two thousand eleven*	**il milleottocentosettantacinque** *the year eighteen seventy-five*

- Use **essere** + **nato/a** + **nel** + [*year*] to express the year someone was born. **Nato** agrees in gender and number with the person.

Erminia **è nata nel** duemila. *Erminia was born in 2000.*	**Sono nati nel** millenovecentodieci. *They were born in 1910.*

- To express a span of years, use **dal** (*from*) and **al** (*to*).

Penso di frequentare l'università **dal** 2016 **al** 2020.
I am thinking of attending the university from 2016 to 2020.

- To refer to a specific date, use **il** + [*number of day*] + [*name of month*] + [*year*]. **Di** is optional before the month. Use **il primo** for the first of the month, and cardinal numbers for all other days.

il 24 (di) ottobre 2009 *October 24th, 2009*	**il primo (di) luglio 1965** *July 1st, 1965*

ATTREZZI
In **Contesti**, you learned to say the months of the year. Remember that months are not capitalized in Italian!

- In Italian, when dates are written in abbreviated form, the day precedes the month.

English ***3/21/95***	**21-03-1995** Italian

- To ask how long something has been going on, use the expressions **Da quando...?** and **Da quanto tempo...?** Note the use of **da** (*since/for*) in the replies.

Da quando studi l'italiano? *How long (Since when) have you been studying Italian?*	Studio l'italiano **da marzo/dal 2010**. *I've been studying Italian since March/since 2010.*
Da quanto tempo suoni il piano? *How long have you been playing the piano?*	Suono il piano **da tre mesi**. *I've been playing the piano for three months.*

Provalo! Write out the equivalents in Italian.

1. 10.000 *diecimila*	4. 42.000 quarantaduemila
2. 620 seicentoventi	5. 10.450.000 dieci milioni quattrocentocinquantamila
3. 365 trecentosessantacinque	6. 1.128 millecentoventotto

SINTESI

Ricapitolazione

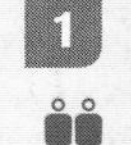

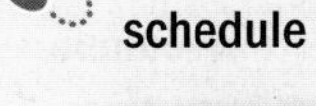

1 Di quali classi ho bisogno? To complete your schedules, you and your partner each need two humanities classes, two math or science classes, and an elective. Decide what classes you want to take, and discuss the schedule with your partner. Answers will vary.

1 Expansion Ask each pair of students to share their schedules with another pair of students.

MODELLO

S1: *Ho bisogno di una classe di matematica, forse (maybe) matematica I.*
S2: *Matematica I è il martedì e il giovedì alle 10:00.*

Classi	Giorni e ora
Storia dell'arte	venerdì; 15:00-17:00
Economia I	martedì, venerdì; 8:00-9:00
Storia delle religioni	mercoledì; 9:00-11:00
Informatica	lunedì, giovedì; 12:00-13:30
Spagnolo	martedì, giovedì; 10:00-11:00
Letteratura inglese	lunedì; 8:00-10:30
Matematica I	martedì, giovedì; 10:00-11:00
Giurisprudenza	lunedì, mercoledì, giovedì, venerdì; 8:00-10:30
Scienze politiche	lunedì, venerdì; 11:00-12:00
Tedesco	lunedì, mercoledì, venerdì; 12:00-13:00
Biologia	martedì, venerdì; 14:30-15:30
Statistica II	lunedì, mercoledì; 14:00-15:00

2 Venti domande Write down three things you will do today. Take turns asking each other yes-or-no questions to guess what your classmates are doing. Answers will vary.

MODELLO

S1: *Spendi soldi?*
S2: *Sì, spendo soldi.*
S3: *Fai la spesa?*
S1: *No, non faccio la spesa....*

3 Ti piace...? With a partner, make a list of eight activities. Then, walk around the room and find one classmate who likes doing each of these activities. When a classmate answers yes, record his/her name. Answers will vary.

3 Suggestion Before beginning the activity, have students brainstorm a list of possible activities and write them on the board. Make sure they aren't the same ones as in activity 2.

MODELLO

S1: *Ti piace giocare a calcio?*
S2: *Sì, mi piace giocare a calcio.*
S1: *Ti piace giocare a scacchi?*
S3: *No, non mi piace giocare a scacchi.*

3 Expansion Ask each student which activity was the most popular among the classmates they interviewed and write the results on the board.

4 Date famose In pairs, say what important events happened on these famous dates.

MODELLO 4-7-1776 / giorno dell'Indipendenza degli Stati Uniti

Il giorno dell'Indipendenza degli Stati Uniti è il quattro luglio millesettecentosettantasei.

1. 12-10-1492 / la scoperta dell'America
   La scoperta dell'America è il dodici ottobre millequattrocentonovantadue.
2. 15-2-1564 / la nascita (*birth*) di Galileo Galilei
   La nascita di Galileo Galilei è il quindici febbraio millecinquecentosessantaquattro.
3. 11-11-1918 / giorno dell'armistizio
   Il giorno dell'armistizio è l'undici novembre millenovecentodiciotto.
4. 2-6-1946 / la nascita della Repubblica italiana
   La nascita della Repubblica italiana è il due giugno millenovecentoquarantasei.
5. 20-7-1969 / il primo atterraggio lunare (*lunar landing*)
   Il primo atterraggio lunare è il venti luglio millenovecentosessantanove.
6. 10-2-2006 / l'inizio dei giochi olimpici a Torino
   L'inizio dei giochi olimpici a Torino è il dieci febbraio duemilasei.

5 Battaglia navale Your instructor will give you a worksheet. Choose four spaces on your chart and mark them with a battleship. In pairs, take turns asking questions, using the subjects in the first column and the verbs in the first row, to find each other's battleships. Answers will vary.

6 Eventi sportivi Your instructor will give you and your partner a schedule for different events at a sports complex. For each event, one of you will have information about how many spectators are expected to attend. Take turns asking and answering questions to find out the expected attendance for each event. Answers will vary.

MODELLO

S1: *Quante persone vanno a vedere la partita di calcio?*
S2: *Settantaduemilacinquecento persone vanno a vedere la partita di calcio.*

(1) "explain "is on Mondays"
(2) use verb list from p. 67, 69 Avere / ere verbs
(3) use weather + seasons only
(4) add other dates
(5) (6) } check to see if we have copies
(7) + 8

...look at the pictures that show Luigi's activities for one day. ...at he does and when. Answers will vary. Suggested answers are provided.

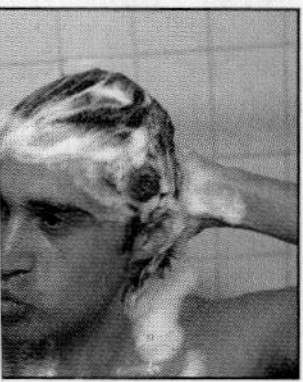

1. 7:50
Alle 7:50 Luigi fa colazione.

2. 8:15
Alle 8:15 Luigi fa due passi.

3. 9:00
Alle 9:00 Luigi fa la spesa.

4. 14:30
Alle 14:30 Luigi fa i compiti.

5. 19:00
Alle 19:00 Luigi guarda la TV.

6. 22:30
Alle 22:30 Luigi telefona a un amico.

8 **Che tempo fa?** In pairs, look at the list of activities and the weather icons next to each person or group. Use this information to say what each person or group of people is going to do today, based on the weather. Answers will vary.

MODELLO

Oggi fa bel tempo e Pamela va in bicicletta al parco.

andare a cavallo	giocare a pallavolo
andare in bicicletta	giocare a scacchi
dipingere	guardare la partita di calcio
fare i compiti	nuotare
fare le spese	studiare in biblioteca

1. Silvana 30˚C
2. Marco e Stefano  -5˚C
3. io  25˚C
4. tu e Silvestro  20˚C
5. tre amici  10˚C
6. tu e io 15˚C

8 Expansion Have students add to the list of activities and then repeat the activity by saying what each person will not do today.

Il mio di·zio·na·rio

Add five words related to activities or weather to your personalized dictionary.

la nebbia

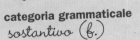

traduzione
fog

categoria grammaticale
sostantivo (f.)

uso
La mattina c'è la nebbia.

sinonimi
la foschia

antonimi
/

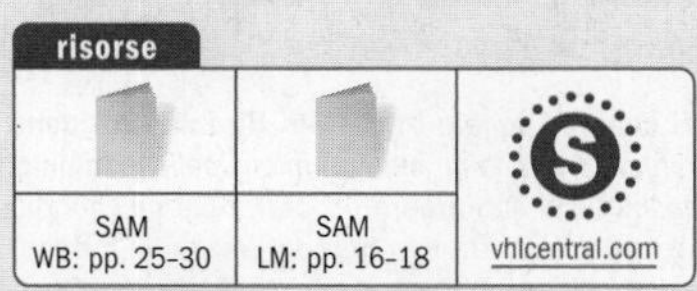

Panorama

Interactive Map

Roma

Suggestion Ask students if they have visited Rome or have seen any films set in Rome. Ask them which sites they visited and which were featured in the film.

La città in cifre

- **Superficie della provincia:** *5.352* km^2 *(cinquemilatrecentocinquantadue chilometri quadrati°)*
- **Superficie della città:** *1.287* km^2 *(milleduecentottantasette chilometri quadrati)*
- **Popolazione della provincia:** *4.038.458 (quattro milioni trentottomilaquattrocentocinquantotto)*
- **Popolazione della città:** *2.650.155 (due milioni seicentocinquantamilacentocinquantacinque)*
- **Stranieri residenti° nella città:** *294.571 (duecentonovantaquattromilacinquecentosettantuno)*
- **Percentuale di stranieri residenti nella città:** *11,11% (undici virgola° undici per cento)*

Roma è la capitale d'Italia. Tra° gli 8.071 comuni° d'Italia, Roma è il più grande come superficie e popolazione. A Roma ci sono 15 municipi°, ognuno° con il suo proprio° presidente. Tra i rioni° più conosciuti° ci sono Trevi, Trastevere e Sant'Eustachio.

- **Da non perdere°:** *la Piazza di Spagna, i Musei Vaticani, la Villa Borghese, il Pantheon, la Fontana di Trevi, il Campo de' Fiori, il Colosseo*

Romani celebri

- **Gaio Giulio Cesare,** *generale e dittatore (100 a.C.°–44 a.C.)*
- **Elsa Morante,** *scrittrice° (1912–1985)*
- **Alberto Sordi,** *attore (1920–2003)*
- **Lina Wertmüller,** *regista (1928–)*
- **Jovanotti,** *cantante (1966–)*
- **Alessandro Nesta,** *calciatore (1976–)*

Expansion Review numbers by asking students questions based on **La città in cifre**. Ex.: **Quanti abitanti ci sono nella città di Roma? Quanti residenti stranieri ci sono a Roma? Quando è nato Cesare? Quando è morto Alberto Sordi?**

chilometri quadrati *square kilometers* **Stranieri residenti** *Resident foreigners* **virgola** *comma* **Tra** *Among* **comuni** *municipalities* **municipi** *city councils* **ognuno** *each one* **il suo proprio** *its own* **rioni** *neighborhoods* **conosciuti** *well-known* **Da non perdere** *Not to be missed* **a.C.** *BC* **scrittrice** *writer* **è iniziata** *was started* **è finita** *was finished* **può contenere** *can contain* **innumerevoli** *countless* **Ogni** *Each* **tomba** *tomb*

la Piazza di Spagna

la Fontana delle Tartarughe (Piazza Mattei)

la Fontana di Trevi

Incredibile ma vero!

La costruzione della basilica di San Pietro in Vaticano è iniziata° nel 1506 ed è finita° nel 1626. La basilica può contenere° 20.000 persone e ci sono innumerevoli° opere famose come la *Pietà* di Michelangelo. Ogni° anno circa sette milioni di persone visitano San Pietro e ogni giorno circa 35.000 persone visitano la tomba° di papa Giovanni Paolo II.

Il cinema

Hollywood è a Roma!

Cinecittà è chiamata° *Hollywood sul Tevere*. Costruita° nel 1936, si estende su un'area di circa 500.000 m². Cinecittà diventa° famosa negli anni settanta con registi come Fellini e Visconti. In particolare Fellini, con il film *La dolce vita*, rende nota° in tutto il mondo la Fontana di Trevi. *La dolce vita* racconta° la storia di un giornalista (interpretato da Marcello Mastroianni) che vive tra i piaceri° della vita sociale romana (la «dolce vita») e una società senza valori morali. Alla morte di Mastroianni, è stato appeso° alla fontana un enorme drappo° nero in segno di lutto°.

Le feste

Una strega buona

Piazza Navona è una piazza bellissima nel centro di Roma. La piazza è sempre stata° teatro di feste popolari. La più famosa delle tradizioni moderne è la festa della Befana. La festa della Befana è il 6 gennaio (festa dell'Epifania). La Befana è una strega° buona che porta dolci° ai bambini buoni e carbone° (fatto di zucchero°!) ai bambini cattivi. La Befana viaggia su una scopa° ed è vestita di stracci°.

La storia

La fondazione di Roma

Le origini della città di Roma sono molto incerte°. Secondo° una leggenda, è stata fondata° il 21 aprile 753 a.C. Romolo, fondatore della città, è anche il primo re° di Roma. Secondo la leggenda, Roma è stata fondata su sette colli°: Aventino, Palatino, Quirinale, Viminale, Celio, Esquilino e Campidoglio. Anche il nome «Roma» non ha origini sicure°. Forse° deriva dal nome latino «rumis», forse dal nome greco «rhome», forse è un nome scelto° da Romolo: le origini di Roma sono davvero° un mistero!

Il trasporto

La metropolitana

A Roma la metropolitana è il mezzo di trasporto° più comune. Ci sono due linee, la A (da nordovest a sudest) e la B (da nord a sud). La costruzione della metropolitana inizia nel 1930 durante il governo fascista, ma è inaugurata° solo nel 1955. Il problema principale sono le rovine° antiche sotto il livello del suolo°. È molto difficile trovare una parte di Roma senza rovine e per questo motivo è molto difficile costruire una metropolitana: frammenti dell'antica vita romana vengono scoperti° ovunque si scavi°!

Quanto hai imparato? Complete the sentences.

1. La costruzione della Basilica di San Pietro è finita nel ___1626___.
2. Circa ___sette milioni___ di persone visitano San Pietro ogni anno.
3. ___Fellini e Visconti___ sono due famosi registi italiani.
4. Il film *La dolce vita* ha reso nota la ___Fontana di Trevi___.
5. La Befana è ___una strega___ buona.
6. La Befana porta ___carbone___ ai bambini cattivi.
7. Romolo è il primo ___re___ di Roma.
8. Roma è stata fondata su sette ___colli___.
9. La costruzione della metropolitana a Roma è iniziata nel ___1930___.
10. Il problema principale della costruzione della metropolitana sono ___le rovine___ antiche.

Expansion Show students the city of Rome on GoogleEarth, or direct them to look it up on their own. Have them pick out the sites mentioned on these pages.

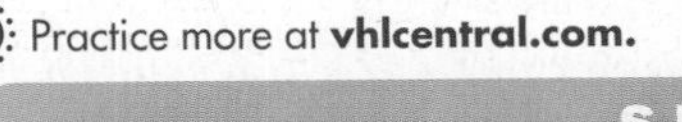

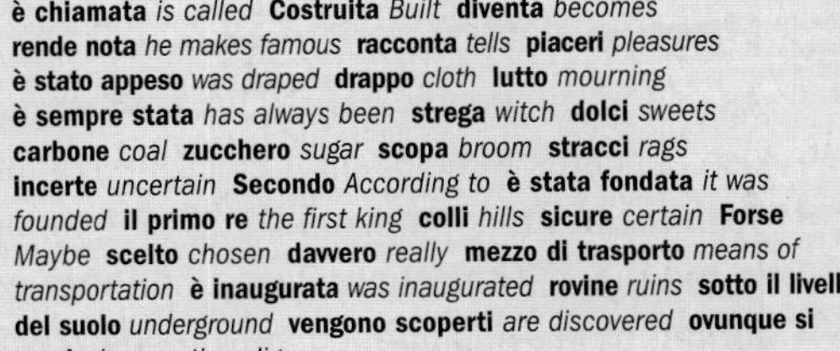

SU INTERNET

Go to vhlcentral.com to find more cultural information related to this **Panorama**.

1. Trova tre film diretti da Fellini. Racconta la loro (*their*) storia.
2. Roma ha molte fontane belle e importanti, oltre alla (*besides*) Fontana di Trevi. Cerca foto e informazioni su almeno (*at least*) altre tre fontane.
3. Tra le rovine più famose di Roma ci sono il Colosseo e i Fori imperiali. Cerca informazioni sull'importanza che avevano (*they had*) ai tempi (*at the time*) degli antichi romani.

è chiamata *is called* **Costruita** *Built* **diventa** *becomes* **rende nota** *he makes famous* **racconta** *tells* **piaceri** *pleasures* **è stato appeso** *was draped* **drappo** *cloth* **lutto** *mourning* **è sempre stata** *has always been* **strega** *witch* **dolci** *sweets* **carbone** *coal* **zucchero** *sugar* **scopa** *broom* **stracci** *rags* **incerte** *uncertain* **Secondo** *According to* **è stata fondata** *it was founded* **il primo re** *the first king* **colli** *hills* **sicure** *certain* **Forse** *Maybe* **scelto** *chosen* **davvero** *really* **mezzo di trasporto** *means of transportation* **è inaugurata** *was inaugurated* **rovine** *ruins* **sotto il livello del suolo** *underground* **vengono scoperti** *are discovered* **ovunque si scavi** *wherever they dig*

Lettura

Audio: Reading

Prima di leggere

National Standards: communication, cultures

STRATEGIA

Predicting content through formats

Recognizing the format of a document can help you to predict its content. For instance, invitations, greeting cards, and classified ads follow easily identifiable formats, which usually give you a general idea of the information they contain. Look at the text below and try to identify it based on its format.

LE TEMPERATURE OGGI IN ITALIA

	min	max			min	max	
Ancona	+12	+17	C	Milano	+10	+14	P/B
Aosta	+5	+11	T	Napoli	+14	+16	P
Bari	+17	+19	S	Palermo	+16	+21	C
Bologna	+13	+17	P/B	Pescara	+13	+17	C
Cagliari	+14	+21	S	Reggio C.	+21	+26	S
Catania	+19	+23	N	Roma	+14	+16	P
Firenze	+11	+14	P	Torino	+10	+12	P
Genova	+12	+19	T	Venezia	+13	+16	C

C=Coperto B=Nebbia° N=Nuvoloso P=Pioggia S=Sereno° T=Temporale

Nebbia *Fog* **Sereno** *Clear*

If you guessed that this is a newspaper weather forecast, you are correct. You can infer that the document contains information about the weather in Italy, including high and low temperatures and the weather forecast for different cities.

Esamina il testo

Briefly look at the document. What is its format? What kind of information is given? How is it organized? Are there any visuals? What kind? What types of documents usually contain these elements?

Parole affini

As you have already learned, in addition to format, you can use cognates to help you predict the content of a document. With a classmate, make a list of all the cognates you find in the reading selection. Based on these cognates and the format of the document, can you guess what this document is and what it's for?

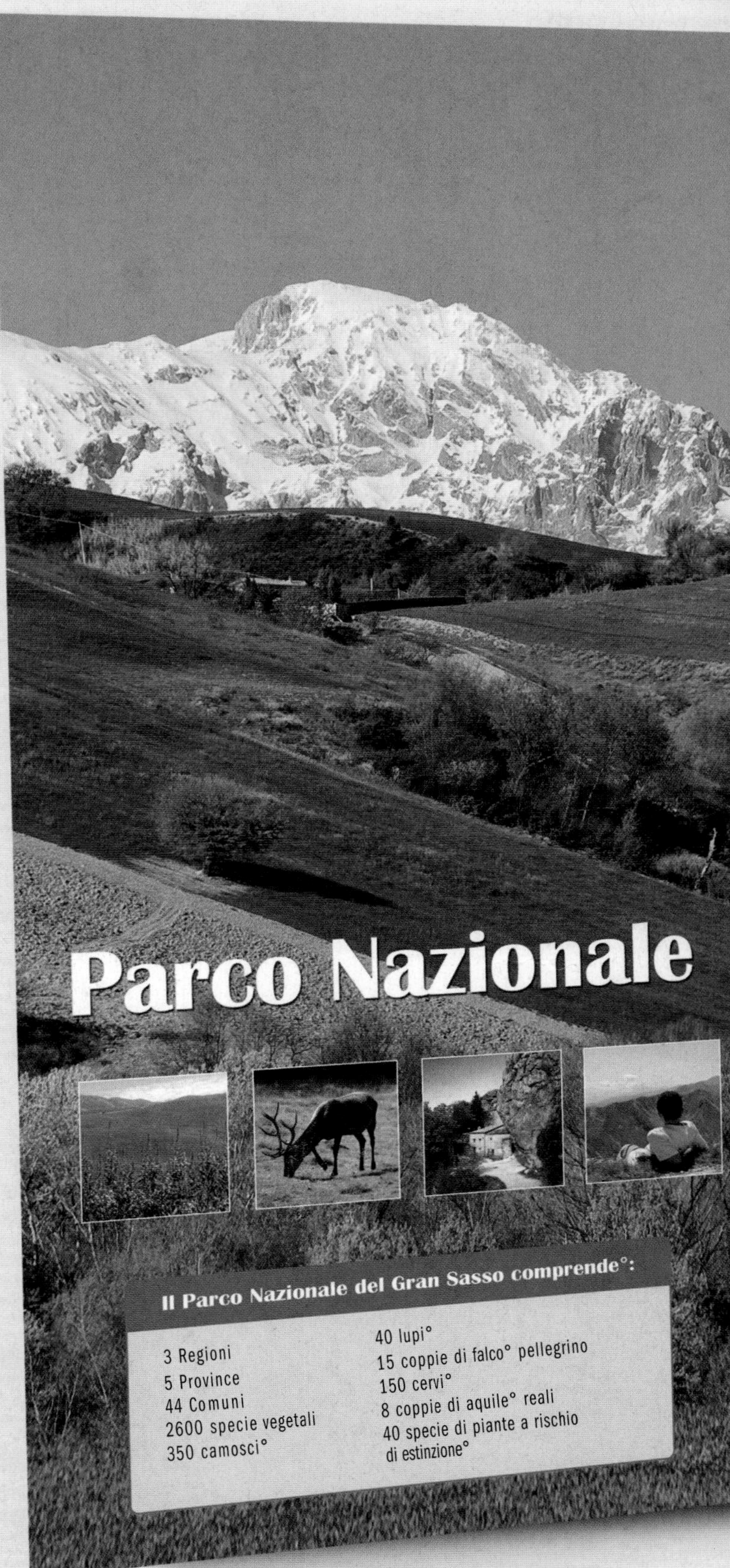

Parco Nazionale
Il Parco Nazionale del Gran Sasso comprende°:
3 Regioni
5 Province
44 Comuni
2600 specie vegetali
350 camosci°
40 lupi°
15 coppie di falco° pellegrino
150 cervi°
8 coppie di aquile° reali
40 specie di piante a rischio di estinzione°

Suggestion Have students read their list of cognates to you and write them on the board. If they have identified any false cognates, point these out. Stress the importance of identifying cognates.

Il Parco Nazionale del Gran Sasso offre atmosfere e paesaggi magici°. Durante tutto l'anno ci sono numerose attività ed escursioni.

- Ci sono 130 km di piste da sci° adatte anche allo sciatore più esigente°, con impianti di risalita° moderni ed efficienti.
- Per gli appassionati degli sport estremi ci sono scalate° e l'alpinismo° ad altezze che raggiungono° i 2.912 metri.
- In estate le attività più diffuse sono l'equitazione° e l'escursionismo°.
- Le strutture sportive di Roccaraso offrono al turista diverse alternative: dal pattinaggio° al nuoto, dal bowling al tennis.
- In estate ci sono percorsi vita° a diverso grado di difficoltà e sentieri° per passeggiare e apprezzare° meravigliosi panorami.
- E per gli amanti degli animali, il Parco Nazionale permette di osservare numerose specie animali° che vivono in completa libertà.

del Gran Sasso

Parco Nazionale del Gran Sasso

Telefono: 011 167 80 64
Fax: 011 167 80 60
Web: www.gr.laga.it
Indirizzo e-mail: info@gransassolaga.it
Indirizzo: Via Sassomorone, 67 Roccaraso (AQ)

comprende *comprises* **camosci** *chamois* **lupi** *wolves* **falco** *falcon* **cervi** *deer* **aquile** *eagles* **a rischio di estinzione** *endangered* **paesaggi magici** *magical landscapes* **piste da sci** *ski slopes* **impianti di risalita** *ski lifts* **esigente** *demanding* **scalate** *climbing* **alpinismo** *mountaineering* **raggiungono** *reach* **equitazione** *horseback riding* **escursionismo** *hiking* **pattinaggio** *skating* **percorsi vita** *nature walks* **sentieri** *paths* **apprezzare** *appreciate* **specie animali** *animal species*

Dopo la lettura

Rispondere Select the correct response or completion to each question or statement, based on the reading.

1. Questo è un opuscolo (*brochure*) di...
   a. un'agenzia di viaggio.
   (b.) un parco nazionale.
   c. un negozio di articoli sportivi.
2. Il Parco Nazionale del Gran Sasso...
   (a.) ospita (*is home to*) 150 cervi.
   b. è la montagna più alta d'Europa.
   c. non ha piste da sci.
3. Le montagne del parco offrono...
   a. un bosco di sequoie.
   (b.) paesaggi magici.
   c. vedute sul mare.
4. A Roccaraso ci sono...
   a. trecento aquile.
   b. diversi alberghi a cinque stelle (*five-star*).
   (c.) piste da pattinaggio.
5. Lo sport più popolare in inverno è...
   (a.) lo sci.
   b. il pattinaggio.
   c. l'equitazione.
6. In estate i turisti...
   a. sciano.
   (b.) fanno escursioni.
   c. fanno il bagno al mare.
7. Per chi (*those who*) ama gli animali ci sono...
   a. numerosi ristoranti per vegetariani.
   b. due zoo.
   (c.) possibilità di osservare gli animali in completa libertà.
8. Ci sono diverse attività...
   a. soltanto (*only*) in estate.
   b. in inverno e in primavera.
   (c.) durante tutto l'anno.

Expansion Help students identify the different activities that can be done in the **Parco Nazionale** and write them on the board. Then have them work in pairs to ask each other which of these they like doing and which they do not. Ex.: **Ti piacciono gli sport estremi? Ti piace l'equitazione?**

Completare Complete the sentences.

1. Il numero di telefono è ___011 167 80 64___.
2. Il numero di fax è ___011 167 80 60___.
3. Il sito Internet del parco è ___www.gr.laga.it___.
4. L'indirizzo di posta elettronica è ___info@gransassolaga.it___.
5. L'indirizzo stradale (*mailing*) è ___Via Sassomorone, 67 Roccaraso (AQ)___.

 Practice more at **vhlcentral.com.**

In ascolto

Audio

STRATEGIA

Listening for cognates

You already know that cognates are words that have similar spellings and meanings in two or more languages: for example *group* and **gruppo** or *activity* and **attività**. Listen for cognates to improve your comprehension of spoken Italian.

To help you practice this strategy, you will listen to two sentences. Write down all the cognates you hear.

Preparazione

Based on the photograph, who do you think Daniele and Francesca are? Where are they? Do they know each other well? Where are they going this morning? What are they talking about?

Suggestion Ask these questions to the class and write down the answers. Ask how they gleaned the information using context. After they listen, see how many cognates were right, and correct any that were wrong.

Ascoltiamo

Listen to the conversation and list any cognates you hear. Listen again and complete the highlighted portions of Daniele's schedule.

28 OTTOBRE venerdì

8:00	*corsa mattutina*	14:00	
8:30		14:30	lezione di inglese
9:00	*doccia*	15:00	
9:30	*colazione*	15:30	
10:00	studiare in biblioteca	16:00	partita di calcio con gli amici
10:30		16:30	
11:00		17:00	
11:30		17:30	
12:00		18:00	
12:30		18:30	aperitivo in centro
13:00	pranzo con la fidanzata	19:00	
13:30		19:30	

Suggestion Remind students that they do not need to understand every word in order to get the overall meaning. Encourage them to relax and not get stressed if they don't understand everything.

Practice more at **vhlcentral.com.**

Comprensione

Vero o falso? **Indicate whether each sentence is vero or falso, then correct any false statements.**

1. Daniele è molto sportivo.
   Vero.
2. Francesca non ha lezione oggi.
   Falso. Francesca ha lezione tutto il giorno.
3. Daniele studia sempre a casa.
   Falso. Daniele studia in biblioteca questa mattina.
4. Francesca è la fidanzata di Daniele.
   Falso. La fidanzata di Daniele si chiama Laura.
5. Daniele non è bravo con le lingue.
   Vero.
6. Francesca ha una partita di calcio questo pomeriggio.
   Falso. Daniele ha una partita di calcio questo pomeriggio.
7. Francesca e Daniele vanno a prendere un aperitivo con gli amici.
   Vero.
8. Francesca ha un pranzo romantico oggi.
   Falso. Daniele ha un pranzo romantico.

Programmi **With a partner, discuss your plans for this weekend. Be sure to say where and when you will do each activity. Give your opinion about at least three of the plans you or your partner have made.** Answers will vary.

Scrittura

STRATEGIA

Brainstorming

In the early stages of writing, brainstorming can help you generate ideas on a specific topic. You should spend ten to fifteen minutes brainstorming, jotting down any ideas about the topic that occur to you. Whenever possible, try to write down your ideas in Italian. Express your ideas in single words or phrases, and jot them down in any order. While brainstorming, do not worry about whether your ideas are good or bad. Selecting and organizing ideas should be the second stage of your writing. The more ideas you write down while you are brainstorming, the more options you will have to choose from later on when you start to organize your ideas.

Mi piace...
ballare
viaggiare
guardare la TV
la classe d'italiano
la classe di biologia

Non mi piace...
cantare
giocare a scacchi
lavorare
la classe di sociologia
la classe di storia antica

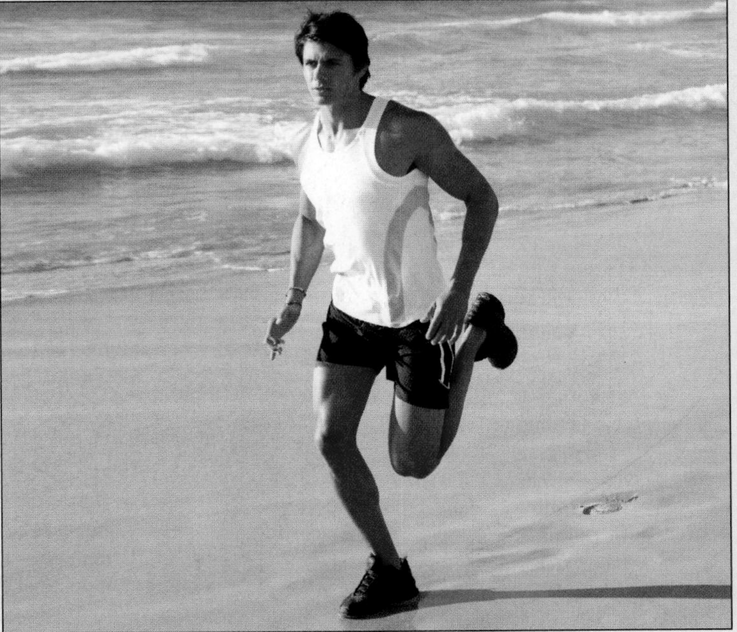

Tema

Una descrizione personale

Write a description of yourself to post on a Web site in order to find an Italian-speaking e-pal. Your description should include:

- your name and where you are from.
- your birthday.
- the name of your university and where it is located.
- the courses you are currently taking and your opinion of each one.
- some of your likes and dislikes.
- your hobbies and pastimes.
- if you have a job and where you work.
- any other information you would like to include.

Ciao!

Mi chiamo Alessandra Cerutti. Sono della Liguria ma studio all'università di Roma, la Sapienza. Mi piace praticare il ciclismo e sciare in inverno...

Expansion Have students exchange their descriptions with another student, who will then take on the role of an Italian student and write back using their new Italian persona.

Previsioni mẹteo

Che tempo fa?	*What is the weather like?*
C'è il sole.	*It's sunny.*
C'è il temporale.	*It's stormy.*
C'è vento.	*It's windy.*
È bello.	*It's nice out.*
Fa bel/brutto tempo.	*The weather is nice/bad.*
Fa caldo.	*It's hot.*
Fa freddo.	*It's cold.*
Fa fresco.	*It's cool.*
Il tempo è pẹssimo.	*The weather is dreadful.*
Quanti gradi ci sono?	*What is the temperature?*
Ci sono 18 gradi.	*It's 18 degrees out.*

Eventi climạtici

la foschịa	*mist*
il fụlmine	*lightning*
la grạndine	*hail*
l'impermeạbile (*m.*)	*raincoat*
il lampo	*flash of lightning*
l'ombrello	*umbrella*
la neve	*snow*
la nụvola	*cloud*
la pioggia	*rain*
il tuono	*thunder*
l'umidità	*humidity*
nevicare	*to snow*
piọvere	*to rain*

Suggestion Remind students that there are numerous ways to learn vocabulary, such as using flashcards or repeating words orally. Encourage students to explore different strategies and discover what works best for them.

Le attività

Ti piace...?	*Do you like . . . ?*
(Non) mi piace...	*I (don't) like . . .*
aiutare	*to help*
andare a cavallo	*to go horseback riding*
andare al cịnema	*to go to the movies*
andare in bicicletta	*to ride a bicycle*
ascoltare la mụsica	*to listen to music*
ballare	*to dance*
camminare	*to walk*
cantare	*to sing*
giocare	*to play*
guardare la tivù/TV	*to watch TV*
nuotare	*to swim*
pẹrdere	*to lose*
pescare	*to go fishing*
suonare (la batterịa, la chitarra, il piano)	*to play (drums, guitar, piano)*
vịncere	*to win*

La data

Che giorno è oggi?	*What's the date?*
È il 15 agosto.	*It's August 15th.*
Quando è il tuo compleanno?	*When is your birthday?*
È il 23 marzo.	*It's March 23rd.*
l'anno	*year*
l'autunno	*fall*
il compleanno	*birthday*
l'estate (*f.*)	*summer*
il mese	*month*
l'inverno	*winter*
la primavera	*spring*
il primo	*first*
la stagione	*season*
domani	*tomorrow*

Per descrịvere il tempo

coperto/a	*overcast*
nuvoloso/a	*cloudy*
piovoso/a	*rainy*
secco/a	*dry*
soleggiato/a	*sunny*
ụmido/a	*humid*
ventoso/a	*windy*

Lo sport

l'atlẹtica	*track and field*
l'automobilismo	*car racing*
la bicicletta	*bicycle*
il calcio	*soccer*
il campeggio	*camping*
il campo	*field; court*
le carte	*playing cards*
il ciclismo	*cycling*
la danza clạssica	*classical dance*
il football americano	*football*
le freccette	*darts*
il giocatore/la giocatrice	*player*
il nuoto	*swimming*
la palestra	*gymnasium*
la pallacanestro	*basketball*
la pallavolo	*volleyball*
il pallone	*ball*
la partita	*game, match*
gli scacchi	*chess*
lo sci	*skiing*
la squadra	*team*
lo stadio	*stadium*
il tennis	*tennis*

I mesi

gennạio	*January*
febbrạio	*February*
marzo	*March*
aprile	*April*
maggio	*May*
giugno	*June*
luglio	*July*
agosto	*August*
settembre	*September*
ottobre	*October*
novembre	*November*
dicembre	*December*

Espressioni ụtili	*See pp. 45 and 59.*
Regular *-are* verbs	*See p. 48.*
andare, dare, fare,* and *stare	*See pp. 50–51.*
Expressions with *avere*	*See p. 62.*
Regular *-ere* verbs and *piacere*	*See pp. 64–65.*
Numbers 101 and higher	*See p. 66.*

risorse

vhlcentral.com

La famiglia e gli amici

UNITÀ

3

Per cominciare

- Quanti anni hanno? Hanno ventidue anni.
- Dove sono? Sono in un bar.
- Che cosa prendono? Prendono un caffè e un succo d'arancia.
- Che cosa mostra Emily a Riccardo? Mostra delle fotografie.

Lezione

3A

Communicative Goals

You will learn how to:

- talk about families
- express ownership

CONTESTI

Vocabulary Tools

La famiglia di Alessia Bianchi

Vocabolario

lo stato civile	*marital status*
cẹlibe	*single (male)*
divorziato/a	*divorced*
fidanzato/a	*engaged*
nụbile	*single (female)*
separato/a	*separated*
sposato/a	*married*
vẹdovo/a	*widowed*
la famiglia	*family*
il/la bambino/a	*child; baby*
il cognome	*last name*
la coppia	*couple*
il/la figliastro/a	*stepson/stepdaughter*
il fratellastro	*stepbrother; half brother*
il fratellino	*little/younger brother*
i/le gemelli/e	*twins*
la matrigna	*stepmother*
il/la nipote	*nephew/niece; grandson/granddaughter*
i parenti	*relatives*
il patrigno	*stepfather*
il/la ragazzo/a	*boy/girl; boyfriend/girlfriend*
la sorellastra	*stepsister; half sister*
la sorellina	*little/younger sister*
maggiore	*elder*
minore	*younger*
i parenti acquisiti	*in-laws*
il/la cognato/a	*brother-/sister-in-law*
il gẹnero	*son-in-law*
la nuora	*daughter-in-law*
il/la suọcero/a	*father-/mother-in-law*
gli animali domẹstici	*pets*
il canarino	*canary*
il gatto	*cat*
il pesce	*fish*

Luca Conti

mịo nonno (*my grandfather*)

Roberto Bianchi

mịo padre (*father*), marito (*husband*) di Mariella

Mariella Conti

mịa madre (*mother*), figlia (*daughter*) di Luca e di Fiorella

Vittoria Sala

mịa cognata (*sister-in-law*)

Elio Bianchi

mịo fratello (*brother*)

Alessia Bianchi

ịo, figlia di Mariella e di Roberto

Matteo Bianchi

mịo nipote (*nephew*)

Emiliana Bianchi

mịa nipote (*niece*)

i nipoti (*grandchildren*) dei miei genitori (*my parents*)

Suggestion Point out that this family tree is labeled from the point of view of Alessia Bianchi. Introduce this material by having students answer questions about each family member. Ex.: **Come si chiama il fratello di Alessia?**

Suggestion Tell students that **nipotini** is often used for *grandchildren*, to avoid ambiguity.

Attenzione!

Many Italian speakers avoid using terms such as **figliastro** and **sorellastra** because they consider the **-astro/a** suffix to be pejorative. Instead, they favor expressions like **figlio di mio marito** or **sorella di madre.**

Suggestion Point out that the expressions **seconda madre** or **secondo padre** can also be used for *stepmother* and *stepfather*.

risorse

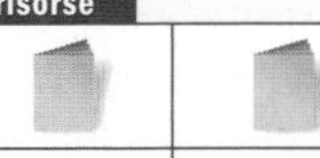

SAM WB: pp. 33–34

SAM LM: p. 19

vhlcentral.com

Fiorella Mariano

mia nonna
(*my grandmother*)

Mario Conti

mio zio (*uncle*), figlio (*son*) di Luca e di Fiorella

Paola Alfieri

mia zia (*aunt*), moglie (*wife*) di Mario

Gennaro Conti

mio cugino (*cousin*), nipote (*grandson*) di Luca e di Fiorella

Isabella Conti

mia cugina (*cousin*), sorella (*sister*) di Gennaro e di Cinzia, nipote di Luca e di Fiorella

Cinzia Conti

mia cugina, sorella di Gennaro e di Isabella, nipote (*granddaughter*) di Luca e di Fiorella

Cicero

il cane (*dog*) dei miei cugini

Expansion Ask students questions about their own families. Ex.: **Come si chiama tuo padre?**

Pratica

1 Collegare

Match the definitions with the correct family member(s).

1. d il figlio dei miei zii
2. c la figlia minore dei miei genitori
3. b il figlio di mia madre e del mio patrigno
4. g la moglie di mio fratello
5. a mia madre e mio padre
6. f il padre di mia madre
7. e la sorella di mio padre
8. h il figlio di mio fratello

a. i miei genitori
b. il mio fratellastro
c. la mia sorellina
d. mio cugino
e. mia zia
f. mio nonno
g. mia cognata
h. mio nipote

2 Identificare

Use the family tree to determine how each person is related to Mario Conti.

MODELLO Alessia *la nipote*

1. Gennaro il figlio
2. Fiorella la madre
3. Isabella e Cinzia le figlie
4. Paola la moglie
5. Gennaro, Isabella e Cinzia i figli
6. Mariella la sorella
7. Roberto il cognato
8. Luca e Fiorella i genitori

3 Categorie

List at least four roles each person could have in a family.

Answers will vary. Sample answers are provided.

MODELLO una donna di trentacinque anni

una madre, *una zia*, *una cugina*, *una figlia*

1. un uomo di sessantadue anni
   un padre, un nonno, un fratello, un suocero
2. una ragazza di quattordici anni
   una sorella, una figlia, una nipote, una sorellastra
3. un bambino di tre anni
   un fratello, un figlio, un nipote, un fratellastro
4. una donna di cinquant'anni
   una moglie, una figlia, una sorella, una madre

4 Ascoltare

Listen to each statement made by Alessia Bianchi, then indicate whether it is vero or falso, based on her family tree.

	Vero	Falso		Vero	Falso
1.	☑	☐	5.	☐	☑
2.	☐	☑	6.	☑	☐
3.	☑	☐	7.	☐	☑
4.	☑	☐	8.	☐	☑

Practice more at **vhlcentral.com.**

Comunicazione

5 **Descrizioni** Use the words from the word bank to describe the images. Compare your answers with a classmate's, and correct each other's work. Answers will vary. Sample answers are provided.

5 Suggestion Give students cues to help them complete this activity. Ask them questions about the pictures to get them started. Ex.: **Chi sono i bambini? Sono sorelle?**

figlio	gemelli	genitori	minore	nipoti	ragazzo	sposati

MODELLO

La ragazza dà un bacio al ragazzo.

1. Il bambino è il figlio minore.

2. I bambini sono gemelli.

3. L'uomo e la donna sono sposati.

4. La madre ha un figlio.

5. La nonna abbraccia i nipoti.

6. I genitori sono molto felici.

6 **Amici di penna** In pairs, read Lucia's letter and take turns answering the questions.
Answers will vary. Sample answers are provided.

Caro Fabio,

Mi domandi com'è la mia famiglia? Numerosa! In totale siamo cinque figli. Ho una sorella maggiore, una sorellina e due fratelli gemelli. A casa abbiamo anche due cani e un canarino.

Abitiamo ancora tutti con i nostri genitori e nostra nonna. Lei è vedova.

Insomma, c'è sempre molta gente a casa! Com'è la tua famiglia?

Un abbraccio,
Lucia

1. Con quante persone abita Lucia? Lucia abita con sette persone.
2. Ha animali domestici? Sì, ha due cani e un canarino.
3. Perché vive con sua nonna? Vive con sua nonna perché sua nonna è vedova.
4. Lucia vive ancora con i suoi genitori? Sì, vive ancora con i suoi genitori.
5. Lucia abita in una casa molto tranquilla? No, c'è sempre molta gente a casa.
6. La famiglia di Lucia è simile alla (*similar to*) tua famiglia? Answers will vary.

7 **Chi sono?** Your instructor will give you a worksheet. Use it to ask your classmates about their families. When a classmate gives one of the answers on the worksheet, write his or her name in the corresponding space. Be prepared to discuss the results with the class.

MODELLO Ho due sorelle.

S1: *Hai due sorelle?*
S2: *Sì, ho due sorelle.* (*You write his/her name.*)
OR
S2: *No, non ho due sorelle.* (*You ask another classmate.*)

8 **Fa bello oggi!** It's a beautiful day out! Use the vocabulary you learned in **Unità 2** to discuss with a classmate what each member of your family enjoys doing in different types of weather.

MODELLO

Quando fa bel tempo io e mio padre andiamo al parco…

6 Expansion Have students write their own responses to Lucia. Ask them to read their letters aloud to the class or hand them in. Refer them to the **Scrittura** strategy on p. 113 for useful expressions for writing a letter in Italian.

Pronuncia e ortografia

L'accento tonico

fratello **cugine** **marito** **genitori**

The distinctive cadence of spoken Italian depends on a pattern of stressed and unstressed syllables. In most Italian words, the stress falls on the next-to-last syllable.

nụbile **cẹlibe** **vẹdovi** **suọcera**

Some words are stressed on the third-to-last syllable, resulting in a "sliding" pronunciation. This text presents these words with a dot under the stressed syllable.

Gli studenti **pạrlano** solo italiano. Gli italiani **mẹttono** zụcchero nel caffè.

The same "sliding" stress pattern occurs in the third-person plural form (**loro**) of regular verbs in the present tense.

È necessario **essere** felici per **vịvere**? Desịderi **prẹndere** un caffè con me?

Many infinitives ending in **-ere** are stressed on the third-to-last syllable.

Abitiamo in una **città** molto bella. L'**università** ha **più** di 15.000 studenti.

Written accents are used to show when the spoken stress falls on the last syllable.

Successful Language Learning Point out that unless there is a written accent on the end of a word (or, in the case of this text, a dot to mark the stress) there is no way to know which words are not stressed on the next-to-last syllable. Students will have to memorize the pronunciation as they learn words, which is another good reason for practicing new vocabulary orally.

Pronunciare Practice saying these words aloud.

1. città
2. figlia
3. nipoti
4. dipendere
5. mangiano
6. genero
7. nonno
8. suocero
9. cane
10. marito
11. felicità
12. divorziati

Articolare Practice saying these sentences aloud.

1. Chi ha voglia di andare al cinema?
2. La mia cugina nubile è molto bella.
3. I nostri zii giocano sempre a calcio.
4. Dove desiderate andare a prendere un gelato?
5. Il mio nuovo genero è del Perù.
6. I miei fratelli non studiano mai.

Proverbi Practice reading these sayings aloud.

Expansion Ask students to explain this proverb in their own words, without looking at the translation below.

risorse

[1] One friend is worth a hundred relatives.
[2] Like father, like son.

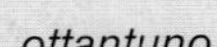

Tutti in famiglia

Video: *Fotoromanzo*

Prima di vedere Have students read the title and scan the images to predict the content of the episode. Write their predictions on the board.

PERSONAGGI

Angela

Emily

Lorenzo

Riccardo

Sofia

Viola

Suggestion Have students volunteer to read the characters' parts in the **Fotoromanzo** aloud. Then have them get together in groups of six to act out the episode.

1

RICCARDO In genere, noi facciamo così. Questo significa che un giorno tornerò a Roma.

EMILY Figo. Tocca a me... Aspetta! Ho un'idea. Per il sito. (*Alla videocamera*) Benvenuti alla bellissima Fontana di Trevi a Roma.

Expansion Ask students to find out who designed the Trevi fountain, when its construction began, and when it ended.

2

RICCARDO Ciao, amici e famiglia di Emily. Io sono Riccardo, e questa è la Fontana di Trevi.
Ritornare a Roma è facile:
Uno. Fate questo.
Due. Fate questo!
Voilà!
Bene, Emily, sei pronta?

3

VIOLA Ciao mamma. Ciao Angela.

SOFIA La mia bambina. Fatti vedere. Stai bene? Mangi abbastanza? Sei felice?

VIOLA Sto bene, mamma. Come stanno gli altri? (*Ad Angela*) Ma sei fidanzata?

ANGELA Il matrimonio è in ottobre.

VIOLA Meraviglioso.

6

RICCARDO I miei genitori sono divorziati. Mio padre ha due figli e una figlia dalla sua seconda moglie. Mia madre vive con mia zia. Ha due figlie dal suo secondo matrimonio.

EMILY Una grande famiglia.

RICCARDO Mah, ho molti parenti.

7

SOFIA Di dove sei?

LORENZO Di Milano.

SOFIA Cosa studi?

LORENZO Economia. Frequento un corso e sono stagista in una banca.

SOFIA E i tuoi genitori?

LORENZO Divorziati. La mia matrigna è svizzera. Lei e mio padre hanno un altro figlio insieme.

8

LORENZO Mia madre vive a Firenze. Ho due sorelle più grandi a Milano. Sono sposate. Ho quattro nipoti: due maschi e due femmine.

SOFIA Tu sei di Milano, ma noi siamo gente di campagna.

ANGELA Senti, ma cosa ci trovi in mia sorella?

LORENZO Perché?

ATTIVITÀ

1 Completare Choose the words that best complete the following sentences.

1. Emily ha un'idea per (il sito / la fontana).
2. Per Riccardo, ritornare a Roma è (facile / difficile).
3. Il matrimonio di Angela è in (ottobre / novembre).
4. Lorenzo è (l'amico / il ragazzo) di Viola.
5. Il fratello di Emily ha (cinque / quindici) anni.

1 Expansion Have students write simple sentences with the words that were not chosen.

6. Riccardo ha molti (parenti / amici).
7. Lorenzo è stagista in (una banca / un supermercato).
8. Lorenzo ha quattro (sorelle / nipoti).
9. Sofia e la sua famiglia sono gente di (montagna / campagna).
10. Per Lorenzo, Viola è (interessante e carina / divertente e stupida).

Practice more at **vhlcentral.com.**

La madre e la sorella di Viola fanno visita.

Suggestion After the class has watched the video, cross out the predictions on the board that were wrong and add anything new. Ask questions to help students summarize the episode.

Suggestion Draw students' attention to the different possessive forms in **Espressioni utili**. Tell students that they will formally learn these forms in the **Strutture** section and that for now they should just be able to recognize them.

4

SOFIA E tu? Ce l'hai il ragazzo?
ANGELA Mamma, Viola preferisce la scuola ai ragazzi.
VIOLA Lorenzo!
LORENZO Cosa?
VIOLA Ti presento mia madre e mia sorella. Questo è Lorenzo... il mio ragazzo.

5

EMILY Mio fratello Charlie ha quindici anni. È al primo anno del liceo.
RICCARDO Come Paolo?
EMILY Sì. Questo è Charlie con il nostro cane Max. Ecco mia madre e mio padre. I miei genitori e i miei nonni sono tutti di Chicago. I nonni di mio padre sono svedesi. Una famiglia normale. Com'è la tua famiglia?

9

LORENZO Beh, Viola è intelligente, interessante e divertente!
ANGELA Divertente? Viola? La nostra Viola?
LORENZO Sì, Viola. Ed è anche carina. Molto carina. (*Lorenzo si alza.*) È stato un piacere. Ci vediamo stasera.

10

ANGELA Non è il tuo ragazzo.
VIOLA No.
SOFIA Ma tu gli piaci.
ANGELA Dai, andiamo in città a fare spese!
VIOLA Io non gli piaccio. O forse sì?

Expansion Ask students to work in groups of three to discuss whether any of the characters in **Fotoromanzo** remind them of their own relatives.

Espressioni utili

Expressing interest and appreciation

- **Figo.** (*slang*) *Cool.*
- **preferisce...** *she prefers . . .*
- **Senti, ma cosa ci trovi in mia sorella?** *Listen, what do you see in my sister?*
- **È stato un piacere.** *It was nice meeting you.*
- **Ma tu gli piaci.** *But he likes you.*
- **Io non gli piaccio.** *He doesn't like me.*

Talking about family

- **Ho molti parenti.** *I have many relatives.*
- **Ho quattro nipoti: due maschi e due femmine.** *I have two nephews and two nieces.*
- **Noi siamo gente di campagna.** *We're from the country.*

Additional vocabulary

- **In genere, noi facciamo così.** *Generally, we do it like this.*
- **Questo significa che un giorno tornerò a Roma.** *That means that one day I'll return to Rome.*
- **La mia bambina. Fatti vedere.** *My baby. Let me see you.*
- **Ce l'hai il ragazzo?** *Do you have a boyfriend?*
- **Dai, andiamo in città a fare spese!** *Come on, let's go into town and shop!*
- **Tocca a me.** *My turn.*
- **O forse sì?** *Or maybe he does?*
- **con il nostro cane** *with our dog*
- **Aspetta!** *Wait!*
- **stasera** *tonight*
- **stagista** *intern*

ATTIVITÀ

2  **Per parlare un po'** Draw your family tree. Include your parents, siblings, aunts, uncles, and grandparents. Then "introduce" your family to a classmate in Italian. Answers will vary.

3 **Approfondimento La Fontana di Trevi** is a famous fountain in Rome. According to legend, if you throw a coin over your shoulder into the fountain, one day you will return to Rome. Find out what the legend says about throwing two or three coins. What will happen?
Answers will vary. Possible answers include: Two coins will lead to marriage, and three coins will lead to divorce.

risorse

SAM
VM: pp. 9–10

vhlcentral.com

CULTURA

Prima di leggere Have students scan the reading for cognates and ask them to summarize the main idea of the reading.

IN PRIMO PIANO

La famiglia italiana

Com'è la famiglia italiana? La tipica famiglia italiana che vediamo nei film degli anni '40 e '50° è di solito° numerosa: un padre, una madre, molti bambini e persino° un nonno. Oggi la famiglia italiana è ancora così°? Non esattamente. Negli ultimi anni° in Italia ci sono state° molte trasformazioni sociali. Il matrimonio non è più° un evento fondamentale per tutti gli italiani; ci sono coppie sposate e coppie non sposate. Le coppie con figli hanno generalmente un solo figlio, e ci sono sempre più° coppie senza bambini. Il divorzio e la separazione sono anche molto comuni e perciò° ci sono sempre più famiglie composte da un solo genitore con figli.

La tipica famiglia italiana è differente da quella americana. Per esempio, in Italia i figli vivono spesso con i genitori fino a quando° decidono di avere una famiglia propria°. Questo succede° in parte perché i giovani non hanno bisogno di cambiare casa per frequentare l'università e in parte perché spesso è difficile trovare un lavoro immediatamente dopo l'università e i giovani laureati non riescono a mantenersi°. Tutti questi fattori hanno trasformato° il volto della famiglia italiana contemporanea.

Un piccolo aiuto

Read decimal places in Italian using the word **virgola** (*comma*) where you would normally say *point* in English. To say *percent*, use **percento**.

58,5% cinquantotto virgola cinque percento

58.5% fifty-eight point five percent

I nuclei familiari° italiani
(per posizione geografica)

POSIZIONE GEOGRAFICA	COPPIE SENZA FIGLI	COPPIE CON FIGLI	GENITORI SINGLE	GIOVANI (18–34 ANNI) CHE VIVONO CON UN GENITORE
Nord-ovest	33,8%	53,3%	12,8%	57,0%
Nord-est	33,4%	54,2%	12,5%	58,5%
Centro	32,1%	55,1%	12,8%	60,4%
Sud	24,1%	63,8%	12,1%	62,9%
Isole	24,9%	62,2%	13,0%	61,8%

FONTE: ISTAT

Expansion Have students practice saying numbers and decimals by asking them questions about the statistics in the chart. Ex.: **Qual è la percentuale di coppie senza figli al sud?**

anni '40 e '50 *1940s and 1950s* **di solito** *usually* **persino** *even* **è ancora così** *is still like this* **Negli ultimi anni** *In recent years* **ci sono state** *there have been* **non è più** *is no longer* **sempre più** *more and more* **perciò** *therefore* **fino a quando** *until* **propria** *their own* **succede** *happens* **non riescono a mantenersi** *cannot earn a living* **hanno trasformato** *have transformed* **nuclei familiari** *households*

ATTIVITÀ

1 Completare Complete each statement with the appropriate word or phrase.

1. La tipica famiglia italiana che vediamo nei film degli ___anni '40 e '50___ è numerosa.
2. Ha un papà, una mamma, molti bambini e persino un ___nonno___.
3. In Italia ci sono state molte ___trasformazioni___ sociali.
4. Il ___matrimonio___ non è più un evento fondamentale per tutti gli italiani.
5. Ci sono sempre più coppie senza ___figli___.
6. Il ___divorzio___ e la separazione sono fenomeni molto comuni oggi.
7. Ci sono sempre più famiglie ___composte___ da un solo genitore con figli.
8. Spesso i figli vivono con i ___genitori___ fino a quando decidono di avere una propria famiglia.
9. È difficile trovare un ___lavoro___ immediatamente dopo l'università.
10. Il 63,8% delle famiglie nel Sud Italia sono coppie ___con___ figli.

Dopo la lettura Ask students what facts about the modern Italian family surprise them or contradict their previous notions about Italian families.

Practice more at **vhlcentral.com.**

Usi e costumi Have students describe any Mothers' and Fathers' Day traditions they have in their families.

L'ITALIANO QUOTIDIANO

La famiglia

il/la bisnonno/a	*great grandfather/ great grandmother*
il/la fidanzato/a	*fiancé(e); boy/girlfriend*
il/la figlio/a unico/a	*only child*
la mamma/il papà	*mom/dad*
il matrimonio	*wedding; marriage*
i miei/tuoi	*my/your parents*
il primo/secondo marito	*first/second husband*
il/la primogenito/a	*first-born*
adottare	*to adopt*

USI E COSTUMI

Le feste dei genitori

La festa° della mamma e la festa del papà si festeggiano° in Italia come negli Stati Uniti, ma le tradizioni non sono sempre identiche.

La festa della mamma

In Italia si festeggia la mamma la seconda domenica di maggio. All'inizio°, la festa si festeggiava° l'otto maggio, poi la data è stata cambiata°. Gli italiani mostrano il loro affetto per la mamma regalando° fiori, cioccolatini, profumi oppure oggetti° utili per la casa.

La festa del papà

La festa del papà è il 19 marzo, in corrispondenza con la Festa di San Giuseppe, il padre di Gesù°. In questo giorno, molti alunni mettono in scena uno spettacolo° dedicato alla famiglia e in alcune regioni si mangia un dolce tradizionale, la **zeppola di San Giuseppe**.

festa *holiday* **si festeggiano** *are celebrated* **All'inizio** *Initially* **si festeggiava** *was celebrated* **è stata cambiata** *was changed* **regalando** *by giving* **oggetti** *objects* **Gesù** *Jesus* **spettacolo** *show*

RITRATTO

Isabella Rossellini

Isabella Rossellini è un'attrice e modella conosciuta° in tutto il mondo. Senza dubbio° il suo talento proviene dai° suoi genitori. Isabella e la sua sorella gemella, Isotta, sono infatti figlie di due leggende° del cinema internazionale: Roberto Rossellini e Ingrid Bergman. Anche nella vita sentimentale Isabella è sempre stata circondata da° importanti personaggi del mondo del cinema. Il suo primo matrimonio è con il regista° Martin Scorsese e il secondo con Jon Wiedemann. Nel 1983 Wiedemann e Isabella hanno una figlia, Elettra. Anni dopo, insieme a° Gary Oldman, Isabella adotta un bambino e lo chiama° Roberto Rossellini Jr. in onore° di suo padre, il grande regista.

conosciuta *known* **Senza dubbio** *Without a doubt* **proviene dai** *comes from* **leggende** *legends* **circondata da** *surrounded by* **regista** *director* **insieme a** *together with* **lo chiama** *names him* **in onore** *in honor*

SU INTERNET

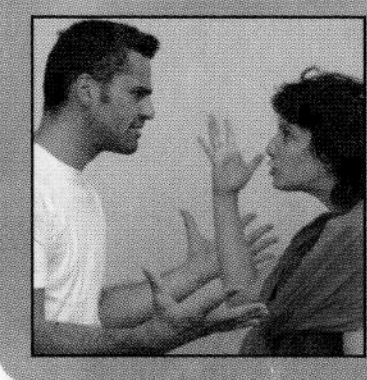

Il divorzio è un fenomeno epidemico in Italia?

Go to **vhlcentral.com** to find more information related to this **CULTURA**.

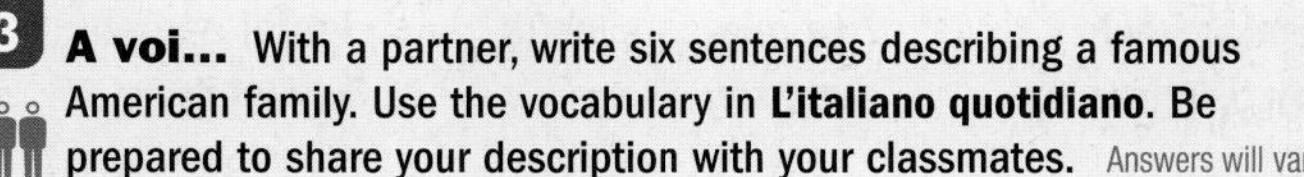

ATTIVITÀ

2 Vero o falso? Indicate whether each statement is **vero** or **falso**. Correct the false statements.

1. Isabella Rossellini ha quattro figli.
   Falso. Isabella Rossellini ha due figli.
2. Martin Scorsese è il primo marito di Isabella.
   Vero.
3. Ingrid Bergman è la mamma di Roberto Rossellini.
   Falso. Ingrid Bergman è la mamma di Isabella Rossellini.
4. Isabella è la mamma di Elettra e di Roberto Jr.
   Vero.
5. La festa della mamma si festeggia l'otto marzo.
   Falso. La festa della mamma si festeggia la seconda domenica di maggio.
6. In alcune regioni si mangiano le zeppole di San Giuseppe.
   Vero.

3 A voi... With a partner, write six sentences describing a famous American family. Use the vocabulary in **L'italiano quotidiano**. Be prepared to share your description with your classmates. Answers will vary.

3A.1 Possessives

Punto di partenza In both English and Italian, possessives express ownership or possession.

ATTREZZI
In CONTESTI, you learned a few possessive adjectives with family vocabulary: **mio nonno**, **mia sorella**, **i miei cugini**.

Possessive adjectives

masculine singular	feminine singular	masculine plural	feminine plural	
il mio	la mia	i miei	le mie	*my*
il tuo	la tua	i tuoi	le tue	*your*
il Suo	la Sua	i Suoi	le Sue	*your* (form.)
il suo	la sua	i suoi	le sue	*his, her, its*
il nostro	la nostra	i nostri	le nostre	*our*
il vostro	la vostra	i vostri	le vostre	*your* (pl.)
il loro	la loro	i loro	le loro	*their*

- In most cases, possessive adjectives precede the nouns they modify. Note that a definite article usually accompanies the possessive adjective.

la nostra famiglia	**i tuoi** cugini	**il mio** cane
our *family*	***your*** *cousins*	***my*** *dog*

- Like other adjectives in Italian, possessive adjectives agree in gender and number with the nouns they modify.

il mio pesce	**la mia** sorellastra	**i miei** parenti
my *fish*	***my*** *stepsister*	***my*** *relatives*

- **Il suo**, **la sua**, **i suoi**, and **le sue** can mean *his* or *her*, depending on the context. Remember that the gender and number of both the adjective and the article match the gender and number of the object *possessed*, not the *possessor*.

le sue zie	**i suoi** figli	**il suo** gatto
his/her *aunts*	***his/her*** *children*	***his/her*** *cat*

Suggestion Tell students that in certain situations, explicit expressions such as **le zie di Marco** or **le zie di Maria** should be used instead possessive adjectives, to avoid ambiguity. Ex.: **Di chi è quel libro? È di Giuseppe.**

PRATICA

1 Identificare Identify the owner of each object.

MODELLO *Ecco i quaderni di Sofia.*

1 Expansion Follow up by having students provide the equivalent answers using possessive adjectives. Model the first one for them. Ex.: **Sono i quaderni di Sofia; dunque, sono i suoi quaderni. Ecco il computer di Giorgio. È il suo computer.**

Sofia

Giorgio
1. Ecco il computer di Giorgio.

Paola
2. Ecco la bicicletta di Paola.

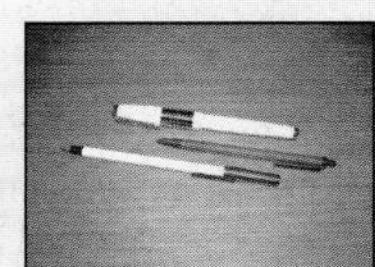
Cristina
3. Ecco le penne di Cristina.

mio fratello
4. Ecco lo zaino di mio fratello.

Francesco
5. Ecco i libri/dizionari di Francesco.

mio cugino
6. Ecco gli orologi di mio cugino.

2 Completare Complete each sentence with the correct possessive adjective. Use the definite article where appropriate.

1. Nostra (*Our*) sorella è molto seria.
2. I suoi (*His*) figli vivono a Napoli.
3. Suo (*Her*) padre lavora all'università.
4. Le nostre (*Our*) amiche ascoltano la musica.
5. I miei (*My*) cugini studiano negli Stati Uniti.
6. La loro (*Their*) lezione comincia a mezzogiorno.
7. Qual è il vostro (*your, pl.*) sport preferito?
8. Un mio amico (*of mine*) suona la chitarra.

3 Rispondere Answer the following questions using possessives. Answers will vary.

1. Qual è il tuo indirizzo?
2. Quando è il tuo compleanno?
3. Come si chiama tua madre?
4. Dov'è il tuo ristorante preferito?
5. A che ora comincia la tua prima lezione?
6. Chi è il tuo migliore (*best*) amico?
7. Qual è la tua stagione preferita?
8. Qual è il tuo sport preferito?

Practice more at **vhlcentral.com.**

COMUNICAZIONE

4 **La mia famiglia** Use these cues to form questions. Then interview your classmates about their family members. Tell the class what you find out. Answers will vary. Sample answers are provided.

MODELLO madre / parlare / italiano

S1: *Tua madre parla italiano?*
S2: *Sì, mia madre parla italiano.*
S3: No, *mia madre non parla italiano.*

1. fratello / studiare / matematica
   Tuo fratello studia matematica?
2. padre / lavorare / in banca
   Tuo padre lavora in banca?
3. genitori / vedere / molti film
   I tuoi genitori vedono molti film?
4. sorella / usare / il telefono
   Tua sorella usa il telefono?
5. zii / leggere / il giornale (*newspaper*)
   I tuoi zii leggono il giornale?
6. nonna / preparare / la pasta
   Tua nonna prepara la pasta?
7. cugine / scrivere / lettere
   Le tue cugine scrivono lettere?
8. amici / giocare / a scacchi
   I tuoi amici giocano a scacchi?

5 **In cla La famiglia e gli amici** Comple these sentences about your family and friends. S your answers with a classmate. Answers will vary.

1. I miei genitori a volte...
2. Il/La mio/a migliore amico/a studia...
3. La mia famiglia è...
4. I miei nonni sono...
5. Il sabato io e i miei amici...
6. Quando sono triste parlo con...

6 **Ritratto di famiglia** In groups of three, take turns describing your family. After everyone has spoken, two of you describe your classmate's family to the rest of the class. Answers will vary.

MODELLO

S1: *La madre di Rachele è alta, bionda e socievole.*
S2: *Sì, è anche sportiva e molto intelligente.*

- Do not use the definite article with singular, unmodified nouns denoting family members.

mio padre	**vostra** nonna	**nostra** figlia
***my** father*	***your** grandmother*	***our** daughter*

- However, use the definite article if a noun referring to a family member is plural or modified by an adjective or a suffix, such as **-astro/a**, **-igno/a**, or **-ino/a**. Use the definite article with affectionate terms such as **mamma** and **papà** as well.

il mio bel fratello	**la tua** sorellina	**la vostra** mamma
***my** handsome brother*	***your** little sister*	***your** mom*

- **Loro** is a special case. It is always accompanied by the definite article, and it never changes form, regardless of the gender and number of the noun it modifies.

i loro cugini	**la loro** zia	**le loro** sorelle
***their** cousins*	***their** aunt*	***their** sisters*

- Use an indefinite article before the possessive adjective to express *of mine, of yours, of his/hers, of ours,* and *of theirs.*

#1 - follow expansion
#2 - change subjects to confuse them
#3 - together
#4 - fast + quick
#5 - write your answers + share with partners
- walk around

1. ______ libro		**10.** ______ professoressa	
2. le mie compagne di classe		**11.** nostro cugino	
3. i miei quaderni		**12.** le nostre zie	
il tuo/la tua		**il vostro/la vostra**	
4. i tuoi cugini		**13.** il vostro cane	
5. tua sorella		**14.** i vostri zii	
6. il tuo pallone		**15.** vostra madre	
il suo/la sua		**il/la loro**	
7. la sua lettera		**16.** i loro gatti	
8. le sue sorelle		**17.** il loro fratello	
9. i suoi cugini		**18.** le loro mogli	

3A.2 *Preposizioni semplici e articolate*

Punto di partenza You have already learned some prepositions and prepositional contractions in Italian, such as **di** to show possession and **alle** when referring to time. Prepositions show the relationship between two words in a sentence.

Simple prepositions

a	*to, at, in*	**in**	*in, to, at*
con	*with*	**per**	*for, through, in order to*
da	*from, since, by, at*	**fra/tra**	*among, between, in*
di (d')	*of, from*	**su**	*on, in*

Suggestion Tell students that they may use **d'** instead of **di** in front of a vowel.

Camminiamo **per** la città.
*We're walking **through** the city.*

Il regalo è **per** il papà.
*The present is **for** Dad.*

Il tre sta **fra** il due e il quattro.
*Three is **between** two and four.*

Arriva **fra** tre mesi.
*She will arrive **in** three months.*

- Prepositional contractions, or **preposizioni articolate**, are formed when certain prepositions contract with a definite article.

a + il ▶ **al**
to the ▶ *to the*

in + la ▶ **nella**
in the ▶ *in the*

Preposizioni articolate

	a	da	di	in	su
il	al	dal	del	nel	sul
lo	allo	dallo	dello	nello	sullo
l'	all'	dall'	dell'	nell'	sull'
la	alla	dalla	della	nella	sulla
i	ai	dai	dei	nei	sui
gli	agli	dagli	degli	negli	sugli
le	alle	dalle	delle	nelle	sulle

- As you have seen, **di** is used to express possession. **Di** can also be used to describe a person or item, while **da** reflects an item's purpose.

il professore **di** spagnolo
the Spanish teacher

la partita **di** calcio
the soccer game

il costume **da** bagno
the bathing suit
(the suit for bathing)

la racchetta **da** tennis
the tennis racket
(the racket for tennis)

PRATICA

1 Scegliere Choose the appropriate prepositions to complete these questions.

1. Andiamo (in / al) cinema?
2. Stiamo (a / per) casa?
3. Facciamo gli esercizi (di / con) francese?
4. Ascoltiamo un CD (fra / di) Andrea Bocelli?
5. Mettiamo i libri (sullo / dallo) scaffale (*shelf*)?
6. Compriamo un regalo (di / per) Milena?
7. Vediamo un film (da / a) mio cugino Giancarlo?
8. Leggiamo il giornale (alla / in) biblioteca?

2 Completare Complete these sentences using appropriate simple or prepositional contractions.

Answers will vary slightly. Sample answers are provided.

MODELLO Mia cugina arriva *alle sei*.

1. Il tuo dizionario è sul tavolo.

2. Prende il sole al mare.

3. Mio fratello ritorna dalla scuola.

4. Mariella è tra/fra Pier Giorgio e Isabella.

5. I miei mangiano al ristorante.

6. I ragazzi studiano in biblioteca.

3 Riempire Complete the paragraph using the appropriate simple and prepositional contractions.

Oggi è il compleanno (1) __di__ mio fratello Davide. (2) __Alle__ tre del pomeriggio andiamo tutti (3) __dai__ miei genitori (4) __per__ festeggiare. Io e mia sorella andiamo (5) __in__ macchina, perché la casa dei genitori è (6) __in__ montagna. Nostro fratello va sempre (7) __in__ autobus. Abbiamo bisogno di arrivare (8) __alle__ tre meno un quarto, perché la festa è una sorpresa!

 Practice more at **vhlcentral.com.**

4 Expansion Change the subjects and have students change the verb accordingly. Ex.: **I miei genitori passeggiano in centro, e tu?**

COMUNICAZIONE

4 Mescolare With a partner, use items from each column to create six logical sentences. You may use some items more than once. Answers will vary.

MODELLO *Mia sorella va in centro a piedi.*

A	B	C
mia sorella	andare	nel quaderno
i tuoi nonni	giocare	a piedi
tu e tuo cugino	lavorare	a Roma
le mie zie	scrivere	negli Stati Uniti
nostro nonno	viaggiare	allo stadio
papà	vivere	in treno

5 Intervista In pairs, take turns asking each other these questions. Use the lesson vocabulary in your answers when possible. Answers will vary.

MODELLO

S1: *Con chi studi?*
S2: *Studio con mio fratello.*

1. A chi telefoni con frequenza?
2. Dove vai dopo la lezione?
3. Dove abita la tua famiglia?
4. Di dove sono i tuoi nonni?
5. Dove lavorano i tuoi genitori?
6. Con chi vai in vacanza d'estate?
7. Dove mangi la domenica a mezzogiorno?
8. Dove vai il sabato sera?

6 La festa di compleanno Write five sentences to describe the illustration. Be sure to use the following prepositions in your description: **a, con, per, su, tra.** Compare your description with a classmate's. Answers will vary. Sample answers are provided.

Cinzia arriva alla festa con Mario. Mario è il ragazzo di Cinzia e la festa è per Mario. Ci sono molti regali per Mario. C'è un gatto tra Mario e la porta. Ci sono dolci sul tavolo.

Suggestion Point out that restaurant names often consist of **da** plus the owner's name, such as **Da Andrea**.

- **Di** and **da** can both describe origin, but **di** is typically used with forms of **essere**, while **da** is used with other verbs.

Sono **di** Roma.	Vengo **da** Firenze.	Arrivano **da** Milano.
*I am **from** Rome.*	*I come **from** Florence.*	*They arrive **from** Milan.*

- Use **da** + [*noun*] to mean *at* [*a person's*] *place* or *home*.

Andiamo **dai miei genitori**.	Studio **da Cinzia** oggi.
*We're going to **my parents' house**.*	*I'm studying **at Cinzia's** today.*

- As you learned in **Lezione 2A**, both **a** and **in** can express destination or location. Use the prepositional contraction when the noun is modified.

Suggestion Point out that **in** is also used with states and that in the case of the United States, the contraction **negli** is used.

nella bella Toscana	**alla** Roma di Pasolini
***in** beautiful Tuscany*	***in** Pasolini's Rome*

- In many cases, the use of **a** or **in** is idiomatic. Note that many expressions with **a** or **in** do not use the definite article.

a casa ***at** home*	**in** autobus ***by** bus*
al cinema ***at/to** the movies*	**in** bicicletta ***by** bicycle*
al mare ***at/to** the beach/sea*	**in** macchina ***by** car*
a mezzanotte ***at** midnight*	**in** treno ***by** train*
a piedi ***on** foot*	**in** banca ***at/to** the bank*
a scuola ***at/to** school*	**in** biblioteca ***at/to** the library*
a tavola ***at** the table*	**in** centro ***in** town*
a letto ***in/to** bed*	**in** montagna ***in/to** the mountains*
a teatro ***at/to** the theater*	**in** vacanza ***on** vacation*

- **Su** has idiomatic uses as shown in the following examples.

sul computer	**su** Internet	**sul** giornale
***on** the computer*	*online/**on** the Internet*	***in** the newspaper*

- Use **a** to say that something is on the radio, and **a** or **in** for television.

C'è una bella canzone **alla** radio.	Il film è **alla** (**in**) televisione.
*There is a pretty song **on** the radio.*	*The movie is **on** television.*

Suggestion Point out to students that expressions of mechanical transportation use **in** (**in macchina**, **in bicicletta**), while non-mechanichal means of transport take **a** (**a piedi, a cavallo**).

Provalo! **Circle the correct form of the preposition.**

1. Il libro è (sul / sulle) tavolo.
2. Andiamo (ai / a) Roma l'anno prossimo.
3. Ci sono venti studenti (nella / negli) classe d'italiano.
4. Studiamo (per / per il) imparare bene.
5. Domani andiamo (da / da') Elena per giocare a calcio.
6. Non c'è la nuova moglie (di / dello) zio.
7. Qual è la professione (dell' / del) suocero di Gianni?
8. Fa sempre bel tempo (in / nei) Australia?

NATIONAL comparisons STANDARDS

3A.3 Regular -*ire* verbs

Punto di partenza You are already familiar with Italian verbs that end in **-are** and **-ere**. The third class of Italian verbs ends in **-ire**, and can be conjugated in one of two ways. Many **-ire** verbs are conjugated like **partire** (*to leave, to depart*) as presented in this chart.

partire (to leave)			
io parto	*I leave*	**noi partiamo**	*we leave*
tu parti	*you leave*	**voi partite**	*you leave*
Lei/lui/lei parte	*you leave; he/she/it leaves*	**loro partono**	*they leave*

- **Partire** is often used with the prepositions **per** and **da**.

Mio padre **parte per** Milano alle due.
*My father **leaves for** Milan at 2:00.*

Noi **partiamo da** Firenze a mezzogiorno.
*We're **leaving** Florence at noon.*

Verbs conjugated like *partire*			
aprire	*to open*	**seguire**	*to follow; to take (a class)*
dormire	*to sleep*	**sentire**	*to feel; to hear*
offrire	*to offer*	**servire**	*to serve*

Luca **apre** la finestra.
*Luca **is opening** the window.*

Dormiamo bene a casa.
*We **sleep** well at home.*

La nonna **offre** i biscotti ai bambini.
*Grandma **offers** cookies to the kids.*

Sento il tuo telefonino.
***I hear** your cell phone.*

Seguite un corso di storia?
***Are you taking** a history course?*

Il gatto **segue** il topolino.
*The cat **is following** the mouse.*

Viola apre la porta della pensione.

Lorenzo segue un corso di economia.

Successful Language Learning Ask students to tell you the forms of the verbs ending in **-ire** and write them on the board. Ask them what similarities they see between these forms and those for **-are** and **-ere** verbs.

Successful Language Learning Remind students that new verbs are also vocabulary items. Suggest that they learn the conjugations in context, by associating each verb with an object or other logical ending, as in Activity 1.

PRATICA

1 Completare Match items from each column to create logical sentences.

1. Capite __c__
2. Io spedisco __f__
3. Tua zia serve __d__
4. Mio fratello dorme __a__
5. Parti __h__
6. Apriamo __e__
7. Le tue sorelle seguono __g__
8. Luigi finisce __b__

a. tutta la giornata!
b. di leggere il giornale.
c. il francese?
d. la pizza.
e. la porta?
f. tre lettere.
g. un corso d'inglese.
h. per Roma oggi?

2 Descrizioni Complete the following sentences with the correct form of one of these verbs.

aprire	finire	sentire
capire	partire	servire

1. Maria /  / il caffè
Maria serve il caffè.

2. i ragazzi /  / la corsa
I ragazzi finiscono la corsa.

3. papà /  / la porta
Papà apre la porta.

4. voi /  / per la Francia
Voi partite per la Francia.

5. tu /  / la filosofia
Tu capisci la filosofia.

6. io e i miei compagni /  / freddo
Io e i miei compagni sentiamo freddo.

 Practice more at **vhlcentral.com.**

COMUNICAZIONE

3 Mescolare With a partner, use items from each column to create sentences telling what each person does. Answers will vary.

MODELLO *La mia famiglia preferisce i film italiani.*

A	B	C
la mia famiglia	capire	i film italiani
io e mio cugino	dormire	lo spagnolo
tu e Luigi	partire	la macchina
il mio cane	preferire	sette ore
mia madre	pulire	una lettera
io	spedire	il calcio
i tuoi parenti		in treno
il tuo ragazzo/ la tua ragazza		la musica classica

4 Qual è la domanda? Stefano is speaking to his mother on the phone. You hear his answers, but not his mother's questions. Work with a partner to reconstruct the conversation. Answers may vary slightly. Sample answers are provided.

MODELLO La lezione finisce alle dieci.
A che ora finisce la lezione?

1. Spedisco la cartolina (*postcard*) a un mio amico. A chi spedisci la cartolina?
2. Dormo otto ore al giorno. Quante ore dormi al giorno?
3. Il sabato pulisco l'appartamento. Quando pulisci l'appartamento?
4. Preferisco una vacanza in Argentina. Che regalo preferisci per la laurea?
5. Offro un gelato ai miei amici. Cosa offri ai tuoi amici?
6. Parto con la mia ragazza, Serena. Con chi parti quest'estate?
7. Il bar apre alle sette. A che ora apre il bar?
8. Seguo un corso d'italiano quest'anno. Quale corso segui quest'anno?

5 Cosa preferisce? With a partner, take turns asking each other questions about these people's preferences. Answers will vary.

MODELLO i tuoi nonni: l'inverno / l'estate
S1: *Cosa preferiscono i tuoi nonni: l'inverno o l'estate?*
S2: *I miei nonni preferiscono l'estate.*

1. i tuoi amici: la pioggia / la neve
2. tuo padre: il calcio / la pallacanestro
3. le tue sorelle: la montagna / il mare
4. i tuoi cugini: il tedesco / l'inglese
5. i tuoi genitori: il cinema / il teatro
6. la tua mamma: i cani / i gatti

5 Expansion Have students report to the class on both their own and their partners' answers. Ex.: **I miei nonni preferiscono l'estate, ma i suoi nonni preferiscono l'inverno. Mio padre preferisce il calcio e anche suo padre preferisce il calcio.**

Suggestion Emphasize that there is no **-isc-** inserted in the **noi** and **voi** forms. Have the class respond in chorus to your cues for several verbs with **-isc-**, but change the order. Ex.: **Spedire, tu…, loro…, voi…**, etc.

- Many **-ire** verbs follow a different pattern of conjugation. Verbs like **capire** (*to understand*) add **-isc-** between the stem and the endings of the singular subject forms and the third person plural form.

capire (to understand)

io capisco	*I understand*	noi capiamo	*we understand*
tu capisci	*you understand*	voi capite	*you understand*
Lei/lui/lei capisce	*you understand; he/she/it understands*	loro capiscono	*they understand*

Verbs conjugated like *capire*

finire	*to finish*	pulire	*to clean*
preferire	*to prefer*	spedire	*to send*

Chi **pulisce** la cucina?
*Who **cleans** the kitchen?*

Spediamo una lettera a Luca.
***We're sending** a letter to Luca.*

- The verb **finire** can be followed by a noun or an infinitive. Before an infinitive, use the preposition **di**. To mean *to end up* doing something, use **finire per** + [*infinitive*].

Mio zio **finisce il caffè**.
*My uncle **is finishing his coffee**.*

Finisce di studiare a mezzanotte.
*She **finishes studying** at midnight.*

Non **finisco** mai **di lavorare**!
***I am** never **done working**!*

Finiscono per leggere due saggi.
***They end up reading** two essays.*

- Similarly, **preferire** can be used with a noun or an infinitive, but without a preposition.

Preferiamo la casa verde.
***We prefer the** green **house**.*

Io **preferisco andare** a piedi.
*I **prefer to go** on foot.*

Suggestion Make sure students notice the difference in pronunciation between the hard and soft sounds of the **-isc-** by emphasizing it when you pronounce the forms. Underline these letters and draw their attention to it.

Provalo! **Complete the sentences with the correct forms of the verbs.**

1. Mia madre preferisce (preferire) mangiare all'una.
2. I nostri problemi non finiscono (finire) mai.
3. I bambini dormono (dormire) tutto il giorno.
4. Il sabato noi puliamo (pulire) l'appartamento.
5. Voi servite (servire) il caffè ai giovani?
6. A che ora parti (partire) tu per la Germania?
7. Mia sorella apre (aprire) la porta per tutti.
8. Ragazzi, voi capite (capire) la formazione dei verbi?
9. Io non sento (sentire) la sveglia (*alarm clock*)!
10. Loro seguono (seguire) un corso di filosofia.

Ricapitolazione

3 Suggestion Bring in pictures of these families to show the students in case they don't know who they are. Encourage students to add other families such as **la famiglia Obama**.

1 Spiegare In pairs, take turns randomly calling out one person from column A and one from column B. Your partner will explain how they are related. Answers will vary.

MODELLO

S1: *tua sorella e tua madre*
S2: *Mia sorella è la figlia di mia madre.*

A	B
zio	padre
nonni	madre
cugina	zia
cognato	nipote
sorella	fratello

2 Una famiglia attiva In pairs, take turns asking and answering questions about what Roberto's family is doing based on the illustrations. Use the material you learned in the lesson to add detail and answer creatively. Answers will vary. Sample answers are provided.

MODELLO fratello

S1: *Cosa fa il fratello di Roberto?*
S2: *Suo fratello spedisce le e-mail agli amici.*

1. sorella
Sua sorella parla con la sua amica.

2. fratellino
Il suo fratellino va a scuola in autobus.

3. zie
Le sue zie passeggiano nel parco.

4. padre
Suo padre pulisce la tavola.

5. cugino
Suo cugino gioca sempre con il cane.

6. cugina
Sua cugina dorme tutta la giornata.

7. Roberto
Roberto apre la lettera.

8. zio
Suo zio preferisce mangiare alla mensa.

9. genitori
I suoi genitori vanno spesso a teatro.

3 Le famiglie celebri In groups of four, take turns describing one of these families to your partners, taking the role of one of its members. Be creative! Answers will vary.

la famiglia Addams	la famiglia Jackson
la famiglia Brady	la famiglia Kennedy
la famiglia Flintstone	la famiglia Simpson

4 La famiglia perfetta Survey your classmates. Ask them to describe their ideal family situation, and record their answers. Then, in pairs, compare your results. Answers will vary.

MODELLO

S1: *Com'è la tua famiglia ideale?*
S2: *La mia famiglia ideale è...*

5 Expansion Ask students to report their plans to the class. Ex.: **Io e Marco andiamo al cinema sabato alle otto. Mangio alla mensa con Giulia lunedì all'una.**

5 I programmi Survey your classmates to find at least one classmate who would like to do each of these activities with you. When somebody says "yes", record his or her name, and agree on a time and date. Make plans with as many classmates as you can. Answers will vary.

MODELLO

S1: *Hai voglia di studiare in biblioteca con me?*
S2: *Sì, d'accordo. Va bene sabato alle undici di mattina?*
S1: *Perfetto!*

andare al cinema	giocare a freccette
andare in centro	giocare a tennis
ballare in discoteca	mangiare alla mensa
finire i compiti	scrivere al nostro amico

6 L'albero genealogico Create an illustrated family tree of your family, and share it with a classmate. Tell your partner about each family member; mention his/her name and that person's relation to you. Ask your partner questions about his or her family members' preferences. Answers will vary.

MODELLO

S1: *Ecco mia cugina. Si chiama Rachel.*
S2: *Rachel cosa preferisce: sciare o nuotare?*

risorse

SAM WB: pp. 35–40	SAM LM: pp. 21–23	vhlcentral.com

Lo Zapping

Galletto Vallespluga

Valle Spluga S.p.A.: In the early 1970s, **Valle Spluga** was a small poultry producer in the Alpine province of Sondrio, Lombardy. Sales took off in 1972 when they introduced **Galletto Vallespluga**, their trademark game hen, on the Italian market. The tender, low-fat meat was a quick success, and soon Galletto Vallespluga's **Scudetto Rosso** (Red Shield) symbol became a familiar sight throughout Italy. By specializing in game hens and controlling the entire production process, Valle Spluga has been able to maintain a high quality product and secure its place as the market leader in Italy.

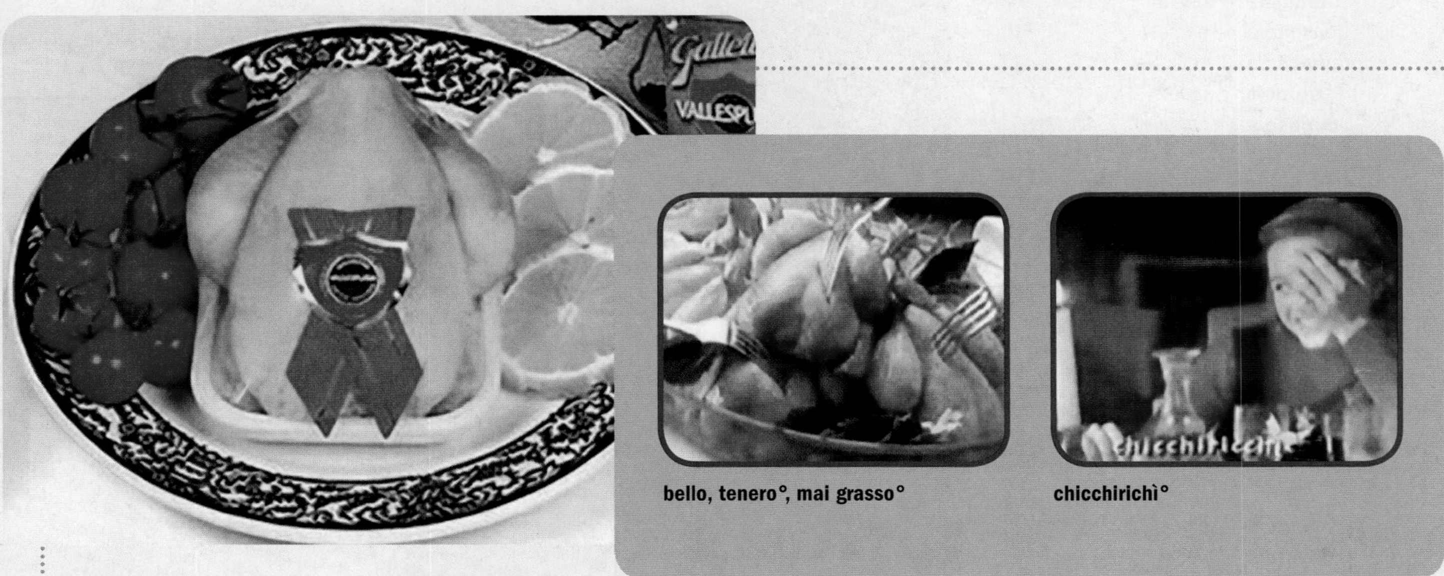

bello, tenero°, mai grasso°

chicchirichì°

Comprensione Answer the following questions in Italian.

1. How is the taste of the game hen described? bello, tenero e mai grasso
2. What does a rooster's crow sound like in Italian? chicchirichì

Discussione In pairs, discuss the answers to these questions. Answers will vary.

1. On what occasions would an Italian family gather for dinner? How often do you think this happens? In what ways is this similar to your family's eating patterns?
2. Do you think this commercial is effective? Explain. **Expansion** Ask students how this commercial seems similar to or different from American television commercials.

Practice more at **vhlcentral.com.**

tenero *tender* **mai grasso** *never fatty* **chicchirichì** *cock-a-doodle-doo*

Lezione

3B

Communicative Goals

You will learn how to:

- describe people
- ask questions

CONTESTI

Suggestion Introduce this vocabulary by pointing to the different people in the picture and asking **Com'è?** about each of them. Bring in pictures from a magazine showing people of different professions. Identify the professions before asking students the same question and modeling the first answer for them. Ex.: **Lui è architetto. Com'è questo architetto? (È laborioso e creativo.)**

Come sono?

Vocabolario

descrizioni personali	*personal descriptions*
amaro/a	*bitter*
attivo/a	*active*
atlẹtico/a	*athletic*
avaro/a	*greedy*
brillante	*bright*
convinto/a	*earnest*
coraggioso/a	*courageous*
crudele	*cruel*
curioso/a	*curious*
dẹbole	*weak*
disponịbile	*helpful*
dolce	*sweet*
duro/a	*hard; tough*
egoista	*selfish*
enẹrgico/a	*energetic*
fedele	*faithful*
gentile	*kind*
giọvane	*young*
laborioso/a	*hardworking*
lamentoso/a	*whiny*
lento/a	*slow*
modesto/a	*modest*
pọvero/a	*poor*
preferito/a	*favorite*
pronto/a	*ready*
ricco/a	*rich*
spiritoso/a	*funny; clever*
straniero/a	*foreign*
vecchio/a	*old*
professioni	*professions*
l'architetto	*architect*
l'avvocato	*lawyer*
il/la giornalista	*journalist*
l'ingegnere	*engineer*
l'uomo/la donna d'affari	*businessman/ business woman*

Suggestion Point out that it has become common in Italy to only use the masculine forms of **avvocato**, **ingegnere**, and **architetto**.

risorse

SAM WB: pp. 41-42	SAM LM: p. 24	vhlcentral.com

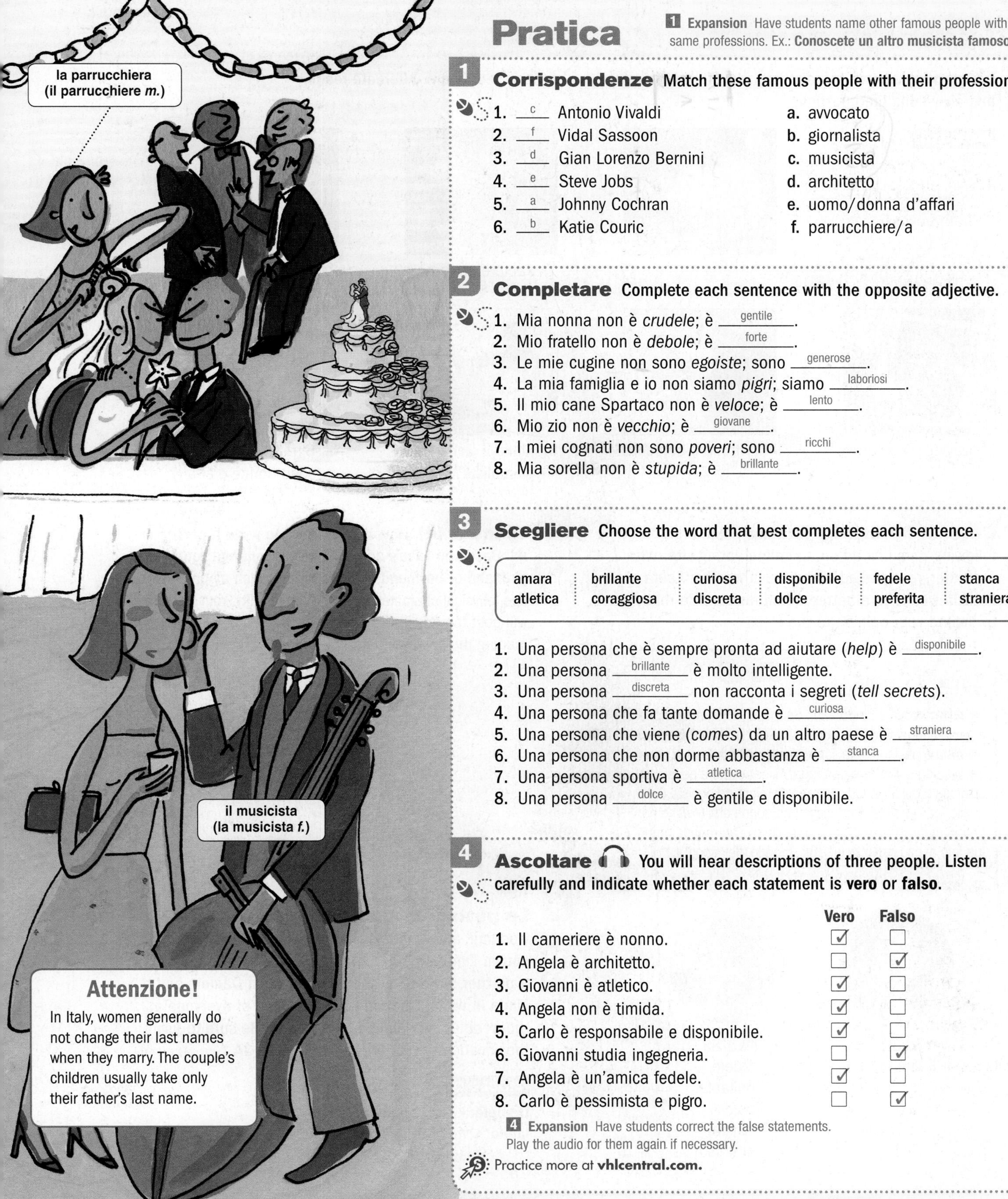

Pratica

1 Expansion Have students name other famous people with the same professions. Ex.: **Conoscete un altro musicista famoso?**

1 Corrispondenze

Match these famous people with their professions.

1. __c__ Antonio Vivaldi	a. avvocato
2. __f__ Vidal Sassoon	b. giornalista
3. __d__ Gian Lorenzo Bernini	c. musicista
4. __e__ Steve Jobs	d. architetto
5. __a__ Johnny Cochran	e. uomo/donna d'affari
6. __b__ Katie Couric	f. parrucchiere/a

2 Completare

Complete each sentence with the opposite adjective.

1. Mia nonna non è *crudele*; è __gentile__.
2. Mio fratello non è *debole*; è __forte__.
3. Le mie cugine non sono *egoiste*; sono __generose__.
4. La mia famiglia e io non siamo *pigri*; siamo __laboriosi__.
5. Il mio cane Spartaco non è *veloce*; è __lento__.
6. Mio zio non è *vecchio*; è __giovane__.
7. I miei cognati non sono *poveri*; sono __ricchi__.
8. Mia sorella non è *stupida*; è __brillante__.

3 Scegliere

Choose the word that best completes each sentence.

amara	brillante	curiosa	disponibile	fedele	stanca
atletica	coraggiosa	discreta	dolce	preferita	straniera

1. Una persona che è sempre pronta ad aiutare (*help*) è __disponibile__.
2. Una persona __brillante__ è molto intelligente.
3. Una persona __discreta__ non racconta i segreti (*tell secrets*).
4. Una persona che fa tante domande è __curiosa__.
5. Una persona che viene (*comes*) da un altro paese è __straniera__.
6. Una persona che non dorme abbastanza è __stanca__.
7. Una persona sportiva è __atletica__.
8. Una persona __dolce__ è gentile e disponibile.

4 Ascoltare

You will hear descriptions of three people. Listen carefully and indicate whether each statement is vero or falso.

	Vero	Falso
1. Il cameriere è nonno.	☑	☐
2. Angela è architetto.	☐	☑
3. Giovanni è atletico.	☑	☐
4. Angela non è timida.	☑	☐
5. Carlo è responsabile e disponibile.	☑	☐
6. Giovanni studia ingegneria.	☐	☑
7. Angela è un'amica fedele.	☑	☐
8. Carlo è pessimista e pigro.	☐	☑

4 Expansion Have students correct the false statements. Play the audio for them again if necessary.

Practice more at **vhlcentral.com.**

Attenzione!

In Italy, women generally do not change their last names when they marry. The couple's children usually take only their father's last name.

CONTESTI

Comunicazione

5 Expansion Tell students that another way to express someone's profession is to say **Fa il** [*profession*]. Demonstrate this by asking follow-up questions about the activity. Ex.: **Chi fa il parrucchiere?**

5 **Le professioni** In pairs, say what the true professions of these people are. Alternate reading and answering the questions.

MODELLO

S1: *Carlo è musicista?*
S2: *No, Carlo è cameriere.*

1. Paolo è professore?
No, Paolo è parrucchiere.

2. Carla è ingegnere?
No, Carla è giornalista.

3. Davide è cameriere?
No, Davide è uomo d'affari.

4. Vittoria è avvocato?
No, Vittoria è architetto.

5. Maria e Sofia sono giornaliste?
No, Maria e Sofia sono musiciste.

6. Cinzia e Alessandra sono donne d'affari?
No, sono avvocati.

6 **Cercasi fidanzata** Luca has posted the following personal ad on an online dating site. With a partner, read the ad and discuss whether Laura or Patrizia would be a better match for him. Be ready to defend your opinion to the class. Answers will vary.

Luca, 35 anni

Mi chiamo Luca e ho 35 anni. Sono alto, forte, muscoloso e molto carino. Sono un uomo simpatico, disponibile, ottimista e paziente, ma sono anche molto geloso in amore. La mia donna ideale è una ragazza socievole e gentile, spiritosa e brillante. Odio le ragazze pigre ed egoiste, amo quelle fedeli e dolci. Preferisco una donna alta (*tall*) e non troppo magra (*thin*). Se sei tu quella giusta, manda una tua foto al mio indirizzo luca@il_mondo_dei_sogni.it.

Laura
spiritosa
timida
alta
paziente
fedele

Patrizia
fedele
brillante
dolce
magra
ottimista

6 Suggestion Point out that **Luca**, **Nicola**, and **Andrea** are among the few male names in Italian that end in **-a.** Ask students if they can give the English equivalents of these names.

6 Expansion Ask students to explain why they did not pick the other woman. Encourage them to use opposite adjectives. Ex.: **Laura non è socievole, è timida.**

7 **Tocca a te!** Now it's your turn to write a personal ad. Based on Luca's ad, describe yourself and your ideal girlfriend or boyfriend. Include details such as profession, age, physical characteristics, and personality. Your instructor will post the ads in the classroom. In groups, take turns reading the ads and guessing who wrote them. Answers will vary.

Un piccolo aiuto

Use these words to help you complete this activity.

amo *I love*
cerco *I'm looking for*
odio *I hate*
mi piace *I like*

7 Suggestion Encourage students to brainstorm a list of adjectives for themselves and their ideal partner before starting to write. Have them rank the adjectives for their ideal partner in order of importance.

8 **La pettegola** Daniele missed a recent family wedding, and is catching up on all the news from his cousin Linda, who is a real **pettegola** (*gossip*)! With a partner, write a conversation between Daniele and Linda in which Linda gives her opinion of everyone at the wedding and shares family news. Be sure to use the vocabulary you learned in **Lezione 3A.** Answers will vary.

MODELLO

Daniele: *E com'è il fidanzato di Elena?*
Linda: *Senti: è bellissimo, ma egoista! È proprietario di un ristorante a Torino ed è molto ricco...*

Pronuncia e ortografia

Audio

Intonation of questions and the *qu* letter combination

Sono le dieci.
It's ten o'clock.

Andiamo al mare.
Let's go to the beach.

Italian sentences usually have a smooth, rolling tempo, with a drop of intonation at the end.

Sono le dieci?
Is it ten o'clock?

Andiamo al mare?
Are we going to the beach?

In questions, on the other hand, the pitch of the voice rises on the final syllable. This final rise distinguishes between a statement and a question.

Quando mangiate?
When do you eat?

Quanti fratelli hai?
How many brothers do you have?

In standard Italian, questions formed with interrogative words follow the same pattern as yes-or-no questions. They have a rolling tempo with a rise in intonation on the final syllable.

quando **quattro** **questo** **quale**

Many Italian words begin with the letter combination **qu**. In Italian, **qu** is pronounced *kw*, as in the English words *quake* and *queen*.

quanto **questione** **qui** **Pasqua**

Regardless of the vowel that follows, the pronunciation of the Italian **qu** remains *kw*. Even when found in the middle of a word, **qu** retains the *kw* pronunciation.

Suggestion Remind students of the pronunciation of the letter combination **chi** in Italian and stress the fact that **qu** is pronounced the same in Italian as it is in English. Many students see **qui** and try to pronounce it as in Spanish, or spell **quando** and **quanto** with a **cu** when they hear it.

Pronunciare Practice saying these words aloud.

1. quindici
2. quello
3. quaderno
4. quarto
5. quota
6. acqua
7. requisito
8. qualità
9. quasi
10. quindi

Articolare Practice saying these questions aloud.

1. Andiamo da Elena stasera?
2. Hai il libro?
3. Mangi a casa oggi?
4. Quando vai a scuola?
5. Dove studiamo?
6. Chi parla?

Proverbi Practice reading these sayings aloud.

Chi trova un amico trova un tesoro.[2]

Quando il gatto non c'è, i topi ballano.[1]

risorse

1 When the cat's away, the mice will play.
2 He who finds a friend finds a treasure.

FOTOROMANZO

Una serata in casa

Video: *Fotoromanzo*

Prima di vedere Before watching the episode, ask students to give an adjective for a person or object in each video still.

PERSONAGGI

Emily

Lorenzo

Riccardo

Viola

Suggestion Have students scan the captions under the video stills and find five phrases with descriptive adjectives.

VIOLA Ciao, Emily
EMILY Ciao, Viola. Come va con le lezioni?
VIOLA È dura. Ho un esame martedì, ma non ho voglia di studiare.
EMILY Perché no?

EMILY Chi è?
VIOLA Massimo. È nella mia classe di pedagogia.
EMILY E com'è? Grasso, magro, alto, basso, carino, brutto?
VIOLA No, è molto carino!

VIOLA Ha i capelli neri, corti e lisci, e gli occhi verde-scuro.
EMILY Molti uomini italiani hanno i capelli...
VIOLA È vero. Ed è anche dolce e intelligente. Giovedì andiamo a fare una passeggiata e a studiare insieme.

RICCARDO Sei proprio innamorato!
(Squilla il telefonino di Lorenzo.)
LORENZO Pronto. Ciao, Francesca. Ma perché mi chiami di nuovo? Sei una ragazza in gamba. Non hai bisogno di aiuto. Per favore.

RICCARDO (*In falsetto*) Lorenzo, caro, sono stanca.
LORENZO (*Al telefono*) Il mio compagno di stanza, un idiota. Ed è pure brutto.
RICCARDO (*In falsetto*) Lorenzo...
LORENZO Devo andare via. Devo andare via. No.

RICCARDO Chi è Francesca?
LORENZO Una ragazza.

Suggestion Have students work in groups of four. Tell them to choose roles and read the **Fotoromanzo** conversation aloud.

ATTIVITÀ

1 Chi è? To which character does each statement refer?

1. Non ha voglia di studiare. Viola
2. È carino e studia pedagogia. Massimo
3. Ha ventuno anni. Riccardo
4. Ha ventidue anni. Lorenzo
5. È una ragazza in gamba. Francesca
6. Secondo Lorenzo, è un idiota! Riccardo
7. È allegra. Viola
8. Non parla bene l'inglese. Viola
9. È preoccupata. Emily
10. Pensa di andare a Roma. Peter

1 Suggestion This activity can also be done with closed books. Read the statements aloud and have students identify the character to whom each statement refers.

Practice more at **vhlcentral.com.**

I ragazzi stanno alla pensione e parlano delle relazioni.

Suggestion Model the pronunciation of each expression and have students repeat in chorus. Encourage them to exaggerate their pronunciation and be dramatic.

4

EMILY Che immaturi! Ma quanti anni avete?
RICCARDO Ventuno. Lorenzo?
LORENZO Ventidue. Emily?
EMILY Siete come il mio fratellino.

5

LORENZO Attenta, Viola. Non siamo in Abruzzo. In città gli uomini sono aggressivi ed egoisti.
RICCARDO E lamentosi... insensibili... scortesi... pazzi... strani... gelosi.
EMILY Fuori, subito!

9

EMILY Tu e Massimo. Sono ottimista.
VIOLA Perché?
EMILY Perché sei allegra.
VIOLA E Peter?

10

VIOLA Scusami, non parlo bene l'inglese.
EMILY Sono preoccupata. Pensa di venire a Roma.

Espressioni utili

Describing people

- **Grasso, magro, alto, basso, carino, brutto?** *Fat, skinny, tall, short, cute, ugly?*
- **No, è molto carino!** *No, he's very cute!*
- **Ha i capelli neri, corti e lisci, e gli occhi verde-scuro.** *He has short, straight, black hair and dark green eyes.*
- **egoisti** *selfish*
- **insensibili, scortesi, pazzi, strani** *insensitive, rude, crazy, weird*
- **Sei una ragazza in gamba.** *You are a smart girl.*
- **Ed è pure brutto.** *He's even ugly.*
- **ottimista** *optimistic*

Asking questions

- **Come va con le lezioni?** *How are classes going?*
- **Perché no?** *Why not?*
- **Chi è?** *Who is he?*
- **Com'è?** *What's he like?*

Additional vocabulary

- **Sei proprio innamorato!** *You're head over heels!*
- **Perché mi chiami di nuovo?** *Why are you calling me again?*
- **Pensa di venire.** *He's planning on coming.*
- **Attenta, Viola.** *Be careful, Viola.*
- **Fuori, subito!** *Out, now!*
- **Devo andare via.** *I've got to go.*

ATTIVITÀ

2 Per parlare un po' In pairs, write a brief description of one of your classmates. Do not mention his/her name. Be prepared to read your description to the class, who will guess the identity of this person. Answers will vary.

2 Expansion Students can also choose to describe one of the video characters.

3 Approfondimento Choose a famous Italian and describe his/her physical appearance and personality. Be prepared to share your description with your classmates. Answers will vary.

3 Expansion Students can share the description without mentioning the name of the person they chose. The class will guess who this person is.

CULTURA

Prima di leggere Have students use descriptive adjectives to describe the people in the picture. Then ask them to scan the reading for cognates and identify their meanings.

IN PRIMO PIANO

L'amicizia

Prima di leggere Introduce the reading by asking: **Avete molti amici? Quanti compagni avete? Di cosa parlate con i vostri amici? E con i vostri compagni? Qual è la differenza tra un amico e un compagno? Com'è un amico?**

Qual è la differenza tra un amico e un compagno? È vero che chi trova un amico trova un tesoro?

I compagni sono quelle persone che incontriamo molto spesso, per esempio, all'università o al lavoro. L'amicizia° tra compagni è spesso temporanea° e superficiale. Di solito, in questi contesti non si parla di cose molto personali.

Gli amici invece° parlano di cose più intime° e importanti: l'amicizia è solitamente più stabile° e duratura°. In genere° gli amici sono molto più pazienti e disponibili. In Italia non è raro vedere amici di lunga data° che passano la maggior parte del tempo libero insieme. Per gli italiani spesso è più facile mantenere gli amici d'infanzia°. Molti ragazzi infatti frequentano l'università della loro città e, in generale, gli italiani - diversamente dagli americani - non si spostano° frequentemente dalla loro città o paese.

I ragazzi italiani amano uscire in comitiva°. La comitiva è un gruppo di amici, in genere abbastanza numeroso. Spesso il luogo d'incontro° è una piazza o un bar, dove è possibile prendere un gelato o qualcosa da bere° prima o dopo cena. Quando non sono insieme, i ragazzi hanno inoltre un ottimo mezzo per comunicare: il cellulare! Ogni scusa è perfetta per chattare° o scambiarsi° messaggi con lo smartphone! Un altro passatempo molto amato° è quello di cenare° tutti insieme. Cenare insieme è considerato° un momento di gioia°, un atto quindi che rafforza° l'amicizia. È proprio vero quindi che chi trova un amico trova un tesoro.

Dopo la lettura Ask students to compare and contrast the activities mentioned in the reading to how they spend time with their friends.

L'amicizia *Friendship* **temporanea** *temporary* **invece** *on the other hand* **più intime** *more intimate* **più stabile** *more stable* **duratura** *enduring* **In genere** *In general* **di lunga data** *longtime* **amici d'infanzia** *childhood friends* **si spostano** *move* **uscire in comitiva** *going out as a group* **luogo d'incontro** *meeting place* **qualcosa da bere** *something to drink* **chattare** *to chat online* **scambiarsi** *to exchange* **amato** *beloved* **cenare** *to have dinner* **è considerato** *is considered* **gioia** *joy* **rafforza** *reinforces*

Un piccolo aiuto

Qual è is used to ask "*What is . . . ?*" when the answer involves a choice or identification, whereas **Che, Che cosa**, or **Cosa** ask for a definition.

Qual è il tuo numero di telefono?
What is your telephone number?

Che cos'è l'amicizia?
What is friendship?

ATTIVITÀ

1 Completare Complete the following statements with the appropriate word or phrase.

1. L'amicizia tra compagni è spesso ___temporanea___ e ___superficiale___.
2. Gli amici parlano di cose ___più intime___.
3. Una delle loro ___attività___ preferite è quella di uscire in ___comitiva___.
4. Non è raro vedere amici di ___lunga data___.
5. Spesso il ___luogo d'incontro___ è una piazza o un bar.
6. La comitiva è un gruppo di amici in genere ___abbastanza numeroso___.
7. Gli ___SMS___ sono un ottimo modo per comunicare.
8. Un altro ___passatempo___ molto amato è quello di cenare tutti insieme.
9. Cenare insieme è considerato un momento di ___gioia___.
10. È vero che chi trova un amico trova un ___tesoro___.

Practice more at **vhlcentral.com.**

1. Come sono i ragazzi nella foto?

RITRATTO

Un matrimonio sfarzoso

Francesco Totti è uno dei migliori° calciatori italiani, campione del mondo nel 2006 con la squadra nazionale italiana. A soli sedici anni gioca per la prima volta in Serie A; ora è il capitano della A.S. Roma. Nel 2005 sposa°, nella splendida chiesa dell'Aracoeli a Roma, **Ilary Blasi**, una famosa presentatrice° italiana. Il giorno del matrimonio lei indossa un abito molto scollato° di Armani, e lui un tight° (sempre di Armani) con cilindro e guanti°. È un matrimonio sfarzoso° di due bellissimi giovani molto amati dal pubblico italiano. All'uscita° della chiesa ci sono duemila tifosi che aspettano gli sposi felici e sorridenti°. La cerimonia è ripresa° dalla TV e i proventi° sono donati al canile° di Roma.

uno dei migliori *one of the best* **sposa** *he marries* **presentatrice** *T.V. hostess* **scollato** *low-cut* **tight** *tails (tuxedo)* **cilindro e guanti** *top hat and gloves* **sfarzoso** *sumptuous* **uscita** *exit* **sorridenti** *smiling* **ripresa** *broadcast* **proventi** *proceeds* **donati al canile** *donated to the dog pound*

USI E COSTUMI

Le tradizioni del matrimonio

Le tradizioni più comuni sono il lancio del riso° agli sposi e il lancio del bouquet alle ragazze nubili. In alcune regioni la sposa indossa° una cosa blu, una cosa regalata°, una prestata°, una vecchia e una nuova. Ma ogni regione italiana ha le sue tradizioni matrimoniali.

In **Emilia-Romagna** gli sposi tagliano° un tronco° in molti pezzi.

In **Calabria** gli invitati lanciano° agli sposi il riso, ma anche il sale e il grano°.

In **Puglia** il vestito della sposa è abbottonato° da una ragazza nubile.

In **Liguria** gli invitati lanciano petali° di fiori colorati.

il lancio del riso *throwing rice* **indossa** *wears* **regalata** *given as a gift* **prestata** *borrowed* **tagliano** *cut* **tronco** *log* **lanciano** *throw* **il sale e il grano** *salt and grains* **abbottonato** *buttoned* **petali** **petals**

SU INTERNET

Qual è l'origine del velo da sposa?

Go to **vhlcentral.com** to find more information related to this **CULTURA**.

ATTIVITÀ

2 **Vero o falso?** Indicate whether each statement is **vero** or **falso**. Correct the false statements.

1. In Italia il matrimonio è uguale (*the same*) in tutte le regioni.
   Falso. Ogni regione ha tradizioni differenti.
2. Una tradizione comune è il lancio del riso agli sposi.
   Vero.
3. In Emilia-Romagna gli sposi tagliano un tronco.
   Vero.
4. Francesco Totti è il capitano della Nazionale italiana.
   Falso. È il capitano della A.S. Roma.
5. Ilary Blasi indossa un abito molto scollato di Armani.
   Vero.
6. Il matrimonio di Francesco Totti è semplice e tranquillo.
   Falso. Il matrimonio è sfarzoso.

3 **Come sono?** Look at the photo of the students on the facing page. With a partner, take turns describing each person in detail. How old do you think they are? What do you think their personalities are like? Are they likely **amici** or **compagni di università**?
Answers will vary.

Usi e costumi Ask students which of these traditions are also observed in the United States. Tell students that **confetti** are little bundles of candied almonds wrapped in tulle, distributed on special occasions such as weddings and baby showers. For a wedding, the candies and tulle are white and there should be an odd number of candies inside for good luck.

STRUTTURE

3B.1 Descriptive adjectives

NATIONAL comparisons STANDARDS

Punto di partenza You already learned some descriptive adjectives in **Lezione 1B**, and in **Lezione 3A** you learned to use possessive adjectives. Descriptive adjectives generally follow the nouns they modify.

NOUN — DESCRIPTIVE ADJECTIVE

Lo studente **pigro** non studia molto.
*The **lazy** student doesn't study a lot.*

- Here are more adjectives that you can use to describe people.

Physical description		Personality or mood	
alto/a	*tall*	allegro/a	*cheerful*
basso/a	*short*	arrabbiato/a	*angry*
biondo/a	*blond*	audace	*audacious, bold*
bruno/a	*dark-haired*	dinamico/a	*dynamic*
brutto/a	*ugly*	disinvolto/a	*confident*
carino/a	*cute*	furbo/a	*shrewd, sly*
grasso/a	*fat*	ingenuo/a	*naïve*
magro/a	*thin*	(in)sensibile	*(in)sensitive*
muscoloso/a	*muscular*	(ir)responsabile	*(ir)responsible*
sportivo/a	*active*	(s)cortese	*(dis)courteous*

Roberto è **muscoloso**.
*Roberto is **muscular**.*

Claudia è **arrabbiata**.
*Claudia is **angry**.*

Quei bambini sono **scortesi**.
*Those children are **rude**.*

Le tue figlie sono **carine**.
*Your daughters are **cute**.*

- To describe a person who is neither **alto** nor **basso**, use the phrase **di media statura** (*of average height*).

- You have already learned that adjectives ending in **-o** have four forms, and those ending in **-e** have only two forms. Adjectives ending in **-ista** have three forms: one for all singular nouns, and different forms for masculine plural and feminine plural nouns.

Adjectives ending in *-ista*

masculine and feminine singular	masculine plural	feminine plural
egoista	egoisti	egoiste
femminista	femministi	femministe
ottimista	ottimisti	ottimiste
pessimista	pessimisti	pessimiste

Suggestion Remind students that adjectives pluralize in the same way that nouns do; some with four forms and some with only two. Write on the board: **Un ragazzo basso, due ragazzi bassi, una ragazza bassa, due ragazze basse.**

3 Expansion Make an additional change to the cues and have students make the necessary changes. Give the cues orally and have students give their responses out loud as well.
Ex.: **Le bambine cattive non mangiano. E la bambina? (La bambina cattiva non mangia.)**

1 Suggestion Point out to students that studying adjectives in pairs of opposites is a useful learning strategy.

PRATICA

1 Collegare Match each adjective with its opposite.

1. e grande	a. arrabbiato
2. h pessimista	b. grasso
3. a calmo	c. bello
4. b magro	d. noioso
5. f forte	e. piccolo
6. d interessante	f. debole
7. g giovane	g. vecchio
8. c brutto	h. ottimista

2 Scegliere Choose the adjective that best completes each sentence and write the correct form.

MODELLO

Marisa non lavora molto. Lei è (socievole, pigro, brutto).
pigra

1. Pino è sempre contento perché è una persona (ottimista, duro, povero). ottimista
2. Renata non è bassa; è (muscoloso, di media statura, stupido). di media statura
3. Mia madre non dorme bene perché è (preoccupato, liscio, gentile). preoccupata
4. Mi piace leggere i libri (avaro, interessante, castano). interessanti
5. Luca è molto grasso, ma le sue sorelle sono (arrabbiato, verde, magro). magre
6. Nikolai non è un ragazzo italiano; è (vecchio, straniero, noioso). straniero

3 Trasformare Replace the underlined word(s) with the correct form of the word(s) in parentheses and make all necessary changes to the sentence.

MODELLO Il bambino cattivo non mangia. (bambine)
Le bambine cattive non mangiano.

1. Il ragazzo atletico gioca bene a calcio. (ragazze)
   Le ragazze atletiche giocano bene a calcio.
2. Invitiamo un amico socievole e simpatico alla festa. (tre amiche)
   Invitiamo tre amiche socievoli e simpatiche alla festa.
3. I miei genitori hanno una piccola macchina. (brutto)
   I miei genitori hanno una brutta macchina.
4. L'uomo basso dai capelli neri si chiama Umberto. (alto / biondo)
   L'uomo alto dai capelli biondi si chiama Umberto.
5. Gli studenti intelligenti finiscono i compiti difficili. (studentessa / l'attività)
   La studentessa intelligente finisce l'attività difficile.
6. Giorgina ha una bella casa a Milano. (ufficio)
   Giorgina ha un bell'ufficio a Milano.

Practice more at **vhlcentral.com**.

COMUNICAZIONE

4 **La famiglia Petrillo** In pairs, take turns describing the members of the Petrillo family. Comment on their personality as well as their physical appearance. Answers will vary.

MODELLO *Luca è vecchio e intelligente...*

5 **Venti domande** Choose a famous person. In groups of four, take turns asking yes-or-no questions to determine the identity of each other's person. Answers will vary.

MODELLO

S2: *È una donna?*
S1: *Sì.*
S3: *Ha gli occhi blu?*
S1: *No.*

6 **Un buon amico** Interview a classmate to learn about one of his/her friends. Use the questions below plus three additional questions. Take notes and be prepared to describe your partner's friend to the class. Answers will vary.

- Come si chiama lui/lei?
- Quanti anni ha lui/lei?
- È alto/a, basso/a o di media statura?
- Che tipo di personalità ha?
- È un bravo studente/una brava studentessa?
- Quali sono i suoi passatempi?

Successful Language Learning Remind students that learning a language is a cumulative process. If students do not have a firm grasp of the definite or indefinite article forms, review these forms with the class.

Suggestion Point out that when a descriptive adjective is placed before a noun, it often takes on a more figurative meaning. Ex. **un vecchio amico** = *an old (long-time) friend*; **un amico vecchio** = *an old (elderly) friend.*

Suggestion Bring in pictures from magazines of people with different features. Hold them up and ask students to describe them. Ask students to guess about their personalities as well. Have students work in pairs to write a description of one of the photos to share with the class.

- To describe the color of a person's eyes or hair, use **avere** + **gli occhi/i capelli** + [*adjective*].

Hair and eye adjectives

azzurri	*(sky) blue*	**lunghi**	*long*
bianchi	*white*	**marroni**	*brown (eyes)*
blu (*invar.*)	*blue*	**mossi**	*wavy*
castani	*brown*	**neri**	*black*
corti	*short*	**ricci**	*curly*
grigi	*grey*	**rossi**	*red*
lisci	*straight*	**verdi**	*green*

Non ho **i capelli mossi**.
*I don't have **wavy hair**.*

I miei figli hanno **gli occhi azzurri**.
*My kids have **blue eyes.***

- The Italian equivalent of the English expression *with (red, blonde, etc.) hair* is **dai capelli (rossi, biondi ecc.)**.

Vedi la ragazza **dai capelli castani**?
*Do you see the girl **with brown hair** (the **brown-haired** girl)?*

Position of adjectives

- Certain adjectives, including **bello**, **brutto**, **buono**, **cattivo**, **nuovo**, **vecchio**, **giovane**, **grande**, and **piccolo**, often precede the noun. In this position, **buono** and **bello** have special forms.

buono		*bello*	
un film	un **buon** film	il bambino	il **bel** bambino
uno zoo	un **buono** zoo	lo zaino	il **bello** zaino
un amico	un **buon** amico	l'uomo	il **bell'**uomo
i giornali	i **buoni** giornali	i capelli	i **bei** capelli
gli avvocati	i **buoni** avvocati	gli occhi	i **begli** occhi
una donna	una **buona** donna	la casa	la **bella** casa
un'amica	una **buon'**amica	l'amica	la **bell'**amica
le ragazze	le **buone** ragazze	le rose	le **belle** rose

- Note that the pattern of singular endings of **buono** resembles the pattern of the indefinite article, and the pattern of **bello** resembles that of the definite article.

Provalo! **Provide all forms of each adjective.**

1. muscoloso *muscoloso, muscolosa, muscolosi, muscolose*
2. blu blu
3. contento contento, contenta, contenti, contente
4. intelligente intelligente, intelligenti
5. piccolo piccolo, piccola, piccoli, piccole
6. triste triste, tristi
7. sportivo sportivo, sportiva, sportivi, sportive
8. pessimista pessimista, pessimisti, pessimiste

Suggestion Teach students the mnemonic device **BAGS** to remember these common adjectives of beauty, age, goodness, and size.

3B.2 Interrogatives and demonstratives

Punto di partenza In **Lezione 1B**, you learned how to form yes-or-no questions and you learned some questions with interrogative words. Here are the most commonly used interrogative words.

Interrogative words

che cosa/che/cosa?	*what?*	**perché?**	*why?*
chi?	*who/whom?*	**quale?**	*which/what?*
come?	*how?*	**quando?**	*when?*
dove?	*where?*	**quanto?**	*how much?*

- In questions beginning with an interrogative word, the subject is usually placed at the end.

Cosa comprate voi? / *What are you buying?*
Dove abita l'ingegnere? / *Where does the engineer live?*

- When an interrogative is used with a preposition, the preposition must precede the interrogative.

Con chi parla Beppe? / *With whom is Beppe talking?*
Da dove viene Mario? / *Where does Mario come **from**?*

- Although **quando?** and **a che ora?** both express *when?*, **quando?** asks for a general time reference, while **a che ora?** indicates a specific time of day.

Quando studiano? / *When (generally) do they study?*
A che ora parte il treno? / *(At) **what time** does the train leave?*

- The interrogatives **che**, **quale**, and **quanto** can also be used as interrogative adjectives that modify nouns. **Che** is invariable, but **quale** and **quanto/a** must agree with the nouns they modify.

Quale donna è tua zia? / ***Which** woman is your aunt?*
Quanti cugini avete? / ***How many** cousins do you have?*

- When followed by the verb **è**, the interrogatives **come**, **dove**, and **che cosa** drop the final vowel and add an apostrophe.

Com'è il tuo fidanzato? / ***What is** your boyfriend **like**?*
Dov'è la proprietaria? / ***Where is** the owner?*

- Use **che cos'è** to ask for an explanation or definition and **qual è** to request specific information. Note that **quale** and **qual è** are not interchangeable.

Che cos'è la paleontologia? / ***What is** paleontology?*
Qual è il suo indirizzo? / ***What is** his address?*

PRATICA

1 Completare Select the word or phrase that best completes each question or statement.

1. __f__ donna si chiama Diana.
2. __c__ fai stasera?
3. __e__ il suo nome?
4. __g__ viaggiano? In treno?
5. __a__ l'esame? Difficile?
6. __h__ comincia il film?
7. __d__ ragazzo non studia mai!
8. __b__ mettiamo i libri?

a. Com'è
b. Dove
c. Che cosa
d. Questo
e. Qual è
f. Quella
g. Come
h. A che ora

2 Domandare Write a question for each response. Use each interrogative word only once.

Answers will vary. Sample answers are provided.

MODELLO Milano è nel nord d'Italia. *Dov'è Milano?*

1. Stefano è alto, magro, biondo e molto gentile.
   Com'è Stefano?
2. I miei fratelli cercano il nostro cane Jupiter.
   Che cercano i tuoi fratelli?
3. Angela scrive poesie romantiche.
   Chi scrive poesie romantiche?
4. Vado al cinema stasera.
   Quando vai al cinema?
5. L'astronomia è lo studio degli astri (*stars*).
   Che cos'è l'astronomia?
6. Preferiamo cenare da noi.
   Dove preferite cenare?
7. Tutte sono veloci, ma compro la bicicletta verde.
   Quale bicicletta compra Lei?
8. Paolo spedisce una lettera al suo professore.
   A chi spedisce una lettera Paolo?

2 Expansion Have students try to see how many different questions they can come up with for each answer.

3 Rispondere Use the appropriate demonstrative pronoun to answer each question in the negative.

MODELLO Beatrice prende quella bicicletta?
No, prende questa.

1. Quegli studenti sono socievoli?
   No, questi sono socievoli.
2. Leggiamo questa lezione?
   No, leggiamo quella.
3. Nina lavora in quel negozio?
   No, lavora in questo.
4. Vincenzo pulisce quelle lavagne dopo la lezione?
   No, pulisce queste.
5. I Pedretti comprano questa casa?
   No, comprano quella.
6. Quel treno parte alle tre?
   No, questo parte alle tre.
7. Ascolti spesso questi CD?
   No, ascolto quelli.
8. Elio gioca con quella squadra di calcio?
   No, gioca con questa.

Suggestion Emphasize the difference between **come** and **com'è**, **dove** and **dov'è**. Remind students that **è** is a verb. Give several examples to show the difference and emphasize the difference in pronunciation. Write the sentences on the board. Ex.: **Com'è il tuo amico? / Come sono i tuoi amici? Com'è la tua professoressa? / Come sono i tuoi professori?** etc.

Practice more at **vhlcentral.com.**

4 Expansion Have each pair of students work with another pair to ask the same questions in the plural. Ex.: **Quante matite avete voi? (Noi abbiamo due matite.)**

COMUNICAZIONE

4 **Domande e risposte** With a partner, make a set of flashcards for interrogative words. Mix the cards and place them in a stack face down. Then turn one card at a time and ask your partner a question using the word. Your partner will answer the question. Answers will vary.

MODELLO

S1: *Quante matite hai tu?*
S2: *Non ho matite. Ho due penne.*

5 **Le preferenze** In small groups, take turns asking each other which item in each pair you prefer. Continue the conversation with follow-up questions. Answers will vary.

MODELLO

S1: *Quale scooter preferite comprare?*
S2: *Preferisco quello scooter.*
S3: *Io ho voglia di comprare questo.*
S1: *Perché questo?*
S3: *Perché è rosso… e quello non mi piace.*

1.

2.

3.

4.

5.

5 Expansion After students have discussed among themselves, call on individuals in each group to report on the results to the class. Ex.: **Giovanni, quale cane preferisce Cinzia? Perché preferisce quel cane?**

Suggestion Ha… d the room asking students… rovide a form of **quello** as an… to.)

Demons…

- Demons… discusse… recede the nou… but the sing… wel. Note tha…

l'orologio	**quest'**orologio	**quell'**orologio
i capitoli	**questi** capitoli	**quei** capitoli
gli esercizi	**questi** esercizi	**quegli** esercizi
la lezione	**questa** lezione	**quella** lezione
l'attività	**quest'**attività	**quell'**attività
le risposte	**queste** risposte	**quelle** risposte

A che ora parte **questo** treno?
*What time does **this** train leave?*

Chi è **quell'**uomo?
*Who is **that** man?*

- Demonstrative pronouns refer to a person or thing that has already been mentioned or whose identity is clear. They replace the noun to which they refer and agree with it in gender and number. The demonstrative pronouns are **questo/a** (*this one*), **questi/e** (*these*), **quello/a** (*that one*), and **quelli/e** (*those*).

Quale libro preferisci: **questo** o **quello**?
*Which book do you prefer: **this one** or **that one**?*

Leggi questi libri o **quelli**?
*Are you reading these books or **those**?*

- The pronouns **questo** and **quello** can be used to refer to whole ideas or previously mentioned topics.

Quello non è importante in questo momento.
***That** isn't important right now.*

Questo è veramente interessante!
***This** is really interesting!*

Provalo! Expansion Call on students to ask these questions to a classmate.

Provalo! **Complete each question with the appropriate interrogative or demonstrative word.**

1. *Cosa/Che/Che cosa* studia Giulia all'università? Matematica?
2. ___Come___ stai oggi?
3. ___Chi___ è lei? Tua sorella Anna?
4. ___Qual___ è il tuo numero di telefono?
5. ___A che ora___ comincia la classe? Alle due?
6. ___Quanto___ costa il libro?
7. Qual è la tua macchina: questa o ___quella___?
8. Di chi è ___questo___ cane?

SINTESI

Ricapitolazione

1 **La tua città** Interview a classmate. Ask whether he/she goes to these places in town. If he/she says yes, ask follow-up questions: with whom, when, why, and so on. Be prepared to report your findings to the class. Answers will vary.

la biblioteca	la farmacia
il caffè	i negozi
il centro commerciale	il parco
il cinema	il supermercato

2 **Gli occhi della madre** List five physical or personality traits that you share with other members of your family. Then, in pairs, compare lists. Be ready to present your partner's list to the class. Answers will vary.

MODELLO

S1: *Io e mio fratello Frankie siamo atletici.*
S2: *Io sono ottimista, come mia madre.*

3 **Fare una catena** Pick someone in the drawing below and describe him/her. The next person in your group repeats the first person's statement and adds to it. Keep going and see how many details you can add and remember. Answers will vary.

MODELLO

S1: *Quella donna si chiama Rachele. È magra.*
S2: *Rachele è magra e anche alta.*
S3: *È magra, alta e bionda.*

3 **Expansion** Encourage students to be creative in their descriptions. Have them describe the characters' personalities as well as their physical characteristics.

4 **I cartoni animati** Write five questions and answers about these cartoon characters. Use a different interrogative for each question. Then, in groups of three, take turns playing the role of game show host. Ask your questions to the two contestants. When someone answers correctly, switch hosts. Answers will vary.

MODELLO

S1: *Dove abita la famiglia Simpson?*
S2: *La famiglia Simpson abita a Springfield.*

Bugs Bunny	i Griffin (*Family Guy*)
i bambini di South Park	Scooby-Doo
Cenerentola (*Cinderella*)	Shrek
la famiglia Flintstone	la sirenetta (*the Little Mermaid*)
la famiglia Simpson	Aladino

5 **Firma qui!** Your instructor will give you a worksheet. First, write yes-or-no questions using descriptive adjectives. Follow the model on the card. Then ask your questions to your classmates: one per person. If the answer is yes, ask for his/her signature. Get eight signatures. Answers will vary.

MODELLO

S1: *Roberto, hai una sorella alta?*
S2: *Sì, mia sorella Janet è molto alta.*
S1: *Benissimo! Firma qui, per favore.*

6 **Le differenze** Your instructor will give you and a partner each a drawing of a family. Ask questions to find the six differences between your picture and your partner's. Answers will vary.

MODELLO

S1: *La madre è bionda?*
S2: *No, non è bionda. Ha i capelli castani.*

7 **Cercasi attori** You are a casting director trying to find actors for a new comedy about a family. Work with a partner to write a brief description of each member of the family. Use the vocabulary you learned in **Lezioni 2A, 3A e 3B** to describe the characters, their personalities, and their pastimes. Answers will vary.

MODELLO

Il figlio maggiore si chiama Massimo. Ha 22 anni ed è alto, bruno e molto studioso. Gli piace giocare a...

7 Suggestion Encourage students to be detailed and creative in their descriptions. Be sure they describe how their characters relate to one another.

il figlio la figlia il padre la madre il cugino

8 **La sceneggiatura** Prepare a scene for your new television show. The characters are making plans for the weekend, and they each have a different opinion about where to go and what to do. In pairs, use the vocabulary you learned in **Unità 2** to prepare a scene in which the characters try to decide on their plans. Answers will vary.

MODELLO

Massimo: *Fa caldo. Andiamo al mare! Ho voglia di nuotare.*
Alessia: *Ma no! Io preferisco andare al cinema. Ho voglia di vedere un film.*

8 Suggestion Before students begin, have them make a list of possible activities for the weekend, including possibilities not pictured.

Il mio di·zio·na·rio

Add five words related to **La famiglia** and **Le descrizioni personali** to your personalized dictionary.

traduzione
marriage; wedding

categoria grammaticale
sostantivo (m.)

uso
Vado al matrimonio di mia cugina con il suo fidanzato.

sinonimi
nozze

antonimi
divorzio

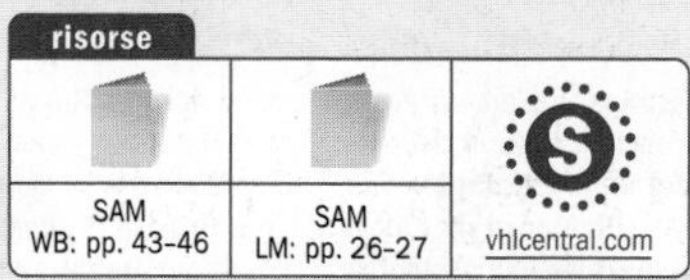

Panorama

Interactive Map

Gli italiani nel mondo

La popolazione in cifre

- **Cittadini italiani° residenti all'estero°:** *più di 4 milioni*
- **Germania:** *651.852*
- **Argentina:** *691.481*
- **Svizzera:** *558.545*
- **Francia:** *373.145*
- **Belgio:** *254.741*
- **Brasile:** *316.699*
- **Stati Uniti:** *223.429*
- **Regno Unito°:** *209.720*

FONTE: AIRE 2012

Stati con più oriundi italiani°:

- **Percentuale di statunitensi d'origine italiana:** *6%*
- **New York:** *2.833.825*
- **Pennsylvania:** *1.605.853*
- **New Jersey:** *1.577.028*
- **California:** *1.560.870*
- **Florida:** *1.231.122*
- **Massachusetts:** *913.186*
- **Illinois:** *844.254*
- **Ohio:** *769.060*
- **Connecticut:** *671.823*
- **Michigan:** *500.172*
- **Texas:** *467.824*
- **Louisiana:** *222.243*

FONTE: U.S. Census Bureau 2006 American Community Survey

Italoamericani celebri

- **Enrico Fermi,** *fisico° (1901–1954)*
- **Joe DiMaggio,** *giocatore di baseball (1914–1999)*
- **Frank Sinatra,** *cantante e attore (1915–1998)*
- **Nancy Pelosi,** *politica, prima donna presidente della Camera dei rappresentanti° (1940–)*
- **Liza Minnelli,** *attrice e cantante (1946–)*
- **Sofia Coppola,** *regista, sceneggiatrice° e attrice (1971–)*
- **Leonardo DiCaprio,** *attore (1974–)*

Suggestion Ask students with Italian American families about where they live. Ask if they have any Italian traditions in their family or if they prepare any particular Italian dishes. This is a good opportunity to explore the richness of Italian American culture in the United States, and also to point out how some Italian customs have changed since coming to this country.

il *North End*, il quartiere italiano di Boston

tifosi di calcio alle cascate del Niagara

Michigan
New York
Massachusetts
California
Connecticut
Illinois
Ohio
Pennsylvania
New Jersey
Texas
Louisiana
Florida

Una pasticciera italoamericana prepara *le colombe*.

Expansion Students may be interested to know that Italian citizens living abroad have parliamentary representation in Italy. Twelve of the 630 seats in the Chamber of Deputies (**la Camera dei deputati**) are reserved for Italian citizens living abroad. These seats are divided according to population across four different zones: Europe, South America, North and Central America, and the rest of the world. In addition, there are six senators elected to the Senate (**il Senato della Repubblica**) from the same geographical areas.

Incredibile ma vero!

La Dichiarazione° di indipendenza degli Stati Uniti d'America è firmata° da due italoamericani: William Paca e Caesar Rodney. Circa 1.500 hanno combattuto° per l'indipendenza degli Stati Uniti. Inoltre°, più di 5.000 italiani hanno partecipato° alla guerra civile° americana.

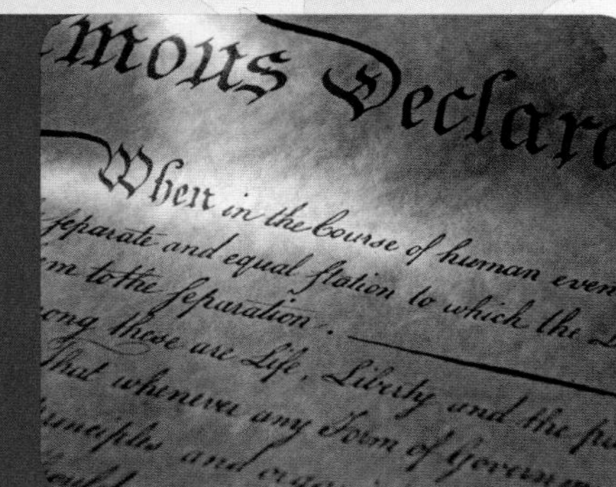

Cittadini italiani *Italian citizens* **all'estero** *abroad* **Regno Unito** *United Kingdom* **oriundi italiani** *people of Italian ancestry* **fisico** *physicist* **Camera dei rappresentanti** *House of Representatives* **sceneggiatrice** *screenwriter* **Dichiarazione** *Declaration* **è firmata** *is signed* **hanno combattuto** *fought* **Inoltre** *Furthermore* **hanno partecipato** *participated* **guerra civile** *Civil War*

La storia

La Piccola Italia in Argentina

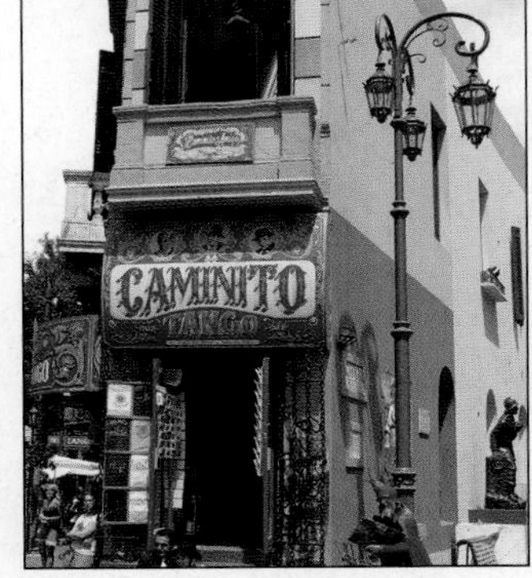

Molti italiani emigrano° in Argentina tra il 1870 e il 1970. Dai 15 ai 20 milioni di argentini hanno origine italiana. L'influenza della cultura e della lingua italiana è molto forte in Argentina. I primi italiani che si stabiliscono° a Buenos Aires provengono° dalla Liguria, dalla Lombardia e dal Piemonte. Il quartiere° italiano più famoso di Buenos Aires si chiama *La Boca*. Oggi *La Boca* è un quartiere turistico, famoso per le sue case dipinte° di vari colori, per l'aria europea che si respira nelle strade, per il tango ballato° nei locali sulla strada principale° e per la sua squadra di calcio.

Le feste

La Festa dei Gigli

La Festa dei Gigli° è una festa molto antica° (è nata in Italia nel 409 d.C.°) in onore di San Paolino di Nola. Questa festa è celebrata a luglio in Italia e anche negli Stati Uniti. Dal 1903 la comunità italoamericana di Williamsburg (Brooklyn) celebra ogni anno la ricorrenza° con più di cento uomini che portano *il Giglio*, una struttura alta cento metri, per le strade della città.

Le persone

John Turturro

John Turturro nasce a New York nel 1957. Il padre di John era originario di Giovinazzo, un paese vicino a Bari. Turturro studia recitazione° alla *Yale University School of Drama*. All'inizio della sua carriera lavora a Broadway. Vince molti premi° all'estero, ma gli resta da° vincere un Oscar. È famoso soprattutto° per la sua collaborazione con il regista Spike Lee e con i fratelli Coen.

La gastronomia

La bruschetta

La bruschetta è un piatto° italiano che è diventato° famoso nei ristoranti americani. Originariamente° la bruschetta era° un piatto povero° dei contadini° che mettevano un po' d'olio d'oliva sul pane. La bruschetta classica è preparata anche con aglio°, pomodoro e basilico fresco, ma può essere condita° con infiniti ingredienti. Oggi viene servita° come antipasto.

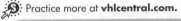

Quanto hai imparato? Completa le frasi.

1. William Paca ha firmato la Dichiarazione di indipendenza.
2. L'influenza della cultura e della lingua italiana è molto forte in Argentina.
3. *La Boca* è il quartiere italiano di Buenos Aires.
4. La Festa dei Gigli è molto antica.
5. Più di cento uomini portano il Giglio per la città.
6. Il padre di John Turturro è di Giovinazzo.
7. A Turturro resta da vincere un Oscar.
8. La bruschetta è un piatto famoso in America.
9. I contadini mettevano l'olio sul pane.
10. La bruschetta è preparata anche con aglio, pomodoro e basilico fresco.

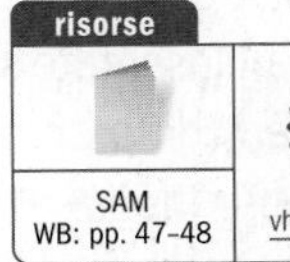

Practice more at **vhlcentral.com.**

SU INTERNET

Go to vhlcentral.com to find more cultural information related to this **Panorama**.

1. C'è un quartiere italiano nella città dove vivi? Ci sono ristoranti italiani vicino a casa tua?
2. Cerca una ricetta per la bruschetta.
3. Cerca informazioni sulla vita di un(a) italoamericano/a celebre.

emigrano *emigrate* **si stabiliscono** *settle* **provengono** *they come* **quartiere** *neighborhood* **dipinte** *painted* **ballato** *danced* **principale** *main* **Gigli** *lilies* **antica** *old* **d.C.** *AD* **ricorrenza** *holiday* **recitazione** *acting* **premi** *awards* **gli resta da** *he still hasn't* **soprattutto** *above all* **piatto** *dish* **è diventato** *has become* **Originariamente** *Originally* **era** *was* **povero** *humble* **contadini** *farmers* **aglio** *garlic* **può essere condita** *it can be garnished* **viene servita** *is served*

Lettura

Audio: Reading

Prima di leggere

STRATEGIA

Predicting content from visuals

When you read in Italian, be sure to look for visual cues that can orient you to the content and purpose of what you are reading. Photos and illustrations, for example, will often give you an idea of the topic of the reading.

You may also encounter helpful visuals that summarize large amounts of data in a way that is easy to comprehend; these visuals include bar graphs, pie charts, flow charts, lists of percentages, and other diagrams.

Animali domestici più diffusi°	
In Italia gli animali domestici sono più di 44 milioni.	
Cani	**6.900.000**
Gatti	**7.400.000**
Pesci	**15.800.000**
Uccelli°	**12.100.000**
Roditori°	**500.000**
Altri animali	**1.400.000**

diffusi *common* **Uccelli** *Birds* **Roditori** *Rodents*

Esamina il testo

Take a quick look at the visual elements of the article and make a list of ideas about its content. Then compare your list with a classmate's. Are your lists the same or different? Discuss any differences, and make a final list combining both of your ideas.

Suggestion Find out which students have pets and ask them to share nformation about their pets with the class. Ex.: **Chi ha un animale domestico a casa? Quanti di voi avete un cane? E quanti avete un gatto? Mariella, come si chiama il tuo cane? Quanti anni ha? Com'è?**

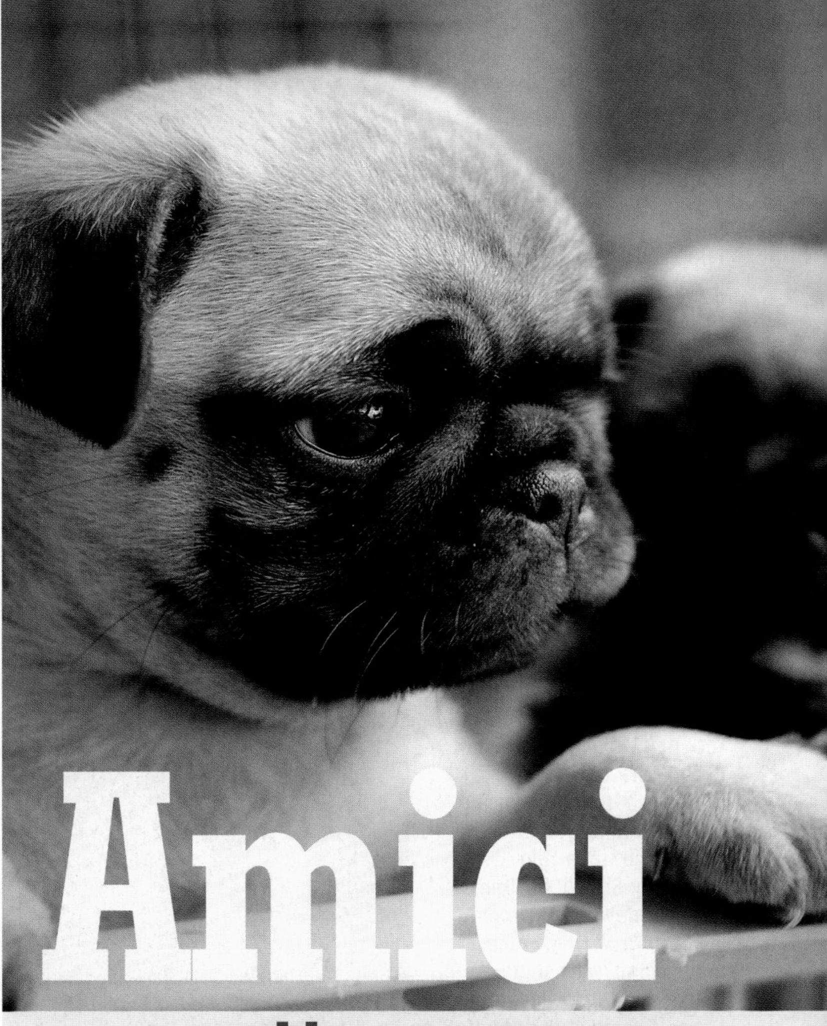

Amici a quattro zampe

Gli animali domestici sono molto importanti per gli italiani. Quasi° due nuclei familiari su tre° hanno un cane, un gatto, pesci o uccelli. I cani sono particolarmente preferiti dalle famiglie e dai giovani che hanno un giardino.

Un recente sondaggio° mostra che soprattutto le famiglie numerose e i giovani amano vivere con un amico a quattro zampe°. In particolare, il cane è considerato un ottimo compagno di giochi per i bambini e un amico fedele per tutti.

Alcuni degli intervistati° dicono° che un animale domestico aiuta a fare più esercizio fisico, altri dicono che diminuisce° lo stress, ma gli animali sono usati° inoltre come terapia, soprattutto per gli anziani.

In Italia gli animali domestici sono trattati come compagni di vita insostituibili°. I cani e i gatti di razza° sono circa il 20%. Spesso i loro padroni li iscrivono° a gare° di bellezza e di portamento°. Ci sono anche molte scuole di addestramento° e di rieducazione° per aiutare i cani che hanno avuto° un passato difficile.

Perché avere un animale domestico?

Ragioni	Cani	Gatti	Pesci	Uccelli
Per la compagnia	63,4%	61,5%	14%	35%
Per amore degli animali	47,0%	45,0%	22%	17%
Per il benessere° personale	41,1%	39,0%	0%	10%
Per i bambini	48,0%	28,0%	47%	33%
Per tenersi occupati°	41,0%	36,5%	0%	15%

Quasi *Almost* **due nuclei familiari su tre** *two households out of three* **sondaggio** *survey* **a quattro zampe** *four-footed* **Alcuni degli intervistati** *Some of the interviewees* **dicono** *say* **diminuisce** *reduces* **sono usati** *are used* **insostituibili** *irreplaceable* **di razza** *purebred* **li iscrivono** *register them* **gare** *competitions* **portamento** *bearing* **addestramento** *training* **rieducazione** *reeducation* **hanno avuto** *have had* **benessere** *well-being* **tenersi occupati** *keep busy*

Dopo la lettura

Expansion Have students correct the false statements.

Vero o falso Indicate whether each statement is **vero** or **falso**, based on the reading.

	Vero	Falso
1. Gli animali domestici sono considerati come compagni di vita.	☑	☐
2. È raro vedere una famiglia con bambini che ha un animale domestico.	☐	☑
3. Il gatto non è un animale apprezzato (*prized*) in Italia.	☐	☑
4. Alcuni degli intervistati dicono che un cane aiuta a fare più esercizio fisico.	☑	☐
5. Alcune persone dicono che un cane aumenta lo stress.	☐	☑
6. In Italia i cani e i gatti di razza non fanno mai gare di portamento.	☐	☑

Scegliere Choose the correct response according to the article.

1. Quanti sono in Italia i cani e i gatti di razza?
   - (a.) 20%-25%
   - b. 40%-45%
   - c. 55%-60%
2. Perché gli italiani hanno un animale domestico?
   - a. per avere più compagnia e più stress
   - b. per fare meno esercizio fisico
   - (c.) per avere più compagnia e diminuire lo stress
3. Che cosa pensano le famiglie italiane dei loro cani?
   - a. I cani sono meno diffusi nelle famiglie che hanno un giardino.
   - (b) I cani fanno parte della famiglia e sono compagni di vita insostituibili.
   - c. Il cane non è usato come terapia per gli anziani.
4. Quali animali domestici sono più numerosi in Italia?
   - a. i gatti
   - b. i cani
   - (c.) i pesci
5. Ci sono famiglie italiane che hanno altri tipi di animali domestici?
   - a. No.
   - (b.) Sì.

 Practice more at **vhlcentral.com.**

In ascolto

STRATEGIA

Asking for repetition/ Replaying the recording

Sometimes it is difficult to understand what people are saying, especially in a noisy environment. During a conversation, you can ask someone to repeat by saying **Come?** or **Scusi?** (*Pardon me?*). In class, you can ask your instructor to repeat by saying, **Ripeta, per favore** (*Repeat, please*). If you don't understand a recorded activity, you can simply replay it.

To help you practice this strategy, you will listen to a short paragraph. Ask your instructor to repeat it or replay the recording, and then summarize what you heard.

Preparazione

Based on the photograph, where do you think Susanna and Diana are? What do you think they are talking about?

Ascoltiamo

Now you are going to hear Susanna and Diana's conversation. Use **F** to indicate adjectives that describe Susanna's boyfriend, Fernando. Use **E** for adjectives that describe Diana's boyfriend, Edoardo. Some adjectives will not be used.

____	castano	F	ottimista
F	simpatico	E	intelligente
____	grosso	E	biondo
E	interessante	E	bello
E	gentile	____	brutto
F	divertente	F	paziente

Prima di ascoltare Ask students questions about the two women in the picture to help them guess what they may be talking about. Brainstorm different possibilities for the women's conversation and write them on the board. Ex.: **Dove sono Susanna e Diana? Di che cosa parlano? Del lavoro? Della famiglia? Dell'amore?**

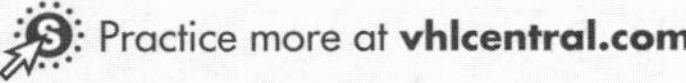

Practice more at **vhlcentral.com.**

Comprensione

Identificare Who do these statements describe?

1. Ha un problema con un ragazzo.
   Diana
2. Non parla con Diana.
   Edoardo
3. Lei è fortunata.
   Susanna
4. Loro parlano spesso.
   Susanna e Fernando
5. Lui è simpatico.
   Fernando
6. Lui è un po' timido.
   Edoardo

Vero o falso Indicate whether each statement is **vero** or **falso**, then correct the false ones.

1. Edoardo è un ragazzo molto paziente e ottimista.
   Falso. Fernando è molto paziente e ottimista.
2. Diana non ha fortuna con i ragazzi.
   Vero.
3. Susanna e il suo ragazzo parlano di tutto.
   Vero.
4. Edoardo parla spesso con Diana.
   Falso. Edoardo non parla spesso con Diana.
5. Fernando è un po' timido.
   Falso. Edoardo è un po' timido.
6. Susanna parla di molte cose con Fernando.
   Vero.

Scrittura

STRATEGIA

Using idea maps

How do you organize ideas for a first draft? Often, the organization of ideas represents the most challenging part of the writing process. Idea maps are useful for organizing pertinent information. Here is an example of an idea map you can use when writing.

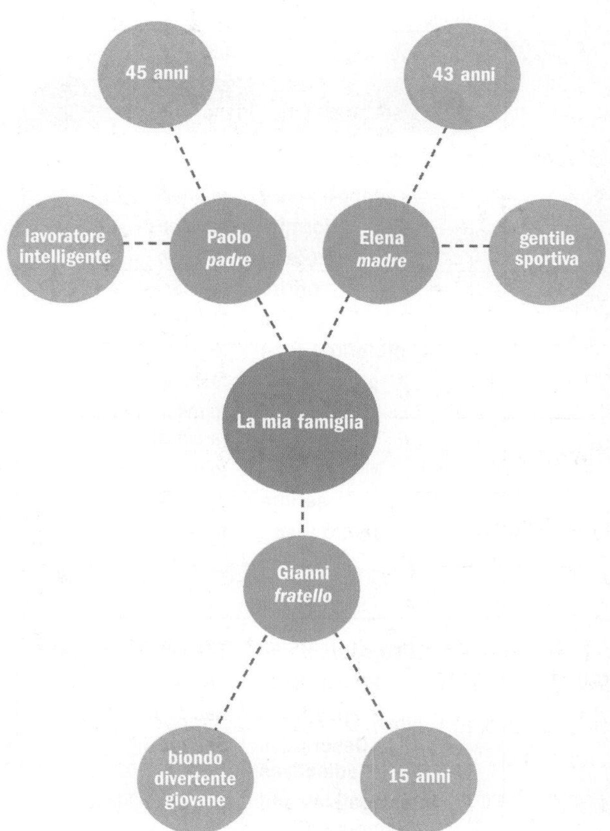

Successful Language Learning Remind students to always write their notes in Italian and not to be tempted to translate directly from English. They should only use words and phrases they are familiar with and not rely too heavily on the dictionary at this point. Point out that they already have plenty of vocabulary at their disposal and that they should make use of the vocabulary list on p. 114 as well as the suggestions on this page.

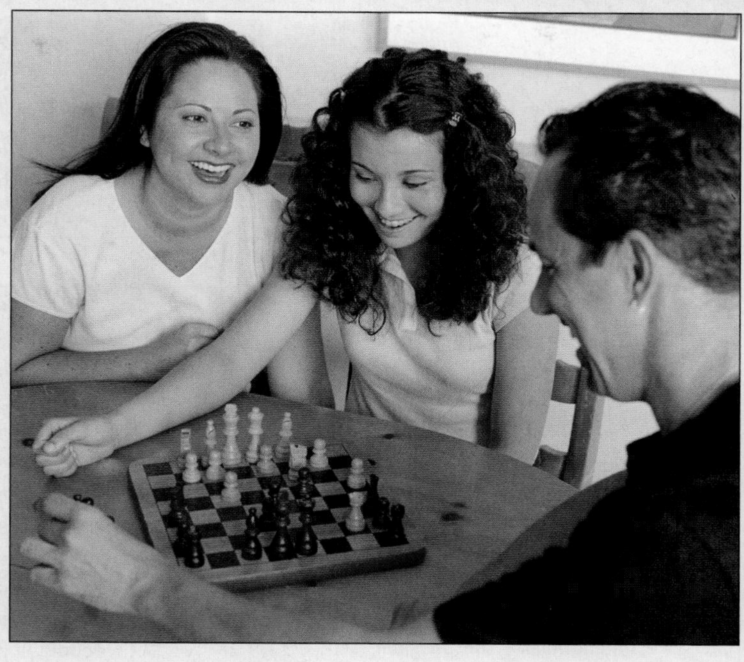

Tema

Scrivere una lettera

A friend you met in a chat room for Italian speakers wants to know about your family. Using some of the verbs and adjectives you learned in this lesson, write a brief letter describing your family or an imaginary family, including:

- Names and relationships
- Physical characteristics
- Hobbies and interests

Suggestion Tell students that it may be helpful to write their idea map on note cards so they can easily rearrange the ideas if necessary.

Here are some useful expressions for letter-writing in Italian:

Salutations

Caro Fabrizio,	*Dear Fabrizio,*
Cara Isidora,	*Dear Isidora,*

Asking for a response

Spero di sentirti presto.	*I hope to hear from you soon.*
Fammi sapere le tue novità.	*Let me know what's new with you.*

Closings

Bacioni!	*Big kisses!*
Baci e abbracci,	*Kisses and hugs,*
Baci,	*Kisses,*
Cari saluti,	*Warm regards,*
Ci sentiamo,	*We'll be in touch,*
A presto!	*See you soon!*
Con affetto,	*Fondly,*
Cordiali saluti,	*Kind regards,*

Suggestion Point out the differences in formality in the closings. For example, **Bacioni!** and **Baci e abbracci!** should only be used with close friends, while **Cari saluti** and **Cordiali saluti** are more formal.

VOCABOLARIO

Lo stato civile

celibe	*single (male)*
divorziato/a	*divorced*
fidanzato/a	*engaged*
nubile	*single (female)*
separato/a	*separated*
sposato/a	*married*
vedovo/a	*widowed*

La famiglia

il/la bambino/a	*child; baby*
il cognome	*last name*
la coppia	*couple*
il/la cugino/a	*cousin*
il/la figliastro/a	*stepson/ stepdaughter*
il/la figlio/a	*son/daughter*
il fratellastro	*stepbrother; half brother*
il fratellino	*little/younger brother*
il fratello	*brother*
i/le gemelli/e	*twins*
i genitori	*parents*
la madre	*mother*
il marito	*husband*
la matrigna	*stepmother*
la moglie	*wife*
il/la nipote	*nephew/niece; grandson/ granddaughter*
il/la nonno/a	*grandfather/ grandmother*
il padre	*father*
i parenti	*relatives*
il patrigno	*stepfather*
il/la ragazzo/a	*boy/girl; boyfriend/girlfriend*
la sorella	*sister*
la sorellastra	*stepsister; half sister*
la sorellina	*little/younger sister*
lo/la zio/a	*uncle/aunt*
maggiore	*elder*
minore	*younger*

I parenti acquisiti

il/la cognato/a	*brother-/sister-in-law*
il genero	*son-in-law*
la nuora	*daughter-in-law*
il/la suocero/a	*father-/mother-in-law*

Descrizioni personali

amaro/a	*bitter*
atletico/a	*athletic*
attivo/a	*active*
avaro/a	*greedy*
brillante	*bright*
convinto/a	*earnest*
coraggioso/a	*courageous*
crudele	*cruel*
curioso/a	*curious*
debole	*weak*
discreto/a	*discreet*
disponibile	*helpful*
dolce	*sweet*
duro/a	*hard; tough*
egoista	*selfish*
energico/a	*energetic*
fedele	*faithful*
forte	*strong*
geloso/a	*jealous*
gentile	*kind*
giovane	*young*
laborioso/a	*hardworking*
lamentoso/a	*whiny*
lento/a	*slow*
modesto/a	*modest*
paziente	*patient*
povero/a	*poor*
preferito/a	*favorite*
preoccupato/a	*worried*
pronto/a	*ready*
ricco/a	*rich*
spiritoso/a	*funny; clever*
stanco/a	*tired*
straniero/a	*foreign*
vecchio/a	*old*
veloce	*fast*

Professioni

l'architetto	*architect*
l'avvocato	*lawyer*
il/la cameriere/a	*waiter/waitress*
il/la giornalista	*journalist*
l'ingegnere	*engineer*
il/la musicista	*musician*
il/la parrucchiere/a	*hairdresser*
il/la proprietario/a	*owner*
l'uomo/la donna d'affari	*businessman/ business woman*

Gli animali domestici

il canarino	*canary*
il cane	*dog*
il gatto	*cat*
il pesce	*fish*

Verbi in *-ire*

aprire	*to open*
capire (-isc-)	*to understand*
dormire	*to sleep*
finire (-isc-)	*to finish*
offrire	*to offer*
partire	*to leave*
preferire (-isc-)	*to prefer*
pulire (-isc-)	*to clean*
seguire	*to follow; to take (a class)*
sentire	*to feel; to hear*
servire	*to serve*
spedire (-isc-)	*to send*

Espressioni utili	*See pp. 83 and 99.*
Possessives	*See p. 86.*
Prepositions	*See p. 88.*
Descriptive adjectives	*See pp. 102–103.*
Interrogatives and demonstratives	*See pp. 104–105.*

UNITÀ 4

Tecnologia e moda

Lezione 4A

Lezione 4B

Per cominciare

- Viola e Lorenzo fanno i compiti o fanno lo shopping? Fanno lo shopping.
- Hanno voglia di comprare una collana o una macchina fotografica digitale? Hanno voglia di comprare una collana.
- Sono interessati oppure annoiati? Sono interessati.
- Viola ha i capelli biondi o marroni? Ha i capelli marroni.

Lezione

4A

Communicative Goals

You will learn how to:

- talk about electronic communication
- talk about computer technology

CONTESTI

La tecnologia

Vocabulary Tools

Suggestion Introduce this material by asking questions about students' use of technology. Ex.: **Tu hai un computer portatile o un computer desktop? Mandi molti SMS? Quante e-mail scrivi in un giorno? Parli al cellulare in classe? Ascolti la musica sul lettore MP3?**

Vocabolario

usare la tecnolog**ị**a	*using technology*
accẹndere	*to turn on*
cancellare	*to erase*
caricare	*to charge; to load*
cominciare	*to start*
comporre*	*to dial (a number)*
ẹssere connesso/a	*to be connected*
ẹssere in lịnea	*to be online*
funzionare	*to work, to function*
navigare in rete	*to surf the Internet*
registrare	*to record*
salvare	*to save*
scaricare	*to download*
spẹgnere*	*to turn off*
stampare	*to print*
tẹrmini tecnọlogici	*technology terms*
il canale (televisivo)	*(television) channel*
il cạrica batterịa	*battery charger*
la cartella	*folder*
il (computer) portạtile	*laptop (computer)*
il documento	*document*
l'e-mail (*f.*)	*e-mail message*
l'impianto stẹreo	*stereo system*
il lettore DVD	*DVD player*
la mạcchina fotogrạfica (digitale)	*(digital) camera*
il messaggio (di testo); l'SMS	*text message*
il micrọfono	*microphone*
la password	*password*
il programma	*program*
la rete	*network; Internet*
il sito Internet	*web site*
lo smartphone	*smartphone*
il videogioco	*video game*

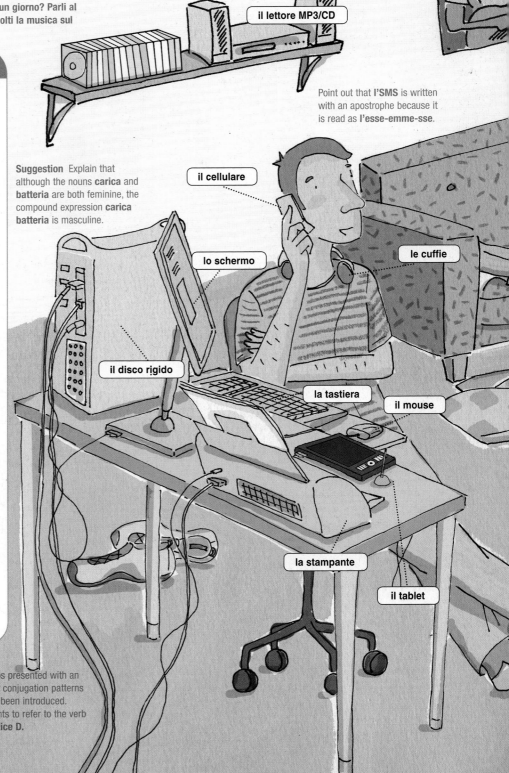

il lettore MP3/CD

Point out that **l'SMS** is written with an apostrophe because it is read as **l'esse-emme-sse**.

Suggestion Explain that although the nouns **carica** and **batteria** are both feminine, the compound expression **carica batteria** is masculine.

il cellulare

lo schermo

le cuffie

il disco rigido

la tastiera

il mouse

la stampante

il tablet

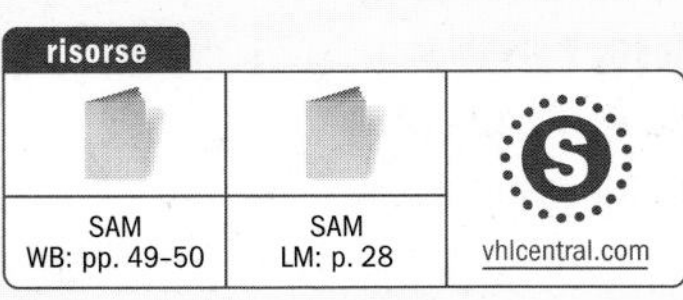

Suggestion Verbs presented with an asterisk (*) follow conjugation patterns that have not yet been introduced. Encourage students to refer to the verb charts in **Appendice D.**

Attenzione!

The conjugation of **comporre** (*to dial; to compose*) is irregular:

compongo	**componiamo**
componi	**componete**
compone	**compongono**

Irregular verbs are marked with an asterisk (*) the first time they are presented in this text. See **Appendice D** for the full conjugation tables.

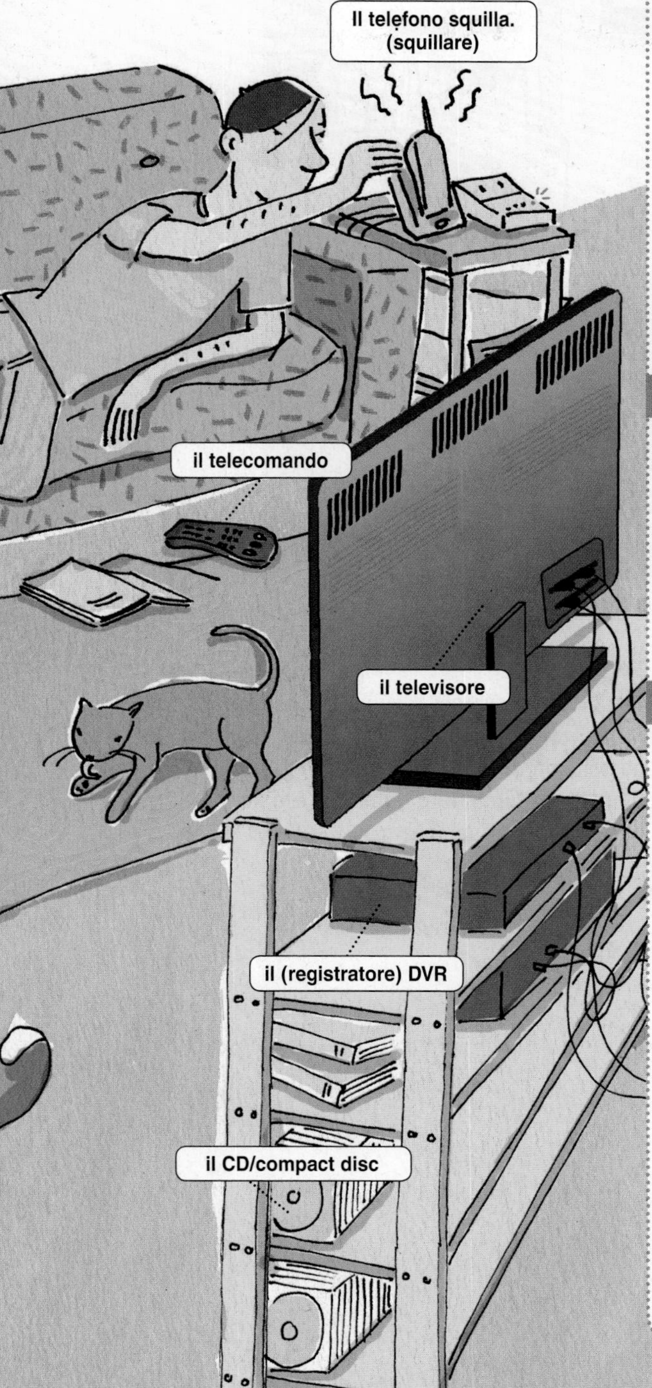

Pratica

1 Mettere etichette **Abbina (*Match*) ogni foto con la parola adatta dell'elenco (*list*).**

a. il tablet
b. la tastiera
c. lo smartphone
d. l'impianto stereo
e. il telecomando
f. il microfono

1. d

2. c

3. f

4. b

5. e

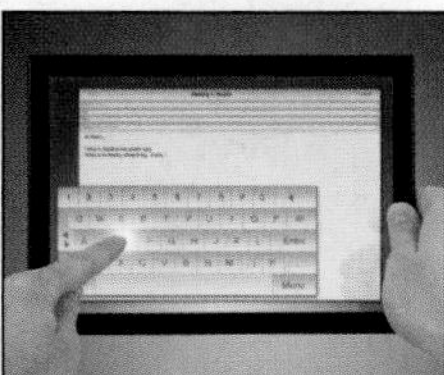

6. a

2 Completare **Completa ogni frase (*sentence*) con la parola o espressione giusta.**

1. Lui salva i documenti prima di (*before*) spegnere il computer.
2. Maurizio ha bisogno di essere connesso/in linea per vedere i siti Internet.
3. Outlook è un programma per scrivere e leggere l'e-mail.
4. Il cellulare di Marina squilla sempre durante la lezione.
5. Ambrosio porta il computer portatile in biblioteca per studiare.
6. Mi piace molto navigare in rete.

3 Scegliere **Scegli (*Choose*) la risposta migliore (*best*).**

1. Puoi (*Can you*) stampare questo documento?
   - (a.) Sì, accendo subito la stampante.
   - b. Sì, ecco il cellulare!
   - c. Sì, spengo la stampante.
2. Facciamo una fotografia!
   - a. Prendo il lettore DVD.
   - b. Prendo lo schermo.
   - (c.) Prendo la macchina fotografica digitale.
3. Sento squillare un telefono!
   - (a.) Sì, è il cellulare.
   - b. Sì, è la rete.
   - c. Sì, è il lettore MP3.
4. Per fare i compiti ho bisogno di...
   - a. comporre il numero.
   - (b.) accendere il computer.
   - c. spegnere il programma.
5. Perché accendi lo stereo?
   - (a.) per ascoltare questo CD
   - b. per salvare questo programma
   - c. per spegnere il registratore DVR.
6. Questo film è noioso!
   - a. Dov'è lo schermo?
   - b. Dov'è il carica batteria?
   - (c.) Dov'è il telecomando?

Practice more at **vhlcentral.com.**

Comunicazione

4 **Cosa c'è nel negozio?** A coppie, fate domande sugli oggetti indicati. Answers will vary.

MODELLO

S1: *C'è uno stereo?*
S2: *Sì, c'è uno stereo.*

carica batteria	lettore MP3/CD	telecomando
computer portatile	registratore DVR	televisore
cuffie	stampante	videogioco

5 **Di che cosa hanno bisogno?** A coppie, ascoltate le conversazioni e decidete di che cosa hanno bisogno le persone. Scrivi il numero della conversazione accanto (*next to*) all'oggetto giusto.

1. __2__ il lettore CD
2. __4__ il cellulare
3. __3__ la macchina fotografica
4. __1__ il telecomando

6 **La mia famiglia** In gruppi di tre, parlate dei vari dispositivi elettronici (*electronic devices*) che hanno in casa e che amano usare le vostre famiglie. Answers will vary.

MODELLO

S1: *Mia sorella adora parlare al telefono! Usa il cellulare tutto il giorno.*
S2: *Mio fratello ha un lettore MP3 molto bello. Gli piace ascoltare la musica...*

6 Expansion Call on individual students to report their results to the class. Have a discussion comparing the different results.

7 **Parole crociate** Lavorate a coppie. L'insegnante vi darà (*will give you*) due fogli diversi, ciascuno (*each one*) con uno schema di parole crociate (*crossword puzzle*) incompleto. A turno, fate domande e date definizioni per completare gli schemi. Answers will vary.

MODELLO

S1: *Uno orizzontale (across): usi questo oggetto per fare fotografie.*
S2: *La macchina fotografica!*

Pronuncia e ortografia

The letter *r*

faro **loro** **prẹndere** **rịdere**

Unlike in English, the Italian **r** is pronounced at the front of the mouth with the tip of the tongue touching the roof of the mouth near the teeth. This results in a rolled or tapped *r* sound.

arrivare **farro** **porre** **terra**

The double **r** is held for an extra beat and has a trilled sound.

rana **ricotta** **risotto** **Roma**

When **r** appears at the beginning of a word, it is important to flap the tip of the tongue near the upper teeth to ensure proper trilled pronunciation of both the **r** and the vowel that follows.

cạmera **crẹdere** **ora** **prete**

When **r** follows a vowel, correct pronunciation of the preceding vowel will ease the rolling of the **r**. When preceded by a consonant, **r** maintains its rolled sound.

Suggestion Model the sound of the trilled **r** for the class. Emphasize that this sound can be learned with practice. To help students produce the sound correctly, have them say **brrrrrr**, which puts the tongue in the right position.

Pronunciare Ripeti le parole ad alta voce.

1. radio
2. comporre
3. per
4. restare
5. arte
6. cronica
7. caro
8. rosso
9. raro
10. troppo
11. programma
12. registratore

Articolare Ripeti le frasi ad alta voce.

1. Mario corre al ristorante.
2. Porti una camicia azzurra martedì?
3. Compro una rosa per mia madre.
4. Loro arrivano a Roma.
5. Carlo Rossi scrive un romanzo.
6. Fa fresco d'inverno a Firenze?

Articolare Have students repeat the list as a class, then go around the room and call on individual students to read the sentences aloud. Wait until a student has finished the sentence, then model the correct pronunciation of any words he/she missed and have him/her repeat those words.

Proverbi Ripeti i proverbi ad alta voce.

[1] He who laughs last, laughs best.
[2] Red sky at night, sailor's delight. (lit. Red in the evening, one expects beautiful weather.)

risorse

FOTOROMANZO

Un brindisi per il laptop

Video: *Fotoromanzo*

Prima di vedere Have students scan the images without reading the script and try to predict the content of the video.

PERSONAGGI

Emily

Lorenzo

Paolo

Riccardo

Viola

EMILY Peter vuole venire in Italia.
VIOLA E tu che ne pensi?
(Emily scrolla le spalle.)
VIOLA Ma non puoi dirlo, vero?

EMILY Voglio un caffè... Vieni con me?
VIOLA Va bene.
RICCARDO Scusa Emily, posso usare il computer per scaricare una canzone?
EMILY Certo.
RICCARDO Grazie. Ti devo un favore.

RICCARDO Sei connessa? Voglio navigare su Internet. Lo schermo del mio cellulare è difficile da usare. Qual è la password?
(Emily scrive la password.)
RICCARDO Grazie. Deve essere l'ora del caffè. Aspettate.
EMILY Sbrigati.

LORENZO Vuol dire «venire a Roma». Chi viene a Roma?
VIOLA Peter.
LORENZO Chi è Peter?
RICCARDO Il ragazzo di Emily.
PAOLO Tu hai un ragazzo?
EMILY Non è esattamente il mio ragazzo. Usciamo insieme di tanto in tanto da cinque mesi.

EMILY Non voglio vedere Peter a Roma.
LORENZO È un egoista. Non capisce che tu vuoi frequentare l'università e fare nuove amicizie.
EMILY Sì.
RICCARDO Francesca!
VIOLA Chi è Francesca?
LORENZO È la mia ex-ragazza.

PAOLO Il tuo computer funziona adesso.
EMILY Grazie mille, Paolo!
PAOLO Però devi salvare i tuoi documenti!
RICCARDO Ho un'idea, ragazzi: possiamo fare un canale TV.
VIOLA Che vuoi dire?

ATTIVITÀ

1 Vero o falso? **Decidi se le seguenti affermazioni sono vere o false.**

1. Peter vuole andare in Italia. Vero.
2. Riccardo vuole usare il computer per scaricare un film. Falso.
3. Riccardo ha un cellulare. Vero.
4. Paolo aggiusta il computer. Vero.
5. Paolo cancella il disco rigido. Falso.
6. Emily e Peter escono insieme da otto mesi. Falso.
7. Francesca è la ragazza di Riccardo. Falso.
8. Riccardo vuole fare un blog della pensione. Vero.
9. Paolo è un esperto d'informatica. Vero.
10. Secondo Lorenzo, Riccardo non è intelligente. Falso.

Suggestion Have students correct the false statements.

Practice more at **vhlcentral.com.**

I ragazzi decidono di creare un blog della pensione.

4

EMILY Che succede al mio computer?
RICCARDO Non lo so. Io e Peter...
EMILY Peter?
PAOLO Tutto bene?
EMILY Paolo! Puoi aggiustare il mio computer?
PAOLO Tranquilla, ci penso io.

5

EMILY Non puoi più usare il mio computer, Riccardo.
PAOLO Posso cancellare il disco rigido?
EMILY No! Sei pazzo?
PAOLO Scusa, Emily. Posso farcela lo stesso. Devo caricare un programma da un CD-ROM.
RICCARDO Cosa vuol dire «*coming to Rome*»?

9

RICCARDO Blog della pensione. Con il sito di Emily possiamo dire alle nostre famiglie e ai nostri amici com'è la nostra vita a Roma. E Paolo può essere il nostro «piccolo esperto informatico».
VIOLA Che bello!
PAOLO Come «piccolo»?

10

LORENZO Sei un genio, Riccardo.
RICCARDO Che ne pensi, Emily?
EMILY Ora posso prendere trenta in Cultura Italiana.

Suggestion Point out that in Italian universities, grades range from 18 to 30. When students do exceptionally well on an exam, they can receive **trenta e lode** (cum laude).

Dopo la visione Assign roles and have the students act out the video in groups.

Espressioni utili

Expressing possibility, desire, and obligation

- **Vuole venire in Italia.**
  He wants to come to Italy.
- **Ma non puoi dirlo, vero?**
  But you can't say that, right?
- **Puoi aggiustare...?**
  Can you fix . . . ?
- **Non puoi più usare il mio computer.**
  You can't use my computer anymore.
- **Posso farcela lo stesso.**
  I can do it anyway.
- **Possiamo dire ai nostri amici com'è la nostra vita a Roma.**
  We can tell our friends what our life in Rome is like.
- **Voglio...**
  I want . . .
- **Posso usare...?**
  Can I use . . . ?
- **Ti devo un favore.**
  I owe you one.
- **deve essere**
  it must be

Additional vocabulary

- **Che ne pensi?**
  What do you think (about it)?
- **Vieni con me?**
  Are you coming with me?
- **Che cosa vuol dire...?**
  What does . . . mean?
- **Usciamo insieme di tanto in tanto da cinque mesi.**
  We've been going out on and off for five months.
- **Sbrigati.**
  Hurry up.
- **Ci penso io.**
  I'll take care of this.
- **Come «piccolo»?**
  What do you mean, "little"?
- **Sei un genio.**
  You're a genius.
- **Va bene.**
  OK.

2  **Per parlare un po'** A coppie, descrivete come usate la tecnologia. Avete un computer? Per che cosa usate il computer di solito? Avete un blog? Perché sì o perché no? Answers will vary.

Expansion Have students write a blog entry of at least 80 words for Emily's Web site.

3  **Approfondimento** Alcune invenzioni tecnologiche importanti sono di origine italiana. Fai una ricerca e scopri chi e quando ha inventato (*invented*) il telescopio, la pila (*battery*) e la radio. Poi cerca un'immagine di una di queste persone e descrivi le sue caratteristiche fisiche. Answers will vary.

risorse
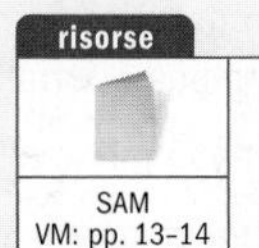
SAM
VM: pp. 13–14

vhlcentral.com

ATTIVITÀ

CULTURA

IN PRIMO PIANO

Gli italiani sempre raggiungibili°

Gli studenti italiani vivono immersi° nella tecnologia ogni giorno della loro vita, da quando si svegliano° a quando vanno a dormire. Al mattino la sveglia del cellulare segnala° l'inizio della giornata. È poi il momento di controllare la posta elettronica e scrivere qualche e-mail. Prima di uscire di° casa i giovani prendono sempre il lettore MP3, un accessorio fondamentale, e naturalmente, tengono il cellulare sempre acceso°, ventiquattro ore su ventiquattro°.

Anche le strade italiane, come quelle americane, sono piene° di persone che parlano da sole°, perché usano apparecchi Bluetooth e cuffie. Tuttavia non è ancora possibile comparare l'Italia e gli Stati Uniti per quanto riguarda° l'uso di Internet nei bar°. Le catene° di caffè non sono molto diffuse° in Italia e i numerosi bar sono solamente un luogo di ritrovo° e non un ufficio con tanti computer portatili. Ci sono, però, degli Internet café a pagamento° per navigare in rete o per stampare documenti, soprattutto nelle grandi città.

Un metodo di comunicazione molto popolare tra i giovani sono gli SMS e i messaggi istantanei. È inoltre comune «fare uno squillo» sul cellulare degli amici, cioè fare squillare il telefono per poco, senza aspettare una risposta, con il significato di «ti penso°», «va bene», «sto uscendo° di casa adesso». L'uso della segreteria telefonica° non è diffuso e lasciare° i messaggi vocali non è quasi mai necessario perché gli italiani hanno generalmente il cellulare acceso e sono sempre raggiungibili.

raggiungibili *reachable* **immersi** *immersed* **si svegliano** *they wake up* **segnala** *marks* **Prima di uscire di** *Before leaving* **acceso** *turned on* **ventiquattro ore su ventiquattro** *twenty-four hours a day* **piene** *full* **da sole** *by themselves* **per quanto riguarda** *in terms of* **bar** *cafés* **catene** *chains* **diffuse** *widespread* **luogo di ritrovo** *meeting place* **a pagamento** *for pay* **ti penso** *I'm thinking of you* **sto uscendo** *I'm leaving* **segreteria telefonica** *voicemail* **lasciare** *leaving*

La diffusione di Internet e cellulari in Italia

Dotati di accesso a Internet da casa	75% d'Italiani 11-74 anni
Possessori di cellulare	97% d'Italiani maggiori di 16 anni
Possessori di smartphone	62% d'Italiani maggiori di 16 anni
Possessori di più di un dispositivo mobile	35% d'Italiani maggiori di 16 anni

FONTE: Nielsen (2013)

ATTIVITÀ

1 **Vero o falso?** Indica se l'affermazione è **vera** o **falsa**. Correggi le affermazioni false.

1. Il cellulare degli italiani è generalmente sempre acceso. Vero.
2. Tutti gli studenti usano un orologio sveglia al mattino. Falso. Molti studenti usano il cellulare come sveglia.
3. Anche in Italia, come negli Stati Uniti, molte persone vanno nei bar con il computer portatile. Falso. In Italia non è comune usare il portatile nei bar.
4. In Italia sono molto diffusi i lettori MP3. Vero.
5. Ci sono molti italiani che camminano e parlano al cellulare. Vero.
6. In Italia le catene di caffè non sono molto diffuse. Vero.
7. Negli Internet café è possibile usare il computer senza pagare. Falso. Gli Internet café sono a pagamento.
8. I giovani scrivono lettere per dire «ti penso». Falso. Fanno uno squillo.
9. Gli italiani spesso lasciano messaggi vocali in segreteria telefonica. Falso. L'uso della segreteria telefonica non è diffuso.
10. Il bar italiano è un luogo di ritrovo. Vero.

Practice more at **vhlcentral.com.**

Dopo la lettura Discuss the differences between technology use in Italy and in the United States, particularly among young people. Ask students if their habits resemble those of young Italians.

L'italiano quotidiano Tell that **baci** and **un bacione** are common ways to end correspondence between friends. Emphasize that they do not necessarily imply a romantic relationship.

L'ITALIANO QUOTIDIANO

Gli SMS

Suggestion Have students write down and "send" each other **SMS** messages on index cards, including several of these abbreviations.

Messaggio	**Significato italiano**
ASP	*Aspetta!*
KE	*Che*
C6 STAS?	*Ci sei stasera?°*
CMQ	*Comunque°*
XCHE	*Perché*
TVB	*Ti voglio bene°.*
TA	*Ti amo°.*

Ci sei stasera? *Are you around tonight?* **Comunque** *However*
Ti voglio bene *I care for you* **Ti amo** *I love you*

USI E COSTUMI

Navigare in Internet in Italia

Il mouse, **l'e-mail** e **il sito web** sono veramente parole italiane? È comune, infatti, usare parole inglesi nel campo delle tecnologie informatiche°. Spesso si parla del **software** e molti giovani passano ore a **chattare** con i programmi di messaggi istantanei. Esistono°, però, parole italiane per sostituire° quelle inglesi. Per esempio la **chiocciola** è il nome del simbolo «@» degli indirizzi e-mail, oppure, per dirlo all'italiana°, la **posta elettronica**. Quindi l'indirizzo **mario_rossi@posta.it** si dice «mario-trattino basso°-rossi-chiocciola-posta-punto-it». Anche i siti web hanno una pronuncia italiana: «vu-vu-vu-punto-rai-punto-it» corrisponde a **www.rai.it**, che permette di connettersi° al sito della Radiotelevisione Italiana, dove è possibile guardare i telegiornali° nazionali e regionali.

tecnologie informatiche *information technology* **Esistono** *There exist*
per sostituire *to substitute* **per dirlo all'italiana** *to say it the Italian way*
trattino basso *underscore* **connettersi** *to connect*
telegiornali *news programs*

RITRATTO

Carlo Rubbia

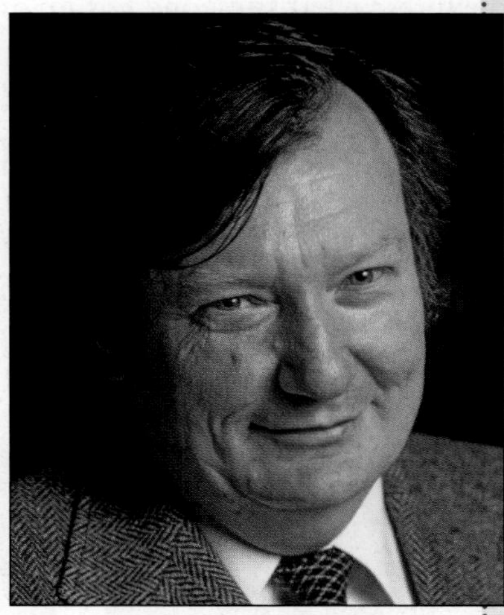

Il fisico° **Carlo Rubbia** nasce a Gorizia nel 1934. Si interessa alla scienza e al pensiero scientifico fin da bambino, soprattutto all'elettronica e alla meccanica. Nel 1957 si laurea° presso° la Scuola Normale di Pisa, una delle università più prestigiose d'Italia. Poi decide di trasferirsi° negli Stati Uniti per fare ricerca presso la Columbia University. S'innamora degli° Stati Uniti, dove ritorna nel 1971; per circa quindici anni insegna alla Harvard University. Durante i suoi continui viaggi certamente non perde tempo°; al contrario, con la collaborazione di altri fisici, vince il premio Nobel per la fisica nel 1984 per la scoperta delle particelle° W e Z.

fisico *physicist* **pensiero scientifico** *scientific ideas* **si laurea** *he graduates*
presso *at* **trasferirsi** *to move* **S'innamora degli** *He falls in love with*
certamente non perde tempo *he certainly wastes no time*
scoperta delle particelle *discovery of the particles*

SU INTERNET

***Facebook* è comune anche in Italia? Chi lo usa?**

Go to **vhlcentral.com** to find more information related to this **CULTURA**.

ATTIVITÀ

2 Completare Completa le frasi.

1. Carlo Rubbia è un __fisico__.
2. Ha fatto molti viaggi negli __Stati Uniti__.
3. Ha vinto il premio __Nobel__ per una sua scoperta in fisica.
4. Negli indirizzi e-mail il simbolo «@» si chiama __chiocciola__.
5. Sul sito della Rai è possibile guardare i __telegiornali__.
6. Per chattare i giovani scrivono messaggi __istantanei__.

3 A voi A coppie, discutete le differenze tra gli Stati Uniti e l'Italia per quanto riguarda la tecnologia. Answers will vary.

1. Negli Stati Uniti è comune mandare SMS?
2. Le persone adulte usano il cellulare?
3. Gli americani sono maniaci del (*crazy about*) cellulare come gli italiani?

Suggestion If you have a computer in your classroom, bring up some Italian Web sites, such as media sites or **www.rai.it**, to show students. Ask them to find other sites on their own and report them to the class.

NATIONAL comparisons STANDARDS

4A.1 Dovere, potere, and volere

Punto di partenza The verbs **dovere** (*to have to/must; to owe*), **potere** (*to be able to/can*), and **volere** (*to want*) are irregular. All three are commonly used in two-verb constructions with infinitives to express what someone *has to*, *can*, or *wants to* do.

Suggestion Point out the important difference between *to have* (**avere**) and *to have to* (**dovere**).

dovere (to have to)	
devo	dobbiamo
devi	dovete
deve	devono

Grazie. Ti devo un favore.

Devi salvare i tuoi documenti!

- **Dovere** is normally used with other verbs to express obligation. Use a conjugated form of **dovere** + [*infinitive*] to express what *has to* or *must* be done.

  Devo scaricare il documento.
  ***I must download** the document.*

  Dovete comporre il numero.
  ***You have to dial** the number.*

- In addition to obligation, **dovere** + [*infinitive*] can imply probability.

  Non risponde! Il suo cellulare **deve essere** spento.
  *There's no answer! His phone **must be** switched off.*

- **Dovere** also means *to owe*. In this case, **dovere** is used without another verb.

  Devi cento euro alla mamma?
  ***Do you owe** Mom 100 euros?*

  Non dobbiamo niente.
  ***We don't owe** anything.*

- Like **dovere**, **potere** is normally used with other verbs. The verb that follows **potere** must always be in the infinitive form.

potere (to be able to)	
posso	possiamo
puoi	potete
può	possono

Puoi salvare la password?
***Are you able to save** the password?*

Non posso accendere la TV.
***I can't turn on** the TV.*

1 Expansion Find out what the students want to do, and what they have to do to achieve it. Start by giving an example yourself. Ex.: **Io voglio imparare a giocare a tennis, quindi devo fare lezioni. E tu, Cinzia, cosa vuoi fare?**

PRATICA

1 Completare Completa ogni frase con la forma corretta di **volere** e **dovere**.

1. Io __voglio__ mangiare bene, quindi __devo__ preparare i broccoli e gli zucchini.
2. Lino __vuole__ ascoltare la musica, quindi __deve__ comprare un lettore MP3.
3. Noi __vogliamo__ prendere un buon voto, quindi __dobbiamo__ studiare.
4. I bambini __vogliono__ giocare a calcio, quindi __devono__ chiamare gli amici.
5. Tu __vuoi__ guardare la televisione, quindi __devi__ fare i compiti.
6. Voi __volete__ scrivere un libro, quindi __dovete__ fare molta ricerca.

2 Descrivere Crea frasi complete per descrivere che cosa possono fare queste persone al computer.

MODELLO Giovanni / cancellare il documento
Giovanni può cancellare il documento.

1. Marco / navigare in rete
   Marco può navigare in rete.
2. Benito e Anna / scaricare il programma
   Benito e Anna possono scaricare il programma.
3. tu e Giovanni / stampare i documenti
   Tu e Giovanni potete stampare i documenti.
4. io / salvare l'e-mail
   Io posso salvare l'e-mail.
5. io e Patrizio / registrare la password
   Io e Patrizio possiamo registrare la password.
6. tu / spegnere il computer
   Tu puoi spegnere il computer.

3 Identificare Usa i disegni per spiegare che cosa vuole comprare ogni persona.

MODELLO Lorenzo / videogioco
Lorenzo vuole comprare un videogioco.

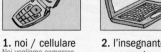

1. noi / cellulare
Noi vogliamo comprare un cellulare.

2. l'insegnante / computer portatile
L'insegnante vuole comprare un computer portatile.

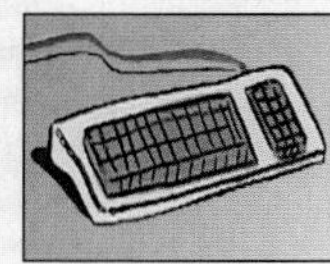

3. Sofia e Marco / tastiera
Sofia e Marco vogliono comprare una tastiera.

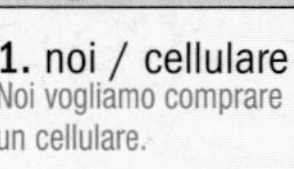

4. voi / televisore
Voi volete comprare un televisore.

5. io / stampante
Io voglio comprare una stampante.

6. Susanna / cuffie
Susanna vuole comprare le cuffie.

Practice more at **vhlcentral.com.**

COMUNICAZIONE

4 **Consigli** A coppie, guardate che cosa vogliono fare le persone a sinistra (*on the left*) e decidete quale attività a destra (*on the right*) devono fare. Poi create una frase completa.

MODELLO

Giorgio / stampare documenti → comprare una stampante
Giorgio vuole stampare documenti, quindi deve comprare una stampante.

1. io / ascoltare il CD Io voglio ascoltare il CD, quindi devo cercare le cuffie.	imparare a nuotare
2. Luigi e Ugo / fare fotografie Luigi e Ugo vogliono fare fotografie, quindi devono comprare la macchina fotografica.	comprare la macchina fotografica
3. tu / fare la modella Tu vuoi fare la modella, quindi devi essere in forma.	andare in biblioteca
4. noi / imparare l'italiano Noi vogliamo imparare l'italiano, quindi dobbiamo avere un dizionario.	essere in forma
5. gli studenti / studiare molto Gli studenti vogliono studiare molto, quindi devono andare in biblioteca.	cercare le cuffie
6. Mario / fare nuoto Mario vuole fare nuoto, quindi deve imparare a nuotare.	avere un dizionario

5 **Cosa possiamo fare?** In gruppi di tre, parlate di ogni oggetto e dite che cosa volete o potete fare con quell'oggetto. Answers will vary.

5 Expansion Have students report their results to the class and see if their classmates have any other uses for each object.

MODELLO un cellulare

S1: *Voglio usare il cellulare per chiamare gli amici.*
S2: *Io posso usare il cellulare per mandare SMS.*

1. un computer
2. uno smartphone
3. un impianto stereo
4. una macchina fotografica
5. un registratore DVR
6. un telecomando

6 **Inviti** In gruppi di quattro, fate a turno a invitare i vostri amici alle varie attività. Se rifiutate un invito (*you turn down an invitation*), dite che cosa dovete o volete fare invece (*instead*). Answers will vary.

MODELLO

S1: *Volete giocare a calcio?*
S2: *Voglio, ma non posso. Devo studiare.*

1.

2.

3.

4.

5.

6.

6 Suggestion Tell students they must turn down at least four of the invitations.

- **Potere** can express either ability (the equivalent of *can* in English) or permission to do something (*may* in English).

Non posso trovare il telecomando! ***I can't*** *find the remote control!*	**Posso** usare il tuo cellulare? ***May I*** *use your cell phone?*

- **Volere** can be used either with nouns or with verbs in the infinitive form.

volere (to want)

voglio	vogliamo
vuoi	volete
vuole	vogliono

Vuoi comprare un computer? ***Do you want to buy*** *a computer?*	Sì, **voglio** un nuovo computer. *Yes,* ***I want*** *a new computer.*

- In **Lezione 2B** you learned the expression **avere voglia di**. Use this expression to mean *to feel like having/doing something*; use the verb **volere** to express *to want*.

Hai voglia di guardare la TV? ***Do you feel like*** *watching TV?*	**Vogliono** navigare in rete. ***They want*** *to surf the Internet.*

- **Volere** followed by the infinitive **dire** (*to say; to tell*) expresses *to mean*. Use the expression **Cosa vuol dire...?** to ask what something means. Note that the form **vuole** is commonly shortened to **vuol** in this construction.

Se squilla, **vuol dire** che funziona. *If it rings,* ***it means*** *it's working.*	**Cosa vogliono dire** queste frasi? ***What do*** *these sentences* ***mean?***

Provalo! Completa ogni frase con la forma corretta del verbo indicato.

dovere

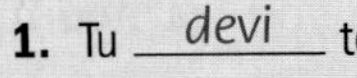
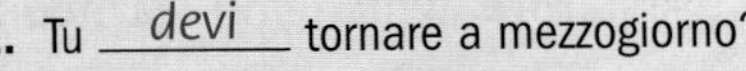

1. Tu _devi_ tornare a mezzogiorno?
2. Virginia _deve_ mangiare alle dodici e trenta.
3. Noi _dobbiamo_ dare alla mamma venti euro.

potere

4. Io non _posso_ lavare i piatti (*dishes*) stasera.
5. Tu _puoi_ comprare i biglietti per il cinema?
6. Gianna _può_ andare all'università in bicicletta.

volere

7. Voi _volete_ andare al ristorante domenica?
8. Anna, _vuoi_ un caffè o un cappuccino?
9. I professori _vogliono_ preparare un esame facile.

NATIONAL comparisons STANDARDS

4A.2 *Dire*, *uscire*, and *venire*, and disjunctive pronouns

Punto di partenza The verbs **dire** (*to say; to tell*), **uscire** (*to go out; to leave*), and **venire** (*to come*) are irregular.

dire, uscire, and venire

	dire	uscire	venire
io	dico	esco	vengo
tu	dici	esci	vieni
Lei/lui/lei	dice	esce	viene
noi	diciamo	usciamo	veniamo
voi	dite	uscite	venite
loro	dịcono	ẹscono	vẹngono

- Most forms of **dire** use the stem of the original Latin infinitive *dicere.*

Diciamo «Ciao» al professore tutte le mattine.
We say "Hi" to the professor every morning.

L'insegnante **dice** che devo stampare i compiti.
The teacher says I have to print out the homework.

- **Dire** means *to say* or *to tell*. Do not confuse it with **parlare** (*to speak*), which you learned in **Lezione 2A**.

Cosa dici a Stefania?
***What are you telling** Stefania?*

Parli a Stefania?
***Are you speaking** to Stefania?*

- **Uscire** is irregular in all but the **noi** and **voi** forms.

Usciamo sempre con le amiche.
*We always **go out** with our girlfriends.*

Da quanto tempo **esce** con Davide?
*How long **has she been going out** with Davide?*

- Use **uscire** for the English *to leave* only in the sense of *to go out of.* To express *to depart*, use **partire**, which you learned in **Lezione 3A**.

Stasera mio fratello **non esce** di casa.
*My brother **is not leaving** the house tonight.*

Le mie sorelle **partono** per l'Italia domani.
*My sisters **are leaving** for Italy tomorrow.*

- The verb **riuscire** (*to succeed; to manage*) follows the same pattern of conjugation as **uscire**. Use **riuscire a** + [*infinitive*] in two-verb constructions.

Riuscite a caricare la foto? Io non posso.
***Can you manage** to upload the photo? I can't.*

Voglio mandare un e-mail, ma **non riesco**.
I want to send an e-mail, but I'm not succeeding.

1 Expansion Use the sentences as cues for follow-up questions to the students. Ex.: **E tu, a chi telefoni spesso? Con chi vai al cinema? Ti piace studiare con qualcuno o da solo? A che ora esci il sabato sera? Secondo te, è difficile o facile l'italiano?**

PRATICA

1 Identificare Scegli l'espressione che meglio completa le frasi. Usa ogni espressione una volta.
Answers may vary slightly. Possible answers are provided.

1. Giacomo telefona __f__ — a. secondo noi.
2. Anna viene al cinema __d__ — b. da sé.
3. Non esco __e__ — c. prima di lei.
4. Antonio studia italiano __b__ — d. con me.
5. L'esame è facile __a__ — e. senza di te.
6. Finiamo l'esame __c__ — f. a loro.

2 Completare Completa la conversazione con la forma corretta del verbo indicato.

GIULIO Voglio giocare a calcio, ma devo studiare.
LORENZO Anch'io studio, ma io (1) __esco__ (uscire) stasera, vado al cinema. Perché non (2) __vieni__ (venire) con me?
GIULIO Sì! Che (3) __dici__ (dire / tu), andiamo a vedere il film *La grande bellezza*?
LORENZO Va bene. I critici (4) __dicono__ (dire) che è un film eccezionale. Invitiamo Davide?
GIULIO D'accordo. Angela e Davide (5) __escono__ (uscire) insieme, quindi invitiamo anche Angela.
LORENZO Perfetto. Voi (6) __venite__ (venire) a casa mia alle sette e andiamo al cinema insieme.
GIULIO Bene. A stasera!

3 Creare Crea frasi complete.

MODELLO io / uscire / con Maria
Io esco con Maria.

1. la mamma / dire / ai bambini / di non mangiare le caramelle
La mamma dice ai bambini di non mangiare le caramelle.
2. tu / uscire / sempre il sabato sera?
Tu esci sempre il sabato sera?
3. i bambini / venire / a scuola tutti i giorni
I bambini vengono a scuola tutti i giorni.
4. io / uscire / per comprare vestiti nuovi
Io esco per comprare vestiti nuovi.
5. noi / dire / che fa freddo!
Noi diciamo che fa freddo!
6. tu e Francesco / venire / al ristorante con noi
Tu e Francesco venite al ristorante con noi.

Suggestion Tell students to use the preposition **di** with **dire** to talk about telling someone what to do: **Dice a Anna di fare i compiti.** Use **che** for reported speech: **Anna dice che fa i compiti.**

 Practice more at **vhlcentral.com.**

COMUNICAZIONE

4 **Programmi** A coppie, leggete che cosa fanno le persone questo pomeriggio. Fate domande per scoprire se stanno a casa o escono.

Answers will vary slightly. Possible answers are provided.

MODELLO io e tu / giocare a scacchi

S1: *Io e tu usciamo oggi pomeriggio?*
S2: *No, non usciamo. Giochiamo a scacchi.*

1. voi / sciare
   Sì, usciamo. Andiamo a sciare.
2. le ragazze / uscire con le amiche
   Sì, escono. Escono con le amiche.
3. Rachele / giocare a carte
   No, non esce. Gioca a carte.
4. io / andare al cinema con Stefano
   Sì, esci. Vai al cinema con Stefano.
5. tu / nuotare
   Sì, esco. Vado a nuotare.
6. io e Monica / guardare la televisione
   No, non uscite. Guardate la televisione.

5 **Chi viene?** A coppie, leggete le risposte a un invito per un seminario di computer. Scrivete un riassunto (*summary*) di chi viene e chi non viene. Includete il numero totale di persone che vengono.

Answers will vary slightly.

MODELLO

S1: *Anna viene al seminario.*
S2: *Fabrizio e Donna non vengono al seminario.*
S1: *In totale ____ persone vengono al seminario.*

Anna	sì
Fabrizio e Donna	no
Antonella	no
Giuditta	sì
Matteo	sì
Doria e Nino	sì
Patrizia	no
Antonello	sì

Antonella non viene al seminario. Giuditta viene al seminario. Matteo viene al seminario. Doria e Nino vengono al seminario. Patrizia non viene al seminario. Antonello viene al seminario. In totale sei persone vengono al seminario.

6 **Da solo o in compagnia?** In gruppi di tre, fate a turno a dire se fate queste attività da soli o in compagnia. Answers will vary.

MODELLO

S1: *Io navigo su Internet da solo.*
S2: *Davvero (Really)? A me piace navigare su Internet con gli amici.*

ascoltare la musica	guardare la TV
fare i compiti	navigare su Internet
giocare a pallacanestro	passeggiare nel parco
giocare ai videogiochi	studiare per gli esami

- Like **uscire**, **venire** is regular in only the **noi** and **voi** forms.

Vieni in Sicilia a luglio?
Are you coming to Sicily in July?

Oggi **non venite** a lezione.
You're not coming to class today.

Disjunctive pronouns

Disjunctive pronouns (**Pronomi tonici**) are the pronoun forms used after prepositions (see **Lezione 3A**). Note that the third person forms use different words to refer to *one* and *oneself*.

Pronomi tonici

me	*me, myself*	noi	*us, ourselves*
te	*you, yourself*	voi	*you, yourselves*
Lei	*you* (form.)		
lui/lei	*him/her*	loro	*them*
sé	*yourself* (form.); *himself/herself/itself*	sé	*themselves*

Davide esce **con lei**.
*Davide is going out **with her**.*

Diciamo «Arrivederci» **a Lei**?
*Do we say goodbye **to you**?*

- Some prepositions add **di** before a disjunctive pronoun, including **dopo** (*after*), **prima** (*before*), **senza** (*without*), **su** (*on*), and **sotto** (*under*). **Secondo** (*According to*) is used alone.

Uscite **senza di noi**?
*Are you going out **without us**?*

Secondo lei, è facile scaricare le foto.
***According to her**, it's easy to download the photos.*

- **Da** is often used before a disjunctive pronoun to mean *by oneself*. In this case, use **sé** for the third-person forms. Remember, **da** can also indicate *at* a person's home or workplace.

Installa il programma **da sé**.
*It installs the program **by itself**.*

Faccio il sito **da me**.
*I'm making the web site **by myself**.*

Vieni **da me** alle otto.
*You're coming **to my place** at 8:00.*

Vai **da loro** oggi?
*Are you going **to their place** today?*

Provalo! **Completa la tabella con le forme mancanti (*missing*) di ogni verbo.**

	dire	uscire	venire
1. io	dico	esco	vengo
2. tu	dici	esci	vieni
3. Lei/lui/lei	dice	esce	viene
4. noi	diciamo	usciamo	veniamo
5. voi	dite	uscite	venite
6. loro	dicono	escono	vengono

SINTESI

Ricapitolazione

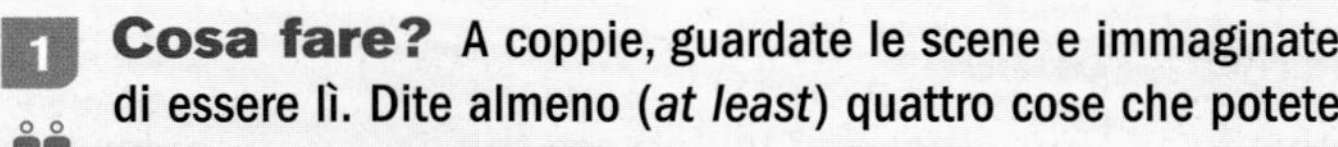

1 Cosa fare? A coppie, guardate le scene e immaginate di essere lì. Dite almeno (*at least*) quattro cose che potete o volete fare in ogni situazione. Answers will vary.

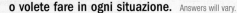

1 Expansion Ask students where they want to go on vacation and why. Ex.: **Dove vuoi andare in vacanza? Cosa puoi fare in montagna?**

MODELLO

S1: *In campagna (the country) voglio camminare.*
S2: *Io posso andare a cavallo.*

2 Volere e dovere Lavorate in gruppi di tre. A turno, dite quattro cose che volete fare e quattro cose che dovete fare questo fine settimana. Answers will vary.

MODELLO

S1: *Voglio andare al cinema, ma devo scaricare un programma dal computer.*
S2: *Io devo stampare i miei compiti, ma voglio giocare a pallacanestro con i miei amici.*

3 L'orario del fine settimana In gruppi di quattro, fate a turno a dire che cosa fate quando uscite il fine settimana. Se non uscite, dite cosa fate a casa. Answers will vary.

MODELLO

S1: *Quando esco con il mio amico Sebastiano, andiamo in discoteca.*
S2: *Io e Jessica non usciamo; ascoltiamo musica a casa e cantiamo.*
S3: *Noi usciamo e andiamo al ristorante vicino all'università.*

4 Cercasi informatico A coppie, create un annuncio di lavoro (*job ad*) per un tecnico informatico per la scuola. Fate una lista delle qualità che cercate. L'annuncio deve essere quanto più completo possibile (*as complete as possible*). Answers will vary.

MODELLO

S1: *Il nuovo tecnico deve potere scaricare tutti i nuovi programmi.*
S2: *Il candidato perfetto deve...*

5 Una festa fantastica Completa la seguente inchiesta (*survey*). Poi, in gruppi di quattro, paragonate (*compare*) le risposte per descrivere l'ospite (*guest*) perfetto. Answers will vary.

MODELLO

S1: *L'ospite perfetto vuole guardare la televisione.*
S2: *No, no, no! L'ospite perfetto vuole organizzare attività!*
S3: *Secondo me, l'ospite perfetto...*

L'ospite perfetto...	Sì	No
1. vuole ballare/cantare?		
2. viene da solo o con amici?		
3. suona la chitarra?		
4. aiuta a pulire?		
5. è estroverso ed energico?		
6. porta da mangiare e da bere?		
7. aiuta con l'organizzazione?		
8. può offrire intrattenimento?		
9. deve organizzare attività?		
10. porta fotografie delle sue vacanze?		
11. ha altre qualità?		

6 Pettegolezzi Lavorate a coppie. L'insegnante vi darà (*will give you*) due fogli diversi, ciascuno (*each one*) con metà d'una conversazione. A turno, fate domande per ricostruire (*reconstruct*) la conversazione intera. Answers will vary.

MODELLO

S1: *Cosa dice Gina?*
S2: *Gina dice che Alba esce con Carlo. Cosa dice Daniele?*
S1: *Daniele dice che...*

risorse

SAM WB: pp. 51–54	SAM LM: pp. 30–31	vhlcentral.com

Lo Zapping

TIM (Telecom Italia Mobile)

Prima di vedere Have students brainstorm notable figures in Italian history and say when they lived, what they did, and/or why they are famous.

Una delle figure più importanti della storia italiana moderna è il generale e politico Giuseppe Garibaldi. Garibaldi ha avuto un ruolo centrale nel processo di unificazione italiana (completato nel 1861) ed è conosciuto come "eroe° dei due mondi" per le sue altrettanto° eroiche imprese° in America Latina. Garibaldi si trovò° spesso in disaccordo con un altro personaggio chiave° nel processo di unità nazionale: il politico Giuseppe Mazzini. In questo spot la loro rivalità viene attualizzata° "a colpi° di Facebook" grazie all'offerta di TIM, una delle più importanti compagnie italiane di telefonia mobile.

Suggestions

- Have students list the English words used in this ad (SMS, Internet, Facebook, young). Ask them why they think English is used so frequently when talking about technology in Italian. When do we tend to use Italian words in English? (music, food, etc.)
- Pause the video at 0:25 to let students read the on-screen text. What features of the TIM YOUNG plan most appeal to them? Would they want to purchase this plan for themselves?

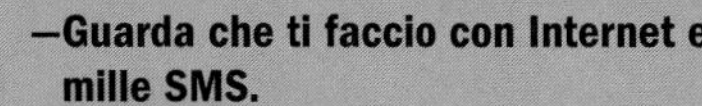

—Guarda che ti faccio con Internet e mille SMS.
—Per lasciare un segno° nella storia ci vuole° altro.

—Te la posto sul tuo Facebook?
—No, meglio su quello di Mazzini.

Comprensione Rispondi alle seguenti domande.

Answers may vary slightly. Sample answers are provided.

1. Secondo Garibaldi, qual è il luogo migliore (*best*) per postare la foto del suo esercito (*army*)?
   sulla pagina Facebook di Mazzini
2. Che cosa offre la promozione TIM YOUNG?
   SMS illimitati, Internet, chiamate verso un numero TIM per 2 anni al costo di 6 Euro al mese

Discussione A coppie, rispondete a queste domande. Answers will vary.

1. Quanti SMS o messaggi in chat mandate mediamente (*on average*) al giorno? Con chi vi scambiate (*exchange*) più messaggi?
2. Ci sono momenti in cui tenete il cellulare spento, o siete senza cellulare? Se sì, quali e perché. Se no, cosa vi spinge (*pushes*) ad avere sempre il cellulare acceso?
3. Secondo voi, quanto e come l'uso dei cellulari e l'idea di essere sempre connessi ha cambiato il concetto di "stare insieme"?

Practice more at **vhlcentral.com.**

eroe *hero* **altrettanto** *equally* **imprese** *feats* **si trovò** *found himself* **chiave** *key* **attualizzata** *updated* **colpi** *shots* **segno** *mark* **ci vuole** *it takes*

Lezione

4B

Communicative Goals

You will learn how to:

- describe clothing
- talk about shopping

CONTESTI

Suggestion Introduce this vocabulary by picking different students and, without identifying them, describing their clothes. See if their classmates can guess their identities. Ex.: **Questa persona porta una felpa blu, una maglietta bianca, i jeans e le scarpe da ginnastica. Sapete chi è?**

Facciamo spese

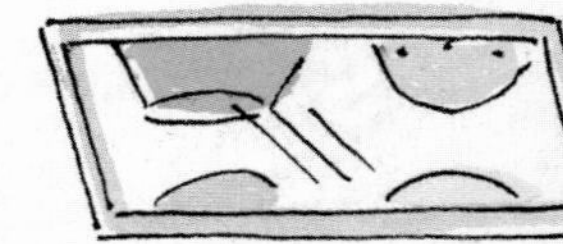

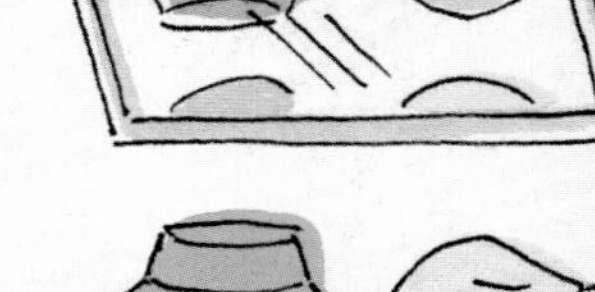

Suggestion Point out that **un abito** is a dress for a woman, but a suit for a man. **Un vestito** can be used in the same way. **Un completo** can refer to either a suit or a matching outfit, but not a dress.

Vocabulary Tools

Vocabolario

l'abbigliamento	*clothing*
la biancheria intima	*underwear*
il calzino	*sock*
la camicetta	*blouse*
la camicia	*dress shirt*
la canottiera	*tank top*
il cappotto	*overcoat*
la felpa	*sweatshirt*
la gonna	*skirt*
il guanto	*glove*
i jeans	*jeans*
la maglietta (a maniche corte/lunghe)	*(short-/long-sleeved) T-shirt*
il maglione	*sweater*
i pantaloni	*pants, trousers*
lo stivale	*boot*
la taglia	*clothing size*
il tailleur	*women's suit*
la valigetta	*briefcase*
il vestito	*dress; suit*
per parlare dei vestiti	*talking about clothes*
il cotone	*cotton*
la lana	*wool*
la pelle	*leather*
la seta	*silk*
a righe	*striped*
a tinta unita	*solid color*
azzurro/a	*sky blue*
beige (*invar.*)	*beige*
chiaro/a	*light*
scuro/a	*dark*
fare spese	*shopping*
il/la commesso/a	*salesperson*
i saldi	*sales*
ciascuno/a	*each (one)*
costoso/a	*expensive*
largo/a	*loose, big*
stretto/a	*tight-fitting*

risorse

SAM WB: pp. 55–56 | SAM LM: p. 32 | vhlcentral.com

Attenzione!

Note that the adjectives **beige**, **blu**, **rosa**, and **viola** are invariable; they do not change to match the gender or number of the noun they modify.
Adoro questa giacca blu!
Renata porta un abito rosa.

Pratica

1 **Trova l'intruso** Trova la parola che non appartiene (*doesn't fit*) al gruppo.

MODELLO la cravatta, lo stivale, (il rosso), il vestito

1. rosa, (cappello), giallo, verde
2. il cappotto, il calzino, i pantaloni, (il commesso)
3. la gonna, l'abito, (la cravatta), il tailleur
4. (le scarpe), i pantaloncini, i jeans, i pantaloni
5. la borsa, (l'arancione), la collana, la cintura
6. la maglietta, la camicetta, (il guanto), la felpa
7. a righe, blu, scuro, (i saldi)
8. (il costume da bagno), il maglione, la sciarpa, il cappotto

1 Expansion Have students explain why each word they chose does not fit with the others. Model the example for them. Ex.: **Perché non avete scelto "il rosso"? Perché è un colore e le altre parole sono vestiti, vero?** As you do the activity, write the different categories on the board (**colori**, **vestiti**, **accessori**, etc.)

2 **Mettere etichette** Etichetta ogni foto con il colore corretto.

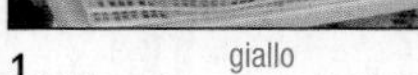

1. ___giallo___

2. ___bianco___

3. ___arancione/rosso___

4. ___rosa___

5. ___marrone/beige___

6. ___nero___

3 **Completare** Scegli dalla lista la parola o espressione corretta per completare ogni frase.

cappotto	costume da bagno	gonna	scarpe da ginnastica
cintura	cravatta	occhiali da sole	stivali

1. Voglio andare a nuotare. Dov'è il mio ___costume da bagno___?
2. Non mi piacciono i pantaloni. Preferisco portare la ___gonna___.
3. Oggi fa freddo. Penso di indossare il ___cappotto___.
4. Questi pantaloni sono troppo larghi! Ho bisogno di una ___cintura___.
5. C'è troppo sole oggi. Per fortuna ho portato gli ___occhiali da sole___.
6. In questo posto piove sempre! Ecco perché ho comprato degli ___stivali___ da pioggia.
7. Quando mi vesto (*I dress*) elegante, indosso la camicia e la ___cravatta___.
8. Non posso andare a correre! Ho dimenticato (*I forgot*) le ___scarpe da ginnastica___.

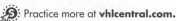

3 Expansion Follow up by asking students what they wear for different occasions. Ex.: **Che cosa indossi per andare a scuola? E per andare a una festa? A un matrimonio?**

Practice more at **vhlcentral.com.**

Comunicazione

4 Che cosa indossano? A coppie, scrivete quello che indossa ogni persona. Answers will vary. Sample answers are provided.

MODELLO

Paola indossa i jeans, una maglietta e la giacca rossa.

Paola

1. Luca Luca indossa una maglietta a maniche lunghe a righe e i jeans.

2. il signor Alfredo Il signor Alfredo indossa un vestito, una camicia, una cravatta e un cappotto.

3. Carla Carla indossa un completo, una maglietta e gli occhiali da sole. Ha una borsa.

4. il gondoliere Il gondoliere indossa un cappello, una camicia e i pantaloni.

5. Valentina Valentina indossa una maglietta a maniche corte, i pantaloni e le scarpe da ginnastica.

6. Stefano Stefano indossa un cappello, una giacca e i jeans.

5 Alla festa! Ascolta Mario e Rosanna che parlano di cosa indossare al ballo (*dance*) della scuola. Poi, a coppie, indicate i vestiti che menzionano (*they mention*).

1. l'abito	☑	6. la borsa	☑	11. la camicetta	☐
2. la camicia	☑	7. la cintura	☑	12. la collana	☑
3. la cravatta	☑	8. la felpa	☐	13. la giacca	☐
4. la gonna	☐	9. il maglione	☐	14. i pantaloni	☐
5. la sciarpa	☐	10. il tailleur	☐	15. il vestito	☑

6 Le sette differenze Lavorate a coppie. L'insegnante vi darà due fogli diversi, ciascuno con un disegno. A turno, fate domande per scoprire le sette differenze fra i vostri disegni. Answers will vary.

MODELLO

S1: *La tua figura porta i jeans?*
S2: *No, la mia figura porta una gonna.*

7 La mia camera A coppie, descrivete a turno la camera (*room*) di Laura. Poi paragonate (*compare*) le sue cose alle vostre. Answers will vary.

MODELLO

S1: *Laura indossa una camicetta gialla. Anch'io indosso una camicetta, ma è bianca.*
S2: *Laura ha un computer portatile. Io non ho un computer portatile, ma mio fratello sì.*

Pronuncia e ortografia 

The letters *s* and *z*

casa	esatto	riso	sbaglio

The Italian **s** may be voiced or voiceless. When **s** appears between two vowels or precedes a voiced consonant (such as **b** or **d**), it is pronounced like the *z* in the English word *zoo*.

festa	posso	presto	spesso

In all other cases, and when doubled, the **s** is voiceless, like the *s* in the English word *sun*.

zuppa	zebra	zero	zucchero

In Italian, **z** has a harder sound than in English and can be voiced or voiceless. The voiced **z** sounds like the *ds* in the English *beds*. An initial **z** is usually voiced. The distinction between voiced and voiceless varies regionally and generally does not follow specific rules.

azione	grazie	pezzo	tazza

The voiceless **z** is pronounced like the *ts* in *bits*.

casa	cassa	Pisa	pizza

Correct pronunciation of **s** and **z** helps distinguish between similar words.

Suggestion Emphasize that students should not worry too much about the distinction between the voiced and voiceless **z** sounds because it is a very subtle difference that not all Italians agree upon. The distinction between the **s** and **z** sounds is much more important.

Expansion To practice the **s/z** distinction, dictate the following words to students and have them write them down, paying close attention to spelling: **rosa, marzo, perplesso, zebra, speso, testa, espresso, pozzo**

Pronunciare Ripeti le parole ad alta voce.

1. rosso	**4.** zona	**7.** sport	**10.** scusi
2. Pisa	**5.** stella	**8.** pizza	**11.** viso
3. prezzo	**6.** fisso	**9.** zuppa	**12.** passo

Articolare Ripeti le frasi ad alta voce.

1. La cena è alle sette e mezzo di sera.
2. Stefano, sta' zitto!
3. La vista è splendida!
4. Sofia e Lisa comprano gli stivali.
5. Mi piace la borsa rosa.
6. Sabato lo zoo è chiuso.

Proverbi Ripeti i proverbi ad alta voce.

Ogni rosa ha le sue spine.[2]

Paesi che vai, usanze che trovi.[1]

[1] When in Rome, do as the Romans do. (lit. The countries you go to, the customs you find.)

[2] Every rose has its thorns.

risorse

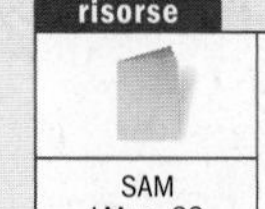

SAM LM: p. 33

vhlcentral.com

FOTOROMANZO

Viva lo shopping

Prima di vedere Have students scan the dialogue to identify words and expressions related to clothing.

PERSONAGGI

Il commesso

Emily

Lorenzo

Marcella

Riccardo

Viola

EMILY Questo colore è molto alla moda adesso.
VIOLA È carina. Cotone. Ma molto cara.
EMILY Accidenti! Non hai bisogno di una maglia.
VIOLA Vero. Una felpa, un pantalone, una camicetta o un cappello.

EMILY Peter ha scritto ieri sera.
VIOLA E?
EMILY Non viene più a Roma.
VIOLA Bene, no?
EMILY Sì. Ma è arrabbiato con me.
VIOLA Gli uomini non capiscono niente.

EMILY Ciò che conta sei tu, non i tuoi vestiti. Come si veste Massimo?
VIOLA Non lo so. Porta sempre jeans e camicia.
EMILY Una camicia stretta stretta?
VIOLA Lorenzo invece porta camicie costose.
EMILY Ma lui è di Milano. È chic.

MARCELLA Quanti vestiti! Grazie per l'aiuto, Riccardo.
RICCARDO Sono in debito con te. Ho usato il tuo scooter tre volte la settimana scorsa.
MARCELLA Quattro. (*Continua.*) Oh, Paolo. Il mio bambino ha già quindici anni.

RICCARDO Questa è una giacca da uomo di lana.
MARCELLA È di Stefano.
RICCARDO Stefano?
MARCELLA Mio marito. Il padre di Paolo.

MARCELLA Abbiamo frequentato la stessa università. Lui ha studiato legge. Sono vedova da cinque anni. Paolo ricorda ancora suo padre. È importante.
RICCARDO Mi dispiace, Marcella.
MARCELLA Rivedo Stefano in Paolo.

Suggestion Have students choose one character and write a paragraph describing what he/she is wearing in this episode.

ATTIVITÀ

1 Completare Scegli le parole che meglio completano (*best complete*) le frasi.

1. La maglia che piace a Emily è di (seta / cotone).
2. Secondo Viola, gli uomini non (capiscono / scrivono) niente.
3. (Massimo / Lorenzo) porta sempre camicie costose.
4. Viola compra due collane per (trentacinque / venticinque) euro.
5. Viola ha un appuntamento con Massimo (giovedì / martedì).
6. La settimana scorsa, Riccardo ha usato lo scooter di Marcella (quattro / cinque) volte.
7. Stefano è il padre di (Marcella / Paolo).
8. Il padre di Paolo ha studiato (legge / lingue).
9. Riccardo è (felice / triste) con Marcella.
10. Riccardo ama (ballare / scherzare) come Stefano.

Practice more at **vhlcentral.com.**

I ragazzi fanno spese.

4

5

VIOLA Posso? Grazie.
EMILY Quanto costa?
COMMESSO Quindici euro.
VIOLA Che bella! Mi piace. Venti euro per due?
COMMESSO Venticinque.
VIOLA Venticinque è un buon affare. Va bene. Grazie.

EMILY Abbiamo comprato queste collane.
LORENZO Senti, quand'è il tuo appuntamento con Massimo?
VIOLA Martedì. Ti piace?
LORENZO Molto carina. Scusate, devo andare.
EMILY Ho voglia di caffè, tu no? Conosco un buon bar qui vicino.

9

10

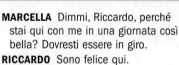

MARCELLA Dimmi, Riccardo, perché stai qui con me in una giornata così bella? Dovresti essere in giro.
RICCARDO Sono felice qui.

MARCELLA Questo è per te.
RICCARDO Marcella... non posso... è di Stefano.
MARCELLA Sì, dai. Come Stefano, ami ascoltare la musica, viaggiare e scherzare. Per favore. Sei un ragazzo dolce, Riccardo. Ecco.

Espressioni utili

Talking about fashion and shopping

- **alla moda**
  trendy
- **Come si veste Massimo?**
  How does Massimo dress?
- **Una camicia stretta stretta?**
  A very tight-fitting shirt?
- **Quanto costa?**
  How much does this cost?
- **Quanti vestiti!**
  So many clothes!
- **una giacca da uomo di lana**
  a man's wool jacket

Additional vocabulary

- **Peter ha scritto ieri sera.**
  Peter wrote last night.
- **ciò che conta**
  what's important
- **abbiamo comprato**
  we bought
- **Conosco un buon bar qui vicino.**
  I know a good café nearby.
- **Ho usato il tuo scooter tre volte la settimana scorsa.**
  I used your scooter three times last week.
- **abbiamo frequentato**
  we attended
- **Dovresti essere in giro.**
  You should be out and about.
- **Accidenti!**
  Wow!
- **Mi dispiace.**
  I'm sorry.
- **rivedo**
  I recognize
- **dimmi**
  tell me
- **non... più**
  anymore
- **già**
  already
- **ancora**
  still
- **scherzare**
  to joke

ATTIVITÀ

2 **Per parlare un po'** In gruppi di tre, parlate del vostro rapporto (*relationship*) con la moda. È importante vestirsi alla moda? Perché? Di solito (*Usually*), spendete molto o poco per i vestiti? Quali sono i vostri negozi preferiti? Answers will vary.

3 **Approfondimento** Scegli uno/a stilista italiano/a famoso/a e fai una ricerca su Internet. Prepara una presentazione di circa 200 parole. Answers will vary.

Suggestion Encourage students to bring photos of their chosen designer and his/her creations to share with the class.

risorse
SAM
VM: pp. 15–16

CULTURA

IN PRIMO PIANO

Un giro per i negozi

Prima di leggere Ask students to name as many Italian designers or clothing brands as they can, and write them on the board.

Andiamo in centro questo weekend? È una domanda molto frequente tra i giovani italiani; significa andare nelle vie principali° di una grande città e fare un giro per i negozi.

Un giro di sabato a Milano include Corso Vittorio Emanuele tra le mete° obbligatorie. Qui è possibile andare alla Rinascente, un grande magazzino°, o entrare da Benetton, da Zara e da H&M per trovare abbigliamento alla moda ma a prezzi abbordabili°. La qualità e il livello° dei negozi cambiano in Via Montenapoleone, la *Rodeo Drive* di Milano. Qui ci sono le vetrine di tutte le grandi firme° della moda italiana: Versace, Dolce & Gabbana, Armani, Gucci, Prada, Ferragamo e Valentino. Milano è proprio la capitale della moda!

Molti italiani seguono le tendenze del momento. Spesso vanno di moda le marche americane per l'abbigliamento sportivo e casual. I giovani, quando comprano gli accessori, a volte scelgono gli occhiali da sole e le borse di Prada, Gucci e D&G, che possono comprare grazie all'aiuto° dei genitori o con i loro risparmi°. Seguire la moda significa anche scegliere i colori «che vanno°». Le vetrine dei negozi mostrano quali sono i colori della stagione e i modelli di gonne, giacche, maglioni e vestiti che sono di moda.

Un altro posto dove i giovani trovano abbigliamento alla moda, facendo° buoni affari, è il mercato all'aperto°. Ogni città ospita° il mercato in una piazza, che diventa la piazza del mercato, in un giorno fisso° della settimana e spesso anche il sabato.

In Italia non è ancora molto diffuso° fare shopping su Internet; gli italiani amano passeggiare per i negozi, guardare le vetrine, entrare a «dare un'occhiata» e, se possibile, comprare qualcosa° di bello.

vie principali *main streets* **mete** *destinations* **grande magazzino** *department store* **prezzi abbordabili** *reasonable prices* **livello** *level* **grandi firme** *designer brands* **grazie all'aiuto** *thanks to the help* **risparmi** *savings* **colori che vanno** *trendy colors* **facendo** *getting* **all'aperto** *open-air* **ospita** *hosts* **giorno fisso** *set day* **non è ancora diffuso** *it is not yet popular* **qualcosa** *something*

Conversione taglie americane e italiane

Taglie americane da donna	4	6	8	10	12	14
Taglie italiane da donna	40	42	44	46	48	50
Taglie americane da uomo	30	32	34	36	38	40
Taglie italiane da uomo	46	48	50	52	54	56

ATTIVITÀ

1 Vero o falso? Indica se l'affermazione è **vera** o **falsa**. Correggi le affermazioni false.

1. In Italia i giovani non seguono la moda perché costa molto. Falso. I giovani generalmente seguono la moda.
2. Molti giovani milanesi fanno un giro in Corso Vittorio Emanuele il sabato. Vero.
3. In Via Montenapoleone ci sono buoni affari. Falso. Ci sono i negozi delle grandi firme.
4. I giovani portano solo vestiti di Dolce & Gabbana. Falso. I giovani molto spesso hanno un abbigliamento sportivo e accessori delle grandi firme.
5. I colori «che vanno» sono i colori che una persona preferisce portare. Falso. Sono i colori che vanno di moda.
6. La Rinascente è la *Rodeo Drive* italiana. Falso. È una grande magazzino.
7. Milano è considerata la capitale della moda. Vero.
8. Al mercato all'aperto posso comprare vestiti a buon prezzo. Vero.
9. Gli italiani non comprano spesso abbigliamento online perché amano passeggiare per i negozi. Vero.
10. Le taglie italiane sono uguali alle taglie americane. Falso. Le taglie italiane non sono uguali a quelle americane.

Practice more at **vhlcentral.com.**

Ritratto Have students look at the picture of Krizia and describe what she is wearing.

L'ITALIANO QUOTIDIANO

Le tendenze del momento

Com'è conciato/a!	*What a slob!; How badly dressed he/she is!*
Va moltissimo ora!	*It's very trendy now!*
il centro commerciale	*shopping mall*
la marca	*brand*
lo/la stilista	*designer*
la vetrina	*shop window*
(non) andare di moda	*to (not) be in fashion*
dare un'occhiata	*to take a look*
superato/a	*old-fashioned*

USI E COSTUMI

L'eccellenza della qualità italiana

Le regioni italiane si differenziano° per la gastronomia, ma anche per i prodotti tipici di ciascuna regione. La zona di **Como** (Lombardia) è famosa, per esempio, per l'industria tessile°, in modo particolare per l'industria della seta. Qui hanno origine i tessuti per l'arredamento° della casa e per l'abbigliamento. Il territorio attorno a° **Biella** (Piemonte) è ricco di lanifici°. Qui si producono° meravigliosi tessuti per la sartoria°. La **Toscana** è ricca di calzaturifici° e pelletterie°; Prada, Gucci e molte altre grandi firme nascono in questa regione. Anche la zona di **Napoli** (Campania) produce eleganti calzature. Stilisti come Salvatore Ferragamo fanno conoscere° le meravigliose cravatte e i vestiti da uomo delle eccellenti sartorie campane.

si differenziano *are differentiated* **tessile** *textile* **arredamento** *interior decorating* **attorno a** *around* **lanifici** *wool mills* **si producono** *they produce* **sartoria** *tailors and dressmakers* **calzaturifici** *shoe factories* **pelletterie** *leather producers* **fanno conoscere** *make popular*

RITRATTO

La libertà delle donne di Krizia

Mariuccia Mandelli, nota come° Krizia, prende il nome dal titolo di un'opera di Platone°. Nata a Bergamo (Lombardia), passa l'infanzia° a creare abiti per le sue bambole°. Più tardi decide di abbandonare il lavoro di insegnante per iniziare una nuova carriera nel mondo della moda. Il marchio° Krizia è il primo a introdurre la minigonna° in Italia. La stilista crede che «Ognuno deve vestirsi come vuole, purché l'abito diventi una seconda pelle°».

Nel 1957 presenta la sua prima collezione, la quale° include una serie di vestiti a stampe con motivi di frutta°. Il suo stile è adattabile° a ogni stile di vita e situazione, e mantiene° sempre un tocco° femminile. Oggi le diverse etichette di Krizia creano più di 50 collezioni all'anno che includono vestiti da uomo, da bambino, maglieria°, occhiali, borse, profumi e arredamento per la cucina.

nota come *known as* **Platone** *Plato* **infanzia** *childhood* **bambole** *dolls* **marchio** *brand* **minigonna** *miniskirt* **purché l'abito diventi una seconda pelle** *provided that the clothing becomes a second skin* **la quale** *which* **a stampe con la frutta** *fruit print* **adattabile** *adaptable* **mantiene** *maintains* **create** *created* **maglieria** *knitwear*

SU INTERNET

Cos'è la settimana della moda? Chi partecipa?

Go to **vhlcentral.com** to find more information related to this **CULTURA**.

ATTIVITÀ

2 Rispondere Rispondi alle domande.

1. Chi è Mariuccia Mandelli?
   Mariuccia Mandelli è una stilista nota come Krizia.
2. Qual è l'origine del nome Krizia?
   Krizia prende il nome dal titolo di un'opera di Platone.
3. Cosa introduce Krizia in Italia?
   Krizia introduce la minigonna in Italia.
4. Qual è il prodotto tipico di Como?
   Il prodotto tipico di Como è la seta.
5. Dove hanno origine Prada e Gucci?
   Prada e Gucci hanno origine in Toscana.
6. Per cosa è famoso Salvatore Ferragamo?
   Ferragamo è famoso per le cravatte e i vestiti da uomo.

3 A voi A coppie, immaginate di essere a Milano e di poter intervistare uno/a stilista famoso/a. Create una conversazione fra uno/a stilista e un(a) giornalista di *Donna Moderna*, un settimanale (*weekly magazine*) femminile. Answers will vary.

3 Expansion Ask students to perform their interviews in front of the class.

NATIONAL comparisons STANDARDS

4B.1 The *passato prossimo* with *avere*

Punto di partenza Italian uses two principal tenses to talk about events in the past: the **passato prossimo** and the **imperfetto**. In this lesson, you will learn how to form the **passato prossimo**, which is used to express actions or states of being that ended in the past. You will learn about the imperfect in **Lezione 6B**.

- To form the **passato prossimo**, use a present-tense form of the *auxiliary verb* (either **avere** or **essere**) followed by the *past participle* of the verb that expresses the action. You will learn how to form the **passato prossimo** with **essere** in **Lezione 5A**.

AUXILIARY VERB — PAST PARTICIPLE

Abbiamo stampato la foto.
***We printed** the photo.*

- Form the past participles of regular verbs by changing the **-are**, **-ere**, or **-ire** ending of the infinitive as follows.

infinitive	past participle
portare	**portato**
ripetere	**ripetuto**
dormire	**dormito**

- The verb **parlare** is an example of a regular **-are** verb that uses **avere** in the **passato prossimo**.

Passato prossimo of parlare

ho parlato	*I spoke*	abbiamo parlato	*we spoke*
hai parlato	*you spoke*	avete parlato	*you spoke*
ha parlato	*you spoke; he/she/it spoke*	hanno parlato	*they spoke*

- The **passato prossimo** can be translated into English in different ways.

Ho trovato gli occhiali da sole.
***I found/have found/did find** the sunglasses.*

- Some verbs have irregular past participles that must be memorized. Note that many of these are **-ere** verbs.

La commessa **ha acceso** il computer.
*The saleswoman **turned on** the computer.*

Ho letto dei saldi sul giornale.
***I read** about the sales in the newspaper.*

Expansion Ask students questions about what they did yesterday. Ex.: **Hai studiato in biblioteca? Hai mangiato alla mensa? Hai fatto uno sport?**

PRATICA

1 Completare Completa ogni frase con il participio passato del verbo indicato.

1. Noi abbiamo ___regalato___ (regalare) una borsa alla zia.
2. Tu hai ___comprato___ (comprare) due camicie nuove.
3. Il bambino ha ___perso/perduto___ (perdere) il cappello blu.
4. Avete ___visto/veduto___ (vedere) il nuovo negozio in centro?
5. Hai ___cercato___ (cercare) la felpa marrone?
6 Io ho ___trovato___ (trovare) buoni affari al mercato.

2 Riscrivere Riscrivi ogni frase usando il passato prossimo.

MODELLO Mangiano la pasta.
Hanno mangiato la pasta.

1. Piero porta il costume da bagno in vacanza.
Piero ha portato il costume da bagno in vacanza.
2. Perdo la sciarpa a righe.
Ho perso/perduto la sciarpa a righe.
3. Giulia cerca sempre i saldi.
Giulia ha sempre cercato i saldi.
4. I commessi rispondono alle domande del cliente.
I commessi hanno risposto alle domande del cliente.
5. Il proprietario apre il negozio alle dieci.
Il proprietario ha aperto il negozio alle dieci.
6. Loro spendono pochi soldi questo mese.
Loro hanno speso pochi soldi questo mese.
7. Io e mio fratello paghiamo sempre in contanti (*cash*).
Io e mio fratello abbiamo sempre pagato in contanti.
8. Tu decidi di comprare la cravatta verde.
Tu hai deciso di comprare la cravatta verde.

3 Descrivere Guarda le foto e scrivi che cosa hanno fatto quelle persone sabato al centro commerciale.
Answers will vary slightly. Possible answers are provided.

MODELLO Daniela / vedere
Daniela ha visto gli stivali neri sabato scorso.

1. Martino / comprare
Martino ha comprato i pantaloni neri sabato scorso.

2. Gioia / perdere
Gioia ha perso/perduto le scarpe rosse sabato scorso.

3. Mario / indossare
Mario ha indossato una giacca verde sabato scorso.

4. Giovanni / portare
Giovanni ha portato i pantaloncini blu sabato scorso.

5. Antonietta / cambiare
Antonietta ha cambiato il maglione rosso e nero sabato scorso.

6. Michela / comprare
Michela ha comprato una gonna marrone sabato scorso.

Practice more at **vhlcentral.com.**

COMUNICAZIONE

4 Un'inchiesta Leggi le attività dell'inchiesta (*survey*). Poi chiedi ai tuoi compagni se hanno fatto quelle attività. Se sì, scrivi il loro nome. Answers will vary.

MODELLO portare una cravatta Roberto

S1: *Hai mai portato una cravatta?*
S2: *Sì, ho portato una cravatta la settimana scorsa.*

1. portare un vestito ______
2. nuotare nel Mediterraneo ______
3. comprare scarpe molto costose ______
4. portare occhiali da sole dentro (*inside*) ______
5. prendere la bicicletta in inverno ______
6. leggere il testo il giorno dell'esame ______
7. avere un proprio sito Internet ______
8. comprare una macchina fotografica digitale ______

5 Che cosa hai comprato? A coppie, guardate la pubblicità di una svendita di vestiti (*clothing sale*). Immaginate di avere 100 euro da spendere. Che cosa comprate? A turno fate domande sui vestiti che vedete nella pubblicità. Answers will vary.

MODELLO

S1: *Hai trovato un buon affare?*
S2: *Sì, ho comprato i jeans a 20 euro. Tu hai comprato i jeans?*
S1: *No, ma ho comprato una felpa a 18 euro!*

Un Buon Affare
Via Portobello 19

Grande Svendita!!!
Sabato 18 dicembre dalle 9.00 alle 18.00

Jeans... 20 euro	Costumi da bagno... 16 euro
Camicie... 8 euro	Occhiali da sole... 5,25 euro
Cappelli... 3,50 euro	Felpe ... 18 euro
Sciarpe... 6 euro	Cinture... 11,99 euro
Completi... 50 euro	Pantaloncini... 9 euro

6 L'ultima volta A coppie, parlate di che cosa avete indossato e che cosa avete fatto l'ultima volta (*last time*) che vi siete vestiti bene (*you dressed up*) per un'occasione speciale. Answers will vary.

MODELLO

Per l'anniversario di matrimonio di mamma e papà ho indossato un vestito rosso e scarpe nere. Ho mangiato molto e ho ballato fino alle undici di notte...

Successful Language Learning Suggest to students that they put these past participles into groups of similar forms, to make them easier to memorize. For example, **acceso**, **preso**, and **speso**, or **detto**, **fatto**, **letto**, and **scritto**.

Some irregular past participles

accendere	acceso	mettere	messo
aprire	aperto	offrire	offerto
chiedere	chiesto	perdere	perso/perduto
chiudere	chiuso	prendere	preso
comporre	composto	rispondere	risposto
correre	corso	scrivere	scritto
decidere	deciso	spegnere	spento
dire	detto	spendere	speso
fare	fatto	vedere	visto/veduto
leggere	letto	vincere	vinto

- Time expressions often used with the **passato prossimo** include **ieri** (*yesterday*), **scorso** (*last*), and **fa** (*ago*). Note their meanings in the following expressions.

Time expressions

ieri sera	*last night*	la settimana scorsa	*last week*
l'altro ieri	*the day before yesterday*	dieci giorni fa	*ten days ago*
il mese scorso	*last month*	un anno fa	*one year ago*

Cosa avete fatto **domenica scorsa**?
*What did you do **last Sunday**?*

Ha visto Marco **tre settimane fa**.
*She saw Marco **three weeks ago**.*

- Place common adverbs of time, including **sempre**, **mai**, **non... mai**, **già** (*already*), and **non... ancora** (*not yet*), between **avere** and the past participle.

Avete **mai** portato una cravatta?
*Have you **ever** worn a tie?*

Non ho **mai** portato una cravatta.
*I've **never** worn a tie.*

Hai **già** perso i guanti?
*You **already** lost the gloves?*

Non ha **ancora** comprato i jeans.
*He **hasn't** bought the jeans **yet**.*

Suggestion Point out to students that both **perdere** and **vedere** have regular and irregular past participle forms. Both are acceptable, but the irregular forms **perso** and **visto** are more commonly used.

Provalo! Scegli la forma corretta del passato prossimo per completare ogni frase.

1. Il signor Amodei (ha letto / ho letto) un libro questo pomeriggio.
2. Gli studenti (avete perso / hanno perso) lo zaino.
3. Io (ho partecipato / ha partecipato) alla conferenza.
4. Tu (avete mangiato / hai mangiato) tutti i biscotti.
5. Io e Roberta (abbiamo parlato / hanno parlato) con il professore.
6. Gianpaolo (hai dormito / ha dormito) fino alle dieci di mattina.
7. Voi (abbiamo trovato / avete trovato) gli stivali neri.
8. Io (ho comprato / hai comprato) una cravatta nuova.

NATIONAL comparisons STANDARDS

4B.2 The verbs *conoscere* and *sapere*

Punto di partenza The verbs **conoscere** and **sapere** both mean *to know*. The choice of verb depends on its context.

conoscere

conosco	conosciamo
conosci	conoscete
conosce	conoscono

Suggestion Point out that the **io** and **loro** present tense forms of **conoscere** have a hard **sc** sound because the **sc** letter combination is followed by **o**. Refer students to **Pronuncia e ortografia**, p. 43, for a review.

- **Conoscere** means *to know* or *to be familiar with* a person, place, or thing. It can also mean *to meet (for the first time).*

Conosci quel negozio?
***Do you know** that store?*

Non conosco il commesso.
***I don't know** the salesman.*

Conosciamo Roma.
***We're familiar with** Rome.*

Vuoi **conoscere** Sabatino?
*Do you want **to meet** Sabatino?*

Conosco un buon bar qui vicino.

Ho conosciuto Massimo nella classe di pedagogia.

- In the **passato prossimo**, **conoscere** means only *to meet (for the first time)*. It is used with **avere**, and its past participle is **conosciuto**.

Ho conosciuto Enrico due anni fa.
***I met** Enrico two years ago.*

Non hai ancora **conosciuto** Luisa?
***You haven't met** Luisa yet?*

- The expression **conoscere di vista** means *to know by sight*; **conoscere... a fondo** means *to know something inside and out*; and **conoscere la strada** means *to know the way*.

Papà **conosce la strada** per Ponte Vecchio.
*Dad **knows the way** to Ponte Vecchio.*

Conosco il gioco **a fondo**.
***I know** the game **inside and out**.*

- **Riconoscere** (*To recognize*) follows the same conjugation pattern as **conoscere**.

Non riconosco la ragazza dalla giacca blu.
***I don't recognize** the girl in the blue jacket.*

Il commesso **ha riconosciuto** il cliente.
*The salesperson **recognized** the customer.*

PRATICA

1 Descrivere Completa le frasi con la forma corretta di **conoscere**.

1. Noi ___conosciamo___ Roma molto bene.
2. Tu ___conosci___ il commesso in quel negozio.
3. Beatrice ___conosce___ Angelo di vista.
4. Tu e Gilberto ___conoscete___ la strada.
5. Io ___conosco___ un ristorante molto elegante.
6. I signori Ghezzi ___conoscono___ un attore famoso.

2 Identificare Scrivi che cosa sa fare ogni persona.
Answers will vary slightly. Possible answers are provided.

MODELLO Patrizio
Patrizio sa andare a cavallo.

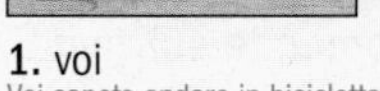

1. voi
Voi sapete andare in bicicletta.

2. tu
Tu sai giocare a tennis.

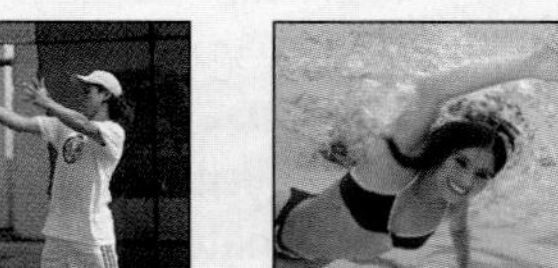

3. Anna
Anna sa nuotare.

4. noi
Noi sappiamo giocare a calcio.

5. Alessio
Alessio sa suonare la chitarra.

6. Silvia ed io
Silvia ed io sappiamo navigare in rete.

3 Completare Completa le conversazioni con la forma corretta di **conoscere** o **sapere**.

1. —Melania ___sa___ trovare sempre un buon affare qui.
   —Lei ___conosce___ il manager del negozio?
2. —Voi ___conoscete___ il direttore del museo?
   —No, ma noi ___sappiamo___ chi è.
3. —I bambini ___sanno___ nuotare?
   —No, ma loro ___sanno___ sciare benissimo.
4. —Io ___so___ che il treno di Marco e Simone arriva alle tre del pomeriggio.
   —Io non ___conosco___ questi ragazzi; sono i tuoi amici?
5. —Tu ___conosci___ mio cugino Andrea?
   —Sì, ho ___conosciuto___ Andrea ieri alla festa.
6. —Hai ___saputo___ come si chiama il nuovo professore?
   —No, non ho ancora ___conosciuto___ il professore.

Practice more at **vhlcentral.com.**

4 Expansion Ask individual students questions about what they know how to do. Write a list of activities on the board and see who else in the class knows how to do them.

COMUNICAZIONE

4 Inchiesta Lavorate a coppie. A turno, fate e rispondete alle domande. Answers will vary.

1. Sai usare il fax?
2. Sai scrivere messaggi istantanei?
3. Conosci un negozio che ha buoni affari?
4. Sai vivere senza televisione?
5. Conosci una modella famosa?
6. Conosci il numero di telefono di tutti i tuoi amici?
7. Sai dove comprare giacche eleganti?
8. Sai qual è il computer migliore?

5 Intervista una persona famosa Lavorate a coppie. Uno/a di voi interpreta (*acts out*) una persona famosa. L'altro/a fa domande su cosa sa fare e chi conosce per poter indovinare (*guess*) chi è. Poi scambiate (*switch*) il ruolo. Answers will vary.

MODELLO

S1: *Che cosa sai fare?*
S2: *So cantare e ballare.*
S1: *Conosci Madonna?*
S2: *No, ma conosco Lorde...*

6 Esperti del posto Lavorate in gruppi di tre. Uno studente italiano è arrivato alla vostra scuola e ha bisogno di una guida (*guide*). Rispondete alle sue domande e descrivete cosa sapete fare e chi conoscete per dimostrare la vostra esperienza. Answers will vary.

MODELLO

S1: *Sai parlare italiano?*
S2: *Sì, un po'. Conosco anche il migliore negozio di vestiti di stilisti italiani.*
S3: *Io so parlare italiano e conosco i migliori ristoranti.*
S1: *Avete visitato l'Italia?...*

- **Sapere** means *to know facts or information*. It is irregular in the present tense.

sapere	
so	sappiamo
sai	sapete
sa	sanno

- To express *to know how to do something*, use **sapere** + [*infinitive*].

Non sanno usare il portatile.
They don't know how to use *the laptop.*

La nonna **sa navigare** in rete?
*Does Grandma **know how to surf** the Internet?*

- In the **passato prossimo**, **sapere** means *to find out*. It is used with **avere**, and its past participle is **saputo**.

Sabato scorso **hanno saputo** che lui ha chiuso il negozio.
*Last Saturday **they found out** that he closed the store.*

Ho saputo che la sciarpa gialla è in saldo.
I found out *that the yellow scarf is on sale.*

- Reply with the expression **Non lo so** if you do not know the information asked for in a question.

Chi ha inventato gli occhiali?
Who invented glasses?

Non lo so!
I don't know!

- You can use either **conoscere** or **sapere** with languages. Remember, however, that the two verbs are rarely interchangeable. Compare the following examples.

Conosci Roberta?
Do you know *Roberta?*

Sai dove abita Roberta?
Do you know *where Roberta lives?*

Ieri **ho conosciuto** Vincenzo.
*Yesterday **I met** Vincenzo.*

Avete saputo che è sposato.
You found out *that he's married.*

Provalo! Scegli la forma di **conoscere** o **sapere** per completare correttamente ogni frase.

1. Geltrude non (sa / conosce) qual è il mio numero di telefono.
2. Martina e Lorenzo (sanno / conoscono) Firenze.
3. Io ed Elena non (sappiamo / conosciamo) dov'è la festa.
4. Ieri voi (avete saputo / avete conosciuto) il mio professore.
5. (Sai / Conosci) a che ora apre il negozio di scarpe?
6. Loro non (sanno / conoscono) usare la macchina fotografica digitale.
7. Tu (hai saputo / hai conosciuto) che il computer della biblioteca non funziona?
8. Io (ho saputo / ho conosciuto) Maria due anni fa.

SINTESI

Ricapitolazione

4 Expansion Ask each group to present their ideas to the class and have everyone vote on which group's opening would be the most successful.

1 Un gioco L'insegnante ti darà (*will give you*) una lista di venti attività. Scegli cinque attività che hai fatto recentemente e marca le attività con una X. L'insegnante poi leggerà (*will read*) le attività in ordine sparso (*randomly*). Una persona vince il gioco se l'insegnante legge tutte le attività che lui o lei ha selezionato. Answers will vary.

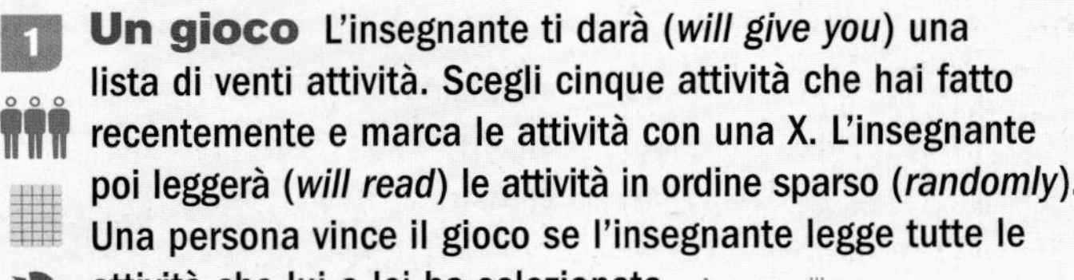

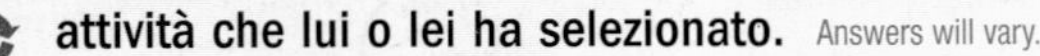

MODELLO

Insegnante: *Chi ha giocato a calcio?*
(Marca il tuo foglio se hai selezionato quell'attività.)

2 All'improvviso A coppie, guardate le due fotografie. Scegliete una foto e immaginate cosa può succedere all'improvviso (*happen suddenly*). Scrivete cinque frasi che raccontano la storia. Answers will vary.

MODELLO

S1: *All'improvviso piove!*
S2: *Le persone corrono verso un ristorante.*
S1: *Il ristorante è chiuso e…*

3 Che cosa hai imparato? Che cosa sai o chi conosci adesso che non sapevi o conoscevi (*you didn't know*) cinque anni fa? Prepara una lista di cinque attività che sai fare o di persone o luoghi che conosci adesso. Usa il passato prossimo di sapere e conoscere per creare la lista. Poi paragona la tua lista con quella di un(a) compagno/a. Answers will vary.

MODELLO

S1: *L'anno scorso ho conosciuto la sorella di Laura. Quest'anno voglio imparare a giocare a pallavolo.*
S2: *L'anno scorso ho saputo che Brad Pitt ha fatto un film nuovo. Voglio andare a Hollywood e incontrare Brad Pitt!*

4 Un negozio nuovo In gruppi di quattro, immaginate di andare all'apertura (*opening*) di un nuovo negozio di vestiti. Voi siete responsabili dell'organizzazione e della gestione (*management*) del negozio. A turno dite cosa sapete, cosa sapete fare e chi conoscete. Cosa potete fare per rendere (*to make*) il negozio un successo? Answers will vary.

MODELLO

S1: *Io conosco molte persone che spendono tanti soldi in vestiti.*
S2: *Io so usare il computer per la contabilità (accounting).*
S3: *Io posso parlare italiano con i clienti italiani…*

5 Che cosa hanno fatto? A coppie, guardate i disegni. Fate una descrizione e scrivete che cosa indossa ogni persona e che cosa ha fatto ieri. Usate la vostra immaginazione! Answers will vary.

MODELLO

S1: *Lui porta i pantaloncini stretti.*
S2: *Ha giocato al parco con gli amici e poi ha mangiato un gelato.*

1.

2.

3.

4.

6 La giornata di Gina Lavorate a coppie. L'insegnante vi darà due fogli diversi, ciascuno con metà delle informazioni sulla giornata di Gina. A turno, fate domande per ricostruire l'intera giornata.

MODELLO

S1: *Che cosa ha fatto Gina alle 4.30 di mattina?*
S2: *Ha fatto jogging. Che cosa ha fatto…?*

7 **La strana coppia** A coppie, create la descrizione di due personaggi (*characters*) per una sitcom. Nella sitcom, due persone condividono (*share*) un appartamento, ma sono molto diverse l'una dall'altra (*from each other*). Scrivete la descrizione per ogni persona. Cosa sa fare? Chi conosce? Che vestiti porta? Fate una descrizione più completa possibile. Answers will vary.

MODELLO

Roberta sa usare il computer molto bene. Lei porta sempre un tailleur e le scarpe con il tacco (heel). Conosce il direttore dell'ufficio personalmente e...

7 Expansion Have students create a conversation between the two characters in which they meet each other for the first time.

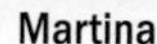
Martina

Roberta

8 **Vero o falso?** Scrivi cinque attività che hai fatto l'anno scorso. Alcune (*Some*) sono vere, altre sono false. Poi, in gruppi di quattro, leggete a turno un'attività dalla lista. Gli altri studenti devono indovinare (*guess*) se è vera o falsa. Answers will vary.

MODELLO

Ho visitato Roma.
Ho visto i Coldplay in concerto.
Ho comprato un abito di Gucci.
Ho conosciuto il Presidente degli Stati Uniti.
Ho imparato a guidare la macchina.

Il mio di·zio·na·rio

Aggiungi (*Add*) cinque parole relative ai computer o ai vestiti al tuo dizionario personale.

lo sconto

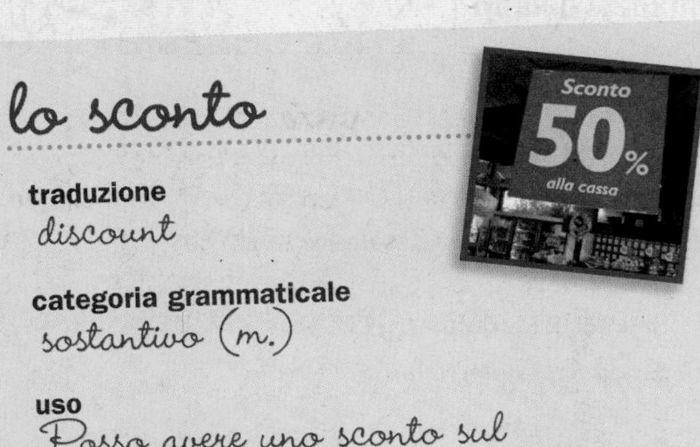

traduzione
discount

categoria grammaticale
sostantivo (m.)

uso
Posso avere uno sconto sul maglione rosso?

sinonimi
il ribasso, la riduzione (del prezzo)

antonimi
l'aumento, il prezzo intero

risorse

SAM WB: pp. 57–60	SAM LM: pp. 34–35	vhlcentral.com

Panorama

Milano

La città in cifre

- **Popolazione della provincia:** *3.147.358*
- **Popolazione della città:** *1.315.416*
- **Superficie della provincia:** *1575 km²*
- **Superficie della città:** *182 km²*

Milano è la seconda città più grande d'Italia. Oltre ad essere uno dei capoluoghi° mondiali della moda, Milano è anche un centro economico e la sede della Borsa° italiana. La città ospitò° L'Esposizione Universale° nel 1906 e la ospiterà° ancora una volta° nel 2015.

- **Da non perdere:** *il Teatro alla Scala, il Duomo, la Galleria Vittorio Emanuele II, il Castello Sforzesco, il Cenacolo° nella chiesa di Santa Maria delle Grazie*

Milanesi celebri

- **Michelangelo Merisi da Caravaggio,** *pittore° (1571–1610)*
- **Cesare Beccaria,** *filosofo e scrittore (1738–1794)*
- **Luchino Visconti,** *regista° (1906–1976)*
- **Nino Rota,** *compositore di colonne sonore° (1911–1979)*
- **Cristina Scabbia,** *cantante (1972–)*
- **Francesca Schiavone,** *tennista (1980–)*

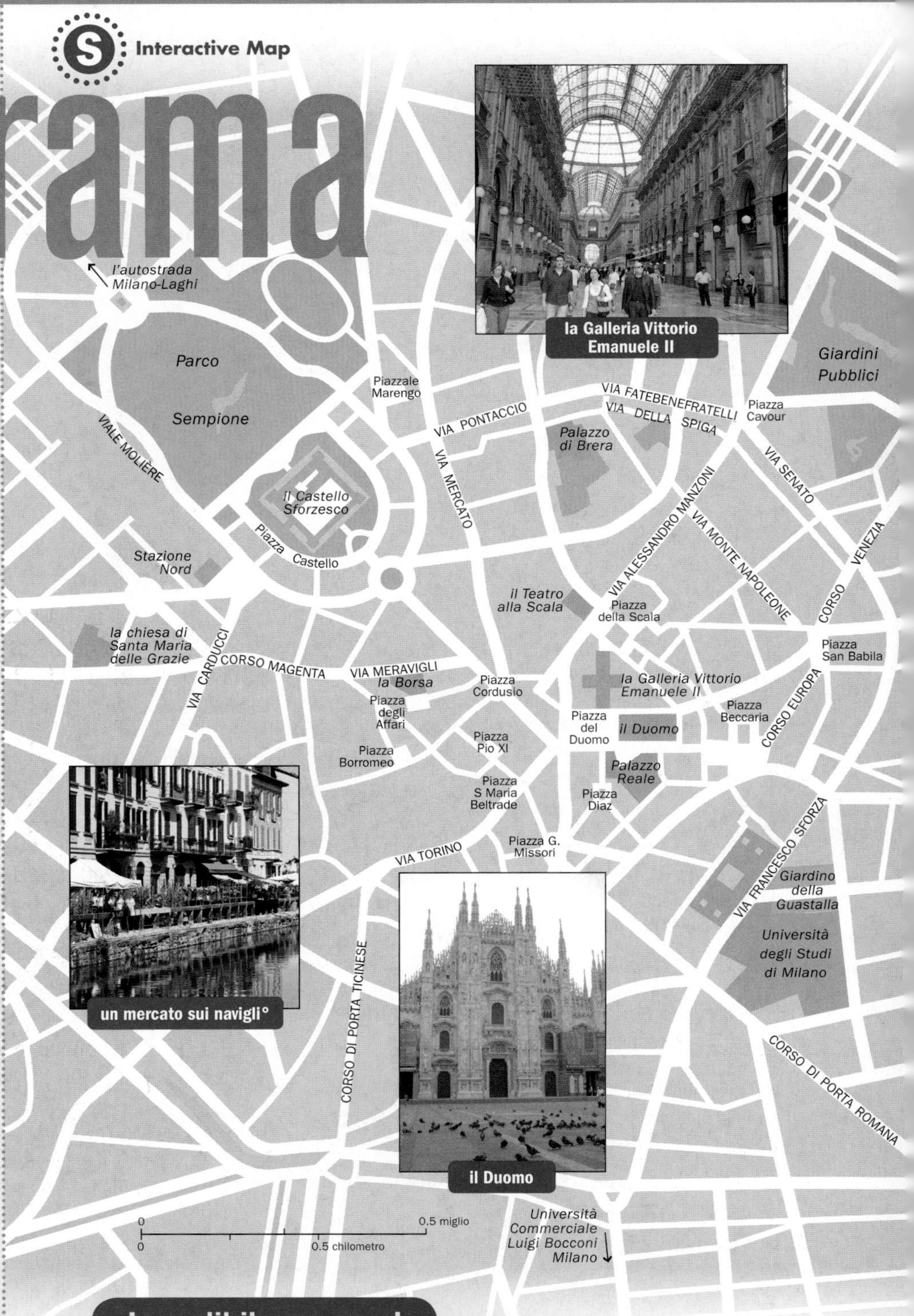

Interactive Map

l'autostrada Milano-Laghi
Parco Sempione
Piazzale Marengo
Viale Molière
Il Castello Sforzesco
Piazza Castello
Stazione Nord
la chiesa di Santa Maria delle Grazie
Via Carducci
Corso Magenta
Via Meravigli
la Borsa
Piazza degli Affari
Piazza Borromeo
Piazza Cordusio
Piazza Pio XI
Piazza S Maria Beltrade
Via Torino
Piazza G. Missori
Corso di Porta Ticinese
Via Pontaccio
Via Mercato
Palazzo di Brera
Via Fatebenefratelli
Via della Spiga
Piazza Cavour
Giardini Pubblici
Via Senato
Via Alessandro Manzoni
Via Monte Napoleone
Corso Venezia
il Teatro alla Scala
Piazza della Scala
Piazza San Babila
la Galleria Vittorio Emanuele II
Piazza del Duomo
il Duomo
Piazza Beccaria
Corso Europa
Palazzo Reale
Piazza Diaz
Via Francesco Sforza
Giardino della Guastalla
Università degli Studi di Milano
Corso di Porta Romana
Università Commerciale Luigi Bocconi Milano
0 — 0,5 miglio
0 — 0,5 chilometro

la Galleria Vittorio Emanuele II

un mercato sui navigli°

il Duomo

Incredibile ma vero!

I problemi di traffico a Milano risalgono° all'anno 285, quando l'Imperatore Diocleziano nominò Milano capitale dell'Impero Romano d'Occidente. L'autostrada° Milano-Laghi, costruita nel 1924 per collegare Milano a Varese, è stata la prima autostrada del mondo. Il limite di velocità° in Italia è molto alto: in autostrada è di 130 km/h (più di 80 miglia all'ora°)!

capoluoghi *capitals* **Borsa** *Stock Exchange* **ospitò** *hosted* **Esposizione Universale** *World's Fair* **la ospiterà** *will host it* **ancora una volta** *again* **Cenacolo** *The Last Supper* **pittore** *painter* **colonne sonore** *soundtracks* **regista** *director* **navigli** *canals* **risalgono** *date back* **autostrada** *highway* **limite di velocità** *speed limit* **più di 80 miglia all'ora** *more than 80 miles per hour*

La moda

Andiamo a Milano

Ogni anno a Milano, come in altre città quali° New York, Parigi e Madrid, un'intera settimana è dedicata all'alta moda°. Stilisti famosi in tutto il mondo, come Armani, Versace, Dolce & Gabbana, Coveri, Cavalli, Moschino, Missoni e molti altri, presentano le loro collezioni a un pubblico entusiasta di curiosi e professionisti. In una settimana ci sono circa 100 sfilate° e sono presentate più di 200 collezioni. I biglietti° per le sfilate variano dai €30,00 (in piedi°, sfilata individuale) ai €3.500,00 (Platinum VIP Seating, biglietto valido per tre giorni).

Expansion Have students find an ad for an Italian designer in a magazine. Have them write a description of the clothing in the picture or bring the picture to class and work with a partner to write the description. Have students show the pictures and read the descriptions to the class. Ask them questions about the fashion in each picture. Write the name of each designer on the board with a list of adjectives to describe the style of each one.

La gastronomia

Il pane di Toni

Il panettone di Milano è un tipico dolce° di Natale°. Ci sono molte leggende sulla sua invenzione. Una di esse° parla di un garzone°, Toni, che lavorava in un panificio. Toni voleva aiutare il fornaio° a guadagnare più soldi e un giorno ha preso uova°, burro°, uvetta° e frutta candita° e le ha unite all'impasto del pane°. Tutti volevano comprare «il pane di Toni» (da qui il nome «panettone») e il fornaio è diventato ricco e famoso. Il taglio° sul panettone simboleggia la croce°, un segno di benedizione° prima di mangiare il dolce a Natale.

La finanza

La Borsa italiana

La Borsa di Milano è stata fondata° nel 1808. Ha sede a° Palazzo Mezzanotte, in Piazza degli Affari a Milano, e per questo° si chiama anche Piazza Affari. Milano è considerata la capitale economica e finanziaria d'Italia ed è molto importante anche nell'ambito° dell'Unione Europea. Molte aziende° italiane e straniere, infatti, hanno sede a Milano. Per capitalizzazione totale la Borsa italiana è la tredicesima° al mondo. Il 23 giugno 2007 la Borsa di Londra ha annunciato l'acquisto° della Borsa Italiana. Il primo ottobre 2007 la Borsa Italiana è stata quotata° per la prima volta a Londra.

Lo spettacolo

Tutti a teatro!

Il Teatro alla Scala è uno dei teatri più famosi del mondo. L'imperatrice Maria Teresa d'Austria richiese° la sua costruzione nel 1776. Il teatro fu inaugurato° il 3 agosto 1778. Nel 1921 la proprietà è stata trasferita al Comune di Milano. Nel 1943 il teatro è stato danneggiato° da una bomba, ma è stato aperto di nuovo° l'11 maggio 1946. Oggi il teatro ha circa 2.240 posti disponibili, ma, per ragioni di sicurezza°, il Comune di Milano autorizza un massimo di 2.030 persone. Tra i direttori d'orchestra più famosi ricordiamo Arturo Toscanini, Claudio Abbado e Riccardo Muti.

Quanto hai imparato? Completa le frasi.

1. I problemi di traffico a Milano risalgono all' ___anno 285___.
2. La prima autostrada del mondo è stata ___l'autostrada Milano-Laghi___.
3. Molti stilisti presentano le loro collezioni a Milano. Tra loro, ___Answers will vary. Possible answers include: Armani, Versace, Dolce & Gabbana, Coveri, Cavalli, Moschino, Missoni___
4. I biglietti più costosi per le sfilate di Milano costano ___3.500 euro per tre giorni___.
5. Il nome «panettone» deriva da ___pane di Toni___.
6. Il panettone è un dolce tipico di ___Natale___.
7. La Borsa Italiana ha sede a ___Milano___.
8. Nel 2007 la ___Borsa di Londra___ ha acquistato la Borsa Italiana.
9. ___L'imperatrice Maria Teresa d'Austria___ richiede la costruzione del Teatro alla Scala nel 1776.
10. Tre direttori d'orchestra italiani famosi sono ___Arturo Toscanini, Claudio Abbado e Riccardo Muti___.

Practice more at **vhlcentral.com.**

risorse

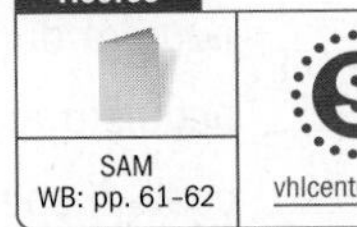

SU INTERNET

Go to vhlcentral.com to find more cultural information related to this **Panorama**.

1. Milano ha importanti aeroporti che la collegano all'Europa e al mondo. Cerca informazioni su questi aeroporti.
2. Gli italiani amano mangiare. Trova altri dolci tipici del Natale italiano.
3. Scegli uno/a stilista italiano/a e cerca informazioni sulle sue collezioni.
4. Cerca informazioni su un(a) cantante lirico/a italiano/a e presenta la sua carriera.

quali *such as* **alta moda** *high fashion* **sfilate** *fashion shows* **biglietti** *tickets* **in piedi** *standing* **dolce** *sweet* **Natale** *Christmas* **esse** *them* **garzone** *apprentice* **fornaio** *baker* **uova** *eggs* **burro** *butter* **uvetta** *raisins* **frutta candita** *candied fruit* **le ha unite all'impasto del pane** *mixed them with the bread dough* **taglio** *cut* **croce** *cross* **benedizione** *blessing* **è stata fondata** *was founded* **ha sede a** *it has its headquarters in* **per questo** *for this reason* **nell'ambito** *within* **aziende** *firms* **tredicesima** *thirteenth* **acquisto** *purchase* **è stata quotata** *was quoted* **richiese** *requested* **fu inaugurato** *was opened* **è stato danneggiato** *was damaged* **di nuovo** *again* **per ragioni di sicurezza** *for safety reasons*

Lettura

Audio: Reading

Prima di leggere

STRATEGIA

Scanning

Scanning involves glancing over a document in search of specific information. For example, you can scan to identify the document's format, to find cognates, to locate visual clues about the document's content, or to find specific facts. Scanning allows you to learn a great deal about a text without having to read it word for word.

Esamina il testo

Guarda il testo e fai la lista di otto parole affini (*cognates*).

Answers will vary slightly. Sample answers are provided.

1. elegante
2. prodotto
3. colori
4. adulti
5. pura
6. occasioni
7. perfetto
8. ideale

Trovare

Guarda il documento. Indica se le seguenti informazioni sono esenti (*present*) nel testo.

1. ✓ un indirizzo (*address*)
2. ✓ il nome del negozio
3. ___ un numero di telefono
4. ___ gli orari d'apertura (business hours)
5. ✓ misure della giacca da uomo
6. ___ materiale delle scarpe
7. ✓ colori per la cravatta
8. ✓ numero di prodotto per la maglietta nera
9. ___ acquisto minimo su Internet
10. ✓ costi di spedizione

Descrivere

Guarda le foto. Scrivi un breve paragrafo per descrivere il sito Web. Paragona il tuo paragrafo con il paragrafo di un(a) compagno/a di classe. Answers will vary.

La Casa Della Moda: Abbigliamento,

La casa della moda

donne uomini bellezza e fragranze

Visita il nostro negozio di persona in Via Giannotti 35 (di fronte al cinema, vicino al Ristorante Da Fabio)

Apertura al pubblico: 15 novembre

Maglietta nera
di seta, ideale da sola in estate o con un maglione in autunno e inverno
Numero del prodotto: T39875-3
Misure: 38, 40, 42, 44, 46, 48
Colori: nero, nero e argento°, nero e oro°
Prezzo: €29,00 (IVA inclusa)

Gonna
di cotone, perfetto per la primavera o l'estate
Numero del prodotto: X27453-2
Misure: 38, 40, 42, 44, 46
Colori: blu, giallo, bianco, rosa, rosso
Prezzo: €45,50 (IVA inclusa°)

Scarpe
nere, perfette per vestiti casual o eleganti
Numero del prodotto: S2984
Misure: 34, 36, 38, 40, 42
Colori: bianco, blu, marrone, nero*
Prezzo: €62,99 (IVA inclusa)
*nero temporaneamente esaurito°

Il mio carrello°

Numero del prodotto	Colore	Misura	Quantità	Prezzo
			Totale acquisto°	

Spedizione gratuita con spese di €250,00 o più

donne | uomini | bellezza e fragranze | scarpe | borse e accessori | gioielleria

Suggestion Ask students questions to help them figure out what type of reading this is. Ex.: **Che cos'è questo documento? Cosa si può comprare alla Casa della moda? Chi può trovare vestiti lì? Che cos'altro si può comprare? Quanto costa il maglione blu? E la maglia nera?**

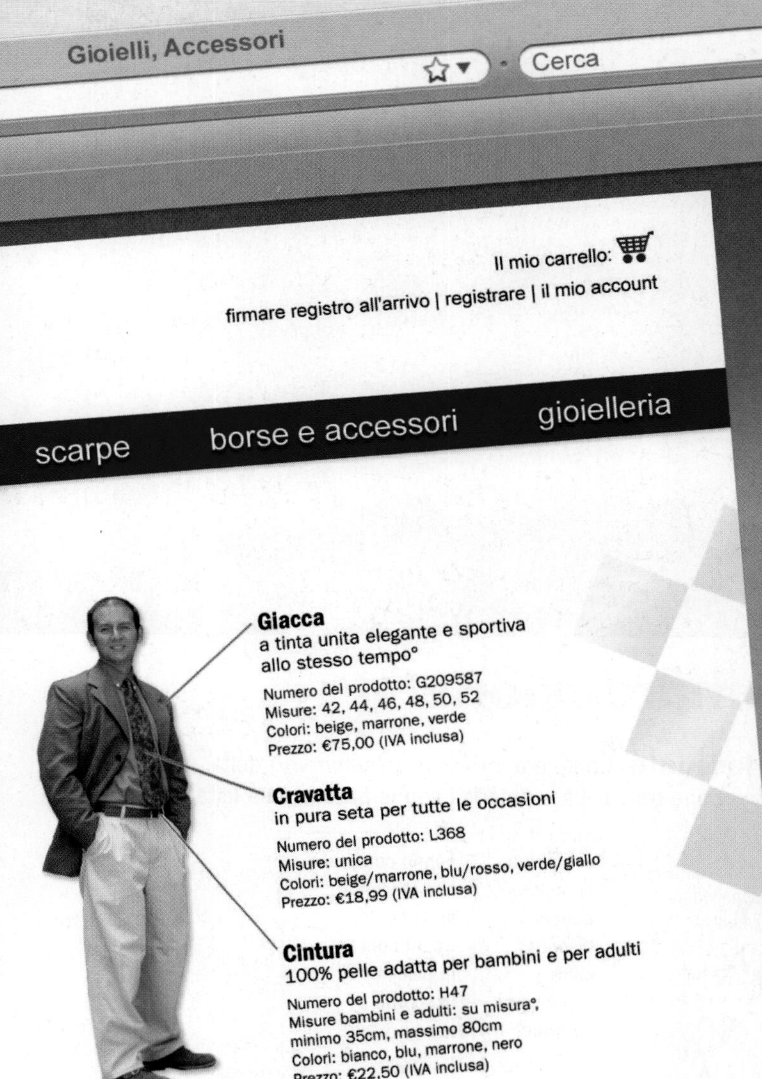

Gioielli, Accessori
Cerca
Il mio carrello:
firmare registro all'arrivo | registrare | il mio account
scarpe
borse e accessori
gioielleria
Giacca
a tinta unita elegante e sportiva allo stesso tempo°
Numero del prodotto: G209587
Misure: 42, 44, 46, 48, 50, 52
Colori: beige, marrone, verde
Prezzo: €75,00 (IVA inclusa)
Cravatta
in pura seta per tutte le occasioni
Numero del prodotto: L368
Misure: unica
Colori: beige/marrone, blu/rosso, verde/giallo
Prezzo: €18,99 (IVA inclusa)
Cintura
100% pelle adatta per bambini e per adulti
Numero del prodotto: H47
Misure bambini e adulti: su misura°, minimo 35cm, massimo 80cm
Colori: bianco, blu, marrone, nero
Prezzo: €22,50 (IVA inclusa)
per unità
Totale
Metodo di spedizione
Costo
Fino a €250,00
€ 0,00
7 giorni
€15,00
3 giorni
€25,00
aggiungere al carrello
trovare in negozio
© 2014 La Casa Della Moda è un marchio registrato. Tutti i diritti riservati.

Dopo la lettura As a homework assignment, ask students to find an Italian web site that sells clothing and print out the home page. In the next class period, have them work with a partner to write up a description of the web site and what it sells.

IVA inclusa *sales tax included* **argento** *silver* **oro** *gold* **esaurito** *out of stock* **mio carrello** *my shopping cart* **acquisto** *purchase* **allo stesso tempo** *at the same time* **su misura** *custom made*

Dopo la lettura

Rispondere Rispondi alle seguenti domande con frasi complete. Answers will vary slightly. Sample answers are provided.

1. Quando è l'apertura al pubblico del negozio?
   L'apertura al pubblico è il 15 novembre.
2. Quali sono i prodotti descritti nella pubblicità?
   I prodotti descritti nella pubblicità sono la giacca, la cintura, la cravatta, la gonna, le scarpe e la maglia.
3. Qual è il prodotto più economico?
   La cravatta è il prodotto più economico.
4. Quali prodotti puoi comprare in blu?
   Posso comprare in blu la gonna, le scarpe, la cintura e la cravatta.
5. Quali informazioni ci sono in «Il mio carrello»?
   In «Il mio carrello» ci sono informazioni sul numero del prodotto, sul colore, sulla misura, sulla quantità e sul prezzo.
6. Quanto costa la spedizione di tre giorni?
   La spedizione di tre giorni costa €25,00.

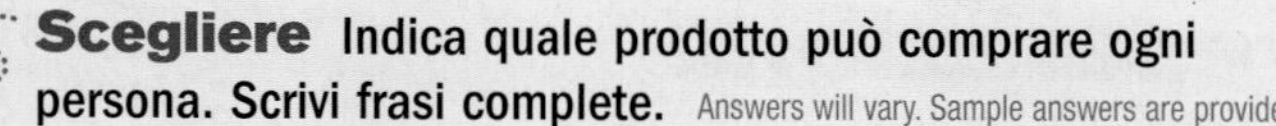

Scegliere Indica quale prodotto può comprare ogni persona. Scrivi frasi complete. Answers will vary. Sample answers are provided.

MODELLO

Monica cerca un regalo per il compleanno del papà, ma ha solo €20.
Monica può comprare la cravatta!

1. Sabina ha bisogno di una maglietta da indossare sotto il suo nuovo maglione di colore oro.
   Sabina può comprare una maglietta nera e oro.
2. Alessandro ha €55 e ha bisogno di accessori.
   Alessandro può comprare una cravatta e una cintura.
3. Il figlio di Maria ha un'occasione importante, ma Maria ha solo €35.
   Maria può comprare una cintura o una cravatta.
4. È il compleanno di Gianluca e i suoi amici vogliono comprare un bel regalo per lui.
   Gli amici di Gianluca possono comprare una giacca.
5. Zoe ha un vestito elegante, bianco e nero, ma non ha scarpe.
   Zoe può comprare le scarpe nere.
6. Bianca e Franco devono andare a un anniversario di matrimonio. Non hanno problemi di soldi.
   Bianca e Franco possono comprare tutto!

Oggi indosso... A coppie, usate questo sito Web come modello per scrivere una descrizione di quello che indossate oggi. Presentate le descrizioni alla classe. Answers will vary.

MODELLO

Oggi indosso i jeans blu e una maglietta rossa. Ho una cintura marrone e le scarpe da ginnastica bianche...

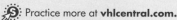

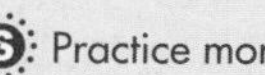
Practice more at **vhlcentral.com.**

In ascolto

STRATEGIA

Listening for the gist

Listening for the gist can help you get a general idea of what someone is talking about, even if you can't hear or understand some of the words. When you listen for the gist, you try to capture the essence of what you hear without focusing on individual words.

 To help you practice this strategy, you will listen to three sentences. Jot down a brief summary of what you hear.

Preparazione

Guarda la foto. Quante persone ci sono? Dove sono Lucilla e Amedeo? Cosa vogliono mangiare? Cosa vogliono bere? Che ore sono? Che cosa hanno fatto oggi? Answers will vary.

Ascoltiamo

Ascolta la conversazione tra Lucilla, Amedeo e il cameriere. Ascolta una seconda volta e indica quali attività hanno fatto oggi.

1. ____ Hanno comprato un libro.
2. ✓ Durante la mattina, hanno nuotato.
3. ____ Hanno ascoltato la musica.
4. ____ Hanno visto un amico.
5. ✓ Hanno mangiato molto al bar.
6. ✓ Hanno comprato dei vestiti.
7. ____ Hanno mangiato in un ristorante elegante.
8. ✓ Hanno organizzato una serata (*evening*) con gli amici.
9. ____ Hanno studiato per un esame difficile.
10. ✓ Hanno deciso di andare al cinema.

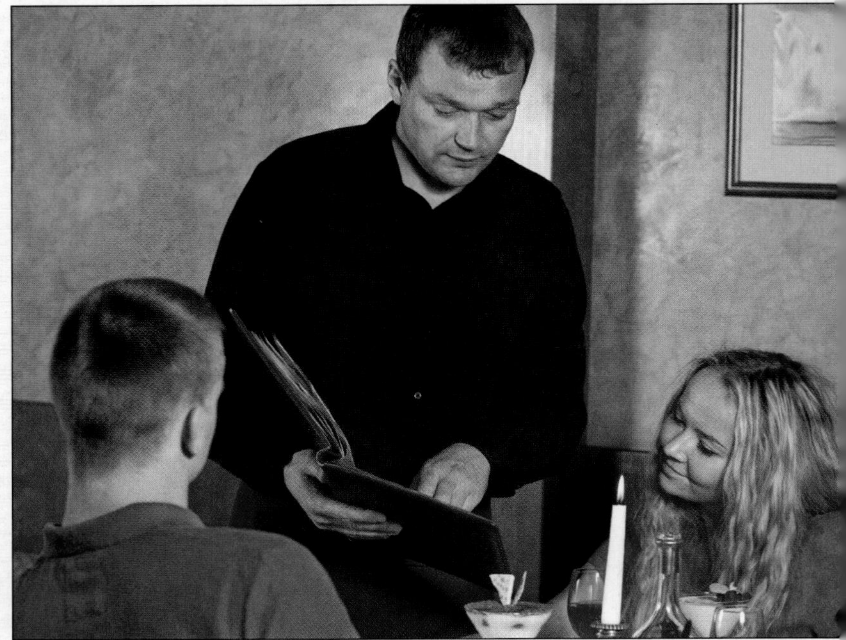

Comprensione

Un riassunto Completa il riassunto (*summary*) della conversazione tra Lucilla e Amedeo con le parole della lista.

Suggestion Ask students to narrate what happened in the conversation and write it on the board. Encourage them to use transitional words such as **poi** and **dopo**.

al cinema	hanno comprato
aranciata	hanno visitato
ballare	in discoteca
biscotti	i pantaloni
caffè	in piscina
cappuccino	le scarpe
ha fame	le sciarpe

Lucilla e Amedeo sono in un (1) caffè. Amedeo beve un (2) cappuccino. Lucilla (3) ha fame e mangia (4) biscotti e torta al cioccolato. La mattina loro (5) hanno visitato i negozi e hanno nuotato (6) in piscina. Lucilla ha comprato (7) le scarpe e una gonna, Amedeo ha comprato (8) i pantaloni. La sera Lucilla e Amedeo non vogliono andare (9) in discoteca, ma invece vogliono andare (10) al cinema.

E tu? **A coppie, parlate di che cosa avete fatto lo scorso fine settimana e dei vostri programmi per questo fine settimana. Cosa dovete fare? Cosa volete fare?** Answers will vary.

MODELLO

Sabato ho dormito fino alle dieci e mezzo. La sera ho visto un film con i miei amici. Domenica mattina ho dormito fino a tardi e poi sono andato a fare la spesa...

Scrittura

STRATEGIA

Adding details

How can you make your writing more informative or more interesting? You can add details by answering the "W" questions: Who? What? When? Where? Why? The answers to these questions will provide useful information that can be incorporated into your writing. Here are some useful question words that you have already learned:

A che ora?	Dove?
Che cosa?	Perché?
Chi?	Quando?

Compare these two sentences.

«Ho comprato una giacca.»

«Dopo la classe d'italiano ho comprato una giacca di pelle nera, perché mia nonna mi ha dato i soldi per il mio compleanno.»

While both sentences give the same basic information (the writer bought a jacket), the second provides details that are much more informative.

Tema

Baci da Milano!

Hai deciso di passare un anno in Italia e vivere con una famiglia. Sei a Milano per il fine settimana e mandi una cartolina (*postcard*) alla famiglia che ti ospita (*hosts*) per raccontare cosa hai fatto. Scrivi cinque cose che hai visto e fatto. Aggiungi dettagli alla descrizione rispondendo (*answering*) alle domande **chi?**, **cosa?**, **quando?**, **dove?** e **perché?**

Sabato pomeriggio ho visitato il Duomo con i miei amici...

Suggestion Before they start writing, have students come up with an ending to the sample sentence that answers each of the questions **chi?**, **cosa?**, **quando?**, **dove?**, and **perché?** Write the sentence on the board, underline the answers to each question, and label them with the appropriate interrogative term.

VOCABOLARIO

Usare la tecnologịa

accẹndere	*to turn on*
cancellare	*to erase*
caricare	*to charge; to load*
cominciare	*to start*
comporre	*to dial (a number)*
ẹssere connesso/a	*to be connected*
ẹssere in lịnea	*to be online*
funzionare	*to work, to function*
navigare in rete	*to surf the Internet*
registrare	*to record*
salvare	*to save*
scaricare	*to download*
spẹgnere	*to turn off*
squillare	*to ring (telephone)*
stampare	*to print*

Di che colore?

arancione	*orange*
azzurro/a	*sky blue*
beige (*invar.*)	*beige*
bianco/a	*white*
blu (*invar.*)	*blue*
giallo/a	*yellow*
grigio/a	*gray*
marrone	*brown*
nero/a	*black*
rosa (*invar.*)	*pink*
rosso/a	*red*
verde	*green*
viola (*invar.*)	*purple*
a righe	*striped*
a tinta unita	*solid color*
chiaro/a	*light*
scuro/a	*dark*

I tessuti

il cotone	*cotton*
la lana	*wool*
la pelle	*leather*
la seta	*silk*

L'abbigliamento

indossare, portare	*to wear*
l'ạbito	*dress*
la biancherịa ịntima	*underwear*
la borsa	*handbag; purse*
il calzino	*sock*
la camicetta	*blouse*
la camicia	*dress shirt*
la canottiera	*tank top*
il cappello	*hat*
il cappotto	*overcoat*
la cintura	*belt*
la collana	*necklace*
il completo	*suit; matching outfit*
il costume da bagno	*bathing suit*
la cravatta	*tie*
la felpa	*sweatshirt*
la giacca	*jacket*
la gonna	*skirt*
il guanto	*glove*
i jeans	*jeans*
la maglietta (a mạniche corte/lunghe)	*(short-/long-sleeved) T-shirt*
il maglione	*sweater*
gli occhiali (da sole)	*(sun)glasses*
i pantaloncini	*shorts*
i pantaloni	*pants, trousers*
la scarpa (da ginnạstica)	*(running) shoe*
la sciarpa	*scarf*
lo stivale	*boot*
la taglia	*clothing size*
il tailleur	*women's suit*
la valigetta	*briefcase*
il vestito	*dress; suit*
largo/a	*loose, big*
stretto/a	*tight-fitting*

Verbi

conọscere	*to know; to meet*
dire	*to say; to tell*
dovere	*to have to/must; to owe*
potere	*to be able to/can*
riconọscere	*to recognize*
riuscire	*to succeed; to manage*
sapere	*to know*
uscire	*to go out; to leave*
venire	*to come*
volere	*to want*

Tẹrmini tecnolọgici

il canale (televisivo)	*(television) channel*
il cạrica batterịa	*battery charger*
la cartella	*folder*
il CD/compact disc	*CD*
il cellulare	*cell phone*
il (computer) portạtile	*laptop (computer)*
le cuffie	*headphones*
il disco rịgido	*hard drive*
il documento	*document*
l'e-mail (*f.*)	*e-mail message*
l'impianto stẹreo	*stereo*
il lettore MP3/CD/DVD	*MP3/CD/DVD player*
la mạcchina fotogrạfica (digitale)	*(digital) camera*
il messaggio (di testo); l'SMS	*text message*
il micrọfono	*microphone*
il mouse	*mouse*
la password	*password*
il programma	*program*
la rete	*network; Internet*
il (registratore) DVR	*DVR*
lo schermo	*screen*
il sito Internet	*Web site*
lo smartphone	*smartphone*
la stampante	*printer*
il tablet	*tablet*
la tastiera	*keyboard*
il telecomando	*remote control*
il televisore	*television set*
il videogioco	*video game*

Fare spese

il buon affare	*good deal*
il/la commesso/a	*salesperson*
i saldi	*sales*
caro/a	*expensive*
ciascuno/a	*each (one)*
costoso/a	*expensive*

Espressioni ụtili	*See pp. 121 and 135.*
Pronomi tọnici	*See p. 127.*
Irregular past participles	*See p. 139.*

UNITÀ

Buon appetito!

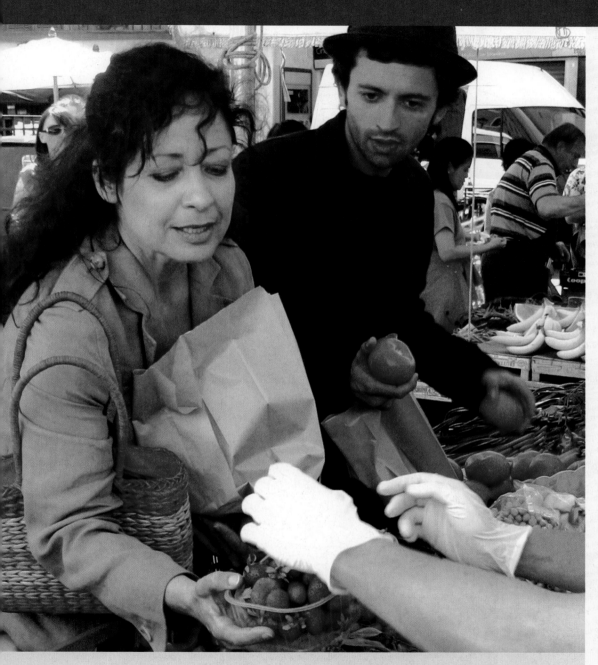

Per cominciare

- Dove sono Marcella e Riccardo?
  (a.) al mercato   b. al supermercato
- Marcella compra della frutta o del gelato?
  Compra della frutta.
- Che cosa indossa Riccardo?
  Indossa una maglia nera, una giacca e un cappello.
- Di che colore è la borsa di Marcella?
  È rossa, arancione e gialla.

CONTESTI

Communicative Goals

You will learn how to:

- talk about food
- discuss grocery shopping

Suggestion Divide the class into two teams to play a drawing game. Give one player from each team an index card with a vocabulary word written on it. The players draw the item on the board while their teammates try to guess. The first team to guess correctly is awarded a point.

La spesa

Suggestion Tell students that, in addition to the patterns they learned in **Lezione 1A**, the definite article **lo** is also used with masculine nouns beginning with **y**, such as **lo yogurt**.

Vocabolario

espressioni	*expressions*
Quanto costa...?	*How much is . . . ?*
cucinare	*to cook*
i negozi	*shops*
la gelaterịa	*ice cream shop*
la macellerịa	*butcher*
il mercato	*market*
il negozio d'alimentari	*grocery store*
la panetterịa	*bakery*
la pasticcerịa	*pastry shop*
la pescherịa	*fish/seafood shop*
la salumerịa	*delicatessen*
il supermercato	*supermarket*
il cibo	*food*
il biscotto	*cookie*
il burro	*butter*
il formaggio	*cheese*
l'olio (d'oliva)	*(olive) oil*
il pane	*bread*
la pasta (asciutta)	*pasta*
il riso	*rice*
lo yogurt	*yogurt*
carne e pesce	*meat and fish*
la carne di maiale	*pork*
la carne di manzo	*beef*
i frutti di mare	*seafood*
il gamberetto	*shrimp*
il prosciutto	*ham*
il tonno	*tuna*
la vọngola	*clam*
frutta e verdura	*fruit and vegetables*
l'ạnanas (*m.*)	*pineapple*
il carciofo	*artichoke*
il fungo	*mushroom*
il lampone	*raspberry*
il melone	*melon*
l'uva	*grapes*

la pera
l'arancia
la frạgola
la pesca
frutta
la banana
la mela
la patata
legumi
la cipolla
la carota
il peperone rosso
la melanzana
il fagiolino
l'aglio
il pomodoro

risorse

SAM WB: pp. 63-64	SAM LM: p. 36	vhlcentral.com

Suggestion Ask students what they can buy in each store.

Attenzione!

In Italian, **uva** (*grapes*) is a non-count noun, meaning its quantity cannot be expressed as a number and it has no plural form. To talk about a bunch of grapes, say **un grappolo d'uva.**

la marmellata

la *crostata*

il peperone verde

la lattuga

l'uovo (*pl.* le uova *f.*)

Pratica

1 Suggestion Ask students if they like the foods listed in the activity. Ex.: **Ti piace il formaggio? Mangi il pane ogni giorno? Quante uova mangi ogni settimana?**

1 Abbinare Abbina ogni parola con la sua immagine.

1. c formaggio
2. f pane
3. a uova
4. e vongola
5. b uva
6. d pomodori

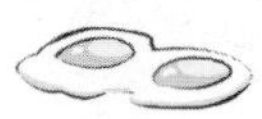
a.

b.

c.

d.

e.

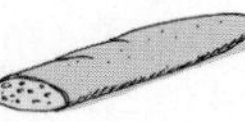
f.

2 Prova d'artista In gruppi di quattro, fate a turno a disegnare e a indovinare (*guess*) le parole del vocabolario della lezione. Answers will vary.

3 Scegliere Scegli la risposta che meglio completa (*best completes*) le seguenti frasi.

MODELLO Vado in pescheria a comprare (il riso / (le vongole) / la carne di maiale).

1. Devo comprare delle (*some*) arance. Vado (in pescheria / (al supermercato) / in panetteria).
2. Preparo una crostata con uova, burro e (cibo, mercato / (frutta)).
3. Marta è vegetariana e non mangia mai ((la carne) / il melone / l'aglio).
4. ((I fagiolini), Le pesche, Le fragole) sono la mia verdura preferita.
5. Andrea adora il pesce e i frutti di mare. Al ristorante ordina sempre (la carne di maiale / (i gamberetti) / il formaggio).
6. Un ingrediente fondamentale della dieta mediterranea è ((l'olio d'oliva) / il fungo / la salumeria).
7. Per colazione Camilla preferisce mangiare ((lo yogurt) / la pasta / il tonno).
8. Che buona la frutta! Le pere, le banane, le fragole, (le carote / la lattuga / (l'ananas))...

3 Suggestion Have students describe why the other options are incorrect. Ex.: **In pescheria compro il pesce, non le arance.**

4 Definire A coppie, fate a turno a definire e a indovinare le parole dal vocabolario della lezione. Answers will vary.

MODELLO

S1: *È una verdura arancione.*
S2: *Una carota!*

4 Suggestion Define some of the vocabulary words for the students to guess. Ex.: **In questo negozio compro la carne.** (answer: **la macelleria**).

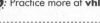

Practice more at **vhlcentral.com.**

Suggestion Ask students to name the color of some foods. Ex.: **Le carote sono arancioni.**

communication NATIONAL STANDARDS

Comunicazione

5 **Quanta spesa!** La signora Rizzi deve andare a fare la spesa oggi. Ascolta quello che dice a suo marito. A coppie, indicate l'ordine in cui visiterà (*in which she will visit*) i posti nella lista.

1. _5_ pescheria
2. _1_ supermercato
3. _4_ macelleria
4. _8_ panetteria
5. _2_ mercato
6. _7_ gelateria
7. _6_ pasticceria
8. _3_ salumeria

5 Suggestion Play the conversation twice. Then, play it again and pause every two or three sentences so that students can check their answers.

6 **Enzo fa la spesa** A coppie, recitate (*role-play*) le conversazioni di Enzo con i seguenti negozianti (*vendors*). Answers will vary.

MODELLO

S1: *Buongiorno! Vorrei del (I would like some) gelato.*
S2: *Che gusto (flavor) Le piace?*
S1: *Alla fragola!*
S2: *Ecco qui.*
S1: *Grazie!*

6 Suggestion Have students role-play their conversations for the class.

in gelateria

Un piccolo aiuto

Use these words to help you complete this activity.

il/la fruttivendolo/a → *greengrocer*
il/la gelataio/a → *ice cream seller*
il/la macellaio/a → *butcher*
il/la pescivendolo/a → *fishmonger*

1. in macelleria

2. al mercato

3. nel negozio d'alimentari

4. in pescheria

7 **Il menu della festa!** Lavorate a coppie. L'insegnante vi darà (*will give you*) due fogli diversi, ciascuno con metà delle informazioni sui prezzi del cibo. Create insieme un menu per la vostra festa. Poi scrivete la lista della spesa di quello che dovete comprare. Avete un budget di 100 euro. Answers will vary.

MODELLO

S1: *Dobbiamo servire la pizza con il prosciutto e i funghi. Quanto costa?*
S2: *Una pizza costa 8,50 euro. Quante ne (of them) compriamo?*
S1: *Due. E poi...*

7 Suggestion Have students describe the food that they ate at a recent party and ask them to guess how much it cost.

8 **I cibi preferiti** In gruppi di tre, parlate dei cibi che piacciono o non piacciono a voi, alle vostre famiglie e ai vostri amici. Dite quali cibi mangiate più spesso e dove andate a comprarli (*to buy them*). Answers will vary.

MODELLO

S1: *A mia madre piace il pane. Ogni giorno va in panetteria a comprare il pane.*
S2: *Mio fratello adora il gelato! Va sempre in gelateria. A me non piace il gelato, preferisco la crostata...*

8 Suggestion This activity can be done orally or in writing.

Pronuncia e ortografia

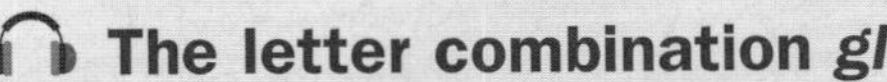

The letter combination *gl*

figlio **gli** **miglia** **Puglia**

In Italian, **gl** followed by the letter **i** is usually pronounced like the *lli* in *million*.

glaciale **globale** **glossare** **siglare**

When followed by a vowel other than **i**, **gl** sounds like the *gl* in the English word *glow*.

ganglio **geroglifico** **glicerina** **glissare**

In words derived from Greek (medical terms, scientific terms, etc.) and foreign terms, **gl** is pronounced like the *gl* in the English word *glow*, even when followed by the letter **i**.

Suggestions
- Explain that **gli** is held longer (like a double consonant) when it appears in the middle of a word.
- Explain that when **gli** is pronounced like *lli*, the mid-back of the tongue touches the soft palate (the back roof of the mouth). When the **gl** letter combination is pronounced *gl* as in English, the sound begins at the back of the mouth and moves forward. As a class, practice saying the sounds to help students understand the "feel" of each sound.

Pronunciare Ripeti le parole ad alta voce.

1. maglia
2. globo
3. migliaia
4. pigliare
5. glissare
6. togliere
7. globalizzare
8. taglia
9. figlia
10. aglio
11. gloria
12. foglio

Articolare Ripeti le frasi ad alta voce.

1. Posso mettere l'aglio nella pentola?
2. Voglio un biglietto per il concerto.
3. Mangiamo le tagliatelle stasera?
4. Gli zii preparano gli gnocchi.
5. Mi sveglio alle otto.
6. I figli di Maria studiano glottologia.

Proverbi Ripeti i proverbi ad alta voce.

Proverbi Ask students why Italians might say **A tavola non si invecchia mai.** Discuss the role of enjoying a meal with family and friends in Italian culture.

Chi la sera i pasti li ha fatti, sta agli altri a lavar i piatti.[1]

più tardi

[1] If one person cooks the meal, it is up to the others to wash the dishes.

[2] One never ages when at the table.

risorse

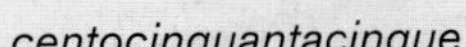

FOTOROMANZO

Suggestion Have students predict what the episode will be about based on the title and the video stills.

La lista della spesa

Video: *Fotoromanzo*

PERSONAGGI

Emily

Lorenzo

Marcella

Riccardo

Viola

EMILY Burro, uova, pane. Vai al mercato oggi?

MARCELLA Sì. Voglio fare spaghetti alla carbonara per tutti stasera. Ti piace cucinare?

EMILY Sì. So preparare dei piatti svedesi. Me lo ha insegnato mio padre.

MARCELLA E tua madre? Cucina piatti italiani?

RICCARDO Buongiorno. Sei pronta per andare a fare la spesa, Marcella?

MARCELLA Fra un attimo.

EMILY Marcella, posso preparare io la cena stasera?

RICCARDO Tu? Siamo troppo giovani per morire!

VIOLA Ciao mamma, ciao papà. Questo è il nostro blog della pensione. È stata un'idea di Riccardo. Beh, eccomi qua. Ho preso trenta nel mio ultimo esame. Devo finire una tesina per martedì. Hmm... Sono andata a cena con Massimo a... (*Continua.*) Come si spegne questa videocamera?

Al mercato...

MARCELLA Oh, frutta e verdura.

RICCARDO Marcella, insalata mista. Abbiamo bisogno di lattuga, pomodori, peperoni e cipolle.

EMILY E altri pomodori per la bruschetta.

MARCELLA Va bene, possiamo comprare tanti pomodori.

EMILY Ecco della lattuga e delle cipolle.

MARCELLA E ci serve dell'olio d'oliva e del basilico.

RICCARDO Ho trovato dei peperoni e dell'aglio.

EMILY Abbiamo bisogno di aglio?

RICCARDO Abbiamo sempre bisogno di aglio.

EMILY Abbiamo dimenticato gli asparagi.

MARCELLA Bene. Ah, poi andiamo dal macellaio.

EMILY Quanta pancetta ci serve?

MARCELLA Paolo ama la carne.

RICCARDO Quattro etti e mezzo.

EMILY Non è troppo?

RICCARDO Nooo. Ho mangiato la stessa quantità di pancetta la settimana scorsa.

Suggestions
- Have students scan the dialogues to find sentences describing food.
- After students have viewed the episode, review their predictions.

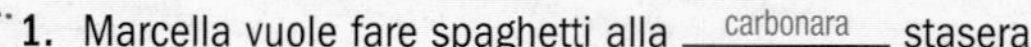

ATTIVITÀ

1 Completare Completa le seguenti frasi.

1. Marcella vuole fare spaghetti alla carbonara stasera.
2. Emily sa preparare dei piatti svedesi.
3. Riccardo vuole fare un'insalata mista con lattuga, pomodori, peperoni e cipolle.
4. Emily vuole altri pomodori per la bruschetta.
5. Riccardo ha trovato dei peperoni e dell' aglio.
6. Servono quattro etti e mezzo di pancetta.
7. Riccardo mangia tanto, ma è molto magro.
8. Non possono fare la carbonara senza uova e formaggio.
9. Per dolce, Emily suggerisce il tiramisù.
10. Riccardo ha voglia di biscotti.

Practice more at **vhlcentral.com.**

Emily, Marcella e Riccardo fanno la spesa.

4

5

LORENZO Ti posso aiutare io.
VIOLA Oh, Lorenzo. Ciao. Grazie.
LORENZO Di niente. Non vuoi dire ai tuoi genitori di Massimo?
VIOLA Tu hai detto che è aggressivo ed egoista.
LORENZO Non Massimo in particolare, ho detto che alcuni uomini sono cattivi.
VIOLA Massimo è un ragazzo gentile.

VIOLA Come Francesca?
LORENZO Sono uscito con lei per due anni. Poi lei ha incontrato un altro ragazzo ed è stata con lui solo per due settimane.
VIOLA La ami?
LORENZO E tu, lo ami Massimo?
VIOLA Lo conosco da un mese. Vuoi tornare con lei? ...o c'è una nuova ragazza?

9

10

MARCELLA Riccardo, Riccardo! Ma allora perché sei così magro se mangi così tanto? ...Che cosa abbiamo dimenticato?
EMILY Uova e formaggio!
MARCELLA Non possiamo fare la carbonara senza uova e formaggio.

EMILY Compriamo del tiramisù per dolce?
MARCELLA Va bene.
RICCARDO Io ho fame. Ho voglia di biscotti. E di un caffè.
EMILY Andiamo in un bar? Offriamo io e Riccardo.
RICCARDO Hmm?
EMILY Proprio così.
MARCELLA Siete molto cari. Grazie.

Espressioni utili

Talking about groceries

- **Ci serve dell'olio d'oliva e del basilico.** *We need some olive oil and some basil.*
- **dei piatti** *some dishes*
- **quattro etti e mezzo** *450 grams*
- **l'insalata mista** *mixed salad*
- **un po'** *a little bit*
- **dal macellaio** *to the butcher shop*
- **per dolce** *for dessert*

Talking about past actions

- **Me lo ha insegnato mio padre.** *My dad taught me.*
- **Sono andata a cena con Massimo.** *I went to dinner with Massimo.*
- **Sono uscito con lei per due anni.** *I went out with her for two years.*
- **È stata con lui solo per due settimane.** *She was with him for just two weeks.*

Additional vocabulary

- **Siamo troppo giovani per morire!** *We are too young to die!*
- **Come si spegne questa videocamera?** *How do you turn off this videocamera?*
- **Fra un attimo.** *In a minute.*
- **una tesina** *essay; term paper*
- **Beh, eccomi qua.** *Well, here I am.*
- **ultimo** *last*
- **La ami?/Lo ami?** *Do you love her?/ Do you love him?*
- **tanti** *many*
- **Non è troppo?** *Isn't it too much?*
- **in particolare** *specifically*
- **per tutti stasera** *for everyone tonight*
- **alcuni uomini** *some men*
- **la stessa quantità** *the same amount*

ATTIVITÀ

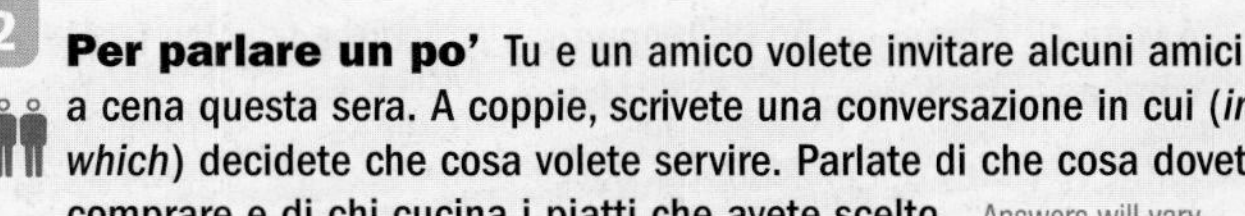

2 Per parlare un po' Tu e un amico volete invitare alcuni amici a cena questa sera. A coppie, scrivete una conversazione in cui (*in which*) decidete che cosa volete servire. Parlate di che cosa dovete comprare e di chi cucina i piatti che avete scelto. Answers will vary.

2 Expansion Have students work in groups to talk about Italian food. What are their favorite dishes? Where do they usually buy/eat Italian food? Have they ever tried the same foods in Italy? Were they different?

3 Approfondimento Vuoi invitare a cena alcuni amici e decidi di cucinare italiano. Prepara un menu di piatti italiani, poi cerca le ricette su Internet o su qualche libro di cucina. Descrivi ai tuoi compagni le ricette che hai scelto. Answers will vary.

3 Expansion Students can prepare one of the dishes they chose and share it with the class.

risorse

SAM VM: pp. 17–18

vhlcentral.com

CULTURA

connections cultures — NATIONAL STANDARDS

Prima di leggere Have students look at the photos and describe what they see. Are these shops similar to food shops in your area?

IN PRIMO PIANO

Mercato o supermercato?

Dove facciamo la spesa oggi? Nelle principali piazze delle città italiane, in un giorno fisso° della settimana, c'è il mercato, dove si trovano gli ingredienti fondamentali della cucina italiana: la frutta e le verdure fresche e di stagione°. Spesso al mercato è possibile risparmiare° su frutta e verdura. Città come Venezia, Palermo, Genova e anche Milano sono conosciute per i loro ricchissimi mercati del pesce, dov'è possibile trovare molluschi° e pesci freschissimi del Mediterraneo.

Oltre ai mercati, in Italia ci sono tantissimi negozi alimentari specializzati, come le panetterie, le macellerie e le salumerie. Generalmente gli anziani preferiscono questi negozi tradizionali, vicino a casa, in cui° fanno la spesa da parecchi° anni e hanno un rapporto° non solo di fiducia°, ma spesso anche di amicizia con il negoziante°.

Oggigiorno però è sempre più comune fare la spesa al supermercato. Spesso le famiglie italiane scelgono di andare nei supermercati all'interno dei centri commerciali. Qui possono fare la spesa e trovare anche altri negozi in cui fare acquisti°. Per parecchie famiglie è conveniente andare in un unico posto e fare la scorta° del necessario per tutta la settimana, con una sola sosta°. La continua costruzione di nuovi centri commerciali ha causato ai negozi che vendono prodotti al dettaglio° la perdita° di molti clienti. Ciononostante°, se vuoi perderti negli aromi e nei colori, i mercati all'aperto non sono difficili da trovare.

fisso *set, fixed* **di stagione** *seasonal* **risparmiare** *to save* **molluschi** *mollusks* **in cui** *in which* **parecchi** *many* **rapporto** *relationship* **fiducia** *trust* **negoziante** *shopkeeper* **fare acquisti** *to shop* **fare la scorta** *stock up* **sosta** *stop* **al dettaglio** *retail* **perdita** *loss* **Ciononostante** *However*

Un piccolo aiuto

In Italian, it is common to add the suffix **-ssimo** to masculine plural adjectives to mean *very* or *extremely*.

ricchi + **-ssimo** = **ricchissimo**

freschi + **-ssimo** = **freschissimo**

tanti + **-ssimo** = **tantissimo**

ATTIVITÀ

1 **Vero o falso?** Indica se l'affermazione è **vera** o **falsa**. Correggi le affermazioni false.

1. Tutti gli italiani fanno sempre la spesa al mercato.
   Falso. Gli italiani fanno la spesa in diversi luoghi.
2. Gli anziani spesso preferiscono fare la spesa nei negozi tradizionali.
   Vero.
3. Le salumerie e le macellerie vendono prodotti al dettaglio.
   Vero.
4. La costruzione di centri commerciali aiuta anche i negozianti tradizionali.
   Falso. I centri commerciali hanno causato la perdita di molti clienti ai negozianti tradizionali.
5. A volte gli anziani hanno un rapporto di amicizia e fiducia con i negozianti.
   Vero.
6. In molte città c'è il mercato del pesce.
   Vero.
7. Le famiglie non fanno la spesa al supermercato.
   Falso. Spesso le famiglie fanno la spesa al supermercato.
8. Il mercato c'è tutti i giorni in tutte le città.
   Falso. Il mercato c'è in un giorno fisso della settimana.
9. Spesso c'è un rapporto di fiducia con i proprietari dei supermercati.
   Falso. Spesso c'è un rapporto di fiducia con i negozianti dei negozi tradizionali.
10. Gli italiani comprano i molluschi al mercato di frutta e verdura.
    Falso. Gli italiani comprano i molluschi al mercato di pesce.

Practice more at **vhlcentral.com.**

Usi e costumi Tell students that most Italians do not drink **cappuccino** after lunch or dinner, but rather with breakfast.

Ritratto Have students talk about **pasta** as a class. What types of pasta can they name? Do they eat pasta often? Where? When? Who cooks it? Tell students about **pasta al dente** and how this rule is not respected in many school cafeterias even in Italy.

L'ITALIANO QUOTIDIANO

Come cuciniamo questo piatto?

(far) soffriggere	*to brown, to fry lightly*
(far) tostare	*to toast*
impanare	*to bread*
affumicato/a	*smoked*
agrodolce	*sweet and sour*
alla griglia	*grilled*
al vapore	*steamed*
arrosto/a	*roasted*
fritto/a	*fried*
in umido	*stewed*
sottaceto	*pickled*
sottolio	*in oil*

USI E COSTUMI

Che aroma!

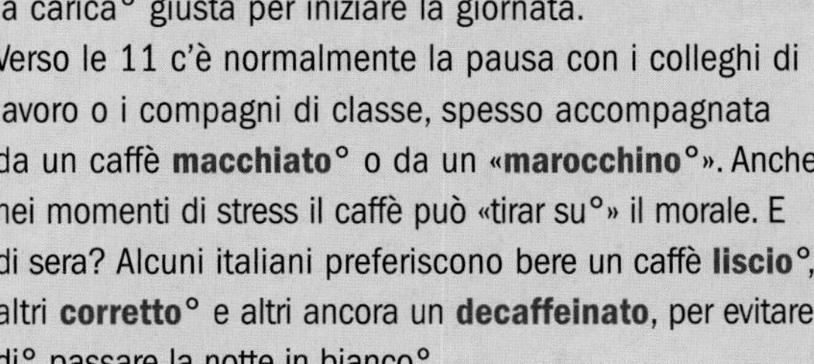

Qual è il migliore amico di tanti italiani? Il caffè, naturalmente! Il caffè è sempre con loro. Al momento del risveglio° non c'è niente° di meglio di un **caffè lungo**° o di un **cappuccino** che offre la carica° giusta per iniziare la giornata. Verso le 11 c'è normalmente la pausa con i colleghi di lavoro o i compagni di classe, spesso accompagnata da un caffè **macchiato**° o da un «**marocchino**°». Anche nei momenti di stress il caffè può «tirar su°» il morale. E di sera? Alcuni italiani preferiscono bere un caffè **liscio**°, altri **corretto**° e altri ancora un **decaffeinato**, per evitare di° passare la notte in bianco°.

risveglio *waking up* **non c'è niente** *there's nothing* **caffè lungo** *espresso with hot water added* **carica** *boost* **macchiato** *espresso "stained" with milk* **marocchino** *espresso with cocoa powder and milk* **tirar su** *pull up* **liscio** *plain* **corretto** *espresso with alcohol* **evitare di** *to avoid* **passare la notte in bianco** *being up all night*

RITRATTO

Com'è buona la pasta!

Mangiare la pasta fa sognare a tutti° di essere nella penisola a forma di stivale. È possibile trovare tipi di pasta diversi in ogni regione d'Italia. La regione dove nasce l'arte di tirare la sfoglia° è l'Emilia-Romagna. Sulle tavole italiane, di casa o dei ristoranti, non mancano° mai i primi piatti di pasta «fatta in casa», come **gli spaghetti**, le tagliatelle, le fettuccine, le trofie, le orecchiette e gli gnocchi. Ci sono tantissimi tipi di sughi°: la semplice° salsa di pomodoro, il pesto, i quattro formaggi, il ragù, la carbonara, l'amatriciana e così via°. Altri primi piatti sono le lasagne al ragù o vegetariane; i tortelli o ravioli ripieni° di ricotta e spinaci, prosciutto e funghi, o formaggi; e i tortellini ripieni di carne e serviti «in brodo°». C'è un tipo di pasta per ogni gusto!

fa sognare a tutti *makes everyone dream* **tirare la sfoglia** *rolling pastry dough* **non mancano** *aren't missing* **sughi** *sauces* **semplice** *simple* **e così via** *and so on* **ripieni** *filled* **brodo** *broth*

SU INTERNET

Quali sono i tipi di pasta tipici delle diverse regioni d'Italia?

Go to **vhlcentral.com** to find more information related to this **CULTURA**.

ATTIVITÀ

2 Completare Completa le frasi.

1. In Emilia-Romagna nasce l'arte di <u>tirare la sfoglia</u>.
2. I tortelli e i ravioli sono due tipi di pasta <u>ripiena</u>.
3. I tortellini sono spesso serviti in <u>brodo</u>.
4. Gli italiani, al mattino, bevono (*drink*) il caffè lungo o il <u>cappuccino</u>.
5. Nei momenti di stress il caffè aiuta a <u>tirar su</u> il morale.
6. Alcuni italiani, alla sera, bevono il <u>decaffeinato</u>, cioè il caffè senza caffeina.

3 A voi A coppie, rispondete alle seguenti domande. Answers will vary.

1. Qual è il piatto tradizionale della tua regione o stato?
2. Secondo te, quali sono le differenze tra la cultura del caffè in America e quella in Italia?
3. Fai la spesa sempre al supermercato? C'è un mercato all'aperto nella tua città?

3 Suggestion Before beginning the activity, have students brainstorm Italian pasta dishes and coffee drinks that they know.

5A.1 The *passato prossimo* with *essere*

Punto di partenza In **Lezione 4B** you learned to form the **passato prossimo** with **avere**. Some verbs, however, form the **passato prossimo** with **essere**.

- Form the **passato prossimo** of verbs that take **essere** by pairing a present-tense form of **essere** with the past participle of the primary verb. The past participle must agree in gender and number with the subject.

The *passato prossimo* of *andare*

sono andato/a	*I went*	siamo andati/e	*we went*
sei andato/a	*you went*	siete andati/e	*you went*
è andato/a	*you went; he/she/it went*	sono andati/e	*they went*

Teresa **è andata** in macelleria.
*Teresa **went** to the butcher shop.*

Ragazze, a che ora **siete andate** a casa?
*Girls, when **did you go** home?*

Francesco **non è mai andato** in bicicletta.
*Francesco **has never ridden** a bicycle.*

I miei fratelli **sono andati** in gelateria.
*My brothers **went** to the ice cream shop.*

- Many verbs that take **essere** in the **passato prossimo** express motion or lack of motion. You have already learned several of these verbs: **andare**, **arrivare**, **partire**, **stare**, **tornare**, **uscire**, and **venire**.

Giuseppe **è uscito** ieri sera.
*Giuseppe **went out** last night.*

Quando **sono arrivati** i Bianchi?
*When **did** the Bianchis **arrive**?*

Sono andata a cena con Massimo.

Sono uscito con lei per due anni.

Suggestion Draw a **casa di essere** on the board and ask students to call out verbs that take **essere**. Write them in and around the house to demonstrate their meaning. You may want to explain that **essere** verbs are *intransitive*, meaning they do not take a direct object, and that *transitive* verbs are conjugated with **avere**. Direct objects are explained in **Lezione 5A.2**.

3 Suggestion After the activity, have students work in groups of two or three. Ask them to choose one of the pictures and to write two or three sentences about what each person did before the situation in the picture. Read some of the stories aloud to the class.

1 Suggestion Before starting the activities, have pairs of students ask each other simple questions about what they did the previous weekend. This can be done as an oral or written activity.

PRATICA

1 Completare Completa ogni frase con il passato prossimo del verbo indicato.

Ieri io (1) sono andato/a (andare) in centro con Tommaso e Graziella. Tommaso ha fatto una telefonata ed io e Graziella (2) siamo restati/e (restare) nella gelateria in Via Pacini. Poi Tommaso e Graziella (3) sono entrati (entrare) in pescheria per comprare dei calamari. Dopo tutti noi (4) siamo entrati (entrare) nella salumeria «Il maiale felice». A Tommaso quella salumeria (5) è piaciuta (piacere) molto. Tommaso e Graziella non (6) sono mai venuti (venire) al mercato così noi (7) siamo tornati (tornare) in Via Pacini. (8) È stato (essere) un pomeriggio divertente!

2 Creare Riscrivi ogni frase usando il passato prossimo.

MODELLO Un gelato lì costa un euro.
Un gelato lì è costato un euro.

1. Mi piacciono molto i broccoli con il formaggio.
   Mi sono piaciuti molto i broccoli con il formaggio.
2. Il pane diventa secco dopo due giorni.
   Il pane è diventato secco dopo due giorni.
3. La macelleria rimane aperta questa domenica.
   La macelleria è rimasta aperta questa domenica.
4. La crostata viene sempre bene.
   La crostata è venuta sempre bene.
5. La carne e le uova costano troppo.
   La carne e le uova sono costate troppo.
6. I signori Cefaletti vanno alla pasticceria.
   I signori Cefaletti sono andati alla pasticceria.

3 Descrivere Guarda i disegni e crea una frase usando un verbo della tabella. Answers will vary.

andare	partire	restare
arrivare	piacere	tornare

1. io

2. Camillo e Gaia

3. tu

4. io e Patrizia

5. Carmelo

6. mio fratello

Practice more at **vhlcentral.com.**

COMUNICAZIONE

4 **Vacanze** A coppie, fate a turno a fare domande sulle vostre ultime vacanze. Usate gli indizi (*cues*) dati. Answers will vary. Sample answers are provided.

MODELLO quando / partire

S1: *Quando sei partito?*
S2: *Sono partito il quattro aprile.*

4 Suggestion After they have listened to their partner's answers have students ask two more questions about the vacation.

1. dove / andare
   Dove sei andato/a?
2. con chi / partire
   Con chi sei partito/a?
3. quanto / costare (il viaggio, i biglietti)
   Quanto è costato il viaggio? Quanto sono costati i biglietti?
4. a che ora / arrivare
   A che ora sei arrivato/a?
5. dove / restare
   Dove sei restato/a?
6. quanto tempo / restare
   Quanto tempo sei restato/a?
7. che cosa / piacere di più (*most*)
   Che cosa ti è piaciuto di più?
8. uscire / ogni sera
   Sei uscito/a ogni sera?
9. in quali negozi / entrare
   In quali negozi sei entrato/a?
10. quando / tornare
    Quando sei tornato/a?

5 **Inchiesta** Chiedi ai tuoi compagni di classe se hanno fatto una delle attività nella lista. Se sì, scrivi il nome della persona. Fai domande per trovare una persona per ogni attività. Answers will vary.

MODELLO andare a un museo

S1: *Sei andato a un museo recentemente?*
S2: *Sì, venerdì scorso sono andato al museo di arte.*

Attività	*Nome*
1. andare a un museo	*Gianni*
2. non venire in classe ieri	
3. partire per un fine settimana	
4. stare a letto tutto il giorno	
5. salire su un aereo	
6. essere malato/a	

6 **Una vita lunga e felice** A coppie, scrivete un riassunto (*summary*) della vita di una persona famosa. Usate forme del passato prossimo con **avere** ed **essere**. Answers will vary.

MODELLO

Il tenore Luciano Pavarotti è nato a Modena nel 1935...

Suggestion Remind students that new irregular verbs are presented with an asterisk. For the full conjugation of these verbs, see **Appendice D**.

- In the **passato prossimo**, **essere** is also used with verbs that express states of being or changes of state.

Verbs used with *essere* in the *passato prossimo*

cadere	*to fall*	nascere*	*to be born*
costare	*to cost, to be worth*	piacere	*to please (to like)*
diventare	*to become*	restare	*to stay, to remain*
entrare	*to enter*	rimanere*	*to remain, to stay*
essere	*to be*	salire*	*to climb, to go up; to get on (bus, train)*
morire	*to die*	scendere	*to go down*

I ragazzi **sono saliti** in autobus.
*The boys **got on** the bus.*

La cuoca **è diventata** famosa nel 2010.
*The chef **became** famous in 2010.*

ATTREZZI
In **Lezione 2B**, you learned to use the **passato prossimo** form of **nascere** to talk about when a person was born.

- Many verbs that take **essere** have irregular past participles that must be memorized.

Some irregular past participles

essere	stato	rimanere*	rimasto
morire*	morto	scendere	sceso
nascere*	nato	venire	venuto
piacere	piaciuto	vivere	vissuto

Ieri **sono rimasto** a casa.
*Yesterday **I stayed** home.*

Le amiche **sono venute** in pasticceria.
*The friends **came** to the bakery.*

- **Essere** and **stare** share the same past participle: **stato**. Use context to determine which verb is being used.

Non **siete** mai **stati** a Roma?
***You have** never **been** to Rome?*

Lele **è stato** a casa per cucinare.
*Lele **stayed** home to cook.*

Provalo! **Completa ogni frase con il participio passato corretto.**

1. Voi siete (nato / nate) nel 1970.
2. Vi è (piaciuto / piaciuta) il film?
3. Gli studenti sono (andate / andati) al museo.
4. Tu sei (tornato / tornate) a casa alle due di notte.
5. Ragazzi, davvero siete (rimasti / rimaste) in piscina tutto il giorno?
6. Sono molto triste perché ieri è (morta / morto) il mio pesce.
7. Ida e Adamo sono (restata / restati) a cenare a casa mia.
8. Tu e Mirella siete (arrivato / arrivate) in Italia il quattro giugno.

5A.2 Direct object pronouns

NATIONAL comparisons STANDARDS

Punto di partenza A direct object receives the action of a verb directly and answers the question *what*? or *whom*? Direct objects generally follow the verb.

SUBJECT	VERB	DIRECT OBJECT
Gli studenti	hanno mangiato	**una pizza.**
The students	*ate*	*a pizza.*

- Direct object *pronouns* replace direct object nouns.

DIRECT OBJECT NOUN	DIRECT OBJECT PRONOUN
Compri **le pere**? *Are you buying **the pears**?*	**Le** compri? *Are you buying **them?***
Non conosciamo **il macellaio.** *We don't know **the butcher.***	Non **lo** conosciamo. *We don't know **him.***

- These are the forms of the direct object pronouns in Italian.

Direct object pronouns

singular		plural	
mi	*me*	ci	*us*
ti	*you*	vi	*you*
La	*you* (form., m. or f.)		
lo	*him/it* (m.)	li	*them* (m.)
la	*her/it* (f.)	le	*them* (f.)

- Place the direct object pronoun immediately before a conjugated verb.

Non **ti** vedo mai al mercato.
*I never see **you** at the market.*

Arturo **mi** saluta sempre.
*Arturo always greets **me**.*

- In two-verb constructions with an infinitive, drop the final **-e** and attach the pronoun to the end of the infinitive.

Ecco le vongole! Hai voglia di mangiar**le**?
*Here are the clams! Do you feel like eating **them**?*

I funghi? Non mi piace comprar**li**.
*Mushrooms? I don't like to buy **them**.*

- In two-verb constructions with **dovere**, **potere**, or **volere**, place the pronoun before the conjugated verb or attach it to the infinitive.

Ho dimenticato le fragole. **Le** devi comprare!/Devi comprar**le**!
*I forgot the strawberries. You have to buy **them**!*

PRATICA

1 Completare Completa ogni frase con il pronome diretto corretto.

MODELLO patate: Giovanni _le_ ha mangiate.

1. riso: Lapo _l'_ ha cucinato.
2. uva: Noi _l'_ abbiamo comprata.
3. carciofi: Tu _li_ hai preparati.
4. forchette: Io _le_ ho lavate.
5. lamponi: Voi _li_ avete cercati.
6. panetteria: Loro _l'_ hanno trovata.
7. tavolo: Io e Lidia _l'_ abbiamo lavato.
8. carote: La mamma _le_ ha mangiate.

1 Suggestion As a quick warm up before starting this activity, have students determine the direct object pronoun for each noun on the lesson vocabulary list.

2 Descrivere Usa i disegni e gli indizi per dire chi ha comprato che cosa al supermercato.

MODELLO

L'ho comprato al supermercato.

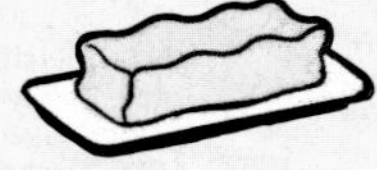

io

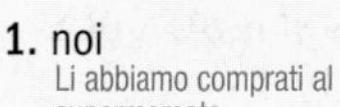

1. noi
Li abbiamo comprati al supermercato.

2. tu e Antonella
L'avete comprata al supermercato.

3. loro
L'hanno comprata al supermercato.

4. mia nonna
L'ha comprato al supermercato.

5. tu
Li hai comprati al supermercato.

6. Lisa
Le ha comprate al supermercato.

3 Rispondere Rispondi a ogni domanda usando un pronome diretto. Answers may vary slightly. Sample answers are provided.

1. Fai spesso la spesa? (Sì) Sì, la faccio spesso.
2. Hai finito lo yogurt? (No) No, non l'ho finito.
3. Vuoi preparare la cena stasera? (Sì) Sì, voglio prepararla./Sì, la voglio preparare.
4. Devi comprare i peperoni? (No) No, non devo comprarli./No, non li devo comprare.
5. Hai fatto colazione stamattina? (Sì) Sì, l'ho fatta.
6. Mangi le verdure? (No) No, non le mangio.

3 Suggestion Tell students to do this activity in stages. First, find the direct object in the sentence. Second, determine what the pronoun should be. Finally, write the complete sentence.

Practice more at **vhlcentral.com.**

COMUNICAZIONE

4 **Una macedonia fantastica!** In gruppi di tre, guardate la ricetta (*recipe*) per la macedonia (*fruit salad*). Dite a turno se avete nel frigo (*in the fridge*) gli ingredienti della lista o se dovete comprarli. Answers will vary.

MODELLO

S1: *Abbiamo bisogno di dieci fragole.*
S2: *Abbiamo dieci fragole nel frigo.*
S3: *Allora non dobbiamo comprarle.*

Ricetta	*Nel frigo*
10 fragole	*10 fragole*
2 mele verdi	*5 mele rosse*
1 banana	*3 pesche*
½ (mezzo) melone	*15 lamponi*
15 lamponi	*2 pere*
3 pesche	
2 pere	
1 arancia	
½ (mezzo) ananas	
1 yogurt alla vaniglia	

4 Expansion Have each group pick a food and write a short description of it using direct object pronouns. Have other groups try to guess what the food is.

5 **Chi l'ha comprato?** In gruppi di tre, guardate la lista. A turno, chiedete chi ha comprato ogni cosa. Se non l'hai comprato tu, chiedi a un'altra persona. Answers will vary.

MODELLO

S1: *Anna, hai comprato il tonno?*
S2: *No, non l'ho comprato. Jason, tu hai comprato il tonno?*
S3: *Sì, l'ho comprato ieri.*

S1	S2	S3
caffè	arance	carne di maiale
formaggio	crostata	patate
melanzane	pasta	pomodori
olio	vongole	tonno

6 **Una pubblicità** A coppie, scrivete una pubblicità per un negozio, per esempio una panetteria, una macelleria o una gelateria. Descrivete le cose che vende e usate i pronomi diretti il più possibile. Answers will vary.

MODELLO

Ecco la Pasticceria Salvatore, dove trovate biscotti buonissimi. Venite al nostro negozio dove potete assaggiarli (taste them). Potete comprarli per voi o per i vostri amici!...

6 Suggestion After students complete the activity, have them role-play the situation. One student pretends to be a vendor trying to convince potential customers to come in and try their specialties.

- In sentences with the **passato prossimo**, place the direct object pronoun directly before the conjugated form of **avere**. Direct object pronouns are not used with verbs that take **essere**.

  Vi abbiamo chiamato molte volte. Non **ci** avete sentito?
  *We called **you** many times. Didn't you hear **us**?*

  Mariella **mi** ha visto al negozio di alimentari.
  *Mariella saw **me** at the grocery store.*

- When the direct object pronouns **lo**, **la**, **li**, and **le** precede a verb in the **passato prossimo**, the past participle must agree with the pronoun in gender and number.

  Le pesche? I bambini **le** hanno mangiat**e**.
  *The peaches? The kids ate **them**.*

  Ecco i carciofi. **Li** ho comprat**i** ieri.
  *Here are the artichokes. I bought **them** yesterday.*

- **Lo** and **la** can be shortened to **l'** before verbs beginning with a vowel sound, including **avere** forms that begin with **h**. Do not shorten the plural pronouns **li** and **le**.

  Chi è quella signora? **L'**ho vista in salumeria l'altro ieri.
  *Who is that lady? I saw **her** at the deli the day before yesterday.*

- To call attention to a person or object, attach the direct object pronoun to the end of **ecco**.

  Dov'è la crostata...? **Eccola**!
  *Where is the pie . . . ? **Here it is**!*

  Mamma, **eccomi** qua!
  *Mom, **here I am**!*

- The disjunctive pronouns you learned in **Lezione 4A** can be used instead of direct object pronouns to add emphasis. Always place disjunctive pronouns after the verb.

  Non vedo **lui**, ma vedo **lei**.
  *I don't see **him**, but I see **her**.*

  Conosce **me**?
  *He knows **me**?*

Suggestion Practice pronoun forms by asking the location of objects and people in the classroom. Have students call out the replies using **ecco** + [*pronoun*]. (**Dov'è la porta? Eccola!**)

Provalo! **Scegli il pronome diretto corretto per completare ogni risposta.**

1. Compri le pere al supermercato? Sì, (le / li) compro al supermercato.
2. Bevi il caffè tutti i giorni? Sì, (le / lo) bevo tutti i giorni.
3. Dove compri le cipolle e i funghi? (Le / Li) compro al mercato.
4. Compri la marmellata al supermercato? Sì, (li / la) compro al supermercato.
5. Mangiate lo yogurt tutti i giorni? Sì, (la / lo) mangiamo tutti i giorni.
6. Usi spesso le vongole sulla pasta? Sì, (li / le) uso spesso.
7. Conosci quella pasticceria? Sì, (la / le) conosco.
8. Compri qui il pane? Sì, (lo / li) compro qui.

Provalo! After students complete this activity, have them work in pairs to give their own answer to each question.

5A.3 Partitives and expressions of quantity

NATIONAL STANDARDS comparisons

Punto di partenza Partitives express *some* or *any*; they refer to part of a whole or an undefined quantity. To form the partitive in Italian, combine the preposition **di** with the definite article. These contracted forms were presented in **Lezione 3A**.

Articoli partitivi

	singular			plural	
masculine	del	dell'	dello	dei	degli
feminine	della	dell'		delle	

Usiamo **dell'**aglio per condire la pasta.
*Let's use **some** garlic to season the pasta.*

Ieri Lina ha comprato **dei** pomodori.
*Yesterday Lina bought **some** tomatoes.*

- The partitive is optional, and infrequent, in questions. The partitive is never used in negative statements.

Vuoi **del/il** succo?
*Do you want (**some**) juice?*

Hai chiesto **dell'/l'**acqua?
*Did you ask for (**some**) water?*

Non mi piace il tè verde.
I don't like green tea.

Non abbiamo preso la limonata.
*We didn't take **any** lemonade.*

- To use the partitive with non-count nouns, nouns whose quantity cannot be expressed with a number, use the singular form of the noun and the partitive.

Compriamo **dello yogurt** e **dell'uva**.
*We are buying **some yogurt** and **some grapes**.*

Beatrice ha messo **dello zucchero** nel caffè.
*Beatrice put **some sugar** in the coffee.*

- Use the invariable expression **un po' di** with non-count nouns to express *a little bit of* something.

Paolo ha cucinato **un po' di** riso.
*Paolo cooked **a little** rice.*

Prendiamo **un po' di** caffè espresso.
*We're having **some** espresso.*

- **Alcuni/e** and **qualche** also express *some* or *a few* with countable nouns. **Alcuni** (*m.*) and **alcune** (*f.*) precede plural nouns while the invariable **qualche** precedes singular nouns.

Il babbo ha portato **alcuni biscotti**.
*Dad brought **a few cookies**.*

Il babbo ha portato **qualche biscotto.**
*Dad brought **a few cookies**.*

Ho **alcune amiche napoletane**.
*I have **some Neapolitan friends**.*

Ho **qualche amica napoletana**.
*I have **some Neapolitan friends**.*

Suggestions
- Brainstorm lists of count and non-count nouns with the class and write them on the board.
- Use objects in the classroom to create sentences using **alcuni/e**. Have students rewrite the sentences using **qualche**.

PRATICA

1 Completare Completa ogni frase con **alcuni/e, qualche** o il partitivo corretto.

1. Avete __del__ latte?
2. Mangio __qualche__ fragola.
3. Voglio __alcuni/dei__ carciofi.
4. Ho comprato __del__ succo d'ananas.
5. Ci sono __alcune/delle__ cipolle sul tavolo.
6. Ho trovato __qualche__ peperone.
7. Ho bisogno di __qualche__ pesca per la macedonia.
8. Ho mangiato __del__ riso.

2 Identificare Guarda i disegni e scrivi che cosa beve la persona indicata usando il partitivo.

MODELLO Aldo / caffè
Aldo beve del caffè.

1. io / il latte
Io bevo del latte.
2. il signor Martinoli / il succo di pomodoro
Il signor Martinoli beve del succo di pomodoro.
3. Marcella e Ilaria / il tè
Marcella e Ilaria bevono del tè.

4. io e Ugo / il succo d'arancia
Io e Ugo beviamo del succo d'arancia.
5. Camilla / l'acqua naturale
Camilla beve dell'acqua naturale.
6. tu e Teresa / la limonata
Tu e Teresa bevete della limonata.

3 Completare Completa le frasi usando il passato prossimo. Attenzione a usare la forma corretta dell'aggettivo! Answers may vary slightly. Sample answers are provided.

MODELLO Mariano / comprare / un etto / formaggio
Mariano ha comprato un etto di formaggio.

1. io / bere / troppo / acqua
Ho bevuto troppa acqua.
2. noi / mangiare / tutto / carne
Noi abbiamo mangiato tutta la carne.
3. tu / comprare / un po' di / pane
Tu hai comprato un po' di pane.
4. Pio / provare / tanto / cibi nuovi
Pio ha provato tanti cibi nuovi.
5. Dora e Danilo / ordinare / un sacco di / prosciutto
Dora e Danilo hanno ordinato un sacco di prosciutto.
6. tu e Maddalena / bere / molto / latte
Tu e Maddalena avete bevuto molto latte.
7. la signora Emporio / volere / alcuno / biscotti
La signora Emporio ha voluto alcuni biscotti.
8. noi / mangiare / poco / lattuga
Noi abbiamo mangiato poca lattuga.

Extra practice Have students work in groups of two or three. Have them pretend they are in an Italian café ordering drinks. One or two of them are customers and one is the waiter.

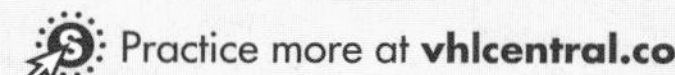

COMUNICAZIONE

4 Quando l'hanno comprato? A coppie, immaginate di essere compagni di stanza. Guardate cosa avete nel frigo e poi fate domande su ciascun cibo. Dite quando l'avete comprato e usate il partitivo se necessario. Answers will vary

4 Suggestion Before beginning the activity, review time expressions.

MODELLO

S1: *Abbiamo dello yogurt. Quando l'hai comprato?*
S2: *Hmmm... L'ho comprato domenica scorsa.*

5 Poco, tanto o un sacco di? A coppie, fate domande e rispondete su che cosa avete da mangiare e da bere in casa di solito. Usate poco, molto, troppo e un sacco di per descrivere le quantità. Answers will vary.

MODELLO

S1: *Hai biscotti?*
S2: *Oh, sì! Abbiamo un sacco di biscotti! Tu hai pasta?*
S1: *Sì, ma di solito abbiamo poca pasta...*

6 Inchiesta A coppie, leggete la seguente inchiesta. Poi chiedete ai vostri compagni di classe se fanno le attività indicate. Se sì, scrivete i loro nomi accanto all'attività. Answers will vary.

6 Suggestion Have students ask their partner the questions instead of surveying the whole class.

MODELLO

S1: *Usi molto olio d'oliva per cucinare?*
S2: *No, non molto. Mangi una mela tutti i giorni?*
S1: *Sì, sempre!*

Attività	*Nome*
1. cucinare con molto olio d'oliva	*Sabrina*
2. mangiare una mela tutti i giorni	
3. fare il pane in casa	
4. comprare il formaggio alla salumeria	
5. sapere come fare la pasta in casa	
6. mangiare del gelato ogni settimana	
7. comprare un chilo di riso al mese	
8. usare un sacco di aglio per cucinare	

- Other common adjectives that express quantities include **molto** (*a lot, many*), **poco** (*little*), **troppo** (*too much/many*), **tanto** (*so much/many*), and **tutto** (*all*). Like other adjectives, they agree with the noun they modify in gender and number. Always use a definite article after **tutto**.

C'è **poco cibo** in frigo.
*There's **not much food** in the fridge.*

Abbiamo **tanti compiti**!
*We have **so much homework**!*

Quel ragazzo fa **molte domande**.
*That boy asks **a lot of questions**.*

Avete mangiato **tutta la pasta**.
*You ate **all of the pasta**.*

- Specific quantities include **chilo** (*kilo*), **etto** (*100 grams*), and **fetta** (*slice*). The invariable expression **un sacco di** is equivalent to *a ton of* in English.

Mi può dare **un chilo di** prosciutto e **due etti di** ricotta?
*Could you give me **a kilo of** ham and **200 grams of** ricotta?*

Gli studenti hanno **un sacco di** vocabolario da imparare.
*The students have **a ton of** vocabulary to learn.*

Bere

- The verb **bere** (*to drink*) has an irregular stem: **bev-**.

Present tense of *bere*

bevo	beviamo
bevi	bevete
beve	bevono

- The past participle of **bere** is **bevuto**. Note that it uses the same stem as the present-tense forms.

I gatti **bevono** molto latte.
*Cats **drink** a lot of milk.*

Bevo sempre l'acqua frizzante.
*I always **drink** sparkling water.*

Ha bevuto una bottiglia d'aranciata.
*She **drank** a bottle of orangeade.*

Hai bevuto il caffè stamattina?
***Did you drink** coffee this morning?*

Provalo! **Scegli il partitivo corretto per completare ogni frase.**

del dello dell' della dei degli delle

1. Clara beve *dell'* acqua naturale.
2. Letizia e sua sorella mangiano ___della___ marmellata.
3. Io e Oriana beviamo ___del___ latte.
4. Tu compri ___dello___ yogurt.
5. Vogliamo ___del___ tè.
6. Preferisco ___del___ melone.
7. Compriamo ___degli___ ananas oggi.
8. Desidero ___dei___ frutti di mare.

SINTESI

Ricapitolazione

1 **Preparare una cena** A coppie, immaginate di essere compagni di stanza e di dover preparare una cena per i vostri genitori. Prima preparate un menu e una lista di ingredienti. Poi guardate il disegno e dite che cosa comprate in ogni negozio. Answers will vary.

MODELLO

S1: *Abbiamo bisogno di un po' di pane. Vado a comprarlo in panetteria.*
S2: *Bene! Voglio anche dei gamberetti. Vado a comprarli in pescheria.*

1 Expansion After each pair has completed the activity, have them role-play the shopping trip as vendor and customer.

2 **Un ospite difficile** A coppie, create una conversazione in cui una padrona di casa (*hostess*) offre molte cose da mangiare e da bere a un ospite, ma l'ospite ha sempre qualche problema. Alla fine trovate qualche cosa che l'ospite accetta. Dovete essere creativi! Answers will vary.

MODELLO

S1: *Posso offrirti qualcosa? Ho delle fragole molto buone.*
S2: *No grazie, non mi piacciono le fragole.*
S1: *Qualcosa da bere? Un caffè?*
S2: *No grazie, sono allergico al caffè...*

3 **Chi vuole comprarlo?** Scrivi dieci parole del vocabolario della lezione su pezzi di carta e assegna un prezzo a ogni cosa. Poi, in gruppi di quattro, fate a turno a prendere un pezzo di carta e a dire se volete comprare quella cosa o no. Avete 50 euro da spendere. Answers will vary.

MODELLO

S1: *Una pera. Costa due euro. No, non la voglio comprare!*
S2: *Due crostate. Costano 25 euro. Sì, le voglio comprare!*

3 Suggestion Spend a couple of minutes reviewing numbers before starting this activity.

4 **Un viaggio fantastico** In gruppi di tre, fate a turno a fare le seguenti domande ai vostri compagni su un viaggio recente. Paragonate le vostre risposte. Answers will vary.

MODELLO

S1: *Quando sei partito e quando sei tornato?*
S2: *Sono partito il 25 luglio e sono tornato il...*

1. Quando sei partito e quando sei tornato?
2. Dove sei andato?
3. Hai comprato dei regali?
4. Sei uscito la sera?
5. Hai scritto molte e-mail alla tua famiglia?
6. Quanto è costato il viaggio?
7. Che cosa ti è piaciuto di più del viaggio?
8. Che cosa non ti è piaciuto del viaggio?

5 **Catena di memoria** In gruppi di tre, fate a turno a dire una frase usando il vocabolario della lezione. Gli altri devono poi aggiungere una frase alla frase precedente per vedere chi ha più memoria! Fate attenzione a usare i partitivi correttamente. Answers will vary.

MODELLO

S1: *Sono andato in panetteria e ho comprato del pane.*
S2: *Sono andato in panetteria e ho comprato del pane. Poi sono andato in salumeria e ho comprato un etto di prosciutto.*
S3: *Sono andato...*

5 Expansion After this activity, ask each group about the last time they went shopping for groceries. Where did they go? What did they buy? How much did they spend?

6 **Sette differenze** Lavorate a coppie. L'insegnante vi darà (*will give you*) due fogli diversi, ciascuno con un disegno. A turno, fate domande per trovare sette differenze fra i disegni. Usate i partitivi quando possibile.

MODELLO

S1: *Io ho dello yogurt. E tu?*
S2: *Anch'io ho dello yogurt. Io ho dell'acqua. E tu?*

6 Expansion After this activity, have each pair talk about the foods in the images. Have them ask each other which of those foods they like and which ones they don't like.

risorse

SAM WB: pp. 65–70	SAM LM: pp. 38–40	vhlcentral.com

Lo Zapping

Calcio vigna

Lo spot *Vigna*, commissionato da SKY TV per promuovere° la stagione calcistica°, è indubbiamente originale. Non per niente ha vinto la ventunesima° edizione del Grand Prix, ambito premio° per la migliore pubblicità° italiana che si assegna° ogni anno. Questa pubblicità associa due ragioni d'orgoglio° per gli italiani: il calcio e il vino. Secondo l'Organizzazione internazionale della vite° e dell'uva, nel 2008 l'Italia ha superato° la Francia, storica rivale, nell'esportazione di vino. Non è solo questione° di quantità, però: grandi risultati si raggiungono° solo con un duro lavoro e un'attenta selezione. Nella viticoltura° così come nel calcio.

Suggestion Use this video to have students practice note-taking. Ask students to write down the words they recognize as they watch the commercial. Then have them write the words they understood on the board and, as a class, identify each word as a noun, adjective, verb, etc.

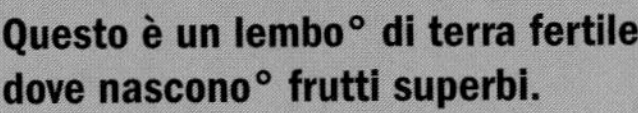

Questo è un lembo° di terra fertile dove nascono° frutti superbi.

Ora finalmente i tempi sono maturi: «Questa è l'annata° migliore di sempre.»

Comprensione Rispondi alle domande. Answers may vary slightly. Sample answers are provided.

1. Secondo la pubblicità, come sono i frutti che nascono e crescono in questo terreno straordinario? superbi, corposi, forti, frizzanti, vellutati
2. Com'è stato il lavoro per ottenere questi frutti? lungo e faticoso
3. Com'è quest'annata? la migliore di sempre

Suggestion Have students watch the ad once. Then have them read the comprehension questions before watching the commercial a second time. Encourage them to take notes in Italian.

Discussione Discutete a coppie le seguenti domande. Answers will vary.

1. Che cosa ti piace di questo spot? Che cosa non ti piace?
2. Come puoi adattare questo spot al tuo paese? Riesci a pensare a uno sport e a un cibo caratteristici della tua regione ed elaborare una pubblicità?

promuovere *promote* **stagione calcistica** *soccer season* **ventunesima** *twenty-first* **ambito premio** *coveted prize* **migliore pubblicità** *best advertisement* **si assegna** *is awarded* **ragioni d'orgoglio** *sources of pride* **vite** *grapevines* **ha superato** *surpassed* **questione** *matter* **si raggiungono** *are achieved* **viticoltura** *wine-growing* **lembo** *strip* **nascono** *are born* **annata** *year*

 Practice more at **vhlcentral.com.**

Lezione

5B

Communicative Goals

You will learn how to:

- talk about meals and place settings
- describe flavors

CONTESTI

Suggestion Ask students to use words from the vocabulary list to describe what was on their table when they ate yesterday. Have them describe what they typically eat and drink at each meal and for snacks.

A tavola

Vocabulary Tools

Suggestion Play a memory game. One student makes a simple sentence starting with "**Vorrei...**" and a word from the vocabulary list (Ex.: **Vorrei dell'acqua frizzante.**). The next player repeats the sentence and adds another item, and so on. When someone makes a mistake, go to the next player.

Vocabolario

espressioni	*expressions*
Vorrei...	*I would like. . .*
ẹssere a dieta	*to be on a diet*
fatto/a in casa	*homemade*
al ristorante	*at the restaurant*
l'antipasto	*appetizer; starter*
la bottiglia	*bottle*
il conto	*bill*
il contorno	*side dish*
il dolce	*dessert*
l'insalata	*salad*
il primo/secondo piatto	*first/second course*
il servizio	*service*
la tazza	*cup; mug*
i pasti	*meals*
la colazione	*breakfast*
il pranzo	*lunch*
la merenda	*afternoon snack*
lo spuntino	*snack*
la cena	*supper, dinner*
le bịbite	*drinks*
l'acqua (frizzante, naturale)	*(sparkling, still) water*
la birra	*beer*
il latte	*milk*
il succo (d'arancia)	*(orange) juice*
il tè	*tea*
il vino (bianco, rosso)	*(white, red) wine*
per parlare del cibo	*talking about food*
il gusto	*flavor; taste*
dolce	*sweet*
leggero/a	*light*
insịpido/a	*bland*
pesante	*rich, heavy*
piccante	*spicy*
saporito/a	*tasty*
salato/a	*salty*

risorse

SAM WB: pp. 71–72	SAM LM: p. 41	vhlcentral.com

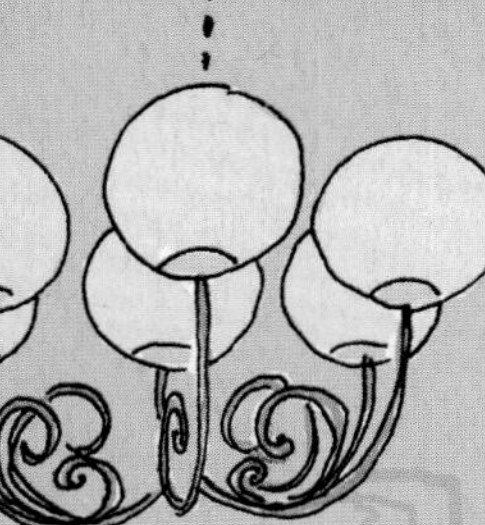

Attenzione!

In Italy, leaving a tip (**la mancia**) for a waiter is not customary, though some people choose to leave small change for exceptional service. However, a flat fee for table service (**il coperto**) is commonly added to bills.

Pratica

1 Abbinare Abbina ogni utensile con il cibo o la bibita che meglio corrisponde. Answers may vary slightly.

1. __c__ cucchiaio
2. __e__ caraffa
3. __b__ tazza
4. __f__ bicchiere
5. __a__ piatto
6. __d__ coltello

a. insalata
b. caffè
c. zuppa
d. manzo
e. acqua
f. succo d'arancia

1 Suggestion Have students create four more pairs of words, scramble them, and exchange papers with a classmate, who must match the items.

2 Rispondere Rispondi a ogni domanda con una parola dal vocabolario della lezione.

2 Suggestion Practice the vocabulary by asking students more questions, such as: **Che cosa mangi quando sei a dieta? Quando vai al ristorante, di solito, prendi l'antipasto?**

MODELLO

S1: *Come si chiama l'acqua con le bollicine (little bubbles)?*
S2: *frizzante*

1. Che cosa usi per bere il caffè? la tazza
2. Come si chiama un cucchiaio piccolo? un cucchiaino
3. È dolce o salato il gelato? dolce
4. È leggera o pesante l'insalata? leggera
5. Che cosa lasci al cameriere per un buon servizio? la mancia
6. Chi cucina al ristorante? il cuoco/la cuoca

3 Completare Scegli la parola che completa meglio ogni frase.

1. Ho bisogno di un (cucchiaio / coltello) per mangiare la zuppa. [cucchiaio]
2. Di solito bevo il caffè con il (sale / latte). [latte]
3. Come contorno ordiniamo (l'insalata / il pepe). [l'insalata]
4. Vorrei un (piatto / bicchiere) di acqua frizzante. [bicchiere]
5. Sono a dieta e devo mangiare un piatto (leggero / pesante). [leggero]
6. Questa carne è insipida! Vorrei un po' di (sale / tè) e pepe. [sale]

3 Suggestion Have students create six different sentences with the unused words.

4 Creare A coppie, scrivete due frasi riguardo ai disegni usando parole dal vocabolario della lezione. Answers will vary.

1. ____________

2. ____________

3. ____________

4. ____________

5. ____________

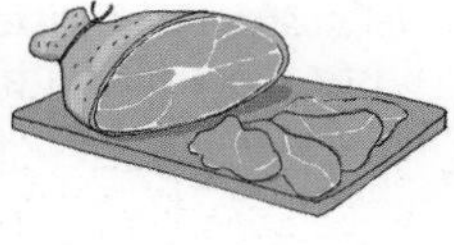
6. ____________

Comunicazione

5 Suggestion Have students read each sentence before listening to the recording.

5 Vero o falso? Ascolta la conversazione tra i signori Tedesco e il cameriere. Poi, a coppie, decidete se le seguenti affermazioni sono **vere** o **false**. Correggete quelle false. Answers will vary slightly.

MODELLO

S1: *Il marito della signora Tedesco prende un antipasto.*
S2: *Falso. La signora Tedesco prende un antipasto.*

1. La signora Tedesco prende un antipasto di frutti di mare. Falso. La signora Tedesco prende un antipasto di prosciutto.
2. Il signor Tedesco è a dieta. Falso. La signora Tedesco è a dieta.
3. La pasta servita al ristorante è fatta in casa. Vero.
4. La signora Tedesco ordina carne di manzo. Falso. La signora Tedesco ordina carne di maiale.
5. I signori Tedesco ordinano del vino bianco. Falso. I signori Tedesco ordinano del vino rosso.
6. La signora Tedesco non vuole il dolce. Falso. La signora Tedesco ordina il gelato con la frutta.
7. In tavola non ci sono i bicchieri. Vero.
8. La signora Tedesco vuole anche un caffè con lo zucchero. Falso. La signora Tedesco vuole un caffè con latte.

6 Gli opposti A coppie, recitate (*role-play*) per la classe una scenetta in cui (*in which*) due amici con gusti completamente opposti escono a cena. Parlate del menu, di quello che volete ordinare e delle vostre reazioni a ogni scelta. Answers will vary.

6 Suggestion Ask students to say where they like to go and what they like to eat when they go out for dinner.

MODELLO

S1: *Mmmm, mi piace il manzo! Questo manzo al vino rosso sembra (seems) delizioso.*
S2: *Veramente? Io non mangio la carne! Preferisco mangiare qualcosa di più leggero...*

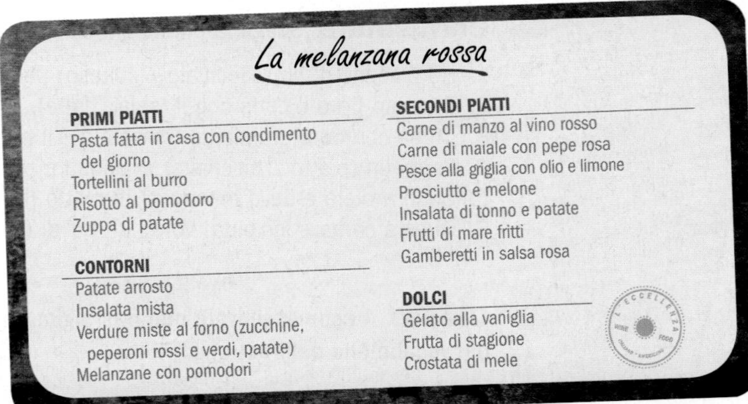

La melanzana rossa
PRIMI PIATTI
Pasta fatta in casa con condimento del giorno
Tortellini al burro
Risotto al pomodoro
Zuppa di patate
CONTORNI
Patate arrosto
Insalata mista
Verdure miste al forno (zucchine, peperoni rossi e verdi, patate)
Melanzane con pomodori
SECONDI PIATTI
Carne di manzo al vino rosso
Carne di maiale con pepe rosa
Pesce alla griglia con olio e limone
Prosciutto e melone
Insalata di tonno e patate
Frutti di mare fritti
Gamberetti in salsa rosa
DOLCI
Gelato alla vaniglia
Frutta di stagione
Crostata di mele

7 Il nuovo ristorante A gruppi di tre, immaginate di aprire un nuovo ristorante. Decidete quali cibi volete servire e come sarà (*will be*) il menu. Poi scrivete una pubblicità. Answers will vary.

MODELLO

Nel nostro nuovo ristorante «Da zia Dede» serviamo pasta e tortellini fatti in casa. Usiamo solo ingredienti freschi. Tra i nostri piatti principali ci sono...

7 Suggestion Have students prepare a menu with prices in euros for their new restaurant.

8 A cena dai Ricci! Lavorate a coppie. L'insegnante vi darà (*will give you*) due fogli diversi, ciascuno con un disegno della famiglia Ricci che prepara la tavola. A turno, fate domande per completare la lista di quello che ogni membro della famiglia porta in tavola. Answers will vary.

MODELLO

S1: *Che cosa porta in tavola la signora Ricci?*
S2: *Porta i piatti.*

8 Suggestion Ask students to imagine what the Riccis will have for dinner.

Pronuncia e ortografia 

Diphthongs and triphthongs

Giorgio	**guancia**	**scuola**	**suono**

A diphthong is the combination of two vowel sounds to make a one-syllable sound.

piatto	**più**	**guerra**	**guido**

In Italian, a diphthong is usually formed when an unstressed **i** or **u** is followed by another vowel. An unstressed **i** + [*another vowel*] is pronounced like the *y* in the English word *you*. An unstressed **u** + [*another vowel*] is pronounced like the *w* in *we*.

guai	**miei**	**suoi**	**vuoi**

A triphthong is the combination of three vowel sounds to make a one-syllable sound.

dụe	**ịo**	**sụa**	**zịa**

When **i** and **u** are stressed, no diphthong or triphthong is formed. Each vowel is pronounced as an individual sound.

Suggestions
- Review the five vowel sounds. As each diphthong is introduced, sound out the combination slowly, then quickly, to demonstrate how two single-vowel sounds become one.
- Point out example words in which the diacritical dot indicates that a diphthong is not formed. Remind students that the diacritical dot also marks **parole sdrucciole** in this text.
- Ask students if they can think of English words that have diphthongs (Ex.: *hour, oil, aisle*).

Pronunciare Ripeti le parole ad alta voce.

1. lingua	4. nuovo	7. tua	10. quando
2. tuono	5. fiume	8. qua	11. piatto
3. giunto	6. puoi	9. bottiglie	12. cucchiaio

Articolare Ripeti le frasi ad alta voce.

1. Hai preparato le uova?
2. Metto i bicchieri e i piatti nella lavastoviglie.
3. La pescheria chiude alle sette.
4. Il suocero di Giorgio lavora in ufficio.
5. Puoi venire a casa mia per Pasqua?
6. Guardo un bel film dopo questa cena.

Proverbi Ripeti i proverbi ad alta voce.

Pane al pane, vino al vino.[2]

Troppi cuochi guastano la cucina.[1]

[1] Too many cooks spoil the broth. (lit. *Too many cooks spoil the cooking.*)
[2] Call a spade a spade. (lit. *Bread is bread, wine is wine.*)

risorse

SAM LM: p. 42

vhlcentral.com

FOTOROMANZO

Suggestion Have students scan the dialogue and find sentences describing food.

Troppi cuochi guastano la cucina

Video: *Fotoromanzo*

PERSONAGGI

Emily

Lorenzo

Marcella

Paolo

Riccardo

Viola

Suggestion Have students volunteer to read the characters' parts in the **Fotoromanzo** aloud. Then have them get together in groups of six to act out the episode.

MARCELLA Prima la pancetta. Comincia con la pancetta. La devi rosolare lentamente. Guarda, così.
EMILY No! Voglio dire, scusa, Marcella. Voglio davvero farlo io. Voglio preparare la cena per la pensione. Adesso, sciò.
MARCELLA Va bene, va bene.
EMILY Caffè.

RICCARDO A che ora è la cena? Ho fame... Devo fare uno spuntino. Fammi vedere. *(con la bocca piena)* Ma questo è facile!
VIOLA Marcella ha detto che prepari tu la cena stasera. Posso aiutarti?
RICCARDO Tre cuochi! Forza, al lavoro!

RICCARDO No, Viola, così non va. Manca l'aglio.
VIOLA Ma mia madre cucina sempre così.
RICCARDO E devi mettere più pepe.
VIOLA Basta così! È troppo piccante.
EMILY Io apparecchio la tavola.

RICCARDO È insipido!
VIOLA No, va bene così.
(La pancetta si è bruciata.)
RICCARDO Oh, no!
VIOLA È colpa tua.
RICCARDO Mia? Ma se l'hai cucinata tu.
EMILY Un cucchiaio, per favore.

VIOLA Marcella ci ha lasciato la cucina e guarda che cosa abbiamo fatto. È tutta piena di fumo.
EMILY State calmi. A volte un piatto cattivo può facilmente diventare buono. Possiamo friggere velocemente una cipolla con dei funghi.

A cena...
MARCELLA Non male. Strana. Di sapore forte. Gustosa.
PAOLO Assolutamente deliziosa!
LORENZO Non ho mai mangiato una pasta così... americana. Che c'è per dolce? *Apple pie?*

ATTIVITÀ

1 Chi è? A chi si riferiscono queste affermazioni? Emily, Lorenzo, Marcella, Paolo, Riccardo o Viola?

1. Vuole preparare la cena per la pensione. Emily
2. Fa uno spuntino. Riccardo
3. Apparecchia la tavola. Emily
4. Ama l'insalata. Paolo
5. Secondo lei, i veri cuochi rispettano i sapori. Viola
6. Suggerisce di friggere i funghi con una cipolla. Emily
7. Dice che la pasta è gustosa. Marcella
8. Usa troppo aglio. Riccardo
9. Ha mangiato tutto il tiramisù. Paolo
10. Preferisce i piatti tradizionali. Lorenzo

1 Suggestion This activity can also be done with closed books. Read the statements aloud and have students try to remember the character to whom each statement refers.

Practice more at **vhlcentral.com.**

I ragazzi preparano una cena speciale.

Suggestion Ask students the following questions: **Chi prepara di solito la tua cena? Ti piace cucinare? Se sì, quali piatti preferisci cucinare? Se no, perché?**

4

PAOLO Prepari tu la cena stasera? Non vedo l'ora!

EMILY Grazie. In realtà hanno fatto quasi tutto Riccardo e Viola. Io ho preparato l'insalata.

PAOLO Io amo l'insalata. Dai, prendo i bicchieri, le forchette e i tovaglioli.

5

RICCARDO Un pizzico di sale nell'acqua.

VIOLA Basta un cucchiaino, Riccardo.

RICCARDO Viola. I grandi cuochi sono tutti uomini.

VIOLA Ma tu non sei un cuoco, Riccardo. Usi troppo pepe e aglio. I veri cuochi rispettano i sapori.

9

MARCELLA Abbiamo comprato del tiramisù in pasticceria.

EMILY L'ho cercato in cucina prima di cena. Dov'è?

PAOLO Eeh...

MARCELLA Oh, Paolo. L'hai mangiato tutto?

PAOLO Mi dispiace.

10

RICCARDO Non ti piace la pasta, Lorenzo?

LORENZO Preferisco i piatti tradizionali.

RICCARDO L'ha fatta Viola.

LORENZO Interessante, un po' piccante, un po' salata. Molto olio, burro, molto burro... Ma no!

VIOLA Scusa!

LORENZO Accidenti! Idiota!

Espressioni ụtili

Dinner is ready!

- **La devi rosolare lentamente.** *You have to brown it slowly.*
- **Manca l'aglio.** *It's missing garlic.*
- **Apparecchio la tạvola.** *I'll set the table.*
- **un pịzzico di sale** *a pinch of salt*
- **Basta un cucchiaịno.** *A teaspoon is enough.*
- **I veri cuochi rispẹttano i sapori.** *True chefs respect flavors.*
- **Se l'hai cucinata tu.** *You're the one who cooked it.*
- **Marcella ci ha lasciato la cucina.** *Marcella let us use the kitchen.*
- **frịggere** *to fry*
- **gustosa** *tasty*

Adverbs

- **facilmente** *easily*
- **assolutamente** *absolutely*
- **velocemente** *quickly*
- **davvero** *really*

Additional vocabulary

- **Sciò.** *Shoo.*
- **Forza, al lavoro!** *Let's get to work!*
- **Non vedo l'ora!** *I can't wait!*
- **È tutta piena di fumo.** *It's completely full of smoke.*
- **È colpa tụa.** *It's your fault.*
- **Basta così!** *That's enough!*

ATTIVITÀ

2 **Per parlare un po'** In gruppi di tre, scegliete un piatto italiano e fate una lista degli ingredienti. Poi presentatela ai vostri compagni di classe, che devono indovinare il piatto che avete scelto. Answers will vary.

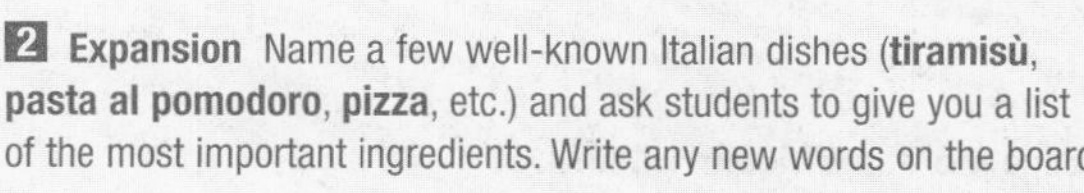

2 Expansion Name a few well-known Italian dishes (**tiramisù**, **pasta al pomodoro**, **pizza**, etc.) and ask students to give you a list of the most important ingredients. Write any new words on the board.

3 **Approfondimento** Ogni regione italiana ha diversi piatti tipici. Scegli cinque regioni e per ognuna trova un cibo tipico. Presenta i tuoi risultati alla classe e parla di questi cibi: li hai mai provati? Se sì, dove? Ti sono piaciuti? Se no, quale vorresti (*would you like*) provare? Perché? Answers will vary.

CULTURA

Prima di leggere Have students talk about their eating habits during the academic year and during the time they spend at home, and brainstorm possible differences between Italian and American family meals.

IN PRIMO PIANO

I pasti in famiglia

Expansion Ask students how the role of food in Italian culture compares to their experience. What are the pros and cons of dedicating more time to meals and meal preparation?

Nessuna cucina è buona come quella di casa. Tutti sanno che due elementi fondamentali della cultura italiana sono la famiglia e la cucina. Il cibo fatto in casa è infatti una tradizione importante per ogni occasione, non solo a Natale, a Capodanno e a Pasqua°. Ogni giorno è un giorno speciale!

Poiché° molti giovani vivono in famiglia anche dopo aver finito° gli studi, ci sono molte occasioni per condividere° il tempo a tavola con la famiglia. Questo succede° praticamente ogni sera. Tradizionalmente, anche se meno° oggi che in passato, la mamma italiana dedica almeno° una o due ore alla preparazione della cena. Molti italiani cenano quotidianamente° con l'intera famiglia e hanno un pasto a più portate°.

A pranzo, invece, studenti e lavoratori spesso mangiano «qualcosa di veloce°», come un panino o un'insalata mista in un bar vicino all'ufficio o all'università. Il pranzo della domenica a volte vede la presenza dell'intera famiglia, nonni e zii inclusi. Si serve un primo piatto—meglio noto° semplicemente come «un primo»—di pasta o riso e «un secondo» di carne o di pesce con un contorno di verdure. L'insalata mista in Italia si serve con il secondo. Solitamente, prima della frutta e del caffè, si mangia il dolce, fatto in casa oppure comprato dal pasticciere di fiducia°. La sera, dalle 18.30 alle 20.00, molti giovani hanno l'abitudine di andare a prendere un aperitivo con gli amici, ma tornano a casa ansiosi° di sapere quello che la mamma ha preparato per cena.

La voglia di gelato degli italiani

Spesa annuale per famiglia per il gelato	
Nord Italia	€88
Centro Italia	€73
Sud Italia	€68
Isole	€72

FONTE: ISTAT

a Natale, a Capodanno e a Pasqua *at Christmas, New Year's, and Easter* **Poiché** *Since* **dopo aver finito** *after finishing* **condividere** *share* **succede** *happens* **se meno** *if less* **almeno** *at least* **quotidianamente** *daily* **a più portate** *multi-course* **qualcosa di veloce** *something quick* **meglio noto** *better known* **di fiducia** *trusted* **ansiosi** *eager*

ATTIVITÀ

1 **Vero o falso?** Indica se l'affermazione è **vera** o **falsa**. Correggi le affermazioni false.

1. Gli studenti di solito tornano a casa per pranzo.
   Falso. Gli studenti di solito mangiano in un bar vicino all'università.
2. La cena è un momento di riunione con la famiglia.
   Vero.
3. La domenica i giovani escono per pranzo e cena. Falso. I giovani pranzano a casa con la famiglia e alla sera escono con gli amici per prendere un aperitivo.
4. I giovani vanno a prendere l'aperitivo di mattina.
   Falso. I giovani prendono l'aperitivo di sera, prima di cena.
5. A pranzo, di domenica, si mangia solo il primo piatto.
   Falso. Tradizionalmente, la domenica si mangia un pasto completo con primo, secondo, dolce, frutta e caffè.
6. Anche i nonni e gli zii partecipano al pranzo domenicale.
   Vero.
7. Molti giovani italiani vivono in famiglia dopo aver finito gli studi.
   Vero.
8. La pasta è un primo piatto.
   Vero.
9. Il contorno accompagna la carne o il pesce.
   Vero.
10. La frutta è servita subito dopo il primo piatto.
    Falso. La frutta è servita dopo il dolce e prima del caffè.

 Practice more at **vhlcentral.com.**

L'italiano quotidiano Tell students that Italians rarely skip breakfast and that if they don't have time to have **caffè e biscotti or torta** at home, they have it **al bar** before they enter the office, or at about 10.

Ritratto Ask students to name other Italian chefs who are famous in America.

L'ITALIANO QUOTIDIANO

Dove si mangia?

la birreria	*pub; beer garden*
la cioccolateria	*café specializing in chocolate*
la focacceria	*store specializing in focaccia*
l'enoteca	*store specializing in wine*
il laboratorio di pasta fresca	*store specializing in homemade pasta*
l'osteria	*small restaurant*
la paninoteca	*sandwich shop*
la pizzeria	*pizza shop*
la tavola calda	*snack bar; cafeteria*
la trattoria	*small (family run) restaurant*

USI E COSTUMI

Un dolce per ogni festa

A Natale sulle tavole delle famiglie di tutta Italia—nonostante° la sua origine milanese—non manca mai il **panettone**. Per i più golosi°c'è il panettone ripieno di cioccolato, di crema o perfino° di gelato! Per chi invece non ama la frutta candita°, c'è un'altra possibilità: il **pandoro**. Questo può essere liscio oppure con crema al mascarpone. Un altro dolce natalizio° è la **veneziana**: tradizionale di Milano, ha una pasta° simile a quella del pandoro, ma con la superficie ricoperta° di zucchero e mandorle°, molto simile alla **colomba** pasquale. Altri dolci, non esclusivamente festivi, sono la **cassata** siciliana, i **cannoli** siciliani, la **pastiera** napoletana e il **bonnet** piemontese. Insomma, a ciascuno il suo°!

nonostante *in spite of* **golosi** *gluttonous* **perfino** *even* **frutta candita** *candied fruit* **natalizio** *Christmas-time* **pasta** *dough* **ricoperta** *covered* **mandorle** *almonds* **a ciascuno il suo** *to each his own*

RITRATTO

La celebrità della cucina italiana

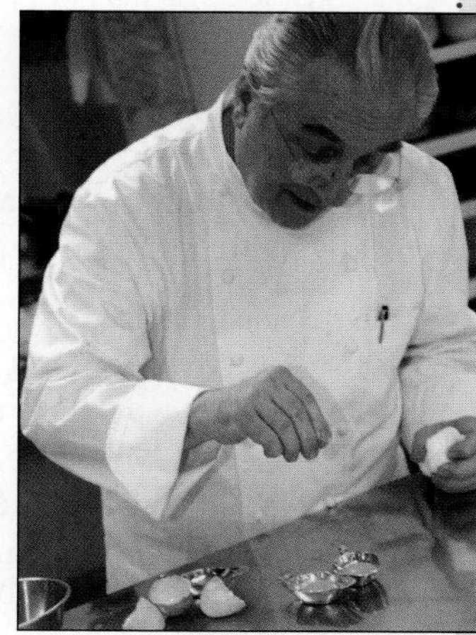

Gualtiero Marchesi è nato a Milano. Oggi è famoso in tutto il mondo per la sua arte in cucina. Ha cominciato la sua carriera nella cucina del ristorante dei suoi genitori, chiamato «Mercato». Marchesi ha poi studiato e fatto esperienza all'hotel Kulm, nella località turistica° di St. Moritz, e alla scuola alberghiera° di Lucerna. Ha lavorato anche a Parigi°, a Digione° e a Roanne, in Francia. Nel 1986 ha fondato°, insieme ad altri cuochi, la Comunità Europea dei Cuochi. Nello stesso anno è nominato° Cavaliere° della Repubblica e riceve l'Ambrogino d'Oro, un onore conferito° dalla città di Milano. La sua cucina ha la caratteristica di utilizzare elementi semplici e gli ingredienti fondamentali della cucina italiana. Tra i suoi piatti non manca il risotto «giallo» alla milanese, fatto con lo zafferano°.

località turistica *resort area* **alberghiera** *hotel management* **Parigi** *Paris* **Digione** *Dijon* **ha fondato** *established* **è nominato** *is nominated* **Cavaliere** *Knight* **conferito** *awarded* **zafferano** *saffron*

SU INTERNET

Cerca una ricetta per dei dolci tradizionali italiani.

Go to **vhlcentral.com** to find more information related to this **CULTURA**.

2 Completare Completa le frasi.

1. Gualtiero Marchesi è nato a Milano.
2. L'Ambrogino d'Oro è conferito dalla città di Milano.
3. Il panettone può essere ripieno di cioccolato.
4. Il pandoro e la veneziana sono dolci natalizi.
5. Un dolce siciliano molto famoso è la cassata.
6. Un dolce napoletano molto famoso è la pastiera.

3 A voi A coppie, discutete le seguenti domande. Answers will vary.

1. Ti piace cucinare?
2. Qual è il tuo piatto preferito?
3. Qual è il tuo dolce preferito? Descrivi la ricetta.

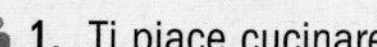

ATTIVITÀ

Suggestion Remind students to use disjunctive pronouns after the prepositions **a** and **per**, and to use articulated forms when **a** is followed by a definite article.

5B.1 Indirect object pronouns

Punto di partenza In **Lezione 5A**, you learned that a direct object answers the question *what*? or *whom*? An indirect object identifies *to whom* or *for whom* an action is done.

SUBJECT	VERB	INDIRECT OBJECT
Le ragazze *The girls*	parlano *are talking*	**al cameriere.** ***to the waiter.***

- In Italian, indirect objects are always preceded by a preposition, typically **a**, but sometimes **per**.

Dà lo scontrino **a Mario**.
He's giving the receipt ***to Mario***.

Hai preparato uno spuntino **per me**?
Did you make a snack ***for me***?

- You have already learned some verbs commonly used with indirect objects, including **chiedere**, **dare**, **dire**, **domandare**, **insegnare**, **mandare**, **offrire**, **parlare**, **portare**, **rispondere**, **scrivere**, **spiegare**, and **telefonare**. The following verbs are also used with indirect objects.

Additional verbs used with indirect objects

consigliare	*to recommend*	**prestare**	*to lend*
mostrare	*to show*	**regalare**	*to give (as a gift)*
preparare	*to prepare*	**restituire (-isc-)**	*to give back*

- Indirect objects can be replaced with indirect object pronouns. Direct and indirect object pronouns have identical forms, except in the third person.

Indirect object pronouns

singular		plural	
mi	*(to, for) me*	**ci**	*(to, for) us*
ti	*(to, for) you*	**vi**	*(to, for) you*
Le	*(to, for) you* (form., m. or f.)		
gli	*(to, for) him*	**gli (loro)**	*(to, for) them*
le	*(to, for) her*		

- Like direct object pronouns, indirect object pronouns either precede a conjugated verb or are attached to an infinitive.

Il cuoco non **gli prepara** il dolce.
The cook does not ***prepare*** *the dessert* ***for him***.

Devi **darle** una buona mancia.
You have to ***give her*** *a good tip.*

Suggestion Highlight verbs whose English equivalents do not usually take *to/for*, such as **chiedere**, **domandare**, and **telefonare**.

PRATICA

1 Completare Completa ogni frase con il pronome indiretto corretto.

1. Io __vi__ offro il pranzo oggi. (a te e a Lavinia)
2. Signor Acilio, __Le__ consiglio il manzo. (a Lei)
3. Irene __mi__ telefona dal supermercato. (a me)
4. Tu __ci__ offri un caffè. (a me e a Emilia)
5. Io __ti__ regalo i cucchiaini d'argento (*silver*). (a te)
6. La mia famiglia __gli__ porta della marmellata. (a loro)
7. Tu e Serena __ci__ pagate la spesa. (a noi)
8. Loro __le__ ordinano la cena. (a Carla)

2 Riscrivere Riscrivi ogni frase sostituendo (*replacing*) l'oggetto indiretto con un pronome indiretto.

MODELLO Il cameriere consiglia i gamberetti al cliente.
Il cameriere gli consiglia i gamberetti.

1. Il cameriere porta le bibite ai bambini. Il cameriere gli porta le bibite.
2. I clienti danno la mancia a voi. I clienti vi danno la mancia.
3. Il cuoco propone il dolce al cioccolato a Maria. Il cuoco le propone il dolce al cioccolato.
4. Questo ristorante serve solo piatti vegetariani a me e alla mia famiglia. Questo ristorante ci serve solo piatti vegetariani.
5. La mamma legge il menu a te. La mamma ti legge il menu.
6. Gino dà il conto a me. Gino mi dà il conto.

3 Creare Scrivi che cosa piace a ogni persona usando un pronome indiretto.

MODELLO *Gli piace il pesce.*

3 Expansion After the activity, have students work in groups of three and elaborate about the foods shown. How do they like their meat cooked? What kind of fruit do they like?

Marco

1. Giuliano e Alessandra
Gli piace la pasta.

2. voi
Vi piace la carne/il manzo.

3. tu
Ti piacciono i pomodori.

4. Carlotta
Le piacciono le arance.

5. noi
Ci piace il pane.

6. io
Mi piacciono gli ananas.

Practice more at **vhlcentral.com.**

COMUNICAZIONE

4 **Creare** A coppie, create frasi su di (*about*) voi, le vostre famiglie e i vostri amici usando pronomi indiretti e parole da ogni colonna. Answers will vary.

4 Expansion Have students replace the indirect pronouns with a preposition plus a disjunctive pronoun or with proper nouns.

MODELLO

S1: *Io ti compro dei regali.*
S2: *Io, invece, ti presto dei soldi.*

A	B	C
io	comprare	spesso
tu	dare	dei regali
mio padre	fare	la macchina
mia madre	portare	dei soldi
mio fratello	preparare	al telefono
mia sorella	prestare	delle domande
i miei cugini	scrivere	i biscotti
i miei amici	spiegare	l'e-mail
il/la mio/a ragazzo/a	telefonare	i suoi problemi
?	?	?

5 **Compleanni** Lavorate a coppie. A turno, fate domande su che cosa comprate o fate per il compleanno delle persone indicate. Answers will vary.

5 Suggestion Have students tell their partners about the worst present they ever received, using indirect object pronouns.

MODELLO

S1: *Che cosa compri per il compleanno di tua madre?*
S2: *Io le compro dei bicchieri nuovi, perché i nostri bicchieri sono brutti.*

mio padre
mia madre
i miei fratelli e sorelle
il/la mio/a migliore amico/a
i miei professori
i miei nonni
il/la mio/a compagno/a di stanza

6 **Lontano da casa** In gruppi di quattro, chiedete che cosa o chi vi manca di più quando siete lontani da casa. Answers will vary.

MODELLO

S1: *Che cosa ti manca da casa?*
S2: *Mi mancano le crostate di mia madre. Sono così buone!*
S3: *Mi manca mio fratello, anche se litighiamo (fight) spesso!*

6 Expansion After completing this activity, have students talk about what they don't miss from home. Do this part of the activity in groups or as a whole class.

- **Loro** is an exception. Always place it after the verb, and do not attach it to infinitives. In modern usage, however, **gli** is the preferred way to express *to/for them*.

Il cameriere mostra **loro** il menu. (Il cameriere **gli** mostra il menu.)
*The waiter is showing **them** the menu.*

Volete regalare **loro** la torta? (Volete regalar**gli** la torta?)
*Do you want to give **them** the cake?*

- Note that the pronouns **le** and **gli** never elide before vowels, and that past participles do not agree in gender or number with indirect object pronouns.

La mamma sta bene. **Le** ho telefonato ieri.
*Mom is feeling well. I called **her** yesterday.*

Chi è Giorgio? Non **gli** abbiamo mai parlato.
*Who is Giorgio? We've never talked **to him**.*

Verbs like *piacere*

- In **Lezione 2B** you learned to use indirect object pronouns with the verb **piacere**.

SUBJECT ↔ INDIRECT OBJECT
L'insalata **mi** piace.

SUBJECT ↔ DIRECT OBJECT
I like salad.

- Note that the subject of the English sentence corresponds to the indirect object pronoun of the Italian sentence. Unlike in English, in Italian the thing that is being liked is the subject of the sentence.

Ti piacciono **i dolci** fatti in casa?
Do you like homemade desserts?

Vi è piaciuta **la zuppa**?
Did you like the soup?

- Other verbs that use a similar construction include **mancare** (*to miss*), **bastare** (*to be enough*), **restare** (*to remain*), **sembrare** (*to seem*), and **dispiacere** (*to be sorry*). Like **piacere**, these verbs are conjugated with **essere** in the **passato prossimo**.

I peperoncini **vi sono sembrati piccanti**?
*Did the peppers **seem spicy to you?***

Marco, **mi manchi**! **Ti manco** anch'io?
*Marco, **I miss you! Do you miss me**, too?*

Suggestion Ask students questions to review indirect object pronouns and practice lesson vocabulary. (**Cosa dai al cameriere?/Gli do la mancia. Cosa prepari da mangiare per la tua ragazza?/Le preparo la pasta.**)

Provalo! **Scegli il pronome indiretto corretto.**

1. Tu (mi / (ci)) mostri la nuova pasticceria. (a noi)
2. Loro ((ti) / mi) offrono un caffè. (a te)
3. Antonella ((vi) / le) prepara la pasta fatta in casa. (a voi)
4. Io ed Edoardo ((le) / gli) portiamo una crostata. (a lei)
5. Adriana e Leonardo ((mi) / vi) portano un gelato. (a me)
6. Il cameriere (mi / (gli)) consiglia un antipasto. (a loro)

5B.2 Adverbs

Suggestion Emphasize the difference between the adverbs **bene** and **male** and the adjectives **buono** and **cattivo** by writing sample sentences on the board.

Punto di partenza Adverbs describe *how*, *when*, and *where* actions take place. They modify verbs, adjectives, and other adverbs. Unlike adjectives, adverbs are invariable; they do not vary in gender or number.

- You've already learned some adverbs, such as **(non) ancora**, **bene**, **male**, **già**, **(non) mai**, **sempre**, and **spesso**. Here are other common adverbs.

Common adverbs and adverbial expressions

adesso	*now*	presto	*soon, quickly*
di sọlito	*usually*	prima	*before, first, beforehand*
dopo	*after, afterwards*	qualche volta	*sometimes*
non... più	*no more, no longer*	sụbito	*immediately, right away*
poi	*then, later*	tardi	*late*

Ordiniamo **subito** l'antipasto?
*Shall we order the appetizer **right away**?*

Caterina **non** è **più** a dieta.
*Caterina is**n't** on a diet **anymore**.*

- Many Italian adverbs can be formed by adding **-mente** to the feminine singular form of an adjective. This ending is equivalent to *-ly* in English.

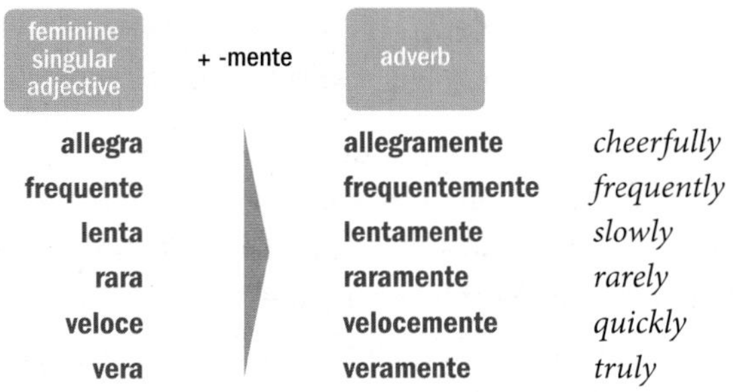

feminine singular adjective	+ -mente	adverb	
allegra		**allegramente**	*cheerfully*
frequente		**frequentemente**	*frequently*
lenta		**lentamente**	*slowly*
rara		**raramente**	*rarely*
veloce		**velocemente**	*quickly*
vera		**veramente**	*truly*

I cani mangiano **rapidamente**.
*The dogs eat **quickly**.*

L'ho vista **recentemente**.
*I saw her **recently**.*

- If an adjective ends in **-le** or **-re**, drop the final **-e** before adding the **-mente** ending.

Finalmente arriva l'antipasto.
*The appetizer is **finally** arriving.*

Probabilmente prendiamo il dolce.
*We're **probably** getting dessert.*

Mangiano **regolarmente** alla mensa?
*Do they eat at the cafeteria **regularly**?*

La zuppa non è **particolarmente** saporita.
*The soup isn't **particularly** tasty.*

- There are some exceptions to these rules, such as **leggermente** and **violentemente**, whose forms must be memorized.

1 Suggestion Ask students for adverbs that best describe how they learn Italian.

PRATICA

1 Scegliere Scegli l'avverbio che completa meglio ogni frase.

1. I genitori vanno al ristorante (frequentemente / leggermente).
2. La mamma parla (velocemente / probabilmente).
3. I bambini giocano (particolarmente / regolarmente).
4. La macchina va (lentamente / recentemente).
5. Giovanna mangia riso e verdure (gentilmente / frequentemente).
6. Noi puliamo la cucina (attentamente / pesantemente).

2 Completare Sostituisci ogni aggettivo tra parentesi con un avverbio per completare la conversazione tra Gina e Giorgio.

GINA Mi piace il Ristorante Roma. I camerieri ti parlano sempre (1) allegramente (allegro).
GIORGIO È vero. E poi ti servono il cibo (2) velocemente (veloce).
GINA La pasta alle vongole è (3) leggermente (leggero) piccante, buonissima!
GIORGIO E i dolci sono (4) incredibilmente (incredibile) saporiti, vero?
GINA Sono d'accordo. Mi piace molto anche la musica; l'atmosfera è (5) costantemente (costante) allegra.
GIORGIO Sì, il Ristorante Roma è il mio preferito. Dobbiamo andare lì più (6) frequentemente (frequente)!

3 Ordinare Leggi le frasi sull'esperienza di Luigi al ristorante. Poi mettile in ordine e riscrivile usando **prima** (1), **dopo** (2), **poi** (3), **subito dopo** (4) e **finalmente** (5).

1. 3 Ha chiesto un'insalata con i pomodori.
2. 4 Ha ordinato il caffè e dei biscotti.
3. 1 Luigi ha ordinato un antipasto.
4. 5 Ha chiesto il conto.
5. 2 Ha aspettato la pasta con le melanzane e le zucchine.

Prima Luigi ha ordinato un antipasto. Dopo ha aspettato la pasta con le melanzane e le zucchine. Poi ha chiesto un'insalata con i pomodori. Subito dopo ha ordinato il caffè e dei biscotti. Finalmente ha chiesto il conto.

3 Expansion Ask students to give you five adverbs and write them on the board. Then have groups of three students write a short story in five minutes including all of the adverbs. Read some of the stories out loud.

Practice more at **vhlcentral.com.**

NATIONAL
communication
STANDARDS

COMUNICAZIONE

4 **La vita all'università** A coppie, fate le seguenti domande sulla vita nella vostra università. Rispondete a turno usando gli avverbi che conoscete. Answers will vary.

MODELLO

S1: *Vai sempre a lezione d'italiano?*
S2: *Sì, ma spesso arrivo tardi.*

1. Mangi regolarmente alla mensa dell'università?
2. Vai spesso nei ristoranti eleganti fuori dall'università?
3. Studi il fine settimana?
4. Mangi spesso nel tuo dormitorio?
5. Tu e i tuoi amici fate spesso sport?
6. Mangi molta carne?

5 **Un ristorante in piena attività** A coppie, scrivete frasi sulla foto. Descrivete come stanno e cosa fanno le persone nel ristorante. Dovete essere creativi e usare gli avverbi. Answers will vary.

MODELLO

S1: *Il cameriere lavora lentamente oggi perché è stanco.*
S2: *L'uomo dalla camicia blu ascolta la donna distrattamente.*

6 **La nostra classe** In gruppi di quattro, scegliete un(a) compagno/a di classe che, secondo voi, corrisponde meglio a queste descrizioni. Identificate tutte le persone che potete e poi paragonate (*compare*) i risultati con la classe. Answers will vary.

Chi in classe...	*Nome*
1. impara l'italiano velocemente?	*Gianni*
2. canta bene?	
3. mangia spesso cibi biologici (organic)?	
4. studia sempre in biblioteca?	
5. non mangia il gelato abitualmente?	
6. mangia frequentemente in ristoranti eleganti?	

Suggestion Highlight the use of **molto** and other words that function as adjectives and adverbs by asking students to describe things or people around them using the adjective form in one sentence and the adverb form in another. (**Ci sono molti studenti in questa classe. Gli studenti sono molto intelligenti.**)

- Some words can act as either adjectives or adverbs. These include **molto** (*a lot, many; very*), **poco** (*little, few; not much, not very*), **troppo** (*too much; too*), and **tanto** (*so much, so many; so*). In **Lezione 5A**, you learned to use the adjective forms. Note that as adverbs their forms are invariable.

adjective	adverb
Questo ristorante offre **molte** bibite. *This restaurant offers **lots of** drinks.*	Il tè è **molto** buono. *The tea is **very** good.*
Ci sono **troppi** dolci! *There are **too many** desserts!*	I dolci sono **troppo** pesanti. *The desserts are **too** heavy.*

- Adverbs are usually placed immediately after the verb they modify, or before the adjective or adverb they modify.

Bevo **raramente** il succo di mela.
*I **rarely** drink apple juice.*

Sono **veramente** piccanti.
*They are **really** spicy.*

Assolutamente delizioso!

La devi rosolare lentamente.

ATTREZZI
In **Lezione 4B**, you learned to place the adverbs **ancora**, **già**, **mai**, and **sempre** between the auxiliary verb and the past participle in the **passato prossimo**.

- In compound tenses, **ancora**, **già**, **mai**, **più**, and **sempre** always immediately precede the past participle.

Non hai mai assaggiato il tiramisù?
***You've never tasted** tiramisu?*

Ho già chiesto il conto.
***I have already asked for** the check.*

Provalo! **Scrivi l'avverbio che corrisponde all'aggettivo dato.**

1. lento *lentamente*
2. allegro allegramente
3. finale finalmente
4. rapido rapidamente
5. raro raramente
6. recente recentemente
7. intelligente intelligentemente
8. intenso intensamente
9. frequente frequentemente
10. vero veramente
11. probabile probabilmente
12. veloce velocemente

Extra practice Write the word **aggettivo** on 10 cards, and the word **avverbio** on 10 more. Have students take turns drawing cards and forming sentences using the corresponding part of speech.

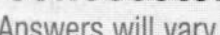

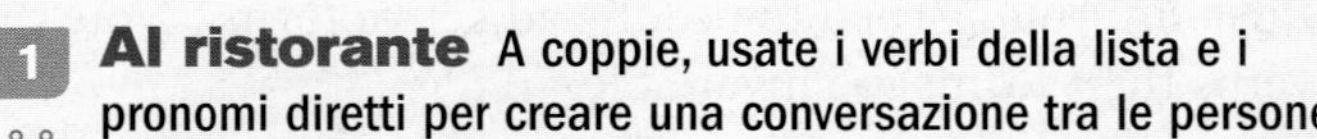

Ricapitolazione

4 Expansion Have groups of students imagine that they have one friend who wants to lose weight and one who wants to gain weight. What advice would they give each of them? What kind of food should they or shouldn't they eat?

1 Al ristorante A coppie, usate i verbi della lista e i pronomi diretti per creare una conversazione tra le persone nel disegno. Answers will vary.

1 Suggestion Remind students that a waiter should use the **Lei** form when talking to his customers. For extra practice, have students use the formal **Lei** when **i signori Bellini** talk to the waiter.

MODELLO

Signora Bellini: *Perché telefoni ai bambini?*
Signor Bellini: *Perché mi mancano! Voglio parlargli e...*

bastare	parlare
consigliare	piacere
dare	preparare
mancare	regalare
mostrare	restare

2 Un compleanno fantastico Lavorate a coppie. L'insegnante vi darà (*will give you*) due fogli diversi, ciascuno con metà delle informazioni sul compleanno di Paolo. A turno, descrivete quello che la gente fa per Paolo il giorno del suo compleanno. Usate i pronomi indiretti quando possibile. Answers will vary.

MODELLO

S1: *Gli amici di Paolo gli telefonano.*
S2: *Poi...*

3 Il tuo compleanno In gruppi di tre, preparate una festa di compleanno per un'amica. Poi fate domande usando i seguenti verbi. Answers will vary.

3 Suggestion Encourage students to use complex sentences and include as many details as possible.

MODELLO

S1: *Che cosa prepari per gli invitati?*
S2: *Gli preparo il mio piatto preferito: la pasta...*

consigliare	mandare	scrivere
dare	preparare	telefonare

4 Cibi e bibite preferiti L'insegnante ti darà un sondaggio. Chiedi ai tuoi compagni se mangiano o bevono le cose indicate nella lista raramente, una volta alla settimana o tutti i giorni. Scrivi i nomi sul foglio e poi condividi i risultati con la classe. Answers will vary.

4 Suggestion Have students expand on the survey by deciding who has the best eating habits and who has the worst. Ask two or three groups to report to the class.

MODELLO

S1: *Bevi il caffè?*
S2: *Sì, bevo il caffè tutti i giorni, e tu?*

Cibi e bibite	Raramente	Una volta alla settimana	Tutti i giorni
Caffè			Francesco
Gelato			
Insalata			
Pizza			
Zuppa			
Latte			

5 Una storia In gruppi di tre, scrivete una storia. La prima persona scrive una frase che inizia con **prima**, poi piega (*folds*) il foglio e lo passa alla persona seguente. Usate gli avverbi **poi**, **subito**, **dopo**, **presto** e **adesso**. Quando tutti hanno scritto due frasi, aprite il foglio e leggete la storia che avete creato!

5 Suggestion Before starting the activity, have students agree on a general subject. For example, they can decide they will write about Mario's day, or Mario's job.

MODELLO

S1: *Prima Mario ha trovato lavoro in un ristorante molto elegante.*
(piegare il foglio)
S2: *Dopo cena Mario è molto stanco e beve del caffè.*
(piegare il foglio)

6 Le tue abitudini Scrivi tre frasi per dire cosa fai spesso, cosa non fai più e cosa fai di solito. Poi in gruppi di tre, paragonate le frasi e create una tabella per riassumere le abitudini del gruppo. Answers will vary.

MODELLO

S1: *Io non mangio più la pizza a mezzanotte.*
S2: *Di solito io mangio alla mensa dell'università.*

allegramente	lentamente
di solito	non... più
finalmente	raramente
frequentemente	velocemente

7 Impressioni veloci A coppie, reagite il più velocemente possibile (*react as fast as you can*) a questi disegni e dite se vi piacciono o no le attività o le cose che vedete nei disegni. Il/La vostro/a compagno/a scrive le vostre reazioni. Poi spiegate perché avete risposto così. Answers will vary.

1.

2.

3.

4.

5.

6.

7.

8.

8 Il nuovo studente A coppie, fate una lista di consigli per un nuovo studente che arriva nella vostra università. Scrivete almeno otto cose che deve o non deve fare. Dite quanto spesso (*how often*) deve fare le cose che avete consigliato.

MODELLO

S1: *Ti consiglio di studiare in biblioteca almeno quattro giorni alla settimana.*
S2: *Ti consiglio di mangiare spesso alla mensa.*

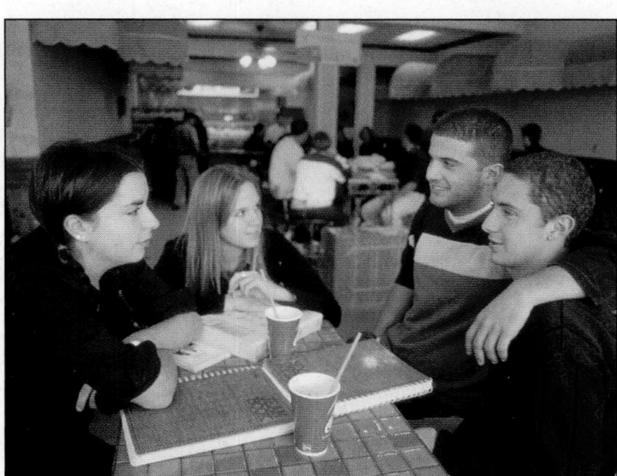

8 Expansion Have pairs of students tell each other about their own experience with the subjects of their recommendations. Do they eat at the cafeteria? Why or why not? How often? Do they always study in the library? Why or why not? Where else do they study?

Il mio di·zio·na·rio

Aggiungi al tuo dizionario personalizzato cinque parole relative al cibo.

mangiucchiare

traduzione
to nibble

categoria grammaticale
verbo

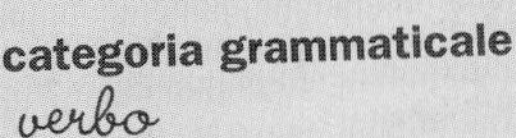

uso
Di solito mangiucchio degli spuntini davanti alla TV.

sinonimi
mangiare lentamente

antonimi
divorare

Il mio dizionario Have pairs of students add words to their dictionaries. Then have them tell the class about the words they chose.

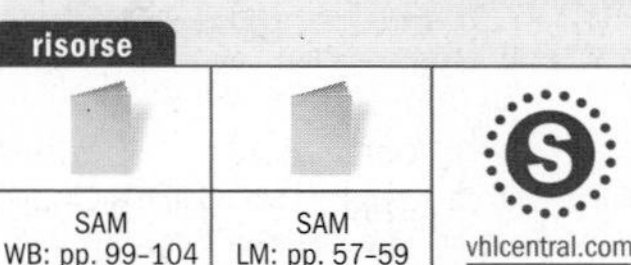

Panorama

Interactive Map

Gastronomia e arte

Emilia-Romagna

Suggestion Have students discuss what they think are the most famous monuments in Italy.

La regione in cifre

- **Superficie:** *22.447 km²*
- **Popolazione:** *4.386.763*
- **Industrie principali:** *agricoltura, automobilismo, assicurazione°, finanza, turismo*
- **Città principali:** *Bologna, Modena, Parma, Reggio Emilia, Ravenna*

Emiliano-romagnoli celebri

- **Arturo Toscanini,** *direttore d'orchestra (1867–1957)*
- **Ondina Valla,** *campionessa olimpica° (1916–2006)*
- **Luciano Pavarotti,** *tenore (1935–2007)*
- **Romano Prodi,** *economista e politico (1939–)*

Toscana

La regione in cifre

- **Superficie:** *22.994 km²*
- **Popolazione:** *3.692.433*
- **Industrie principali:** *turismo, agricoltura, automobilismo, tessile°, petrolchimici°*
- **Città principali:** *Firenze, Prato, Livorno, Arezzo, Pisa*

Toscani celebri

- **Leonardo Fibonacci,** *matematico (1170–1250)*
- **Stefania Sandrelli,** *attrice (1946–)*
- **Roberto Benigni,** *regista e attore (1952–)*
- **Gianna Nannini,** *cantante (1956–)*

Incredibile ma vero! Have students locate Bologna on the map. Ask if anyone has ever been to Bologna. If so, have him/her talk about it.

il Parmigiano-Reggiano

la torre pendente di Pisa

Po
EMILIA-ROMAGNA
Parma
Reggio Emilia
Modena
Bologna
Ravenna
MARE ADRIATICO
SAN MARINO
APPENNINI
Prato
Pisa
Arno
Firenze
MAR LIGURE
Livorno
San Gimignano
TOSCANA
Arezzo
Siena
Golfo di Follonica
Elba
CORSICA (FRANCIA)
MAR TIRRENO

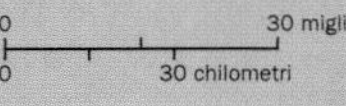

San Gimignano

Incredibile ma vero!

I portici di Bologna sono molto famosi in tutto il mondo. Sostengono° gli appartamenti e creano posto per i pedoni°. Quello più lungo, il portico di San Luca, è lungo più di 3,5 km, ha 666 archi e ci sono voluti° 58 anni per costruirlo (1674–1732). È il portico più lungo del mondo!

assicurazione *insurance* **campionessa olimpica** *Olympic champion* **tessile** *textile engineering* **petrolchimici** *petrochemicals* **Sostengono** *They support* **creano posto per i pedoni** *create space for pedestrians* **ci sono voluti** *it took*

La gastronomia Ask students if they have ever prepared food using **aceto balsamico di Modena**. Encourage them to share recipes and cooking suggestions with the class.

La gastronomia

L'aceto balsamico tradizionale

L'aceto balsamico tradizionale di Modena o di Reggio Emilia è totalmente diverso dall'aceto balsamico che si trova° nei supermercati. La sua produzione risale al Medioevo° o al Rinascimento° e ha caratteristiche molto peculiari°. L'aceto balsamico venduto nei supermercati non è molto costoso ed è usato soprattutto per l'insalata o per cucinare. L'aceto tradizionale, invece, è venduto normalmente in bottiglie da 100 ml e spesso è usato a crudo° su carni, verdure, formaggi, dolci o frutta. Una bottiglietta di aceto balsamico tradizionale può costare anche centinaia° di euro!

L'automobilismo After they have read the article, have students work in groups of four to discuss the pros and cons of having a sports car or a compact car.

L'automobilismo

Ferrari o Lamborghini?

L'Emilia-Romagna è famosa per molte cose: il cibo, l'architettura, la storia, l'Università di Bologna e la produzione di automobili e motociclette. La Ferrari e la Lamborghini hanno sede° nella provincia di Modena, la Maserati nella città di Modena e la Ducati nella città di Bologna. Ferrari e Lamborghini possono essere affittate° per i matrimoni: il costo varia dai 1.400 ai 1.700 euro al giorno ed è necessario lasciare un deposito di 5.000-7.000 euro.

L'artigianato

Cerchi un bel regalo?

Borse, sandali, giacche, portafogli° e cinture sono alcuni dei prodotti in cuoio° che puoi trovare in Toscana. La lavorazione del cuoio è molto importante per l'economia della Toscana. All'interno della chiesa di Santa Croce, a Firenze, c'è la Scuola del Cuoio. La scuola fu creata° per aiutare gli orfani di guerra a specializzarsi in un lavoro di artigianato°. Oggi, la scuola è rinomata° per la qualità e la bellezza dei suoi prodotti ed è stata spesso visitata° da clienti e personalità di fama internazionale, come Nancy Reagan, Barbara Bush, Paul Newman, Grace Kelly, Audrey Hepburn e Steven Spielberg.

Le feste

Le feste Have students work in pairs to role-play an interview between a journalist and the jockey who won the Palio.

Il Palio di Siena

Il Palio di Siena è una corsa di cavalli° che si svolge° a Siena il 2 luglio e il 16 agosto. È un evento molto importante per la città, dove ci sono diciassette «contrade», cioè zone corrispondenti alle diverse parti della città. Dieci contrade partecipano al Palio ogni anno: sette che non hanno partecipato l'anno prima, più tre sorteggiate°. Già nel 1499 si parlava di contrade, ma il Palio moderno nasce da cambiamenti avvenuti° nel 1721. Il premio della corsa è il Palio, che è un drappo° dipinto a mano da un artista locale scelto ogni anno dalla città.

Quanto hai imparato? Completa le frasi.

1. I portici di Bologna creano posto per ___i pedoni___.
2. Il portico di Bologna più famoso è ___il portico di San Luca___.
3. L'aceto balsamico tradizionale è usato su ___carni, verdure, formaggi, dolci o frutta___.
4. L'aceto balsamico tradizionale costa ___centinaia di euro___ alla bottiglietta.
5. L'industria automobilistica della Ferrari ha sede nella provincia di ___Modena___.
6. La sede della Ducati è a ___Bologna___.
7. Esempi (*Examples*) di prodotti in cuoio sono ___borse, sandali, giacche, portafogli e cinture___.
8. A Santa Croce, a Firenze, c'è la rinomata ___Scuola del Cuoio___.
9. Il Palio si svolge ___il 2 luglio e il 16 agosto___.
10. ___Dieci___ contrade partecipano ogni anno al Palio.

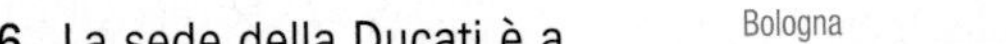

risorse

SAM WB: pp. 77–78 | vhlcentral.com

Practice more at **vhlcentral.com.**

SU INTERNET

Go to **vhlcentral.com** to find more cultural information related to this **Panorama**.

1. La gastronomia dell'Emilia-Romagna è molto ricca e particolare. Quali altri prodotti culinari sono famosi in questa regione?
2. Il Palio di Siena è un evento importante e unico. Cerca informazioni complete su come si svolge e condividi (*share*) con la classe che cosa ti ha colpito (*struck*) di più.

si trova *is found* **risale al Medioevo** *dates back to the Middle Ages* **Rinascimento** *Renaissance* **peculiari** *particular* **a crudo** *raw* **centinaia** *hundreds* **sede** *headquarters* **affittate** *rented* **portafogli** *wallets* **cuoio** *leather* **fu creata** *was established* **artigianato** *craftwork* **è rinomata** *is renowned* **è stata spesso visitata** *has often been visited* **corsa di cavalli** *horse race* **si svolge** *takes place* **sorteggiate** *selected by draw* **avvenuti** *happened* **drappo** *drape, cloth*

Prima di leggere

STRATEGIA

Skimming

Skimming consists of quickly reading through a document to absorb its general meaning. This allows you to understand the main ideas without having to read word for word. When you skim a text, look at its title and subtitles and read the first sentence of each paragraph.

Esamina il testo

Questa selezione di lettura consiste di due testi. Guarda brevemente i testi. Qual è il titolo di ciascuno? Quante sezioni ha ogni testo? Quali sono i titoli di ciascuna sezione? Quali strategie puoi usare per determinare il genere (*genre*) di questi testi? Paragona le tue idee con le idee di un(a) compagno/a di classe.

Categorie

Trova tre parole o espressioni che rappresentano le diverse categorie. Answers will vary. Possible answers are provided.

Piatti del ristorante
antipasti ______ pasta ______ dolci ______

Elementi positivi delle recensioni
cibo ______ prezzi ______ servizio ______

Elementi negativi delle recensioni
musica ______ camerieri ______ tavoli ______

Trovare

Guarda i documenti. Indica se queste informazioni sono incluse o no.

1. ✓ numero di telefono della trattoria
2. ___ indirizzo della trattoria
3. ___ giorni di chiusura (*closing*)
4. ✓ prezzi dei dolci
5. ✓ prodotti surgelati
6. ___ prezzi delle bibite
7. ✓ sito Web
8. ___ metodo di pagamento (*payment*)

Expansion Have students come up with a complete menu, including drinks, for a large class dinner.

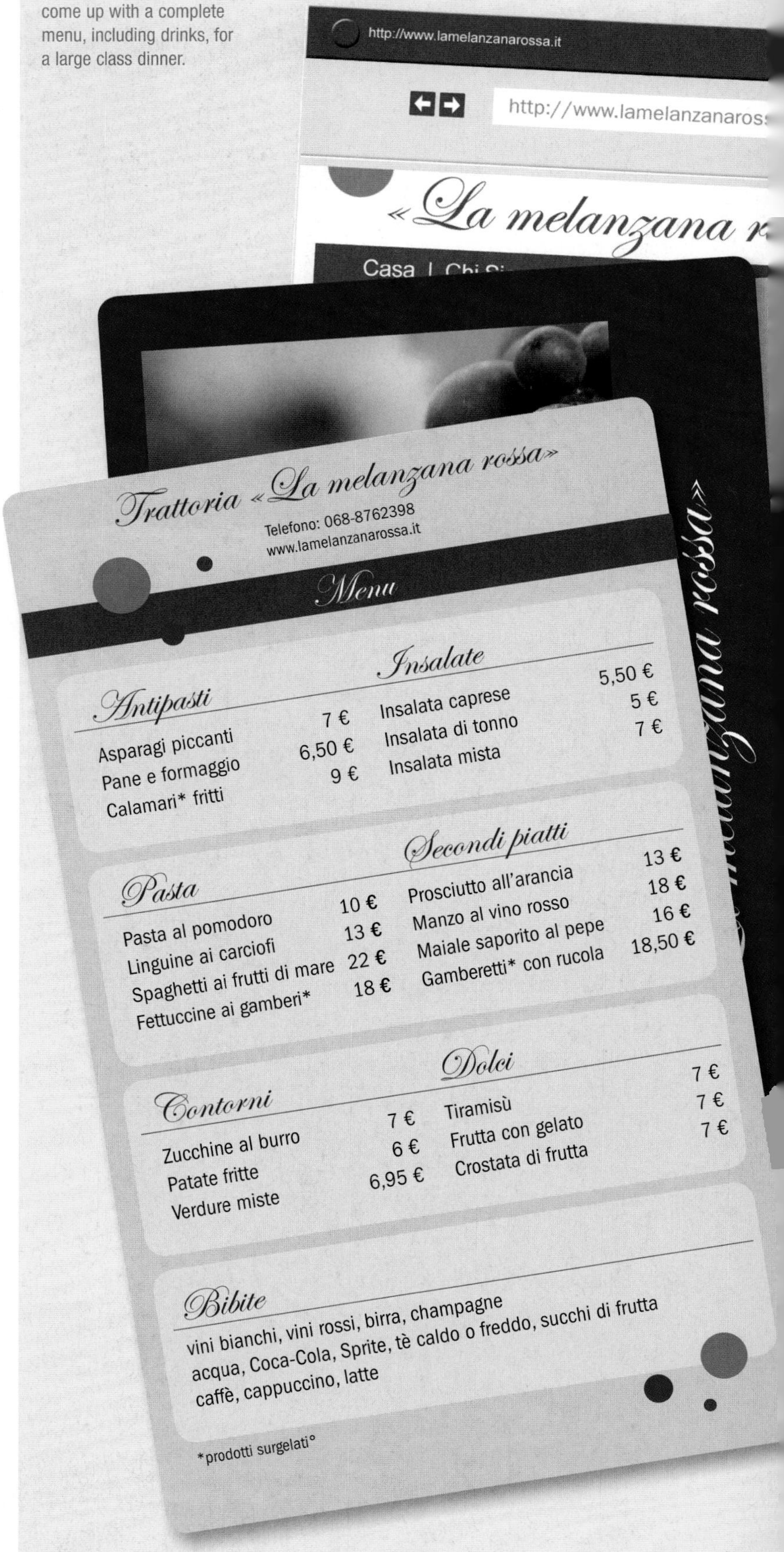

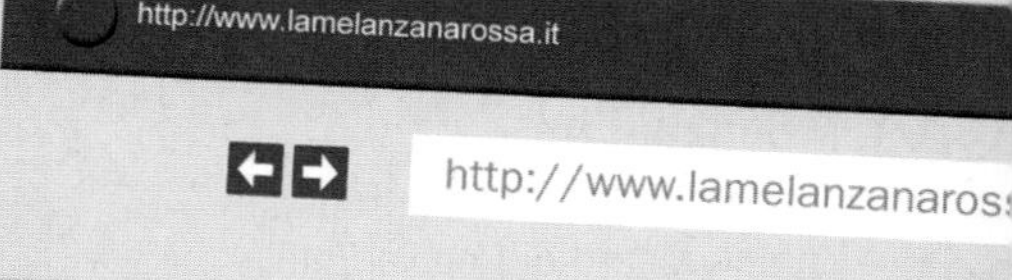

«La melanzana r

Casa | Chi S

Trattoria «La melanzana rossa»

Telefono: 068-8762398
www.lamelanzanarossa.it

Menu

Antipasti

Asparagi piccanti	7 €
Pane e formaggio	6,50 €
Calamari* fritti	9 €

Insalate

Insalata caprese	5,50 €
Insalata di tonno	5 €
Insalata mista	7 €

Pasta

Pasta al pomodoro	10 €
Linguine ai carciofi	13 €
Spaghetti ai frutti di mare	22 €
Fettuccine ai gamberi*	18 €

Secondi piatti

Prosciutto all'arancia	13 €
Manzo al vino rosso	18 €
Maiale saporito al pepe	16 €
Gamberetti* con rucola	18,50 €

Contorni

Zucchine al burro	7 €
Patate fritte	6 €
Verdure miste	6,95 €

Dolci

Tiramisù	7 €
Frutta con gelato	7 €
Crostata di frutta	7 €

Bibite

vini bianchi, vini rossi, birra, champagne
acqua, Coca-Cola, Sprite, tè caldo o freddo, succhi di frutta
caffè, cappuccino, latte

*prodotti surgelati°

melanzana rossa»

Recensioni° sul ristorante «La melanzana rossa»

- Il cibo è ottimo e il servizio eccellente. I camerieri sono molto veloci e simpatici.
- Il cibo è buono, ma il conto è troppo alto. La musica è troppo forte e i camerieri non sono sempre veloci.
- L'atmosfera è molto rilassante e mi piace molto la musica. Prezzi ok, cibo buono. Il servizio è buono, ma un cameriere ha portato l'ordine sbagliato°! I prezzi sono giusti e il cibo non male.
- I tavoli sono piccoli e non c'è molto posto per piatti, bicchieri e tovaglioli. Il cibo è molto buono e i camerieri simpatici.
- Il menu non ha molte opzioni, ma il cibo è fantastico! Ho conosciuto il cuoco e mi è piaciuto molto!
- La zuppa è fredda e c'è troppo sale, ma la carne è incredibile! Volete il dolce? Dovete provare il tiramisù!
- Il pesce è surgelato, quindi non mi piace, ma la carne e la pasta sono straordinari°.
- Mangiate l'insalata mista; è molto buona. Chiedete di aggiungere° il tonno e l'insalata diventa fenomenale. Il servizio è abbastanza veloce e l'atmosfera rilassata.
- La musica è interessante, un po' alta. I prezzi sono buoni, il servizio non è male. Cibo ottimo.

zione di vino per tutti i gusti.

Expansion Have students look at the reviews above and discuss whether they want to try the restaurant or not based on what they read.

surgelati *frozen* **Recensioni** *Reviews* **sbagliato** *wrong* **straordinari** *extraordinary* **aggiungere** *add*

Dopo la lettura

Suggestion Have students write four more questions about the menu. Then, have them work in pairs and ask each other their questions.

Vero o falso? **Indica se ogni frase sulla trattoria è corretta. Correggi le frasi false.**

1. La trattoria si chiama «La melanzana».
   Falso. Si chiama «La melanzana rossa».
2. I calamari fritti sono un secondo piatto.
   Falso. Sono un antipasto.
3. Le linguine ai carciofi costano 13 euro.
   Vero.
4. Il pesce è fresco.
   Falso. Il pesce è surgelato.
5. I contorni includono zucchine, patate e verdure miste.
   Vero.
6. La trattoria è un ristorante di lusso e molto costoso.
   Falso. La trattoria è un ristorante economico.

Ordinare **Suggerisci almeno due piatti per questi clienti del ristorante.** Answers will vary. Sample answers are provided.

1. La signora Ginetti è una vegetariana.
   Può ordinare gli asparagi e la pasta al pomodoro.
2. Il signor Tritone ama il pesce e le verdure, ma non gli piace l'insalata.
   Può ordinare i calamari fritti e le fettuccine ai gamberi.
3. I signori Micheletti mangiano solo carne e pasta.
   Possono ordinare le linguine ai carciofi e il manzo al vino rosso.
4. I bambini della famiglia Cortesi non vogliono mangiare verdure.
   Possono ordinare del pane e formaggio e la pasta al pomodoro.

A voi **A coppie, fate programmi per andare a mangiare al ristorante. Decidete in quale ristorante volete mangiare. Che cosa volete ordinare? Cosa pensate della trattoria «La melanzana rossa»?** Answers will vary.

Suggestion Set up the class for a short debate over vegetarianism. Half of the class should argue in favor and half against.

 Practice more at **vhlcentral.com.**

In ascolto

STRATEGIA

Listening for key words

By listening for key words (**parole chiave**) or phrases, you can identify the topic and main ideas of a speech or conversation, as well as some of the details.

 To practice this strategy, you will listen to a short paragraph. Jot down the key words that help you identify the subject of the paragraph and its main ideas.

Suggestion Have students write a short paragraph about one of the men in the picture. What is his name? How old is he? Where does he live?

Preparazione

Guarda la foto e descrivi cosa vedi. Dove sono queste persone? Che cosa fanno? Cosa c'è nella padella (*pan*)? Che tipo di piatto preparano, secondo te? Answers will vary.

Ascoltiamo  

NATIONAL communication STANDARDS

Ascolta la conversazione una volta. Poi, ascolta la conversazione un'altra volta e scrivi le parole chiave e gli ingredienti della ricetta del ragù alla bolognese.

Ingredienti

carote	pomodoro
sedano	carne
cipolle	vino rosso

Preparazione

cuocere carote, sedano e cipolle	far cuocere 35 minuti
far cuocere 10 minuti	aggiungere il vino
aggiungere il pomodoro	aspettare 10 minuti
aggiungere la carne	

Practice more at **vhlcentral.com.**

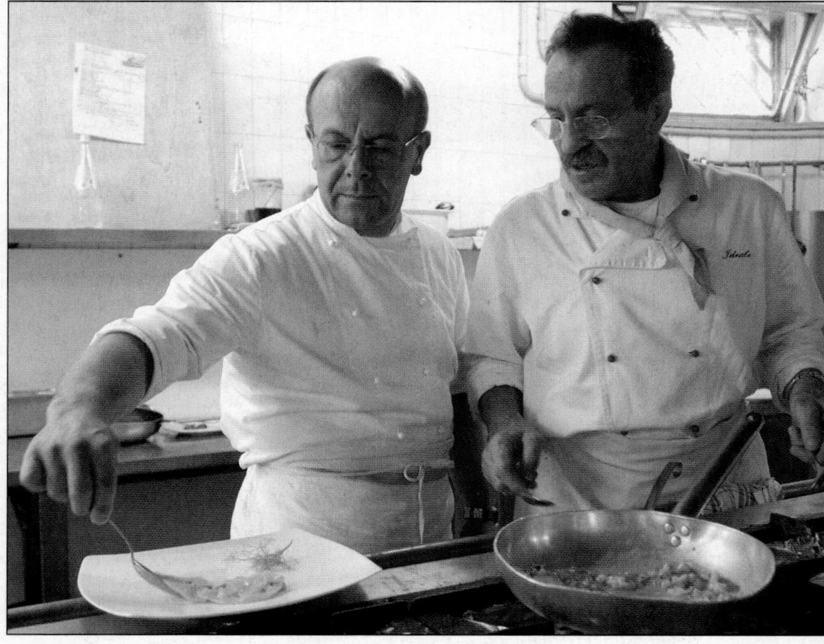

Comprensione

Ordinare Metti le istruzioni in ordine seguendo (*following*) la ricetta del ragù alla bolognese.

a. __3__ Aggiungere il pomodoro.
b. __8__ Mettere il ragù sulla pasta.
c. __2__ Far cuocere per 10 minuti.
d. __7__ Aggiungere il vino rosso.
e. __6__ Far cuocere per 35 minuti.
f. __1__ Cuocere carote, sedano (*celery*) e cipolla.
g. __4__ Aspettare due minuti.
h. __5__ Aggiungere la carne.

Il tuo piatto preferito Qual è il tuo piatto o dolce preferito? Fai la lista degli ingredienti e poi descrivi la ricetta a un piccolo gruppo. Non dare il nome della ricetta. I tuoi compagni devono prendere appunti e poi indovinare. Ogni studente deve avere il proprio turno. Answers will vary.

Il tuo piatto preferito Have students write a list of foods they like and foods they don't like. Discuss as a class. Is there something everybody likes or something nobody likes?

Scrittura

STRATEGIA

Using a dictionary

A common mistake made by beginning language learners is to embrace the dictionary as the ultimate resource for reading, writing, and speaking. While a dictionary is a useful tool that can provide valuable information about vocabulary, using the dictionary correctly requires that you understand the elements of each entry.

If you glance at an Italian-English dictionary, you will notice that its format is similar to that of an English dictionary. The word is listed first, usually followed by its pronunciation. Then come the definitions, organized by parts of speech. The most frequently used meanings are usually listed first.

To find the best word for your needs, you should refer to the abbreviations and the explanatory notes that appear next to the entries. For example, imagine that you are writing about your eating preferences. You want to write *I prefer my steaks rare*, but you don't know the Italian word for *rare*. In the dictionary, you might find an entry like this one:

rare agg 1. raro; 2. al sangue (culinary)

The abbreviation key at the front of the dictionary says that *agg* corresponds to **aggettivo** (*adjective*). Then, the first word you see is **raro**. The definition of **raro** is *rare* or *infrequent*, so **raro** is not the word you want. The second meaning is **al sangue**, followed by the word *culinary*, which indicates that it is related to food. This detail tells you that the expression **al sangue** is the best choice for your needs.

Tema

Suggestion Have students work in groups of three or four and ask them to come up with the three most important qualities a restaurant must have.

Scrivere una recensione

Scrivi una recensione di un ristorante della tua città per il giornale dell'università. Prima scrivi il nome del ristorante e il tipo di cibo che serve (italiano, americano, francese ecc.), poi parla delle categorie seguenti. Infine (*Finally*) dai la tua opinione personale sul ristorante. Quante stelle (*stars*) si merita (*does it deserve*)? Answers will vary.

- **Cibo**

  Quali tipi di piatti sono sul menu? Il ristorante ha una specialità? Fai una lista dei piatti del ristorante (antipasti e primi piatti) che ti piacciono e indica gli ingredienti pincipali.

- **Servizio**

  Com'è il servizio? I camerieri sono gentili? Sono veloci o lenti a portare il menu, le bibite e il cibo?

- **Atmosfera**

  Com'è il ristorante? È carino? Grande? Ben arredato (*furnished*)? È un ristorante semplice o molto elegante? C'è una terrazza? Un bar? C'è musica?

- **Informazioni utili**

  Qual è il prezzo medio per un pasto? Dov'è il ristorante? Dai l'indirizzo e le indicazioni per andare dal campus al ristorante. Includi il numero di telefono e l'orario di apertura (*hours of operation*).

Expansion Have students work in pairs and exchange their reviews. Have them decide whether they would like to try the restaurant or not and explain their choice.

VOCABOLARIO

Espressioni

Quanto costa...?	*How much is . . . ?*
Vorrei...	*I would like . . .*
assaggiare	*to taste*
bere	*to drink*
cucinare	*to cook*
ẹssere a dieta	*to be on a diet*
ordinare	*to order*
fatto/a in casa	*homemade*

I negozi

la gelaterịa	*ice cream shop*
la macellerịa	*butcher*
il mercato	*market*
il negozio d'alimentari	*grocery store*
la panetterịa	*bakery*
la pasticcerịa	*pastry shop*
la pescherịa	*fish/seafood shop*
la salumerịa	*delicatessen*
il supermercato	*supermarket*

Le bịbite

l'acqua (frizzante, naturale)	*(sparkling, still) water*
la birra	*beer*
il caffè	*coffee*
il latte	*milk*
il succo (d'arancia, di mela)	*(orange, apple) juice*
il tè	*tea*
il vino (bianco, rosso)	*(white, red) wine*

I pasti

la colazione	*breakfast*
il pranzo	*lunch*
la merenda	*afternoon snack*
lo spuntino	*snack*
la cena	*supper, dinner*

Il cibo

l'aglio	*garlic*
l'ạnanas (*m.*)	*pineapple*
l'arancia	*orange*
la banana	*banana*
il biscotto	*cookie*
il burro	*butter*
il carciofo	*artichoke*
la carne	*meat*
la carne di maiale	*pork*
la carne di manzo	*beef*
la carota	*carrot*
la cipolla	*onion*
la crostata	*pie*
il fagiolino	*bean*
il formaggio	*cheese*
la frạgola	*strawberry*
la frutta	*fruit*
i frutti di mare	*seafood*
il fungo	*mushroom*
il gamberetto	*shrimp*
il lampone	*raspberry*
la lattuga	*lettuce*
la marmellata	*jam*
la mela	*apple*
la melanzana	*eggplant*
il melone	*melon*
l'olio (d'oliva)	*(olive) oil*
il pane	*bread*
la pasta (asciutta)	*pasta*
la patata	*potato*
il peperone (rosso, verde)	*(red, green) pepper*
la pera	*pear*
la pesca	*peach*
il pesce	*fish*
il pomodoro	*tomato*
il prosciutto	*ham*
il riso	*rice*
il tonno	*tuna*
l'uovo (*pl.* le uova *f.*)	*egg*
l'uva	*grapes*
la vọngola	*clam*
lo yogurt	*yogurt*
la zuppa	*soup*

Al ristorante

l'antipasto	*appetizer; starter*
il bicchiere	*glass*
la bottiglia	*bottle*
la caraffa	*carafe*
il coltello	*knife*
il conto	*bill*
il contorno	*side dish*
il cucchiạio	*spoon*
il cucchiaịno	*teaspoon*
il/la cuoco/a	*cook; chef*
il dolce	*dessert*
la forchetta	*fork*
l'insalata	*salad*
la mancia	*tip*
il menụ	*menu*
il pepe	*pepper*
il piatto	*plate*
il primo/ secondo piatto	*first/second course*
il sale	*salt*
la scodella	*bowl*
il servizio	*service*
il tạvolo	*table*
la tazza	*cup; mug*
la tovaglia	*table cloth*
il tovagliolo	*napkin*

Per parlare del cibo

il gusto	*flavor; taste*
dolce	*sweet*
leggero/a	*light*
insịpido/a	*bland*
pesante	*rich, heavy*
piccante	*spicy*
saporito/a	*tasty*
salato/a	*salty*

Espressioni ụtili	See pp. 157 and 173.
Verbs commonly used with *ẹssere*	See p. 161.
Direct object pronouns	See p. 162.
Expressions of quantity	See pp. 164–165.
Verbs used with indirect object pronouns	See p. 176.
Indirect object pronouns	See p. 176.
Verbs like *piacere*	See p. 177.
Adverbs	See pp. 178–179.

La salute e il benessere

UNITÀ

6

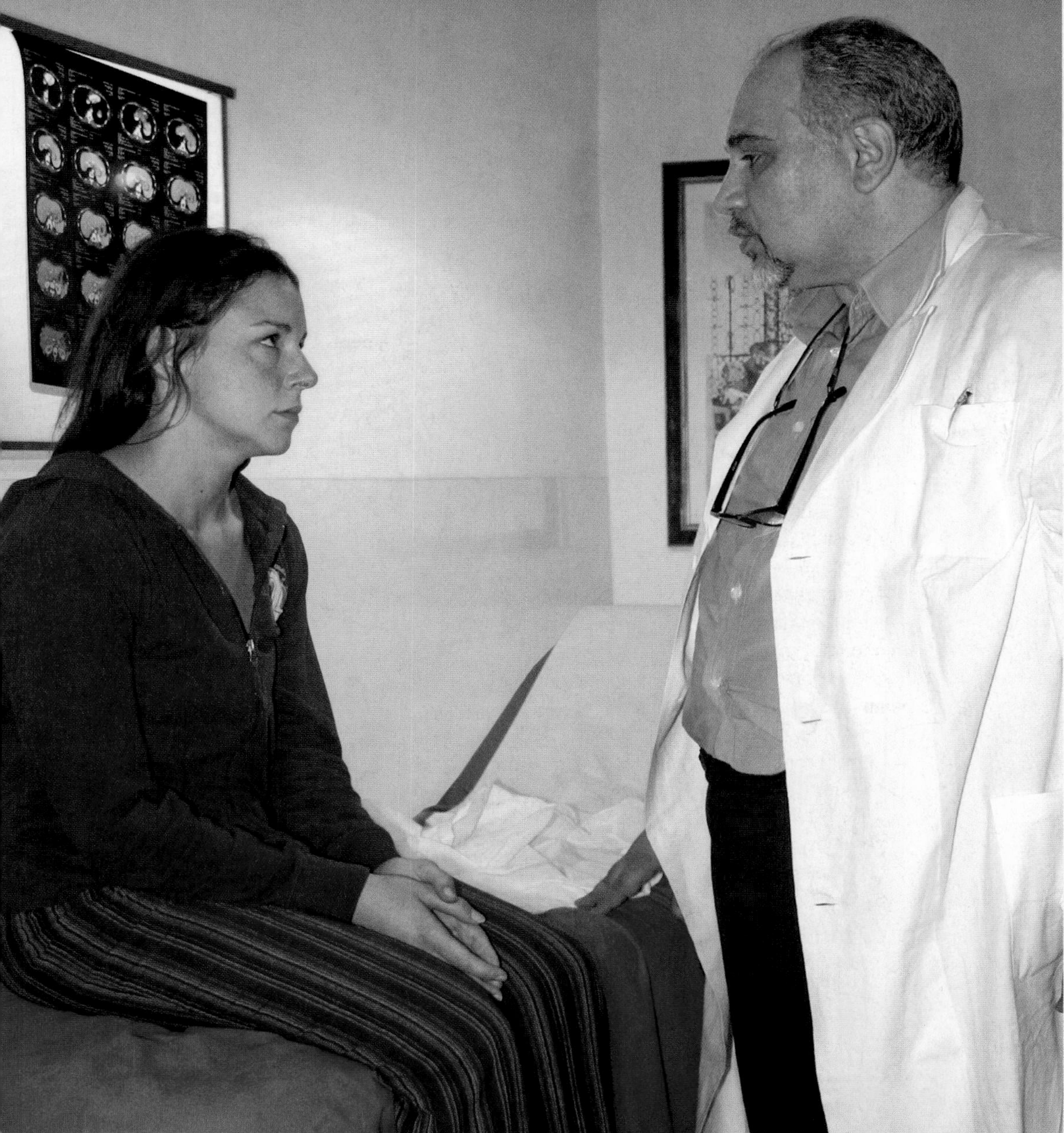

Per cominciare

- Dov'è Viola, dal dottore o dal fiorista? Viola è dal dottore.
- Che cosa indossa Viola, un abito o il pigiama? Viola indossa il pigiama.
- Secondo te, Viola ha bisogno di un'ambulanza? No, non ha bisogno di un'ambulanza.
- Come sta Viola? Answers will vary. Viola sta male.

Lezione

6A

CONTESTI

Vocabulary Tools

La routine del mattino

Communicative Goals

You will learn how to:

- talk about morning routines
- discuss personal hygiene

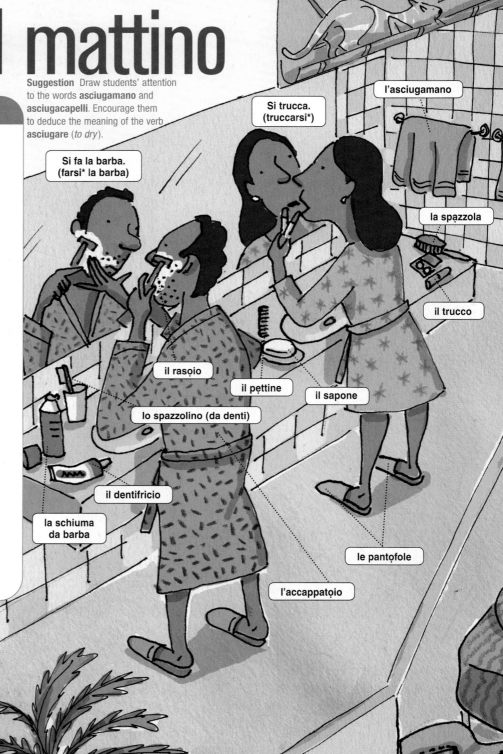

Suggestion Draw students' attention to the words **asciugamano** and **asciugacapelli**. Encourage them to deduce the meaning of the verb **asciugare** (*to dry*).

Vocabolario

espressioni	*expressions*
Suona la sveglia. (suonare)	*The alarm clock rings.*
lavarsi* i denti	*to brush one's teeth*
sbadigliare	*to yawn*
svegliarsi*	*to wake up*
le parti del corpo	***body parts***
il ciglio (*pl.* le ciglia)	*eyelash(es)*
il corpo	*body*
il cuore	*heart*
la faccia	*face*
la gola	*throat*
il labbro (*pl.* le labbra)	*lip(s)*
la mano (*pl.* le mani)	*hand(s)*
la pelle	*skin*
il petto	*chest*
il sangue	*blood*
la schiena	*back*
il sopracciglio (*pl.* le sopracciglia)	*eyebrow(s)*
la spalla	*shoulder*
lo stọmaco	*stomach*
la vita	*waist*
in bagno	***in the bathroom***
l'asciugacapelli (*m.*)	*hair dryer*
la crema	*lotion*
il rossetto	*lipstick*
lo shampoo	*shampoo*
lo specchio	*mirror*

Si trucca. (truccarsi*)
l'asciugamano
Si fa la barba. (farsi* la barba)
la spạzzola
il trucco
il rasọio
il pẹttine
il sapone
lo spazzolino (da denti)
il dentifricio
la schiuma da barba
le pantọfole
l'accappatọio

Suggestion Ask students what time they normally do the activities listed under **espressioni**.

Suggestion Verbs presented with an asterisk (*) follow conjugation patterns that have not yet been introduced. Encourage students to refer to the verb charts in **Appendice D.**

risorse

SAM WB: pp. 79–80	SAM LM: p. 45	vhlcentral.com

Attenzione!

Many Italian words for parts of the body, such as **braccio** and **dito**, are masculine in the singular and feminine in the plural. Be sure to use the masculine form of an adjective with the singular form and the feminine form of an adjective with the plural form.

il labbro rosso
le labbra rosse

Pratica

1 Trova l'intruso Trova la parola che non appartiene al gruppo.

MODELLO occhio, ciglia, sopracciglia, (cuore)

1. bocca, naso, (gomito), occhio
2. vita, stomaco, ventre, (sangue)
3. (accappatoio), ginocchio, piede, gamba
4. pettine, asciugacapelli, spazzola, (pigiama)
5. mano, spalla, (dito del piede), braccio
6. (schiena), gola, naso, orecchio
7. petto, cuore, (ciglia), stomaco
8. truccarsi, rossetto, specchio, (sveglia)

1 Expansion Ask students to explain why each word doesn't belong.

2 Mettere etichette Etichetta ogni parte del corpo.

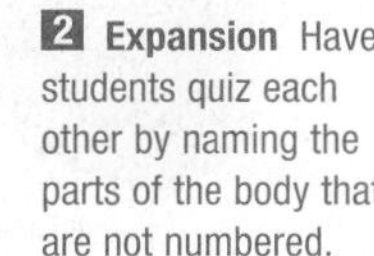

2 Expansion Have students quiz each other by naming the parts of the body that are not numbered.

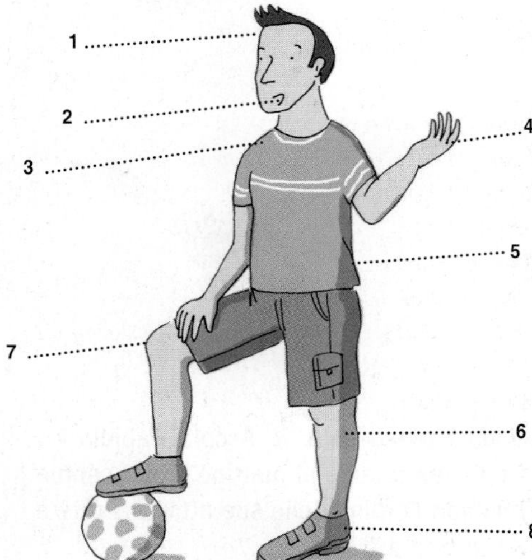

1. la testa
2. la bocca
3. la spalla
4. la mano
5. la vita, la schiena
6. la gamba
7. il ginocchio
8. il piede

3 Le coppie Abbina le parole con le definizioni.

1. _d_ la spazzola e il pettine
2. _e_ la bocca
3. _f_ il naso
4. _c_ le dita
5. _b_ il rossetto
6. _a_ lo spazzolino da denti

a. Serve per lavarsi i denti.
b. Le donne lo mettono sulle labbra.
c. Ne abbiamo cinque nella mano.
d. Li usiamo per i capelli.
e. La usiamo per parlare e per mangiare.
f. Con questo sentiamo i profumi.

3 Expansion Have students work in pairs to take turns defining and guessing other words from the lesson vocabulary.

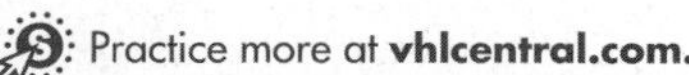

Comunicazione

4 **Che cosa abbiamo?** A coppie, parlate dei seguenti oggetti. Fate domande

per scoprire se il/la tuo/a compagno/a ha questi oggetti e quanti ne (*of them*) ha. Answers will vary.

MODELLO

S1: *Hai un asciugacapelli?*
S2: *Sì, ho un asciugacapelli.*
S1: *Quanti asciugacapelli hai?*

4 Expansion Have students talk about other items from the vocabulary that they have in their rooms or apartments.

1.

2.

3.

4.

5.

6.

7.

8.

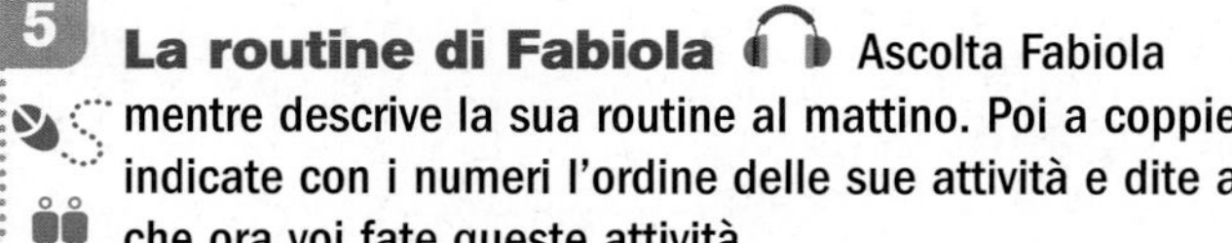

5 **La routine di Fabiola** Ascolta Fabiola mentre descrive la sua routine al mattino. Poi a coppie indicate con i numeri l'ordine delle sue attività e dite a che ora voi fate queste attività.

1. __4__ faccio la doccia
2. __6__ mi trucco
3. __5__ mi lavo i denti
4. __1__ mi sveglio
5. __2__ sbadiglio e guardo la sveglia
6. __3__ faccio colazione

Un piccolo aiuto

Verbs that end with the reflexive pronoun **si** are called reflexive verbs because they "reflect" the action of the verb onto the subject. To talk about your own actions, place the reflexive pronoun **mi** in front of the conjugated verb.

Mi sveglio alle otto.
I wake up at eight.

5 Suggestion Play the conversation again, stopping at the end of each sentence containing an answer, so students can check their work.

6 **Le sette differenze** Lavorate a coppie. L'insegnante vi darà due fogli diversi, ciascuno con un disegno di un extraterrestre (*alien*)! A turno fate domande per trovare sette differenze fra i disegni. Poi scrivete un riassunto sulle differenze.

MODELLO

S1: *Quanti occhi ha il tuo extraterrestre?*
S2: *Il mio extraterrestre ha tre occhi.*
S1: *Ah! Il mio extraterrestre ha solo un occhio.*

7 **Personaggi celebri** Scegli un personaggio famoso e scrivi sei frasi sul suo aspetto fisico. A coppie, fate a turno a descrivere e a indovinare i personaggi famosi. Answers will vary.

MODELLO

S1: *È un giocatore di pallacanestro. Ha le gambe lunghe e le braccia molto forti...*
S2: *È LeBron James?*
S1: *Sì!*

Pronuncia e ortografia

Spelling plurals I

amica **amiche** **albergo** **alberghi**

Italian words ending in **-co**, **-ca**, **-go**, and **-ga** usually add the letter **h** in the plural to maintain the hard *c* or *g* sound.

simpatico **simpatici** **equivoco** **equivoci**

However, words ending in **-ico** and words ending in **-co** that are stressed on the third-to-last syllable generally form the plural with **-ci**. Note that these plurals are pronounced with a soft *c* sound.

catalogo **cataloghi** **astrologo** **astrologi**

While **-go** usually becomes **-ghi** in the plural, words ending in **-go** that represent professions often form the plural with **-gi**.

asparago **asparagi** **greco** **greci**

These are some common exceptions.

Suggestions
- Review the hard and soft **c** and **g** sounds from **Lezione 1B**, repeating each word at least twice. Write the words on the board and have students check their spelling.
- Point out additional exceptions to these rules. Ex.: **amico**.

Pronunciare Ripeti le parole ad alta voce.

1. psicologo
2. psicologi
3. analogo
4. analoghi
5. organico
6. organici
7. dialogo
8. dialoghi
9. simpatica
10. simpatiche
11. porco
12. porci

Articolare Ripeti le frasi ad alta voce.

Articolare Ask students to change the first sentence from plural to singular and from feminine to masculine.

1. Le amiche di Maria sono molto simpatiche.
2. Laura e Marco studiano per diventare biologi.
3. Gli alberghi greci sono belli.
4. Hai trovato dei funghi?
5. Il fotografo cerca i libri antichi.
6. Sono stati tre giorni molto romantici.

Proverbi Ripeti i proverbi ad alta voce.

Il meglio è nemico del bene.[2]
100
80

A buon intenditor poche parole.[1]

[1] A word to the wise is enough.
[2] The best is the enemy of the good.

risorse

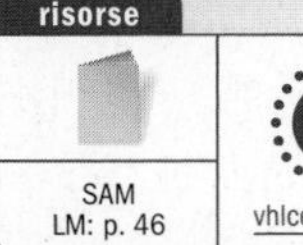
SAM LM: p. 46

vhlcentral.com

FOTOROMANZO

Sbrigati, Lorenzo!

Prima di vedere Before showing this episode, draw students' attention to the reflexive verbs and other expressions used to talk about daily routines. Explain that reflexive pronouns always correspond to their subject pronouns. Ex.: **io** - **mi**, **tu** - **ti**, etc.

PERSONAGGI

Emily

Lorenzo

Riccardo

Viola

LORENZO Mi devo fare la barba.
EMILY Mi devo lavare i denti.
LORENZO E allora ti devi svegliare prima di me.
RICCARDO Lorenzo?
EMILY Si fa la barba.

RICCARDO Non capisco perché Lorenzo si fa la barba... La barba mi sta bene, no?
EMILY Lorenzo! Devo pettinarmi e truccarmi.
LORENZO E io mi devo preparare per andare al lavoro.

RICCARDO Un solo bagno. Abbiamo bisogno di un altro bagno. Ci incontriamo qui tutte le mattine.
EMILY Hmm, hmmm.
RICCARDO Che succede? Sei arrabbiata con me? Perché?
EMILY Per la cena.

RICCARDO Oh Lorenzo, non era squisita la pasta ieri sera? (*Continua.*) Lorenzo si è innamorato dello specchio.
LORENZO Troppo aglio.
VIOLA L'ha fatta Riccardo.

EMILY Volevo preparare io la cena.
RICCARDO Viviamo insieme. Ci aiutiamo.
VIOLA Riccardo, a volte tu aiuti troppo. (*Continua.*) Mi dispiace, Emily. La prossima volta?

RICCARDO Che cosa ho sbagliato? Emily ha preparato la pasta.
EMILY Sì, ma tu hai bruciato la pancetta.
RICCARDO Io mi sono divertito. E a Marcella è piaciuta.
VIOLA Marcella è troppo gentile. La pasta era orribile.
RICCARDO (*A Emily*) Però il tuo amico Paolo ne ha mangiati due piatti.

ATTIVITÀ

1 **Vero o falso?** Decidi se le seguenti affermazioni sono vere o false.

1. Emily si deve fare la barba. Falso.
2. Lorenzo deve truccarsi. Falso.
3. Emily è arrabbiata con Riccardo. Vero.
4. Viola deve usare il bagno. Vero.
5. Lorenzo si è innamorato dello specchio. Vero.
6. Riccardo non aiuta mai nessuno. Falso.
7. Viola ha bruciato la pancetta. Falso.
8. Paolo ha mangiato poca pasta. Falso.
9. Viola ha lezione alle nove. Vero.
10. Emily vuole il rossetto. Vero.

1 Suggestion Have students correct the false statements.

Practice more at **vhlcentral.com.**

La mattina, i ragazzi si preparano.

VIOLA Non ci credo. Lorenzo? Devo usare il bagno. (*A Emily*) Buongiorno, Emily.
RICCARDO Ciao.
EMILY Ciao.

RICCARDO Emily ce l'ha con me.
VIOLA Anch'io.
RICCARDO Ma che cosa vi succede?

VIOLA Lorenzo, devo andare a lezione. Posso entrare? Ho lezione alle nove.
EMILY Mi dai il mio rossetto e la mia spazzola? Ne ho bisogno.
RICCARDO Ma che fai, ti arricci i capelli?

LORENZO Il prossimo.

Espressioni utili

Morning routines

- **Mi devo fare la barba.** *I have to shave.*
- **ti devi svegliare** *you have to wake up*
- **Si fa la barba.** *He's shaving.*
- **La barba mi sta bene.** *A beard looks good on me.*
- **Devo pettinarmi e truccarmi.** *I have to comb my hair and put on makeup.*
- **Mi devo preparare.** *I have to get ready.*
- **Ci incontriamo qui tutte le mattine.** *We meet here every morning.*
- **Ti arricci i capelli?** *Are you curling your hair?*

Additional vocabulary

- **Che succede?** *What's going on?*
- **Non ci credo.** *I don't believe it.*
- **Emily ce l'ha con me.** *Emily is angry at me.*
- **si è innamorato dello specchio** *he's in love with the mirror*
- **volevo preparare** *I wanted to prepare*
- **Ci aiutiamo.** *We help each other.*
- **a volte** *sometimes*
- **Che cosa ho sbagliato?** *What did I do wrong?*
- **Mi sono divertito.** *I had fun.*
- **Paolo ne ha mangiati due piatti.** *Paolo ate two plates of it.*
- **Ne ho bisogno.** *I need them.*

2 **Per parlare un po'** A coppie, scegliete uno dei personaggi e scrivete un paragrafo sulla sua routine del mattino. Usate l'immaginazione e le informazioni contenute in questa puntata del **Fotoromanzo.** Answers will vary.

2 Suggestion Before students begin this activity, ask them to brainstorm words and expressions used to talk about daily routines. Write these suggestions on the board for reference.

3 **Approfondimento** In italiano ci sono molte espressioni e proverbi che fanno uso del vocabolario delle parti del corpo, come «Occhio non vede, cuore non duole» (*Out of sight, out of mind*). Cerca tre espressioni o proverbi italiani con il vocabolario del corpo. Che cosa vogliono dire? C'è un proverbio o un'espressione simile in inglese? Answers will vary.

risorse

SAM VM: pp. 21–22

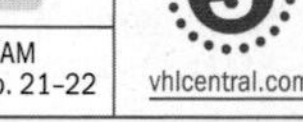

vhlcentral.com

ATTIVITÀ

3 Expansion Encourage students to write out their selected proverbs and share them with the class. As a class, discuss the meaning of each proverb.

CULTURA

Prima di leggere Tell students that the infinitive form of verbs (like **Farsi** in the title of this **Cultura** reading) is frequently used in titles, often where a gerund, or *-ing* form, would be used in English.

IN PRIMO PIANO

Farsi° belli la mattina

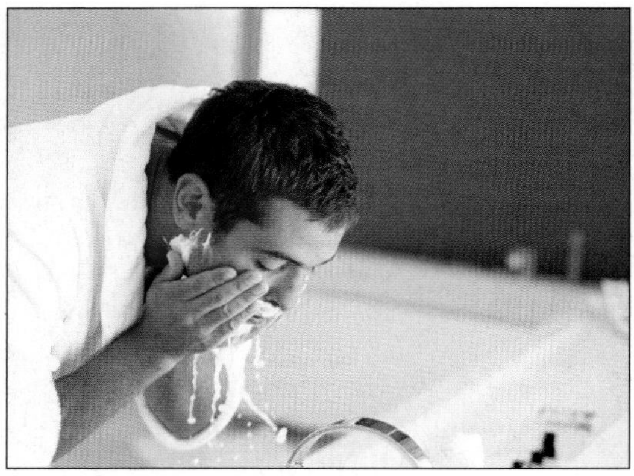

Quando la sveglia suona al mattino, molti si domandano: perché non posso stare ancora dieci minuti a letto? Per molti italiani la risposta è ovvia°: perché bisogna prepararsi° e uscire perfettamente in ordine!

La cosa più importante della routine del mattino è certamente il caffè, ma subito dopo viene il rito° fondamentale dell'igiene personale°.

Pulizia° non significa semplicemente lavarsi, ma anche cominciare la giornata con una sensazione di benessere° e piacere; molti italiani amano infatti usare vari prodotti per l'igiene e la bellezza. Nei negozi c'è una grande scelta° di creme, saponi e bagnoschiuma° di differenti tipi, aromi° e confezioni°, tutti elementi importanti per scegliere il prodotto più adatto°!

Anche la scelta del vestito per uscire di casa è importante. I vestiti devono essere appropriati per il ruolo che si ha° al lavoro (per esempio, i sandali, i pantaloni corti e le magliette senza maniche non sono considerati accettabili in un ufficio). In generale, però, le nuove generazioni amano la praticità° e sono più tolleranti con le persone che si vestono in modo meno formale; ad esempio, è abbastanza raro vedere studentesse che portano la gonna a scuola o all'università. Quando però si tratta di° uscire con gli amici è fondamentale truccarsi, pettinarsi e vestirsi alla moda; è un modo, per i più giovani, di sentirsi grandi°. Comunque una cosa è certa: svegliarsi un po' prima per avere cura di sé° è per un italiano un atto assolutamente necessario.

Suggestion Have students discuss in pairs the cost of a haircut and hairstyle, etc. in Italy. Are they expensive or cheap? How do the pricing and services offered compare to the barber or salon that students normally use? Point out that in Italy, as in the U.S., prices vary depending on location and on how **lussuoso** the salon is.

Un piccolo aiuto

Reflexive verbs "reflect" the action of the verb onto the subject. Thus, **preparare** means *to prepare*, while **prepararsi** means *to get (oneself) ready*.

Quanto costa un...?

Taglio° donna	20 euro
Piega°	18 euro
Colore	28 euro
Colpi di sole°	40 euro
Permanente°	45 euro
Taglio uomo	20 euro

FONTE: Gibo Staff Parrucchieri (listino prezzi)

Farsi *Making oneself* **ovvia** *obvious* **prepararsi** *get ready* **rito** *ritual* **igiene personale** *personal hygiene* **Pulizia** *Cleanliness* **benessere** *well-being* **scelta** *selection* **bagnoschiuma** *shower gel* **aromi** *scents* **confezioni** *packaging* **adatto** *appropriate* **il ruolo che si ha** *the role one has* **praticità** *practicality* **si tratta di** *it's a matter of* **sentirsi grandi** *feel older* **avere cura di sé** *to take care of oneself* **Taglio** *Haircut* **Piega** *Hair styling* **Colpi di sole** *Highlights* **Permanente** *Perm*

ATTIVITÀ

1 Vero o falso? Indica se l'affermazione è **vera** o **falsa**. Correggi le affermazioni false.

1. Per molti italiani la mattina è importante prendersi cura di sé.
   Vero.
2. Per molti italiani l'igiene personale è il rito quotidiano più importante.
   Falso. È il caffè.
3. Lavarsi è considerato un modo per stare bene.
   Vero.
4. Gli italiani amano usare differenti prodotti per l'igiene personale.
   Vero.
5. Nei negozi c'è soltanto (*only*) un tipo di sapone che usano tutti.
   Falso. C'è una grande scelta di prodotti.
6. I sandali, i pantaloni corti e le magliette senza maniche sono accettabili in un ufficio.
   Falso. Generalmente non sono considerati accettabili.
7. Anche i giovani preferiscono vestirsi in modo formale.
   Falso. I giovani sono più tolleranti con le persone che si vestono in modo meno formale.
8. La maggior parte delle ragazze va a scuola in pantaloni.
   Vero.
9. Pettinarsi e vestirsi alla moda è importante per andare a scuola.
   Falso. È importante per uscire con gli amici.
10. Truccarsi e vestirsi alla moda, per i giovani italiani, è un modo di sentirsi adulti.
    Vero.

Practice more at **vhlcentral.com.**

Suggestion Ask students what they consider to be appropriate clothes, hygiene standards, and makeup habits for school or work.

Usi e costumi After they read the article, have students look up a part of the body in a good Italian dictionary to find at least two related idiomatic expressions. Ex.: **mano, gamba, naso, bocca, spalle, orecchie, occhi, capelli, dita.** Have pairs of students create a brief dialogue with the expressions they learned and share it with the class.

L'ITALIANO QUOTIDIANO

Come mi stanno i capelli?°

i capelli a spazzola	*crew cut*
i capelli raccolti	*hair pulled back*
i capelli sciolti	*loose hair*
il ciuffo	*tuft of hair*
la coda	*ponytail*
la frangia	*bang s*
la riga	*part*
la treccia	*braid*
le treccine	*little braids/cornrows*
spuntare (i capelli)	*to trim (one's hair)*
tagliare (i capelli)	*to cut (one's hair)*

Come mi stanno i capelli? *How does my hair look?*

USI E COSTUMI

Che tipo in gamba!

L'italiano è una lingua ricca di espressioni idiomatiche: molte di queste contengono° parti del corpo. **Un tipo in gamba**, ad esempio, è una persona davvero simpatica, intelligente e in generale con buone capacità; **una persona alla mano** è molto disponibile e informale.

Se una cosa è molto costosa, si dice° che **costa un occhio della testa**, ma se vuoi comprarla lo stesso° allora sei una persona **con le mani bucate**°, cioè una che spende molto e non riesce a risparmiare°.

Se dopo una lezione d'italiano non riesci più a concentrarti, sei distratto e pensi ad altro, allora **hai la testa fra le nuvole**, mentre il tuo insegnante, stanco di provare a farti stare attento, è arrabbiatissimo e ha **un diavolo° per capello**!

contengono *contain* **si dice** *you say* **comprarla lo stesso** *to buy it anyway* **bucate** *with holes in them* **risparmiare** *to save money* **diavolo** *devil*

RITRATTO

Bottega Verde: la bellezza secondo natura

Bottega Verde è una grande azienda italiana che produce e vende° articoli per la cura del viso, del corpo e dei capelli. I suoi prodotti contengono molti ingredienti naturali.

Nasce come erboristeria° nei primi anni '70 a Pienza e, dopo una ventina di° anni, il successo commerciale è tale che° l'azienda è acquisita° dal gruppo Modafil, leader nella vendita per corrispondenza°. Oggi il marchio° è presente in circa 300 negozi monomarca° e franchising in Italia e in Spagna.

Bottega Verde ha ancora sede a Pienza, ma ha un laboratorio di ricerca e sviluppo° a Biella e un laboratorio per la certificazione dei prodotti in provincia di Parma. Bottega Verde fa anche i test dermatologici e ipoallergenici presso l'università di Pisa. Moltissime donne italiane si affidano° ai prodotti di Bottega Verde.

vende *sells* **erboristeria** *herbalist's shop* **una ventina di** *about twenty* **è tale che** *is such that* **è acquisita** *was bought* **per corrispondenza** *mail-order* **marchio** *brand* **monomarca** *brand outlet* **ricerca e sviluppo** *research and development* **si affidano** *trust*

SU INTERNET

Quali sono alcuni dei prodotti per l'igiene personale usati in Italia?

Go to **vhlcentral.com** to find more information related to this **CULTURA**.

ATTIVITÀ

2 Completare Completa le frasi.

1. Bottega Verde nasce come ___erboristeria___ a Pienza.
2. Bottega Verde ha un laboratorio di ___ricerca e sviluppo___ a Biella.
3. Modafil è un'azienda specializzata nella vendita per ___corrispondenza___.
4. Uffa, che caro! Costa un ___occhio___ della testa!
5. Hai di nuovo finito i soldi! Hai davvero le mani ___bucate___.
6. Perché non mi ascolti? Sei sempre distratto, hai ___la testa fra le nuvole___.

3 A voi Osserva i tuoi compagni di classe. Con un compagno, descrivili usando le parole da **L'italiano quotidiano**. Poi rispondete insieme alle seguenti domande. Answers will vary.

1. Quante volte all'anno ti tagli i capelli o vai a fare la piega?
2. Come sei pettinato/a adesso? Com'è pettinato/a il/la tuo/a compagno/a?
3. Quanto tempo dedichi (*do you spend*) la mattina a lavarti, pettinarti e vestirti?

6A.1 Reflexive verbs

comparisons NATIONAL STANDARDS

Punto di partenza A reflexive verb "reflects" the action of the verb back to the subject. The infinitive form of reflexives ends with the reflexive pronoun **-si**, as in the verb **svegliarsi**. As with object pronouns, the final **-e** of the infinitive is dropped before adding the pronoun.

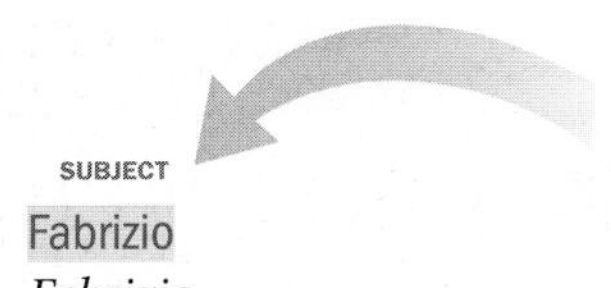

SUBJECT	REFLEXIVE VERB
Fabrizio	**si sveglia** alle sette.
Fabrizio	***wakes (himself) up** at 7:00.*

- Reflexive verbs are made up of two parts: the verb and the reflexive pronoun. Both must agree with the subject.

alzarsi (to get up)		
io	mi alzo	*I get (myself) up*
tu	ti alzi	*you get (yourself) up*
Lei/lui/lei	si alza	*you get (yourself) up; he/she/it gets (himself/herself/itself) up*
noi	ci alziamo	*we get (ourselves) up*
voi	vi alzate	*you get (yourselves) up*
loro	si alzano	*they get (themselves) up*

- Note that reflexive pronouns are the same as direct and indirect object pronouns in all but the third person (**si**) forms.

Tu **ti svegli** alle nove, ma io **mi sveglio** alle undici.
*You **wake up** at 9:00, but I **wake up** at 11:00.*

Stefania **si trucca** mentre i bambini **si lavano**.
*Stefania **puts on makeup** while the children **wash (themselves)**.*

- Like other object pronouns, reflexive pronouns precede conjugated verb forms or are attached to the infinitive. Pronouns are commonly attached to the infinitive in a two-verb construction, although they can also precede the conjugated verb, particularly in constructions with **dovere**, **potere**, and **volere**.

L'attrice preferisce truccar**si** da sola.
The actress prefers to put on her makeup herself.

Vi dovete alzare prima delle otto.
You have to get up before eight o'clock.

- While some Italian reflexive verbs are equivalent to an English construction with *myself*, *yourself*, etc., many others are not.

Ci prepariamo per uscire. BUT Non **mi annoio** mai a lezione.
***We get (ourselves) ready** to go out.* *I never **get bored** in class.*

Suggestion Have students conjugate the forms of **chiamarsi** based on what they learned in earlier lessons. Emphasize the difference between **chiamarsi** and **chiamare** with examples (**Si chiama Giulia./Chiamo Giulia, ma non risponde.**).

1 Expansion Have students work in groups of four. Taking turns, one student picks a reflexive verb and the others have to conjugate it, without looking in the book.

PRATICA

1 Completare Completa ogni frase con la forma corretta del verbo riflessivo.

1. Loro ___si divertono___ (divertirsi) molto il fine settimana.
2. Letizia ___si innamora___ (innamorarsi) sempre della persona sbagliata!
3. Tu e Amedeo ___vi laureate___ (laurearsi) quest'anno?
4. Federico e Dario ___si fanno sempre male___ (farsi sempre male) quando vanno in bicicletta.
5. Io e Raffaele ___ci annoiamo___ (annoiarsi) alle conferenze.
6. Erminia e Elda non ___si truccano___ (truccarsi) mai.
7. Io ___mi preoccupo___ (preoccuparsi) dell'esame.
8. Perché tu ___ti arrabbi___ (arrabbiarsi) spesso con Luciano?

2 Creare Usa gli indizi dati per creare frasi complete.

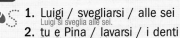

1. Luigi / svegliarsi / alle sei
   Luigi si sveglia alle sei.
2. tu e Pina / lavarsi / i denti
   Tu e Pina vi lavate i denti.
3. io / alzarsi / e poi / fare la doccia
   Io mi alzo e poi faccio la doccia.
4. noi / pettinarsi / prima di uscire
   Noi ci pettiniamo prima di uscire.
5. Antonella / vestirsi / velocemente
   Antonella si veste velocemente.
6. tu / chiamarsi / Tobia
   Tu ti chiami Tobia.
7. i bambini / spogliarsi / prima di andare a letto
   I bambini si spogliano prima di andare a letto.
8. voi / addormentarsi / alle dieci
   Voi vi addormentate alle dieci.

2 Expansion Have students work in groups of three to talk about what they did before coming to class, using as many reflexive verbs as possible.

3 Descrivere Usa i verbi riflessivi per descrivere che cosa fa Giulia ogni mattina.

1. Giulia si sveglia.

2. Giulia si alza.

3. Giulia si lava i denti.

4. Giulia si trucca.

3 Expansion After the activity, have pairs of students write a short paragraph describing what Giulia will do for the rest of the day.

Practice more at **vhlcentral.com.**

COMUNICAZIONE

4 **E tu?** A coppie, fatevi domande sulla vostra routine quotidiana. Domandate e rispondete a turno. Answers will vary.

MODELLO

S1: *Ti alzi presto la mattina?*
S2: *Sì, di solito mi alzo presto.*

1. svegliarsi presto o tardi il fine settimana
2. alzarsi subito
3. truccarsi tutte le mattine
4. lavarsi i capelli tutti i giorni
5. radersi la sera o la mattina
6. addormentarsi prima o dopo mezzanotte

5 **Un'inchiesta** Chiedi ai tuoi compagni se fanno o no le attività indicate. Se una persona dice sì, scrivi il suo nome. Se dice no, continua a chiedere ad altri compagni di classe. Answers will vary.

5 Expansion Have pairs of students discuss why they do or do not do these activities.

MODELLO

S1: *Ti svegli prima delle sei di mattina?*
S2: *Sì, mi sveglio prima delle sei.*

Attività	*Nome*
1. svegliarsi prima delle sei di mattina	*Andrea*
2. truccarsi per venire in classe	
3. lavarsi i denti tre volte al giorno	
4. pettinarsi prima di andare a dormire	
5. vestirsi prima di fare colazione	
6. addormentarsi presto il venerdì sera	

6 **Il mimo** In gruppi di quattro, scegliete a turno un verbo che avete imparato in questa lezione e mimatelo. La persona che indovina mima il verbo successivo. Answers will vary.

6 Expansion Have students use these verbs to write ten complete sentences.

MODELLO

S1: *Si sposa!*
S2: *No, si laurea!*
S3: *No! Si...*

addormentarsi	laurearsi
annoiarsi	radersi
arrabbiarsi	sposarsi
farsi male	svegliarsi
incontrarsi	...

Common reflexive verbs

addormentarsi	*to fall asleep*	**pettinarsi**	*to comb/brush one's hair*
alzarsi	*to stand/get up*	**preoccuparsi (di)**	*to worry (about)*
annoiarsi	*to get/be bored*	**prepararsi**	*to get ready*
arrabbiarsi	*to get angry*	**ṛadersi**	*to shave*
chiamarsi	*to be called*	**ṛendersi conto (di)**	*to realize*
divertirsi	*to have fun*	**riposarsi**	*to rest*
farsi male	*to hurt oneself*	**sbagliarsi**	*to make a mistake*
fermarsi	*to stop (oneself)*	**sedersi**	*to sit down*
innamorarsi	*to fall in love*	**sentirsi**	*to feel*
lamentarsi (di)	*to complain (about)*	**spogliarsi**	*to undress*
laurearsi	*to graduate from college*	**sposarsi**	*to get married*
mẹttersi	*to put on*	**svegliarsi**	*to wake up*
		truccarsi	*to put on makeup*
		vestirsi	*to get dressed*

- **Sedersi** is irregular in all forms except **noi** and **voi**. The stem of the irregular forms is **sied-**.

Non **si siedono** mai sulla panchina. *They never* ***sit*** *on the bench.*
Dove **vi sedete** a tavola? *Where* ***do you sit*** *at the table?*

- Note that some verbs can be used reflexively or non-reflexively. Compare these examples.

Mi sveglio alle sei. ***I wake (myself) up*** *at 6:00.*
Sveglio mia sorella alle sei e mezzo. ***I wake up*** *my sister at 6:30.*

Perché **ti metti** quella maglietta? *Why* ***are you putting on*** *that T-shirt?*
Perché **metti** una maglietta al cane? *Why* ***are you putting*** *a T-shirt on the dog?*

- When a body part or an article of clothing is the object of a reflexive verb, use the definite article with it, not the possessive adjective.

Mi lavo **la faccia** e **le mani**. *I wash* ***my face*** *and* ***my hands.***
Non ti metti **gli stivali**. *You're not putting on* ***your boots.***

Suggestion Ask students to describe a typical day using each of the reflexive verbs in the chart.

Provalo! Aggiungi le forme mancanti dei verbi riflessivi indicati.

	pettinarsi	radersi	vestirsi
1. io	*mi pettino*	mi rado	mi vesto
2. tu	ti pettini	ti radi	ti vesti
3. Lei/lui/lei	si pettina	si rade	si veste
4. noi	ci pettiniamo	ci radiamo	ci vestiamo
5. voi	vi pettinate	vi radete	vi vestite
6. loro	si pettinano	si radono	si vestono

NATIONAL comparisons STANDARDS

6A.2 Reciprocal reflexives and reflexives in the *passato prossimo*

Punto di partenza Reciprocal verbs are reflexives that express a shared or reciprocal action between two or more people or things. In English we often express a reciprocal meaning with the phrases *(to) each other* or *(to) one another*.

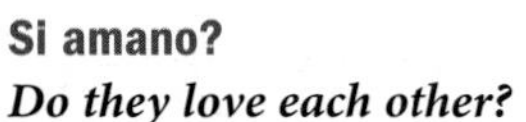

Si amano?
Do they love each other?

Non **si parlano**.
They aren't speaking to each other.

- Reciprocal verbs follow the same pattern as reflexive verbs, but they are limited to the plural forms **noi**, **voi**, and **loro**.

Domani Silvia e Davide **si sposano**.
Tomorrow Silvia and Davide ***are getting married (to each other)****.*

Io e Alessandro **ci scriviamo** spesso.
Alessandro and I often ***write to one another****.*

- These verbs are commonly used with reciprocal meanings.

Common reciprocal verbs

abbracciarsi	*to hug each other*	**lasciarsi**	*to leave each other, to split up*
aiutarsi	*to help each other*	**odiarsi**	*to hate each other*
amarsi	*to love each other*	**parlarsi**	*to speak to each other*
baciarsi	*to kiss each other*	**salutarsi**	*to greet each other*
chiamarsi	*to call each other*	**scriversi**	*to write to each other*
conoscersi	*to know each other*	**sposarsi**	*to marry each other*
darsi	*to give to each other*	**telefonarsi**	*to phone each other*
guardarsi	*to look at each other*	**vedersi**	*to see each other*
incontrarsi	*to meet each other*		
innamorarsi	*to fall in love with each other*		

Ci diamo del tu.
We address each other *familiarly.*

I miei gatti **si odiano**.
My cats ***hate one another****.*

Le ragazze **si aiutano** a studiare.
The girls ***help each other*** *study.*

Perché non **vi abbracciate**?
Why don't ***you hug each other?***

3 Expansion Have pairs of students choose a picture and write an explanation for the people's actions.

PRATICA

1 Completare Scegli le forme corrette per completare la frase.

1. Natalia (ti / **si**) è (**fatta** / fatto) male alla gamba.
2. Tu e Roberto (ci / **vi**) siete (divertite / **divertiti**) alla festa.
3. Io (si / **mi**) sono (svegliate / **svegliata**) tardi.
4. Noi (vi / **ci**) siamo (**lavati** / lavato) i capelli ieri.
5. Tiziana e Caterina (**si** / mi) sono (innamorata / **innamorate**) dello stesso ragazzo.
6. Tu (**ti** / vi) sei (**addormentata** / addormentati).
7. Io (**mi** / ci) sono (**vestito** / vestite) elegantemente per la cena.
8. Voi (ci / **vi**) siete (annoiato / **annoiati**) ieri.

2 Creare Usa verbi reciproci per raccontare la storia di Lorenzo e Lina.

2 Expansion Have groups of three students write about what Lina and Lorenzo did last year, using the **passato prossimo** and reciprocal reflexive verbs.

MODELLO

Lina incontra Lorenzo tutti i giorni.
Lorenzo incontra Lina tutti i giorni.
Loro si incontrano tutti i giorni.

1. Lina conosce Lorenzo da un anno. Lorenzo conosce Lina da un anno. Loro si conoscono da un anno.
2. Lina guarda Lorenzo con amore. Lorenzo guarda Lina con amore. Loro si guardano con amore.
3. Lina scrive spesso e-mail a Lorenzo. Lorenzo scrive spesso e-mail a Lina. Loro si scrivono spesso e-mail.
4. Lina telefona a Lorenzo tutte le sere. Lorenzo telefona a Lina tutte le sere. Loro si telefonano tutte le sere.
5. Lina dice a Lorenzo tutti i suoi segreti. Lorenzo dice a Lina tutti i suoi segreti. Loro si dicono tutti i loro segreti.
6. Lina regala a Lorenzo dei cioccolatini. Lorenzo regala a Lina dei cioccolatini. Loro si regalano dei cioccolatini.

3 Descrivere Usa verbi reciproci per scrivere frasi su che cosa fanno le persone nei disegni. Answers will vary slightly.

1. gli uomini d'affari
Gli uomini d'affari si incontrano.

2. Armando ed io
Armando ed io ci baciamo.

3. loro
Loro si telefonano.

4. tu e Claudia
Tu e Claudia vi lasciate.

5. noi
Noi ci scriviamo delle lettere.

6. voi
Voi vi parlate.

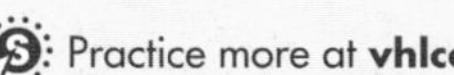

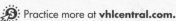

Practice more at **vhlcentral.com.**

COMUNICAZIONE

4 Il mimo Lavorate a coppie. A turno, mimate azioni reciproche davanti alla classe. Le altre coppie devono indovinare. La coppia che indovina mima l'azione successiva. Answers will vary.

4 Expansion Have students use the verbs to write eight sentences in the **passato prossimo** about themselves or a friend. Then have them share their sentences with a classmate.

MODELLO

S1: *Secondo me, si parlano.*
S2: *No, si salutano!*

abbracciarsi	lasciarsi
chiamarsi	salutarsi
guardarsi	scriversi
incontrarsi	sposarsi

5 Relazioni In gruppi di quattro, usate i verbi dati per farvi domande sulle relazioni che avete con altre persone. Rispondete a turno. Answers will vary.

5 Suggestion Have students write a short description of a friend before beginning the activity.

MODELLO

S1: *Come aiuti il tuo compagno di stanza?*
S2: *Lo aiuto a svegliarsi la mattina.*
S3: *Ci aiutiamo a studiare l'italiano.*
S4: ...

abbracciarsi	chiamarsi	incontrarsi	scriversi
aiutarsi	darsi	parlarsi	svegliarsi

6 Una storia romantica A coppie, scrivete una storia romantica tra due personaggi reali o immaginari. Descrivete la loro storia, dall'inizio alla fine, usando verbi reciproci e il passato prossimo. Answers will vary.

MODELLO

Roberto e Gina si sono incontrati nella classe di chimica. Si sono guardati e...

6 Expansion Have pairs of students use reciprocal verbs to talk about how their parents met or about the relationship of another couple they know.

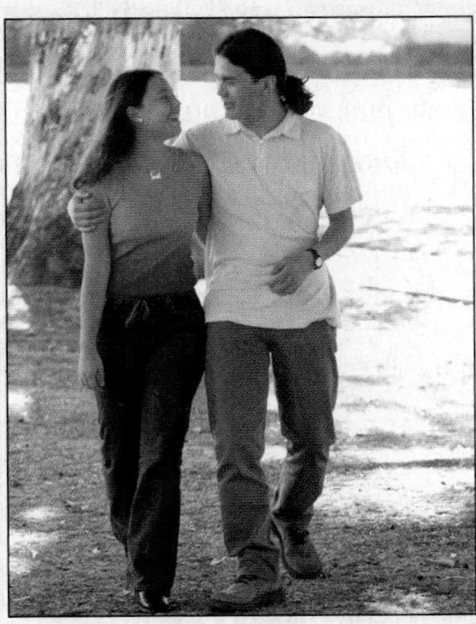

- Note that the use of reciprocal verbs can be ambiguous. For example, **si guardano** can mean *they look at themselves* or *they look at each other*. To clarify or emphasize a verb's reciprocal meaning, use phrases like **fra di loro**, **l'un l'altro** (males only), or **l'un l'altra** (when there is one or more female in a group).

R[illegible] [illegible] **guardano** [illegible]

Vi parlate fra di voi in inglese [illegible] in italiano?
[illegible]ou talk to each other [illegible]glish or in Italian?

[illegible]es in th[illegible] passato pross[illegible]mo

Always conjugate reflexive verbs, including reciprocals, with **essere** in the **passato prossimo**. Remember that the past participle has to agree with the subject.

Natalia **si è pettinata**.
*Natalia **combed her hair**.*

Ci siamo visti al mercato.
***We saw each other** at the market.*

Marco **si è svegliato** tardi.
*Marco **woke up** late.*

Vi siete già **conosciute**?
***Have you** already **met**?*

Ci siamo sposati due anni fa.
***We got married** two years ago.*

Oggi **si è laureato**.
***He graduated from college** today.*

Suggestion Explain that in the **passato prossimo**, both **avere** and **essere** can be used in reflexive constructions with **dovere**, **potere**, and **volere**, depending on the placement of the pronoun (**Mi sono dovuta alzare./Ho dovuto alzarmi.**).

Provalo! **Completa ogni frase con il pronome riflessivo corretto per descrivere queste azioni reciproche.**

1. Carlo e Annalisa _si_ telefonano tre volte al giorno.
2. Noi _ci_ vediamo a pranzo tutti i mercoledì.
3. Tu e Riccardo _vi_ parlate sempre in inglese.
4. Io e Enea _ci_ aiutiamo a fare i compiti.
5. Tamara e Bartolomeo _si_ amano tantissimo.
6. Tu e Ilaria non _vi_ parlate da due mesi?
7. Le bambine _si_ sono chiamate.
8. Io e Roberto _ci_ siamo conosciuti a Padova.
9. Giacomo e Anna _si_ chiamano spesso.
10. Tu e Luigi _vi_ date del tu?
11. Io e Maria _ci_ siamo incontrati ieri.
12. Marco e Francesco _si_ salutano sempre.

6A.3 *Ci* and *ne*

Punto di partenza Use the adverb **ci** to mean *there* or to replace certain prepositional phrases. Use the pronoun **ne** to replace a previously mentioned phrase that includes the partitive or an expression of quantity, or that begins with the preposition **di**.

- In **Lezione 1A** you learned how to use **ci** in the expressions **c'è** and **ci sono**. **Ci** can be used to replace expressions of location, which are often preceded by the prepositions **a**, **in**, **su**, or **da**.

—Vai **a casa**? —*Are you going **home**?*	—Sì, **ci** vado. —*Yes, I'm going **there**.*
—Siete andate **in biblioteca**? —*Did you go **to the library**?*	—No, non **ci** siamo andate. —*No, we didn't go **there**.*
—Sei stato **dal dentista**? —*Did you go **to the dentist**?*	—Sì, **ci** sono stato ieri. —*Yes, I was **there** yesterday.*

- **Ci** is also used to replace phrases beginning with **a** after many common verbs.

Credo **all'amore a prima vista**. *I believe **in love at first sight**.*	**Ci** credo. *I believe **in it**.*
Pensa sempre **ai compiti**. *She is always thinking **about homework**.*	**Ci** pensa sempre. *She is always thinking **about it**.*
È riuscito **a svegliarsi presto**. *He was able **to wake up early**.*	**Ci** è riuscito. *He was able **to do it**.*
Quella ragazza prova **a truccarsi** senza lo specchio. *That girl is trying **to put on makeup** without the mirror.*	Quella ragazza **ci** prova senza lo specchio. *That girl is trying **to do it** without the mirror.*

Suggestion Point out that **ci** can also replace phrases introduced by **credere in**, which is similar in meaning to **credere a**.

- **Ci** follows the same placement rules as object pronouns. You learned these rules in **Lezione 5A**.

Se stai male, perché non vai dal medico? **Ci** devi andare! *If you're not feeling well, why don't you go to the doctor? You should go (**there**)!*	No, non voglio andar**ci**. *No, I don't want to go (**there**).*
Hai lasciato le chiavi in farmacia. **Ci** torni adesso? *You left the keys at the pharmacy. Are you going back (**there**) now?*	Sì, ma prima di tornar**ci**, devo telefonare. *Yes, but before I go back (**there**), I have to call.*

Note **Pronomi doppi** are covered in **Lezione 7A** and **volerci** and **metterci** are covered in **Lezione 7B**.

- Note that **ci** is used differently from **là/lì**, which you learned in **Lezione 1A**. Use **là/lì** to indicate a specific location. Use **ci** to point out the existence of something.

Il dottore non **c'**è. *The doctor is not **in**.*	L'infermiera è **lì**. *The nurse is **over there**.*

PRATICA

1 Completare Scrivi la forma corretta del participio passato per completare ogni frase.

IACOPO Isabella, hai (1) ___comprato___ (comprare) tutte le medicine per Cirillo?

ISABELLA No, ne ho (2) ___comprate___ (comprare) solo due.

IACOPO Perché, non hai (3) ___portato___ (portare) abbastanza soldi?

ISABELLA Esatto, ne ho (4) ___portati___ (portare) pochi e le medicine sono più care ora.

IACOPO Hai (5) ___parlato___ (parlare) al farmacista dei suoi sintomi (*symptoms*)?

ISABELLA No, non ne ho (6) ___parlato___ (parlare) con lui, solo con il dottore.

IACOPO Va bene, non ti preoccupare. Ci vediamo dopo? Ho (7) ___comprato___ (comprare) dei film, possiamo guardare la televisione tutta la sera!

ISABELLA Tutta la sera? Ma quanti ne hai (8) ___comprati___ (comprare)?

2 Trasformare Riscrivi ogni frase usando **ne**.

MODELLO Ho due computer.
Ne ho due.

1. Luigi compra una macchina. Luigi ne compra una.
2. Antonella e Simona guardano due film. Antonella e Simona ne guardano due.
3. Voi parlate sempre di casa vostra. Voi ne parlate sempre.
4. Io e Annabella abbiamo molti amici in comune. Io e Annabella ne abbiamo molti.
5. Tu hai tre cani. Tu ne hai tre.
6. Io ho bisogno di dormire molto. Io ne ho bisogno.

3 Rispondere Rispondi a ogni domanda usando **ci**. Answers will vary.

1. Vai spesso dal dottore?
2. Riesci a ingoiare (*swallow*) le pillole senza acqua?
3. Provi spesso a svegliarti presto la mattina?
4. Pensi alla tua famiglia quando sei all'università?
5. Riesci a truccarti/raderti senza specchio?
6. Provi a stare in forma?

3 Expansion Have groups of three students take turns thinking of a place (a cafeteria, the dentist, etc.). Then, using **ci**, have them explain when, why, and with whom they go there. Have the others guess.

Practice more at **vhlcentral.com.**

4 Expansion Have students expand their answers by saying with whom and at what time they go to these places. They should still use **ci** in their sentences.

COMUNICAZIONE

4 In centro A coppie, fatevi domande sui posti indicati. Usate **ci** nelle risposte. Answers will vary

MODELLO alla mensa

S1: *Quando vai alla mensa?*
S2: *Ci vado il fine settimana.*

1. in gelateria

2. in biblioteca

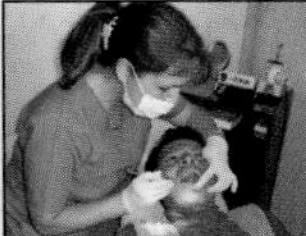

3. dal dentista

4. all'ospedale

5. in farmacia

6. in palestra

5 Dove sono? A coppie, dite se le persone indicate sono oggi all'ospedale o no. Se no, dite dove sono. Usate **ci** e **lì/là** nelle vostre risposte. Answers will vary.

5 Expansion Have each pair write a short description of what each person does.

5 Expansion Have students role-play a scene between one of the medical professionals mentioned in the activity and a patient. The patient explains his/her symptoms and the doctor gives advice.

MODELLO

S1: *Il dottore è all'ospedale oggi?*
S2: *Sì, il dottore c'è. C'è l'infermiera?*
S1: *No, l'infermiera non c'è. È là, in ambulanza! C'è il radiologo?*

Chi	Dov'è?
il dottore	all'ospedale
l'infermiera	in ambulanza
il radiologo	alla clinica
lo specialista delle allergie	all'ospedale
l'anestesista	all'ospedale
il cardiologo	in ufficio
la psicologa	in ufficio

6 Che cosa hai? A coppie, fate un elenco di otto articoli d'igiene personale. Fate domande su quali oggetti avete nel vostro bagno. Rispondete a turno usando **ne**. Answers will vary.

MODELLO

S1: *Hai dello shampoo?*
S2: *Sì, ne ho. Tu hai dei trucchi?*
S1: *No, non ne ho.*

Ne

Ne means *some* or *any* when it replaces the partitive. It follows the same rules of placement as **ci**.

Hai **dello** shampoo? *Do you have **any** shampoo?*	**Ne** hai? *Do you have **any**?*

- **Ne** can also mean *of it/them* when replacing nouns used with expressions of quantity. Note that the use of **ne** is required in these cases.

Ho due **asciugacapelli**. *I have two **hairdryers**.*	**Ne** ho due. *I have two (**of them**).*

- When **ne** is used with an adjective expressing quantity, the adjective must agree with the noun that **ne** replaces.

Quanti **cani** avete? *How many **dogs** do you have?*	**Ne** abbiamo molti. *We have many (**of them**).*

- **Ne** often replaces phrases introduced by **di**, especially after expressions such as **avere paura/bisogno/voglia di.**

Ho voglia **di dormire**. *I feel like **sleeping**.*	**Ne** ho voglia. *I feel like **it**.*
Parli sempre **di politica**? *Do you always talk **about politics**?*	**Ne** parli sempre? *Do you always talk **about it**?*

- If **ne** is used with an expression of quantity in the **passato prossimo**, the past participle must agree with the noun being replaced. However, when **ne** replaces a prepositional phrase, no agreement is necessary.

Quanti **rasoi** hai comprato? *How many **razors** did you buy?*	Ne ho **comprati** due. *I bought two of them.*
Quanta **crema** ha usato? *How much **lotion** did she use?*	Ne ha **usata** molta. *She used a lot (of it).*
Ha parlato **di politica**. *He spoke **about politics**.*	Ne ha **parlato**. *He spoke about it.*

Provalo! Have pairs of students explain why each sentence takes **ci** or **ne**.

Provalo! **Riscrivi ogni frase sostituendo la parola o le parole sottolineate con ci o ne.**

1. Ieri sono andato <u>all'ospedale</u>. (ci) *Ieri ci sono andato.*
2. Andiamo spesso <u>dal farmacista</u>. (ci) Ci andiamo spesso.
3. Vado <u>in palestra</u> per fare esercizio. (ci) Ci vado per fare esercizio.
4. Vittoria sta <u>in bagno</u> 45 minuti la mattina. (ci) Vittoria ci sta 45 minuti la mattina.
5. Ho bisogno <u>di una pillola per la nausea</u>. (ne) Ne ho bisogno.
6. Giada ha comprato due <u>creme per le mani</u>. (ne) Giada ne ha comprate due.
7. Tu hai paura <u>del dentista</u>. (ne) Tu ne hai paura.
8. Avete parlato al dottore <u>della vostra depressione</u>? (ne) Ne avete parlato al dottore?

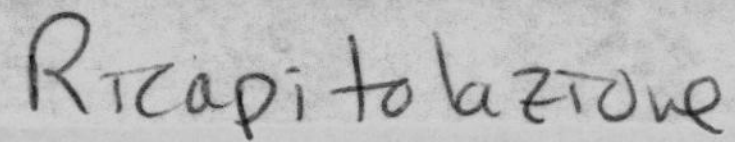

Ricapitolazione

1. Describe photo / we guess
2. use reflexives and reflexives
3. pairs / don't write
4. add more
5. use bathroom products pg. 190-191
6. debate - open

Ri... ...e

1 **Chi è?** A coppie, descrivete e... uno dei disegni che seguono inc... dettagli possibili. Answers will vary.

MODELLO

S1: *È in bagno…*
S2: *Disegno uno?*
S1: *No, è in bagno, davanti allo s...*

1 Expansion ... choose a drawin... person's day usi...

1.

2.

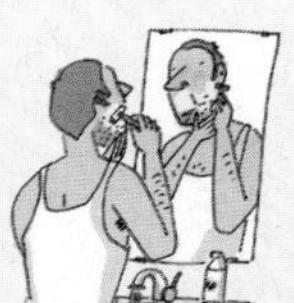

3.

4.

5.

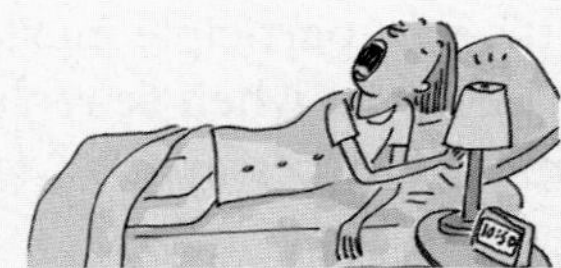
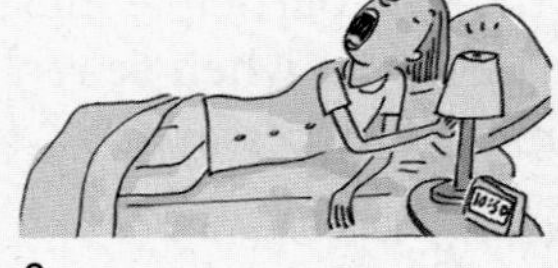

6.

2 **Regole di vita** In gruppi di tre, create una lista di regole che i compagni di stanza devono seguire per rendere la convivenza (*living together*) più facile. Usate verbi riflessivi e reciproci. Answers will vary.

MODELLO

I compagni di stanza devono aiutarsi tutti i giorni…

3 **Dove vado?** Pensa a un posto dove vai questa settimana. Scrivi il posto su un foglio di carta. A coppie, fatevi domande per indovinare dove va l'altra persona. Usate **ci** dove possibile. Answers will vary.

MODELLO

S1: *Vai in biblioteca questa settimana?*
S2: *No, non ci vado questa settimana.*
S1: *Vai…?*

3 Expansion Have students expand on their answers by saying when, why, and with whom they go to each place.

4 **...po** A coppie, usate i verbi riflessivi ...ista per descrivere le azioni che quelle ...ossono fare. Answers will vary.

MODELLO

...ni per scriverci.
...chi per guardarci…

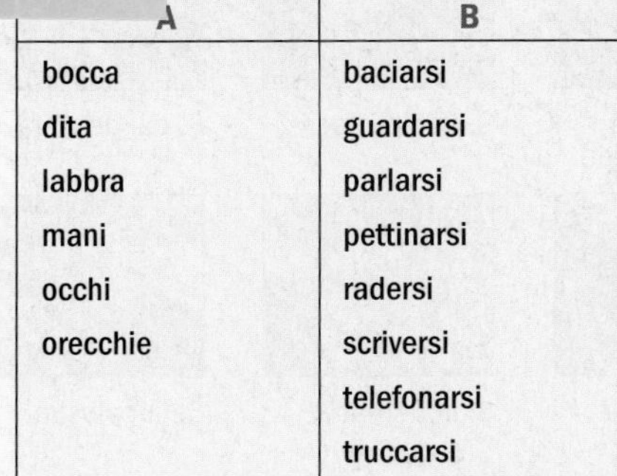

A	B
bocca	baciarsi
dita	guardarsi
labbra	parlarsi
mani	pettinarsi
occhi	radersi
orecchie	scriversi
	telefonarsi
	truccarsi

5 **Un negozio vuoto** A coppie, preparate una conversazione fra un cliente e il proprietario di una profumeria. Il cliente chiede diversi articoli, ma il negoziante non ne ha! Usate i partitivi e **ne** dove possibile. Answers will vary.

MODELLO

S1: *Ha dello shampoo?*
S2: *No, non ne ho.*
S1: *Ha delle spazzole?*
S2: *…*

6 **Un dibattito** In gruppi di quattro, preparate un dibattito su questo argomento: chi ci mette più tempo a prepararsi la mattina, gli uomini o le donne? Preparate una lista di ragioni per difendere la vostra posizione e poi presentate le vostre opinioni alla classe. Answers will vary.

MODELLO

S1: *Le donne ci mettono più tempo perché devono truccarsi.*
S2: *Sì, ma molti uomini si radono tutte le mattine!*

6 Suggestion This activity could be done in pairs, with each student defending a position. Have each pair discuss their views between themselves instead of as a class.

risorse

SAM WB: pp. 81–86	SAM LM: pp. 47–49	vhlcentral.com

Lo Zapping

Suggestion Show students the video with no audio. Have them work in pairs to create a script for what they think the characters are saying. Replay the commercial and have them compare their scripts with the actual dialogue.

La febbre

John Travolta si lamenta° a letto, madre e figlia si guardano preoccupate... poi la battuta°, forse inaspettata, forse scontata°, ma certamente comprensibile alla maggior parte degli italiani. *La febbre del sabato sera* è un film noto in Italia e così ha ispirato una serie di spot di Sky TV. L'azienda, equivalente in Italia della pay TV e coerente con il proprio slogan «Non smettere° di sognare», propone un maturo Travolta ospite di una famiglia italiana, che nel bene e nel male° si prende cura° di lui: dopo tutto, riposo e buon cibo sono le ricette migliori per superare un lieve malanno° come un po' di febbre.

—Ma come stai? Apri la bocca. Però adesso devi mangiare qualcosina°, eh?

—Ha la febbre.
—Strano, però. Non è mica° sabato sera...

Comprensione Rispondi alle domande.

1. Secondo la mamma, che cosa deve fare il malato? mangiare qualcosina
2. Che cosa rivela il termometro? Ha la febbre.

Suggestion Have students write down adjectives to describe each character in the commercial. Discuss their ideas as a class.

Discussione Discutete a coppie le seguenti domande. Answers will vary.

1. Secondo te, la battuta su cui gioca lo spot è divertente?
2. Immagina di ospitare a casa tua un personaggio famoso: chi è? Perché scegli questo personaggio?
3. Scegliete un personaggio famoso e immaginate una situazione simile a quella dello spot. Presentate il dialogo alla classe.

si lamenta *is complaining* **battuta** *joke* **scontata** *expected* **Non smettere** *Don't stop* **nel bene e nel male** *for better or for worse* **si prende cura** *takes care* **lieve malanno** *minor illness* **qualcosina** *a little something* **Non è mica** *It's not even*

Practice more at **vhlcentral.com.**

Lezione

6B

Communicative Goals

You will learn how to:

- talk about health
- talk about remedies and well-being

CONTESTI

Vocabulary Tools

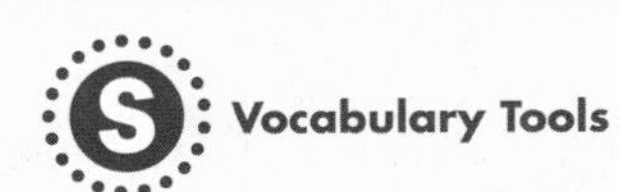

Dal dottore

Suggestion Point out that some expressions use **avere** (**avere la febbre**), some use **essere** (**essere allergico/a a**), and others use **fare** (**fare una puntura**).

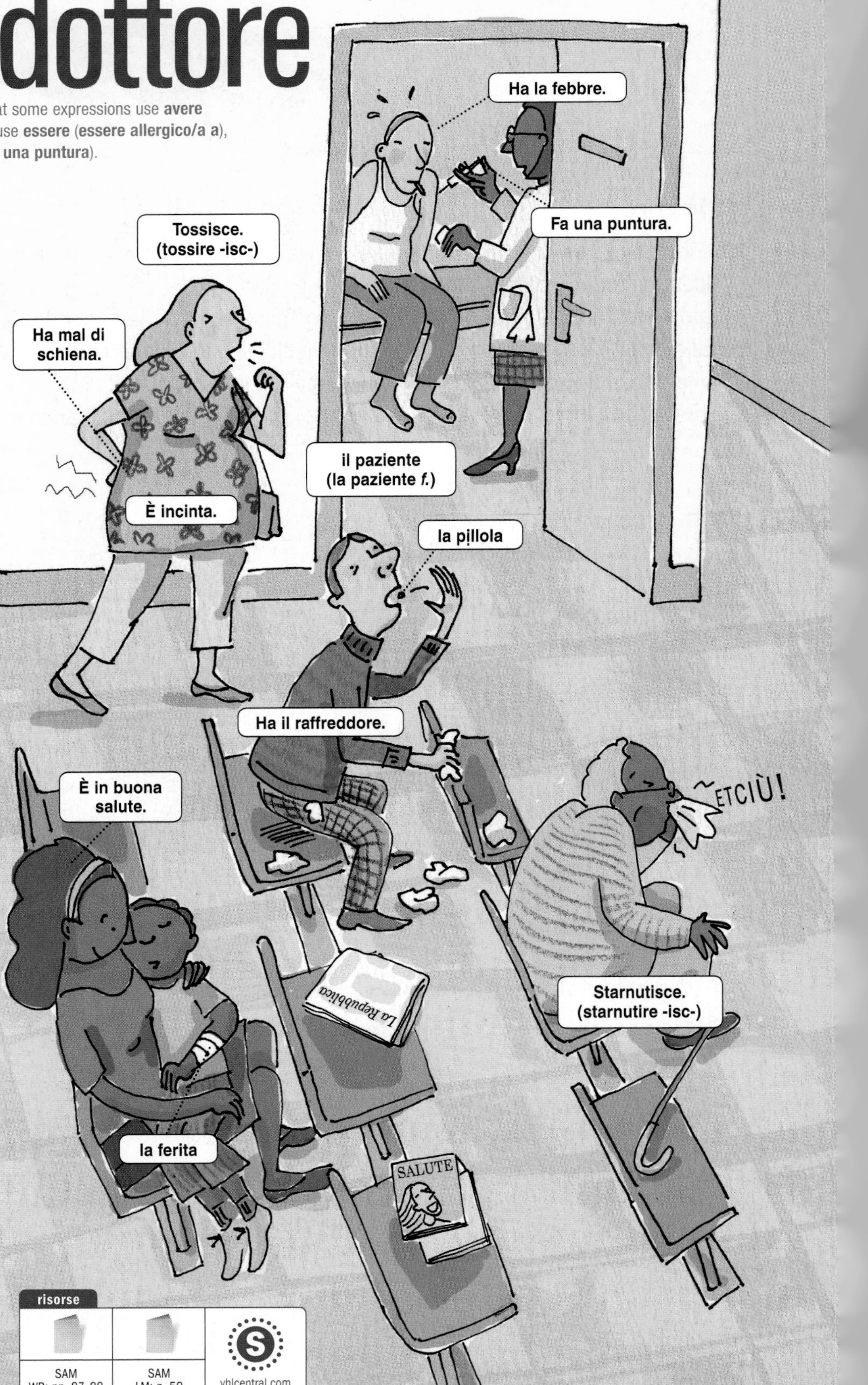

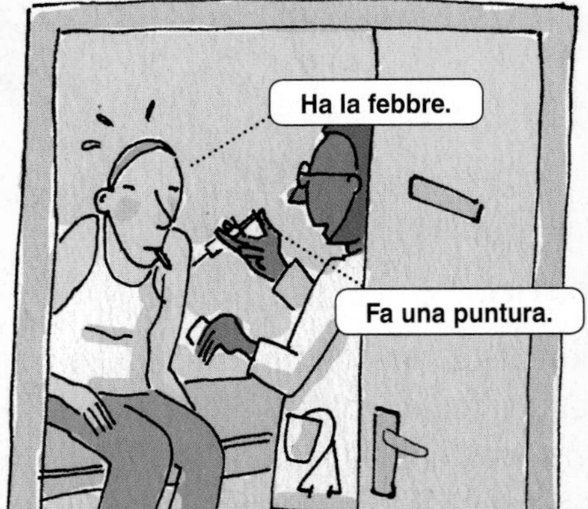

Vocabolario

espressioni	*expressions*
andare dal dottore	*to go to the doctor*
controllare la lịnea	*to watch one's weight*
curare	*to heal; to treat*
ẹssere allẹrgico/a (a)	*to be allergic (to)*
ẹssere in/fuori forma	*to be in/out of shape*
evitare (di)	*to avoid*
farsi male	*to hurt oneself*
guarire (-isc-)	*to get better*
piạngere	*to cry*
rọmpersi (un braccio)	*to break (an arm)*
all'ospedale	***at the hospital***
l'ambulanza	*ambulance*
l'aspirina	*aspirin*
il/la chirurgo/a	*surgeon*
il/la dentista	*dentist*
il/la farmacista	*pharmacist*
la medicina	*medicine; drug*
il mẹdico (di famiglia)	*(family) doctor*
il pronto soccorso	*first aid; emergency room*
la ricetta	*prescription*
il termọmetro	*thermometer*
le malattịe e i sịntomi	***ailments and symptoms***
la carie (*invar.*)	*cavity*
la depressione	*depression*
il dolore	*pain*
l'infezione (*f.*)	*infection*
l'influenza	*flu*
l'insonnia	*insomnia*
il naso intasato	*stuffy nose*
la nạusea	*nausea*
descrizioni	***descriptions***
grave	*serious*
leggero/a	*slight*
malato/a	*ill*
sano/a	*healthy*

Suggestion Ask students questions using the lesson vocabulary. Ex.: **Ti sei mai rotto/a un braccio o una gamba? Che cosa usi per misurare la febbre? Di che cosa soffri se non dormi la notte?**

risorse

SAM	SAM	
WB: pp. 87–88	LM: p. 50	vhlcentral.com

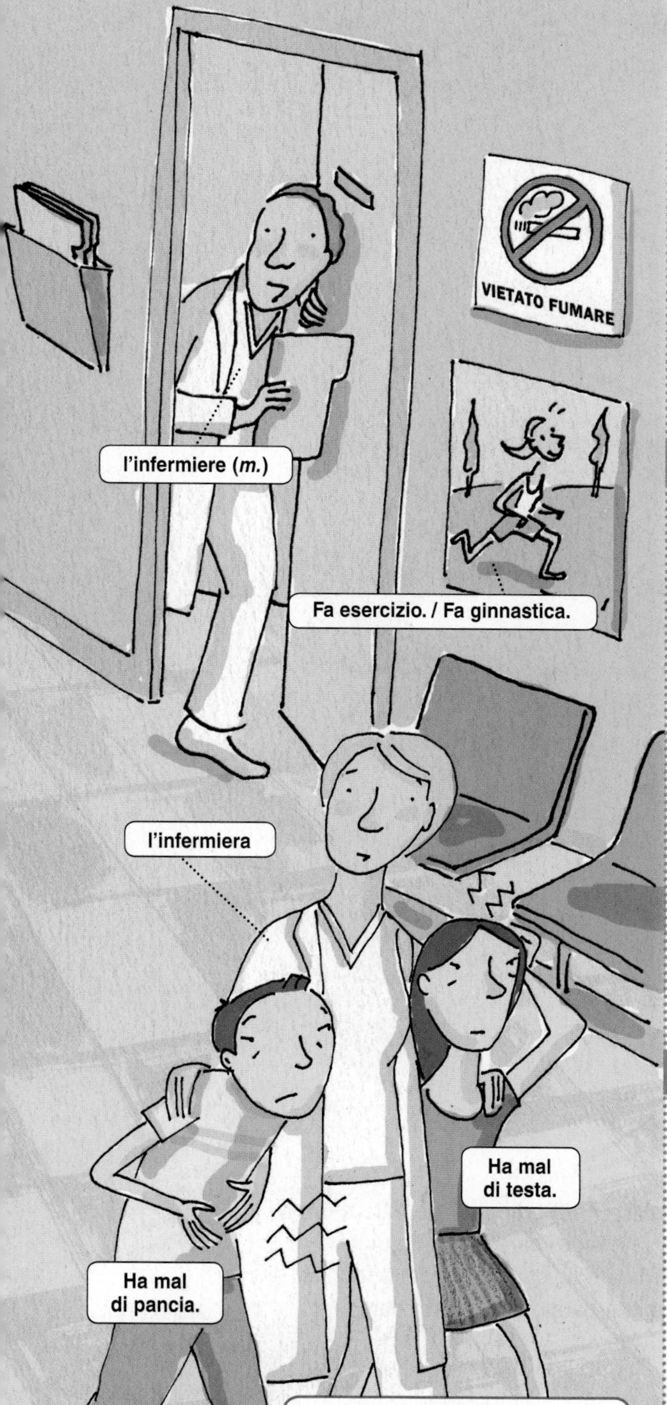

l'infermiere (*m.*)

VIETATO FUMARE

Fa esercizio. / Fa ginnastica.

l'infermiera

Ha mal di testa.

Ha mal di pancia.

Attenzione!

To talk about aches and pains, remember to use the definite article, not the possessive, with the body part in question.

Mi fa male il ginocchio.
My knee hurts.

Pratica

1 Associazioni **Scegli una parola della lista da associare con le seguenti parole o frasi.**

l'aspirina	l'influenza	il pronto soccorso
la carie	la nausea	il raffreddore

1. il vomito ___la nausea___
2. il dentista ___la carie___
3. la ferita ___il pronto soccorso___
4. fare una puntura ___l'influenza___
5. tossire e starnutire ___il raffreddore___
6. avere la febbre ___l'aspirina___

1 Expansion Have students create four more associations for a partner to complete.

2 Mettere etichette **Etichetta ogni foto con una parola o un'espressione appropriata.** Answers may vary slightly. Sample answers are provided.

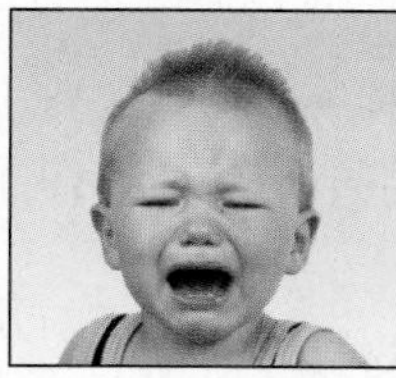

1. ___piangere___

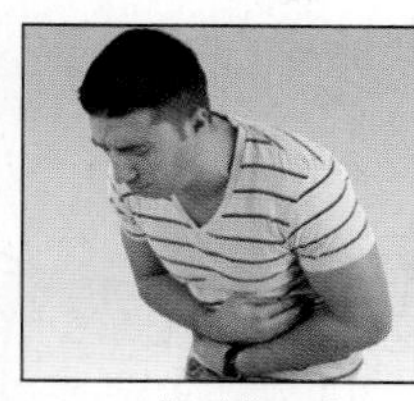

2. ___il mal di pancia___

3. ___la febbre___

4. ___il medico___

5. ___la carie___

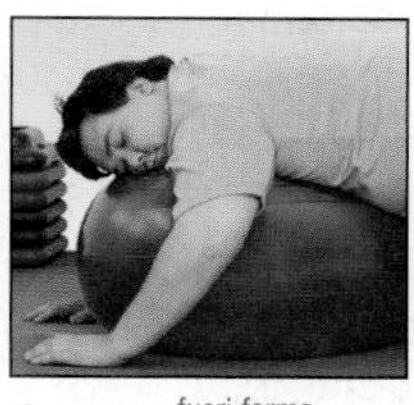

6. ___fuori forma___

3 Completare **Scegli la parola corretta per completare ogni frase.**

1. Il paziente chiede al dottore (una carie / un naso pieno / una medicina).
2. Ho la tosse e la febbre, sono proprio (in buona salute / malata / in forma).
3. Valeria aspetta un bambino! Cioè, è (allergica / incinta / sana).
4. Per andare al pronto soccorso abbiamo chiamato (un'ambulanza / un termometro / una pillola).
5. Ho preso un appuntamento con il dentista. Ho paura di avere (l'insonnia / la nausea / una carie).
6. Un po' di esercizio aiuta a (fare una puntura / essere fuori forma / controllare la linea).

3 Expansion Have students create new sentences with the incorrect answers.

4 Rispondere **Rispondi alle domande usando frasi complete.** Answers will vary.

1. Hai la febbre oggi?
2. Quando hai il raffreddore, tossisci e starnutisci molto?
3. Che cosa prendi quando hai la febbre?
4. Che tipo di esercizio fisico fai?
5. Che cosa fai per controllare la linea?
6. Vai spesso dal dottore?

Practice more at **vhlcentral.com.**

NATIONAL communication STANDARDS

Comunicazione

5 Dal dottore

A coppie, ascoltate la conversazione tra Marco e il suo dottore. Mentre ascoltate, spuntate (*check off*) le parole o espressioni che sentite.

1. essere in forma ☑
2. fare esercizio ☑
3. fare una puntura ☐
4. la febbre ☑
5. il naso intasato ☐
6. l'insonnia ☑
7. la depressione ☑
8. la ricetta ☐
9. il mal di pancia ☐
10. il mal di schiena ☑
11. il raffreddore ☑
12. rompersi una gamba ☑

5 Expansion Ask each pair to write their own conversation between a doctor and a patient. Then have them act it out for the class.

6 Consigli

A coppie, guardate le seguenti persone. Descrivete la loro condizione, poi date un consiglio per curare o migliorare (*to improve*) la loro situazione. Answers will vary.

MODELLO

S1: *Federico si è fatto male al piede.*
S2: *Deve andare al pronto soccorso!*

6 Expansion Ask students to pick two people from the pictures and describe what other symptoms they might have.

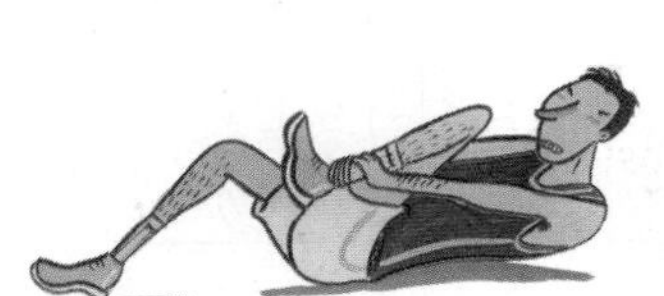
1. Federico

2. Marta

3. Graziella

4. Paola

5. Luciano

6. Davide

7. Michela

8. Sara

7 Al pronto soccorso!

Lavorate a coppie. L'insegnante vi darà due fogli diversi, ciascuno con metà delle informazioni sui pazienti del pronto soccorso. A turno, fate domande per trovare il problema o la malattia di ciascuna persona al pronto soccorso. Poi scrivete un riassunto (*summary*) di quello che avete scoperto. Answers will vary.

MODELLO

S1: *Chi ha un braccio rotto?*
S2: *La signora Rossini ha un braccio rotto! Che problema ha il signor Tucci?*
S1: *Ha...*

8 Indoviniamo!

In gruppi di tre, fate a turno a descrivere e a indovinare le parole della **Lezione 6A**. Usate il vocabolario della lezione per descrivere le parole che i vostri compagni devono indovinare. Answers will vary.

MODELLO

S1: *Lo soffi (blow) quando hai il raffreddore.*
S2: *Il naso!*

8 Expansion Divide students into two teams and describe words from the lesson vocabulary to see which team can guess more.

Pronuncia e ortografia

Spelling plurals II

arancia **arance** **loggia** **logge**

When the Italian word endings **-cia** and **-gia** contain a diphthong and are preceded by a consonant, the plural is usually formed by dropping the **i** to form **-ce** or **-ge**.

camicia **camicie** **ciliegia** **ciliegie**

When **-cia** and **-gia** contain a diphthong and are preceded by a vowel, the **i** is retained to form the plurals **-cie** and **-gie**.

farmacia **farmacie** **magia** **magie**

When there is no diphthong and the letter **i** is stressed in **-cia** and **-gia**, the **i** is retained to form the plurals **-cie** and **-gie**.

esempio **esempi** **negozio** **negozi**

When Italian words ending in **-io** form a diphthong, the plural is usually formed by dropping the final **-o**.

trio **trii** **zio** **zii**

However, when a diphthong is not formed in words ending in **-io**, the final **-o** is changed to **-i** in the plural, resulting in double **i**.

Suggestions

- Review diphthongs using **Lezione 5B**.
- To ensure that students understand the difference in sound between a stressed and unstressed final **i**, pronounce five words such as **farmacia** with both a stressed and unstressed **i** and ask students to identify the correct pronunciation.

Pronunciare Ripeti le parole ad alta voce.

1. provincia
2. province
3. addio
4. addii
5. lancia
6. lance
7. grigia
8. grigie
9. pio
10. pii
11. freccia
12. frecce

Articolare Ripeti le frasi ad alta voce.

1. I miei zii sono vecchi.
2. Oggi c'è la pioggia.
3. Non dire bugie!
4. Piangi perché hai paura della magia?
5. Quelle camicie grigie costano molto.
6. Attenzione alle strisce gialle!

Proverbi Ripeti i proverbi ad alta voce.

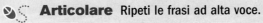

Chi parla in faccia non è traditore.[2]

Chi lascia la via vecchia per la nuova sa quel che lascia, ma non sa quel che trova.[1]

[1] Better the devil you know than the devil you don't. (lit. *He who leaves the old road for the new knows what he left but not what he'll find.*)
[2] He who speaks to your face is not a traitor.

Suggestion Ask students to explain the proverbs in their own words.

risorse

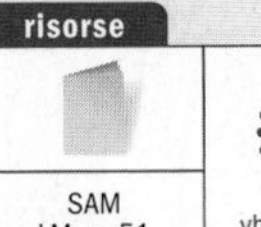
SAM LM: p. 51

vhlcentral.com

FOTOROMANZO

Una visita medica

Prima di vedere Have students look at the video stills and guess what the episode will be about.

PERSONAGGI

Emily

Lorenzo

Marcella

Il medico

Riccardo

Viola

Suggestion Have students scan the dialogue and identify any words or expressions related to health and illness.

Dal medico...

MEDICO Cosa è successo?

RICCARDO Facevamo il turno per il bagno...

EMILY Quando si è svegliata non aveva nessun sintomo...

LORENZO Hanno preparato la cena ieri sera...

MEDICO Va bene, basta così. Viola, cosa è successo?

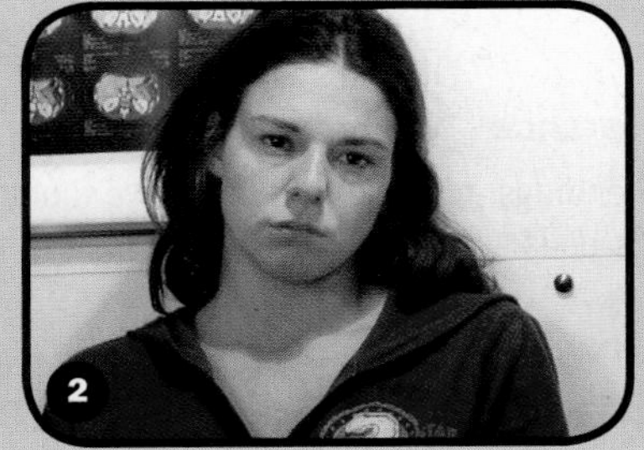

VIOLA Ieri io, Riccardo e Emily abbiamo preparato la cena.

RICCARDO Rigatoni alla carbonara alla pensione!

MARCELLA Una carbonara con qualche ingrediente extra.

EMILY Cipolle, funghi, aglio.

LORENZO Troppo aglio.

MEDICO Sei allergica a uno di questi cibi?

3

MEDICO Continua.

VIOLA Ieri sera mi facevano male lo stomaco e il petto, però stanotte ho dormito bene e anche stamattina stavo bene. Aspettavamo Lorenzo, che era in bagno, poi mi sono svegliata sul pavimento.

MEDICO Va bene. Tutti fuori dal mio studio. (*A Viola*) Hai altri sintomi?

In centro...

LORENZO Sono per Viola. Da parte tua.

RICCARDO Da parte mia?

LORENZO È colpa tua se sta male. E poi mi devi una camicia nuova.

RICCARDO È stata Viola a macchiare d'olio la tua camicia, non io.

LORENZO Hai preparato tu la cena.

RICCARDO E Emily ci ha messo le cipolle e i funghi.

RICCARDO Andiamo, Lorenzo: sei innamorato di Viola.

LORENZO Ma che dici? Viola? È troppo timida e seria.

RICCARDO Sì, lo so. Ma a volte quando vi guardate i tuoi occhi brillano.

LORENZO Sei pazzo.

RICCARDO Dici di no, ma in realtà vuoi dire sì.

Alla pensione...

VIOLA E poi io ho macchiato d'olio la camicia di Lorenzo. Si è molto arrabbiato.

EMILY Eh già, le camicie di Lorenzo costano più della mia università. Gli studenti in America non sono così eleganti. (*Verso la porta*) Entrate. Volete aiutarci a finire la ripresa per il blog?

ATTIVITÀ

1 Completare Completa ogni frase con un verbo nel passato prossimo.

1. Quando Viola __si è svegliata__ non aveva nessun sintomo.
2. Riccardo ed Emily __hanno preparato__ la cena ieri sera.
3. Ieri sera Viola __ha dormito__ bene.
4. Il medico le __ha prescritto__ delle medicine contro la nausea.
5. Riccardo __ha preparato__ la cena ieri sera e tutti si sono sentiti male.
6. __È stata__ Viola a macchiare d'olio la camicia di Lorenzo.
7. Emily __ha messo__ le cipolle e i funghi nella pasta.
8. Lorenzo __si è arrabbiato__ per la camicia.
9. Riccardo __ha usato__ troppo aglio.
10. Riccardo __è stato__ insensibile e scortese.

Practice more at **vhlcentral.com.**

Viola si è sentita male.

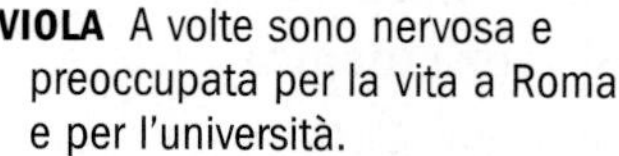

VIOLA A volte sono nervosa e preoccupata per la vita a Roma e per l'università.

MEDICO Secondo me, sei stata male a causa di una leggera depressione e di un brutto bruciore di stomaco. Ti ho prescritto delle medicine contro la nausea. Ti consiglio di riposare, di bere acqua e tè e di evitare la cucina di Riccardo.

Alla pensione...

EMILY Oggi Viola è andata dal dottore con dolore di stomaco e nausea. Come è successo?

VIOLA Riccardo ha preparato la cena ieri sera e ci siamo sentiti male tutti.

EMILY È pericoloso lasciarlo entrare in cucina.

VIOLA Riccardo fa sempre quello che gli pare. Non si sa trattenere.

LORENZO Questi sono da parte di Riccardo. Si scusa per aver usato troppo aglio.

VIOLA Grazie.

RICCARDO Ecco le tue pillole. «Prendere una compressa prima di mangiare i miei piatti.» (*A Emily*) Scusa Emily. Volevi preparare la cena per tutti e io sono stato insensibile e scortese.

EMILY E?

LORENZO Ed egoista, inutile, stupido e un pessimo cuoco!

VIOLA Sapete una cosa? Roma comincia a piacermi.

Espressioni utili

Talking about events in the past

- **facevamo il turno**
  we were waiting for our turn
- **Quando si è svegliata non aveva nessun sintomo.**
  When she woke up she had no symptoms.
- **Mi facevano male lo stomaco e il petto.**
  My stomach and chest hurt.
- **Anche stamattina stavo bene.**
  I felt fine this morning, too.
- **Aspettavamo Lorenzo, che era in bagno.**
  We were waiting for Lorenzo, who was in the bathroom.
- **volevi preparare tu la cena**
  you wanted to prepare dinner

Additional vocabulary

- **bruciore di stomaco**
  heartburn
- **È pericoloso lasciarlo entrare.**
  It's dangerous to let him enter.
- **Riccardo fa sempre quello che gli pare. Non si sa trattenere.**
  Riccardo always does what he wants. He doesn't know how to stop himself.
- **da parte tua**
  from you
- **brillano**
  sparkle
- **pavimento**
  floor
- **studio**
  office
- **finire la ripresa**
  to finish shooting
- **macchiare d'olio**
  to stain with oil
- **dici di no**
  you say no
- **compressa**
  tablet
- **pessimo**
  awful

2 Per parlare un po' A coppie, scegliete uno dei personaggi di questa puntata e parlate di un suo problema di salute. Di che tipo di problema si tratta? Qual è la causa? Che cosa deve fare per stare meglio? Answers will vary.

2 Expansion Have students prepare a conversation between their chosen character and the doctor.

3 Approfondimento «Ospedale», «ambulanza», «infermiere/a»: conosci l'origine di queste parole? Cerca su Internet o su un dizionario italiano la loro etimologia e presenta la tua risposta alla classe. Answers will vary.

3 Suggestion Explain to students that **la etimologia** (*etymology*) is the linguistic history of a word.

risorse

SAM
VM: pp. 23-24

vhlcentral.com

ATTIVITÀ

CULTURA

Prima di leggere Have students brainstorm ideas about the American health care system in order to discuss the differences between the American and Italian systems.

IN PRIMO PIANO

L'importante è la salute

Come funziona il sistema sanitario in Italia? Quali tipi di assistenza sono gratuiti°? Quanto spendono gli italiani per la salute?

La Costituzione italiana dice che è un dovere° dello Stato proteggere° la salute pubblica; per legge°, quindi, lo Stato si occupa dell'assistenza medica degli italiani. Assistenza significa prevenzione, cure mediche e organizzazione degli ospedali. La prevenzione comprende le vaccinazioni e le campagne° di screening per varie malattie. Le cure mediche, invece, garantiscono la possibilità per tutti di avere un medico e dei farmaci°, o di fare esami clinici. Infine, l'organizzazione degli ospedali implica° che lo Stato gestisce° le strutture mediche pubbliche, cioè il pronto soccorso, gli ospedali e le strutture per anziani°.

Tutti e tre° i tipi di assistenza sono pagati, per la maggior parte, dallo Stato e dalle Regioni. La popolazione è infatti divisa in fasce di reddito° e ogni persona paga una percentuale su ogni medicina o esame clinico in rapporto a quanto guadagna°. Le medicine per le persone che soffrono° di malattie molto gravi, o che sono necessarie per salvare la vita, sono sempre totalmente gratuite. È ovvio che alcune forme di assistenza non sono incluse in questo sistema: per esempio, le medicine alternative e le operazioni di chirurgia estetica° non vengono mai pagate dallo Stato.

Questo sistema ha aspetti positivi e negativi. Certamente, è un grande vantaggio° per tutti avere diritto° a un'assistenza medica che costa poco, ma per questa stessa ragione le tasse° in Italia sono alte. Inoltre, la qualità del servizio non è uguale dappertutto°; nelle regioni più ricche lo standard è molto alto, mentre in altre zone ci sono pochi ospedali e le strutture a volte sono molto vecchie. Di conseguenza, molti italiani preferiscono curarsi fuori dal sistema pubblico, rivolgendosi° a medici privati spesso molto costosi.

Consumi medi mensili° delle famiglie italiane (in euro)

	ALIMENTARI	SPESE SANITARIE	SIGARETTE	ALTRO
NORD	461	99,8	18,9	2.117,3
CENTRO	474	82,3	22,4	1.915,3
SUD	472	62,5	23,4	1.394,1

FONTE: ISTAT

gratuiti *free* **dovere** *obligation* **proteggere** *to protect* **per legge** *by law* **campagne** *campaigns* **farmaci** *drugs* **implica** *implies* **gestisce** *manages* **anziani** *the elderly* **Tutti e tre** *All three* **fasce di reddito** *income levels* **in rapporto a quanto guadagna** *in relation to what he/she earns* **soffrono** *suffer* **chirurgia estetica** *plastic surgery* **vantaggio** *advantage* **diritto** *right* **tasse** *taxes* **dappertutto** *everywhere* **medi mensili** *monthly average* **rivolgendosi** *turning to*

ATTIVITÀ

1 Vero o falso? Indica se l'affermazione è **vera** o **falsa**. Correggi le affermazioni false.

1. La Costituzione italiana protegge la salute pubblica.
   Vero.
2. Il servizio medico nazionale in Italia paga anche le vaccinazioni.
   Vero.
3. Lo Stato paga, per la maggior parte, l'assistenza medica.
   Vero.
4. I malati pagano le medicine in riferimento alla fascia di reddito.
   Vero.
5. Le operazioni di chirurgia estetica sono gratuite.
   Falso. La chirurgia estetica non è mai pagata dallo Stato.
6. Lo Stato paga in parte le medicine per le malattie molto gravi.
   Falso. Queste medicine sono pagate completamente dallo Stato.
7. Le tasse in Italia sono alte anche perché lo Stato paga molti servizi medici.
   Vero.
8. Lo standard degli ospedali in Italia è sempre molto alto.
   Falso. È differente in ogni regione.
9. Molti italiani preferiscono andare dai medici privati.
   Vero.
10. L'assistenza medica privata non è molto costosa.
    Falso. È spesso molto costosa.

 Practice more at **vhlcentral.com.**

Dopo la lettura Ask students to prepare a list of pros and cons of a free health care system and to be prepared to give their own opinion about this topic.

L'italiano quotidiano Have students write a short composition about their experiences with one of the ailments in the list.

Ritratto Ask students if they know about Rita Levi Montalcini and her research, or about other scientists who immigrated to the U.S. because of oppression in their home countries.

L'ITALIANO QUOTIDIANO

Malattie e disturbi°

l'emicrania	*migraine*
l'eruzione cutanea	*rash*
il foruncolo	*pimple*
la frattura	*fracture*
il livido	*bruise*
il mal di gola	*sore throat*
il mal di mare	*seasickness*
il morbillo	*measles*
l'orticaria	*hives*
la scottatura	*burn*
la tosse	*cough*
la varicella	*chickenpox*

disturbi *ailments*

USI E COSTUMI

I rimedi naturali

In Italia, come in tutto il mondo, ci sono dei rimedi° tradizionali contro le malattie più comuni, chiamati «i rimedi della nonna». Per la tosse, ad esempio, «la nonna» consiglia di bere un bicchiere di **latte** fatto bollire° con uno o due spicchi° d'**aglio**. **L'origano**° o **il basilico** sono molto utili per le indigestioni, mentre il rimedio per i reumatismi° è un sacchetto° di **sale**, scaldato° e poi messo sulla parte del corpo che fa male. Ma contro questi dolori la cosa che «la nonna» considera veramente efficace è la pomata° al **veleno d'api**°: un rimedio per le persone più coraggiose!

rimedi *remedies* **fatto bollire** *boiled* **spicchi** *cloves* **origano** *oregano* **reumatismi** *rheumatism* **sacchetto** *small bag* **scaldato** *heated* **pomata** *salve* **veleno d'api** *bee venom*

RITRATTO

Rita Levi Montalcini: una vita per la ricerca

Rita Levi Montalcini è nata nel 1909 a Torino, dove si è laureata in medicina nel 1936 e ha cominciato i suoi studi sul sistema nervoso°. Nel 1938 è costretta° dalle leggi razziali fasciste a emigrare in Belgio. Nel 1946 è invitata a lavorare all'Università di Washington a St. Louis, dove ha continuato a studiare le cellule° nervose fino al 1977. In questa università ha scoperto° il fattore di crescita nervoso°, che ha continuato a studiare per il resto della sua carriera° e che le ha fatto vincere il Premio Nobel nel 1986.

Anche dopo il ritiro° a causa dell'età non ha smesso di° fare ricerca: ritornata in Italia, ha lavorato nel Centro Nazionale di Ricerca per la Neurobiologia fino al 1995. È stata membro della *National Academy of Sciences* negli Stati Uniti e Senatore a vita° per meriti scientifici in Italia e si è dedicata ad attività in difesa dell'ambiente°. È morta a Roma il 30 dicembre 2012.

sistema nervoso *nervous system* **costretta** *forced* **cellule** *cells* **scoperto** *discovered* **fattore di crescita nervoso** *nerve growth factor* **carriera** *career* **ritiro** *retirement* **smesso di** *stopped* **Senatore a vita** *Senator for life* **ambiente** *environment*

SU INTERNET

Quali sono alcuni rimedi tradizionali per i disturbi descritti in L'italiano quotidiano?

Go to vhlcentral.com to find more information related to this **CULTURA**.

ATTIVITÀ

2 **Completare** Completa le frasi.

1. Rita Levi Montalcini era laureata in ___medicina___.
2. Rita Levi Montalcini è emigrata in ___Belgio___ nel 1938.
3. Nel 1986 Rita Levi Montalcini ha vinto il ___Premio Nobel___.
4. I rimedi tradizionali sono chiamati ___rimedi della nonna___.
5. Contro la tosse, la nonna consiglia di bere latte con uno o due ___spicchi d'aglio___.
6. La pomata al veleno d'api è usata per i ___reumatismi___.

3 **A voi** A coppie, rispondete alle seguenti domande. Answers will vary.

1. Per curarti usi farmaci, rimedi tradizionali o medicine alternative?
2. Secondo te, quali tipi di medicine sono più efficaci?
3. Secondo te, le medicine alternative sono utili anche per curare malattie molto gravi?

6B.1 The *imperfetto*

Punto di partenza You've learned how to use the **passato prossimo** to express past actions. Now you'll learn another past tense, the **imperfetto** (*imperfect*).

- The **imperfetto** can be translated into English in several ways.

Lia **piangeva**.	**Facevo esercizio.**
Lia ***cried.***	***I exercised.***
Lia ***used to cry.***	***I used to exercise.***
Lia ***was crying.***	***I was exercising.***

- The **imperfetto** is a simple tense; it does not require an auxiliary verb. The pattern of conjugation is identical for verbs ending in **-are**, **-ere**, and **-ire**. Drop the **-re** to form the stem and add the appropriate imperfect ending.

The *imperfetto*

	parlare	leggere	dormire	finire (-isc-)
io	parlavo	leggevo	dormivo	finivo
tu	parlavi	leggevi	dormivi	finivi
Lei/lui/lei	parlava	leggeva	dormiva	finiva
noi	parlavamo	leggevamo	dormivamo	finivamo
voi	parlavate	leggevate	dormivate	finivate
loro	parlạvano	leggẹvano	dormịvano	finịvano

- **Essere** is irregular in the **imperfetto**, and the verbs **bere**, **dire**, and **fare** have irregular stems.

Irregular verbs in the *imperfetto*

	ẹssere	bere	dire	fare
io	ero	bevevo	dicevo	facevo
tu	eri	bevevi	dicevi	facevi
Lei/lui/lei	era	beveva	diceva	faceva
noi	eravamo	bevevamo	dicevamo	facevamo
voi	eravate	bevevate	dicevate	facevate
loro	ẹrano	bevẹvano	dicẹvano	facẹvano

- Use the **imperfetto** to talk about actions that took place repeatedly or habitually during an unspecified period of time. Note that, in English, we often use the phrase *used to* or *would* to indicate habitual or repeated actions.

Alberto **faceva esercizio** ogni giorno.	**Andavo** regolarmente dal dottore.
Alberto ***used to exercise*** *every day.*	***I would go*** *to the doctor regularly.*

Suggestion Write a sentence expressing a past recurring action on the board and have students translate it in different ways.

PRATICA

1 Completare Completa ogni frase con la forma corretta dell'imperfetto.

1. Da piccolo, mi ___faceva___ (fare) spesso male lo stomaco.
2. L'estate i bambini ___si svegliavano___ (svegliarsi) tardi.
3. Francesca non ___usava___ (usare) mai il trucco.
4. Io e la mia famiglia non ___programmavamo___ (programmare) la sveglia il fine settimana.
5. Tu ___eri___ (essere) spesso malata.
6. Voi ___parlavate___ (parlare) francese con vostra nonna?
7. Gigliola ed Evelina ___usavano___ (usare) solo rimedi biologici (*organic*).
8. Elena ___evitava___ (evitare) sempre di fare ginnastica.

2 Descrivere Scrivi una frase completa per ogni disegno per dire cosa facevano queste persone l'anno scorso.

MODELLO Gabriele / dormire sempre
Gabriele dormiva sempre.

1. io / fare / jogging
Io facevo jogging.

2. i ragazzi / finire / i compiti
I ragazzi finivano i compiti.

3. voi / mangiare / il gelato
Voi mangiavate il gelato.

4. tu / bere / troppo caffè
Tu bevevi troppo caffè.

5. Agostina / pettinarsi
Agostina si pettinava.

6. Adelaide / essere allergica / ai fiori
Adelaide era allergica ai fiori.

3 Rispondere Rispondi alle domande sulla tua gioventù (*youth*) usando l'imperfetto. Answers will vary.

1. Tu e i tuoi amici eravate in forma?
2. Che cosa bevevi a colazione?
3. A che ora ti svegliavi l'estate?
4. La tua famiglia andava spesso dal dottore?
5. Quante volte al giorno ti lavavi i denti?
6. Cosa facevate tu e la tua famiglia il fine settimana?
7. Quante ore passavi al computer o a guardare la TV?
8. Andavi a scuola volentieri?

3 Extra practice Have students describe five things they did not like to do when they were kids. Have any changed since?

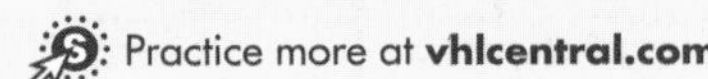
Practice more at **vhlcentral.com.**

COMUNICAZIONE

4 **La salute** A coppie, fatevi delle domande su come era la vostra routine fisica l'estate scorsa. Rispondete a turno. Answers will vary.

MODELLO essere in buona salute

S1: *Eri in buona salute l'estate scorsa?*
S2: *Sì, ero in buona salute. / No, non ero in buona salute...*

1. fare attività fisica
2. avere il raffreddore
3. controllare la linea
4. comprare uno shampoo speciale
5. usare la sveglia
6. avere spesso mal di testa

5 Expansion Have each pair talk about their health in the past.

5 **Come stavano?** A coppie, fate a turno a descrivere i problemi di salute che, l'anno scorso, avevano le persone dei disegni. Dovete essere creativi! Answers will vary.

Diego

S1: *Diego aveva forti dolori alla gamba.*
S2: *L'anno scorso giocava a calcio tutte le settimane.*
S1: *Spesso si faceva male...*

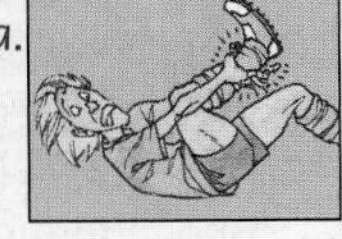

1. Lina

2. Iacopo

3. Fosca

4. Renzo

5. Gina

6. Daniela

6 **Un'inchiesta** Chiedi ai tuoi compagni cosa facevano durante le vacanze quando erano al liceo. Poi fai un rapporto sui risultati per la classe e discutete qual era l'attività più popolare e l'attività meno popolare. Answers will vary

MODELLO

S1: *Cosa facevi durante le vacanze quando eri al liceo?*
S2: *Leggevo e guardavo la televisione tutti i giorni.*
S3: *Anch'io a volte leggevo, ma di solito lavoravo.*

6 Expansion
- Have students add details to their answers. Ex.: **Leggevo fumetti e libri di storia e alla televisione guardavo cartoni animati e documentari**.
- Have groups of students write about how things were different when their parents were young, using the **imperfetto**.

- The **imperfetto** is also a descriptive tense. Use it to describe physical and mental states in the past, including age.

Rachele **era** contenta, ma Franco **era** depresso.
*Rachele **was** happy, but Franco **was** depressed.*

Dante **aveva** nove anni quando ha visto Beatrice.
*Dante **was** nine years old when he saw Beatrice.*

Mi facevano male lo stomaco e il petto.

Volevi preparare la cena per tutti.

- Also use the **imperfetto** to describe weather and time in the past.

Pioveva stamattina.
***It was raining** this morning.*

Erano le sei e **faceva** bel tempo.
***It was** 6:00 and the weather **was** nice.*

- Use the **imperfetto** to describe an action or actions in progress in the past. **Mentre** (*While*) often signals two ongoing actions occurring over the same period of time.

L'infermiere **parlava mentre leggevo** la ricetta.
*The nurse **was speaking while I was reading** the prescription.*

Carlo **piangeva mentre guardava** quel film.
*Carlo **was crying while he was watching** that film.*

- An ongoing action in the **imperfetto** can also be interrupted by another action expressed with the **passato prossimo**. **Quando** (*When*) is often used to introduce the interrupting action.

L'infermiere **parlava quando** il medico è entrato.
*The nurse **was speaking when** the doctor came in.*

Guardavamo il film **quando** Carlo ha starnutito.
***We were watching** the film **when** Carlo sneezed.*

Suggestion Practice the forms of the **imperfetto** by having students describe how they used to look and behave as children.

Provalo!

Scegli la forma corretta dell'imperfetto per completare ogni frase.

1. Da piccola, Geltrude non (amavo / amava) leggere.
2. A te (piaceva / piacevano) i broccoli da bambino?
3. Le nostre camere da letto (erano / eravate) molto piccole.
4. Io non (beveva / bevevo) il latte.
5. Chi (voleva / volevo) diventare un dottore da bambino?
6. Voi (preparavi / preparavate) dei dolci buonissimi.
7. Io e Antonio non (dicevate / dicevamo) mai bugie (*lies*).
8. Quell'inverno (facevo / faceva) veramente molto freddo.

6B.2 *Imperfetto vs. passato prossimo*

Punto di partenza Although the **passato prossimo** and the **imperfetto** are both past tenses, they have distinct uses and are not interchangeable. The choice between these two tenses depends on the context and the point of view of the speaker.

Sei stata male a causa di una leggera depressione.

Uses of the *passato prossimo* and the *imperfetto*

Passato prossimo	Imperfetto
To express actions completed at a specific moment or within a definite time period in the past: Lisa si **è rotta** il braccio due volte. *Lisa **broke** her arm twice.* Mia sorella **ha parlato** con il farmacista stamattina. *My sister **spoke** with the pharmacist this morning.*	**To express ongoing actions with no reference to beginning or end or for an unspecified period of time in the past:** Da giovane **ero** sempre in buona salute. *When I was young **I was** always in good health.* Mia sorella **parlava** mentre **cercavo** la ricetta. *My sister **was talking** while **I was looking** for the prescription.*
To refer to the beginning or end of a past action or event: **Abbiamo cominciato** a controllare la linea due anni fa. *We **started** watching our weight two years ago.* Il dolore **è sparito** all'improvviso. *The pain **disappeared** suddenly.*	**To refer to habitual or recurring past actions and events:** Ogni giorno **andavamo** in palestra per fare ginnastica. ***We used to go** to the gym every day to exercise.* Di solito il dottore ci **faceva** le punture. *Usually, the doctor **gave** us shots.*
To express a change in mental, physical, or emotional state in the past: **Mi sono ammalato** perché ho dimenticato la giacca. *I **got sick** because I forgot my jacket.*	**To describe past mental, physical, or emotional states and conditions, including age:** Raffaella **era** incinta e **si sentiva** spesso male. *Raffaella **was** pregnant and **she** often **felt** ill.*
To narrate a series of past actions or events: **Sono caduto**, **mi sono rotto** il braccio e **sono andato** al pronto soccorso. ***I fell down**, **broke** my arm, and **went** to the emergency room.*	**To describe weather and talk about time in the past:** **Erano** le sei e **pioveva** ancora. ***It was** six o'clock and **it was** still **raining**.*

PRATICA

1 Scegliere Scegli il tempo del verbo che completa meglio ogni frase.

L'estate scorsa (1.) (ho fatto / facevo) esercizio regolarmente. Di solito mi (2.) (è piaciuto / piaceva) andare in piscina a nuotare. (3.) (Ha fatto / Faceva) molto caldo quell'estate. Un giorno (4.) (mi sono rotto / mi rompevo) il braccio. Mia sorella mi (5.) (ha portato / portava) all'ospedale. Non (6.) (ho potuto / potevo) nuotare per il resto dell'estate. (7.) (Sono stato / Ero) molto triste. Per fortuna il 24 agosto il dottore (8.) (ha detto / diceva): «Ora stai bene, torna in piscina!».

2 Completare Completa il brano con le forme corrette del passato prossimo o dell'imperfetto.

Cari amici,

Vi voglio raccontare un'avventura dell'anno scorso. Quel giorno (1) pioveva (piovere), ma io (2) ero (essere) molto contenta per il mio viaggio a Roma. Purtroppo a mezzogiorno l'aeroporto (3) ha cancellato (cancellare) il mio volo. Allora io (4) ho telefonato (telefonare) a mia mamma e le (5) ho chiesto (chiedere) di venire a prendermi e riportarmi a casa. Io (6) ero (essere) triste e arrabbiata, ma per fortuna (7) sono potuta (potere) partire il giorno dopo. Che avventura! Buona fortuna con il vostro viaggio!

Giuliana

3 Descrivere Scrivi che cosa facevano le persone quando qualcos'altro (*something else*) è successo.

MODELLO Marcello (fare esercizio) / noi (arrivare)
Marcello faceva esercizio quando noi siamo arrivati.

1. dottore (visitare) il paziente / l'infermiere (entrare)
   Il dottore visitava il paziente quando l'infermiere è entrato.
2. Quintino (stare) meglio / l'ambulanza (arrivare)
   Quintino stava meglio quando l'ambulanza è arrivata.
3. mi (fare male) lo stomaco / i miei amici (andare) alla partita
   Mi faceva male lo stomaco quando i miei amici sono andati alla partita.
4. Pamela (giocare) a calcio / (rompersi) la gamba
   Pamela giocava a calcio quando si è rotta la gamba.
5. io (sentirsi) in forma / (iscriversi) alla maratona
   Io mi sentivo in forma quando mi sono iscritto/a alla maratona.
6. Diletta non (essere) ancora incinta / mia zia (avere) il suo bambino
   Diletta non era ancora incinta quando mia zia ha avuto il suo bambino.
7. il ragazzo (avere) la febbre / (andare) in vacanza
   Il ragazzo aveva la febbre quando è andato in vacanza.
8. i pazienti (bere) acqua / l'infermiera (portare) le pillole
   I pazienti bevevano acqua quando l'infermiera ha portato le pillole.

3 Suggestion Have pairs of students give their answers and explain their choices.

 Practice more at **vhlcentral.com.**

COMUNICAZIONE

4 Una storia In gruppi di quattro, fate a turno a scrivere una storia. La prima persona scrive una frase su una situazione passata, poi la seconda descrive un'interruzione. Ripetete con le altre due persone fino a scrivere dodici frasi. Potete usare le espressioni della lista. Poi leggete la storia alla classe. Answers will vary.

MODELLO

S1: *Era una giornata calda e Michela leggeva un libro in giardino.*
S2: *All'improvviso il suo amico Dimitri ha telefonato...*

all'improvviso	*all of a sudden*
improvvisamente	*suddenly*
inaspettatamente	*unexpectedly*
tutto ad un tratto	*all at once*

5 Una malattia o una ferita A coppie, fate a turno a raccontare l'ultima volta che eravate malati o che vi siete fatti male. Cosa facevi prima di stare male? Che sintomi avevi? Cosa hai fatto per stare meglio? Answers will vary.

MODELLO

S1: *Durante l'anno accademico stavo bene, ma alla fine di maggio mi sono ammalata...*

6 Nella sala d'aspetto A coppie, scegliete una o due persone dal disegno e scrivete una storia su che cosa gli/le è successo prima di venire dal dottore. Answers will vary.

MODELLO

S1: *Il bambino giocava a calcio.*
S2: *Correva quando all'improvviso ha guardato i suoi amici e...*

6 Suggestion Have pairs of students describe the problem each person has. Have them write down what advice they would give them to get better.

Suggestion Remind students about the relationships between actions when both tenses are used in the same sentence. Use **mentre** and **quando** in your examples.

- The **passato prossimo** and the **imperfetto** are often used together for narrative purposes.

Ieri il tempo **era** bello e la neve mi **sembrava** perfetta. **Ho deciso** di andare a sciare in montagna e **sono uscito** di casa. Non c'**era** nessuno in giro quando **sono salito** in cima. Improvvisamente, **ho sentito** un rumore che **veniva** dal bosco. Santo cielo, **era** lo Yeti!	***Yesterday*** *the weather* ***was*** *beautiful and the snow* ***seemed*** *perfect to me.* ***I decided*** *to go skiing in the mountains and* ***I left*** *the house. There* ***was*** *no one around when* ***I climbed*** *to the summit. Suddenly,* ***I heard*** *a sound that* ***was coming*** *from the woods. Good heavens,* ***it was*** *the Abominable Snowman!*

- Certain verbs have different meanings in the **imperfetto** and the **passato prossimo**. Compare the use of **conoscere** and **sapere** in these examples.

Il chirurgo **conosceva** Anna. *The surgeon* ***knew*** *Anna.*	**Ho conosciuto** il chirurgo. ***I met*** *the surgeon (for the first time).*
Luisa **sapeva** cosa fare per guarire. *Luisa* ***knew*** *what to do to get better.*	Carlo **ha saputo** che Luisa era malata. *Carlo* ***found out*** *that Luisa was sick.*

- **Dovere**, **potere**, and **volere** have slightly different meanings in the **imperfetto** as well. The **imperfetto** describes intention or capability but doesn't specify the outcome, whereas the **passato prossimo** indicates that an action was carried out.

Anna **doveva** andare dal medico. *Anna* ***was supposed to*** *go to the doctor.*	Anna **è dovuta** andare dal medico. *Anna* ***had to (and did)*** *go to the doctor.*
Il dottore **poteva** curarlo. *The doctor* ***could (had the ability to)*** *heal him.*	Il dottore **ha potuto** curarlo. *The doctor* ***was able to*** *(and did) heal him.*
Rosa non **voleva** fare ginnastica, ma è andata in palestra lo stesso. *Rosa* ***did*** *not* ***want to*** *exercise, but she went to the gym anyway.*	Rosa non **ha voluto** fare ginnastica, e allora è restata a casa. *Rosa* ***did*** *not* ***want to*** *exercise, so she stayed home.*

Provalo! Scrivi la forma corretta del verbo indicato.

passato prossimo	imperfetto
1. cominciare (lui) *ha cominciato*	6. giocare (noi) *giocavamo*
2. andare (tu) sei andato/a	7. essere (tu) eri
3. bere (noi) abbiamo bevuto	8. dire (lei) diceva
4. fare (loro) hanno fatto	9. avere (voi) avevate
5. nascere (io) sono nato/a	10. leggere (io) leggevo

Suggestion Have students write a conclusion to the story about the **Yeti** using both the **passato prossimo** and the **imperfetto**.

NATIONAL comparisons STANDARDS

6B.3 The *trapassato prossimo*

Punto di partenza The **trapassato prossimo** is used to talk about what someone had done or what had occurred before another past action, event, or state. The **trapassato prossimo** uses the imperfect tense of **avere** or **essere** with the past participle of the primary verb.

Suggestion Review the conjugations in the **passato prossimo** before introducing the forms of the **trapassato**.

The *trapassato prossimo*

parlare		uscire	
avevo parlato	*I had spoken*	ero uscito/a	*I had gone out*
avevi parlato	*you had spoken*	eri uscito/a	*you had gone out*
aveva parlato	*you had spoken; he/she/it had spoken*	era uscito/a	*you had gone out; he/she/it had gone out*
avevamo parlato	*we had spoken*	eravamo usciti/e	*we had gone out*
avevate parlato	*you had spoken*	eravate usciti/e	*you had gone out*
avevano parlato	*they had spoken*	erano usciti/e	*they had gone out*

Quando Paolo le ha portato l'acqua, Maria non **aveva** ancora **trovato** l'aspirina.
*When Paolo brought her the water, Maria **had** not yet **found** the aspirin.*

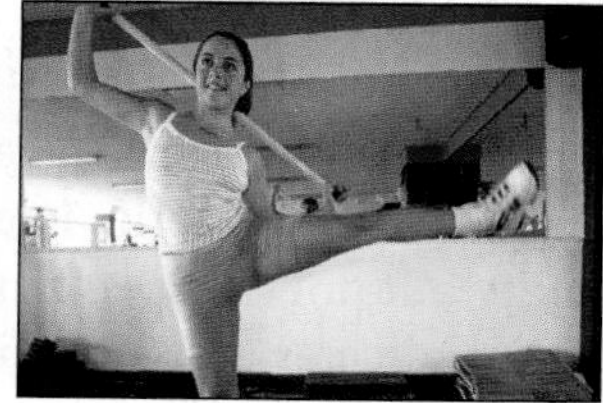

Pina **aveva** già **fatto ginnastica** per due ore prima di andare al lavoro.
*Pina **had** already **exercised** for two hours before going to work.*

- In the **trapassato prossimo**, like in the **passato prossimo**, the past participle of verbs formed with **essere** must agree in gender and number with the subject.

Giulia e Antonio non **erano** mai **andati** a Como.
*Giulia and Antonio **had** never **gone** to Como.*

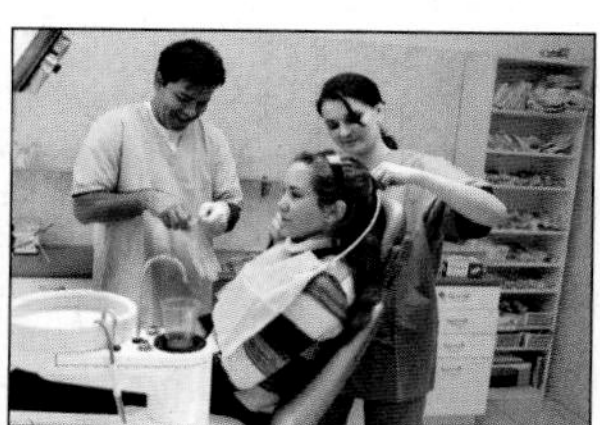

La paziente **era** appena **arrivata** quando il dentista è entrato.
*The patient **had** just **arrived** when the dentist came in.*

Suggestion Ask students to call out verbs that take **essere** and **avere** and review them on the board.

Suggestion Before starting the activities, review the most common irregular past participles. Have groups of students write as many as they can without using the book.

PRATICA

1 Completare Completa ogni frase con la forma corretta del trapassato prossimo.

Il dottore è arrivato alla casa alle otto di sera. Io gli (1) ___avevo telefonato___ (telefonare) perché mia nonna stava male. Mia nonna (2) ___si era fatta male___ (farsi male) quel pomeriggio. Io e mia mamma (3) ___avevamo fatto esercizio___ (fare esercizio) dopo pranzo. Quando siamo tornate a casa, mia nonna (4) ___era già caduta___ (cadere già) e aspettava aiuto. Mia nonna non (5) ___aveva mangiato___ (mangiare); era molto debole. Quando il dottore è arrivato, mia nonna (6) ___era già andata___ (andare già) a letto. Il dottore le ha dato delle medicine e il giorno dopo mia nonna è tornata in forma.

2 Abbinare Abbina i soggetti e le forme di **avere** o **essere** con i participi passati per creare frasi originali.
Answers will vary.

A	B
io avevo	studiato
loro si erano	mangiato
tu eri	arrivato
noi avevamo	truccate
lui aveva	fatto ginnastica
voi avevate	fatta male
io mi ero	scritto
lei si era	caduta

2 Suggestion Write three sentences on the blackboard, one in the **imperfetto**, one in the **passato prossimo**, and one in the **trapassato**. Then ask students to arrange the sentences in order of time.

3 Descrivere Racconta che cosa avevano fatto le persone prima di questo momento.
Answers may vary slightly. Sample answers are provided.

MODELLO Tommaso / svegliarsi / suonare / la sveglia
Tommaso si era già svegliato quando è suonata la sveglia.

1. il paziente / guarire / ricevere la medicina
   Il paziente era già guarito quando ha ricevuto la medicina.
2. Gloria / non lavarsi i capelli / uscire di casa
   Gloria non si era ancora lavata i capelli quando è uscita di casa.
3. io / fare esercizio / fare la doccia
   Io avevo già fatto esercizio quando ho fatto la doccia.
4. tu / rompersi il braccio / rompersi l'altro
   Tu ti eri già rotto il braccio quando ti sei rotto l'altro.
5. la signora Bellini / prendere l'aspirina / andare dal dottore
   La signora Bellini aveva già preso l'aspirina quando è andata dal dottore.
6. Bianca e Brigitta / non comprare le pillole / la farmacia / chiudere
   Bianca e Brigitta non avevano ancora comprato le pillole quando la farmacia ha chiuso.

Suggestion Write two events on the blackboard, for example WWI and WWII. Then have students work in pairs to write a sentence using the **passato prossimo** and the **trapassato**.

 Practice more at **vhlcentral.com.**

COMUNICAZIONE

4 Un anno fa A coppie, fate domande su c… avevate già fatto l'anno scorso prima della d… di oggi. Answers will vary.

4 Expansion Have stu… use direct object pronou… **ci** in their answers.

MODELLO

S1: *Eri già stato dal dottore l'anno scorso prima di questa data?*
S2: *No, non ero ancora stato dal dottore.*

1. Eri stato/a dal dottore?
2. Eri stato/a al pronto soccorso?
3. Avevi avuto la febbre?
4. Avevi fatto le vaccinazioni?
5. Avevi avuto il raffreddore?
6. Eri stato/a dal dentista?
7. Avevi fatto il vaccino per l'influenza?
8. Avevi perso (*missed*) delle lezioni perché eri malato/a?

5 Al liceo Fai una lista di sei cose che avevi già fatto quando hai iniziato a studiare all'università. Poi, in gruppi di tre, fatevi domande e rispondete. Answers will vary.

MODELLO

S1: *Che cosa avevi già fatto quando sei arrivato all'università?*
S2: *Io avevo già studiato algebra. E tu?*
S3: *Io avevo già viaggiato in Europa!*

6 Malattie e ferite A coppie, parlate delle malattie e dei problemi di salute che avevate già avuto prima dei dieci anni. Fate una lista e poi discutetela con la classe. Answers will vary.

MODELLO

S1: *A otto anni mi ero già rotto il braccio.*
S2: *Io non mi ero rotto niente, ma avevo già…*

braccio rotto / gamba rotta
carie
allergie
insonnia
infezioni
febbre alta
varicella

6 Expansion Have each pair write a list of common illnesses. Have them use a dictionary to come up with the list in Italian. Review as a class and write the list on the board.

use 10/1 or this past weekend
exc. 4
Don't do exc. 3
#5 before High School
#6 before 10

…sed in conjunction with either …**rfetto**.

Sono arrivata dopo che **eravate usciti**.
*I arrived after **you had gone out**.*

…vevamo sonno perché non **avevamo dormito** bene.
*…We were sleepy because **we hadn't slept** well.*

…sed with the word **già** to indicate that an action, event, or mental or physical state had already occurred before another. Remember to place **già**, as well as adverbs such as **mai**, **appena**, and **ancora**, between the conjugated form of **avere** or **essere** and the past participle.

Avevano appena ordinato quando è suonato il suo telefonino.
*They **had just ordered** when her cell phone rang.*

Quando il conto è arrivato, la sua fidanzata **era già andata via**.
*When the bill arrived, his girlfriend **had already left**.*

Suggestion Ask students to tell what they had already done by the time they came to class (**avevo già fatto la doccia/scritto una composizione…**).

Provalo! **Scegli la forma corretta del trapassato prossimo per completare ogni frase.**

1. Lunedì scorso la professoressa (**aveva già corretto** / avevi già corretto) tutti gli esami.
2. Io non (era mai stata / **ero mai stato**) in Italia per Natale.
3. Tu e Alberto (avevamo promesso / **avevate promesso**) di venire con noi.
4. Quando tu sei arrivato, noi (**avevamo già finito** / avevano già finito) di fare i compiti.
5. L'infermiera era stanca perché (eri tornata / **era tornata**) dal pronto soccorso un'ora prima.
6. Nadia stava ancora male perché (mi ero dimenticata / **si era dimenticata**) di prendere la medicina.
7. Letizia e Domenico sono arrivati in anticipo perché (erano uscite / **erano usciti**) presto.
8. Quando siamo andati a vedere il film, io (avevamo già letto / **avevo già letto**) il libro.

SINTESI

Ricapitolazione

1 Expansion Put students in groups of three. Assign one student the **imperfetto**, one the **passato prossimo**, and one the **trapassato prossimo**. Have each student summarize the rules of the tense without using the book.

4 Expansion Have students work in groups of four. One of them is the doctor, the other three are patients. The patients have to tell the doctor about their symptoms and the doctor gives them advice.

1 Opposti A coppie, descrivete due compagni di stanza, Aldo e Federico, che sono completamente diversi l'uno dall'altro. Scrivete cinque frasi per ogni persona e raccontate che cosa facevano ieri. Usate l'imperfetto. Answers will vary.

MODELLO

S1: *Aldo era in bagno a farsi la doccia, a radersi, a pettinarsi e a guardarsi allo specchio.*
S2: *Federico era sulla poltrona (armchair) davanti alla TV.*

2 Un gioco Scrivi la prima parte di sei frasi su sei fogli di carta. Tre devono avere un'azione continua e tre un'interruzione o azione finita. Poi, in gruppi di quattro, fate a turno a prendere un foglio da ogni gruppo e a creare una frase. Answers will vary.

MODELLO

S1: *Leggevo in biblioteca…*
S2: *…quando un extraterrestre è entrato!*

3 All'improvviso A coppie, scegliete uno dei disegni e scrivete una breve storia. Prima descrivete la scena, poi dite cosa è successo all'improvviso. Usate l'imperfetto e il passato prossimo. Siate creativi! Answers will vary.

MODELLO

S1: *Era domenica e mi rilassavo nel bagno.*
S2: *Leggevo il mio libro preferito…*

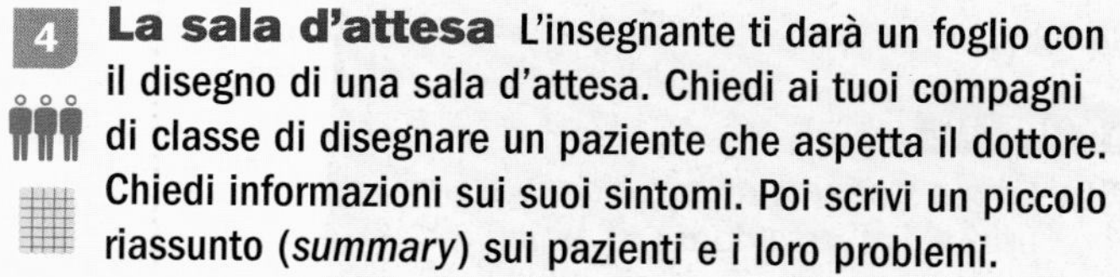

4 La sala d'attesa L'insegnante ti darà un foglio con il disegno di una sala d'attesa. Chiedi ai tuoi compagni di classe di disegnare un paziente che aspetta il dottore. Chiedi informazioni sui suoi sintomi. Poi scrivi un piccolo riassunto (*summary*) sui pazienti e i loro problemi. Answers will vary.

MODELLO

S1: *Il bambino mangiava un gelato quando la sua faccia è diventata tutta rossa…*

5 Un brutto giorno al ristorante A coppie, guardate la foto e poi create una storia in cui qualcosa di inaspettato (*something unexpected*) succede ad uno degli ospiti. Può essere un incidente, una reazione allergica o qualcosa di completamente differente. Usate la vostra immaginazione! Answers will vary.

MODELLO

S1: *Sara e Carlo mangiavano e parlavano al ristorante La melanzana rossa.*
S2: *All'improvviso…*

6 Mini storie In gruppi di tre, fate a turno a creare tre mini storie di tre frasi ciascuna. La prima persona descrive qualcosa che è già successo. La seconda scrive che cosa faceva il personaggio dopo. La terza aggiunge un'azione improvvisa. Poi scegliete la storia che vi piace di più e illustratela per la classe come un fumetto (*comic book*). Usate il trapassato prossimo, l'imperfetto e il passato prossimo. Answers will vary.

MODELLO

S1: *Riccardo si era rotto un braccio.*
S2: *Dopo un mese, stava molto meglio.*
S3: *Ma ieri si è rotto l'altro braccio!*

6 Expansion After the activity, have each group add a few more sentences to the story they chose.

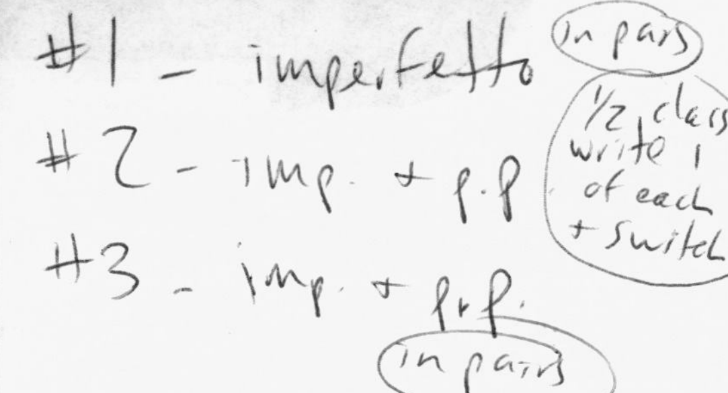

#1 – imperfetto (in pairs)
#2 – imp. + p.p. (1/2 class write 1 of each + switch)
#3 – imp. + p.p. (in pairs)

7 **Cosa è successo?** In gruppi di quattro, scegliete una delle due fo e descrivete cosa è successo prima di arrivare alla situazione che vedete. Siate creativi! Answers will vary.

MODELLO

S1: *Tiziana si sentiva male da tre giorni.*
S2: *Stamattina è andata dal dottore…*

Tiziana

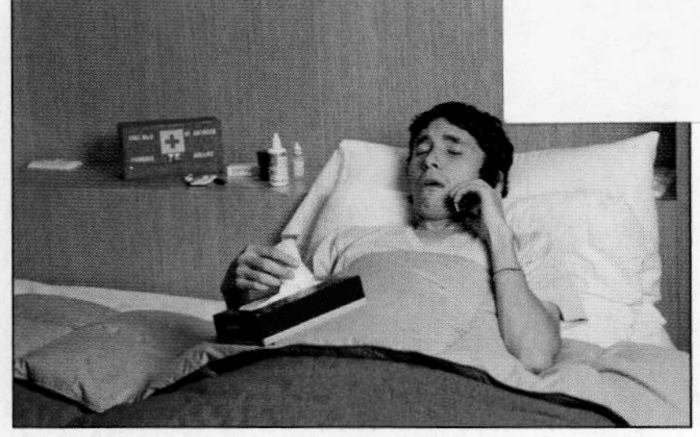
Davide

The others try to reconstruct the story as accurately as possible.

- Ask students to work at home on the picture they didn't choose. The day after, read three or four of the stories aloud.

8 **La nuova paziente** Lavorate a coppie. L'insegnante vi darà due fogli diversi, ciascuno con metà delle informazioni su una paziente che è appena arrivata in ospedale. A turno, fate domande sul passato della paziente per ricostruire la sua storia medica. Usate l'imperfetto, il passato prossimo e il trapassato prossimo quando e come necessario. Answers will vary.

MODELLO

S1: *La signora Gramicci è stata all'ospedale l'anno scorso?*
S2: *No, ma si era rotta il braccio l'anno prima.*

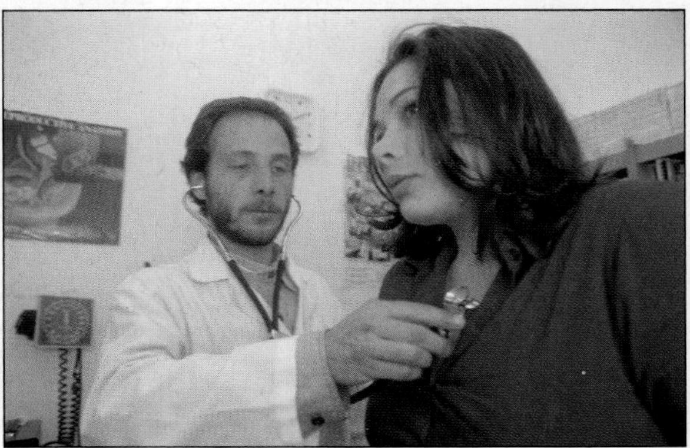

Il mio di·zio·na·rio

Aggiungi al tuo dizionario personalizzato cinque parole relative alla salute.

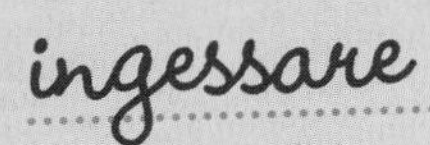
ingessare

traduzione
to put a cast on

categoria grammaticale
verbo

uso
Mi sono rotta la gamba e il dottore me l'ha ingessata.

sinonimi
/

antonimi
togliere il gesso

Il mio dizionario Ask students to share their words with the class. Write some of the new words on the board.

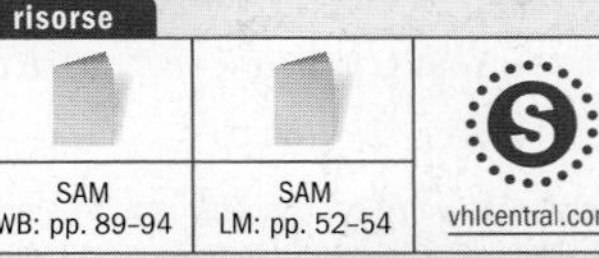

Panorama

Suggestion Have students find the regions and cities mentioned on a map. Ask if any of them have ever been to that part of Italy or if they would like to go there and why.

Il Triveneto

Trentino-Alto Adige

La regione in cifre

- **Superficie:** *13.607 km²* ▶ **Popolazione:** *1.047.229*
- **Industrie principali:** *turismo, energia idroelettrica°*
- **Città principali:** *Trento, Bolzano, Merano*

Trentini celebri

- **Alcide De Gasperi,** *ex-primo ministro (1881–1954)*
- **Fortunato Depero,** *pittore e grafico° (1892–1960)*
- **Francesca Neri,** *attrice (1964–)*

Veneto

La regione in cifre

- **Superficie:** *18.399 km²* ▶ **Popolazione:** *4.904.643*
- **Industrie principali:** *commercio, turismo*
- **Città principali:** *Venezia, Verona, Padova*

Veneti celebri

- **Marco Polo,** *esploratore (1254–1324)*
- **Tiziano Vecellio,** *pittore (1490–1576)*
- **Giuliana Benetton,** *donna d'affari (1937–)*

Friuli-Venezia Giulia

La regione in cifre

- **Superficie:** *7.845 km²* ▶ **Popolazione:** *1.221.860*
- **Industrie principali:** *agricoltura, cantieristica°*
- **Città principali:** *Trieste, Udine, Pordenone*

Friulani celebri

- **Italo Svevo,** *scrittore (1861–1928)*
- **Pier Paolo Pasolini,** *regista e scrittore (1922–1975)*
- **Lidia Bastianich,** *cuoca e ristoratrice° (1947–)*

energia idroelettrica *hydroelectric energy* **grafico** *graphic designer* **cantieristica** *shipbuilding* **ristoratrice** *restaurateur* **mummia** *mummy* **ghiacciaio** *glacier* **permette** *allows*

GERMANIA
A L P I
Passo del Brennero
AUSTRIA
SVIZZERA
Merano
Bolzano
TRENTINO-ALTO ADIGE
FRIULI-VENEZIA GIULIA
SLOVENIA
DOLOMITI
Trento
Pordenone
Udine
Tagliamento
VENETO
Monte Baldo
Lago di Garda
Verona
Golfo di Trieste
Trieste
Laguna di Marano
Venezia
Murano
Astico
Padova
Laguna di Venezia
Adige
Golfo di Venezia
CROAZIA
Po
MARE ADRIATICO
0 30 miglia
0 30 chilometri

il tramonto a Trieste

i canali a Venezia

Suggestion Before reading the page with the class, draw two columns on the blackboard. In one column write the names of the famous people mentioned and in the second column their occupations in a different order. Then have students match them.

il leone marciano

Incredibile ma vero! Have groups of three students pretend they are archeologists who made an amazing discovery. Have them share their discovery with the class.

Incredibile ma vero!

È molto famoso in tutto il mondo, è italiano e ha più di cinquemila anni. Chi è? È Ötzi, una mummia° trovata in un ghiacciaio° del Norditalia nel 1991. La sua storia è un mistero, ma oggi si trova nel Museo Archeologico dell'Alto Adige, a Bolzano, conservata in una struttura che ne permette° l'osservazione.

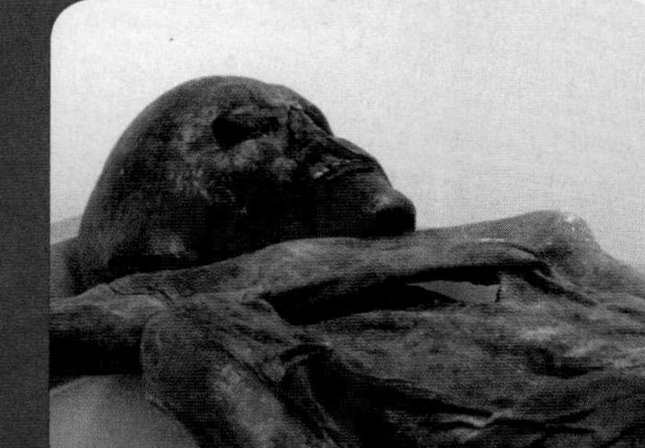

La storia

Trieste: città di confine

La città di Trieste si trova nell'estremo nordest dell'Italia, al confine° con la Slovenia. Trieste fa parte dell'Italia dal 1918. Tra il 1945 e il 1954 è stata contesa° fra Italia ed ex-Iugoslavia. Durante il XIX secolo° è stata rivendicata° dal movimento nazionalista detto "irredentista," che si batteva per l'annessione° allo stato italiano di tutti i territori e le popolazioni etnicamente italiani. Il dialetto triestino è molto difficile per i parlanti dell'italiano standard e ha diverse influenze austriache. Trieste è la città dove si fondono° la cultura italiana e quella dell'Europa dell'est.

L'artigianato

Capolavori di vetro

Murano, chiamata anche «isola del vetro°», si trova a un chilometro da Venezia. È formata da sette isole e ha circa 4.500 abitanti. L'industria del vetro è presente a Murano dal 1921, quando venne spostata° da Venezia a causa degli incendi° creati dalle vetrerie°. Venezia voleva inoltre mantenere l'arte del vetro un segreto in possesso solo delle famiglie coinvolte°; per questo l'ha trasferita su un'isola fuori dalla città. Esempi di prodotti in vetro di Murano sono piatti, bicchieri, lampadari, soprammobili° e specchi.

Lo sport

Tutti in barca°!

La regata Barcolana è uno degli eventi sportivi più seguiti in Italia. Si svolge° a Trieste la seconda domenica di ottobre e attrae in media più di 200.000 persone. Le origini della regata risalgono° al 1969, quando l'unico requisito° era avere una barca lunga minimo sei metri°. Recentemente 2.000 imbarcazioni° hanno partecipato alla regata, con un totale di circa 25.000 persone di equipaggio°, rendendo questo evento un'occasione unica per gli amanti° di questo sport.

La letteratura

Shakespeare in Italia

La città di Verona è diventata molto famosa grazie alle opere di Shakespeare. La più conosciuta è «Romeo e Giulietta», ma un'altra grande opera del poeta inglese è «I due gentiluomini di Verona», una storia di amori e tradimenti° che si svolge tra Verona e Milano. Non si sa° perché per queste sue opere Shakespeare abbia scelto° Verona, che nel 1500 è stata teatro di molte guerre° e della peste°. È interessante anche il fatto che Shakespeare non sia mai stato° a Verona e che immaginasse° la città simile a Venezia. Grazie a Shakespeare, Verona è conosciuta anche come «città dell'amore».

Quanto hai imparato? Completa le frasi.

1. Ötzi è stato trovato in Italia nel ___1991___.
2. Oggi la mummia Ötzi si trova ___nel Museo Archeologico dell'Alto Adige___.
3. Trieste fa parte dell'Italia dal ___1918___.
4. Il movimento nazionalista ___irredentista___ voleva l'annessione di Trieste allo stato italiano.
5. A causa degli incendi, l'industria del vetro è stata spostata da ___Venezia___ a Murano nel 1921.
6. Murano è in provincia di ___Venezia___.
7. La Barcolana è una ___regata___.
8. Negli ultimi anni circa ___2.000 imbarcazioni___ hanno partecipato alla Barcolana.
9. ___«Romeo e Giulietta» e «I due gentiluomini di Verona»___ sono due opere di Shakespeare che si svolgono a Verona.
10. Shakespeare immaginava Verona simile a ___Venezia___.

risorse

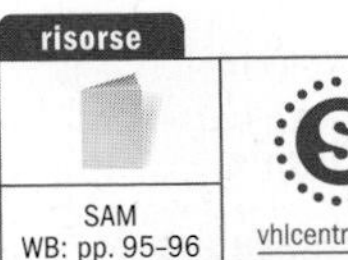

SAM WB: pp. 95–96

vhlcentral.com

Practice more at **vhlcentral.com.**

SU INTERNET

Go to vhlcentral.com to find more cultural information related to this **Panorama**.

1. Ötzi è una mummia famosa, ma ci sono stati altri ritrovamenti (*discoveries*) incredibili sui ghiacciai. Cerca informazioni su altri ritrovamenti in Italia.
2. L'isola di Murano è famosa per il vetro. Per che cosa è famosa l'isola di Burano, un'altra isola in provincia di Venezia?
3. Un'altra opera di Shakespeare che ha a che fare (*deals with*) con Verona è «La bisbetica domata». Cerca informazioni su questa commedia e i luoghi italiani in cui (*in which*) si svolge.

confine *border* **contesa** *disputed* **secolo** *century* **rivendicata** *reclaimed* **annessione** *annexation* **si fondono** *merge* **vetro** *glass* **venne spostata** *was moved* **incendi** *fires* **vetrerie** *glassworks* **coinvolte** *involved* **soprammobili** *knickknacks* **barca** *boat* **Si svolge** *It takes place* **risalgono** *date back* **requisito** *requirement* **lunga minimo sei metri** *at least six meters long* **imbarcazioni** *boats* **equipaggio** *crew* **amanti** *lovers* **tradimenti** *betrayals* **Non si sa** *It isn't known* **abbia scelto** *chose* **guerre** *wars* **peste** *plague* **non sia mai stato** *had never been* **immaginasse** *he imagined*

Lettura

communication cultures — NATIONAL STANDARDS

Audio: Reading

Prima di leggere

Prima di leggere Bring to class some statistics about the percentage of overweight people in the U.S. and in Italy and discuss them with the class.

STRATEGIA

Recognizing word families

Recognizing related words can help you guess the meaning of words in context, ensuring better comprehension of a reading selection. Using this strategy will enrich your Italian vocabulary.

Esamina il testo Questa è una lista di parole che conosci. Per ogni parola trovane un'altra nel testo, che faccia parte della stessa famiglia. Usa il dizionario per dare un equivalente in inglese.

MODELLO

settimana	*il fine settimana*	*weekend*
1. ora	gli orari	schedules
2. lavorare	il lavoro	work
3. aiuto	aiutare	to help
4. consigliare	consigliabile	advisable
5. divertirsi	divertenti	fun
6. stress	stressati	stressed

Famiglie di parole A coppie, trovate la parola migliore per completare ogni famiglia di parole. (Nota: Conoscete tutte le parole che mancano e c'è una parola per famiglia nel testo.)

MODELLO

VERBO	NOME	AGGETTIVO
vedere	*vista*	**visto/a**
1. dovere	dovere	dovuto/a
2. esagerare	esagerazione	esagerato/a
3. aiutare	aiuto	aiutato/a
4. consigliare	consiglio	consigliabile
5. rilassarsi	rilassamento	rilassato
6. leggere	lettura	letto/a

Prima di leggere Before reading the pamphlet, have groups of students talk about what they do to be healthy. Do they watch what they eat? Do they go to the gym? How much do they sleep?

Suggestion Ask students if they prefer relaxing activities like yoga and meditation or more active ones like jogging, swimming, playing tennis, and so on. Take a quick class survey and show the results to the whole class.

Tutti in forma!

della dottoressa Giovanna Palmieri

Sei sempre stanco? Non trovi una soluzione? Non c'è problema! La dottoressa Giovanna Palmieri ha dieci idee per tornare in forma in poco tempo.

1 Dovete mangiare sano

È molto importante mangiare di tutto. Dovete fare una buona colazione e mangiare poco la sera. Evitate i carboidrati e scegliete molta frutta, verdura e pesce. Un dolce ogni tanto va bene, ma non dovete esagerare!

2 Dovete evitare fumo, alcool e caffeina

Fumare e bere è dannoso° alla salute. Dovete limitare l'uso di caffeina (caffè, Coca-Cola, tè) e bere invece tanta acqua.

3 Dovete fare sport

Forse siete stanchi dopo lo sport, ma non fare sport non è la soluzione! È una buona idea fare attività fisica tre volte alla settimana. Attenzione, però, a non fare sport prima di andare a dormire o potete avere problemi ad addormentarvi!

4 Dovete fare una pausa°

Siete sempre di corsa°? Siete occupati tutto il giorno? Fermatevi! Potete ascoltare la musica (classica, non rock!), fare una passeggiata nel parco o riposarvi° qualche minuto.

5 Dovete avere orari regolari
Dovete alzarvi la mattina e andare a letto la sera alla stessa ora tutti i giorni, con una piccola eccezione il fine settimana. Avere orari regolari è molto importante per essere in forma.

6 Dovete fare un riposino°
Anche solo 15–20 minuti sono sufficienti a darvi tanta energia per il resto della giornata. Se avete tempo, provate a fare un riposino: i risultati sono incredibili! Se dormite un pochino siete più rilassati e concentrati e potete fare tante cose!

7 Dovete ridere
È sempre consigliabile° ridere un po' durante il giorno. Potete leggere delle barzellette°, vedere gli amici o passare del tempo con la famiglia. Dovete parlare di cose divertenti e rilassanti e non pensare allo stress per una o due ore.

8 Dovete evitare i problemi la sera
La sera è il momento peggiore° per avere discussioni e risolvere i problemi esistenziali. Se siete nervosi e stressati non dormite bene e non potete pensare a buone soluzioni. È consigliabile aspettare il giorno dopo.

9 Dovete rilassarvi prima di dormire
Quando siete pronti per andare a letto, usate pochi minuti per un po' di rilassamento. Provate a dimenticare lo stress, il lavoro, gli esami e gli altri problemi. La meditazione e lo yoga possono aiutare.

10 Dovete dormire bene
Potete dormire 6 ore o potete dormirne 10, non è importante. L'importante è dormire le ore di cui° il vostro corpo ha bisogno. È anche importante dormire bene, senza musica o televisione. Buonanotte!

Suggestion Have students close their books and listen to you reading the pamphlet. Then ask them to write down as much of the advice as they can remember or understand.

dannoso *harmful* **fare una pausa** *to take a break* **di corsa** *rushing* **riposarvi** *rest* **riposino** *nap* **consigliabile** *advisable* **barzellette** *jokes* **peggiore** *worse* **di cui** *that*

Dopo la lettura

Completare Completa le frasi seguenti.

1. Per essere in forma dovete mangiare frutta, verdura e pesce.
2. È importante dormire senza musica o televisione.
3. La meditazione e lo yoga possono aiutarvi a dormire quando siete stressati.
4. Se siete sempre di corsa è importante fare una pausa/fermarsi.
5. È una buona idea fare attività fisica tre volte alla settimana.
6. La sera non è un buon momento per risolvere i problemi.
7. Non fa bene alla salute bere alcool e caffeina.
8. Se possibile provate a dormire per quindici o venti minuti durante la giornata.

Vero o falso? Indica se ogni frase è **vera** o **falsa**. Correggi le frasi false. Answers may vary slightly. Sample answers are provided.

1. Giovanna Palmieri è una cliente della dottoressa.
   Falso. Giovanna Palmieri è la dottoressa.
2. Se mangiate frutta e verdura, potete mangiare anche tanti dolci.
   Falso. In generale fa bene mangiare pochi dolci.
3. È importante dormire con della musica classica.
   Falso. È importante dormire senza musica.
4. È consigliabile avere orari regolari.
   Vero.
5. La meditazione e lo yoga non fanno dormire bene.
   Falso. Aiutano a rilassarsi.
6. È bene non fare molto sport prima di dormire.
   Vero.
7. È una buona idea evitare discussioni la sera.
   Vero.
8. Il fumo e la caffeina sono elementi positivi per il corpo.
   Falso. Dobbiamo evitare fumo, alcool e caffeina.

La vostra opinione Che cosa pensate delle idee della dottoressa Palmieri? Secondo voi, ha ragione o no? A coppie, scegliete due delle sue raccomandazioni e dite cosa ne pensate di ciascuna. Quali consigli potete dare a un(a) amico/a? Answers will vary.

Expansion
- Have students role-play Doctor Palmieri and a patient who does the opposite of what she suggests.
- Have groups of students come up with other pieces of advice. See which group can come up with the most advice in three minutes.

 Practice more at **vhlcentral.com.**

In ascolto

Audio

STRATEGIA

Listening for specific information

Once you identify the subject of a conversation, you can listen more effectively for specific information. You can also use your background knowledge to predict what kinds of information you might hear.

To practice this strategy, you will listen to a commercial for a flu relief medication. Before you listen, use what you already know about the flu and commercials for medications to predict the content of the commercial. Then, listen and jot down specific information the commercial provides. Compare these details to the predictions you first made.

Strategia After listening to the commercial, have pairs of students write more information about the product and explain what is missing in the commercial.

Preparazione

Guarda la foto e descrivi le due persone. Come sono? Secondo te, sono atletiche? Sono in forma? Hanno problemi di salute? Che tipo di problemi? Di che cosa parlano?

Ascoltiamo

Ascolta la conversazione e indica i problemi che ha Beatrice.

1. ✓ naso intasato
2. ___ carie
3. ✓ influenza
4. ___ insonnia
5. ✓ febbre
6. ✓ mal di pancia
7. ___ depressione
8. ✓ nausea

Practice more at **vhlcentral.com.**

Comprensione

Completare Completa le frasi.

1. Beatrice non sta bene, è ___malata___.
2. Beatrice ha ___mal di pancia, la febbre, la nausea e il naso intasato___.
3. Il dottore può venire alle ___sette di sera___.
4. Paola chiede a Beatrice se ha ___delle medicine___ in casa.
5. Beatrice ha bevuto ___un tè caldo___ e ora è a letto.
6. Paola chiede a Beatrice se vuole andare ___al pronto soccorso___.
7. Beatrice chiede a Paola di portarle ___una medicina per il raffreddore___.
8. Beatrice dice a Paola che la chiama ___dopo che il dottore se ne va___.

Un questionario In gruppi di tre, immaginate di lavorare all'ambulatorio (*health center*) della tua università. Ci sono molti studenti italiani quest'anno e tutti devono andare dal dottore prima di essere ammessi (*admitted*). Il vostro direttore vi ha chiesto di creare un questionario in italiano sulla salute e lo stile di vita degli studenti. Preparate il questionario (minimo dieci domande) e poi presentatelo alla classe. Temi da considerare:

- malattie
- recenti problemi di salute
- nutrizione
- attività fisica
- dieta
- stress e problemi personali
- abitudini per il dormire

Un questionario Challenge students to create original questions. After some groups have presented their questionnaire to the class, ask around and see if anyone has questions that no one else thought of.

Scrittura

STRATEGIA

How to report an interview

There are several ways to prepare a written report about an interview. You can transcribe the interview verbatim, you can summarize what was said, or you can combine the two approaches. Whatever approach you choose, the report should begin with an interesting title and a brief introduction including the five W's (*who, what, when, where, why*) and the H (*how*) of the interview. The report should end with an interesting conclusion. Note that when you transcribe a conversation in Italian, you should pay careful attention to format and punctuation.

Scrivere una conversazione in italiano

- Per mostrare chi parla in una conversazione, potete scrivere il nome della persona prima della frase.

  MONICA Lucia, che cosa hai fatto ieri sera?

  LUCIA Sono restata a casa. Dovevo andare alla festa di Davide, ma avevo la febbre.

  MONICA Poverina! Ti senti meglio adesso?

  LUCIA Un po', ma vado dal dottore questo pomeriggio.

- Puoi anche iniziare la frase con una lineetta (*dash*) per indicare che parla una persona diversa.

  – Ciao, Luca! Come stai? Ti vedo in forma!

  – Grazie, Antonio. Da due mesi vado in palestra.

  – Bravo. Anch'io volevo andare in palestra, ma proprio non trovo il tempo!

  – Allora, la prossima volta che ci vado, ti chiamo.

Expansion Prepare a dialogue between two people. Write down only what one person says. Organize students in pairs and give them the half-dialogue. Have them complete the dialogue with the questions/answers of the other person.

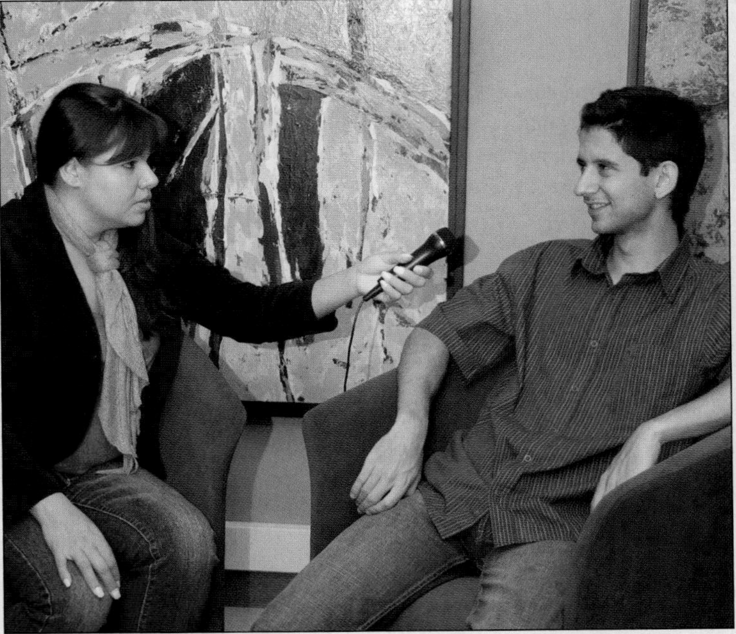

Tema

Tema After students write their interview, ask them to role-play it for the class.

Scrivere un'intervista

Sergio DeCarli è l'autore di un libro su una nuova dieta e stile di vita (*lifestyle*). Il suo libro è molto popolare e aiuta molti italiani a stare in forma. DeCarli viene alla tua università per una presentazione e tu hai il compito di intervistarlo per il giornale della scuola.

- Inizia con un'introduzione.

  MODELLO

  Ecco Sergio DeCarli, autore del libro sulla salute più venduto (sold) quest'anno.

- Prepara una lista di domande da fare a Sergio DeCarli sul suo nuovo libro. Per esempio, considera i seguenti argomenti:
  - il titolo del libro
  - il suo successo
  - dove ha preso l'idea
  - perché è importante essere in forma
- Scrivi una conversazione immaginaria di 10 o 12 righe (*lines*) tra te e DeCarli. Indica chi parla con una lineetta o con il nome di ogni persona.
- Finisci la conversazione con una breve conclusione.

  MODELLO

  Potete trovare il libro di Sergio DeCarli in tutte le librerie. Sabato 26 luglio alle 15.00 DeCarli sarà (will be) alla Libreria Trugotto a firmare (sign) libri.

Tema Have each student pass their interview to another and check the grammar of the other's assignment.

VOCABOLARIO

In bagno

l'accappatoio	*bathrobe*
l'asciugacapelli (*m.*)	*hair dryer*
l'asciugamano	*towel*
la crema	*lotion*
il dentifricio	*toothpaste*
le pantofole	*slippers*
il pettine	*comb*
il pigiama	*pajamas*
il rasoio	*razor*
il rossetto	*lipstick*
il sapone	*soap*
la schiuma da barba	*shaving cream*
la spazzola	*hairbrush*
lo spazzolino (da denti)	*toothbrush*
lo shampoo	*shampoo*
lo specchio	*mirror*
il trucco	*makeup*

La routine del mattino

Suona la sveglia.	*The alarm clock rings.*
farsi la barba	*to shave (beard)*
lavarsi i denti	*to brush one's teeth*
sbadigliare	*to yawn*
svegliarsi	*to wake up*
truccarsi	*to put on makeup*

All'ospedale

l'ambulanza	*ambulance*
l'aspirina	*aspirin*
il/la chirurgo/a	*surgeon*
il/la dentista	*dentist*
il/la farmacista	*pharmacist*
l'infermiere/a	*nurse*
la medicina	*medicine; drug*
il medico (di famiglia)	*(family) doctor*
il/la paziente	*patient*
la pillola	*pill*
il pronto soccorso	*first aid; emergency room*
la ricetta	*prescription*
il termometro	*thermometer*

Le parti del corpo

la bocca	*mouth*
il braccio (*pl.* le braccia)	*arm(s)*
il ciglio (*pl.* le ciglia)	*eyelash(es)*
il collo	*neck*
il corpo	*body*
il cuore	*heart*
il dito (*pl.* le dita)	*finger(s)*
il dito del piede	*toe*
la faccia	*face*
la gamba	*leg*
il ginocchio (*pl.* le ginocchia)	*knee(s)*
la gola	*throat*
il gomito	*elbow*
il labbro (*pl.* le labbra)	*lip(s)*
la mano (*pl.* le mani)	*hand(s)*
il naso	*nose*
l'occhio	*eye*
l'orecchio (*pl.* le orecchie)	*ear(s)*
la pelle	*skin*
il petto	*chest*
il piede	*foot*
il sangue	*blood*
la schiena	*back*
il sopracciglio (*pl.* le sopracciglia)	*eyebrow(s)*
la spalla	*shoulder*
lo stomaco	*stomach*
la testa	*head*
il ventre	*abdomen*
la vita	*waist*

Descrizioni

grave	*serious*
leggero/a	*slight*
malato/a	*ill*
sano/a	*healthy*

Dal dottore

andare dal dottore	*to go to the doctor*
avere la febbre	*to have a fever*
avere mal di pancia (schiena, testa)	*to have a stomachache (backache, headache)*
avere il raffreddore	*to have a cold*
controllare la linea	*to watch one's weight*
curare	*to heal; to treat*
essere allergico/a (a)	*to be allergic (to)*
essere in buona salute	*to be in good health*
essere in/fuori forma	*to be in/out of shape*
essere incinta	*to be pregnant*
evitare (di)	*to avoid*
fare esercizio / fare ginnastica	*to exercise*
fare una puntura	*to give a shot*
farsi male	*to hurt oneself*
guarire (-isc-)	*to get better*
piangere	*to cry*
rompersi (un braccio)	*to break (an arm)*
starnutire (-isc-)	*to sneeze*
tossire (-isc-)	*to cough*

Le malattie e i sintomi

la carie (*invar.*)	*cavity*
la depressione	*depression*
il dolore	*pain*
la ferita	*injury; wound*
l'infezione (*f.*)	*infection*
l'influenza	*flu*
l'insonnia	*insomnia*
il naso intasato	*stuffy nose*
la nausea	*nausea*

Espressioni utili	*See pp. 195 and 211.*
Reflexive verbs	*See pp. 198–199.*
Reciprocal reflexives	*See p. 200.*

Casa dolce casa

UNITÀ

Lezione 7A

Lezione 7B

Per cominciare

- Dov'è Viola?
  (a.) in soggiorno b. in piazza c. in cucina
- La pensione è pulita o sporca? È sporca.
- Viola spazza o lava i piatti? Viola spazza.
- Viola è dentro l'appartamento o fuori? Viola è dentro l'appartamento.

Lezione

7A

Communicative Goals

You will learn how to:

- describe your home
- talk about future actions and events

CONTESTI

Suggestion Explain that **trasferirsi** means to move from one town to another, while **traslocare** means to change residency within the same town.

A casa

Vocabulary Tools

Suggestion Point out that **mobili** is a countable noun in Italian, but that *furniture* is a non-count noun in English. Give students the names of the **mobili** listed, and ask them in what part of the house they would find each of them.

Vocabolario

espressioni	*expressions*
affittare	*to rent (owner)*
prẹndere in affitto	*to rent (tenant)*
subaffittare	*to sublet*
trasferirsi/traslocare	*to move*
le parti della casa	*parts of the house*
l'armadio	*closet; wardrobe*
la cucina	*kitchen*
la dispensa	*pantry*
la mansarda	*attic*
la sala da pranzo	*dining room*
la stanza	*room*
lo studio	*office; study*
i mọbili	*furniture*
il cassetto	*drawer*
il comodino	*night table*
la credenza	*cupboard*
il piano cottura	*stove top*
il quadro	*painting*
la scrivanịa	*desk*
Dove ạbiti?	*Where do you live?*
l'appartamento	*apartment*
il bilocale	*two-room apartment*
la cạmera doppia/sịngola	*double/single room*
il palazzo	*apartment building; palace*
il monolocale	*studio apartment*
la villa	*single-family home; villa*
posizione	*location*
a destra/sinistra	*to the right/left*
accanto (a)	*next to*
davanti (a)	*in front of*
dentro	*inside*
dietro (a)	*behind*
fuori	*outside*
sopra	*above, over*
sotto	*below, under*

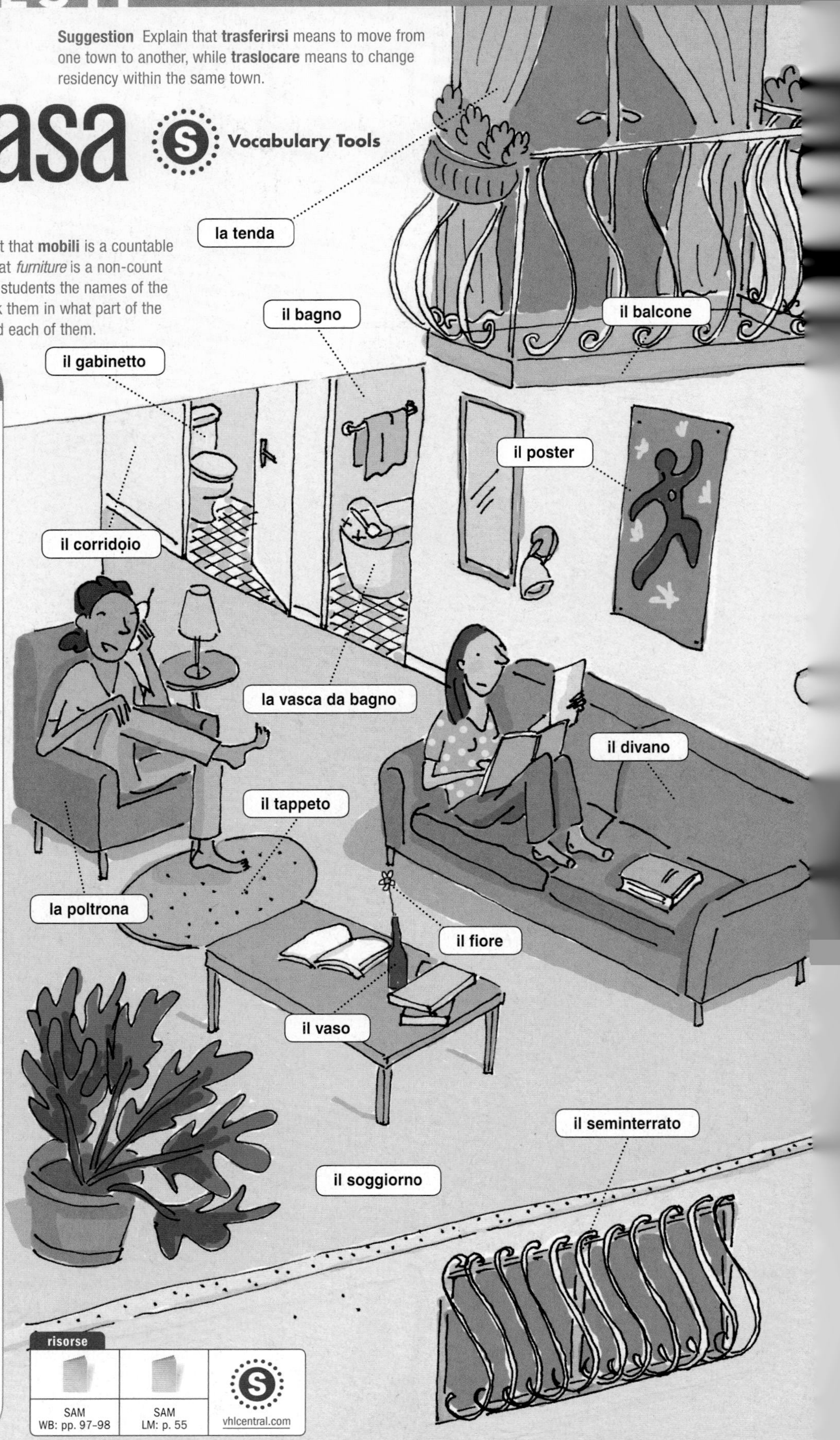

risorse

SAM WB: pp. 97–98	SAM LM: p. 55	vhlcentral.com

Suggestion Point out that **scrivania** can be a writing table or computer desk, while **banco** refers to a student's desk or a counter.

Attenzione!

In Italy, the floors of a building are numbered beginning with the second floor (**il primo piano**). The ground floor is called **il pianterreno**.

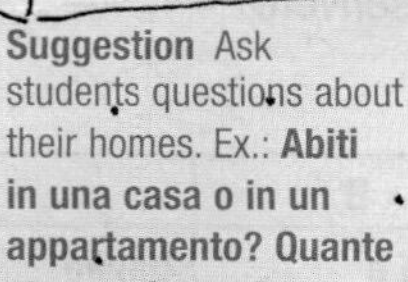

Suggestion Ask students questions about their homes. Ex.: **Abiti in una casa o in un appartamento? Quante stanze ci sono?**

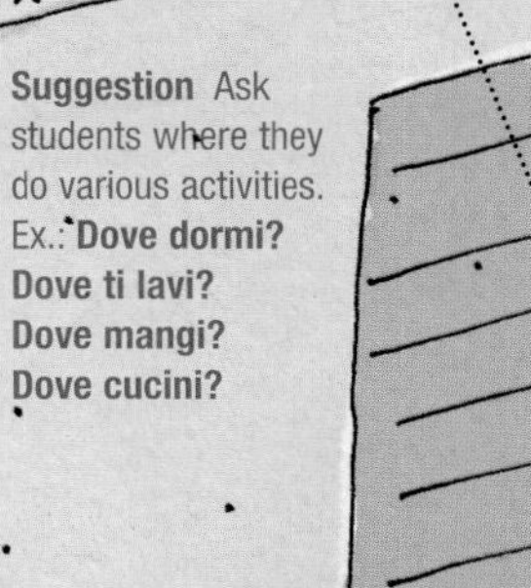

Suggestion Ask students where they do various activities. Ex.: **Dove dormi? Dove ti lavi? Dove mangi? Dove cucini?**

Pratica

1 Le coppie Abbina una parte della casa con l'oggetto associato a quella stanza.

1. c la cucina
2. e il soggiorno
3. f la camera da letto
4. b il garage
5. d il bagno
6. h lo studio
7. a la finestra
8. g l'armadio

a. la tenda
b. l'automobile
c. la credenza
d. il gabinetto
e. il divano
f. il comodino
g. i vestiti
h. il computer

1 Expansion Have pairs of students write four more associations and scramble them for their partners to match.

2 Mettere etichette Scrivi la parola che corrisponde a ogni parte del disegno.

2 Expansion Have students draw the floor plan of their own house/apartment and write the name of each room.

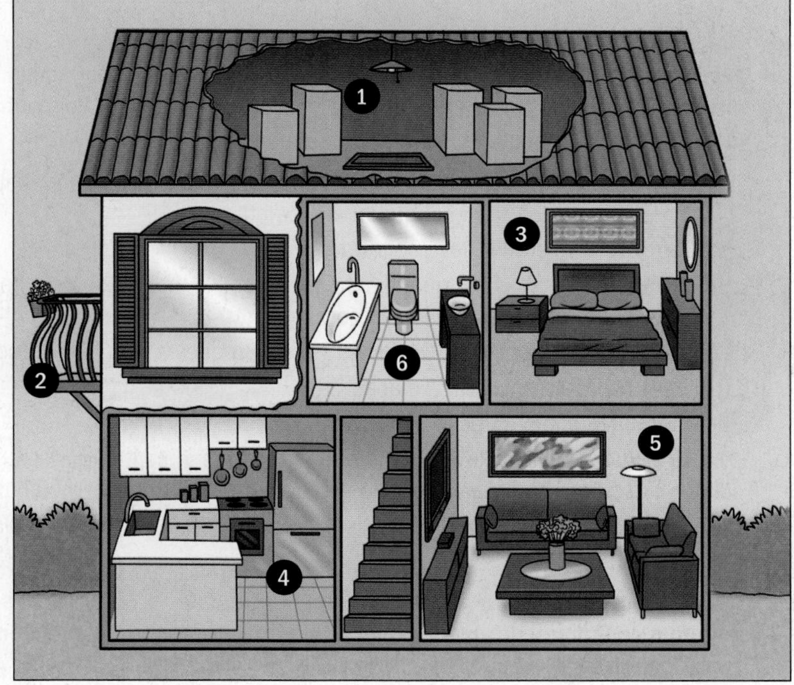

1. la mansarda
2. il balcone
3. la camera da letto
4. la cucina
5. il soggiorno
6. il bagno

3 Scegliere Cerchia (*Circle*) la parola che si associa meglio alla definizione che senti.

1. corridoio — cucina
2. parete — bagno
3. camera da letto — soggiorno
4. studio — garage
5. dispensa — piano cottura
6. gabinetto — quadro
7. monolocale — villa
8. a sinistra — accanto

3 Expansion Give students more definitions to match with new vocabulary words. Ex.: **Ci metto i vestiti** (**armadio**). **Di solito mi ci siedo per guardare la TV** (**divano**). **Sta vicino al letto** (**comodino**).

Practice more at **vhlcentral.com.**

Comunicazione

4 **Dove abito** A coppie, fate a turno a usare le parole di ogni colonna pe[r] … la vostra casa o camera o il vostro appartamento. Answers will vary.

MODELLO

S1: *Il mio appartamento è abbastanza grande.*

S2: *Il mio appartamento non è grande, ma ha un bel balcone.*

A		
la mia casa la mia camera nel dormitorio il mio appartamento		scrivania soggiorno grande/piccolo vecchio/nuovo

4 Expansion Students may also describe the house/apartment of a close friend or relative.

5 **La casa di Donato** Donato parla della sua casa alla sua amica Marta. A coppie, mettete in ordine le frasi per creare una conversazione logica. Poi confrontate (*compare*) la vostra casa con quella di Donato.

5 Expansion Have two students read the dialogue aloud.

_6_ DONATO Sì! E uno studio dove teniamo (*we keep*) il computer. Abbiamo anche un lungo corridoio con tanti bei quadri alle pareti.

_3_ MARTA Davvero? E dove abitavate prima?

_7_ MARTA È vero, i vostri quadri sono molto belli. Mi piacciono anche i poster in camera tua. Che fortuna avere una casa così bella!

_2_ DONATO Grazie, Marta. Ci siamo trasferiti in questa villa l'anno scorso.

_5_ MARTA Avete anche una mansarda?

_1_ MARTA Donato, ma che bella casa!

_4_ DONATO Prima abitavamo in un appartamento in centro, però era piccolo. Allora abbiamo deciso di comprare una villa grande fuori città. Adesso abbiamo una cucina spaziosa, un soggiorno, una sala da pranzo, tre camere da letto e due bagni.

6 **La mia camera da letto** In gruppi di tre, fate a turno a confrontare la vostra camera da letto con quella nel disegno. Answers will vary.

6 Expansion Before starting the activity, brainstorm vocabulary for furniture and other items found in a bedroom. Write the words on the board.

MODELLO

S1: *Nella mia camera c'è un letto, ma non c'è una scrivania e non ho un computer.*

S2: *Nella mia camera, c'è un computer, ma...*

7 **Inventario** Lavorate a coppie. L'insegnante vi darà due fogli diversi, ciascuno con metà delle informazioni sulla pianta (*floor plan*) del vostro nuovo appartamento e sugli oggetti che avete portato. Descrivete le informazioni che avete per identificare tutte le stanze dell'appartamento e decidete dove mettere tutti gli oggetti. Answers will vary.

MODELLO

S1: *Ho sei forchette, sei coltelli e sei cucchiai.*

S2: *Li devi mettere in cucina. È la stanza alla sinistra del bagno. Ho...*

7 Expansion Have each pair list all the items that they have in a certain room.

- Collect ch.6 WB
- HW - WB p. 97-98
- TB pg. 232
4 - pairs - share w/ class
5 - indiv. (choose pair to read)
6 - pairs
7 - don't do
Can use paragraph did for hw

Pronuncia e ortografia

I segni diacritici

da dà **se sé** **si sì** **te tè**

In Italian, diacritical marks (**segni diacritici**) are an essential part of a word's spelling. They indicate how vowels are pronounced or distinguish between words with similar spellings but different meanings.

né... né **affinché** **benché** **perché**

L'accento acuto (´) is sometimes used over the vowel **e** to indicate a closed **e** sound, similar to the *e* in the English word *they*. It is used in the words **né** (*neither*), **sé** (*self*), and with conjunctions ending in -**che**.

così **è** **là** **andrò**

L'accento grave (`) indicates where the spoken stress falls, marks vocal emphasis on a vowel, differentiates between similarly spelled words, and is characteristic of certain forms of the future tense.

ciò **giù** **più** **può**

L'accento grave is also used in certain monosyllabic words ending in two vowels. **L'accento grave** indicates that the spoken stress falls on the final vowel and that a diphthong is formed.

Suggestions

- Point out words with common spellings that are distinguished by accents (**e/è**, **si/sì**).
- Review the sounds of the open and closed **e** (**L2B**). Remind students that vowels are shorter in Italian than they are in English.
- Remind students that nouns ending in an accented vowel do not change spelling in the plural.

Pronunciare Ripeti le parole ad alta voce.

1. cioè
2. metà
3. avrò
4. chissà
5. finché
6. sé
7. città
8. là
9. dì
10. comodità
11. poiché
12. età

Articolare Ripeti le frasi ad alta voce.

1. Il suo papà vede il Papa.
2. Sì, voglio un tassì.
3. È vero! Andrò in Italia!
4. Hai già fatto i compiti?
5. La facoltà di lettere è lì.
6. Perché non può venire?

In casa sua ciascuno è re.[2]

Proverbi Ripeti i proverbi ad alta voce.

Casa che ha il buon vicino, val più qualche fiorino.[1]

[1] A house with a good neighbor is worth more money. (lit. A house with a good neighbor is worth a few more florins.)

[2] Everyone is king in his own home.

risorse

FOTOROMANZO

Riposo e svago

Prima di vedere Have students read the title and scan the images without reading the script and try to predict the content of the video.

PERSONAGGI

Emily

Lorenzo

Marcella

Massimo

Riccardo

Viola

Suggestion Have students volunteer to read the characters' parts in the **Fotoromanzo** aloud. Then have them get together in groups of six to act out the episode.

In Piazza di Santa Maria in Trastevere...

EMILY Povera Viola, a letto malata, si perde la nostra giornata a Trastevere.

RICCARDO Viola. Viola non sa divertirsi. È felice solo quando sta sul divano a leggere. E vuole l'attenzione di tutti per lei.

EMILY Non lo dici sul serio, Riccardo. La tua cucina l'ha fatta star male. È per questo che sei arrabbiato.

Alla pensione...

MARCELLA Come ti senti, Viola?

VIOLA Molto meglio, grazie.

MARCELLA C'è Massimo.

VIOLA Massimo? Dove?

MARCELLA In soggiorno.

VIOLA Non mi può vedere in questo stato. Digli che sarò da lui fra qualche minuto.

MARCELLA Va bene.

VIOLA Ciao.

MASSIMO Ciao.

VIOLA Ciao. Siediti pure. Vuoi qualcosa da bere?

MASSIMO No, grazie. Ti ho portato gli appunti della lezione di ieri. Ecco.

VIOLA Grazie.

MASSIMO *(Indicando i fiori)* Te li ho presi dal fiorista vicino alla facoltà.

VIOLA Oh, Lorenzo! Ciao. Questo è Massimo. Mi ha portato gli appunti della lezione di ieri. *(Indicando i fiori)* E questi. Non è carino?

LORENZO Sei molto gentile, Massimo. Non è meglio se ti riposi un po', Viola?

MASSIMO *(A Viola)* Ti chiamo più tardi.

LORENZO Che c'è?

VIOLA Sei un cretino.

A Trastevere...

EMILY Questo è il mio primo morso a una vera pizza italiana. Hmm... squisita! Adoro questo posto!

RICCARDO Quale posto? Roma? Trastevere o la pizzeria?

EMILY Tutti e tre. Trastevere è figo.

EMILY Voglio prendere in affitto un appartamento qui quando finirà il semestre.

RICCARDO Dici sul serio?

EMILY Sì.

RICCARDO No, perché ho visto che c'è un appartamento in affitto.

ATTIVITÀ

1 **Chi è?** A chi si riferiscono queste affermazioni? Emily, Massimo, Riccardo o Viola?

1. È a letto malata. Viola
2. È felice solo quando sta sul divano a leggere. Viola
3. È arrabbiato. Riccardo
4. Ha portato dei fiori a Viola. Massimo
5. Chiama Viola più tardi. Massimo
6. Secondo lei, Lorenzo è un cretino! Viola
7. È il suo primo morso a una vera pizza italiana. Emily
8. Ha visto che c'è un appartamento in affitto. Riccardo
9. Avrà bisogno di una doccia. Emily
10. Vuole restare a Roma quando finirà il semestre. Emily

1 Suggestion This activity can also be done with closed books. Read the statements aloud and have students try to remember the character to whom each statement refers.

Practice more at **vhlcentral.com.**

Massimo visita Viola e Emily si innamora di Roma.

MASSIMO Come ti senti?
VIOLA Benissimo. Grazie per gli appunti. E per i fiori. Li metterò sul mio comodino.
MASSIMO Sai, ci sono dei giardini molto belli vicino alla facoltà. Appena starai meglio, ci andremo insieme.
VIOLA Sì, sarà bello.

MASSIMO Quando tornerai a lezione?
VIOLA Domani.
MASSIMO Le lezioni sono noiose senza di te.

EMILY A me basta una camera singola.
RICCARDO Avrai bisogno anche di una doccia.
EMILY E di un armadio. Un grande armadio.
RICCARDO E di una cucina.
EMILY E di un balcone.
RICCARDO Hmm, hmm... mobili!
EMILY Con una pizzeria a sinistra e un bar a destra.

RICCARDO Cosa diranno i tuoi?
EMILY Diranno sicuramente che sono pazza. Lo dirò subito a mia madre. Lo metteremo sul sito appena arriveremo a casa. *(Alla videocamera)* Mamma, resterò a Roma quando finirà il semestre!

Suggestion After students view the **Fotoromanzo**, review their predictions together. Then ask questions to guide them in summarizing the episode.

Espressioni utili

Talking about the future

- **digli che sarò da lui**
  tell him that I'll be with him
- **li metterò**
  I'll put them
- **Appena starai meglio, ci andremo insieme.**
  As soon as you're better, we can go there together.
- **Sarà bello.**
  That will be nice.
- **Quando tornerai?**
  When will you be back?
- **avrai bisogno anche di**
  you'll also need
- **Lo dirò subito a mia madre.**
  I'll tell my mother right away.
- **Lo metteremo sul sito appena arriveremo a casa.**
  We'll put it on the website as soon as we get back home.
- **Resterò a Roma quando finirà il semestre.**
  I'm going to stay in Rome when the semester ends.

Additional vocabulary

- **C'è Massimo.**
  Massimo is here.
- **in questo stato**
  like this
- **Siediti pure.**
  Have a seat.
- **Te li ho presi dal fiorista.**
  I got them for you at the florist.
- **Povera Viola!**
  Poor Viola!
- **si perde**
  she is missing
- **meglio**
  better
- **cretino**
  jerk
- **morso**
  bite
- **tutti e tre**
  all three

ATTIVITÀ

2 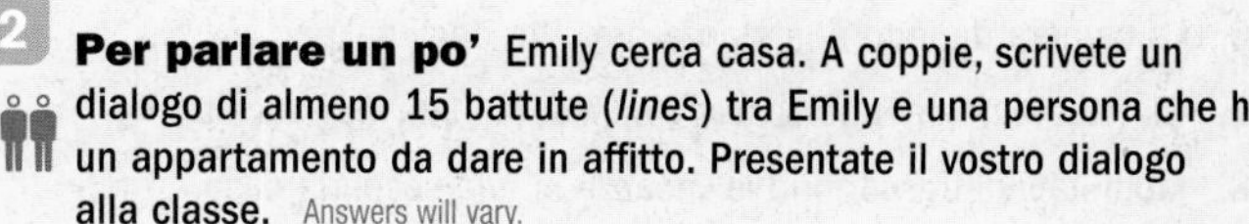 **Per parlare un po'** Emily cerca casa. A coppie, scrivete un dialogo di almeno 15 battute (*lines*) tra Emily e una persona che ha un appartamento da dare in affitto. Presentate il vostro dialogo alla classe. Answers will vary.

2 Expansion Have students draw a floor plan of the apartment that Emily would like to rent, labeling each room with the appropriate Italian word.

3 **Approfondimento** Trastevere è un noto rione (*district*) di Roma. Che cosa significa questo nome? Su quale riva (*bank*) del fiume Tevere si trova? Quale animale è rappresentato nel suo stemma (*coat of arms*)? Presenta le tue risposte alla classe. Answers will vary.

3 Expansion Ask students to look for the names of the other **rioni** in Rome.

risorse
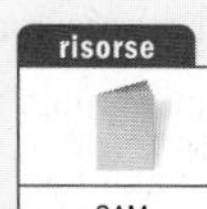
SAM
VM: pp. 25–26
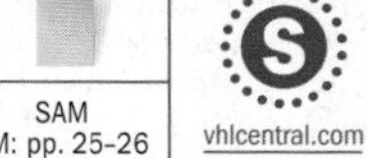
vhlcentral.com

CULTURA

Prima di leggere Have students brainstorm possible differences between the living arrangements of American college students and Italian college students.

IN PRIMO PIANO

Case per tutti i gusti

Come sono le case italiane? La struttura delle case italiane è di solito in cemento o in mattoni°. All'interno° ci sono raramente pavimenti° coperti di moquette°; quasi sempre ci sono mattonelle° e a volte legno° o marmo°.

Nelle grandi città ci sono numerosi palazzi con appartamenti dove, in genere, abitano le famiglie, i lavoratori single e gli studenti. Nei piccoli centri è più facile vedere case monofamiliari°, come ville o villette a uno o più piani, dove di solito abitano le persone più anziane.

Le stanze tipiche nelle case italiane sono: una cucina, un soggiorno o sala da pranzo, uno o due bagni e due o più camere da letto. Nelle case monofamiliari spesso ci sono anche una cantina° e una soffitta°. I più fortunati hanno anche un garage. Le stanze più amate dagli italiani sono il soggiorno e la cucina. In soggiorno trascorrono° le ore di riposo, solitamente seduti su un comodo° divano davanti alla TV; in cucina si ritrovano° per mangiare, soprattutto durante la settimana, mentre la sala da pranzo è usata per le grandi occasioni.

In Italia non è molto comune trasferirsi da una città all'altra come negli Stati Uniti: per questo molti italiani sono proprietari di casa, spesso da generazioni. In genere, i giovani in cerca di una prima abitazione affittano una casa o un appartamento.

Per gli italiani è abbastanza comune avere una seconda casa; molte persone infatti possiedono° o affittano un appartamento o una casa al mare, in montagna, in campagna o ai laghi dove trascorrono le vacanze estive o invernali°. Gli italiani sono molto legati alla casa non solo per motivi sentimentali, ma anche per motivi pratici: la considerano un valido investimento economico!

Cosa fanno gli italiani in casa?

Si dedicano alla casa e ai suoi abitanti.	52,0%
Si dedicano agli hobby.	36,4%
Lavorano.	5,4%
Mangiano e dormono soltanto.	6,4%

FONTE: Mondocasablog

mattoni *bricks* **All'interno** *Inside* **pavimenti** *floors* **moquette** *carpet* **mattonelle** *floor tiles* **legno** *wood* **marmo** *marble* **monofamiliari** *single-family* **cantina** *cellar* **soffitta** *attic* **trascorrono** *they spend* **comodo** *comfortable* **si ritrovano** *they gather* **possiedono** *own* **estive o invernali** *summer or winter*

ATTIVITÀ

1 Vero o falso? Indica se l'affermazione è **vera** o **falsa**. Correggi le affermazioni false.

1. I pavimenti delle case italiane tipicamente hanno mattonelle.
   Vero.
2. Le persone anziane, di solito, abitano in appartamenti.
   Falso. Le persone anziane di solito abitano in case monofamiliari.
3. I giovani, in genere, prendono in affitto gli appartamenti.
   Vero.
4. Tutti gli italiani hanno un garage.
   Falso. I più fortunati hanno un garage.
5. Gli appartamenti hanno sempre una cantina e una soffitta.
   Falso. Le case monofamiliari, di solito, hanno una cantina e una soffitta.
6. La camera da letto è la stanza preferita degli italiani.
   Falso. Il soggiorno e la cucina sono le stanze preferite.
7. Gli italiani non si trasferiscono spesso da una città all'altra.
   Vero.
8. Molti italiani trascorrono le vacanze in una seconda casa.
   Vero.
9. Le seconde case sono nelle grandi città.
   Falso. Le seconde case sono al mare, in montagna o ai laghi.
10. Gli italiani considerano la propria casa un investimento.
   Vero.

 Practice more at **vhlcentral.com.**

Suggestion Point out that **una cantina** refers to a cellar (as in a wine cellar) while **un seminterrato** can refer to a basement apartment. Similarly, **una soffitta** is simply the area of the house just below the roof, whereas **una mansarda** can be a penthouse or top-floor apartment.

Usi e costumi Ask students to brainstorm things they like and things they would change about their homes or accommodations.

Ritratto Have students describe what they see in the photo and name other Italian architects who are famous in the U.S. Ask them to describe their architectural style preferences.

L'ITALIANO QUOTIDIANO

Cerchiamo casa!

affittasi	*for rent*
vendesi	*for sale*
l'agenzia immobiliare	*real estate agency*
l'appartamento arredato	*furnished apartment*
l'ascensore	*elevator*
le bollette	*bills*
la caparra	*deposit*
il contratto	*contract; lease*
l'inquilino/a	*tenant*
il/la padrone/a di casa	*landlord/landlady*

USI E COSTUMI

Le case eccezionali d'Italia

In alcune regioni d'Italia ci sono delle case molto particolari, di origine antica.

Nella regione Puglia, per esempio, ci sono i **trulli**, abitazioni cilindriche, con un tetto° a forma di cono. La struttura è in pietra°, il colore è bianco e di solito hanno una sola stanza.

Il centro storico della città di Matera, in Basilicata, è famoso per i **sassi**, cioè case scavate° nella roccia tufacea°, presenti già nel Neolitico. Molti «sassi» hanno facciate° decorate.

Nella regione alpina del Trentino Alto-Adige troviamo i caratteristici **masi**, abitazioni rurali dei contadini° costituite da una stanza, un fienile° e una stalla°. Di solito sono fatti di legno o legno e pietra.

tetto *roof* **pietra** *stone* **scavate** *dug* **roccia tufacea** *tuff (porous rock)* **facciate** *façades* **contadini** *farmers* **fienile** *barn* **stalla** *stable*

RITRATTO

Andrea Palladio

Andrea di Pietro della Gondola, conosciuto come Palladio, è stato un grande architetto italiano del XVI secolo. Nasce a Padova nel 1508, ma nel 1524 si trasferisce a Vicenza, dove matura come architetto. Tra il 1535 e il 1538 incontra il poeta e umanista° Gian Giorgio Trissino, che diventa suo mecenate° e amico. Dal 1540 inizia a lavorare come architetto e realizza° le sue opere più famose: Villa Godi; le logge della Basilica di Vicenza; Palazzo Chiericati; Villa Foscari, detta° «la Malcontenta°»; **Villa Capra**, detta «la Rotonda» e molte altre. Nel 1570 scrive *I quattro libri dell'architettura*. Muore nel 1580 e lascia molte opere incompiute°, come il Teatro Olimpico di Vicenza. Lo stile neoclassico di Palladio, con le sue innovazioni geometriche, è stato imitato in tutta Europa e anche negli Stati Uniti: la Casa Bianca e Monticello, il palazzo di Thomas Jefferson, sono infatti in stile palladiano.

umanista *humanist* **mecenate** *patron* **realizza** *creates* **detta** *known as* **Malcontenta** *Discontent* **incompiute** *unfinished*

SU INTERNET

AFFITTASI
APPARTAMENTO 76 mq.
RIFINITISSIMO/
339 8445754
333 8637791
RIVOLGERSI TEL.

Cerca un annuncio per un appartamento in affitto in una città italiana.

Go to **vhlcentral.com** to find more information related to this **CULTURA**.

2 Completare Completa le frasi.

1. Il nome completo di Andrea Palladio è Andrea di Pietro della Gondola.
2. Palladio si trasferisce a Vicenza nel 1524.
3. Il titolo del libro di Palladio è *I quattro libri dell'architettura*.
4. I «trulli» sono abitazioni tipiche della regione Puglia.
5. I «masi» del Trentino Alto-Adige sono abitazioni fatte in legno o legno e pietra.
6. I «sassi» sono presenti già nel Neolitico.

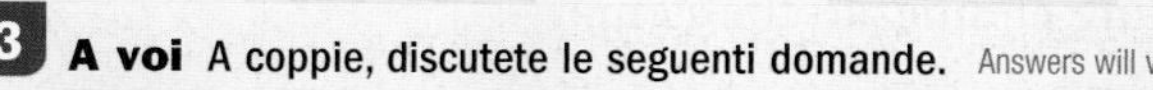

3 A voi A coppie, discutete le seguenti domande. Answers will vary.

1. Abiti in una casa monofamiliare o in un appartamento?
2. Qual è la tua stanza preferita?
3. Conosci luoghi con case antiche negli Stati Uniti?

ATTIVITÀ

7A.1 The *futuro semplice*

Punto di partenza Use the future tense to talk about what *will happen*. Unlike in English, in Italian the future tense is expressed with one word.

Affitterò il mio appartamento a Bologna.
I am going to rent out *my apartment in Bologna.*

Domani i miei amici **partiranno** per la Francia.
Tomorrow my friends ***will be leaving*** *for France.*

- The future tense endings are the same for all **-are**, **-ere**, and **-ire** verbs. To form the stem of regular **-are** verbs, change the characteristic **a** to **e** and drop the final **e**. For regular **-ere** and **-ire** verbs, simply drop the final **e**.

Future tense of regular verbs

	parlare	leggere	dormire
io	parlerò	leggerò	dormirò
tu	parlerai	leggerai	dormirai
Lei/lui/lei	parlerà	leggerà	dormirà
noi	parleremo	leggeremo	dormiremo
voi	parlerete	leggerete	dormirete
loro	parleranno	leggeranno	dormiranno

I bambini **dormiranno** bene.
The children ***will sleep*** *well.*

Metterai il vaso sul tavolo?
Will you put *the vase on the table?*

- Some **-are** verbs require additional spelling changes. Add an **h** to the future stem of verbs whose infinitives end in **-care** or **-gare** to maintain the hard **c** or **g** sound. Drop the **i** from the future stem of verbs whose infinitives end in **-ciare** or **-giare**.

Giocheremo a carte in cucina.
We're going to play *cards in the kitchen.*

Non pagheranno l'affitto domani.
They won't pay *the rent tomorrow.*

A che ora **comincerà** la festa?
What time ***will*** *the party* ***start****?*

Mangerete bene a casa mia.
You'll eat *well at my house.*

- To form the future of **dare**, **fare**, and **stare**, drop the final **-e** and add the future endings to the stem.

Ti **darò** un poster se **farai** il letto.
I'll give *you a poster if* ***you make*** *the bed.*

Maria **starà** a casa o uscirà?
Will *Maria* ***stay*** *home or will she go out?*

Suggestions
- Point out that all future stems, even those that are irregular, end in **-r**. Also emphasize the stress on the final syllable in the future tense forms.
- Review telling time as you reinforce the future tense forms by asking students what they will do at specific times later in the day. Ex.: **Cosa farai alle sette? Studierai stasera? A che ora mangerai?**

PRATICA

1 Completare Completa ogni frase con la forma corretta del futuro.

1. Io __pagherò__ (pagare) metà della cassettiera.
2. Ambrogio e Linda __vedranno__ (vedere) un nuovo appartamento domani.
3. Tu e Giuditta __affitterete__ (affittare) il bilocale.
4. Quando arriveranno gli ospiti, Francesco __andrà__ (andare) a dormire in soggiorno.
5. A che ora (tu) __comincerai__ (cominciare) a pulire la tua camera?
6. Hanno deciso quale casa __prenderanno__ (prendere) in affitto?
7. Noi __ci trasferiremo__ (trasferirsi) il mese prossimo.
8. Per quanti anni (tu) __rimarrai__ (rimanere) in questo palazzo?

2 Trasformare Riscrivi ogni frase, sostituendo il verbo sottolineato con la forma corretta del futuro.

2 Expansion Have students rewrite the sentences using information about themselves.

MODELLO Riccardo pulisce la cucina.
Riccardo pulirà la cucina.

1. D'estate vado a lavorare nella villa del signor Vacchetti. D'estate andrò a lavorare nella villa del signor Vacchetti.
2. I bambini riordinano la stanza velocemente. I bambini riordineranno la stanza velocemente.
3. Hai passato l'aspirapolvere (*vacuum cleaner*) prima di cena. Passerai l'aspirapolvere prima di cena.
4. Noi viviamo in un appartamento accanto alla farmacia. Noi vivremo in un appartamento accanto alla farmacia.
5. Emiliano legge un libro di cucina. Emiliano leggerà un libro di cucina.
6. Avete usato la caffettiera dopo pranzo. Userete la caffettiera dopo pranzo.

3 Creare Scegli delle parole da ogni colonna per creare frasi complete usando il futuro. Aggiungi altre parole quando necessario. Answers will vary

MODELLO *Dopo pranzo io berrò dell'acqua.*

A	B	C
i genitori	affittare	a carte
io	andare	a letto
io e la mia famiglia	bere	allo studio
l'agente immobiliare	dormire	con i genitori
Piera e Marcantonio	giocare	il cibo
tu	mettere	dell'acqua
tu e Greta	vedere	tre appartamenti
tu e i tuoi amici	venire	una villa

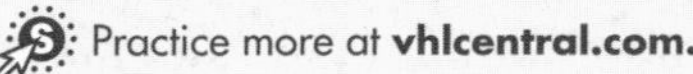

3 Expansion Ask students to add one more noun to each sentence they write. Ex.: **io / avere / divano: L'anno prossimo avrò un divano e un letto nuovo.**

COMUNICAZIONE

4 **Domande personali** Lavorate a coppie. A turno, fate le seguenti domande sui vostri piani (*plans*) futuri. Answers will vary.

MODELLO

S1: *Cosa studierai l'anno prossimo?*
S2: *Studierò...*

4 Expansion Have students add adjectives to their answers or provide more information.

1. Cosa studierai l'anno prossimo?
2. Cosa farai questo semestre?
3. Quali attività farai questo fine settimana?
4. Che tipo di vacanza vorrai fare quest'estate?
5. Cosa farai per il tuo prossimo compleanno?
6. Dove andrai dopo questa classe?
7. Dove vivrai l'anno prossimo?
8. Dove sarai e cosa farai tra dieci anni?

5 **La casa dei miei sogni** Lavorate a coppie. A turno, descrivete dove vivrete nel futuro. Sarà una casa o un appartamento? Quante stanze ci saranno? Sarà grande o piccola/o? Answers will vary.

MODELLO

S1: *Io vivrò in un appartamento in centro. Sarà piccolo ma avrà...*

6 **Inchiesta** Chiedi ai tuoi compagni quali sono i loro progetti per l'anno prossimo. Scrivi le risposte. Poi, come classe, determinate qual è l'attività più popolare e quella meno popolare. Answers will vary.

MODELLO

S1: *Cosa farai l'anno prossimo?*
S2: *Studierò ancora italiano.*
S3: *Io andrò...*

6 Expansion Have groups of three students go through their lists and talk about the activities they wrote down. Would they like to do them? Are there any they really wouldn't like?

- Several common verbs have irregular stems in the future tense. These verbs drop the characteristic vowel from the stem before adding the future endings.

Suggestion Include reflexive verbs in a question and answer format as part of the classroom review. Ex.: **Ti sveglierai presto domani mattina?**

infinitive	future stem
andare	**andr-**
avere	**avr-**
cadere	**cadr-**
dovere	**dovr-**
potere	**potr-**
sapere	**sapr-**
vedere	**vedr-**
vivere	**vivr-**

Avremo i mobili nuovi la settimana prossima.
***We will have** the new furniture next week.*

Michele e Giulia **andranno** a Napoli e **vivranno** insieme.
*Michele and Giulia **will go** to Naples and **live** together.*

- These verbs have irregular future-tense stems that do not follow a pattern.

Suggestion Have students work in pairs and quiz each other on the future conjugations of three irregular verbs and three regular verbs.

infinitive	future stem
bere	**berr-**
essere	**sar-**
rimanere	**rimarr-**
venire	**verr-**
volere	**vorr-**

Non rimarranno a casa stasera.
***They won't be staying** at home tonight.*

E tu, dove **sarai** dopodomani?
*And where **will** you **be** the day after tomorrow?*

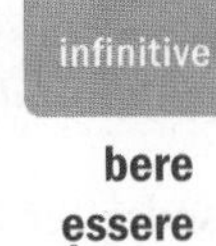

Avrai anche bisogno di una doccia.

Digli che sarò da lui fra qualche minuto.

Provalo! **Completa la tabella con la forma corretta del futuro.**

	bere	essere	venire
1. io	*berrò*	sarò	verrò
2. tu	berrai	sarai	verrai
3. Lei/lui/lei	berrà	sarà	verrà
4. noi	berremo	saremo	verremo
5. voi	berrete	sarete	verrete
6. loro	berranno	saranno	verranno

Provalo! Students can either work individually and then correct the activity in pairs or work in pairs and then compare their answers with another pair's. Encourage students to fill in the table without looking at the conjugations in the book.

NATIONAL
comparisons
STANDARDS

7A.2 Usage of the *futuro semplice*

Punto di partenza The **futuro semplice** is generally used like the future tense in English; however, there are some exceptions.

- These words and expressions are commonly used to talk about the future in Italian.

Expressions commonly used with the future tense

domani	*tomorrow*	in futuro	*in the future*
dopodomani	*the day after tomorrow*	la settimana (il mese, l'anno) prossima/o	*next week (month, year)*
fra due giorni (una settimana, tre anni ecc.)	*in two days (a week, three years, etc.)*	presto	*soon*
fra poco	*in a little while*	questo weekend	*this weekend*

Cercherò un appartamento **questo weekend**.
I'll look for an apartment ***this weekend***.

I miei arriveranno a Bologna **fra tre giorni**.
My parents will arrive in Bologna ***in three days***.

- The **futuro semplice** is frequently used after the adverbs **appena** (*as soon as*), **quando** (*when*), and **se** (*if*) when talking about future events or actions. In these cases, English typically uses the present tense. In Italian, use the future tense for both parts of the sentence.

Appena avremo i soldi, potremo trasferirci in un appartamento.
As soon as we have *the money, we can move into an apartment.*

La mia compagna di camera pulirà il frigo **quando tornerà**.
My roommate will clean the fridge ***when she gets back***.

Italo mi scriverà **quando andrà** a Parigi.
Italo will write to me ***when he goes*** *to Paris.*

Cosa faranno **se non troveranno** una camera doppia?
What will they do ***if they don't find*** *a double room?*

Appena starai meglio, ci andremo insieme.

Resterò a Roma quando finirà il semestre.

Suggestion Have students imagine the future for their friends using the expressions in the chart. Ex.: **Fra due anni Sara si sposerà.**

PRATICA

1 Scegliere Scegli la forma corretta del futuro per completare il paragrafo seguente.

Fra due settimane, mio fratello Andrea (**1.** andranno / andrà) a trovare degli amici in Italia. La sua camera (**2.** sarà / saremo) vuota e io (**3.** potremo / potrò) finalmente usarla come voglio. Presto io e i miei amici (**4.** giocherete / giocheremo) con il computer di Andrea. Io non (**5.** dovrò / dovrà) più studiare in cucina. Questo weekend, i miei amici mi (**6.** aiuteremo / aiuteranno) a riordinare la camera e in futuro noi tutti (**7.** useranno / useremo) il divano e la poltrona quando dovremo studiare. Che bello, (**8.** sarà / sarò) davvero divertente!

2 Completare Completa ogni frase con la forma corretta del futuro.

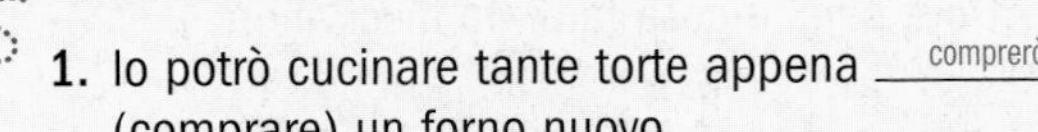

1. Io potrò cucinare tante torte appena comprerò (comprare) un forno nuovo.
2. I bambini potranno usare il computer se mangeranno (mangiare) le verdure.
3. Potrete dormire da noi quanto vorrete (volere).
4. Potremo uscire insieme spesso se loro non traslocheranno (traslocare).
5. Affitterò il suo appartamento quando Gino andrà (andare) in vacanza.
6. Studierò con te appena (tu) pulirai (pulire) la tua stanza.

3 Creare Crea frasi complete al futuro usando gli elementi dati. Answers may vary slightly. Sample answers are provided.

3 Expansion Have pairs of students talk about what they will do when they become famous.

MODELLO

i miei genitori / comprare una poltrona / appena / avere più soldi
I miei genitori compreranno una poltrona appena avranno più soldi.

1. la mia camera / essere più interessante / se / comprare dei poster
   La mia camera sarà più interessante se comprerò dei poster.
2. io / potere pulire meglio / quando / avere una scopa (*broom*) nuova
   Io potrò pulire meglio quando avrò una scopa nuova.
3. Loretta e Dorella / leggere meglio / se / sostituire la lampada
   Loretta e Dorella leggeranno meglio se sostituiranno la lampada.
4. tu / fare i compiti / appena / io / portarti gli appunti
   Tu farai i compiti appena io ti porterò gli appunti.
5. noi / pagare l'affitto / quando / ricevere lo stipendio (*paycheck*)
   Noi pagheremo l'affitto quando riceveremo lo stipendio.
6. voi / dovere comprare una stampante nuova / se / rompersi quella vecchia
   Voi dovrete comprare una stampante nuova se si romperà quella vecchia.

Practice more at **vhlcentral.com.**

COMUNICAZIONE

4 Quando? A coppie, usate le seguenti espressioni per parlare di quali eventi vi aspettate nel futuro. Answers will vary.

MODELLO

S1: *Cosa farai domani?*
S2: *Domani leggerò…*

4 Expansion Have pairs of students create some sentences with the future and some with the present, both expressing a future event.

domani	fra un mese
dopodomani	l'anno prossimo
fra due settimane	questo weekend

5 Mi chiedo… Lavorate a coppie. A turno, indovinate cosa faranno queste persone. Usate il futuro e siate creativi! Answers will vary.

MODELLO

S1: *Cosa faranno Angelina Jolie e Brad Pitt la settimana prossima?*
S2: *Faranno un viaggio in Africa…*

1. Angelina Jolie e Brad Pitt
2. Arnold Schwarzenegger
3. Michael Phelps
4. Britney Spears
5. Rafael Nadal
6. Barack Obama
7. l'insegnante d'italiano
8. i tuoi amici

5 Expansion Have groups of three students pretend they are running for school president. Have them write a list of things they will do once/if they are elected.

6 La scena è pronta In gruppi di tre, guardate questo disegno e descrivete cosa farà ogni membro della famiglia stasera. Usate la vostra immaginazione e scrivete almeno sei frasi. Answers will vary.

MODELLO

Quando i genitori torneranno a casa…

6 Extra practice Have students work in groups of three. Give each group the beginning of a story. It can be from a newspaper article or a fable. Then have them finish the story using the future tense. Compare the different endings.

- The **futuro semplice** is often used to express probability or conjecture. This is referred to as the **futuro di probabilità** and is equivalent to English expressions in the present tense with *probably*, *might*, *must*, or *could*. Note that the **futuro di probabilità** actually refers to the present, not the future.

Dov'è Maria? *Where is Maria?*	**Sarà** in cucina. ***She's probably** in the kitchen.*
Che ore sono? *What time is it?*	**Saranno** le otto e mezza. ***It might be** 8:30.*
Chi è quella donna? *Who is that woman?*	**Sarà** la nostra professoressa. ***She must be** our professor.*

Con chi abita Luigi?

Abiterà con Andrea.

Suggestion Practice the **futuro di probabilità** with an emphasis on intonation to highlight the difference in meaning from a reply in the present tense.

- As in English, in Italian the present tense can be used instead of the future to express an action or event that will definitely take place, especially in the near future. This usage is most common in colloquial Italian.

Mia madre mi **porta** la cassettiera dopodomani. *My mother **is bringing** me the dresser the day after tomorrow.*	Cosa **fate** questo weekend? **Andate** in centro? *What **are you doing** this weekend? **Are you going** downtown?*

Suggestion Have students ask classmates questions about famous people. Tell them to respond using the present tense if they are certain about the answer, and the **futuro** if they are guessing.

Provalo! **Metti le frasi seguenti in ordine di tempo. Usa 1 per indicare l'azione più vicina e 8 per indicare l'azione più lontana nel futuro.**

1. _1_ Domani telefonerò alla mia famiglia.
2. _5_ Il mese prossimo comprerò un computer nuovo.
3. _7_ L'anno prossimo andrò in vacanza da solo.
4. _8_ Fra quattro anni troverò il lavoro dei miei sogni.
5. _4_ Fra una settimana avrò un esame di chimica.
6. _2_ Dopodomani mangerò nel mio ristorante preferito.
7. _6_ Il semestre prossimo studierò ancora l'italiano.
8. _3_ Questo weekend andrò al cinema con i miei amici.

Suggestion Before starting the activities, have students close their books and write as many irregular verbs in the future tense as possible. Then ask for the verbs and randomly quiz them on the conjugation.

National Standards: comparisons

7A.3 Double object pronouns

Punto di partenza You learned how to use direct object pronouns in **Lezione 5A** and indirect object pronouns in **Lezione 5B**. Now you will learn how to use these pronouns together.

DIRECT OBJECT	INDIRECT OBJECT		INDIRECT OBJECT PRONOUN	DIRECT OBJECT PRONOUN

Compro **il vaso** per **voi**.
*I'm buying **the vase for you**.*

▶ **Ve lo** compro.
*I'm buying **it for you**.*

- To use both pronouns in one sentence, place the indirect object pronoun first, followed by the direct object pronoun. Note that the **-i** in **mi**, **ti**, **ci**, and **vi** changes to an **-e** when these pronouns are used in combination with another pronoun. **Le**, **gli**, and **le** all combine with the direct object pronouns to form a single word beginning with **glie-**.

Pronomi doppi

indirect object pronouns	direct object pronouns				
	lo	la	li	le	ne
mi	me lo	me la	me li	me le	me ne
ti	te lo	te la	te li	te le	te ne
Le/gli/le	glielo	gliela	glieli	gliele	gliene
ci	ce lo	ce la	ce li	ce le	ce ne
vi	ve lo	ve la	ve li	ve le	ve ne
gli	glielo	gliela	glieli	gliele	gliene

Domenico **ti** porta una lampada. Perché **te la** porta?
*Domenico is bringing **you** a lamp. Why is he bringing it **to you**?*

Leo **mi** deve pagare l'affitto. Non **me lo** paga mai in tempo!
*Leo needs to pay **me** the rent. He never pays it **to me** on time!*

- Use context to clarify to whom the indirect object refers.

Maria manda i soldi **al figlio**. **Glie**li manda domani.
*Maria is sending money **to her son**. She'll send it **to him** tomorrow.*

Il figlio comprerà un tappeto **per lei**. **Glie**lo comprerà presto.
*Her son is going to buy **her** a rug. He'll buy it **for her soon**.*

Ecco il gelato **per i bambini**. **Glie**lo puoi dare in cucina?
*Here's the ice cream **for the kids**. Can you give it **to them** in the kitchen?*

Professore, non **Le** posso dare i compiti. **Glie**li darò domani.
*Professor, I can't give you **my homework**. I'll give it **to you** tomorrow.*

Suggestion Have students take each activity one step at a time. First, identify the direct object and determine which pronoun to use. Then, identify the indirect object and determine the correct pronoun. Finally, put the two pronouns together and write the new sentence.

PRATICA

1 Identificare Scegli le parole corrette per completare ogni frase.

1. Noi daremo uno scaffale a lui.
   Noi (glielo / ce la) daremo.
2. Giannina stira (*irons*) le tende per Giacomo.
   Lei (ve le / gliele) stira.
3. Io ho dipinto un vaso a voi.
   Io (ce l' / ve l') ho dipinto.
4. Loro devono affittare i mobili per Bruno.
   Loro (glieli / me li) devono affittare.
5. Puoi portarmi le nuove tende?
   Puoi (portamele / portarmele)?
6. Anna mette il caffè nella caffettiera.
   Anna (glielo / ce lo) mette.

2 Trasformare Riscrivi ogni frase sostituendo l'espressione sottolineata con i pronomi doppi.

1. I genitori hanno affittato un appartamento per i figli Antonio e Gennaro.
   I genitori glielo hanno affittato.
2. Antonio e Gennaro descrivono le stanze a voi.
   Antonio e Gennaro ve le descrivono.
3. Voi portate un armadio a noi.
   Voi ce lo portate.
4. Voi regalate un quadro a me.
   Voi me lo regalate.
5. Io offro un pranzo a voi.
   Io ve lo offro.
6. Antonio ha regalato una cassettiera a Gennaro.
   Antonio gliel'ha regalata.
7. Stamattina Gennaro si è fatto la barba nel bagno nuovo.
   Gennaro se l'è fatta nel bagno nuovo.
8. Il giorno dopo Antonio e Gennaro mostrano ai genitori un appartamento impeccabile!
   Il giorno dopo Antonio e Gennaro glielo mostrano.

3 Rispondere Rispondi alle domande usando i pronomi doppi.

1. Vuoi dare a me il tuo divano rosso? (no)
   No, non te lo voglio dare. / No, non voglio dartelo.
2. Ti sei lavato i capelli ieri? (sì)
   Sì, me li sono lavati.
3. Hai subaffittato la tua casa ai signori Giotti? (sì)
   Sì, gliel'ho subaffittata. / Sì, l'ho subaffittata loro.
4. Puoi fare il letto per noi? (no)
   No, non ve lo posso fare. / No, non posso farvelo.
5. Hai dato il cibo al gatto? (sì)
   Sì, gliel'ho dato.
6. Si è lavato le mani prima di pranzo? (sì)
   Sì, se le è lavate.
7. Ho portato il tappeto blu a te? (no)
   No, non me l'hai portato.
8. Hai mostrato il monolocale ai clienti? (sì)
   Sì, gliel'ho mostrato. / Sì, l'ho mostrato loro.

2 Expansion Have pairs of students use double object pronouns to describe the act of giving an object on their desk to their partner. Ex.: **Ti do i miei libri. Te li do. Non ti presto il cellulare. Non te lo presto.**

3 Expansion Students can do this activity orally. Have them work in pairs and expand their answers when possible.

Practice more at **vhlcentral.com.**

COMUNICAZIONE

4 **Chi ti aiuta?** A coppie, fate domande su chi vi aiuta a fare certe cose. Potete usare le idee nella lista o sceglierne altre. Usate i pronomi doppi nelle vostre risposte. Answers will vary.

4 Expansion Have groups of students talk about their answers.

MODELLO

S1: *Quando vai dai nonni, come ci vai?*
S2: *Mio padre mi presta la macchina.*
S1: *Quando te la presta?*
S2: *Me la presta il venerdì.*

fare il letto	pagare gli studi
lavare i vestiti	prestare i libri
mettere in ordine	pulire la cucina

5 **Domande personali** A coppie, domandate e rispondete a turno. Usate i pronomi doppi nelle vostre risposte. Answers will vary.

5 Expansion When reviewing students' answers, ask them more questions on the same topic.

MODELLO

S1: *Chi ti ha dato il regalo migliore per il tuo compleanno l'anno scorso?*
S2: *Me l'ha dato il mio amico Gerardo. Era...*

1. I tuoi genitori ti facevano vedere (*let you watch*) i film di Walt Disney quando eri piccolo/a?
2. I tuoi nonni ti insegnavano l'italiano da piccolo/a?
3. Chi ti cucinava la cena quando eri piccolo/a?
4. Chi comprava regali per te?
5. Chi ti ha comprato la tua prima bicicletta?
6. I tuoi amici ti facevano usare i loro giochi?

6 **Il negozio di mobili** A coppie, create un dialogo tra un cliente e un commesso in un negozio di mobili. Guardate la foto di questo salone del mobile (*furniture showroom*) e fate domande su quello che vedete. Usate i pronomi doppi quando possibile. Answers will vary.

MODELLO

S1: *Mi piace quella lampada. Quanto costa?*
S2: *Costa 50 euro, ma gliela vendo per 40...*

6 Expansion Encourage students to ask for items not pictured. The clerk can explain that they don't have that item or that they can order it for the client.

- Like single object pronouns, double object pronouns precede conjugated verbs or are attached to infinitives. When pronouns are attached to the end of a verb, they form a single word.

Ti porto i biscotti in soggiorno. **Te ne** porto due o tre?
*I'll bring you the cookies in the living room. Should I bring you two or three **of them**?*

Leo non mi vuole dare l'affitto. Deve dar**melo**! (**Me lo** deve dare!)
*Leo doesn't want to give me the rent. He has to give **it to me**!*

- The indirect object pronoun **loro** can also be used in double pronoun constructions, but it follows different rules. Always place **loro** after the verb and never attach it to other pronouns. With conjugated verbs, **loro** follows the verb and the direct object pronoun precedes the verb.

Ecco il caffè. Non vuole portar**lo loro** Luisa? **Lo** lascerò **loro** in cucina.
*Here is the coffee. Luisa doesn't want to bring **it to them**? I'll leave **it for them** in the kitchen.*

- Reflexive pronouns follow the pattern of indirect object pronouns when used in double pronoun constructions. The reflexive pronoun **si** changes to **se** when adding a direct object pronoun.

Lia **si** rade le gambe ogni giorno. **Se** le rade in bagno.
Lia shaves her legs every day. She shaves them in the bathroom.

Mi lavo i capelli adesso. Non voglio lavar**me**li stasera.
I'm washing my hair now. I don't want to wash it tonight.

- Remember that when direct object pronouns are used in the **passato prossimo**, the past participle must agree with the direct object, as you learned in **Lezione 5A**. Double object pronouns ending in **-lo** or **-la** are shortened before a vowel sound.

Ho dato quella poltrona ad Anna. Glie**l'**ho dat**a** ieri.
*I gave that armchair to Anna. I gave **it** to her yesterday.*

Non si è lavata i capelli oggi. Se **li** è lavat**i** ieri.
*She didn't wash her hair today. She washed **it** yesterday.*

- When the adverb **ci** (*there*) is used in combination with **ne**, it becomes **ce** and precedes **ne**.

Quanti studenti **ci** sono?
*How many students are **there**?*

Ce ne sono trenta.
***There** are thirty **of them**.*

Provalo! **Riscrivi ogni frase usando i pronomi doppi.**

1. Il professore rende gli esami a noi. *Il professore ce li rende.*
2. I tuoi genitori comprano il computer a te. I genitori te lo comprano.
3. Chi ha dato a Giuseppina quella bella lampada? Chi gliel'ha data?
4. Hanno prenotato le camere per voi. Ve le hanno prenotate.
5. Fai a me le domande. Me le fai.
6. Puoi mostrare la foto a Domenico e a Eleonora? Puoi mostrarla loro? / La puoi mostrare loro? / Gliela puoi mostrare? / Puoi mostrargliela?

Suggestion Introduce the idiomatic expressions **farcela** (*to manage*) and **andarsene** (*to go away*). Explain that, while the pronouns in **farcela** are invariable, **andarsene** includes a reflexive pronoun that must be changed to agree with the subject.

SINTESI

Ricapitolazione

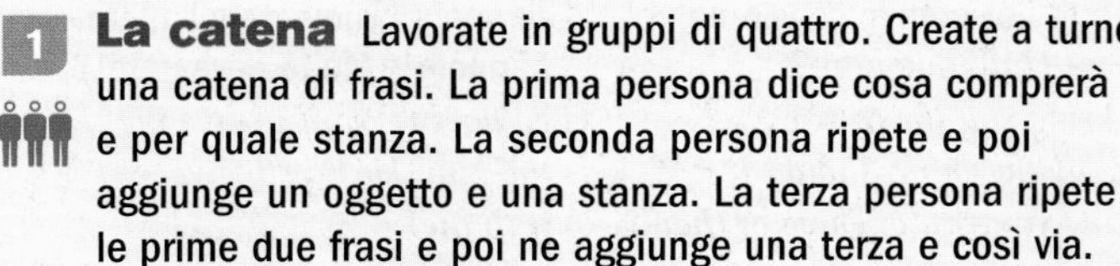

1 La catena Lavorate in gruppi di quattro. Create a turno una catena di frasi. La prima persona dice cosa comprerà e per quale stanza. La seconda persona ripete e poi aggiunge un oggetto e una stanza. La terza persona ripete le prime due frasi e poi ne aggiunge una terza e così via. Answers will vary.

1 Expansion Do this activity as a class. See how long the chain can get.

MODELLO

S1: *Io comprerò un tappeto per il soggiorno.*
S2: *Daniela comprerà un tappeto per il soggiorno, e io comprerò una credenza per...*

2 Un mistero Crea una lista di cinque personaggi misteriosi che sono in vacanza in una villa in Toscana. Decidi in quale stanza della casa sono e cosa fanno. Poi, a coppie, chiedete a turno dove sono i personaggi. Date indizi (*clues*) se necessario. Answers will vary.

MODELLO

S1: *La mia prima persona si chiama Aldo Lucci. Dov'è?*
S2: *È in cucina?*
S1: *No, non è in cucina. Un indizio: Aldo legge un libro.*
S2: *Allora sarà in...!*

3 Regali A coppie, guardate i disegni dei regali. Create una lista di persone e poi associate le persone con i regali. Descrivete a chi darete che cosa, usando i pronomi doppi quando possibile. Answers will vary.

MODELLO

S1: *Questo zaino è perfetto per mia sorella. Glielo comprerò per il suo compleanno!*

1. 2. 3.
4. 5. 6.

4 Opposti A coppie, create una conversazione. Siete due compagni di stanza che vanno a vivere in un nuovo appartamento. Avete gusti diversi e non siete d'accordo su dove mettere i mobili né su come decorare la casa. Provate a trovare una soluzione. Answers will vary.

MODELLO

S1: *Dipingiamo (Let's paint) la cucina di verde e poi mettiamo questi poster. Saranno perfetti!*
S2: *No, no, no! Non posso vivere in una casa con la cucina verde!*

5 Tra cinquant'anni Guarda le foto e pensa al futuro. Secondo te, come cambieranno questi elementi della vita quotidiana nei prossimi cinquant'anni? Scrivi due frasi per ogni categoria. Poi, in gruppi di tre, fate a turno a dire cosa avete scritto. Avete avuto le stesse idee? Avete qualcosa in comune? Mettete le vostre liste insieme e presentatele alla classe. Answers will vary.

5 Expansion Have each group talk about things they think will not change in the next 50 years.

MODELLO

S1: *In futuro tutti affitteranno, nessuno comprerà più una casa.*
S2: *In futuro, le persone indosseranno...*

1. case

2. vestiti

3. tecnologia

4. macchine

6 Una festa per la casa nuova In gruppi di quattro, create una conversazione tra un padrone di casa e tre ospiti. Ogni ospite porta un regalo al padrone di casa per festeggiare la casa nuova. Usate i pronomi doppi quando possibile. Answers will vary.

MODELLO

S1: *Ciao! Che bella casa! Ecco... ho visto questo vaso e te l'ho comprato subito.*
S2: *Me l'hai comprato subito? Grazie, è bellissimo!*

6 Expansion Have each group talk about their own housewarming party: what kind of gifts would they like to receive? Is there anything they wouldn't want or wouldn't be happy to receive? What would they do with gifts they didn't like?

risorse

SAM WB: pp. 99–104	SAM LM: pp. 57–59	vhlcentral.com

Lo Zapping

Leroy Merlin

Gli italiani tendono a sviluppare° un forte legame affettivo° con la casa, anche quando non è di proprietà. È dunque normale arredare° completamente la propria abitazione, persino se in affitto: dalla cucina alla camera da letto, l'inquilino° sceglie i mobili che naturalmente porterà con sé quando traslocherà. I mobilieri° abbondano in Italia, e negli ultimi anni si sono moltiplicati anche negozi specializzati in fai-da-te°, giardinaggio e decorazione. Tra questi, *Leroy Merlin,* che al momento ha più di 48 punti vendita° in Italia. *Leroy Merlin* offre arredi e accessori per la casa, prodotti di bricolage° come la vernice° e i pennelli°, e numerosi corsi di fai-da-te: da come pitturare° le pareti fino alla cura del giardino.

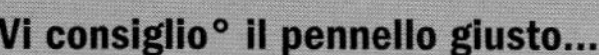
Vi consiglio° il pennello giusto...

Prova a stenderlo° tu.

Comprensione **Rispondi alle seguenti domande.** Answers may vary slightly. Sample answers are provided.

1. Che cosa chiede il commesso alla ragazza? Quanti metri quadri è la parete?
2. Secondo la pubblicità, ci sono cinque passaggi (*steps*) importanti da seguire quando si pittura una parete. Qual'è il primo passaggio? preparare la parete
3. Con Emmelunga che cosa diventerà la casa che hai in mente? diventerà realtà

Discussione **A coppie, rispondete a queste domande.** Answers will vary.

1. Vi piace il fai-da-te? Quali sono i suoi vantaggi e svantaggi?
2. Nella vostra cultura è comune sviluppare un forte legame emotivo con la propria casa, come succede generalmente in Italia? Perchè, o perchè no?

Practice more at **vhlcentral.com.**

sviluppare *to develop* **legame affettivo** *emotional bond* **arredare** *to furnish* **l'inquilino** *tenant* **Mobilieri** *furniture-dealers* **fai-da-te** *do-it-yourself* **punti vendita** *retail stores* **bricolage** *home improvement* **vernice** *paint* **pennelli** *paint-brushes* **pitturare** *to paint* **consiglio** *suggest* **stenderlo** *to apply it*

Lezione
7B

CONTESTI

Le faccen

Communicative Goals

You will learn how to:
- talk about household chores
- talk about appliances

Suggestion Have students look at the **espressioni** and ask them if they ever do the activities listed and how often. Ex.: **Porti fuori la spazzatura di solito? Tutti i giorni?**

Vocabolario

espressioni	*expressions*
apparecchiare la tạvola	*to set the table*
fare i mestieri/le faccende	*to do household chores*
fare il bucato	*to do laundry*
mẹttere in ọrdine	*to tidy up*
passare l'aspirapọlvere	*to vacuum*
sparecchiare la tạvola	*to clear the table*
spolverare	*to dust*
sporcare	*to soil*
descrizioni	*descriptions*
Che casino!	*What a mess!*
È un porcile!	*It's a pigsty!*
impeccạbile	*impeccable; perfectly clean*
macchiato/a	*stained*
pulito/a	*clean*
schifoso/a	*disgusting*
sporco/a	*dirty*
gli elettrodomẹstici	*appliances*
l'asciugatrice (*f.*)	*clothes dryer*
l'aspirapọlvere (*m.*)	*vacuum cleaner*
la caffettiera	*coffee maker*
i fornelli	*stove top; burners*
la lavastoviglie	*dishwasher*
la lavatrice	*washing machine*
il tostapane	*toaster*
le parti della casa	*parts of the house*
il cortile	*courtyard*
il pavimento	*floor*
la scala	*stair; staircase*
il soffitto	*ceiling*
la terrazza	*terrace*
il tetto	*roof*

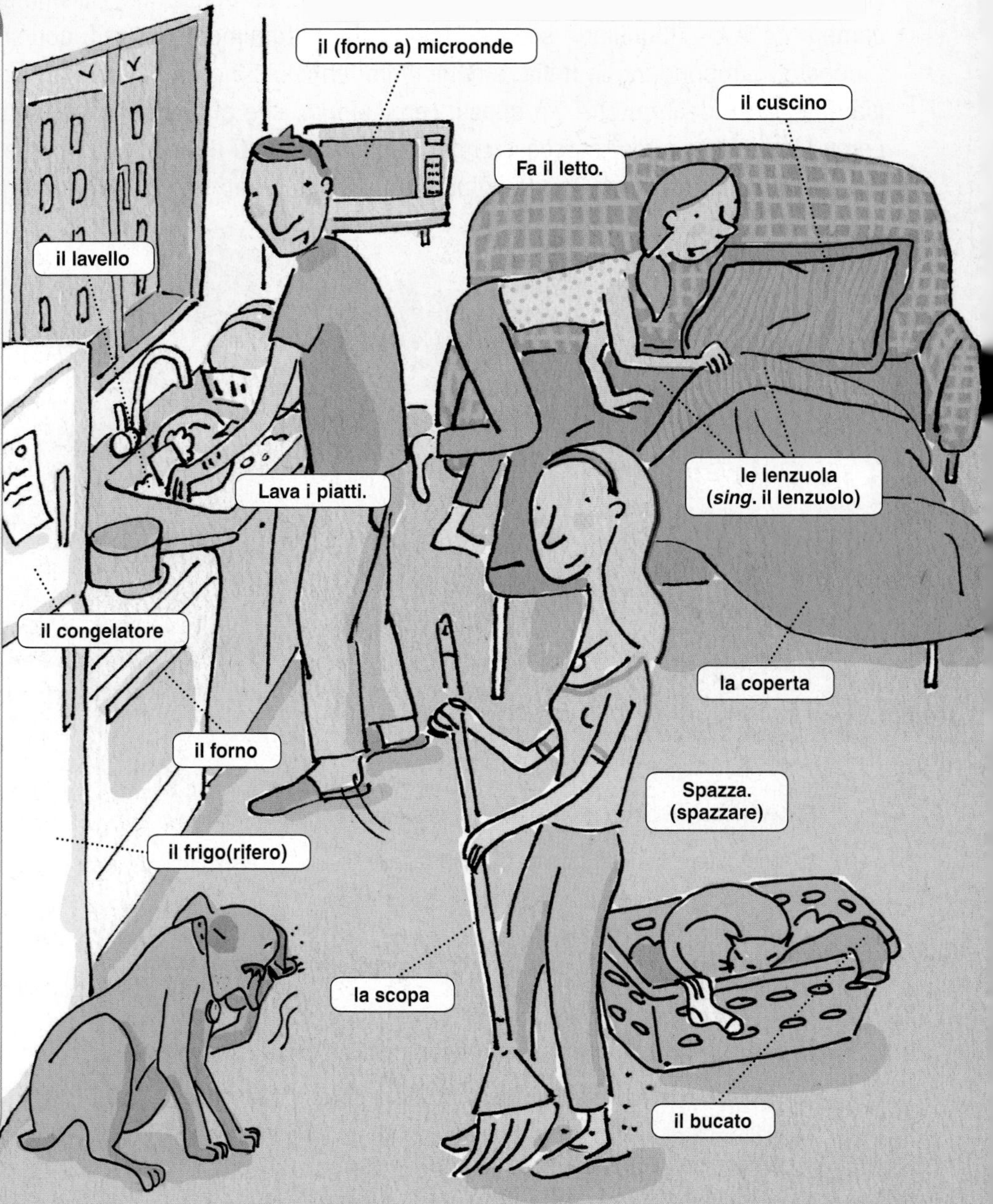

il (forno a) microonde

il cuscino

Fa il letto.

il lavello

Lava i piatti.

le lenzuola (*sing.* il lenzuolo)

il congelatore

la coperta

il forno

Spazza. (spazzare)

il frigo(rịfero)

la scopa

il bucato

risorse

SAM WB: pp. 105–106 | SAM LM: p. 60

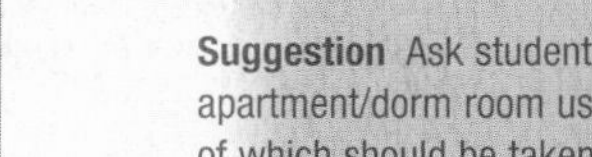
vhlcentral.com

Suggestion Ask students to describe their house/apartment/dorm room using three adjectives, two of which should be taken from **descrizioni**.

Attenzione!

The compound words **aspirapolvere**, **lavastoviglie**, and **tostapane** are invariable. Their plural forms are identical to the singular.

Suggestion Give students a few definitions and have them guess the answer using the words in the vocabulary list. Ex.: **Serve per tenere il cibo fresco. (il frigo)**

Pratica

1 Trova l'intruso Trova l

MODELLO fare il letto, lenzu

1. forno, frigo, lavastoviglie,
2. soffitto, pavimento, (tosta
3. (pulito), sporco, schifoso,
4. coperta, lenzuola, (congel
5. asciugatrice, bucato, lava
6. (caffettiera), scala, terrazz
7. mettere in ordine, (sporca
8. microonde, fornelli, (asse da stiro), tostapane

2 Analogie Completa ogni analogia con una parola della lista.

aspirapolvere	lavastoviglie	pulito	tavola
frigo	lavatrice	scopa	tostapane

1. piatto : lavastoviglie : : vestiti : lavatrice
2. stirare : asse da stiro : : spazzare : scopa
3. fare il letto : lenzuola : : pulire il pavimento : aspirapolvere
4. cucinare : fornelli : : lavare i piatti : lavastoviglie
5. sporcare : sporco : : mettere in ordine : pulito
6. caffè : caffettiera : : pane tostato : tostapane

2 Expansion Ask students to come up with more analogies and write them on the board.

3 Completare Scegli la parola che completa meglio ogni frase.

1. Il pavimento è sporco. Ora prendo la (scopa / scala) e lo pulisco.
2. Per piacere, dammi lenzuola e coperte. Devo fare il (letto / congelatore).
3. Io apparecchio la tavola e tu la (stiri / sparecchi).
4. Questa stanza è sporca, è un vero (porcile / aspirapolvere)!
5. Metto la caffettiera sul (tostapane / fornello).
6. Che casino in camera nostra! Dobbiamo (sporcare / mettere in ordine).

4 Descrivere A coppie, discutete chi nelle vostre famiglie o nelle vostre case fa le faccende indicate. Answers will vary.

MODELLO passare l'aspirapolvere

S1: *Di solito mia sorella passa l'aspirapolvere.*
S2: *Io passo sempre l'aspirapolvere!*

1. portare fuori la spazzatura
2. fare il bucato
3. lavare i piatti
4. fare le faccende
5. spolverare
6. stirare

4 Expansion Ask students about their favorite and least favorite chores.

 Practice more at **vhlcentral.com.**

communication NATIONAL STANDARDS

Comunicazione

5 **La riunione di famiglia** Ascolta la signora Morelli che dice quali faccende, oggi, devono fare le differenti persone. Poi, a coppie, abbinate ogni persona con una faccenda.

1. __b__ Francesco
2. __d__ Giovanna
3. __a__ la signora Morelli
4. __f__ Matteo
5. __c__ Gabriella
6. __e__ Adele

a. portare fuori la spazzatura
b. passare l'aspirapolvere
c. fare i letti
d. lavare i piatti
e. stirare
f. fare il bucato

5 Suggestion Play the recording again, stopping at the end of each sentence containing an answer, so students can check their work.

6 **È ora di lavorare!** In gruppi di tre, immaginate di vivere nell'appartamento del disegno. È un porcile! Decidete quali faccende ognuno/a di voi farà oggi. Poi decidete chi farà cosa ogni settimana per tenerlo pulito (*keep it clean*). Assegnate degli incarichi (*tasks*) settimanali a ogni persona del gruppo. Answers will vary.

6 Expansion Ask students how much time a week they devote to household chores.

MODELLO

S1: *Chi laverà i piatti oggi?*
S2: *Io laverò i piatti. E chi...?*

7 **La giornata di Maria** Lavorate a coppie. L'insegnante vi darà due fogli diversi con metà dei mestieri che ha fatto ieri Maria. Descrivete e paragonate a turno quello che ha fatto. Poi scrivete un breve paragrafo e descrivete tutti i mestieri che ha fatto ieri. Answers will vary.

MODELLO

S1: *Ieri mattina, Maria doveva fare il bucato.*
S2: *Sì! Allora...*

7 Expansion Ask students to describe what chores they did yesterday.

8 **La casa dei miei sogni** A coppie, fate a turno a descrivere il tipo di casa che avrete in futuro. Descrivete la casa, i mobili e gli elettrodomestici che ci saranno e chi farà i mestieri come cucinare, pulire e fare il bucato. Answers will vary.

MODELLO

S1: *La mia casa sarà grandissima! Avrà dieci camere da letto, una piscina (pool) e un garage per quattro macchine.*
S2: *La mia casa sarà piccola ma bella. Avrà...*

8 Expansion Ask students if they have an idea of how much the house of their dreams would cost.

Pronuncia e ortografia (S) Audio

Spelling changes to maintain the sound of *c* or *g*

cercare **incominciare** **pagare** **mangiare**

Certain classes of Italian verbs have regular spelling changes in order to maintain the hard or soft *c* or *g* sound of the infinitive.

abbraccerete **cominci** **mangerò** **viaggiamo**

In verbs ending in **-ciare** or **-giare**, the **i** is not stressed. It is dropped when the verb ending begins with **i** or **e**, to maintain the soft *c* or *g* sound.

scii **scieranno** **spierai** **spii**

When the **i** of the infinitive stem is stressed, as in **sciare**, the **i** is not dropped.

giocheranno **indichi** **spiegherà** **pieghiamo**

Verbs whose infinitive ends in **-care** or **-gare** require the addition of the letter **h** before adding a verb ending beginning with **e** or **i** in order to maintain the hard *c* or *g* sound.

Suggestions

- Point out that students are already familiar with the spelling change; review the present indicative conjugation of **mangiare**. Point out that it is **tu mangi**, not **tu mangii**.
- Review the hard and soft **c** and **g** sounds by asking students to identify the letters that must follow the **c** and **g** in order to make them hard or soft.

Pronunciare Ripeti le parole ad alta voce.

1. pubblicherò
2. passeggeremo
3. invii
4. sporchiamo
5. incomincerai
6. ricercheranno
7. incoraggiamo
8. nevicherà
9. parcheggi
10. baci
11. mangiamo
12. festeggerete

Articolare Ripeti le frasi ad alta voce.

1. Parcheggerò la macchina.
2. Paghi il conto stasera?
3. Come spieghiamo l'incidente?
4. Scii abbastanza bene!
5. Cercheranno il libro domani.
6. Comincerà il lavoro a gennaio.

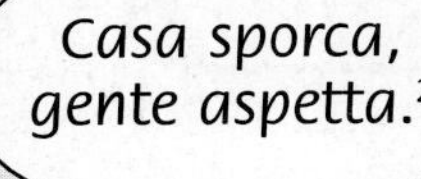

Casa sporca, gente aspetta.[2]

Proverbi Ripeti i proverbi ad alta voce.

Casa mia, casa mia, per piccina che tu sia, tu mi sembri una badia.[1]

Proverbi Ask students if they can think of proverbs in English that refer to "home" (for example: "Home sweet home").

1 My home, my home, as small as you may be, you seem to me an abbey.
2 A messy house invites unexpected guests.

risorse

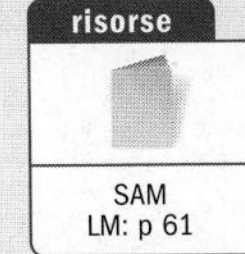
SAM LM: p 61

vhlcentral.com

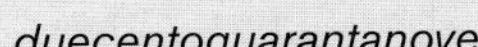

FOTOROMANZO

Che porcile!

Suggestion Have students scan the **Fotoromanzo** and find sentences related to chores.

PERSONAGGI

la cameriera

Emily

Isabella

Lorenzo

Marcella

Riccardo

Viola

1

Alla pensione...

MARCELLA Che casino! Ci vorranno tre ore per mettere in ordine. Paolo, Paolo, Paolo. Quando imparerai a mettere in ordine? Ah, disgustoso.

RICCARDO Marcella. Non ti avevo visto.

MARCELLA Riccardo. Usa un piatto. Per favore.

MARCELLA Oh, scusa.

2

VIOLA Riccardo! Che schifo!

RICCARDO Sei proprio una lagna.

VIOLA Mangi così a casa tua?

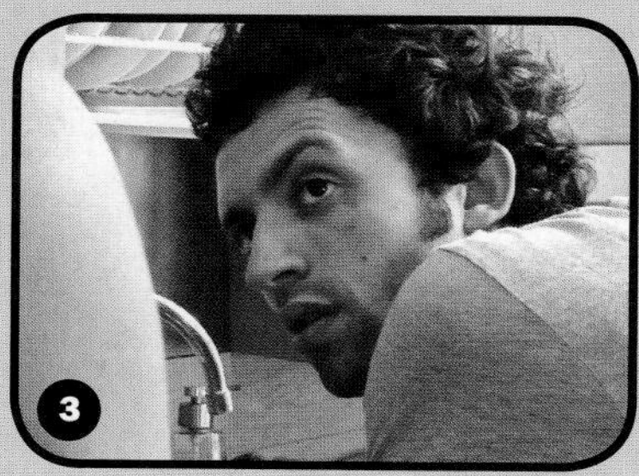

3

MARCELLA Qual è il problema?

VIOLA Riccardo è un cafone. Da cinque minuti lo osservo mentre riempie il lavandino di briciole.

RICCARDO Durante gli ultimi quindici anni, ho lavato i piatti e portato fuori la spazzatura tutti i giorni. Per due famiglie.

6

Al bar...

EMILY Senta, scusi?

CAMERIERA Buongiorno, mi dica.

EMILY Vorrei un caffè, per favore. *(Alla webcam)* Da quando sono arrivata a Roma, ho provato più di 50 caffè. Negli ultimi tre mesi ne ho bevuti alcuni veramente buoni. Come sarà questo? Oh, ho dimenticato di ordinare un cornetto alla crema.

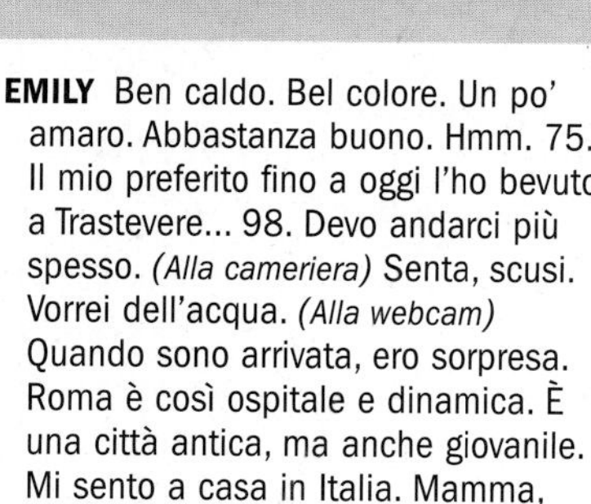

7

EMILY Ben caldo. Bel colore. Un po' amaro. Abbastanza buono. Hmm. 75. Il mio preferito fino a oggi l'ho bevuto a Trastevere... 98. Devo andarci più spesso. *(Alla cameriera)* Senta, scusi. Vorrei dell'acqua. *(Alla webcam)* Quando sono arrivata, ero sorpresa. Roma è così ospitale e dinamica. È una città antica, ma anche giovanile. Mi sento a casa in Italia. Mamma, mi devi permettere di restare qui.

8

EMILY *(Alla webcam)* Lorenzo? Anche Lorenzo è qui. Ma con chi? *(A Lorenzo)* Lorenzo. Ciao. Guarda, siamo in diretta su Internet!

LORENZO Ciao, Emily. Questa è Emily, è di Chicago e sta alla pensione.

EMILY Piacere di conoscerti, Francesca.

ISABELLA Francesca? Ma chi è Francesca?

Suggestion This tivity can also be ne with the students' oks closed. Divide e class into groups d see how many estions each group n answer correctly.

ATTIVITÀ

1 Rispondere Rispondi alle seguenti domande con frasi complete.

1. Secondo Marcella, quante ore ci vorranno per mettere in ordine? Secondo Marcella, ci vorranno tre ore per mettere in ordine.
2. Che parola usa Riccardo per definire Viola? Riccardo usa la parola «lagna» per definire Viola.
3. Che parola usa Viola per definire Riccardo? Viola usa la parola «cafone» per definire Riccardo.
4. Che mestieri deve fare Riccardo? Riccardo deve pulire il forno e i fornelli e lavare i piatti.
5. Che mestieri deve fare Viola? Viola deve passare l'aspirapolvere, spolverare in sala da pranzo e in soggiorno e pulire il pavimento.
6. Quanti caffè ha provato Emily da quando è arrivata a Roma? Emily ha provato più di 50 caffè da quando è arrivata a Roma.
7. Quali aggettivi usa Emily per definire Roma? Emily usa gli aggettivi «ospitale», «dinamica», «antica» e «giovanile» per definire Roma.
8. Con chi è Lorenzo? Lorenzo è con Isabella.
9. Da quando lavora sui motori Viola? Viola lavora sui motori da quando ha sei anni.
10. In quale stanza della casa è a suo agio Riccardo? Riccardo è a suo agio in cucina.

Practice more at **vhlcentral.com.**

Riccardo e Viola aiutano a pulire la pensione.

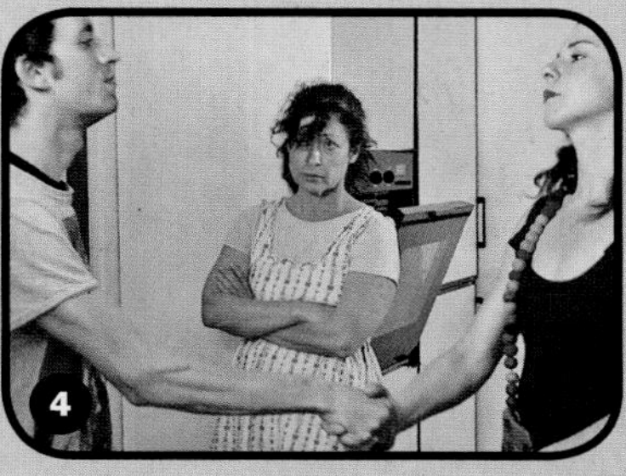

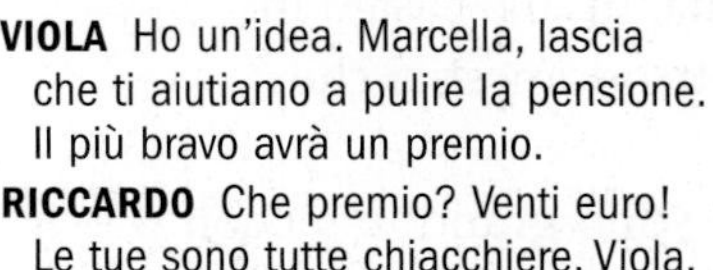

VIOLA Ho un'idea. Marcella, lascia che ti aiutiamo a pulire la pensione. Il più bravo avrà un premio.
RICCARDO Che premio? Venti euro! Le tue sono tutte chiacchiere, Viola.
VIOLA Sarà Marcella a scegliere il vincitore.
RICCARDO Dicci cosa dobbiamo fare.

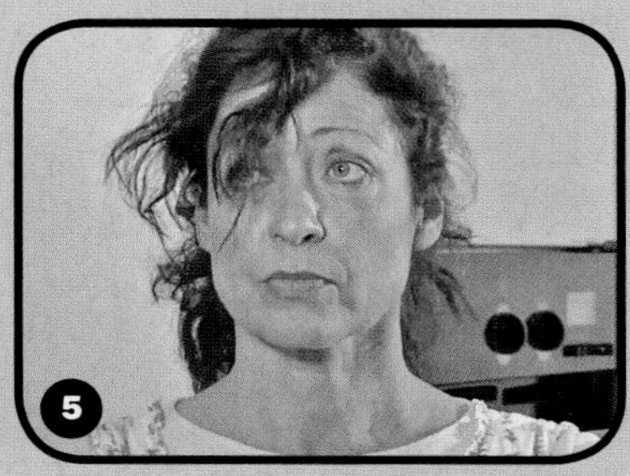

MARCELLA Riccardo, pulisci il forno e i fornelli. Poi lava i piatti. Viola, passa l'aspirapolvere e spolvera in sala da pranzo e in soggiorno. Poi pulisci il pavimento. Ora, mettetevi al lavoro, questo posto è un porcile.

Alla pensione...
MARCELLA Cos'è successo? Tutto bene?
RICCARDO Spostati. Fammi vedere.
VIOLA Riccardo, non sai cosa fare.
RICCARDO Perché, tu sì?
VIOLA Lavoro sui motori da quando ho sei anni. Guarda tu stesso.

MARCELLA Grazie, Viola.
VIOLA Di niente, Marcella. Riccardo è a suo agio in cucina. Lui è bravo a scherzare. Io sono brava a riparare le cose. *(Esasperata)* Gli uomini!

Expansion Ask students whether they would prefer to do Viola's chores or Riccardo's. Have them give a reason for their choice.

Espressioni utili

Giving commands, directions, suggestions

- **Usa un piatto.** *Use a plate.*
- **Lascia che ti aiutiamo.** *Let us help you.*
- **Dicci cosa dobbiamo fare.** *Tell us what to do.*
- **Pulisci il pavimento.** *Clean the floor.*
- **Mettetevi al lavoro!** *Get to work!*
- **Mi dica.** *Tell me.*
- **Senta.** *Listen.*
- **Spostati.** *Move over.*

Time expressions

- **ci vorranno tre ore** *it will take three hours*
- **da cinque minuti** *for five minutes*
- **durante gli ultimi 15 anni** *for the last 15 years*
- **fino a oggi** *so far*

Additional vocabulary

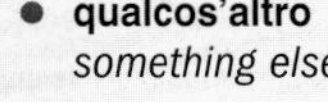

- **Il più bravo avrà un premio.** *The best one wins a prize.*
- **Le tue sono tutte chiacchiere.** *You're all talk.*
- **ben caldo** *nice and hot*
- **cafone** *slob, brute*
- **Mi sento a casa.** *I feel at home.*
- **riempie** *he fills*
- **Siamo in diretta.** *We're live.*
- **briciole** *crumbs*
- **È a suo agio.** *He feels at ease.*
- **lagna** *whiner*
- **qualcos'altro** *something else*

2 **Per parlare un po'** In gruppi di tre, immaginate di vivere insieme nello stesso appartamento. Dovete ricevere ospiti *(guests)*, ma la vostra casa è un porcile! Fate una lista delle cose da fare e decidete quali mestieri deve fare ogni persona. Answers will vary.

2 Expansion Have students write a dialogue and act it out for the class.

3 **Approfondimento** Il caffè in Italia si beve in molti modi. Fai una ricerca e scopri la differenza tra un caffè espresso, un caffè ristretto, un caffè lungo, un cappuccino e un caffellatte. Prepara una presentazione su queste differenze. Answers will vary.

3 Expansion Students can also look for a definition of **caffè macchiato**, **caffè all'americana**, and **caffè d'orzo**.

risorse

SAM
VM: pp. 27–28

vhlcentral.com

ATTIVITÀ

CULTURA

Prima di leggere Have students explain which household appliances they could do without, and which they think are the most useful.

IN PRIMO PIANO

Un aiuto con i mestieri

Quali elettrodomestici ci sono nelle case italiane? Gli italiani usano il microonde? E l'asciugatrice? Se pensate di trascorrere un periodo di tempo in Italia, in una casa o in un appartamento, è bene parlare degli elettrodomestici che troverete o... non troverete!

In una cucina italiana tipicamente ci sono grandi e piccoli elettrodomestici. Tra i grandi elettrodomestici c'è il piano cottura, di solito a gas, con i fornelli con la fiamma° e un forno elettrico o a gas. Sono pochi gli italiani che hanno un forno a microonde; i pochi che lo hanno lo usano in genere solo per scaldare° o scongelare° i cibi.

Molti italiani hanno una lavastoviglie in casa, eppure i piatti si lavano spesso a mano° nel lavello e si mettono ad asciugare nello scolapiatti° che si trova, quasi sempre, sopra il lavello. Il tritarifiuti° esiste raramente nelle cucine italiane. Il frigorifero non è enorme come il frigo americano, perché le case italiane sono più piccole; le famiglie italiane hanno spesso un congelatore in più° per le scorte° di cibo.

Tra i piccoli elettrodomestici c'è il tostapane, non utilizzato così comunemente come in America. Sono molto diffusi, invece, il frullatore°, lo sbattitore° per fare i dolci e il robot da cucina°.

Nelle case italiane non esiste una stanza per fare il bucato. In ogni abitazione c'è una lavatrice, di solito in bagno oppure in cucina, ma il bucato si asciuga al sole su pratici stendini°. Essenziali, però, sono il ferro da stiro e l'asse da stiro per avere vestiti sempre perfetti e fare bella figura.

fiamma *flame* **scaldare** *to warm up* **scongelare** *to defrost* **si lavano a mano** *are washed by hand* **scolapiatti** *dish drying rack* **tritarifiuti** *garbage disposal* **in più** *extra* **scorte** *supplies* **frullatore** *blender* **sbattitore** *mixer* **robot da cucina** *food processor* **stendini** *drying rack* **casalinghe/i** *housewives/househusbands*

Il lavoro dentro e fuori casa

	DONNE	UOMINI
Ore settimanali dedicate ai lavori di casa	36	14
Ore settimanali dedicate al lavoro fuori casa	22	32
Percentuale di casalinghe/i°	23,9%	0,2%

FONTE: OCSE (2013)

Expansion Have students compare the statistics in the chart to their own experiences with housework.

ATTIVITÀ

1 Vero o falso? Indica se l'affermazione è **vera** o **falsa**. Correggi le affermazioni false.

1. Il forno delle cucine italiane è sempre elettrico.
   Falso. Può essere anche a gas.
2. Gli italiani usano spesso il microonde per cucinare i cibi.
   Falso. Usano il microonde per scaldare o scongelare i cibi.
3. In quasi tutte le cucine italiane c'è lo scolapiatti.
   Vero.
4. I frigoriferi italiani sono piccoli.
   Vero.
5. Lo sbattitore è un piccolo elettrodomestico.
   Vero.
6. Il tostapane è usato spesso come in America.
   Falso. È usato raramente in Italia.
7. Gli italiani usano lo sbattitore elettrico per fare il bucato.
   Falso. Usano lo sbattitore elettrico per fare i dolci.
8. La lavatrice è in bagno o in cucina.
   Vero.
9. Il bucato si asciuga con l'asciugatrice.
   Falso. Si asciuga sugli stendini.
10. L'asse da stiro è usato per asciugare i vestiti.
    Falso. È usato per stirare i vestiti.

 Practice more at **vhlcentral.com.**

L'italiano quotidiano Ask students which "**aiuto in casa**" they or their families call most often. Explain that some of these words do not have separate forms for males and females (**falegname, balia, lavavetri**).

Ritratto Have students brainstorm American coffee habits: preferences, dislikes, and tendencies.

L'ITALIANO QUOTIDIANO

Aiuti per la casa

la balia	*nanny*
la collaboratrice domẹstica	*maid*
il falegname	*carpenter*
l'idrạulico	*plumber*
l'imbianchino	*painter*
il lavavetri	*window cleaner*
il muratore	*bricklayer*
lo spazzacamino	*chimney sweep*
il tẹcnico del telẹfono/ televisore/computer	*telephone/TV/computer repairman/woman*

USI E COSTUMI

Benvenuti!

Gli italiani amano stare in compagnia di familiari e amici e le occasioni per farlo sono molte. Per le occasioni importanti i «padroni di casa°» si organizzano in anticipo° e si riuniscono° con gli ospiti intorno a una tavola imbandita°. Generalmente gli ospiti portano un regalo che varia da un'occasione all'altra: per Natale regali più grandi e importanti; per un caffè o una cena a casa di amici basta un mazzo° di fiori, una bottiglia di buon vino o un dolce.

A differenza delle° abitudini americane, in Italia non capita° spesso di avere ospiti per molti giorni; le visite sono brevi ma molto frequenti.

padroni di casa *hosts* **in anticipo** *in advance* **si riuniscono** *they gather* **imbandita** *laid for a feast* **mazzo** *bouquet* **A differenza delle** *Differently from* **capita** *happens*

RITRATTO

Alfonso Bialetti e la Moka Express

Al mattino è difficile trovare una cucina italiana senza una caffettiera sul fornello che emana° un forte e inconfondibile° aroma di caffè. Il marchio° legato alla caffettiera è senza dubbio quello della Bialetti, azienda° che nasce negli anni '20 in Piemonte dall'idea di Alfonso Bialetti. Alfonso presenta, nel 1933, la prima **Moka Express**, design Art Déco, per fare il caffè espresso in casa. La fama dell'azienda cresce grazie anche ad un'attenta campagna pubblicitaria° televisiva, in cui viene presentato *l'Omino con i Baffi*°, che diventa il simbolo del nome Bialetti.

In una Moka c'è un serbatoio° con una valvola di sicurezza° per l'acqua che deve essere scaldata; un serbatoio a forma di imbuto° che contiene la polvere° di caffè; un filtro che separa la polvere di caffè dall'acqua; un serbatoio per il caffè liquido; un coperchio° e un manico°.

emana *gives off* **inconfondibile** *unmistakable* **marchio** *brand* **azienda** *company* **campagna pubblicitaria** *ad campaign* **Omino con i Baffi** *Little Man with a Moustache* **serbatoio** *container* **valvola di sicurezza** *safety valve* **imbuto** *funnel* **polvere** *grinds* **coperchio** *lid* **manico** *handle*

SU INTERNET

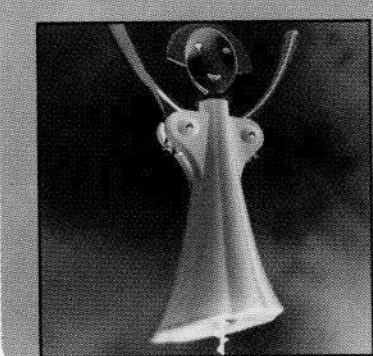

Cerca informazioni su Alberto Alessi e i suoi prodotti per la casa.

Go to **vhlcentral.com** to find more information related to this **CULTURA**.

2 Completare Completa le frasi.

1. L'azienda Bialetti nasce in Piemonte.
2. La prima caffettiera Moka Express nasce nel 1933.
3. Il simbolo della Moka è l'Omino con i Baffi.
4. Per ricevere ospiti nelle occasioni importanti, gli italiani si organizzano in anticipo.
5. Generalmente gli ospiti portano un regalo.
6. Per una cena con gli amici il regalo può essere un mazzo di fiori, una bottiglia di buon vino o un dolce

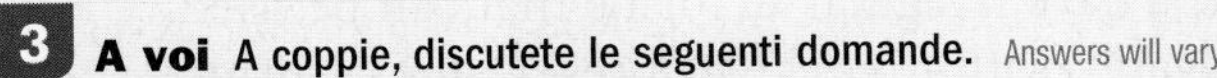

3 A voi A coppie, discutete le seguenti domande. Answers will vary.

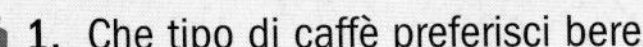

1. Che tipo di caffè preferisci bere?
2. In quali occasioni visiti la tua famiglia?
3. Porti un regalo quando visiti gli amici?

ATTIVITÀ

Usi e costumi Ask students about their habits regarding visiting family members and friends. How do they compare to Italian traditions?

STRUTTURE

Suggestion Model the **tu** form by giving individual students commands. Then have students give one another commands and act out the actions.

NATIONAL STANDARDS comparisons

7B.1 The informal imperative

Punto di partenza The **imperativo** is the form of a verb that is used for commands, requests, suggestions, and for giving directions or instructions. The informal imperative consists of the **tu**, **noi**, and **voi** forms only.

Porta fuori la spazzatura!
***Take** out the trash!*

Mettete l'acqua nella caffettiera.
***Put** the water in the coffee maker.*

- The affirmative imperative forms of regular verbs are identical to the present tense, except that the **tu** form of **-are** verbs ends in **-a** rather than **-i**.

Informal imperative of regular verbs

	parlare	leggere	dormire	finire
tu	parla	leggi	dormi	finisci
noi	parliamo	leggiamo	dormiamo	finiamo
voi	parlate	leggete	dormite	finite

Lava i piatti, Mariarosa!
***Wash** the dishes, Mariarosa!*

Usate il forno, ragazzi!
***Use** the oven, guys!*

- The **noi** imperative corresponds to English expressions with *Let's*.

Finiamo questo lavoro!
***Let's finish** this work!*

Sparecchiamo la tavola!
***Let's clear** the table!*

- **Essere** and **avere** are irregular in the informal imperative.

The informal imperative of *avere* and *essere*

	avere	essere
tu	abbi	sii
noi	abbiamo	siamo
voi	abbiate	siate

Abbiate pazienza!
***Be** patient!*

Sii buono, Giovanni!
***Be** nice, Giovanni!*

- A few verbs have irregular **tu** forms that can be used interchangably with the regular present-tense forms. **Dire** has an irregular form only.

andare	dare	dire	fare	stare
va' (vai)	da' (dai)	di'	fa' (fai)	sta' (stai)

Va' (**Vai**) a letto subito!
***Go** to bed immediately!*

Su, **fa'** (**fai**) le faccende!
*Come on, **do** the chores!*

Suggestion Explain that the imperative use of **essere** and **avere** is restricted to a limited number of idiomatic expressions.

Suggestion Remind students of the different uses of the imperative and have them write sentences that illustrate each of these uses.

PRATICA

1 Completare Completa ogni frase con la forma corretta dell'imperativo informale.

1. Martina, ___partecipa___ (partecipare) al dibattito!
2. Gioia e Veronica, ___mandate___ (mandare) gli inviti per la festa!
3. Cosa facciamo stasera? ___Andiamo___ (andare) al cinema!
4. Bernardo, non ___parlare___ (parlare) mentre mangi!
5. Artemisia, ___finisci___ (finire) le faccende!
6. Bambini, non ___scrivete___ (scrivere) sui muri!
7. Ragazzi, (noi) non ___telefoniamo___ (telefonare) a Roberto!
8. Diana, ___di'___ (dire) la verità.

2 Creare Crea una frase per ogni disegno usando l'imperativo informale.

2 Expansion Have students write affirmative and negative sentences using the same verbs.

1. noi / sparecchiare la tavola
Sparecchiamo la tavola.

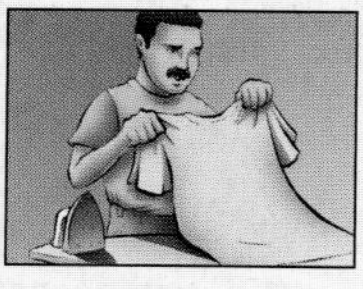
2. Marco / stirare
Marco, stira.

3. voi / riciclare la spazzatura
Riciclate la spazzatura.

4. ragazze / fare il bucato
Ragazze, fate il bucato.

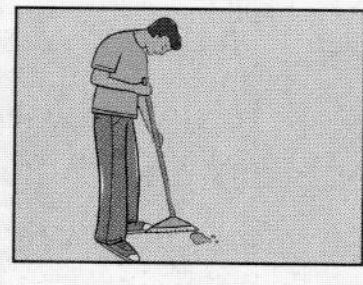
5. Luca / spazzare i pavimenti
Luca, spazza i pavimenti.

6. Rosa / fare il letto
Rosa, fa'/fai il letto.

3 Trasformare Riscrivi le frasi seguenti come ordini, usando l'imperativo informale.

MODELLO Giovanni fa il letto.
Giovanni, fai il letto!

1. Maria canta musica lirica.
   Maria, canta musica lirica!
2. Gina finisce la pasta.
   Gina, finisci la pasta!
3. I bambini non colorano i disegni.
   Bambini, non colorate i disegni!
4. Tu mi dici cosa è successo.
   Dimmi cosa è successo!
5. Gerardo e Cristiano lavano la macchina.
   Gerardo e Cristiano, lavate la macchina!
6. Marina non ascolta la musica rock.
   Marina, non ascoltare la musica rock!
7. La mia mamma e il mio papà mi scrivono un'e-mail.
   Mamma e papà, scrivetemi un'e-mail!
8. Claudia e Giuditta comprano una pianta per la casa nuova.
   Claudia e Giuditta, comprate una pianta per la casa nuova!

Practice more at **vhlcentral.com.**

COMUNICAZIONE

4 Che porcile! A coppie, immaginate di essere coinquilini (*roommates*). Dovete pulire il vostro appartamento perché i vostri genitori verranno a farvi visita. Guardate i disegni e, a turno, datevi ordini su quello che dovete fare. Answers will vary.

4 Expansion Have groups of four students create a conversation between two roommates and two parents, who ask questions about the room.

MODELLO

S1: *Guarda la camera! Riordina subito!*
S2: *Va bene, ma tu lava i piatti!*

1.

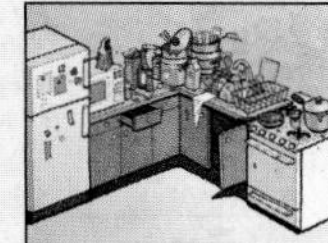
2.

3.

4.

5.

6.

5 Un consiglio A coppie, scrivete una lista di otto consigli che potete dare a uno studente straniero che viene dall'Italia per studiare alla vostra scuola. Answers will vary.

MODELLO

S1: *Porta vestiti pesanti per l'inverno!*
S2: *Non studiare il venerdì sera!*

6 Simone dice In gruppi di cinque, giocate a «Simone dice». Uno studente dà ordini usando le forme dell'imperativo del tu, voi, e noi. Gli altri studenti fanno cosa dice il leader, ma solo se lui/lei inizia la frase con «Simone dice». Cambiate leader dopo cinque frasi. Answers will vary.

MODELLO

S1: *Simone dice: «Rita e Agostino, ballate!»; «Caterina, canta!»*

alzare il braccio destro/sinistro	chiudere gli occhi
alzarsi	saltare
ballare	sedersi
cantare	toccarsi il naso

5 Expansion Have students role-play a conversation between one student who just came back from a semester in Italy and one who will go next semester.

6 Expansion Have groups of three students write down the ten golden rules of Italian class (speak only Italian; always do your homework; don't make the instructor mad, etc.) and share them with the class.

- Attach object and reflexive pronouns to the end of the informal imperative form.

Ecco la pizza. Mangia**la**!
*Here's the pizza. Eat **it**!*

Lavate**vi** le mani, bambini!
Wash your hands, kids!

- When using the commands **va'**, **da'**, **di'**, **fa'**, and **sta'** with attached object pronouns, drop the apostrophe and double the initial letter of the pronoun, except in the case of **gli**.

Hai un segreto? **Dimmelo**!
*You have a secret? **Tell it to me!***

Non hai fatto il letto? **Fallo** subito!
*You didn't make your bed? **Do it** right now!*

Antonio, dove sei? **Stammi** vicino.
*Antonio, where are you? **Stay** close **to me**.*

Lucia non ha la scopa. **Dagliela**!
*Lucia doesn't have the broom. **Give it to her!***

- To form the negative **voi** and **noi** imperative forms, simply place **non** before the verb.

Non dormite fino a tardi.
***Don't sleep** late.*

Non facciamo niente stasera!
***Let's not do** anything tonight!*

- The negative **tu** imperative, however, is expressed differently. To form it, place **non** before the infinitive form of the verb.

Sergio, **non bere** troppo!
*Sergio, **don't drink** too much!*

Non sporcare la terrazza, Luca.
***Don't get** the terrace **dirty**, Luca.*

- With the negative imperative forms, either place object and reflexive pronouns before the verb or attach them to the end. Because the negative **tu** form is an infinitive, remember to drop the final **-e** when attaching pronouns to it.

Va bene, non **dirmelo**/ non **me lo** dire!
*OK, don't tell **it to me**!*

È un porcile. Non **ci** entrate/ Non entrate**ci**.
*It's a pigsty. Don't go in **there**.*

Non mangiamo**lo**/ Non **lo** mangiamo.
*Let's not eat **it**.*

Non portar**gliela**./ Non **gliela** portare!
*Don't bring **it to them**!*

Provalo! **Scegli la forma corretta dell'imperativo informale per completare ogni frase.**

1. Ragazzi, (guarda / guardate) la televisione nel soggiorno.
2. Mamma, (prepari / prepara) il ferro per stirare.
3. Francesco, (mi aiuti / aiutami) a pulire la stanza.
4. Fabio, (trasloca / traslochi) nella casa accanto alla nostra.
5. Gino, (subaffitti / subaffitta) l'appartamento insieme a noi.
6. Beatrice e Daniela, (porti / portate) fuori la spazzatura prima di cena.
7. Senti, Teresa, (vendiamo / vende) quel divano; è orribile.
8. Chiara, (ti siedi / siediti) su quella poltrona.

Expansion Have students role-play a parent telling a child to do household chores. Encourage them to include **su** or **dai** (*come on!*) with their commands.

NATIONAL comparisons STANDARDS

7B.2 The formal imperative

Punto di partenza In **Strutture 7B.1** you learned the informal imperative. Use the formal imperative to give instructions, directions, or suggestions to a person you address using **Lei**.

- The formal imperative forms correspond to **Lei** and **Loro**. Form the **Lei** imperative by dropping the **-o** ending of the first person present-tense form and adding **-i** to **-are** verbs and **-a** to **-ere** and **-ire** verbs.

Formal imperative of regular verbs

	parlare	leggere	dormire	finire
Lei	parli	legga	dorma	finisca
Loro	parlino	leggano	dormano	finiscano

- Remember that the use of **Loro** is limited to very formal situations. The imperative form of **voi** is much more commonly used to address a group.

Chiuda la porta, signorina!
Close the door, Miss!

Compri questa lampada, signore!
Buy this lamp, Sir!

Si siedano, signori!
Be seated, gentlemen!

Sedetevi, signori!
Sit down, gentlemen!

- For verbs that are irregular in the first person present, change the final **-o** to **-a**.

Signorina, **venga** in cucina e **beva** un tè.
*Miss, **come** into the kitchen and **drink** some tea.*

Esca subito, dottore! **Vada** con Giuseppe.
***Go out** right away, Doctor! **Go** with Giuseppe.*

Faccia il bucato, per favore.
***Do** the laundry, please.*

Dica la verità!
***Tell** the truth!*

- Some common verbs are irregular in the formal imperative.

Irregular formal imperative forms

avere	dare	essere	sapere	stare
abbia	dia	sia	sappia	stia

Stia tranquillo! Li lavo io.
***Stay** calm. I'll wash them.*

Abbia pazienza, signora!
***Be** patient, Ma'am!*

Suggestion Ask students to give you commands using the **Lei** form that you can then act out in class.

1 Expansion Have pairs of students list 10 infinitives. Taking turns, each student gives the infinitive to his/her partner and he/she has to give the singular and plural form of the formal imperative.

PRATICA

1 Completare Completa la tabella con le forme mancanti (*missing*) dell'imperativo formale.

	Lei	Loro
1. stirare	stiri	stirino
2. mettere	metta	mettano
3. avere	abbia	abbiano
4. sporcare	sporchi	sporchino
5. sapere	sappia	sappiano
6. pulire	pulisca	puliscano
7. stare	stia	stiano
8. venire	venga	vengano

2 Trasformare Riscrivi le frasi seguenti usando l'imperativo formale.

MODELLO Il signor D'Andreo pulisce la stanza.
Signor D'Andreo, pulisca la stanza!

1. Il signor Gemma telefona ai suoi figli. Signor Gemma, telefoni ai suoi figli!
2. La signora Todi scrive all'avvocato. Signora Todi, scriva all'avvocato!
3. Il dottor Angiotti si siede per primo. Dottor Angiotti, si sieda per primo!
4. La signora è paziente. Signora, sia paziente!
5. Il professore ci dà il libro. Professore, ci dia il libro!
6. Il signor Guidi mi fa questo favore. Signor Guidi, mi faccia questo favore!
7. I professori vengono al teatro con noi. Professori, vengano al teatro con noi!
8. Il dottor Treviso riceve il premio alla carriera. Dottor Treviso, riceva il premio alla carriera!

2 Expansion Have groups of three students imagine the perfect professor. Then, have them write five or six sentences telling the professor what to do or what not to do to make the class perfect.

3 Creare Usa gli indizi dati per scrivere frasi complete usando l'imperativo formale.

MODELLO
Signora Rossi / non / preoccuparsi / di lavare i piatti
Signora Rossi, non si preoccupi di lavare i piatti.

1. signora / non affittare / quell'appartamento Signora, non affitti quell'appartamento!
2. signor Pozzi / andare a vedere / quella villa Signor Pozzi, vada a vedere quella villa!
3. signora Rosa / vendere / il monolocale Signora Rosa, venda il monolocale!
4. signora Logni / pulire / la cucina Signora Logni, pulisca la cucina!
5. signor Gentili / non fare / il letto Signor Gentili, non faccia il letto!
6. signor Fabietti / traslocare / il mese prossimo Signor Fabietti, traslochi il mese prossimo!
7. professore / guardare / questo quadro Professore, guardi questo quadro!
8. signora / mostrare / questa bella sala da pranzo Signora, mostri questa bella sala da pranzo!

3 Expansion Have students give the singular formal imperative where they used the plural and vice versa. Students can work individually or in pairs.

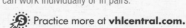

Practice more at **vhlcentral.com.**

4 Expansion Have students write another letter to Angela. This time it is Clemente who is complaining about Giulio's habits! Read some of the letters aloud to the rest of the class.

COMUNICAZIONE

4 **Un consiglio** A coppie, leggete la seguente lettera scritta a un giornale (*newspaper*) e poi scrivete una risposta. Dovete dare almeno sei consigli. Usate l'imperativo formale. Answers will vary.

MODELLO

Non si preoccupi se il suo compagno di camera non pulisce tutti i giorni. Rimanga ottimista…

Cara Angela,
Ho un grosso problema con il mio compagno di stanza, Clemente. A Clemente non piace pulire la sua camera. Non lava mai i piatti, non usa l'aspirapolvere e in bagno c'è sempre tanta confusione. I suoi vestiti sono dappertutto (*everywhere*) e quando gli chiedo di portare fuori la spazzatura o di sparecchiare la tavola, si arrabbia e dice che lo farà dopo… alla fine lo faccio sempre io! Ho bisogno di un consiglio. Mi dica cosa posso fare!
La ringrazio,
Giulio

5 **Genitori in visita** A coppie, create una conversazione tra uno studente e la madre del suo compagno di stanza. La madre è venuta a trovare il figlio, ma lui ora è a lezione. La madre chiede cosa può fare mentre aspetta e lo studente dà consigli. Usate l'imperativo formale con la madre. Answers will vary.

MODELLO

S1: *Signora Russo, prego, entri. Vuole dell'acqua?*
S2: *Grazie Enrico. Non ti preoccupare, sto bene. Enrico, dimmi cosa posso fare mentre aspetto…*

6 **Al negozio di elettrodomestici** A coppie, create una conversazione tra un cliente e un commesso. Il cliente vuole comprare degli elettrodomestici grandi: un congelatore, una lavatrice, una lavastoviglie e un'asciugatrice. Il commesso assiste il cliente. Usate l'imperativo formale e i verbi dati. Answers will vary.

6 Expansion Before beginning the activity, have students make a list of some appliances. In pairs, have them write down the room where they are usually found.

MODELLO

S1: *Ha bisogno di aiuto?*
S2: *Sì, grazie. Ho bisogno di comprare degli elettrodomestici. Mi mostri gli ultimi modelli.*
S1: *Certo! Guardi qui…*

ascoltare	dare	guardare	spiegare
aspettare	dire	mostrare	venire

Suggestion Have students role-play a conversation between a customer and a clerk or between two strangers who meet on a train, using as many commands as possible.

- To form the **Loro** imperative of all regular verbs, drop the **-o** ending of the first person present-tense form and add **-ino** to **-are** verbs and **-ano** to **-ere** and **-ire** verbs. For irregular verbs, simply add **-no** to the **Lei** imperative form.

Guardino che bella villa!
***Look**, what a beautiful villa!*

Vedano com'è grande il cortile!
***See** how big the courtyard is!*

- To make a negative formal command, add **non** before the affirmative form. No other changes are necessary.

Non dica niente a mia madre!
***Don't say** anything to my mother!*

Non faccia rumore.
***Don't make** noise.*

- Unlike with informal commands, object and reflexive pronouns precede formal commands. The only exception is the indirect object pronoun **loro**.

Si svegli, signore. Vuole il caffè? **Ne prenda** un po'.
***Wake up**, Sir. Do you want some coffee? **Have some**.*

Le bambine faranno i letti. **Gli dia** (**Dia loro**) le lenzuola.
*The girls will make the beds. **Give them** the sheets.*

- Here are some common expressions using the formal imperative.

Common imperatives in the *Lei* form

Si accọmodi.	*Make yourself comfortable.*	**Guardi.**	*Look.*
		Mi passi...	*Pass me . . .*
Aspetti.	*Wait.*	**Prenda.**	*Take/Have.*
Mi dịa...	*Give me . . .*	**Non si preọccupi.**	*Don't worry.*
Mi dica.	*Tell me./May I help you?*	**Senta.**	*Listen.*
		Mi scusi.	*Excuse me.*

- Words such as **prego** and **pure** can be used to soften a command or to offer encouragement.

Prego, si accomodi!
***Please**, make yourself comfortable!*

Venga **pure**!
*Come in, **by all means**!*

Provalo! **Scegli la forma corretta dell'imperativo formale per completare ogni frase.**

1. Professore, (passa / passi) l'aspirapolvere dopo la lezione!
2. Signora, (pulisci / pulisca) i fornelli!
3. Per favore, mi (dai / dia) la scopa!
4. Signori, (facciano / faccia) attenzione!
5. Mi (scusa / scusi), dov'è il ferro da stiro?
6. Dottori, (spazzino / spazzi) il laboratorio!
7. (Siamo / Sia) paziente, sarà tutto impeccabile tra due minuti!
8. Signora Paoletti, (stira / stiri) le lenzuola, per favore!

7B.3 Time expressions

Punto di partenza You have already learned how to talk about the past, the present, and the future. Now you will learn to talk about the duration and sequence of actions and events.

- In **Lezione 2B**, you learned to use **da** with the present tense to express the starting point or the duration of an ongoing action or event. **Da** is equivalent to *since* or *for* in similar English expressions.

Stiro i vestiti **da** un'ora. *I have been ironing clothes* ***for*** *an hour.*	È **da** ieri che Maurizia riordina. *Maurizia has been tidying up* ***since*** *yesterday.*

- Use the preposition **per** to indicate the duration of an action or event.

Passo l'aspirapolvere **per** mezz'ora e finisco. *I'll vacuum* ***for*** *half an hour and I'll be finished.*	Carlo ha abitato in quella casa **per** sei anni. *Carlo lived in that house* ***for*** *six years.*

- To describe how long something *lasts*, use the verb **durare**. It is generally used with **essere** in compound forms.

Il film **è durato** due ore e mezzo. *The movie* ***lasted*** *two and a half hours.*	Quanto **durerà** questo freddo? *How long* ***will*** *this cold weather* ***last****?*

- **Durante** corresponds to the English word *during*.

Durante il film Anna parlava al telefonino. ***During*** *the movie, Anna was talking on her cell phone.*	Non andate sulla terrazza **durante** il temporale! *Don't go onto the terrace* ***during*** *the thunderstorm!*

- To express how much time an event or activity takes, use the expressions **volerci** and **metterci**. The **ci** in both expressions is idiomatic and does not change form.

Ci vogliono due ore per pulire questa stanza.
It takes *two hours to clean this room.*

Ci ho messo tre ore per pulirla, ma finalmente ho finito.
I spent *three hours cleaning it, but I'm finally done.*

Suggestion Explain that when the expressions **volerci** and **metterci** are used with an infinitive, **per** (or **a**) is placed before the infinitive (**Ci metto un'ora per/a pulire**).

3 Expansion Have students change each sentence from the present to the past or vice versa, paying particular attention to the necessary changes (**da** to **per**).

1 Expansion Write sets of sentences on the board, one using **metterci** and one using **volerci**. Have students explain the difference.

PRATICA

1 Identificare Completa le frasi seguenti con **da**, **per** o **durante**.

MODELLO Legge quel libro ___*da*___ due ore.

1. Ha fatto i compiti ___per___ quaranta minuti, poi è andato a giocare.
2. Non spendere tutti i soldi ___durante___ le vacanze.
3. Abbiamo atteso la tua telefonata ___per___ due giorni!
4. Non puoi parlare ad alta voce ___durante___ il film.
5. Studio in questa città ___da___ due anni.
6. Ho vissuto in Italia ___per___ sette anni.
7. Devi sorridere (*smile*) spesso ___durante___ l'intervista.
8. ___Da___ sei mesi bevo due litri d'acqua al giorno.

2 Completare Completa la seguente conversazione con le forme corrette di **durare, volerci** e **metterci.**

PAMELA Ciao Lucio, come stai?
LUCIO Così così. Ho l'influenza e ___dura___ già da tre giorni.
PAMELA Oh no, mi dispiace! ___Ci vuole___ pazienza.
LUCIO Sì, lo so.
PAMELA Anch'io ho avuto l'influenza e non è divertente!
LUCIO Quanto ___dura___ la febbre?
PAMELA Un paio (*couple*) di giorni. Hai preso delle medicine? Quanto tempo ___ci mette___ l'aspirina per farti stare meglio?
LUCIO Sì, ho preso le medicine, ma l'effetto ___dura___ solo poche ore.
PAMELA Vai a dormire, ___ci vuole___ tanto riposo quando sei malato!
LUCIO Grazie, buonanotte!

3 Rispondere Rispondi alle domande seguenti usando gli indizi dati.

1. Per quanto tempo David ha abitato qua? (3 mesi) David ha abitato qua per tre mesi.
2. Da quanti anni siete sposati? (10 anni) Siamo sposati da dieci anni.
3. Per quanti giorni viaggiate durante l'estate? (13 giorni) Durante l'estate viaggiamo per 13 giorni.
4. Quanto tempo ci vuole per pulire il frigorifero? (2 ore) Ci vogliono due ore per pulire il frigorifero.
5. Quanto tempo avete perso nell'ufficio? (15 minuti) Abbiamo perso 15 minuti nell'ufficio.
6. Da quanti anni esiste questo programma? (9 anni) Questo programma esiste da nove anni.
7. Quanto tempo ci metti a prepararti la mattina? (1 ora) Ci metto un'ora a prepararmi la mattina.
8. Quanto tempo lavori prima di mangiare? (5 ore) Prima di mangiare lavoro cinque ore.

Practice more at **vhlcentral.com.**

4 Expansion Have students write a list of things they like to do and things they must do during the day.

COMUNICAZIONE

4 Lavoro e piacere Lavorate a coppie. Fate, a turno, le seguenti domande su quanto tempo ci vuole a fare certe attività e su come passate il vostro tempo libero. Perdete molto tempo o lo organizzate bene? Answers will vary.

MODELLO

S1: *Quanto tempo ci vuole a fare i compiti d'italiano?*
S2: *Ci vuole un'ora.*

1. Quanto tempo ci vuole ogni giorno per fare i compiti?
2. Quanto tempo passi a parlare al telefono?
3. Quante ore perdi a giocare al computer?
4. Quanto tempo passi a guardare la TV ogni giorno?
5. Quanti minuti ci vogliono per andare in classe dal tuo dormitorio o appartamento?
6. Quante ore risparmi usando un computer per fare i compiti?
7. Quanti minuti ci metti per alzarti la mattina?
8. Quanto tempo dedichi allo sport ogni settimana?

5 Quando? Lavorate a coppie. Parlate, a turno, di cosa fate prima, durante e dopo la vostra prima classe del giorno. Answers will vary.

MODELLO

S1: *Cosa fai prima della tua prima lezione?*
S2: *Faccio la doccia e faccio colazione. E tu?*
S1: *Mi alzo alle 8 e poi...*

6 Una storia In gruppi di tre, scrivete una breve storia su una famiglia che cambia casa dopo dieci anni. Dite che cosa devono fare per vendere la loro vecchia casa e cosa devono fare per preparare la nuova casa. Usate quante più (*as many*) espressioni temporali possibili. Answers will vary.

MODELLO

I signori Zenetti hanno vissuto in questa casa per dieci anni. L'anno scorso hanno deciso di venderla...

comprare nuovi elettrodomestici	portare fuori la spazzatura
dipingere (*to paint*) le stanze	pulire il cortile
lavare il pavimento	riparare (*to repair*) il tetto
lavare le tende	...

5 Expansion Have groups of three students describe their ideal day before, during, and after class. What woud they like to do? What must they do? Have them share some ideas with the class.

6 Expansion Have groups of three students discuss the last time they had to move. Did the new house need a lot of repairs or was it brand new? Did they paint the walls?

Suggestion Point out that the use of **volerci** is not restricted to time expressions. Ex. **Ci vuole molto coraggio a cantare in pubblico**.

- **Volerci** refers to, and agrees with, the time *required* to do something. Use the third person singular or plural forms only, depending on the noun that follows it. **Volerci** takes **essere** in compound tenses like the **passato prossimo**.

Ci vogliono tre ore per pulire l'appartamento, ma **ci vuole un minuto** solo per sporcarlo.
*It takes three hours to clean the apartment, but **it** only **takes a minute** to get it dirty.*

C'è voluta mezz'ora per stirare. Perché **ci sono volute due ore** per spazzare?
*It took half an hour to iron. Why did it **take two hours** to sweep?*

- **Metterci**, on the other hand, expresses how long a person *spends* doing something, so the verb must agree with the person completing the action. **Metterci** takes **avere** in compound tenses.

Io ci metto un'ora per fare il bucato ogni weekend.
***I spend** an hour doing laundry every weekend.*

Ci hanno messo un minuto per riordinare. È ancora un porcile!
***They spent** one minute tidying up. It's still a pigsty!*

- To talk about someone doing one action before another, use **prima di** + [*infinitive*]. Use **dopo** + [*past infinitive*] to express doing something afterwards. Form the past infinitive with **avere** or **essere** + [*past participle*].

Finisci le faccende **prima di uscire** con gli amici.
*Finish your chores **before going out** with your friends.*

Puoi uscire **dopo aver finito** le faccende.
*You can go out **after you finish** your chores.*

Suggestion Point out that **avere** is often shortened to **aver** in constructions with the past infinitive.

- Use the verbs **passare** (*to spend*), **perdere** (*to waste*), and **risparmiare** (*to save*) with **tempo** and other time references.

Abbiamo perso troppo tempo in cucina.
***We wasted** too much time in the kitchen.*

Passano ore nel cortile quando c'è il sole.
***They spend** hours in the courtyard when it's sunny.*

Note **Prima di** and **dopo** are used this way when the subject of both clauses is the same. Their use in sentences with different subjects is presented in **Lezione 11B**.

Provalo! **Scegli la parola o espressione corretta per completare ogni frase.**

1. Vendo biscotti (da / per) quattro anni.
2. Siamo state a casa di Maria (prima di / per) due ore.
3. (Ci vogliono / Durano) tre ore per andare a New York in macchina.
4. Non usate il cellulare (da / durante) la lezione!
5. (Ci ho messo / È durata) mezza giornata per memorizzare la poesia.
6. Ho aspettato l'autobus (per / da) venti minuti.
7. La lezione (ci mette / dura) cinquanta minuti.
8. Parlano al telefono (da / durante) venti minuti.

SINTESI

Ricapitolazione

1 Consigli A coppie, parlate dei seguenti problemi. Una persona parla dei problemi della colonna A, l'altra parla dei problemi della colonna B. A turno, datevi consigli usando l'imperativo informale. Answers will vary.

MODELLO

S1: *Ho perso il mio libro d'italiano!*
S2: *Pulisci la tua stanza e lo troverai!*

A	B
1. La pasta è pronta, ma non trovo una forchetta pulita.	1. Ho perso i biglietti del treno per domani.
2. Non c'è posto per la macchina in garage, ma non voglio lasciarla per strada.	2. I miei amici vengono a cena stasera, ma il frigo è vuoto.
3. Non riesco a studiare in camera mia.	3. Non trovo il libro che ho preso in biblioteca.
4. L'anno prossimo non avrò i soldi per affittare questa villa.	4. Ho una festa stasera, ma i miei vestiti preferiti sono sporchi.

2 I traslocatori In gruppi di tre, create una conversazione tra due traslocatori (*movers*) e il padrone di casa, il signor Tedesco. I traslocatori chiedono dove mettere ogni elettrodomestico e il signore risponde. Usate gli elettrodomestici della lista o altri che volete. Usate l'imperativo formale. Answers will vary.

MODELLO

S1: *Signor Tedesco, dove metto la lavatrice?*
S2: *La metta lì, in quell'angolo (corner).*

asciugatrice	forno
aspirapolvere	frigorifero
congelatore	lavastoviglie

3 Le faccende Lavorate a coppie. L'insegnante vi darà due fogli diversi, ciascuno con metà delle informazioni sul tempo che diverse persone hanno impiegato a fare le faccende. A turno, fate domande su cosa ha fatto ogni persona e quanto tempo ci ha messo. Answers will vary.

MODELLO

S1: *Quanto tempo ci ha messo Sofia a fare le sue faccende?*
S2: *Sofia ci ha messo due ore a lavare i vestiti.*

3 Expansion Have each student say how long it takes to do each chore and when they usually do it.

4 Un albergo di lusso A coppie, create un opuscolo (*brochure*) per un albergo di lusso in una località famosa. Usate l'imperativo formale per incoraggiare i possibili cliente a svolgere varie attività mentre stanno all'albergo. Usate foto o disegni per rendere l'opuscolo più attraente! Answers will vary.

MODELLO

Visiti la Toscana!
Si rilassi nelle nostre stanze di lusso che includono frigorifero, microonde e caffettiera!...

approfittare (*to take advantage*)	non fare le faccende
distrarsi (*to amuse oneself*)	non preoccuparsi
divertirsi	rilassarsi
godersi (*to enjoy*) le vacanze	riposare

5 La compagna di stanza A coppie, scrivete la storia di due compagne di stanza: una che è molto brava e l'altra che non è brava affatto (*at all*). Come hanno passato la giornata? Si sono organizzate bene o no? Scrivete la storia usando dettagli su cosa hanno fatto e per quanto tempo. Answers will vary.

MODELLO

Mariella si è alzata alle sette di mattina. Alle nove aveva già studiato per due ore...

6 Un'inchiesta L'insegnante ti darà un foglio con una lista di diverse attività. Chiedi ai tuoi compagni se hanno fatto quelle attività nell'ultimo mese. Quando qualcuno dice di sì, scrivi il suo nome accanto all'attività. Trova una persona per ogni attività. Answers will vary.

MODELLO

S1: *Hai guardato la televisione per più di tre ore ieri sera?*
S2: *No, l'ho guardata solo due ore!*

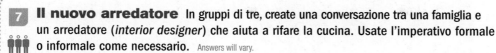

7 **Il nuovo arredatore** In gruppi di tre, create una conversazione tra una famiglia e un arredatore (*interior designer*) che aiuta a rifare la cucina. Usate l'imperativo formale o informale come necessario. Answers will vary.

MODELLO

S1: *Signorina Di Masso, prego, entri.*
S2: *Secondo me, dobbiamo...*
S1: *Amore, lascia parlare lei prima. Ascoltiamo le sue idee!*

ascoltare	osservare
cambiare colore	smettere (*to stop*)
guardare	smontare (*to take down*)
montare (*to put up*)	spostare (*to move*)

7 Expansion Have students create a follow-up conversation in which the designer did not satisfy the clients' needs.

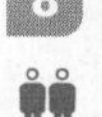

8 **L'ufficio del dottore** A coppie, create una conversazione tra dottore e paziente. Il paziente descrive i suoi sintomi e il dottore dà consigli su cosa fare. Usate l'imperativo formale. Scambiate poi i ruoli e trovate nuovi problemi.

8 Expansion Have some pairs act out their conversation for the class.

MODELLO

S1: *Dottore, per favore, mi aiuti! Ascolti quali sono i miei sintomi e mi dia un consiglio.*
S2: *Signor Tinetti, si calmi. Non si preoccupi, sono un esperto!*

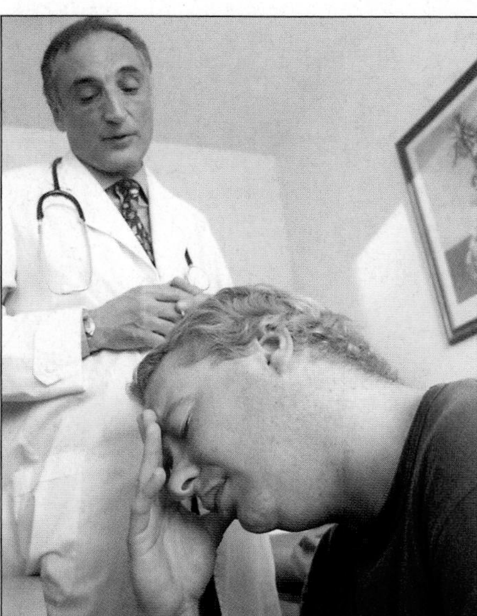

8 Expansion Have pairs of students create a conversation between a professor and a student with poor grades. The professor gives the student advice.

Il mio di·zio·na·rio

Aggiungi al tuo dizionario personalizzato cinque parole relative alle case o all'ambiente domestico.

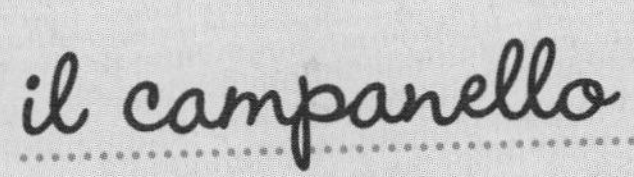

traduzione
doorbell

categoria grammaticale
sostantivo (m.)

uso
Il postino suona il campanello.

sinonimi
/

antonimi
/

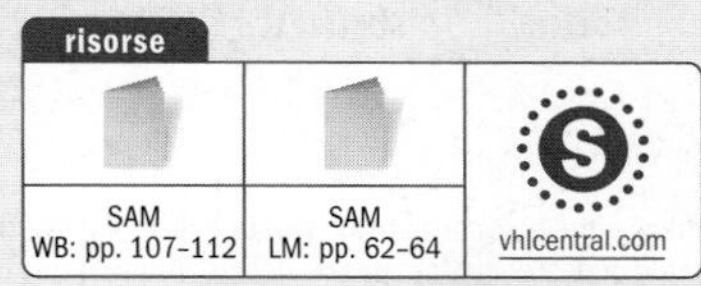

Panorama

connections cultures NATIONAL STANDARDS

Interactive Map

le acque turchesi in Sardegna

Le isole

Suggestion Have students consult the map to find the cities listed. Then have them choose one where they would like to live and one where they would not like to live. Ask them why.

Sardegna

La regione in cifre

- **Superficie:** *24.090 km²*
- **Popolazione:** *1.641.290*
- **Industrie principali:** *turismo, agricoltura, petrolchimica°, tessile, metallurgia*
- **Città principali:** *Cagliari, Sassari, Quartu Sant'Elena, Olbia, Alghero*

Sardi celebri

- **Eleonora d'Arborea,** *regina° di Sardegna (1340–1404)*
- **Grazia Deledda,** *scrittrice e vincitrice del Premio Nobel (1871–1936)*
- **Antonio Gramsci,** *filosofo, scrittore e politico (1891–1937)*
- **Renato Soru,** *fondatore di Tiscali (società di telecomunicazioni°) e politico (1957–)*

Sicilia

Suggestion Have students look online for more information about the famous people listed and present their findings to the class.

La regione in cifre

- **Superficie:** *25.703 km²*
- **Popolazione:** *4.994.437*
- **Industrie principali:** *agricoltura, turismo, pesca°, cantieristica, petrolchimica*
- **Città principali:** *Palermo, Catania, Messina, Siracusa, Marsala*

Siciliani celebri

- **Archimede di Siracusa,** *matematico e inventore (287 a.C.–212 a.C.)*
- **Luigi Pirandello,** *scrittore e vincitore del Premio Nobel (1867–1936)*
- **Natalia Ginzburg,** *scrittrice (1916–1991)*
- **Maria Grazia Cucinotta,** *attrice (1968–)*

l'Etna in Sicilia: il vulcano più alto del continente europeo

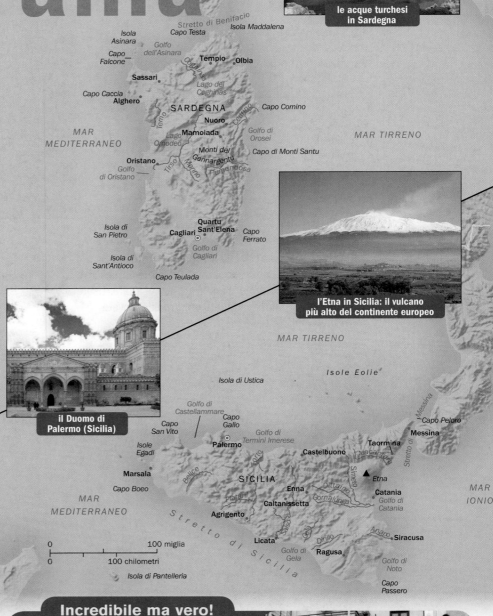

il Duomo di Palermo (Sicilia)

Incredibile ma vero!

Meno inquinamento° per la raccolta dei rifiuti°: a Castelbuono, in Sicilia, i rifiuti sono raccolti con... asini°! È una soluzione economica ed ecologica allo stesso tempo. Ogni asino lavora su terreno pianeggiante°, per non più di cinque ore, portando solo cento chili. Un asino costa un massimo di €2.800 all'anno: un vero affare!

petrolchimica *petrochemical industry* **regina** *queen* **società di telecomunicazioni** *telecommunications company* **pesca** *fishing* **inquinamento** *pollution* **rifiuti** *trash* **asini** *donkeys* **terreno pianeggiante** *level ground*

L'architettura

Costruzioni religiose o militari?

I nuraghi sono costruzioni a forma di torre che risalgono al 1800 a.C. (avanti Cristo) e sono caratteristici della Sardegna. Ci sono diversi tipi di nuraghi e ogni tipo ha dimensioni diverse. Una torre può essere alta anche 20 metri. All'interno ci sono uno o più corridoi e una o più stanze. Non sappiamo di sicuro che cosa siano° questi nuraghi. Ci sono diverse teorie: alcuni archeologi dicono che i nuraghi erano costruzioni militari per la difesa dell'isola, altri dicono che i nuraghi erano troppo freddi e umidi per viverci e che, invece, erano costruzioni usate per le cerimonie religiose.

Le tradizioni

Un carnevale misterioso

A Mamoiada, in Sardegna, tutti gli anni viene celebrato un carnevale molto speciale. Non ci sono le belle maschere di Venezia o di Viareggio; qui, i protagonisti sono i Mamuthones e gli Issohadores. I primi° indossano una maschera di legno nera e camminano su due file° parallele. I secondi° camminano all'esterno dei Mamuthones e fanno finta° di catturare come prigionieri le persone del pubblico. È una tradizione antichissima° che rappresenta probabilmente un evento storico. Oggi è una cerimonia solenne° a cui partecipa tutto il paese. I mamoiadini dicono «Senza Mamuthones non c'è carnevale»!

Il clima

Il clima Have students imagine a trip to Sicily in the spring. What will they do to prepare for **lo Scirocco**?

Caldo, umido e tanto vento

In generale il clima della Sicilia è tipico mediterraneo, con estati calde e inverni non troppo freddi. Un fenomeno particolare della Sicilia è lo Scirocco: un vento caldo che parte dal deserto del Sahara, in Africa, e arriva fino all'Italia. Lo Scirocco è un fenomeno dell'autunno e della primavera. Porta sabbia° dal deserto e può anche raggiungere° i 100 km/ora. Frequentemente crea problemi di salute; per esempio, causa debolezza°, mancanza° di concentrazione e depressione, qualche volta anche febbre. È spesso necessaria una terapia speciale per aiutare le persone in queste stagioni.

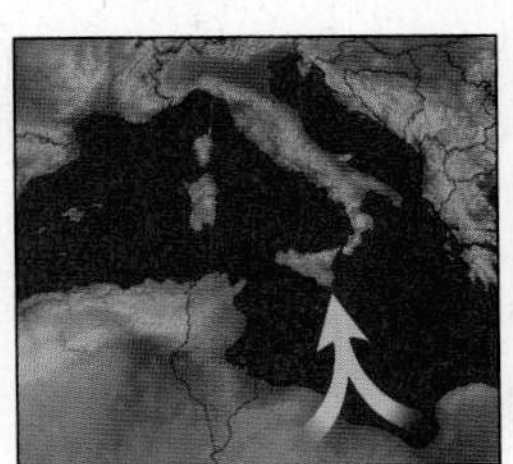

La gastronomia

Il cannolo: un piccolo tubo°

I cannoli sono nati vicino a Palermo, forse in un monastero°. Una leggenda dice che risalgono addirittura° al tempo della dominazione araba. All'inizio erano preparati per il Carnevale, ma oggi si trovano tutto l'anno. I cannoli sono fatti di una pasta° fritta riempita di ricotta e frutta candita°. Gli emigrati italiani che sono venuti in America li hanno portati con loro ma li hanno adattati e cambiati a seconda della disponibilità° degli ingredienti. I cannoli sono probabilmente i dolci siciliani più famosi negli Stati Uniti.

Quanto hai imparato? Completa le frasi.

1. Nella città di Castelbuono gli asini raccolgono i rifiuti.
2. Gli asini di Castelbuono lavorano per non più di cinque ore al giorno.
3. I nuraghi sono costruzioni a forma di torre.
4. I nuraghi erano costruzioni militari o religiose.
5. I Mamuthones e gli Issohadores sono i protagonisti del Carnevale di Mamoiada.
6. I Mamuthones indossano una maschera di legno nera.
7. Lo Scirocco viene dal deserto del Sahara.
8. lo Scirocco può causare debolezza e depressione.
9. All'inizio i cannoli erano preparati per il Carnevale.
10. I cannoli sono fatti di una pasta fritta riempita di ricotta e frutta candita.

Practice more at **vhlcentral.com.**

SU INTERNET

Go to vhlcentral.com to find more cultural information related to this **Panorama**.

1. Cerca informazioni su Grazia Deledda e trova il libro che le ha fatto vincere il Premio Nobel. Leggi il riassunto e poi decidi se hai voglia di leggere tutto il libro o no e perché.
2. Cerca informazioni sui costumi dei Mamuthones e degli Issohadores e sul loro ruolo durante il Carnevale.
3. Fai una ricerca su Internet per scoprire quali sono i cibi tipici della cucina siciliana.

siano *are* **I primi** *The former* **file** *lines* **I secondi** *The latter* **fanno finta** *they pretend* **antichissima** *very ancient* **solenne** *solemn* **sabbia** *sand* **raggiungere** *reach* **debolezza** *weakness* **mancanza** *lack* **tubo** *tube* **monastero** *monastery* **addirittura** *even* **pasta** *dough* **frutta candita** *candied fruit* **disponibilità** *availability*

Lettura

Audio: Reading

Prima di leggere

STRATEGIA

Predicting content from the title

Prediction can be a useful strategy in reading for comprehension. For example, reading the headline of a newspaper or magazine article will help you to predict what the article is about, and in some cases, the author's attitude toward the topic. Predicting content from the title will help you increase your reading comprehension in Italian.

Esamina il testo Leggi i titoli del testo. Che tipo di documento è questo? A coppie, create una lista di informazioni che, secondo voi, potrete trovare in ciascuna sezione del documento.

Titoli Guarda i titoli seguenti e indica in poche parole il possibile argomento (*topic*) del testo corrispondente. Secondo te, dove sono stati trovati questi titoli (in un giornale, una rivista, un opuscolo, una guida ecc.)?

Questa settimana a Roma:

Un nuovo ristorante per la catena McDonald's

Problemi enormi per la spazzatura nei cortili

Gli ultimi scandali dell'attrice Maura de Bianchi

---- linea dell'autobus

Le ville di Hollywood

Hotel La Luna, 2 ½ stelle, ottimi prezzi, vicino alla stazione

Prima di leggere Ask students if any of them have been to Rome and have visited the Villa Borghese. Have these students share any information they remember about their visits.

VISITIAMO ROMA

VILLA BORGHESE

UNA STORIA ANTICA

L'area dov'è la Villa oggi era già di proprietà della famiglia Borghese nel 1580. Il cardinale Scipione Borghese voleva creare una «villa di delizie» con il giardino più grande di Roma. Grazie a diversi architetti e giardinieri, la Villa è stata completata nel 1633. Il complesso è rimasto invariato° fino al 1776 quando il principe Marcantonio IV (1730–1800) ha apportato molti cambiamenti°. Il cambiamento più grande è stato la realizzazione del Giardino del Lago. Questo giardino è uno dei pochi esempi di giardino all'inglese° in area romana ed è ricco di piante esotiche, come, per esempio, alberi di banane e bambù. Nel 1901 il complesso è stato comprato dal Re d'Italia, che lo ha passato al comune di Roma nel 1903. Il parco è stato aperto al pubblico il 12 luglio di quell'anno.

UN MUSEO PREZIOSO

L'interno di Villa Borghese è oggi un museo d'arte. Ci sono dipinti° e sculture di molti artisti, per esempio Antonello da Messina, Giovanni Bellini, Raffaello, Tiziano, Correggio, Caravaggio, Bernini e Canova. La collezione è stata iniziata dal cardinale Borghese all'inizio del XVII secolo. Scipione Borghese amava l'arte del Rinascimento e l'arte contemporanea. Non gli piaceva l'arte medievale, ma invece gli piaceva molto la scultura antica. Nel 1700 il successore di Scipione Borghese, Marcantonio Borghese, ha rinnovato° l'edificio in stile neoclassico per evidenziare° meglio le prestigiose opere d'arte che vi erano presenti.

Lettura Encourage students to write down words they do not understand. Have them work in pairs to figure out the meanings. After a few minutes, have them ask other classmates for help. No dictionaries allowed!

Lettura Have students work in pairs. One listens with a closed book while the other reads the first section. The student who listens writes down as much information as he/she understands. Then they switch roles until all sections have been read.

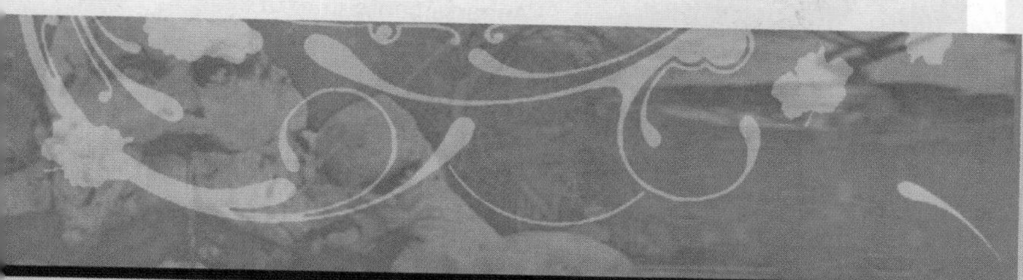

Un Giardino Incredibile

Villa Borghese è un grande parco di Roma, il terzo in ordine di grandezza°. Nel parco ci sono giardini, laghi, fontane, templi, monumenti ed edifici. Particolarmente interessante è il Tempio di Esculapio, realizzato all'inizio del Novecento° ad imitazione dell'originale tempio greco. Il Tempio si trova su una piccola isola nel mezzo del lago (nel Giardino del Lago). Il lago stesso ha molte piante, pesci e tartarughe°, una vera attrazione per molti bambini! Un altro elemento caratteristico del luogo è l'orologio ad acqua, costruito su progetto di padre Giovanni Battista Embriaco nel 1873. All'interno del giardino c'è anche un teatro che offre spettacoli durante l'estate. Non dimentichiamo, poi, i giardini segreti, che erano giardini privati, dei veri capolavori° che includono piante rare ed esotiche di incredibile bellezza.

Villa Borghese in Cifre

Il parco di Villa Borghese si estende su circa ottanta ettari° per un perimetro di sei chilometri. Al suo interno ci sono nove ingressi, quindici edifici, sei giardini, trentacinque fontane, trentotto monumenti, quattro musei e 485.000 visitatori (nel 2007)! Nel Parco c'è anche il Bioparco, uno zoo tra i più grandi d'Europa, che ospita più di mille animali. Molto interessante è anche il Cinema dei Piccoli: con sessantatré posti, uno schermo di cinque metri per due metri e mezzo e un'area di 71,52 m², nel 2005 è stato inserito nel Guinness dei Primati con la definizione di «edificio più piccolo del mondo adibito a° spettacoli cinematografici».

invariato *unchanged* **cambiamenti** *changes* **all'inglese** *English style* **dipinti** *paintings* **ha rinnovato** *renewed* **evidenziare** *highlight* **grandezza** *size* **Novecento** *1900s* **tartarughe** *turtles* **capolavori** *masterpieces* **ettari** *hectares* **adibito a** *used for*

Dopo la lettura

Vero o falso? **Indica se ogni affermazione è vera o falsa. Correggi le affermazioni false.**

1. Villa Borghese è stata completata nel 1580.
   Falso. Villa Borghese è stata completata nel 1633.
2. Il parco è diventato pubblico nel 1873.
   Falso. Il parco è diventato pubblico nel 1903.
3. La collezione artistica di Villa Borghese è iniziata nel 1600.
   Vero.
4. Scipione Borghese amava l'arte medievale.
   Falso. Amava l'arte del Rinascimento e l'arte contemporanea.
5. Il Tempio di Esculapio è nel Giardino del Lago.
   Vero.
6. I giardini segreti hanno sculture e dipinti antichi.
   Falso. I giardini segreti hanno piante rare ed esotiche.
7. Il Bioparco è grande circa ottanta ettari.
   Falso. Il parco di Villa Borghese è circa ottanta ettari.
8. Il Cinema dei Piccoli è il teatro più piccolo del mondo.
   Vero.

Rispondere **Rispondi alle seguenti domande con frasi complete. Scrivi le risposte su un foglio.** Answers may vary slightly. Sample answers are provided.

1. Che cos'è il Giardino del Lago?
   È un giardino all'inglese all'interno del Parco di Villa Borghese.
2. Cos'è successo nel 1901?
   Il Re d'Italia ha comprato Villa Borghese.
3. Le opere di quali artisti sono nel museo di Villa Borghese?
   Ci sono le opere di Antonello da Messina, Giovanni Bellini, Raffaello, Tiziano, Correggio, Caravaggio, Bernini e Canova.
4. Chi era Marcantonio Borghese e cosa ha fatto?
   Era il successore di Scipione Borghese e ha rinnovato la Villa.
5. Cosa c'è nel parco di Villa Borghese?
   Ci sono giardini, laghi, fontane, templi, monumenti, edifici e un teatro.
6. Cosa ha fatto Giovanni Battista Embriaco?
   Ha creato l'orologio ad acqua nel 1873.
7. Quante persone hanno visitato Villa Borghese nel 2007?
   485.000 persone hanno visitato il parco nel 2007.
8. Che cos'è il Bioparco?
   È uno zoo che si trova a Villa Borghese.

I personaggi della Villa Borghese  **In gruppi di tre, scegliete uno dei personaggi menzionati nel testo e fate ricerca su di lui. Preparate un rapporto scritto e presentatelo alla classe. Potete usare la biblioteca o l'Internet.** Answers will vary.

Dopo la lettura Have students look at the photos and describe what they see. Were these photos taken in Italy? How can they tell? After reading the article, ask students whether they would like to visit the Villa Borghese or not and why. What is the most interesting attraction?

I personaggi della Villa Borghese Go through the list of people and ask the students if they know who they are. Ask, for example, if they are painters or sculptors or if students know any of their works. Have students respond as a class or in groups of three or four.

 Practice more at **vhlcentral.com.**

In ascolto

STRATEGIA

Using visual cues

Improve your listening comprehension by paying attention to visual cues that relate to what you are hearing.

To practice this strategy, you will listen to a passage related to the image. Jot down the clues the image gives you as you listen. Answers will vary.

Preparazione

NATIONAL communication STANDARDS

Cosa vedi nelle tre fotografie a destra? Secondo te, di che cosa parlano Benedetta, la cliente, e Vieri, l'agente immobiliare?

Ascoltiamo

Ascolta la conversazione. Vieri parlerà alla signora Benedetta di tre case. Guarda la pubblicità e marca l'opzione che Vieri le mostrerà per prima.

1. Rif. 520: ___
2. Rif. 521: ✓
3. Rif. 522: ___

Ascoltiamo Have pairs of students create their own conversation between Benedetta and Vieri. They can use the three pictures and the descriptions given, or they can make up their own options.

Practice more at **vhlcentral.com.**

AFFITTASI

Appartamento in città, moderno, con balcone, 1.200 €
(Rif. 520)

3 stanze, giardino, 15 minuti dal parco di Villa Borghese, 950 €
(Rif. 521)

Casa in periferia (*suburb*), grande, cucina con frigo, forno e microonde, aria condizionata, 1.200 €
(Rif. 522)

Comprensione

I dettagli Dopo aver ascoltato il dialogo una seconda volta, completa la tabella con le informazioni richieste.

	Dove?	Casa o appartamento?	Con o senza mobili?	Numero di camere da letto?	Garage?	Giardino?
Alloggio (*House*) 1	vicino al parco di Villa Borghese	casa	N/A	tre	no	sì
Alloggio 2	in periferia	casa	con	quattro	N/A	N/A
Alloggio 3	in centro; in piazza Firenze	appartamento	N/A	due	sì	no

Quale scelgono i Boldini? Leggi la descrizione della famiglia Boldini. Decidi quale casa o appartamento sceglierà questa famiglia e spiega il perché della tua decisione. Answers will vary.

Il signor Boldini lavora in centro. Non è importante quanto tempo ci mette per tornare a casa, ma la sera dopo il lavoro è molto stanco e non vuole fare le faccende in casa o in giardino. Per fortuna la signora Boldini adora cucinare e pulire. La sua casa è sempre impeccabile, perché passa spesso l'aspirapolvere. Hanno una figlia di tredici anni che ama invitare gli amici a casa per giocare. Poco prima di cercare casa i Boldini hanno comprato una macchina nuova: una grossa BMW che è sicuramente costata un sacco di soldi!

Comprensione Have students work in pairs. Each student describes his/her apartment, dorm, or house to the other, who must draw a floor plan based on the description.

Scrittura

STRATEGIA

Making an outline

When we write to share information, an outline can serve to separate topics and subtopics, providing a framework for presenting the information. Consider the following excerpt from an outline of a brochure presenting a house for sale.

I. La casa
  A. Stanze
    1. La cucina
    2. Le camere da letto
    3. Il soggiorno
  B. Giardino
  C. Gli extra

II. La zona
  A. La regione
  B. I dintorni (*surroundings*)

Schema d'idee

Idea maps can be used to create outlines. The major sections of an idea map correspond to the Roman numerals in an outline. The minor sections correspond to the outline's capital letters, and so on. Consider the idea map that led to the outline above.

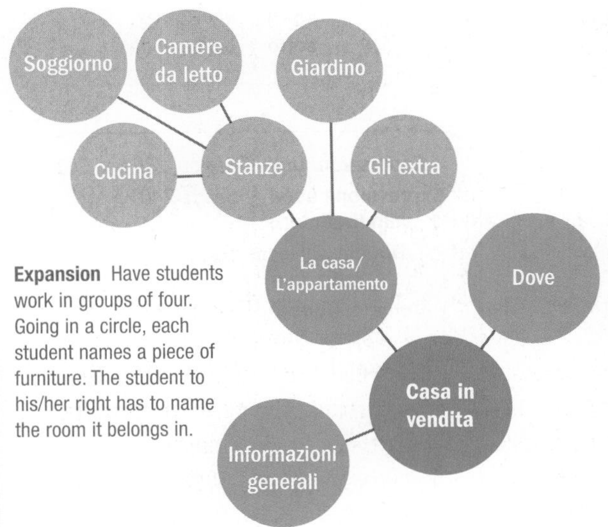

Expansion Have students work in groups of four. Going in a circle, each student names a piece of furniture. The student to his/her right has to name the room it belongs in.

Tema

Scrivere un opuscolo

Sei un agente immobiliare (*real estate agent*) e vuoi vendere una casa. Per attirare (*attract*) clienti devi descrivere tutte le caratteristiche della casa. Usa uno schema d'idee per aiutarti a definire il contenuto della tua presentazione. Ecco degli esempi di informazioni che puoi includere nell'opuscolo.

- titolo interessante
- presentazione generale della casa: quanto è grande e in che stile è (piccola, grande, tradizionale, contemporanea ecc.)
- luogo in cui si trova e descrizione della zona (vicino a una città, vicino al mare, in campagna ecc.)
- numero delle stanze e delle camere da letto
- breve descrizione delle stanze più importanti
- mobili, se ci sono
- garage, se c'è
- giardino, se c'è
- altre informazioni utili (elettricità, telefono, sistema di sicurezza ecc.)
- prezzo richiesto dalla persona che vende

Expansion Have students work in groups to write a list of pros and cons about living in a big city versus a small city. Review the results as a class.

Le parti della casa

l'armadio	*closet; wardrobe*
il bagno	*bathroom*
il balcone	*balcony*
la camera da letto	*bedroom*
il corridoio	*hallway*
il cortile	*courtyard*
la cucina	*kitchen*
la dispensa	*pantry*
il garage	*garage*
la mansarda	*attic*
la parete	*wall*
il pavimento	*floor*
la sala da pranzo	*dining room*
la scala	*stair; staircase*
il seminterrato	*basement; garden-level apartment*
il soggiorno	*living room*
il soffitto	*ceiling*
la stanza	*room*
lo studio	*office; study*
la terrazza	*terrace*
il tetto	*roof*

I mobili

il cassetto	*drawer*
la cassettiera	*dresser*
il comodino	*night table*
la credenza	*cupboard*
il divano	*couch*
il fiore	*flower*
il gabinetto	*toilet*
la lampada	*lamp*
il letto	*bed*
il piano cottura	*stove top*
la poltrona	*armchair*
il poster	*poster*
il quadro	*painting*
lo scaffale	*bookshelf*
la scrivania	*desk*
il tappeto	*carpet*
la tenda	*curtain*
la vasca da bagno	*bathtub*
il vaso	*vase*

Abitare

l'appartamento	*apartment*
il bilocale	*two-room apartment*
la camera doppia/singola	*double/single room*
il palazzo	*apartment building; palace*
il monolocale	*studio apartment*
la villa	*single-family home; villa*
affittare	*to rent (owner)*
prendere in affitto	*to rent (tenant)*
subaffittare	*to sublet*
trasferirsi/ traslocare	*to move*

Sporcare e pulire

l'asse (*f.*) da stiro	*ironing board*
il bucato	*laundry*
la coperta	*blanket*
il cuscino	*pillow*
il lavello	*kitchen sink*
le lenzuola (*sing.* il lenzuolo)	*sheets*
la scopa	*broom*
apparecchiare la tavola	*to set the table*
fare i mestieri/ le faccende	*to do household chores*
fare il letto	*to make the bed*
fare il bucato	*to do laundry*
lavare i piatti	*to wash the dishes*
mettere in ordine	*to tidy up*
passare l'aspirapolvere	*to vacuum*
portare fuori la spazzatura	*to take out the trash*
sparecchiare la tavola	*to clear the table*
spazzare	*to sweep*
spolverare	*to dust*
sporcare	*to soil*
stirare	*to iron*

Per descrivere

Che casino!	*What a mess!*
È un porcile!	*It's a pigsty!*
impeccabile	*impeccable; perfectly clean*
macchiato/a	*stained*
pulito/a	*clean*
schifoso/a	*disgusting*
sporco/a	*dirty*

Gli elettrodomestici

l'asciugatrice (*f.*)	*clothes dryer*
l'aspirapolvere (*m.*)	*vacuum*
la caffettiera	*coffee maker*
il congelatore	*freezer*
il ferro (da stiro)	*iron*
i fornelli	*stovetop; burners*
il forno	*oven*
il (forno a) microonde	*microwave oven*
il frigo(rifero)	*fridge*
la lavastoviglie	*dishwasher*
la lavatrice	*washing machine*
il tostapane	*toaster*

Le posizioni

a destra/sinistra	*to the right/left*
accanto (a)	*next to*
davanti (a)	*in front of*
dentro	*inside*
dietro (a)	*behind*
fuori	*outside*
sopra	*above, over*
sotto	*below, under*

Espressioni utili	See pp. 235 and 251.
Expressions used with the future	See p. 240.
Double object pronouns	See p. 242.
Common formal imperatives	See p. 257.
Time expressions	See pp. 258–259.

risorse

vhlcentral.com

UNITÀ

8

Sì, viaggiare!

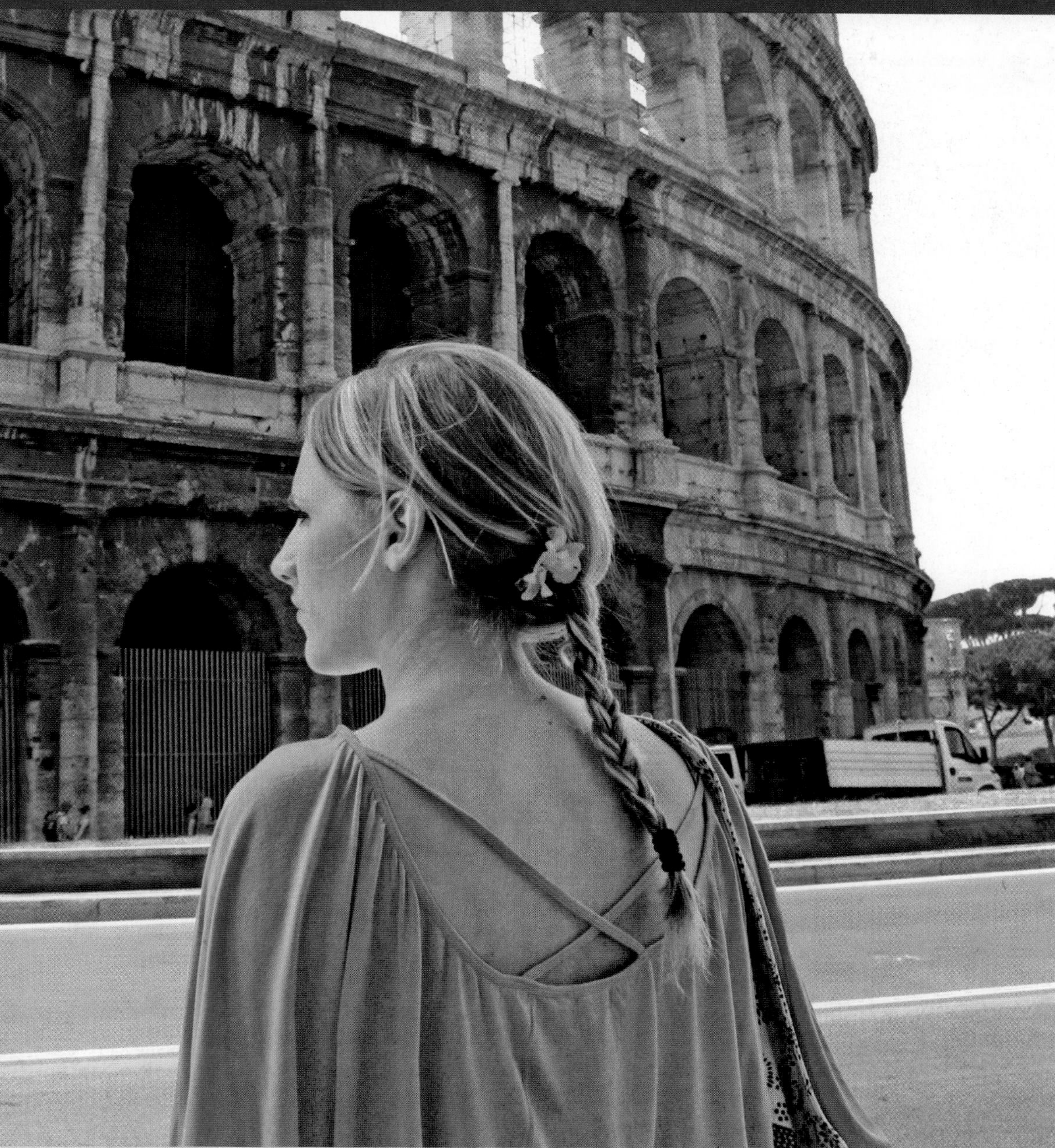

Per cominciare

- Emily è in vacanza o al lavoro? È in vacanza.
- Attraversa la strada o guida una macchina? Attraversa la strada.
- Deve prendere il treno per andare al Colosseo o può andare a piedi? Può andare a piedi.

Lezione

8A

Communicative Goals

You will learn how to:

- talk about cars and driving
- talk about public transportation

CONTESTI

Suggestion Ask students questions about transportation using the lesson vocabulary. Ex.: **Hai mai avuto un incidente? Qual è il tuo mezzo di trasporto preferito? Perché? Hai una macchina? Hai mai preso una multa? C'è molto traffico nella tua città?**

Il trasporto

Vocabulary Tools

Suggestion Explain the difference between **il pullman** (a bus used to travel from town to town, often used for tours) and **l'autobus** (a local bus).

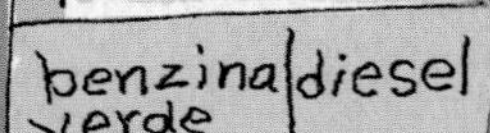

Vocabolario

espressioni	*expressions*
allacciare	*to buckle (seatbelt)*
avere un incidente	*to have/be in an accident*
colpire (-isc-)	*to hit*
essere in panne	*to break down*
frenare	*to brake*
noleggiare	*to rent (car)*
parcheggiare	*to park*
riparare	*to repair*
i mezzi di trasporto	*means of transportation*
la barca	*boat*
il camion	*truck*
la metro(politana)	*subway*
il motorino	*scooter*
la nave	*ship*
il pullman	*bus*
il tassì, il taxi	*taxi*
il traghetto	*ferry*
il treno	*train*
guidare la macchina	*driving a car*
l'autista	*driver*
l'autostrada	*highway*
i freni	*brakes*
la frizione	*clutch*
il limite di velocità	*speed limit*
la multa	*fine; traffic ticket*
la patente	*driver's license*
il trasporto pubblico	*public transportation*
il binario	*track; platform*
la biglietteria	*ticket office/window*
il biglietto	*ticket*
il controllore	*ticket collector*
la fermata	*(bus/train) stop*
l'orario	*timetable*
convalidare	*to validate (ticket)*
prima/seconda classe	*first/second class*

Suggestion Tell students to use **fare benzina** to talk about putting gas in the car and **fare il pieno** to say *to fill up.*

Suggestion Explain the difference between **un autista** (a professional driver) and the more general term **guidatore/guidatrice.**

risorse

SAM WB: pp. 115–116 | SAM LM: p. 65 | vhlcentral.com

Attenzione!

In Italy, distance is calculated in kilometers (**chilọmetri**). Convert from kilometers to miles (**miglia**) with this formula: mi = km × 0.62. Convert from miles to kilometers with this formula: km = mi × 1.61.

120 km = 74 mi
50 mi = 81 km

Pratica

1 Expansion Have pairs of students write four more associations and scramble them for their partner to match.

1 Le coppie Abbina ogni verbo con l'espressione adatta.

1. _e_ allacciare
2. _a_ fare benzina
3. _f_ frenare
4. _b_ riparare la macchina
5. _c_ fare la multa
6. _d_ guidare la macchina

a. la stazione di servizio
b. il meccanico
c. la vigilessa urbana
d. il volante
e. la cintura di sicurezza
f. i freni

2 Mettere etichette Etichetta ogni foto con una parola del vocabolario della lezione.

2 Expansion Have pairs of students choose a vehicle and write a short scene about it, including who is driving, where it is going, etc.

1. la barca/le barche

2. il camion

3. lil motorino

4. il tassì/il taxi

5. il pullman

6. il treno

3 Ordinare Scrivi i numeri per mettere nell'ordine corretto le seguenti frasi.

1. _2_ allacciare la cintura di sicurezza
2. _6_ cambiare la gomma bucata
3. _4_ bucare una gomma
4. _1_ aprire la portiera e salire in macchina
5. _5_ andare alla stazione di servizio
6. _3_ guidare la macchina

3 Expansion Ask students to use this sequence of events to write out a complete story.

4 Rispondere Ascolta ogni frase, poi scegli una delle due opzioni e rispondi ad ogni domanda con frasi complete. Answers will vary.

1. (vigile) / controllore ______
2. (stazione di servizio) / biglietteria ______
3. orario / (binario) ______
4. patente / (multa) ______
5. camion / (barca) ______
6. frizione / (tergicristallo) ______

4 Expansion Have students write sentences with the words that were not used.

Practice more at **vhlcentral.com.**

NATIONAL communication STANDARDS

Comunicazione

5 **Che cosa è successo?** A coppie, guardate il disegno e leggete l'articolo del giornale. Poi rispondete alle seguenti domande. Answers will vary. Sample answers are provided.

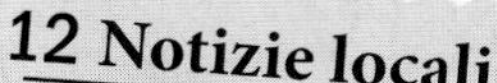

12 Notizie locali

Ieri mattina, alle ore nove e trenta, c'è stato un incidente in centro. Un camion ha colpito una macchina blu al semaforo (*traffic light*) dell'incrocio (*intersection*) tra via Pascoli e corso Indipendenza. Alla guida del camion c'era un uomo di Firenze che non ha notato il semaforo rosso. In macchina c'erano tre studenti universitari di Perugia, che fortunatamente indossavano la cintura di sicurezza. La macchina, in seguito all'urto (*collision*), ha colpito un motorino parcheggiato lì vicino. Per fortuna, non ci sono stati feriti (*injuries*). Sul luogo dell'incidente sono arrivati subito i vigili urbani che hanno dato una multa all'autista del camion. Tutti e tre i veicoli sono stati portati dal meccanico più vicino per essere riparati.

1. Che cosa è successo ieri mattina alle nove e trenta? C'è stato un incidente.
2. Quali sono i veicoli coinvolti (*involved*)? C'erano un camion, una macchina e un motorino.
3. Chi guidava i veicoli? Un uomo di Firenze guidava il camion e tre studenti di Perugia stavano nella macchina.
4. Chi ha causato l'incidente? Perché? L'autista del camion ha causato l'incidente perché non ha notato il semaforo rosso.
5. Che cosa ha colpito la macchina blu? La macchina blu ha colpito un motorino.
6. Ci sono stati feriti? No, non ci sono stati feriti.
7. Chi è arrivato sul luogo dell'incidente? I vigili urbani sono arrivati sul luogo dell'incidente.
8. Dove sono stati portati i veicoli? I veicoli sono stati portati dal meccanico più vicino.

5 Expansion Have students write a brief story, real or fictional, about an accident they were involved in or witnessed.

6 **Le sette differenze** Lavorate a coppie. L'insegnante vi darà due fogli diversi, ciascuno con un disegno. Descrivete a turno i vostri disegni e fate domande per trovare le sette differenze fra i disegni. Answers will vary.

MODELLO

S1: *Vedo tre tassì.*
S2: *Anch'io vedo tre tassì. C'è anche una fermata dell'autobus.*
S1: *Io non vedo una fermata dell'autobus...*

7 **I mezzi di trasporto** In gruppi di tre, parlate dei diversi mezzi di trasporto che usate per andare in questi posti. Poi fate una lista dei mezzi di trasporto più usati dal gruppo. Paragonate la vostra lista con quella di un altro gruppo. Answers will vary.

MODELLO

S1: *Per andare in centro, prendo la metropolitana.*
S2: *Veramente? Io ci vado in motorino.*
S3: *Io preferisco andare a piedi, ma...*

mezzi	posti
a piedi	casa di un amico in campagna
in autobus	supermercato
in bicicletta	biblioteca
in macchina	centro
in metropolitana	un altro stato
in motorino	città vicina
in taxi	cinema
in treno	???

7 Expansion Write the favorite means of transportation of each group on the board and have the class vote on their favorite.

Pronuncia e ortografia

Audio

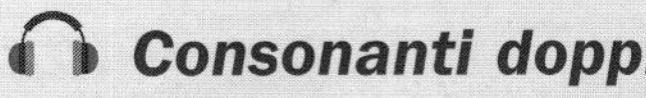

Consonanti doppie

quello **fanno** **porre** **passo**

In Italian, all consonants (except **q** and **h**) can be written as a single or double consonant. When a consonant is doubled, it is emphasized and held longer than a single consonant.

sono **sonno** **sete** **sette**

It is important to pronounce single and double consonants correctly. Some words are differentiated only by the doubled consonant.

Dạmmeli! **Dimmi!** **Fallo!** **Vacci!**

When object pronouns (except **gli**) are attached to the informal **tu** commands **da'**, **di'**, **fa'**, **sta'**, and **va'**, the initial consonant of the pronoun is doubled.

contraddire **contrattempo** **sopracciglio** **soprattutto**

When forming compound words beginning with **contra-** (*against*) or **sopra-** (*above, over*), the initial consonant of the attached word is usually doubled.

Suggestions
- Ask students to think of other words that have double consonants. Do they have a single-consonant counterpart?
- Review pronouns and command forms. Ask students to practice using them together.
- Point out that double consonants are not pronounced in some dialects. Give some examples.

Pronunciare Ripeti le parole ad alta voce.

1. sopravvivere
2. mamma
3. latte
4. terra
5. farro
6. lettera
7. fissare
8. vero
9. verrò
10. spalla
11. dammi
12. sanno

Articolare Ripeti le frasi ad alta voce.

1. Fammi un favore!
2. Quello è un libro molto interessante.
3. È stata una serata bellissima.
4. Sono solo le sette, ma ho sonno.
5. La ragazza chiama la mamma.
6. La nonna di Gianni prepara il caffè.

Proverbi Ripeti i proverbi ad alta voce.

Viaggiando e leggendo s'impara.[2]

Chi va e torna, fa buon viaggio.[1]

1 He who goes and comes back has a nice trip.
2 One learns by traveling and reading.

FOTOROMANZO

C'eravamo tanto amati

Video: *Fotoromanzo*

Suggestion Tell students that the title of this episode is also the title of a famous 1974 Italian movie.

PERSONAGGI

Emily

Francesca

Lorenzo

Marcella

Riccardo

Viola

RICCARDO Dov'è il mio cellulare? Porca miseria!

Prima di vedere Have students glance at the video stills and predict what the episode will be about. Have them concentrate on stills 7 and 10 and describe Riccardo's feelings and Marcella's reaction to Riccardo's behavior.

MARCELLA Che succede? È andato via più di due ore fa.
VIOLA Non ti preoccupare, Marcella. Starà bene.
MARCELLA Sono più arrabbiata che preoccupata.

EMILY Viola, indovina! Ho visto Lorenzo in un bar con una ragazza.
VIOLA Francesca?
EMILY È quello che ho pensato io, ma non era lei.
VIOLA E chi era? Era carina?
EMILY Non lo so. Sì, molto carina. Non carina come te. È già tornato?
VIOLA Era qui prima, ma poi è andato via.

In piazza della Rotonda...
LORENZO Ciao, Francesca. Com'è andato il viaggio?
FRANCESCA Un traffico incredibile. Le autostrade sono intasatissime, ma è anche peggio a Milano.
LORENZO Ho pensato molto a noi due, Francesca.
FRANCESCA Anche io.

RICCARDO Il motore ha cominciato a fare *babababaa*. Lo sai riparare, Viola?
VIOLA Forse.
RICCARDO Viola, per favore.
VIOLA Che cosa mi dai in cambio?
RICCARDO Tutto ciò che vuoi. Sul serio!
VIOLA Da tempo desidero un lettore MP3.
EMILY Viola!

FRANCESCA Tu ed io non possiamo stare insieme.
LORENZO E sei venuta a Roma per dirmi questo?
FRANCESCA Lorenzo. Io ti amo, ma... Ma siamo la peggior coppia del mondo. Vogliamo cose diverse.
LORENZO Lo so.
FRANCESCA Perciò, niente più telefonate. Abbi cura di te, Lorenzo. Ciao.

ATTIVITÀ

1 Vero o falso? Decidi se le seguenti affermazioni sono vere o false.

1. Marcella è arrabbiata. Vero.
2. Emily ha visto Riccardo con una ragazza in un ristorante. Falso.
3. Riccardo è andato via con la macchina di Marcella. Falso.
4. Secondo Emily, Riccardo guida male. Falso.
5. Emily dice che Riccardo è un bravo ragazzo. Vero.
6. Francesca dice che in autostrada non c'era traffico. Falso.
7. Viola desidera un lettore MP3. Vero.
8. Francesca e Lorenzo sono una coppia bellissima. Falso.
9. Viola ripara lo scooter. Vero.
10. Marcella è delusa di Riccardo. Vero.

1 Expansion Have students correct the false statements.

Practice more at **vhlcentral.com.**

Lo scooter di Marcella si è guastato.

4

VIOLA Hai parlato con Riccardo?
EMILY L'ultima volta è stata stamattina.
VIOLA Hai il suo numero di cellulare?
EMILY Dov'è? Cos'è successo?
VIOLA Se n'è andato con lo scooter di Marcella circa due ore fa.
EMILY Fa sempre così. Non ti preoccupare, guida bene.

5

VIOLA Stavo riparando l'aspirapolvere e lui mi voleva aiutare, al solito suo. Gli ho detto che non sapeva farlo. È un idiota.
EMILY Riccardo ama strafare, ma è un bravo ragazzo.
VIOLA Non m'interessa. È il tuo migliore amico, non il mio.
RICCARDO Emily? Emily, ci sei? Emily!

9

VIOLA Lo scooter è come nuovo adesso.
RICCARDO Grazie, Viola.
VIOLA Di niente. Ora sei in debito con me.
EMILY Prendi l'autobus domani!

10

EMILY Marcella.
MARCELLA Riccardo, ti posso parlare un momento?
RICCARDO Marcella, posso spiegarti. Viola...
MARCELLA Sei irresponsabile e immaturo! Sono molto delusa.

Dopo la visione After reading the episode, review students' predictions to see which ones were correct.

Espressioni utili

Comparatives and superlatives

- **più di**
  more than
- **più arrabbiata che preoccupata**
  more angry than worried
- **non carina come te**
  not as pretty as you
- **migliore**
  best
- **intasatissime**
  very crowded
- **È anche peggio a Milano.**
  It's even worse in Milan.
- **la peggior coppia del mondo**
  the worst couple in the world
- **Lo scooter è come nuovo adesso.**
  The scooter is as good as new now.

Additional vocabulary

- **Porca miseria!**
  Darn!
- **Indovina!**
  Guess what!
- **È andato via./Se n'è andato.**
  He left.
- **da tempo desidero**
  I've always wanted
- **Perciò, niente più telefonate.**
  So, no more phone calls.
- **Abbi cura di te.**
  Take care of yourself.
- **circa**
  about
- **al solito suo**
  as usual
- **strafare**
  to overdo things
- **Ci sei?**
  Are you there?
- **in cambio**
  in exchange
- **tutto ciò**
  everything
- **Sul serio!**
  No kidding!
- **delusa**
  disappointed

2 **Per parlare un po'** A coppie, scrivete una conversazione tra due fidanzati che hanno deciso di rompere il loro fidanzamento. Scrivete almeno 15 battute (*lines*) e poi presentatelo ai vostri compagni di classe. Answers will vary.

2 Expansion As an alternative, have students write a dialogue between Francesca and Lorenzo, who are trying to save their relationship.

3 **Approfondimento** In Italia ci sono molte autostrade, ma anche molte tangenziali (*circular roads*) e alcuni trafori (*tunnels*). Fai una ricerca e spiega la differenza tra autostrade, tangenziali e trafori. Poi trova il nome di tre di queste strade e scopri quali posti collegano. Presenta i tuoi risultati alla classe. Answers will vary.

3 Expansion Ask students to find the speed limit for cars and trucks on Italian **autostrade**.

risorse
SAM VM: pp. 29-30

vhlcentral.com

ATTIVITÀ

CULTURA

Expansion Have students write a sentence about their experiences with public transportation using the construction **Più... più...** Ask them to share their statements with the class.

IN PRIMO PIANO

In treno o in autobus?

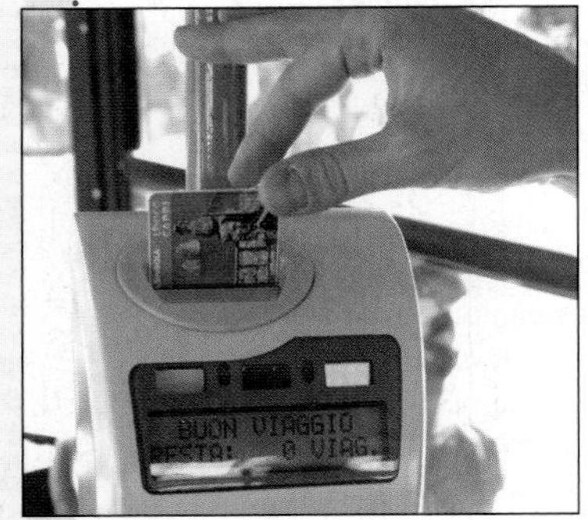

Come viaggiano gli italiani? Quali mezzi di trasporto preferiscono?
I mezzi di trasporto pubblico sono certamente molto usati in Italia: sono convenienti°; collegano° ogni singolo paese°, cittadina° e città; diminuiscono l'intasamento° dei centri storici e fermano spesso nel centro della città.

I mezzi pubblici hanno certo tanti vantaggi, ma molti italiani usano comunque l'auto. Nonostante gli inconvenienti del traffico, i pedaggi° e il parcheggio, c'è sempre chi preferisce la libertà e la flessibilità di prendere la propria macchina, per non essere limitati dagli orari e dai percorsi degli autobus o dei treni.

Gli autobus sono urbani (se viaggiano all'interno di una città), extraurbani (se collegano una città con i paesi vicini) o interurbani (se collegano diverse città). I treni sono invece regionali (se si fermano in ogni stazione), interregionali (se collegano solo i paesi più grandi) oppure Intercity ed Eurostar (se fermano solo nelle città principali). Più° un treno o un autobus è locale, più è usato dai pendolari° (lavoratori o studenti) e meno° è costoso, mentre su treni Intercity o autobus interurbani è facile, specialmente in estate, viaggiare in mezzo a turisti stranieri.

Una particolarità dei treni e degli autobus è che i biglietti devono essere comprati° e timbrati° prima di iniziare il viaggio. Le macchinette, che timbrano la data e l'ora sul biglietto, si trovano nelle stazioni dei treni e a bordo degli autobus. I biglietti generalmente hanno una validità di un'ora per gli autobus e sei ore per i treni: ecco perché devono essere timbrati, per determinare quando è iniziato il viaggio.

E se avete dimenticato di timbrare prenderete una bella multa!

I pendolari in Italia

	AUTO/MOTO	TRENO	AUTOBUS
Percentuale di pendolari che usa i mezzi di trasporto	9,1%	14,8%	76,1%

FONTE: trasporti.gov.it

convenienti *cheap* **collegano** *they connect* **paese** *village* **cittadina** *town* **intasamento** *gridlock* **pedaggi** *tolls* **interno** *within* **Più** *The more* **pendolari** *commuters* **meno** *the less* **devono essere comprati** *must be purchased* **timbrati** *validated*

ATTIVITÀ

1 Vero o falso? Indica se l'affermazione è **vera** o **falsa**. Correggi le affermazioni false.

1. I mezzi pubblici italiani sono costosi.
   Falso. Sono convenienti.
2. I treni e gli autobus collegano città, cittadine e piccoli paesi.
   Vero.
3. In città è spesso difficile trovare parcheggio.
   Vero.
4. Molti italiani preferiscono usare l'auto più che i mezzi pubblici.
   Vero.
5. Le stazioni dei treni sono lontane dal centro.
   Falso. Le stazioni sono in centro.
6. Gli autobus interurbani collegano il centro con i paesi vicini.
   Falso. Gli autobus extraurbani collegano il centro con i paesi vicini.
7. I treni Intercity sono meno costosi dei regionali.
   Falso. Più un treno è locale, meno è costoso.
8. In estate molti turisti usano treni regionali e autobus urbani.
   Falso. I turisti usano di più treni Intercity e autobus interurbani.
9. I biglietti devono essere timbrati perché sono a tempo.
   Vero.
10. Una persona che non timbra il biglietto deve pagare una multa.
   Vero.

Practice more at **vhlcentral.com.**

Ritratto Have students underline all the personal pronouns and possessive adjectives in the text and look for the person or thing that each one refers to. Tell students that this can be a helpful strategy for understanding a difficult text.

Ritratto Have students discuss what they know about Ferrari (the man and the cars) and share their knowledge with the class.

L'ITALIANO QUOTIDIANO

In viaggio

l'abbonamento	*subscription; pass*
il capolinea	*terminus*
la coincidenza	*connection*
la fermata a richiesta	*stop on request*
il passaggio a livello	*level crossing*
la prenotazione	*reservation*
il rimborso	*refund*
il senso unico	*one way*
il supplemento	*supplement, excess fare*
la tariffa	*fare*

USI E COSTUMI

Un viaggio particolare

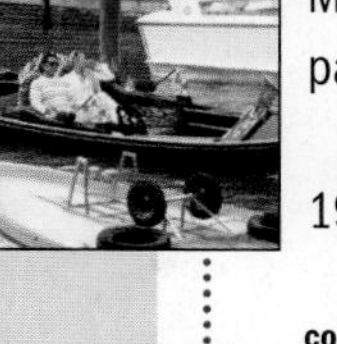

Molte città italiane sono antiche, così i mezzi di trasporto a volte devono adattarsi alla loro speciale struttura. Alcune città costruite su una collina° hanno **scale mobili**° (Belluno e Perugia) o **funicolari**° (Genova e Napoli) invece dell'autobus per andare in centro.

I mezzi pubblici di Venezia sono i più insoliti°: se i **vaporetti**° (più grandi) e i **motoscafi**° (più piccoli) sono usati come autobus, i **ferry-boat** funzionano come linee extraurbane fra la città e alcune isole. Se preferite la **gondola** ma non volete spendere molto, nessun problema: un servizio pubblico di **traghetti** vi porta da una parte all'altra del Canal Grande per 50 centesimi°.

collina *hill* **scale mobili** *escalators* **funicolari** *funiculars* **insoliti** *unusual* **vaporetti** *large motorboats* **motoscafi** *motorboats* **centesimi** *cents*

RITRATTO

Ferrari: l'uomo e la macchina

Enzo Ferrari nasce a Modena nel 1898. Nel 1920 inizia a correre° come pilota per l'Alfa Romeo. La madre di Francesco Baracca (un aviatore, eroe della Prima Guerra Mondiale) gli consegna°, dopo una gara°, il simbolo che suo figlio portava sull'aereo da guerra°. «Lo metta sulla sua auto: Le porterà fortuna°», disse° al giovane pilota. È il marchio° della futura Scuderia° Ferrari: un cavallino rampante°.

Dopo la nascita del figlio Dino, Enzo Ferrari smette° di fare il pilota e diventa team manager, prima dell'Alfa Romeo e poi dell'Auto Avio Costruzioni, una casa automobilistica fondata da lui nel 1937 e che diventerà la Ferrari nel 1943. Per evitare i bombardamenti° della Seconda Guerra Mondiale, fu costruito uno stabilimento° a Maranello, un piccolo paese dove non c'era pericolo di bombe.

La Scuderia Ferrari, diretta da Enzo Ferrari fino alla sua morte nel 1988, ha vinto da allora molte gare e vari titoli mondiali di Formula Uno.

correre *to race* **consegna** *gives* **gara** *race* **aereo da guerra** *fighter plane* **Le porterà fortuna** *It will bring you luck* **disse** *she said* **marchio** *trademark* **Scuderia** *Racing team* **cavallino rampante** *rearing pony* **smette** *stops* **bombardamenti** *bombings* **stabilimento** *plant*

SU INTERNET

Quali informazioni sono necessarie per comprare un biglietto del treno italiano online?

Go to **vhlcentral.com** to find more information related to this **CULTURA**.

ATTIVITÀ

2 Completare Completa le frasi.

1. Il simbolo della Ferrari è un cavallino rampante.
2. Enzo Ferrari ha cominciato la sua carriera come pilota nel 1920.
3. La sede della Ferrari è a Maranello.
4. A Genova e a Napoli puoi andare in centro in funicolare.
5. A Venezia, invece degli autobus extraurbani ci sono i ferry-boat.
6. In traghetto puoi passare il Canal Grande per pochi soldi.

3 A voi A coppie, discutete le seguenti domande. Answers will vary.

1. Usi spesso i mezzi di trasporto pubblico? Quali?
2. Hai mai usato mezzi di trasporto particolari, come scale mobili, funicolari, motoscafi o altro? Racconta la tua esperienza.
3. Qual è il tuo mezzo di trasporto preferito? Perché?

Expansion Give students an Italian city's public transportation map and a list of some important monuments to visit. Have them prepare an itinerary using public transportation.

Usi e costumi Tell students that traditionally vaporetti were steamboats and **motoscafi** were motorboats. Modern **vaporetti** and **motoscafi** are common boats; the only difference between them is the size.

STRUTTURE

8A.1 Comparatives of equality

Punto di partenza Comparatives of equality (**comparativi di uguaglianza**) are used to indicate that two people, things, or qualities are equal. In Italian, comparisons of equality are expressed with **(così)... come** and **(tanto)... quanto**.

Lei è **così** alta **come** lui.
*She's **as** tall **as** he is.*

È **tanto** dolce **quanto** fedele.
*He's **as** sweet **as** he is loyal.*

Suggestion Emphasize the fact that **tanto** cannot be used with **come**, nor **così** with **quanto**.

- With adjectives or adverbs, use either of the following constructions. Both are equivalent to *as* + [*adjective/adverb*] + *as* in English.

(così) + [*adjective or adverb*] + **come**
(tanto) + [*adjective or adverb*] + **quanto**

- **Così** and **tanto** are optional in these constructions with adjectives and adverbs, and are frequently omitted.

Rita guida **(tanto) bene quanto** Mario.
*Rita drives **as well as** Mario.*

La mia macchina è **(così) vecchia come** la tua.
*My car is **as old as** yours.*

L'autobus non sarà **veloce come** il taxi.
*The bus won't be **as fast as** a taxi.*

La cintura è **necessaria quanto** i freni.
*The seatbelt is **as necessary as** the brakes.*

Suggestion Ask students to restate the examples by adding or removing **tanto/così** where possible.

- When using pronouns after **come** and **quanto**, use disjunctive pronouns, which you learned in **Lezione 4A**.

È bello **come me** il tuo ragazzo?
*Is your boyfriend **as** handsome **as I** am?*

Angela è **tanto** stanca **quanto te**.
*Angela is **as** tired **as you** are.*

Suggestion Ask students to look at the photos and make additional comparisons.

Suggestion As a warm-up, write some adjectives, nouns, and verbs on the board. Then ask the students to use these words to write sentences comparing themselves with another student.

PRATICA

1 Completare Completa la seguente conversazione con la forma corretta di **tanto** e **quanto**.

BIANCA Hai sentito che la principessa Teresa ha organizzato una mostra di tutte le sue cose personali?

ANTONIA Sì! Ho letto che ha (1) ___tante___ collane (2) ___quanti___ braccialetti e anche (3) ___tanti___ giochi (*games*) (4) ___quanto___ un negozio intero!

BIANCA Secondo me è (5) ___tanto___ viziata (*spoiled*) (6) ___quanto___ sua sorella Ludovica. Loro la mattina si alzano (7) ___tanto___ lentamente (8) ___quanto___ pigramente e sicuramente non lavorano (9) ___tanto___ (10) ___quanto___ giocano!

ANTONIA Che bello essere una principessa!

2 Creare Crea frasi con il comparativo di uguaglianza.
Answers may vary slightly. Sample answers are provided.

MODELLO Giovanni / riparare / macchine / Giulia
Giovanni ripara tante macchine quanto Giulia.

1. i professori / lavorare / intensamente / studenti
   I professori lavorano tanto intensamente quanto gli studenti.
2. i cani / essere / fedeli / gatti
   I cani sono tanto fedeli quanto i gatti.
3. Lorella / guardare / commedie / documentari
   Lorella guarda tante commedie quanti documentari.
4. la tecnologia / servire / per imparare / per lavorare
   La tecnologia serve tanto per imparare quanto per lavorare.
5. questo libro / essere / lungo / noioso
   Questo libro è tanto lungo quanto noioso.
6. io / bere / acqua naturale / bibite gassate
   Io bevo tanta acqua naturale quante bibite gassate.

3 Descrivere Usa le informazioni date per fare paragoni (*comparisons*) tra Tommaso e Teresa. Usa il comparativo di uguaglianza. Answers will vary.

MODELLO lavorare
Tommaso lavora tanto quanto Teresa.

1. felice
2. macchine
3. abbronzarsi
4. studiare il fine settimana
5. estroverso/a
6. il traffico
7. le vacanze
8. fare sport

3 Suggestion Encourage students to use both **tanto/quanto** and **così/come** in their sentences.

Practice more at **vhlcentral.com.**

NATIONAL
communication
STANDARDS

COMUNICAZIONE

4 **Gemelli** A coppie, descrivete due gemelli che sono molto simili. Includete informazioni sulla loro personalità, aspetto fisico, interessi e cose che hanno. Usate il comparativo di uguaglianza.
Answers will vary.

MODELLO

Federico è tanto serio quanto Flavia. Lei è tanto alta quanto lui e...

5 **Cose in comune** A coppie, fatevi domande per scoprire cosa avete in comune. Usate il comparativo di uguaglianza quando trovate un aspetto simile.
Answers will vary.

MODELLO

S1: *Quante ore al giorno studi l'italiano?*
S2: *Lo studio due ore al giorno. E tu?*
S1: *Anch'io! Io studio tante ore quanto te.*

5 Expansion Have groups of four students compare their answers and create new sentences.

classi	giacche
dormire	scarpe
fare esercizio	studiare
fare shopping	uscire
fratelli e sorelle	viaggiare

6 **Due città** A coppie, guardate queste foto di Roma e di Parigi (*Paris*). Usate a turno il comparativo di uguaglianza per fare quanti più paragoni possibili.
Answers will vary.

affollato (*crowded*)	bello	negozi	persone
antico	edifici	parcheggiare	traffico

Expansion Have students work in groups of three. Give them a list of adjectives, verbs, and adverbs, and have them pick one at a time to create sentences about themselves or others. Tell them to use their imagination!

Riccardo è tanto simpatico quanto divertente.

Non è carina come te.

- When comparing nouns, use only **tanto... quanto** (*as many/ much... as*). Note that **tanto** and **quanto** agree in gender and number with the nouns that follow them, and **tanto** cannot be omitted.

In questa città ci sono **tanti motorini quante macchine**.
In this city there are ***as many*** *scooters* ***as*** *cars.*

Ho visto **tanti controllori** sul treno **quanti passaggeri.**
I saw ***as many ticket collectors*** *on the train* ***as passengers.***

- To make comparisons with verbs, use **(tanto) quanto** (*as much as*) together after the verb. **Tanto** is optional.

Dottore, Lei non **guida (tanto) quanto** me.
Doctor, you don't ***drive as much as*** *I do.*

Giosuè **ha pulito (tanto) quanto** Francesca.
Giosuè ***cleaned up as much as*** *Francesca did.*

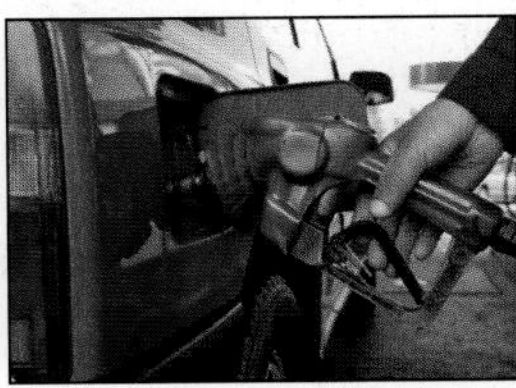

Viaggia **tanto quanto** voi?
Does she travel ***as much as*** *you do?*

Ha speso **quanto** me per il pieno.
He spent ***as much as*** *I did on gas.*

Suggestion Divide the board into two columns. In one column, write **così/come** and **tanto/quanto**. In the other, write a list of adjectives, verbs, and adverbs. Have students determine which items can be used with **così/come** and which with **tanto/quanto**. Have them justify their answers by giving examples.

Provalo! **Scegli la forma corretta per completare le frasi seguenti.**

1. Rita guida (tanto / tanti) bene (quanto / quante) Mario.
2. Questa università è (tanta / tanto) grande (quanta / quanto) l'università dove vai tu.
3. Edoardo mangia (così / come) educatamente (così / come) Giorgio.
4. Anna ha (tanto / tanti) pantaloni (quante / quanti) gonne.
5. Questo computer si blocca (tante / tanto) (quanto / quanti) quel computer.
6. Lucilla è (così / come) bella (così / come) Maria.
7. Ti piace nuotare (tanta / tanto) (quante / quanto) giocare a tennis?
8. Alessandro è (tanti / tanto) intelligente (quanto / quante) divertente.

Suggestion Bring photos of people or things to class and have students create sentences, first comparing the photos to one another (using **di**) and then comparing different qualities seen in the subject of one photo (using **che**).

8A.2 Comparatives of inequality

Punto di partenza You have learned how to form comparisons of equality. Use comparatives of inequality to compare two people, things, or qualities that are not equal.

- To compare two subjects in relation to the same quality, use the construction **più** + [*adjective, adverb, or noun*] + **di** to express *more . . . than.*

Una nave è **più grande di** una barca.
*A ship **is bigger than** a boat.*

Hai preso **più multe di** Michele.
*You got **more tickets than** Michele.*

- Use the construction **meno** + [*adjective, adverb, or noun*] + **di** to express *less/fewer . . . than.*

Una gondola è **meno veloce di** un traghetto.
*A gondola is **slower than** a ferry.*

Ha avuto **meno incidenti di** Isa.
*He had **fewer accidents than** Isa.*

- When using a definite article after **di**, remember to use **preposizioni articolate**. You learned how to do this in **Lezione 3A**.

Il suo motorino sarà più nuovo **del** mio.
*His scooter must be newer **than** mine.*

Questo biglietto era meno costoso **dell'**altro.
*This ticket was less expensive **than** the other.*

- When using a pronoun after **di**, use the disjunctive pronoun.

Il meccanico avrà più esperienza **di me**.
*The mechanic probably has more experience **than I** do.*

L'autista ha viaggiato meno **di Lei**.
*The driver travelled less **than you**.*

Suggestion Review disjunctive pronouns and remind students to use them after prepositions.

- To compare two nouns, verbs, adjectives, etc. in relation to the same subject, use **che** instead of **di**.

A Siena ci sono **più macchine che barche**.
*In Siena there are **more cars than boats**.*

A New York, usavano **meno la metro che il taxi**.
*In New York, they used to use **the subway less than taxis**.*

Gli è piaciuto **meno andare in treno che guidare**.
*He liked **taking the train less than driving**.*

La biglietteria è **più spesso chiusa che aperta**.
*The ticket window is **closed more often than it's open**.*

- To express *more/fewer* than a certain number, use **più/meno di** + [*number*].

Ho **più di otto** persone in macchina.
*I have **more than eight** people in my car.*

La stazione ha **meno di sei** binari.
*The station has **fewer than six** tracks.*

Suggestion Tell students to double-check their choice of **che** over **di** by reversing the words on either side of **che**. If the sentence still makes sense grammatically, **che** is the correct choice. If the two words cannot be exchanged, **di** may be the better choice. Ex: (**Tu bevi più latte che acqua.; Tu bevi più latte di me.**).

PRATICA

1 Completare Completa ogni frase con la forma corretta del comparativo. Fai attenzione alle preposizioni articolate quando necessario!

1. La musica classica è __più__ rilassante __della__ musica rock. (più)
2. Il treno è __meno__ veloce __dell'__ aereo. (meno)
3. Nino è __più__ divertente __che__ serio. (più)
4. Parigi è considerata __più__ romantica __di__ Londra. (più)
5. Noleggiare una macchina è __meno__ costoso __che__ comprarla. (meno)
6. La prima classe è __più__ lussuosa (*luxurious*) __della__ seconda classe. (più)
7. Preferisco mangiare __meno__ broccoli __che__ cioccolato. (meno)
8. Diora si comporta (*behaves*) __meno__ bene __di__ Martina. (meno)

2 Creare Crea delle frasi con i comparativi usando gli indizi dati. Answers may vary slightly. Sample answers are provided.

MODELLO motorino / pullman (piccolo)
Un motorino è più piccolo di un pullman.

1. le torte della nonna / le torte del supermercato (buono) Le torte della nonna sono migliori/più buone delle torte del supermercato.
2. Giovanni / Piero (piccolo) Giovanni è minore/più piccolo di Piero.
3. Anna guida la macchina / Daniela guida la macchina (male) Anna guida la macchina peggio di Daniela.
4. il tuo successo / il mio successo (grande) Il tuo successo è maggiore/più grande del mio successo.
5. io parlo italiano / tu parli italiano (bene) Io parlo italiano meglio di te.
6. questi spaghetti / quelle lasagne (cattivo) Questi spaghetti sono peggiori/più cattivi di quelle lasagne.

3 Rispondere Rispondi alle domande con frasi complete. Answers will vary. Sample answers are provided.

1. Ha più posti una macchina o la metropolitana? La metropolitana ha più posti della macchina.
2. Cos'è meglio: viaggiare in aereo o in barca? Viaggiare in aereo è meglio che viaggiare in barca.
3. È meno costoso l'ostello della gioventù o un albergo a cinque stelle? L'ostello della gioventù è meno costoso di un albergo a cinque stelle.
4. È più avventuroso guidare la macchina o prendere il treno? Guidare la macchina è più avventuroso che prendere il treno.
5. Cos'è più divertente: sciare o andare al mare? Sciare è più divertente che andare al mare.
6. È più rilassante il servizio in camera o un ristorante? Il servizio in camera è più rilassante del ristorante.
7. È peggio perdere l'aereo o partire in ritardo? È peggio perdere l'aereo che partire in ritardo.
8. Cos'è migliore per una crociera: una barca o una nave? Una nave è migliore di una barca per una crociera.

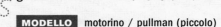

Practice more at **vhlcentral.com.**

3 Expansion Have groups of three students expand on and explain their answers. Ex.: **Secondo me, il servizio in camera è più rilassante del ristorante perché non devi uscire e puoi mangiare in pigiama!**

4 Expansion Have pairs of students talk about transportation where they live. What means of transportation are most common? Why?

COMUNICAZIONE

4 Mezzi di trasporto In gruppi di tre, discutete i mezzi di trasporto che vedete nelle foto. Paragonate i vantaggi e gli svantaggi (*advantages and disadvantages*) di ciascuno usando i comparativi. Answers will vary.

MODELLO

S1: *È meno costoso viaggiare in bicicletta che in macchina.*
S2: *È vero, ma le macchine sono migliori delle biciclette perché sono più veloci.*

1.

2.

3.

4.

5.

6.

5 Cos'è meglio? A coppie, paragonate il lavoro di un tassista (*taxi driver*) e di un vigile urbano. Includete i vantaggi e gli svantaggi di ciascun lavoro. Answers will vary.

MODELLO

S1: *È meglio guidare un taxi: è più divertente.*
S2: *Forse, ma un vigile urbano non lavora tante ore quante un tassista.*

5 Expansion Have groups of three students discuss which job they would like more: taxi driver or traffic officer. Call on some students to share their answers with the class.

dare multe	pericoloso
flessibile	regolare
guidare	sicuro
parlare alle persone	stare in piedi

6 Le nostre vite A coppie, fate domande su com'è una vostra giornata tipica. Poi riassumete la discussione usando i comparativi. Includete informazioni sulle vostre attività, le vostre classi, cosa mangiate, quanto dormite ecc. Answers will vary.

MODELLO

S1: *Io mangio la pizza tre volte alla settimana, e tu?*
S2: *La mangio una volta alla settimana. Tu mangi la pizza più spesso di me.*

Extra practice Have groups of four students write sentences comparing America to Italy. They can compare culture, people, food, geography, etc.

Suggestion Ask students to describe family members using both regular and irregular comparative forms. Ex.: **Mio fratello è più grande di mia sorella, ma lei è maggiore di lui.**

Irregular comparatives

- Some common adjectives and adverbs have both regular and irregular comparative forms.

Irregular comparatives

Adjective		Comparative	
buono/a	*good*	**migliore**	*better*
cattivo/a	*bad*	**peggiore**	*worse*
grande	*big*	**maggiore**	*bigger*
piccolo/a	*small*	**minore**	*smaller*

Adverb		Comparative	
bene	*well*	**meglio**	*better*
male	*badly*	**peggio**	*worse*

Una bici è **migliore** di una moto.
A bike is ***better*** *than a motorcycle.*

Com'è che guidi **peggio** di me?
How is it that you drive ***worse*** *than I do?*

- As with all adjectives, irregular comparative forms of adjectives agree in number with the nouns they modify. Remember that adverbs are invariable.

Quei motorini sono **peggiori** di questi?
Are those scooters ***worse*** *than these?*

Parcheggio la macchina molto **meglio** di te.
I park the car much ***better*** *than you do.*

- Use the regular comparative forms of **grande** and **piccolo/a** to denote size. The irregular forms **maggiore** and **minore** are frequently used to mean *older* and *younger* in reference to family members. They can also mean *greater* and *lesser*.

Il Suo baule è **più grande** del mio.
Your trunk is ***bigger*** *than mine.*

Chiara è **minore** di me, ma ha problemi **maggiori**.
Chiara is ***younger*** *than I am, but she has* ***bigger*** *problems (than I do).*

Extra practice Have pairs of students use comparisons of inequality to compare another class they are taking to Italian class.

Provalo! **Scegli la forma corretta per completare le seguenti frasi.**

1. Firenze è meno grande (di / che) San Francisco.
2. Quella pizza ha più formaggio (di / che) pomodori.
3. Giada studia più velocemente (di / che) attentamente.
4. La classe del professor Gini è più noiosa (della / che la) classe del professor Paci.
5. Mi piace più leggere (di / che) guardare la televisione.
6. L'estate è più calda (dell' / che l') inverno.
7. In estate fa più caldo (di / che) in inverno.
8. Tu parli italiano più velocemente (di / che) me.

Suggestion Point out that another way to form the relative superlative with adverbs is to use **il più/meno** + [*adverb*] + **possibile**. Ex.: **Guida più lentamente di tutti./ Guida il più lentamente possibile.**

8A.3 Superlatives

Punto di partenza You have learned to use comparatives to compare qualities of two people or items. Use superlatives to express the highest or lowest degree of a quality within a group.

- Superlatives are *relative* or *absolute*. Use relative superlatives to express the quality of a person or thing in relation to other people or things within a particular group. Use absolute superlatives to express the idea of *very* or *extremely*.

relative superlative	absolute superlative
La Ferrari è **la più bella di** tutte le macchine italiane. *The Ferrari **is the most beautiful of** all Italian cars.*	Sì, ed è una macchina **velocissima**! *Yes, and it's a **very fast** car!*

- Form the relative superlative of adjectives using the construction below.

[*definite article*] + **più/meno** + [*adjective*]

La città di Roma è **la più grande.**
*The city of Rome is **the biggest**.*

L'autobus numero 64 è **il più affollato**.
*Bus number 64 is **the most crowded**.*

- Use **di** after the superlative to express *in* or *of*.

È la Vespa **il più famoso dei** motorini italiani?
*Is the Vespa **the most famous of all** Italian scooters?*

La bici è **il meno costoso dei** mezzi di trasporto.
*A bike is **the least expensive** mode of transportation.*

- When using the relative superlative to describe a noun, place the noun between the definite article and **più/meno**. With adjectives that generally precede the noun (see **Lezione 3B**), place the noun after the adjective in the superlative construction.

Qual è **l'autostrada più lunga** d'Italia?
*Which is **the longest highway** in Italy?*

Questa sarà **la vacanza meno divertente** della mia vita.
*This will be **the least enjoyable vacation** of my life.*

La via Appia è **la più vecchia strada** di Roma.
*The Appian Way is **the oldest street** in Rome.*

Quali sono **i più bravi autisti** della classe?
*Who are **the best drivers** in the class?*

- When forming the relative superlative with adverbs, do not include the definite article. Use the phrase **di tutti** to differentiate it from the comparative form.

Suggestion Review the difference between adverbs and adjectives by giving examples of both.

più/meno + [*adverb*] + **di tutti**

Luciano guida **meno attentamente di tutti**.
*Luciano **drives less carefully than everyone else**.*

È vero, ma lui guida anche **più lentamente di tutti**.
*That's true, but he also drives **more slowly than everyone else**.*

PRATICA

1 Completare Completa ogni frase con la forma corretta del superlativo. Answers may vary slightly. Sample answers are provided.

1. Sei __il/la migliore__. (buono)
2. Viaggiare in macchina è __noiosissimo/molto noioso__. (noioso)
3. Piera è la mia sorella __minore__. (piccolo)
4. La vacanza in Italia è stata __la più corta__ di tutte! (corto)
5. I miei compagni di viaggio erano __molto interessanti/interessantissimi__. (interessante)
6. Secondo te, tra le città italiane, Milano è __la più grande__? (grande)
7. L'autista guida __molto lentamente__. (lentamente)
8. La temperatura __minima__ è 25 gradi. (piccolo)

2 Trasformare Riscrivi ogni frase al superlativo indicando il contrario. Answers may vary slightly. Sample answers are provided.

MODELLO Questa è la macchina più costosa.
Questa è la macchina meno costosa.

1. Questo è il taxi più lento della città!
Questo è il taxi meno lento della città!
2. La prima classe è la parte più affollata del treno.
La prima classe è la parte meno affollata del treno.
3. Questa barca è il mezzo di trasporto più grande.
Questa barca è il mezzo di trasporto meno grande.
4. La metropolitana è il mezzo più puntuale della città.
La metropolitana è il mezzo meno puntuale della città.
5. L'ascensore A è più veloce dell'ascensore B.
L'ascensore A è meno veloce dell'ascensore B.
6. Fare la valigia è più facile che disfarla (*unpacking it*).
Fare la valigia è meno facile che disfarla.

3 Creare Usa gli indizi dati per creare frasi con i superlativi. Answers may vary slightly. Sample answers are provided.

3 Have pairs of students change each **superlativo relativo** to a **superlativo assoluto**, and vice versa.

MODELLO
Superlativo assoluto: traghetto / veloce
Questo traghetto è velocissimo.
Superlativo relativo: traghetto / veloce / d'Italia
Questo traghetto è il più veloce d'Italia.

Superlativo assoluto

1. treno / sporco
Questo treno è sporchissimo/molto sporco.
2. pullman / lento
Questo pullman è lentissimo/molto lento.
3. pensione / accogliente (*welcoming*)
Questa pensione è accoglientissima/molto accogliente.
4. parcheggio / caro
Questo parcheggio è carissimo/molto caro.

Superlativo relativo

5. camion / rumoroso / i mezzi di trasporto
Questo camion è il più rumoroso dei mezzi di trasporto.
6. ostello della gioventù / economico / alberghi
Questo ostello della gioventù è il più economico degli alberghi.
7. crociera / romantica / vacanze
Questa crociera è la più romantica delle vacanze.
8. tassista / impaziente / autisti
Questo tassista è il più impaziente degli autisti./Questa tassista è la più impaziente degli autisti.

Practice more at **vhlcentral.com.**

Expansion Have groups of three students use superlatives to write sentences about their school. They can write about their professors, classes, the cafeteria, social life, etc. Compare a few sentences as a class.

COMUNICAZIONE

4 **Mezzi di trasporto** A coppie, discutete i vari mezzi di trasporto. Scrivete le vostre opinioni e poi paragonatele con le opinioni di un'altra coppia. Answers will vary.

MODELLO

S1: *Secondo me il treno è il mezzo di trasporto più divertente.*
S2: *Secondo me l'aereo è il modo migliore di viaggiare...*

caro	divertente	lento	pericoloso	sicuro
comune	economico	noioso	raro	veloce

5 **Fare shopping** A coppie, create una conversazione tra un cliente che cerca una macchina nuova e la persona che vende le macchine. Discutete diversi modelli di macchine e paragonateli usando i superlativi. Answers will vary.

MODELLO

S1: *Sto cercando la macchina meno costosa di tutte.*
S2: *Abbiamo macchine economiche, ma questa Ferrari è la macchina più elegante del mondo! È la più sicura e anche...*

5 Suggestion As a class, brainstorm vocabulary that students may need to use in their conversation.

6 **Categorie** In gruppi di tre, discutete quali persone famose rientrano (*fit*) nelle seguenti categorie. Poi riassumete le vostre opinioni e scrivete il nome della persona per ogni categoria. Answers will vary.

Qualità	Persona famosa
il/la più elegante	
il/la più sportivo/a	
il/la più divertente	
il/la più generoso/a	
il/la più bravo/a	
il/la più fidato/a (*trustworthy*)	
il/la più antipatico/a	

6 Expansion Have groups of three students talk about movies and discuss which is the most interesting, the most boring, the one with the best actors, the longest, etc.

Suggestion Tell students that **migliore**, **peggiore**, **maggiore**, and **minore** can drop the final **-e** when used before a noun, unless the noun begins with **s** + [*consonant*] or **z**.

- Form the absolute superlative of an adjective either with **molto** or by adding the suffix **-ssimo/a** to the adjective's masculine plural form.

—È stato **molto lungo** il viaggio?
—Sì, è stato lunghissimo.
*—Was the trip **very long**?*
*—Yes, it was **very long**.*

La nave era **molto moderna**: le camere erano **modernissime**.
*The ship was **very modern**: the rooms were **extremely modern**.*

- Similarly, form the absolute superlative of an adverb either with **molto** or by dropping the final vowel and adding the suffix **-issimo**. Unlike the adjective form, this form is invariable.

Il tassista guida **molto bene**.
*The taxi driver drives **very well**.*

Stavo **malissimo** in quella barca.
*I was feeling **very ill** on that boat.*

- Some adjectives and adverbs have irregular superlative forms in addition to their regular forms.

Irregular superlatives

Adjective	Relative superlative	Absolute superlative
buono/a	il/la migliore	ottimo/a
cattivo/a	il/la peggiore	pessimo/a
grande	il/la maggiore	massimo/a
piccolo/a	il/la minore	minimo/a
Adverb	**Relative superlative**	
bene	meglio di tutti	*(regular only)*
male	peggio di tutti	*(regular only)*

Il motorino è un **ottimo** mezzo di trasporto. Quali sono **le** marche **migliori**?
*The scooter is an **excellent** mode of transportation. What are **the best** brands?*

Il ristorante in cui abbiamo cenato ieri era **pessimo** (**molto cattivo**/**cattivissimo**).
*The restaurant where we ate dinner last night was **very bad**.*

Suggestion Point out that **ottimo**, **pessimo**, **massimo**, and **minimo** can also be used with the definite article to express *best/worst/greatest* (*highest*)/*least* (*lowest*) Ex.: **Qual è la temperatura massima di oggi?**

Provalo! **Scegli la forma corretta per completare le frasi seguenti.**

1. Questo treno è (il più / i più) veloce (che / di) tutti.
2. Il limite di velocità su quella strada era (meno basso che / bassissimo).
3. La crociera era (la più / il più) emozionante (che l' / dell') estate.
4. Questa valigia è (molto / che) pesante.
5. Il traffico alle 17.00 è (le più / il più) terribile (della / che la) giornata.
6. La bicicletta di Nicola è (la più / le più) vecchia (della / di) tutte.
7. L'albergo dove siamo stati era (carissimo / più caro di).
8. Bernardo viaggia (più / il più) spesso (di / che) tutti.

Ricapitolazione

4 Expansion Have students write about Italy rather than their own city. Students can gather information from personal experiences, the Internet, and what they have learned so far in class.

1 Paragoni A coppie, paragonate quello che vedete nelle foto. Siate creativi e usate quanti più comparativi possibili. Lavorate poi con un'altra coppia e parlate di cosa avete scritto. Answers will vary.

1 Suggestion Encourage students to use all of the forms they learned (**più/meno…di, più/meno…che, così…come, tanto…quanto**) in their sentences.

MODELLO

S1: *Il taxi è più costoso del motorino.*
S2: *Il motorino è più divertente del taxi.*

2 Una pubblicità In gruppi di tre, disegnate la macchina del futuro e fate una lista delle sue caratteristiche, incluso un nome. Scrivete poi una pubblicità e paragonate la vostra macchina alle macchine sul mercato di oggi. Answers will vary.

MODELLO

S1: *«Futura» ha sei ruote. Ha più ruote delle macchine di ora.*
S2: *È molto più veloce delle macchine disponibili oggi.*

3 Dieci anni fa A coppie, parlate della vostra vita dieci anni fa e paragonatela alla vostra vita di oggi. Cosa fate più spesso? Cosa fate meno spesso? Fate quanti più paragoni possibili. Answers will vary.

3 Expansion Have groups of four students talk about their lives ten years from now. Will they study more? Will they sleep less?

MODELLO

S1: *Io studio più seriamente di dieci anni fa.*
S2: *Io leggo più libri e…*

dormire	amici
fare esercizio	libri
guardare la TV	tecnologia
leggere	tempo libero
mangiare	vestiti
studiare	videogiochi

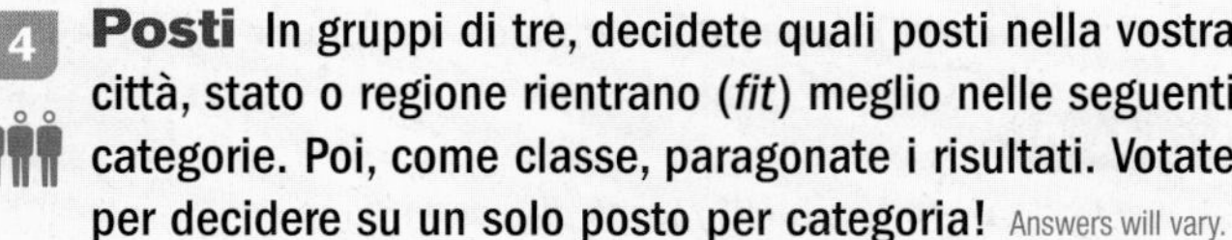

4 Posti In gruppi di tre, decidete quali posti nella vostra città, stato o regione rientrano (*fit*) meglio nelle seguenti categorie. Poi, come classe, paragonate i risultati. Votate per decidere su un solo posto per categoria! Answers will vary.

MODELLO

S1: *Secondo me, Columbia River Gorge è il posto più bello dell'Oregon.*
S2: *Sì, ma l'Oregon Coast è anche più bella.*

alla moda	brutto	noioso
bello	divertente	storico

5 Ho pochi soldi! A coppie, create una lista di posti da raccomandare a un nuovo studente della vostra scuola. Quali sono i posti più economici per fare shopping? Quali sono i migliori per mangiare o ballare? Quali sono i peggiori e i più costosi? Answers will vary.

MODELLO

S1: *Il posto più economico per mangiare è Rudy's Diner.*
S2: *Un altro posto molto conveniente è Mel's Barbecue.*

6 Alla stazione A coppie, create una conversazione tra una persona che lavora alla stazione dei treni e una persona che vuole comprare un biglietto del treno. Guardate la tabella e fate quante più domande possibili su tutte le opzioni. Answers will vary.

6 Remind students about the 24-hour system and have them practice saying times this way and with the 12-hour system.

MODELLO

S1: *Quale treno è il più veloce da Milano a Roma?*
S2: *Il treno delle 15.00 è il più veloce, ma è al completo.*

Partenze — ferroviario nazionale

Partenza	Arrivo	Durata viaggio	Tipo di biglietto	Prenotazione	Status
14.30	18.15	3 ore 45 min.	solo prima classe	no	
15.00	18.00	3 ore	prima/ seconda	sì	completo
15.45	22.00	6 ore 15 min.	prima/ seconda	no	
16.22	20.22	4 ore	solo prima classe	sì	completo
17.00	22.20	5 ore 20 min.	prima/ seconda	no	

risorse

SAM WB: pp. 117-122	SAM LM: pp. 67-69	vhlcentral.com

Suggestion Remind students of the irregular comparative forms. Ask them to use at least one or two in each activity, if possible.

Suggestion Play the video, pausing at 0:12 when the Roman bridge is shown. Tell students to describe what they see and ask if anyone can identify the architecture.

Atlantia

La rete autostradale italiana si estende° per oltre 6.600 km. La prima autostrada italiana (l'Autostrada dei Laghi, che collega Milano al Lago di Como e al Lago Maggiore) viene aperta nel 1924 ed è la prima autostrada a pedaggio° del mondo. Negli anni Cinquanta la costruzione di autostrade si intensifica°. Nel 1960 viene aperto il tratto° dell'A1 tra Bologna e Firenze: è la cosiddetta° Autostrada del Sole, che finalmente unisce Nord e Sud del paese e che oggi collega Milano a Napoli passando per Bologna, Firenze e Roma. Il gruppo Atlantia gestisce diverse tratte autostradali in Italia e all'estero. Dal 2013 è entrato anche nel business del trasporto aereo.

Atlantia
LA PASSIONE DI MUOVERE IL PAESE
autostrade per l'italia
Aeroporti di Roma

Noi di *Atlantia* costruiamo da sempre autostrade...

Per portare più investimenti° in Italia, e ancora più Italia nel mondo.

Comprensione Rispondi alle seguenti domande. Answers may vary slightly. Sample answers are provided.

1. Qual è da sempre l'attività principale di Atlantia? costruire autostrade
2. Cosa porta Atlantia in Italia? più lavoro
3. Cosa porta Atlantia nel mondo? l'ingegno italiano

Discussione A coppie, rispondete a queste domande. Answers will vary.

1. Sulle brevi distanze (*short distances*), preferite viaggiare in treno, in pullman o in macchina? Perché?
2. Nel vostro paese quanto è importante la rete autostradale? Per viaggiare da una città all'altra è più frequente prendere la macchina o l'aereo?
3. Qual è il vostro mezzo di trasporto preferito? Quali sono i suoi vantaggi e svantaggi?

Expansion Encourage students to discuss the historical importance of roads and bridges, as well the impact of innovations in civil engineering on a country's economic development.

si estende *extends* **pedaggio** *toll* **si intensifica** *intensifies* **tratto** *stretch* **cosiddetta** *so-called* **investimenti** *investments*

Practice more at **vhlcentral.com.**

Communicative Goals

You will learn how to:

- talk about travel
- talk about vacations and tourism

Suggestion Have students look at the new vocabulary, paying attention to the numerous cognates. See how many words they know without looking at the English.

In vacanza

Vocabulary Tools

l'uscita
Legge la mappa.
sole e mare
la spiaggia
Si abbronza. (abbronzarsi)
il mare
i viaggiatori
la carta d'imbarco
l'agente di viaggio
il giornale
il bagaglio a mano
Corriere

Vocabolario

nell'aeroporto	*at the airport*
gli arrivi	*arrivals*
la classe turịstica/ econọmica	*tourist/economy class*
il controllo passaporti	*passport control*
il documento	*ID; document*
la dogana	*customs*
il passeggero	*passenger*
le partenze	*departures*
il ritardo	*delay*
il visto	*visa*
il volo	*flight*
andata e ritorno	*round-trip*
puntuale	*on-time*
all'ẹstero	*abroad*
le vacanze	*vacations*
la crociera	*cruise*
il giorno festivo	*public holiday*
la settimana bianca	*ski vacation*
il villaggio turịstico	*resort*
fare il ponte	*to take a long weekend*
fare la valigia	*to pack a suitcase*
gli alloggi	*lodgings*
l'albergo (a cinque stelle)	*(five-star) hotel*
l'ascensore (*m.*)	*elevator*
la chiave	*key*
il/la cliente	*customer, client*
l'ostello della gioventù	*youth hostel*
la pensione	*boarding house*
il posto disponịbile	*vacancy*
il servizio in cạmera	*room service*
annullare	*to cancel*
prenotare	*to make a reservation*
al completo	*full; no vacancies*

Suggestion Point out the difference between **il visto** (*visa*) and **la vista** (*sight; view*). Can students think of any other words that change meanings between masculine and feminine?

Suggestion Ask students questions about travel and vacations using the lesson vocabulary. Ex.: **Ti piacciono le vacanze? Dove preferisci trascorrerle? Perché? Hai mai fatto una settimana bianca? Fai spesso il ponte? Sei mai stato/a in un albergo a cinque stelle? Hai mai annullato una vacanza? Hai paura di volare? Hai mai perso un aereo?**

risorse
SAM WB: pp. 122–123
SAM LM: p. 70
vhlcentral.com

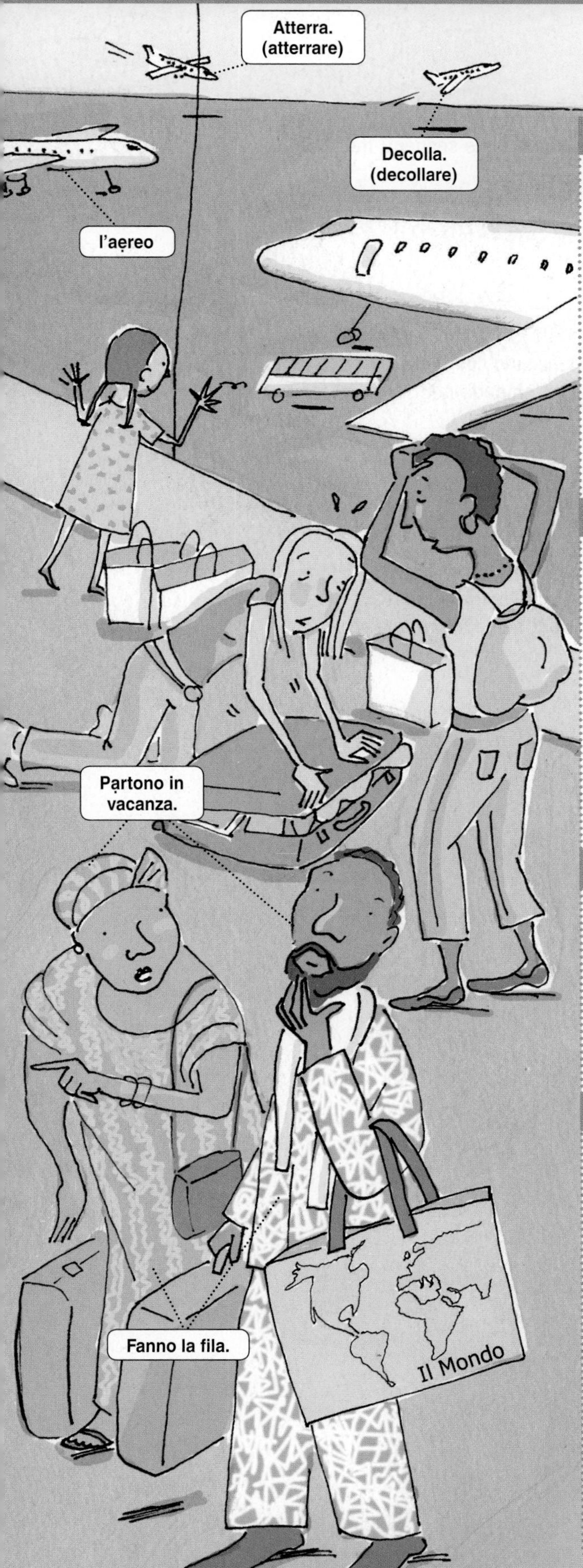

Atterra. (atterrare)

Decolla. (decollare)

l'aereo

Partono in vacanza.

Fanno la fila.

Il Mondo

Pratica

1 Expansion Ask students to write two more analogies. Then have volunteers quiz their classmates.

1 Analogie Scegli la parola o l'espressione che meglio completa ogni analogia.

1. abbronzarsi : spiaggia : : volare : (l'aereo / la crociera)
2. puntuale : in ritardo : : decollare : (atterrare / abbronzarsi)
3. albergo a 5 stelle : pensione : : villaggio turistico : (controllo passaporti / ostello della gioventù)
4. posto disponibile : al completo : : prenotare : (annullare / fare la valigia)
5. arrivi : partenze : : servizio in camera : (salire in ascensore / andare a un ristorante)
6. controllo passaporti : documento : : camera chiusa : (dogana / chiave)

2 Expansion Give students additional words and have them put them in the right categories. Ex.: **ascensore, chiave, pensione; bagaglio a mano, dogana, atterrare; settimana bianca, fare il ponte, sciare.**

2 Categorie Metti ogni parola nella categoria giusta. Answers may vary slightly.

carta d'imbarco	ostello della gioventù	spiaggia
controllo passaporti	posto disponibile	villaggio turistico
crociera	servizio in camera	volo

albergo	aeroporto	vacanza
ostello della gioventù	carta d'imbarco	crociera
servizio in camera	controllo passaporti	spiaggia
posto disponibile	volo	villaggio turistico
villaggio turistico		

3 Abbinare Abbina ogni parola con la sua definizione.

3 Expansion Have each student write four more pairs and scramble them. Then, have them work with a partner to match each other's pairs with the correct definition.

1. __b__ la chiave
2. __f__ fare il ponte
3. __a__ la settimana bianca
4. __e__ in ritardo
5. __c__ la crociera
6. __d__ al completo

a. sette giorni passati a sciare
b. serve per entrare in camera
c. una vacanza in nave
d. senza disponibilità
e. non puntuale
f. prendere un lungo fine settimana di vacanza

4 Rispondere Rispondi alle domande con frasi complete. Poi, a coppie, paragonate le vostre risposte. Answers will vary.

1. Preferisci prenotare una vacanza da un agente di viaggio o su Internet? Perché?
2. Quale posto preferisci per le vacanze: il mare, la montagna, la campagna o la città? Perché?
3. Come ti piace passare il tempo quando fai un viaggio lungo? (leggere un libro, ascoltare la musica ecc.)
4. Di solito vai in vacanza con pochi o tanti bagagli? Cosa non lasci mai a casa?
5. Sei mai stato/a all'estero? Dove?
6. Quale bagaglio a mano porti quando voli?

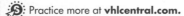

4 Expansion Have students describe their last vacation.

Practice more at **vhlcentral.com.**

Comunicazione

NATIONAL communication STANDARDS

5 **Annunci** Ascolta gli annunci. Poi, a coppie, abbinate ogni annuncio a una delle seguenti frasi.

1. _4_ I passeggeri del pullman per Perugia stanno per (*are about to*) partire.
2. _2_ I passeggeri arriveranno in ritardo a Firenze.
3. _5_ I passeggeri per Chicago stanno per essere imbarcati.
4. _1_ I passeggeri americani passano il controllo passaporti.
5. _3_ I passeggeri per Roma stanno per partire.

5 Expansion Have students write three possible announcements that they might hear in an airport, train station, or bus station.

6 **All'aeroporto** Lavorate a coppie. L'insegnante vi darà due fogli diversi, ciascuno con metà delle informazioni sul tabellone (*message board*) in un aeroporto. A turno, fate domande per completare i vostri tabelloni con le informazioni mancanti. Answers will vary.

MODELLO

S1: *Di che cosa hanno bisogno i passeggeri per imbarcarsi sull'aereo?*
S2: *Hanno bisogno delle carte d'imbarco. Qual è il numero del volo di... ?*

6 Expansion Ask students questions about their last flight. Ex.: **Dove siete andati? Con quale compagnia aerea? Avete viaggiato bene? Il volo era in ritardo, in anticipo o in orario?**

7 **Descrizioni** A coppie, scrivete una descrizione per ogni disegno. Includete il maggior numero di dettagli possibile. Poi, con un'altra coppia, fate a turno a leggere le descrizioni dell'altra coppia e a indovinare quale disegno descrive ognuna. Answers will vary.

MODELLO

È sera. La ragazza ha una valigia...

1.

2.

3.

4.

5.

6.

7 Expansion Have students look at Picture 6. Ask them if they ever have trouble closing their luggage. (**Vi capita mai di non riuscire a chiudere il bagaglio?**) How do they solve the problem?

Pronuncia e ortografia  Audio

 The letters *d*, *l*, *p*, and *t*

dopo **mela** **piccolo** **tanto**

In Italian, the consonants **d**, **l**, **p**, and **t** have a slightly different pronunciation than they do in English.

data **dico** **dormire** **sedia**

The Italian **d** is voiced and pronounced by touching the tip of the tongue to the upper teeth, at the gum line. Unlike in English, the Italian **d** has no aspiration (audible breath) that follows.

largo **letto** **libro** **solo**

The Italian **l** is pronounced in the front of the mouth. The tip of the tongue always touches the upper teeth when pronouncing **l** in Italian.

capo **Pisa** **porta** **prendo**

The English *p* is often followed by a puff of air, but the Italian **p** is never aspirated.

canto **tivù** **treno** **tutto**

Like **d**, the Italian **t** is pronounced with the tip of the tongue touching near the gum line of the upper teeth and is never aspirated. However, the **t** is voiceless.

Suggestions
- Explain the difference between voiced (using the vocal chords) and voiceless consonants. Have students practice saying the letters **d** (voiced) and **t** (voiceless), which share the same point of articulation.
- Ask students to compare the English *p* and Italian **p** by keeping one hand near their mouths to feel the puff of air (aspiration) that occurs with the English but not with the Italian.

Pronunciare Ripeti le parole ad alta voce.

1. tardi
2. dire
3. passare
4. lampada
5. paese
6. itinerario
7. edificio
8. lunedì
9. foto
10. dare
11. tonno
12. colazione

Articolare Ripeti le frasi ad alta voce.

1. Prendo il treno alle otto.
2. Il ragazzo di Lisa è di Torino.
3. Questo pane è duro!
4. La porta del duomo è chiusa.
5. Non trovo il dottore!
6. La lettera della zia è sul tavolo.

Suggestion Draw students' attention to the relationship between **di venere** and **venerdì** and **di marte** and **martedì**.

 Proverbi Ripeti i proverbi ad alta voce.

Chi si volta e chi si gira, sempre a casa va a finire.[2]

Né di Venere né di Marte, non si sposa né si parte.[1]

Suggestion Ask students if there are any days considered unlucky in their culture(s).

1 One neither marries nor leaves on Friday and Tuesday.

2 No matter where you go, home is always waiting. (lit. Those who go around and those who take trips always end up back home.)

risorse

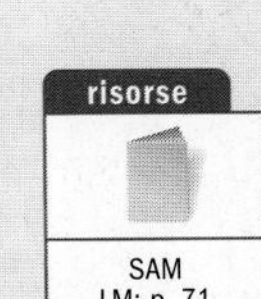
SAM
LM: p. 71

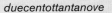

vhlcentral.com

FOTOROMANZO

Prima di vedere Have students predict what the episode will be about based on the video stills.

Amici, romani, cittadini

 Video: *Fotoromanzo*

PERSONAGGI

Emily

Lorenzo

Riccardo

Viola

VIOLA Prima della fine del semestre, devi venire a casa mia con me.
EMILY Sì, mi piacerebbe vedere Capistrello insieme a te.
RICCARDO Allora devi venire anche a Bari. Da lì potremmo prendere il traghetto per la Grecia. Ho dei cugini lì.
EMILY Sei un vero viaggiatore, Riccardo.

RICCARDO Lorenzo?
LORENZO Cosa?
VIOLA Sei mai stato in Grecia?
LORENZO Sì. Ho visto quasi tutta l'Europa con mio padre. Poi, andiamo spesso a sciare a Zermatt con la famiglia della mia matrigna.
EMILY Sei stato anche negli Stati Uniti?
LORENZO No.

RICCARDO Io vorrei andare a San Francisco.
EMILY Però il viaggio in aereo da Roma è molto lungo.
VIOLA A me piacerebbe visitare New Orleans.
EMILY Un mio amico frequenta l'università lì. Potremmo andarci tutti insieme per le vacanze!

RICCARDO Francesca?
EMILY Anch'io l'ho pensato, ma non era lei.
LORENZO Io volevo presentartela, ma non mi hai dato il tempo di parlare. Si chiama Isabella. Suo padre e mio padre sono soci d'affari.
EMILY Allora era un pranzo di lavoro?

Suggestion Tell students to scan the dialogue to find vocabulary related to traveling.

LORENZO Siamo amici. Lei sa di Francesca. Ti stavamo prendendo in giro.
VIOLA Questo non è carino, Lorenzo.
LORENZO Mi dispiace, Emily. A Isabella piace fare degli scherzi ogni tanto. Avresti dovuto vedere la tua faccia! «Chi è Francesca?»
EMILY Non mi piace questo modo di scherzare.

RICCARDO Cos'è successo con Francesca?
LORENZO È stata a Roma, ha detto che voleva vedermi. Siamo stati insieme per due anni, così ho deciso di darle un'altra possibilità. E mi ha detto che ha conosciuto un altro ragazzo.
VIOLA Un nuovo ragazzo dopo quell'altro?

ATTIVITÀ

1 Chi è? A chi si riferiscono queste affermazioni? Emily, Lorenzo, Riccardo o Viola?

1. Vuole vedere Capistrello. Emily
2. Secondo Emily, è un vero viaggiatore. Riccardo
3. Ha visto quasi tutta l'Europa. Lorenzo
4. Ha un amico a New Orleans. Emily
5. Vuole conoscere meglio la storia e la cultura di Roma. Viola
6. Deve chiedere scusa a Marcella. Riccardo
7. Non ama il modo di scherzare di Lorenzo e Isabella. Emily
8. Ha dato a Francesca un'altra possibilità. Lorenzo
9. Secondo Riccardo incontrerà una ragazza migliore. Lorenzo
10. Ha bisogno di un caffè. Emily

1 Suggestion This activity can also be done with closed books. Read the statements and have students say the characters' names aloud.

 Practice more at **vhlcentral.com.**

I ragazzi fanno progetti per le vacanze.

4

EMILY Nel Medioevo, la gente prendeva marmo da qui per costruire chiese, palazzi e monumenti.
VIOLA Marcella ha ragione. Dovremmo conoscere meglio la storia e la cultura di Roma mentre viviamo qui.
EMILY Dovresti chiederle scusa.
RICCARDO L'ho fatto.
EMILY Un'altra volta.

5

LORENZO Perché? Cos'è successo?
VIOLA Riccardo ha preso lo scooter e l'ha rotto.
RICCARDO E adesso Marcella ce l'ha con me.
VIOLA Ma dai, Riccardo, è successo martedì. Sono passati quattro giorni.
EMILY Lo stesso giorno che ti ho visto al bar con... ma chi era quella ragazza?

9

RICCARDO Lei non fa per te. Ne incontrerai una migliore.
EMILY Dovresti rimanere da solo per un po'. Prenditi un po' di tempo. Io mi sto divertendo così tanto. Peter non mi manca affatto.

10

VIOLA Lorenzo. Mi dispiace. Non avrebbe dovuto farti questo.
LORENZO Grazie.
EMILY Ho bisogno di un caffè.
RICCARDO Tutte le strade portano a un caffè.

Dopo la visione After viewing the **Fotoromanzo**, review students' predictions and have them summarize the episode.

Espressioni ụtili

Using the conditional

- **Mi piacerebbe vedere Capistrello.** *I would like to see Capistrello.*
- **Potremmo prẹndere il traghetto.** *We could take the ferry.*
- **Ịo vorrei andare a San Francisco.** *I'd like to go to San Francisco.*
- **Dovremmo conọscere meglio la storia e la cultura di Roma.** *We should learn more about Roman history and culture.*
- **Dovresti chiẹderle scusa.** *You should apologize to her.*
- **Avresti dovuto vedere la tụa faccia.** *You should have seen your face.*
- **Non avrebbe dovuto farti questo.** *She shouldn't have done that to you.*

Additional vocabulary

- **Medioẹvo** *Middle Ages*
- **marmo** *marble*
- **soci d'affari** *business partners*
- **Sono passati quattro giorni.** *It's been four days.*
- **Ti stavamo prendendo in giro.** *We were pulling your leg.*
- **Questo non è carino.** *That's not nice.*
- **Ho deciso di darle un'altra possibilità.** *I decided to give her another chance.*
- **Lei non fa per te.** *She's not good for you.*
- **Ne incontrerai una migliore.** *You'll find someone better.*
- **Ịo mi sto divertendo così tanto. Peter non mi manca affatto.** *I'm having so much fun. I don't miss Peter at all.*

2  **Per parlare un po'** Emily, Viola, Lorenzo, Riccardo, Massimo e Paolo decidono di fare una vacanza insieme. In gruppi di tre, scrivete un paragrafo in cui indicate la data della partenza, la destinazione, la lunghezza del viaggio, i mezzi di trasporto che prenderanno, dove alloggeranno e qualsiasi altro dettaglio necessario. Answers will vary.

2 Expansion Instead of writing a paragraph, students can act out a dialogue among the characters.

3 **Approfondimento** Riccardo dice che «tutte le strade portano a un caffè». Questa espressione ricorda il celebre modo di dire «tutte le strade portano a Roma». Traduci questa frase, poi fai una ricerca e spiega che cosa vuole dire. Trova anche il nome di tre importanti strade romane. Presenta la tua risposta alla classe. Answers will vary.

risorse

SAM VM: pp. 31–32

vhlcentral.com

ATTIVITÀ

3 Expansion Have students draw a map of Italy featuring some of the most important roads built during the Roman Empire.

CULTURA

Expansion Ask students to look at the chart and choose the type of accommodation they would prefer if they were visiting Italy.

IN PRIMO PIANO

Una vacanza su misura°

Dove alloggiare° in Italia? Albergo, ostello o pensione? È difficile rispondere a questa domanda in un paese che offre attrattive molto varie.

In molte regioni, ad esempio, esistono zone termali° dove ci si può° rilassare e divertire. Chi invece ama la natura deve sapere che il 15% del territorio italiano è Parco Nazionale: mare, montagna, boschi° e colline° dove fare escursioni, visite naturalistiche e sport. Il modo migliore per vivere una vacanza rilassante è alloggiare in un agriturismo, cioè una fattoria° che affitta stanze e serve cibo prodotto dal padrone di casa°: un modo per conoscere le specialità tipiche a prezzi abbastanza economici!

Se invece visitate una città, potete scegliere fra alberghi, pensioni, ostelli o Bed & Breakfast. Gli ostelli, la soluzione più economica e amata dai giovani, offrono sistemazioni° in camerate° fino a 20 letti, anche se quasi tutti hanno camere private con due e quattro letti. Il bagno è in comune, ma in alcuni ostelli si può avere anche una camera con bagno privato. Costando poco, gli ostelli sono spesso al completo ed è meglio prenotarli in anticipo°.

Anche i B&B, camere in case private con colazione inclusa, sono economici e molto diffusi, ma a volte sono in realtà hotel costosi.

Un'alternativa, più comune nelle località turistiche di mare o di montagna, è la pensione, cioè un albergo di media categoria che offre la possibilità di cenare (mezza pensione) o cenare e pranzare (pensione completa), a buon prezzo e in un'atmosfera casalinga° e informale.

Quanto agli° alberghi, ce ne sono dappertutto, per tutte le esigenze° e tutti i prezzi. Non rimane che° fare le valigie!

su misura *custom-made* **alloggiare** *to stay* **zone termali** *spas* **ci si può** *one can* **boschi** *woods* **colline** *hills* **fattoria** *farm* **padrone di casa** *owner* **sistemazioni** *accomodations* **camerate** *dormitories* **in anticipo** *in advance* **casalinga** *homey* **Quanto agli** *As for* **esigenze** *requirements* **non rimane che** *there's nothing left to do but*

Cosa offre un...

	PASTI	BAGNO	SISTEMAZIONE	PREZZO MEDIO PER NOTTE
Ostello	No	Non sempre	Camerata	€17
Agriturismo	Prodotti tipici	Non sempre	Camera-appartamento	€25
B&B	Colazione	Non sempre	Camera	€60
Pensione	Colazione; possibilità di pranzo e cena	60% delle camere	Camera	€30
Albergo 3 stelle	Colazione; possibilità di ristorante	80% delle camere	Camera	€70

FONTI: voyagertraveller.com, bbplanet.it, romaonline.net, ostellionline.org

ATTIVITÀ

1 Vero o falso? Indica se l'affermazione è **vera** o **falsa**. Correggi le affermazioni false.

1. In Italia esistono molte zone termali.
   Vero.
2. Non ci sono molte possibilità di organizzare una vacanza a contatto con la natura.
   Falso. Esistono diverse possibilità e attività da fare.
3. Tutti i Parchi Nazionali italiani sono in montagna.
   Falso. Ci sono anche Parchi Nazionali in zone di mare.
4. In un agriturismo si possono trovare e comprare prodotti tipici di una regione.
   Vero.
5. Ci sono degli agriturismi anche nelle città.
   Falso. Gli agriturismi sono fattorie e quindi non si trovano in città.
6. Negli ostelli ci sono solo camerate con i bagni in comune.
   Falso. Ci sono anche camere private e, a volte, con bagno.
7. Gli ostelli sono spesso al completo e bisogna prenotarli in anticipo.
   Vero.
8. A volte, degli alberghi si presentano come B&B.
   Vero.
9. Le pensioni sono solo nelle grandi città.
   Falso. Sono più comuni nelle località turistiche di mare e di montagna.
10. Non è difficile trovare un albergo in Italia.
    Vero.

Practice more at **vhlcentral.com.**

L'italiano quotidiano Have students imagine they are in Italy during a national holiday and brainstorm the problems they could encounter, as well as the special events (closed museums, public holiday schedules for trains, stores closed, parades, art fairs, etc.).

L'ITALIANO QUOTIDIANO

Oh, no! I negozi sono chiusi!

Capodanno	*1 gennaio*
Epifania	*6 gennaio*
Pasqua e Pasquetta°	*marzo-aprile*
Festa della Liberazione	*25 aprile*
Festa del Lavoro	*1 maggio*
Festa della Repubblica	*2 giugno*
Ferragosto	*15 agosto*
Ognissanti°	*1 novembre*
Immacolata Concezione	*8 dicembre*
Natale	*25 dicembre*
Santo Stefano	*26 dicembre*
Festa del Santo Patrono	*differente in ogni città*

L'italiano quotidiano Have students compare Italian and American national holidays. Are there any in common?

Pasqua e Pasquetta *Easter Sunday and Monday* **Ognissanti** *All Saints' Day*

USI E COSTUMI

Un fine settimana diverso

Dove vanno gli italiani per scoprire il proprio paese?

Le **escursioni naturalistiche** (laghi, colline o piccole isole) sono molto amate e spesso diventano **escursioni gastronomiche**: come non assaggiare la cioccolata piemontese o la pasta con le sarde° alla siciliana?

Chi ama l'arte° organizza invece brevi viaggi in **piccole cittadine** come le città medievali dell'Umbria o del Veneto. E se il giorno di vacanza è uno solo? Beh, ogni **grande città** è circondata° da luoghi poco noti° ma che valgono° un viaggio: in realtà il problema più grande è decidere dove andare.

Usi e costumi Have students research the names and characteristics of Medieval towns in Umbria and Veneto.

sarde *pilchards (fish similar to sardines)* **Chi ama l'arte** *Art lovers* **circondata** *surrounded* **noti** *known* **valgono** *are worth*

RITRATTO

San Clemente: 900 anni di turismo

La vita nel Medioevo era diversa da quella di oggi, ma una cosa è rimasta uguale: la voglia di viaggiare e la necessità di trovare poi un posto dove dormire.

La gente allora viaggiava per affari o per i pellegrinaggi°. Uno degli scali° internazionali più importanti era il porto di Venezia. La città non era grande, così molte piccole isole della laguna erano usate come «ospitali», cioè edifici per ospitare° i viaggiatori che aspettavano la loro nave. Spesso questi ospitali erano gestiti° da monaci°, perciò vicino all'albergo c'era spesso un monastero. Uno di questi era sull'isola di **San Clemente**.

La prima traccia° di un albergo a San Clemente è del 1131. La chiesa che esiste ancora oggi è del 1311 e durante il '700° i monaci hanno continuato a decorare la chiesa e a costruire edifici e giardini. Oggi, dopo un lavoro di restauro°, l'isola è ancora un albergo, dov'è possibile alloggiare negli stessi spazi usati dai turisti di 900 anni fa.

pellegrinaggi *pilgrimages* **scali** *ports of call* **ospitare** *to provide lodging for* **erano gestiti** *were run* **monaci** *monks* **traccia** *sign; trace* **il '700** *the 1700s* **restauro** *restoration*

SU INTERNET

Cerca i nomi di tre famose spiagge italiane e trovale su una mappa.

Go to **vhlcentral.com** to find more information related to this **CULTURA**.

2 Completare Completa le frasi.

1. Nel Medioevo la gente viaggiava per ___affari___ e per i pellegrinaggi.
2. San Clemente è un'isola nella ___laguna___ di Venezia.
3. Dal ___1131___ esiste un «ospitale» a San Clemente.
4. La Festa della Repubblica si festeggia il ___2 giugno___.
5. La ___pasta con le sarde___ è un piatto tipico della Sicilia.
6. Nel Veneto e nell'Umbria è possibile visitare molte città ___medievali___.

3 A voi A coppie, discutete le seguenti domande. Answers will vary.

1. Preferisci una vacanza culturale, rilassante o naturalistica?
2. Hai mai fatto una vacanza in un agriturismo? E in una zona termale? Se sì, prova a descriverla. Se no, prova a immaginare se potrebbe (*could*) piacerti.
3. Quale regione d'Italia vorresti (*would you like*) visitare? Perché?

ATTIVITÀ

NATIONAL comparisons STANDARDS

8B.1 The present conditional

Punto di partenza The present conditional (**il condizionale presente**) expresses what you *would* do or what *would* happen under certain circumstances. As in English, the conditional is also used to express polite requests in Italian.

Mi piacerebbe vedere Capistrello insieme a te.

Io vorrei andare a San Francisco.

- The conditional in Italian uses the same verb stems as the future tense (see **Lezione 7A**); only the endings are different.

Condizionale presente

	parlare	leggere	dormire
io	parlerei	leggerei	dormirei
tu	parleresti	leggeresti	dormiresti
Lei/lui/lei	parlerebbe	leggerebbe	dormirebbe
noi	parleremmo	leggeremmo	dormiremmo
voi	parlereste	leggereste	dormireste
loro	parlerebbero	leggerebbero	dormirebbero

A Firenze **parleremmo** sempre l'italiano.
*In Florence **we would** always **speak** Italian.*

Dormirei qui, ma non c'è una camera disponibile.
***I would sleep** here, but there's no vacancy.*

- As with the future tense, remember to change **a** in the stem of **-are** verbs to **e** in the conditional.

Prenoterebbero una camera doppia?
***Would they reserve** a double room?*

Mi abbronzerei, ma non andiamo in spiaggia.
***I would get a tan**, but we aren't going to the beach.*

- Note that the spelling changes for forming the future tense of verbs ending in **-care**, **-gare**, **-ciare**, and **-giare** apply to the conditional as well.

Non **dimenticherebbe** i Suoi bagagli a mano.
***You would** not **forget** your carry-on luggage.*

Mangeremmo in camera, ma non c'è il servizio in camera.
***We would eat** in our room, but there's no room service.*

Suggestion Review with the students all verbs that are irregular in the future. Then have students write the conjugation of those verbs in the conditional.

1 Expansion Have students work in groups of three and talk about what they would do in these situations. Would they prefer to rent a Ferrari or to ride the bus? To take the car to a body shop or to fix it themselves?

PRATICA

1 Completare Completa le frasi seguenti con la forma corretta del condizionale.

1. Io ___farei___ (fare) una prenotazione in un albergo a cinque stelle, ma non ho abbastanza soldi.
2. Gli amici ___noleggerebbero___ (noleggiare) una Ferrari, ma io preferisco viaggiare in pullman.
3. Tu ___viaggeresti___ (viaggiare) sempre in prima classe, ma la tua famiglia preferisce la seconda.
4. Tu e Ilaria ___prendereste___ (prendere) un taxi, ma Gino vuole andare in metropolitana.
5. Noi ___cercheremmo___ (cercare) un meccanico, ma tu vuoi riparare la macchina da solo.
6. Chiara ___parcheggerebbe___ (parcheggiare) all'aeroporto, ma costa troppo.
7. I passeggeri ___sarebbero___ (essere) pronti, ma l'aereo è in ritardo.
8. Tu ___compreresti___ (comprare) un biglietto andata e ritorno, ma non sai quanto starai via.

2 Trasformare Riscrivi le frasi seguenti usando il condizionale.

1. Susanna si abbronza sulla spiaggia.
   Susanna si abbronzerebbe sulla spiaggia.
2. Amilcare e Daniela partono per l'Italia.
   Amilcare e Daniela partirebbero per l'Italia.
3. Io dormo in un ostello della gioventù.
   Io dormirei in un ostello della gioventù.
4. Le piace andare all'estero.
   Le piacerebbe andare all'estero.
5. Ti aspetto al controllo passaporti.
   Ti aspetterei al controllo passaporti.
6. Bevi tanta acqua sulla spiaggia.
   Berresti tanta acqua sulla spiaggia.
7. Vogliamo prenotare la pensione «Mariuccia».
   Vorremmo prenotare la pensione «Mariuccia».
8. Il vigile mi fa la multa.
   Il vigile mi farebbe la multa.

3 Creare Crea delle frasi complete per dire cosa farebbero queste persone. Usa il condizionale presente.

1. noi / andare in vacanza oggi
   Noi andremmo in vacanza oggi.
2. i genitori / passare la giornata in albergo
   I genitori passerebbero la giornata in albergo.
3. il traffico / bloccare la città
   Il traffico bloccherebbe la città.
4. tu / ordinare il servizio in camera
   Tu ordineresti il servizio in camera.
5. Gianni / visitare tutti i musei
   Gianni visiterebbe tutti i musei.
6. voi / perdere la chiave
   Voi perdereste la chiave.
7. io / rispettare il limite di velocità
   Io rispetterei il limite di velocità.
8. tu / usare i tergicristalli quando piove
   Tu useresti i tergicristalli quando piove.

3 Expansion Have pairs of students expand on their answers. Ex.: **Noi andremmo in vacanza oggi, ma iniziamo un lavoro nuovo domani. I genitori passerebbero la giornata in albergo, ma i bambini vogliono andare sulla spiaggia.**

Practice more at **vhlcentral.com.**

COMUNICAZIONE

4 **Un milione di euro** A coppie, immaginate di avere un milione di euro. A turno, fate le seguenti domande e dite se fareste o no queste cose.

Answers will vary.

MODELLO

S1: *Voleresti in prima classe?*
S2: *No! È uno spreco (waste) di soldi. Però mangerei in ristoranti di lusso...*

1. Faresti una crociera intorno al mondo?
2. Chiederesti il servizio in camera?
3. Prenoteresti un albergo a quattro o cinque stelle?
4. Assumeresti (*Would you hire*) un autista personale?
5. Noleggeresti una Lamborghini decapottabile (*convertible*)?
6. Partiresti per una vacanza di sei mesi?

5 **Un mondo migliore?** In gruppi di tre, dite come sarebbe il mondo senza le cose elencate. Usate le idee date e anche delle idee vostre.

Answers will vary.

MODELLO compiti

Senza compiti, gli studenti sarebbero molto felici!

aerei	telefoni
computer	televisione
macchine	...

6 **Tempo a disposizione** A coppie, nominate cinque posti che vorreste visitare con tanto tempo a disposizione (*available*). Cosa fareste in quei paesi o in quelle città? Paragonate poi le vostre risposte come classe: qual è la destinazione più popolare?

Answers will vary.

6 Expansion Ask students what they would do if they won a week's vacation in the Sahara desert. Have them share some ideas with the class.

MODELLO

S1: *Io andrei a Capri e passerei la giornata al mare.*
S2: *Io andrei sulle Alpi, in una località montana, e scierei.*

6 Suggestion Have each student interview as many classmates as possible in five minutes. Then have students form pairs to share their results.

Suggestion Introduce the conditional form of the expression **fare meglio a** + [*infinitive*] to express what someone *had better* do, or would be *better off* doing. Ex.: **Faremmo meglio a consultare la cartina prima di partire**.

- Verbs with irregular stems in the future use the same irregular stems in the conditional.

Ci **andresti** con un biglietto di andata e ritorno.	**Sarebbe** meglio partire in anticipo. **Vorrei** essere puntuale.
***You would go** there with a round-trip ticket.*	***It would be** better to leave early. **I would like** to be on time.*

- Use the conditional to make a polite request or to soften a question or demand.

Vorrei vedere il Suo passaporto. Me lo **darebbe**, per favore?	**Sarebbe** possibile prenotare una camera con bagno?
***I'd like** to see your passport. **Would you give** it to me, please?*	***Would it be** possible to reserve a room with a bathroom?*

Suggestion Have pairs of students imagine that they are purchasing tickets/making reservations for a trip. Ask them to use the conditional in their requests to one another.

- To introduce a phrase explaining why a conditional action might not be carried out, use the conjunction **ma** (*but*).

Leggerei la mappa prima di partire, **ma non la trovo**.	Starebbe in un ostello della gioventù, **ma vuole una camera singola**.
*I would read the map before leaving, **but I can't find it**.*	*She would stay in a youth hostel, **but she wants a single room**.*

- Note that in English *would* can also mean *used to*, in the sense of past habitual action. However, to express past habitual actions in Italian, remember to use the imperfect.

Anni fa, **facevamo** una crociera ogni estate.	BUT	**Faremmo** una crociera quest'estate, ma non abbiamo i soldi.
*Years ago, **we would (used to) go** on a cruise every summer.*		***We would go** on a cruise this summer, but we don't have the money.*

ATTREZZI

In **Lezione 6B**, you learned how to use the **imperfetto** to describe what *used to* happen.

Suggestion If students attempt to form hypothetical sentences using **se**, tell them that they must wait until **Lezione 12B**, after they have learned the subjunctive forms. Try to keep examples simple to avoid confusion.

Provalo! **Indica la forma corretta del condizionale per ciascuno dei verbi indicati.**

1. io (mandare, perdere, finire) *manderei, perderei, finirei*
2. Luisa (andare, volere, preferire) andrebbe, vorrebbe, preferirebbe
3. tu e Gabriele (dire, bere, vedere) direste, berreste, vedreste
4. loro (lavorare, scegliere, cominciare) lavorerebbero, sceglierebbero, comincerebbero
5. tu (alzarsi, potere, servire) ti alzeresti, potresti, serviresti
6. noi (avere, giocare, pulire) avremmo, giocheremmo, puliremmo
7. Antonio (parlare, essere, dimenticare) parlerebbe, sarebbe, dimenticherebbe
8. voi (potere, mangiare, pagare) potreste, mangereste, paghereste

8B.2 The past conditional

Suggestion Review the pronunciation differences between the future and conditional tenses, with an emphasis on the **io**, **tu**, and **noi** forms.

Punto di partenza Use the past conditional (**il condizionale passato**) to talk about things that *would have* or *could have* happened in the past.

Sarei restata un'altra notte, ma l'albergo era al completo.
***I would have stayed** another night, but the hotel was full.*

Avrei prenotato in anticipo, ma non avevo i soldi.
***I would have reserved** early, but I didn't have the money.*

- To form the past conditional tense of a verb, use the present conditional of **avere** or **essere** + [*past participle*]. Use the same auxiliary verb (**avere** or **essere**) as you would use with that verb in the **passato prossimo**.

Condizionale passato

	leggere	partire
io	avrei letto	sarei partito/a
tu	avresti letto	saresti partito/a
Lei/lui/lei	avrebbe letto	sarebbe partito/a
noi	avremmo letto	saremmo partiti/e
voi	avreste letto	sareste partiti/e
loro	avrebbero letto	sarebbero partiti/e

Sei ancora qui? Io **sarei** già **partita** per la festa.
*You're still here? I **would have left** for the party already.*

Avrebbe letto il romanzo in spiaggia, ma l'aveva già perso.
***She would have read** the novel at the beach, but she had already lost it.*

- Remember that the past participle of verbs that take **essere** must agree with the subject in gender and number.

Anna, ti **saresti messa** una giacca o una felpa?
*Anna, **would you have worn** a jacket or a sweatshirt?*

I ragazzi **sarebbero stati** in vacanza, ma il volo è stato cancellato.
*The boys **would have been** on vacation, but the flight was cancelled.*

Suggestion Give students a statement, such as **Mi sono alzato alle dieci**, and ask them to say what they would have done in your place. Ex.: **Mi sarei alzata alle sette**.

1 Expansion Have students make their answers longer by adding **ma** to the end of the answer and then completing the new sentences.

PRATICA

1 Completare Completa le frasi con la forma corretta del condizionale passato.

1. Il nostro gruppo avrebbe noleggiato (noleggiare) una macchina grande.
2. Noi avremmo chiesto (chiedere) informazioni al vigile.
3. Gli aerei sarebbero decollati (decollare) in orario.
4. Giulio avrebbe fatto benzina (fare benzina) regolarmente.
5. Tu avresti aspettato (aspettare) due ore alla dogana.
6. Io sarei partito/a (partire) a luglio.
7. Tu e Valeria avreste convalidato (convalidare) i biglietti.
8. Loro avrebbero riparato (riparare) le macchine.

2 Trasformare Riscrivi le frasi. Cambia il condizionale presente in condizionale passato.

1. Comprerebbero una piantina (*street map*) della città. Avrebbero comprato una piantina della città.
2. Telefoneresti al meccanico. Avresti telefonato al meccanico.
3. L'aereo atterrerebbe alla pista numero tre. L'aereo sarebbe atterrato alla pista numero tre.
4. La padrona della pensione porterebbe degli asciugamani puliti. La padrona della pensione avrebbe portato degli asciugamani puliti.
5. Cambierei la gomma bucata. Avrei cambiato la gomma bucata.
6. Prenderemmo l'autostrada. Avremmo preso l'autostrada.
7. Vi abbronzereste in montagna. Vi sareste abbronzati/e in montagna.
8. Registreresti il cliente. Avresti registrato il cliente.

3 Creare Usa le parole di ogni colonna per creare frasi complete al condizionale passato. Aggiungi le parole che vuoi per completare le frasi. Answers will vary.

3 Expansion For more complete and creative sentences, have students work in pairs for this activity.

MODELLO

L'aereo sarebbe decollato in tempo, ma un passeggero era malato.

A	B	C
io	abbronzarsi	costare troppo
tu	arrivare in orario	dover lavorare
l'aereo	comprare i biglietti	essere chiuso/a
noi	decollare in tempo	essere al completo
l'autista	fare la fila	essere in panne
Fabio e Lidia	fare il ponte	essere malato/a
tu e io	fare una prenotazione	fare freddo
tu e i tuoi amici	noleggiare una macchina	non avere tempo
l'agente di viaggi	parcheggiare all'albergo	preferire un taxi

Practice more at **vhlcentral.com.**

4 **Expansion** Have groups of three students choose one situation and create a conversation to present to the class.

COMUNICAZIONE

4 Situazioni A coppie, leggete ciascuna situazione e dite cosa avreste fatto voi in quella circostanza.
Answers will vary.

MODELLO Hai lasciato la valigia sull'aereo.

S1: *Sarei tornato sull'aereo per cercarla.*
S2: *Avrei chiesto aiuto a un assistente di volo.*

1. Non trovavi il passaporto.
2. Hai preso la valigia di un'altra persona.
3. Hai dimenticato di prenotare il pasto vegetariano.
4. La persona accanto a te in aereo ha russato (*snored*) tutta la notte.
5. Avevi un appuntamento importante e il treno era terribilmente in ritardo.
6. Hai dimenticato di timbrare il biglietto del treno.

5 Una vacanza fantastica In gruppi di tre, immaginate che un gruppo di amici con gusti molto diversi dai vostri abbiano fatto (*took*) un viaggio in Italia. Oggi vi raccontano cosa hanno fatto. E voi? Cosa avreste fatto? Usate queste foto e aggiungete idee vostre.
Answers will vary.

5 **Expansion** Have two students play the part of friends returning from Italy, while two others react to what they hear using the past conditional. After five minutes, reverse roles.

MODELLO

S1: *Io avrei passato tutti i giorni sulla spiaggia.*
S2: *Io avrei prenotato quell'albergo...*

6 La mia vita A coppie, parlate di cosa avreste fatto di diverso nel passato. Scrivete almeno cinque cose. Poi, come classe, paragonate le vostre idee: ci sono molti rimpianti (*regrets*) in comune?
Answers will vary.

MODELLO

S1: *Io avrei studiato di più al liceo.*
S2: *Io avrei passato più tempo con i miei amici...*

6 **Expansion** Have students work in groups of three to create a questionnaire based on what they wrote. Then have them survey their classmates. Ex.: **Avresti studiato di più al liceo? Avresti giocato di più con gli amici?**

- Use the past conditional to talk about what *would have* happened or what someone *would have* done under certain conditions.

Avrei portato un regalo, ma ho perso i miei bagagli.
I ***would have brought*** *a present, but I lost my luggage.*

Sarebbe stato più facile andare da un agente di viaggio.
It would have been *easier to go to a travel agent.*

Sarebbero andati all'estero, ma non avevano il visto.
They would have gone *abroad, but they didn't have a visa.*

Avremmo speso meno soldi per l'albergo.
We would have spent *less money for the hotel.*

Pina **sarebbe arrivata** prima, ma ha perso la chiave della stanza.
Pina ***would have arrived*** *earlier, but she lost the room key.*

Giulio non **avrebbe perso** la chiave.
Giulio ***wouldn't have lost*** *the key.*

Suggestion Ask a student what he/she will do tomorrow, then have other students report what the first student said, using the **condizionale passato**. Ex.: **Ha detto che sarebbe andato a lezione.**

- When restating what someone else said (indirect discourse), use the past conditional to express a future action from the perspective of the past. This is unlike English, which uses the present conditional in such situations.

direct discourse	indirect discourse
Hai affermato: «Porteranno le carte d'imbarco». *You asserted: "They will bring the boarding passes."*	Hai affermato che **avrebbero portato** le carte d'imbarco. *You asserted that* ***they would bring*** *the boarding passes.*
Ugo ha detto: «Arriverò alle tre». *Ugo said, "I will arrive at 3:00."*	Ugo ha detto che **sarebbe arrivato** alle tre. *Ugo said* ***he would arrive*** *at 3:00.*

Provalo! **Indica la forma corretta del condizionale passato di ogni verbo indicato.**

1. Vittoria (fare, leggere, partire) *avrebbe fatto, avrebbe letto, sarebbe partita*
2. io (andare, prepararsi, ricevere) 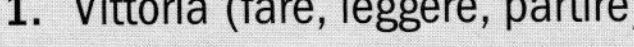 sarei andato/a, mi sarei preparato/a, avrei ricevuto
3. voi (sentire, guardare, credere) avreste sentito, avreste guardato, avreste creduto
4. tu (uscire, regalare, essere) saresti uscito/a, avresti regalato, saresti stato/a
5. io e i miei amici (controllare, rimanere, sapere) avremmo controllato, saremmo rimasti, avremmo saputo
6. tu e Filomena (dormire, votare, passeggiare) avreste dormito, avreste votato, avreste passeggiato
7. Luca (chiudere, vedere, svegliarsi) avrebbe chiuso, avrebbe visto, si sarebbe svegliato
8. noi (sperare, diventare, offrire) avremmo sperato, saremmo diventati/e, avremmo offerto

Provalo! Have students create sentences using verbs from each item.

STRUTTURE

Suggestion Ask students to make polite requests of one another using the present conditional of **volere**. Ex.: **Vorrei la tua penna./Vorresti venire a vedere un film?**

NATIONAL STANDARDS comparisons

8B.3 *Dovere, potere,* and *volere* in the conditional

Punto di partenza The verbs **dovere**, **potere**, and **volere** have special meanings in the present and past conditional tenses.

- As you learned in **Strutture 8B.1**, present conditional forms are often used to soften the force of a request or suggestion. These forms are commonly used with **dovere**, **potere**, and **volere**.

Vorrei un caffè, per piacere.	Tina, **potresti aiutarmi**?
***I would like** a coffee, please.*	*Tina, **could you help me**?*

Potremmo prendere il traghetto per la Grecia.

Dovresti chiederle scusa.

- The conditional of **dovere** can be expressed with *should* or *ought to* in English. Its meaning is slightly less forceful than the present indicative, which implies duty or obligation.

Dovreste fare la fila.	**Dovete** fare la fila.
***You should** wait in line.*	***You have to** wait in line.*

- When used in the past conditional, **dovere** is equivalent to *should have* or *ought to have* in English.

Ragazzi, non **avreste dovuto** aspettare due ore?	**Avremmo dovuto** fare la fila. Adesso non ci sono più biglietti!
*Guys, **shouldn't you have** waited two hours?*	***We should have** waited in line. Now there are no more tickets!*

- The present conditional of **potere** means *could* or *might*, in contrast to the present indicative *can* or *may*.

Potremmo fare il ponte?	**Possiamo** fare il ponte?
***Could we** take a long weekend?*	***Can we** take a long weekend?*

- When used in the past conditional, **potere** is equivalent to *could have* in English.

Avremmo potuto fare il ponte! Perché siamo venuti al lavoro?	**Non avreste potuto** conoscere il nuovo capo. È arrivato oggi.
***We could have** taken a long weekend! Why did we come to work?*	***You couldn't have** met the new boss. He arrived today.*

Extra practice Have groups of three students write three sentences each containing **volere, potere,** and **dovere** in the present conditional. Ex.: **Potrei telefonare a Pietro perché vorrei giocare, ma prima dovrei chiedere il permesso ai miei genitori.** Have them share some of the sentences with the class.

Suggestion Ask students to use the past conditional of **potere** to say what they could have done if they had not come to class. Ex.: **Avrei potuto dormire fino a tardi.**

PRATICA

1 Scegliere Scegli la forma corretta di **dovere, potere** o **volere** per completare la conversazione.

SONIA Scusa, (1.) (potresti / dovreste) aiutarmi con il bagaglio a mano?
ANNA Certo! Ecco qui... dove vai?
SONIA Vado alle Cinque Terre.
ANNA Bello! (2.) (Vorrei / Dovreste) visitarle anch'io!
SONIA (3.) (Dovrei / Dovresti)! Sono bellissime!
ANNA Ho fame. (4.) (Vorrei / Vorresti) qualcosa da mangiare? In prima classe c'è un ottimo ristorante.
SONIA D'accordo, andiamo! Poi forse noi (5.) (potremmo / dovrebbero) stare un po' in prima classe.
ANNA Viaggiare in prima classe è il mio sogno. I biglietti (6.) (potreste / dovrebbero) costare meno così sarebbe fattibile (*feasible*) per noi!

2 Completare Decidi se il contesto di ogni frase vuole **dovere, potere** o **volere** al condizionale. Poi completa le frasi. Answers may vary slightly.

1. Io __vorrei__ tanto andare in vacanza con voi!
2. Mi scusi, signora, __potrebbe__ aiutarmi con la valigia?
3. La settimana bianca è finita. Ora tu __dovresti__ davvero ricominciare a lavorare!
4. Per favore, ragazzi, __potreste__ allacciarvi la cintura di sicurezza?
5. Noi __vorremmo__ partire con te, ma non possiamo.
6. Loro __dovrebbero__ controllare se hanno tutti i documenti prima di partire.
7. Laura lavora a giugno e ad agosto, ma __potrebbe__ andare in crociera a luglio.
8. Io __dovrei__ chiamare un taxi; è troppo tardi per andare a piedi.

3 Creare Crea frasi al condizionale presente o passato usando gli indizi dati.

1. io / potere pagare la multa per te (presente)
   Io potrei pagare la multa per te.
2. tu e Giacomo / dovere accendere i fari (presente)
   Tu e Giacomo dovreste accendere i fari.
3. io / volere portare un bagaglio a mano (passato)
   Io avrei voluto portare un bagaglio a mano.
4. i miei genitori / volere comprare una barca (presente)
   I miei genitori vorrebbero comprare una barca.
5. tu / potere cambiare la prenotazione (passato)
   Tu avresti potuto cambiare la prenotazione.
6. noi / dovere presentare la patente al vigile (passato)
   Noi avremmo dovuto presentare la patente al vigile.

3 Expansion Give each student a piece of paper with the name of a classmate. Have them write two sentences in the present conditional and two sentences in the past conditional about that person and share them with the class.

Practice more at **vhlcentral.com.**

COMUNICAZIONE

4 **Programmi di viaggi** A coppie, parlate di alcuni viaggi che vorreste fare e discutete se potreste o dovreste farli. Spiegate perché andreste o non andreste. Ciascuno di voi dovrebbe parlare di almeno tre viaggi diversi. Answers will vary.

MODELLO

S1: *Io vorrei andare a sciare in Italia.*
S2: *Vorrei venire anch'io, ma devo stare a casa a studiare.*

5 **Passeggeri** A coppie, guardate i disegni di questi passeggeri. Sceglietene uno e create una conversazione che quel passeggero potrebbe avere con un compagno di viaggio. Usate **dovere, volere** e **potere** il più possibile. Answers will vary

5 Expansion Have groups of four students create a scene in which each of them is a passenger in a different vehicle. Have them create a conversation about the trip they took. The others should comment using the conditional.

MODELLO

S1: *Va a Milano?*
S2: *Sì.*
S1: *Dovrebbe visitare il teatro alla Scala e vedere un'opera.*
S2: *Mi piacerebbe molto! Potrebbe dirmi di più sulla città?*

6 **La vostra lista** Crea una lista di cose che vorresti e non vorresti fare la settimana prossima. Poi, a coppie, paragonate le vostre liste e parlate delle vostre attività. Create una lista combinata da presentare alla classe. Answers will vary.

MODELLO

S1: *Mi piacerebbe andare a trovare mia nonna.*
S2: *Che bello! Potresti stare un fine settimana intero?*
S1: *Sarebbe bello, ma devo studiare per un esame.*

6 Suggestion Encourage students to use expressions like **che bello**, **magari**, or **sarebbe molto interessante** to enrich their conversation.

Extra practice Have pairs of students talk about what they would have done if they hadn't enrolled at the school where they are now. Would they have chosen a different school? Would they have looked for a job? Tell them to use the past conditional.

- The present conditional of **volere** means *would like*, in contrast to the more direct *want* of the present indicative.

Vorrei fare una crociera.
***I'd like** to go on a cruise.*

Voglio fare una crociera.
***I want** to go on a cruise.*

- When used in the past conditional, **volere** is equivalent to *would have liked* in English.

Avrei voluto fare una crociera, ma invece sono andata in montagna.
***I would have liked** to go on a cruise, but I went to the mountains instead.*

I miei amici non **avrebbero voluto** fare la crociera con me.
*My friends **would** not **have liked** to go on the cruise with me.*

- As in the **passato prossimo**, the choice of whether to use **essere** or **avere** with **dovere**, **potere**, and **volere** in the past conditional should be determined by the infinitive that follows it, although the use of **avere** in all cases is becoming more common. Use **avere** if there is no infinitive at all.

Signorina, **avrebbe voluto visitare** i monumenti?
*Miss, **would you have liked to visit** the monuments?*

Sarebbero potuti andare in città, ma sono andati in spiaggia.
***They could have gone** to the city, but they went to the beach.*

ATTREZZI
In **Lezione 6B**, you learned that **dovere**, **potere**, and **volere** also have special meanings in the **passato prossimo** and the **imperfetto**.

Suggestion Remind students that when the past conditional is used with **essere**, the past participle must agree with the subject.

Provalo! **Completa la tabella con la forma corretta del condizionale presente o passato.**

Condizionale presente:

		potere	dovere	volere
1.	io	*potrei*	dovrei	vorrei
2.	tu	potresti	dovresti	vorresti
3.	Lei/lui/lei	potrebbe	dovrebbe	vorrebbe
4.	noi	potremmo	dovremmo	vorremmo
5.	voi	potreste	dovreste	vorreste
6.	loro	potrebbero	dovrebbero	vorrebbero

Condizionale passato:

		potere	dovere	volere
7.	io	avrei potuto	avrei dovuto	avrei voluto
8.	tu	avresti potuto	avresti dovuto	avresti voluto
9.	Lei/lui/lei	avrebbe potuto	avrebbe dovuto	avrebbe voluto
10.	noi	avremmo potuto	avremmo dovuto	avremmo voluto
11.	voi	avreste potuto	avreste dovuto	avreste voluto
12.	loro	avrebbero potuto	avrebbero dovuto	avrebbero voluto

Provalo! After students complete the table, have them conjugate the verbs in the past conditional using **essere**.

SINTESI

Ricapitolazione

1 Expansion Have pairs of students create a phone conversation between two friends based on one of the situations listed. One explains what the problem is, while the other proposes solutions. Have them come up with at least three ideas.

4 Expansion Have students ask at least two or three questions per picture. Questions can be about the situation itself, about the person, or about other objects in the pictures.

1 Situazioni A coppie, scegliete tre situazioni relative ai viaggi. Poi immaginate cosa farebbero tre persone diverse in queste situazioni. Answers will vary.

Situazioni	Persone
albergo al completo	il presidente
bagagli persi	i tuoi amici
gomma bucata	l'insegnante d'italiano
incidente sull'autostrada	un attore di Hollywood
macchina in panne	l'Uomo Ragno (*Spiderman*)
partenza in ritardo	tuo padre

2 Consigli per viaggiare A coppie, create una lista di consigli per delle persone che vengono a visitare la vostra città. Quale mezzo di trasporto dovrebbero prendere? Dove dovrebbero stare? Cosa dovrebbero visitare? Date almeno cinque consigli. Poi paragonate la vostra lista con quella d'un altro gruppo. Answers will vary.

2 Suggestion Encourage students to give longer answers, beyond the subject-verb-object construction. Brainstorm words that can make this task easier: **e**, **ma**, **perché**, etc.

MODELLO

S1: *Dovrebbero venire in macchina, perché non c'è un aeroporto vicino alla città.*
S2: *Dovrebbero stare almeno tre giorni. Potrebbero visitare…*

3 Il mio ultimo viaggio In gruppi di tre, parlate dell'ultimo viaggio che avete fatto. Cosa fareste di nuovo? Cosa non fareste mai più? Cosa avreste dovuto fare? Cosa vorreste fare la prossima volta? Answers will vary.

MODELLO

S1: *Io sono andato a New York. Starei nello stesso albergo, ma dovrei prenotare prima.*
S2: *Io sono andata in California. Non avrei dovuto visitare Los Angeles per prima, perché non ho avuto tempo per le altre città. La prossima volta vorrei…*

6 Suggestion Tell students to try to do this activity as a conversation rather than in a question/answer format. Ex:
S1: Quale città d'arte visiteresti?
S2: Io andrei a Firenze, c'è così tanta arte. E tu?
S1: Non lo so, ci sono troppe città con dell'arte eccezionale! E fra le spiagge più belle, invece, quale sceglieresti?

4 Cosa potrebbe succedere? Lavorate a coppie. L'insegnante vi darà due fogli diversi, ciascuno con metà delle informazioni su situazioni e possibili risultati. Fate domande a turno per completare tutte le informazioni. Answers will vary.

MODELLO

S1: *La macchina è in panne.*
S2: *Dovresti chiamare un meccanico!*

5 Un lungo fine settimana A coppie, parlate di un vostro lungo fine settimana. Cosa vi sarebbe piaciuto fare ma non avete fatto? Cosa non avreste voluto fare? Date almeno tre esempi per ciascuna categoria. Answers will vary.

5 Suggestion Have students work in stages. First, they should write one or two words to answer to each question, then they should try to create sentences with what they wrote.

MODELLO

S1: *Sarei voluta andare alla spiaggia e non avrei voluto dormire in un ostello.*
S2: *Mi sarebbe piaciuto dormire di più. Non avrei voluto studiare durante quel fine settimana!*

6 Un'inchiesta L'insegnante ti darà un foglio con diverse categorie relative ai viaggi. Chiedi ai tuoi compagni di classe cosa raccomanderebbero per ciascuna categoria. Poi, come classe, discutete i risultati. Answers will vary.

MODELLO

S1: *Dove andresti per visitare la città più interessante?*
S2: *Io andrei a Firenze. C'è così tanta arte!*

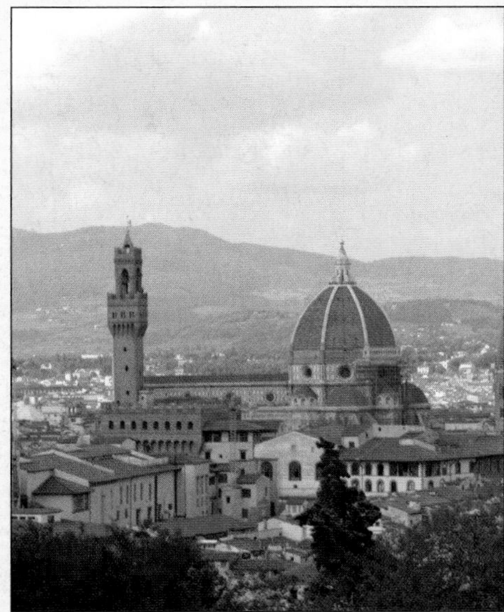

6 Expansion At the end of the activity, write some of the cities mentioned on the board. Then ask students which city they would like to visit. Ask them to tell the class something about that city.

7 Before starting the activity, have the class name two or three things for which each of the cities listed is known.

7 **Giro d'Italia** A coppie, parlate di un viaggio che vorreste fare in Italia. Guardate le foto e discutete il vostro itinerario. Dove vorreste cominciare? Come viaggereste? Cosa fareste in ogni città? Answers will vary.

MODELLO

S1: *Io andrei a Pompei.*
S2: *Buon'idea! Dovremmo viaggiare in prima classe o in classe economica?*

Pompei

1. Roma

2. Pisa

3. Assisi

4. Firenze

5. Cinque Terre

6. Milano

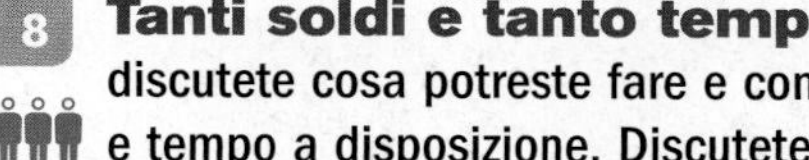

8 **Tanti soldi e tanto tempo!** In gruppi di tre, discutete cosa potreste fare e comprare con molti soldi e tempo a disposizione. Discutete almeno cinque idee. Poi paragonate la vostra lista con la classe. Answers will vary.

MODELLO

S1: *Io comprerei una macchina nuova.*
S2: *Io cercherei una casa enorme con sei camere da letto.*
S3: *Io viaggerei e andrei nei paesi più lontani.*

Comprare	dei vestiti, una casa, apparecchi elettronici, ...
Visitare	gli Stati Uniti, l'Italia, ...
Aiutare	la famiglia, gli amici, i poveri, ...

8 **Expansion** Have students work in groups of three. Have they ever traveled somewhere they wouldn't go back to? Have them explain. If not, what place are they unlikely to visit again? Why?

Il mio di·zio·na·rio

Aggiungi al tuo dizionario personalizzato cinque parole relative al trasporto e alle vacanze.

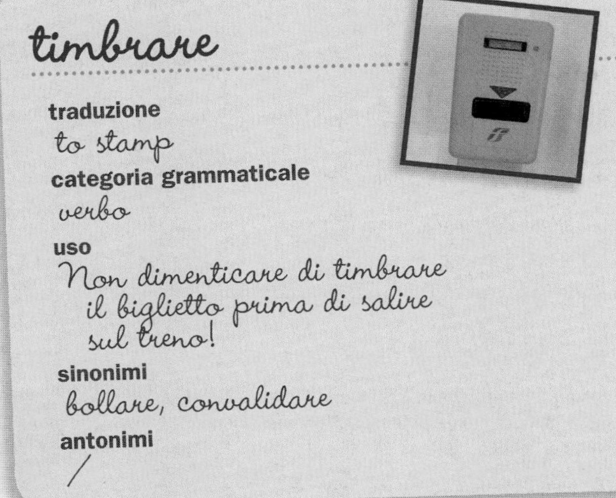

timbrare
traduzione
to stamp
categoria grammaticale
verbo
uso
Non dimenticare di timbrare il biglietto prima di salire sul treno!
sinonimi
bollare, convalidare
antonimi
/

8 **Expansion** After completing their entries in **Il mio dizionario**, have students write sentences with the new words. Where possible, have them use comparisons and/or the conditional.

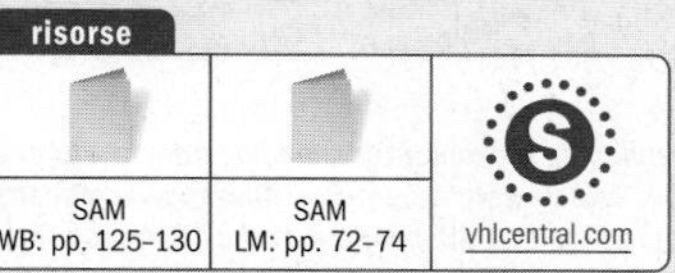

risorse
SAM
WB: pp. 125-130
SAM
LM: pp. 72-74
vhlcentral.com

Panorama

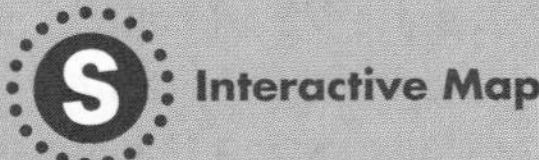

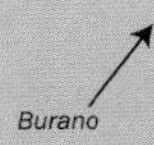

Venezia

La città in cifre

- **Superficie delle acque:** *398.888 km²*
- **Superficie della terra:** *15.684 km²*
- **Superficie totale:** *414.573 km²*
- **Popolazione:** *259.970*
- **Numero di canali:** *circa 150*
- **Numero di ponti:** *più di 400*

Venezia è una città come nessun'altra. Costruita su più di cento isole nella laguna di Venezia, è fatta di ponti e canali invece che di strade e viali. Sin dal Medioevo, nell'epoca della Serenissima Repubblica, Venezia è sempre stata una meta° di viaggiatori e commercianti, provenienti da° paesi lontani e dalle altre regioni italiane. Questa città romantica e misteriosa è veramente un posto unico!

- **Da non perdere:** *la Basilica di San Marco, il Ponte di Rialto, il Ponte dei Sospiri, il Canal Grande, il Palazzo Ducale, la Peggy Guggenheim Collection, Ca' Pesaro*

Veneziani celebri

- **Antonio Vivaldi,** *prete° e compositore (1678–1741)*
- **Carlo Goldoni,** *drammaturgo° e scrittore (1707–1793)*
- **Giacomo Casanova,** *avventuriero° e scrittore (1725–1798)*
- **Carla Thorneycroft,** *baronessa, filantropa e mecenate° (1914–2007)*
- **Mago Silvan,** *illusionista° (1935–)*
- **Monica «Moony» Bragato,** *musicista (1980–)*

Suggestion Have groups of three students talk about other cities known for a specific characteristic. Is there any other place like Venice? Are there other cities known for the way they are built or for weather-related phenomena?

Incredibile ma vero! Have students work in groups of three and discuss whether they would like to live in Venice or not, and why. Would they just prefer to visit instead? Why?

meta *destination* **provenienti da** *coming from* **prete** *priest* **drammaturgo** *playwright* **avventuriero** *adventurer* **filantropa e mecenate** *philanthropist and patron of the arts* **illusionista** *magician* **marea** *tide* **inondare** *flood* **passerelle** *gangways* **come se niente fosse** *as if nothing happened*

Murano

Suggestion Before reading the information about Venice, have the class work together to brainstorm about the city. How many have visited it? What do they know about Venice? What famous monuments have they heard about? Write the answers on the board so that everybody can take notes.

il ponte di Rialto

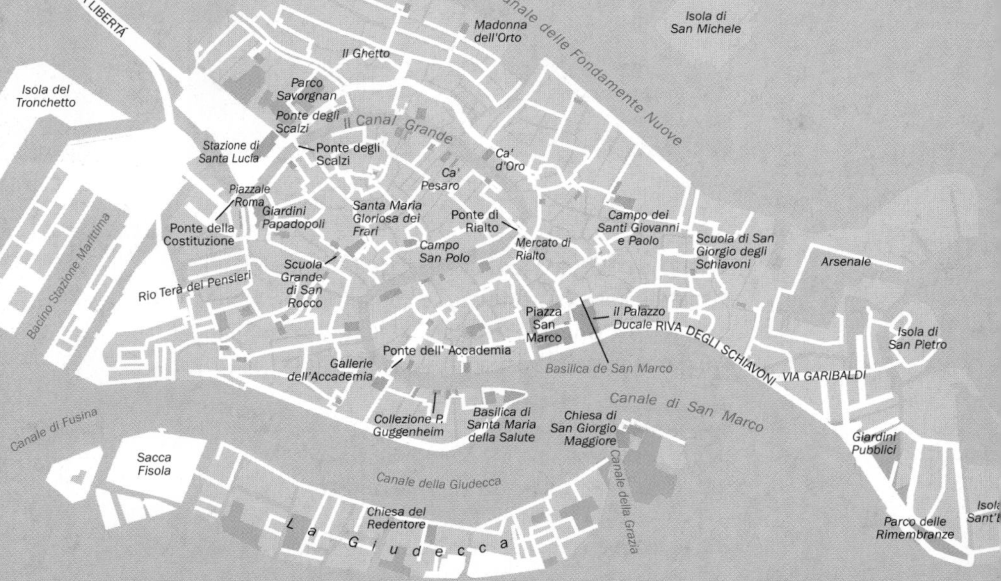

le famose gondole

la basilica di San Marco

Incredibile ma vero!

Un fenomeno tipico di Venezia è quello dell'«acqua alta». In autunno e in inverno l'alta marea° può inondare° parzialmente la città. Durante le maree più intense (che possono raggiungere i 140 cm o più), il comune attrezza la città con delle passerelle° e le persone possono comunque muoversi come se niente fosse°!

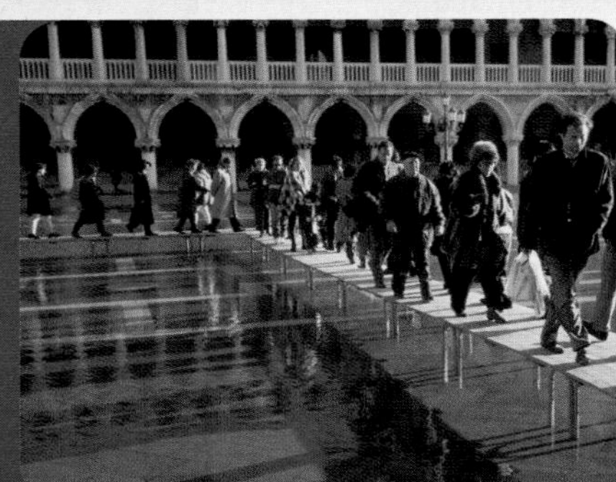

L'artigianato

Burano: la città dei merletti°

Burano è in provincia di Venezia e si trova a circa nove chilometri a nord della città. Burano è composta da quattro piccole isole unite da ponti. L'arte del merletto ha origini molto antiche e ha reso Burano famosa fin dal 1500. Una tecnica particolare di lavorazione° del merletto, che è diventata famosa in tutta Europa, si chiama «punto di Burano». Alla fine del 1800 è stata creata la Scuola del Merletto, per tramandare° quest'arte così antica e particolare. Oggi è possibile apprezzare i merletti in molte lavorazioni, per esempio su tovaglie, fazzoletti° e vestiti.

Le feste Tell students that the word **Carnevale** comes from **carne levare** *to take away the meat.*

Le feste

Il Carnevale di Venezia

Il Carnevale di Venezia è una delle feste più conosciute al mondo ed è diverso da qualsiasi altro carnevale che conoscete. Risale al decimo° secolo, ma solo nel 1296 il Carnevale è stato dichiarato una festa pubblica. Il cuore delle celebrazioni è Piazza San Marco, ma ci sono eventi organizzati in tutta la città. La festa dura per circa dieci giorni prima della Quaresima°. In questo periodo potete vedere maschere fantastiche con colori brillanti e vestiti incredibili. Originariamente le maschere erano usate per nascondere° l'identità delle persone, oggi solo per motivi estetici. È un evento da non perdere: buon divertimento!

Le feste In groups of three, have students talk about Carnival and Halloween. What do they have in common? How are they different?

La storia

La Repubblica di Venezia

La Serenissima Repubblica di Venezia è il nome di un antico stato dell'Italia nordorientale, la cui° capitale era Venezia. Nel Medioevo la città diventò° molto potente, grazie soprattutto alla sua posizione geografica. Venezia è stata una delle più importanti Repubbliche Marinare° e una città con un'autonomia politica basata sulla prosperità economica. Nel 1500 diversi nazioni europee si coalizzarono° per contrastare la potenza di Venezia. Il declino finale arrivò° nel 1797, con l'invasione di Napoleone Bonaparte. Venezia è stata annessa° al Regno d'Italia nel 1866.

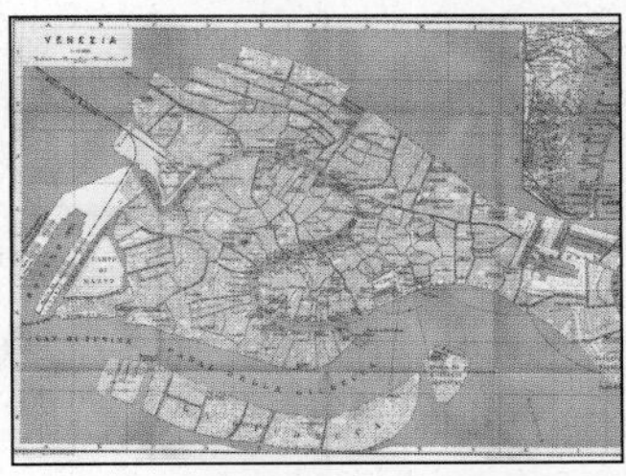

Gli animali

Attrazione turistica o pericolo°?

Piazza San Marco è famosa per la sua bellezza, l'architettura, la storia e... i piccioni°! Venezia è la casa di circa 40.000 piccioni, e Piazza San Marco vede circa 13.500 piccioni al giorno. I piccioni, certamente, creano problemi sanitari, ma anche problemi ai monumenti, perché i loro escrementi sono dannosi° per materiali come legno e pietra. I piccioni, inoltre, sfregiano° le statue, perché la pietra aiuta il loro sistema digestivo. Dal 2008 è illegale dare da mangiare° ai piccioni, ma molti veneziani e turisti non rinunciano a questa tradizione. I danni° sono calcolati in milioni di euro ogni anno.

Extra practice Have groups of three students pretend they have been hired to find a solution to Venice's pigeon problem. Have them come up with three ideas and share them with the class.

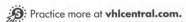

Quanto hai imparato? Completa le frasi.

1. L'alta marea a Venezia si verifica (*happens*) in autunno e in inverno.
2. Le maree molto intense possono raggiungere i 140 cm.
3. «Il punto di Burano» è una tecnica di lavorazione dei merletti.
4. La città di Burano è famosa per i merletti.
5. Il Carnevale (di Venezia) è una festa veneziana famosa in tutto il mondo.
6. Le maschere di Carnevale erano usate per nascondere l'identità.
7. La Serenissima Repubblica di Venezia era un antico stato.
8. Nel 1866 Venezia è diventata parte del Regno d'Italia.
9. A Venezia ci sono circa 40.000 piccioni, in Piazza San Marco circa 13.500 al giorno.
10. I piccioni di Piazza San Marco creano danni di milioni di euro ogni anno.

Practice more at **vhlcentral.com.**

SU INTERNET

Go to **vhlcentral.com** to find more cultural information related to this **Panorama**.

1. Perché il Ponte dei Sospiri ha questo nome? Fai una ricerca su Internet e scrivi un piccolo paragrafo da presentare alla classe.
2. Burano è molto famosa per i merletti, ma anche per altre cose. Cerca altre informazioni sulla città e la sua economia.
3. Cerca fotografie delle maschere del Carnevale di Venezia. Scegline una e portala in classe. Descrivila e spiega perché ti piace.

merletti *lace* **lavorazione** *production* **tramandare** *to hand down* **fazzoletti** *handkerchiefs* **decimo** *tenth* **Quaresima** *Lent* **nascondere** *hide* **la cui** *whose* **diventò** *became* **Repubbliche Marinare** *Maritime Republics* **si coalizzarono** *formed a coalition* **arrivò** *arrived* **è stata annessa** *was annexed* **pericolo** *danger* **piccioni** *pigeons* **dannosi** *harmful* **sfregiano** *scrape* **dare da mangiare** *to feed* **danni** *damages*

Lettura

Prima di leggere

STRATEGIA

Guessing meaning from context

As you read in Italian, you will often see words you have not learned. You can guess what they mean by looking at surrounding words. Read this note and guess what **gradevole** means.

Ciao Giovanna! Sono appena tornata da un viaggio a Sanremo. Ci ho passato un fine settimana lungo. Avevo fatto una prenotazione per una camera singola in un albergo delizioso proprio nel cuore della città. La camera era piccola, ma molto gradevole ed era decorata molto bene. Aveva anche una vista incredibile dal balcone. Mi sono divertita molto!

From the context, you can conclude that the writer is saying something positive about her room. If you guessed that **gradevole** means *pleasant*, you are correct.

Esamina il testo Guarda il testo e descrivi il formato. Secondo te, di che cosa parla il testo? Trova le parole ed espressioni seguenti nel testo e prova a indovinare cosa vogliono dire.

scavi excavations	**Salto indietro nel tempo.** Jump back in time.
sistemazione accomodation	**non sarà tralasciato niente** nothing will be left out
innumerevoli countless	**C'è l'imbarazzo della scelta.** There are many options to choose from.

Esperienza personale Hai mai partecipato a una vacanza organizzata? Dove? Quando? Com'era? Ti sei divertito/a? Se no, perché? Discuti l'esperienza con un(a) compagno/a di classe.

Expansion Ask students if they have ever had a vacation where things didn't go as they expected. Have them tell the class what happened.

Suggestion Have groups of four students talk about which cities in Italy they would like to visit and why.

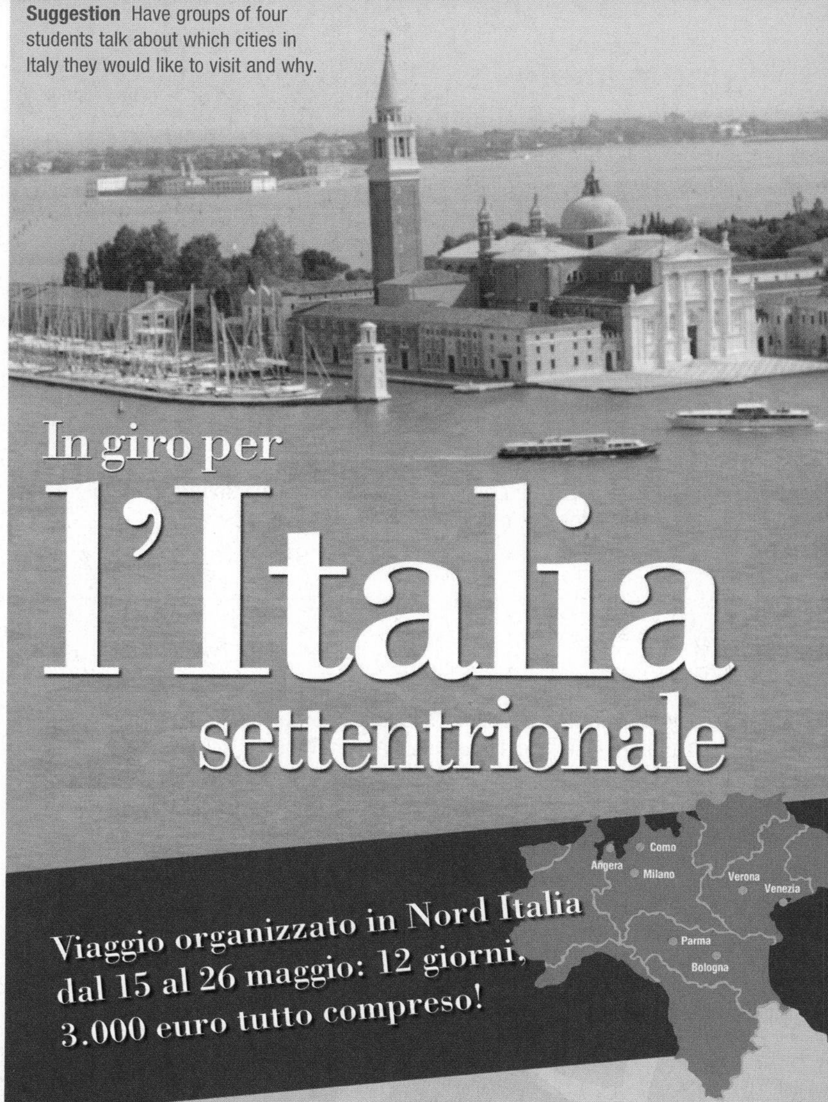

In giro per l'Italia settentrionale

Viaggio organizzato in Nord Italia dal 15 al 26 maggio: 12 giorni, 3.000 euro tutto compreso!

GIORNO 1 Milano
Incontro a Milano alle dieci presso l'Albergo Duomo. Pranzo alla pizzeria La Torre di Babele per parlare del viaggio. Nel pomeriggio, visita guidata al Duomo di Milano e dintorni°. Cena in albergo.

GIORNO 2 Milano – Angera
Visita alla chiesa quattrocentesca di Santa Maria delle Grazie (inclusa visita al *Cenacolo*, cioè il famoso dipinto di Leonardo *L'ultima cena*!). Nel pomeriggio, viaggio in pullman verso il paese di Angera.

GIORNO 3 Angera – Como
Nella mattinata, visita alla Rocca di Angera, sul Lago Maggiore. Pranzo al sacco°. Nel pomeriggio visita al Museo della Bambola°, che presenta una delle collezioni più ricche d'Europa. Nella sera viaggio a Como in pullman.

Extra practice Have students work in pairs to pick one day from the organized trip and expand upon the description from the brochure. Have them describe the whole day and include as many details as possible.

GIORNO 4 Como
Visita di chiese, monumenti e scavi archeologici per una giornata piena di storia e di arte. È consigliata una gita in battello° sul lago di Como. Costo extra, non incluso nel pacchetto.

GIORNO 5 Como – Milano
Colazione a Como. Ritorno a Milano. Giornata libera per visitare Milano e fare shopping. Biglietti per uno spettacolo al famoso Teatro alla Scala sono disponibili per un costo extra di 80 euro a persona.

GIORNO 6 Milano – Verona
Incontro alla stazione di Milano alle 8.30. Arrivo a Verona e sistemazione in albergo. Visita delle innumerevoli attrazioni della città. Cena in albergo.

GIORNO 7 Verona – Venezia
Salto indietro nel tempo. Visita della Verona di Shakespeare: da non perdere! Nel pomeriggio spostamento e arrivo a Venezia.

GIORNO 8 Venezia
Giornata a Venezia per visitare le meraviglie di questa città. Da San Marco al Ponte dei Sospiri non sarà tralasciato niente! Uso del traghetto per gli spostamenti e passeggiata per il centro storico. Per un prezzo extra sono disponibili gite in gondola. Cena fuori e notte in un Bed & Breakfast.

GIORNO 9 Venezia – Bologna
Viaggio in treno a Bologna. Bologna è chiamata «la dotta°, la grassa, la rossa»... Scopri perché durante questa bellissima gita!

GIORNO 10 Bologna – Parma
Da Bologna a Parma, antica città di origini etrusche che offre moltissimi monumenti e luoghi di interesse.

GIORNO 11 Parma
Giornata intera passata a Parma per visitare quanto più possibile! C'è l'imbarazzo della scelta: chiese, palazzi, parchi, teatri e molto di più. Notte all'albergo La Cittadella.

GIORNO 12 Parma – Milano
Mattinata libera. Alle 11.30 ritrovo alla stazione per tornare a Milano. E per finire... una bella festa! Tutti invitati all'Albergo Palazzo Sforza dove saranno offerti aperitivi, antipasti e tanta musica per concludere in bellezza questa fantastica avventura!

Suggestion After they've read the brochure, have pairs of students discuss which part of the trip they would like the most and which the least. Have them explain their answers.

dintorni *surroundings* **Pranzo al sacco** *Bag lunch* **Bambola** *Doll* **battello** *boat* **dotta** *learned*

Dopo la lettura

Le domande dell'insegnante Immagina di aver deciso di fare questo viaggio organizzato. Parlane con l'insegnante. Rispondi alle domande in base al testo. Usa frasi complete! Answers may vary slightly. Sample answers are provided.

1. Che cosa è compreso nel prezzo?
   È tutto compreso – trasporti, visite, alberghi e cibo.
2. Quali mezzi di trasporto userete?
   Useremo il treno, il pullman, il traghetto e la bicicletta.
3. Quali città visiterete il 16 maggio?
   Visiteremo Milano e Angera.
4. Dove dormirete durante questo viaggio?
   Dormiremo in albergo e in un Bed & Breakfast.
5. Cosa farete a Venezia?
   Visiteremo la città, useremo il traghetto e la bicicletta, mangeremo fuori e dormiremo in un Bed & Breakfast.
6. Cosa visiterete dopo Bologna?
   Dopo Bologna visiteremo Parma.
7. Quali sono i costi extra durante il viaggio?
   Sono i costi per un giro sul lago di Como, per uno spettacolo al Teatro alla Scala e per un giro in gondola.
8. Come concluderete il viaggio?
   Concluderemo il viaggio a Milano con una festa all'Albergo Palazzo Sforza.

Sì, andiamo in Italia! In gruppi di tre, preparate una conversazione basata su questa situazione. Passerai tre settimane in Italia e hai deciso di partecipare al viaggio organizzato che parte da Milano insieme a un amico. Tu e il tuo amico chiamate l'agenzia di viaggi per chiedere più informazioni. Fate domande sul viaggio e chiedete dettagli sulle città che visiterete, le gite e le attività, gli alberghi, i trasporti ecc. Answers will vary.

- A te piace fare gite in montagna, ma al tuo amico piace fare shopping e andare a teatro.
- L'agente di viaggio vi spiegherà perché questo viaggio in Nord Italia piacerà a tutti e due.
- Chiedete all'agente di trovare un biglietto aereo dalla vostra città a Milano.
- Chiedetegli anche di trovare un albergo a Milano per stare una settimana in più dopo il viaggio organizzato.
- L'agente vi suggerirà quali posti interessanti potete visitare e vi dirà cosa c'è da fare a Milano.
- Spiegate all'agente che vorreste anche avere del tempo libero durante le tre settimane.

Suggestion Have students review adjectives. Ask them to identify all the adjectives they can in the reading. Then encourage them to identify antonyms for as many of these words as possible.

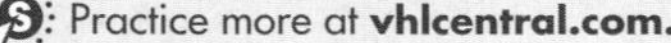
Practice more at **vhlcentral.com.**

In ascolto

STRATEGIA

Recognizing the genre of spoken discourse

You will encounter many different types of spoken discourse in Italian. For example, you may hear a political speech, a radio interview, a commercial, a voice-mail message, or a news broadcast. Try to identify the context of what you hear so that you can activate your background knowledge about that type of discourse and identify the speakers' motives and intentions.

To practice this strategy, you will listen to two short selections. Identify the genre of each one.

Preparazione

Quando andate in vacanza, chi decide dove andare? Chi fa le prenotazioni? Usate un'agenzia di viaggi o usate l'Internet?

Ascoltiamo

Ascolta la pubblicità una volta. Poi ascoltala una seconda volta e scrivi le informazioni mancanti. Aggiungi anche altre informazioni che senti per ogni viaggio.
Answers may vary slightly. Sample answers are provided.

Paese (città/regione)	Numero di giorni/settimane	Prezzo per persona	Dettagli supplementari
1. Venezia	3 giorni	395 euro	2 notti albergo
2. Dublino	5 giorni	675 euro	include volo
3. Brasile	1 settimana	1.500 euro	6 notti pensione
4. USA, Canada, Messico	3 settimane	2.000 euro	solo studenti
5. Alpi	1 settimana	497 euro	albergo famigliare

Expansion Have students work in groups of three to jot down a list of all jobs related to traveling (flight attendant, travel agent, hotel staff, guide, etc.). Then have them talk about which job they would like to do and which ones they wouldn't want to do, and why.

Extra practice Have students work in pairs to discuss the following question: is it better to take a long vacation once a year or to take more frequent breaks during the year? Then ask who prefers which option and have students support their opinions.

Practice more at **vhlcentral.com.**

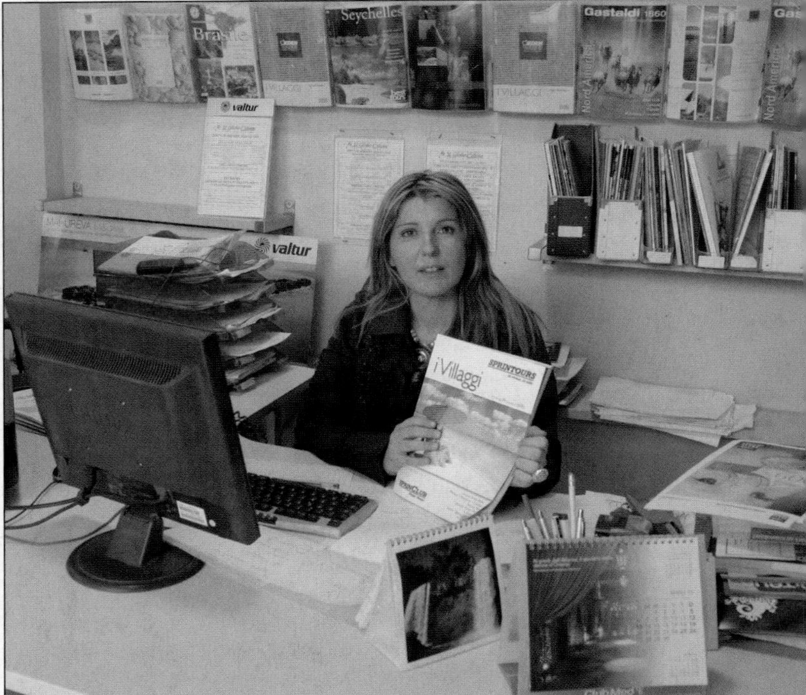

Comprensione

Dove vanno? Lavori all'agenzia Dappertutto. Di' dove possono andare le seguenti persone e perché. Answers may vary slightly. Sample answers are provided.

1. Ho solo cinque giorni liberi e vorrei andare nel nord Europa.
   Puoi andare a Dublino.
2. Vorrei andare fuori dall'Europa. Ho un mese di tempo e parlo inglese. Non mi piace molto il mare.
   Puoi andare negli Stati Uniti o in Canada.
3. Ci piace molto la montagna e vorremmo restare in Italia.
   Potete andare sulle Alpi.
4. Abbiamo solo tre giorni e non siamo mai stati nel Nord Italia.
   Potete andare a Venezia.
5. Il mio sogno è andare in Irlanda!
   Puoi andare a Dublino.
6. Ho 600 euro e una settimana di tempo: dove posso andare?
   Puoi andare sulle Alpi.
7. Adoro il mare e posso spendere fino a un massimo di 1.600 euro.
   Puoi andare in Brasile.

Il tuo viaggio Hai deciso di fare uno dei viaggi proposti dall'agenzia Dappertutto. Oggi è l'ultimo giorno del tuo viaggio e vuoi scrivere una cartolina (*postcard*) a un tuo amico che parla italiano. Raccontagli del tuo viaggio. Dove sei andato/a? Che cosa hai fatto? Perché hai scelto quel viaggio? Ti sei divertito/a?
Answers will vary.

Scrittura

STRATEGIA

Expressing and supporting opinions

Written reviews are one of the many kinds of writing that require you to present your opinions. In order to convince your reader to take your opinions seriously, it is important to support them as thoroughly as possible. In a hotel review, for example, it is not enough just to rate the hotel and service. Readers will want details about the rooms, the kind of service you received, the amenities the hotel offers, its location, and the type of atmosphere you encountered. If you were writing a concert or album review, what kinds of details might your readers expect to find?

It is easier to include details that support your opinions if you plan ahead. Before going to a place or event that you are planning to review, write a list of questions that your readers might ask. Decide which aspects of the experience you are going to rate, and list the details that will help you determine a rating. You can then organize these lists into a questionnaire and a rating sheet. Bring these with you to remind you of the kinds of information you need to gather in order to support your opinions. Later, they will help you organize your review into logical categories. They can also provide the details and other evidence you need to convince your readers of your opinions.

Suggestion Have students choose a brochure from a hotel of their choice. Have them bring the brochures to class, and, in groups of three, compare the hotels they picked.

Extra practice Have students work in groups of three. Assign them a place where they will go on vacation (a country, an island, the desert, etc.) and tell them that they can bring only ten things with them. Have them write what they would bring and why.

Tema

Scrivere una recensione

Scrivi una recensione su un albergo. Prima, scrivi il nome dell'albergo e dove si trova, poi parla delle categorie seguenti. Infine dai la tua opinione sull'albergo. Secondo te quante stelle dovrebbe avere?

- **Informazioni generali**
  Com'è l'albergo? Quando entri, ti sembra pulito, in ordine e invitante? Qual è la tua impressione generale?
- **Camere**
  Quante camere ci sono nell'albergo? Quante camere singole e quante doppie? Sono grandi o piccole? Descrivi una delle stanze: Cosa c'è nella stanza? È nuova o vecchia? Ha bisogno di essere modernizzata o va bene così? C'è un bagno privato? C'è la vasca o la doccia? Il bagno ha bisogno di riparazioni? Cosa puoi vedere dalla finestra?
- **Comodità**
  C'è un ascensore? C'è un televisore, un telefono e una sveglia in ogni camera? C'è una piscina e una palestra? Fai una lista di tutte le altre comodità che l'albergo offre.
- **Servizio e atmosfera**
  Com'è il servizio? Lo staff dell'albergo è cortese? Le persone sono sempre pronte ad aiutare? La reception è aperta 24 ore al giorno? C'è un'atmosfera rilassante o no?
- **Prezzi**
  Quali sono i prezzi per i diversi tipi di stanza? Quando iniziano e quando finiscono l'alta e la bassa stagione? Ci sono offerte speciali ogni tanto?
- **Altre informazioni**
  C'è un ristorante? È buono? È costoso? Che tipo di cucina offre? L'albergo offre un servizio di trasporto da e per l'aeroporto? Scrivi anche un numero di telefono che i futuri clienti possono chiamare per fare una prenotazione.

Nell'aeroporto

l'aereo	*airplane*
l'agente di viaggio	*travel agent*
gli arrivi	*arrivals*
il bagaglio a mano	*carry-on baggage*
la carta d'imbarco	*boarding pass*
la classe turistica/ economica	*tourist/economy class*
il controllo passaporti	*passport control*
il documento	*ID; document*
la dogana	*customs*
il giornale	*newspaper*
le partenze	*departures*
il passeggero	*passenger*
il ritardo	*delay*
l'uscita	*exit*
il viaggiatore	*traveler*
il visto	*visa*
il volo	*flight*
atterrare	*to land*
decollare	*to take off*
fare la fila	*to wait in line*
andata e ritorno	*round-trip*
puntuale	*on-time*
all'estero	*abroad*

In albergo

l'albergo (a cinque stelle)	*(five-star) hotel*
l'ascensore (*m.*)	*elevator*
la chiave	*key*
il/la cliente	*customer; client*
l'ostello della gioventù	*youth hostel*
la pensione	*boarding house*
il posto disponibile	*vacancy*
il servizio in camera	*room service*
annullare	*to cancel*
prenotare	*to make a reservation*
al completo	*full; no vacancies*

Guidare la macchina

l'autista	*driver*
l'autostrada	*highway*
il baule	*trunk*
la cintura di sicurezza	*seatbelt*
il cofano	*hood*
il faro	*headlight*
i freni	*brakes*
la frizione	*clutch*
la gomma	*tire*
il limite di velocità	*speed limit*
la macchina	*car*
il/la meccanico/a	*mechanic*
il motore	*engine; motor*
la multa	*fine; traffic ticket*
la patente	*driver's license*
la portiera	*(car) door*
la stazione di servizio	*service station*
il tergicristallo	*windshield wiper*
il traffico	*traffic*
il vetro	*windshield*
il vigile urbano / la vigilessa urbana	*traffic officer*
il volante	*steering wheel*
allacciare	*to buckle (seatbelt)*
avere un incidente	*to have/be in an accident*
bucare una gomma	*to get a flat tire*
colpire (-isc-)	*to hit*
essere in panne	*to break down*
fare benzina	*to get gas*
frenare	*to brake*
noleggiare	*to rent (car)*
parcheggiare	*to park*
riparare	*to repair*

Espressioni utili	*See pp. 275 and 291.*
Comparatives of equality	*See pp. 278–279.*
Comparatives of inequality	*See pp. 280–281.*
Superlatives	*See pp. 282–283.*

I mezzi di trasporto

la barca	*boat*
il camion	*truck*
la metro(politana)	*subway*
il motorino	*scooter*
la nave	*ship*
il pullman	*bus*
il tassì, il taxi	*taxi*
il traghetto	*ferry*
il treno	*train*

Le vacanze

la crociera	*cruise*
il giorno festivo	*public holiday*
il mare	*sea*
la settimana bianca	*ski vacation*
la spiaggia	*beach*
il villaggio turistico	*resort*
abbronzarsi	*to tan*
fare il ponte	*to take a long weekend*
fare la valigia	*to pack a suitcase*
leggere la mappa	*to read a map*
partire in vacanza	*to go on vacation*

Il trasporto pubblico

il binario	*track; platform*
la biglietteria	*ticket office/window*
il biglietto	*ticket*
il controllore	*ticket collector*
la fermata	*(bus/train) stop*
l'orario	*timetable*
convalidare	*to validate (ticket)*
prima/seconda classe	*first/second class*

risorse

vhlcentral.com

UNITÀ

La vita in città

Per cominciare

- Dove sono Riccardo ed Emily? Sono in un bar.
- Il cameriere gli dà indicazioni o gli serve un gelato? Il cameriere gli dà indicazioni.
- Dove vorrebbero andare i ragazzi? Answers will vary.

Lezione

9A

Communicative Goals

You will learn how to:

- ask for and give directions
- talk about parts of a city

CONTESTI

In centro

Suggestion Ask students to use words from the lesson vocabulary to describe what they see out the classroom window (or out their bedroom window).

il ponte

Sale le scale. (salire)

la statua

Scende le scale. (scendere)

la fontana

EST SUD NORD OVEST

Si perde. (perdersi)

Si orienta. (orientarsi)

Vocabolario

espressioni	*expressions*
attraversare	*to cross (the street)*
costruire (-isc-)	*to build*
dare un passaggio	*to give (someone) a ride*
le indicazioni	*directions*
l'angolo	*corner*
l'isolato	*block*
il marciapiede	*sidewalk*
la rotonda	*traffic circle, rotary*
la strada	*street*
le strisce (pedonali)	*crosswalk*
in centro	*downtown*
il centro commerciale	*mall; shopping center*
la chiesa	*church*
il chiosco	*newsstand; kiosk*
il grande magazzino	*department store*
il locale notturno	*nightclub*
il negozio	*store*
il paese	*town*
la piscina	*pool*
la gente	*people*
il pedone	*pedestrian*
il/la poliziotto/a	*police officer*
il/la pompiere/a	*firefighter*
il sindaco	*mayor*
lo/la spazzino/a	*street sweeper; garbage collector*
Dove si trova...?	*Where is . . . ?*
girare	*to turn*
proseguire	*to continue*
di fronte a	*across from*
diritto	*straight*
fino a	*until*
lontano da	*far from*
qui vicino	*nearby*
verso	*toward*
vicino a	*close to*

Suggestion Explain to students that **pedone** is always masculine, even when it refers to a female pedestrian.

Suggestion Ask students where they do various activities. Ex.: **Dove vai a nuotare? Dove compri i vestiti? Dove vai a ballare?**

risorse

SAM WB: pp. 133–134 | SAM LM: p. 75 | vhlcentral.com

Attenzione!

In Italian, the word **paese** can mean both *country* and *small town or village*. You will need to use context to determine the correct meaning.

Pratica

1 Expansion Have students write four more pairs of words for a partner to match.

1 Abbinare Abbina ogni attività con il posto associato.

1. __b__ nuotare
2. __e__ ballare
3. __f__ fare una telefonata
4. __a__ sedersi
5. __d__ comprare il giornale
6. __c__ guidare la macchina

a. la panchina
b. la piscina
c. la strada
d. il chiosco
e. il locale notturno
f. la cabina telefonica

2 Mettere etichette Etichetta ogni foto con una parola dal vocabolario della lezione. **2 Expansion** Have students describe what else they see in the pictures.

1. il ponte

2. il semaforo

3. le strisce pedonali

4. l'angolo

5. la statua

6. la chiesa

3 Definizioni Scegli dal vocabolario della lezione la parola più adatta per ogni definizione.

MODELLO Su questo camminano i pedoni. *il marciapiede*

1. È una persona che cammina. il pedone
2. Può essere rosso, giallo o verde. il semaforo
3. Da questa esce molta acqua. la fontana
4. Questa persona spegne gli incendi (*fires*). il/la pompiere/a
5. È un sinonimo di *continuare*. proseguire
6. Le persone ci vanno per nuotare. la piscina
7. È un centro con tanti negozi. il centro commerciale
8. Le persone vanno in questo posto di notte. il locale notturno

3 Expansion Have students write two more definitions and put them on the board for classmates to guess.

Practice more at **vhlcentral.com.**

communication NATIONAL STANDARDS

Comunicazione

4 **In città** A coppie, usate parole ed espressioni di ogni colonna per formare sei frasi. Answers will vary.

MODELLO *I miei genitori vanno in chiesa tutte le domeniche.*

A	B	C	D
io	andare	il centro commerciale	da piccolo/a
i miei amici e io	attraversare	la chiesa	durante il fine settimana
i miei genitori	ballare	il grande magazzino	la settimana scorsa
i pedoni	fare spese	il locale notturno	ogni giorno
gli spazzini	nuotare	il marciapiede	venerdì sera
tutti	pulire	la piscina	???

4 Expansion Have students write two more sentences with words from the lesson vocabulary.

5 **Indicazioni** A coppie, chiedete e date indicazioni a turno su come arrivare nei seguenti posti. Il vostro punto di partenza è indicato sulla mappa dalla X. Answers will vary.

MODELLO

S1: *Scusi, come arrivo alla Fontana di Nettuno?*
S2: *Vada diritto, poi attraversi... Poi giri a...*
S1: *Grazie.*

1. Università per Stranieri
2. locale notturno «Lo Zoo»
3. Fontana di Nettuno
4. il chiosco
5. centro commerciale «Quadrifoglio Verde»
6. la piscina

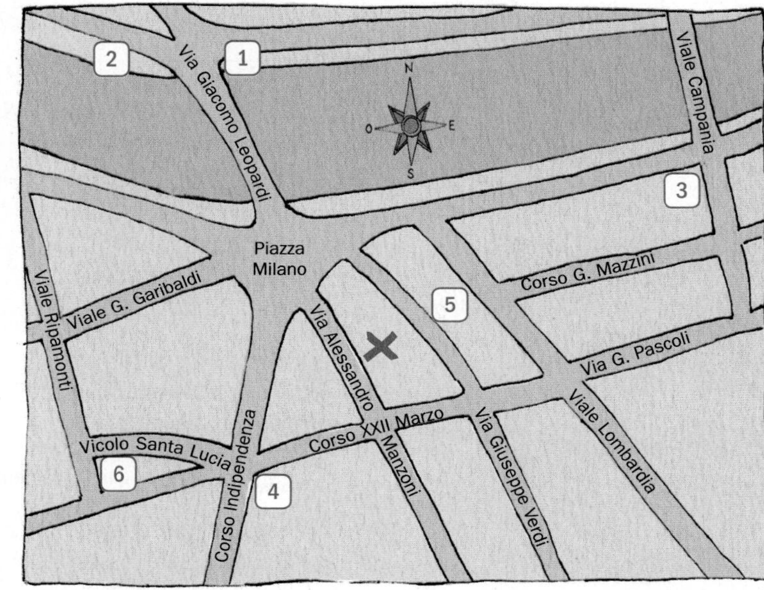

5 Expansion Have students choose two locations in their city and explain how to get from one to the other.

6 **Conversazioni** Ascolta ogni conversazione. Poi, a coppie, decidete il luogo in cui si svolge (*takes place*).

1. (il centro commerciale) / il ponte
2. la cabina telefonica / (il locale notturno)
3. (la piscina) / il negozio
4. il chiosco / (la strada)
5. (la panchina) / la rotonda
6. (le strisce pedonali) / la cabina telefonica

6 Suggestion Play the dialogues while students have their books closed. Have them guess the locations without looking at the options.

7 **Parole crociate** Lavorate a coppie. L'insegnante vi darà due fogli diversi, ciascuno con uno schema di parole crociate incompleto. Fatevi domande per trovare le parole mancanti, che sono tratte da (*come from*) questa lezione e dalle **Unità 7** e **8**. Answers will vary.

MODELLO

S1: *Che cos'è il numero due?*
S2: *È un posto dove molti cattolici vanno ogni domenica.*

7 Expansion Ask students to come up with more definitions of words from the last three units for their classmates to guess.

Pronuncia e ortografia

Audio

Parole affini I

Suggestions

- Explain that **sentenza** refers to a legal sentence, not a grammatical sentence.
- Give students some cognate words in English and ask them to form the Italian words without using a dictionary.
- Ask students to provide the English equivalent of each word in **Pronunciare**.

ability	**abilità**	**foundation**	**fondazione**

Cognates, or **parole affini**, are words in different languages that share a common origin and similar form. Learning the relationship between word endings in Italian and English will help you recognize cognates and expand your vocabulary in Italian.

famiglia	**farmacia**	**dignitario**	**biologia**
family	*pharmacy*	*dignitary*	*biology*

Words ending in **-ia** and **-io** in Italian are often equivalent to words ending in *-y* in English. The suffix **-ia** is used in many words that describe a field of study.

città	**comunità**	**specialità**	**università**
city	*community*	*speciality*	*university*

Words ending in **-tà** in Italian are often equivalent to words ending in *-ty* in English.

coincidenza	**pazienza**	**sentenza**	**violenza**
coincidence	*patience*	*sentence*	*violence*

Words ending in **-nza** in Italian are often equivalent to words ending in *-nce* in English.

attenzione	**comunicazione**	**menzione**	**nazione**
attention	*communication*	*mention*	*nation*

Words ending in **-zione** in Italian are often equivalent to words ending in *-tion* in English.

Pronunciare Ripeti le parole ad alta voce.

1. qualità
2. finanza
3. azione
4. mentalità
5. qualificazione
6. frazione
7. essenza
8. semplicità
9. trigonometria
10. frammentario
11. affinità
12. trilogia

Articolare Ripeti le frasi ad alta voce.

1. La farmacia è in centro.
2. È più importante la qualità o la quantità?
3. Hai studiato per l'esame di psicologia?
4. È necessario dormire otto ore.
5. Abbia pazienza, per favore!
6. Il negozio fa una promozione questa settimana.

Proverbi Ripeti i proverbi ad alta voce.

Chi va piano, va sano e va lontano.[1]

Onestà con gentilezza, supera ogni bellezza.[2]

1 Slowly but surely. (lit. He who goes slowly goes safely and goes far.)

2 Honesty with kindness is superior to every kind of beauty.

risorse

SAM LM: p. 76

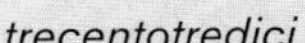

vhlcentral.com

FOTOROMANZO

Come si va in Piazza di Spagna?

Prima di vedere Have students predict what the episode will be about based on the video stills.

Video: *Fotoromanzo*

PERSONAGGI

Il cameriere

Emily

Riccardo

RICCARDO Buongiorno, signora Eriksson. Signora Rufo-Eriksson. Sono io, Riccardo. Emily mi ha detto che Lei parla un po' l'italiano, perciò Le dirò perché sua figlia dovrebbe restare a Roma dopo la fine del semestre. Innanzitutto Emily è una studentessa e una coinquilina responsabile.

EMILY E poi?

RICCARDO Perderà peso perché beve solo caffè e non sa cucinare.

EMILY Riccardo!

RICCARDO Puoi tagliare l'ultima parte.

EMILY Lo farò di sicuro. Andiamo a prendere un caffè al bar che ho visto all'angolo?

RICCARDO Come non detto: conserva l'ultima parte.

EMILY Ci sono così tante cose che non abbiamo visto: chiese, fontane, statue, piazze. Dove potremmo andare dopo?

RICCARDO Mi scusi. Come si va in Piazza di Spagna?

CAMERIERE È facile da qui. Allora, si segue questa strada finché si arriva a un semaforo. Poi gira a sinistra, passa un chiosco e continua diritto.

Suggestion Have students scan the captions and identify vocabulary and expressions related to landmarks and to giving/asking for directions.

RICCARDO Fammi orientare.

EMILY Questo è l'incrocio in cui dovremmo girare a sinistra.

RICCARDO In questa strada? Sei sicura?

EMILY Qua c'è il semaforo. È questa la strada che dobbiamo prendere.

EMILY Quella è la fontana della Barcaccia. È bellissima.

RICCARDO Nel diciassettesimo secolo, tutta la piazza era territorio spagnolo. Pronti? Via!

EMILY Centotrentotto gradini. Siamo arrivati fino a Trinità dei Monti! Siete tornati amici con Marcella?

RICCARDO Non la vedo da qualche giorno.

EMILY La stai evitando.

RICCARDO Ha parlato con te?

EMILY Di te, no. Parliamo soprattutto dell'Italia.

RICCARDO Ah.

ATTIVITÀ

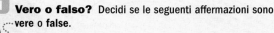

1 Vero o falso? Decidi se le seguenti affermazioni sono vere o false.

1. La signora Rufo-Eriksson non parla italiano. Falso.
2. Emily è una studentessa responsabile. Vero.
3. Emily cucina molto bene. Falso.
4. Riccardo chiede indicazioni per arrivare al Colosseo. Falso.
5. Secondo Riccardo, Lorenzo è testardo. Falso.
6. I ragazzi girano a sinistra all'incrocio. Vero.
7. Riccardo ha visto Marcella ieri Falso.
8. Emily e Marcella parlano molto dell'Italia. Vero.
9. Riccardo è affezionato a Marcella. Vero.
10. Il cameriere aveva ragione. Falso.

1 Expansion Have students correct the false statements.

 Practice more at **vhlcentral.com.**

Riccardo ed Emily vanno a Piazza di Spagna.

4

5

RICCARDO Grazie mille.
CAMERIERE Si figuri. Roma è più bella quando si è innamorati, eh? Non state insieme?
EMILY No.
RICCARDO Ma quando mai!
CAMERIERE Davvero? Che peccato.
EMILY Hmm, niente male. Ottantadue. Riccardo?
RICCARDO Cento. Scrivilo. Cento.

RICCARDO Ma quel cameriere è pazzo.
EMILY Che cosa crede? Non siamo mica Lorenzo e Viola.
RICCARDO Quei due non potrebbero mai stare insieme.
EMILY Ma si piacciono o no?
RICCARDO Penso di sì. Ma non staranno mai insieme perché Lorenzo è troppo stupido e Viola è invece troppo testarda.

9

10

EMILY Che cosa possiamo fare per farvi fare pace?
RICCARDO Niente. Non mi perdonerà mai.
EMILY Le passerà, vedrai. Sei molto affezionato a lei, vero? Mi dispiace. Non mi piace vederti così triste, Riccardo.

RICCARDO Uh, il cameriere aveva proprio torto.
EMILY Su questo non c'è dubbio!
RICCARDO Puah!
EMILY Puah!
RICCARDO Amici?
EMILY Amici.

Dopo la visione After students have watched the **Fotoromanzo**, have them summarize the episode.

Espressioni utili

Giving directions

- **Come si va...?**
  How do you get to . . . ?
- **Si segue questa strada finché si arriva...**
  You follow this street until you get to . . .
- **Questo è l'incrocio in cui dovremmo girare.**
  This is the intersection where we should turn.
- **È questa la strada che dobbiamo prendere.**
  This is the street we should take.

Additional vocabulary

- **quando si è innamorati**
  when you're in love
- **Ma quando mai!**
  No way!
- **Davvero? Che peccato.**
  Really? What a shame.
- **nel diciassettesimo secolo...**
  in the seventeenth century . . .
- **Sono io, Riccardo.**
  It's me, Riccardo.
- **perciò**
  so
- **perderà peso**
  she'll lose weight
- **Lo farò di sicuro.**
  I definitely will.
- **Si figuri.**
  You're welcome.
- **testarda**
  stubborn
- **gradini**
  steps
- **Le passerà.**
  She'll come around.
- **coinquilina**
  roommate
- **innanzitutto**
  first of all
- **tagliare**
  to cut
- **Come non detto.**
  Never mind.
- **niente male**
  not bad
- **Pronti? Via!**
  Ready? Go!
- **La stai evitando.**
  You're avoiding her.
- **Puah!**
  Yuck!

ATTIVITÀ

2 **Per parlare un po'** Immaginate che Riccardo sia (*were*) un turista nella vostra città. A coppie, scrivete un paragrafo in cui gli indicate quali sono i tre posti migliori da visitare e in cui gli spiegate come arrivarci partendo dalla vostra scuola. Answers will vary.

2 Expansion Ask each pair of students what their three favorite places in town are.

3 **Approfondimento** Trova su Internet la mappa di una città italiana. Poi scegli un posto interessante (un monumento, un museo, una chiesa, un palazzo ecc.) in questa città e scopri come arrivarci dalla stazione ferroviaria o dall'aeroporto più vicino. Presenta la tua ricerca alla classe. Answers will vary.

3 Expansion Ask students to give some background information about the places they chose.

risorse

SAM
VM: pp. 33-34

vhlcentral.com

CULTURA

connections cultures NATIONAL STANDARDS

Prima di leggere Help students to brainstorm a list of the most famous **piazze** in the world.

Prima di leggere Ask students to describe what they see in the photo.

IN PRIMO PIANO

Ci vediamo in piazza!

La piazza è il cuore pulsante° di ogni città e paese d'Italia. Sia i greci che° i romani, fin dai tempi più antichi, hanno attribuito a questo luogo un ruolo fondamentale nella vita delle città: lo stesso che possiamo osservare ancora oggi.

Da un punto di vista° urbanistico° la piazza è un luogo centrale, limitato ma facilmente accessibile. Da un punto di vista sociale la piazza è senza dubbio il luogo della democrazia, dove la popolazione si ritrova° e può esprimersi°. La versatilità di questo spazio è evidente negli eventi religiosi e mondani° che vi hanno luogo°.

Nelle piazze si trovano, in genere, chiese, cattedrali e basiliche, ma anche municipi° e altri edifici amministrativi e politici. Le feste in onore dei santi patroni avvengono° in piazza, così come gli scioperi°. Ed è sempre in questo luogo che i candidati politici presentano i loro comizi° prima delle elezioni.

Grazie alla sua accessibilità, la piazza è anche il luogo ideale per il commercio. Negozi e banche spesso si trovano nelle sue vicinanze° e, ancora adesso, in molte città e paesi, è qui che si svolge° il mercato settimanale. In estate molte piazze si trasformano in arene per eventi offerti al pubblico° di ogni età: concerti, esposizioni d'arte, cinema all'aperto e attività per i bambini.

Non importa se la piazza è grande come quella di San Marco a Venezia o antica come piazza Navona a Roma o piccola e semplice come quella di un paesino di montagna; gli italiani adorano tutte le loro piazze! Qui si incontrano con gli amici per un caffè o un aperitivo, per fare due chiacchiere° e magari° dare due calci° al pallone; infine, per i più vanitosi°, non c'è posto migliore per guardare e farsi guardare°!

pulsante *beating* **Sia... che...** *Both . . . and . . .* **punto di vista** *point of view* **urbanistico** *city-planning* **si ritrova** *gather* **esprimersi** *express themselves* **mondani** *social* **vi hanno luogo** *take place there* **municipi** *city halls* **avvengono** *take place* **scioperi** *strikes* **comizi** *rallies* **nelle sue vicinanze** *nearby* **si svolge** *takes place* **pubblico** *audience* **fare due chiacchiere** *have a chat* **magari** *perhaps* **calci** *kicks* **vanitosi** *vain* **farsi guardare** *let people look at you*

ATTIVITÀ

1 Vero o falso? Indica se l'affermazione è **vera** o **falsa**. Correggi le affermazioni false.

1. I greci e i romani non avevano le piazze nelle loro città.
   Falso. Le piazze esistevano ed erano un luogo importante per i greci e i romani.
2. Le piazze hanno di solito una posizione centrale.
   Vero.
3. In piazza ci sono solo edifici amministrativi o politici.
   Falso. Ci sono anche chiese, cattedrali e basiliche.
4. I candidati politici usano le piazze durante le campagne elettorali.
   Vero.
5. La piazza non è un luogo adatto per il commercio.
   Falso. Molte banche, negozi e bar si trovano nelle piazze.
6. In molte città il mercato settimanale si svolge in piazza.
   Vero.
7. La piazza è un luogo di divertimento solo per gli adulti.
   Falso. Anche i bambini possono divertirsi in piazza.
8. Agli italiani piacciono solo le piazze grandi e importanti.
   Falso. Gli italiani amano anche le piazze piccole e semplici.
9. Gli italiani frequentano i bar in piazza.
   Vero.
10. La piazza è anche un luogo per i vanitosi.
    Vero.

 Practice more at **vhlcentral.com.**

Suggestion Have students identify some differences between Italian **piazze** and American squares. Bring pictures or brochures of different events that take place in the main Italian **piazze** to class. Ex.: **Befana** in **Piazza Navona**, **Concerto del primo Maggio** in **piazza San Giovanni** in Rome, traditional or historical celebrations, and **carnevale** in Venice.

L'italiano quotidiano Remind students that in Italian **centro** and **centro storico** usually indicate the oldest part of the town, not always the geographic center.

Ritratto Remind students of the main features of Renaissance architecture in Italy and show pictures of **San Pietro** in Rome, **Palazzo Medici Riccardi** in Florence, or the **Duomo** in Pienza.

L'ITALIANO QUOTIDIANO

Camminare in città

l'aiuola	*flower bed*
il centro storico	*downtown*
il chiosco per le informazioni	*information booth; tourist office*
l'isola pedonale	*pedestrian area*
le mura	*city walls*
il quartiere	*neighborhood*
il vicolo	*alley*
a due passi da	*not far from*
dietro l'angolo	*around the corner*

USI E COSTUMI

Un santo per città

La tradizione di venerare° un santo protettore in ogni città e paese in Italia ha origini antiche e pagane. Il santo protettore, o patrono, protegge la città e garantisce salute e benessere ai cittadini che lo celebrano in un giorno particolare. Oltre alle manifestazioni religiose° e alle processioni in onore del Santo, la popolazione in genere festeggia con concerti, parate°, giochi popolari e fuochi d'artificio°. Tra i santi patroni «più famosi» ci sono **San Gennaro** a Napoli, **Sant'Ambrogio** a Milano e **San Pietro** e **San Paolo** a Roma.

Il santo patrono non protegge soltanto le città, ma anche alcune categorie di persone. **San Valentino**, patrono di Terni, ad esempio, è considerato da tutti il santo protettore degli innamorati!

venerare *worshiping* **manifestazioni religiose** *religious events* **parate** *parades* **fuochi d'artificio** *fireworks*

RITRATTO

Urbino: la «città ideale»

Durante il Rinascimento°, con lo studio dei classici latini e greci, in particolare di Platone° e di Aristotele, torna anche il mito° dello «stato ideale» governato saggiamente° da filosofi che abitano in «città ideali». L'architettura della «città ideale» si ispira a figure geometriche assolute unite a figure classiche che creano un'immagine di rigore, equilibrio° e bellezza. Le strade sono rettilinee° e si incrociano° perpendicolarmente. La visione finale deve avere un effetto di prospettiva. Un esempio è la città di **Urbino**, nelle Marche, definita «città ideale del Rinascimento». Qui possiamo ammirare alcuni elementi dell'architettura ideale nel **Palazzo Ducale**, voluto dal Duca Federico di Montefeltro nel XV secolo. Il cortile è rettangolare, circondato° da colonne con capitelli corinzi°. Sopra il colonnato°, in un perfetto equilibrio di forme e colori, ci sono archi e finestre in marmo° bianco che creano un effetto di luce contrastante con il colore rosa delle mura.

Rinascimento *Renaissance* **Platone** *Plato* **mito** *myth* **saggiamente** *wisely* **equilibrio** *balance* **rettilinee** *rectilinear* **si incrociano** *they intersect* **circondato** *surrounded* **capitelli corinzi** *Corinthian capitals* **colonnato** *colonnade* **marmo** *marble*

SU INTERNET

Cerca tre foto di edifici realizzati seguendo i principi dell'architettura ideale.

Go to **vhlcentral.com** to find more information related to this **CULTURA**.

2 Completare Completa le frasi.

1. L'architettura della «città ideale» è caratterizzata da ___ . (rigore, equilibrio e bellezza)
2. In una «città ideale» la visione finale deve avere un effetto di ___ . (prospettiva)
3. A Urbino si osservano dei dettagli dell'architettura ideale nel ___ . (Palazzo Ducale)
4. La tradizione del santo protettore ha origini ___ . (antiche e pagane)
5. Il ___ , o patrono, protegge la città e garantisce salute e benessere ai cittadini. (santo protettore)
6. I santi protettori proteggono le città e anche alcune ___ . (categorie di persone)

3 A voi A coppie, discutete le seguenti domande. Answers will vary.

1. Nella tua città esiste un luogo con le caratteristiche della piazza?
2. Secondo te, quali problemi non esistono in una «città ideale»?
3. Quali sono le caratteristiche dell'architettura ideale che preferisci e perché?

ATTIVITÀ

national standards comparisons

9A.1 *Si impersonale* and *si passivante*

Punto di partenza In Italian, impersonal sentences have an unspecified subject and are used to refer to people in general. In English, this idea is frequently expressed with *one*, *people*, *you*, or *they*.

- In Italian, use the pronoun **si** with the third-person singular form of the verb to express an impersonal meaning. Note that a number of English translations are possible.

Si va spesso in quel paese in estate.
***People** often **go** to that town in the summer.*
***They** often **go** to that town in the summer.*

Senza piscina non **si nuota** tanto.
*Without a pool, **one** doesn't **swim** much.*
*Without a pool, **you** don't **swim** much.*

- The impersonal construction is commonly used to request or give information, instructions, and permission.

Come **si scrive** «striscia»?
*How **do you spell** "striscia"?*

Come **si dice** «pedone» in inglese?
*How **do you say** "pedone" in English?*

—Come **si fa** a scendere le scale?
—**Si deve** girare a destra.
*—How **does one** get downstairs?*
*—**You have to** turn right.*

Si potrà entrare nel centro commerciale a mezzogiorno.
***People will be able** to enter the mall at noon.*

- When a reflexive verb is used impersonally, use the pronoun combination **ci si** to avoid repeating the pronoun **si**.

Ci si divertiva in quel locale notturno.
***People used to have fun** at that nightclub.*

Qui non **ci si perderebbe** mai.
*Here, **one would** never **get lost**.*

- In spoken Italian, the **si** construction is sometimes used to mean **noi**.

Dove **si va** domani?
*Where **are we going** tomorrow?*

Stasera non **si esce**?
***Aren't we going out** tonight?*

- When the verb used in an impersonal **si** construction has an expressed subject, it is called the **si passivante** and is equivalent to the passive voice. Compare the following.

Compro le riviste al chiosco.
***I buy the magazines** at the kiosk.*

Le riviste si comprano al chiosco.
***The magazines are bought** at the kiosk.*

Suggestion Point out that object pronouns precede **si** in these constructions, with the exception of **ne**. Ex.: **Lo si mangia**. **Se ne mangia molto**. Explain that **si** becomes **se** before **ne**.

1 Expansion Where possible, have students rewrite the sentences using the **si passivante**.

PRATICA

1 Completare Usa il si impersonale per completare ogni frase.

1. Non __si capisce__ (capire) quando parli così.
2. Come __si risponde__ (rispondere) all'insegnante? In italiano!
3. In biblioteca __si studia__ (studiare) silenziosamente.
4. Con gli occhiali __si legge__ (leggere) meglio.
5. Come __si scrive__ (scrivere) velocemente al computer?
6. Oggi __si paga__ (pagare) con la carta di credito.
7. Stasera __si cena__ (cenare) in sala da pranzo.
8. Non __si guida__ (guidare) bene con la neve.

2 Trasformare Riscrivi le frasi usando il si passivante.

1. Compro le scarpe. Si comprano le scarpe.
2. Guarda le statue. Si guardano le statue.
3. Danno un passaggio ai turisti. Si dà un passaggio ai turisti.
4. Aspetta i pedoni. Si aspettano i pedoni.
5. Spediamo le lettere. Si spediscono le lettere.
6. Attraversano la strada alla rotonda. Si attraversa la strada alla rotonda.
7. Cerchiamo il ponte. Si cerca il ponte.
8. Prendiamo un caffè. Si prende un caffè.

3 Creare Crea un cartello (*sign*) o un annuncio pubblicitario per ogni informazione.

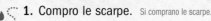

MODELLO attraversare / strada / qui
Si attraversa la strada qui.

1. stare / in silenzio / in chiesa
   Si sta in silenzio in chiesa.
2. andare / diritto / per dieci metri
   Si va diritto per dieci metri.
3. scendere / le scale / a destra
   Si scendono le scale a destra.
4. usare / strisce pedonali / al semaforo
   Si usano le strisce pedonali al semaforo.
5. non / buttare (*to throw*) monete / nella fontana
   Non si buttano monete nella fontana.
6. scendere / le scale / per andare al centro commerciale
   Si scendono le scale per andare al centro commerciale.
7. non / dare da mangiare / ai piccioni
   Non si dà da mangiare ai piccioni.
8. mangiare bene / alla «Melanzana rossa»
   Si mangia bene alla «Melanzana rossa».

2 Expansion Where possible, have students rewrite the sentences using the **si impersonale**.

3 Suggestion Have students go through all the sentences before starting the activity and determine whether they are dealing with **si impersonale** or the **si passivante**.

Practice more at **vhlcentral.com.**

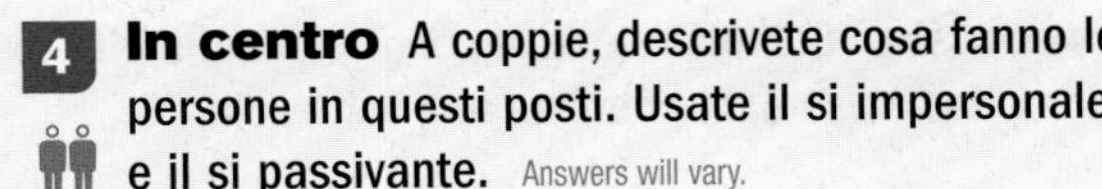

COMUNICAZIONE

4 In centro A coppie, descrivete cosa fanno le persone in questi posti. Usate il si impersonale e il si passivante. Answers will vary.

MODELLO

S1: *Si comprano vestiti nuovi al centro commerciale.*
S2: *Al locale notturno invece, si...*

1. il centro commerciale
2. il chiosco
3. la stazione di polizia
4. le strisce pedonali
5. la cabina telefonica
6. la piscina
7. il locale notturno
8. l'incrocio

4 Expansion
- Encourage students to expand their answers by adding details. Ex.: **Si va al centro commerciale con gli amici e si comprano vestiti nuovi.**
- Have groups of three students tell each other what they usually do with their friends, using the **si impersonale** and **si passivante**.

5 Chi è? In gruppi di quattro, fate a turno a descrivere e a indovinare diversi oggetti e luoghi del vocabolario della lezione. Usate il si impersonale e il si passivante. Answers will vary.

5 Expansion Have students give as many clues as possible. Ex.: **Pulisce la città, usa la scopa e spazza le strade...**

MODELLO

S1: *Spesso si trova in una piazza.*
S2: *È una statua?*
S1: *No...*

6 Direzioni A coppie, scegliete quattro posti della vostra città o del vostro campus. Dite a turno come si arriva in ogni posto da casa vostra o dal vostro dormitorio. Usate il si impersonale e il si passivante. Answers will vary.

MODELLO

Io vivo all'angolo di Via Principale e Via Centrale. Per andare in biblioteca si va diritto fino all'angolo di Via Centrale. Si cammina per tre isolati e poi si gira a destra. Si passano tre semafori e....

6 Expansion Have students use the linking words listed in the **Scrittura** section of **Avanti** when giving directions.

- Like **si impersonale**, **si passivante** can be translated into English in a variety of ways.

Si costruiranno presto i ponti.
*The bridges **will be constructed** soon.*
*(**They will construct** the bridges soon.)*

Si vede ancora quella statua?
*Can **one** still **see** that statue?*
*Can that statue still **be seen**?*

- Note that the expressed subject often comes after the **si passivante** construction. If **si passivante** is followed by a plural subject, use the third-person plural form of the verb. Use the third-person singular form with singular subjects.

Là **si vendono** delle belle scarpe.
*Some nice shoes **are sold** there.*
*(**They sell** some nice shoes there.)*

A Firenze **si vedranno** molti turisti.
*Many tourists **will be seen** in Florence.*
*(**You will see** many tourists in Florence.)*

Si restaurava la chiesa più piccola.
*The smallest church **was being restored**.*
*(**They were restoring** the smallest church.)*

Si mangia il gelato ogni giorno in estate.
*Ice cream **is eaten** every day in the summer.*
*(**People eat** ice cream every day in the summer.)*

- In Italy, **si** constructions are often seen on signs, posted notices, and advertisements. Note that in such uses **si** is often attached to the verb to save space, as seen in the first two photos below.

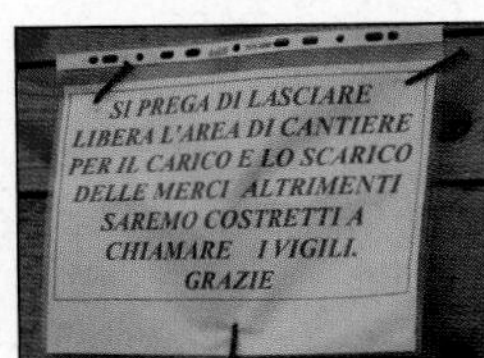

Provalo! **Scegli l'opzione corretta per completare le seguenti frasi usando il si impersonale e il si passivante.**

1. Non (si rivela / **si rivelano**) mai i segreti degli altri!
2. In questo negozio (**si parla** / si parlano) italiano.
3. (Si legge / **Si leggono**) le istruzioni prima di iniziare il progetto.
4. A teatro non (**si risponde** / si rispondono) al cellulare.
5. In vacanza (**ci si alza** / si alza) dopo le dieci.
6. La sera (si deve accendere / **si devono accendere**) le luci.
7. Il fine settimana (**ci si rilassa** / gli si rilassano) senza lezioni.
8. Dopo molte ore al computer (**si legge** / si leggono) con più fatica.

Provalo! Point out that in constructions with **dovere**, **potere**, and **volere** followed by an infinitive verb, the choice of third-person singular or plural is determined by the object of the infinitive. Ex.: **Si possono comprare i giornali.**

9A.2 Relative pronouns

Punto di partenza Relative pronouns link two phrases together into a longer, more complex sentence. The second phrase gives additional information about the first phrase. Although relative pronouns are sometimes omitted in English, in Italian they must be used.

Non devi attraversare **al semaforo**.
*You mustn't cross **at the traffic light**.*

Il semaforo non funziona.
***The traffic light** doesn't work.*

Non devi attraversare al semaforo **che** non funziona.
*You mustn't cross at the traffic light **that** doesn't work.*

- Here are some common Italian relative pronouns.

I pronomi relativi

che	*who, whom, that, which*	cui	*whom, which*
chi	*those who, the one(s) who*	quello/quel che (ciò che)	*that which, what*

- **Che** is invariable and can refer to either people or things.

Quando vedremo **la chiesa**?
*When will we see **the church**?*

Mi piace **la chiesa**.
*I like **the church**.*

Quando vedremo la chiesa **che** mi piace?
*When will we see the church **that** I like?*

Ecco la donna **che** ha lavorato al negozio.
*Here is the woman **who** worked at the store.*

Ti siedi sulla panchina **che** si trova vicino alla fontana?
*Are you sitting on the bench (**that is**) located near the fountain?*

- After a preposition, use **cui**, not **che**.

Dov'è **il poliziotto**?
*Where is **the police officer**?*

Mario ha parlato **con il poliziotto**.
*Mario spoke **with the police officer**.*

Dov'è il poliziotto **con cui** Mario ha parlato?
*Where is the police officer **with whom** Mario spoke?*

- Note that the relative pronoun **che** can never be used after a preposition.

La statua **che** abbiamo studiato è famosa.
*The statue (**that**) we studied is famous.*

BUT

Questa è la chiesa **in cui** si trova la statua.
*This is the church **in which** the statue is located.*

Suggestion Ask students to break up the longer sample sentences into two separate sentences. Follow this up by writing new sentences on the board for them to combine.

Suggestion Point out that **il/la quale** and **i/le quali** can be used in place of **che** and **cui** to avoid ambiguity. Ex.: **Stefano è lo studente amico di Maria, la quale (che) abita a Firenze.**

1 Expansion Have pairs of students use these pronouns to come up with six different sentences.

PRATICA

1 Associare Completa le frasi con il pronome relativo appropriato. Usa ogni pronome una volta sola.

che	con cui	la ragione per cui
chi	in cui	quello che

1. Ho letto tutto ___quello che___ ha scritto.
2. La macchina ___con cui___ sono venuta qui è molto vecchia.
3. La casa ___in cui___ vivono è molto elegante.
4. Questa è ___la ragione per cui___ non voglio mai uscire con te!
5. Il computer ___che___ usiamo è di mio padre.
6. Roma è la città ideale per ___chi___ ama la storia.

2 Completare Completa la seguente conversazione con **che, cui, dove** e **chi**.

ANNA Qual è la chiesa (1) ___dove___ andate di solito?

LISA San Pietro; è la chiesa (2) ___che___ ti ho fatto vedere ieri. È molto bella e (3) ___chi___ va lì una volta, ci torna sempre!

ANNA San Pietro è di fronte al negozio in (4) ___cui___ ci siamo fermati domenica scorsa, giusto?

LISA Sì, giusto. Ed è accanto al grande magazzino (5) ___dove___ abbiamo comprato il regalo per Giovanna.

ANNA La ragazza con (6) ___cui___ giocavi da piccola?

LISA No, per la mia amica Giovanna, quella (7) ___che___ hai conosciuto l'altra sera in discoteca.

ANNA Sì, mi ricordo, è molto simpatica. È una persona con (8) ___cui___ mi piacerebbe uscire di nuovo.

3 Combinare Usa un pronome relativo per combinare le due frasi. Answers may vary slightly. Sample answers are provided.

3 Expansion Have groups of three students combine these sentences using different relative pronouns. Have them read some of the new sentences aloud.

MODELLO

Questo è un pedone. Ho visto il pedone all'incrocio.
Questo è il pedone che ho visto all'incrocio.

1. Mi piace la libreria nuova. Siamo andati alla libreria stamattina.
   Mi piace la libreria nuova dove siamo andati stamattina.
2. Ho mangiato un'ottima pesca. Ho comprato la pesca al mercato.
   Ho mangiato un'ottima pesca che ho comprato al mercato.
3. Questo è Francesco. Ho studiato con Francesco per l'esame d'italiano.
   Questo è Francesco con cui ho studiato per l'esame d'italiano.
4. Cristoforo Colombo era un esploratore. Cristoforo Colombo ha scoperto l'America.
   Cristoforo Colombo era l'esploratore che ha scoperto l'America.
5. L'Italia è un paese. In Italia si parla italiano.
   L'Italia è un paese in cui si parla italiano.
6. Questa è una scuola elementare. Io sono andato in questa scuola da piccolo.
   Questa è la scuola elementare dove sono andato da piccolo.

Practice more at **vhlcentral.com.**

COMUNICAZIONE

4 **Posti** A coppie, fate la lista dei vostri sei posti preferiti: negozi, centri commerciali, ristoranti ecc. Poi scrivete una frase su ogni posto usando diversi pronomi relativi, come nel modello. Answers will vary.

MODELLO

S1: *Bar Due è un locale dove vanno tutti gli studenti italiani.*
S2: *Rusty, invece, è una discoteca che è famosa per la musica dal vivo (live music) e dove io e i miei amici andiamo spesso...*

5 **Opinioni** Lavorate a coppie. Date a turno la vostra opinione sulle seguenti cose, attività, persone e posti. Usate i pronomi relativi. Answers will vary.

MODELLO primavera

S1: *La primavera è la stagione che preferisco perché mi piacciono molto i fiori.*
S2: *Non mi piace la primavera perché è la stagione in cui ho molte allergie.*

1. colazione
2. navigare su Internet
3. il/la mio/a compagno/a di stanza
4. lunedì
5. la classe d'italiano
6. l'Italia
7. il presidente degli Stati Uniti
8. l'insegnante d'italiano

6 **Memoria a catena** In gruppi di quattro, fate a turno a costruire la frase più lunga che potete. La prima persona crea una frase. La seconda ripete e aggiunge un'altra frase usando un pronome relativo. La terza aggiunge un'altra frase e un pronome relativo. Quando non vi ricordate più tutta la frase, ricominciate da capo! Answers will vary.

MODELLO

S1: *Conosco uno studente italiano.*
S2: *Conosco uno studente italiano che vive nel dormitorio Houston.*
S3: *Conosco uno studente italiano che vive nel dormitorio Houston, dove vivo anch'io...*

- Like **che**, **cui** is invariable and can refer either to people or things.

Parliamo **del** pompiere. Il pompiere **di cui** ti ho parlato si chiama Giorgio. *Let's talk **about the** firefighter. The firefighter (**that**) I told you **about** is named Giorgio.*	Vai **al** centro commerciale? Il centro commerciale **a cui** devi andare è lontano da casa mia. *You're going **to** the mall? The mall (**that**) you have to go **to** is far from my house.*

- The phrase **la ragione per cui** is equivalent to *the reason why*. It is often translated simply as *why* in English.

La Fontana di Trevi è **la ragione per cui** studia la scultura italiana. *The Trevi Fountain is (**the reason**) **why** he studies Italian sculpture.*	Questa cartina terribile è **la ragione per cui** mi sono persa! *This terrible map is (**the reason**) **why** I got lost!*

- In spoken Italian, **dove** (*where*) is frequently used instead of **in cui** when referring to a place.

Le è piaciuto il ristorante **dove** (**in cui**) abbiamo mangiato ieri sera? *Did you like the restaurant **where** (**in which**) we ate last night?*	Non è quello il locale **dove** (**in cui**) abbiamo speso troppo? *Isn't that the club **where** (**in which**) we spent too much money?*

- In the uses described above, **che** and **cui** refer to a specific noun mentioned earlier in the same sentence. In contrast, **quello che/ciò che** can refer to an object or concept that has not yet been specified. The forms are invariable, although **quello che** is often shortened to **quel che**.

Ciò che vedi è una fontana. ***What** you see is a fountain.*	Non è **quello che** pensi! *It's not **what** you think!*

- As a relative pronoun, **chi** refers only to people and is equivalent to *those who*, *people who*, and *he/she who*, especially in proverbs. Use **chi** with third-person singular verb forms.

Chi dorme non piglia pesci. ***Those who** sleep do not catch fish.*	**Chi** tardi arriva male alloggia. ***He who** arrives late lodges badly.*

Suggestion Write several proverbs using **chi** on the board and ask students to guess their English equivalents.

Provalo! Have pairs of students choose the correct pronoun and also explain why the relative pronoun they didn't choose is not correct for that sentence.

Provalo! **Scegli l'opzione che completa meglio ogni frase.**

1. Mi piacciono le persone (che / cui) sono aperte e oneste.
2. Il libro (cui / che) leggiamo in classe è molto interessante.
3. Non capisco (chi / ciò che) dici.
4. Il caffè (chi / che) preferisco è forte e senza zucchero.
5. Franco è l'amico di (cui / chi) ti ho parlato.
6. Per me va bene fare (quello che / quello a cui) vuoi tu.

SINTESI

Ricapitolazione

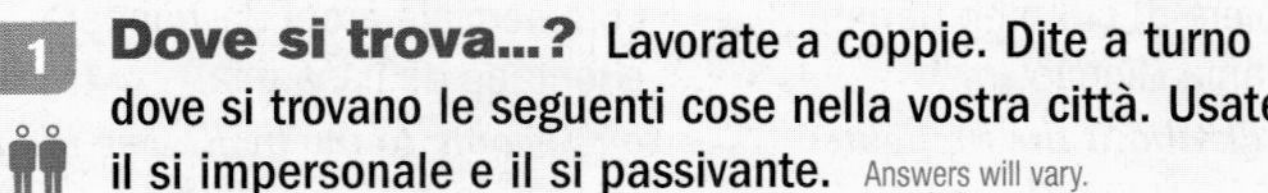

1 Dove si trova...? Lavorate a coppie. Dite a turno dove si trovano le seguenti cose nella vostra città. Usate il si impersonale e il si passivante. Answers will vary.

MODELLO

S1: *Dove si trova una vecchia chiesa?*
S2: *Si possono trovare due vecchie chiese nel centro storico...*

1. una vecchia chiesa
2. una grande fontana
3. una piscina pubblica
4. una statua famosa
5. un edificio con molte scale
6. un incrocio con strisce pedonali ma senza semaforo

1 Suggestion Review expressions like **di fronte a** and **accanto a**. Have students incorporate these expressions into their answers.

2 Descrizione di un lavoro A coppie, scegliete una professione presentata in questa lezione o in una lezione precedente. Poi scrivete una descrizione di questa professione usando il si impersonale e il si passivante. Answers will vary.

2 Expansion Have students discuss the professions they chose. Would they like to work in these professions? Why or why not? Discuss a few jobs as a class.

3 La ragione Lavorate a coppie. Dite a turno perché fate certe cose. Usate le azioni della lista e altre di vostra scelta. Answers will vary.

MODELLO

S1: *Perché vai in classe?*
S2: *Vado in classe perché si imparano tante cose e si fanno molte attività.*

1. andare in classe
2. studiare per un esame
3. uscire con gli amici
4. comprare vestiti nuovi
5. fare un favore a un amico
6. dormire il fine settimana

3 Expansion Have each pair take turns saying why they don't do the activities listed. Tell them to use their imaginations to justify their answers.

4 Definizioni Lavorate a coppie. Una persona sceglie una parola dal vocabolario della lezione e la definisce, mentre l'altra persona deve indovinarla. Poi scambiate i ruoli. Usate il si impersonale, il si passivante e i pronomi relativi. Answers will vary.

MODELLO

S1: *È dove si attraversa la strada.*
S2: *Sono le strisce pedonali?*
S1: *No. È un posto in cui si incontrano due strade. A volte, si trova un semaforo qui.*
S2: *È un incrocio!*

4 Expansion This activity can also be done as a class.

5 Un'inchiesta Usate l'inchiesta seguente per fare domande e trovare almeno un(a) compagno/a di classe per ogni categoria. Answers will vary.

5 Expansion Have groups of four students compare their results and summarize their findings.

MODELLO

S1: *Sei una persona che attraversa la strada fuori dalle strisce pedonali?*
S2: *No! Io attraverso sempre sulle strisce pedonali!*

Sei una persona che...	*Nome*
1. attraversa sempre sulle strisce pedonali?	*Pietro*
2. beve acqua dalle fontane?	
3. chiede indicazioni agli sconosciuti (strangers)?	
4. si perde facilmente in una città nuova?	
5. dà sempre un passaggio agli amici?	
6. va in bicicletta sul marciapiede?	
7. non ama le piscine pubbliche?	
8. non riporta i video alla videoteca (video rental shop) in tempo?	

6 Pubblicità A coppie, create un opuscolo per la vostra città. Usate il si impersonale e il si passivante per descrivere cosa si può fare e cosa si può vedere. Usate i pronomi relativi per combinare frasi e aggiungere più dettagli. Answers will vary.

MODELLO

Nella mia città si può visitare il centro dove si trovano molti edifici in stile moderno...

6 Expansion Assign this activity as homework. Have students look for pictures of their city and create an ad for their hometown. Then have them present their work to the class.

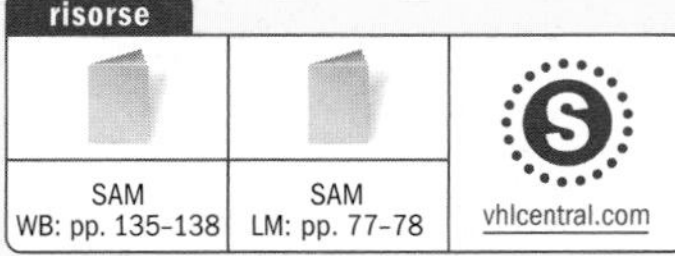

Video: TV Clip

Lo Zapping

Le città i mercati

Suggestion Draw students' attention to the expressions **Chi più ne ha più ne metta.** (*If anyone has something to add, go head.*) and **L'unione fa la forza.** (*In union there is strength.*) Have them deduce their meanings from the context.

In Italia il mercato è una tradizione secolare°, con le sue bancarelle° e i suoi venditori più o meno vocianti°. È qui che si possono trovare le verdure più fresche e la frutta più saporita, ma anche abbigliamento e casalinghi°. «Chi più ne ha più ne metta°!» È il caso del mercato di Cesena, uno dei più grandi (ben 200 bancarelle!) e più frequentati della Romagna, i cui gli ambulanti° si sono riuniti nel consorzio «Le città i mercati». Gli ambulanti coordinano così gli sforzi° tesi a° valorizzare questo evento bisettimanale. In Emilia Romagna, infatti, la tradizione cooperativistica è radicata°: qui si sa da tempo che l'unione fa la forza! **Suggestion** Ask students to identify as many products as possible from the video.

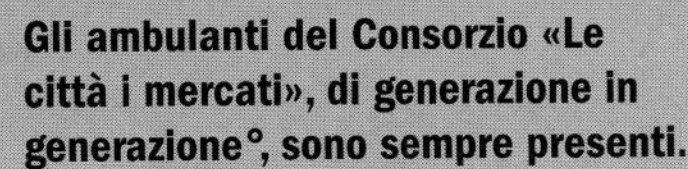

Gli ambulanti del Consorzio «Le città i mercati», di generazione in generazione°, sono sempre presenti...

Al mercato trovi tutto quello che fa per te°.

Comprensione Rispondi alle domande. Answers may vary slightly. Sample answers are provided.

1. Secondo la pubblicità, che cosa si può fare al mercato oltre agli acquisti? avere un appuntamento importante, fare due chiacchiere con un'amica e qualcosa di più
2. In che giorni i venditori ambulanti del consorzio sono presenti al mercato di Cesena? il mercoledì e il sabato
3. Che cosa si trova al mercato di Cesena? tutto quello che fa per te, tanti consigli, la qualità e un sorriso

Discussione Discutete a coppie le seguenti domande. Answers will vary.

1. Secondo te, perché nello spot si dice che il mercato di Cesena è un grande salotto?
2. Nel tuo paese esistono mercati come quello di Cesena? Dove? Quando? Quali sono le differenze?

Expansion Have groups of students choose a place in their city and create an ad in order to attract Italian visitors. Have them write the text, design the TV ad and, if possible, film it.

secolare *age-old* **bancarelle** *stands* **vocianti** *noisy* **casalinghi** *household objects*
Chi più ne ha più ne metta *etcetera (lit. If anyone has something to add, go ahead.)*
(venditori) ambulanti *street vendors* **sforzi** *efforts* **tesi a** *aimed at* **radicata** *deep-rooted*
di generazione in generazione *generation after generation* **fa per te** *is right for you*

Practice more at **vhlcentral.com.**

Lezione

9B

Communicative Goals

You will learn how to:

- talk about errands and banking
- talk about places and businesses in town

CONTESTI

Suggestion Tell students that the second-person singular form of **inviare** is **invii**. Unlike some verbs ending in **-iare**, such as **cominciare**, **inviare** does not drop the **i** in this form.

Le commissioni

Suggestion Have students look at the vocabulary words while covering the translation. Have them see how many they know without looking at the English.

Vocabolario

espressioni	*expressions*
chiẹdere un prẹstito	*to ask for a loan*
depositare il denaro	*to deposit money*
fare delle commissioni	*to run errands*
firmare	*to sign*
inviare	*to send*
pagare con assegno	*to pay by check*
pagare con carta di crẹdito/dẹbito	*to pay with a credit/debit card*
pagare in contanti	*to pay in cash*
ricẹvere	*to receive*
riempire un mọdulo	*to fill out a form*
ritirare dei soldi	*to withdraw money*
la posta	*mail*
la busta	*envelope*
la cartolina	*postcard*
il francobollo	*stamp*
l'indirizzo	*address*
in banca	*at the bank*
il conto bancario	*bank account*
il conto corrente	*checking account*
il conto risparmio	*savings account*
la moneta	*coin; change*
i luoghi	*places*
il comune	*town hall*
il fiorista	*flower shop; florist*
il fotọgrafo	*photo shop; photographer*
la lavanderịa	*laundromat*
la profumerịa	*perfume/cosmetics shop*
la questura	*police headquarters*
l'ufficio informazioni	*(tourist) information office*
la videoteca	*video store*

risorse

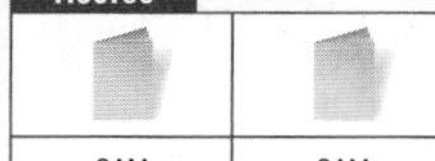
SAM WB: pp. 139–140

SAM LM: p. 79

vhlcentral.com

Suggestion Ask students questions with the new vocabulary. Ex.: **Hai mai chiesto un prestito? Di solito, paghi in contanti o con carta di credito? Dove ritiri i soldi? Vai spesso in banca? E all'ufficio postale? Prendi molti film in videoteca?**

Suggestion Ask students questions to practice the vocabulary of places. Ex.: **Cosa puoi comprare in cartoleria? Cosa puoi fare in comune? Di solito porti i vestiti in lavanderia? Quando è stata l'ultima volta che sei andato/a da un fiorista?**

2 Expansion Have pairs of students ask each other where items from the vocabulary list can be found.

Pratica

1 Trova l'intruso Trova la parola che non appartiene al gruppo.

MODELLO busta, (moneta), cartolina, pacco

1 Expansion Ask students to explain why each word doesn't belong.

1. comprare, pagare con assegno, (inviare), pagare in contanti
2. banconota, moneta, sportello automatico, (posta)
3. fotografo, postino, fiorista, (assegno)
4. imbucare, (edicola), inviare, busta
5. (francobollo), gioielleria, videoteca, salone di bellezza
6. chiedere un prestito, conto corrente, (comune), depositare il denaro

2 Associazioni Di' dove andresti per comprare le seguenti cose.

1. in cartoleria

2. in profumeria

3. dal fiorista

4. dal fotografo

5. in gioielleria

6. all' ufficio informazioni

3 Vero o falso? Ascolta le frasi e decidi se sono **vere** o **false**.

	Vero	Falso		Vero	Falso
1.	☑	☐	5.	☑	☐
2.	☐	☑	6.	☑	☐
3.	☐	☑	7.	☐	☑
4.	☑	☐	8.	☐	☑

3 Expansion Have students correct the false statements.

4 Definire Scrivi una frase completa per definire ognuno dei seguenti termini.

Answers will vary.

4 Expansion Have students write four more definitions. Have them read the definitions for the class to guess.

MODELLO sportello automatico

È una macchina che puoi usare per ritirare dei soldi dal conto corrente.

1. Internet café ______
2. cassetta delle lettere ______
3. postino/a ______
4. edicola ______
5. lavanderia ______
6. questura ______

Practice more at **vhlcentral.com.**

Attenzione!

Bancomat is one of the largest ATM networks in Italy, and many Italians refer to an ATM as **il bancomat**, rather than **lo sportello automatico**.

communication NATIONAL STANDARDS

Comunicazione

5 **Fare commissioni** **A coppie, mettete le seguenti frasi nell'ordine corretto per creare una conversazione logica.** **5 Expansion** Have students act out the dialogue.

__7__ GIULIA Sì, devo assolutamente dirti cosa ho visto in gioielleria! Allora, andiamo!

__3__ GIULIA Posso venire con te all'ufficio postale. Anch'io devo spedire una lettera. Poi voglio passare in banca a ritirare dei soldi, perché non ho contanti.

__6__ SILVIA Buona idea! Così potremo parlare un po'.

__2__ SILVIA Devo fare alcune commissioni. Voglio spedire un pacco e delle lettere. Poi devo cercare un regalo di compleanno per mio fratello.

__4__ SILVIA Se vuoi c'è uno sportello automatico qui vicino. Anch'io ho appena ritirato dei soldi.

__8__ SILVIA Perfetto, andiamo!

__1__ GIULIA Ciao, Silvia, che cosa fai di bello in centro?

__5__ GIULIA Bene, allora andiamo prima allo sportello automatico. Poi, quando abbiamo finito le nostre commissioni, possiamo andare a prendere un caffè insieme!

6 **La giornata di Anna** **Lavorate a coppie. L'insegnante vi darà due fogli diversi, ciascuno con metà delle informazioni riguardo ai posti dove Anna deve andare oggi. Descrivete a turno le sue attività e completate i vostri fogli.** Answers will vary. **6 Expansion** Ask students to compare their day with Anna's day. Then ask questions. Ex.: **Avete fatto qualcosa che ha fatto Anna? Siete andati all'ufficio postale?**

MODELLO

Alle dieci Anna va all'ufficio postale a comprare dei francobolli. Poi...

7 **La città perfetta** **In gruppi di tre, fate una lista dei 15 posti che dovrebbero essere presenti nella vostra città perfetta. Poi fate un disegno della città in cui li mostrate. Usate il disegno seguente o fatene uno vostro. Preparatevi a mostrare il vostro disegno alla classe e a descrivere i diversi posti che avete incluso.** Answers will vary.

MODELLO

S1: *Per me la città perfetta deve avere un Internet café.*
S2: *Buona idea! Io vorrei anche una buona pasticceria.*
S3: *Bah, non è così importante! Quello di cui abbiamo bisogno è...* **7 Expansion** Ask students questions such as: **Ti piace la tua città? Cosa cambieresti?**

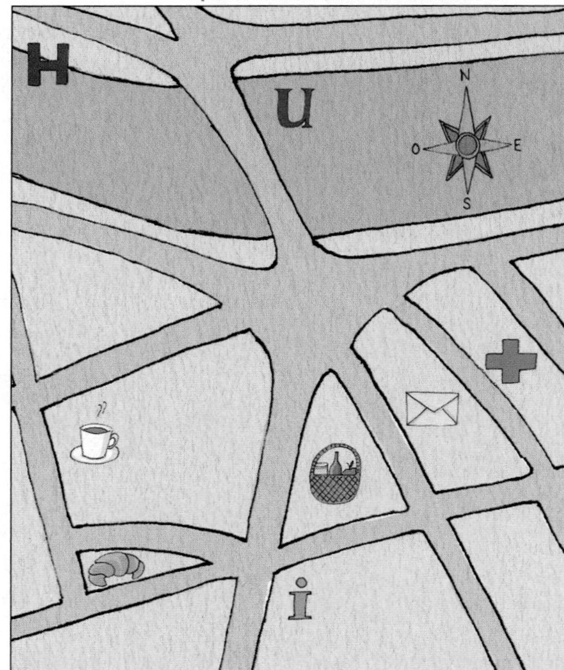

Pronuncia e ortografia

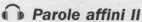

Parole affini II

essenziale *essential*	**naturale** *natural*	**parziale** *partial*	**speciale** *special*

Italian words ending in **-ale** are often equivalent to English words ending in *-al*.

ciclista *cyclist*	**ottimista** *optimist*	**pianista** *pianist*	**specialista** *specialist*

Italian words ending in **-ista** are often equivalent to English words ending in *-ist*.

caratterizzare *characterize*	**economizzare** *economize*	**organizzare** *organize*	**simpatizzare** *sympathize*

Italian words ending in **-izzare** are often equivalent to English words ending in *-ize*.

famosa *famous*	**geloso** *jealous*	**generoso** *generous*	**nervosa** *nervous*

Italian words ending in **-oso/a** are often equivalent to English words ending in *-ous*.

Suggestions
- Point out that nouns ending in **-ista** can be masculine or feminine and form the plural with **-isti** and **-iste**, respectively.
- Ask students if they have noticed other cognate word-endings, such as *-ble* and **-ibile**.

Pronunciare Ripeti le parole ad alta voce.

1. delizioso
2. finalizzare
3. oculista
4. abituale
5. artificioso
6. linguista
7. collegiale
8. specializzare
9. glorioso
10. editoriale
11. pessimista
12. invidiosa

Articolare Ripeti le frasi ad alta voce.

1. L'esame finale sarà difficile.
2. Posso italianizzare questa parola inglese?
3. Vai dal dentista oggi.
4. Questo risotto è delizioso.
5. È famoso questo libro?
6. Perché dovete analizzare tutto?

Proverbi Ripeti i proverbi ad alta voce.

È meglio pagare
e poco avere che molto
avere e sempre dovere.[2]

A mente curiosa e sagace il troppo riposo non piace.[1]

[1] To a curious and wise mind, too much rest is not pleasing.
[2] It is better to pay and have little than to have a lot and always owe.

risorse

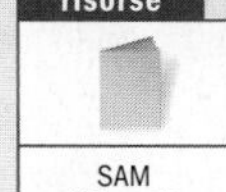

FOTOROMANZO

Un pomeriggio in centro

Video: *Fotoromanzo*

Suggestion Have students predict what the episode will be about based on the video stills.

PERSONAGGI

Lorenzo

Viola

Suggestion Have pairs of students role-play a section of the **Fotoromanzo**.

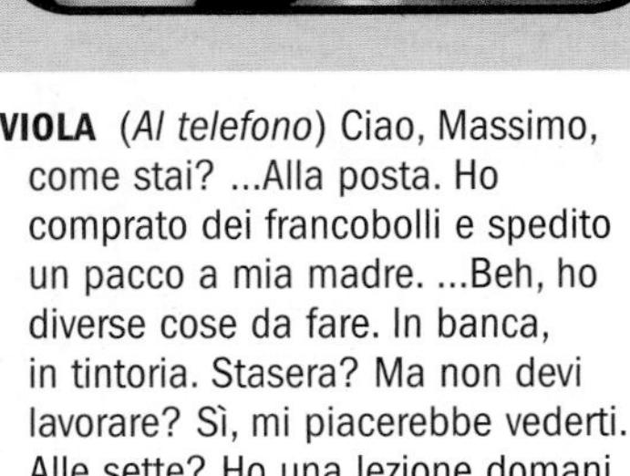

VIOLA (*Al telefono*) Ciao, Massimo, come stai? ...Alla posta. Ho comprato dei francobolli e spedito un pacco a mia madre. ...Beh, ho diverse cose da fare. In banca, in tintoria. Stasera? Ma non devi lavorare? Sì, mi piacerebbe vederti. Alle sette? Ho una lezione domani mattina. Facciamo alle sei? ...Ci vediamo lì. Benissimo. A dopo.

LORENZO Viola.
VIOLA Ciao.
LORENZO Ciao. Che cosa fai qui?
VIOLA Ho un conto corrente in questa banca e dovevo ritirare dei soldi al bancomat. È qui che lavori?
LORENZO Sì. Lavorando guadagno crediti per l'università.
VIOLA Io dovrei andare a...

LORENZO È stato bello l'altro giorno.
VIOLA Che cosa?
LORENZO Il Foro. Noi tutti insieme. Sono stato molto bene.
VIOLA Davvero? Sei sempre così distante da tutti gli altri alla pensione.
LORENZO Lo so. Sono troppo serio a volte.

VIOLA Che c'è, hai qualche problema con lei?
LORENZO Con Emily? No, io non ho problemi con nessuno. Semplicemente, siamo diversi.
VIOLA Altroché!
LORENZO Ti va di fare due passi? Marcella ha detto che abbiamo tutti bisogno di un po' più di cultura.

VIOLA E sto leggendo un libro sulla commedia dell'arte. È molto interessante. Alcune foto dei costumi potrebbero dare delle idee a mia madre per l'abito da sposa di mia sorella.
LORENZO Tua madre farà l'abito di tua sorella?

VIOLA L'ha fatto anche per le altre tre mie sorelle. Un giorno, ne farà uno anche per me.
LORENZO Per quando ti sposerai con Massimo?
VIOLA Perché dici queste cose?
LORENZO Scusa. Dovrei lasciare le battute a Riccardo. Marcella è ancora arrabbiata con lui, vero?
VIOLA Sì.

ATTIVITÀ

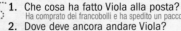

1 Rispondere Rispondi alle seguenti domande.

1. Che cosa ha fatto Viola alla posta?
   Ha comprato dei francobolli e ha spedito un pacco.
2. Dove deve ancora andare Viola?
   Deve ancora andare in banca e in tintoria.
3. Dove lavora Lorenzo?
   Lavora in banca.
4. Com'è il caffè?
   Il caffè è ottimo.
5. Secondo Marcella, di che cosa hanno bisogno tutti?
   Hanno bisogno di un po' di cultura.
6. Che libro legge Viola?
   Legge un libro sulla commedia dell'arte.
7. Chi farà l'abito da sposa per la sorella di Viola?
   La madre di Viola farà l'abito da sposa.
8. Con chi è ancora arrabbiata Marcella?
   È ancora arrabbiata con Riccardo.
9. Secondo Lorenzo, com'è Riccardo?
   È rozzo, ma è un bravo ragazzo ed è proprio divertente.
10. Con chi ha un appuntamento Viola? Ha un appuntamento con Massimo.

1 Expansion This activity can also be done with the students' books closed. Divide the class into groups and see how many questions each group can answer correctly.

Practice more at **vhlcentral.com.**

Lorenzo e Viola si incontrano in centro.

4

LORENZO Senti, io ho finito di lavorare per oggi. C'è un buon bar in fondo alla strada. Potremmo provare il loro caffè per Emily. Mi dispiace per quello che è successo con Isabella.
VIOLA Però era divertente.
LORENZO «Chi è Francesca?»

5

LORENZO Com'è il caffè?
VIOLA Ottimo. Devo dire a Emily di questo bar. Non lo conosce ancora.
LORENZO Vuole davvero andare in tutti i bar di Roma?
VIOLA Penso proprio di sì. Ne ha già visitati tanti.

9

LORENZO Non avrebbe mai dovuto prendere il suo scooter.
VIOLA Lo so, ma sono diventati ottimi amici.
LORENZO È impossibile essere arrabbiati con lui. Io ci ho provato. È così rozzo, ma è un bravo ragazzo e poi è proprio divertente.

10

VIOLA Oh, no! Massimo! Che ora è? Devo andare!
(Si baciano.)
VIOLA Devo andare. Massimo mi aspetta. Sono in ritardo. Ciao.
LORENZO Ah, accidenti.

Dopo la visione After students have watched the **Fotoromanzo**, have them summarize the episode.

Espressioni utili

Indefinite words

- **tutti gli altri**
  everyone else
- **Sono troppo serio a volte.**
  I'm too serious sometimes.
- **Ne ha già visitati tanti.**
  She's already been to a lot of them.
- **qualche problema**
  some problem
- **alcune foto**
  some photos

Expressing negation

- **Non ho problemi con nessuno.**
  I don't have a problem with anyone.
- **Non avrebbe mai dovuto prendere il suo scooter.**
  He never should have taken her scooter.

Additional vocabulary

- **tintoria**
  dry cleaner
- **Facciamo alle sei?**
  How's six o'clock?
- **È qui che lavori?**
  This is where you work?
- **Lavorando guadagno crediti per l'università.**
  I earn college credits working here.
- **in fondo alla strada**
  down the street
- **Ti va di fare due passi?**
  Do you feel like going for a walk?
- **L'ha fatto anche per le altre tre mie sorelle.**
  She made one for my other three sisters.
- **Altroché!**
  Absolutely!
- **l'abito da sposa**
  wedding dress
- **Io ci ho provato.**
  I've tried.
- **sto leggendo**
  I'm reading
- **lasciare le battute**
  to leave the jokes
- **rozzo**
  crude

2 **Per parlare un po'** A coppie, fate programmi per una giornata in centro. Scrivete un dialogo in italiano di almeno 15 battute (*lines*) in cui decidete dove andare, spiegate il perché delle vostre scelte e anche come intendete arrivarci. Answers will vary.

2 Expansion Have students act out their dialogue in front of the class.

3 **Approfondimento** Fai una ricerca sulla commedia dell'arte e rispondi alle seguenti domande. Quando è nata? Che cosa significa *arte?* Con quali altri nomi veniva chiamata (*was it called*)? Quali sono le tematiche principali della commedia dell'arte? Come si chiamano alcune maschere (*recurring characters*)? Answers will vary.

3 Suggestion Tell students that the **commedia dell'arte** will be an important part of the next **Fotoromanzo** episode.

risorse

SAM
VM: pp. 35-36

vhlcentral.com

ATTIVITÀ

CULTURA

Prima di leggere Have students discuss the use of credit cards in the United States. Remind students that the currency in Italy is the euro and talk about the exchange rate.

IN PRIMO PIANO

Contanti o carta di credito?

Qual è il rapporto degli italiani con i soldi? Gli italiani sono per tradizione un popolo di risparmiatori°. Per amministrare il denaro e per pagare alcune spese, la maggior parte degli italiani utilizza i servizi offerti dalle banche o dalle Poste Italiane, come il conto corrente e il conto di risparmio.

Il primo° permette di depositare e prelevare° denaro ed effettuare pagamenti°. Il secondo permette di depositare una somma° che matura interessi° nel tempo. Con l'apertura° di un conto corrente la banca, di solito, offre al cliente un libretto di assegni°, la domiciliazione delle utenze°, carte di credito e, a volte, anche un fido bancario°.

Per gli acquisti giornalieri, come la spesa, il giornale o la colazione al bar, di norma°, si usano i contanti. Gli italiani non usano gli assegni con la stessa frequenza degli americani; li usano solo per pagare grosse somme, come l'affitto mensile della casa oppure le rate dell'automobile. Pagare con la carta di credito o con la carta di debito diventa sempre più comune e tanti negozi e ristoranti sono pronti a ricevere pagamenti di questo tipo.

Cosa comprano gli italiani con la carta di credito? In genere fanno acquisti di un certo valore, come le spese mensili nei centri commerciali e gli acquisti online che, negli ultimi cinque anni, hanno registrato un grosso aumento°. La carta prepagata° è un nuovo tipo di carta molto richiesto. Per ottenerla non è necessario avere un conto corrente; si paga semplicemente la cifra desiderata al momento dell'acquisto della carta. Per questo motivo è molto usata dai giovani e dagli studenti. Comporta, però, spese per l'attivazione e non ha garanzie in caso di smarrimento°.

risparmiatori *savers* **Il primo** *The former* **prelevare** *withdraw* **effettuare pagamenti** *to make payments* **somma** *sum* **matura interessi** *earns interest* **apertura** *opening* **libretto di assegni** *checkbook* **domiciliazione delle utenze** *automatic bill pay* **fido bancario** *line of credit* **di norma** *normally* **grosso aumento** *large increase* **prepagata** *prepaid* **smarrimento** *loss*

Cosa comprano gli italiani online?

viaggi	43%
abbigliamento	12%
informatica ed elettronica	11%
assicurazioni	10%
libri, CD, DVD	3%
prodotti alimentari	1%

FONTE: Osservatorio eCommerce B2c del Politecnico di Milano

ATTIVITÀ

1 Vero o falso? Indica se l'affermazione è **vera** o **falsa**. Correggi le affermazioni false.

1. Agli italiani piace risparmiare denaro. Vero.
2. Le Poste Italiane e le banche offrono servizi molto diversi. Falso. Offrono servizi molto simili.
3. Il conto corrente permette di prelevare denaro. Vero.
4. Gli italiani usano gli assegni per pagare grosse somme di denaro. Vero.
5. I pagamenti con le carte di credito non sono molto comuni in Italia. Falso. Sono comuni.
6. Gli italiani usano le carte di credito per le piccole spese di tutti i giorni. Falso. Per le piccole spese usano i contanti.
7. La carta di credito è usata per gli acquisti online. Vero.
8. Una carta usata particolarmente da giovani e studenti è la carta di debito. Falso. È la carta prepagata.
9. Per ottenere la carta prepagata è necessario avere un conto corrente. Falso. È necessario pagare la somma desiderata.
10. La carta prepagata richiede spese di attivazione. Vero.

Practice more at **vhlcentral.com.**

Expansion Have students look at the chart and compare the online purchases that Italians make with their own.

L'italiano quotidiano Tell students that Italians use the expression **essere al verde** to say that they are broke and the expression **essere in rosso** when there is a negative balance in their bank account.

Ritratto Before the reading, have students brainstorm clothing brands in the United States.

L'ITALIANO QUOTIDIANO

In banca e all'ufficio postale

il bancomat	*ATM*
l'investimento	*investment*
la posta prioritaria	*priority mail*
la raccomandata	*registered letter*
la rata	*installment; payment*
lo sportello	*window (teller)*
il tasso di interesse	*interest rate*
ẹssere al verde	*to be broke*
fare la coda	*to wait in line*
pagare le bollette	*to pay the bills*

USI E COSTUMI

Edicole e tabaccherie

Le **edicole** e le **tabaccherie** sono due punti vendita° presenti in genere in ogni centro abitato°. L'edicola può essere un negozio o un chiosco per la vendita di quotidiani° e riviste di ogni genere: settimanali o periodici per adulti e bambini e per ogni tipo di hobby. Molte edicole oggi vendono anche cartoline e piccoli articoli da regalo° e di cartoleria. In passato le tabaccherie si chiamavano «Sali e Tabacchi» perché vendevano anche il sale, ma oggigiorno vendono sigari°, sigarette°, biglietti per il trasporto pubblico, francobolli e valori bollati°. Oggi nelle tabaccherie è anche possibile comprare i biglietti per varie lotterie°, pagare le multe, il bollo auto° e il canone annuale° per la televisione.

punti vendita *points of sale* **centro abitato** *community* **quotidiani** *daily papers* **articoli da regalo** *gifts* **sigari** *cigars* **sigarette** *cigarettes* **valori bollati** *revenue stamps* **lotterie** *lotteries* **bollo auto** *vehicle license fee* **canone annuale** *annual subscription fee*

RITRATTO

La famiglia Benetton

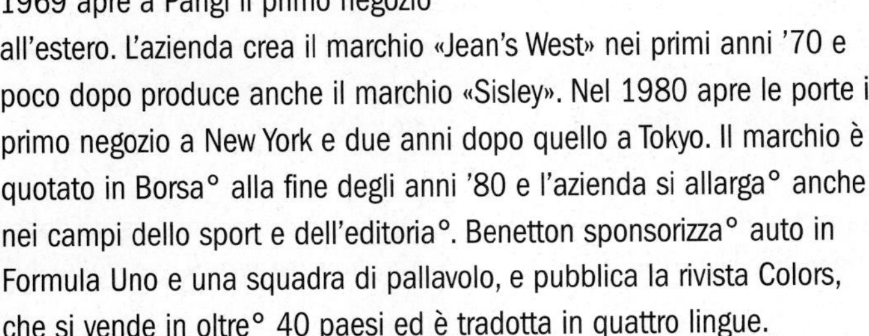

Il marchio di abbigliamento United Colors of Benetton è conosciuto in tutto il mondo. L'azienda nasce nel 1965 a Ponzano Veneto, in provincia di Treviso. È fondata dai fratelli **Carlo**, **Gilberto**, **Giuliana** e **Luciano Benetton**.

Il primo negozio in Italia apre a Belluno nello stesso anno. Nel 1969 apre a Parigi il primo negozio all'estero. L'azienda crea il marchio «Jean's West» nei primi anni '70 e poco dopo produce anche il marchio «Sisley». Nel 1980 apre le porte il primo negozio a New York e due anni dopo quello a Tokyo. Il marchio è quotato in Borsa° alla fine degli anni '80 e l'azienda si allarga° anche nei campi dello sport e dell'editoria°. Benetton sponsorizza° auto in Formula Uno e una squadra di pallavolo, e pubblica la rivista Colors, che si vende in oltre° 40 paesi ed è tradotta in quattro lingue.

Il successo Benetton aumenta anche grazie a una campagna pubblicitaria° alternativa realizzata in collaborazione con il fotografo Oliviero Toscani. Oggi l'azienda è presente in 120 paesi.

quotato in Borsa *listed on the stock exchange* **si allarga** *it expands* **editoria** *publishing* **sponsorizza** *sponsors* **oltre** *over* **campagna pubblicitaria** *advertising campaign*

SU INTERNET

Cerca i nomi delle principali banche italiane.

Go to **vhlcentral.com** to find more information related to this **CULTURA**.

2 **Completare** Completa le frasi.

1. Il primo negozio Benetton all'estero apre a ___Parigi___.
2. La rivista *Colors* si vende in ___oltre 40 paesi___.
3. Il successo Benetton aumenta grazie a una ___campagna pubblicitaria___ alternativa.
4. L'edicola è un negozio per la vendita di ___quotidiani e riviste___.
5. Il nome delle tabaccherie negli anni passati era ___Sali e Tabacchi___.
6. Oggi in ___tabaccheria___ è possibile pagare le multe, il bollo auto e il canone annuale per la televisione.

3 **A voi** A coppie, rispondete alle seguenti domande. Answers will vary.

1. Hai una carta di credito o una carta di debito?
2. Paghi le tue bollette di persona oppure online?
3. Dove compri, di solito, quotidiani e riviste?

ATTIVITÀ

Usi e costumi After the reading, have students highlight differences between **tabaccherie** and **edicole** and the places where they buy stamps or magazines.

STRUTTURE

9B.1 Indefinite words

Punto di partenza In **Lezione 5A**, you learned to use the indefinite adjectives **alcuni/e** and **qualche** to express the concept of *some* or *any* before a noun. Indefinite pronouns replace nouns representing unspecified people or things. Examples in English include *something* and *anything*.

indefinite adjective	indefinite pronoun
Ieri ho scritto **qualche** lettera. *Yesterday I wrote **some** letters.*	Hai scritto **qualcosa** anche tu? *Did you write **something**, too?*

Common indefinite adjectives

alcuni/e	*some, a few*	**qualche**	*some, a few*
altro/a/i/e	*other*	**quanto/a/i/e**	*how much, how many*
molto/a/i/e	*many, a lot of*	**tanto/a/i/e**	*so much, so many*
ogni	*each, every*	**troppo/a/i/e**	*too much, too many*
poco/a, pochi/e	*little, few*	**tutto/a/i/e**	*all, the whole*

Quanti bei fiori!
***How many** beautiful flowers!*

Hai **tante** banconote da un dollaro.
*You have **so many** one-dollar bills.*

- Like other adjectives, indefinites generally agree with the noun they modify. However, remember that **alcuni/e** can only be used with plural nouns, and **ogni** (like **qualche**) is invariable and used with singular nouns only.

Ogni cartolina è bella.
***Every** postcard is beautiful.*

Ho comprato **alcuni** francobolli.
*I bought **a few** stamps.*

- Always use the definite article after **tutto/a/i/e**.

Compra **tutti i** francobolli!
*Buy **all (of) the** stamps!*

Tutte le edicole sono chiuse.
***All (of) the** newsstands are closed.*

Pronomi indefiniti

- Here are some common indefinite pronouns. Note that many of these are also used as indefinite adjectives, as seen above.

Common indefinite pronouns

alcuni/e	*some, a few*	**qualcuno/a**	*someone*
altro	*something (anything) else*	**qualcosa**	*something*
altri/e	*others*	**tanto/a/i/e**	*so much, so many*
molto/a/i/e	*much, many*	**troppo/a/i/e**	*too much, too many*
ognuno/a	*each one, everyone*	**tutto**	*everything*
poco/a, pochi/e	*little, few*	**tutti/e**	*everyone*

Suggestion You may wish to add **ciascuno/a** (*each, each one*) and **parecchio/a/i/e** (*several, a lot*) as indefinites that can be both adjectives and pronouns. Point out that **ciascuno/a** is singular only.

1 Suggestion Tell students that for some sentences more than one answer is grammatically correct, but not all the choices make sense.

PRATICA

1 Scegliere Completa le frasi con l'aggettivo indefinito appropriato. Usa ogni aggettivo una volta sola.

alcuni	molti	poche	quanta
altro	ogni	qualche	troppi

1. L'estate scorsa ho letto __alcuni__ libri.
2. __Ogni__ studente in questa classe parla italiano.
3. Stasera incontrerò __qualche__ amico.
4. __Poche__ persone sanno che ho vissuto in Italia.
5. Non so __quanta__ pasta preparare per la festa.
6. C'è un __altro__ negozio dove possiamo andare.
7. Per quel lavoro Giuseppe ha guadagnato __molti__ soldi.
8. Guarda questo armadio... Hai __troppi__ vestiti!

2 Completare Completa ogni frase con un aggettivo o pronome indefinito dalla lista. Fai tutti i cambiamenti necessari.

2 Suggestion Have pairs of students take turns picking an indefinite word and identifying it as an adjective or a pronoun. The other student must create a sentence with that word.

alcuni	molti	ognuno	qualcuno
altro	ogni	poco	tutto

1. __Ogni__ semaforo era rosso!
2. __Qualcuno__ ha dimenticato l'orologio.
3. Questo problema è molto difficile; solo __poche__ persone l'hanno capito.
4. Non essere egoista. Pensa anche agli __altri__.
5. Queste riviste in inglese non sono interessanti. Ne voglio leggere __alcune__ in italiano.
6. __Ognuno__ può prendere solo un regalo.
7. __Molti__ dicono che l'italiano è facile.
8. __Tutte__ le statue sono dello stesso artista.

3 Creare Usa gli indizi dati per scrivere frasi complete con aggettivi indefiniti.

1. io / avere / troppo / monete *Io ho troppe monete.*
2. lo sportello automatico / non essere aperto / molto / ore *Lo sportello automatico non è aperto molte ore.*
3. oggi / esserci / poco / persone in lavanderia *Oggi ci sono poche persone in lavanderia.*
4. essere impossibile / avere / troppo / statue nel parco *È impossibile avere troppe statue nel parco.*
5. tanto / turisti / perdersi / in questa città *Tanti turisti si perdono in questa città.*
6. io / vedere / molto / polizia in questo centro commerciale *Io vedo molta polizia in questo centro commerciale.*

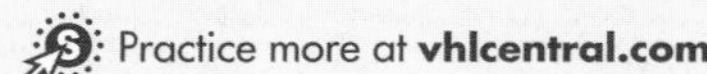

COMUNICAZIONE

4 Troppe, abbastanza o poche? A coppie, parlate di diverse cose che possedete e dite se ne avete troppe, abbastanza o poche. Usate aggettivi indefiniti e paragonate le vostre opinioni. Answers will vary.

4 Expansion Provide students with some ideas such as **amici**, **tempo**, **scarpe**, etc.

MODELLO

S1: *Non ho abbastanza soldi, ma ho troppe monete da dieci centesimi (cents).*
S2: *Io ho abbastanza soldi, ma ho poche banconote da un dollaro.*

5 Qualcuno e tutti Pensa a te stesso/a, alla tua famiglia e alle persone che conosci. Crea una lista di almeno sei cose che tutti hanno e sei che solo qualcuno ha. Poi, a coppie, paragonate le vostre liste. Answers will vary.

MODELLO

S1: *Mio padre ha un conto corrente in banca e anche tutti i suoi amici ne hanno uno.*
S2: *Tutti hanno un conto corrente ma solo alcuni hanno un conto risparmio…*

6 Alla banca In gruppi di tre, create una conversazione tra un cliente di una banca, che si lamenta di alcuni errori nel suo conto, e una cassiera (*bank teller*) e il direttore della banca che spiegano che non è possibile. Usate aggettivi e pronomi indefiniti e siate creativi! Answers will vary.

MODELLO

S1: *Ho troppo pochi soldi nel mio conto in banca!*
S2: *Non è possibile! Facciamo pochissimi errori e tutti sono attenti…*

alcuni	poco	quanto
altro	qualche	tanto
molto	qualcosa	troppo
ognuno	qualcuno	tutto

6 Expansion
- Encourage students to use both indefinite adjectives and pronouns. It may help to use the same word twice in the same context. Ex.: **Alcuni clienti sono felici. Alcuni sono tristi.**
- Have students propose different problems a client may have. Then tell students to choose two or three of those problems and create the dialogue around them.

Suggestion Explain that most indefinite adjectives can be used with the pronoun **ne**, whereas **tutto/a/i/e** is used with direct object pronouns instead. (**Ne ho mangiato molto. L'ho mangiato tutto.**)

- Most indefinite pronouns agree in number and gender with the nouns they replace.

Le ragazze? **Ognuna** è a casa sua.
*The girls? **All of them** are at home.*

Le banche? **Alcune** sono aperte il sabato.
*The banks? **Some** are open on Saturdays.*

Devi completare le lettere. **Troppe** sono ancora senza indirizzo.
*You have to finish the letters. **Too many** (of them) still don't have addresses.*

Il mio postino è sempre puntuale, ma **altri** sono spesso in ritardo.
*My mail carrier is always on time, but **others** are often late.*

- Note the difference in meaning between **tutto** (*everything*) and **tutti/e** (*everyone*).

Ha ritirato **tutto**?
*Did you withdraw **everything**?*

Non **tutti** hanno la carta di credito.
*Not **everyone** has a credit card.*

- Use **ognuno/a** and **qualcuno/a** in the singular form only.

Ognuno ha un conto bancario.
***Everyone** has a bank account.*

A **qualcuna** non piace il profumo.
***Some (women)** don't like perfume.*

- **Qualcosa** is singular and invariable. For purposes of agreement, it is treated as masculine. Note that **qualcosa** means *something*, while **qualcuno/a** means *someone*.

È **arrivato qualcosa** per te.
***Something** arrived for you.*

C'è **qualcuno** in casa?
*Is **someone** home?*

- Use **qualcosa di** before adjectives and **qualcosa da** before infinitives. Remember to use the masculine form of an adjective after **qualcosa di**.

Troverò **qualcosa di bello** per mio marito in gioielleria.
*I'll find **something nice** for my husband at the jewelry store.*

Ha **qualcosa da fare** in questura? Che cos'è?
*Does he have **something to do** at police headquarters? What is it?*

Provalo! **Scegli l'aggettivo o il pronome indefinito che meglio completa ogni frase.**

1. (Quanti / Alcuni) studenti ci sono in classe?
2. Sto male perché ho mangiato (pochi / troppi) biscotti.
3. (Ogni, Qualche) stato ha una capitale.
4. Maria ha (molti / quanti) amici.
5. Il gelato alla banana è buono. Posso mangiarlo (tutto / troppo)?
6. Queste scarpe non mi piacciono. Ne avete (altre / tutte)?
7. Hai sete? Posso offrirti (qualcosa / qualcuna)?
8. Oggi è domenica e (tutto / tanto) è chiuso.
9. Molte macchine qui sono americane, ma (troppe / alcune) sono europee.
10. Molte persone hanno accettato l'invito e solo (poche / tutte) l'hanno rifiutato.

Note Negative indefinites (**niente, nessuno**) are covered in **Strutture 9B.2**.

9B.2 Negative expressions

Punto di partenza You have already learned how to use some negative expressions. In this lesson you will learn some new expressions to convey a greater variety of negative meanings.

ATTREZZI
You learned **non... mai**, **non... ancora**, and **non... più** in **Lezioni 2B**, **4B**, and **5B**.

Suggestion Point out that **neanche**, **nemmeno**, and **neppure** are synonyms.

Common negative expressions

non... affatto	*not at all*	non... neanche/ nemmeno/neppure	*not even*
non... ancora	*not yet*	non... nessuno	*nobody*
non... mai	*never*	non... niente/nulla	*nothing*
non... né... né	*neither... nor*	non... più	*no longer*

Non hanno **né** carta di credito **né** contanti.
*They have **neither** a credit card **nor** cash.*

Non ho chiesto **neppure** un prestito.
*I did **not even** ask for a loan.*

Stefano **non** lavora **più** in banca.
*Stefano **no longer** works at the bank.*

Non c'era **nessuno** in libreria.
*There wasn't **anyone** at the bookstore.*

- In most negative expressions, use **non** before the verb and the negative word. Object pronouns follow **non** and precede the verb.

Il dottore **non** ha firmato **niente**.
*The doctor did **not** sign **anything**.*

Non le piace **affatto** andare in questura.
*She does**n't** like to go to police headquarters **at all**.*

- Note that in Italian, unlike in English, multiple negative words can be used in the same sentence.

Mimmo **non** ha **neanche** una moneta.
*Mimmo does**n't even** have one coin.*

Sara **non** chiederebbe **mai niente** a **nessuno**.
*Sara would **never** ask **anything** of **anyone**.*

- Remember that **ancora**, **mai**, and **più** are placed between the auxiliary verb and the past participle in compound tenses.

La mamma **non** ha **mai** usato lo sportello automatico.
*Mom has **never** used an ATM.*

Non sei **ancora** andata all'ufficio postale?
*You have**n't** gone to the post office **yet**?*

PRATICA

1 Associare Associa le frasi negative con il loro corrispondente affermativo.

1. _d_ Non ho ancora finito di guardare il film.
2. _f_ Non vedo nessuno.
3. _b_ Non dormo mai dopo le dieci di mattina.
4. _e_ Non ho detto niente ai tuoi amici.
5. _a_ Non ho più telefonato a Gina.
6. _c_ Da qui non sento nemmeno la televisione.

a. Ho telefonato di nuovo a Gina.
b. Dormo sempre fino a tardi la mattina.
c. Da qui sento anche la televisione.
d. Ho già finito di guardare il film.
e. Ho detto tutto ai tuoi amici.
f. Vedo qualcuno.

1 Expansion Have pairs of students write all of the negative expressions found in the lesson and provide the affirmative word or words corresponding to each negative expression.

2 Completare Completa la seguente conversazione con le espressioni negative date. Usa ogni espressione una volta sola.

affatto	mai	nemmeno	niente
ancora	né... né	nessuno	più

EMMA Ciao, Matteo, come stai?

MATTEO Bene. E tu?

EMMA Bene. Non ti ho (1) _più_ sentito da domenica. Hai parlato con la banca per quel prestito?

MATTEO Sì, ma è stato molto difficile, perché non ho (2) _mai_ chiesto un prestito. Inoltre, dapprima non c'era (3) _nessuno_ disponibile con cui parlare, poi ho scoperto di non avere (4) _nemmeno_ un documento con me e infine non avevo (5) _ancora_ deciso che tipo di prestito chiedere!

EMMA Mamma mia, che brutta esperienza! Ma la persona con cui hai parlato non ti ha aiutato (6) _affatto_?

MATTEO Non mi ha aiutato (7) _né_ con dei consigli _né_ con degli esempi!

EMMA E allora, cosa farai?

MATTEO Per ora non faccio (8) _niente_, ma forse la prossima settimana vado in un'altra banca...

Practice more at **vhlcentral.com.**

3 Expansion Have students expand their answers to explain why each event happens.

COMUNICAZIONE

3 **Trasformare** A coppie, usate le espressioni negative per negare ogni affermazione.

MODELLO La cartoleria vende ancora cartoline. (non... più)

No, la cartoleria non vende più cartoline.

1. La banca dà soldi a tutti. (non... nessuno)
   No, la banca non dà soldi a nessuno.
2. Il vigile ha già dato una multa. (non... ancora)
   No, il vigile non ha ancora dato una multa.
3. Questo semaforo funziona sempre. (non... mai)
   No, questo semaforo non funziona mai.
4. La polizia ha chiamato anche un testimone. (non... nemmeno)
   No, la polizia non ha chiamato nemmeno un testimone.
5. Ho ritirato tutto dal mio conto corrente. (non... niente)
   No, non ho ritirato niente dal mio conto corrente.
6. È assolutamente vero! (non... affatto)
   No, non è affatto vero!

4 **Mai** A coppie, fate una lista di tre posti, nel vostro campus o nella vostra città, in cui non andate. Spiegate perché non ci andate. Poi, come classe, determinate quali sono i tre posti meno popolari. Answers will vary.

MODELLO

S1: *Io non vado mai in lavanderia, perché non ho vestiti che devono essere lavati a secco (dry cleaned).*

4 Expansion Give students a list of places, then have them order the places based on how often they go there. Have them explain the reason for their choices and compare them with the rest of the class.

5 **Una storia al negativo** A coppie, create una conversazione tra una vittima di un furto (*robbery*) a uno sportello automatico e un poliziotto. Il poliziotto fa domande alla vittima, ma la vittima risponde solo con frasi negative! Fate domande e date risposte per ricostruire la storia. Answers will vary.

MODELLO

S1: *Era dentro la banca?*
S2: *No, non sono mai stato dentro la banca.*
S1: *Ha riconosciuto il ladro?*
S2: *No, non ho riconosciuto nessuno...*

5 Expansion Have groups of students create a skit. Then select a couple of groups to act out their skits in front of the class.

Suggestion Tell students that the use of **nessuno** as an adjective in negative sentences is for added emphasis only. Ex.: **Non ha nessuna banconota.**

- **Nessuno** can mean *not any* in negative sentences when it precedes a noun. In these cases, the form of **nessuno** follows the pattern of the indefinite article **uno** (**nessun**, **nessun'**, **nessuno**, **nessuna**). Use **nessuno** with singular nouns only.

Gina **non** ha **nessuna** busta. *Gina does **not** have **any** envelopes.*	**Non** hai visto **nessuno** studente. *You did**n't** see **any** students.*

- **Nessuno**, **niente/nulla**, and **né... né** can precede the verb if they are subjects. In these cases, omit **non**.

Nessuno è venuto in comune. OR **Non** è venuto **nessuno** in comune.
__Nobody__ came to the town hall.

Niente è cambiato. OR **Non** è cambiato **niente**.
__Nothing__ has changed.

- When **né... né** precedes the verb, use the third-person plural form of the verb.

Né cani **né** gatti possono entrare nel salone di bellezza. ***Neither** dogs **nor** cats can come into the beauty salon.*	**Né** Gina **né** Mimmo vanno all'Internet café. ***Neither** Gina **nor** Mimmo is going to the Internet café.*

- You have already learned that **qualcosa** is followed by **di** before adjectives and **da** before infinitives. **Niente** and **nulla** follow the same pattern.

Mi hai portato **qualcosa di nuovo**? *Did you bring me **something new**?*	No, **non** ti ho portato **nulla di buono**. *No, I did**n't** bring you **anything good**.*
Avete **qualcosa da fare** domani? *Do you have **something to do** tomorrow?*	No, **non** abbiamo **niente da fare**. *No, we do**n't** have **anything to do**.*

Suggestion Ask students affirmative questions and have them respond in the most negative way possible. (**Studi spesso in biblioteca? No, non studio mai in biblioteca.**)

Provalo! **Scegli la parola o espressione corretta per completare le seguenti frasi.**

1. Non ho (**ancora** / nessuno) letto l'ultimo libro di Umberto Eco.
2. Non sono (**mai** / né) andata a trovare Carla in Italia.
3. Non ho mangiato (più / **niente**) sull'aereo.
4. Non ho parlato con Andrea. Non l'ho (nulla / **nemmeno**) visto oggi!
5. Da dopo il liceo non ho (affatto / **più**) contatti con Lucia.
6. È una bugia, questa storia non è (niente / **affatto**) vera!
7. La pasta è perfetta, né troppo calda (**né** / mai) troppo fredda.
8. Il semestre è finito e non c'è (né / **nessuno**) al campus.

Ricapitolazione

4 Expansion Ask students to report their partner's answers.

1 Nessuno In gruppi di quattro, parlate di attività che nessuno fa più perché non sono di moda. Siate specifici il più possibile. Poi paragonate la vostra lista con un altro gruppo e discutete le scelte con loro. Answers will vary.

1 Suggestion Place students with similar experiences, hometowns, or upbringings together.

MODELLO

S1: *Nessuno va più a ballare al Quest Lounge, neanche gli studenti del primo anno.*
S2: *Nessuno mangia più...*

2 In cartoleria A coppie, create una conversazione tra un cliente e una persona che lavora in una cartoleria. Il cliente cerca certi articoli, ma, sfortunatamente, sono esauriti (*sold out*). Siate creativi e usate quante più espressioni negative possibili. Answers will vary.

2 Suggestion Have students write a list of things they can find in a stationery store.

MODELLO

S1: *Buongiorno! Avete dei quaderni?*
S2: *No, mi dispiace, non vendiamo più quaderni.*
S1: *Non ne avete neanche uno o due vecchi?*
S2: *No, nessuno...*

3 Il postino A coppie, create un rapporto (*report*) che un postino potrebbe scrivere sui clienti a cui porta la posta. Chi non vive più in quella strada? Ci sono case in cui non vive nessuno? Chi non riceve mai posta? Usate le espressioni negative che conoscete e date molti dettagli. Answers will vary.

MODELLO

La prima casa è quella dei signori Lavelli. I signori Lavelli non ricevono mai posta, nemmeno dalla banca. La casa accanto è dei signori Tedesco, ma nessuno...

3 Expansion Have students act out a dialogue between two of the mailman's clients. Is he nice? Does he leave too many letters addressed to previous owners? Do the letters arrive wet when it rains?

4 Non lo farei mai! A coppie, parlate di cose che non fareste mai e dite perché. Per esempio, dove non andreste mai? Provate a scrivere almeno sei posti o attività usando le espressioni negative. Answers will vary.

MODELLO

S1: *Io non userei mai una carta di credito, perché è facile spendere troppi soldi.*
S2: *Io non lavorerei mai in un ufficio postale, perché secondo me è molto noioso.*

5 In città Lavorate a coppie. L'insegnante vi darà due fogli per scrivere le preferenze del vostro compagno di classe riguardo a vari posti in città. Chiedete con quale frequenza lui o lei fa ogni cosa. Answers will vary.

5 Expansion Have students write a short paragraph about their partner's habits.

MODELLO

S1: *Cristina, quante volte vai in cartoleria?*
S2: *Non vado affatto in cartoleria, compro tutto al supermercato. E tu, con quale frequenza vai in comune?*
S1: *Non vado in comune nemmeno una volta l'anno!*

foglio di lavoro

		mai	affatto	più	nemmeno	quante volte?
1	la cartoleria		✓			
2	il comune				✓	una volta all'anno
3						
4						

6 La persona più negativa del mondo! A coppie, create un'intervista sulla giornata della persona più negativa del mondo: la signora Nero. Siate creativi e usate quante più espressioni negative possibili. Poi scambiate i ruoli e create un'altra intervista. Answers will vary.

MODELLO

S1: *Buongiorno, signora Nero, come sta oggi?*
S2: *Malissimo! Non sono mai stata peggio!*
S1: *Mi dispiace. Mi dica, cosa ha fatto stamattina?*
S2: *Non ho fatto niente. Non c'è niente di divertente da fare e nessuno...*

6 Expansion Have groups of three students talk about themselves. Are they usually pessimistic or optimistic?

7 **Un puzzle logico** Lavorate a coppie per risolvere questo puzzle logico. Poi usate espressioni negative simili per creare un nuovo puzzle da scambiare con un'altra coppia.

Chi è il sindaco? Il sindaco è Gina.

1. Il sindaco lavorava all'ufficio postale, ma adesso non ci lavora più.
2. Stefano lavora dal fiorista e in lavanderia.
3. Il sindaco non va mai in gioielleria.
4. Marco non va mai in banca il lunedì.
5. Gina non lavora né all'ufficio postale né in gioielleria.
6. Il sindaco non visita mai il fiorista.
7. Laura non conosce nessuno all'ufficio postale e non ha mai conosciuto nessuno che lavora lì.
8. Il sindaco va in banca tutti i giorni, eccetto il martedì.

7 Expansion Have each pair describe the mayor's typical day. Then have each pair compare their story with another group's story. If time allows, have a couple of groups share their stories with the class.

8 **Inventario** Lavorate a coppie. L'insegnante vi darà due fogli diversi, ciascuno con metà delle informazioni sull'inventario di un grande magazzino. Domandatevi a turno quali articoli sono nel negozio e quali non ci sono, basandovi sulle informazioni del vostro foglio. Answers will vary.

MODELLO

S1: *Quanti calzini e cinture abbiamo?*
S2: *Non abbiamo né calzini né cinture. Quante sciarpe abbiamo?*
S1: *Nessuna!...*

8 Expansion Have students expand the dialogue with more details. For example, they can discuss whether to order more of each item or not, or what colors and sizes they want to get.

Aggiungi al tuo dizionario personalizzato cinque parole relative alle città, alle banche e alla posta.

il parchimetro

traduzione
parking meter

categoria grammaticale
sostantivo (m.)

uso
Devo mettere più monete nel parchimetro.

sinonimi
/

antonimi
/

Il mio dizionario Model the pronunciation of **parchimetro**, as the stress pattern can be challenging for English speakers. You may also want to explain the differences between Italian and American parking meters.

risorse

SAM WB: pp. 141–144	SAM LM: pp. 81–82	vhlcentral.com

Suggestion Tell students that the region **Toscana** is also considered part of **l'Italia centrale.**

Interactive Map

Panorama

L'Italia centrale

una spiaggia a Sirolo

la basilica di San Francesco in Assisi

Marche

Suggestion Point out the regions on the map and ask the students to find the **capoluoghi** of those regions.

La regione in cifre

- **Superficie:** *9.694 km²*
- **Popolazione:** *1.541.692*
- **Città principali:** *Ancona, Pesaro, Macerata*

Marchigiani celebri

- **Raffaello Sanzio,** *pittore e architetto (1483–1520)*
- **Maria Montessori,** *educatrice (1870–1952)*
- **Valentino Rossi,** *motociclista (1979–)*

Umbria

Suggestion Ask students to describe any paintings they know by Raffaello. Have they ever seen any in person? If so, ask them to tell the class about it.

La regione in cifre

- **Superficie:** *8.456 km²*
- **Popolazione:** *893.142*
- **Città principali:** *Perugia, Terni, Foligno*

Umbri celebri

- **San Francesco d'Assisi,** *frate°, patrono d'Italia (1181–1226)*
- **Aldo Capitini,** *filosofo (1899–1968)*
- **Monica Bellucci,** *attrice e modella (1964–)*

Lazio

La regione in cifre

- **Superficie:** *17.207 km²*
- **Popolazione:** *5.578.916*
- **Città principali:** *Roma, Latina, Viterbo*

Laziali celebri

- **Vittorio De Sica,** *regista e attore (1901–1974)*
- **Anna Magnani,** *attrice (1908–1973)*
- **Tiziano Ferro,** *cantautore° (1980–)*

i bagni termali ad Ostia Antica

Incredibile ma vero!

Le grotte° di Frasassi sono state scoperte nel 1948 e sono state aperte al pubblico nel 1974. La lunghezza° totale è di circa 13 chilometri, la stalagmite «Obelisco» è alta 15 metri, alcuni pozzi° sono profondi 25 metri e la «Sala di Ancona» è così grande che può contenere il Duomo di Milano. È uno spettacolo naturale da non perdere!

frate *friar* **cantautore** *singer-songwriter* **grotte** *caverns* **lunghezza** *length* **pozzi** *wells*

Incredibile ma vero! Ask students if they have visited any caverns. Ask them to share their experience with the class.

Le feste Have groups of students discuss their favorite festivals. Do they prefer music festivals, arts festivals, or food festivals?

Le feste

Un festival di cioccolato

Si chiama Euro Chocolate Festival e si svolge° a ottobre nella città di Perugia. Il festival dura dieci giorni. La sua prima edizione si è tenuta nel 1994. Nel 2008 hanno partecipato un milione di persone e 200 aziende che hanno offerto 190 tonnellate° di cioccolato in degustazione°. Oltre ai dolci, durante il festival si tengono convegni, mostre, laboratori° e dibattiti. Particolare attenzione va al dolce di Perugia per eccellenza, il Bacio Perugina. Nel 2003 è stato preparato un Bacio che è entrato nel Guinness dei Primati: largo 7 metri e alto 2, con 3.500 chili di cioccolato e centinaia di migliaia di nocciole°. Peso totale: 5.980 chili!

L'artigianato

Ceramiche famose in tutto il mondo

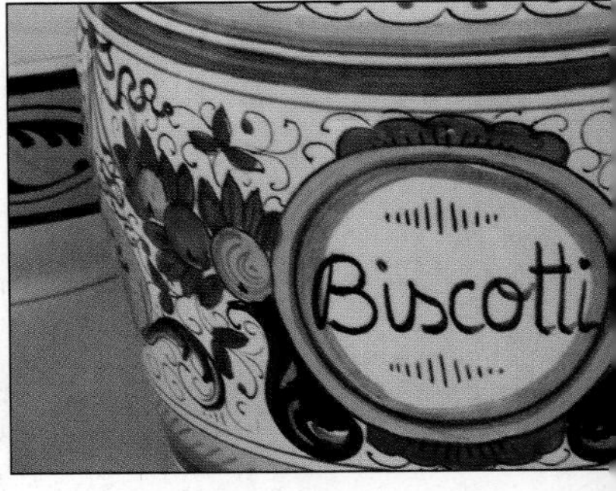

Le ceramiche di Deruta sono note per la loro qualità e i loro colori. È una tradizione che risale agli Etruschi ed è nata grazie alle risorse naturali presenti nell'area. Deruta è sempre stato il centro principale italiano della produzione della ceramica ed è stato per anni anche un importante centro economico e artistico. I colori tipici dei prodotti sono il verde, il bruno manganese°, l'arancione, il blu e il giallo. I prodotti tipici sono vasi, piatti, piani per tavoli e complementi d'arredo. La maiolica, un tipo di ceramica, è usata anche per i pavimenti delle chiese.

La storia

La civiltà etrusca in Italia

Gli etruschi sono un popolo antico dalle origini molto incerte. Sappiamo che vissero° nel Lazio, in Toscana e in Campania. In alcuni testi greci e romani del VII secolo a.C. troviamo dei riferimenti alla cultura etrusca. Fu° proprio l'ascesa° di Roma a determinare la fine della civiltà etrusca. Di particolare interesse sono le necropoli, aree ricche di tombe etrusche che si trovano presso le città di Tarquinia e Cerveteri. L'interno di questi sepolcri è spesso decorato con pitture a colori raffiguranti danze e banchetti° preparati per rendere felice il morto°. Purtroppo solo poche necropoli sono oggi aperte al pubblico.

L'architettura

Un'acustica perfetta

Lo Sferisterio di Macerata è stato costruito all'inizio dell'Ottocento. A quei tempi era usato per spettacoli sportivi, come il gioco del pallone col bracciale° e gli spettacoli di tauromachia°. Nel 1921 è diventato un teatro di opera lirica. Può ospitare circa 3.000 persone e, secondo molti, è l'arena italiana con la migliore acustica. Grazie al «Musicultura Festival», iniziato negli anni '90, questo teatro ha ospitato gli artisti più grandi nel campo della danza e della musica, tra i quali Nureyev, Pavarotti, Carreras, Caballé, Miles Davis, Joe Venuti, B. B. King, Ray Charles e Sarah Vaughan.

Quanto hai imparato? Completa le frasi.

1. La stalagmite «Obelisco» nelle grotte di Frasassi è alta 15 metri.
2. Nelle grotte di Frasassi ci sono pozzi profondi 25 metri.
3. L'Euro Chocolate Festival si svolge a Perugia in ottobre.
4. Nel 2003 un enorme Bacio Perugina è entrato nel Guinness dei Primati.
5. La città di Deruta è famosa per la produzione di ceramiche.
6. I colori tipici delle ceramiche di Deruta sono il verde, il bruno manganese, l'arancione, il blu e il giallo.
7. La cultura etrusca risale al VII secolo a.C.
8. A Tarquinia e Cerveteri ci sono molte necropoli etrusche.
9. Lo Sferisterio di Macerata oggi è un teatro per spettacoli di opere liriche.
10. Nello Sferisterio di Macerata è iniziato, negli anni '90, il Musicultura Festival.

Practice more at **vhlcentral.com.**

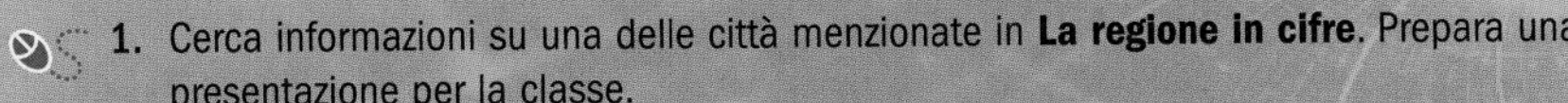

SU INTERNET

Go to vhlcentral.com to find more cultural information related to this **Panorama**.

1. Cerca informazioni su una delle città menzionate in **La regione in cifre**. Prepara una presentazione per la classe.
2. Gli etruschi sono un popolo affascinante e misterioso. Cerca più informazioni sulla loro storia e l'importanza che hanno avuto nella cultura italiana.
3. In cosa consistevano il gioco del pallone col bracciale e gli spettacoli di tauromachia? Cerca descrizioni dei due eventi e presentale alla classe.

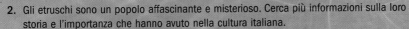

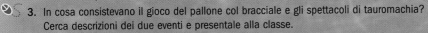

si svolge *it takes place* **tonnellate** *tons* **degustazione** *tasting* **convegni, mostre, laboratori** *meetings, exhibitions, workshops* **nocciole** *hazelnuts* **bruno manganese** *a shade of brown* **vissero** *they lived* **Fu** *It was* **ascesa** *rise* **banchetti** *banquets* **per rendere felice il morto** *to make the dead happy* **bracciale** *armband* **tauromachia** *bullfighting*

Lettura

Prima di leggere

STRATEGIA

Reading for the main idea

As you know, you can learn a great deal about a reading selection by looking at its format and by looking for cognates, titles, and subtitles. You can skim to get the gist of the reading selection and scan it for specific information. Reading for the main idea is another useful strategy; it involves locating the topic sentences of each paragraph to determine the author's purpose. Topic sentences can provide clues about the content of each paragraph, as well as the general organization of the reading. Your choice of which reading strategies to use will depend on the style and format of each reading selection.

Esaminare il testo In questa lettura ci sono due testi diversi. Guardali velocemente. Il loro formato è simile o differente? Quali strategie pensi di poter usare per identificare il genere di questi testi? Paragona le tue idee con quelle di un(a) compagno/a.

Confrontare i due testi

Il primo testo

Analizza il formato del primo testo. C'è un titolo? Ci sono sottotitoli? Ci sono molte sezioni? Com'è organizzato il testo? Adesso guarda il contenuto. Che tipo di vocabolario è usato? Cosa ne pensi?

Il secondo testo

Questo testo è organizzato come il primo? Ci sono titoli, sottotitoli e diverse sezioni? Le informazioni sono simili a quelle del primo testo? E il vocabolario? Cosa pensi del genere del secondo testo? I due testi parlano dello stesso argomento?

Prima di leggere Bring articles from the Internet, magazines, or newspapers to class. Show the titles of half of them to the students and ask what they think the content might be. Show the text of the others and ask students to create their own headlines.

Valdilago
un vero angolo di paradiso!

Benvenuti a Valdilago!

Ecco alcune informazioni utili sulla nostra città.

- **Negozi:** A Valdilago si trovano tutti i negozi di cui avete bisogno: supermercati, farmacie, negozi di vestiti, negozi di musica, ristoranti etnici e locali, cartolerie, edicole, lavanderie e tanto altro.
- **Edifici pubblici:** In centro si trovano un ufficio postale, una biblioteca, la questura, il comune, la polizia, i pompieri, alcune banche (con sportello automatico) e alcune chiese. Per ottenere i numeri di telefono di questi posti chiamate il numero verde° 800-1234567.
- **Per divertirvi:** Valdilago ha un Internet café, videoteche e piscine. Ci sono tante opzioni per tutti i gusti e per tutte le età.
- **Shopping:** Non dimenticate di fare shopping durante la vostra visita! Comprate qualcosa per voi stessi o per i vostri amici nelle nostre gioiellerie, saloni di bellezza, profumerie e centri commerciali: sarà un regalo indimenticabile!

Per ulteriori informazioni e numeri di telefono, consultate il nostro sito web o il centro informazioni.

9 MAGGIO, 2010

Valdilago

Cari amici, eccomi di nuovo dopo tre giorni di assenza dal mio blog. Oggi voglio parlarvi della mia città, Valdilago. Se venite a visitarla vi divertirete! Una cosa che mi piace di Valdilago è che in centro si trova tutto quello che si desidera: dalla banca alla lavanderia all'ufficio postale. Non si deve guidare per ore, basta solo fare pochi passi e tutte le spese sono fatte! Spesso quando vado in centro mangio alla «Trattoria Roberto», un ottimo ristorante di cucina locale.

Ci sono anche tanti ristoranti etnici, dal cinese al tailandese al messicano; quest'ultimo è uno dei miei preferiti. Dopo pranzo non potete non assaggiare il gelato di Rino: il migliore del mondo! A volte il pomeriggio vado all'Internet café ed è da lì che vi scrivo. Ci sono tanti negozi di vestiti e c'è anche un centro commerciale con opzioni per tutti i prezzi. Io passo anche tanto tempo nel negozio di musica, che si trova vicino all'Internet café—quindi ci vado spesso! Il venerdì sera, di solito, i miei amici e io andiamo in videoteca e noleggiamo uno o due film. Lì si trovano tutti i film moderni e ce n'è sempre una copia disponibile.

Allora, amici miei, venite a trovarmi e a visitare la mia città, che aspettate?

Pierantonio

P.S. Portate anche le vostre ragazze, a loro piaceranno moltissimo i saloni di bellezza e le profumerie!

Dopo la lettura Have pairs of students discuss the differences and similarities between the two articles.

Dopo la lettura Have groups of three students write a short article and a short blog entry about their school. Ask them which was easier to write and why.

numero verde *toll-free number*

Dopo la lettura

Vero o falso? **Indica se le seguenti frasi sul primo testo sono vere o false. Correggi le frasi false.**

1. A Valdilago ci sono pochi negozi.
   Falso. Ci sono tutti i negozi di cui si ha bisogno.
2. Valdilago ha un sito Web.
   Vero.
3. La banca ha uno sportello automatico.
   Vero.
4. A Valdilago non c'è niente per divertirsi.
   Falso. Ci sono un Internet café, videoteche e piscine.
5. Il numero verde è per chiedere informazioni.
   Vero.
6. Per fare shopping c'è solo un centro commerciale.
   Falso. Ci sono anche gioiellerie, saloni di bellezza e profumerie.

Dov'è? **Di' dove devono andare queste persone per fare quanto indicato.** Answers may vary slightly. Sample answers are provided.

1. La signora Dadi vuole spedire un pacco a sua figlia.
   Deve andare all'ufficio postale.
2. Giovanna vuole comprare un CD per il compleanno di Dante.
   Lo può comprare al negozio di musica.
3. Sono le dieci di sera e i signori Costa hanno bisogno di soldi.
   Vanno allo sportello automatico della banca.
4. Sabrina vorrebbe una collana.
   Va alla gioielleria.
5. Giulio vuole scrivere un messaggio e-mail alla sua ragazza.
   Può andare all'Internet café.
6. I turisti vogliono più informazioni.
   Le possono cercare sul sito Web o al centro informazioni.

E voi? **A coppie, parlate di dove andate a fare shopping o a fare spese senza dire il nome del posto. Una persona deve dare una descrizione dettagliata mentre l'altra prova a indovinare di quale posto parla. Poi, scambiate i ruoli.** Answers will vary.

Extra practice Have groups of three students talk about what they like to do on Friday nights. Share some ideas with the class.

 Practice more at **vhlcentral.com.**

In ascolto

Audio

STRATEGIA

Using background information

Once you discern the topic of a conversation, take a minute to think about what you already know about the subject. Using this background information will help you guess the meaning of unknown words or linguistic structures.

To help you practice this strategy, you will listen to a short news report. Jot down the subject of the report, and then use your knowledge of the subject to listen for and write down the main points.

Preparazione

Guarda la fotografia. Quante persone ci sono? Dove sono? Secondo te, di che cosa stanno parlando? Answers will vary.

Ascoltiamo

Ascolta la conversazione tra Alessandro e Elena. Poi ascoltala di nuovo e scrivi le quattro cose che Alessandro e Elena faranno stamattina. Poi, a coppie, paragonate le vostre risposte.

Alessandro va in banca.

Alessandro va in libreria.

Alessandro va in comune.

Elena va in lavanderia.

Preparazione Before you play the recording, have students create a short dialogue between the people in the picture. How close did they get to the dialogue on the recording?

Practice more at **vhlcentral.com.**

Comprensione

Vero o falso? Have pairs of students take turns asking and answering the items orally.

Vero o falso? **Indica se le affermazioni sono vere o false. Correggi le frasi false.**

1. Alessandro vive in città da tre mesi.
   Falso. Vive in città da un mese.
2. Alessandro vuole aprire un conto in banca.
   Vero.
3. Lo sportello automatico della Banca Toscana è aperta tutto il giorno.
   Vero.
4. La banca si trova a destra della farmacia.
   Falso. Si trova di fronte alla farmacia.
5. La Libreria Filippi non è lontana dalla banca.
   Vero.
6. Alessandro vuole comprare dei libri per una sua compagna di classe.
   Falso. Deve comprare dei libri per le sue classi.
7. Alessandro chiede un favore a Elena.
   Falso. Elena chiede un favore ad Alessandro.
8. Alessandro va in comune per prendere dei documenti.
   Falso. Va in comune per lasciare i documenti di Elena.

Nella tua città **Alessandro passerà un semestre alla tua scuola. Ti fa le stesse domande che ha fatto a Elena. Scrivigli una breve lettera e spiegagli come andare dall'università alla banca più vicina. Poi spiegagli come andare dalla banca al supermercato dove vanno gli studenti della tua scuola a fare la spesa. Infine chiedi ad Alessandro se può farti un favore mentre fa la spesa e digli cosa fare.** Answers will vary.

Nella tua città Have students create three or four true/false statements about their letter. Then have students trade texts and answer each other's questions.

Scrittura

STRATEGIA

Using linking words

You can make your writing more sophisticated by using linking words to connect simple sentences or ideas, in order to create more complex sentences. Consider the following two passages:

Without linking words

Oggi ho fatto molte spese. Sono stato alla posta. Ho fatto la fila per circa mezz'ora. Ho comprato dei francobolli. Ho comprato anche delle buste. Sono andato alla banca. La banca è accanto alla lavanderia. Ieri ho perso la mia carta di credito. Dovevo anche ritirare dei soldi. Sono andato a una pizzeria a mangiare con un amico. Il mio amico si chiama Marco. Sono tornato a casa. Erano le sei. Mia madre tornava dal lavoro.

With linking words

Oggi ho fatto molte spese. Dapprima sono stato alla posta, dove ho fatto la fila per circa mezz'ora. Ho comprato dei francobolli e anche delle buste. Poi sono andato alla banca, che è accanto alla lavanderia, perché ieri ho perso la mia carta di credito e perché dovevo anche ritirare dei soldi. Inoltre sono andato in una pizzeria a mangiare con un amico che si chiama Marco. Alle sei, infine, sono tornato a casa mentre mia madre tornava dal lavoro.

Linking words			
allora	*then*	**o, oppure**	*or*
cioè	*that is to say*	**perché**	*because*
così	*so*	**perciò**	*that's why*
di solito	*usually*	**però**	*however*
dopo che	*then, after that*	**per quanto riguarda**	*regarding*
dapprima	*first*		
dunque	*so*	**poi**	*then*
finalmente	*finally*	**sempre più**	*more and more*
in effetti	*indeed*		
inoltre	*moreover*	**sempre meno**	*less and less*
ma	*but*	**spesso**	*often*
mentre	*while, as*	**talvolta**	*sometimes*
nonché	*as well as*	**tuttavia**	*however*

Strategia Have students revise the letter they wrote in **La tua città** to include as many linking words as possible.

Strategia Have groups of three students compete to come up with more linking words not listed above.

Tema

Descrivere un nuovo negozio

Hai deciso di aprire un negozio con un amico vicino al campus. Vuoi creare un luogo originale che non esiste da nessuna parte e che sarà utile agli studenti, un posto dove gli studenti possono fare diverse cose allo stesso tempo (per esempio: fare il bucato e navigare su Internet). Prepara una descrizione dettagliata della tua idea e dei servizi che vuoi offrire. Usa la tua immaginazione e le domande della lista come guida. Answers will vary.

- Che tipo di negozio vuoi aprire?
- Quale sarà il nome del negozio?
- Che prodotti venderai? Saranno costosi o economici? Dai dei dettagli.
- Dove sarà questo posto?
- Come sarà l'interno del negozio (stile, decorazioni ecc.)?
- Quale sarà l'orario di apertura e di chiusura?
- Perché sarà diverso dagli altri? Spiega cosa lo renderà unico e perché gli studenti dovrebbero venire.

Tema Have students vote on the best business idea, giving reasons why they made that choice.

Indicazioni

l'angolo	*corner*
l'incrocio	*intersection*
l'isolato	*block*
il marciapiede	*sidewalk*
il ponte	*bridge*
la rotonda	*traffic circle, rotary*
il semaforo	*traffic light*
la strada	*street*
le strisce (pedonali)	*crosswalk*
la via	*street*
girare	*to turn*
proseguire	*to continue*
di fronte a	*across from*
diritto	*straight*
fino a	*until*
lontano da	*far from*
qui vicino	*nearby*
verso	*toward*
vicino a	*close to*
nord	*north*
sud	*south*
est	*east*
ovest	*west*

Espressioni

Dove si trova...?	*Where is . . . ?*
attraversare	*to cross (the street)*
costruire (-isc-)	*to build*
dare un passaggio	*to give (someone) a ride*
orientarsi	*to get one's bearings*
perdersi	*to get lost*
salire le scale	*to climb stairs*
scendere le scale	*to go down the stairs*

La gente

il pedone	*pedestrian*
il/la poliziotto/a	*police officer*
il/la pompiere/a	*firefighter*
il sindaco	*mayor*
lo/la spazzino/a	*street sweeper; garbage collector*

La banca e le finanze

la banca	*bank*
la banconota	*bill (banknote)*
lo sportello automatico	*ATM*
il conto bancario	*bank account*
il conto corrente	*checking account*
il conto risparmio	*savings account*
la moneta	*coin; change*
chiedere un prestito	*to ask for a loan*
depositare il denaro	*to deposit money*
fare delle commissioni	*to run errands*
firmare	*to sign*
pagare con assegno	*to pay by check*
pagare con carta di credito/debito	*to pay with a credit/debit card*
pagare in contanti	*to pay in cash*
riempire un modulo	*to fill out a form*
ritirare dei soldi	*to withdraw money*

I luoghi

la cartoleria	*stationery store*
il comune	*town hall*
l'edicola	*newsstand*
il fiorista	*flower shop; florist*
il fotografo	*photo shop; photographer*
la gioielleria	*jewelry store*
l'Internet café	*Internet café*
la lavanderia	*laundromat*
la profumeria	*perfume/cosmetics shop*
la questura	*police headquarters*
il salone di bellezza	*beauty salon*
l'ufficio informazioni	*(tourist) information office*
la videoteca	*video store*

Espressioni utili	*See pp. 315 and 329.*
Relative pronouns	*See p. 320.*
Indefinite words	*See p. 332.*

In centro

la cabina telefonica	*phone booth*
il centro commerciale	*mall; shopping center*
la chiesa	*church*
il chiosco	*newsstand; kiosk*
la fontana	*fountain*
il grande magazzino	*department store*
il locale notturno	*nightclub*
il negozio	*store*
il paese	*town*
la panchina	*bench*
la piscina	*pool*
la statua	*statue*

La posta

la busta	*envelope*
la cassetta delle lettere	*mailbox*
la cartolina	*postcard*
il francobollo	*stamp*
l'indirizzo	*address*
il pacco	*package*
la posta	*mail*
il/la postino/a	*mail carrier*
la rivista	*magazine*
l'ufficio postale	*post office*
imbucare una lettera	*to mail a letter*
inviare	*to send*
ricevere	*to receive*

Espressioni negative

non… affatto	*not at all*
non… ancora	*not yet*
non… mai	*never*
non… né… né	*neither . . . nor*
non… neanche/nemmeno/neppure	*not even*
non… nessuno	*nobody*
non… niente/nulla	*nothing*
non… più	*no longer*

UNITÀ 10

Lo spirito creativo

Per cominciare

- Dove sono i ragazzi, a teatro o al museo?
  Sono a teatro.
- Sono attori o fanno parte del pubblico? Sono attori.
- Qualcuno suona uno strumento? No.
- Quali personaggi portano le maschere?
  Lorenzo e Riccardo portano le maschere.
- Come si chiamano due di questi personaggi della commedia dell'arte?
  Answers will vary slightly. Pantalone, Colombina, Arlecchino.

Lezione

10A

Communicative Goals

You will learn how to:

- talk about the performing arts
- talk about music and musicians

CONTESTI

Lo spettacolo

Vocabulary Tools

Suggestion Ask students questions about music. Ex.: **Suoni uno strumento? Quale? Quale vorresti saper suonare? Ti piace andare ai concerti? Che tipo di musica ti piace?**

Suggestion Point out the difference between **persona** (*person*) and **personaggio** (*character*).

Vocabolario

espressioni	*expressions*
ẹssere in tour	*to be on tour*
interpretare	*to perform*
mẹttere in scena	*to put on a show*
recitare un ruolo	*to play a role*
allo spettạcolo	***at a show***
l'applauso	*applause*
l'assolo	*solo*
l'atto	*act*
il balletto	*ballet*
la canzone	*song*
il concerto	*concert*
il coro	*chorus*
il debutto	*debut*
il fẹstival	*festival*
la fine	*end*
l'intervallo	*intermission*
l'orchestra	*orchestra*
la proiezione	*screening*
la rappresentazione dal vivo	*live performance*
gli strumenti musicali	***musical instruments***
il clarinetto	*clarinet*
la fisarmọnica	*accordion*
il flauto	*flute*
il sassọfono	*saxophone*
il violino	*violin*
la gente	***people***
il compositore/ la compositrice	*composer*
il/la drammaturgo/a	*playwright*
il personaggio (principale)	*(main) character*
il pụbblico	*public; audience*
il/la regista	*director*

Suggestion Remind students to use **suonare** with instruments and **praticare** or **giocare** with sports.

risorse

SAM WB: pp. 147-148 | SAM LM: p. 83 | vhlcentral.com

Suggestion Remind students that they already learned to talk about some musical instruments in **Lezione 2A**.

Attenzione!

In Italian, the word **ọpera** can mean *opera* (**ọpera lịrica**), *work of art*, or *work* in general. Use context to determine the correct meaning.

Pratica

Extra practice Have students choose a person from the illustration and write a few sentences about him/her. They can answer questions such as: **Come si chiama? Quanti anni ha? Cosa fa nella vita?**

1 Le coppie Abbina ogni parola con il disegno più adatto.

1. _e_ cantante
2. _c_ poltrone
3. _f_ ballerina
4. _a_ pianista
5. _b_ violinista
6. _d_ batterista

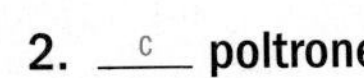

a. 

b. 

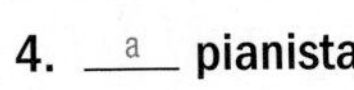

c. 

d. 

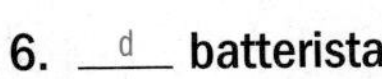

e. 

f. 

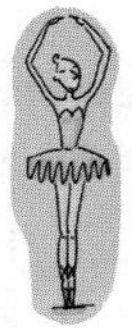

2 Aggiungere Scegli la parola dalla lista che meglio completa ogni gruppo.

canzone	intervallo	regista	tragedia
fisarmonica	recitare	spettatrice	violinista

1. clarinetto, flauto, violino, _fisarmonica_
2. pubblico, applaudire, poltrone, _spettatrice_
3. balletto, commedia, opera, _tragedia_
4. batterista, chitarrista, pianista, _violinista_
5. cantante, coro, concerto, _canzone_
6. fine, primo atto, terzo atto, _intervallo_
7. cantare, interpretare, suonare, _recitare_
8. cinema, film, proiezione, _regista_

2 Suggestion Have students close their books. Then read the groups of words aloud and ask students to supply a word that fits each category.

3 Scegliere Ascolta le frasi, poi scegli la parola più appropriata.

3 Expansion Ask students to write sentences using each option not selected.

MODELLO Come cantano bene queste persone!

l'orchestra / (il coro)

1. (il concerto) / il balletto
2. (la commedia) / la tragedia
3. l'assolo / (il debutto)
4. la fine / (l'intervallo)
5. il ballerino / (il cantante)
6. (la tragedia) / l'applauso
7. l'atto / (la poltrona)
8. (il chitarrista) / lo spettatore

Practice more at **vhlcentral.com.**

Comunicazione

4 **E tu?** **A coppie, fate a turno a farvi le seguenti domande e a rispondere.** Answers will vary.

MODELLO

S1: *Preferisci le commedie o le tragedie?*
S2: *Preferisco le tragedie. E tu?*

1. Qual è il tuo strumento musicale preferito?
2. Ti piace l'opera lirica?
3. Hai mai visto un'opera? Quale?
4. Qual è il/la tuo/a cantante preferito/a? E il tuo gruppo preferito?
5. Sei mai andato/a a un concerto rock? Dove? Quando?
6. Hai mai recitato un ruolo in una rappresentazione teatrale (*play*)? Se sì, che personaggio hai interpretato?
7. Ti piace il balletto? Perché?
8. Ti piace cantare? Hai mai fatto parte di un coro?

4 Expansion Have pairs survey the rest of the class to identify similarities in their interests.

5 **A teatro** **A coppie, mettete le seguenti frasi nell'ordine corretto per creare una descrizione logica di una serata a teatro.**

1. _7_ La rappresentazione finisce.
2. _4_ Dopo i primi due atti c'è l'intervallo.
3. _1_ Molte persone arrivano a teatro.
4. _6_ Il terzo atto inizia dopo venti minuti.
5. _2_ Il pubblico si siede.
6. _8_ Gli spettatori applaudono.
7. _5_ Durante l'intervallo, un pianista suona per il pubblico.
8. _3_ L'opera comincia.

5 Expansion Have pairs of students write two more sentences to finish the description and tell what happens after the performance.

6 **Le arti** **Lavorate a coppie. L'insegnante vi darà due fogli diversi, ciascuno con un'e-mail che presenta un problema relativo alle arti. A turno, riassumete il problema e chiedetevi consiglio.** Answers will vary.

6 Expansion Have students write an e-mail asking a friend to help with a problem related to the arts. Then have students exchange e-mails and find solutions for their classmates' problems.

7 Expansion Have students write a short paragraph describing a concert, a play, a recital, etc. that they have attended recently.

7 **Un concerto rock** **In gruppi di tre, immaginate di aver visto ieri sera il concerto rock dei tre ragazzi nella foto. Scrivete una descrizione dell'evento, includendo informazioni sui musicisti, sul loro aspetto (*appearance*) e sulle loro azioni. Esprimete le vostre impressioni sulla loro interpretazione.** Answers will vary.

MODELLO

S1: *Il concerto è stato il debutto di questo gruppo rock.*
S2: *Il pubblico era molto eccitato e i musicisti erano...*

Pronuncia e ortografia

Elision and the *d eufonica*

all'ultimo **dov'è** **quest'anno** **un'idea**

In Italian, letters are sometimes dropped or left out in order to ease pronunciation. This is called *elision*.

l'albero **l'ho** **d'Italia** **un'amica**

Elision occurs most commonly when a word that ends in a vowel precedes a word that begins with a vowel sound. The elided vowel is often replaced with an apostrophe.

le Alpi **le amiche** **le università** **le uova**

Elision does not occur when the definite article **le** precedes a noun that begins with a vowel sound.

andar bene **farlo** **dottor Bianchi** **signor Rossi**

Often the final **-e** of infinitives and masculine titles is dropped in Italian. When this occurs, the dropped vowel is not replaced by an apostrophe.

ad esempio **ad un amico** **ed è** **ed io**

To make pronunciation clearer, the letter **d** is often added to the Italian words **a** and **e** (and sometimes **o**) when they precede a word beginning with a vowel, especially when that word begins with the same vowel. This added letter is called the **d eufonica**. Note that the **d eufonica** is never added to the verb **è**.

Suggestions

- Ask students to identify which vowels have been elided.
- Explain that *euphonic* means "pleasing to the ear" and ask students why adding the letter **d** might make a sound more pleasing.
- Note the proverb's use of **ben** and explain that the adverbs **bene** and **male** often elide when preceding a verb or past participle. Ex.: **ben fatto**.
- Explain that use of the **d eufonica** varies from person to person, depending on whether the speaker (or writer) considers it necessary in order to avoid awkward sound combinations.
- You may wish to explain to students that elision of the masculine definite article before nouns beginning with a vowel sound occurs because the article would otherwise be **lo**. Ex.: **Lo + attore = l'attore**.

Pronunciare Ripeti le espressioni ad alta voce.

1. l'aria
2. ed oltre
3. buon'idea
4. com'è
5. le isole
6. aver fatto
7. portarla
8. l'hanno
9. c'è
10. ad Atene
11. dottor Perilli
12. dell'universo

Articolare Ripeti le frasi ad alta voce.

1. Il signor Ricci è dall'amico.
2. Penso di poter venire con voi domani.
3. Scriviamo un'altra volta ad un esperto.
4. C'è un'automobile blu a casa tua.
5. L'ho visto stasera con Marco ed Alberto.
6. Potrebbe andar bene o potrebbe andar male.

Chi ben comincia è a metà dell'opera.[2]

Proverbi Ripeti i proverbi ad alta voce.

Cambiano i suonatori ma la musica è sempre quella.[1]

[1] The melody's changed, but the song remains the same. (lit. The musicians change, but the music is always the same.)

[2] A good start is half the battle. (lit. He who starts well is halfway through the job.)

risorse

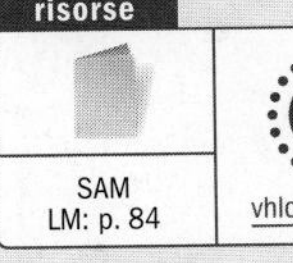

SAM LM: p. 84 | vhlcentral.com

I sogni son desideri

Prima di vedere Ask students to read the episode title and discuss its meaning. What might Viola be dreaming about?

PERSONAGGI

Emily-Colombina

Lorenzo-Pantalone

Massimo (Innamorato)

Riccardo-Arlecchino

Viola (Innamorata)

Suggestion Before watching this episode, review the major characteristics of the **commedia dell'arte** characters **Colombina**, **Pantalone**, **Arlecchino**, and the **Innamorati** with the class.

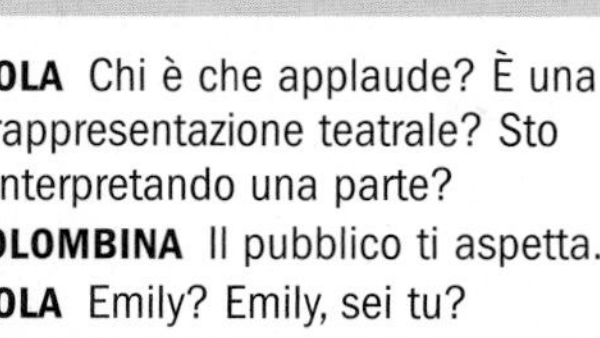

VIOLA Chi è che applaude? È una rappresentazione teatrale? Sto interpretando una parte?
COLOMBINA Il pubblico ti aspetta.
VIOLA Emily? Emily, sei tu?
COLOMBINA Benvenuti, benvenuti. La rappresentazione di stasera è una commedia. Spero.

MASSIMO Ho scritto una poesia.
Mia bella Viola.
L'amore è il dono più bello
del mondo.
E io voglio farti questo dono.
Il dono più grande.
Il dono dell'amore.
Ah, grande dono d'amore,
come ti amo!

COLOMBINA Vi ha annoiato il mio amico con la sua esibizione?
ARLECCHINO Dolce Colombina, ho una cosa per te.
COLOMBINA Un regalo? Per me? Vediamo che cos'è?
ARLECCHINO Un'orchestra!
COLOMBINA Quella è una scatola.
ARLECCHINO Sì, una scatola magica. Ascolta.

ARLECCHINO Lo sente il sassofono?
PANTALONE Lo sento. Lo sento. Oh, è meraviglioso. Devo avere quella scatola.
ARLECCHINO Le piacerebbe averla, vero? Ma è l'unica al mondo. Non posso dargliela gratis.
PANTALONE Ma io non ho soldi. Come posso pagarla?
ARLECCHINO Non ha soldi?

ARLECCHINO Mi prometta due cose. Primo. Non la userà mai per obbligare Viola a separarsi da Massimo.
PANTALONE Non potrei mai farlo. E qual è la seconda promessa?
ARLECCHINO Mi piace tanto quella camicia che indossava l'altro giorno.
PANTALONE Cerca di non sporcarla. (*Ascolta la scatola.*) Adoro il suono della fisarmonica. Ho un'idea.

PANTALONE Mi trovo davanti a un dilemma. Non riesco a decidere tra l'amore e i soldi.
MASSIMO Per Lei, vincono sempre i soldi.
PANTALONE ... La gente pagherebbe un sacco di soldi per sentire la musica che esce da questa scatola, e io diventerei l'uomo più ricco d'Italia. A quel punto Viola si renderebbe conto che mi ama.

ATTIVITÀ

1 Vero o falso? Decidi se le seguenti affermazioni sono vere o false.

1. Il pubblico aspetta Emily. Falso.
2. Massimo ha scritto una poesia per Emily. Falso.
3. Arlecchino ha una scatola per Colombina. Vero.
4. La scatola di Arlecchino è magica. Vero.
5. Arlecchino è il padrone di Pantalone. Falso.
6. Pantalone vuole la scatola di Arlecchino. Vero.
7. Pantalone ha una camicia che piace ad Arlecchino. Vero.
8. Massimo ha un dilemma. Falso.
9. Colombina vuole la camicia di Pantalone. Falso.
10. La scatola suona in presenza del vero amore. Vero.

1 Expansion Have students correct the false statements.

Practice more at **vhlcentral.com.**

Viola sogna i personaggi della commedia dell'arte.

Suggestion Tell students that **la maschera** can refer to a mask or to a recurring character, such as **Arlecchino**, **Colombina**, or **Pantalone**.

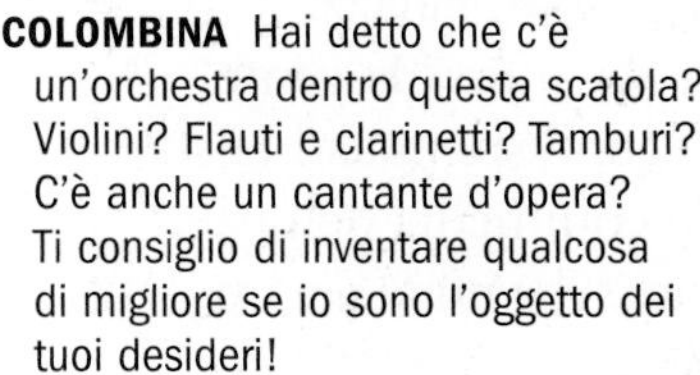

COLOMBINA Hai detto che c'è un'orchestra dentro questa scatola? Violini? Flauti e clarinetti? Tamburi? C'è anche un cantante d'opera? Ti consiglio di inventare qualcosa di migliore se io sono l'oggetto dei tuoi desideri!

PANTALONE Che cosa stai facendo?
ARLECCHINO Ascolti, padrone. Ora c'è un pianista che suona un concerto.
PANTALONE Ma io non sento niente.
ARLECCHINO Shhh. Silenzio. Ascolti con tutte e due le orecchie.

MASSIMO Mi faccia vedere questa scatola. È vuota. Buffone!
PANTALONE Fermo! Ti prego!
ARLECCHINO Che cosa hai fatto?
MASSIMO La colpa di tutto questo è tua! Era solo un trucco. Ho detto la verità a un uomo anziano.

Dopo la visione After students watch the **Fotoromanzo**, review their predictions as a class.

ARLECCHINO Non hai capito niente.
COLOMBINA Questa scatola non suona nessuna musica.
PANTALONE Ma no, no, no! Ridammi la mia camicia!
ARLECCHINO Ma sì che suona. Suona una musica meravigliosa in presenza del vero amore.
COLOMBINA Ma per chi suona?

Espressioni ụtili

At the theater

- **Sto interpretando una parte?**
  Am I playing a role?
- **teatrale**
  theatrical
- **esibizione**
  performance
- **tamburi**
  drums

Using infinitive constructions

- **Voglio farti questo dono.**
  I want to give you this gift.
- **Ti consiglio di inventare qualcosa di migliore.**
  I suggest you invent something better.
- **per obbligare Viola a separarsi da Massimo**
  to make Viola leave Massimo
- **Cerca di non sporcarla.**
  Try not to get it dirty.
- **Non riesco a decịdere.**
  I can't manage to decide.

Additional vocabulary

- **Spero.**
  I hope.
- **Come ti amo!**
  How I love you!
- **Quella è una scạtola.**
  That's a box.
- **Che cosa stai facendo?**
  What are you doing?
- **Mi trovo davanti a un dilemma.**
  I'm facing a dilemma.
- **Era solo un trucco.**
  It was just a trick.
- **Ridammi la mịa camicia.**
  Give my shirt back to me.
- **Ma sì che suona.**
  But it does play.
- **padrone**
  master
- **vuoto/a**
  empty
- **la colpa**
  fault
- **buffone**
  fool

2 **Per parlare un po'** In gruppi di tre, scrivete una scena con dei personaggi della commedia dell'arte di circa 40 battute (*lines*). Includete anche una breve poesia. Preparatevi a recitare la vostra commedia di fronte alla classe. Answers will vary.

2 Expansion You may want to assign this activity as homework. Students can also create masks and wear them when they act out their **commedia**.

3 **Approfondimento** Fai una ricerca su Internet e trova alcune informazioni sulle tre maschere (*recurring characters*) di questo episodio: Arlecchino, Colombina e Pantalone. Poi spiega quale maschera preferisci e perché. Presenta la tua risposta alla classe. Answers will vary.

risorse

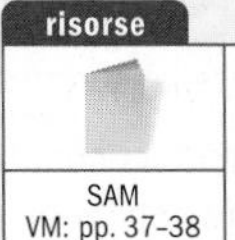

SAM
VM: pp. 37–38

vhlcentral.com

ATTIVITÀ

CULTURA

Prima di leggere Ask students if they enjoy going to the theater, and if they have ever been to the opera. Have students share what they know about well-known operas, composers, and performers with the class.

Suggestion Tell students that **aprirono** and **fu** are verb forms in the **passato remoto**, a past tense used to talk about a time that is perceived as more distant than the **passato prossimo**. In **Appendice D**, students can find a brief explanation of the **passato remoto**.

IN PRIMO PIANO

Opera e affini°

Quali sono le forme di spettacolo tradizionali in Italia? Gli italiani hanno sempre amato divertirsi. Fin dal° Rinascimento, infatti, i nobili organizzavano spettacoli di musica e teatro nei loro palazzi. Nel Cinquecento° aprirono° i primi teatri pubblici e da allora° la gente comune ha cominciato a frequentarli, influenzando con i suoi gusti lo stile degli spettacoli. È così che nascono l'opera lirica e la commedia dell'arte.

La caratteristica principale della commedia dell'arte è che non c'era un copione° scritto: gli attori conoscevano i personaggi e i rapporti tra di loro, ma improvvisavano le battute°. Inoltre, ogni personaggio aveva un ruolo e un vestito riconoscibile. Era fisso° anche un repertorio di gag e acrobazie° che il pubblico si aspettava di vedere. Questo tipo di spettacolo, molto fisico e non raffinato°, ha avuto successo fino al Settecento, quando fu° poi sorpassato° dalla moda di un teatro più realistico come quello di Carlo Goldoni. Ancora oggi, però, alcune compagnie di «Teatro Vivo» e alcuni autori (il più famoso è Dario Fo, Premio Nobel) si ispirano alla commedia dell'arte e la portano in scena.

Se la commedia dell'arte attrae° il pubblico facendolo ridere°, l'opera lo attrae, invece, con il canto e una scenografia molto ricca. L'opera è amata e rappresentata anche oggi: gli spettacoli più famosi sono quelli dell'Arena romana di Verona. I grandi autori, però, restano quelli del passato, come Rossini, Bellini, Verdi e Puccini.

Così, anche se il cinema rimane il divertimento più popolare, gli italiani amano il teatro, l'opera e i concerti di musica classica e moderna. Molto tempo è passato dal Rinascimento, ma la voglia di uscire e divertirsi è sempre la stessa.

affini *similar things* **Fin dal** *Since the* **Cinquecento** *1500s* **aprirono** *they opened* **da allora** *since then* **copione** *script* **battute** *lines* **fisso** *set* **acrobazie** *acrobatics* **raffinato** *refined* **fu** *it was* **sorpassato** *surpassed* **attrae** *attracts* **facendolo ridere** *by making them laugh* **Prosa** *Play*

Quanto costa divertirsi

	OPERA	DANZA	CONCERTO DI MUSICA CLASSICA	CONCERTO DI MUSICA POP	PROSA°
Teatro di una piccola città	€16–€50	€25	€15–€30	€25–€45	€18–€25
Arena di Verona	€21–€198	n.a.	n.a.	n.a.	n.a.
Teatro lirico (La Fenice – Venezia)	€20–€100 (€10 solo per ascoltare)	€20–€100 (€10 solo per ascoltare)	€15–€50	n.a.	n.a.
Cinema	€7				

FONTI: teatrolafenice.it, vivaticket.it, veronaticket.com, arena.it, comune.rovigo.it

ATTIVITÀ

1 Vero o falso? Indica se l'affermazione è **vera** o **falsa**. Correggi le affermazioni false.

1. La commedia dell'arte è una forma di spettacolo tradizionale italiano. Vero.
2. I nobili nel Rinascimento organizzavano spettacoli pubblici. Falso. Organizzavano spettacoli nei loro palazzi.
3. I primi teatri pubblici furono (*were*) aperti nel Cinquecento. Vero.
4. La caratteristica principale dell'opera è l'improvvisazione. Falso. La caratteristica principale della commedia dell'arte è l'improvvisazione.
5. Gli attori della commedia dell'arte non conoscevano i personaggi delle loro commedie. Falso. Conoscevano i personaggi, ma improvvisavano le battute.
6. Il teatro realistico nasce in Italia nel Settecento. Vero.
7. Dario Fo è un grande autore di commedie del Settecento. Falso. Dario Fo è un autore contemporaneo, Premio Nobel.
8. In un'opera, tradizionalmente, la scenografia è ricca. Vero.
9. I più grandi autori di opere sono contemporanei. Falso. I maggiori autori di opere liriche sono del passato.
10. Il cinema è più popolare dell'opera nell'Italia di oggi. Vero.

 Practice more at **vhlcentral.com.**

Dopo la lettura Have students underline all the personal and possessive pronouns and adjectives in the reading; then, have pairs of students decide to whom/what each refers. Explain that reconstructing a text by clarifying pronouns is a good technique for understanding it better.

Ritratto Ask students to name other Italian singers. For homework, have students research and write a short paragraph about an Italian singer or band.

Ritratto Have students listen to some of Laura Pausini's music. Provide the lyrics so that students can follow along as they listen. Tell students that **lo canto** is the title of one of her albums, released in 2006.

L'ITALIANO QUOTIDIANO

A teatro

l'abbonamento	*subscription*
la balconata	*theater balcony*
il biglietto intero	*full-price ticket*
il biglietto ridotto	*discounted ticket*
la galleria	*gallery*
il loggione	*theater gallery*
il palco	*box; stage*
la platea	*stall; audience*
il settore	*block of seats; section*
la tribuna	*stand*

USI E COSTUMI

Dove andiamo stasera?

Il modo più facile per ascoltare musica in Italia è andare in un **bar** o in una **birreria**°: basta pagare un piccolo extra all'entrata per ascoltare un cantante o un gruppo musicale locale.

Per un vero concerto, invece, ci sono i **teatri**, i **palazzetti**° o anche **strutture storiche** adattate° per la musica—ascoltare il rock in una villa del '500 è una vera esperienza! Per le rockstars internazionali ci sono gli **stadi**, ma non sempre questa soluzione è praticabile°: ad esempio, nel 1987, Madonna ha annullato° un concerto perché la squadra di calcio proprietaria° non voleva il campo di gioco rovinato° dal pubblico!

Anche i **festival** sono popolari, come quello di Sanremo, di sola musica italiana, l'Umbria Jazz di Perugia e il Festival dei Due Mondi di Spoleto.

birreria *pub* **palazzetti** *indoor stadiums* **adattate** *adapted* **praticabile** *practicable* **annullato** *cancelled* **proprietaria** *owner* **rovinato** *ruined*

RITRATTO

Io canto... Laura Pausini

Laura Pausini nasce nel 1974. Suo padre è un cantante di pianobar e lei lo accompagna fin da quando ha otto anni. Nel 1991 è concorrente° al Festival di Castrocaro, una manifestazione° per cantanti emergenti°, dove è selezionata per partecipare al Festival di Sanremo, il più famoso evento della canzone italiana. Laura vince il Festival nel 1993, nella sezione «Nuove Proposte°».

Da quel momento la sua carriera decolla. Oggi è la più famosa cantante italiana nel mondo: canta in diverse lingue, partecipa alla serie di concerti Pavarotti & Friends e collabora con Phil Collins, Madonna e molti artisti italiani. Nel 2006 vince anche il Grammy Award per il miglior pop latino—è la prima donna italiana a ricevere questo premio.

Per il suo successo e per il suo impegno° verso i bambini che ha adottato in Brasile, il Presidente della Repubblica l'ha nominata Commendatore, un'onorificenza° molto importante.

concorrente *contestant* **manifestazione** *event* **emergenti** *emerging* **Proposte** *Proposals* **impegno** *care* **onorificenza** *honor*

SU INTERNET

Quali sono i più importanti festival musicali in Italia?

Go to **vhlcentral.com** to find more information related to this **CULTURA**.

ATTIVITÀ

2 **Completare** Completa le frasi.

1. Laura Pausini ha cominciato a cantare con <u>suo padre</u> quando aveva otto anni.
2. Laura Pausini ha vinto un <u>Grammy Award</u> per il miglior pop latino.
3. Anche <u>Phil Collins</u> e Madonna hanno collaborato con Laura Pausini.
4. A Sanremo si organizza il <u>Festival</u> della musica italiana.
5. Nel 1987, Madonna ha dovuto annullare un concerto in uno <u>stadio</u>.
6. Il Festival dei Due Mondi ha sede nella città di <u>Spoleto</u>.

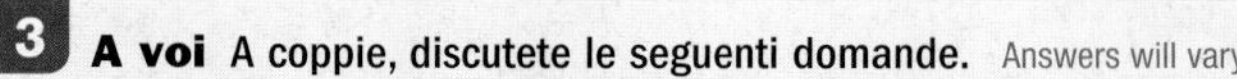

3 **A voi** A coppie, discutete le seguenti domande. Answers will vary.

1. Per una serata con gli amici preferisci il cinema, il teatro o un concerto? Perché?
2. Quali sono i più importanti eventi musicali e teatrali nella tua regione?
3. Sei mai andato/a a teatro per vedere una commedia, un concerto di musica classica o un'opera? E a un concerto di musica moderna? Ti sei divertito/a?

Usi e costumi Have students imagine organizing the **Festival dei Due Mondi.** Have them write a short comparison between Italian and American performers in one of these fields: dance, classical music, pop music, theater, or cinema.

comparisons NATIONAL STANDARDS

10A.1 Infinitive constructions

Punto di partenza Infinitive constructions consisting of a conjugated verb and an infinitive are common in Italian.

- In two-verb constructions, some conjugated verbs are followed immediately by the infinitive. You have already used several of these verbs with infinitives.

Verbs followed directly by infinitives

amare	*to love*	piacere	*to please*
desiderare	*to wish; to desire*	potere	*to be able to*
dovere	*to have to*	preferire	*to prefer*
fare	*to make; to do*	sapere	*to know how to*
lasciare	*to allow, to let*	volere	*to want*

Sai suonare il violino?
***Do you know how to play** the violin?*

Non gli **piaceva andare** all'opera.
*He didn't **like going** to the opera.*

- In sentences in which one subject compels or allows another to do something, use **fare** + [*infinitive*] or **lasciare** + [*infinitive*], respectively. If an object follows the infinitive, then the person being compelled or allowed to act is expressed as an indirect object.

Mia madre **mi faceva suonare** la fisarmonica.
*My mother **used to make me play** the accordion.*

Il regista **le ha lasciato vedere** il copione.
*The director **let her see** the script.*

Suggestion Explain that in constructions with **fare** and **lasciare** without an object following the infinitive, the person being allowed/compelled to act is a direct object, not an indirect object.

- Most two-verb constructions require a preposition between the conjugated verb and the infinitive. You must memorize which preposition is used with each verb. Use the preposition **a** after the following verbs when they precede an infinitive.

Verbs followed by *a* before infinitives

aiutare	*to help*	obbligare	*to force, to compel*
andare	*to go*	pensare	*to think (about)*
cominciare	*to begin*	preparare	*to prepare*
continuare	*to continue*	provare	*to try*
divertirsi	*to have fun*	riuscire	*to succeed*
imparare	*to learn*	servire	*to be good for/ useful for*
insegnare	*to teach*	venire	*to come*
invitare	*to invite*		
mettersi	*to start*		

Si è messa a ballare nel primo atto.
***She started dancing** during the first act.*

Dai, Massimo, **prova a cantare** con loro!
*Go on, Massimo, **try to sing** with them!*

PRATICA

1 Scegliere Scegli la preposizione corretta per completare ogni frase. Attenzione! In alcuni casi la preposizione non è necessaria.

1. Ho imparato __a__ suonare il violino l'anno scorso.
2. Preferiscono __—__ andare ai concerti rock.
3. Luigi sogna __di__ diventare un drammaturgo famoso.
4. Ti consiglio __di__ chiedere aiuto a un attore professionista.
5. Sapete __—__ recitare?
6. Vi invito tutti __a__ venire a vedere lo spettacolo sabato sera.
7. Ti promettiamo __di__ presentarti il cantante alla fine del concerto.
8. Puoi __—__ usare il cellulare durante l'intervallo.

2 Trasformare Trasforma gli indizi dati per scrivere frasi complete. **2 Expansion** Have pairs of students check their answers.

MODELLO lo spettatore / pensare / uscire presto
Lo spettatore pensa di uscire presto.

1. gli studenti / divertirsi / girare / un film
   Gli studenti si divertono a girare un film.
2. io / vi / consigliare / ascoltare / l'assolo
   Io vi consiglio di ascoltare l'assolo.
3. Anna / sognare / diventare / una stella del cinema
   Anna sogna di diventare una stella del cinema.
4. l'orchestra / cominciare / suonare / alle 20.00
   L'orchestra comincia a suonare alle 20.00.
5. il compositore / dubitare / comporre / un'opera nuova / quest'anno
   Il compositore dubita di comporre un'opera nuova quest'anno.
6. il coro / imparare / interpretare / le canzoni
   Il coro impara a interpretare le canzoni.
7. il regista / provare / mettere in scena / una rappresentazione dal vivo
   Il regista prova a mettere in scena una rappresentazione dal vivo.
8. Letizia / sperare / essere in tour / l'anno prossimo
   Letizia spera di essere in tour l'anno prossimo.

3 Creare Usa le parole di ogni colonna per creare frasi complete. Aggiungi dettagli per farle più interessanti. Answers will vary.

MODELLO *Io comincio a recitare il ruolo con passione.*

A	B	C
voi	aiutare	andare
tu	amare	applaudire
noi tutti	cominciare	comprare
Elisa	mettersi	mettere in scena
tu e Vittoria	preferire	organizzare
io	promettere	recitare
i gruppi rock	ricordarsi	uscire
la gente	venire	vedere

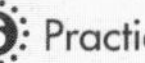
Practice more at **vhlcentral.com.**

3 Expansion Have pairs of students write two more sentences for each verb in column B.

COMUNICAZIONE

4 Un concerto A coppie, descrivete un concerto che non è andato come organizzato. Scrivete un riassunto di cosa è successo secondo voi. Usate gli indizi dati e la vostra immaginazione. Answers will vary.

MODELLO

S1: *Il pubblico non ha smesso di parlare quando è iniziato il concerto.*
S2: *Il cantante ha dimenticato di presentare gli altri musicisti…*

4 Expansion Have groups of four students create a conversation between a drummer, a guitarist, a singer, and a pianist based on what they wrote.

- Il batterista ha provato a...
- Il chitarrista ha iniziato a...
- Il pubblico ha finito di...
- Il pianista ha cercato di...
- Il cantante ha dimenticato di...
- Il pubblico non ha smesso di...

5 Prima e dopo A coppie, immaginate di mettere in scena uno spettacolo. A turno, usate gli indizi dati per fare domande sulle persone coinvolte (*involved*). Usate le costruzioni con l'infinito nelle vostre risposte. Answers will vary.

MODELLO drammaturgo / aiutare

S1: *Cosa fa il drammaturgo?*
S2: *Il drammaturgo aiuta a definire il ruolo di un personaggio.*

1. la ballerina / preferire
2. il pianista / iniziare
3. il personaggio / dimenticarsi
4. il pubblico / rendersi conto
5. i chitarristi / essere stanchi
6. i sassofonisti / sperare

5 Expansion Have students create a conversation between a journalist and a spokesperson for a theater company, using the words from this activity.

6 Progetti A coppie, usate i verbi della lista per parlare dei vostri progetti futuri. A turno, fate domande e rispondete. Answers will vary.

MODELLO

S1: *Cosa comincerai a fare tra cinque anni?*
S2: *Comincerò a frequentare più concerti.* E tu?

aiutare	dimenticarsi	preparare
cercare	finire	promettere
cominciare	imparare	provare
continuare	pensare	smettere

Suggestion Point out that many verbs that take **a** before infinitives express motion or beginning or continuing actions, while verbs that indicate completion of actions take **di**. Verbs expressing desire and preference often take no preposition.

- Many verbs require the preposition **di** before an infinitive.

Verbs followed by *di* before infinitives

cercare	*to try*	lamentarsi	*to complain*
chiẹdere	*to ask*	pensare	*to plan*
consigliare	*to advise*	permẹttere	*to permit*
crẹdere	*to believe*	promẹttere	*to promise*
decịdere	*to decide*	rẹndersi conto	*to realize*
dimenticare/ dimenticarsi	*to forget*	ricordare/ ricordarsi	*to remember*
dire	*to say, to tell*	smẹttere	*to stop, to quit*
domandare	*to ask*	sognare	*to dream*
dubitare	*to doubt*	sperare	*to hope*
fịngere	*to pretend*	suggerire (-isc-)	*to suggest*
finire	*to finish*	temere	*to fear*

Zeno **sperava di formare** un gruppo rock.
*Zeno **was hoping to form** a rock group.*

Signore, può **smettere di parlare**? **Cerco di ascoltare** l'assolo!
*Sir, could you **stop talking**? I'm **trying to hear** the solo!*

- You have already learned many expressions that follow the pattern **avere** + [*noun*] + **di** + [*infinitive*].

Elena **ha paura di ballare** davanti al pubblico.
*Elena **is afraid to dance** in front of an audience.*

Non **avevi intenzione di perdere** il Festival di Sanremo.
***You didn't intend to miss** the Sanremo Festival.*

- The construction **essere** + [*adjective*] + **di** + [*infinitive*] is also common.

È stanco di essere in tour Tiziano?
*Is Tiziano **tired of being** on tour?*

Sarà felice di arrivare alla fine.
***He'll be happy to get** to the end.*

Suggestion Point out that some adjectives, such as **abituato**, **disposto**, **pronto**, and **ultimo**, take **a** rather than **di** after **essere**.

Provalo! **Scegli la preposizione corretta per completare ogni frase. Scegli il trattino (*dash*) se la preposizione non è necessaria.**

1. Nino prova (a / di) finire il libro prima di cena.
2. Giorgia e Amelia sperano (a / di) vincere il primo premio.
3. Non mi piace (- / a) lavorare dopo cena.
4. I miei genitori devono (di / -) uscire di casa alle sette di mattina.
5. Io dubito (- / di) arrivare in tempo.
6. Tu e Dario vi dimenticate sempre (a / di) telefonare quando arrivate.
7. Noi non vogliamo (- / a) andare in quel ristorante di nuovo.
8. Ti diverti (- / a) disegnare.
9. Finalmente oggi finiamo (a / di) scrivere la proposta per il progetto.
10. Io amo (di / -) cucinare.

STRUTTURE

10A.2 Non-standard noun forms

Punto di partenza As you learned in **Lezione 1A**, nouns that end in **-o** are usually masculine and those that end in **-a** are usually feminine. However, there are a few groups of words that do not follow this rule.

- Many Italian nouns of Greek origin end in **-ma**. These nouns are masculine, and therefore must be used with masculine article and adjective forms. Suggestion Have pairs of students use these words to ask and answer questions.

Nomi maschili in -ma

aroma	*aroma; flavoring*	**problema**	*problem*
clima	*climate*	**programma**	*program; plan*
dilemma	*dilemma*	**schema**	*scheme, diagram*
diploma	*diploma, degree*	**sistema**	*system*
dramma	*drama; play*	**tema**	*theme; essay*
panorama	*panorama, landscape*	**teorema**	*theorem*
		trauma	*trauma*
poema	*poem*		

Suggestion Tell students that **un poema** refers to a longer composition in verse, like Dante's **Divina Commedia,** while **una poesia** is a poem of conventional length.

Guardate quel bel **panorama**!
*Look at that beautiful **landscape!***

Chi ha scritto questo **poema**?
*Who wrote this **poem**?*

- Form the plural of these nouns with **-mi**.

Ho visto molti **drammi** l'anno scorso.
*I saw a lot of **plays** last year.*

Questo balletto ha dei **problemi**.
*This ballet has some **problems**.*

- As you have seen, adjectives ending in **-ista** have only one singular form, yet they have different masculine and feminine plural endings: **-isti** and **-iste**.

ATTREZZI
You learned how to use adjectives ending in **-ista** in **Lezione 3B**.

- The same pattern applies to nouns ending in **-ista**, such as **batterista**, **dentista**, **giornalista**, **musicista**, and **violinista**. These nouns are invariable in the singular form, but any adjectives and articles agree with the gender of the person referenced. Remember that two endings are possible in the plural.

Serena è una **chitarrista** bravissima.
*Serena is a very good **guitarist**.*

Quel **musicista** sarà famoso.
*That **musician** is going to be famous.*

Sergio Leone e Federico Fellini sono due **registi** italiani.
*Sergio Leone and Federico Fellini are two Italian **directors**.*

Lena Wertmüller e Sofia Coppola sono brave **registe**.
*Lena Wertmüller and Sofia Coppola are talented **directors**.*

1 Expansion Have students use a dictionary to find some feminine nouns ending in **-ma**. Ex.: **anima**, **calma**, **caserma**, **firma**, **orma**, **piuma**, **vittima**.

PRATICA

1 Mettere etichette Usa le parole dalla presentazione per etichettare ogni foto. Includi l'articolo determinativo.

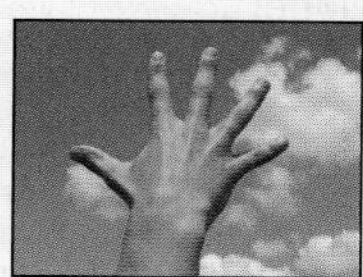
1. la mano

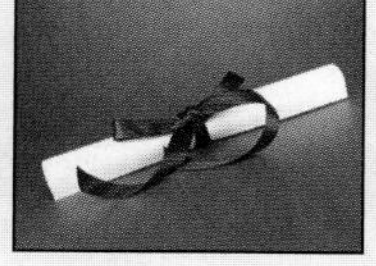
2. il diploma

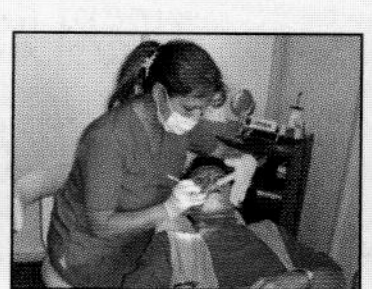
3. la dentista

4. la violinista

5. il panorama

6. il chitarrista

2 Completare Completa ogni frase con una parola della lista. Includi l'articolo determinativo se è necessario. **2 Expansion** Have students provide the singular and plural forms of the nouns they use, as well as the articles.

clima	mano	orecchio	poema
dramma	muro	pianista	problema

1. Il pianista è molto bravo; suona veramente bene.
2. Noi abbiamo molti problemi complicati.
3. Le mura del teatro sono così spesse (*thick*) che il suono non passa affatto.
4. Il clima è caldo in Italia in questo periodo dell'anno.
5. I drammi che sono messi in scena in questo teatro sono piuttosto (*rather*) buoni.
6. Il poeta siciliano ha scritto il poema. È molto bello!
7. Gli spettatori avevano le orecchie ben aperte mentre il pianista suonava.
8. Le mani del chitarrista si muovevano velocemente.

3 Rispondere Rispondi a ogni domanda con una frase completa usando una parola dal vocabolario della lezione. Answers will vary slightly. Sample answers are provided.

1. Con che cosa si fa il letto? Si fa il letto con le lenzuola.
2. Quale cibo viene dalle galline (*hens*)? Le uova vengono dalle galline.
3. Come si chiama la persona che suona la chitarra? Si chiama chitarrista/musicista.
4. Cosa hanno i fiori che profumano (*smell good*)? Hanno un buon aroma.
5. Che cosa ricevono gli studenti quando finiscono i loro studi? Ricevono il diploma.
6. Che cosa risolvi quando studi matematica? Risolvo problemi.

COMUNICAZIONE

4 **Domande personali** A coppie, fatevi a turno le seguenti domande. Alla fine paragonate le vostre risposte con quelle di un'altra coppia. Answers will vary.

MODELLO

S1: *Quanti poemi hai scritto?*
S2: *Non ho mai scritto un poema.*

4 Expansion Have students do this activity in groups of four, commenting on each other's responses.

1. Quanti diplomi hai?
2. Qual è il tuo clima preferito?
3. Hai mai visto un dramma a teatro?
4. Quante miglia cammini ogni settimana?
5. Mangi spesso le uova? Quante?
6. Hai un aroma preferito?
7. Hai un regista preferito?
8. Scrivi molti temi per le tue classi?

5 **Un dialogo** A coppie, create una conversazione usando le parole della lista. Siate creativi e siate pronti a interpretarla davanti alla classe. Answers will vary.

MODELLO

S1: *Professore, ho due problemi.*
S2: *Dimmi. Qual è il tuo dilemma?*

dilemma	schema
diploma	sistema
problema	tema
programma	teorema

6 **Un mostro** Lavorate in gruppi di quattro. A turno, ciascuno/a descriverà un mostro (*monster*) usando le parole della presentazione. Le altre persone del gruppo disegnano il mostro descritto. Quando tutti avrete descritto il proprio mostro, votate il disegno migliore. Answers will vary.

MODELLO **S1:** *Il mostro ha tre paia di occhi! Ha...*

6 Expansion Have pairs of students write a paragraph describing a chosen monster's typical day.

Suggestion Have students review vocabulary they have learned relating to parts of the body.

- Another type of irregular noun is masculine in the singular but feminine in the plural. Many of these nouns refer to body parts. Note that the feminine plural forms end in **-a**, with the exception of **orecchie**.

ATTREZZI
You learned many of these words relating to body parts in **Lezione 6A**.

Nouns whose gender changes in the plural

singular	plural		singular	plural	
il braccio	le braccia	*arms*	il lenzuolo	le lenzuola	*sheets*
il ciglio	le ciglia	*eyelashes*	il miglio	le miglia	*miles*
il dito	le dita	*fingers*	il muro	le mura	*walls*
il ginocchio	le ginocchia	*knees*	il paio	le paia	*pairs*
il labbro	le labbra	*lips*	l'uovo	le uova	*eggs*
l'orecchio	le orecchie	*ears*			
il sopracciglio	le sopracciglia	*eyebrows*			

- Use masculine adjectives with the singular forms and feminine adjectives with the plurals. Remember, even if the plural form ends in **-a**, you must use plural articles and adjectives with it.

Quel ballerino ha **le braccia lunghissime**.
*That dancer has **very long arms**.*

Che disastro! Il chitarrista si è rotto **il dito**.
*What a disaster! The guitarist broke his **finger**.*

- The noun **mano** (*hand*) is irregular because it is feminine, but does not have regular feminine endings. The singular form is **la mano** and the plural is **le mani**.

Scusi, signore, mi potrebbe dare **una mano**?
*Excuse me, sir, could you give me **a hand**?*

Anna ha **le mani piccole**, ma suona molto bene il pianoforte.
*Anna has **small hands**, but she plays piano really well.*

Suggestion Show photos of famous people to the class and ask them to describe their appearance using nouns and adjectives. Ex.: **Angelina Jolie ha le ciglia lunghe.**

Provalo! **Dai le forme mancanti del nome e dell'articolo determinativo.**

	singolare	plurale		singolare	plurale
1.	*il braccio*	le braccia	8.	il paio	le paia
2.	il regista	i registi	9.	il muro	le mura
3.	il problema	i problemi	10.	il tema	i temi
4.	la mano	le mani	11.	il dito	le dita
5.	l'uovo	le uova	12.	l'aroma	gli aromi
6.	il ginocchio	le ginocchia	13.	la musicista	le musiciste
7.	il dramma	i drammi	14.	il miglio	le miglia

Ricapitolazione

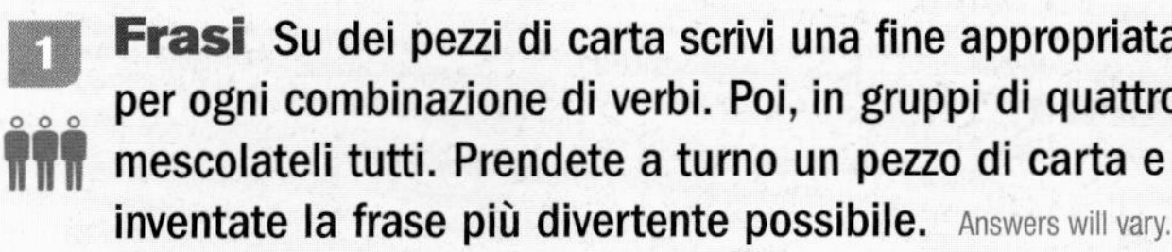

4 Expansion Have students create a sentence for each set of words they find.

1 Frasi Su dei pezzi di carta scrivi una fine appropriata per ogni combinazione di verbi. Poi, in gruppi di quattro, mescolateli tutti. Prendete a turno un pezzo di carta e inventate la frase più divertente possibile. Answers will vary.

MODELLO ...comincia a ballare con il presidente degli Stati Uniti

Hmmm. Homer Simpson comincia a ballare con il presidente degli Stati Uniti.

1. preferire suonare
2. cominciare a ballare
3. decidere di sposarsi
4. permettere di andare via
5. provare a nuotare
6. divertirsi a leggere
7. aiutare a vincere
8. volere sapere

2 Intervista a una persona famosa A coppie, create una conversazione tra un presentatore e un(a) musicista famoso/a, o un attore o attrice. Usate il vocabolario della lezione e le costruzioni con l'infinito. Answers will vary.

2 Expansion Have students interview each other, instead of famous people.

MODELLO

S1: *Allora, mi dica, quando ha iniziato a recitare?*
S2: *Se ricordo bene ho iniziato a recitare quando avevo cinque anni, in uno spettacolo a scuola...*

3 Paure In gruppi di quattro, guardate i disegni e dite se avete paura o no delle attività mostrate. Conoscete qualcuno che ha paura di queste attività? Fate una lista delle vostre risposte, poi discutetele con la classe. Alla fine decidete quali sono le tre attività che fanno più paura. Answers will vary.

MODELLO

S1: *Hai paura di cantare in pubblico?*
S2: *No, io non ho paura di cantare in pubblico, ma mia cugina sì, perché è molto timida.*

1.

2.

3.

4.

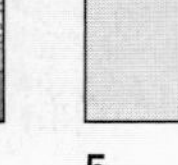
5.

6.

4 Concentrazione A coppie, scegliete 12 nomi presentati in **Strutture 10A.2**. Create due set di carte, uno con la forma singolare dei nomi e l'altro con la forma plurale. Poi mescolateli e a turno scopritene due alla volta. Chi trova due carte con lo stesso nome deve dare l'articolo determinativo giusto per entrambe le forme. Answers will vary.

MODELLO

S1: *trauma e traumi; il trauma e i traumi*

5 Una storia A coppie, create una lista di dieci nomi presentati in **Strutture 10A.2**. Scambiate la vostra lista con quella di un'altra coppia di studenti. Usate tutte le parole che ricevete per scrivere una breve storia o un cartone animato. Siate creativi e includete un misto di forme singolari e plurali. Answers will vary.

5 Expansion Have each pair write their story in a specific genre.

MODELLO

La casa era sette miglia fuori città. C'erano un paio di persone nel giardino...

6 Indovinare Dividetevi in gruppi di quattro. A turno, scegliete un nome presentato in **Strutture 10A.2** e descrivetelo al gruppo—senza nominare la parola. Gli altri studenti provano a indovinarla. Chi trova la parola giusta sceglie la prossima. Answers will vary.

MODELLO

S1: *Usi questa cosa quando suoni il piano o la chitarra.*
S2: *Le dita?*
S1: *No, la offri quando conosci qualcuno e dici «piacere»!*
S2: *La mano!*

risorse

SAM WB: pp. 149–152	SAM LM: pp. 85–86	vhlcentral.com

NATIONAL communication cultures STANDARDS

Lo Zapping

Video: Short Film

NATIONAL connections communities STANDARDS

In **A piedi nudi sul palco** di Andrea Rovetta (2007) la protagonista è un'aspirante attrice che sa parlare inglese, francese, spagnolo, sa fare i versi degli animali, sa ballare... e molto di più! Insomma, un'artista molto versatile e indubbiamente fuori dal comune affronta un regista altrettanto (*equally*) esigente in un provino memorabile. Otterrà il ruolo?

Suggestion Tell students that the title recalls the 1967 American movie *Barefoot in the Park* (released as *A piedi nudi nel parco* in Italy) with Robert Redford and Jane Fonda.

Espressioni utili

- **Mi fa sentire qualcosa?** *Can I hear something?*
- **fare i versi degli animali** *to make animal noises*
- **Vado con la ...?** *Shall I go with . . . ?*
- **Come se la cava?** *How do you manage?*
- **la corda** *rope*
- **l'asino** *donkey*
- **il grillo** *cricket*
- **il/la ventriloquo/a** *ventriloquist*
- **la verticale** *handstand*
- **il palco** *stage*

Per parlare del film

- **fuori dal comune** *uncommon*
- **l'assistente di scena** *assistant director*
- **fare un provino** *to (go for an) audition*
- **il tecnico delle luci** *lighting technician*
- **la battuta** *line (in a script)*
- **il/la contorsionista** *contortionist*
- **muggire (-isc-)** *to moo*
- **nitrire (-isc-)** *to neigh*
- **ragliare** *to bray*
- **frinire (-isc-)** *to chirp (cricket)*
- **cinguettare** *to chirp (bird)*

Suggestion Introduce the expression **animale da palcoscenico** referring to people who show great natural talent on stage (*a born showman/woman*).

Preparazione

1 Chi fa cosa? Abbina le parole a sinistra alle attività elencate a destra.

Suggestion Divide the class into teams. The team with the most original but logical relationship, or with the highest number of possible relationships for the items in the first column wins.

1. __h__ L'assistente di scena	a. nitrisce.
2. __g__ Il regista	b. raglia.
3. __f__ Il tecnico delle luci	c. muggisce.
4. __c__ La mucca	d. parla senza aprire la bocca.
5. __e__ Il grillo	e. frinisce.
6. __a__ Il cavallo	f. si occupa delle luci del palco.
7. __b__ L'asino	g. decide chi supera il provino.
8. __d__ Il ventriloquo	h. aiuta il regista.

2 Un provino Immagina di essere un attore/un'attrice: devi affrontare un provino per ottenere il ruolo da protagonista. Che cosa pensi che ti chiederanno di fare? Metti le attività in ordine di probabilità (1: più probabile–10: meno probabile). Poi confronta le tue scelte con quelle di un(a) compagno/a e difendi la tua opinione. Answers will vary.

MODELLO

S1: *Mi chiederanno di recitare in francese.*
S2: *Non sono d'accordo, perché...*
S1: *Ma io sarò Cyrano, quindi...*

____ Ballare il tango	____ Muovere le orecchie
____ Cantare	____ Nitrire
____ Fare la verticale	____ Recitare in francese
____ Fare il verso del grillo	____ Suonare il piano
____ Fare il/la ventriloquo/a	____ Volare

2 Expansion
- Have partners debate the merits of each item on the list and agree upon the most important talent for an actor to demonstrate. As a class, discuss each pair's conclusions.
- Invite students to add activities they would ask an actor to perform if they were directors, and/or original activities they can perform that make them unique.

SINTESI

Scene: A piedi nudi sul palco

ATTRICE Buongiorno.
REGISTA Buonasera... Ha qualcosa di pronto°? Cominci pure° quando vuole.
ATTRICE O padre oltraggiato°, gioisci°...

REGISTA Guardi, per questo ruolo io cerco una che suoni il pianoforte. Lei sa suonare?... Basta così, grazie.

REGISTA Qualcos'altro con la voce? Tipo... Lei sa fare i versi degli animali? ...Grillo?

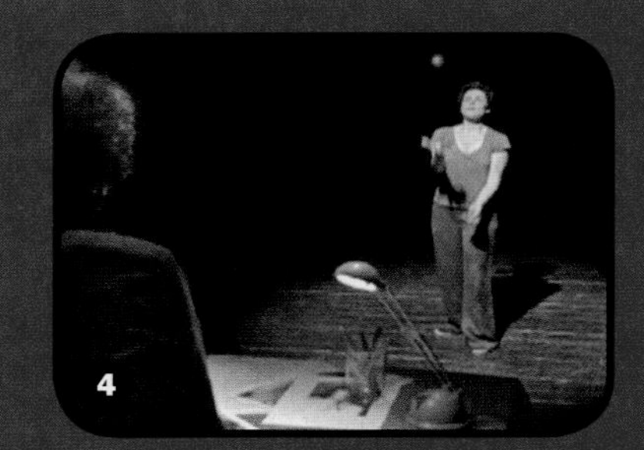

REGISTA Circense°? Corda! Verticale! Orecchie!

REGISTA Tango! Danza classica? ...Volare?
ATTRICE Mi scusi?

Suggestion Ask students to recount the story with more details (i.e., What else can the actress do?).

REGISTA Signorina, Lei sa volare? (*L'attrice vola.*) ...Peccato, guardi°, cercavo una che non sapesse° volare...

Suggestion Tell students that this short film received the **CiakDonna** award for showing how difficult it is for women to gain recognition in the professional world.

qualcosa di pronto *something ready* **Cominci pure** *Go ahead and start* **oltraggiato** *offended* **gioisci** *rejoice* **Circense** *Circus performer* **Peccato, guardi** *What a shame, you see* **che non sapesse** *who doesn't know how*

Analisi

3 **In ordine** Ricostruisci la storia mettendo in ordine il dialogo. Ti ricordi la battuta finale? A coppie, paragonate le vostre risposte.

1. __5__ —Buongiorno!
2. __1__ —Maestro, vado con la quattro?
3. __4__ —Numero 43.
4. __8__ —Guardi, la mia protagonista è una che conosce le lingue... Lei sa l'inglese?
5. __9__ —Lei sa fare la ventriloqua?
6. __2__ —La cinque!
7. __11__ —Mi scusi?
8. __6__ —Buonasera. Caffè. Faccia due passi a destra... Cominci pure quando vuole.
9. __3__ —Mi scusi.
10. __10__ —Volare?
11. __7__ —O padre oltraggiato gioisci!
12. __12__ —Peccato, guardi, cercavo una che non sapesse volare... __Ambulanza!__

4 **A ciascuno la sua battuta** In gruppi di quattro, attribuite ogni battuta dall'attività 3 al personaggio appropriato. Vi ricordate altre battute? Ricostruite il copione (*script*), distribuite i ruoli e presentatelo alla classe.

MODELLO Buongiorno!

S1: *Battuta uno. La dice l'attrice.*

1. il tecnico delle luci __2, 9__

2. il regista __4, 5, 6, 8, 12__

3. l'assistente di scena __3__

4. l'attrice __1 7, 10, 11__

5 **Emozioni e sentimenti** A coppie, osservate le immagini, poi descrivete e discutete i sentimenti e le emozioni che i personaggi esprimono: ci possono aiutare a capire la storia. Answers will vary.

MODELLO

S1: *Secondo me, l'attrice ha paura del regista.*

S2: *No, per me l'attrice non ha paura. È molto sicura di sé.*

1.

2.

3.

4.

Suggestion Have students work in pairs to prepare an interview with one of the characters in which he/she talks about this memorable audition. Encourage students to write out their interviews and present them to the class.

Practice more at **vhlcentral.com.**

Lezione

10B

Communicative Goals

You will learn how to:

- talk about movies and television
- describe movies and books

CONTESTI

Le arti

Suggestion Ask students to comment on the arts. Ex.: **Ti piacciono le belle arti? Cosa preferisci? Conosci uno/a scrittore/scrittrice famoso/a?**

Attenzione!

Unlike the nouns ending in **-ma** that you learned about in **Lezione 10A, il cinema** is masculine because it is the shortened form of a masculine noun: **il cinematografo.** Like other shortened nouns, it is invariable in the plural.

Vocabolario

espressioni	*expressions*
girare	*to film, to shoot*
pubblicare	*to publish*
scolpire (-isc-)	*to carve, to sculpt*
visitare una galleria d'arte	*to go to an art gallery*
le belle arti	*fine arts*
il capolavoro	*masterpiece*
la collezione	*collection*
l'esposizione (*f.*)	*exhibit*
la mostra	*show; exhibition*
l'opera (d'arte)	*work (of art)*
i media	*the media*
il cinema	*cinema*
l'editoria	*publishing industry*
la radio	*radio*
la stampa	*press*
la televisione	*television*
i generi	*genres*
il cartone animato	*cartoon*
il cortometraggio	*short film*
il documentario	*documentary*
il dramma psicologico	*psychological drama*
la favola	*fairy tale*
il paesaggio	*landscape*
il racconto	*short story*
il racconto epico	*epic*
il ritratto	*portrait*
scrivere una recensione	*writing a review*
la trama	*plot*
artistico/a	*artistic*
commovente	*touching, moving*
contemporaneo/a	*contemporary*
dotato/a	*gifted; talented*
drammatico/a	*dramatic*
innovativo/a	*innovative*
inquietante	*disturbing*

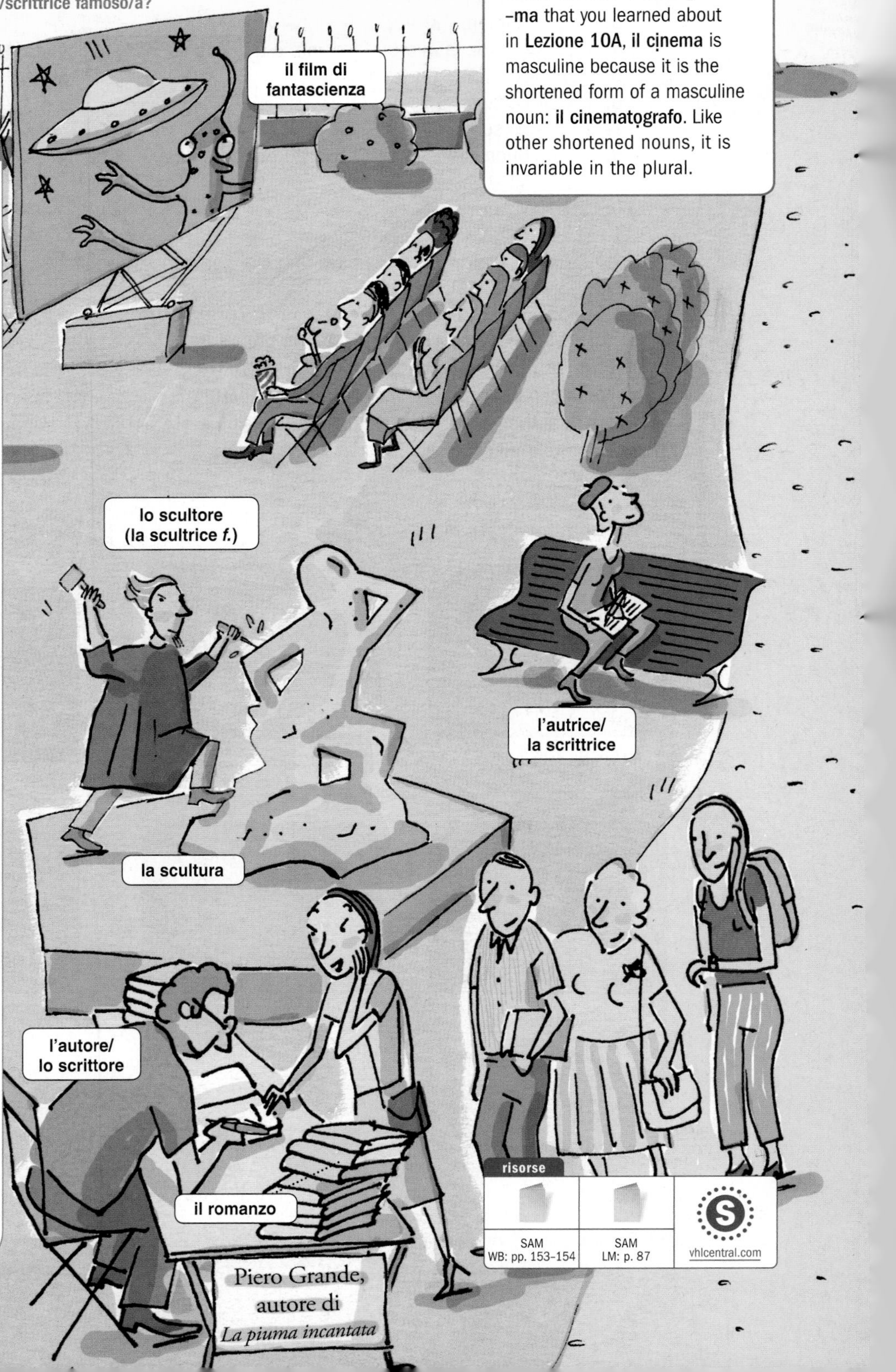

il film di fantascienza

lo scultore (la scultrice *f.*)

l'autrice/ la scrittrice

la scultura

l'autore/ lo scrittore

il romanzo

Piero Grande, autore di *La piuma incantata*

risorse

SAM WB: pp. 153–154

SAM LM: p. 87

vhlcentral.com

Suggestion Ask students questions about reading. Ex.: **Ti piace leggere? Che cosa? Quanto spesso leggi?**

Pratica

1 Trova l'intruso Trova la parola che non appartiene al gruppo.

MODELLO pittrice, poeta, (ritratto), scultore

1. cinema, televisione, radio, (pittura)
2. romanzo, (paesaggio), racconto, favola
3. (autore), dipingere, pittore, quadro
4. pubblicare, (mostra), editoria, stampa
5. opera d'arte, scultura, capolavoro, (girare)
6. film, cartone animato, (galleria d'arte), documentario

1 Expansion Ask students to explain why each word doesn't belong.

2 Associazioni Scrivi la parola della lista che corrisponde a ogni definizione.

MODELLO un quadro che mostra una persona *ritratto*

collezione	inquietante	racconto	scrittrice
contemporaneo	pittore	ritratto	trama

1. molti quadri collezione
2. un sinonimo di *moderno* contemporaneo
3. quello che succede in un libro o in un film trama
4. un uomo che dipinge pittore
5. una storia breve racconto
6. una donna che scrive romanzi scrittrice

2 Expansion Have students write three more definitions for a partner to guess.

3 Scegliere Scegli la parola che completa meglio ogni frase.

MODELLO Ieri sera ho cominciato a leggere un bel ((romanzo) / quadro).

1. Mi piace molto la ((trama) / mostra) di quel libro.
2. Da piccola mi piaceva leggere ((le favole) / i cortometraggi).
3. Quando sono in macchina sento le notizie ((alla radio) / al cinema).
4. Quella statua è stata (girata / (scolpita)) nel Rinascimento.
5. Mio zio ha una ((collezione) / scultura) di quadri bellissimi.
6. Il *David* è uno dei ((capolavori) / cortometraggi) di Michelangelo.
7. Quel film dell'orrore è molto (dotato / (inquietante)).
8. Che bei ((quadri) / film) hai appeso (*hung up*) nel tuo ufficio!

3 Expansion Have students write a sentence with each wrong option.

4 Rispondere Rispondi alle domande che senti con frasi complete.

Answers will vary.

1. ______
2. ______
3. ______
4. ______
5. ______
6. ______

4 Expansion Have students share their answers with the class. Discuss any similarities among the students' answers.

Practice more at **vhlcentral.com.**

Suggestion Ask students about their favorite movies.
Ex.: **Quale genere di film ti piace? Qual è il tuo film preferito?**

NATIONAL communication STANDARDS

Comunicazione

5 **Il critico d'arte** **A coppie, leggete la recensione del critico d'arte sul giornale. Poi completate le frasi seguenti con la parola corretta.**

Milano Domenica scorsa ho visitato la mostra d'arte contemporanea al Castello Sforzesco. I quadri esposti (*on display*) erano di pittori e pittrici italiani e internazionali, mentre le sculture erano solo italiane. L'esposizione ha attratto molta gente. Il pubblico sembrava entusiasta delle opere esposte e di alcune ha apprezzato molto il carattere innovativo.

Non sono mancati tuttavia i commenti negativi di alcune persone. A mio parere (*In my opinion*), anche se tutte le opere esposte riflettono (*reflect*) il grande senso artistico di pittori e scultori, alcuni quadri e alcune sculture sono difficili da capire e a volte anche un po' inquietanti!

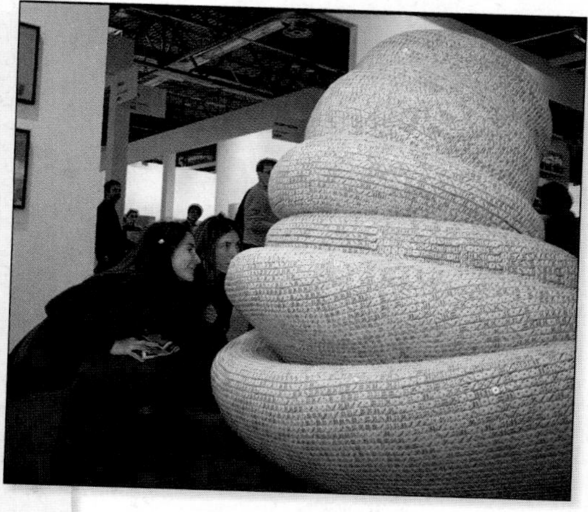

5 Expansion Ask students questions such as: **Sei mai stato/a a un'esibizione di arte contemporanea? Com'era? Se no, cosa pensi dell'arte contemporanea?**

1. La mostra al Castello Sforzesco era di arte (commovente / **contemporanea**).
2. Le sculture esposte erano di artisti (internazionali / **italiani**).
3. Molte persone hanno visitato la (**mostra** / recensione).
4. La maggior parte delle persone ha apprezzato il carattere (**innovativo** / negativo) delle opere.
5. I pittori e gli scultori che hanno esibito le opere hanno un grande senso (drammatico / **artistico**).
6. Secondo il critico d'arte, alcune opere sono (epiche / **inquietanti**).

6 **Un film dell'orrore** **In gruppi di quattro, discutete quali caratteristiche deve avere un film dell'orrore per avere successo. Poi scrivete un breve paragrafo (almeno otto frasi) spiegando le vostre ragioni. Potete parlare di come devono essere gli attori, la trama, i personaggi ecc.** Answers will vary.

MODELLO

S1: *Secondo me, gli attori sono importanti.*
S2: *Sono d'accordo! Gli attori devono essere...*

6 Expansion Have groups of students talk about horror movies they have seen recently. Alternatively, have them write the plot of a new horror or science-fiction movie.

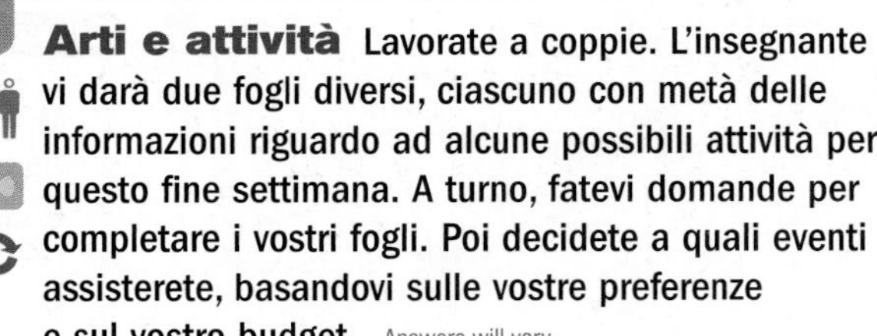

7 **Arti e attività** **Lavorate a coppie. L'insegnante vi darà due fogli diversi, ciascuno con metà delle informazioni riguardo ad alcune possibili attività per questo fine settimana. A turno, fatevi domande per completare i vostri fogli. Poi decidete a quali eventi assisterete, basandovi sulle vostre preferenze e sul vostro budget.** Answers will vary.

MODELLO

S1: *Venerdì sera c'è un concerto di jazz in centro. Costa 12 euro. Cos'altro c'è venerdì?*
S2: *Venerdì c'è anche...*

7 Expansion Have students work in pairs or in groups to describe a cultural event that they recently attended.

Pronuncia e ortografia

Punctuation

Penso di sì. **10.000** **$1.000.250,90** **23.15**

In Italian, **il punto** (.) is used, as in English, at the end of a statement and indicates a lengthy pause. In addition, Italian style uses a period instead of a comma in numbers 1,000 and above. A period can also be used to indicate time on the 24-hour clock.

Alla fine, ... **Sì, è quello.** **3,5** **€20,27**

La virgola (,) is used to indicate a shorter pause within a phrase and is used more often in Italian than in English. Commas are also used in the place of a decimal point to indicate fractions.

È bello, alto e simpatico. **Ci vogliono farina, acqua e zucchero.**

In Italian, a comma is not used before the final item of a series.

«Certo», ha detto. **Questo "fatto" è sbagliato.** **È facile dire «Ciao»?**

In Italian, **le virgolette** may be **basse** (« ») or **alte** (" "). As in English, they are used to indicate direct quotations, to highlight a particular term, or to indicate the idiomatic use of a word. Place ending punctuation and commas outside quotation marks unless they are part of what is being quoted.

La ragazza ha chiesto: — È questo il posto?
— Sì, è questo, — ha risposto suo fratello.

Quotation marks can be replaced with **una lineetta** (—) in dialogues.

Suggestions

- Explain that **virgola** is pronounced when reading fractions (Ex.: **1,5 = uno virgola cinque**), but **punto** is never pronounced when reading time or numbers.
- Introduce other punctuation terms, such as **punto interrogativo** (*question mark*), **punto esclamativo** (*exclamation mark*), **due punti** (*colon*), **punto e virgola** (*semicolon*), and **puntini** (*ellipsis*).

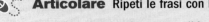

Punteggiatura Riscrivi le frasi con la punteggiatura giusta. Answers may vary slightly. Sample answers are provided.

1. Gli studenti hanno chiesto Quali sono i compiti per domani Gli studenti hanno chiesto: «Quali sono i compiti per domani?»
2. Sì spiega il ragazzo ci sono 25000 persone in lista «Sì», spiega il ragazzo, «ci sono 25.000 persone in lista».
3. Metto in valigia un vestito delle scarpe e un libro Metto in valigia un vestito, delle scarpe e un libro.
4. La camera diventa silenziosa
   Silvia dice Marco ci sei
   Sì Silvia eccomi
   La camera diventa silenziosa. Silvia dice: —Marco, ci sei? —Sì, Silvia, eccomi.

Chi ha arte per tutto ha parte.[2]

Articolare Ripeti le frasi con la loro punteggiatura ad alta voce.

1. «No», ha detto, «non li ho visti». virgolette; virgolette; virgola; virgola; virgolette; virgolette; punto
2. Ci vuole una virgola dopo la parola "bello". virgolette; virgolette; punto
3. Il film comincia alle 20.35. punto; punto
4. —È troppo tardi. —No, arriveremo in tempo. lineetta; punto; lineetta; virgola; punto
5. Questo romanzo costa €10,40. virgola; punto
6. Abbiamo già visto il programma «Now». virgolette; virgolette; punto

Proverbi Ripeti i proverbi ad alta voce.

Oggi a te, domani a me.[1]

[1] Every dog has his day (lit. Today to you, tomorrow to me.)

[2] He who has art, has everywhere a part.

risorse

SAM LM: p. 88

vhlcentral.com

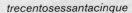

FOTOROMANZO

Il mondo di Paolo

Prima di vedere Have students predict what the episode will be about based on the video stills.

PERSONAGGI

Emily

Lorenzo

Paolo

Riccardo

Viola

PAOLO Buongiorno a tutti. Grazie per aver accettato di aiutarmi a girare il filmino per l'esercitazione a scuola.

RICCARDO Figurati. È un piacere.

PAOLO Ho finito di scriverlo un'ora fa.

EMILY Scrivere è più difficile di quanto sembri.

RICCARDO Qual è la trama?

PAOLO Un poveraccio possiede una scatola vuota. Finge di sentire della musica quando la apre. Dopo che l'ha venduta, si accorge che suona per davvero. *(Tira fuori le maschere.)*

LORENZO Che succede? Tutto bene?

VIOLA Da dove vengono?

PAOLO Mi sono ricordato che erano sotto il tuo letto.

VIOLA Emily, devo dirti una cosa. Promettimi che non lo dirai a nessuno. Soprattutto a Riccardo.

EMILY Promesso. Nemmeno una parola.

VIOLA Lorenzo mi ha baciata.

EMILY Non ci posso credere! Ma, come è successo?

Suggestion Have groups of five students act out the episode.

PAOLO Sei pronta per girare la scena? Vado a svegliare Riccardo mentre Lorenzo ti fa vedere dove devi stare.

RICCARDO Ah, Paolo. Quale scena giriamo per prima?

PAOLO La sesta. E dopo forse la terza.

RICCARDO È buona la tua sceneggiatura. Mi piace. È drammatica e inquietante. Hai del talento. Dovresti studiare cinema quando andrai all'università.

PAOLO Mi piacerebbe, ma alla fine studierò informatica.

RICCARDO Beh, sei bravo anche in quello.

PAOLO Bene. Questa è la scena in cui Riccardo vende la scatola a Lorenzo e si accorge che suona veramente. Emily, tu sei arrabbiata perché lui ha venduto la scatola. Viola, tu vuoi la scatola per te, ma Lorenzo ha intenzione di tenersela. E... azione!

RICCARDO (*Recitando*) Sento della musica. Com'è possibile?

LORENZO Ho pagato una miseria rispetto a quanto vale questa scatola.

1 Chi è? A chi si riferiscono queste affermazioni? Lorenzo, Massimo, Paolo, Riccardo o Viola?

1. Ha scritto un filmino. Paolo
2. Ha baciato Viola. Lorenzo
3. Ha incontrato Lorenzo in centro. Viola
4. È uscito a cena con Viola. Massimo
5. È arrogante. Lorenzo
6. Paolo va a svegliarlo. Riccardo
7. Vuole studiare informatica. Paolo
8. Compra la scatola. Lorenzo
9. Secondo Riccardo, non è un grande attore. Lorenzo
10. Dovrebbe girare un documentario. Paolo

1 Suggestion Read each statement aloud and have students give the name of the character to whom each refers.

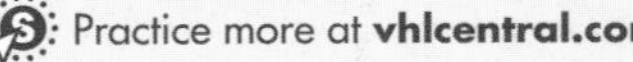

Paolo gira un filmino per la scuola.

4

5

VIOLA L'ho incontrato per caso in centro facendo delle commissioni. Abbiamo passato il pomeriggio insieme. È stato molto divertente. E poi, quando ci stavamo salutando, lui...

EMILY E Massimo?

VIOLA Non gli ho detto niente quando l'ho visto per cena.

EMILY La stessa sera?

EMILY Prima hai baciato Lorenzo, poi sei andata a cena con Massimo? Non si fanno queste cose, Viola!

VIOLA Lo so. Shhh.

EMILY Allora, chi ti piace, Lorenzo o Massimo... o tutti e due?

VIOLA Massimo è molto carino. E noioso. Lorenzo è bello e intelligente, ma è così arrogante. Non lo so. Che cosa faresti tu?

9

10

EMILY Lorenzo. Basta, per favore!

RICCARDO Non sei un granché come attore, Lorenzo.

LORENZO Senti chi parla!

PAOLO Taglia! Proviamo un'altra volta. Iniziamo dalla battuta di Emily.

EMILY Come hai potuto venderla, hmm? Ora non abbiamo più niente!

VIOLA Se mi aiutate a prendere quella scatola, io... mi prenderò cura di voi.

LORENZO Ha, ha, ha, non ci riuscirete mai!

PAOLO Taglia!

RICCARDO Forse faresti meglio a girare un documentario: «Pensione Paradiso».

Dopo la visione After students have watched the **Fotoromanzo**, have them summarize the episode in pairs.

Espressioni utili

Actions in progress

- **facendo delle commissioni** *running errands*
- **Ci stavamo salutando...** *We were saying goodbye . . .*

Ordinal numbers

- **la sesta** *the sixth*
- **la terza** *the third*

Additional vocabulary

- **Scrịvere è più difficile di quanto sembri.** *Writing is harder than it seems.*
- **Lorenzo ha intenzione di tenẹrsela.** *Lorenzo wants to keep it for himself.*
- **Non sei un granché come attore.** *You are not such a great actor.*
- **l'esercitazione a scuola** *school project*
- **filmino** *short film*
- **Taglia!** *Cut!*
- **poveraccio** *poor man*
- **possiede** *owns*
- **si accorge** *he realizes*
- **tutti e due** *both of them*
- **sceneggiatura** *screenplay*
- **miseria** *fraction*
- **battuta** *line*
- **per davvero** *for real*

2 **Per parlare un po'** A coppie, immaginate di essere registi famosi che vogliono girare un nuovo film. Scrivete un paragrafo di circa 300 parole che riassume la trama e menziona anche quali attori avete scelto. Answers will vary.

2 **Suggestion** This activity can be assigned as homework if time is limited.

3 **Approfondimento** Scegli un film italiano e fai una ricerca. Di che anno è? Chi sono gli attori principali? Qual è la trama? Perché hai scelto questo film? Preparati a rispondere a queste domande. Answers will vary.

3 **Suggestion** On the board, write a list of things students have learned about each movie.

risorse

SAM VM: pp. 39–40

vhlcentral.com

ATTIVITÀ

CULTURA

Prima di leggere Ask students to name Italian artists and artistic styles they have heard of. Encourage them to describe any Italian museums or works of art they have visited or seen.

IN PRIMO PIANO

La culla° dell'arte

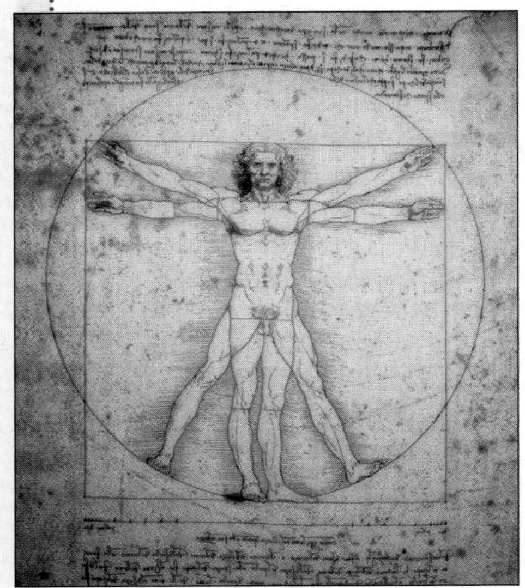

Qual è la prima cosa che viene in mente° quando si pensa all'Italia? Sicuramente l'arte. Gli antichi° romani, gli uomini del Medioevo° e gli artisti moderni hanno lasciato libri, dipinti° e sculture in Italia. Certamente, l'arte italiana più conosciuta nel mondo è quella del Rinascimento.

Il Rinascimento è un movimento culturale che si sviluppa° a Firenze tra il 1400 e il 1500. È ispirato all'Umanesimo, un corrente di pensiero° che apprezza soprattutto l'umanità° e tutte le sue espressioni. In questo clima la cultura, la razionalità e la creatività, cioè tutte le cose che rendono° gli uomini migliori, sono sostenute° e promosse°. L'uomo ideale nel Rinascimento è l'antico romano: equilibrato° e saggio°. Anche l'arte vuole imitare lo spirito antico; per questo le opere vogliono ispirare equilibrio e serenità. Questa idea è simboleggiata° dal famoso *Uomo vitruviano* di Leonardo da Vinci, dove le proporzioni del corpo umano sono progettate° con grande cura.

I più famosi artisti rinascimentali lavorano a Firenze perché la famiglia che governa° la città, i Medici, ama l'arte e finanzia° le opere d'arte per aumentare il suo prestigio. Nascono così i dipinti del Museo degli Uffizi e le opere di Leonardo e Michelangelo.

La tradizione artistica italiana non è comunque solo quella del Rinascimento: anche oggi ci sono artisti italiani conosciuti, come lo scultore Maurizio Cattelan, il poeta Mario Luzi e l'architetto Gae Aulenti—famosa sia per i restauri° di opere del passato, come Palazzo Grassi a Venezia, che° per la progettazione° di nuovi edifici, come il Museo d'Orsay a Parigi.

culla *cradle* **viene in mente** *comes to mind* **antichi** *ancient* **Medioevo** *Middle Ages* **dipinti** *paintings* **si sviluppa** *develops* **corrente di pensiero** *school of thought* **umanità** *mankind* **rendono** *make* **sostenute** *supported* **promosse** *promoted* **equilibrato** *well-balanced* **saggio** *wise* **simboleggiata** *symbolized* **progettate** *designed* **governa** *rules* **finanzia** *finances* **restauri** *restorations* **sia... che** *both . . . and* **progettazione** *designing*

ATTIVITÀ

1 Vero o falso? Indica se l'affermazione è **vera** o **falsa**. Correggi le affermazioni false.

1. Il Rinascimento e l'Umanesimo sono la stessa cosa.
   Falso. Il Rinascimento si ispira all'Umanesimo.
2. L'Umanesimo è un movimento culturale che dà grande importanza all'uomo e all'umanità. Vero.
3. La cultura del Rinascimento promuove tutte le cose che migliorano l'uomo. Vero.
4. L'uomo ideale del Rinascimento è l'antico romano, equilibrato e saggio.
   Vero.
5. L'*Uomo vitruviano* è un esempio del perfetto antico romano.
   Falso. L'*Uomo vitruviano* è un esempio di disegno di uomo con perfette proporzioni.
6. I Medici sono la famiglia che governa Firenze durante il Rinascimento.
   Vero.
7. I Medici finanziano i grandi artisti e le loro opere per aumentare il prestigio della loro famiglia. Vero.
8. Michelangelo ha progettato gli Uffizi.
   Falso. Gli Uffizi è il museo di Firenze dove ci sono molti dipinti del Rinascimento.
9. Maurizio Cattelan è un famoso poeta.
   Falso. È uno scultore.
10. Gae Aulenti ha progettato il Palazzo Grassi.
    Falso. Gae Aulenti ha restaurato Palazzo Grassi.

Practice more at **vhlcentral.com.**

Dopo la lettura Help students understand the idea of **equilibrio** and **razionalità** in the Renaissance period by pointing out the geometrical proportions of the images on this page.

L'italiano quotidiano Have students research a genre listed in the chart and present their findings to the class.

Ritratto Have pairs of students describe the *Uomo vitruviano* and the portrait of Dante using the terms learned in **Unità 6** to describe physical characteristics.

L'ITALIANO QUOTIDIANO

È un'opera in stile...

barocco/a	*Baroque*
bizantino/a	*Byzantine*
(neo)classico/a	*(Neo)classical*
futurista	*Futurist*
gotico/a	*Gothic*
manierista	*Mannerist*
rinascimentale	*Renaissance (adj.)*
romanico/a	*Romanesque*
romantico/a	*Romantic*
verista	*belonging to the Verismo movement*

USI E COSTUMI

Musei e curiosità

L'Italia è ricca di opere d'arte e quasi ogni paese ha un museo. I **musei nazionali, archeologici** o **artistici**, sono di solito nelle grandi città d'arte. Esistono, però, anche **collezioni private**, case di personaggi importanti (come Leonardo da Vinci), **aree archeologiche** (come **Pompei**) e **musei tematici°** (della scienza, per esempio, o del folklore). Ci sono anche **collezioni strane**: musei dedicati al vino, al cioccolato e al prosciutto, musei dedicati ai giocattoli° o a Pinocchio e inquietanti musei di antropologia criminale o dei coltelli.

La maggior parte dei musei ha un giorno di chiusura settimanale° e degli orari di apertura° limitati: è sempre bene cercare informazioni prima di trovare solo una porta chiusa!

tematici *theme* **giocattoli** *toys* **chiusura settimanale** *weekly closing* **orari di apertura** *opening hours*

RITRATTO

L'inventore dell'italiano

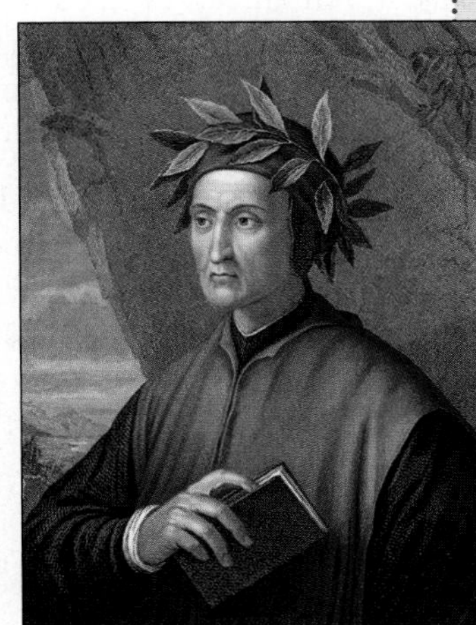

Dante Alighieri nasce a Firenze nel 1265 sotto il segno dei Gemelli°. Fa una buona carriera politica, ma vive in un periodo difficile, ossia° durante la guerra civile che divide la città. La fazione nemica° prende il potere e condanna° Dante a morte. Fortunatamente in quell'epoca lui è a Roma e si salva, ma non può più tornare a casa. Da quel momento vive come ospite° di diverse famiglie potenti° del nord Italia, scrivendo la sua *Divina Commedia* e offrendo la sua esperienza politica a chi lo ospita. Muore di malaria nel 1321.

Sin da giovane Dante scrive poesie usando uno stile sperimentale, lo «Stilnovo», creato per essere musicale. Alla base della lingua di Dante ci sono il dialetto toscano, il latino e il siciliano. In esilio°, Dante aggiunge anche i dialetti delle città del nord Italia dove abita. Nasce così l'italiano, lingua dolce perché creata per la poesia, ma con una grammatica complicata, perché include elementi di lingue diverse.

Gemelli *Gemini* **ossia** *that is* **fazione nemica** *enemy faction* **condanna** *sentences* **ospite** *guest* **potenti** *powerful* **esilio** *exile*

SU INTERNET

Cerca i nome e gli orari di apertura di cinque musei italiani.

Go to **vhlcentral.com** to find more information related to this **CULTURA**.

ATTIVITÀ

2 Completare Completa le frasi. Answers may vary slightly. Sample answers are provided.

1. Dante è nato a Firenze nel 1265.
2. Una fazione nemica lo condanna a morte.
3. Dante muore nel 1321 a causa della malaria.
4. Esistono in Italia musei dedicati al vino, al cioccolato e al prosciutto.
5. Molti musei hanno un giorno di chiusura settimanale.
6. Per i bambini ci sono musei dedicati ai giocattoli e a Pinocchio.

3 A voi A coppie, discutete le seguenti domande. Answers will vary.

1. Ti piace visitare i musei? Preferisci quelli storici-artistici o quelli più strani?
2. Guarda la lista degli stili artistici in **L'italiano quotidiano**. Qual è il tuo stile preferito? Perché?
3. Preferisci l'arte antica, rinascimentale o moderna? Perché?

10B.1 The gerund and progressive tenses

Punto di partenza You have already learned that the present tense in Italian can be used to describe what someone does or is doing. To emphasize that an action is in progress, use the present tense of **stare** and the **gerundio**.

- Form the **gerundio** by replacing the **-are** ending of an infinitive with **-ando**, and the **-ere** and **-ire** endings with **-endo**. This form is equivalent to the English ending *-ing*.

Suggestion Ask several students to describe what they are doing at the moment, using the **forma progressiva**. Ex.: **Sto parlando al professore.**

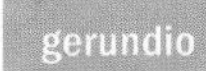

infinitive	gerundio	
girare	**girando**	*filming*
dipingere	**dipingendo**	*painting*
scolpire	**scolpendo**	*sculpting*

- A few verbs that have an irregular stem in the **imperfetto**, such as **bere**, **dire**, **fare**, and **tradurre*** (*to translate*), use the same irregular stem to form the **gerundio**.

Suggestion Point out that all of these irregular forms use the ending **-endo**.

imperfetto	gerundio	
bevevo	**bevendo**	*drinking*
dicevo	**dicendo**	*saying*
facevo	**facendo**	*doing*
traducevo	**traducendo**	*translating*

- Use the present tense of **stare** + [**gerundio**] to express an action that is in progress. This is called the **forma progressiva**.

Il pittore non è nel suo studio. **Sta lavorando** all'aperto.
The painter isn't in his studio. ***He's working*** *outdoors.*

I bambini non ti sentono. **Stanno ascoltando** la radio.
The children don't hear you. ***They're listening*** *to the radio.*

Non posso parlare; **sto mangiando**.
I can't talk; ***I'm eating****.*

Che cosa **stai scrivendo**? Una favola?
What ***are you writing****? A fairy tale?*

- Use the **imperfetto** of **stare** + [**gerundio**] to describe actions that were in progress in the past.

Il regista non c'era. **Stava girando** un'altra scena.
The director wasn't there. ***He was shooting*** *another scene.*

Non ti ho visto. **Stavo cercando** le mie chiavi.
I didn't see you. ***I was looking for*** *my keys.*

Giacometti **stava scolpendo** quando l'abbiamo conosciuto.
Giacometti ***was sculpting*** *when we met him.*

Mi dispiace, **stavo dormendo** durante il film.
I'm sorry, ***I was sleeping*** *during the movie.*

Suggestion Ask students what they were doing at specific times of day before class and have them reply using the **forma progressiva**. Ex.: **Alle sette stavo dormendo.**

PRATICA

1 Completare Completa ogni frase con la forma progressiva presente del verbo indicato.

1. Loro ___stanno visitando___ (visitare) la galleria d'arte.
2. La stampa ___sta pubblicando___ (pubblicare) tutti i dettagli della storia.
3. Io e Giulia ___stiamo leggendo___ (leggere) una bella favola.
4. Quei registi ___stanno girando___ (girare) un nuovo film.
5. Le collezioni ___stanno andando___ (andare) in giro per il mondo.
6. Voi ___state scolpendo___ (scolpire) un vero capolavoro!

2 Trasformare Adesso trasforma tutte le frasi dell'attività precedente al passato, usando l'imperfetto di **stare** e il gerundio.

MODELLO

Loro ________ (visitare) la galleria d'arte.
Loro stavano visitando la galleria d'arte.

1. Loro stavano visitando la galleria d'arte.
2. La stampa stava pubblicando tutti i dettagli della storia.
3. Io e Giulia stavamo leggendo una bella favola.
4. Quei registi stavano girando un nuovo film.
5. Le collezioni stavano andando in giro per il mondo.
6. Voi stavate scolpendo un vero capolavoro!

3 Mettere etichette Per ogni foto scrivi cosa stanno facendo adesso queste persone o cosa stavano facendo ieri. Usa frasi complete.

1. Rosa e Bianca / suonare il violino / ieri
Rosa e Bianca stavano suonando il violino ieri.

2. Giuseppe / dipingere il garage / adesso
Giuseppe sta dipingendo il garage adesso.

3. Maria e Armando / mangiare al ristorante / adesso
Maria e Armando stanno mangiando al ristorante adesso.

4. gli assistenti / filmare un documentario / ieri
Gli assistenti stavano filmando un documentario ieri.

5. gli studenti / scriversi delle e-mail / adesso
Gli studenti si stanno scrivendo delle e-mail adesso.

6. Marco / guardare la partita / ieri
Marco stava guardando la partita ieri.

Practice more at **vhlcentral.com.**

COMUNICAZIONE

4 **Proprio adesso** A coppie, descrivete che cosa stanno facendo queste persone esattamente in questo momento. Usate la vostra fantasia e le forme progressive. Answers will vary

MODELLO il cuoco

Il cuoco sta scaldando la pizza nel microonde.

1. il pittore
2. l'autrice
3. gli scultori
4. la regista di un documentario
5. i bambini
6. i tuoi genitori
7. il presidente
8. tu e io

4 Suggestion Have each student disagree with his/her partner and add a second possibility. Ex:. **Il cuoco sta scaldando la pizza nel microonde. No, non sta scaldando la pizza nel microonde. Sta mangiando a un fast food!**

5 **Quando è andata via la luce** A coppie, preparate una lista di otto persone. Possono essere persone che conoscete o non conoscete. Poi immaginate cosa stavano facendo quando la luce è andata via (*when the power went off*) ieri sera alle 18.00. Scrivete frasi complete per descrivere le loro azioni. Answers will vary.

MODELLO mia madre

Mia madre stava cucinando e guardando la televisione.

6 **Gli slogan** In gruppi di quattro, immaginate di lavorare in un ospedale. Dovete scrivere degli slogan sul tema della salute e del benessere per la sala d'attesa. Scrivete quanti più slogan possibili in cinque minuti, poi paragonate quello che avete scritto con il resto della classe. Answers will vary.

Dormire è la migliore medicina!

Guardare la televisione non è un passatempo!

Extra practice Have groups of four students describe what their classmates and instructor are and were doing using **stare** and the **gerundio**. Ex.: **Giulio stava parlando, ma ora sta ascoltando. Andrea stava guardando l'orologio, ma ora sta scrivendo. L'insegnante stava parlando con Giacomo, ma ora ci sta guardando.**

- Note that the use of the **forma progressiva** is more limited than that of its English equivalent. It is much more common to use the simple present or **imperfetto** to talk about ongoing actions in Italian. Use the **forma progressiva** to emphasize the fact that the action is in progress.

ATTREZZI
You learned to use the simple present to express ongoing actions in **Lezione 2A** and the imperfect to express ongoing actions in the past in **Lezione 6B**.

Il poeta **scrive** una poesia d'amore. *The poet **writes/is writing/ does write** a love poem.*	BUT	Il poeta **sta scrivendo** una poesia d'amore. *The poet **is writing** (at this very moment) a love poem.*
La mamma **leggeva** il racconto al figlio. *The mother **was reading/used to read** the story to her son.*	BUT	La mamma **stava leggendo** il racconto al figlio. *The mother **was reading** (at that very moment) the story to her son.*

- Object and reflexive pronouns either precede the conjugated form of **stare** or are attached to the end of the **gerundio**.

Perché la *Gioconda* **mi sta sorridendo/sta sorridendomi**?
*Why **is** the* Mona Lisa *smiling at me?*

Il quadro sarà bellissimo. **Lo sto finendo/Sto finendolo** adesso.
*The painting will be very beautiful. **I'm finishing it** now.*

Ti stavamo facendo/Stavamo facendoti un capolavoro.
***We were making** a masterpiece **for you**.*

Lo scultore **si stava preparando/stava preparandosi** per la mostra.
*The sculptor **was preparing himself** for the show.*

- In cases where an English word ending in *-ing* is used as the subject of a sentence, the infinitive, rather than the **gerundio**, is typically used in Italian.

Andare al cinema è il mio passatempo preferito.
***Going** to the movies is my favorite hobby.*

Pubblicare un libro è quasi sempre difficile.
***Publishing** a book is almost always difficult.*

Suggestion Tell students that the **forma progressiva** is not used in the future tense. (It can be used in the present and imperfect subjunctive, however. The subjunctive will be presented in **Lezione 11A.**)

Provalo! **Per ogni frase, scrivi il gerundio del verbo indicato.**

1. Il pittore sta _lavorando_ (lavorare).
2. Tu stai _scrivendo_ (scrivere) al professore.
3. I bambini stavano _ascoltando_ (ascoltare) la radio.
4. Io e Tiziana stavamo _correndo_ (correre) verso di te.
5. Gabriele sta _stampando_ (stampare) tutti i documenti.
6. Ieri sera alle otto io stavo _cenando_ (cenare).
7. Voi state _cercando_ (cercare) l'ufficio del professor Antichi.
8. Quale film stavano _guardando_ (guardare) i tuoi amici?

10B.2 Ordinal numbers and suffixes

Punto di partenza Ordinal numbers, such as *first*, *second*, etc., indicate the order or rank of things relative to others. Suffixes are endings that, added to a word, modify the meaning of the word.

- The Italian ordinal numbers equivalent to *first* through *tenth* do not follow a regular pattern and must be memorized.

Cardinal numbers		Ordinal numbers	
1 uno	*one*	1° primo	*first*
2 due	*two*	2° secondo	*second*
3 tre	*three*	3° terzo	*third*
4 quattro	*four*	4° quarto	*fourth*
5 cinque	*five*	5° quinto	*fifth*
6 sei	*six*	6° sesto	*sixth*
7 sette	*seven*	7° settimo	*seventh*
8 otto	*eight*	8° ottavo	*eighth*
9 nove	*nine*	9° nono	*ninth*
10 dieci	*ten*	10° decimo	*tenth*

- Form most other ordinal numbers by dropping the final vowel of the cardinal number and adding the suffix **-esimo**. Numbers ending in **-tré** or **-sei** maintain the final vowel, but the accent mark on **-tré** is dropped.

Cardinal	Ordinal	Cardinal	Ordinal
11 undici	11° undicesimo	82 ottantadue	82° ottantaduesimo
20 venti	20° ventesimo	100 cento	100° centesimo
26 ventisei	26° ventiseiesimo	500 cinquecento	500° cinquecentesimo
33 trentatré	33° trentatreesimo	1000 mille	1000° millesimo

- Ordinal numbers are adjectives, and therefore must agree in gender and number with the nouns they modify.

Lo sceicco bianco è stato uno **dei primi film** di Fellini.
The White Sheik *was one of Fellini's* ***first movies.***

È **la quarta volta** che vediamo *Il signore degli anelli.*
It's ***the fourth time*** *we've seen* The Lord of the Rings.

- Abbreviate ordinal numbers with superscripts **o**, **a**, **i**, or **e**, according to the gender and number of the noun that follows.

La collezione ha vinto il **2° premio**.
The collection won ***2nd prize.***

Legga la **10ª poesia**, per favore.
Read the ***10th poem****, please.*

- Use Roman numerals to refer to centuries (**secoli**) or royalty.

XIII (**tredicesimo**) secolo
13th century

Enrico **IV** (**quarto**)
Henry IV

Suggestion Tell students that, beginning with the 13th century, centuries can also be described with the definite article and a cardinal number. Ex.: **XIII secolo/il tredicesimo secolo/il Duecento.**

3 Expansion Have pairs of students write sentences using words from this presentation and their unmodified forms. Ex.: **Ho scritto una lettera ad Antonella e lei mi ha risposto con una letterona.**

PRATICA

1 Completare Completa le frasi seguenti scrivendo in lettere il numero ordinale dato. Fai attenzione alla concordanza.

1. Questo è il __dodicesimo__ (12°) documentario che vediamo questa settimana!
2. È il __quarto__ (4°) giorno che si dimentica di venire.
3. Gli studenti di quella scuola si sono classificati __secondi__ (2°).
4. Per la __centesima__ (100°) volta: no, non voglio uscire con te!
5. I __primi__ (1°) computer erano molto grandi e lenti.
6. Complimenti, Lei è il __trentatreesimo__ (33°) cliente e vince un certificato regalo di 5 euro!
7. Queste macchine sono __seconde__ (2°) solo alle macchine che hai provato ieri.
8. Non ho ancora visto il __ventiseiesimo__ (26°) paio di guanti che hai comprato.

2 Associare Associa ogni frase con la parola più adatta.

2 Expansion Have students provide a definition for each word used in this activity.

a. borsetta
b. minestrone
c. tempaccio
d. letterona
e. ragazzaccio
f. chiacchieroni
g. parolacce
h. boccuccia

1. Roberto è un __e__. Non fa mai quello che deve fare.
2. Che __h__ ha quel bambino, un sorriso dolcissimo!
3. Quei due sono dei __f__. Non smettono mai di parlare.
4. Che bella __a__, piccola e molto elegante. È perfetta per andare a teatro.
5. Che __c__! Piove da una settimana e non smetterà per altri due giorni.
6. Non dire tutte quelle __g__; parla educatamente e con rispetto!
7. In inverno mi piace mangiare un bel __b__ caldo.
8. Gianna ci ha scritto una __d__ di cinque pagine sul suo viaggio.

3 Rispondere Rispondi a ogni domanda con una frase completa. Answers will vary.

1. A quale piano vivi?
2. Hai avuto una giornataccia recentemente?
3. Ti piace Topolino (*Mickey Mouse*)?
4. A quale anno di studi sei?
5. Hai fratellini o sorelline?
6. La classe d'italiano è la prima della giornata?

Practice more at **vhlcentral.com.**

4 Expansion Have two pairs work together, commenting on each other's **grande magazzino** and explaining why they would or would not want to shop there.

COMUNICAZIONE

4 Il grande magazzino A coppie, immaginate un grande magazzino di dodici piani. Descrivete cosa potete trovare a ciascun piano di quell'edificio. Usate i numeri ordinali. Answers will vary.

MODELLO

S1: *Al primo piano c'è il reparto (department) di elettrodomestici, dove ci sono i televisori, le lavastoviglie ecc.*
S2: *Al secondo piano…*

5 Il mimo Lavorate in gruppi di quattro. A turno, mimate alcune delle parole con suffisso che avete imparato in questa lezione. La persona che indovina la parola mimerà la parola successiva. Answers will vary.

MODELLO

S1: *Sei una nipotina?*
S2: *No!*
S3: *Sei un topolino?*
S2: *Sì!*

casetta	chiacchierone	gattino	sorellina
cattivella	filmaccio	librone	topolino

6 Una recensione Lavorate a coppie. Scrivete la recensione di una mostra a una galleria d'arte. Usate quanti più numeri ordinali e parole con suffisso possibili. Answers will vary.

MODELLO

ARTE: La formazione dell'immagine di Beppe Devalle
Oggi sono andata alla Galleria Nuova per la decima volta. È una piccola casetta in centro. È la terza mostra su Beppe Devalle organizzata lì e…

6 Expansion If there is a museum on or near campus, have students visit it and report on what they saw.

Suggestion Tell students to drop an **i** when making the plural forms of **-uccio** (**-ucci/-ucce**) and **-accio** (**-acci/-acce**).

Suffixes

In Italian, there are many suffixes that can be added to nouns or adjectives, as well as to proper names.

ATTREZZI
In **Lezione 3A** you learned to use suffixes to talk about family members with words such as **fratellino** (*little brother*) and **sorellina** (*little sister*).

- To add a suffix, first drop the final vowel of the base word.

fratello + **-ino**  **fratellino**
sorella + **-ina** → **sorellina**

- The suffixes **-ello/a**, **-etto/a**, **-ino/a**, and **-uccio/a** are often used to indicate smallness or to express affection.

Che belle **casette**! *What cute **little houses**!*
Ecco la mia **nipotina Mariuccia**. *Here is my **small niece, little Mary**.*

- The suffix **-one/a** expresses largeness or importance.

Guardate questi **libroni**! *Look at these **big books**!*
Il nostro gattino è **pigrone**. *Our kitten is **very lazy**.*

- The suffix **-accio/a** has a disparaging or pejorative connotation.

Non dire **parolacce** a lezione. *Don't say **swear words** in class.*
Che **filmaccio**! Cambiamo canale! *What a **bad film**! Let's change the channel!*

- The use of suffixes is idiomatic, and not every suffix can be added to every noun or adjective. Focus on learning words you see or hear rather than trying to add suffixes on your own. Here are some additional commonly used words with suffixes.

Common *nomi alterati*

bellino/a	*cute, pretty*	la giornataccia	*bad day*
caruccio/a	*sweet, very dear*	la letterona	*long letter*
cattivello/a	*a little bit naughty*	la manina	*little hand*
piccolino/a	*very small*	il minestrone	*thick soup*
la boccuccia	*cute little mouth*	il nasino	*little nose*
la borsetta	*small purse*	il ragazzaccio	*bad boy*
il/la chiacchierone/a	*chatterbox*	il tempaccio	*bad weather*
il giornalaccio	*trashy newspaper*	il topolino	*little mouse*

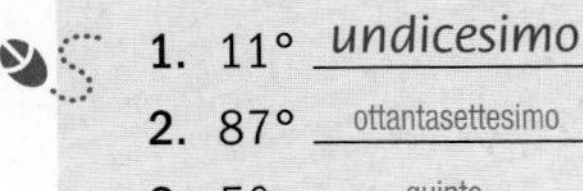

Provalo! **Scrivi le parole corrette per esprimere i numeri e le parole elencate. Fai tutti i cambiamenti necessari.**

1. 11° undicesimo
2. 87° ottantasettesimo
3. 5° quinto
4. 26° ventiseiesimo
5. 100° centesimo
6. lavoro (+ -accio) lavoraccio
7. cugina (+ -etto) cuginetta
8. esame (+ -uccio) esamuccio
9. ville (+ -etto) villette
10. telefono (+ -ino) telefonino

Suggestion Point out that sometimes nouns change gender from feminine to masculine when adding the suffix **-one.** Ex.: **finestra/finestrone**; **porta/portone.**

Ricapitolazione

1 **Il festival delle arti** In gruppi di tre, create una conversazione sul festival delle arti. Siete al festival e commentate quello che stanno facendo le diverse persone. Usate la forma progressiva e il vocabolario della lezione. Answers will vary.

1 Expansion Have students comment on the objects they are talking about. Ex.: **Sta parlando con un pittore. Mi piacciono molto i suoi quadri. I colori che usa sono incredibili.**

MODELLO

S1: *Oh, guarda, c'è quel famoso pittore. Cosa sta facendo?*
S2: *Sta parlando con qualcuno dei suoi quadri.*
S3: *E là, c'è quello scrittore della rivista che ti piace tanto. Sta comprando una scultura...*

2 **Un bel film** A coppie, scegliete un tipo di film e scrivete il nome di sei personaggi che appaiono (*appear*) nella sceneggiatura (*screenplay*). Descriveteli e dite cosa stanno facendo quando inizia il film. Answers will vary.

2 Expansion Have groups of students talk about how an actor, a director, and a stuntman should prepare for a scene.

MODELLO

Aldo si sta preparando per l'intervista. Sta pensando a quando diventerà famoso e non sta facendo attenzione a...

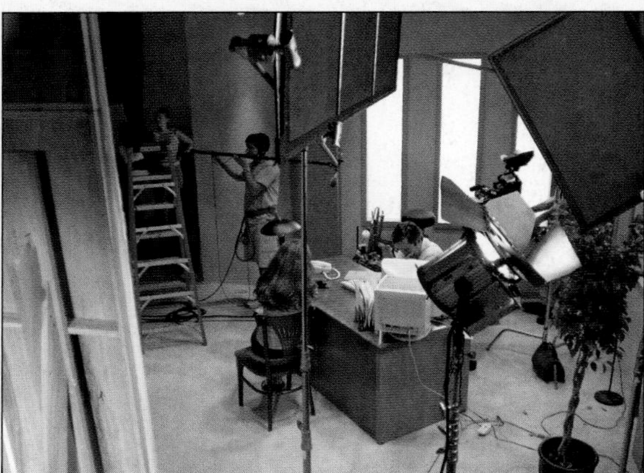

3 **Una recensione televisiva** A coppie, assumete il ruolo di due critici della televisione. Scegliete un programma e poi, a turno, descrivete cosa è successo e quali sono state le vostre reazioni. Usate il passato progressivo. Answers will vary.

MODELLO

S1: *Secondo me è stato molto commovente quando il personaggio principale stava descrivendo...*
S2: *Sono d'accordo, ma secondo me è stato molto inquietante il momento in cui la polizia è arrivata...*

3 Suggestion Have students write reviews of **A piedi nudi sul palco** and compare them as a class.

4 **Una famiglia reale** Lavorate a coppie. L'insegnante vi darà un foglio con un albero genealogico parzialmente completato. Inventate i nomi e le date per completarlo. Usate i numeri ordinali per i titoli e i secoli. Poi, seguendo il modello, fate a turno a parlare di quella famiglia. Answers will vary.

MODELLO

Antonio Quattordicesimo è vissuto nel nono secolo. Sua moglie Rosa Maria è vissuta nel nono e nel decimo secolo.

5 **Pettegolezzi** A coppie, immaginate di essere i presentatori (*hosts*) di un famoso programma di pettegolezzi (*gossip*). Usate le parole della lista per creare l'episodio di oggi. Scrivete almeno dieci frasi e siate pronti a presentare l'episodio alla classe. Answers will vary.

MODELLO

S1: *Prima, parliamo di Carla Cugino. Che bellina!*
S2: *Sì, è vero! Lei...*

bellino/a	giornalaccio
boccuccia	giornataccia
caruccio/a	manina
casetta	nasino
cattivello/a	piccolino/a
chiacchierone/a	pigrone/a
filmaccio	sorellina

6 **Compleanni** A coppie, parlate di quali sono stati i vostri compleanni preferiti e quali no. Parlate di almeno quattro compleanni e dite perché vi sono piaciuti o no. Usate i numeri ordinali e i punti grammaticali della lezione quando possibile. Answers will vary.

MODELLO

Ricordo il mio quinto compleanno. Che giornataccia! Abbiamo fatto una festa, ma ha cominciato a piovere quando ci siamo messi a mangiare il dolce...

6 Expansion Have groups of three students talk about their ideal birthday, using words from the lesson to say what should or should not happen.

7 **In vacanza** A coppie, guardate il disegno e dite cosa stanno facendo le persone che vedete in questo posto di villeggiatura. Poi immaginate cosa possano star facendo (*might be doing*) al momento cinque altre persone che si trovano nello stesso posto. Answers will vary.

MODELLO

S1: *La donna dal costume viola sta guardando uno squalo (shark).*

S2: *I bambini...*

7 Expansion Have groups of three students talk about a good vacation they took. What is the best memory they have? What were people doing then? Ask two or three students to share their story with the class.

8 **Sette differenze** Lavorate a coppie. L'insegnante vi darà due fogli diversi, ciascuno con un disegno. I disegni hanno sette differenze. Seguite il modello e, a turno, fate domande per trovare le sette differenze fra i disegni. Answers will vary.

MODELLO

S1: *Nel mio disegno l'uomo al primo piano sta scolpendo una statua.*

S2: *Anche nel mio disegno sta scolpendo una statua.*

8 Expansion Have students ask and answer questions about the characters in their drawing. They can ask the name of the person, why they are doing what they are doing, or where the rest of their family is.

Il mio di·zio·na·rio

Aggiungi al tuo dizionario personalizzato cinque parole relative alle arti e allo spettacolo.

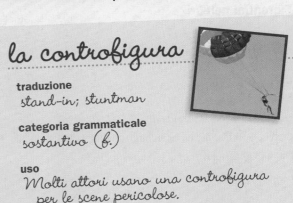

la controfigura

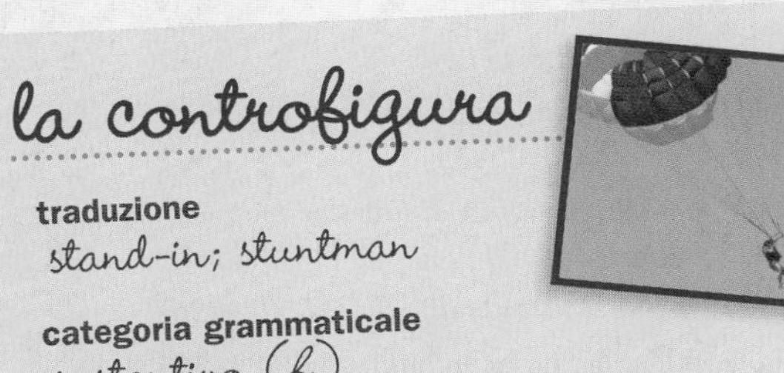

traduzione
stand-in; stuntman

categoria grammaticale
sostantivo (f.)

uso
Molti attori usano una controfigura per le scene pericolose.

sinonimi
/

antonimi
attore principale

risorse

SAM WB: pp. 155–158	SAM LM: pp. 89–90	vhlcentral.com

Panorama

Interactive Map

Firenze

La città in cifre

- **Superficie della provincia:** *3.514 km²*
- **Superficie della città:** *102 km²*
- **Popolazione della provincia:** *987.354*
- **Popolazione della città:** *370.092*

  Firenze, uno dei posti più visitati dell'Italia, attira milioni di turisti all'anno grazie alla sua reputazione come città d'arte e del Rinascimento. Le sue chiese e i suoi monumenti adornano le due sponde° del fiume Arno, collegate da ponti, tra cui il famoso Ponte Vecchio.
- **Da non perdere:** *Palazzo Pitti, Ponte Vecchio, il Duomo, la basilica di Santa Maria Novella, la Galleria degli Uffizi, la Galleria dell'Accademia, Piazza della Signoria, Palazzo Vecchio*

Fiorentini celebri

- **Sandro Botticelli,** *pittore (1445–1510)*
- **Amerigo Vespucci,** *navigatore ed esploratore (1454–1512)*
- **Caterina de' Medici,** *regina di Francia (1519–1589)*
- **Eugenia Mantelli,** *cantante d'opera (1860–1926)*
- **Guccio Gucci,** *stilista e imprenditore° (1881–1953)*
- **Oriana Fallaci,** *scrittrice e giornalista (1929–2006)*

Palazzo Vecchio

il *David* di Michelangelo

il fiume Arno a Firenze

0 — 0.5 miglio
0 — 0.5 chilometro

Suggestion Ask students to research the origins of Florence and then to present a few facts to the class. They can work in groups or by themselves.

Incredibile ma vero! Brunelleschi is best known as an architect, but he was also a sculptor, a goldsmith, and even a "set designer". Ask students to research Brunelleschi's other careers and discuss their findings with the class.

Incredibile ma vero!

La cupola° del Duomo di Firenze è un simbolo famoso della città. Capolavoro del Rinascimento, costruita da Brunelleschi tra il 1420 e il 1436, è l'opera in muratura° più grande del mondo, larga 45,52 metri e alta 91 metri. La cupola pesa 37.000 tonnellate e ci sono voluti circa quattro milioni di mattoni° per costruirla.

sponde *banks* **imprenditore** *entrepreneur* **cupola** *dome* **muratura** *masonry* **mattoni** *bricks*

L'arte

Il Rinascimento

Firenze è considerata la culla° del Rinascimento (metà del XIV secolo-fine del XVI secolo). Alcuni tra i più grandi artisti sono vissuti in quel periodo: Michelangelo, Leonardo, Raffaello, Botticelli e molti altri. Tra i capolavori dell'epoca ci sono il *David* di Donatello e la *Porta del Paradiso* di Ghiberti (1381-1455). Donatello (1386-1466), artista fiorentino che ha studiato con Brunelleschi, ha scolpito il suo *David* intorno al° 1453. La *Porta del Paradiso* (così definita da Michelangelo) del Battistero di Firenze è formata da dieci quadri, che rappresentano scene dell'Antico Testamento°. È stata fatta da Ghiberti tra il 1425 e il 1452.

L'artigianato

Una carta speciale

Una caratteristica dell'artigianato fiorentino è la carta marmorizzata°. La tecnica per crearla era già in uso in Cina nel VIII secolo ed è arrivata in Europa alla fine del Cinquecento. La carta marmorizzata tornò di moda, dopo un lungo periodo di disuso, a metà degli anni '70. Da allora è una caratteristica delle carte da regalo e da rilegatura° della città. Come si fa la carta marmorizzata? Si prepara un liquido con acqua, gelatina e colori. Poi, con vari strumenti, si muovono i colori per formare il motivo°. Infine si appoggia la carta sulla superficie del liquido e la carta è pronta!

La storia

Una famiglia potente

I Medici furono una famiglia potentissima° tra il XIV e il XVIII secolo. Erano banchieri e per molto tempo sono stati la famiglia più ricca d'Europa. Grazie alla loro ricchezza hanno influenzato grandemente la storia di quel periodo: tre papi° erano Medici (Leone X, Clemente VII e Leone XI); diversi artisti del tempo sono stati sponsorizzati da questa famiglia, tra cui Masaccio, Brunelleschi e Leonardo da Vinci; ed è in questo periodo che sono stati costruiti il giardino di Boboli, gli Uffizi, Forte Belvedere, Palazzo Medici-Riccardi e innumerevoli° ville. Molti Medici sono sepolti° nella Basilica di San Lorenzo.

L'architettura

Ponte Vecchio

Ponte Vecchio è stato costruito per la prima volta in epoca romana ed era l'unico ponte della città. Rovinato dall'alluvione° del 1117 e distrutto dall'alluvione del 1333, Ponte Vecchio è stato ricostruito tra il 1333 e il 1345. È stato l'unico ponte della città non distrutto durante la Seconda Guerra Mondiale. Originariamente i negozi sul ponte erano soprattutto macellerie, ma Ferdinando I li ha voluti sostituire tutti con oreficerie°. Nel 1565 è stato costruito il Corridoio Vasariano e da allora l'aspetto del ponte è rimasto pressoché immutato°.

Quanto hai imparato? Completa le frasi.

1. La cupola del Duomo di Firenze è stata costruita da __Brunelleschi__.
2. La cupola del Duomo di Firenze è alta __91 metri__.
3. Il Rinascimento dura dalla __metà del XIV secolo__ alla __fine del XVI secolo__.
4. La *Porta del Paradiso* è una porta del __Battistero__ di Firenze.
5. La tecnica per la carta __marmorizzata__ è arrivata in Europa nel 500.
6. La carta marmorizzata è usata come carta da __regalo e da rilegatura__.
7. I Medici hanno dominato la storia italiana dal __XIV secolo__ al __XVIII secolo__.
8. I Medici hanno sponsorizzato molti artisti, per esempio __Masaccio, Brunelleschi e Leonardo da Vinci__.
9. Ponte Vecchio è stato l'unico ponte __non distrutto__ durante la Seconda Guerra Mondiale.
10. Il Corridoio Vasariano è stato costruito nel __1565__.

Practice more at **vhlcentral.com.**

risorse

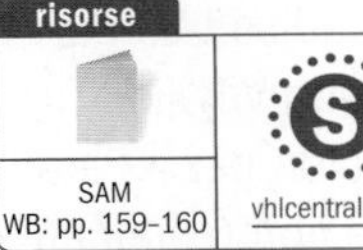

SAM WB: pp. 159-160 | vhlcentral.com

SU INTERNET

Go to vhlcentral.com to find more cultural information related to this **Panorama**.

1. Firenze è stata la capitale d'Italia per cinque anni. Cerca informazioni su questo periodo importantissimo per la città.
2. La cucina toscana è una delle più particolari d'Italia. Ricerca informazioni sui piatti tipici e presentane uno o due alla classe.
3. Nel corso della sua storia Firenze ha subito molte devastanti alluvioni. Fai una ricerca su quelle più importanti e sui terribili effetti causati sulla città.

culla *cradle* **intorno al** *around* **Antico Testamento** *Old Testament* **carta marmorizzata** *marbled paper* **rilegatura** *book binding* **motivo** *pattern* **potentissima** *very powerful* **papi** *Popes* **innumerevoli** *countless* **sepolti** *buried* **alluvione** *flood* **oreficerie** *goldsmith's shops* **pressoché immutato** *nearly unchanged*

Suggestion After students have read **La storia** and **L'architettura**, encourage them to research the **Corridoio Vasariano** to find out why it was built and which buildings it connects.

Lettura

Audio: Reading

NATIONAL communication cultures STANDARDS

Prima di leggere

STRATEGIA

Making inferences and recognizing metaphors

For dramatic effect and to achieve a smoother writing style, authors often do not explicitly supply the reader with all the details of a story or a poem. Clues **(Indizi)** in the text can help you infer **(dedurre)** those things the writer chooses not to state in a direct manner. By "reading between the lines", you can fill in the missing information.

Metaphors **(Metafore)** are figures of speech used in literature to make descriptions more vivid. They identify one thing with the attributes and qualities of another, as in *all the world's a stage*.

Esamina il testo

Guarda il testo. È preso da un romanzo? Un racconto? Un poema? Qual è il titolo? Guarda anche l'immagine. Cosa ti dice sul contenuto del testo?

L'autore

Dante Alighieri

Dante Alighieri (Firenze 1265 – Ravenna 1321) è stato uno dei poeti più importanti della letteratura italiana. La sua opera più famosa è la *Commedia*, scritta circa tra il 1302 e il 1321. Nella *Commedia* Dante fa un viaggio attraverso l'Inferno°, il Purgatorio° e il Paradiso°. La guida per l'Inferno e il Purgatorio è il suo maestro Virgilio°, un poeta latino, autore dell'*Eneide*°. La guida per il Paradiso è Beatrice. La *Commedia* è divisa in tre libri (chiamati «cantiche»), ciascuno formato da 33 canti (34 nell'*Inferno* – uno è l'introduzione). Ogni canto è composto da terzine di endecasillabi°. L'aggettivo «divina» è stato aggiunto° nel XVI secolo dall'editore veneziano Ludovico Dolce. Henry Wadsworth Longfellow è stato il primo statunitense a tradurla° in inglese.

Inferno *Hell* **Purgatorio** *Purgatory* **Paradiso** *Heaven* **Virgilio** *Virgil* **Eneide** *Aeneid* **terzine di endecasillabi** *eleven-syllable tercets* **aggiunto** *added* **tradurla** *translate it*

INFERNO

Dante e Virgilio

sono all'entrata° dell'Inferno. La scritta° sulla porta dice che da lì si entra nella città del dolore, l'Inferno, dove sono le anime perdute°, e che chi passa la porta deve abbandonare ogni speranza° di tornare indietro. Dante non capisce il significato° di quelle parole (il «colore oscuro») ed è spaventato°, ma Virgilio gli dice di abbandonare le sue paure e i suoi dubbi («sospetto» e «viltà»). Poi Virgilio gli dice che sono arrivati nel luogo di cui gli aveva già parlato e in cui si trovano le persone che non possono più aspirare a Dio (non hanno «il ben dell'intelletto»).

CANTO III

PER ME° SI VA NELLA CITTÀ DOLENTE,
PER ME SI VA NELL' ETTERNO DOLORE,
PER ME SI VA TRA LA PERDUTA GENTE.

GIUSTIZIA MOSSE IL MIO ALTO FATTORE°:
FECEMI° LA DIVINA POTESTATE°,
LA SOMMA° SAPIENZA E 'L PRIMO AMORE.

DINANZI A ME NON FUOR° COSE CREATE
SE NON ETTERNE, E IO ETTERNA DURO°.
LASCIATE OGNI SPERANZA, VOI CH' ENTRATE.

Queste parole di colore oscuro
vid' io scritte al sommo d'una porta;
per ch' io: 'Maestro, il senso lor m' è duro°.'

Ed elli° a me, come persona accorta°:
'Qui si convien lasciare ogni sospetto;
ogni viltà convien che qui sia morta.

Noi siam venuti al loco° ov' io t' ho detto
che tu vedrai le genti dolorose
c' hanno perduto il ben dell' intelletto.'

entrata *door* **scritta** *writing* **anime perdute** *lost souls* **speranza** *hope*
significato *meaning* **spaventato** *frightened* **per me** *through me*
il mio alto fattore *God* **fecemi** *he made me* **potestate** *power* **somma** *highest*
fuor *they were* **duro** *endure* **duro** *hard* **elli** *he* **accorta** *wise* **loco** *place*

Dopo la lettura

Vero o falso? **Decidi se ogni affermazione è vera o falsa. Usa parole dal testo per giustificare la tua risposta.**

1. Attraverso la porta, Dante e Virgilio entrano nell'Inferno.
   Vero: "per me si va nella città dolente"
2. Le anime che entrano dalla porta sono felici per l'eternità.
   Falso: "per me si va nell'etterno dolore"
3. Nell'Inferno ci sono anime sante.
   Falso: "per me si va tra la perduta gente"
4. Quando le anime entrano nell'Inferno, sono piene di speranze.
   Falso: "lasciate ogni speranza, voi ch'entrate"
5. Dante non capisce il significato delle parole.
   Vero: "Queste parole di colore oscuro", "Maestro, il senso lor m' è duro."
6. Virgilio è una persona saggia *(wise)*.
   Vero: "Ed elli a me, come persona accorta"
7. Dante deve avere dubbi e paure quando entra all'Inferno.
   Falso: "Qui si convien lasciare ogni sospetto; ogni viltà convien che qui sia morta."
8. Virgilio ha già parlato a Dante di questo posto.
   Vero: "Noi siam venuti al loco ov' io t' ho detto"

Linguaggio poetico **Dante ha scritto il poema *Divina Commedia* usando l'italiano del quattordicesimo secolo. Scegli una terzina (gruppo di tre versi) e riscrivila in italiano moderno con parole tue. In che modo il linguaggio poetico cambia il tono e il significato del passaggio?** Answers will vary.

La guida **Dante sceglie il poeta latino Virgilio come guida al suo fantastico viaggio attraverso l'Inferno perché ammirava molto il poeta classico. Immagina di scrivere una tua storia fantastica. Chi sceglieresti come guida? Perché? Parla della tua scelta con un(a) compagno/a di classe.**
Answers will vary.

Suggestion Explain to students that a **terzina**, or tercet, is a stanza of poetry three lines long. Point out that Dante originated the **terza rima** stanza form, in which the first and final lines of each stanza rhyme with each other and with the middle line of the preceding stanza.

Suggestion Tell students that this is challenging material and they should not worry if they do not understand every word. Encourage them to identify the words and structures they do know, and to identify words that may be related to words they know.

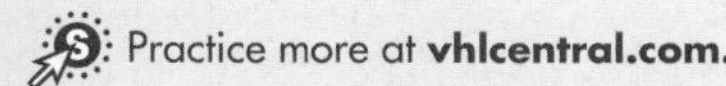
Practice more at **vhlcentral.com.**

In ascolto

STRATEGIA

Guessing the meaning of words through context

When you hear an unfamiliar word, you can often guess its meaning by listening to the words and phrases around it.

To practice this strategy, you will listen to a paragraph. Jot down the unfamiliar words that you hear. Then listen to the paragraph again and jot down the word or words that are the most useful clues to the meaning of each unfamiliar word.

Preparazione

A coppie, guardate e descrivete la fotografia. Dove sono queste persone? Cosa stanno facendo? Secondo te, che genere di musica suonano?

Ascoltiamo

Sei in Italia e vuoi invitare un amico ad uscire questo fine settimana. Stai ascoltando la radio e senti un annuncio per uno spettacolo che potrebbe piacere al tuo amico. Scrivi le informazioni più importanti, così puoi parlargliene e decidere quando andarci. Answers will vary.

____

____

____

____

____

____

____

____

Preparazione Have students speculate about the reactions of some of these people. Did they like the show or not? Why? Would they recommend it to friends? Would they like to go back again?

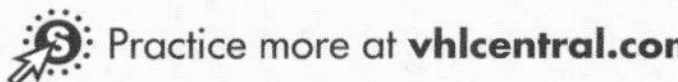

Comprensione

Completare Completa le frasi.

1. Questo festival è per la musica __c__.
   a. hip-hop b. classica c. rock
2. Il festival è stato organizzato per celebrare __b__.
   a. gli artisti internazionali b. gli artisti italiani c. i fan degli artisti
3. Gli artisti italiani si esibiranno __a__.
   a. quattro sere b. una sera c. cinque sere
4. Il festival inizia il __b__.
   a. 10 giugno b. 29 settembre c. 2 ottobre
5. I biglietti da visita (*business cards*) del pubblico saranno usati per __a__.
   a. partecipare a una lotteria b. comprare i biglietti c. cantare insieme ai gruppi rock
6. Quattro biglietti gratuiti per un concerto saranno assegnati __c__.
   a. alle 21.00 stasera b. la prima serata c. alla fine del festival

Invitare un vostro amico Adesso hai tutte le informazioni di cui hai bisogno per invitare il tuo amico al festival questo fine settimana. Lavorate a coppie per creare la seguente conversazione.

- Invita il tuo amico al festival e digli a che ora vai.
- L'amico ti farà domande per avere più informazioni su questo evento (i gruppi, il motivo per cui hanno organizzato il festival ecc.).
- Dopo il festival, a cui si è divertito molto, il tuo amico suggerirà altre attività che potete fare (cinema, teatro, museo ecc.).
- Discutete le varie possibilità e sceglietene un paio da fare.

Invitare un vostro amico Have some pairs present their plans to the class. Then ask the class to propose other cultural activities.

Scrittura

STRATEGIA

Using note cards

Note cards serve as valuable study aids in many different contexts. When you write, note cards can help you organize and sequence the information you wish to present.

For example, if you were going to write a review of an art exhibit you attended, you might jot down notes about each artist on a different note card. Then you could easily arrange them in chronological order, or from best to worst, etc.

Here are some helpful techniques:

- Label the top of each card with a general subject, such as **il museo** or **l'artista**.
- Number the cards in each subject category in the upper right corner to help you organize them.
- Use only the front side of each note card so that you can easily flip through them to find information.

Study this example of a note card used to prepare a review.

LA MOSTRA 1

- *Museo: Villa Pisani, Vicenza (Veneto)*
- *Apertura: 30 maggio*
- *Orario: lunedì–venerdì 9.00/17.00 e sabato–domenica 9.30/19.30*
- *Durata: fino al 30 luglio*
- *Biglietti: 10,50 euro*
- *Tipo di arte: moderna e contemporanea*
- *Note: artisti presenti ogni sabato dalle 15.00 alle 17.00*

Strategia Brainstorm with students about what kind of information they should write on the notecards. How are notes on a person different from notes on a place? What about detailed information vs. general information?

Tema

Scrivi una recensione di un'opera

Scrivi una recensione di un film, uno spettacolo teatrale, un concerto o una mostra a tua scelta. La recensione dovrebbe avere tre parti: un'introduzione, uno sviluppo e una conclusione. Nell'introduzione presenta brevemente l'opera che hai scelto. Nella fase di sviluppo descrivila in dettagli. Nella conclusione dai la tua opinione e spiega perché la raccomanderesti o no. Usa i suggerimenti seguenti come punti di partenza.

INTRODUZIONE

- Menziona il titolo del film o dello spettacolo e il nome dell'artista o artisti.
- Descrivi il soggetto dell'opera e il genere.
- Di' quando e dove si può vedere.

SVILUPPO

- Riassumi brevemente la storia.
- Menziona i nomi dei personaggi e di altre figure importanti.
- Descrivi i personaggi, il set e i costumi.

CONCLUSIONE

- Esprimi la tua opinione sull'opera.
- Spiega perché la raccomanderesti o non la raccomanderesti.

Expansion Ask students to work in groups to research and present information on their favorite artist. They can use posters, pictures, or even music or film clips to present their project to the class.

VOCABOLARIO

Espressioni

applaudire	*to applaud*
dipingere	*to paint*
essere in tour	*to be on tour*
girare	*to film, to shoot*
interpretare	*to perform*
mettere in scena	*to put on a show*
pubblicare	*to publish*
recitare un ruolo	*to play a role*
scolpire (-isc-)	*to carve; to sculpt*
visitare una galleria d'arte	*to visit an art gallery*

Allo spettacolo

l'applauso	*applause*
l'assolo	*solo*
l'atto	*act*
il balletto	*ballet*
la canzone	*song*
la commedia	*comedy*
il concerto	*concert*
il coro	*chorus*
il debutto	*debut*
il festival	*festival*
la fine	*end*
il gruppo rock	*rock band*
l'intervallo	*intermission*
l'opera	*opera*
l'orchestra	*orchestra*
la poltrona	*seat*
la proiezione	*screening*
la rappresentazione dal vivo	*live performance*
la tragedia	*tragedy*

Gli strumenti musicali

il clarinetto	*clarinet*
la fisarmonica	*accordion*
il flauto	*flute*
il sassofono	*saxophone*
il violino	*violin*

Scrivere una recensione

la trama	*plot*
artistico/a	*artistic*
commovente	*touching, moving*
contemporaneo/a	*contemporary*
dotato/a	*gifted; talented*
drammatico/a	*dramatic*
innovativo/a	*innovative*
inquietante	*disturbing*

I media

il cinema	*cinema*
l'editoria	*publishing industry*
la radio	*radio*
la stampa	*press*
la televisione	*television*

I generi

il cartone animato	*cartoon*
il cortometraggio	*short film*
il documentario	*documentary*
il dramma psicologico	*psychological drama*
la favola	*fairy tale*
il film (dell'orrore, di fantascienza)	*(horror, sci-fi) film*
il paesaggio	*landscape*
la pittura	*painting; paint*
la poesia	*poem; poetry*
il racconto	*short story*
il racconto epico	*epic*
il ritratto	*portrait*
il romanzo	*novel*
la scultura	*sculpture*

Le belle arti

il capolavoro	*masterpiece*
la collezione	*collection*
l'esposizione (*f.*)	*exhibit*
la mostra	*show*
l'opera (d'arte)	*work (of art)*
il quadro	*painting*

La gente

l'autore/autrice	*author*
il/la ballerino/a	*(ballet) dancer/ballerina*
il/la batterista	*drummer*
il/la cantante	*singer*
il/la chitarrista	*guitarist*
il compositore/ la compositrice	*composer*
il/la drammaturgo/a	*playwright*
il personaggio (principale)	*(main) character*
il/la pianista	*pianist*
il pittore/la pittrice	*painter*
il poeta/la poetessa	*poet*
il pubblico	*public; audience*
il/la regista	*director*
lo scrittore/ la scrittrice	*writer*
lo scultore/ la scultrice	*sculptor*
lo spettatore/ la spettatrice	*spectator*
il/la violinista	*violinist*

Espressioni utili	*See pp. 351 and 367.*
Infinitive constructions	*See pp. 354–355.*
Non-standard noun forms	*See pp. 356–357.*
Ordinal numbers and suffixes	*See pp. 372–373.*

risorse

UNITÀ

11 Offerte di lavoro

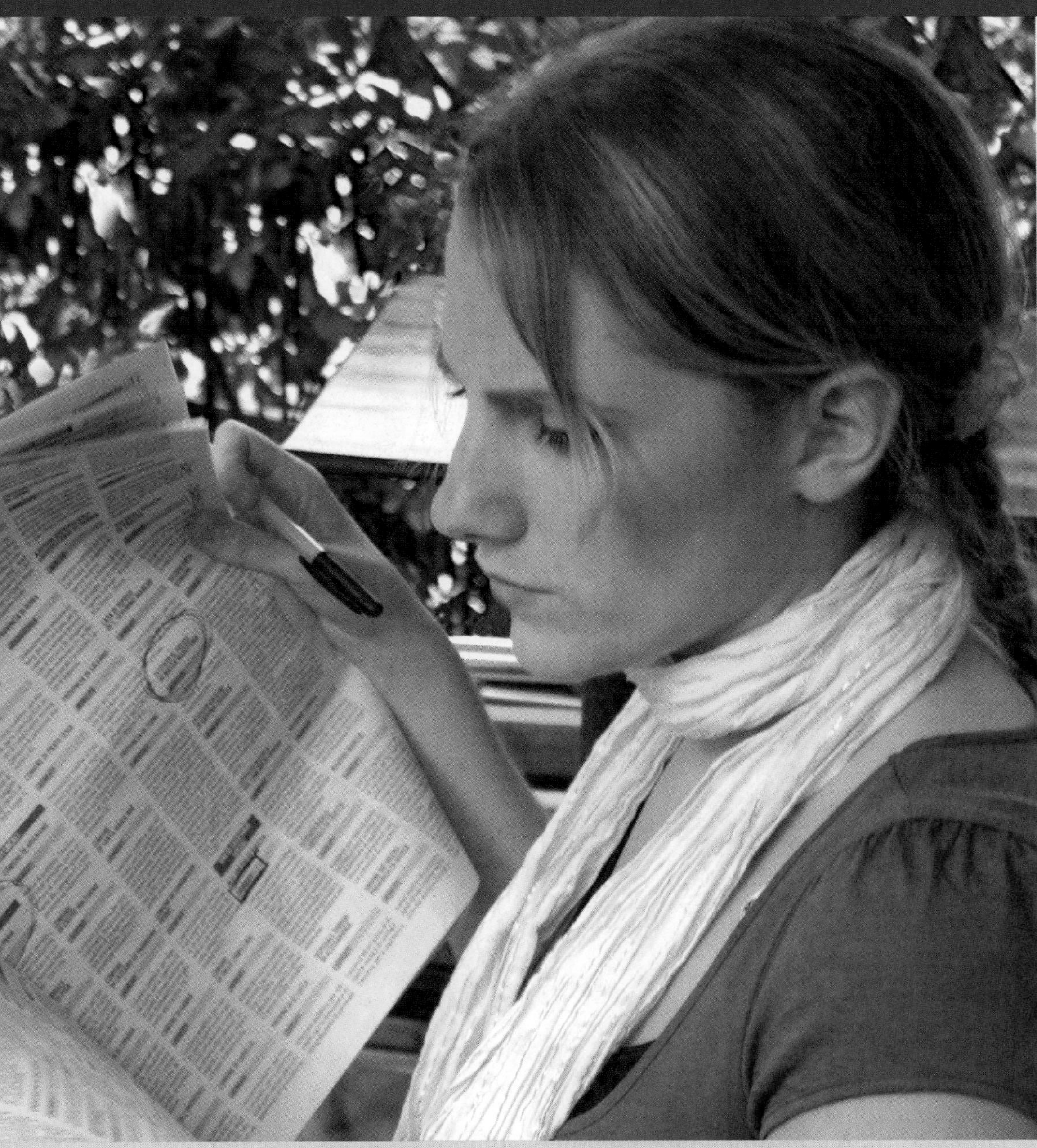

Lezione 11A

Lezione 11B

Per cominciare

- Che cosa sta leggendo? Sta leggendo un giornale.
- Emily sta cercando le chiavi o sta cercando un lavoro? Sta cercando un lavoro.
- Dove vorrebbe lavorare Emily, in un bar o in un ufficio? Answers may vary. Vorrebbe lavorare in un bar.
- Vorrebbe fare la cameriera o fare la veterinaria? Vorrebbe fare la cameriera.

Lezione

11A

Communicative Goals

You will learn how to:

- talk about professions
- talk about work

CONTESTI

Suggestion Play "Pictionary": divide the class into two teams. Give a card with a word from the lesson vocabulary to one player on each team. These two players must draw their words on the board while the members of their team try to guess what it is.

Le professioni

Vocabulary Tools

Suggestion Ask students the following questions: **Hai un lavoro? Che cosa fai? Se non hai un lavoro, vorresti averne uno? Cosa vorresti fare? Perché?**

Vocabolario

espressioni	*expressions*
dare le dimissioni	*to resign*
dirigere	*to manage*
ẹssere ben/mal pagato/a	*to be well/poorly paid*
ẹssere disoccupato/a	*to be unemployed*
fallire (-isc-)	*to fail*
guadagnare	*to earn*
licenziare	*to fire, to dismiss*
prẹndere un congedo	*to take leave time*
al lavoro	*at work*
l'assicurazione (sulla vita)	*(life) insurance*
l'aumento	*raise*
il/la consulente	*consultant*
il/la dirigente	*executive; manager*
il livello	*level*
il/la pensionato/a	*retiree*
il/la principale	*boss, head*
la promozione	*promotion*
la riunione	*meeting*
il successo	*success*
il sindacato	*(labor) union*
a tempo parziale	*part-time*
a tempo pieno	*full-time*
esigente	*demanding*
le occupazioni	*occupations*
il/la barista	*bartender*
il/la bidello/a	*caretaker; custodian*
il/la casalingo/a	*househusband/housewife*
il/la docente	*teacher, lecturer*
il/la funzionario/a	*civil servant*
il/la giardiniere/a	*gardener*
il/la giụdice	*judge*
l'operạio/a	*(factory) worker*
il/la portiere/a	*doorman; caretaker*
il/la segretario/a	*secretary*
il/la tẹcnico	*technician*

la scienziata
(lo scienziato *m.*)

risorse

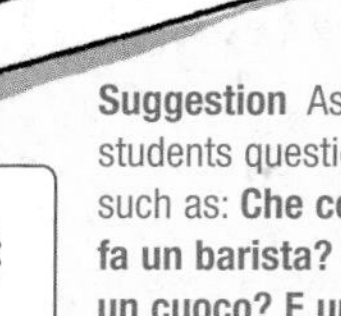
SAM WB: pp. 161-162

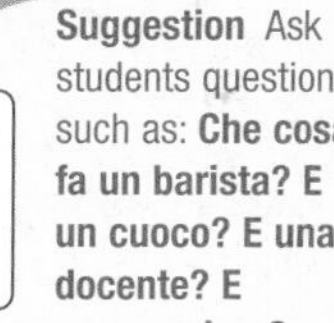
SAM LM: p. 91

vhlcentral.com

Suggestion Ask students questions such as: **Che cosa fa un barista? E un cuoco? E una docente? E un pompiere?**

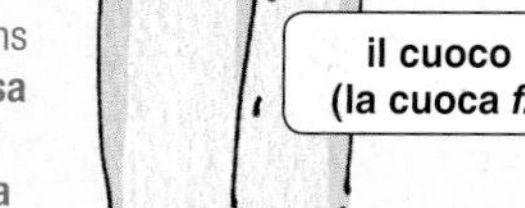

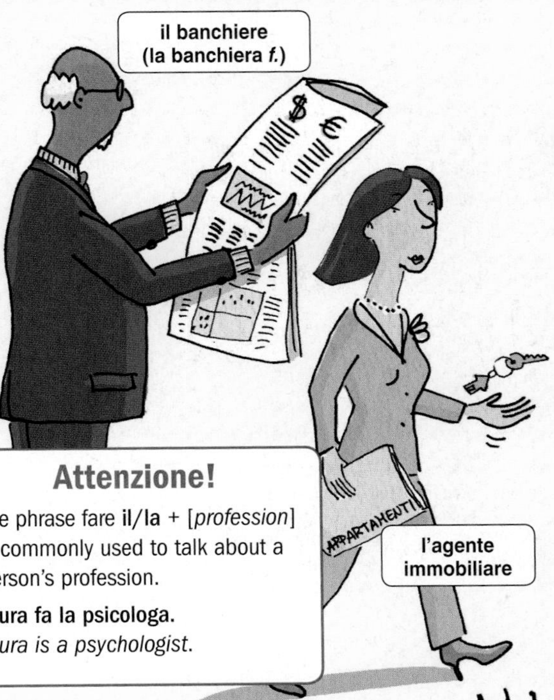

il banchiere
(la banchiera *f.*)

l'agente immobiliare

Attenzione!

The phrase fare **il/la** + [*profession*] is commonly used to talk about a person's profession.

Laura fa la psicologa.
Laura is a psychologist.

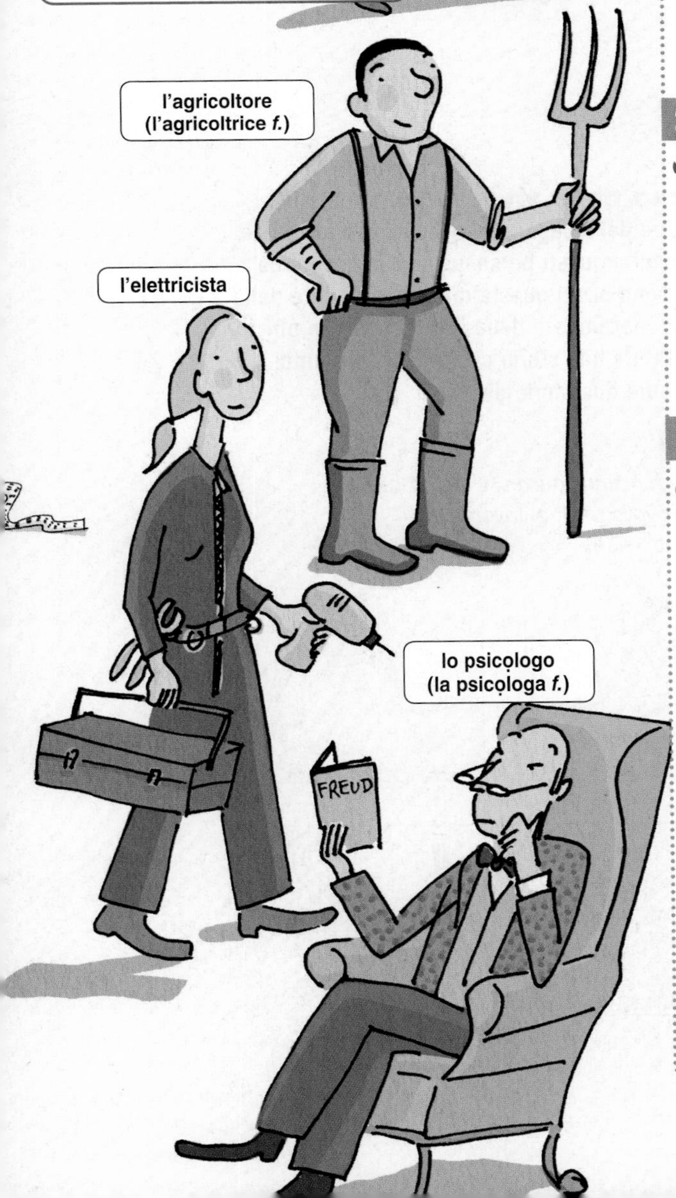

l'agricoltore
(l'agricoltrice *f.*)

l'elettricista

lo psicologo
(la psicologa *f.*)

Pratica

1 Expansion Ask students the following questions: **Vorresti essere un(a) banchiere/a? Perché?** Ask one question for each profession in the activity. Encourage students to explain why they would or would not like to have one of these jobs.

1 Associazioni Abbina ogni professione con una foto associata.

1. _d_ banchiere
2. _c_ camionista
3. _a_ giardiniere
4. _f_ tassista
5. _b_ veterinaria
6. _e_ pompiere

a.

b.

c.

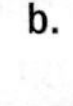

d.

e.

f.

2 Analogie Scegli la parola o l'espressione dal vocabolario della lezione che completa correttamente ogni analogia.

2 Expansion Ask each student to write two more analogies for a classmate to complete.

1. ufficio : segretario :: laboratorio : _scienziato/a_
2. cucina : cuoca :: casa : _casalingo/a_
3. banca : banchiere :: camion : _camionista_
4. classe : docente :: albergo : _portiere/a_
5. giardino : giardiniere :: taxi : _tassista_
6. tribunale (*court*) : giudice :: locale notturno : _barista_

3 Completare Scegli la parola o l'espressione più adatta a completare ogni frase.

aumento	dimissioni	riunione
consulente	pensionato	sindacato
cuoco	psicologo	tempo pieno

1. Mia sorella lavora a _tempo pieno_.
2. La _riunione_ di oggi è stata molto lunga!
3. Suo nonno è _pensionato_; non lavora più.
4. Che bello! Ho ricevuto una promozione e un _aumento_!
5. In quel ristorante si mangia benissimo! Il _cuoco_ è italiano.
6. Sua moglie lavora come _consulente_.
7. Mio padre è uno _psicologo_; ascolta sempre i miei problemi.
8. Il contabile ha dato le _dimissioni_ ieri, quindi dobbiamo cercarne uno nuovo.

3 Expansion Have students write three more sentences like the ones in the activity, then have a classmate identify which words are related to work and professions.

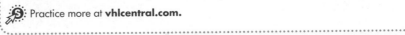

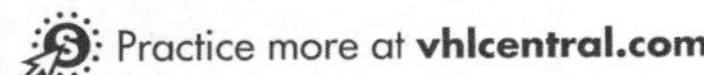
Practice more at **vhlcentral.com.**

Comunicazione

NATIONAL communication STANDARDS

4 **Definire** A coppie, scrivete una definizione per ognuna delle seguenti parole o espressioni. Usate frasi complete. Answers will vary. Sample answers are provided.

1. agente immobiliare Un agente immobiliare è una persona che vende le case e gli appartamenti.
2. portiera Una portiera è una persona che apre la porta di un palazzo e si prende cura del palazzo.
3. dare le dimissioni Dare le dimissioni vuol dire lasciare il lavoro.
4. contabile Un contabile controlla le finanze e i soldi.
5. sindacato Un sindacato è un'organizzazione di gente che lavora.
6. essere ben pagato Essere ben pagato significa guadagnare molti soldi.

4 Expansion This activity can also be done in reverse: give students the definitions and have them guess the words.

5 **In ufficio** Ascolta la conversazione tra la dirigente e il segretario. Poi, a coppie, decidete se le seguenti affermazioni sono **vere** o **false**.

	Vero	Falso
1. Questa mattina c'è stata una riunione di segretari.	☐	☑
2. Il reparto (*department*) riceverà meno soldi.	☐	☑
3. Marco riceverà una promozione.	☑	☐
4. Marco deve ancora finire di studiare.	☐	☑
5. Marco guadagnerà di più.	☑	☐
6. Il nuovo principale di Marco è una persona esigente.	☑	☐
7. In questo periodo molte persone sono disoccupate.	☑	☐
8. La conversazione si svolge nell'ufficio di Marco.	☐	☑

5 Expansion Have groups of students write a conversation between a manager and an employee. Then have them act it out for the class.

6 **Le sette differenze** Lavorate a coppie. L'insegnante vi darà due fogli diversi, ciascuno con un disegno. A turno, fate domande e date risposte per trovare le sette differenze. Answers will vary.

MODELLO

S1: *C'è un camionista nel tuo disegno?*
S2: *Sì, e nel tuo?*
S1: *Nel mio ci sono due camionisti.*

7 Expansion Ask students to choose one person in the illustrations and talk about him/her. Have them answer some of the following questions and then add more information: **Chi è? Come si chiama? Che lavoro fa? Ha famiglia? A che ora si è alzato/a stamattina? Cos'ha mangiato a colazione? A che ora andrà a casa stasera?**

7 **Un giorno nella vita di...** In gruppi di tre, scegliete due dei disegni; poi descrivete che cosa è successo oggi a questi personaggi. Cominciate da quando si sono alzati questa mattina e parlate della loro routine mattutina e della loro giornata in ufficio. Potete inventare una storia che include entrambi i disegni oppure due storie diverse. Answers will vary.

MODELLO

S1: *Questa mattina Laura si è alzata tardi.*
S2: *Sì, è arrivata tardi al lavoro.*
S3: *In ufficio, lei...*

7 Expansion Have pairs of students give Italian names to the people in the pictures, then choose two of them and write a dialogue of about ten exchanges.

Pronuncia e ortografia

Capitalization

i ragazzi italiani **gli inglesi** **la moda francese** **parlano spagnolo**

In Italian, a capital letter is not used at the beginning of nouns or adjectives referring to nationalities, languages, or groups of people.

novembre **sabato** **gli anni Cinquanta** **il Settecento**

Seasons, months, and days of the week are not capitalized in Italian. However, the initial letter of centuries and decades is capitalized.

il presidente **il ministro** **le teorie freudiane** **la musica vivaldiana**

In Italian, job titles and titles of officials are usually not capitalized. In addition, adjectives derived from proper names are not capitalized.

il Mar Rosso **il Monte Bianco** **il (fiume) Po** **il (mare) Mediterraneo**

Geographic terms such as **mare**, **monte**, and **fiume** are usually capitalized when referring to a proper name. However, when the inclusion of the geographical term is optional, as is often the case with well-known place names, the term may not be capitalized. The word **oceano** is also rarely capitalized.

lo Stato **il Paese** **la Democrazia** **il Dipartimento**

Nouns referring to specific political or business entities and concepts are often capitalized in Italian, especially in documents and articles. The same words may not be capitalized when used in a generic sense.

Suggestions
- Point out that the first letter of the first sentence of a letter or e-mail is not capitalized.
- Point out that terms such as **papa**, **presidente**, and **re** are not capitalized unless referring to a specific person.
- Explain to students the difference between **Paese** and **paese**, as well as **Stato** and **stato** (which can be a noun or a past participle). Have students identify similar terms in English.
- Point out that **democrazia** is capitalized only when referring to a specific political party, such as **la Democrazia Cristiana**.

Correggere Riscrivi ogni parola o frase usando le maiuscole dove necessario.

1. VENERDÌ venerdì
2. IL QUATTROCENTO il Quattrocento
3. IL TEDESCO il tedesco
4. LUGLIO luglio
5. MERCOLEDÌ mercoledì
6. L'OCEANO ATLANTICO l'oceano Atlantico

Riscrivere Riscrivi le frasi usando le maiuscole dove necessario.

1. SONO DIRIGENTE DI UNA COMPAGNIA A ROMA. Sono dirigente di una compagnia a Roma.
2. È LO STATO CHE DECIDE. È lo Stato che decide.
3. VIENI ALLA FESTA MARTEDÌ? Vieni alla festa martedì?
4. VADO ALLA MIA LEZIONE D'ITALIANO. Vado alla mia lezione d'italiano.
5. STUDIA IL PENSIERO DANTESCO. Studia il pensiero dantesco.
6. COS'È SUCCESSO NEGLI ANNI SESSANTA? Cos'è successo negli anni Sessanta?

Non manca mai da fare, a chi ben sa lavorare.[2]

Proverbi Ripeti i proverbi ad alta voce.

Chi ama il suo lavoro lo fa bene.[1]

1 He who loves his work does it well.
2 He who knows how to work well will always have something to do.

risorse

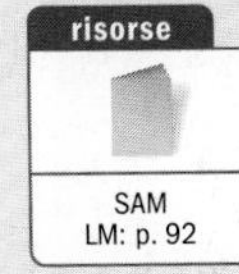

FOTOROMANZO

Casa e affetti

Video: *Fotoromanzo*

Prima di vedere Ask students to read the title, glance at the video stills, and predict what they think the episode will be about.

PERSONAGGI

Emily

Lorenzo

Marcella

Riccardo

Viola

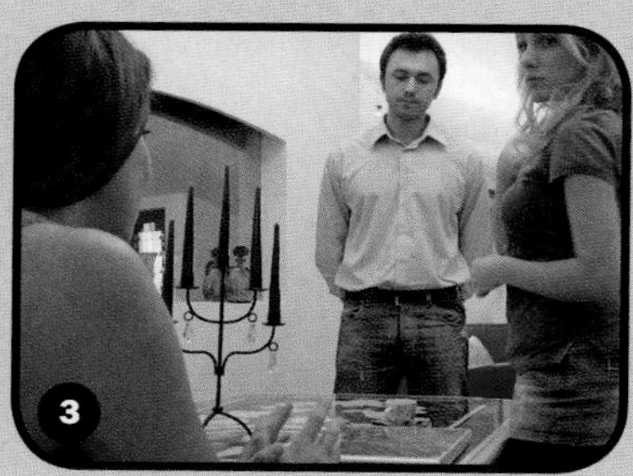

EMILY Secondo i miei genitori è meglio che io torni a casa quest'estate. Ma io voglio restare. Devo pensare a un modo per convincerli.
(*Viola entra in sala da pranzo.*)
EMILY Ciao, Viola. Manda un saluto a tutti!
VIOLA Ciao, Chicago.

EMILY Cosa è successo?
VIOLA Ho lasciato Massimo.
EMILY Davvero? Che cosa gli hai detto?
VIOLA Gli ho detto che non siamo fatti l'uno per l'altra.
EMILY Hai fatto bene. Hai parlato con Lorenzo?
VIOLA No, non ancora.

EMILY Vorresti metterti con lui?
VIOLA È meglio che non veda nessuno adesso. Il semestre è quasi finito e devo pensare agli esami.
(Entra Lorenzo.)
LORENZO Ciao, Emily. Viola.
EMILY Scusate, devo studiare. Posso lasciare il computer qui, se volete lasciare un messaggio sul blog.

Suggestion Have students volunteer to read the characters' parts in the Fotoromanzo aloud. Then have them get together in groups of five to act out the episode.

MARCELLA Lorenzo. Mi dai una mano?
LORENZO Certo.
MARCELLA Grazie. Stai bene?
(*Lorenzo scuote la testa.*)
MARCELLA Sembra impossibile adesso, ma un giorno vedrai tutto con più serenità.

MARCELLA Un giorno, quando sarai un banchiere di successo, ti ricorderai del tuo semestre a Roma e il pensiero ti metterà allegria.
LORENZO Allegria?
MARCELLA Fidati di me, Lorenzo.
LORENZO Penso che andrò a fare una passeggiata e che mi prenderò un gelato. Ne porto uno anche a te?
MARCELLA Alla stracciatella.

RICCARDO Te lo restituisco. È pulito. L'ho lavato.
MARCELLA Riccardo.
RICCARDO Non so cosa fare per meritare la tua fiducia. Non posso tenerlo. Appartiene a Paolo.
MARCELLA Riccardo, mi dispiace. Non so perché mi sono arrabbiata così tanto con te.

ATTIVITÀ

1 Completare Scegli le parole che meglio completano le seguenti frasi.

1. Emily deve trovare un modo per (convincere i suoi genitori / tornare a casa quest'estate).
2. Viola ha detto a Massimo che (non sono fatti l'uno per l'altra / ha fatto bene).
3. Adesso Viola vuole pensare (a Lorenzo / agli esami).
4. (Lorenzo / Marcella) pensa di essere stato troppo impulsivo.
5. Viola vuole (diventare un'insegnante / stare con qualcuno) prima.
6. Marcella chiede a Lorenzo di (consolarla / aiutarla).
7. Lorenzo va a fare una passeggiata (con Marcella / da solo).
8. Marcella considera amiche (tante / poche) persone.
9. Riccardo ha vissuto anche con (sua sorella / sua nonna).
10. Secondo Marcella è impossibile essere (amici / arrabbiati) con Riccardo.

1 Suggestion This activity can also be done with students' books closed. Read the statements aloud and ask students to choose the best option.

Practice more at **vhlcentral.com.**

Il semestre sta finendo e i ragazzi parlano dei loro sentimenti.

4

5

VIOLA Inizia tu.
LORENZO Va bene. Non avrei dovuto baciarti. Mi dispiace. Cioè, no, non volevo dire questo. È che all'inizio non volevo crederci, ma sembra che io mi senta attratto da te. No, no. No, aspetta. Non volevo dire neanche questo. Mi dispiace di essere stato troppo impulsivo. Tu stai con Massimo, è stato un errore.

VIOLA Lorenzo, fermati. Va tutto bene. Io e Massimo ci siamo lasciati. Ma non voglio stare con nessuno per il momento. Voglio studiare e diventare un'insegnante. E dopo potrò pensare all'amore. Possiamo essere amici?
LORENZO Certo.
VIOLA Scusa, devo studiare.

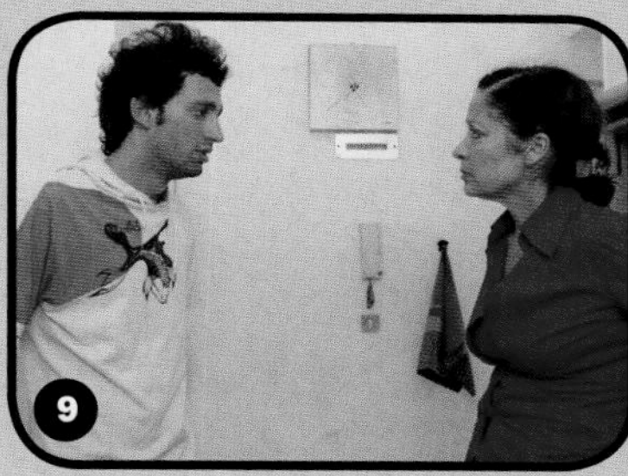
9

10

MARCELLA Da quando ho aperto la pensione, ho conosciuto tante persone. Ma solo poche le considero amiche.
RICCARDO Dopo che mia madre e mio padre hanno divorziato, sono andato a vivere con mia nonna. Poi con mio padre, con mia madre, e infine con mia zia. Ho vissuto ovunque a Bari e non mi sono mai sentito a casa in nessun posto. Poi sono venuto qui.

RICCARDO Sono stato egoista a prendere il tuo scooter. Non avrei dovuto farlo. Continuerai a considerarmi un amico?
MARCELLA È impossibile essere arrabbiati con te.

Suggestion After students have watched the episode, have them review their predictions to see which ones were correct.

Espressioni ụtili

Impersonal expressions

- **È meglio che ịo torni a casa quest'estate.** *It's best if I go home this summer.*
- **È meglio che non veda nessuno.** *It's better if I don't see anybody.*
- **Sembra che ịo mi senta attratto da te.** *It seems I'm attracted to you.*
- **È impossibile ẹssere arrabbiati con te.** *It's impossible to be angry with you.*

Relationships

- **Non siamo fatti l'uno per l'altra.** *We're not made for each other.*
- **Vorresti mẹtterti con lui?** *Do you want to start dating him?*
- **Fịdati di me.** *Trust me.*
- **meritare la tụa fiducia** *to earn your trust*

Additional vocabulary

- **Manda un saluto a tutti!** *Say hi to everybody!*
- **Lorenzo scuote la testa.** *Lorenzo shakes his head.*
- **ti metterà allegrịa** *it will make you happy*
- **alla stracciatella** *chocolate chip ice cream*
- **Appartiene a Paolo.** *It belongs to Paolo.*
- **Ho vissuto ovunque a Bari.** *I lived all over Bari.*
- **Sono stato egoista a prẹndere il tuo scooter.** *It was selfish of me to take your scooter.*

2 Per parlare un po' Emily vuole proprio restare in Italia dopo la fine del semestre. Come può convincere i suoi genitori? A coppie, scrivete un breve paragrafo in italiano in cui presentate una soluzione al problema di Emily. Answers will vary.

2 Suggestion Students can also write a conversation between Emily and her parents.

3 Approfondimento Fai una ricerca su Internet e scopri quali sono gli ingredienti base del gelato italiano. Poi fai una lista dei tuoi cinque gusti preferiti. Presenta la tua risposta alla classe. Answers will vary.

3 Suggestion Have students survey their classmates to see which ice cream flavors are the most popular.

ATTIVITÀ

CULTURA

Prima di leggere Have students look at the photos and describe what they see.

Prima di leggere Have students talk about their personal job experiences.

IN PRIMO PIANO

Gli italiani e il lavoro

«L'Italia è una Repubblica democratica, fondata sul lavoro...» Così inizia il primo articolo della Costituzione italiana. Il mondo lavorativo° in Italia è abbastanza particolare e in parte diverso da quello di molti altri paesi. Cerchiamo, quindi, di capire la realtà del lavoro in Italia.

Molti lavori sono statali, cioè sono posizioni in enti° e organizzazioni che lavorano per lo Stato: scuole, università, uffici pubblici e così via°. Per ottenere un lavoro statale è necessario vincere un concorso pubblico°. Questo tipo di impiego è a tempo indeterminato°, cioè chi lo ha non può essere licenziato dopo un periodo iniziale di prova.

Altri tipi di lavoro sono quelli in aziende° private e quelli autonomi°. Per lavorare in un'azienda privata è necessario avere i requisiti° voluti dall'azienda e superare un colloquio°; in questo caso la posizione che si ottiene può essere sia a tempo indeterminato che determinato.

Il lavoro autonomo si riferisce° alle professioni autofinanziate°. Una parte del mercato del lavoro italiano è rappresentata da piccoli imprenditori°, singole persone o gruppi, che da soli o con il contributo dello Stato creano e gestiscono° la loro azienda. Ristoratori, negozianti, albergatori, artigiani e molti ancora, investono il loro tempo e i loro soldi in attività proprie°. Ci sono poi i liberi professionisti: notai°, avvocati, medici, farmacisti e così via. Per poter praticare queste professioni occorre° un titolo di studio° appropriato ed è necessario superare un esame per iscriversi all'albo professionale°.

Infine, un aspetto importante del lavoro in Italia sono i sindacati, che dalla fine del 1800 assistono e rappresentano i lavoratori. Lo strumento più comune in Italia per proteggere i diritti dei lavoratori è lo sciopero°. Gli italiani, qualunque sia° la loro professione, sono coscienti del potere della collettività per difendere i diritti dei lavoratori.

lavorativo *working* **enti** *agencies; companies* **così via** *so on* **concorso pubblico** *civil service exam* **indeterminato** *indefinite* **aziende** *firms* **autonomi** *self-employed* **requisiti** *requirements* **colloquio** *interview* **si riferisce** *refers* **autofinanziate** *self-financed* **imprenditori** *entrepreneurs* **gestiscono** *manage* **proprie** *of their own* **notai** *notaries* **occorre** *one must have* **titolo di studio** *degree* **albo professionale** *professional register* **sciopero** *strike* **qualunque sia** *whatever*

ATTIVITÀ

1 **Vero o falso?** Indica se l'affermazione è **vera** o **falsa**. Correggi le affermazioni false.

1. Ci sono molti lavori statali in Italia. Vero.
2. Il lavoro statale finisce dopo pochi anni. Falso. Può durare per tutta la carriera professionale della persona.
3. Per ottenere un lavoro in un'azienda privata è necessario superare un concorso pubblico. Falso. È necessario avere i requisiti e fare un colloquio.
4. I dottori devono avere un titolo di studio appropriato. Vero.
5. I farmacisti e i notai sono lavoratori statali. Falso. Sono liberi professionisti.
6. Gli avvocati devono essere membri di un albo. Vero.
7. I piccoli imprenditori non sono comuni. Falso. Sono una parte significativa del mercato del lavoro.
8. In Italia i sindacati esistono da due secoli. Vero.
9. I sindacati rappresentano varie categorie di lavoratori dipendenti. Vero.
10. Lo sciopero è uno strumento usato per proteggere i diritti dei lavoratori. Vero.

Practice more at **vhlcentral.com.**

Dopo la lettura After students have read the article, ask them to think about and discuss differences and similarities between the Italian job market and the U.S. job market.

L'italiano quotidiano Tell students that the adjectives **statale** and **pubblico/a** are often interchangeable in expressions such as **lavoro statale/pubblico, ufficio statale/pubblico.**

Ritratto If possible, bring in information about recent recipients of the **Premio Ilaria Alpi** to share with students.

L'ITALIANO QUOTIDIANO

Il vocabolario del lavoro

i contributi	*contributions; taxes*
le ferie	*vacation time*
l'indennità di disoccupazione	*unemployment compensation*
la liquidazione	*severance pay*
la mensilità	*monthly paycheck; salary*
la pensione	*pension*
lo stipendio	*wage; salary*
la tredicesima	*year-end bonus*
assumere	*to hire*

Usi e costumi Ask students what they know about labor unions in their country.

USI E COSTUMI

I diritti dei lavoratori

Lavorare in Italia significa godere° di alcuni diritti°.

Tra i vari benefici° ci sono quattro settimane di **ferie** all'anno, pagate al 100% e obbligatorie° per ogni lavoratore. Quando una lavoratrice aspetta un bambino ha diritto alla **maternità**: due mesi di congedo dal lavoro prima del parto° e tre mesi dopo; tale periodo può aumentare in base alle necessità personali ed è concesso° anche nel caso di adozione.

Per i lavoratori che sono costretti° a una sospensione del lavoro c'è la **cassa integrazione guadagni**, con cui l'azienda paga loro una percentuale dello stipendio per un periodo di tempo che va dai sei mesi ai due anni.

Infine ricordiamo la «**tredicesima**», una mensilità in più a fine d'anno che tutti i lavoratori aspettano con entusiasmo.

godere *to enjoy* **diritti** *rights* **benefici** *benefits* **obbligatorie** *mandatory* **parto** *birth* **concesso** *granted* **costretti** *forced*

RITRATTO

Una giornalista impegnata

Ilaria Alpi nasce a Roma nel 1961. Laureatasi° in letteratura italiana, si appassiona alla cultura islamica. Grazie alla sua conoscenza delle lingue (arabo, inglese e francese), comincia a lavorare come giornalista per la TV nazionale italiana in vari paesi arabi.

Nel 1994 viene inviata a Mogadiscio, in Somalia, dove è in corso un'operazione internazionale per riportare la pace nel paese sconvolto° dalla guerra civile. Qui comincia a indagare° sul traffico d'armi e di rifiuti° tossici illegali. Il 20 marzo viene uccisa°, insieme all'operatore video° Miran Hrovatin. Ancora oggi non è stato trovato il colpevole°.

Per ricordare lei e il lavoro dei giornalisti che operano con impegno° e senso etico, la sua famiglia ha creato il Premio Ilaria Alpi, che promuove le inchieste° giornalistiche televisive sui temi della pace e della solidarietà.

Laureatasi *Graduated* **sconvolto** *devastated* **indagare** *investigate* **rifiuti** *waste* **viene uccisa** *she was killed* **operatore video** *cameraman* **colpevole** *culprit* **impegno** *commitment* **inchieste** *inquiries*

SU INTERNET

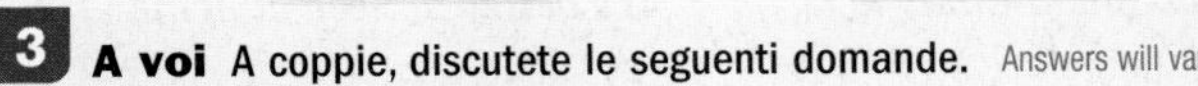

FIOM-CGIL

Cerca i nomi dei principali sindacati italiani.

Go to **vhlcentral.com** to find more information related to this **CULTURA**.

ATTIVITÀ

2 Completare Completa le frasi.

1. Ilaria Alpi nasce a __Roma__.
2. Ilaria Alpi e Miran Hrovatin sono stati uccisi in __Somalia__.
3. Il premio Ilaria Alpi è stato creato dalla __sua famiglia__.
4. Tra i vari benefici per i lavoratori ci sono quattro settimane di __ferie__.
5. Una lavoratrice che aspetta un bambino ha diritto alla __maternità__.
6. La tredicesima è una mensilità in più a __fine d'anno__.

3 A voi A coppie, discutete le seguenti domande. Answers will vary.

1. Hai mai lavorato?
2. Hai mai fatto un colloquio di lavoro per un'azienda?
3. Conosci dei lavori statali negli Stati Uniti?

STRUTTURE

11A.1 Impersonal constructions

Punto di partenza Impersonal expressions are used to make general statements such as *It's good . . .*, or *It's important . . .* In this lesson, you will learn how to use impersonal expressions in sentences where no subject is specified.

Suggestion Students sometimes confuse **bisogna** and **ho bisogno di**. Review the two concepts and have them give examples for both.

- Impersonal expressions in Italian typically consist of a single verb or a verb followed by a noun or adjective.

Common impersonal expressions

basta	*it's enough*	è (in)opportuno	*it's (in)appropriate*
bisogna	*it's necessary*	è interessante	*it's interesting*
è bello	*it's nice*	è male	*it's bad*
è bene	*it's good*	è meglio	*it's better*
è difficile	*it's difficult*	è necessario	*it's necessary*
è facile	*it's easy*	è ora	*it's time*
è giusto	*it's right*	(è un) peccato	*it's a pity*
è importante	*it's important*	è strano	*it's strange*
è (im)possibile	*it's (im)possible*	pare	*it seems*
è (im)probabile	*it's (un)likely*	sembra	*it seems*

Suggestion Tell students that they will learn how to use these expressions to refer to a specific person in the next lesson (with the subjunctive forms).

È impossibile studiare qui!
It's impossible *to study here!*

È meglio dormire a casa.
It's better *to sleep at home.*

- To make a general statement in which no subject is specified, use an infinitive after an impersonal expression.

Bisogna andare alla riunione.
It's necessary to go *to the meeting.*

È bello ricevere un aumento.
It's nice to get *a raise.*

Suggestion Incorporate the professions learned in **Contesti** by asking students what qualities or requirements each one entails. (Ex.: **Psicologo: è importante studiare/è bene avere pazienza/è necessario spendere molto**.)

PRATICA

1 Associare Associa ciascuna espressione impersonale con la frase che la completa meglio. Answers may vary. Sample answers are provided.

1. È ora _d_
2. È un peccato _f_
3. È interessante _a_
4. È impossibile _c_
5. È importante _e_
6. È meglio _b_

a. sentire del tuo nuovo lavoro.
b. essere felici che ricchi.
c. lavorare 24 ore al giorno.
d. di consegnare (*turn in*) l'esame.
e. essere responsabili.
f. sentire che l'ufficio chiuderà.

2 Completare Usa un infinito della lista per completare ciascuna frase.

andare	fare
cenare	lavorare
comportarsi	parlare
essere	spendere

1. Bisogna sempre _comportarsi_ bene con i colleghi.
2. È importante _lavorare_ duramente per avere una promozione.
3. Secondo i dirigenti è meglio _essere_ mal pagati che disoccupati.
4. È opportuno _parlare_ onestamente con lo psicologo.
5. Se hai problemi basta _andare_ a parlare con un rappresentante del sindacato.
6. È impossibile _fare_ il tassista se non ti piace guidare.
7. Sono già le 19.00; è ora di _cenare_!
8. È facile _spendere_ soldi quando li hai!

3 Creare Usa ciascuna espressione impersonale per creare una frase originale. Answers will vary.

MODELLO *È bene non lavorare a tempo pieno.*

1. È bene...
2. È bello...
3. È strano...
4. Bisogna...
5. Non è giusto...
6. È improbabile...
7. Basta...
8. Non è facile...

Extra practice Have students work in groups of three to write the ten golden rules of Italian class. Ex.: **È importante parlare sempre italiano. Non è opportuno parlare mentre l'insegnante spiega.**

 Practice more at **vhlcentral.com.**

COMUNICAZIONE

4 **Professioni** Lavorate in gruppi di tre. A turno, descrivete e indovinate le diverse professioni dal vocabolario della lezione. La persona che descrive deve usare espressioni impersonali. Answers will vary.

MODELLO

S1: *In questa professione è importante essere socievoli. È necessario amare le persone e voler lavorare di notte.*
S2: *È un cuoco?*
S1: No!
S2: *È un barista?*

4 Suggestion Encourage students to include negative expressions in their definitions. What is not important to do? What is impossible not to do?

5 **Opinioni** Scrivi frasi complete usando le espressioni date. Poi, in gruppi di quattro, fate a turno a leggere le vostre frasi e controllate chi ha le stesse risposte. Infine, come classe, paragonate le vostre frasi. Chi ha le risposte più divertenti? Answers will vary.

MODELLO

Secondo me, è male andare in discoteca la sera prima di un esame.

1. Per gli studenti è importante...
2. Qualche volta è necessario...
3. Secondo me, è male...
4. Non sempre è facile...
5. Non è giusto...
6. Per me è difficile...

5 Suggestion To have more similar answers to compare, limit the topic for all the sentences. For example, they could all be about the day before an exam.

6 **Un colloquio di lavoro** A coppie, create una conversazione tra un candidato e un datore di lavoro (*employer*). Usate le espressioni impersonali per fare domande e per rispondere. Chiedete del lavoro stesso e dell'ambiente di lavoro (*workplace*). Answers will vary.

MODELLO

S1: *Per questa posizione è molto importante lavorare lo stesso numero di ore tutte le settimane?*
S2: *Sì, bisogna avere un orario regolare. È anche necessario...*

6 Expansion Have students work in groups of three. Have they ever had a job interview? What was the interview like? What was the job? Did they get the job? Have them share their experiences with the rest of the group.

Suggestion Ask students to create sentences with impersonal expressions explaining how to become an A student in Italian class.

È difficile trovare un lavoro a tempo pieno?
***Is it difficult to find** a full-time job?*

È opportuno prendere un congedo durante la gravidanza.
***It's appropriate to take** time off during pregnancy.*

- When an infinitive follows the expression **è ora**, use the preposition **di** before it.

È ora di chiedere una promozione.
***It's time to ask** for a promotion.*

È ora di andare al colloquio.
***It's time to go** to the interview.*

- Sometimes impersonal expressions are placed after the infinitive. In such cases, the infinitive translates as a gerund (*-ing* form) in English.

È necessario lavorare sodo. OR **Lavorare** sodo **è necessario**.
***It's necessary to work** hard.* ***Working** hard **is necessary**.*

- Both **pare** and **sembra** mean *it seems*. You have already learned the verb **sembrare; parere** functions similarly.

ATTREZZI
In **Lezione 5B** you learned to use the verb **sembrare** in constructions with indirect object pronouns.

- When adjectives are included in impersonal constructions and they do not refer to any specific individual, always use the masculine plural form.

Secondo me, **è meglio** essere **felici** che **ricchi**.
*In my opinion, **it's better** to be **happy** than **rich**.*

Per diventare pompieri, **è necessario** essere **forti**?
*To become a firefighter, **is it necessary** to be **strong**?*

Suggestion Point out how **sembra** and **pare** differ from other expressions in that they are verbs with full conjugations. The third person singular can mean either *he/she seems* or *it seems*, depending on the context. Give examples. Students will learn how to use **sembra** and **pare** with the subjunctive in **Strutture 11A.2**.

Provalo! **Scegli la forma corretta del verbo per completare ogni frase.**

1. È opportuno (prendere / prende) un congedo.
2. È importante (parlare / parliamo) con un consulente.
3. La segretaria (volere / vuole) un aumento.
4. Mio fratello dice che è difficile (guadagnare / guadagna) molti soldi.
5. È impossibile (trovare / trovi) un lavoro a tempo pieno.
6. Secondo molte persone è bene (essere / sono) ben pagati.

11A.2 The present subjunctive: use with impersonal expressions

NATIONAL STANDARDS comparisons

uggestion Emphasize the difference between the frequently confused terms **congiuntivo** and **condizionale**.

Punto di partenza With the exception of the imperative and the conditional, the Italian verb forms you have learned have been in the *indicative* mood, which is used for statements of fact and certainty. The *subjunctive* mood (**il congiuntivo**) expresses a person's emotions, opinions, desires, or subjective attitude toward events, as well as actions or states that the person views as uncertain or hypothetical.

- The subjunctive is usually used in complex sentences that consist of a main clause and a subordinate or dependent clause connected by **che**. The main clause contains a verb or expression that triggers the use of the subjunctive in the subordinate clause.

MAIN CLAUSE	che	SUBORDINATE CLAUSE (WITH SUBJUNCTIVE)
È necessario	che	Enrico **sia** puntuale.
It's necessary	*that*	*Enrico **be** on time.*

- Many impersonal expressions trigger the use of the subjunctive. You have already learned to use impersonal expressions with an infinitive when no subject is specified. To refer to a specific subject, however, use **che** + [*subjunctive*] after an impersonal expression that conveys opinion or perception.

È importante lavorare ogni giorno. **È importante che io lavori** ogni giorno.
***It's important to work** every day.* ***It's important that I work** every day.*

- To form the present subjunctive of regular verbs, use the same stem that you learned for the present indicative, including forms with **-isc-**, and add the subjunctive endings.

Present subjunctive of regular verbs

	parlare	leggere	dormire	finire
io	parli	legga	dorma	finisca
tu	parli	legga	dorma	finisca
Lei/lui/lei	parli	legga	dorma	finisca
noi	parliamo	leggiamo	dormiamo	finiamo
voi	parliate	leggiate	dormiate	finiate
loro	parlino	leggano	dormano	finiscano

Suggestion Illustrate the difference between simple and complex sentences by comparing the statement **Enrico è contento.** (*Enrico is happy.*) with the first example sentence given.

Note The uses of the subjunctive are explained in more detail in the next lesson.

Suggestion Remind students that when the subjunctive is used in a subordinate clause they must use **che** to connect the two parts of the sentence. It cannot be omitted like the English *that*. Ex.: The professor doesn't think (that) we study enough.

PRATICA

1 Completare Completa ogni frase con la forma corretta del congiuntivo.

1. È importante che io __dorma__ (dormire).
2. È bello che i bambini __giochino__ (giocare) tanto insieme.
3. È ora che tu __cominci__ (cominciare) a cucinare.
4. È giusto che voi __studiate__ (studiare) di più quest'anno.
5. È meglio che io e Serena __smettiamo__ (smettere) di cantare così forte.
6. Bisogna che lui __guadagni__ (guadagnare) di più se vuole comprare una casa nuova.
7. È inopportuno che tu __chieda__ (chiedere) sempre la mia opinione su tutto.
8. È impossibile che Franca __si alzi__ (alzarsi) sempre tardi!

2 Trasformare Usa gli indizi dati per creare frasi complete.

1. è giusto che / i ragazzi / lavorare
   È giusto che i ragazzi lavorino.
2. pare che / quella banca / chiudere il mese prossimo
   Pare che quella banca chiuda il mese prossimo.
3. è triste che / la storia / finire male
   È triste che la storia finisca male.
4. è interessante che / tu / cambiare carriera così spesso
   È interessante che tu cambi carriera così spesso.
5. è incredibile che / voi / guadagnare così poco
   È incredibile che voi guadagniate così poco.
6. sembra che / io e Margherita / incontrarsi sempre in centro
   Sembra che io e Margherita ci incontriamo sempre in centro.

3 Creare Usa le parole e le espressioni di ogni colonna per creare frasi complete. Answers may vary.

MODELLO

È impossibile che il mio compagno di stanza studi il venerdì sera.

A	B	C
è bello che	i miei amici	cantare
è difficile che	i miei genitori	chiedere
è impossibile che	i professori	fallire
è male che	il mio compagno di stanza	guidare
è necessario che	io	lavorare
è probabile che	la mia famiglia	licenziare
pare che	tu	studiare
sembra che	tu e io	

Practice more at **vhlcentral.com.**

4 Expansion Have pairs of students discuss the requirements for a good Italian instructor, using impersonal expressions and the subjunctive.

COMUNICAZIONE

4 Requisiti di lavoro Lavorate a coppie. A turno, descrivete quali sono i requisiti (*requirements*) più importanti da avere per poter fare i seguenti lavori. Answers will vary.

MODELLO camionista

È importante che un camionista non si addormenti quando guida di notte.

agente immobiliare	giardiniere/a	segretario/a
camionista	operaio/a	tassista
cuoco/a	psicologo/a	veterinario/a

5 Persone famose In gruppi di tre, create una lista di dieci persone famose. Create a turno una frase per ciascuna persona usando un'espressione impersonale e il congiuntivo. Avete le stesse idee? Answers will vary.

MODELLO Lindsay Lohan

Peccato che Lindsay Lohan non si comporti meglio!

5 Expansion Have groups of three students create sentences about themselves using the expressions listed. Ex.: **È bene che io dorma otto ore a notte.**

è bene	è probabile
è importante	è strano
è impossibile	peccato
è necessario	sembra

6 I miei obiettivi A coppie, discutete i vostri piani per il futuro e dite quali professioni vi piacerebbe fare. Poi usate le espressioni impersonali e il congiuntivo per dire che cosa dovete fare per prepararvi per quel lavoro. Answers will vary.

MODELLO

Io voglio essere un contabile. È necessario che io frequenti dei corsi di contabilità. È anche importante che io...

Extra practice Write a list of infinitives on the board. Then write a list of all the tenses and moods students have learned. Divide the class into groups of three students and ask them to give the first person of each verb in each tense, without consulting textbooks or notebooks.

- The three singular forms are identical for each verb. Use subject pronouns when necessary to avoid ambiguity.

  È importante che (**io**) **dorma**. *It's important that **I sleep**.*

  Bisogna che (**lei**) **parli** forte. *It's necessary that **she speak** loudly.*

- The **loro** form for all verbs can be formed by simply adding **-no** to the singular subjunctive form.

  È giusto che questa ragazza **lavori**. *It's right that this girl is **working**.*

  È strano che i ragazzi **non lavorino**. *It's strange that the boys **aren't working**.*

  È improbabile che Michela **si diverta**. *It's unlikely that Michela **is having fun**.*

  Pare che i pensionati **si divertano** molto. *It seems like the retirees **are having** a lot of **fun**.*

- The **noi** and **voi** endings are the same for all verbs. Note that the **noi** subjunctive and indicative forms are identical.

  È bene che **compriamo** l'assicurazione. *It's good that **we're buying** insurance.*

  È ora che la **compriate** anche voi. *It's time that **you buy** it, too.*

- Add an **-h-** between the stem and ending of regular verbs ending in **-care** or **-gare** to maintain the stem's hard **c** or **g** sound.

  È interessante che il giudice **giochi** a tennis. *It's interesting that the judge **plays** tennis.*

  È meglio che voi **paghiate** il tassista. *It's better that **you pay** the taxi driver.*

- Do not double the **i** in verbs ending in **-iare**.

  Bisogna che io **studi** per diventare uno scienziato. *It's necessary that **I study** in order to become a scientist.*

  Sembra che gli operai non **mangino** abbastanza. *It seems that the workers **don't eat** enough.*

ATTREZZI
English also uses the subjunctive. It used to be very common, but now survives mostly in expressions such as *if I were you* and *be that as it may*. Indicative forms are increasingly more frequent.

Provalo! **Scegli la forma corretta del verbo per completare ogni frase.**

1. È necessario che Enrico (legga / legge) il libro.
2. È importante che loro (rispondono / rispondano) a quella telefonata.
3. Sembra impossibile che tu (frequenti / frequenta) già il liceo.
4. Peccato che io non (guido / guidi) ancora la macchina.
5. È giusto che i più ricchi (dividono / dividano) quello che hanno con i più poveri.
6. È difficile che Chiara (pulisca / pulisce) la sua stanza tutti i giorni.
7. È strano che loro (comprino / comprano) solo vestiti di marca.
8. È importante che tu (capisci / capisca) bene la situazione.

Provalo! Have students rewrite these sentences using the indicative. It is useful for students to be able to go back and forth between the two moods with ease. Ex.: **Enrico legge il libro.**

SINTESI

1 Extra practice Have tudents work in groups f three. Have they ever ound themselves in one f the situations listed? ave them describe hat happened.

Ricapitolazione

1 Opinioni Usa le espressioni impersonali per scrivere una reazione a ogni attività della lista. Poi, a coppie, paragonate le vostre reazioni. Siete d'accordo? Answers will vary.

MODELLO indossare due scarpe diverse

S1: *È strano indossare due scarpe diverse!*
S2: *Secondo me, è divertente indossare due scarpe diverse.*

1. indossare due scarpe diverse
2. parlare ad alta voce al cinema durante un film
3. fare i compiti e ascoltare musica allo stesso tempo
4. non andare in classe il giorno di un esame
5. partecipare a un karaoke senza saper cantare
6. imparare una lingua straniera
7. spedire un'e-mail imbarazzante alla persona sbagliata
8. dimenticarsi di un appuntamento importante

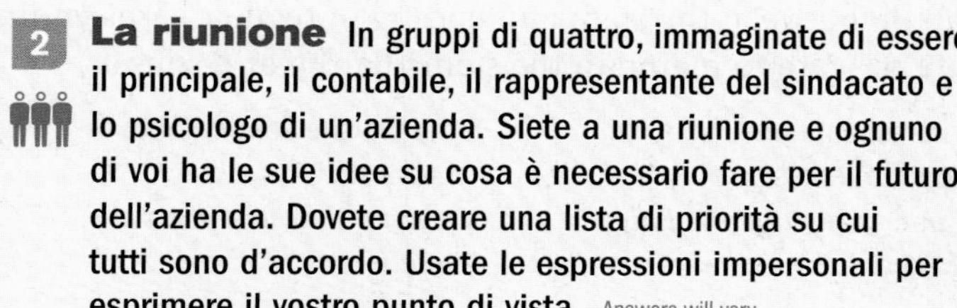

2 La riunione In gruppi di quattro, immaginate di essere il principale, il contabile, il rappresentante del sindacato e lo psicologo di un'azienda. Siete a una riunione e ognuno di voi ha le sue idee su cosa è necessario fare per il futuro dell'azienda. Dovete creare una lista di priorità su cui tutti sono d'accordo. Usate le espressioni impersonali per esprimere il vostro punto di vista. Answers will vary.

2 Expansion Have each group talk about the four jobs listed. Which one would they like to do and which one not? Why? Have them use the subjunctive.

MODELLO

S1: *Secondo me, è importante che noi guadagniamo abbastanza da poter pagare i dipendenti e offrire l'assicurazione sulla vita.*
S2: *Sì, ma come rappresentante del sindacato vi dico che è necessario che tutti capiscano...*

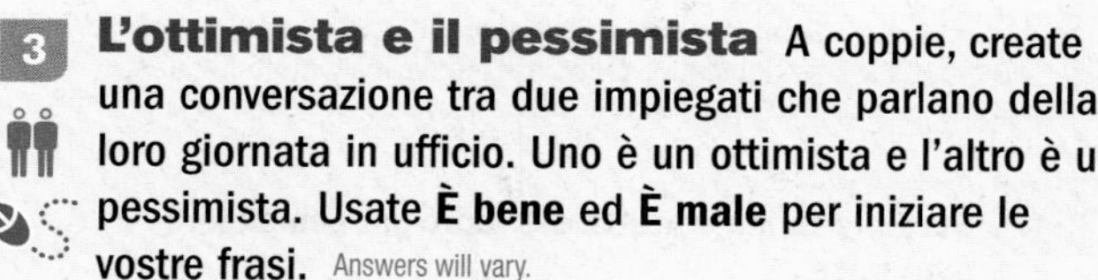

3 L'ottimista e il pessimista A coppie, create una conversazione tra due impiegati che parlano della loro giornata in ufficio. Uno è un ottimista e l'altro è un pessimista. Usate **È bene** ed **È male** per iniziare le vostre frasi. Answers will vary.

MODELLO

S1: *È bene che oggi il direttore non ci chieda di partecipare a una riunione.*
S2: *Ma è male che la giornata passi più lentamente senza riunioni...*

3 Suggestion Before starting the activity, have the class brainstorm possible topics to cover in their conversations. For example, their daily schedule, the cafeteria, their colleagues, their managers, the tools available to complete their tasks, etc.

5 Suggestion Have half of the class work on advice for new students and half of the class pretend they are the new students. They should write about what they hope to find in a new school and what would help them to get settled. Ex.: **È importante che i compagni di classe mi aiutino a studiare. È necessario che i professori spieghino bene...**

4 Il consulente A coppie, create una conversazione tra un consulente e una dirigente. Il consulente offre le sue osservazioni e raccomandazioni alla dirigente. La dirigente deve reagire a ogni commento. Usate le espressioni impersonali con il congiuntivo o l'infinito. Answers will vary.

4 Suggestion Encourage students who play the manager to disagree with the consultant's advice.

MODELLO

S1: *È importante avere un direttore esigente.*
S2: *Sì, ed è bene che assumiamo un nuovo direttore molto esigente...*

5 Studenti nuovi A coppie, create una lista di almeno otto raccomandazioni per studenti nuovi che vengono alla vostra scuola. Usate espressioni impersonali e il congiuntivo. Answers will vary.

MODELLO

S1: *È necessario che i nuovi studenti vivano in un dormitorio il primo anno, così possono incontrare molte persone.*
S2: *È anche importante che non mangino alla mensa! Il cibo è terribile...*

6 La nuova casa In gruppi di tre, create una conversazione tra un agente immobiliare e una coppia sposata. Il marito è cuoco e la moglie è tecnico informatico. Guardate il disegno e date la vostra opinione usando le espressioni impersonali. Answers will vary.

MODELLO

S1: *Che bella casa! Mi sembra perfetta per voi due.*
S2: *Sì, ma è un peccato che la cucina sia (is) così piccola. A me piace cucinare e per me è importante che...*

6 Expansion Have students work in pairs to talk about what kind of apartment they would like to live in. Is it important that it have an elevator? Is it necessary for it to be close to the school?

risorse

SAM WB: pp. 163–166	SAM LM: pp. 93–94	vhlcentral.com

morgana
presenta
Ilaria Giorgino
Sergio Romano
Erika Urban
Vania Lai
Inna Hroz
Un cortometraggio riconosciuto di "Interesse culturale nazionale" dal Ministero per i Beni e le Attività Culturali
e con la partecipazione straordinaria di
Carla Cassola
Viola fondente
Prodotto da Francesco Scura e Chiara Bellini
Scritto da Chiara Bellini e Valentina Mogetta
Regia di Fabio Simonelli

NATIONAL STANDARDS communication cultures

Lo Zapping

S **Video: Short Film**

Viola fondente è un cortometraggio di Fabio Simonelli; ha vinto numerosi premi, tra cui "Miglior attrice protagonista". Viola è una donna bella, giovane e... grassa. La sua vita è scandita da un lavoro noioso, un marito assente (*absent*) e una routine domestica all'insegna della solitudine (*loneliness*) e dei dolci. La vendetta (*revenge*) però è dietro l'angolo e ha la forma, e il sapore, del cioccolato.

Espressioni utili

- **fare festa** *to party*
- **viziare** *to spoil; to pamper*
- **Che schifo!** *How disgusting!*
- **la serratura** *lock*
- **scivolare** *to slip*
- **il croccante** *crunchy candy*
- **(raf)freddare** *to cool down*
- **incastrato/a** *stuck*
- **Se non fosse la moglie del capo...** *If she weren't the boss's wife*
- **Non ti sopporto più!** *I can't stand you anymore!*

Per parlare del film

- **il cibo spazzatura** *junk food*
- **consolare** *to console, to comfort*
- **curato/a** *trim, well-groomed*
- **le delizie** *delicacies*
- **vendicarsi** *to take revenge*
- **il/la vicino/a** *neighbor*

Suggestions
- After reading the synopsis, have students discuss what Viola's "chocolate" revenge might be.
- Ask students to imagine a more detailed story-line based on the vocabulary provided.

Preparazione

1 Completare **Usa le parole e le espressioni per completare le seguenti frasi.**

1. Pamela è molto elegante e sempre ben ____curata____.
2. Ti piace ____spalmare____ il miele sul pane?
3. Questa stanza è un porcile! Che ____schifo____!
4. Dopo il furto (*theft*), abbiamo cambiato ____la serratura____.
5. È importante non ____viziare____ troppo i bambini.
6. Il mio ____vicino____ della casa accanto si chiama Roberto.
7. Smetto di mangiare ____il cibo spazzatura____, perchè cerco di perdere peso.
8. Attenzione a non ____scivolare____ sul pavimento umido (*wet*)!
9. I pompieri hanno salvato un gatto che era ____incastrato____ sull'albero (*tree*).
10. La mamma cerca di ____consolare____ suo figlio che piange.

2 Discutere **A coppie, rispondete alle seguenti domande.** Answers will vary.

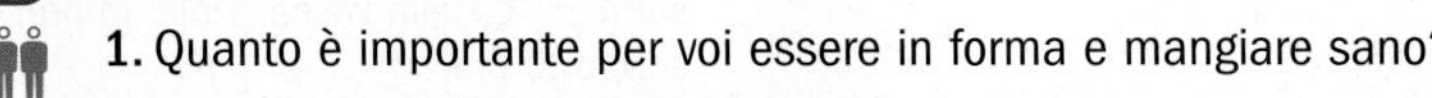

1. Quanto è importante per voi essere in forma e mangiare sano?
2. Quanto conta il giudizio (*opinion*) degli altri sul vostro aspetto fisico? È più importante piacersi o piacere agli altri?
3. Per voi l'aspetto fisico/esteriore (essere magri, essere in forma, seguire la moda) può influenzare i rapporti con gli altri?

3 Proverbi **Leggi questi due proverbi. Sei d'accordo? Perché? Discuti con un(a) compagno/a.**

- Chi è svelto (*quick*) a mangiare è svelto a lavorare.
- Dimmi cosa mangi e ti dirò chi sei.

SINTESI

Scene: Viola fondente

Prima di vedere Ask students to look at the video stills without reading the script and guess what the film will be about. Have them work in pairs to write two lines of dialogue for each image.

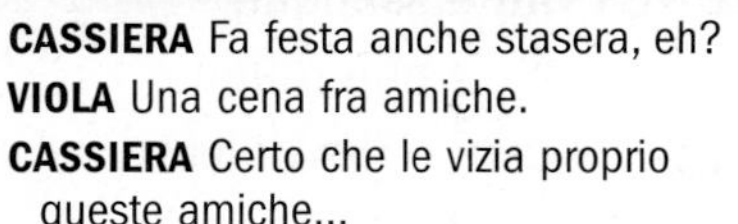

CASSIERA Fa festa anche stasera, eh?
VIOLA Una cena fra amiche.
CASSIERA Certo che le vizia proprio queste amiche...

SEGRETERIA TELEFONICA (*messaggio del marito*) Viola? Viola, ci sei? Senti, non torno a cena stasera e... puoi evitare di spalmare il divano di cioccolato? Grazie.

COMMESSA Viola? La signora prende queste tre. Se cortesemente le puoi fare il conto, grazie.
COMMESSA Che schifo! Se non fosse la moglie del capo, lo saprei io...

VICINA Viola! Ma che succede?
VIOLA Ha cambiato la serratura.
VICINA Ma chi?
VIOLA Mio marito.

VICINA (*leggendo*) «Mi lasci i cioccolatini squagliati° nel letto... l'ultima volta che ho fatto la doccia mi hai fatto scivolare col croccante che hai messo a freddare sul marmo della vasca. Viola, io non ti sopporto più.»
VICINA Be' certo, il croccante nella vasca... Va be', non ti devi preoccupare. Purtroppo gli uomini sono così. Ma per adesso puoi stare qui. Puoi dormire sul soppalco°. Io dormo di là.

COMMESSA Che dice? È perfetto.
CLIENTE Ma insomma, stringe° un po', però.
COMMESSA Non mi sembra.
CLIENTE Sì... No, guardi, non sono convinta°.
COMMESSA Non va bene.
CLIENTE Mi dispiace.
COMMESSA Non importa.

Dopo la visione Discuss how students' predictions differed from what happened in the film.

squagliati *melted* **soppalco** *loft*
stringe *it's tight* **convinta** *convinced*

Suggestion Ask students to describe Viola and to compare her with other characters from the movie (the supermarket cashier, the saleswoman in the clothing store, the neighbor, the husband, etc.). How do they differ in terms of personality and appearance? What, if anything, do they have in common?

Analisi

3 **Vero o falso?** Indica se le seguenti affermazioni sono **vere** o **false**.

3 Expansion Ask students to correct the false statements.

	Vero	Falso
1. Viola ama cucinare piatti sani.	☐	☑
2. Viola sembra infelice della vita con il marito.	☑	☐
3. Viola non mangia mai fuori pasto.	☐	☑
4. Viola ha un bel rapporto con la commessa del negozio del marito.	☐	☑
5. Il marito di Viola ha un negozio di abbigliamento.	☑	☐
6. Il numero nel nome del negozio si riferisce alla taglia ideale.	☑	☐
7. A casa della vicina non c'è il televisore.	☑	☐
8. Viola e il marito cercano in tutti i modi di migliorare (*improve*) la situazione.	☐	☑
9. Viola apre un chiosco di dolci di fronte al negozio del marito.	☑	☐
10. La cliente della scena finale non compra la giacca perché è fuori moda.	☐	☑

4 **Professioni** Che lavoro fanno questi personaggi? In gruppi di tre descrivete le qualità necessarie per riuscire in queste professioni. Elencate (*List*) i vantaggi e gli svantaggi di ogni attività. Quale lavoro preferite? Perché? Answers will vary.

1.

2.

3.

4.

4 Suggestion Have students work in groups of three to cast actors for a new film featuring these characters. They must provide detailed descriptions of each of the characters, including both physical and personality traits. Encourage students to choose popular actors and ask them to justify their choices.

Practice more at **vhlcentral.com.**

5 **Riflettere** A coppie, immaginate una conversazione tra Viola e suo marito dopo che lui ha cambiato la serratura e lei torna a casa a prendere le sue cose. Cosa dice il marito? Perché non la sopporta più? E cosa risponde Viola? Presentate la conversazione alla classe. Answers will vary.

5 Expansion Encourage students to talk about the standards of beauty dictated by popular culture. Do these standards affect women and men in the same way?

Lezione

11B

Communicative Goals

You will learn how to:

- talk about jobs and qualifications
- talk about job applications and interviews

CONTESTI

In ufficio

Vocabulary Tools

Suggestion Have students look at the new vocabulary while covering the English translation. Ask them to identify the numerous cognates, and see how many words they know without looking at the English.

Vocabolario

espressioni	***expressions***
fare domanda	*to apply*
fare progetti	*to make plans*
fotocopiare	*to photocopy*
lasciare un messaggio	*to leave a message*
ottenere*	*to get, to obtain*
prẹndere un appuntamento	*to make an appointment*
trovare lavoro	*to find a job*
cercare lavoro	***looking for a job***
il/la candidato/a	*candidate*
il consiglio	*advice*
l'esperienza professionale	*professional experience*
l'istruzione (*f.*)	*education*
la lẹttera di referenze	*letter of reference*
le referenze	*references*
il mestiere	*occupation, trade*
il posto	*position; job*
il salario (elevato/basso)	*(high/low) salary*
il settore	*field; sector*
lo/la specialista	*specialist*
lo stage	*internship*
il tirocinio	*professional training*
la cancellerịa per ufficio	***office supplies***
la bacheca	*bulletin board*
la cucitrice	*stapler*
la graffetta	*paper clip; staple*
la rubrica	*address book*
al telẹfono	***on the telephone***
Attenda in lịnea, per favore.	*Please hold.*
C'è il/la signor(a)...?	*Is Mr./Mrs. . . . there?*
Chi è?/Chi parla?	*Who's calling?*
Da parte di chi?	*On behalf of whom?*

Suggestion Remind students to consult the verb tables in **Appendice D** for the full conjugation of **ottenere**.

Suggestion Tell students that the word **stage** comes from French and not from English and that it is pronounced / staZ /.

risorse

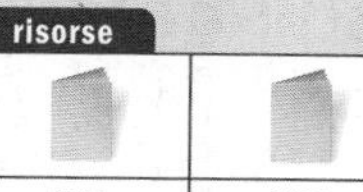

SAM WB: pp. 167–168

SAM LM: p. 95

vhlcentral.com

Suggestion Ask students to write a simple C.V. in Italian. They should include information about their education, their work experience, and their foreign language skills.

Pratica

1 Expansion Ask students if they have any of these objects in their backpacks: **Hai delle graffette? una cucitrice? una rubrica? Che cos'altro hai nello zaino/nella borsa?**

1 Mettere etichette Scegli un'etichetta per ogni oggetto.

1. (graffetta) / settore
2. stage / (bacheca)
3. (cucitrice) / personale

4. (cornetta) / salario
5. mestiere / (rubrica)
6. (curriculum vitae) / settore

2 Completare Completa, con la parola mancante, le espressioni del vocabolario della lezione.

1. prendere un appuntamento
2. fare domanda
3. colloquio di lavoro
4. direttrice del personale
5. lettera di referenze
6. lasciare un messaggio

2 Expansion In pairs, have students write three more phrases with blanks and ask their partner to complete them.

3 Abbinare Abbina ogni parola con la sua definizione.

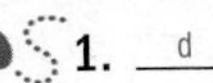

1. d la graffetta
2. e il mestiere
3. b il salario
4. a lasciare un messaggio
5. f la lettera di referenze
6. c il candidato

a. Si fa questo quando risponde la segreteria telefonica.
b. Sono i soldi che una persona riceve per il proprio lavoro.
c. È una persona che si presenta per un colloquio di lavoro.
d. Serve per tenere insieme dei fogli di carta
e. È un sinonimo di *occupazione*.
f. Accompagna il curriculum.

3 Expansion Have students write three more definitions and have classmates guess the words that refer to them.

4 Creare Usa i suggerimenti dati per dire con frasi complete quello che il/la candidato/a per ogni lavoro dovrebbe fare o aver fatto.

Answers may vary slightly. Sample answers are provided.

MODELLO psicologo / buone referenze

Il candidato per il lavoro di psicologo dovrebbe avere buone referenze.

1. docente / tre anni di insegnamento e due pubblicazioni
   Il candidato per il lavoro di docente dovrebbe avere tre anni di insegnamento e due pubblicazioni.
2. cuoco / cinque anni di esperienza in un ristorante
   Il candidato per il lavoro di cuoco dovrebbe avere cinque anni di esperienza in un ristorante.
3. banchiere / la laurea in economia e commercio ed esperienza pluriennale (*many years'*)
   Il candidato per il lavoro di banchiere dovrebbe avere la laurea in economia e commercio ed esperienza pluriennale.
4. contabile / un diploma di contabilità
   La candidata per il lavoro di contabile dovrebbe avere un diploma di contabilità.
5. elettricista / minimo tre anni di esperienza nel settore
   La candidata per il lavoro di elettricista dovrebbe avere un minimo di tre anni di esperienza nel settore.
6. segretaria / esperienza di cinque anni come segretaria del direttore
   La candidata per il lavoro di segretaria dovrebbe avere esperienza di cinque anni come segretaria del direttore.

4 Expansion Ask students the following questions: **Quali sono i requisiti di un(a) bravo/a docente? E di un buon cuoco? E per fare bene il banchiere? E per essere un contabile affidabile? E per fare l'elettricista?**

Practice more at **vhlcentral.com.**

Comunicazione

5 **Il colloquio di lavoro** Ascolta questo colloquio di lavoro. Mentre ascolti, spunta (*check off*) le parole menzionate dalla candidata. Poi, a coppie, scrivete altre tre domande per la candidata. Answers will vary.

1. candidato ☐
2. istruzione ☐
3. mestiere ☐
4. referenze ☑
5. salario ☑
6. settore ☐
7. stage ☑
8. tirocinio ☑

5 Expansion Have students work in groups to write a conversation between an interviewer and a job candidate. Then have them act it out for the class.

6 **Come cercare lavoro** Lavorate a coppie. L'insegnante vi darà due fogli diversi, ciascuno con metà delle informazioni riguardo ai dieci passi necessari per cercare un lavoro. A turno, fatevi domande per trovare tutti i dieci passi. Poi, insieme, metteteli nell'ordine corretto. Answers will vary.

MODELLO

S1: *Come prima cosa devo prendere un appuntamento con il capo del personale. Tu, che cos'hai?*

S2: *Io devo selezionare alcune aziende. Devo fare questo prima di prendere un appuntamento.*

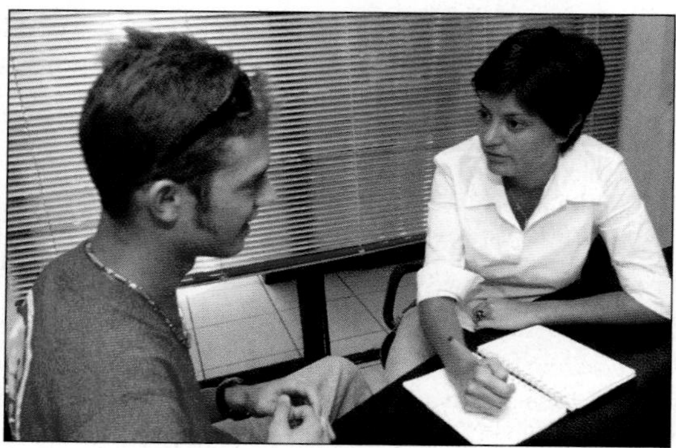

6 Expansion Ask students the following questions: **Hai mai cercato un lavoro? Quali passi hai seguito? Hai ottenuto il lavoro? Che lavoro era?**

7 **Le inserzioni di lavoro** In gruppi di tre, create un annuncio di lavoro (*job ad*) per due delle quattro professioni raffigurate (*depicted*). Accertatevi di (*Be sure to*) includere informazioni sui requisiti, sul salario, sul processo di selezione e su quello che i candidati devono fare per poter fare domanda. Cercate di scrivere delle inserzioni attraenti! Answers will vary.

MODELLO

S1: *Cercasi veterinario a tempo pieno.*

S2: *Un piccolo studio di veterinari cerca...*

7 Expansion Have volunteers read their groups' job ads out loud, then ask the class to vote for the best one.

Pronuncia e ortografia

Omitting the final vowel of an infinitive

pensarci **saperne** **scrivergli** **trovarlo**

The final **e** of an infinitive is often dropped, especially in spoken Italian. The **e** must be dropped when an object pronoun is added to the infinitive of a verb.

aver fatto **esser venuta** **andar bene** **sentir dire**

The final **e** of an infinitive is often dropped when followed by a past participle or an adverb. The final **e** may also be dropped when the infinitive is followed by another infinitive, especially when the second infinitive has a similar sound.

far sentire **far bene** **far festa** **far da mangiare**

The verb **fare** usually drops the final **e** when followed by another infinitive, an adjective, an adverb, a noun, or the preposition **da**.

avere scritto **fare spendere** **fare studiare** **esser stato**

The final **e** of an infinitive should not be dropped before any word that begins with **s** + [*consonant*], except the past participle **stato**.

Suggestions
- Explain that the **e** is not dropped when followed by a word beginning with **s** + *[consonant]*, because three consonants in a row would be difficult to pronounce. However, many Italian speakers do not follow this rule consistently.
- Point out that dropping the final e is common also to adjectives and adverbs: **ben fatto**, **miglior amico**.

Pronunciare Ripeti le parole e le espressioni ad alta voce.

1. aver pensato
2. prenderlo
3. far male
4. fare scordare
5. pensar bene
6. esserci
7. fare spendere
8. regalarglielo
9. star bene
10. esser andato
11. cercarli
12. far sapere

Articolare Ripeti le frasi ad alta voce.

1. Ho deciso di cucinarlo stasera.
2. Cerchiamo di star bene quando andiamo in vacanza.
3. Volete andarci domani?
4. Pensavo di aver finito tutto!
5. Deve sempre andar via presto.
6. Vorrei saperne di più prima di decidere.

Il lavoro nobilita l'uomo.[2]

Proverbi Ripeti i proverbi ad alta voce.

Proverbi Ask students to think of proverbs in English that refer to work.

1 If you want something done, do it yourself. [lit. He who works by himself does the work of three.]
2 Work ennobles man.

risorse
SAM LM: p. 96

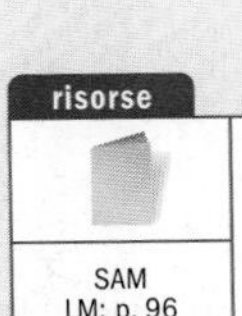
vhlcentral.com

FOTOROMANZO

Pensando al futuro

Video: *Fotoromanzo* **Prima di vedere** Have students predict what the episode will be about based on the video stills.

PERSONAGGI

Emily

Lorenzo

Riccardo

Viola

Suggestion Ask four students to act out the episode.

VIOLA Ho ricevuto il tuo messaggio. Tutto bene?

EMILY I miei genitori non vogliono che io stia in Italia quest'estate. Se voglio farlo, devo mantenermi da sola.

VIOLA Hai provato a calcolare quanto costerebbe?

Suggestion Have students scan the captions for vocabulary related to jobs and future plans.

VIOLA Appartamento... cibo... caffè, spese varie... Dovresti trovare un lavoro. Che cosa sai fare?

EMILY Purtroppo non ho nessuna esperienza professionale. Non ho nemmeno un curriculum. Però so fare il caffè.

VIOLA È vero, tu bevi sempre caffè. Dovresti parlare con il gestore e vedere se sta cercando qualcuno.

VIOLA È facile risolvere i problemi degli altri. Poi i nostri sono sempre troppo complicati.

EMILY Ora lascia che io aiuti te. Che cosa succede?

VIOLA Lorenzo.

RICCARDO Si è lasciata con Massimo. Credo che tu le piaccia.

LORENZO Lo pensavo anch'io. Ma per lei, adesso, è più importante studiare.

RICCARDO Quella ragazza non sa cosa vuole. Domani cambierà idea e dirà che è attratta da te. Mi piaceva di più quando faceva la timida.

VIOLA Penso di aver commesso un errore. Non so nemmeno come mi sento.

EMILY Cosa hai detto a Lorenzo?

VIOLA Che penserò all'amore dopo la laurea.

EMILY Ma lui ti piace davvero?

VIOLA Penso di sì. Non lo so.

EMILY O forse ti piace il fatto che tu gli piaccia?

VIOLA Che cosa vuoi dire?

EMILY Insomma, è possibile che l'idea di Lorenzo sia più interessante del vero Lorenzo? Temo che tu sia innamorata dell'amore, Viola.

VIOLA Questo non è vero. No. Non avrei dovuto chiederti consiglio.

ATTIVITÀ

1 Rispondere Rispondi alle seguenti domande. Answers will vary slightly. Sample anwers are provided.

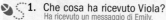

1. Che cosa ha ricevuto Viola?
   Ha ricevuto un messaggio di Emily.
2. Che cosa sa fare Emily?
   Sa fare il caffè.
3. Che cosa dice Viola dei nostri problemi?
   Dice che sono sempre troppo complicati.
4. Che cosa sta cercando Riccardo?
   Sta cercando il suo carica batteria.
5. Perché deve andare a Milano Lorenzo?
   Perché ha un colloquio di lavoro.
6. Come piaceva di più Viola a Riccardo?
   Gli piaceva di più quando faceva la timida.
7. Che cosa ha detto Viola a Lorenzo?
   Ha detto che adesso è più importante studiare.
8. Secondo Emily, di che cosa è innamorata Viola?
   È innamorata dell'amore.
9. Secondo Riccardo perché Viola è arrabbiata con Emily?
   Perché Emily non le crede.
10. Perché le ragazze si comportano in questo modo secondo Riccardo?
    Si comportano in questo modo per attirare l'attenzione dei ragazzi.

1 Suggestion This activity can also be done with the students' books closed. You can divide the class into groups and see how many questions each group can answer correctly.

Practice more at **vhlcentral.com.**

I ragazzi parlano di lavoro e di sentimenti.

4

Alla pensione...

RICCARDO Hai visto il mio carica batteria?

LORENZO No. Mi dispiace.

RICCARDO Aaah! Il mio lettore è morto.

LORENZO Tieni, puoi ascoltare la musica con questa.

RICCARDO Questa è buona, Lorenzo.

5

RICCARDO Che stai facendo?

LORENZO Ho un colloquio di lavoro a Milano. Sto sistemando il curriculum e le mie referenze.

RICCARDO Come va con Viola?

LORENZO A cosa ti riferisci?

9

RICCARDO Dovresti mettere lo stage qui e parlare della tua istruzione qui.

(Riccardo riceve un messaggio.)

LORENZO Perché ridi?

RICCARDO È Emily. Pare che tu piaccia di nuovo a Viola. Emily non le crede, così lei adesso è arrabbiata con Emily. Te l'avevo detto che sarebbe andata a finire così.

10

LORENZO Perché le ragazze si comportano in questo modo?

(Riccardo trova il carica batteria.)

RICCARDO Aha! Ti ho trovato! (*A Lorenzo*) Lo fanno per attirare la nostra attenzione.

Espressioni utili

Opinions, desires, possibilities, and fears

- **Non vogliono che io stia in Italia.** *They don't want me to stay in Italy.*
- **Lascia che io aiuti te.** *Let me help you.*
- **Credo che tu le piaccia.** *I think she likes you.*
- **Penso di aver commesso un errore.** *I think I made a mistake.*
- **il fatto che tu gli piaccia** *the fact that he likes you*
- **È possibile che l'idea di Lorenzo sia più interessante del vero Lorenzo?** *Is it possible that the idea of Lorenzo is more interesting than Lorenzo himself?*
- **Temo che tu sia innamorata dell'amore.** *I'm afraid that you're in love with love.*
- **Pare che tu piaccia di nuovo a Viola.** *It seems that Viola likes you again.*

Additional vocabulary

- **Devo mantenermi da sola.** *I have to provide for myself.*
- **gestore** *manager*
- **Questa è buona.** *Good one.*
- **Sto sistemando...** *I'm putting together . . .*
- **cambierà idea** *she'll change her mind*
- **quando faceva la timida** *when she acted shy*
- **Perché le ragazze si comportano in questo modo?** *Why do girls act this way?*

ATTIVITÀ

2 Per parlare un po' Che cosa succederà tra Viola e Lorenzo? In gruppi di tre o quattro, scrivete un breve paragrafo in italiano in cui fate una previsione su come finirà la loro storia. Preparatevi a leggere la vostra previsione alla classe. Answers will vary.

2 Suggestion Have all the groups read their predictions to the class. Ask them to keep their paragraphs until they watch the last episode, so that they can see which predictions were correct.

3 Approfondimento Milano è il capoluogo della Lombardia. Fai una ricerca e scopri alcune attrazioni di questa città. Trova cinque luoghi interessanti da visitare (musei, chiese, monumenti ecc.) e per ognuno indica perché ti piacerebbe visitarlo. Answers will vary.

3 Suggestion On the board, write a list of the attractions that students identified, including any relevant details.

Prima di leggere Have students look at the photos and describe what they see.

IN PRIMO PIANO

Dalla scuola al lavoro

Quali sono le prospettive di lavoro per i giovani laureati italiani? In Italia, negli ultimi anni, il rapporto tra neolaureati° e mondo del lavoro ha mostrato molti cambiamenti°. Un primo nuovo aspetto è l'aumento° del numero dei laureati. Questo è dovuto in gran parte a due fattori° nuovi: l'introduzione delle lauree di tre anni alla fine degli anni '90 e la legge sulla riforma del mercato del lavoro conosciuta come° legge 30/2003.

La laurea triennale ha anticipato molto l'età media° dei laureati italiani, che così possono accedere° al mondo del lavoro prima, rispetto al passato. Con la legge 30/2003 sono stati presentati nuovi tipi di contratti di lavoro; in particolare i contratti a progetto°, che permettono ai giovani di fare una prima esperienza di lavoro, limitata nel tempo, appena dopo la conclusione degli studi universitari.

Per facilitare i contatti tra neolaureati e aziende sono nati molti siti Internet e portali «informagiovani». Molti uffici informagiovani appartengono° alle università; raccolgono° i curriculum vitae dei neolaureati e li mettono a disposizione dei datori di lavoro°, creando un punto di incontro° diretto. Altri uffici informano gli studenti su programmi di scambio° con università straniere, stage e formazione presso le aziende. La formazione e gli stage, conosciuti anche come *internship* o tirocini, rappresentano una fase molto importante per i giovani in cerca di una prima occupazione. Sono una buona opportunità per conoscere in prima persona° il mondo del lavoro con tutti i diritti e i doveri dei lavoratori. Tuttavia, la disoccupazione dei giovani italiani è un grande problema. Secondo dati diffusi in 2014, più del 30% dei giovani con meno di 25 anni sono senza lavoro.

neolaureati *recent graduates* **cambiamenti** *changes* **aumento** *increase* **fattori** *factors* **conosciuta come** *known as* **età media** *average age* **accedere** *access* **contratti a progetto** *project contracts* **appartengono** *belong* **raccolgono** *collect* **datori di lavoro** *employers* **punto di incontro** *meeting place* **scambio** *exchange* **in prima persona** *firsthand*

ATTIVITÀ

1 Vero o falso? Indica se l'affermazione è **vera** o **falsa**. Correggi le affermazioni false.

1. I laureati in Italia sono in diminuzione negli ultimi anni.
   Falso. I laureati sono in aumento.
2. Il mondo del lavoro in Italia non è cambiato da 50 anni.
   Falso. Negli ultimi anni ci sono stati molti cambiamenti.
3. La laurea triennale è un nuovo tipo di laurea. Vero.
4. La legge 30/2003 è una legge di riforma dell'università.
   Falso. È una legge di riforma del mercato del lavoro.
5. Per avere un contratto a progetto i giovani devono fare uno stage.
   Falso. I giovani possono avere un contratto a progetto appena dopo la conclusione degli studi.
6. I siti e portali «informagiovani» aiutano i giovani a contattare le aziende.
   Vero.
7. I siti e portali per il lavoro sono solo per i giovani che cercano un lavoro.
   Falso. Sono usati anche dai datori di lavoro.
8. Il tirocinio è un periodo di formazione e lavoro dei giovani in un'azienda. Vero.
9. Il tirocinio è molto diverso dallo stage e dall'*internship*.
   Falso. Sono tre parole che indicano un periodo di formazione e lavoro in un'azienda.
10. Meno del 25% dei giovani sono senza lavoro.
    Falso. Più del 30% dei giovani con meno di 25 anni sono senza lavoro.

 Practice more at **vhlcentral.com.**

Dopo la lettura After students have read the main article, have them discuss similarities and differences with the situation for graduates in the U.S.

L'italiano quotidiano Tell students that in Italian the word dottore is used as a title for medical doctors and physicians, as well as for anyone with a university degree. A graduate in Law is a **Dottore/Dottoressa in Legge,** a graduate in foreign languages and literatures is a **Dottore/Dottoressa in Lingue e Letterature Straniere,** and so on.

L'ITALIANO QUOTIDIANO

Per cercare lavoro

l'agenzia di somministrazione lavoro	*temp agency*
l'annuncio di lavoro	*job ad*
l'assunzione (*f.*)	*hiring*
la capacità	*skill*
la competenza	*competence; ability*
la formazione	*training*
la prima occupazione	*first job*
la qualifica	*qualification*
le risorse umane	*human resources*
la raccomandazione	*recommendation*
la specializzazione	*specialization*

USI E COSTUMI

I luoghi dove cercare offerte di lavoro

Cercare lavoro può essere frustrante, soprattutto quando uno non sa bene dove guardare. I «luoghi» più comuni sono i **giornali**: le colonne con gli annunci di lavoro nei quotidiani, oppure i giornali specializzati per chi cerca e per chi offre lavoro. Con la tecnologia anche in Italia sono nati molti portali e **siti Internet** che permettono di inserire i dati° del candidato e selezionare° le sue qualifiche, le capacità e le competenze. Molto interessanti sono i portali come Almalaurea o Primolavoro dedicati ai neolaureati o neodiplomati°. Negli ultimi anni sono molto utilizzate anche le **Agenzie di somministrazione lavoro**, conosciute anche come Agenzie di lavoro interinale°, specializzate nei lavori a tempo parziale o a progetto.

dati *information* **selezionare** *select* **neodiplomati** *recent high-school graduates* **interinale** *temporary*

Ritratto Show the class a video clip from one of the **Concerti del Primo Maggio.**

RITRATTO

Musica per celebrare i lavoratori

Il primo maggio in Italia si celebra la Festa dei Lavoratori°. Questa data, che ricorda le conquiste° dei diritti del lavoro, è diventata una festa nazionale alla fine del 1800.

Durante il Ventennio fascista° il regime ha spostato la data al 21 aprile, giorno del Natale di Roma°; ma, dopo la fine della Seconda Guerra Mondiale, il paese è tornato a festeggiare il primo giorno di maggio. In tutta l'Italia ci sono cortei° di lavoratori e comizi° di rappresentanti dei sindacati. La manifestazione più importante e seguita dal 1990 è il **Concerto del Primo Maggio di Roma** in Piazza San Giovanni, organizzato dai tre sindacati principali: CGIL, CISL e UIL.

Per molte ore cantanti italiani e internazionali si esibiscono° per un pubblico numerosissimo. Spesso alla musica si alternano presentazioni di personaggi della politica, ma anche ospiti del mondo del cinema e dello spettacolo.

Expansion Have students compare Labor Day celebrations in the U.S. to those in Italy.

Festa dei Lavoratori *Labor Day* **conquiste** *victories* **Ventennio fascista** *Fascist period* **Natale di Roma** *Foundation of Rome* **cortei** *parades* **comizi** *rallies* **si esibiscono** *perform*

SU INTERNET

Cerca almeno tre offerte di lavoro sui siti Internet italiani.

Go to **vhlcentral.com** to find more information related to this **CULTURA**.

2 Completare Completa le frasi.

1. Il primo maggio in Italia si celebra la <u>Festa dei Lavoratori</u>.
2. In Italia è diventata una festa nazionale alla fine del <u>1800</u>.
3. Il <u>Concerto</u> del Primo Maggio a Roma si svolge in Piazza San Giovanni.
4. Cercare <u>lavoro</u> può essere frustrante.
5. Per cercare lavoro in Italia si sono sviluppati molti <u>portali</u> e siti Internet.
6. *Almalaurea* e *Primo lavoro* sono portali dedicati ai <u>neolaureati e neodiplomati</u>.

3 A voi A coppie, rispondete alle domande e discutete le vostre risposte.
Answers will vary.

1. Hai mai inserito il tuo curriculum vitae su un sito Internet?
2. Hai mai partecipato a un tirocinio in un'azienda?
3. Come si celebra la Festa dei Lavoratori nel tuo paese?

ATTIVITÀ

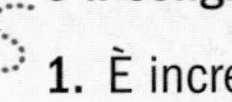

11B.1 Irregular present subjunctive

Suggestion Point out that the third-person present subjunctive forms are identical to the formal imperative forms.

Punto di partenza In **Lezione 11A**, you learned how to form the present subjunctive of regular verbs. However, many common verbs are irregular in the subjunctive.

Present subjunctive of common irregular verbs

	avere	dare	essere	sapere	stare
io	abbia	dia	sia	sappia	stia
tu	abbia	dia	sia	sappia	stia
Lei/lui/lei	abbia	dia	sia	sappia	stia
noi	abbiamo	diamo	siamo	sappiamo	stiamo
voi	abbiate	diate	siate	sappiate	stiate
loro	abbiano	diano	siano	sappiano	stiano

- Remember that the **noi** and **voi** forms of all verbs, regular or irregular, follow the same patterns, and that the subjunctive **noi** form is the same as the indicative. Note that the **voi** form resembles the **noi** form, except for the **-te** ending.

Bisogna che **siamo** puntuali.
*We must **be** punctual.*

Non è giusto che **siate** tanto esigenti.
*It's not fair that you**'re** so demanding.*

- As with regular verbs, the **loro** form of irregular verbs can be formed by adding **-no** to the singular present subjunctive form.

Peccato che Pina **non abbia** referenze!
*It's a pity that Pina **doesn't have** any references!*

È male che questi candidati **non abbiano** esperienza professionale?
*Is it bad that these candidates **don't have** professional experience?*

- Although many verbs that are irregular in the present indicative are also irregular in the present subjunctive, many of them follow an identifiable pattern like **andare** below, whose irregular forms can be derived from the first-person singular indicative form.

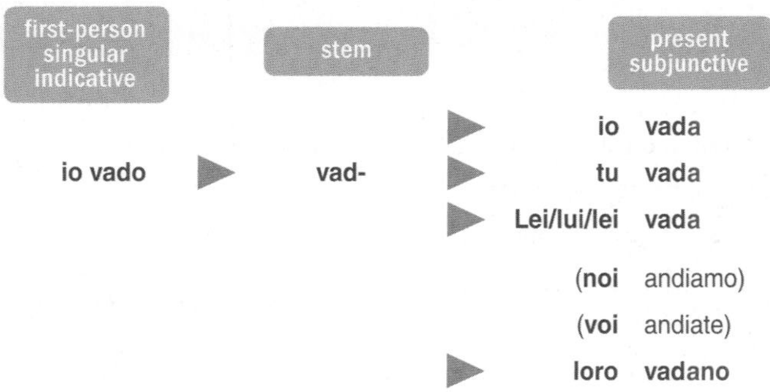

- Remember that **noi** and **voi** forms always derive from the indicative **noi** form.

Extra practice Have students change the sentences in Activities 1 and 2. If a sentence takes the subjunctive, have them transform it so that it takes the indicative and vice versa. They can work by themselves or in pairs.

PRATICA

1 Scegliere In base al contesto, scegli o l'indicativo o il congiuntivo per completare ogni frase.

1. È incredibile che loro (hanno / abbiano) ancora voglia di giocare.
2. Può darsi che il treno (è / sia) partito in ritardo.
3. È certo che questa sera (piove / piova).
4. È preferibile che tu (scrivi / scriva) la lettera al computer.
5. È chiaro che io (preferisco / preferisca) il nuoto alla ginnastica.
6. È sicuro che voi (venite / veniate) quest'estate.

2 Completare Completa le frasi seguenti con la forma corretta del congiuntivo.

1. Pare che Daniela non __abbia__ (avere) esperienza.
2. È importante che tu __sappia__ (sapere) cosa fare in queste situazioni.
3. È impossibile che a loro __piacciano__ (piacere) solo queste verdure.
4. Sembra che noi __usciamo__ (uscire) tutti insieme stasera.
5. È possibile che anche voi __andiate__ (andare) in Italia a giugno?
6. Può darsi che anch'io __beva__ (bere) acqua e non succo a cena.
7. È incredibile che tutti __abbiano__ (avere) il raffreddore.
8. È bene che io __venga__ (venire) in classe tutti i giorni.

3 Trasformare Usa gli indizi dati per creare frasi complete con il congiuntivo.

1. è bello che / Silvana / avere un colloquio
   È bello che Silvana abbia un colloquio.
2. è importante che / loro / andare da uno psicologo
   È importante che loro vadano da uno psicologo.
3. non è bene che / a Fiorella / non piacere i miei amici
   Non è bene che a Fiorella non piacciano i miei amici.
4. è impossibile che / il tassista / non sapere dove andare
   È impossibile che il tassista non sappia dove andare.
5. sembra che / tu / volere davvero questo lavoro
   Sembra che tu voglia davvero questo lavoro.
6. è bene che / io / essere pronto alle 17.00 in punto
   È bene che io sia pronto alle 17.00 in punto.
7. è incredibile che / Rosetta / potere concentrarsi così bene
   È incredibile che Rosetta possa concentrarsi così bene.
8. pare che / questo cuoco / fare sempre le stesse cose
   Pare che questo cuoco faccia sempre le stesse cose.

Suggestion Encourage students to create affirmative and negative sentences for all the activities.

Practice more at **vhlcentral.com.**

COMUNICAZIONE

4 **La mia lista** A coppie, parlate a turno di alcune cose che, per voi, sono importanti da fare. Usate i verbi dati. Answers will vary.

MODELLO

S1: *È importante che io dica ai miei genitori quali corsi frequento.*
S2: *È importante che io...*

1. andare
2. bere
3. dare
4. dire
5. fare
6. uscire
7. venire
8. sapere

4 Expansion Have groups of three students write as many impersonal expressions as possible, using both the subjunctive and the indicative. Then have groups exchange their lists. Each group must write one sentence for each expression.

5 **Opinioni** Lavorate a coppie. Usate le espressioni di ciascuna colonna per scrivere una lista di opinioni e reazioni riguardo alla vita in ufficio. Answers will vary.

5 Suggestion Encourage students to use the same expression more than once for more options.

MODELLO

S1: *Può darsi che i migliori candidati trovino sempre lavoro.*
S2: *È certo che i migliori candidati trovano sempre lavoro.*

A	B
è incredibile	i migliori candidati / trovare sempre lavoro
può darsi	la segretaria / non volere parlare al direttore
è preferibile	la riunione / essere troppo lunga
è vero	il dirigente / occuparsi degli impiegati
è certo	il successo / dipendere da te
è sicuro	l'agente immobiliare / sapere tutto della casa
bisogna	il veterinario / conoscere tutti gli animali per nome

6 **Il candidato ideale** In gruppi di tre, scegliete una professione dalla **Lezione 11A**. Create una lista di criteri per la persona adatta a quella professione. Usate le espressioni impersonali e il congiuntivo dei verbi **avere**, **essere** e **sapere** per dire cosa quella persona dovrebbe fare e sapere e come dovrebbe essere. Answers will vary.

MODELLO

S1: *Per essere un agente immobiliare è importante che il candidato abbia esperienza professionale.*
S2: *È necessario che sia una persona estroversa e amichevole.*
S3: *Ed è preferibile che conosca bene il mercato.*

6 Expansion As students work on Activity 6, ask them if they have any stories to share about the profession they chose. For example, what was the last real estate agent their family worked with like? Was he or she friendly? Was he or she able to answer all of their questions?

Suggestion Have students work out the present subjunctive forms of each of the irregular verbs listed.

- Use these singular subjunctive forms to derive the full present subjunctive conjugation for the following verbs. Note that **dovere** stems from the alternate first-person indicative form **debbo**.

bere	beva	**fare**	faccia	**uscire**	esca
dire	dica	**piacere**	piaccia	**venire**	venga
dovere	debba	**potere**	possa	**volere**	voglia

- You have already learned many impersonal expressions of opinion or perception that trigger the subjunctive.

È bene che tu **faccia domanda** per il posto.
It's good that you are applying for the position.

Pare che Sara **debba** cercare un nuovo lavoro.
It seems that Sara has to look for a new job.

- It is important to note, however, that not all impersonal expressions trigger the subjunctive. Impersonal expressions that state fact or certainty are followed by the indicative.

È bello che Silvana **abbia** finalmente un colloquio.
It's nice that Silvana finally has an interview.

BUT

È vero che Silvana **ha** finalmente un colloquio.
It's true that Silvana finally has an interview.

Suggestion Reinforce the previous lesson by asking students to call out other impersonal expressions that require the subjunctive.

- Here are more examples of expressions of both types.

Impersonal expressions that . . .

trigger the subjunctive		do not require the subjunctive	
è incredibile	*it's incredible*	è certo	*it's certain*
può darsi	*it's possible*	è chiaro	*it's clear*
è preferibile	*it's preferable*	è sicuro	*it's definite*

Può darsi che lui **voglia** aiuto.
It's possible that he wants help.

È chiaro che lui **vuole** il mio consiglio.
It's clear that he wants my advice.

- Remember that an infinitive follows the impersonal expression if there is no specific subject.

È preferibile prendere un appuntamento.
It's preferable to make an appointment.

Provalo! Scrivi le forme mancanti del congiuntivo.

	dire	dovere	sapere	uscire
1. io	*dica*	debba	sappia	esca
2. tu	dica	debba	sappia	esca
3. Lei/lui/lei	dica	debba	sappia	esca
4. noi	diciamo	dobbiamo	sappiamo	usciamo
5. voi	diciate	dobbiate	sappiate	usciate
6. loro	dicano	debbano	sappiano	escano

Provalo Have pairs of students conjugate the rest of the irregular verbs presented in the lesson. Then, have them compare their conjugations with those of another pair to be sure they are correct.

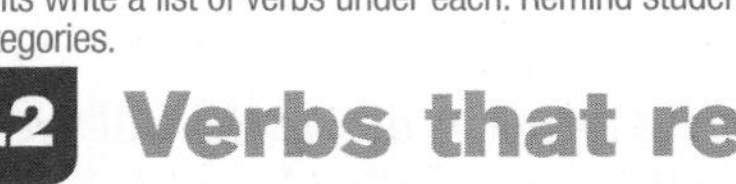

Suggestion Have students review the different cases they have studied: verbs that take the infinitive, a preposition and infinitive, the indicative, and the subjunctive. Write these four categories on the board and have students write a list of verbs under each. Remind students that verbs can fit into multiple categories.

NATIONAL comparisons STANDARDS

11B.2 Verbs that require the subjunctive

Punto di partenza In addition to many impersonal expressions, verbs expressing emotions, attitudes, and doubts also require the subjunctive in a subordinate clause.

- If the clauses have two different subjects and the verb in the main clause expresses emotion, then use the subjunctive in the subordinate clause. Use **che** to connect the two clauses.

MAIN CLAUSE EXPRESSION OF EMOTION	CONJUNCTION	SUBORDINATE CLAUSE VERB IN SUBJUNCTIVE MOOD
La direttrice **è contenta** *The manager* ***is happy***	**che** ***that***	**rispondano** al telefono. ***they're answering*** *the phone.*
Non **hai paura** ***Aren't you afraid***	**che** ***that***	il salario **sia** troppo basso? *the salary* ***is*** *too low?*

- Verbs expressing hope and desire also trigger the subjunctive, as do verbs of will used to influence the actions of others.

Verbs of emotion, desire, hope, and will

avere bisogno	*to need*	insịstere	*to demand, insist on*
avere paura	*to be afraid*	piacere	*to please*
chiẹdere	*to ask, request*	preferire	*to prefer*
desiderare	*to desire, wish*	sperare	*to hope*
dispiacere	*to be sorry*	suggerire	*to suggest*
ẹssere contento/a	*to be happy*	temere	*to fear*
ẹssere triste	*to be sad*	volere	*to want*

Mi dispiace che tu **debba** cercare un nuovo lavoro.
I'm sorry *that you* ***have to*** *look for a new job.*

Speriamo che **Lei riceva** presto un'offerta di lavoro.
We hope *that* ***you'll get*** *a job offer soon.*

- Verbs of opinion, doubt, and uncertainty also require the subjunctive in subordinate clauses.

Verbs of opinion, doubt, and uncertainty

avere l'impressione	*to have the impression*	immaginare	*to imagine*
crẹdere	*to believe*	non ẹssere sicuro	*to be uncertain*
dubitare	*to doubt*	pensare	*to think*

Non crede che il mio consiglio la **aiuti**.
She doesn't believe *that my advice* ***is helping*** *her.*

Il candidato **pensa** che il posto **sia** perfetto per lui.
The candidate ***thinks*** *that the position* ***is*** *perfect for him.*

2 Expansion Have pairs of students discuss their own professional experience, using subjunctive, indicative, and infinitive verb forms.

PRATICA

1 Associare Associa le frasi con le conclusioni che le completano meglio.

1. L'uomo telefona tardi e spera c
2. La segretaria è contenta che tu f
3. È certo che in quest'ufficio noi a
4. Non è possibile che le graffette b
5. È sicuro che il tassista e
6. Non so nemmeno a quante offerte di lavoro d

a. abbiamo bisogno di uno specialista.
b. siano già finite!
c. di poter lasciare un messaggio.
d. ho risposto prima di accettare questo posto.
e. arriva puntuale.
f. l'aiuti a preparare i documenti.

2 Completare Completa la conversazione con la forma corretta di ogni verbo.

LAURA Ciao Nicoletta, come stai?

NICOLETTA Non bene. Ho lasciato il mio lavoro e temo che il principale non mi (1) scriva (scrivere) una buona lettera di referenze.

LAURA Mi dispiace che voi (2) vi lasciate (lasciarsi) in cattivi rapporti. Ma sei sicura? Io penso che lui e i tuoi colleghi ti (3) diano (dare) tutto l'aiuto di cui hai bisogno.

NICOLETTA Non lo so. Giorgio insiste che io (4) resti (restare) e Anna e Francesco sperano che tu e altri amici mi (5) facciate (fare) cambiare idea. Dubito che qualcuno mi (6) aiuti (aiutare) a decidere obiettivamente!

LAURA Ricordati che tu (7) sei (essere) una professionista e sappi che noi tutti ti (8) sosteniamo (sostenere), qualunque decisione tu prenda!

3 Creare Usa gli indizi per creare frasi complete.

1. la direttrice insistere / l'impiegato fotocopiare le referenze
   La direttrice insiste che l'impiegato fotocopi le referenze.
2. Sofia essere felice / il principale le dare una promozione
   Sofia è felice che il principale le dia una promozione.
3. essere chiaro / a Monica non piacere questo lavoro
   È chiaro che a Monica non piace questo lavoro.
4. io sperare / tu chiedere un aumento
   Io spero che tu chieda un aumento.
5. Gianni non credere / fare l'agricoltore / essere un mestiere difficile
   Gianni non crede che fare l'agricoltore sia un mestiere difficile.
6. il direttore preferire / avere impiegati a tempo pieno
   Il direttore preferisce avere impiegati a tempo pieno.

Practice more at **vhlcentral.com.**

3 Expansion Have students choose one of the sentences and create a mini-dialogue. Ex.: **Direttrice: Insisto che tu fotocopi le referenze! Impiegato: No, perché credo che fare fotocopie sia dannoso alla salute.**

COMUNICAZIONE

4 Un giorno difficile A coppie, create frasi usando gli indizi dati e verbi al congiuntivo. Answers will vary.

1. Il contabile ha paura che...
2. Alla segretaria dispiace che...
3. Il direttore del personale è felice che...
4. La direttrice insiste che...
5. Gli impiegati sperano che...
6. Lo specialista dubita che...
7. L'operaio teme che...
8. La psicologa suggerisce che...

4 Suggestion Have students work on the activity first by themselves and then with a classmate to compare answers.

5 Vero o falso? In gruppi di quattro, fate a turno a dare delle informazioni su voi stessi. Gli altri devono dire se credono o dubitano quello che voi dite. Ogni volta che una persona indovina, quella persona prende un punto. Fate a turno a dare informazioni e a indovinare. Answers will vary.

MODELLO

S1: *Io ho esperienza professionale come tassista.*
S2: *Dubito che tu abbia…*
S3: *Io penso che sia vero che…*

6 Un copione A coppie, immaginate di dover scrivere un copione (*script*) per un film che si svolge in un ufficio. Descrivete le emozioni e i sentimenti di ogni personaggio usando le espressioni presentate. Fate attenzione a usare il congiuntivo e l'indicativo correttamente. Answers will vary.

6 Expansion Have three pairs work together. Have them choose one of the scripts and act it out in front of the class.

MODELLO

La dirigente si chiama Laura Vincenzo. Ha paura che gli impiegati non lavorino abbastanza seriamente. Teme anche che il suo salario sia troppo basso. Dubita di ricevere un aumento nel prossimo futuro…

la dirigente

una segretaria

un'impiegata

una consulente

un assistente

un rappresentante del sindacato

5 Extra practice Have students work in groups of three. Each of them says what job, in his/her opinion, each of the others should do and why. Ex.: **Penso che Teresa possa essere una brava infermiera perché le piace la medicina e si preoccupa sempre degli altri.**

Suggestion Reinforce the difference between the use of the subjunctive and the infinitive by having students transform sample sentences into same-subject sentences by rewriting the endings.

- Do not use the subjunctive in a subordinate clause if its subject is the same as that of the main clause. Use **di** + [*infinitive*] instead of **che** + [*subjunctive*] after most verbs in such cases.

Lucrezia **non crede di ottenere** il lavoro.
*Lucrezia **doesn't believe she's getting** the job.*

Il mio amico **pensa di fare domanda**.
*My friend **is thinking about applying**.*

Dubitiamo di poter arrivare in tempo.
***We doubt we can arrive** on time.*

Temo di avere sbagliato numero.
***I'm afraid I dialed the wrong** number.*

- Omit **di** before the infinitive in same-subject sentences with **desiderare**, **preferire**, or **volere** in the main clause.

Preferite fotocopiare il documento?
***Do you prefer to photocopy** the document?*

Quel signore **desidera lasciare** un messaggio.
*That man **wants to leave** a message.*

Suggestion Remind students that they have already been using **volere** in same-subject sentences for some time.

- Verbs or expressions of fact and certainty are not followed by the subjunctive.

Verbs and expressions that do not trigger the subjunctive

ẹssere certo/a	*to be certain*	ricordare	*to remember*
ẹssere sicuro/a	*to be sure*	sapere	*to know*
riconọscere	*to recognize, acknowledge*	vedere	*to see*

Sono sicuro che il colloquio **è** domani.
***I'm sure** the interview **is** tomorrow.*

Non riconosce che la sua esperienza **non c'entra**.
***He doesn't acknowledge** that his experience **isn't relevant**.*

Suggestion Have students give advice to one another on how to get a job using sentences with **pensare** and **credere**. Ex.: **Penso che tu debba leggere gli annunci. Credo che sia una buona idea mandare il tuo C.V.**

Provalo! **Scegli la forma del verbo che meglio completa ogni frase.**

1. Il principale pensa che tu (devi / **debba**) far domanda per il lavoro.
2. Silvano non pensa di (riceva / **ricevere**) un salario giusto.
3. Claudio preferisce che tu (**risponda** / rispondi) al telefono.
4. Il posto richiede che noi (viaggiare / **viaggiamo**) spesso.
5. L'impiegato spera che tu (puoi / **possa**) scrivere una buona lettera di referenze.
6. La segretaria ti chiede di (resti / **restare**) in attesa.
7. Il giudice dubita che quell'avvocato (**vinca** / vince) il caso.
8. Tutti i candidati hanno paura di non (**passare** / passano) il colloquio di lavoro.
9. Secondo me, questo assistente non (**ha** / abbia) un buon C.V.
10. Sembra che Nicola non (**trovi** / trova) la sua rubrica.

Ricapitolazione

4 Expansion Have groups of three students compare their answers and determine which one, in their opinion, is best for each question.

1 Frasi a catena In gruppi di quattro, usate le espressioni date per creare una catena di frasi complete. La prima persona completa la prima frase, la seconda ripete la prima frase e ne aggiunge un'altra e così via. Continuate fino a quando la frase è troppo lunga e non la ricordate più. Answers will vary.

1 Suggestion Ask students to use as many different expressions as possible. Challenge them not to repeat the same expression twice for the duration of the activity.

MODELLO

S1: *È importante che i professori non diano compiti il fine settimana.*

S2: *È importante che i professori non diano compiti il fine settimana e che siano molto pazienti con gli studenti...*

Frasi utili:

1. È importante che i professori...
2. È giusto che gli studenti...
3. È necessario che gli esami...
4. È bene che io...
5. È possibile che la classe...
6. È improbabile che noi...

2 Scritte in ufficio A coppie, immaginate di essere in un ufficio. Fate una breve descrizione del posto e poi create una lista di otto scritte (*signs*) che potreste trovare in un ufficio. Usate espressioni impersonali e il congiuntivo quando necessario. Answers will vary.

2 Suggestion As an alternative, have students work by themselves first. Then, they can compare what they wrote and choose their favorite signs to share with the class.

MODELLO

Siamo da un veterinario. È pieno di animali e c'è molto rumore. La prima scritta dice: È necessario che tutti i clienti tengano buoni i loro animali. La seconda scritta dice...

È necessario che tutti i clienti tengano buoni i loro animali.

È proibito dare da mangiare agli animali!

3 Il consulente A coppie, create una conversazione tra uno studente che si sta preparando per un colloquio di lavoro e una consulente che lo aiuta. Prima di iniziare, lo studente deve scrivere cinque domande, usando espressioni impersonali e il congiuntivo. La consulente scrive cinque consigli. Poi create la conversazione. Answers will vary.

3 Suggestion If one of the students currently has a job or has had one recently, have that student play the consultant and have his or her job be the topic of the dialogue.

MODELLO

S1: *È importante che io abbia lettere di referenze prima del colloquio?*

S2: *Sì, è necessario che tu trovi delle persone che ti conoscono e...*

4 Un'inchiesta L'insegnante ti darà un foglio con delle domande per un'inchiesta. Fa' le domande ai tuoi compagni e scrivi le risposte sul foglio usando frasi complete. Answers will vary.

MODELLO

S1: *Cosa speri che la famiglia faccia per il tuo compleanno?*

S2: *Io spero che, per il mio compleanno, la famiglia mi regali un nuovo computer portatile.*

5 Cosa voglio A coppie, dite a turno cosa volete che facciano per voi le diverse persone nella vostra vita. Usate la lista seguente o persone di vostra scelta. Answers will vary.

5 Suggestion Have students repeat the activity, this time saying what they don't want their friends and family to do.

MODELLO

S1: *Cosa vuoi che facciano i tuoi amici per te?*

S2: *Voglio che i miei amici mi aiutino a pulire il mio appartamento!*

i tuoi amici	la tua famiglia
i tuoi genitori	i tuoi professori
il tuo compagno di stanza	un perfetto sconosciuto (*stranger*)
la tua migliore amica	il tuo principale

6 Due verità e una bugia Crea una lista di tre fatti su te stesso/a. La lista deve contenere due verità e una bugia (*lie*). Poi, in gruppi di quattro, fate a turno a leggere le vostre frasi. Gli altri devono dire quale frase, secondo loro, è la bugia e quali frasi sono le verità. La persona che legge ottiene un punto ogni volta che un'altra persona non indovina. Answers will vary.

MODELLO

S1: *Conosco il cugino di Taylor Swift. Ho nove fratelli e sorelle. Ho sei dita nel piede sinistro.*

S2: *È vero che conosci il cugino di Taylor Swift ed è anche vero che hai nove fratelli e sorelle. Dubito che tu abbia sei dita nel piede sinistro.*

7 Expansion Ask groups of three students to discuss the positive and negative aspects of working as a tour guide.

7 La visita guidata A coppie, scrivete una storia divertente su una visita guidata in Italia. Create dei nomi per sei personaggi e usate il congiuntivo per descrivere cosa è incluso nella visita e le reazioni dei personaggi. Siate creativi! Answers may vary.

MODELLO

Signor Ravello: nervoso, irritabile
Il Signor Ravello è nervoso perché c'è troppa gente e teme che sia difficile vedere il David.

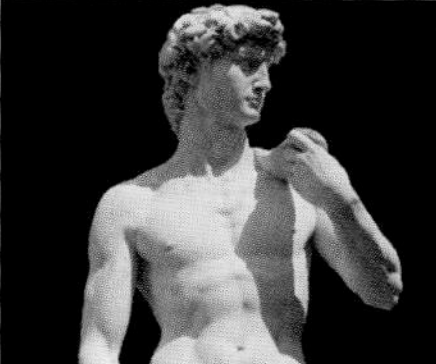
il *David*

1. Ponte Vecchio

2. il Vaticano

3. il Colosseo

4. il Duomo di Milano

5. un'opera di Shakespeare

6. il Ponte dei Sospiri

8 Chi fa cosa in ufficio Lavorate a coppie. L'insegnante vi darà due fogli diversi, ciascuno con metà delle informazioni su un ufficio. Domandatevi a turno cosa ogni persona vuole, crede o desidera che gli altri facciano. Usate le informazioni che ottenete per scrivere frasi complete sulla vita in quest'ufficio. Answers will vary.

MODELLO

S1: *Cosa vuole la segretaria?*
S2: *La segretaria vuole che l'assistente amministrativo faccia le fotocopie dei documenti.*

8 Expansion Have students talk about the activities mentioned. Have them say whether they would like to do them or not and why. Ex.: **Non mi piace fare fotocopie perché è molto noioso. / Mi piace fare fotocopie perché è molto facile**.

Il mio di·zio·na·rio

Aggiungi al tuo dizionario personalizzato cinque parole relative al mondo del lavoro.

efficiente

traduzione
efficient

categoria grammaticale
aggettivo

uso
I nostri impiegati sono tutti molto efficienti.

sinonimi
produttivo, capace

antonimi
incapace, inefficiente

Il mio dizionario Encourage students to share new words with one another and to use the new words as often as possible when they speak or write.

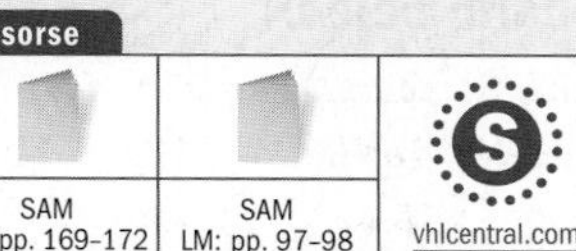

Panorama

Dalle Alpi alla Riviera

connections cultures NATIONAL STANDARDS

Valle d'Aosta

La regione in cifre

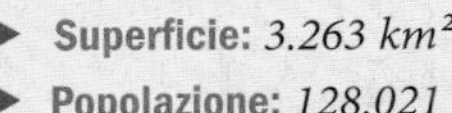

- **Superficie:** *3.263 km²*
- **Popolazione:** *128.021*

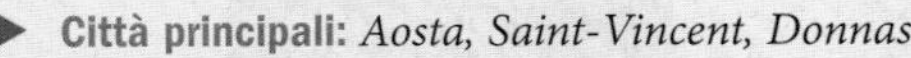

- **Città principali:** *Aosta, Saint-Vincent, Donnas*

Valdostani celebri

- **Italo Mus,** *pittore impressionista (1892–1967)*
- **Gloriana Pellissier,** *sci alpinista° (1976–)*

Piemonte

La regione in cifre

- **Superficie:** *25.400 km²*
- **Popolazione:** *4.406.677*
- **Città principali:** *Torino, Novara, Alessandria*

Piemontesi celebri

- **Cesare Pavese,** *scrittore e poeta (1908–1950)*
- **Carla Bruni,** *cantautrice° e modella (1967–)*

Liguria

La regione in cifre

- **Superficie:** *5.420 km²*
- **Popolazione:** *1.583.223*
- **Città principali:** *Genova, La Spezia, Savona*

Liguri celebri

- **Giuseppe Mazzini,** *patriota, politico e filosofo (1805–1872)*
- **Vanessa Beecroft,** *artista (1969–)*

Lombardia

La regione in cifre

- **Superficie:** *23.863 km²*
- **Popolazione:** *9.893.008*
- **Città principali:** *Milano, Brescia, Monza*

Lombardi celebri

- **Veronica Gambara,** *poetessa (1485–1550)*
- **Andrea Pirlo,** *calciatore (1979–)*

sci alpinista *ski mountaineer* **cantautrice** *singer-songwriter* **liutai** *violin makers* **sono suonati** *they are played*

Interactive Map

il lago di Como

lo stadio olimpico a Torino

Genova

Incredibile ma vero!

Amati, Guarneri e Stradivari sono tre famosi liutai° di Cremona. I loro violini sono considerati i migliori del mondo. Oggigiorno ci sono circa 50 Stradivari in circolazione e sono suonati° dai migliori musicisti del mondo. Il prezzo più alto pagato per uno Stradivari è di più di 1,3 milioni di euro nel 1998.

Lo sport

La Valle d'Aosta in inverno

La Valle d'Aosta è una meta° sciistica da non perdere! In Valle d'Aosta ci sono quattro delle più alte montagne europee: il Monte Bianco (alto più di 4.800 metri), il Cervino°, il Monte Rosa e il Gran Paradiso. Qui si trova anche Courmayeur, una delle località di montagna più famose in Europa e nel mondo. Uno sport sempre più famoso è lo scialpinismo. Come dice la parola, lo scialpinismo combina le tecniche dello sci e quelle dell'alpinismo, per un'esperienza invernale senza limiti!

La gastronomia

Il pesto alla genovese

Il pesto è una delle salse più famose del mondo. È nato in Liguria intorno al Seicento, ed è fatto con basilico, aglio, pinoli, parmigiano-reggiano, pecorino e olio d'oliva. Il pesto alla genovese è uno dei molti prodotti europei DOP°. Oggi il pesto è diffusissimo° anche in America. Il primo riferimento scritto in America è apparso grazie ad Angelo Pellegrini, che ne ha pubblicato una ricetta nel 1944 sul *New York Times*. Questa salsa, però, è diventata popolare in Nord America solo negli anni '80 e '90.

La letteratura

Torino, una città di letterati

Capitale d'Italia tra il 1861 e il 1865, Torino è diventata un centro culturale importante in cui molti artisti e scrittori hanno vissuto e lavorato. Tra i nomi più importanti ricordiamo Umberto Eco, Edmondo De Amicis, Antonio Gramsci, Cesare Pavese e Primo Levi. Torino è anche la sede di molte case editrici° che ne hanno fatto un centro culturale molto importante. L'Einaudi, fondata nel 1933 da Giulio Einaudi, è una delle più conosciute, ma molto note sono anche la Società Editrice Internazionale (SEI), la Loescher, la Paravia e la Utet.

L'industria

Fabbrica Italiana Automobili Torino

La Fiat nasce a Torino nel 1899. La prima macchina è la «3½ HP» di cui, nel 1899, ne furono prodotti otto esemplari°. Uno dei modelli Fiat più famosi è la 500, che ha avuto molto successo grazie a una buona combinazione di dimensioni e prezzo. Negli anni '30 la Fiat ha avuto quasi il monopolio del mercato e negli anni '50, con le macchine 500 e 600, ha contribuito in modo incredibile al «miracolo economico» italiano. Oggi la Fiat produce macchine, SUV e furgoni°, di cui il Ducato è il più venduto in Europa.

Quanto hai imparato? Completa le frasi.

1. Stradivari era un __liutaio__ di Cremona.
2. I migliori musicisti del mondo suonano __violini__ Stradivari originali.
3. Il Monte Bianco, il Cervino, il Monte Rosa e il Gran Paradiso sono __montagne__.
4. Lo scialpinismo combina lo sci e __l'alpinismo__.
5. Gli ingredienti del pesto alla genovese sono basilico, aglio, __pinoli__, parmigiano-reggiano, pecorino e olio d'oliva.
6. Angelo Pellegrini ha pubblicato la __ricetta__ del pesto per la prima volta in America.
7. Umberto Eco e Primo Levi sono due __scrittori__ che hanno lavorato a Torino.
8. L'Einaudi è una __casa editrice__ di Torino.
9. La Fiat è nata a __Torino__ nel 1899.
10. Le macchine Fiat 500 e 600 sono state create negli anni __'50__.

 Practice more at **vhlcentral.com.**

SU INTERNET

Go to vhlcentral.com to find more cultural information related to this **Panorama**.

1. Che cosa rende i violini Stradivari così unici e ricercati? Dove si trovano oggi alcuni degli esemplari originali?
2. Ricerca più notizie sulla città di Torino. Trova informazioni sulla sua storia o su eventi particolari. Poi presenta i risultati della ricerca alla classe.
3. Lo sviluppo industriale della Fiat è molto legato agli eventi storici italiani. Trova informazioni sul ruolo della Fiat fra le due guerre mondiali.

meta *destination* **Cervino** *Matterhorn* **DOP** *PDO (protected denomination of origin)* **diffusissimo** *very wide-spread* **case editrici** *publishing companies* **ne furono prodotti otto esemplari** *eight of them were made* **furgoni** *vans*

Lettura

Audio: Reading

Prima di leggere Have students work in groups to discuss what, in their opinion, a story called **I tre fratelli** could be about. Have them share their ideas with the class.

Prima di leggere

STRATEGIA

Identifying point of view

You can understand a text more completely if you identify the point of view of the narrator. Some stories are narrated in the first person. That is, the narrator is a character in the story, and everything you read is filtered through that person's thoughts, emotions, and opinions. Other texts have an omniscient narrator who is not a character in the story but who reports the thoughts and actions of the story's characters.

Esamina il testo

Osserva il titolo e l'immagine. Secondo te, di che cosa tratta il testo? Descrivi l'immagine. Cosa ti suggeriscono il titolo e l'immagine?

L'autrice

Grazia Deledda

Grazia Deledda nasce a Nuoro, in Sardegna, nel 1871 in una famiglia piuttosto agiata°. Dopo la quarta elementare° prosegue la sua formazione° da autodidatta° (all'epoca alle ragazze non è consentita un'istruzione superiore°). Nel 1888 vengono pubblicati i suoi primi racconti e nel 1895 esce il suo primo romanzo, *Anime oneste*. La scrittrice si trasferisce a Roma nel 1899 e nel 1900 sposa Palmiro Madesani, un funzionario statale°, da cui ha due figli. Continua la pubblicazione di romanzi, racconti e opere teatrali. Nelle sue opere è centrale la Sardegna, di cui ritrae° cultura, paesaggi, gente e storia. Nel 1926 le viene assegnato° il premio Nobel per la letteratura: è la prima donna italiana a ottenere il prezioso riconoscimento. Malata da tempo, muore nel 1936. Tra i suoi romanzi più importanti ricordiamo *Cenere* (1904) e *Canne al vento* (1913). *I tre fratelli* è un racconto tratto da *Leggende sarde*, libro in cui Deledda raccoglie fiabe° e leggende della natia° Sardegna.

agiata *well-off* **quarta elementare** *fourth grade* **formazione** *education* **autodidatta** *self-educated* **istruzione superiore** *higher education* **funzionario statale** *government official* **ritrae** *portrays* **le viene assegnato** *she is awarded* **fiabe** *fables* **natia** *native*

I TRE FRATELLI

(versione ridotta) Grazia Deledda

Nella catena di monti° che circondano Nurri, c'è una grotta° naturale, dove i contadini e i pastori° si rifugiano° per riposarsi, e talvolta per passarvi la notte. Una volta tre fratelli stanchi di aver raccolto olive tutta la giornata entrarono, verso sera, per riposarsi in questa grotta. Mentre stavano cenando con del pane e del magro companatico°, videro entrare tre donne, che si fermarono dubbiose sull'ingresso, guardandoli con diffidenza. Ma subito essi, da buoni giovani che erano, le invitarono gentilmente ad avanzarsi° ed a prender parte alla loro cena. Le donne accettarono. Finito il pasto, dopo molti inutili ragionamenti, esse chiesero ai tre lavoratori chi fossero° e come si chiamavano.

«Siamo tre fratelli orfani», risposero essi con buona grazia, «e lavoriamo per vivere. Siamo tanto poveri che se sapessimo come migliorare la nostra condizione davvero che lo faremmo volentieri.»

Le tre donne che erano tre streghe°, o meglio tre fate°, si consultarono con lo sguardo, prima; poi parvero combinare qualcosa fra loro, con uno strano linguaggio che sembrava piuttosto un miagolio°.

Quindi la più vecchia si levò di tasca una tovaglia e la diede° al maggiore dei fratelli dicendogli:
«Buon giovine, prendi questo dono che ti faccio da vera amica. Tutte le volte che vorrai mangiare, tu, i tuoi fratelli e tutta la compagnia, non avrai che da sbattere tre volte questa tovaglia, stendendola poscia° dove tu vorrai. E sopra di essa ti comparirà ogni ben di Dio°».

La seconda delle fate si rivolse al secondo fratello e gli offrì un portafogli° dicendogli:
«E tu prendi questo. Tutte le volte che lo aprirai ci troverai denaro a tua volontà».

La più giovine intanto porgeva un piffero° al terzo, con queste parole: «Questo strumento da fiato che io ti do servirà non solo per te, ma per tutti coloro° che lo suoneranno e lo udranno°. Va', caro fanciullo, io non ho

Suggestion Ask students what they know about the island of Sardinia. You may want to have them review the Panorama section about **Sardegna** and **Sicilia** on pages 262 to 263. Ask them why they think Deledda was so attached to her native land and why it featured so prominently in her writing.

altro di meglio, ma vedrai che questo umile dono ti renderà un servigio° maggiore di quello che renderanno ai tuoi fratelli la tovaglia e il portafogli».

I tre giovani, possessori di quei talismani meravigliosi, non avendo più bisogno di lavorare, presero a viaggiare per le città dell'isola in cerca di avventure e di piaceri. Ma un giorno un prete potente° e strapotente intimò° loro di lasciar l'uso dei loro talismani, pena la scomunica° e il carcere°.

Alle replicate minacce° del prete il più giovane dei fratelli si pose a suonare il piffero, che aveva l'incanto di far ballare con la sua musica tutti coloro che la sentivano, tranne° i tre fratelli. Ed ecco il prete che, contro volontà, si diede a ballare con uno slancio proprio ridicolo e irrefrenabile.

Accorse molta gente; ma a misura che si accostavano e che sentivano distintamente il magico suono, tutti ballavano senza potersi mai fermare. I tre fratelli si diedero alla fuga, ma ben presto furono raggiunti, legati e gettati in fondo ad una torre°.

Perciò il loro processo fu presto sbrigato, e, condannati a morte, furono dopo pochi giorni condotti alla forca°.

Sul punto di morire i tre condannati chiesero ai magistrati presenti di accordar loro una grazia per uno. E siccome ai condannati non viene negata un'ultima grazia, tranne quella della vita, i tre fratelli ebbero ciò che chiedevano.

> **"Sul punto di morire i tre condannati chiesero ai magistrati... di accordar loro una grazia per uno."**

Il primo chiese di offrire un pranzo a tutta la moltitudine, compresi i giudici.

La proposta fu accolta con entusiasmo dalla folla°, e subito il giovine stese la sua tovaglia sul palco. Ogni sorta di pietanze°, di frutta, di dolci e di vini squisiti compariva sulla strana mensa.

La gente mangiava e beveva a crepapelle°, ma più se ne consumava più grazia di Dio abbondava sulla tavola. Allora il secondo fratello chiese la grazia di distribuire del denaro. Figuriamoci se fu concessa! Aperto il portafogli incantato, il condannato distribuì enormi somme a quei poveri diavoli di soldati, di contadini e di pastori che mai avevano veduto una simile meraviglia. Mentre tutti si abbandonavano ad una pazza allegria, il terzo fratello chiese la grazia di suonare. Sperando un altro benefizio, i giudici e la folla accordarono a grandi voci quest'ultima grazia. Il giovine si mise a suonare e immantinente° i giudici, le soldataglie e i carnefici° si diedero ad eseguire una danza furiosa, macabra, spingendosi gli uni sugli altri, pestandosi, urtandosi°, cadendo a terra... E nella terribile confusione i tre condannati poterono svignarsela° e porsi in salvo° coi loro talismani. ■

catena di monti *chain of mountains* **grotta** *cave* **i contadini e i pastori** *peasants and shepherds* **si rifugiano** *take shelter* **companatico** *condiments* **avanzarsi** *come in* **fossero** *they were* **streghe** *witches* **fate** *fairies* **miagolio** *meow* **diede** *gave* **poscia** *thereafter* **portafogli** *wallet* **ben di Dio** *all sorts of good things* **piffero** *penny-whistle* **coloro** *those* **udranno** *will hear* **servigio** *service* **prete potente** *powerful priest* **intimò** *intimated* **scomunica** *excommunication* **carcere** *prison* **minacce** *threats* **tranne** *except* **torre** *tower* **forca** *gallows* **folla** *crowd* **pietanze** *dishes* **mangiava... a crepapelle** *ate their fill* **immantinente** *immediately* **carnefici** *executioners* **urtandosi** *bumping into each other* **svignarsela** *to slip away* **in salvo** *in safety*

Expansion Have students imagine that they could choose a talisman for themselves. What would it be? What magical properties would it have and how would they make use of these properies?

Dopo la lettura

Vero o falso? **Determina se queste frasi sono vere o false. Dove possibile, usa parole dal testo per giustificare la tua risposta.**

1. I tre fratelli, dopo una giornata di lavoro, stanno consumando una ricca cena.
   Falso. I tre uomini "stavano cenando con del pane e del magro companatico".
2. Prima di accettare l'invito a cena, le tre donne chiedono ai tre fratelli chi sono e come si chiamano.
   Falso. "Finito il pasto… esse chiesero ai tre lavoratori chi fossero e come si chiamavano".
3. Le tre donne si consultano prima con lo sguardo e poi con un linguaggio insolito.
   Vero. "…si consultarono con lo sguardo, prima; poi parvero combinare qualcosa fra loro, con uno strano linguaggio che sembrava piuttosto un miagolio".
4. Le tre donne danno un talismano ognuna a ognuno dei tre fratelli: una tovaglia, dei soldi e un piffero.
   Falso. Il secondo talismano è un portafogli.
5. Grazie ai talismani, i tre fratelli smettono di lavorare, ma un giorno un prete ordina loro di non usarli più.
   Vero. "…un prete potente e strapotente intimò loro di lasciar l'uso dei loro talismani".
6. Di fronte alle minacce del prete, uno dei fratelli gli offre dei soldi.
   Falso. "…il più giovane dei fratelli si pose a suonare il piffero".
7. I tre fratelli cercano di scappare ma vengono presi a condannati a morte.
   Vero. "I tre fratelli si diedero alla fuga, ma ben presto furono raggiunti… e condannati a morte".
8. Prima di morire, i tre chiedono una grazia ognuno ma i magistrati dicono di no.
   Falso. "E siccome ai condannati non viene negata un'ultima grazia, tranne quella della vita, i tre fratelli ebbero ciò che chiedevano".
9. Il primo fratello offre da mangiare a tutti, il secondo distribuisce soldi e il terzo suona il piffero.
   Vero. "Il primo chiese di offrire un pranzo a tutta la moltitudine,… il secondo fratello chiese la grazia di distribuire del denaro… il terzo fratello chiese la grazia di suonare".
10. Approfittando della confusione generale i tre fratelli riescono a fuggire ma perdono i loro talismani.
    Falso. "…i tre condannati poterono svignarsela e porsi in salvo coi loro talismani."

Il narratore **Leggi di nuovo il brano. Secondo te, come si pone l'autrice nei confronti dei tre fratelli protagonisti della storia? Simpatizza per loro o piuttosto per le autorità che li condannano a morte? Come lo sai? A coppie, discutete le vostre risposte.** Answers will vary.

Seguito **Scrivi un possibile *sequel* della storia. Cosa fanno i tre fratelli una volta al sicuro? Rimangono in Sardegna? Continuano a usare i talismani ricevuti? Rimangono uniti o nascono dei contrasti tra loro? Specifica più dettagli possibili.** Answers will vary.

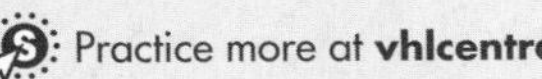

Practice more at **vhlcentral.com.**

In ascolto

Audio

STRATEGIA

Listening for linguistic clues

You can enhance your listening comprehension by listening for specific linguistic cues. For example, if you listen for the endings of conjugated verbs or for familiar constructions, such as the **passato prossimo**, **avere voglia di** + [*infinitive*], or **avere bisogno di** + [*infinitive*], you can find out whether a person did something in the past, wants to do something, or needs to do something.

To practice listening for linguistic clues, you will listen to four sentences. As you listen, note whether each sentence refers to a past, present, or future action.

Preparazione

Guarda la fotografia. Per quale tipo di lavoro fa domanda l'uomo? Come sta andando il colloquio? Secondo te, l'uomo otterrà il lavoro?

Extra practice After they complete the first listening activity, give students the four sentences. Have them write each sentence in the three tenses mentioned: past, present, and future.

Ascoltiamo

Ascolta la conversazione due volte. Dopo la seconda volta completa gli appunti dell'intervistatrice sul candidato.

Nome: Carmelo Nanni
Posizione: assistente di laboratorio
Diploma in: biologia
Esperienza professionale:
- Stage presso (*with*) i laboratori della Johnson & Johnson a Roma
- Ricerca su impianti ortopedici
- Lavoro a metà tempo presso il dipartimento di biologia dell'università
- Cerca un lavoro a tempo pieno

Suggestion Play only half of the dialogue between Carmelo and the **intervistatrice**. Then have students work in pairs to finish the dialogue. What other questions could the **intervistatrice** ask? Is Carmelo offered the job? Does he accept it?

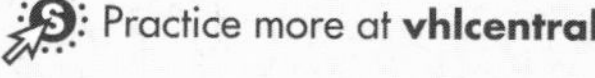
Practice more at **vhlcentral.com.**

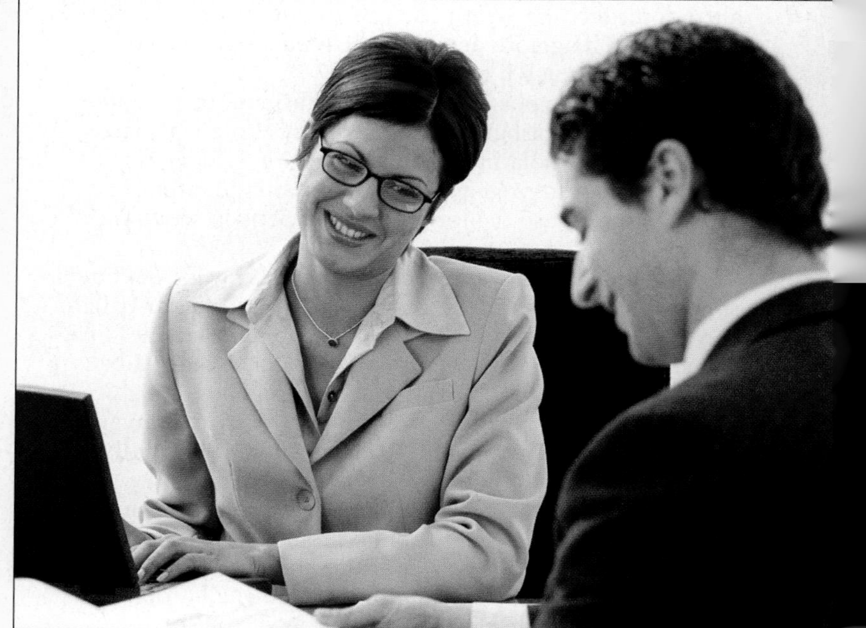

Comprensione

Rispondere Rispondi alle seguenti domande basate sulla conversazione. Usa frasi complete. Answers will vary slightly. Sample answers are provided.

1. Perché Carmelo vuole essere un assistente di laboratorio?
   Perché è molto interessato alla ricerca.
2. Dove e quando si è laureato Carmelo?
   Si è laureato a Firenze due anni fa.
3. Quanto è durato lo stage presso la Johnson & Johnson?
   È durato 18 mesi.
4. Dov'era lo stage che ha fatto Carmelo?
   Era a Roma.
5. A Carmelo piacerebbe viaggiare?
   Sì, gli piacerebbe molto.
6. Dove gli piacerebbe viaggiare?
   Carmelo vorrebbe andare negli Stati Uniti.
7. Quali giorni lavora Carmelo?
   Lavora il lunedì, il mercoledì e il venerdì.
8. Carmelo è interessato a un lavoro a tempo parziale?
   No, Carmelo non vuole un lavoro a tempo parziale, vuole un lavoro a tempo pieno.

Expansion Have students work individually to prepare a job description, including vacation time, salary, hours, etc. Then put all the descriptions in a pile and have each student pick one. Each student should say whether he or she is a good fit for that job or not and why.

Una lettera a un intervistatore Immagina di essere stato/a intervistato/a per un apprendistato (*apprenticeship*) presso una compagnia italiana. L'intervista è andata bene e ora sei ansioso/a di avere notizie dalla compagnia. A coppie, preparate una lettera in cui ringraziate (*you thank*) l'intervistatore per il suo tempo e il suo interesse. Usate questa opportunità per ripetere quali sono le vostre qualifiche per il lavoro. Ricordatevi di usare il **Lei** formale. Answers may vary.

Scrittura

STRATEGIA

Writing strong introductions and conclusions

Introductions and conclusions serve a similar purpose: both are intended to focus the reader's attention on the topic being covered. The introduction presents a brief preview of the topic. In addition, it informs your reader of the important points that will be covered in the body of your writing. The conclusion reaffirms those points and concisely sums up the information that has been provided. A compelling fact or statistic, a humorous anecdote, or a question directed to the reader are all interesting ways to begin or end your writing.

For example, if you were writing a cover letter for a job application, you might start by indentifying the job posting to which you are responding. The rest of your introductory paragraph could outline the areas you will cover in the body of your letter, such as your work experience and your reasons for wanting the job. In your conclusion, you might sum up the most important and convincing points of your letter and tie them together in a way that would leave your reader impressed and curious to learn more. You could, for example, use your conclusion to state why your qualifications make you the ideal candidate for the job and convince your reader of your enthusiasm for the position.

Suggestion Have students work in groups of two or three. Give them two samples, one of a good cover letter and one of a bad one. Have them comment on the letters and list the positives and the negatives of each.

Extra practice Have students work individually. Provide them with a job description of your choice. Then have students write a cover letter trying to convince the interviewer to call them, even if the job is not in their specialty field.

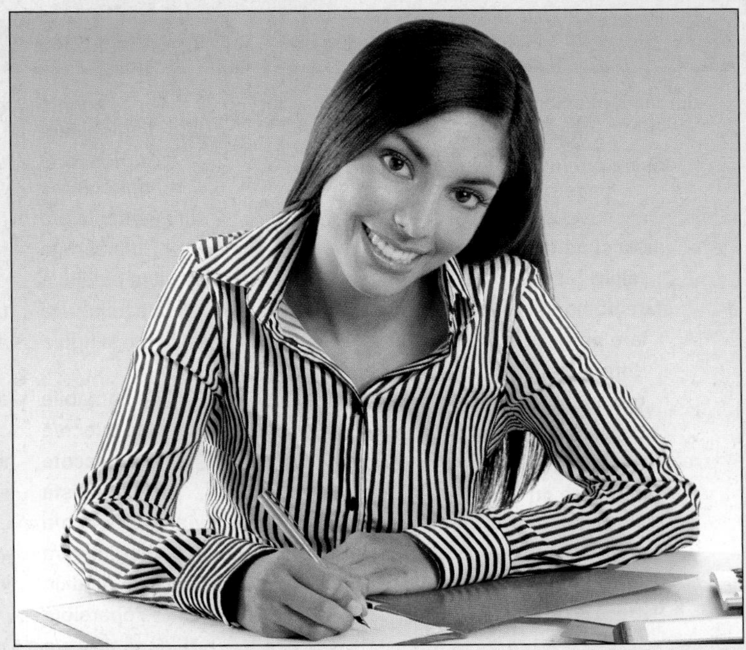

Tema

Suggestion Have students work in pairs to come up with a cover letter and then share their work with the class or another pair.

Scrivi una lettera di accompagnamento

Scrivi una lettera di accompagnamento per fare domanda per il lavoro dei tuoi sogni. La lettera dovrebbe avere tre parti: un'introduzione, uno sviluppo e una conclusione. Nell'introduzione, dichiara brevemente lo scopo della lettera. Nello sviluppo, descrivi in dettaglio le tue qualifiche e i tuoi interessi. Nella conclusione, riassumi i vari punti e spiega perché sei un(a) buon candidato/a per quel posto. Usa i seguenti suggerimenti come punti di partenza.

INTRODUZIONE

- Di' qual è il titolo del posto per cui fai domanda.
- Spiega perché fai domanda per questo lavoro.

SVILUPPO

- Riassumi la tua istruzione e le tue esperienze.
- Di' che cosa hai imparato da queste esperienze.
- Spiega perché tali esperienze ti rendono qualificato/a per questo lavoro.
- Descrivi quali attributi particolari puoi apportare alla compagnia.

CONCLUSIONE

- Conferma il tuo entusiasmo e il tuo interesse per il lavoro.
- Spiega perché questo lavoro può aiutare la tua carriera e come puoi beneficiare il datore di lavoro.

Espressioni

dare le dimissioni	*to resign*
dirịgere	*to manage*
ẹssere ben/mal pagato/a	*to be well/poorly paid*
ẹssere disoccupato/a	*to be unemployed*
fallire (-isc-)	*to fail*
fare domanda	*to apply*
fare progetti	*to make plans*
fotocopiare	*to photocopy*
guadagnare	*to earn*
licenziare	*to fire, to dismiss*
ottenere	*to get, to obtain*
prẹndere un appuntamento	*to make an appointment*
prẹndere un congedo	*to take leave time*
trovare lavoro	*to find a job*

Al lavoro

l'assicurazione (sulla vita) (*f.*)	*(life) insurance*
l'aumento	*raise*
il/la consulente	*consultant*
il/la dirigente	*executive; manager*
il livello	*level*
il/la pensionato/a	*retiree*
il/la principale	*boss, head*
la promozione	*promotion*
la riunione	*meeting*
il successo	*success*
il sindacato	*(labor) union*
a tempo parziale	*part-time*
a tempo pieno	*full-time*
esigente	*demanding*

La cancellerịa per ufficio

la bacheca	*bulletin board*
la cucitrice	*stapler*
la graffetta	*paper clip; staple*
la rubrica	*address book*

Le carriere

l'agente immobiliare	*real estate agent*
l'agricoltore/ agricoltrice	*farmer*
il/la banchiere/a	*banker*
il/la barista	*bartender*
il/la bidello/a	*caretaker; custodian*
il/la camionista	*truck driver*
il/la casalingo/a	*househusband; housewife*
il/la contạbile	*accountant*
il/la cuoco/a	*cook, chef*
il/la docente	*teacher, lecturer*
l'elettricista	*electrician*
il/la funzionario/a	*civil servant*
il/la giardiniere/a	*gardener*
il/la giụdice	*judge*
l'operạio/a	*(factory) worker*
il/la pompiere/a	*firefighter*
il/la portiere/a	*doorman; caretaker*
lo/la psicọlogo/a	*psychologist*
lo/la scienziato/a	*scientist*
il/la segretario/a	*secretary*
il/la tassista	*taxi driver*
il/la tẹcnico	*technician*
il/la veterinario/a	*veterinarian*

Al telẹfono

Attenda in lịnea, per favore.	*Please hold.*
C'è il/la signor(a)...?	*Is Mr./Mrs. . . . there?*
Chi è?/Chi parla?	*Who's calling?*
Da parte di chi?	*On behalf of whom?*
Pronto?	*Hello?*
la cornetta	*receiver*
il nụmero di telẹfono	*telephone number*
lasciare un messaggio	*to leave a message*
restare in attesa	*to be on hold*
riattaccare il telẹfono	*to hang up the phone*
rispọndere al telẹfono	*to answer the phone*

Cercare lavoro

l'assistente amministrativo/a	*administrative assistant*
l'azienda	*firm*
il/la candidato/a	*candidate*
il colloquio di lavoro	*job interview*
il consiglio	*advice*
il curriculum vitae, il C.V.	*résumé*
il direttore/ la direttrice	*manager*
il direttore/ la direttrice del personale	*personnel manager*
l'esperienza professionale	*professional experience*
l'istruzione (*f.*)	*education*
l'impiegato/a	*employee*
la lẹttera di referenze	*letter of reference*
le referenze	*references*
il mestiere	*occupation, trade*
le offerte di lavoro	*job openings*
il posto	*position; job*
il salario (elevato/basso)	*(high/low) salary*
il settore	*field; sector*
lo/la specialista	*specialist*
lo stage	*internship*
il tirocinio	*professional training*

Espressioni ụtili	See pp. 389 and 405.
Impersonal expressions	See pp. 392 and 409.
Verbs that trigger the subjunctive	See pp. 409 and 410.
Verbs that do not trigger the subjunctive	See pp. 409 and 411.

UNITÀ 12

L'ambiente naturale

Lezione 12A

Lezione 12B

Per cominciare

- Dove sono Paolo, Emily e Marcella?
  (a.) in un prato   b. in un deserto
  c. in una montagna
- Che cosa stanno facendo?
  a. remano   b. esplorano   (c.) fanno un picnic
- Cosa c'è dietro di loro?
  a. l'oceano   (b.) degli alberi   c. la luna

AVANTI

Lezione

12A

Communicative Goals

You will learn how to:

- talk about nature
- talk about outdoor activities

CONTESTI

All'aria aperta

Suggestion Ask students to list things found in the mountains, in the country, at the sea, and in the sky. Ex.: **Che cosa troviamo in montagna?**

il cielo

l'ạlbero

la pianta

la valle

Fanno un picnic.

Vocabolario

la natura	*nature*
l'alba	*dawn; sunrise*
la baita	*cabin (mountain shelter)*
la campagna	*countryside*
il campo	*field*
la cascata	*waterfall*
la costa	*coast*
il deserto	*desert*
la fattorịa	*farm*
il fieno	*hay*
il fiore	*flower*
il fiume	*river*
la foresta	*forest*
la montagna	*mountain*
l'ocẹano	*ocean*
l'orizzonte (*m.*)	*horizon*
la pineta	*pine forest*
il prato	*meadow*
il sentiero	*path*
il sole	*sun*
il tramonto	*sunset*
sọrgere*	*to rise (sun)*
tramontare	*to set (sun)*
gli insetti e gli animali	***insects and animals***
l'ape (*f.*)	*bee*
la capra	*goat*
il gabbiano	*seagull*
la pẹcora	*sheep*
la rọndine	*swallow*
il toro	*bull*
l'uccello	*bird*
le attività	***activities***
esplorare	*to explore*
passare	*to pass by; to spend (time)*
remare	*to row*
scalare	*to climb*

Suggestion Verbs presented with an asterisk (*) follow conjugation patterns that have not yet been introduced. Encourage students to refer to the verb charts in **Appendice D**.

risorse

SAM WB: pp. 175–176 | SAM LM: p. 99 | vhlcentral.com

Suggestion Review colors by asking students to name the colors of items in the illustration.

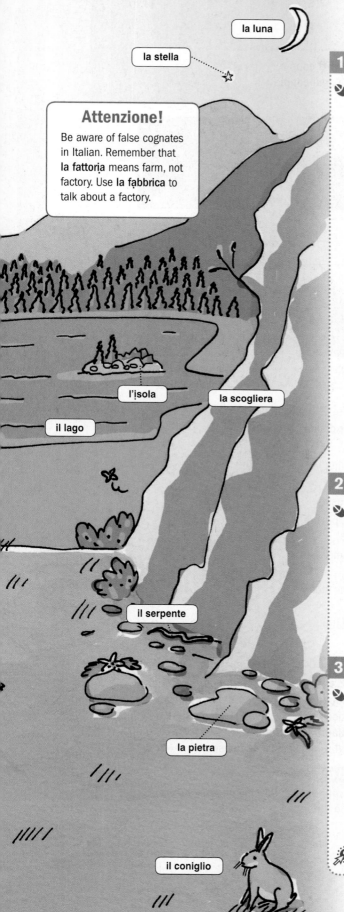

la luna
la stella

Attenzione!

Be aware of false cognates in Italian. Remember that **la fattoria** means farm, not factory. Use **la fabbrica** to talk about a factory.

l'isola
la scogliera
il lago
il serpente
la pietra
il coniglio

Pratica

1 Expansion Have students describe what else they see in each photo.

1 Abbinare Abbina ogni parola con la foto adatta.

1. c l'albero
2. f la cascata
3. d il fiore
4. a il tramonto
5. b la scogliera
6. e la montagna

a.

b.

c.

d.

e.

f.

2 Categorie Elenca tre parole che rientrano in ogni categoria.

Answers will vary slightly. Sample answers are provided.

MODELLO animali che si trovano in montagna

la capra, il serpente, l'uccello

2 Expansion Have students come up with other words that fit into each category.

1. piante l'albero, l'erba, il fiore
2. animali che volano il gabbiano, la rondine, l'ape
3. formazioni geografiche l'isola, la scogliera, la valle
4. corpi celesti (*astronomical bodies*) la luna, il sole, la stella
5. animali da fattoria il coniglio, la mucca, la pecora
6. bacini d'acqua (*bodies of water*) il fiume, il lago, l'oceano

3 Vero o falso? Indica se le affermazioni sono **vere** o **false**.

	Vero	Falso
1. Il prato è un animale.	☐	☑
2. Il sole sorge di sera.	☐	☑
3. La rondine vola nel cielo.	☑	☐
4. Nella foresta ci sono molte stelle.	☐	☑
5. La mucca fa il latte.	☑	☐
6. Il coniglio mangia l'erba.	☑	☐
7. Il gabbiano è un uccello.	☑	☐
8. In cielo ci sono molti fiori.	☐	☑

3 Expansion Have pairs of students write four more statements, true or false, to exchange with another pair.

Practice more at **vhlcentral.com.**

Comunicazione

4 Che cosa stanno facendo? Ascolta ogni conversazione. Poi, a coppie, decidete a quale foto corrisponde ogni conversazione e scrivete quello che ogni coppia di persone sta facendo. Answers will vary. Sample answers are provided.

 *You hear:*

—Che bel colore ha il cielo!
—È vero. Alle sei di sera è così rosso... Sembra di fuoco!
—È proprio romantico guardarlo insieme!

4 Expansion Have each pair create a conversation similar to the ones in the activity and read it out loud for the class to guess what the characters are doing.

Conversazione 1
Stanno guardando il tramonto.

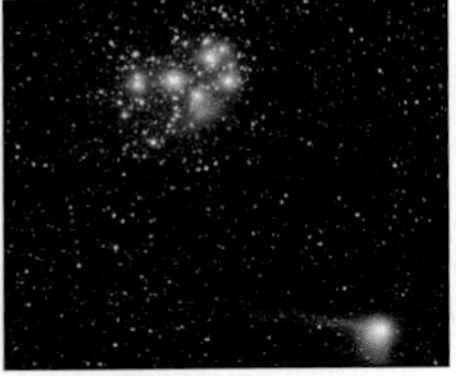
1. Conversazione 4
Stanno osservando il cielo.

2. Conversazione 2
Stanno nuotando nel mare.

3. Conversazione 6
Stanno scalando una montagna.

4. Conversazione 3
Stanno facendo un picnic in campagna.

5. Conversazione 5
Stanno remando sul lago.

5 Una bellissima vacanza! A coppie, mettete in ordine le frasi per creare una conversazione logica.

5 **DAVIDE** Per fortuna nel pomeriggio abbiamo trovato una baita dove rifugiarci dalla pioggia.
1 **DAVIDE** Ti ricordi che bella era la vacanza in montagna della scorsa estate?
4 **SILVIA** Abbiamo anche visto molti animali: mucche, capre, scoiattoli, pecore... Peccato che siamo partiti con il sole, ma poi è arrivato il temporale!
3 **DAVIDE** È vero! Abbiamo camminato molto per valli e sentieri. Abbiamo visto tanti fiumi e tante cascate.
6 **SILVIA** E alla sera è tornato il sereno. Che tramonto incantevole, e che stelle! Penso che sia stata la gita più bella della nostra vita!
2 **SILVIA** Sì, ci siamo divertiti molto. Quella gita che abbiamo fatto è stata stupenda. Ma che fatica!

5 Expansion Have students act out the conversation for the class.

6 Le sette differenze Lavorate a coppie. L'insegnante vi darà due fogli diversi, ciascuno con un disegno. Fatevi domande per trovare le sette differenze fra i disegni. Answers will vary.

MODELLO

S1: *Quanti fiumi ci sono nel tuo disegno?*
S2: *Ci sono due fiumi. E nel tuo?*
S1: *Ah, nel mio ce n'è uno!*

6 Extra practice Bring in pictures of nature scenes from magazines. Divide the class into groups and have them describe what they see.

7 Un dibattito In gruppi di quattro, dividetevi in due squadre e discutete qual è la migliore destinazione per le vacanze: la campagna o la città. Ogni squadra presenta una lista di vantaggi e di svantaggi. Poi discutete la questione. Answers will vary.

MODELLO

S1: *È meglio la città. Ci sono negozi e ristoranti e...*
S2: *Ma la natura è così bella!*

Pronuncia e ortografia

Common abbreviations

avv. = avvocato **dott. = dottore** **sen. = senatore**

Abbreviations (**Abbreviazioni**) are very common in written Italian. Abbreviations never end with a vowel, and double consonants must be maintained. A period indicates where the word has been shortened.

pagg. = pagine **dott.ri = dottori** **prof.ssa = professoressa**

When making abbreviations plural, double the final consonant of the abbreviation. If an abbreviation already ends in a doubled consonant, add the final part of the word after the period. Final letters are also added for feminine abbreviations.

Fiat = Fabbrica Italiana Automobili Torino **Onu = Organizzazione delle Nazioni Unite**

Italians use many acronyms (**acronimi**) in speaking and writing to replace the full names of companies or organizations. **Acronimi** may be written by using all capital letters or capital letters separated with periods. Today, it is common to write **acronimi** with an initial capital letter followed by lowercase letters.

TIM = Telecom Italia Mobile
say: TIM

APT = Azienda di Promozione Turistica
say: a-pi-ti

Acronimi are usually formed in a manner that can be easily pronounced as a word. When the letters cannot be pronounced as a word, spell out the letters.

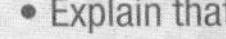

Suggestions

- Explain that abbreviations are still pronounced like the word they stand for. For example, **dott.** is still pronounced **dottore**.
- Use the abbreviations **dott.** and **prof.** to show how feminine forms are derived from masculine forms.
- Explain that the gender of an acronym depends on the words from which the acronym is derived. For example, **Fiat** is feminine because it is derived from the word **fabbrica**.

Pronunciare Ripeti gli acronimi e abbreviazioni ad alta voce.

1. RAI = Radio Audizioni Italiane
2. C.A.P. = Codice Avviamento Postale
3. IVA = Imposta sul Valore Aggiunto
4. ISTAT = Istituto di Statistica
5. C.V. = Curriculum Vitae
6. S.p.A. = Società per Azioni

Articolare Ripeti le frasi ad alta voce.

1. La dott.ssa Bianchi scrive agli avv.ti Rossi e Giannini.
2. Compro un vestito nuovo alla STANDA.
3. Qual è il C.A.P. della tua città?
4. Aprite il libro a pag. 14.
5. Il prezzo non include l'IVA.
6. La sig.ra Mancini e il sig. Tommasi sono andati in crociera negli Usa.

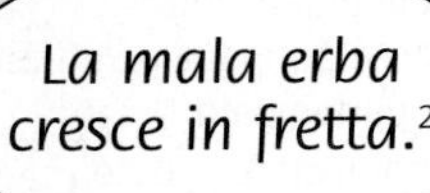

Proverbi Ripeti i proverbi ad alta voce.

Il sole che nasce ha più adoratori di quel che tramonta.[1]

1 The rising sun has more admirers than the setting one.
2 Weeds grow quickly.

risorse

FOTOROMANZO

Picnic d'addio

Prima di vedere Ask students to guess what the episode will be about from its title and from the video stills.

PERSONAGGI

Emily

Lorenzo

Marcella

Paolo

Riccardo

Viola

Suggestion Have students volunteer to read the characters' parts aloud. Then have groups of six students act out the episode.

1

LORENZO Buongiorno, Marcella.
MARCELLA Come sei elegante, Lorenzo. A che ora parti?
LORENZO Devo prendere il treno dell'una e mezza per Milano. Ho un appuntamento domani mattina.
MARCELLA Che peccato che tu non possa restare per il picnic. Non mi avevi detto che dovevi partire. L'avremmo fatto un altro giorno.

2

LORENZO È meglio così. Mi mancherà la tua cucina, Marcella.
MARCELLA Spero che tu sia stato bene qua.
LORENZO Molto bene, grazie. Puoi salutare Emily e Viola da parte mia?
MARCELLA Non vuoi farlo tu?
LORENZO Non mi piace...
MARCELLA Lorenzo! Come sei tenero!

3

EMILY Stai proprio bene, Lorenzo.
LORENZO Grazie. Vado a dare il mio ultimo esame e poi prendo il treno per Milano dell'una e mezza.
EMILY Riccardo mi ha detto del tuo colloquio domani. In bocca al lupo.
LORENZO Crepi. Ci sono state delle divergenze tra di noi, Emily, ma sei un'ottima persona. Spero che troverai il caffè perfetto.

6

RICCARDO E il bar?
EMILY Non guadagnerei abbastanza per pagare l'affitto di un appartamento.
PAOLO Puoi restare con noi.
MARCELLA Ma Paolo, stanno per arrivare i nuovi ospiti.
EMILY Grazie per l'ospitalità, Paolo. Ma tua madre conduce un'attività. È meglio che io vada a casa.

7

MARCELLA Ovunque tu vada, Emily, Roma resterà nel tuo cuore.
RICCARDO Eh già, non c'è nessun posto come questo al mondo. Quando torni a Chicago?
EMILY Il mio volo parte il 20.
RICCARDO Allora abbiamo un'altra settimana per esplorare la costa e le montagne. Vero, Viola? Viola?
VIOLA Sì?

8

RICCARDO Possiamo far vedere a Emily un altro po' d'Italia prima che vada via.
VIOLA Sì, certo.
EMILY Sei ancora arrabbiata con me?
VIOLA No. Ma dov'è Lorenzo?
PAOLO In viaggio per Milano.
RICCARDO No, non ancora.

ATTIVITÀ

1 Vero o falso? Decidi se le seguenti affermazioni sono vere o false.

1. Lorenzo ha un appuntamento a Milano tra due giorni. Falso.
2. Lorenzo è stato bene alla pensione di Marcella. Vero.
3. Emily augura (*wishes*) buona fortuna a Lorenzo. Vero.
4. Lorenzo pensa di dimenticarsi di Marcella. Falso.
5. Fanno un picnic sulla spiaggia. Falso.
6. Emily ha deciso di lavorare in un bar. Falso.
7. Riccardo propone (*suggests*) di far vedere a Emily un altro po' d'Italia. Vero
8. Viola vuole mandare un messaggio a Riccardo. Falso.
9. Emily parte all'una e mezza. Falso.
10. Marcella presta il suo scooter a Viola e a Riccardo. Vero.

Practice more at **vhlcentral.com.**

1 Expansion Have students correct the false statements.

I ragazzi fanno un ultimo picnic insieme.

4

EMILY Abbi cura di te, Lorenzo. E guarda il blog ogni tanto.
LORENZO Lo farò.
EMILY Hai visto Viola?
LORENZO No. (*A Marcella*) Verrò a prendere i bagagli dopo l'esame. Qualunque cosa accada, non mi dimenticherò mai di te.

5

Al parco...
EMILY Che bel prato!
RICCARDO È il parco più bello che ci sia a Roma, Emily.
MARCELLA Hai deciso che cosa farai?
EMILY I miei genitori non vogliono che io resti a Roma a meno che non trovi un lavoro.

9

VIOLA Devo parlare con lui.
RICCARDO Sembra che, invece, lui non voglia parlare con te.
VIOLA Avete il suo numero di cellulare? Potrei mandargli un messaggio.
RICCARDO No.
VIOLA Con quale treno parte?
EMILY Quello dell'una e mezza.

10

VIOLA Marcella, Marcella, puoi prestare il tuo scooter a me e a Riccardo?
MARCELLA Certo.
RICCARDO No, non vado da nessuna parte prima del dolce.
VIOLA Tu sei in debito con me, Riccardo. Andiamo!... Andiamo!
RICCARDO Maledetta gratitudine!

Suggestion Review students' predictions and help them to summarize the episode.

Espressioni utili

More uses of the subjunctive

- **Che peccato che tu non possa restare.** *It's a shame you can't stay.*
- **Spero che tu sia stato bene qui.** *I hope you enjoyed your time here.*
- **qualunque cosa accada** *whatever happens*
- **È il parco più bello che ci sia a Roma.** *It's the prettiest park there is in Rome.*
- **...a meno che non trovi un lavoro** *. . . unless I get a job*
- **ovunque tu vada** *wherever you go*
- **prima che vada via** *before she leaves*

Additional vocabulary

- **Puoi salutare Emily e Viola da parte mia?** *Will you say good-bye to Emily and Viola for me?*
- **Riccardo mi ha detto del tuo colloquio.** *Riccardo told me about your interview.*
- **Stanno per arrivare i nuovi ospiti.** *The new guests are about to arrive.*
- **Tua madre conduce un'attività.** *Your mother runs a business.*
- **Possiamo far vedere a Emily un altro po' d'Italia.** *We can show Emily a little more of Italy.*
- **Non vado da nessuna parte.** *I'm not going anywhere.*
- **Tu sei in debito con me.** *You owe me.*
- **Maledetta gratitudine!** *Darn gratitude!*
- **Come sei tenero!** *You're so sweet!*
- **Stai proprio bene.** *You look good.*
- **divergenze** *differences*
- **ogni tanto** *every so often*
- **Abbi cura di te.** *Take care of yourself.*

2 **Per parlare un po'** In gruppi di cinque, organizzate un picnic per il prossimo fine settimana. Dove andrete? A che ora vi troverete? Come ci arriverete? Che cosa porterete da mangiare? Quali altre persone volete invitare? Poi parlate del vostro programma con il resto della classe. Answers will vary.

2 Expansion Ask students which of their classmates' picnics they'd like to attend and why.

3 **Approfondimento** Emily, Riccardo e Viola hanno una settimana per visitare l'Italia partendo da Roma. Scegli alcuni posti che dovrebbero visitare, poi fai una ricerca su Internet e scopri quali mezzi di trasporto devono prendere e dove possono alloggiare. Presenta il tuo programma alla classe. Answers will vary.

risorse

SAM VM: pp. 45–46 | vhlcentral.com

ATTIVITÀ

CULTURA

Prima di leggere Ask students to describe their favorite outdoor activities.

IN PRIMO PIANO

Le escursioni degli italiani Ask students to guess what activities are most popular in each location during specific months.

Una gita fuori porta

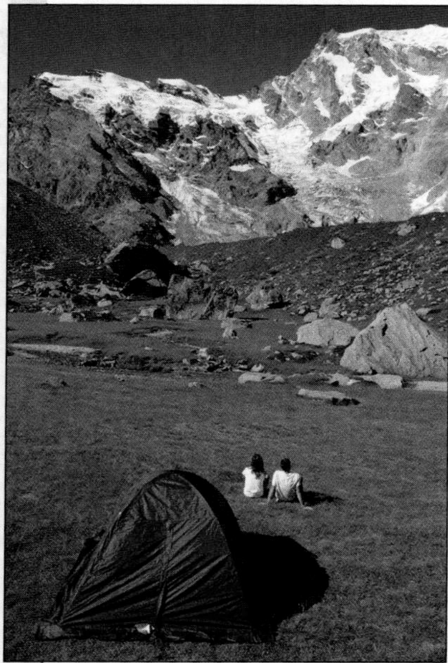

Quali sono le attività all'aperto che gli italiani amano di più per stare a contatto con la natura? La maggior parte della gente preferisce escursioni, passeggiate e giri in bicicletta. Il tipo di attività praticato dipende molto dalla regione dove una persona abita.

L'escursionismo°, per esempio, è più popolare nelle zone di montagna ed è certamente il tipo di attività meglio organizzato: lungo° tutte le Alpi e gli Appennini esistono sentieri mantenuti° dallo Stato o da volontari. Di solito un'escursione comincia con una salita° su un monte per godersi° il panorama e finisce in un rifugio°, una casa tra i boschi° che offre ospitalità e cibo. Per i più avventurosi ci sono i bivacchi°, piccole capanne° nelle zone più isolate, con dei letti e una scorta di provviste° che, per buona educazione°, bisogna mangiare e rimpiazzare° con un po' del proprio cibo.

L'escursionismo è praticato anche in altre parti d'Italia, soprattutto nelle zone umide, dove è possibile osservare numerose specie di uccelli. Anche andare in bicicletta è popolare e ci sono sempre più piste ciclabili°, specialmente lungo i fiumi del nord e tra i boschi delle colline° del centro e del sud.

Non tutte le attività all'aperto, però, implicano° uno sforzo° fisico; spesso il vero scopo° di un'escursione è mangiare in un rifugio o fare un picnic. La stagione delle escursioni, infatti, si apre con una gita particolare: il picnic di Pasquetta. Il lunedì dopo Pasqua gli italiani vanno in campagna per una colazione sull'erba, la prima dell'anno, per godersi il primo sole e per passeggiare nel verde. Insomma, viva la vita nella natura... ma con qualche comodità°!

Le escursioni degli italiani

	GENNAIO-MARZO	APRILE-GIUGNO	LUGLIO-SETTEMBRE	OTTOBRE-DICEMBRE
Numero di escursionisti	32.488	48.611	60.423	23.147
Destinazioni principali	Campania, Lombardia, Piemonte, Toscana	Campania, Lombardia, Toscana, Sicilia	Campania, Lazio, Lombardia, Toscana	Campania, Lombardia, Toscana, Veneto

FONTE: ISTAT (2007)

escursionismo *hiking* **lungo** *along* **mantenuti** *maintained* **salita** *ascent* **godersi** *enjoy* **rifugio** *refuge* **boschi** *woods* **bivacchi** *bivouacs* **capanne** *huts* **scorta di provviste** *supply of provisions* **buona educazione** *good manners* **rimpiazzare** *replace* **piste ciclabili** *cycling paths* **colline** *hills* **implicano** *require* **sforzo** *effort* **scopo** *purpose* **comodità** *comfort*

ATTIVITÀ

1 Vero o falso? Indica se l'affermazione è **vera** o **falsa**. Correggi le affermazioni false.

1. Fra le attività all'aperto, gli italiani preferiscono passeggiate, escursioni e giri in bicicletta. Vero.
2. L'escursionismo è praticato solo in montagna. Falso. È solo più comune in montagna.
3. I sentieri di montagna sono mantenuti dallo Stato e da volontari. Vero.
4. I rifugi sono piccole capanne tra i monti con dei letti e una provvista di cibo. Falso. I bivacchi sono piccole capanne tra i monti con dei letti e una provvista di cibo.
5. In un bivacco è anche possibile dormire. Vero.
6. Nelle zone umide puoi osservare numerose specie di uccelli. Vero.
7. In Italia non ci sono piste per andare in bicicletta. Falso. Ci sono sempre più piste ciclabili.
8. Le attività all'aperto sono tutte fisiche e implicano uno sforzo. Falso. Anche fare un picnic è un'attività all'aperto.
9. La stagione delle gite si apre con il picnic di Pasquetta. Vero.
10. Pasquetta è il nome del sabato prima di Pasqua. Falso. Pasquetta è il lunedì dopo Pasqua.

Practice more at **vhlcentral.com.**

L'italiano quotidiano Read the words aloud, drawing students' attention to the **sc**, **gl**, and **qu** letter combinations.

Ritratto Have students research an Italian **parco**, **riserva**, or **oasi**. Have volunteers present what they found to the class.

L'ITALIANO QUOTIDIANO

Nel bosco

l'abete	*fir*
la bacca	*berry*
il cespuglio	*bush*
il cipresso	*cypress*
la foglia	*leaf*
il muschio	*moss*
la quercia	*oak*
la radice	*root*
la radura	*clearing*
il ramo	*branch*
il ruscello	*stream*
il sasso	*stone*

USI E COSTUMI

Vacanze in campagna

In Italia esiste un turismo a contatto con la natura chiamato l'**agriturismo**. Fare agriturismo significa soggiornare° in un appartamento negli edifici di una fattoria, entrare in un'atmosfera famigliare a contatto con la vita quotidiana dei padroni di casa, assaggiare il cibo prodotto da loro e conoscere l'artigianato, le feste e la cultura rurale. Alcuni agriturismi organizzano anche escursioni a cavallo o corsi di cucina, ma generalmente le loro attrattive sono il relax e i prezzi bassi, adatti per le famiglie.

Questa formula non è solo originale ma anche utile: il turismo, infatti, sostiene i redditi° degli agricoltori e recupera le vecchie case di campagna in rovina°.

soggiornare *stay* **redditi** *earnings* **in rovina** *run-down*

RITRATTO

A favore della natura

Pro Natura, la prima associazione italiana per la protezione della natura, nasce nel 1948 con gli obiettivi° di educare al rispetto dell'ambiente° e di proteggere e conservare° le bellezze naturali per le generazioni future.

L'associazione amministra° alcune zone naturali, chiamate *oasi*, e cerca di recuperare° altre zone inquinate°. Lo scopo° è dimostrare che è possibile gestire° le risorse naturali in armonia con l'uomo. Per questo, ogni oasi è organizzata come un laboratorio, dove tecniche moderne d'ingegneria dell'ambiente sono usate per conservare l'equilibrio naturale e spiegate° ai visitatori. Infatti, l'educazione e l'informazione sono una priorità nell'attività di Pro Natura.

Le oasi mostrano così un'Italia fatta non solo di monumenti antichi o panorami da cartolina, ma anche di una natura viva.

obiettivi *aims* **ambiente** *environment* **conservare** *preserve* **amministra** *manages* **recuperare** *recover* **inquinate** *polluted* **scopo** *goal* **gestire** *to manage* **spiegate** *explained*

SU INTERNET

Cerca tre posti in Italia per fare l'agriturismo.

Go to **vhlcentral.com** to find more information related to this **CULTURA**.

ATTIVITÀ

2 Completare Completa le frasi.

1. Pro Natura nasce nel ___1948___.
2. Pro Natura amministra alcune aree naturalistiche chiamate ___oasi___.
3. Tra le priorità di Pro Natura ci sono l'informazione e ___l'educazione___.
4. Fare agriturismo significa soggiornare in un ___appartamento in una fattoria___
5. Alcuni agriturismi organizzano escursioni ___a cavallo___ e corsi di cucina.
6. L'agriturismo aiuta anche a sostenere i ___redditi___ degli agricoltori.

3 A voi A coppie, discutete le seguenti domande. Answers will vary.

1. Quali attività fuori porta sono comuni nella tua regione?
2. Quali associazioni per la protezione della natura conosci?
3. Una vacanza in un agriturismo può essere considerata un'esperienza culturale? Perché?

12A.1 The past subjunctive

Punto di partenza You have learned to use the present subjunctive in certain situations to talk about actions and events taking place in the present or future. To express actions that took place in the past in such situations, use the **congiuntivo passato** (*past subjunctive*).

congiuntivo presente	congiuntivo passato
Ernesto pensa che **scalino** la montagna. *Ernesto thinks they're* ***climbing*** *the mountain.*	Ernesto pensa che **abbiano scalato** la montagna. *Ernesto thinks they* ***climbed*** *the mountain.*

- Form the past subjunctive with the present subjunctive of **avere** or **essere** + [*past participle*].

Congiuntivo passato

	parlare	andare
io	abbia parlato	sia andato/a
tu	abbia parlato	sia andato/a
Lei/lui/lei	abbia parlato	sia andato/a
noi	abbiamo parlato	siamo andati/e
voi	abbiate parlato	siate andati/e
loro	abbiano parlato	siano andati/e

- As with the present subjunctive, use the past subjunctive in subordinate clauses when the main clause contains a verb or expression in the present that triggers the subjunctive mood.

indicative	subjunctive
È vero che le rondini **sono tornate**. ***It's true*** *that the swallows* ***have returned.***	**Crede** che le rondini **siano tornate**. ***He believes*** *that the swallows* ***have returned.***

- Choose the past subjunctive when the action in the subordinate clause takes place *before* the action in the main clause.

MAIN CLAUSE Present Tense	SUBORDINATE CLAUSE
	Present Subjunctive che Sara **passa** la settimana qui? *that Sara* ***is spending*** *the week here?*
Sei contento ***Are you*** *happy*	
	Past Subjunctive che Sara **abbia passato** la settimana qui? *that Sara* ***spent*** *the week here?*

3 Expansion Have students work in pairs, taking turns describing their day yesterday while their partner reacts using the past subjunctive. Ex.: **Ieri non sono andata in classe. È impossibile che tu non sia andata in classe!**

PRATICA

1 Associare Associa la prima parte di ogni frase con la conclusione corretta.

1. Io penso che in classe tu __d__
2. Mariuccia non crede che noi __a__
3. Tu e Silvestro pensate che io __f__
4. Noi dubitiamo che loro __b__
5. Tu hai paura che Giuliano __c__
6. Nino e Lina sono felici che voi __e__

a. abbiamo già finito tutti i compiti.
b. abbiano creduto alla nostra storia.
c. non si sia messo a dieta come promesso.
d. abbia fatto la migliore presentazione.
e. siate arrivati alla festa.
f. non mi sia mai fidata di voi.

2 Completare Completa ogni frase con la forma corretta del congiuntivo passato.

1. È importante che tu __abbia capito__ (capire) le istruzioni.
2. Questa è la cascata più impressionante che noi __abbiamo visitato__ (visitare) in questa regione.
3. Ho paura che le vacanze __siano già finite__ (finire già).
4. È bene che voi __abbiate fatto__ (fare) un picnic ieri, perché oggi pioverà.
5. Le api sono gli insetti più pericolosi con cui io __abbia lavorato__ (lavorare).
6. Sono contenta che tu e Paolo __abbiate scelto__ (scegliere) questo prato; è perfetto per giocare a calcio!
7. È il cielo più stellato che io __abbia mai visto__ (vedere mai).
8. Dubito che Giacinta __sia andata__ (andare) al concerto ieri sera.

3 Trasformare Usa gli indizi dati per creare frasi complete al congiuntivo passato.

1. non è vero / noi / dormire nel deserto quest'estate
   Non è vero che noi abbiamo dormito nel deserto quest'estate.
2. penso / la guida turistica / consigliare questa baita per la notte
   Penso che la guida turistica abbia consigliato questa baita per la notte.
3. questo albero è il più piccolo / voi / comprare quest'anno
   Questo albero è il più piccolo che voi abbiate comprato quest'anno.
4. è male / noi / arrivare in ritardo
   È male che noi siamo arrivati/e in ritardo.
5. dubitiamo / voi / fidanzarsi senza dirlo a nessuno
   Dubitiamo che voi vi siate fidanzati senza dirlo a nessuno.
6. non è possibile / tu / remare per tre ore ieri
   Non è possibile che tu abbia remato per tre ore ieri.
7. loro sono contenti / io / venire al lago questa settimana
   Loro sono contenti che io sia venuto/a al lago questa settimana.
8. questo è il tramonto / più romantico a cui noi / assistere
   Questo è il tramonto più romantico a cui noi abbiamo assistito.

Practice more at **vhlcentral.com**.

4 Expansion Have students ask for more details about the answers they get. At the end of the activity, have students report the information they gathered to the class.

COMUNICAZIONE

NATIONAL communication STANDARDS

4 Domande Di' ai tuoi compagni di classe se pensi o no che abbiano fatto le attività descritte. Quando trovi qualcuno che ha fatto un'attività, scrivi il suo nome. Answers will vary.

MODELLO

S1: *Penso che tu sia andato in montagna in bicicletta. È vero?*
S2: *Sì, è vero./No, non è vero.*

Attività	*Nome*
andare in montagna in bicicletta	*Alessia*
collezionare insetti	
dare da mangiare agli scoiattoli	
esplorare un sentiero nascosto (hidden)	
essere punto (stung) da un'ape	
fare un picnic in inverno	
giocare a football americano	
nuotare nell'oceano	

5 Un'escursione A coppie, fate una descrizione di un'escursione (*outing*) nella natura durante la quale otto studenti fanno cose diverse. Usate il congiuntivo passato con le attività elencate nella lista. Answers will vary.

MODELLO nuotare nel lago

È bene che Michele abbia nuotato nel lago.

cercare insetti	guardare il tramonto
esplorare sentieri segreti	passare la giornata sul lago
fare un picnic	remare tutto il giorno
fotografare piante	scalare la montagna

6 Vero o falso? Scrivi quattro affermazioni, vere o false, usando il congiuntivo passato e il superlativo. Poi, in gruppi di quattro, leggete le vostre frasi mentre gli altri indovinano se la persona crede veramente o no a ciò che ha letto. Answers will vary.

MODELLO

S1: *Il lago Erie è il lago più bello che io abbia mai visto.*
S2: *Penso che tu lo creda davvero.*
S3: *Non penso che tu lo creda veramente.*

6 Expansion Have students give the correct answer for each false statement. Ex.: **Non credo che il lago Erie sia il lago più bello. Penso che il lago Ontario sia più bello.**

Suggestion Tell students that the **-e** is often dropped from **avere** and **essere** in the past infinitive. Direct students to the **Pronuncia** presentation in **Lezione 11B** (p. 403) for more information.

- The past subjunctive follows the same rules of agreement as the **passato prossimo**.

È incredibile che loro **abbiano nuotato** fino all'isola.
*It's incredible that they **swam** all the way to the island.*

Spero che **siate riusciti** a trovare la cascata.
*I hope **you were able** to find the waterfall.*

Credi che noi **siamo entrate** nella foresta senza di lui?
*Do you believe that we **went into** the forest without him?*

Peccato che lei non **abbia potuto** vedere le stelle ieri sera.
*It's too bad she **couldn't** see the stars last night.*

- You have already learned to use **di** + [*infinitive*] when the subjects of the main verb and the subordinate verb are the same. Similarly, if such a sentence refers to a past action or event, use **di** + [*past infinitive*]. Form the past infinitive with **avere/essere** + [*past participle*].

Non siamo felici d'**esserci perduti** nella pineta
*We're not happy that we **got lost** in the pine forest.*

Sono contenta di **avervi trovato** così presto!
*I'm glad **I found you** so soon!*

Superlatives and the subjunctive

You have already learned many types of sentences that require the subjunctive. The subjunctive is also used in clauses that follow a relative superlative.

RELATIVE SUPERLATIVE SUBJUNCTIVE

È il tramonto **più bello** che io **abbia** mai **visto**!
*It's the **most beautiful** sunset **I've** ever **seen**!*

Questo è il **migliore** picnic che **abbiamo** mai **fatto**.
*This is the **best** picnic **we've** ever **had**.*

Suggestion Model sentences in which a relative superlative is followed by the present subjunctive. Ex.: **È il toro più terrificante che ci sia.**

Provalo! **Scegli la forma corretta del congiuntivo passato per completare ogni frase.**

1. Giuliana pensa che loro (sia arrivato / siano arrivati) ieri sera.
2. Patrizia e Riccardo sperano che voi (vi siate ricordati / ci siamo ricordati) di portare da bere.
3. Daniela teme che noi (vi siate persi / ci siamo persi).
4. Tu hai paura che loro non (abbiate avuto / abbiano avuto) una buon'idea.
5. È bene che loro (abbia parlato / abbiano parlato) con il professore.
6. È incredibile che Eleonora (abbia cucinato / abbiamo cucinato) per così tante persone.

12A.2 The subjunctive with conjunctions

Punto di partenza Conjunctions are used to connect two words or phrases together in a sentence. Certain conjunctions commonly introduce adverbial clauses, which describe *how*, *why*, *when*, or *where* an action takes place.

- You have already learned several conjunctions that are used with the indicative tenses.

Common conjunctions used with the indicative

appena	*as soon as*	**mentre**	*while*
e	*and*	**o/oppure**	*or*
ma	*but*	**perché**	*because*

Faccio una foto **appena** sorge il sole.
I'll take a photo ***as soon as*** *the sun rises.*

Vorresti fare un picnic **oppure** esplorare la valle?
Would you like to have a picnic ***or*** *explore the valley?*

- Some conjunctions, however, must be followed by the subjunctive in Italian.

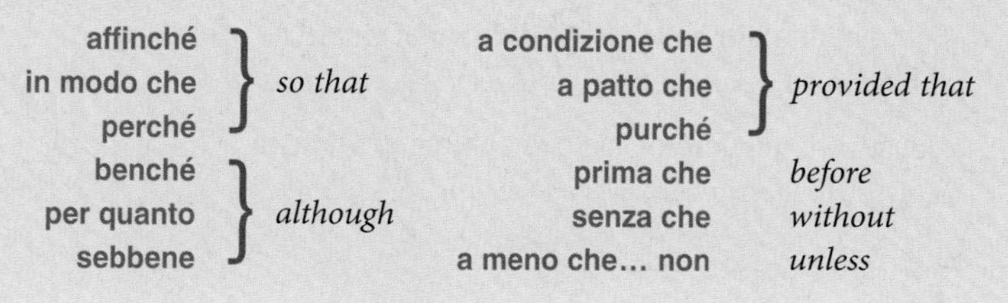

Common conjunctions used with the subjunctive

affinché / **in modo che** / **perché**	*so that*	**a condizione che** / **a patto che** / **purché**	*provided that*
benché / **per quanto** / **sebbene**	*although*	**prima che**	*before*
		senza che	*without*
		a meno che... non	*unless*

MAIN CLAUSE	conjunction	SUBORDINATE CLAUSE
Andiamo al fiume *Let's go to the river*	**affinché** ***so that***	i ragazzi **possano** fare il bagno. *the boys can go swimming.*
Vado alla fattoria *I'll go to the farm*	**a patto che** ***provided that***	tu **venga** con me. *you come with me.*

- **Perché** can mean either *because*, which is used with the indicative, or *so that*, which requires the subjunctive. Use the context of the sentence to determine which usage is appropriate.

Alle mucche piace quel campo **perché** lì l'erba **è** migliore.
The cows like that field ***because*** *the grass* ***is*** *better there.*

Porto la mucca nel campo **perché possa** mangiare l'erba.
I'm bringing the cow to the field ***so that*** *it* ***can*** *eat the grass.*

PRATICA

1 Scegliere Scegli la forma del verbo che completa meglio ogni frase.

1. Ho letto un intero capitolo mentre tu (finivi / abbia finito) gli esercizi di matematica.
2. Lavo tutti i piatti in modo che la cucina (è / sia) più in ordine.
3. Vengo volentieri al concerto a meno che i bambini non (sono / siano) ancora malati.
4. O finite le verdure oppure non (potete / possiate) mangiare il gelato.
5. Parlate con il direttore per (hanno / avere) più vacanze.
6. È tornato molto tardi ieri sera senza che io (me ne accorgo / me ne sia accorto).
7. Andiamo in piscina perché (fa / fare) molto caldo.
8. Adele e Felice verranno in biblioteca con noi a patto che non (viene / venga) Carlo.

2 Completare Completa la conversazione con la forma corretta di ogni verbo.

DANIELA Mi piace molto andare al lago perché l'alba lì (1) __è__ (essere) stupenda.

PIETRO Sono d'accordo. È impossibile (2) __trovare__ (trovare) un posto più bello di quello. Vuoi andarci questo fine settimana?

DANIELA Che bella idea! Va bene, a condizione che tu non (3) __porti__ (portare) il tuo amico Gino e purché noi (4) __lasciamo__ (lasciare) i nostri cellulari a casa.

PIETRO Perfetto. Appena tu e Veronica (5) __potete__ (potere) organizzarvi per andare al cinema un altro giorno, io inizio a organizzare il fine settimana e (6) __compro__ (comprare) da mangiare e da bere.

DANIELA Prendo un paio di film alla videoteca, sebbene tu non (7) __ti fidi__ (fidarsi) dei miei gusti...

PIETRO Sì, ma prima di (8) __andare__ (andare) sappi che non mi piacciono i film troppo romantici!

3 Rispondere Completa ogni frase con una risposta personale. Answers will vary.

1. Io vado in campagna affinché...
2. Mi piacciono gli animali a condizione che...
3. Non andrei mai a vivere nel deserto perché...
4. Passerei un mese su un'isola deserta a patto che...
5. Chiamo sempre prima di...
6. Passo del tempo a dormire mentre...
7. Raccolgo (*I pick*) dei fiori per...
8. Esploro la pineta prima che...

3 Expansion Have groups of three students share their answers and choose one to share with the class.

Practice more at **vhlcentral.com.**

4 Expansion Complete the activity as a class. Ask students to pose each question to a different classmate. Encourage them to be creative.

COMUNICAZIONE

4 Condizioni Lavorate a coppie. Rispondete a turno alle seguenti domande, usando una congiunzione della lista. Answers will vary.

MODELLO

S1: *Ti alzi mai prima dell'alba?*
S2: *Mi alzo prima dell'alba a condizione che tu mi porti il caffè a letto.*

a condizione che	per quanto	perché

1. Salti (*Do you skip*) mai una classe?
2. Vai mai in vacanza senza il cellulare?
3. Vorresti passare tutta l'estate alle Hawaii?
4. Lavoreresti in una fattoria?
5. Guardi mai le stelle in cielo la sera?
6. Faresti il bagno in un fiume?

5 Una catena di frasi In gruppi di quattro, create una catena di frasi usando **perché** e il congiuntivo o l'indicativo. La prima persona inizia una frase usando **perché**. La seconda ripete quella frase e ne aggiunge un'altra, anche questa con **perché**. Continuate fino a quando la frase è troppo lunga da ricordare. Answers will vary.

MODELLO

S1: *Mi piace scalare le montagne perché posso vedere molto lontano.*
S2: *Mi piace scalare le montagne perché posso vedere molto lontano e perché posso fare esercizio.*
S3: *Mi piace scalare le montagne perché...*

6 Una storia disegnata A coppie, create una pagina da una storia raccontata attraverso disegni. Usate almeno sei disegni. Ogni parte deve finire con la frase **a meno che non** e poi continuare nel pannello successivo. Answers will vary.

MODELLO

La mia famiglia sta facendo campeggio. Mio fratello Pietro preparerà la cena a meno che non piova...

6 Expansion Encourage students to use conjunctions in their stories, and to include as many details as possible.

Suggestion Remind students that, in same-subject sentences, **prima di** is followed by the infinitive, but **dopo** is followed by the past infinitive.

- Conjunctions that require the subjunctive generally do so also when the main and subordinate clauses share the same subject.

Dormiamo nella foresta **purché troviamo** la baita.
We will sleep in the forest ***provided that we find*** *the shelter.*

Sebbene il lago **sia** profondo, non ospita molti pesci.
Although *the lake* ***is*** *deep, it is not home to many fish.*

- However, **perché**, **prima che**, and **senza che** take the subjunctive only when there are two different subjects. In same-subject sentences, **per**, **prima di**, and **senza** + [*infinitive*] are used instead.

Le compra una barca **perché impari** a remare.
He's buying her a boat ***so that she can learn*** *to row.*

Giuliana compra una barca **per imparare** a remare.
Giuliana is buying a boat ***in order to learn*** *to row.*

Chiudi il cancello **prima che esca** il toro!
Close the gate ***before*** *the bull* ***gets out!***

Chiudi il cancello **prima di uscire**!
Close the gate ***before you go out!***

Non andate a guardare il tramonto **senza che** lo **sappia** vostro padre.
Don't go to watch the sunset ***without*** *your father* ***knowing.***

Non andate a guardare il tramonto **senza chieder**lo a vostro padre.
Don't go to watch the sunset ***without asking*** *your father.*

- Note that the order of the main and subordinate clauses may also be reversed. However, the verb immediately following the conjunction must always be in the subjunctive.

Benché non ci **siano** molti fiori, il prato è bellissimo.
Even though *there* ***are****n't a lot of flowers, the meadow is very beautiful.*

Non arriveremo mai **a meno che** tu **non trovi** il sentiero giusto.
We'll never get there ***unless*** *you* ***find*** *the right path.*

Suggestion Point out that **a meno che... non** does not have a negative meaning.

Suggestion Remind students that **dopo che** is used with the indicative, not the subjunctive.

Provalo! **Associa la prima parte delle frasi a sinistra con la seconda parte a destra.**

1. Devi studiare di più affinché __f__
2. Andiamo tutti al lago sebbene __b__
3. Dovete finire di pulire prima di __a__
4. Ti telefono appena __d__
5. Non puoi sempre lavorare senza __c__
6. Prendiamo la mia macchina purché __e__

a. andare a giocare.
b. piova.
c. dormire.
d. arrivo alla baita.
e. facciamo a turno a guidare.
f. i tuoi professori ti diano bei voti.

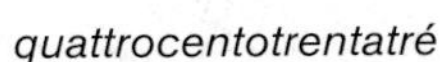

SINTESI

Ricapitolazione

4 Expansion Before beginning the activity, review the imperative. Have students use both affirmative and negative commands in their list.

1 Reazioni In gruppi di tre, leggete a turno le seguenti frasi e reagite usando un'espressione della lista. Answers will vary.

MODELLO Abbiamo fatto un picnic proprio qui l'anno scorso.
È bello che abbiate fatto un picnic qui l'anno scorso.

Credo	È male	È triste	Non sono felice
È bello	È necessario	È un peccato	Sono contento/a

1. Hanno aperto un nuovo sentiero l'anno scorso.
2. Le mucche non sono rimaste molto in montagna l'anno scorso.
3. Mio padre ha costruito quella baita.
4. Non ho potuto fotografare quei fiori l'anno scorso.
5. Tu non hai esplorato la foresta l'anno scorso.
6. Abbiamo visto molte stelle in montagna l'anno scorso.
7. Ho trovato alcuni serpenti sul sentiero l'anno scorso.
8. Voi avete remato sul lago per un giorno intero l'anno scorso.

2 Una gita di gruppo A coppie, scegliete sei diverse persone che conoscete tutti e due e immaginate di portarle con voi per una camminata (*walk*) nella natura. Dite che cosa pensano della natura usando il congiuntivo passato. Answers will vary.

MODELLO
S1: *Caterina pensa che la camminata non sia stata molto difficile.*
S2: *Enrico pensa che la camminata sia stata molto faticosa.*

3 Un gioco Scrivi su diversi pezzi di carta tre frasi usando il vocabolario della lezione, il passato prossimo e soggetti diversi (io, la mia famiglia, tu e i miei amici ecc.). Poi, in gruppi di quattro, piegate i pezzi di carta e metteteli insieme. Ogni giocatore sceglie un'espressione della lista. Poi prende un pezzo di carta e crea una frase completa usando il congiuntivo passato. Answers will vary.

MODELLO
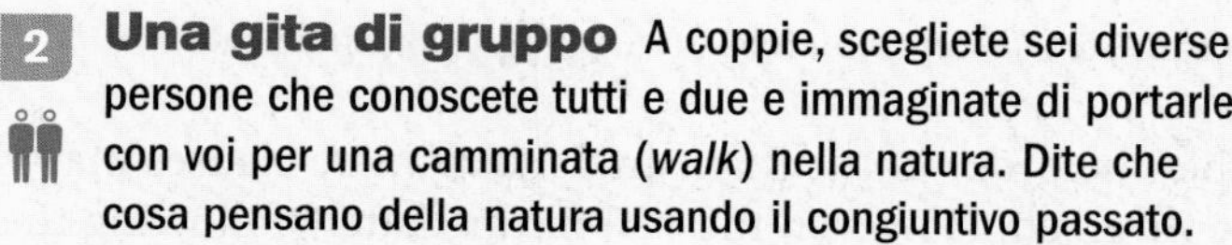

È incredibile che io non abbia visto nessuno scoiattolo!

Basta	È incredibile	È possibile
Bisogna	È interessante	Pare
È improbabile	È meglio	Peccato

3 Expansion Have students write two sentences each for more options.

4 Regole A coppie, scrivete sei regole che i visitatori devono seguire quando camminano nella foresta. Usate una congiunzione della lista per ogni frase. Answers will vary.

MODELLO
Non camminare fuori dal sentiero a meno che non ci sia un'emergenza.

a condizione che	a patto che	per quanto	prima che
a meno che... non	in modo che	perché	senza che

5 Compromessi A coppie, create una conversazione tra due amici, uno che ama la campagna e uno che ama la città. Discutete le vostre idee per il fine settimana e trovate dei compromessi su sei attività. Usate le congiunzioni presentate in questa lezione. Answers will vary.

MODELLO
S1: *Facciamo un picnic al lago!*
S2: *Io vengo al picnic a condizione che tu venga al concerto con me stasera.*

6 Il buono e il cattivo A coppie, discutete ogni foto dicendo cosa c'è di buono e cosa c'è di cattivo in ciascuna. Usate **benché** e il congiuntivo. Answers will vary.

MODELLO
S1: *Mi piace questo sentiero, benché sia isolato.*
S2: *Sembra un sentiero interessante, benché ci siano molti insetti.*

1.

2.

3.

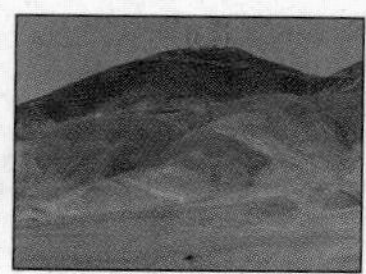
4.

5.

6.

6 Expansion Ask students to share stories related to the pictures. For example, have they ever seen a waterfall?

risorse

SAM	SAM	
WB: pp. 177–180	LM: pp. 101–102	vhlcentral.com

Lo Zapping

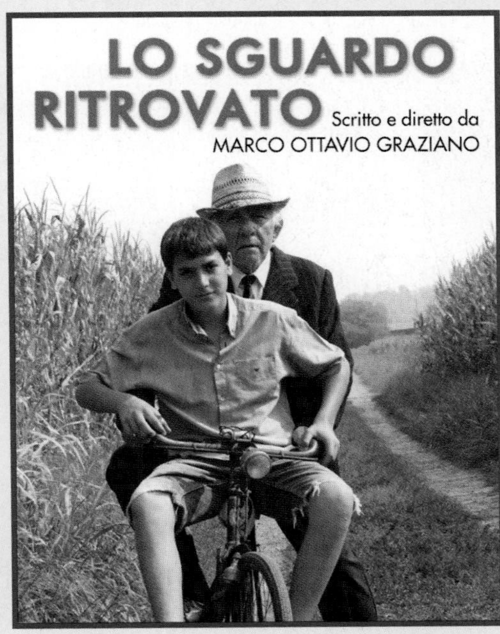

LO SGUARDO
RITROVATO Scritto e diretto da
MARCO OTTAVIO GRAZIANO

Due generazioni s'incontrano nel cortometraggio filmato da Marco Ottavio Graziano. Il giovane PG va a trovare il nonno, ormai cieco, che vive in campagna. Riparandogli la vecchia bicicletta, rotta e abbandonata nel garage, gli restituirà, anche solo per un giorno, lo sguardo purtroppo perduto su paesaggi cari e mai dimenticati.

Espressioni utili

- **il campanile** *bell tower*
- **cieco/a** *blind*
- **il magazzino** *shed/warehouse*
- **il pollaio** *hen-house*
- **rotto/a** *broken*
- **la meliga/il granturco** *corn*
- **il campo** *field*
- **le galline** *hens*
- **pedalare** *to pedal*
- **la risaia** *rice field*
- **lo sguardo** *glance*

Per parlare del film

- **andare a trovare** *to visit (someone)*
- **burbero/a** *grumpy*
- **la vecchiaia** *old age*
- **il buio** *darkness*
- **la solitudine** *solitude*
- **la vista** *eyesight*

Suggestion Provide students with these two expressions from the short film: **leccarsi i baffi** and **fare i capricci**. Have them brainstorm possible meanings and contexts in which the expressions might be used. Take notes on the board so that students can verify after viewing.

Preparazione

1 In campagna Decidi se le affermazioni sono **vere** o **false**. Correggi quelle false.

1. Le galline fanno le uova (*lay eggs*) nel magazzino. Falso. Le galline fanno le uova nel pollaio.
2. Il granturco si coltiva nella risaia. Falso. Il granturco si coltiva in un campo.
3. Per andare in bicicletta è necessario pedalare. Vero.
4. La meliga è sinonimo di granturco. Vero.
5. Una persona è cieca quando non può sentire. Falso. Una persona è cieca quando non può vedere.

2 Vecchi e giovani Leggi questi proverbi di origine africana: sei d'accordo? Perché? Discuti con un(a) compagno/a. Answers will vary.

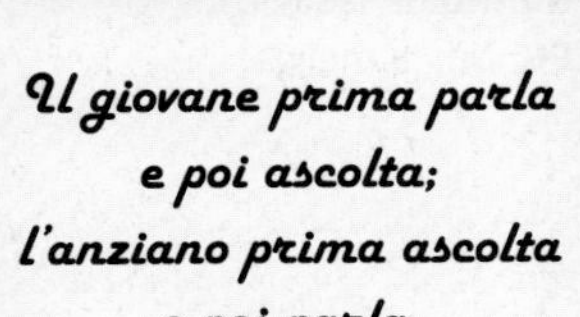

Il giovane prima parla
e poi ascolta;
l'anziano prima ascolta

Il giovane cammina più veloce dell'anziano, ma l'anziano conosce la strada.

2 Suggestion Ask students to share proverbs they know that address the topic of age. Teach them the Italian proverb **Gallina vecchia fa buon brodo**, which does not necessarily refer to people.

Suggestion Explain that **meliga** is **piemontese** dialect and not standard Italian.

SINTESI

Scene: Lo sguardo ritrovato

Prima di vedere Have students describe each video still. Ask students: How many characters are there in this film? Who are they? Where are they? What is their relationship to one another? What do you think the film will be about?

PG Nonno, di chi era questa bicicletta?
NONNO Era mia, la mia bicicletta.
PG Ma, nonno... perché è abbandonata lì dentro tutta rotta?
NONNO Che cosa me ne faccio?° Non ci vado da cinquant'anni. Da quando mi s'è spenta la luce°.

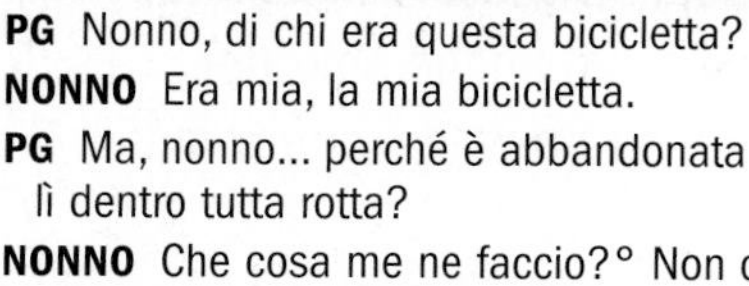

PG Nonno, ma con quella bicicletta tutta rotta che c'hai nel magazzino, dove andavi?
NONNO Quando c'andavo, non era mica° tutta rotta. C'andavo in città a lavorare, partivo la mattina e tornavo la sera. Mi ricordo le stradine di campagna, l'inverno con la pioggia, magari° anche la neve, un freddo! Però la domenica, i giorni di festa, non andavo mica vestito così, mi mettevo il mio vestito nuovo...

PG Nonno, la tua bicicletta.
NONNO Eh già...
PG Si può pedalare di nuovo!
NONNO Come?!

NONNO PG, da che parte stiamo?
PG Siamo sulla strada che porta al paese°, quella che passa per i campi.
NONNO Ah, sì, sì. Sento... sento l'acqua del canale. È qui, vero?
PG Bravo! È qui accanto a noi. Nonno, ma vado sempre avanti per questa strada?

NONNO Senti, dimmi cosa vedi.
PG Ci sono tanti tanti campi.
NONNO Il castello?
PG No, la meliga!

NONNO Senti, ma... è già sera?
PG Sì, nonno. Ma c'è ancora luce.
NONNO Ah. Ma fra poco° farà di nuovo buio... PG...

Suggestion Draw students' attention to the last image and line of the movie: **Ma fra poco farà di nuovo buio**. What is PG's grandfather referring to?

Che cosa me ne faccio? *What can I do with it?* **quando mi s'è spenta la luce** *when the lights went out on me*
non... mica *not . . . at all* **magari** *maybe* **che porta al paese** *that leads to town* **fra poco** *soon*

communication cultures
NATIONAL STANDARDS

Analisi

3 Comprensione Rispondi alle domande.

1. Quante uova voleva il nonno? Perché PG ne ha prese così poche?
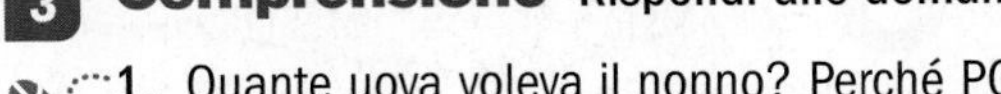
Il nonno voleva fra 10 e 15 uova. PG ne ha prese soltanto quattro perché ha scelto le più belle.
2. Di chi era la vecchia bicicletta che PG trova nel magazzino? Da quanto tempo non è più usata?
La bicicletta era del nonno, che non l'ha usata da più di cinquant'anni.
3. Che cosa ha cucinato il nonno per PG? Che ingredienti ha messo?
Il nonno ha preparato la minestra con cipolle e patate.
4. Perché PG si alza presto la mattina seguente?
PG si alza presto la mattina seguente perché vuole riparare la bicicletta del nonno.
5. Che cosa pensa PG del nonno?
PG pensa che il nonno sia un fenomeno.
6. Dove vuole andare il nonno?
Il nonno vuole andare fino al passaggio a livello.
7. Com'è il paesaggio che PG descrive al nonno? Che cosa vede?
Ci sono i campi, la meliga, il castello, il campanile e il paese.
8. Di chi è la macchina che arriva? Perché arriva?
È la macchina della mamma di PG che viene a prenderlo.

3 Expansion Have students write a letter from PG to his grandfather talking about the time spent together.

3 Suggestion Write the following words on the board: **scigulli**, **meliga**, **ignurant**, and **Signur**, and explain that they come from a northern Italian dialect. This is an opportunity to discuss the complex linguistic environment in Italy, in which many people speak both a local dialect and standard Italian.

4 Interpretazione A coppie, descrivete questi momenti del film inserendoli nella trama. Qual è la possibile importanza? Sono momenti chiave nel film? Perché? Answers will vary.

MODELLO

S1: *Penso che questa scena dimostri un aspetto importante del nonno. Ci fa vedere l'importanza della luce.*

1. —Il buio è triste.

2. —Nonno, s'è rotta la lampadina.

3. —Nonno, sei un fenomeno!

4. —Ma così presto?

Practice more at **vhlcentral.com.**

5 Opinioni Scegli la foto che meglio esprime, secondo te, il significato del film. Tieni presente anche il dialogo corrispondente. Poi, in gruppi di tre, giustificate la vostra scelta e cercate di convincere i compagni che la vostra scelta è la più appropriata.

Answers will vary.

1.

2.

3.

4.

Suggestion Have each group present the scene they have chosen and try to convince the rest of the class to agree on it. The class will have to agree upon one image. Have students propose alternative scenes and explain why.

Lezione

12B

Communicative Goals

You will learn how to:

- talk about pollution
- talk about environmentalism

CONTESTI

Suggestion Tell students that in Italy, the use of nuclear energy has been a controversial issue. All nuclear power plants were officially closed following a referendum in 1987, and the ban on nuclear power was renewed in 2011.

Suggestion Ask students what they thi are the most serious environmental prob in their country and in Italy.

Proteggere il pianeta

Vocabulary Tools

Vocabolario

espressioni	*expressions*
migliorare	*to improve*
preservare	*to preserve*
proporre* una soluzione	*to propose a solution*
salvare il pianeta	*to save the planet*
sprecare	*to waste*
sviluppare	*to develop*
l'energia	*energy*
l'energia eolica	*wind power*
l'energia rinnovabile	*renewable energy*
l'energia solare	*solar energy*
l'energia termica	*thermal energy*
la fabbrica	*factory*
i rifiuti tossici	*toxic waste*
i problemi	*problems*
l'alluvione (*f.*)	*flood*
la catastrofe	*catastrophe*
il degrado	*deterioration*
il disboscamento	*deforestation*
l'effetto serra	*greenhouse effect*
il pericolo	*danger*
il riscaldamento globale	*global warming*
lo smog	*smog*
la sovrappopolazione	*overpopulation*
le soluzioni	*solutions*
l'agricoltura biologica	*organic farming*
l'ambientalismo	*environmentalism*
l'ambiente (*m.*)	*environment*
la coscienza ambientale	*environmental awareness*
l'ecologia	*ecology*
il governo	*government*
la legge	*law*
la macchina ibrida	*hybrid car*

Suggestion Verbs presented with an asterisk (*) follow conjugation patterns that have not yet been introduced. Encourage students to refer to the verb charts in **Appendice D.**

Suggestion Tell students to use **il/la pendolare** to talk about *commuters* and **fare il/la pendolare** to say *to commute.*

risorse

SAM WB: pp. 181-182	SAM LM: p. 103	vhlcentral.com

Suggestion Ask students about their recycling habits. Ex.: **Quali oggetti ricicli? Com'è organizzato il riciclaggio nella tua città?**

il camion della nettezza urbana

Ricicla. (riciclare)

il riciclaggio

Vietato buttare rifiuti.

l'immondizia

Pratica

1 Expansion Ask students to write one more group of words on a piece of paper. Collect all the papers and read some aloud, asking the class to find the word that doesn't belong.

1 Trova l'intruso Trova la parola che non appartiene al gruppo.

1. alluvione, pioggia acida, **legge**, effetto serra
2. **sprecare**, riciclare, preservare, migliorare
3. eolica, solare, **acida**, nucleare
4. riciclaggio, agricoltura biologica, macchina ibrida, **rifiuti tossici**
5. coscienza ambientale, **degrado**, ecologia, ambientalismo
6. **pericolo**, camion della nettezza urbana, immondizia, rifiuti

2 Mettere etichette Etichetta ogni fotografia con una parola o espressione dal vocabolario della lezione.

1. il pannello solare/i pannelli solari

2. il camion della nettezza urbana

3. l'alluvione

4. la centrale nucleare

5. l'immondizia

6. l'energia eolica

3 Scegliere Scegli la risposta che meglio completa ogni frasi.

1. Quando piove troppo può esserci un' (**alluvione** / ecologia).
2. Il riscaldamento globale è dovuto all' (energia solare / **effetto serra**).
3. È importante che il governo faccia nuove (spazzature / **leggi**) per proteggere l'ambiente.
4. Per risolvere il problema dei rifiuti bisogna (sprecare / **riciclare**) di più.
5. Una soluzione per lo smog sono le (**macchine ibride** / piogge acide).
6. Se il (**disboscamento** / pannello solare) continua, presto ci saranno più problemi ambientali.

4 Creare Completa le seguenti frasi in maniera logica. Answers will vary.

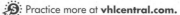

MODELLO **Una buona cosa delle macchine ibride è che...**
riducono l'inquinamento in città.

1. Il riciclaggio è importante perché...
2. I vantaggi dell'agricoltura biologica sono...
3. La sovrappopolazione è un problema perché...
4. Alcuni esempi di energia rinnovabile sono...
5. È importante sviluppare nuove fonti (*sources*) di energia perché...
6. Per salvare il nostro pianeta è necessario...

4 Expansion Have students complete two more sentences: **Bisogna proporre una soluzione per... Il pericolo più serio per il nostro pianeta è...**

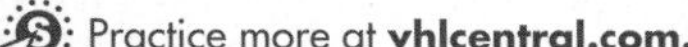

Practice more at **vhlcentral.com.**

communication NATIONAL STANDARDS

Comunicazione

5 **Un problema ambientale** Leggi l'articolo di giornale. Poi, a coppie, completate le frasi seguenti con le parole mancanti. Answers may vary slightly. Sample answers are provided.

Notizie ambientali

La crisi energetica è un problema sempre più serio e deve essere affrontato (*dealt with*) al più presto. Le nostre fabbriche consumano troppo, senza contare che contribuiscono all'inquinamento del pianeta. Anche le nostre automobili consumano troppo e causano un problema serio per le nostre città: lo smog. Le soluzioni per migliorare la situazione della crisi energetica sono molteplici (*many*). Anzitutto, bisogna sviluppare energie alternative, come quella solare o quella eolica. In città possiamo aumentare i mezzi pubblici e usare macchine ibride, così potremmo risolvere anche il problema dello smog. Ma il problema della crisi energetica si risolve anche nelle nostre case. Dobbiamo cercare di consumare meno energia, facendo attenzione al consumo delle nostre apparecchiature (*appliances*) elettriche. Lavoriamo insieme per salvare il pianeta!

1. Le fabbriche contribuiscono all'__inquinamento__ del pianeta.
2. Un problema serio per le nostre città è lo __smog__.
3. Due esempi di energia alternativa sono quella __solare__ e quella __eolica__.
4. Una soluzione per le città sono __i mezzi pubblici/le macchine ibride__.
5. A casa bisogna consumare meno __energia__.
6. È necessario lavorare insieme per __salvare il pianeta__.

5 Expansion Ask students: **Che cos'altro possiamo fare per salvare il pianeta?**

6 **Facciamo la nostra parte** Ascolta questo annuncio alla radio e completa le seguenti frasi con le informazioni fornite. Poi, a coppie, scrivete un annuncio su un'altra questione ambientale. Answers will vary.

6 Expansion Have students read their ads aloud and encourage them to ask each other questions.

Secondo l'annuncio...

1. ...dobbiamo riciclare la __carta__ e il __vetro__.
2. ...è importante consumare meno __acqua__ e meno __elettricità__.
3. ...quando è possibile, è meglio scegliere prodotti __ecologici__.
4. ...dobbiamo sviluppare una __coscienza ambientale__ e salvare il nostro __pianeta__.

7 **Intorno al mondo** Lavorate a coppie. L'insegnante vi darà due fogli diversi, ciascuno con metà delle informazioni su vari problemi ambientali e la loro collocazione geografica. Fatevi domande per aggiungere l'informazione mancante alla vostra mappa. Poi scegliete tre dei problemi elencati e cercate di trovare insieme delle soluzioni possibili. Answers will vary.

MODELLO

S1: *Quale paese ha un problema con lo smog nella tua mappa?*
S2: *Il Messico. E nella tua?*
S1: *L'Inghilterra.*

7 Expansion Ask students what environmental problems they consider most pressing.

8 **Carriere del futuro** In gruppi di quattro, scrivete tre descrizioni per tre lavori che secondo voi diventeranno importanti nel futuro. Per ognuno, descrivete il tipo di lavoro, la sua importanza attuale e perché pensate che diventerà ancora più importante. Usate l'immaginazione e fornite (*provide*) il maggior numero di dettagli possibile. Answers will vary.

MODELLO

S1: *Nel futuro il riscaldamento globale aumenterà.*
S2: *Quindi un buon lavoro sarà quello di occuparsi di...*

8 Expansion Ask students: **Quale lavoro vorresti fare per aiutare il nostro pianeta?**

Pronuncia e ortografia  Audio

Borrowed words in Italian

computer **leader** **suspense** **standard**

English words have become common in the Italian language. In general, these words maintain the original English spelling.

e-mail **file** **Internet** **marketing**

In Italian, English words generally maintain their original general pronunciation and syllabication, but the words are often more enunciated. The letter *r* is rolled, and vowels (besides the long English *i*) tend to have an Italian pronunciation.

il **Web** lo **sport** la **Duke University** una **star**

Since English does not give a gender to nouns, English nouns often become masculine in Italian. However, if an English word has a close Italian equivalent, the gender of the Italian equivalent will be used.

i **computer** i **film** gli **sport** le **star**

When used in Italian, English nouns do not add the letter *s* to form the plural. The singular form of the word is maintained, and the plural form is indicated by the preceding article.

bloggare **chat**tare **scroll**are **stress**are

Some English verbs, especially those referring to business or computer activities, are "Italianized" by altering spellings and/or by adding Italian infinitive endings and conjugations.

Suggestions

- Explain that many English terms are used in business in order to communicate better internationally.
- Give students some examples of English words that are used in Italian but have different meanings, such as **footing** (*jogging*).
- Ask students to identify foreign terms used in English, such as *ciao*, *résumé*, and *fiancé*.

Pronunciare Ripeti le parole ad alta voce.

1. il weekend
2. la privacy
3. il film
4. lo smog
5. i jeans
6. il bar
7. il business
8. cliccare
9. i quiz
10. il manager
11. la webcam
12. downlodare

Articolare Ripeti le frasi ad alta voce.

1. Siamo sotto stress in questo periodo.
2. Ho visto il direttore di marketing al bar.
3. C'è un bel film al multiplex.
4. Questo weekend vanno ad un bed and breakfast.
5. Chattiamo quando sono davanti al computer.
6. Fa un Master in ecologia all'università.

Proverbi Ripeti i proverbi ad alta voce.

Una rondine non fa primavera.[2]

Sole dopo tempesta mette gli uomini in festa.[1]

[1] Sunshine after a storm puts people in a festive mood.
[2] One swallow does not make it Spring.

risorse

SAM LM: p. 104

vhlcentral.com

FOTOROMANZO

Arrivederci, Roma!

Prima di vedere Have students predict what the episode will be about based on the video stills.

PERSONAGGI

Emily

Lorenzo

Lucia

Marcella

Paolo

Riccardo

Viola

PAOLO Pensi che Riccardo e Viola possano arrivare in tempo alla stazione?
MARCELLA Forse sì. Hanno più probabilità se i treni sono in ritardo.
EMILY Spero che ce la facciano.
PAOLO Cosa vuole dire Viola a Lorenzo?
EMILY Non lo so con certezza.
MARCELLA Alla fine lo scopriremo.

RICCARDO Ma, perché lo rincorri?
VIOLA Riccardo, pensa a guidare. Stai attento a non farlo ingolfare.
RICCARDO So guidare uno scooter, grazie mille.
VIOLA Lo pensavo anch'io prima che lo rompessi.
RICCARDO Se avessi un po' di buon senso, non ci troveremmo in questa situazione.

PAOLO Niente immondizia in giro! Sono un ecologista, io.
EMILY Pensavo che ti occupassi solo di film e computer.
PAOLO L'effetto serra è una cosa seria, Emily. Se non facciamo attenzione all'ambiente, rischiamo il riscaldamento globale.

RICCARDO Allora, com'è andata?
VIOLA Non ce l'ho fatta.
RICCARDO Che cosa volevi dirgli?
VIOLA Non capiresti.
RICCARDO Forse potrei.

EMILY Mia madre viene a Roma. Viaggeremo insieme per un mese.
MARCELLA Penso che sia un ottimo compromesso. Spero che tu ce la presenterai quando verrà a Roma.
EMILY Ho promesso che le preparerai gli spaghetti alla carbonara. Nel modo giusto. Non vedo l'ora di dirlo a Riccardo. Riccardo. Mi chiedo come sia andata a finire alla stazione.

VIOLA Volevo chiedergli scusa. Il treno per Milano era già partito.
RICCARDO Potremmo metterlo sul blog quando torniamo alla pensione.
VIOLA Sono una stupida, vero? ...Non sei costretto a rispondermi. Tu mi hai sempre detto quello che pensavi. Grazie.
RICCARDO Emily. (*Scrivendo un SMS*) Siamo arrivati troppo tardi.

Suggestion Have students scan the dialogue for words related to nature and the environment.

ATTIVITÀ

1 Completare Completa le seguenti frasi.

1. Riccardo e Viola hanno più probabilità di arrivare in tempo alla stazione se i treni sono ___in ritardo___.
2. Se Viola avesse un po' di ___buon senso___, lei e Riccardo non sarebbero in questa situazione.
3. Secondo Paolo, l' ___effetto serra___ è una cosa seria.
4. Se non si fa attenzione all'ambiente, si rischia il ___riscaldamento globale___.
5. Paolo ha proposto l'impianto di ___pannelli solari___.
6. Emily e sua madre viaggeranno per ___un mese___.
7. Viola voleva chiedere ___scusa___ a Lorenzo.
8. Riccardo pensa che Viola piaccia a Lorenzo perché è il suo ___opposto___.
9. Riccardo dice che Viola è sensibile e ___interessante___.
10. Viola pensa che Riccardo sia molto ___dolce___.

Practice more at **vhlcentral.com.**

Riccardo e Viola seguono Lorenzo alla stazione.

4

5

PAOLO Non mi piacerebbe avere un'amica che non si preoccupa dell'inquinamento e della deforestazione. Io e Caterina abbiamo proposto l'impianto di pannelli solari per la nostra scuola.

EMILY Caterina?

PAOLO È una ragazza che ho conosciuto durante un progetto di ecologia della scuola.

Alla stazione...

LUCIA Mi dispiace, scusa. Sto cercando il treno per Milano. Non ti ho visto.

LORENZO Non c'è di che. Lascia che... lascia che ti aiuti. Anch'io vado a Milano. Io sono Lorenzo.

LUCIA Lucia. Piacere di conoscerti.

LORENZO Dobbiamo sbrigarci se vogliamo prenderlo. Andiamo.

9

10

VIOLA Tra me e Lorenzo non avrebbe mai funzionato. Io l'ho sempre saputo. Aveva ragione Emily. Lui mi piaceva perché era attratto da me. Sono una stupida.

RICCARDO Non sei una stupida, Viola. Lorenzo deve ancora superare la storia con Francesca. Penso che tu gli piaccia perché sei il suo opposto.

VIOLA Non raffinata?

RICCARDO Non volevo dire questo. Sei così sensibile a volte. Tu sei molto interessante.

VIOLA Sei davvero molto dolce.

RICCARDO Era ora che te ne accorgessi.

VIOLA Andiamo.

Dopo la visione Ask students what they think of the **Fotoromanzo**'s conclusion. Is it what they were expecting? What do they think will happen now?

Espressioni utili

Imperfect subjunctive

- **prima che lo rompessi**
  until you broke it
- **se avessi un po' di buon senso**
  if you had some good sense
- **pensavo che ti occupassi di...**
  I thought you were interested in . . .
- **Era ora che te ne accorgessi.**
  It was about time you figured that out.

Additional vocabulary

- **Spero che ce la facciano.**
  I hope they make it.
- **Perché lo rincorri?**
  Why are you chasing him?
- **farlo ingolfare**
  to flood the motor
- **Lascia che ti aiuti.**
  Let me help you.
- **Non ce l'ho fatta.**
  I didn't make it.
- **compromesso**
  compromise
- **nel modo giusto**
  the right way
- **Mi chiedo come sia andata a finire.**
  I wonder how everything went.
- **Non sei costretto a rispondere.**
  You don't have to answer.
- **Lorenzo deve ancora superare la storia con Francesca.**
  Lorenzo still needs to get over the whole Francesca thing.
- **Non raffinata?**
  Not refined?

2 **Per parlare un po'** A coppie, immaginate che Viola e Lorenzo si siano incontrati in stazione. Che cosa si sono detti? Scrivete un dialogo in italiano di almeno 15 battute e presentatelo alla classe.
Answers will vary.

2 **Extra practice** Have students write a dialogue between two other characters who meet again after the semester in Rome is over.

3 **Approfondimento** Cerca una definizione della parola *ambientalismo*. Poi fai un elenco di alcuni problemi di cui si occupano gli ambientalisti e trova il nome di alcune associazioni ambientaliste italiane. Presenta la tua risposta alla classe.
Answers will vary.

3 **Suggestion** Write a list of what the students learned on the board.

risorse

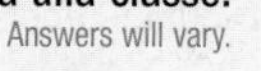

SAM
VM: pp. 47–48
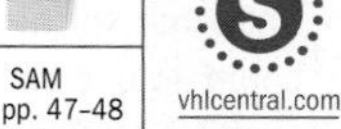
vhlcentral.com

ATTIVITÀ

CULTURA

Prima di leggere Have students brainstorm different types of renewable energy. Ask the class how these could best be used in the future.

IN PRIMO PIANO

Suggestion Explain the phrase **auto a metano**. Tell students that energy sources are usually expressed with the preposition **a**. Ex.: **Forno a legna**, **cucina a gas**, etc.

Un mondo più pulito

Il principale problema ambientale in Italia è sicuramente lo smog urbano causato dalle molte auto e, d'inverno, dal riscaldamento° delle case.

Le città cercano di prevenire in vari modi il superamento° del livello di gas tossici nell'atmosfera. In primo luogo° c'è la pratica delle targhe alterne°; cioè possono muoversi in città solo le macchine con la targa che finisce con un numero pari° durante i giorni pari del mese, mentre le auto con la targa con un numero dispari° circolano solo nei giorni dispari. Un'altra iniziativa è quella delle domeniche a piedi; cioè le domeniche, di solito in primavera, in cui è proibito usare l'auto in città. In questi giorni, in genere, gli autobus sono gratuiti e in centro sono organizzati eventi come gare° non competitive in bicicletta, bancarelle° gastronomiche e spettacoli in piazza. Lo scopo è quello di vedere la città da una prospettiva diversa e abituare° la gente a usare meno l'auto.

Anche lo Stato cerca di affrontare° il problema, offrendo incentivi economici a chi usa energie alternative. Per esempio, lo Stato paga una parte della spesa effettuata per l'acquisto di un'auto a metano° o l'installazione dei pannelli solari. Esiste anche un programma di sviluppo delle energie alternative, chiamato Libro Bianco, che punta° soprattutto sull'energia idroelettrica e geotermica. Attualmente° gli impianti° non producono molta energia, ma il Ministero dell'ambiente ha un programma per lo sviluppo delle tecnologie ambientali. Considerando che l'Italia è un paese vulcanico e termale e che le sorgenti geotermiche° sono sfruttate° sin dal 1827, l'obiettivo rimane quello di usare al meglio le risorse del paese.

riscaldamento *heating* **superamento** *surpassing* **In primo luogo** *In the first place* **targhe alterne** *alternating license plate numbers* **pari** *even* **dispari** *odd* **gare** *races* **bancarelle** *stands* **abituare** *to accustom* **affrontare** *to face* **acquisto** *purchase* **a metano** *natural gas-powered* **punta** *focuses* **Attualmente** *At the moment* **impianti** *power plants* **sorgenti geotermiche** *hot springs* **sfruttate** *exploited*

ATTIVITÀ

1 **Vero o falso?** Indica se l'affermazione è **vera** o **falsa**. Correggi le affermazioni false.

1. Il maggiore problema ambientale in Italia è lo smog. Vero.
2. In inverno il problema dello smog è meno grave. Falso. Anche in inverno il problema dello smog è grave.
3. A volte, nei mesi pari, circolano solo le auto con targhe pari, mentre nei mesi dispari circolano le auto con targhe dispari. Falso. Nei giorni pari circolano le targhe pari, mentre nei giorni dispari circolano le targhe dispari.
4. Nelle domeniche a piedi è proibito usare tutti i mezzi di trasporto come auto, biciclette e autobus. Falso. È proibito usare solo l'auto.
5. Le domeniche a piedi sono organizzate per abituare la gente a usare meno l'auto. Vero.
6. Lo Stato offre incentivi a chi usa energie alternative. Vero.
7. Se uno decide di installare dei pannelli solari a casa sua, lo Stato paga tutta la spesa. Falso. Lo Stato paga una parte della spesa.
8. Gli impianti idroelettrici e geotermici in Italia producono molta energia. Falso. Producono ancora poca energia.
9. L'Italia è un paese ricco di acque termali ed energia geotermica. Vero.
10. L'energia geotermica è sfruttata in Italia sin dal 1827. Vero.

Practice more at **vhlcentral.com**.

L'italiano quotidiano Explain the difference between **smaltire** and **riciclare**. Which materials can be recycled and which must be disposed of?

L'ITALIANO QUOTIDIANO

L'igiene pubblica

la discarica	*dump*
il/la netturbino/a	*garbage collector*
le scorie	*waste*
buttare via	*to throw away*
conservare	*to preserve*
depurare	*to purify*
gettare	*to throw*
sbarazzarsi di	*to get rid of*
smaltire	*to drain; to dispose of*

USI E COSTUMI

Raccolta differenziata

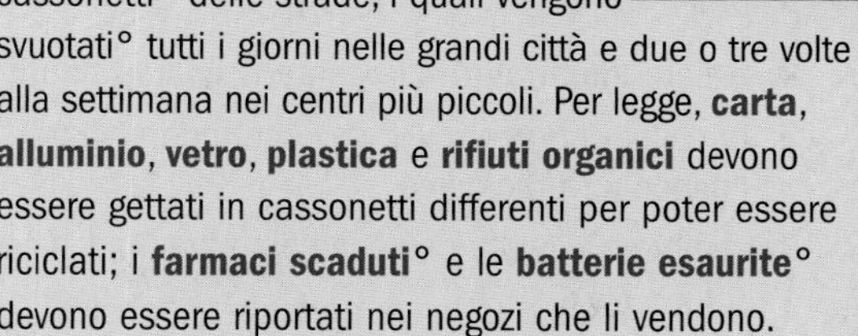

La raccolta° dei rifiuti in Italia è organizzata diversamente in ogni città. Generalmente i rifiuti sono gettati nei cassonetti° delle strade, i quali vengono svuotati° tutti i giorni nelle grandi città e due o tre volte alla settimana nei centri più piccoli. Per legge, **carta**, **alluminio**, **vetro**, **plastica** e **rifiuti organici** devono essere gettati in cassonetti differenti per poter essere riciclati; i **farmaci scaduti**° e le **batterie esaurite**° devono essere riportati nei negozi che li vendono.

I risultati di questa politica sono incoraggianti°: in alcune zone il 40% dei rifiuti è riciclato, ma resta ancora molto da fare. Per questo lo Stato punta sull'educazione e organizza nelle scuole delle campagne per sensibilizzare° i giovani al problema e creare così un futuro più ecologico.

raccolta *pick-up* **cassonetti** *garbage bins* **svuotati** *emptied*
farmaci scaduti *expired medication* **esaurite** *used*
incoraggianti *encouraging* **sensibilizzare** *to sensitize*

RITRATTO

Slow food

L'associazione Slow food, fondata da **Carlo Petrini**, nasce in Italia nel 1986 e con il suo nome vuole criticare la cultura della velocità tipica della vita moderna. Infatti, l'associazione cerca di promuovere° la qualità del cibo e il piacere di vivere con calma. Le sue attività comprendono l'informazione per una dieta sana, la difesa delle diverse tradizioni alimentari del mondo e la promozione di coltivazioni° rispettose dei ritmi naturali.

L'idea è che dietro un buon piatto ci sono scelte° fatte nei campi, nelle scuole e nella politica. Slow food così è organizzata in «presidi°». Ogni «presidio» è un progetto per la protezione di produzioni alimentari minacciate° dal degrado ambientale o dall'agricoltura massiva. Oltre ai presidi, Slow food pubblica una rivista sulla biodiversità e sui vari temi eco-gastronomici.

I prodotti dei presidi Slow food sono riconoscibili° per il marchio della chiocciola°, animale lento, ma capace per questo di godersi la vita°.

promuovere *promote* **coltivazioni** *farming* **scelte** *choices* **presidi** *defenses*
minacciate *threatened* **riconoscibili** *identifiable* **chiocciola** *snail* **godersi la vita** *to enjoy life*

SU INTERNET

Quali sono i principali presidi Slow food?

Go to **vhlcentral.com** to find more information related to this **CULTURA**.

2 Completare Completa le frasi.

1. Slow food nasce in Italia nel 1986.
2. Slow food pubblica una rivista sulla biodiversità.
3. Il simbolo di Slow food è una chiocciola.
4. In Italia, per legge, carta, alluminio, vetro e rifiuti organici devono essere riciclati.
5. Le batterie esaurite e i farmaci scaduti devono essere riportati al negozio che li ha venduti.

3 A voi A coppie, discutete le seguenti domande. Answers will vary.

1. Come viene affrontato nella tua città il problema dello smog?
2. Esiste la raccolta differenziata nella tua città? Com'è organizzata?
3. Esistono programmi per sensibilizzare i giovani ai problemi ambientali negli Stati Uniti?

ATTIVITÀ

STRUTTURE

NATIONAL comparisons STANDARDS

12B.1 The imperfect and the past perfect subjunctive

Punto di partenza Like the indicative mood, the subjunctive mood has multiple tenses to talk about the past.

- The **congiuntivo imperfetto** (*imperfect subjunctive*) is used in the same situations as the present subjunctive, except that the verb in the main clause is in the past or the conditional.

PRESENT	PRESENT SUBJUNCTIVE	PAST	IMPERFECT SUBJUNCTIVE
È bene che lei non **faccia** la pendolare.		**Era** bene che lei non **facesse** la pendolare.	
It's good that she doesn't ***commute****.*		***It was*** *good that she didn't* ***commute.***	

- The pattern of conjugation is identical for verbs ending in **-are**, **-ere**, and **-ire**. Drop the **-re** to form the stem and add the imperfect subjunctive endings. Note that the **io** and **tu** endings are identical.

Congiuntivo imperfetto

	parlare	leggere	dormire
io	parlassi	leggessi	dormissi
tu	parlassi	leggessi	dormissi
Lei/lui/lei	parlasse	leggesse	dormisse
noi	parlassimo	leggessimo	dormissimo
voi	parlaste	leggeste	dormiste
loro	parlassero	leggessero	dormissero

- While all verbs have the same endings, a few common verbs have irregular stems. **Suggestion** Emphasize verb forms in this presentation. Sequencing will be taught in the next presentation.

Irregular verbs in the *congiuntivo imperfetto*

essere	dare	stare	bere	dire	fare
fossi	dessi	stessi	bevessi	dicessi	facessi
fossi	dessi	stessi	bevessi	dicessi	facessi
fosse	desse	stesse	bevesse	dicesse	facesse
fossimo	dessimo	stessimo	bevessimo	dicessimo	facessimo
foste	deste	steste	beveste	diceste	faceste
fossero	dessero	stessero	bevessero	dicessero	facessero

- Use the imperfect subjunctive when the action in the subordinate clause takes place at the same time as or later than a past-tense or conditional action in the main clause.

Eri stupito che ci **fosse** tanto smog?
Were you *amazed that there* ***was*** *so much smog?*

Mia moglie **preferirebbe** che io **comprassi** una macchina ibrida.
My wife ***would prefer*** *that I* ***buy*** *a hybrid car.*

Suggestion Point out that since the **io** and **tu** forms of the imperfect subjunctive are the same, a subject pronoun is sometimes necessary for clarity.

PRATICA

1 Completare Scrivi la forma corretta del congiuntivo trapassato per completare le frasi seguenti.

1. Tu avresti voluto che io ___fossi stato/a___ (essere) più responsabile sul mio lavoro.
2. Sarebbe stato bello se tu ___avessi potuto___ (potere) giocare a calcio con loro.
3. Avrei voluto che Daniele ___avesse visto___ (vedere) com'è Carla veramente!
4. I nostri genitori erano stati felici che noi ___avessimo scritto___ (scrivere) loro ogni settimana.
5. Avremmo potuto accendere il fuoco sulla spiaggia se non ___fosse piovuto___ (piovere).
6. Sarebbe stata una cosa buona se voi ___aveste comprato___ (comprare) una macchina ibrida.

2 Trasformare Usa gli indizi dati per scrivere frasi al passato usando il congiuntivo imperfetto.
Answers may vary slightly. Sample answers are provided.

MODELLO
i miei amici essere felici / la fabbrica non inquinare il fiume
I miei amici erano felici che la fabbrica non inquinasse il fiume.

1. essere importante / la gente riciclare i rifiuti
   Era importante che la gente riciclasse i rifiuti.
2. io essere contento / il governo incoraggiare l'agricoltura biologica
   Io ero contento/a che il governo incoraggiasse l'agricoltura biologica.
3. sembrare / molte persone comprare macchine ibride
   Sembrava che molte persone comprassero le macchine ibride.
4. essere bene / la legge proteggere l'ecologia
   Era bene che la legge proteggesse l'ecologia.
5. tutti essere preoccupati / lo smog aumentare
   Tutti erano preoccupati che lo smog aumentasse.
6. i cittadini sperare / tu trovare una soluzione
   I cittadini speravano che tu trovassi una soluzione.

3 Creare Usa le espressioni elencate per creare frasi con il congiuntivo imperfetto o il congiuntivo trapassato. Answers will vary.

MODELLO l'energia termica
Ero contenta che la fabbrica usasse/avesse usato l'energia termica.

1. il riciclaggio
2. l'impianto nucleare
3. il disboscamento
4. lo smog
5. la coscienza ambientale
6. i rifiuti

3 Expansion Have groups of three students list these problems in order of seriousness and share their lists with the class.

 Practice more at **vhlcentral.com.**

4 Expansion Have students use these questions to survey their classmates.

COMUNICAZIONE

4 Cosa ti piacerebbe? Lavorate a coppie. Fatevi a turno le seguenti domande usando il congiuntivo imperfetto. Non limitate le vostre risposte a «sì» e «no»; dite anche perché. Answers will vary.

1. Secondo te, sarebbe più importante che la gente riciclasse la carta o la plastica?
2. Cosa vorresti che le fabbriche facessero per aiutare l'ambiente?
3. Secondo te, sarebbe importante che tutti comprassero macchine ibride?
4. Vorresti che la legge obbligasse i cittadini a fare solo agricoltura biologica?
5. Quale tipo di energia sarebbe bene che la gente non usasse?
6. Secondo te, sarebbe meglio che ci fossero più soluzioni per l'effetto serra?

5 Successi passati A coppie, date la vostra opinione su vari temi che sono accaduti nella vostra città nel passato. Usate la lista e il congiuntivo trapassato. Answers will vary.

5 Expansion Have groups of four students create a poster detailing possible solutions for one of the problems listed.

MODELLO

controllo governativo (*governmental*) sull'inquinamento
Era bene che trenta anni fa ci fosse già stato un controllo governativo sull'inquinamento.

Espressioni	Temi
Era bene	agricoltura biologica
Era impossibile che	leggi sull'ambiente
Era necessario	riciclaggio
Peccato che	buco (*hole*) dell'ozono
Sembrava che	rifiuti tossici
Speravo che	camion della nettezza urbana

6 Rimpianti Scrivi tre cose relative all'ambiente che vorresti vedere diverse. Poi, in gruppi di tre, paragonate a turno i vostri rimpianti (*regrets*). Decidete quali sono i tre rimpianti principali e poi parlatene come classe. Answers will vary.

MODELLO

S1: *Vorrei che le persone riciclassero di più.*
S2: *Vorrei che il governo…*

Suggestion Explain that the present and imperfect subjunctive are simple tenses, while the past and past perfect subjunctive are compound tenses (like their indicative counterparts).

Il congiuntivo trapassato

The **congiuntivo trapassato** (*past perfect subjunctive*) is used in the same situations as the past subjunctive, except that the main clause is in the past or the conditional.

- Form the **congiuntivo trapassato** with the imperfect subjunctive of **essere** or **avere** + [*past participle*].

Congiuntivo trapassato

	parlare	andare
io	avessi parlato	fossi andato/a
tu	avessi parlato	fossi andato/a
Lei/lui/lei	avesse parlato	fosse andato/a
noi	avẹssimo parlato	fọssimo andati/e
voi	aveste parlato	foste andati/e
loro	avẹssero parlato	fọssero andati/e

- Use the past perfect subjunctive when the action in the subordinate clause takes place *before* the action in the main clause.

Aveva paura che i bambini **avessero** già **buttato** i rifiuti nel parco.
*She was afraid that the children **had** already **littered** in the park.*

Pensavano che l'inquinamento **avesse** già **contribuito** all'effetto serra?
*Did they **think** that pollution **had** already **contributed** to the greenhouse effect?*

- The past perfect subjunctive functions in a similar way to the past subjunctive. Compare the following examples.

PRESENT	CONGIUNTIVO PASSATO	PAST	CONGIUNTIVO TRAPASSATO
Sei felice che **abbiano usato** l'energia solare? ***Are you** happy that **they used** solar energy?*		**Eri** felice che **avessero usato** l'energia solare? ***Were you** happy that **they had used** solar energy?*	

- Remember to use **di** + [*infinitive*] if there is no change of subject.

Avevano bisogno **di riciclare**?
*Did they need **to recycle**?*

Temevo **di avere sprecato** l'acqua.
*I was afraid **I had wasted** water.*

Provalo! Completa la tabella con le forme mancanti del congiuntivo imperfetto.

	giocare	bere	dormire
1. io	giocassi	*bevessi*	dormissi
2. tu	giocassi	bevessi	dormissi
3. Lei/lui/lei	giocasse	bevesse	dormisse
4. noi	giocassimo	bevessimo	dormissimo
5. voi	giocaste	beveste	dormiste
6. loro	giocassero	bevessero	dormissero

NATIONAL comparisons STANDARDS

12B.2 Tense correlations with the subjunctive

Punto di partenza You have learned that the tense of the subjunctive depends on the tense of the verb used in the main clause. For any verb tense used in the main clause, the tense of the subordinate clause depends on when the actions take place in relation to one another. Here are some guidelines to help you choose which subjunctive tense to use in each situation.

- These are the possibilities for sentences whose main clauses use the present, future, or (less commonly) imperative form.

MAIN CLAUSE	SUBORDINATE CLAUSE
presente **futuro** **imperativo**	**congiuntivo presente** *if concurrent with or after main clause* **congiuntivo passato** *if before main clause*

- If the action of the subordinate clause is concurrent with or happens after that of the main clause, use the **congiuntivo presente**. If the action occurs before that of the main clause, use the **congiuntivo passato**.

MAIN CLAUSE	SUBORDINATE CLAUSE
Penso *I think*	che la legge **migliori** l'ambiente. *that the law* ***is improving/will improve*** *the environment.* che la legge **abbia migliorato** l'ambiente. *that the law* ***has improved*** *the environment.*

- These are the possibilities for sentences whose main clauses use either a past tense or the conditional.

MAIN CLAUSE	SUBORDINATE CLAUSE
passato prossimo **imperfetto** **trapassato** **condizionale presente** **condizionale passato**	**congiuntivo imperfetto** *if concurrent with or after main clause* **congiuntivo trapassato** *if before main clause*

- If the action of the subordinate clause is concurrent with or happens after that of the main clause, use the **congiuntivo imperfetto**. If the action occurs before that of the main clause, use the **congiuntivo trapassato**.

MAIN CLAUSE	SUBORDINATE CLAUSE
Pensavo *I thought*	che la legge **migliorasse** l'ambiente. *that the law* ***improved*** *the environment.* che la legge **avesse migliorato** l'ambiente. *that the law* ***had improved*** *the environment.*

Suggestion To demonstrate tense sequencing, write several versions of the same sentence on the board and ask students to explain the different meanings.

PRATICA

1 Associare Associa la prima parte delle frasi con la conclusione più logica.

1. Non credevo che in inverno il sole _e_
2. Potremmo fare una gita sul lago _h_
3. Non è possibile che i politici _d_
4. Per ridurre l'inquinamento sarebbe bene che noi tutti _b_
5. Se oggi c'è il sole _g_
6. Credevo che questi uccelli _f_
7. Se non avessimo praticato l'agricoltura biologica _a_
8. Comprerebbe una macchina ibrida _c_

a. i pomodori non sarebbero così saporiti.
b. guidassimo solo macchine ibride.
c. se costasse di meno.
d. non propongano più leggi per l'ambiente.
e. tramontasse così presto.
f. non fossero sopravvissuti al freddo di questa regione.
g. vuoi venire in campagna con noi?
h. se facesse bel tempo.

2 Completare Usa l'indicazione temporale, che spiega quando si svolge l'azione subordinativa relativa all'azione principale, per scegliere la forma corretta del congiuntivo del verbo indicato.

MODELLO

Non credevo che noi *avessimo* (avere) tanta fortuna. [*future*]

1. Spero che Luigi _sia arrivato_ (arrivare) senza problemi. [*past*]
2. Volevo che tu mi _aiutassi_ (aiutare). [*concurrent*]
3. Sarà divertente benché _piova_ (piovere). [*future*]
4. Non credi che io _vada_ (andare) a quella riunione. [*future*]
5. Eri sicuro che i miei amici non _avessero telefonato_ (telefonare)? [*past*]
6. Davvero pensava che loro _fossero_ (essere) disonesti? [*concurrent*]
7. L'erba era verde nonostante non _fosse piovuto_ (piovere) da un mese. [*past*]
8. Sembrava che i volontari _lavorassero_ (lavorare) anche il fine settimana. [*concurrent*]

 Practice more at **vhlcentral.com.**

COMUNICAZIONE

3 **Bene e male** Lavorate a coppie e create delle frasi che comincino con **(Non) Penso che...** Date la vostra opinione su fatti che aiutano o danneggiano (*harm*) l'ambiente. Usate il congiuntivo presente o il congiuntivo passato nelle vostre risposte a seconda della situazione. Answers will vary.

MODELLO

S1: *Penso che più persone usino i mezzi di trasporto pubblico oggi che vent'anni fa.*
S2: *Non penso che molte persone abbiano già comprato macchine ibride.*

4 **Nel passato** A coppie, completate le frasi seguenti usando o il congiuntivo imperfetto o il congiuntivo trapassato. Answers will vary.

MODELLO Abbiamo deciso di usare l'energia solare...

S1: *Abbiamo deciso di usare l'energia solare sebbene costi di più.*
S2: *Abbiamo deciso di usare l'energia solare sebbene il cielo sia stato coperto negli ultimi mesi.*

4 Suggestion Have students write their sentences down to better grasp the tense sequencing.

1. Abbiamo fatto i pendolari per due mesi...
2. Ha proposto una soluzione...
3. Avete combattuto per la situazione ambientale...
4. Hanno buttato i rifiuti nel lago...
5. Hai ignorato il pericolo...
6. Ho denunciato (*reported*) la fabbrica...

5 **E se...?** Completa queste frasi. Poi, in gruppi di tre, paragonate le vostre risposte per vedere quanto avete in comune. Answers will vary.

MODELLO Se io avessi comprato una macchina ibrida...

...non spenderei così tanti soldi in benzina.

Situazioni reali:

1. Se tutti rispetteranno la foresta...
2. Se noi facciamo una passeggiata su quel sentiero...

Situazioni ipotetiche:

3. Se il governo spendesse più soldi per l'ambiente...
4. Se al mercato si vendessero solo prodotti biologici...

Situazioni impossibili:

5. Se le fabbriche avessero costruito camion della nettezza ibridi...
6. Se tutte le famiglie del quartiere avessero usato pannelli solari...

Extra practice Have students work in groups of five or six to create a chain of sentences starting with an *if*-clause and the words used in the previous sentence's subordinate clause. Ex.: **Se potessi andrei in Italia. Se andassi in Italia mangerei tanto gelato. Se mangiassi tanto gelato mi ammalerei...**

Suggestion Reinforce *if*-clauses using the conditional by asking students to complete sentences such as: **Se vincessi la lotteria...**

Se and the subjunctive

Use the conjunction **se** (*if*) to create complex sentences. In **Lezione 7A**, you learned to use the future in both the *if*-clause (beginning with **se**) and the independent clause. Use the chart below to determine which verb forms to use with other types of *if*-clauses.

	IF-CLAUSE		INDEPENDENT CLAUSE
se +	presente	▶	presente, futuro, imperativo
	congiuntivo imperfetto congiuntivo trapassato	▶	condizionale presente, condizionale passato

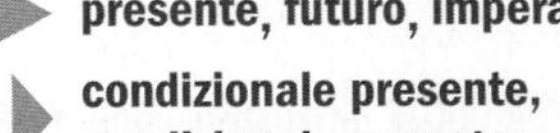

- To describe real or likely situations, use the indicative mood in the *if*-clause and the present or future indicative or the imperative in the independent clause. Note that when the *if*-clause is in the future, the independent clause must also be in the future.

Ci **sarà** una catastrofe se **continuiamo** a inquinare.
*There **will be** a catastrophe if **we continue** to pollute.*

Se **useremo** l'energia solare, **aiuteremo** l'ambiente.
*If **we use** solar energy, **we will help** the environment.*

- To describe a hypothetical situation, use the **congiuntivo imperfetto** in the *if*-clause and the conditional or past conditional in the independent clause.

Se tutti **andassero** in bicicletta, ci **sarebbe** tanto smog?
*If everyone **traveled** by bike, **would** there **be** so much smog?*

Avrebbe comprato i pannelli solari se non **avessero costato** tanto.
***He would have bought** solar panels if **they didn't cost** so much.*

- To describe impossible or contrary-to-fact situations, use the **congiuntivo trapassato** in the *if*-clause, and the conditional or past conditional in the independent clause.

Se **avessi proposto** una soluzione, non **avremmo** questi problemi.
*If **you had proposed** a solution, **we wouldn't have** these problems.*

Non **avrei sprecato** i soldi per la benzina se **fossi andata** a piedi.
***I wouldn't have wasted** the money on gas if **I had walked**.*

Suggestion Explain that the *if*-clause can be at the beginning or at the end of a sentence. Ex.: **Se piove non vado in piscina./Non vado in piscina se piove.**

Provalo! **Completa ogni frase con la forma corretta del congiuntivo.**

1. È bene che la tua famiglia (iniziasse / abbia iniziato) ad usare i pannelli solari.
2. Temevo che lo smog (fosse / sia stato) peggiorato.
3. Ho paura che le fabbriche (inquinino / inquinassero) i fiumi.
4. Pensavo che il problema (sia risolto / fosse stato risolto).
5. Non è possibile che Giorgio (facesse / abbia fatto) il pendolare per dieci anni!
6. Spero veramente che la città (avesse trovato / trovi) presto una soluzione a questo problema.

Ricapitolazione

4 Expansion Have students describe the pictures in detail before giving their opinions.

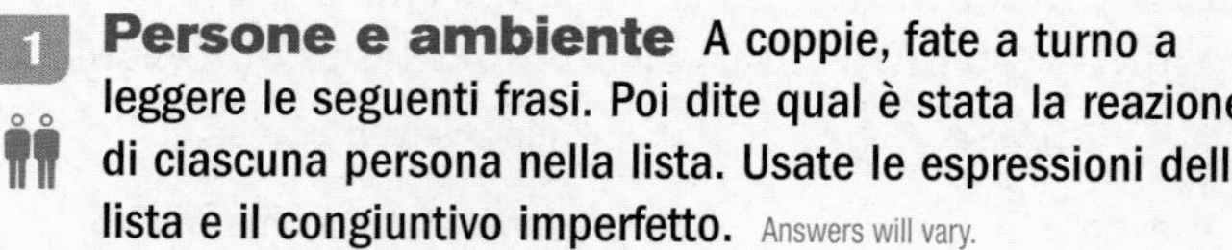

1 Persone e ambiente

A coppie, fate a turno a leggere le seguenti frasi. Poi dite qual è stata la reazione di ciascuna persona nella lista. Usate le espressioni della lista e il congiuntivo imperfetto. Answers will vary.

MODELLO Si costruiscono nuove case nel deserto.

S1: *L'agente immobiliare era contento che si costruissero nuove case nel deserto.*
S2: *L'elettricista era sorpreso che...*

1 Expansion Have students use complex sentences to explain each person's reaction.

agente immobiliare	elettricista	pendolare
agricoltori	famiglie	sindaco
cittadini	governo	volontari

1. Hanno cancellato molti treni venerdì.
2. Le fabbriche hanno prodotto molti rifiuti tossici.
3. Molte persone hanno comprato macchine ibride.
4. I bambini non hanno inquinato la natura.
5. I turisti non hanno riciclato i rifiuti.
6. Hanno aumentato i prezzi dei prodotti biologici.

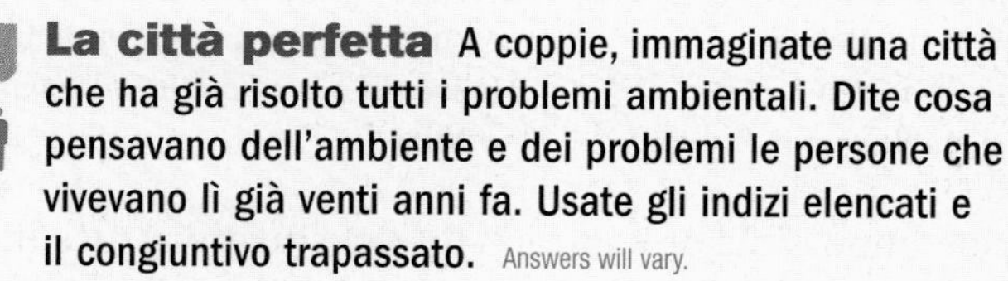

2 La città perfetta

A coppie, immaginate una città che ha già risolto tutti i problemi ambientali. Dite cosa pensavano dell'ambiente e dei problemi le persone che vivevano lì già venti anni fa. Usate gli indizi elencati e il congiuntivo trapassato. Answers will vary.

MODELLO

I leader politici avevano paura che i problemi ambientali della città fossero aumentati troppo velocemente.

1. Tutti pensavano che...
2. I residenti non credevano che...
3. Il sindaco aveva paura che...
4. Gli ingegneri e gli architetti erano felici che...
5. I proprietari delle fabbriche erano tristi che...
6. I giovani temevano che...

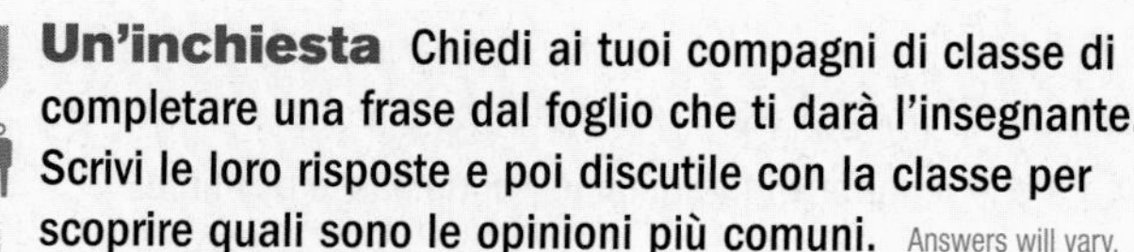

3 Un'inchiesta

Chiedi ai tuoi compagni di classe di completare una frase dal foglio che ti darà l'insegnante. Scrivi le loro risposte e poi discutile con la classe per scoprire quali sono le opinioni più comuni. Answers will vary.

MODELLO

S1: *Come sarebbe se tutti avessero meno figli?*
S2: *Se tutti avessero meno figli, non ci sarebbe il problema della sovrappopolazione.*

4 Felice o triste

A coppie, guardate le foto ed esprimete un'opinione positiva o negativa. Usate il congiuntivo passato o il congiuntivo trapassato. Answers will vary.

MODELLO

S1: *Sono contenta che la gente abbia deciso di prendersi cura del lago.*
S2: *Peccato che non ci siamo mai stati.*

1.

2.

3.

4.

5.

6.

5 Soluzioni

A coppie, immaginate un gruppo di studenti che vogliono salvare l'ambiente. Completate ogni frase per dire che cosa ha fatto ogni persona per aiutare. Usate il congiuntivo imperfetto o il congiuntivo trapassato. Answers will vary.

MODELLO Elena ha piantato molti alberi in modo che...

Elena ha piantato molti alberi in modo che ci fosse più natura in città.

1. Paolo e Gloria hanno parlato del riciclaggio affinché...
2. Loretta ha aiutato a pulire il parco nonostante...
3. Tu pensavi di partecipare alla conferenza sul riscaldamento globale a condizione che...
4. Io e Veronica abbiamo lavorato come volontari alla fattoria senza che...
5. Mario ha proposto un'ottima soluzione a tutti i problemi per quanto...
6. Patrizia ha accettato di studiare la pioggia acida purché...

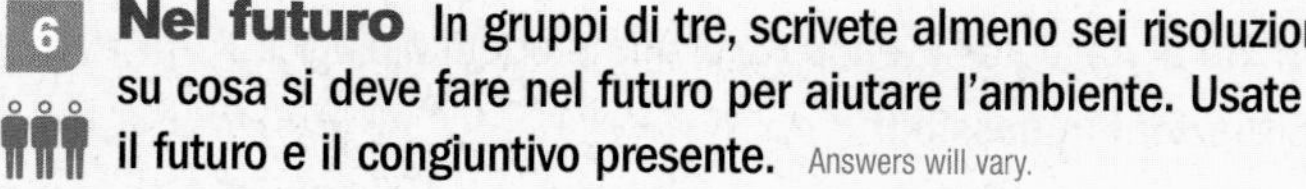

6 Nel futuro

In gruppi di tre, scrivete almeno sei risoluzioni su cosa si deve fare nel futuro per aiutare l'ambiente. Usate il futuro e il congiuntivo presente. Answers will vary.

MODELLO

Nel futuro insisteremo affinché la mensa ricicli tutta la carta e la plastica che usa.

7 **Se solo...** Fai una lista di cinque cose che avresti voluto fare durante la tua carriera accademica, basandoti sui disegni. Poi, in gruppi di quattro, condividete le vostre frasi. Avete le stesse idee? Answers will vary.

MODELLO

S1: *Se avessi studiato invece di giocare avrei preso ottimi voti.*

1.

2.

3.

4.

5.

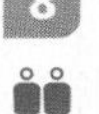

8 **Ipotesi** Lavorate a coppie. L'insegnante vi darà due fogli diversi, ciascuno con metà delle informazioni su Caterina e la sua mamma. A turno, fatevi domande su Caterina e create ipotesi su cosa farebbe la mamma se Caterina facesse le attività indicate. Answers will vary.

MODELLO

S1: *Se Caterina prendesse l'aereo...*
S2: *...la sua mamma vorrebbe che telefonasse dall'aeroporto.*

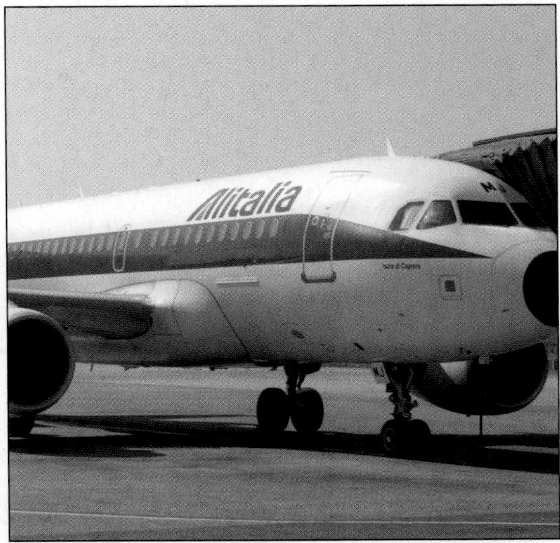

Il mio di·zio·na·rio

Aggiungi al tuo dizionario personalizzato cinque parole relative alla natura e all'ambiente.

siccità

traduzione
drought

categoria grammaticale
sostantivo (f.)

uso
Non ha piovuto per tre mesi e la siccità sta creando problemi a piante e animali.

sinonimi
aridità

antonimi
piovosità

Il mio dizionario Encourage students to bring their personalized dictionaries to class. Have students work in pairs to share new terms and expressions they have learned while compiling their dictionaries.

risorse

SAM WB: pp. 183–186	SAM LM: pp. 105–106	vhlcentral.com

Panorama

Il Mezzogiorno

Abruzzo

Suggestion Call on students to read the statistics aloud.

- **Superficie:** *10.795 km²* ▶ **Popolazione:** *1.314.213*
- **Città principali:** *Pescara, L'Aquila, Chieti*
- **La gente:** ***Benedetto Croce**, filosofo (1866–1952)*

Molise

- **Superficie:** *4.438 km²* ▶ **Popolazione:** *312.686*
- **Città principali:** *Campobasso, Termoli, Isernia*
- **La gente:** ***Benito Jacovitti**, fumettista° (1923–1997)*

Campania

- **Superficie:** *13.590 km²* ▶ **Popolazione:** *5.764.485*
- **Città principali:** *Napoli, Salerno, Caserta*
- **La gente:** ***Antonio «Totò» De Curtis**, attore (1898–1967)*

Puglia

Suggestion Have students choose one of the regions to research for homework.

- **Superficie:** *19.366 km²* ▶ **Popolazione:** *4.076.546*
- **Città principali:** *Bari, Taranto, Foggia*
- **La gente:** ***Aldo Moro**, politico (1916–1978)*

Basilicata

- **Superficie:** *9.994 km²* ▶ **Popolazione:** *574.801*
- **Città principali:** *Potenza, Matera, Pisticci*
- **La gente:** ***Isabella Morra**, poetessa (1520–1546)*

Calabria

- **Superficie:** *15.080 km²* ▶ **Popolazione:** *1.956.446*
- **Città principali:** *Reggio Calabria, Catanzaro, Lamezia Terme*
- **La gente:** ***Donatella Versace**, stilista (1955–)*

il Duomo di Amalfi

la bellezza naturale di Capri

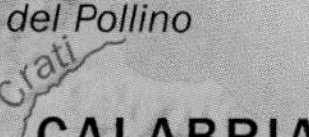

i limoni

Incredibile ma vero!

Il Vesuvio è un vulcano attivo che si trova a Napoli. L'eruzione nel 79 d.C. ha distrutto completamente le città di Pompei, Ercolano e Stabia. Queste città sono state sepolte° da sei metri di ceneri° e sono state riscoperte molti secoli dopo. L'ultima eruzione è avvenuta° nel 1944 e da allora il vulcano è in fase dormiente°.

fumettista *comic book writer* **sepolte** *buried* **ceneri** *ashes*
è avvenuta *occurred* **dormiente** *dormant*

La storia

L'influenza greca in Italia

In Basilicata due esempi di influenza greca sono Metaponto e Policoro. Metaponto è stata fondata dai greci nel VII secolo a.C. Oggi è una meta balneare° che attrae molti turisti in estate. L'attrazione maggiore è il tempio di Hera, di cui rimangono ancora in piedi 16 delle 36 enormi colonne doriche°. Anche l'area di Policoro è stata costruita nel VII secolo a.C. da greci provenienti dall'Asia Minore. Da non perdere sono il Parco Archeologico, il Santuario di Demetra e il tempio di Dionisio.

Suggestion Have groups of four students discuss the articles. Each student is responsible for reading and summarizing his/her article to the rest of the group.

La gente

Il sogno di tutte le donne

Rodolfo Valentino è nato nel 1895 in Puglia ed è vissuto in Italia fino al 1913. A 18 anni parte per l'America, ma solo nel 1919 inizia la sua carriera di attore. Valentino diventa in poco tempo una star del cinema muto° e tantissime donne lo adorano e lo identificano con l'amante ideale. Tra i suoi film più famosi ci sono *I quattro cavalieri dell'Apocalisse*° (1921), *Sangue e arena*° (1922) e *Il figlio dello sceicco*° (1926). Valentino muore nel 1926 a soli 31 anni.

Il lavoro

Un'economia basata sulla pesca

Una parte importante dell'economia del Sud d'Italia è la pesca°. Alcuni piccoli villaggi dipendono completamente dal pesce, in un rapporto di amore-odio° per il mare e i suoi frutti. I pesci più comuni in questa zona sono pesce spada, tonno, sardine, alici, sgombri, spigole, orate, ostriche e mitili°. Nel passato i pescatori lungo l'Adriatico usavano i «trabocchi», lunghe piattaforme con grosse reti° sorrette° da corde° e carrucole°. Oggi i trabucchi sono considerati vere opere d'arte e attrazioni turistiche.

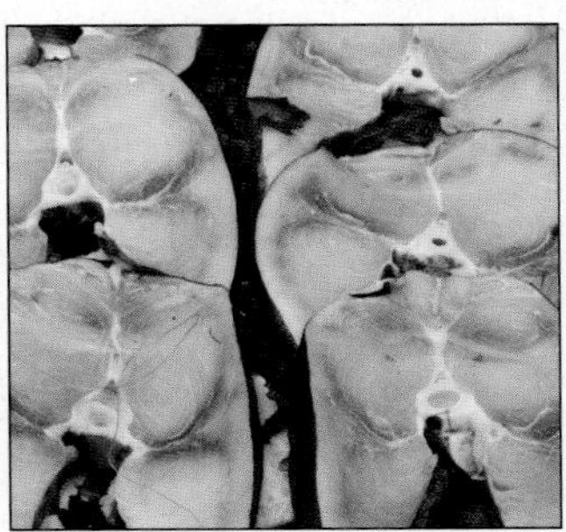

La gastronomia

Un olio d'oliva davvero speciale

L'Italia è uno dei maggiori produttori di olio in Europa e nel mondo, con più di 460.000 tonnellate° di olio d'oliva l'anno. Puglia, Calabria e Sicilia producono il 90% di tutto l'olio italiano. Inoltre, l'Italia produce oli di altissima qualità. Ci sono 37 oli DOP (denominazione di origine protetta) in Italia e il 40% degli oli DOP nella Comunità Europea sono oli italiani. L'olio, più usato nella cucina del sud che in quella del nord, ha più calorie del burro, ma, al contrario del burro, ha meno grassi saturi e non ha colesterolo.

Quanto hai imparato? Completa le frasi.

1. Nel 79 d.C. il Vesuvio ha distrutto le città di ___Pompei, Ercolano e Stabia___.
2. L'ultima eruzione del Vesuvio è stata nel ___1944___.
3. Metaponto e Policoro sono state fondate nel VII secolo a.C. dai ___Greci___.
4. A Metaponto si possono ancora vedere 16 ___colonne doriche___ del Tempio di Era.
5. Rodolfo Valentino era una star del cinema ___muto___.
6. Nel 1921 Valentino ha fatto il film ___I quattro cavalieri dell'Apocalisse___.
7. La ___pesca___ è molto importante nell'economia del Sud d'Italia.
8. I ___trabocchi___ erano usati nel passato per pescare.
9. La maggior parte dell'olio italiano è prodotto in ___Puglia, Calabria e Sicilia___.
10. In Italia ci sono ___trentasette___ oli DOP.

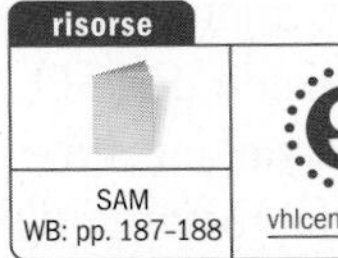

Practice more at **vhlcentral.com.**

SU INTERNET

Go to vhlcentral.com to find more cultural information related to this **Panorama**.

1. Sai perché il Sud d'Italia è chiamato «Il Mezzogiorno»? Cerca una spiegazione su Internet.
2. Cerca informazioni sulla famiglia Versace, la loro casa di moda, le relazioni con l'America e il tipo di vestiti caratteristici delle loro collezioni.
3. La storia del monte Vesuvio è affascinante e allo stesso tempo terribile. Cerca informazioni sulle eruzioni e sul rapporto che gli abitanti della zona hanno con il vulcano.

meta balneare *beach destination* **colonne doriche** *Doric columns* **muto** *silent* **I quattro cavalieri dell'Apocalisse** *The Four Horsemen of the Apocalypse* **Sangue e arena** *Blood and Sand* **Il figlio dello sceicco** *The Son of the Sheik* **pesca** *fishing* **rapporto di amore-odio** *love-hate relationship* **pesce spada, tonno, sardine, alici, sgombri, spigole, orate, ostriche e mitili** *swordfish, tuna, sardines, anchovies, mackerel, bass, sea bream, oysters, and mussels* **reti** *nets* **sorrette** *held* **corde** *ropes* **carrucole** *pulleys* **tonnellate** *tons (one thousand kilograms)*

Lettura

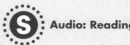

Audio: Reading

Prima di leggere

STRATEGIA

Summarizing a text in your own words

Summarizing a text in your own words can help you understand it better. Before summarizing a text, you may find it helpful to skim it and jot down a few notes about its general meaning. You can then read the text again, writing down the important details. Your notes will help you summarize what you have read. If the text is particularly long, you may want to subdivide it into smaller segments so that you can summarize it more easily.

Suggestion Divide the class into five groups. Assign each group a paragraph (or two, if they are shorter) from the text. Call on the groups in order, and have them summarize their paragraphs for the class.

Esamina il testo

Leggi il titolo di questo brano e guarda velocemente il testo. Leggi la prima frase di ogni paragrafo. Secondo te, di che cosa parla il testo? Quali parole o frasi te lo fanno pensare?

L'autore

Umberto Eco

Umberto Eco è nato ad Alessandria nel 1932. Si è laureato all'Università di Torino in filosofia e da allora è sempre stato molto attivo come consulente editoriale°, professore e scrittore di saggi°, riviste e romanzi. Eco ha ricevuto molti titoli onorifici° da parte delle università di tutto il mondo, dove ha tenuto diversi corsi. Ha collaborato con molte organizzazioni, per esempio l'Unesco e la Fondation Européenne de la Culture, e con molte altre organizzazioni, accademie, e testate editoriali° nazionali e internazionali. Tra i suoi romanzi più famosi ricordiamo *Il nome della rosa* e *Il pendolo di Foucault*, entrambi diventati in breve tempo best-seller internazionali. Il testo che segue, intitolato *Come parlare degli animali*, è preso da una raccolta° di storie brevi dal titolo *Diario minimo*, pubblicato nel 1963.

Suggestion Use this text as a reading comprehension exercise. Read paragraph by paragraph and ask students to write down any information they understand. At the end of the reading, check how much they understood.

consulente editoriale *publishing consultant* **saggi** *essays* **titoli onorifici** *honorary degrees* **testate editoriali** *newspapers* **raccolta** *collection*

Suggestion Ask students to work in groups to write a list of the pros and cons of keeping animals in a zoo. Then ask them to share their opinions with the class.

Come parlare degli animali

Se non siete patiti° dell'attualità, questa storia è accaduta a New York qualche tempo fa.

Central Park, giardino zoologico. Alcuni ragazzini giocano vicino alla vasca degli orsi bianchi°. Uno sfida° gli altri a fare un bagno nuotando attorno agli orsi, per obbligare gli amici a tuffarsi° gli nasconde gli abiti, i ragazzi entrano in acqua, sguazzano attorno a un orsacchione placido e sonnacchioso, lo sbertucciano°, quello si secca°, allunga una zampa e si mangia, ovvero si sbocconcella°, due bambini, lasciandone in giro dei pezzi. Accorre la polizia, arriva persino il sindaco, si discute se uccidere l'orso, si riconosce che non era colpa sua, si scrive qualche articolo a effetto. Guarda caso, i bambini avevano dei nomi spagnoli: portoricani, forse di colore, forse arrivati di fresco, in ogni caso usi alla bravata° come accade a tutti i ragazzi che si radunano° in bande nei quartieri poveri.

Interpretazioni varie, tutte piuttosto severe. Alquanto diffusa la reazione cinica, almeno a voce: selezione naturale, se erano così stupidi da nuotare accanto a un orso, se lo sono meritato°, io neppure a cinque anni mi sarei buttato° nella vasca. Interpretazione sociale: sacche di povertà, scarsa educazione, ahimè si è sottoproletari anche nell'imprudenza, nella sconsideratezza. Ma quale scarsa° educazione, mi chiedo, se anche il bambino più povero vede la televisione e legge i libri di scuola, dove gli orsi divorano gli uomini e i cacciatori li ammazzano°?

A quel punto mi sono chiesto se i bambini non siano entrati nella vasca proprio perché guardano la televisione e vanno a scuola. Quei bambini sono stati probabilmente vittime della nostra cattiva coscienza interpretata dalla scuola e dai mass media.

Gli esseri umani° sono stati sempre spietati° con gli animali, e quando si sono accorti della propria cattiveria, hanno incominciato, se non ad amarli tutti (perché con molta tranquillità continuano a mangiarne), almeno a parlarne bene. Se poi si pensa che i media, la scuola, gli enti° pubblici, hanno da farsi perdonare tante cose fatte contro gli uomini, diventa tutto sommato remunerativo°, psicologicamente ed eticamente, insistere sulla bontà° degli animali. Si lasciano morire i bambini del Terzo mondo ma si invitano i bambini del Primo a rispettare non solo libellule° e coniglietti, ma anche balene°, coccodrilli, serpenti.

patiti *passionate* **orsi bianchi** *polar bears* **sfida** *challenges* **tuffarsi** *to dive* **lo sbertucciano** *they bother him* **si secca** *gets annoyed* **si sbocconcella** *he nibbles* **usi alla bravata** *used to bravado* **si radunano** *gather* **se lo sono meritato** *they deserved it* **mi sarei buttato** *would have thrown myself* **scarsa** *little* **ammazzano** *kill* **esseri umani** *human beings* **spietati** *merciless* **enti** *organizations* **remunerativo** *profitable* **bontà** *goodness* **libellule** *dragonflies* **balene** *whales*

Si noti che in sé questa azione educativa è corretta. Quello che è eccessivo è la tecnica persuasiva che viene scelta: per rendere gli animali degni° di sopravvivenza essi vengono umanizzati e bamboleggiati°. Non si dice che hanno diritto alla sopravvivenza anche se, secondo i loro costumi, sono selvaggi° e carnivori, ma li si rende rispettabili rendendoli amabili, buffi, bonaccioni°, benevoli, saggi e prudenti.

Nessuno è più sconsiderato di un lemming, più infingardo° di un gatto, più bavoso° di un cane d'agosto, più puzzolente° di un porcello, più isterico di un cavallo, più cretino di una falena°, più viscido° di una lumaca°, più velenoso° di una vipera, meno fantasioso di una formica° e meno musicalmente creativo di un usignolo°. Semplicemente occorre amare—e se proprio non possiamo, almeno rispettare—questi e altri animali per quel che sono. Le leggende di un tempo esageravano con il lupo cattivo, le leggende di oggi esagerano con i lupi buoni. Non bisogna salvare le balene perché sono buone ma bisogna salvarle perché fanno parte dell'arredamento naturale e contribuiscono all'equilibrio ecologico. Invece i nostri bambini sono educati a base di balene parlanti°, lupi che si iscrivono al terz'ordine francescano e, soprattutto, Teddy Bear a non finire°.

La pubblicità, i cartoni animati, i libri illustrati sono pieni di orsi buoni come il pane, ligi° alle leggi, coccoloni e protettivi. È insultante per un orso sentirsi dire che ha diritto di vivere perché – come ci si esprime dalle mie parti – è grande e grosso, ciula e balosso°. Pertanto sospetto che i poveri bambini di Central Park siano morti non per difetto ma per eccesso di educazione. Sono vittime della nostra coscienza infelice.

Per fargli dimenticare quanto gli uomini siano cattivi gli hanno spiegato troppo che gli orsi sono buoni. Invece di dirgli lealmente e che cosa sono gli uomini e che cosa sono gli orsi.

degni *worthy* **bamboleggiati** *treated like stuffed animals* **selvaggi** *wild* **bonaccioni** *good people* **infingardo** *sneaky* **bavoso** *drooling* **puzzolente** *smelly* **falena** *moth* **viscido** *slimy* **lumaca** *snail* **velenoso** *poisonous* **formica** *ant* **usignolo** *nightingale* **parlanti** *talking* **Teddy Bear a non finire** *endless Teddy Bears* **ligi** *obedient* **grande e grosso, ciula e balosso** *he's big and large, foolish and silly*

Dopo la lettura

Rispondere Have students work independently and then have them work in pairs to compare answers.

Rispondere Rispondi alle seguenti domande con frasi complete. Answers may vary slightly. Suggested answers provided.

1. Dove si svolge la storia raccontata dall'autore?
   Si svolge nel giardino zoologico di Central Park, a New York.
2. Cosa decidono di fare dei bambini?
   Decidono di tuffarsi nella vasca dell'orso bianco.
3. Perché la polizia non uccide l'orso?
   Perché la morte dei due bambini non era colpa sua.
4. Di quale nazionalità erano i bambini?
   Forse erano portoricani.
5. Perché i bambini sono entrati nella vasca, secondo l'autore?
   Perché la televisione e la scuola hanno insegnato loro che gli animali sono buoni.
6. Qual è l'immagine degli animali data a scuola e da altre fonti (*sources*) educative?
   Gli animali sono considerati buoni e buffi e sono umanizzati e bamboleggiati.
7. Quali animali sono elencati come esempi di animali sconsiderati, infingardi, bavosi, puzzolenti, isterici, cretini, viscidi, velenosi, poco fantasiosi e musicalmente non creativi?
   Un lemming, un gatto, un cane, un porcello, un cavallo, una falena, una lumaca, una vipera, una formica e un usignolo.
8. Come erano considerati i lupi nelle leggende e come sono considerati oggi?
   Nelle leggende i lupi erano animali cattivi. Oggi sono animali non pericolosi.
9. Quale descrizione può essere insultante per un orso?
   La descrizione «grande e grosso, ciula e balosso».
10. Che cosa poteva salvare i bambini allo zoo di Central Park?
    Dire loro come sono veramente gli uomini e come sono veramente gli orsi.

Un riassunto Scrivi un riassunto del brano. Di che cosa parla? Quali problemi affronta l'autore? Come spiega il suo punto di vista? A quali conclusioni arriva? Answers will vary.

Gli animali selvatici L'autore parla, in questo testo, di come i mass media influenzano la percezione umana della natura. L'autore conclude che i media hanno creato una visione distorta degli animali, visione che, alla fine, è pericolosa per le persone. Sei d'accordo? Puoi pensare ad altri esempi di questo tipo? Parla con un compagno di classe e sii pronto a discutere le tue idee con la classe. Answers will vary.

Expansion Ask students to think about children's books with animal characters. How are these animals portrayed? Are they portrayed as good-natured, like the author says? Ask for specific examples.

 Practice more at **vhlcentral.com.**

In ascolto

STRATEGIA

Jotting down notes as you listen

Jotting down notes while you listen to a conversation in Italian can help you keep track of the important points or details. It will help you to focus actively on comprehension rather than on remembering what you have heard.

To practice this strategy, you will listen to a paragraph. Jot down the main points you hear.

Suggestion Remind students to take their notes in Italian.

Preparazione

Guarda la fotografia. Chi sono queste persone? Cosa stanno facendo? Perché stanno protestando? Secondo te, cosa dicono?

Ascoltiamo

Ascolta l'organizzatore che parla alla dimostrazione e indica quali dei seguenti argomenti sono menzionati.

1. ____ i rifiuti tossici
2. __✓__ i problemi ambientali
3. __✓__ il riciclaggio
4. ____ le macchine ibride
5. ____ il riscaldamento globale
6. __✓__ le leggi per proteggere l'ambiente
7. ____ le centrali nucleari
8. __✓__ la protezione dell'ecologia
9. ____ l'effetto serra
10. __✓__ la coscienza ambientale
11. __✓__ il degrado del nostro paese
12. ____ il disboscamento

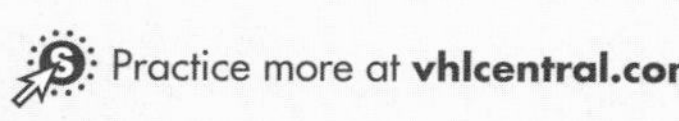

Practice more at **vhlcentral.com.**

Comprensione

Completare Scegli la risposta che meglio completa ogni frase su quello che hai appena ascoltato.

1. Noi tutti lottiamo (*are fighting*) __a__.
   a. per un mondo migliore b. per avere più lavoro c. per produrre più macchine ibride
2. Per combattere i problemi ambientali ci vuole __b__.
   a. felicità b. passione c. amore
3. Il degrado del paese è causato da __a__.
   a. il non riciclaggio b. l'energia nucleare e i pannelli solari c. la sovrappopolazione
4. I nostri figli hanno diritto a __c__.
   a. un parco con molti giochi b. prodotti sani e biologici c. un mondo pulito e verde
5. L'esempio di coscienza ambientale deve partire da __c__.
   a. i genitori b. gli amici c. i politici
6. Dobbiamo unire le nostre voci e combattere per __b__.
   a. una foresta più grande b. un ambiente più sano c. un lago più pulito

Le leggi Un rappresentante del Congresso verrà alla tua università per discutere i problemi dell'ambiente. In piccoli gruppi, scegliete un problema ecologico che considerate molto importante. Provate a convincere il rappresentante che il governo dovrebbe fare di più su questa questione. Siate pronti a spiegare il problema e a dire quali sono i cambiamenti necessari per rendere le cose migliori. Pensate anche a quali nuove leggi ambientali potreste suggerire al rappresentante. Answers will vary.

Scrittura

STRATEGIA

Considering audience and purpose

Writing always has a purpose. During the planning stages, you must determine to whom you are addressing the piece and what you want to express to your reader. Once you have defined both your audience and your purpose, you will be able to decide which genre, vocabulary, and grammatical structures will best serve your composition.

Let's say you want to share your thoughts on local traffic problems. Your audience can be either the local government or the community. You could choose to write a newspaper article, a letter to the editor, or a letter to the city's governing board. You should first ask yourself these questions:

1. Are you going to comment on traffic problems in general, or are you going to point out several specific problems?
2. Is your intention to register a specific complaint?
3. Is your intention simply to inform others and increase public awareness of the problems?
4. Are you hoping to persuade others to adopt your point of view?
5. Are you hoping to inspire others to take concrete actions?

The answers to these questions will help you establish the purpose of your writing and determine your audience. Of course your writing can have more than one purpose. For example, you may intend for your writing to both inform others of a problem and inspire them to take action.

No matter the topic, choosing a purpose before you begin will make your writing more focused and effective.

Tema

Scrivi una lettera o un articolo

Scrivi su un problema ambientale che, secondo te, è molto importante.

1. Prima scegli il problema su cui vuoi scrivere. È un problema locale (per esempio, il riciclaggio sul campus) o un problema a livello globale (per esempio, la sovrappopolazione)?
2. Decidi chi sarà il tuo pubblico: vuoi scrivere una lettera a un amico, a un membro del governo, a un gruppo all'università ecc.? Preferiresti scrivere un articolo per un giornale o una rivista?
3. Identifica lo scopo della lettera o articolo: vuoi semplicemente informare il tuo pubblico o vuoi anche dare la tua opinione personale?
4. Prepara una breve introduzione, poi presenta il problema che hai scelto in modo logico.
5. Se scegli di dare la tua opinione personale, giustifica la tua posizione e convinci il lettore che hai ragione.
6. Prepara una conclusione per la tua lettera o articolo.

Suggestion Bring in an opinion column from an Italian newspaper. Have students read it independently and, as a class, discuss how well it works as a persuasive piece of writing.

La natura

l'alba	*dawn; sunrise*
l'albero	*tree*
la baita	*cabin (mountain shelter)*
la campagna	*countryside*
il campo	*field*
la cascata	*waterfall*
il cielo	*sky*
la costa	*coast*
il deserto	*desert*
l'erba	*grass*
la fattoria	*farm*
il fieno	*hay*
il fiore	*flower*
il fiume	*river*
la foresta	*forest*
l'isola	*island*
il lago	*lake*
la luna	*moon*
la montagna	*mountain*
l'oceano	*ocean*
l'orizzonte (*m.*)	*horizon*
la pianta	*plant*
la pietra	*rock*
la pineta	*pine forest*
il prato	*meadow*
la scogliera	*cliff*
il sentiero	*path*
il sole	*sun*
la stella	*star*
il tramonto	*sunset*
la valle	*valley*

Le attività

esplorare	*to explore*
fare un picnic	*to have a picnic*
passare	*to pass by; to spend (time)*
remare	*to row*
scalare	*to climb*
sorgere	*to rise (sun)*
tramontare	*to set (sun)*

Le soluzioni

l'agricoltura biologica	*organic farming*
l'ambientalismo	*environmentalism*
l'ambiente (*m.*)	*environment*
il camion della nettezza urbana	*garbage truck*
la coscienza ambientale	*environmental awareness*
l'ecologia	*ecology*
il governo	*government*
la legge	*law*
la macchina ibrida	*hybrid car*
il riciclaggio	*recycling*

Espressioni

Vietato buttare rifiuti.	*No littering.*
fare il/la pendolare	*to commute*
migliorare	*to improve*
preservare	*to preserve*
proporre una soluzione	*to propose a solution*
riciclare	*to recycle*
salvare il pianeta	*to save the planet*
sprecare	*to waste*
sviluppare	*to develop*

Gli insetti e gli animali

l'ape (*f.*)	*bee*
la capra	*goat*
il coniglio	*rabbit*
il gabbiano	*seagull*
la mucca	*cow*
la pecora	*sheep*
la rondine	*swallow*
lo scoiattolo	*squirrel*
il serpente	*snake*
il toro	*bull*
l'uccello	*bird*

L'energia

la centrale nucleare	*nuclear power plant*
l'energia eolica	*wind power*
l'energia nucleare	*nuclear energy*
l'energia rinnovabile	*renewable energy*
l'energia solare	*solar energy*
l'energia termica	*thermal energy*
la fabbrica	*factory*
il pannello solare	*solar panel*
i rifiuti tossici	*toxic waste*

I problemi

l'alluvione (*f.*)	*flood*
la catastrofe	*catastrophe*
il degrado	*deterioration*
il disboscamento	*deforestation*
l'effetto serra	*greenhouse effect*
l'immondizia	*trash*
l'inquinamento	*pollution*
il pericolo	*danger*
la pioggia acida	*acid rain*
il riscaldamento globale	*global warming*
lo scappamento	*exhaust (pipe)*
lo smog	*smog*
la sovrappopolazione	*overpopulation*

Espressioni utili	*See pp. 427 and 443.*
Conjunctions	*See p. 432.*

risorse

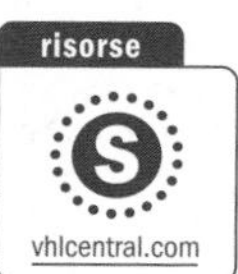

vhlcentral.com

Il mondo

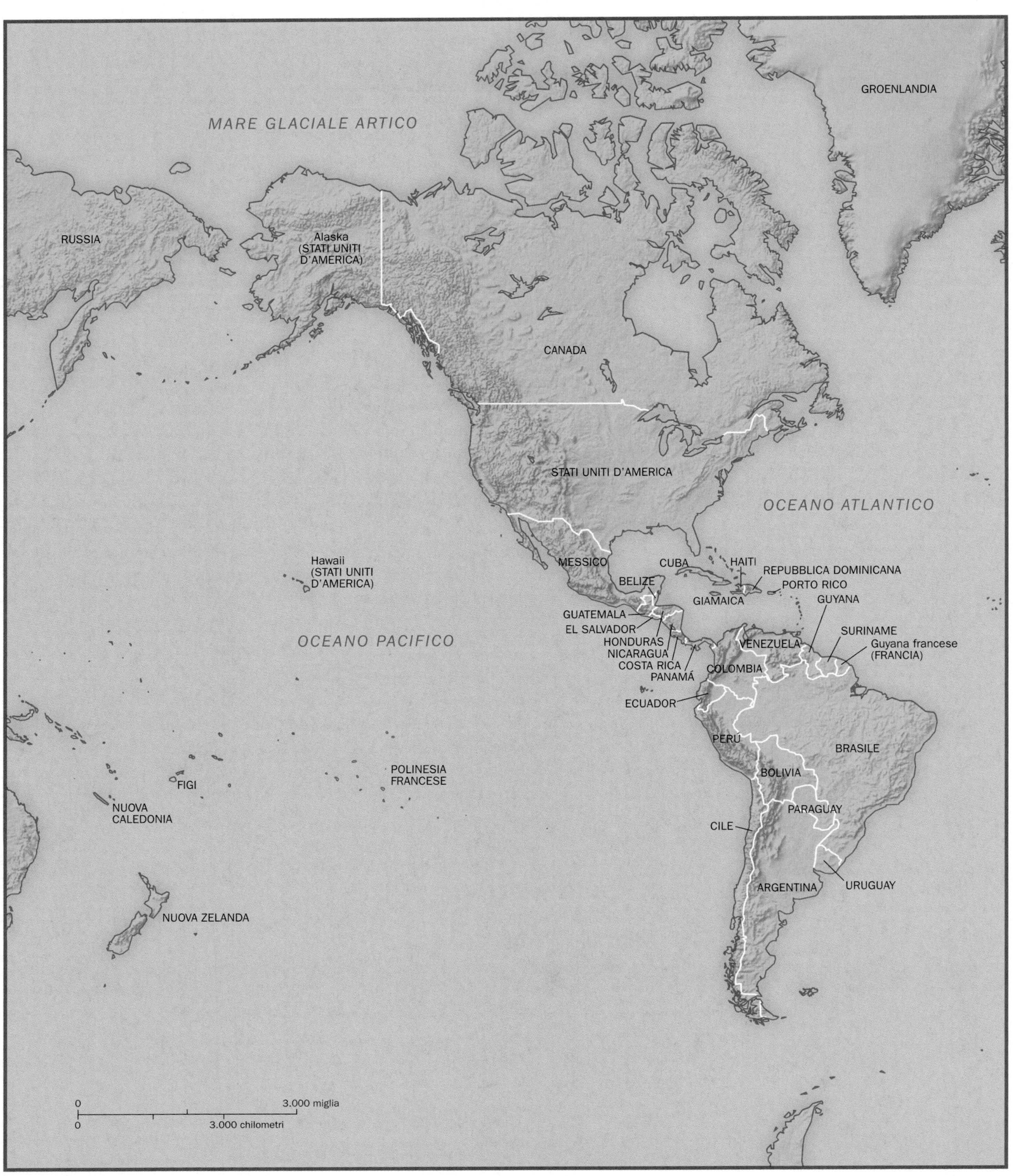
MARE GLACIALE ARTICO
GROENLANDIA
RUSSIA
Alaska
(STATI UNITI
D'AMERICA)
CANADA
STATI UNITI D'AMERICA
OCEANO ATLANTICO
Hawaii
(STATI UNITI
D'AMERICA)
MESSICO
CUBA
HAITI
REPUBBLICA DOMINICANA
BELIZE
PORTO RICO
GIAMAICA
GUYANA
GUATEMALA
EL SALVADOR
SURINAME
OCEANO PACIFICO
HONDURAS
VENEZUELA
Guyana francese
(FRANCIA)
NICARAGUA
COSTA RICA
COLOMBIA
PANAMÁ
ECUADOR
PERÙ
BRASILE
POLINESIA
FRANCESE
FIGI
BOLIVIA
NUOVA
CALEDONIA
PARAGUAY
CILE
ARGENTINA
URUGUAY
NUOVA ZELANDA
0
3.000 miglia
0
3.000 chilometri

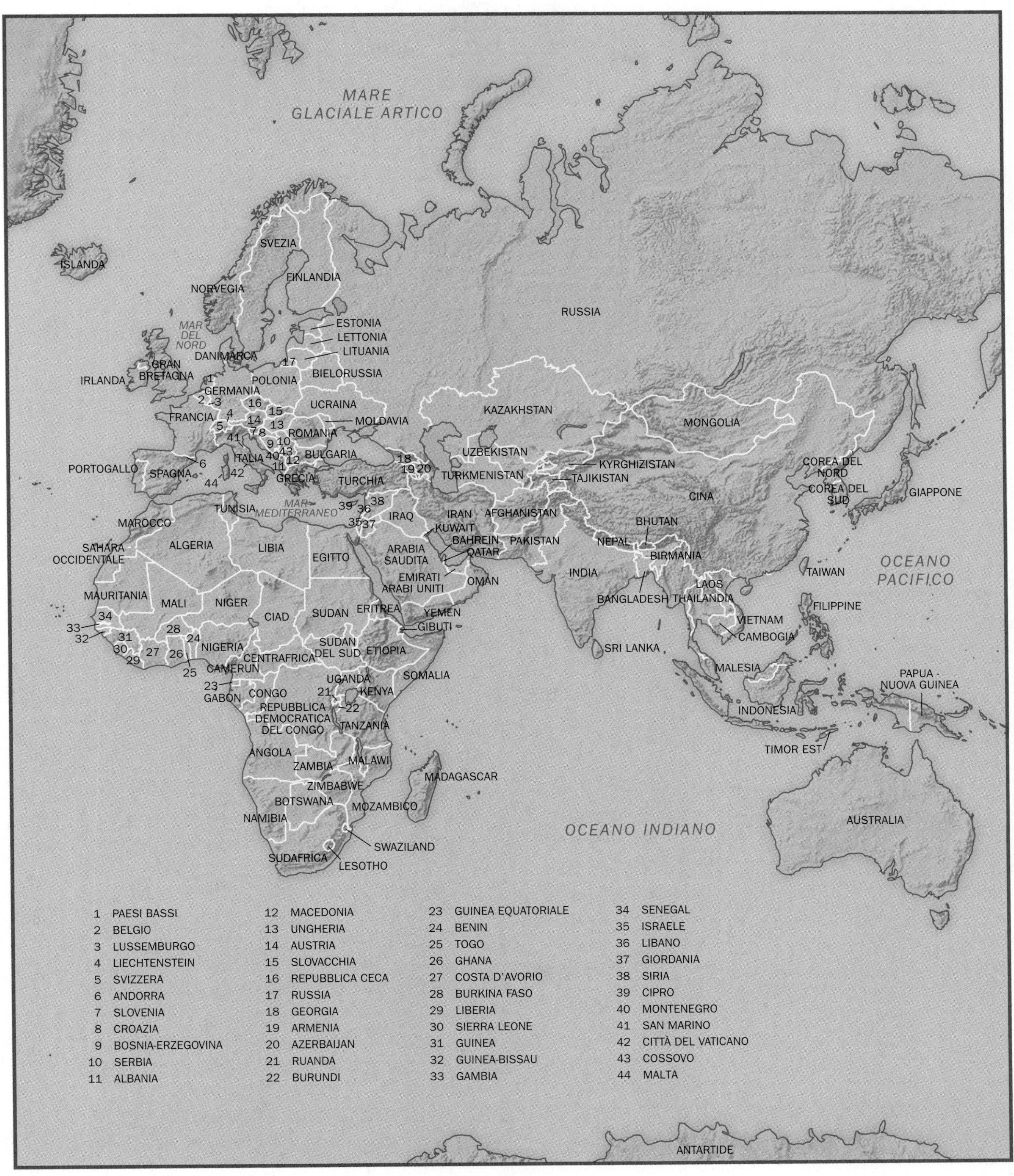
MARE GLACIALE ARTICO
ISLANDA
SVEZIA
NORVEGIA
FINLANDIA
RUSSIA
MAR DEL NORD
ESTONIA
LETTONIA
LITUANIA
DANIMARCA
17
GRAN BRETAGNA
IRLANDA
1
POLONIA
BIELORUSSIA
GERMANIA
2
3
16
UCRAINA
15
KAZAKHSTAN
FRANCIA
4
5
14
13
MOLDAVIA
MONGOLIA
41
7
8
ROMANIA
9
10
43
ITALIA
40
12
BULGARIA
UZBEKISTAN
PORTOGALLO
SPAGNA
6
11
42
44
GRECIA
18
19
20
TURKMENISTAN
KYRGHIZISTAN
TAJIKISTAN
COREA DEL NORD
COREA DEL SUD
GIAPPONE
TURCHIA
CINA
TUNISIA
MAR MEDITERRANEO
39
36
38
IRAQ
IRAN
AFGHANISTAN
MAROCCO
35
37
KUWAIT
BHUTAN
SAHARA OCCIDENTALE
ALGERIA
LIBIA
EGITTO
ARABIA SAUDITA
BAHREIN
QATAR
PAKISTAN
NEPAL
BIRMANIA
OCEANO PACIFICO
TAIWAN
INDIA
EMIRATI ARABI UNITI
OMAN
LAOS
MAURITANIA
MALI
NIGER
BANGLADESH
THAILANDIA
FILIPPINE
CIAD
SUDAN
ERITREA
YEMEN
34
33
32
31
30
29
28
24
27
26
25
VIETNAM
GIBUTI
CAMBOGIA
NIGERIA
SUDAN DEL SUD
CENTRAFRICA
ETIOPIA
SRI LANKA
MALESIA
CAMERUN
SOMALIA
UGANDA
PAPUA - NUOVA GUINEA
23
GABON
CONGO
21
KENYA
REPUBBLICA DEMOCRATICA DEL CONGO
22
INDONESIA
TANZANIA
TIMOR EST
ANGOLA
ZAMBIA
MALAWI
MADAGASCAR
ZIMBABWE
BOTSWANA
MOZAMBICO
NAMIBIA
AUSTRALIA
OCEANO INDIANO
SWAZILAND
SUDAFRICA
LESOTHO
1 PAESI BASSI
2 BELGIO
3 LUSSEMBURGO
4 LIECHTENSTEIN
5 SVIZZERA
6 ANDORRA
7 SLOVENIA
8 CROAZIA
9 BOSNIA-ERZEGOVINA
10 SERBIA
11 ALBANIA
12 MACEDONIA
13 UNGHERIA
14 AUSTRIA
15 SLOVACCHIA
16 REPUBBLICA CECA
17 RUSSIA
18 GEORGIA
19 ARMENIA
20 AZERBAIJAN
21 RUANDA
22 BURUNDI
23 GUINEA EQUATORIALE
24 BENIN
25 TOGO
26 GHANA
27 COSTA D'AVORIO
28 BURKINA FASO
29 LIBERIA
30 SIERRA LEONE
31 GUINEA
32 GUINEA-BISSAU
33 GAMBIA
34 SENEGAL
35 ISRAELE
36 LIBANO
37 GIORDANIA
38 SIRIA
39 CIPRO
40 MONTENEGRO
41 SAN MARINO
42 CITTÀ DEL VATICANO
43 COSSOVO
44 MALTA
ANTARTIDE

Paesi dove si parla italiano

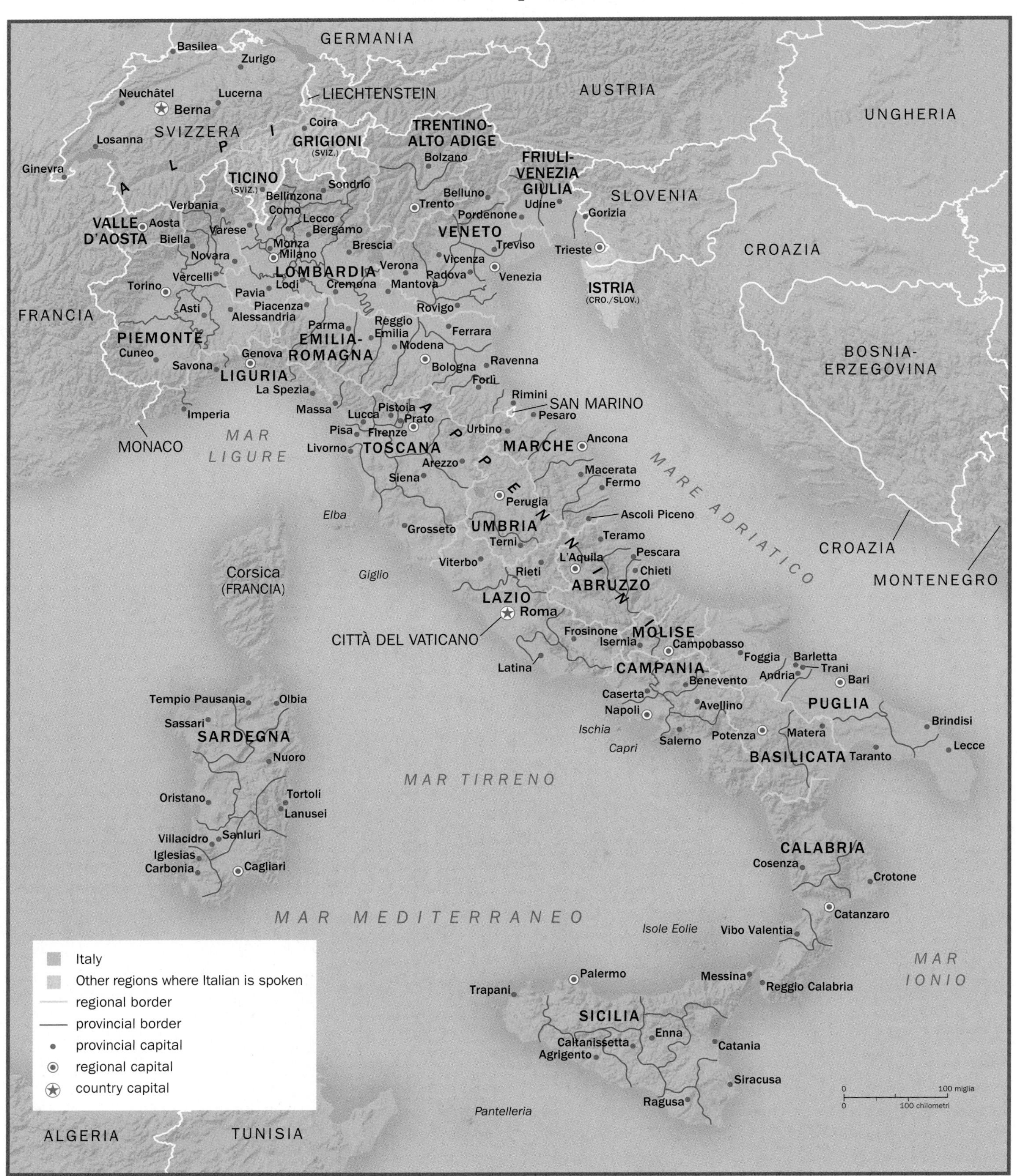

L'Europa

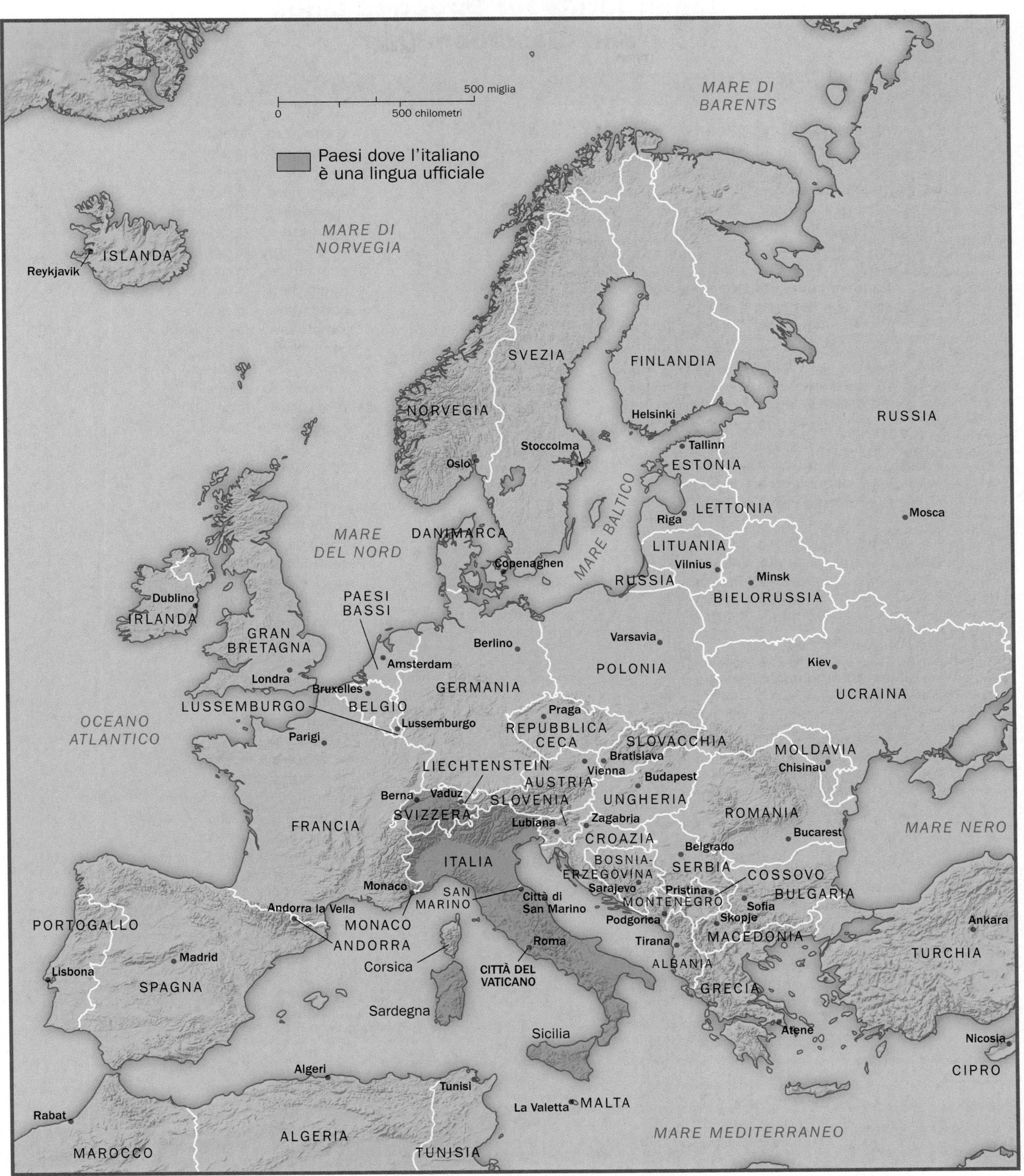

500 miglia
0
500 chilometri
Paesi dove l'italiano è una lingua ufficiale
MARE DI BARENTS
MARE DI NORVEGIA
ISLANDA
Reykjavik
SVEZIA
FINLANDIA
NORVEGIA
Helsinki
RUSSIA
Stoccolma
Tallinn
Oslo
ESTONIA
MARE BALTICO
LETTONIA
Riga
Mosca
MARE DEL NORD
DANIMARCA
LITUANIA
Copenaghen
Vilnius
Minsk
RUSSIA
Dublino
IRLANDA
PAESI BASSI
BIELORUSSIA
GRAN BRETAGNA
Berlino
Varsavia
Amsterdam
POLONIA
Kiev
Londra
Bruxelles
GERMANIA
UCRAINA
LUSSEMBURGO
BELGIO
Praga
OCEANO ATLANTICO
Lussemburgo
REPUBBLICA CECA
Parigi
SLOVACCHIA
MOLDAVIA
Bratislava
Chisinau
LIECHTENSTEIN
Vienna
Budapest
AUSTRIA
Berna
Vaduz
SLOVENIA
UNGHERIA
SVIZZERA
ROMANIA
FRANCIA
Lubiana
Zagabria
MARE NERO
Bucarest
CROAZIA
Belgrado
ITALIA
BOSNIA-ERZEGOVINA
SERBIA
COSSOVO
Monaco
SAN MARINO
Città di San Marino
Sarajevo
Pristina
BULGARIA
MONTENEGRO
Sofia
Andorra la Vella
MONACO
Podgorica
Skopje
PORTOGALLO
ANDORRA
Roma
Tirana
MACEDONIA
Ankara
Madrid
Corsica
ALBANIA
TURCHIA
Lisbona
CITTÀ DEL VATICANO
SPAGNA
GRECIA
Sardegna
Atene
Sicilia
Nicosia
CIPRO
Algeri
Tunisi
Rabat
La Valetta
MALTA
ALGERIA
MARE MEDITERRANEO
MAROCCO
TUNISIA

Appendice B

Italian Terms for Direction Lines and Classroom Use

Parole ụtili	*Useful words*
l'affermazione (*f.*)	*statement*
il/la compagno/a	*partner*
i cọmpiti	*homework*
la conversazione	*conversation*
il disegno	*drawing*
la domanda	*question*
l'elenco, la lista	*list*
la fine	*end*
la frase completa	*complete sentence*
il gioco	*game*
l'inchiesta	*survey; investigation*
l'indizio	*clue; indication*
l'inizio	*beginning*
l'intervista	*interview*
la lavagna	*(black)board*
la lettura	*reading*
il nome	*name*
l'opụscolo	*brochure*
il personaggio	*character*
la prọssima prova	*next quiz*
la pubblicità	*ad/advertisement; commercial*
il punto di partenza	*starting point*
il riassunto	*summary*
le risorse	*resources*
il saggio	*essay, paper*
lo scopo, il fine	*purpose, goal*
il sondaggio	*opinion poll*
la tabella	*chart, table*
il tema, l'argomento	*topic*
per esempio	*for example*
quello che	*what; that which*
giusto/a	*right*
sbagliato/a	*wrong*
vero/a	*true*
falso/a	*false*
a destra	*to/on the right*
a sinistra	*to/on the left*
adesso	*now*
allora	*then*
dopo	*after*
(tutti) insieme	*(all) together*
ogni	*each*
per primo	*first*
per ụltimo	*last*
poi	*then, later*

Verbi ụtili	*Useful verbs*
abbinare	*to match*
aggiụngere	*to add*
aiutare	*to help*
appartenere	*to belong*
ascoltare	*to listen (to)*
categorizzare	*to categorize*
cercare	*to look for*
chiacchierare	*to chat*
collegare	*to connect*
combinare	*to combine*
completare	*to complete*
controllare	*to check*
corrẹggere	*to correct*
creare	*to create*
definire (-isc-)	*to define*
descrịvere	*to describe*
dire	*to say*
discụtere	*to discuss*
disegnare	*to draw*
domandare, chiẹdere	*to ask*
etichettare	*to label*
guardare	*to look at*
identificare	*to identify*
inclụdere	*to include*
indicare	*to show, to indicate*
indovinare	*to guess*
lavorare	*to work*
lẹggere	*to read*
mescolare	*to mix*
paragonare	*to compare*
presentare	*to present*
provare	*to try*
raccontare	*to tell*
recitare	*to role-play*
riassụmere	*to summarize*
riempire	*to fill in*
ripẹtere	*to repeat*
rispọndere	*to answer, to reply*
scambiare	*to exchange, to switch*
scẹgliere	*to choose*
scoprire	*to find out; to uncover*
scrịvere	*to write*
seguire	*to follow*
sostituire (-isc-)	*to substitute*
spiegare	*to explain*
tradurre	*to translate*
trasformare	*to transform*
trovare	*to find*
usare	*to use*

Espressioni utili *Useful expressions*

A coppie...	*With a partner . . .*
A proposito di...	*Regarding . . .*
A tuo/vostro avviso...	*In your opinion . . .*
A turno...	*Take turns . . .*
ad alta voce	*aloud*
Andate/Vai a pagina 2.	*Go to page 2.*
Aprite/Chiudete i vostri libri.	*Open/Close your books.*
Avete/Hai capito?	*Do you understand?*
Avete/Hai delle domande?	*Do you have any questions?*
Avete/Hai finito?	*Have you finished?*
che completa meglio	*that best completes*
Chi ha vinto?	*Who won?*
Chiedo scusa per il ritardo.	*Excuse me for being late.*
Come si dice ________ in italiano?	*How do you say ________ in Italian?*
Come si scrive ________?	*How do you spell ________ ?*
Comincio io./Cominci tu.	*I'll start./You start.*
Completate/Completa la tabella.	*Fill in the chart.*
Completate/Completa le frasi.	*Complete the sentences.*
Congratulazioni!	*Congratulations!*
Correggete/Correggi le affermazioni false	*Correct the false statements.*
Cosa ne pensate/pensi?	*What do you think?*
Cosa pensate/pensi di...?	*What do you think about . . . ?*
Cosa vuol dire ________?	*What does ________ mean?*
Create/Formate delle frasi.	*Create/Form sentences.*
Descrivete/Descrivi le foto/i disegni.	*Describe the photos/drawings.*
Discutete le seguenti domande.	*Discuss the following questions.*
Dite/Di' se siete/sei d'accordo oppure no.	*Say if you agree or not.*
Dividetevi in gruppi di quattro.	*Get into groups of four.*
Domani non ci sarò.	*I won't be here tomorrow.*
Domani farete...	*Tomorrow you're going to do . . .*
Dopo un secondo ascolto...	*After a second listening . . .*
Etichettate/Etichetta...	*Label . . .*
Fate a turno a....	*Take turns . . .*
Fatevi le seguenti domande.	*Ask each other the following questions.*
Ho vinto!/Abbiamo vinto!	*I won!/We won!*
il/la più appropriato/a	*the most appropriate*
Indicate/Indica chi ha detto...	*Indicate who said . . .*
Indicate/Indica la parola che non appartiene.	*Indicate the word that doesn't belong.*
Leggete/Leggi...	*Read . . .*
Lentamente, per favore.	*Slowly, please.*
Mettete/Metti in ordine...	*Put in order . . .*
Mi presti la matita?	*Could you lend me your pencil?*
Mi scusi, ho dimenticato.	*I'm sorry, I forgot.*
Non capisco./Non ho capito.	*I don't understand.*
Non dirmi la risposta.	*Don't tell me the answer.*
Non ho capito.	*I don't understand.* (past form.)
Non ho/abbiamo ancora finito.	*I/We have not finished yet.*
Non lo so.	*I don't know.*
Per domani, fate...	*For tomorrow, do . . .*
Posso continuare?	*May I continue?*
la prima/seconda persona	*the first/second person*
Pronunciate/Pronuncia (con attenzione).	*Pronounce (carefully).*
Può ripetere per favore?	*Could you repeat please?*
Può spiegare ancora una volta, per favore?	*Could you explain again, please?*
Riempite/Riempi gli spazi bianchi.	*Fill in the blanks.*
Riscrivete/Riscrivi le frasi...	*Rewrite the sentences . . .*
Rispondete/Rispondi alle seguenti domande.	*Answer the following questions.*
Scambiate i ruoli.	*Switch roles.*
Scegliete/Scegli delle parole da ogni colonna.	*Choose words from each column.*
Scegliete/Scegli la forma corretta.	*Choose the correct form.*
Scegliete/Scegli la parola giusta.	*Choose the right word.*
Scrivete/Scrivi una lettera/frase.	*Write a letter/sentence.*
Secondo me/te...	*According to me/you . . .*
Siate creativi!/Sii creativo/a!	*Be creative!*
Siate pronti/Sii pronto/a a...	*Be ready to . . .*
Siete pronti?/Sei pronto/a?	*Are you ready?*
(Non) sono d'accordo.	*I (dis)agree.*
Tocca a...	*It's ________'s turn.*
Tocca a te./Tocca a me.	*It's your/my turn.*
Trovate/Trova la parola che non appartiene al gruppo.	*Find the word that doesn't belong to the group.*
Trovate/Trova l'intruso.	*Choose the item that doesn't belong.*
Unitevi a un altro gruppo.	*Get together with another group.*
Usando...	*Using . . .*
Vero o falso?	*True or false?*
Venite/Vieni alla lavagna.	*Come to the board.*
Vuoi lavorare con me?	*Do you want to work with me?*

Glossary of Grammatical Terms

ADJECTIVE A word that modifies, or describes, a noun or pronoun.

dei libri **interessanti** *some **interesting** books*	un uomo **alto** *a **tall** man*
dei **bei** fiori *some **pretty** flowers*	Tu sei **generosa**. *You are **generous**.*

Demonstrative adjective An adjective that specifies which noun a speaker is referring to.

questa camicia ***this** shirt*	**quest'**armadio ***this** closet*
quell'albergo ***that** hotel*	**queste** scatole ***these** boxes*

Possessive adjective An adjective that indicates ownership or possession.

il **mio** bell'orologio ***my** beautiful watch*	È **sua** cugina. *It's **his/her** cousin.*
le **tue** matite ***your** pencils*	Sono le **loro** zie. *They are **their** aunts.*

ADVERB A word that modifies, or describes, a verb, adjective, or another adverb.

Giovanni parla **bene** l'italiano.
*Giovanni speaks Italian **well**.*

Questi bambini sono **veramente** intelligenti.
*These children are **really** smart.*

Lei corre **molto** velocemente.
*She runs **very** fast.*

ARTICLE A word that points out a noun in either a specific or a non-specific way.

Definite article An article that points out a noun in a specific way.

il mercato ***the** market*	**la** valigia ***the** suitcase*
lo zaino ***the** backpack*	**l'**amica ***the** friend*
i dizionari ***the** dictionaries*	**le** parole ***the** words*

Indefinite article An article that points out a noun in a general, non-specific way.

una bicicletta ***a** bike*	**un** ragazzo ***a** boy*

CLAUSE A group of words that contains both a conjugated verb and a subject, either expressed or implied.

Main (or Independent) clause A clause that can stand alone as a complete sentence.

Ho un cappotto verde.
I have a green overcoat.

Subordinate (or Dependent) clause A clause that does not express a complete thought and therefore cannot stand alone as a sentence.

Lavoro in un ristorante **perché ho bisogno di soldi**.
*I work in a restaurant **because I need money.***

COMPARATIVE A construction used with an adjective or adverb to express a comparison between two people, places, or things.

Tommaso è **più alto di** Giuseppe.
*Tommaso is **taller than** Giuseppe.*

A Bologna, piove **meno spesso che** a Roma.
*In Bologna, it rains **less often than** in Rome.*

Questa casa ha **tante finestre quante** porte.
*This house has **as many windows as** it does doors.*

CONJUGATION A set of the forms of a verb for a specific tense or mood, or the process by which these verb forms are presented.

Imperfetto conjugation of **cantare:**

io cant**avo**	noi cant**avamo**
tu cant**avi**	voi cant**avate**
Lei/lui/lei cant**ava**	loro cant**avano**

CONJUNCTION A word used to connect words, clauses, or phrases.

Susanna **e** Piero abitano in Svizzera.
*Susanna **and** Piero live in Switzerland.*

Non disegno molto bene, **ma** mi piacciono le lezioni d'arte.
*I don't draw very well, **but** I like art classes.*

CONTRACTION The joining of two words into one. Examples of Italian contractions are **agli, dalla, del,** and **nelle**.

Mia sorella è andata **al** concerto ieri sera.
*My sister went **to the** concert last night.*

Ritiro **dei** soldi **dalla** cassa automatica.
*I withdraw **some** money **from the** ATM.*

Lui parla sempre **della** politica italiana.
*He always talks **about** Italian politics.*

Nel passato, giocavamo a scacchi.
***In the** past, we used to play chess.*

DIRECT OBJECT A noun or pronoun that directly receives the action of the verb.

Pietro legge **un libro**.
*Pietro reads **a book**.*

L'ho visto ieri.
*I saw **him** yesterday.*

GENDER The grammatical categorizing of certain kinds of words, such as nouns, pronouns, and adjectives as masculine or feminine.

Masculine
articles **il, un**
pronouns **lui, lo, questo, quello, gli**
adjective **generoso**

Feminine
articles **la, una**
pronouns **lei, la, questa, quella, le**
adjective **generosa**

IMPERSONAL EXPRESSION A third-person expression with no expressed or specific subject.

Piove.
It's raining.

Qui **si parla** italiano.
*Italian **is spoken** here.*

INDIRECT OBJECT A noun or pronoun that receives the action of the verb indirectly; the object, often a living being, to or for whom an action is performed.

Mario regala un libro **a Linda**.
*Mario gives a book **to Linda**.*

Il professore **mi** ha dato un bel voto.
*The teacher gave **me** a good grade.*

INFINITIVE The basic form of a verb. Most Italian infinitives end in **-are**, **-ere**, or **-ire**.

parlare *to speak*
leggere *to read*
partire *to leave*

INTERROGATIVE An adjective or pronoun used to ask a question.

Chi parla?
***Who** is speaking?*

Quanti biscotti hai comprato?
***How many** cookies did you buy?*

Cosa pensi di fare oggi?
***What** do you plan to do today?*

INVERSION Changing the word order of a sentence, often to form a question.

Statement: **Laura ha comprato i fagioli.**

Inversion: **Ha comprato i fagioli Laura?**

MOOD A grammatical distinction of verbs that indicates whether the verb is intended to make a statement or command or to express doubt, emotion, or a condition contrary to fact.

Conditional mood Verb forms used to express what would be done or what would happen under certain circumstances; to make a polite request or soften a demand; to express what someone could or should do; or to state a contrary-to-fact situation.

Farebbe una passeggiata se avesse il tempo.
***He would go** for a walk if he had the time.*

Spegneresti le luci, per favore?
***Would you** turn off the lights, please?*

Avrei dovuto parlare con lei gentilmente.
***I should have** talked to her nicely.*

Imperative mood Verb forms used to make commands or suggestions.

Parla lentamente.
***Speak** slowly.*

Venite con me.
***Come** with me.*

Indicative mood Verb forms used to state facts, actions, and states considered to be real.

So che lui **ha** un gatto.
***I know** that **he has** a cat.*

Subjunctive mood Verb forms used principally in subordinate (dependent) clauses to express wishes, desires, emotions, doubts, and certain conditions, such as contrary-to-fact situations.

È importante che **tu finisca** i compiti.
*It's important that **you finish** your homework.*

Dubito che **Lele abbia** abbastanza soldi.
*I doubt that **Lele has** enough money.*

NOUN A word that identifies people, animals, places, things, and ideas.

uomo *man*	**gatto** *cat*
Belgio *Belgium*	**casa** *house*
amicizia *friendship*	**libro** *book*

NUMBER A grammatical term that refers to singular or plural. Nouns in Italian and English have number. Other parts of a sentence, such as adjectives, articles, and verbs, can also have number.

Singular	Plural
una cosa ***a*** *thing*	**delle** cose ***some*** *things*
il professore ***the*** *professor*	**i** professori ***the*** *professors*

NUMBERS Words that represent amounts.

Cardinal numbers Words that indicate specific amounts.

cinque minuti
five *minutes*

l'anno **duemilaundici**
the year ***2011***

Ordinal numbers Words that indicate the order of a noun in a series.

il **quarto** giocatore *the* ***fourth*** *player*	la **decima** volta *the* ***tenth*** *time*

PAST PARTICIPLE A past form of the verb used in compound tenses. The past participle may also be used as an adjective, in which case it must agree in number and gender with the word it modifies.

Hanno **camminato** molto.
They have ***walked*** *a lot.*

Non ho **studiato** per l'esame.
I haven't ***studied*** *for the exam.*

C'è una finestra **aperta** nel soggiorno.
There is an ***open*** *window in the living room.*

PERSON The form of the verb or pronoun that indicates the speaker, the one spoken to, or the one spoken about. In Italian, as in English, there are three persons: first, second, and third.

Person	Singular	Plural
1st	**io** *I*	**noi** *we*
2nd	**tu/Lei** *you*	**voi/Loro** *you*
3rd	**lui/lei** *he/she*	**loro** *they*

PREPOSITION A word or words that describe(s) the relationship, most often in time or space, between two other words.

Anna abita **lontano da** Roma.
Anna lives ***far from*** *Rome.*

La giacca è **nella** macchina.
The jacket is ***in the*** *car.*

Marina si è pettinata **prima di** uscire.
Marina combed her hair ***before*** *going out.*

PRONOUN A word that takes the place of a noun or nouns.

Demonstrative pronoun A pronoun that takes the place of a specific noun.

Voglio **questo**.
I want ***this one***.

Comprerà **quello**?
Will you buy ***that one***?

Andrea preferiva **quelle**.
Andrea preferred ***those***.

Disjunctive pronoun A pronoun used after a preposition or in order to provide emphasis.

Sei sempre arrabbiata con **me**.
You are always angry with ***me***.

Ha scritto il libro da **sé**.
He wrote the book by ***himself***.

Object pronoun A pronoun that functions as a direct or indirect object of the verb.

Lei **gli** dà un regalo.
She gives ***him*** *a present.*

Federica **me l'**ha portato.
Federica brought ***it to me***.

Reflexive pronoun A pronoun that indicates that the action of a verb is performed by the subject on itself. These pronouns are often expressed in English with
-self: *myself*, *yourself*, etc.

Mi lavo prima di uscire.
*I wash (**myself**) before going out.*

Maria **si** è addormentata alle undici e mezzo.
Maria fell asleep at eleven-thirty.

Relative pronoun A pronoun that connects a subordinate clause to a main clause.

Quando vedremo la chiesa **che** mi piace?
*When will we see the church **that** I like?*

Ecco il poliziotto con **cui** ha parlato Mario.
*There's the police officer with **whom** Mario spoke.*

Subject pronoun A pronoun that replaces the name or title of a person or thing, and acts as the subject of a verb.

Tu parti subito.
***You** are leaving immediately.*

Lui arriva domani.
***He** arrives tomorrow.*

SUBJECT A noun or pronoun that performs the action of a verb and is often implied by the verb.

Alfredo va al supermercato.
***Alfredo** goes to the supermarket.*

(**Loro**) lavorano molto.
***They** work a lot.*

Quei libri sono molto costosi.
***Those books** are very expensive.*

SUPERLATIVE A word or construction used with an adjective, adverb, or a noun to express the highest or lowest degree of a specific quality among three or more people, places, or things.

Il corso d'italiano è **il più interessante** di tutti.
*The Italian class is **the most interesting** of all.*

Silvio corre **meno velocemente** di tutti.
*Silvio runs **the least fast** of all.*

Il suo giardino ha **il maggior numero di alberi**.
*Her garden has **the most trees**.*

TENSE A set of verb forms that indicates the time of an action or state: past, present, or future.

Compound tense A two-word tense made up of an auxiliary verb and a present or past participle. In Italian, there are two auxiliary verbs: **essere** and **avere**.

Il pacco non **è** ancora **arrivato**.
*The package **has** not **arrived** yet.*

Lei **ha bevuto** un bicchiere d'acqua.
*She **drank** a glass of water.*

Simple tense A tense expressed by a single verb form.

Valentina **gioca** a pallavolo ogni settimana.
*Valentina **plays** volleyball every week.*

Claudia **parlerà** a suo fratello domani.
*Claudia **will speak** with her brother tomorrow.*

VERB A word that expresses actions or states-of-being.

Auxiliary verb A verb used with a present or past participle to form a compound tense. **Avere** is the most commonly used auxiliary verb in Italian.

I bambini **hanno** visto gli elefanti.
*The children **have** seen the elephants.*

Spero che tu **abbia** mangiato.
*I hope you **have** eaten.*

Reflexive verb A verb that describes an action performed by the subject on itself and is always used with a reflexive pronoun.

Io **mi sono comprato** una macchina nuova.
*I **bought myself** a new car.*

Paolo e Letizia **si alzano** molto presto.
*Paolo and Letizia **get (themselves) up** very early.*

Spelling-change verb A verb that undergoes a predictable change in spelling in the various conjugations.

cominciare	(- i)	comincio	→	comin**ci**
mangiare	(- i)	mangiamo	→	man**ge**remo
cercare	(+ h)	cerco	→	cer**chi**amo
pagare	(+ h)	pagate	→	pa**ghe**rete

Verb Conjugation Tables

The list of verbs below and the model verb tables that start on page 473 show you how to conjugate the verbs that appear in **SENTIERI**. Each verb in the list is followed by a model verb conjugated according to the same pattern. The number in parentheses indicates where in the verb tables you can find the conjugated forms of the model verb. For example, if you want to find out how to conjugate the verb **offrire**, look up number 10 to refer to its model verb, **aprire**. The cross symbol (†) after a verb indicates that it is conjugated with **essere** in the **passato prossimo** and other compound tenses. Note that some verbs take **avere** when they are used transitively and **essere** when they are used intransitively, as noted in the verb list. Reminder: All reflexive verbs use **essere** as their auxiliary verb in compound tenses. Remember, too, that the second-person singular negative imperative form for all verbs is formed by placing **non** in front of the infinitive: **non dimenticare!**

In the tables you will find the infinitive, past participle, gerund, and all the forms of each model verb you have learned.

abbracciarsi like cominciare (16), alzarsi (5) †
abbronzarsi like alzarsi (5) †
abitare like adorare (1)
accẹdere like credere (2)
accẹndere like prendere (35)
accomodarsi like alzarsi (5) †
accọrgersi like credere (2), alzarsi (5) †, *except* irreg. p. part. **accorto**
addormentarsi like alzarsi (5) †
adorare (1)
affittare like adorare (1)
aggiustare like adorare (1)
aiutare like adorare (1)
aiutarsi like alzarsi (5) †
allacciare like cominciare (16)
alzarsi (5) †
amare like adorare (1)
amarsi like alzarsi (5) †
andare (8) †
annoiarsi like cambiare (13), alzarsi (5) †
annullare like adorare (1)
apparecchiare like cambiare (13)
applaudire like dormire (3)
aprire (10)
arrabbiarsi like cambiare (13), alzarsi (5) †
arrẹndersi like prendere (35), alzarsi (5) †
arricciare like cominciare (16)
arrivare like adorare (1) †
ascoltare like adorare (1)
aspettare like adorare (1)
assaggiare like mangiare (27)
attẹndere like prendere (35)
atterrare like adorare (1)
attraversare like adorare (1)
avere (6)
baciare like cominciare (16)
baciarsi like cominciare (16), alzarsi (5) †
ballare like adorare (1)
bastare like adorare (1) †
bere (11)
bucare like cercare (14)
cadere (12) †
cambiare (13) †; **p.p.** with **avere** if transitive
camminare like adorare (1)
cancellare like adorare (1)
cantare like adorare (1)
capire (4)
caricare like dimenticare (19)
cenare like adorare (1)
cercare (14)
chiamare like adorare (1)
chiamarsi like alzarsi (5) †
chiẹdere (15)
chiụdere like credere (2), *except* irreg. p. part. **chiuso**
colpire like capire (4)
cominciare (16) †; **p.p.**with **avere** if transitive
commẹttere like mettere (28)
comporre like porre (33)
comprare like adorare (1)
condurre like produrre (36)
conọscere like credere (2), *except* irreg. p. part. **conosciuto**
conọscersi like credere (2), alzarsi (5), *except* irreg. p. part. **conosciuto** †
consigliare like cambiare (13)
controllare like adorare (1)
cọrrere like credere (2), *except* irreg. p. part. **corso** †; **p.p.** with **avere** if transitive
costare like adorare (1) †
costruire like capire (4)
crẹdere (2)
curare like adorare (1)
dare (18)
darsi like dare (18), alzarsi (5) †
decịdere like credere (2), *except* irreg. p. part. **deciso**
decollare like adorare (1)
depositare like adorare (1)
desiderare like adorare (1)
dimenticare (19)
dimenticarsi like dimenticare (19), alzarsi (5) †
dipịngere like credere (2), *except* irreg. p. part. **dipinto**

dire (20)

dispiacere like tacere (46) †

diventare like adorare (1) †

divertirsi like dormire (3), alzarsi (5) †

domandare like adorare (1)

dormire (3)

dovere (22)

dubitare like adorare (1)

entrare like adorare (1) †

esplorare like adorare (1)

ẹssere (7) †

evitare like adorare (1)

fallire like capire (4)

fare (23)

farsi like fare (23), alzarsi (5) †

fermarsi like alzarsi (5) †

fidarsi like alzarsi (5) †

fịngere like credere (2), *except* irreg. p. part. **finto**

finire like capire (4) †; **p.p.** with **avere** if transitive

firmare like adorare (1)

fotocopiare like cambiare (13)

frenare like adorare (1)

frequentare like adorare (1)

frịggere like credere (2), *except* irreg. p. part. **fritto**

funzionare like adorare (1)

giocare (24)

girare like adorare (1)

guadagnare like sognare (43)

guardare like adorare (1)

guardarsi like alzarsi (5) †

guarire like capire (4) †; **p.p.** with **avere** if transitive

guidare like adorare (1)

imbucare like cercare (14)

immaginare like adorare (1)

imparare like adorare (1)

incontrare like adorare (1)

incontrarsi like alzarsi (5) †

indossare like adorare (1)

indovinare like adorare (1)

ingolfare like adorare (1)

innamorarsi like alzarsi (5) †

insegnare like sognare (43)

insịstere like credere (2), *except* irreg. p. part. **insistito**

interpretare like adorare (1)

inventare like adorare (1)

inviare (25)

invitare like adorare (1)

lamentarsi like alzarsi (5) †

lasciare like cominciare (16)

lasciarsi like cominciare (16), alzarsi (5) †

laurearsi like alzarsi (5) †

lavare like adorare (1)

lavarsi like alzarsi (5) †

lavorare like adorare (1)

lẹggere like credere (2), *except* irreg. p. part. **letto**

macchiare like cambiare (13)

mancare like cercare (14) †; **p.p.** with **avere** if transitive

mandare like adorare (1)

mangiare (27)

mantenersi like tenere (47), alzarsi (5) †

meritare like adorare (1)

mẹttere (28)

mẹttersi like mettere (28), alzarsi (5) †

migliorare like adorare (1)

morire (29) †

mostrare like adorare (1)

nạscere like credere (2), *except* irreg. p. part. **nato** †

navigare like litigare (26)

nevicare like dimenticare (19)

noleggiare like mangiare (27)

nuotare like adorare (1)

obbligare like litigare (26)

occuparsi like alzarsi (5) †

odiarsi like inviare (25), alzarsi (5) †

offrire like aprire (10)

ordinare like adorare (1)

orientarsi like alzarsi (5) †

ottenere like tenere (47)

pagare like litigare (26)

parcheggiare like mangiare (27)

parere (32) †

parlare like adorare (1)

parlarsi like alzarsi (5) †

partire like dormire (3) †

passare like adorare (1) †; **p.p.** with **avere** if transitive

pensare like adorare (1)

pẹrdere like credere (2), *except* irreg. p. part. **perso/perduto**

pẹrdersi like credere (2), alzarsi (5), *except* irreg. p. part. **perso/perduto** †

permẹttere like mettere (28)

pescare like cercare (14)

pettinarsi like alzarsi (5) †

piacere like tacere (46) †

piạngere like credere (2), *except* irreg. p. part. **pianto**

piọvere like credere (2), *except* irreg. p. part. **piovuto**

portare like adorare (1)

possedere like sedere (42)

potere (34)

praticare like dimenticare (19)

preferire like capire (4)

prẹndere (35)

prenotare like adorare (1)

preoccuparsi like alzarsi (5) †

preparare like adorare (1)

prepararsi like alzarsi (5) †

presentare like adorare (1)

preservare like adorare (1)

prestare like adorare (1)

promẹttere like mettere (28)

proporre like porre (33)

proseguire like dormire (3) †; **p.p.** with **avere** if transitive

provare like adorare (1)

pubblicare like dimenticare (19)

pulire like capire (4)
raccomandare like adorare (1)
ṛadersi like credere (2), alzarsi (5); *except* irreg. p. part. **raso** †
recitare like adorare (1)
regalare like adorare (1)
registrare like adorare (1)
remare like adorare (1)
ṛendersi like prendere (35), alzarsi (5) †
restare like adorare (1) †
restituire like capire (4)
riattaccare like cercare (14)
riceṿere like credere (2)
riciclare like adorare (1)
riconoṣcere like credere (2), *except* irreg. p. part. **riconosciuto**
ricordare like adorare (1)
ricordarsi like alzarsi (5) †
ridare like dare (18)
riempire (37)
rimanere (38) †
rincoṛrere like credere (2), *except* irreg. p. part. **rincorso**
rinviare like inviare (25)
riparare like adorare (1)
ripeṭere like credere (2)
riposarsi like alzarsi (5) †
risparmiare like cambiare (13)
rispettare like adorare (1)
rispoṇdere (39)
ritirare like adorare (1)
ritornare like adorare (1) †
riuscire like uscire (51) †
rivedere like vedere (53)
ṛompersi like credere (2), alzarsi (5), *except* irreg. p. part. **rotto** †
rosolare like adorare (1)
salire (40) †; **p.p.** *with* **avere** if transitive
salutarsi like alzarsi (5) †
salvare like adorare (1)
sapere (41)
sbadigliare like cambiare (13)
sbagliarsi like cambiare (13), alzarsi (5) †
sbrigarsi like litigare (26), alzarsi (5) †
scalare like adorare (1)
scaricare like dimenticare (19)
sceṇdere like prendere (35) †; **p.p.** with **avere** if transitive
scherzare like adorare (1)
scolpire like capire (4)
scriṿere like credere (2), *except* irreg. p. part. **scritto**
scriṿersi like credere (2), alzarsi (5), *except* irreg. p. part. **scritto** †
scusare like adorare (1)
sedersi like sedere (42), alzarsi (5) †
seguire like dormire (3) †; **p.p.** with **avere** if transitive
sembrare like adorare (1) †
sentire like dormire (3)
sentirsi like dormire (3), alzarsi (5) †
servire like dormire (3)
significare like dimenticare (19)
sistemare like adorare (1)
smeṭtere like mettere (28)
sognare (43)
soṛgere like credere (2), *except* irreg. p. part. **sorto** †
sparecchiare like cambiare (13)
spazzare like adorare (1)
spedire like capire (4)
speġnere (44)
speṇdere like prendere (35)
sperare like adorare (1)
spiegare like litigare (26)
spogliarsi like cambiare (13) †
spolverare like adorare (1)
sporcare like cercare (14)
sposarsi like alzarsi (5) †
sprecare like cercare (14)
squillare like adorare (1)
stampare like adorare (1)
stare (45) †
starnutire like capire (4)
stirare like adorare (1)
strafare like fare (23)
studiare like cambiare (13)
subaffittare like adorare (1)
succeḍere like credere (2), *except* irreg. p. part. **successo** †
suggerire like capire (4)
suonare like adorare (1)
superare like adorare (1)
svegliarsi like cambiare (13), alzarsi (5) †
sviluppare like adorare (1)
tagliare like cambiare (13)
telefonare like adorare (1)
telefonarsi like alzarsi (5) †
temere like credere (2)
tenere (47)
toccare like cercare (14)
tornare like adorare (1) †
tossire like capire (4)
tradurre like produrre (36)
tramontare like adorare (1) †
trasferirsi like capire (4), alzarsi (5) †
traslocare like cercare (14)
trattenersi like tenere (47), alzarsi (5) †
trovare like adorare (1)
truccarsi like cercare (14), alzarsi (5) †
usare like adorare (1)
uscire (51) †
vedere (53)
vedersi like vedere (53), alzarsi (5) †
veṇdere like credere (2)
venire (54) †
vestirsi like dormire (3), alzarsi (5) †
viaggiare like mangiare (27)
viṇcere (55)
visitare like adorare (1)
viṿere (56) †; **p.p.** with **avere** if transitive
volere (57)

Regular verbs

	Infinito **Participio passato** **Gerundio presente** **Infinito passato**	INDICATIVO				CONDIZIONALE	CONGIUNTIVO		IMPERATIVO
		Presente	**Passato prossimo**	**Imperfetto**	**Futuro**	**Presente**	**Presente**	**Imperfetto**	
1	**adorare** *(to adore)*	adoro	ho adorato	adoravo	adorerò	adorerei	adori	adorassi	
	adorato	adori	hai adorato	adoravi	adorerai	adoreresti	adori	adorassi	adora (non adorare)
	adorando	adora	ha adorato	adorava	adorerà	adorerebbe	adori	adorasse	adori
	avere adorato	adoriamo	abbiamo adorato	adoravamo	adoreremo	adoreremmo	adoriamo	adoraṣsimo	adoriamo
		adorate	avete adorato	adoravate	adorerete	adorereste	adoriate	adoraste	adorate
		adọrano	hanno adorato	adorạvano	adoreranno	adorerẹbbero	adọrino	adorạssero	adọrino
2	**crẹdere** *(to believe)*	credo	ho creduto	credevo	crederò	crederei	creda	credessi	
	creduto	credi	hai creduto	credevi	crederai	crederesti	creda	credessi	credi (non crẹdere)
	credendo	crede	ha creduto	credeva	crederà	crederebbe	creda	credesse	creda
	avere creduto	crediamo	abbiamo creduto	credevamo	crederemo	crederemmo	crediamo	credẹssimo	crediamo
		credete	avete creduto	credevate	crederete	credereste	crediate	credeste	credete
		crẹdono	hanno creduto	credẹvano	crederanno	crederẹbbero	crẹdano	credẹssero	crẹdano
3	**dormire** *(to sleep)*	dormo	ho dormito	dormivo	dormirò	dormirei	dorma	dormissi	
	dormito	dormi	hai dormito	dormivi	dormirai	dormiresti	dorma	dormissi	dormi (non dormire)
	dormendo	dorme	ha dormito	dormiva	dormirà	dormirebbe	dorma	dormisse	dorma
	avere dormito	dormiamo	abbiamo dormito	dormivamo	dormiremo	dormiremmo	dormiamo	dormịssimo	dormiamo
		dormite	avete dormito	dormivate	dormirete	dormireste	dormiate	dormiste	dormite
		dọrmono	hanno dormito	dormịvano	dormiranno	dormirẹbbero	dọrmano	dormịssero	dọrmano
4	**capire** *(to understand)*	capisco	ho capito	capivo	capirò	capirei	capisca	capissi	
	capito	capisci	hai capito	capivi	capirai	capiresti	capisca	capissi	capisci (non capire)
	capendo	capisce	ha capito	capiva	capirà	capirebbe	capisca	capisse	capisca
	avere capito	capiamo	abbiamo capito	capivamo	capiremo	capiremmo	capiamo	capịssimo	capiamo
		capite	avete capito	capivate	capirete	capireste	capiate	capiste	capite
		capịscono	hanno capito	capịvano	capiranno	capirẹbbero	capịscano	capịssero	capịscano

Reflexive (Pronominal)

	Infinito Participio passato Gerundio presente Infinito passato	INDICATIVO				CONDIZIONALE	CONGIUNTIVO		IMPERATIVO
		Presente	Passato prossimo	Imperfetto	Futuro	Presente	Presente	Imperfetto	
5	**alzarsi**	mi alzo	mi sono alzato/a	mi alzavo	mi alzerò	mi alzerei	mi alzi	mi alzassi	
	(to get up)	ti alzi	ti sei alzato/a	ti alzavi	ti alzerai	ti alzeresti	ti alzi	ti alzassi	ạlzati (non alzarti/ non ti alzare)
	alzato/a alzạndosi	si alza	si è alzato/a	si alzava	si alzerà	si alzerebbe	si alzi	si alzasse	si alzi
	ẹssersi alzato/a	ci alziamo	ci siamo alzati/e	ci alzavamo	ci alzeremo	ci alzeremmo	ci alziamo	ci alzạssimo	alziạmoci
		vi alzate	vi siete alzati/e	vi alzavate	vi alzerete	vi alzereste	vi alziate	vi alzaste	alzạtevi
		si ạlzano	si sono alzati/e	si alzạvano	si alzeranno	si alzerẹbbero	si ạlzino	si alzạssero	si ạlzino

Auxiliary verbs: *avere* and *essere*

	Infinito Participio passato Gerundio presente Infinito passato	INDICATIVO				CONDIZIONALE	CONGIUNTIVO		IMPERATIVO
		Presente	Passato prossimo	Imperfetto	Futuro	Presente	Presente	Imperfetto	
6	**avere**	**ho**	ho avuto	avevo	**avrò**	**avrei**	**abbia**	avessi	
	(to have)	**hai**	hai avuto	avevi	**avrai**	**avresti**	**abbia**	avessi	**abbi** (non avere)
	avuto	**ha**	ha avuto	aveva	**avrà**	**avrebbe**	**abbia**	avesse	**abbia**
	avendo	**abbiamo**	abbiamo avuto	avevamo	**avremo**	**avremmo**	**abbiamo**	avẹssimo	**abbiamo**
	avere avuto	avete	avete avuto	avevate	**avrete**	**avreste**	**abbiate**	aveste	**abbiate**
		hanno	hanno avuto	avẹvano	**avranno**	**avrẹbbero**	**ạbbiano**	avẹssero	**ạbbiano**
7	**ẹssere**	**sono**	**sono stato/a**	**ero**	**sarò**	**sarei**	**sịa**	**fossi**	
	(to be)	**sei**	**sei stato/a**	**eri**	**sarai**	**saresti**	**sịa**	**fossi**	**sịi** (non ẹssere)
	stato/a	**è**	**è stato/a**	**era**	**sarà**	**sarebbe**	**sịa**	**fosse**	**sịa**
	essendo	**siamo**	**siamo stati/e**	**eravamo**	**saremo**	**saremmo**	**siamo**	**fọssimo**	**siamo**
	ẹssere **stato/a**	**siete**	**siete stati/e**	**eravate**	**sarete**	**sareste**	**siate**	**foste**	**siate**
		sono	**sono stati/e**	**ẹrano**	**saranno**	**sarẹbbero**	**sịano**	**fọssero**	**sịano**

Compound tenses: Perfect tenses

Ausiliare	INDICATIVO								CONDIZIONALE		CONGIUNTIVO			
	Passato prossimo		Trapassato prossimo		Trapassato remoto		Futuro anteriore		Passato		Passato		Trapassato	
avere	ho		avevo		ebbi		avrò		avrei		abbia		avessi	
(to have)	hai	adorato	avevi	adorato	avesti	adorato	avrai	adorato	avresti	adorato	abbia	adorato	avessi	adorato
	ha	perduto	aveva	perduto	ebbe	perduto	avrà	perduto	avrebbe	perduto	abbia	perduto	avesse	perduto
	abbiamo	dormito	avevamo	dormito	avemmo	dormito	avremo	dormito	avremmo	dormito	abbiamo	dormito	avẹssimo	dormito
	avete	capito	avevate	capito	aveste	capito	avrete	capito	avreste	capito	abbiate	capito	aveste	capito
	hanno		avẹvano		ẹbbero		avranno		avrẹbbero		ạbbiano		avẹssero	
ẹssere	sono		ero		fui		sarò		sarei		sịa		fossi	
(to be)	sei	andato/a	eri	andato/a	fosti	andato/a	sarai	andato/a	saresti	andato/a	sịa	andato/a	fossi	andato/a
	è		era		fu		sarà		sarebbe		sịa		fosse	
	siamo		eravamo		fummo		saremo		saremmo		siamo		fọssimo	
	siete	andati/e	eravate	andati/e	foste	andati/e	sarete	andati/e	sareste	andati/e	siate	andati/e	foste	andati/e
	sono		ẹrano		fụrono		saranno		sarẹbbero		sịano		fọssero	

Irregular verbs

Infinito **Participio passato** **Gerundio presente** **Infinito passato**	INDICATIVO Presente	INDICATIVO Passato prossimo	INDICATIVO Imperfetto	INDICATIVO Futuro	CONDIZIONALE Presente	CONGIUNTIVO Presente	CONGIUNTIVO Imperfetto	IMPERATIVO
8 andare	**vado**	sono andato/a	andavo	**andrò**	**andrei**	**vada**	andassi	
(to go)	**vai**	sei andato/a	andavi	**andrai**	**andresti**	**vada**	andassi	**vai, va'** (non andare)
andato/a	**va**	è andato/a	andava	**andrà**	**andrebbe**	**vada**	andasse	**vada**
andando	andiamo	siamo andati/e	andavamo	**andremo**	**andremmo**	andiamo	andạssimo	andiamo
ẹssere andato/a	andate	siete andati/e	andavate	**andrete**	**andreste**	andiate	andaste	andate
	vanno	sono andati/e	andạvano	**andranno**	**andrẹbbero**	**vạdano**	andạssero	**vạdano**
9 apparire	**appạio**	sono **apparso/a**	apparivo	apparirò	apparirei	**appạia**	apparissi	
(to appear)	appari	sei **apparso/a**	apparivi	apparirai	appariresti	**appạia**	apparissi	appari (non apparire)
apparso/a	appare	è **apparso/a**	appariva	apparirà	apparirebbe	**appạia**	apparisse	**appạia**
apparendo	appariamo	siamo **apparsi/e**	apparivamo	appariremo	appariremmo	appariamo	apparịssimo	appariamo
ẹssere **apparso/a**	apparite	siete **apparsi/e**	apparivate	apparirete	apparireste	appariate	appariste	apparite
	appạiono	sono **apparsi/e**	apparịvano	appariranno	apparirẹbbero	**appạiano**	apparịssero	**appạiano**

	Infinito Participio passato Gerundio presente Infinito passato	INDICATIVO				CONDIZIONALE	CONGIUNTIVO		IMPERATIVO
		Presente	Passato prossimo	Imperfetto	Futuro	Presente	Presente	Imperfetto	
10	aprire	apro	ho **aperto**	aprivo	aprirò	aprirei	apra	aprissi	
	(to open)	apri	hai **aperto**	aprivi	aprirai	apriresti	apra	aprissi	apri (non aprire)
	aperto	apre	ha **aperto**	apriva	aprirà	aprirebbe	apra	aprisse	apra
	aprendo	apriamo	abbiamo **aperto**	aprivamo	apriremo	apriremmo	apriamo	aprịssimo	apriamo
	avere **aperto**	aprite	avete **aperto**	aprivate	aprirete	aprireste	apriate	apriste	aprite
		ạprono	hanno **aperto**	aprịvano	apriranno	aprirẹbbero	ạprano	aprịssero	ạprano
11	bere	**bevo**	ho **bevuto**	**bevevo**	**berrò**	**berrei**	**beva**	**bevessi**	
	(to drink)	**bevi**	hai **bevuto**	**bevevi**	**berrai**	**berresti**	**beva**	**bevessi**	**bevi** (non bere)
	bevuto	**beve**	ha **bevuto**	**beveva**	**berrà**	**berrebbe**	**beva**	**bevesse**	**beva**
	bevendo	**beviamo**	abbiamo **bevuto**	**bevevamo**	**berremo**	**berremmo**	**beviamo**	**bevẹssimo**	**beviamo**
	avere **bevuto**	**bevete**	avete **bevuto**	**bevevate**	**berrete**	**berreste**	**beviate**	**beveste**	**bevete**
		bẹvono	hanno **bevuto**	**bevẹvano**	**berranno**	**berrẹbbero**	**bẹvano**	**bevẹssero**	**bẹvano**
12	cadere	cado	sono caduto/a	cadevo	**cadrò**	**cadrei**	cada	cadessi	
	(to fall)	cadi	sei caduto/a	cadevi	**cadrai**	**cadresti**	cada	cadessi	cadi (non cadere)
	caduto	cade	è caduto/a	cadeva	**cadrà**	**cadrebbe**	cada	cadesse	cada
	cadendo	cadiamo	siamo caduti/e	cadevamo	**cadremo**	**cadremmo**	cadiamo	cadẹssimo	cadiamo
	ẹssere caduto/a	cadete	siete caduti/e	cadevate	**cadrete**	**cadreste**	cadiate	cadeste	cadete
		cạdono	sono caduti/e	cadẹvano	**cadranno**	**cadrẹbbero**	cạdano	cadẹssero	cạdano
13	cambiare	cambio	ho cambiato	cambiavo	cambierò	cambierei	**cambi**	cambiassi	
	(to change)	**cambi**	hai cambiato	cambiavi	cambierai	cambieresti	**cambi**	cambiassi	cambia (non cambiare)
	cambiato	cambia	ha cambiato	cambiava	cambierà	cambierebbe	**cambi**	cambiasse	**cambi**
	cambiando	**cambiamo**	abbiamo cambiato	cambiavamo	cambieremo	cambieremmo	**cambiamo**	cambiạssimo	**cambiamo**
	avere cambiato	cambiate	avete cambiato	cambiavate	cambierete	cambiereste	**cambiate**	cambiaste	cambiate
		cạmbiano	hanno cambiato	cambiạvano	cambieranno	cambierẹbbero	**cạmbino**	cambiạssero	**cạmbino**
14	cercare	cerco	ho cercato	cercavo	**cercherò**	**cercherei**	**cerchi**	cercassi	
	(to look for)	**cerchi**	hai cercato	cercavi	**cercherai**	**cercheresti**	**cerchi**	cercassi	cerca (non cercare)
	cercato	cerca	ha cercato	cercava	**cercherà**	**cercherebbe**	**cerchi**	cercasse	**cerchi**
	cercando	**cerchiamo**	abbiamo cercato	cercavamo	**cercheremo**	**cercheremmo**	**cerchiamo**	cercạssimo	**cerchiamo**
	avere cercato	cercate	avete cercato	cercavate	**cercherete**	**cerchereste**	**cerchiate**	cercaste	cercate
		cẹrcano	hanno cercato	cercạvano	**cercheranno**	**cercherẹbbero**	**cẹrchino**	cercạssero	**cẹrchino**
15	chiẹdere	chiedo	ho **chiesto**	chiedevo	chiederò	chiederei	chieda	chiedessi	
	(to ask for)	chiedi	hai **chiesto**	chiedevi	chiederai	chiederesti	chieda	chiedessi	chiedi (non chiẹdere)
	chiesto	chiede	ha **chiesto**	chiedeva	chiederà	chiederebbe	chieda	chiedesse	chieda
	chiedendo	chiediamo	abbiamo **chiesto**	chiedevamo	chiederemo	chiederemmo	chiediamo	chiedẹssimo	chiediamo
	avere **chiesto**	chiedete	avete **chiesto**	chiedevate	chiederete	chiedereste	chiediate	chiedeste	chiedete
		chiẹdono	hanno **chiesto**	chiedẹvano	chiederanno	chiederẹbbero	chiẹdano	chiedẹssero	chiẹdano

	Infinito Participio passato Gerundio presente Infinito passato	INDICATIVO				CONDIZIONALE	CONGIUNTIVO		IMPERATIVO
		Presente	Passato prossimo	Imperfetto	Futuro	Presente	Presente	Imperfetto	
16	**cominciare** *(to begin)*	comincio	ho cominciato	cominciavo	**comincerò**	**comincerei**	**cominci**	cominciassi	
		cominci	hai cominciato	cominciavi	**comincerai**	**cominceresti**	**cominci**	cominciassi	comincia (non cominciare)
	cominciato	comincia	ha cominciato	cominciava	**comincerà**	**comincerebbe**	**cominci**	cominciasse	**cominci**
	cominciando	**cominciamo**	abbiamo cominciato	cominciavamo	**cominceremo**	**cominceremmo**	**cominciamo**	cominciạssimo	**cominciamo**
	avere cominciato	cominciate	avete cominciato	cominciavate	**comincerete**	**comincereste**	**cominciate**	cominciaste	**cominciate**
		comịnciano	hanno cominciato	cominciạvano	**cominceranno**	**comincerẹbbero**	**comịncino**	cominciạssero	**comịncino**
17	**cuọcere** *(to cook)*	**cuocio**	ho **cotto**	cuocevo	cuocerò	cuocerei	**cuocia**	cuocessi	
		cuoci	hai **cotto**	cuocevi	cuocerai	cuoceresti	**cuocia**	cuocessi	cuoci (non cuọcere)
	cotto	cuoce	ha **cotto**	cuoceva	cuocerà	cuocerebbe	**cuocia**	cuocesse	cuocia
	cuocendo	cuociamo	abbiamo **cotto**	cuocevamo	cuoceremo	cuoceremmo	cuociamo	cuocẹssimo	cuociamo
	avere **cotto**	cuocete	avete **cotto**	cuocevate	cuocerete	cuocereste	cuociate	cuoceste	cuocete
		cuọciono	hanno **cotto**	cuocẹvano	cuoceranno	cuocerẹbbero	**cuọciano**	cuocẹssero	**cuọciano**
18	**dare** *(to give)*	**do, dò**	ho dato	davo	**darò**	**darei**	**dịa**	**dessi**	
		dai	hai dato	davi	**darai**	**daresti**	**dịa**	**dessi**	**dai, da', dà** (non dare)
	dato	**dà**	ha dato	dava	**darà**	**darebbe**	**dịa**	**desse**	**dịa**
	dando	diamo	abbiamo dato	davamo	**daremo**	**daremmo**	diamo	**dẹssimo**	diamo
	avere dato	date	avete dato	davate	**darete**	**dareste**	diate	**deste**	date
		danno	hanno dato	dạvano	**daranno**	**darẹbbero**	**dịano**	**dẹssero**	**dịano**
19	**dimenticare** *(to forget)*	dimẹntico	ho dimenticato	dimenticavo	**dimenticherò**	**dimenticherei**	**dimẹntichi**	dimenticassi	
		dimẹntichi	hai dimenticato	dimenticavi	**dimenticherai**	**dimenticheresti**	**dimẹntichi**	dimenticassi	dimẹntica (non dimenticare)
	dimenticato	dimẹntica	ha dimenticato	dimenticava	**dimenticherà**	**dimenticherebbe**	**dimẹntichi**	dimenticasse	**dimẹntichi**
	dimenticando	**dimentichiamo**	abbiamo dimenticato	dimenticavamo	**dimenticheremo**	**dimenticheremmo**	**dimentichiamo**	dimenticạssimo	**dimentichiamo**
	avere dimenticato	dimenticate	avete dimenticato	dimenticavate	**dimenticherete**	**dimentichereste**	**dimentichiate**	dimenticaste	dimenticate
		dimẹnticano	hanno dimenticato	dimenticạvano	**dimenticheranno**	**dimenticherẹbbero**	**dimẹntichino**	dimenticạssero	**dimẹntichino**
20	**dire** *(to say)*	**dico**	ho **detto**	**dicevo**	dirò	direi	**dica**	**dicessi**	
		dici	hai **detto**	**dicevi**	dirai	diresti	**dica**	**dicessi**	**di', dì** (non dire)
	detto	**dice**	ha **detto**	**diceva**	dirà	direbbe	**dica**	**dicesse**	**dica**
	dicendo	**diciamo**	abbiamo **detto**	**dicevamo**	diremo	diremmo	**diciamo**	**dicẹssimo**	**diciamo**
	avere **detto**	dite	avete **detto**	**dicevate**	direte	direste	**diciate**	**diceste**	dite
		dịcono	hanno **detto**	**dicẹvano**	diranno	dirẹbbero	**dịcano**	**dicẹssero**	**dịcano**

	Infinito Participio passato Gerundio presente Infinito passato	INDICATIVO				CONDIZIONALE	CONGIUNTIVO		IMPERATIVO
		Presente	Passato prossimo	Imperfetto	Futuro	Presente	Presente	Imperfetto	
21	**dolere** *(to hurt)*	**dolgo**	sono doluto/a	dolevo	**dorrò**	**dorrei**	**dolga**, **dogla**	dolessi	
	doluto/a	**duoli**	sei doluto/a	dolevi	**dorrai**	**dorresti**	**dolga**, **dogla**	dolessi	**duoli** (non dolere)
	dolendo	**duole**	è doluto/a	doleva	**dorrà**	**dorrebbe**	**dolga**, **dogla**	dolesse	**dolga**
	essere doluto/a	doliamo, **dogliamo**	siamo doluti/e	dolevamo	**dorremo**	**dorremmo**	doliamo, **dogliamo**	dolẹssimo	doliamo
		dolete	siete doluti/e	dolevate	**dorrete**	**dorreste**	doliate, **dogliate**	doleste	dolete
		dọlgono	sono doluti/e	dolẹvano	**dorranno**	**dorrẹbbero**	**dọlgano**	dolẹssero	**dọlgano**
22	**dovere** *(to have to; to owe)*	**devo**, **debbo**	ho dovuto	dovevo	**dovrò**	**dovrei**	**deva**, **debba**	dovessi	*This verb is not used in the imperative form.*
	dovuto	**devi**	hai dovuto	dovevi	**dovrai**	**dovresti**	**deva**, **debba**	dovessi	
	dovendo	**deve**	ha dovuto	doveva	**dovrà**	**dovrebbe**	**deva**, **debba**	dovesse	
	avere dovuto	**dobbiamo**	abbiamo dovuto	dovevamo	**dovremo**	**dovremmo**	**dobbiamo**	dovẹssimo	
		dovete	avete dovuto	dovevate	**dovrete**	**dovreste**	**dobbiate**	doveste	
		dẹvono, **dẹbbono**	hanno dovuto	dovẹvano	**dovranno**	**dovrẹbbero**	**dẹvano**, **dẹbbano**	dovẹssero	
23	**fare** *(to do; to make)*	**faccio**	ho **fatto**	**facevo**	**farò**	**farei**	**faccia**	**facessi**	
	fatto	**fai**	hai **fatto**	**facevi**	**farai**	**faresti**	**faccia**	**facessi**	**fai**, **fa'** (non fare)
	facendo	fa	ha **fatto**	**faceva**	**farà**	**farebbe**	**faccia**	**facesse**	**faccia**
	avere fatto	**facciamo**	abbiamo **fatto**	**facevamo**	**faremo**	**faremmo**	**facciamo**	**facẹssimo**	**facciamo**
		fate	avete **fatto**	**facevate**	**farete**	**fareste**	**facciate**	**faceste**	fate
		fanno	hanno **fatto**	**facẹvano**	**faranno**	**farẹbbero**	**fạcciano**	**facẹssero**	**fạcciano**
24	**giocare** *(to play)*	gioco	ho giocato	giocavo	**giocherò**	**giocherei**	**giochi**	giocassi	
	giocato	**giochi**	hai giocato	giocavi	**giocherai**	**giocheresti**	**giochi**	giocassi	gioca (non giocare)
	giocando	gioca	ha giocato	giocava	**giocherà**	**giocherebbe**	**giochi**	giocasse	**giochi**
	avere giocato	**giochiamo**	abbiamo giocato	giocavamo	**giocheremo**	**giocheremmo**	**giochiamo**	giocạssimo	**giochiamo**
		giocate	avete giocato	giocavate	**giocherete**	**giochereste**	**giochiate**	giocaste	giocate
		giọcano	hanno giocato	giocạvano	**giocheranno**	**giocherẹbbero**	**giọchino**	giocạssero	**giọchino**
25	**inviare** *(to send)*	invịo	ho inviato	inviavo	invierò	invierei	invịi	inviassi	
	inviato	invịi	hai inviato	inviavi	invierai	invieresti	invịi	inviassi	invịa (non inviare)
	inviando	invịa	ha inviato	inviava	invierà	invierebbe	invịi	inviasse	invịi
	avere inviato	**inviamo**	abbiamo inviato	inviavamo	invieremo	invieremmo	**inviamo**	inviạssimo	**inviamo**
		inviate	avete inviato	inviavate	invierete	inviereste	**inviate**	inviaste	inviate
		invịano	hanno inviato	inviạvano	invieranno	invierẹbbero	invịino	inviạssero	invịino

	Infinito Participio passato Gerundio presente Infinito passato	INDICATIVO				CONDIZIONALE	CONGIUNTIVO		IMPERATIVO
		Presente	Passato prossimo	Imperfetto	Futuro	Presente	Presente	Imperfetto	
26	**litigare**	lịtigo	ho litigato	litigavo	**litigherò**	**litigherei**	**lịtighi**	litigassi	
	(to quarrel)	**lịtighi**	hai litigato	litigavi	**litigherai**	**litigheresti**	**lịtighi**	litigassi	lịtiga (non litigare)
	litigato	lịtiga	ha litigato	litigava	**litigherà**	**litigherebbe**	**lịtighi**	litigasse	**lịtighi**
	litigando	**litighiamo**	abbiamo litigato	litigavamo	**litigheremo**	**litigheremmo**	**litighiamo**	litigạssimo	**litighiamo**
	avere litigato	litigate	avete litigato	litigavate	**litigherete**	**litighereste**	**litighiate**	litigaste	litigate
		lịtigano	hanno litigato	litigạvano	**litigheranno**	**litigherẹbbero**	**lịtighino**	litigạssero	**lịtighino**
27	**mangiare**	mangio	ho mangiato	mangiavo	**mangerò**	**mangerei**	**mangi**	mangiassi	
	(to eat)	**mangi**	hai mangiato	mangiavi	**mangerai**	**mangeresti**	**mangi**	mangiassi	mangia (non mangiare)
	mangiato	mangia	ha mangiato	mangiava	**mangerà**	**mangerebbe**	**mangi**	mangiasse	**mangi**
	mangiando	**mangiamo**	abbiamo mangiato	mangiavamo	**mangeremo**	**mangeremmo**	**mangiamo**	mangiạssimo	**mangiamo**
	avere mangiato	mangiate	avete mangiato	mangiavate	**mangerete**	**mangereste**	**mangiate**	mangiaste	mangiate
		mạngiano	hanno mangiato	mangiạvano	**mangeranno**	**mangerẹbbero**	**mạngino**	mangiạssero	**mạngino**
28	**mẹttere**	metto	ho **messo**	mettevo	metterò	metterei	metta	mettessi	
	(to put)	metti	hai **messo**	mettevi	metterai	metteresti	metta	mettessi	metti (non mẹttere)
	messo	mette	ha **messo**	metteva	metterà	metterebbe	metta	mettesse	metta
	mettendo	mettiamo	abbiamo **messo**	mettevamo	metteremo	metteremmo	mettiamo	mettẹssimo	mettiamo
	avere **messo**	mettete	avete **messo**	mettevate	metterete	mettereste	mettiate	metteste	mettete
		mẹttono	hanno **messo**	mettẹvano	metteranno	metterẹbbero	mẹttano	mettẹssero	mẹttano
29	**morire**	**muọio**	sono **morto/a**	morivo	morirò, **morrò**	morirei, **morrei**	**muọia**	morissi	
	(to die)	**muori**	sei **morto/a**	morivi	morirai, **morrai**	moriresti, **morresti**	**muọia**	morissi	**muori** (non morire)
	morto/a	**muore**	è **morto/a**	moriva	morirà, **morrà**	morirebbe, **morrebbe**	**muọia**	morisse	**muọia**
	morendo	moriamo	siamo **morti/e**	morivamo	moriremo, **morremo**	moriremmo, **morremmo**	moriamo	morịssimo	moriamo
	ẹssere **morto/a**	morite	siete **morti/e**	morivate	morirete, **morrete**	morireste, **morreste**	moriate	moriste	morite
		muọiono	sono **morti/e**	morịvano	moriranno, **morranno**	morirẹbbero, **morrẹbbero**	**muọiano**	morịssero	**muọiano**
30	**muọvere**	muovo	ho **mosso**	muovevo, **movevo**	muoverò, **moverò**	muoverei, **moverei**	muova	muovessi, **movessi**	
	(to move)	muovi	hai **mosso**	muovevi, **movevi**	muoverai, **moverai**	muoveresti, **moveresti**	muova	muovessi, **movessi**	muovi (non muọvere)
	mosso	muove	ha **mosso**	muoveva, **moveva**	muoverà, **moverà**	muoverebbe, **moverebbe**	muova	muovesse, **movesse**	muova
	muovendo, **movendo**	muoviamo, **moviamo**	abbiamo **mosso**	muovevamo, **movevamo**	muoveremo, **moveremo**	muoveremmo, **moveremmo**	muoviamo, **moviamo**	muovẹssimo, **movẹssimo**	muoviamo, **moviamo**
	avere **mosso**	muovete, **movete**	avete **mosso**	muovevate, **movevate**	muoverete, **moverete**	muovereste, **movereste**	muoviate, **moviate**	muoveste, **moveste**	muovete, **movete**
		muọvono	hanno **mosso**	muovẹvano, **movẹvano**	muoveranno, **moveranno**	muoverẹbbero, **moverebbe**	muọvano	muovẹssero, **movẹssero**	muọvano

	Infinito / Participio passato / Gerundio presente / Infinito passato	INDICATIVO				CONDIZIONALE	CONGIUNTIVO		IMPERATIVO
		Presente	Passato prossimo	Imperfetto	Futuro	Presente	Presente	Imperfetto	
31	nuọcere *(to harm)*	**nuoccio**, **noccio**	ho **nuociuto/ nociuto**	nuocevo, **nocevo**	nuocerò, **nocerò**	nuocerei, **nocerei**	**nuoccia**	nuocessi, **nocessi**	
	nuociuto, nociuto	nuoci	hai **nuociuto/ nociuto**	nuocevi, **nocevi**	nuocerai, **nocerai**	nuoceresti, **noceresti**	**nuoccia**	nuocessi, **nocessi**	nuoci (non nuọcere)
	nuocendo, **nocendo**	nuoce	ha **nuociuto/ nociuto**	nuoceva, noceva	nuocerà, **nocerà**	nuocerebbe, **nocerebbe**	**nuoccia**	nuocesse, **nocesse**	nuoccia, **noccia**
	avere **nuociuto, nociuto**	**nuociamo**, **nociamo**	abbiamo **nuociuto/ nociuto**	nuocevamo, **nocevamo**	nuoceremo, **noceremo**	**nuoceremmo**, **noceremmo**	nuociamo, **nociamo**	nuocẹssimo, **nocẹssimo**	nuociamo, **nociamo**
		nuocete, **nocete**	avete **nuociuto/ nociuto**	nuocevate, **nocevate**	nuocerete, **nocerete**	nuocereste, **nocereste**	nuociate, **nociate**	nuoceste, **noceste**	nuocete, **nocete**
		nuọcciono, **nọcciono**	hanno **nuociuto/ nociuto**	nuocẹvano, **nocẹvano**	nuoceranno, **noceranno**	nuocerẹbbero, **nocerebbe**	**nuọcciano**	nuocẹssero, **nocẹssero**	**nuọcciano**
32	parere *(to seem)*	**pạio**	sono **parso/a**	parevo	**parrò**	**parrei**	**pạia**	paressi	*This verb is not used in the imperative form.*
	parso/a	pari	sei **parso/a**	parevi	**parrai**	**parresti**	**pạia**	paressi	
	parendo	pare	è **parso/a**	pareva	**parrà**	**parrebbe**	**pạia**	paresse	
	ẹssere **parso/a**	**paiạmo**	siamo **parsi/e**	parevamo	**parremo**	**parremmo**	**paiạmo**	parẹssimo	
		parete	siete **parsi/e**	parevate	**parrete**	**parreste**	**paiạte**	pareste	
		pạiono	sono **parsi/e**	parẹvano	**parranno**	**parrẹbbero**	**pạiano**	parẹssero	
33	porre *(to put)*	**pongo**	ho **posto**	**ponevo**	**porrò**	**porrei**	**ponga**	**ponessi**	**poni** (non porre)
	posto	**poni**	hai **posto**	**ponevi**	**porrai**	**porresti**	**ponga**	**ponessi**	**ponga**
	ponendo	**pone**	ha **posto**	**poneva**	**porrà**	**porrebbe**	**ponga**	**ponesse**	**poniamo**
	avere **posto**	**poniamo**	abbiamo **posto**	**ponevamo**	**porremo**	**porremmo**	**poniamo**	**ponẹssimo**	**ponete**
		ponete	avete **posto**	**ponevate**	**porrete**	**porreste**	**poniate**	**poneste**	**pọngano**
		pọngono	hanno **posto**	**ponẹvano**	**porranno**	**porrẹbbero**	**pọngano**	**ponẹssero**	
34	potere *(to be able to)*	**posso**	ho potuto	potevo	**potrò**	**potrei**	**possa**	potessi	*This verb is not used in the imperative form.*
	potuto	**puoi**	hai potuto	potevi	**potrai**	**potresti**	**possa**	potessi	
	potendo	**può**	ha potuto	poteva	**potrà**	**potrebbe**	**possa**	potesse	
	avere potuto	**possiamo**	abbiamo potuto	potevamo	**potremo**	**potremmo**	**possiamo**	potẹssimo	
		potete	avete potuto	potevate	**potrete**	**potreste**	**possiate**	poteste	
		pọssono	hanno potuto	potẹvano	**potranno**	**potrẹbbero**	**pọssano**	potẹssero	
35	prẹndere *(to take)*	prendo	ho **preso**	prendevo	prenderò	prenderei	prenda	prendessi	
	preso	prendi	hai **preso**	prendevi	prenderai	prenderesti	prenda	prendessi	prendi (non prẹndere)
	prendendo	prende	ha **preso**	prendeva	prenderà	prenderebbe	prenda	prendesse	prenda
	avere **preso**	prendiamo	abbiamo **preso**	prendevamo	prenderemo	prenderemmo	prendiamo	prendẹssimo	prendiamo
		prendete	avete **preso**	prendevate	prenderete	prendereste	prendiate	prendeste	prendete
		prẹndono	hanno **preso**	prendẹvano	prenderanno	prenderẹbbero	prẹndano	prendẹssero	prẹndano

	Infinito Participio passato Gerundio presente Infinito passato	INDICATIVO Presente	INDICATIVO Passato prossimo	INDICATIVO Imperfetto	INDICATIVO Futuro	CONDIZIONALE Presente	CONGIUNTIVO Presente	CONGIUNTIVO Imperfetto	IMPERATIVO
36	produrre *(to produce)*	**produco**	ho **prodotto**	**producevo**	**produrrò**	**produrrei**	**produca**	**producessi**	
	prodotto	**produci**	hai **prodotto**	**producevi**	**produrrai**	**produrresti**	**produca**	**producessi**	**produci** (non produrre)
	producendo	**produce**	ha **prodotto**	**produceva**	**produrrà**	**produrrebbe**	**produca**	**producesse**	**produca**
	avere **prodotto**	**produciamo**	abbiamo **prodotto**	**producevamo**	**produrremo**	**produrremmo**	**produciamo**	**producẹssimo**	**produciamo**
		producete	avete **prodotto**	**producevate**	**produrrete**	**produrreste**	**produciate**	**produceste**	**producete**
		producono	hanno **prodotto**	**producẹvano**	**produrranno**	**produrrẹbbero**	**produ̧cano**	**producẹssero**	**produ̧cano**
37	riempire *(to fill)*	**riempio**, riempisco	ho riempito	riempivo	riempirò	riempirei	**riempia**	**riempissi**	
	riempito	**riempi**, riempisci	hai riempito	riempivi	riempirai	riempiresti	**riempia**	**riempissi**	**riempi** (non riempire)
	riempiendo	**riempie**, riempisce	ha riempito	riempiva	riempirà	riempirebbe	**riempia**	**riempisse**	**riempia**
	avere riempito	riempiamo	abbiamo riempito	riempivamo	riempiremo	riempiremmo	riempiamo	**riempissimo**	riempiamo
		riempiete	avete riempito	riempivate	riempirete	riempireste	riempiate	riempiste	riempite
		riẹmpiono, riempịscono	hanno riempito	riempịvano	riempiranno	riempirẹbbero	**riẹmpiano**	**riempissero**	**riẹmpiano**
38	rimanere *(to stay)*	**rimango**	sono **rimasto/a**	rimanevo	**rimarrò**	**rimarrei**	**rimanga**	rimanessi	
	rimasto/a	rimani	sei **rimasto/a**	rimanevi	**rimarrai**	**rimarresti**	**rimanga**	rimanessi	rimani (non rimanere)
	rimanendo	rimane	è **rimasto/a**	rimaneva	**rimarrà**	**rimarrebbe**	**rimanga**	rimanesse	**rimanga**
	ẹssere **rimasto/a**	rimaniamo	siamo **rimasti/e**	rimanevamo	**rimarremo**	**rimarremmo**	rimaniamo	rimanẹssimo	rimaniamo
		rimanete	siete **rimasti/e**	rimanevate	**rimarrete**	**rimarreste**	rimaniate	rimaneste	rimanete
		rimạngono	sono **rimasti/e**	rimanẹvano	**rimarranno**	**rimarrẹbbero**	**rimạngano**	rimanẹssero	**rimạngano**
39	rispọndere *(to answer)*	rispondo	ho **risposto**	rispondevo	risponderò	risponderei	risponda	rispondessi	
	risposto	rispondi	hai **risposto**	rispondevi	risponderai	risponderesti	risponda	rispondessi	rispondi (non rispọndere)
	rispondendo	risponde	ha **risposto**	rispondeva	risponderà	risponderebbe	risponda	rispondesse	risponda
	avere **risposto**	rispondiamo	abbiamo **risposto**	rispondevamo	risponderemo	risponderemmo	rispondiamo	rispondẹssimo	rispondiamo
		rispondete	avete **risposto**	rispondevate	risponderete	rispondereste	rispondiate	rispondeste	rispondete
		rispọndono	hanno **risposto**	rispondẹvano	risponderanno	risponderẹbbero	rispọndano	rispondẹssero	rispọndano
40	salire *(to go up)*	**salgo**	sono salito/a	salivo	salirò	salirei	**salga**	salissi	
	salito/a	sali	sei salito/a	salivi	salirai	saliresti	**salga**	salissi	sali (non salire)
	salendo	sale	è salito/a	saliva	salirà	salirebbe	**salga**	salisse	**salga**
	ẹssere salito/a	saliamo	siamo saliti/e	salivamo	saliremo	saliremmo	saliamo	salịssimo	saliamo
		salite	siete saliti/e	salivate	salirete	salireste	saliate	saliste	salite
		sạlgono	sono saliti/e	salịvano	saliranno	salirẹbbero	**sạlgano**	salịssero	**sạlgano**

	Infinito Participio passato Gerundio presente Infinito passato	INDICATIVO Presente	INDICATIVO Passato prossimo	INDICATIVO Imperfetto	INDICATIVO Futuro	CONDIZIONALE Presente	CONGIUNTIVO Presente	CONGIUNTIVO Imperfetto	IMPERATIVO
41	sapere *(to know)*	**so**	ho saputo	sapevo	**saprò**	**saprei**	**sappia**	sapessi	
		sai	hai saputo	sapevi	**saprai**	**sapresti**	**sappia**	sapessi	**sappi** (non sapere)
	saputo	**sa**	ha saputo	sapeva	**saprà**	**saprebbe**	**sappia**	sapesse	**sappia**
	sapendo	**sappiamo**	abbiamo saputo	sapevamo	**sapremo**	**sapremmo**	**sappiamo**	sapẹssimo	**sappiamo**
	avere saputo	sapete	avete saputo	sapevate	**saprete**	**sapreste**	**sappiate**	sapeste	**sappiate**
		sanno	hanno saputo	sapẹvano	**sapranno**	**saprẹbbero**	**sạppiano**	sapẹssero	**sạppiano**
42	sedere *(to sit)*	**siedo, seggo**	sono seduto/a	sedevo	sederò, **siederò**	sederei, **siederei**	**sieda, segga**	sedessi	
	seduto/a	**siedi**	sei seduto/a	sedevi	sederai, **siederai**	sederesti, **siederesti**	**sieda, segga**	sedessi	**siedi** (non sedere)
	sedendo	**siede**	è seduto/a	sedeva	sederà, **siederà**	sederebbe, **siederebbe**	**sieda, segga**	sedesse	**sieda, segga**
	essere seduto/a	sediamo	siamo seduti/e	sedẹvamo	sederemo, **siederemo**	sederemmo, **siederemmo**	sediamo	sedẹssimo	sediamo
		sedete	siete seduti/e	sedevate	sederete, **siederete**	sedereste, **siedereste**	sediate	sedeste	sedete
		siẹdono, sẹggono	sono seduti/e	sedẹvano	sederanno, **siederanno**	sederẹbbero, **siederẹbbero**	**siẹdano, sẹggano**	sedẹssero	**siẹdano, sẹggano**
43	sognare *(to dream)*	sogno	ho sognato	sognavo	sognerò	sognerei	sogni	sognassi	
		sogni	hai sognato	sognavi	sognerai	sogneresti	sogni	sognassi	sogna (non sognare)
	sognato	sogna	ha sognato	sognava	sognerà	sognerebbe	sogni	sognasse	sogni
	sognando	sogniamo, **sognamo**	abbiamo sognato	sognavamo	sogneremo	sogneremmo	sogniamo, **sognamo**	sognạssimo	sogniamo
	avere sognato	**sogniate, sognate**	avete sognato	sognavate	sognerete	sognereste	sogniate, **sognate**	sognaste	sognate
		sọgnano	hanno sognato	sognạvano	sogneranno	sognerẹbbero	sọgnino	sognạssero	sọgnino
44	spẹgnere *(to turn off)*	**spengo**	ho **spento**	spegnevo	spegnerò	spegnerei	**spenga**	spegnessi	
		spegni	hai **spento**	spegnevi	spegnerai	spegneresti	**spenga**	spegnessi	spegni (non spẹgnere)
	spento	spegne	ha **spento**	spegneva	spegnerà	spegnerebbe	**spenga**	spegnesse	**spenga**
	spegnendo	spegniamo	abbiamo **spento**	spegnevamo	spegneremo	spegneremmo	spegniamo	spegnẹssimo	spegniamo
	avere **spento**	spegnete	avete **spento**	spegnevate	spegnerete	spegnereste	spegniate	spegneste	spegnete
		spẹngono	hanno **spento**	spegnẹvano	spegneranno	spegnerẹbbero	**spẹngano**	spegnẹssero	**spẹngano**
45	stare *(to stay; to be)*	sto	sono stato/a	stavo	**starò**	**starei**	**stịa**	**stessi**	
		stai	sei stato/a	stavi	**starai**	**staresti**	**stịa**	**stessi**	**stai, sta'** (non stare)
	stato/a	sta	è stato/a	stava	**starà**	**starebbe**	**stịa**	**stesse**	**stịa**
	stando	stiamo	siamo stati/e	stavamo	**staremo**	**staremmo**	stiamo	**stẹssimo**	stiamo
	ẹssere stato/a	state	siete stati/e	stavate	**starete**	**stareste**	stiate	**steste**	state
		stanno	sono stati/e	stạvano	**staranno**	**starẹbbero**	**stịano**	**stẹssero**	**stịano**

	Infinito **Participio passato** **Gerundio presente** **Infinito passato**	INDICATIVO Presente	INDICATIVO Passato prossimo	INDICATIVO Imperfetto	INDICATIVO Futuro	CONDIZIONALE Presente	CONGIUNTIVO Presente	CONGIUNTIVO Imperfetto	IMPERATIVO
46	**tacere**	**taccio**	ho **taciuto**	tacevo	tacerò	tacerei	**taccia**	tacessi	
	(to be silent)	taci	hai **taciuto**	tacevi	tacerai	taceresti	**taccia**	tacessi	taci (non tacere)
	taciuto	tace	ha **taciuto**	taceva	tacerà	tacerebbe	**taccia**	tacesse	**taccia**
	tacendo	**tacciamo**	abbiamo **taciuto**	tacevamo	taceremo	taceremmo	**tacciamo**	tacẹssimo	**tacciamo**
	avere **taciuto**	tacete	avete **taciuto**	tacevate	tacerete	tacereste	**tacciate**	taceste	tacete
		tạcciono	hanno **taciuto**	tacẹvano	taceranno	tacerẹbbero	**tạcciano**	tacẹssero	**tạcciano**
47	**tenere**	**tengo**	ho tenuto	tenevo	**terrò**	**terrei**	**tenga**	tenessi	
	(to hold)	**tieni**	hai tenuto	tenevi	**terrai**	**terresti**	**tenga**	tenessi	**tieni** (non tenere)
	tenuto	**tiene**	ha tenuto	teneva	**terrà**	**terrebbe**	**tenga**	tenesse	**tenga**
	tenendo	teniamo	abbiamo tenuto	tenevamo	**terremo**	**terremmo**	teniamo	tenẹssimo	teniamo
	avere tenuto	tenete	avete tenuto	tenevate	**terrete**	**terreste**	teniate	teneste	tenete
		tẹngono	hanno tenuto	tenẹvano	**terranno**	**terrẹbbero**	**tẹngano**	tenẹssero	**tẹngano**
48	**tọgliere**	**tolgo**	ho **tolto**	toglievo	toglierò	toglierei	**tolga**	togliessi	
	(to remove)	**togli**	hai **tolto**	toglievi	toglierai	toglieresti	**tolga**	togliessi	**togli** (non tọgliere)
	tolto	toglie	ha **tolto**	toglieva	toglierà	toglierebbe	**tolga**	togliesse	**tolga**
	togliendo	**togliamo**	abbiamo **tolto**	toglievamo	toglieremo	toglieremmo	**togliamo**	togliẹssimo	**togliamo**
	avere **tolto**	togliete	avete **tolto**	toglievate	toglierete	togliereste	**togliate**	toglieste	togliete
		tọlgono	hanno **tolto**	togliẹvano	toglieranno	toglierẹbbero	**tọlgano**	togliẹssero	**tọlgano**
49	**trarre**	**traggo**	ho **tratto**	traevo	**trarrò**	**trarrei**	**tragga**	traessi	
	(to draw)	trai	hai **tratto**	traevi	**trarrai**	**trarresti**	**tragga**	traessi	trai (non trarre)
	tratto	trae	ha **tratto**	traeva	**trarrà**	**trarrebbe**	**tragga**	traesse	**tragga**
	traendo	traịamo	abbiamo **tratto**	traevamo	**trarremo**	**trarremmo**	traịamo	traẹssimo	traịamo
	avere **tratto**	traete	avete **tratto**	traevate	**trarrete**	**trarreste**	traịate	traeste	traete
		trạggono	hanno **tratto**	traẹvano	**trarranno**	**trarrẹbbero**	**trạggano**	traẹssero	**trạggano**
50	**udire**	**odo**	ho udito	udivo	udirò, **udrò**	udirei, **udrei**	**oda**	udissi	
	(to hear)	**odi**	hai udito	udivi	udirai, **udrai**	udiresti, **udresti**	**oda**	udissi	**odi** (non udire)
	udito	**ode**	ha udito	udiva	udirà, **udrà**	udirebbe, **udrebbe**	**oda**	udisse	**oda**
	udendo	udiamo	abbiamo udito	udivamo	udiremo, **udremo**	udiremmo, **udremmo**	udiamo	udịssimo	udiamo
	avere udito	udite	avete udito	udivate	udirete, **udrete**	udireste, **udreste**	udiate	udiste	udite
		ọdono	hanno udito	udịvano	udiranno, **udranno**	udirẹbbero, **udrẹbbero**	**ọdano**	udịssero	**ọdano**
51	**uscire**	**esco**	sono uscito/a	uscivo	uscirò	uscirei	**esca**	uscissi	
	(to go out)	**esci**	sei uscito/a	uscivi	uscirai	usciresti	**esca**	uscissi	**esci** (non uscire)
	uscito/a	**esce**	è uscito/a	usciva	uscirà	uscirebbe	**esca**	uscisse	**esca**
	uscendo	usciamo	siamo usciti/e	uscivamo	usciremo	usciremmo	usciamo	uscịssimo	usciamo
	ẹssere uscito/a	uscite	siete usciti/e	uscivate	uscirete	uscireste	usciate	usciste	uscite
		ẹscono	sono usciti/e	uscịvano	usciranno	uscirẹbbero	**ẹscano**	uscịssero	**ẹscano**

	Infinito Participio passato Gerundio presente Infinito passato	INDICATIVO				CONDIZIONALE	CONGIUNTIVO		IMPERATIVO
		Presente	**Passato prossimo**	**Imperfetto**	**Futuro**	**Presente**	**Presente**	**Imperfetto**	
52	**valere**	**valgo**	ho **valso**	valevo	**varrò**	**varrei**	**valga**	valessi	
	(to be worth)	vali	hai **valso**	valevi	**varrai**	**varresti**	**valga**	valessi	vali (non valere)
	valso	vale	ha **valso**	valeva	**varrà**	**varrebbe**	**valga**	valesse	**valga**
	valendo	valiamo	abbiamo **valso**	valevamo	**varremo**	**varremmo**	valiamo	valẹssimo	valiamo
	avere **valso**	valete	avete **valso**	valevate	**varrete**	**varreste**	valiate	valeste	valete
		vạlgono	hanno **valso**	valẹvano	**varranno**	**varrẹbbero**	**vạlgano**	valẹssero	**vạlgano**
53	**vedere**	vedo	ho **visto**/veduto	vedevo	**vedrò**	**vedrei**	veda	vedessi	
	(to see)	vedi	hai **visto**/veduto	vedevi	**vedrai**	**vedresti**	veda	vedessi	vedi (non vedere)
	visto, veduto	vede	ha **visto**/veduto	vedeva	**vedrà**	**vedrebbe**	veda	vedesse	veda
	vedendo	vediamo	abbiamo **visto**/ veduto	vedevamo	**vedremo**	**vedremmo**	vediamo	vedẹssimo	vediamo
	avere **visto,** veduto	vedete	avete **visto**/veduto	vedevate	**vedrete**	**vedreste**	vediate	vedeste	vedete
		vẹdono	hanno **visto**/veduto	vedẹvano	**vedranno**	**vedrẹbbero**	vẹdano	vedẹssero	vẹdano
54	**venire**	**vengo**	sono venuto/a	venivo	**verrò**	**verrei**	**venga**	venissi	
	(to come)	**vieni**	sei venuto/a	venivi	**verrai**	**verresti**	**venga**	venissi	**vieni** (non venire)
	venuto/a	**viene**	è venuto/a	veniva	**verrà**	**verrebbe**	**venga**	venisse	**venga**
	venendo	veniamo	siamo venuti/e	venivamo	**verremo**	**verremmo**	veniamo	venịssimo	veniamo
	ẹssere venuto/a	venite	siete venuti/e	venivate	**verrete**	**verreste**	veniate	veniste	venite
		vẹngono	sono venuti/e	venịvano	**verranno**	**verrẹbbero**	**vẹngano**	venịssero	**vẹngano**
55	**vịncere**	vinco	ho **vinto**	vincevo	vincerò	vincerei	vinca	vincessi	
	(to win)	vinci	hai **vinto**	vincevi	vincerai	vinceresti	vinca	vincessi	vinci (non vịncere)
	vinto	vince	ha **vinto**	vinceva	vincerà	vincerebbe	vinca	vincesse	vinca
	vincendo	vinciamo	abbiamo **vinto**	vincevamo	vinceremo	vinceremmo	vinciamo	vincẹssimo	vinciamo
	avere **vinto**	vincete	avete **vinto**	vincevate	vincerete	vincereste	vinciate	vinceste	vincete
		vịncono	hanno **vinto**	vincẹvano	vinceranno	vincerẹbbero	vịncano	vincẹssero	vịncano
56	**vịvere**	vivo	sono **vissuto/a**	vivevo	**vivrò**	**vivrei**	viva	vivessi	
	(to live)	vivi	sei **vissuto/a**	vivevi	**vivrai**	**vivresti**	viva	vivessi	vivi (non vịvere)
	vissuto	vive	è **vissuto/a**	viveva	**vivrà**	**vivrebbe**	viva	vivesse	viva
	vivendo	viviamo	siamo **vissuti/e**	vivevamo	**vivremo**	**vivremmo**	viviamo	vivẹssimo	viviamo
	ẹssere **vissuto**	vivete	siete **vissuti/e**	vivevate	**vivrete**	**vivreste**	viviate	viveste	vivete
		vịvono	sono **vissuti/e**	vivẹvano	**vivranno**	**vivrẹbbero**	vịvano	vivẹssero	vịvano
57	**volere**	**voglio**	ho voluto	volevo	**vorrò**	**vorrei**	**voglia**	volessi	
	(to want)	**vuoi**	hai voluto	volevi	**vorrai**	**vorresti**	**voglia**	volessi	**vogli** (non volere)
	voluto	**vuole**	ha voluto	voleva	**vorrà**	**vorrebbe**	**voglia**	volesse	**voglia**
	volendo	**vogliamo**	abbiamo voluto	volevamo	**vorremo**	**vorremmo**	**vogliamo**	volẹssimo	**vogliamo**
	avere voluto	volete	avete voluto	volevate	**vorrete**	**vorreste**	**vogliate**	voleste	**vogliate**
		vọgliono	hanno voluto	volẹvano	**vorranno**	**vorrẹbbero**	**vọgliano**	volẹssero	**vọgliano**

These verbs follow regular conjugation patterns in all forms but the **participio passato** and the **passato remoto**. (See p. 486 for a brief introduction to the **passato remoto**.) Use this table to study the irregular past participles and first-person **passato remoto** forms, and follow regular cojugation patterns for all other forms. The full conjugation of several high-frequency verbs is presented in the preceding pages for your reference.

Infinito		**participio passato**	**passato remoto**
accẹndere	*to turn on*	acceso	accesi
accọrgersi	*to realize*	accorto	accorsi
aprire	*to open*	aperto	apersi
assịstere	*to assist*	assistito	assistetti
attẹndere	*to wait for*	atteso	attesi
chiẹdere	*to ask for*	chiesto	chiesi
chiụdere	*to close*	chiuso	chiusi
commẹttere	*to commit*	commesso	commisi
conọscere	*to know*	conosciuto	conobbi
cọrrere	*to run*	corso	corsi
crẹscere	*to grow*	cresciuto	crebbi
decịdere	*to decide*	deciso	decisi
dipịngere	*to paint*	dipinto	dipinsi
fịngere	*to pretend*	finto	finsi
friggere	*to fry*	fritto	frissi
insịstere	*to insist*	insistito	insistetti
lẹggere	*to read*	letto	lessi
mẹttere	*to put*	messo	misi
nạscere	*to be born*	nato	nacqui
offrire	*to offer*	offerto	offersi
pẹrdere	*to lose*	perso, perduto	persi
permẹttere	*to permit*	permesso	permisi
piạngere	*to cry*	pianto	piansi
piọvere	*to rain*	piovuto	piovve *(3rd person)*
pọrgere	*to give*	porto	porsi
prẹndere	*to take*	preso	presi
promẹttere	*to promise*	promesso	promisi
rạdere	*to shave*	raso	rasi
rẹndere	*to give back*	reso	resi
rịdere	*to laugh*	riso	risi
rispọndere	*to answer*	risposto	risposi
rọmpere	*to break*	rotto	ruppi
scẹndere	*to descend*	sceso	scesi
scrịvere	*to write*	scritto	scrissi
smẹttere	*to quit*	smesso	smisi
sọrgere	*to rise*	sorto	sorsi
spẹndere	*to spend*	speso	spesi
spịngere	*to push*	spinto	spinsi
succẹdere	*to happen*	successo	successe
vịncere	*to win*	vinto	vinsi

The *passato remoto*

You've learned to use the **passato prossimo** to talk about actions, events, and states of being that began and ended in the past. Italian has another past tense, the **passato remoto**, which is also used to narrate completed past actions. Use the **passato remoto** to refer to events that took place in a completed time period in the past and that have no continuing effect on the present. Compare the following examples.

passato prossimo	passato remoto
Ieri **ho scritto** una poesia per la mia ragazza. *Yesterday **I wrote** a poem for my girlfriend.*	Dante **scrisse** il suo capolavoro mentre era in esilio. *Dante **wrote** his masterpiece while he was in exile.*
Sono nati molti bambini quest'anno. *Many children **were born** this year.*	Leonardo da Vinci **nacque** nel 1452. *Leonardo da Vinci **was born** in 1452.*

- The use of the **passato remoto** in conversation varies by region. Northern speakers generally use it less frequently (some not at all). Its use in spoken Italian is more common in the South, where speakers may also use it in place of the **passato prossimo** to refer to recent events. As students of Italian, you do not need to use the **passato remoto** for everyday conversation. It is, however used in writing and you should be able to recognize its forms when reading, especially for literature.
- To form the **passato remoto**, drop the **-re** ending of the infinitive for all but the third-person singular form, which drops the characteristic vowel as well; then add the endings. Most **-ere** verbs also have alternate first-person singular and third-person forms.

The *passato remoto*

parlare		credere		dormire	
parlai	parlammo	credei (credetti)	credemmo	dormii	dormimmo
parlasti	parlaste	credesti	credeste	dormisti	dormiste
parlò	parlarono	credé (credette)	crederono (credettero)	dormì	dormirono

- Many common verbs are irregular in the **passato remoto**.

essere	bere	dare	dire	fare	stare
fui	bevvi	diedi (detti)	dissi	feci	stetti
fosti	bevesti	desti	dicesti	facesti	stesti
fu	bevve	diede (dette)	disse	fece	stette
fummo	bevemmo	demmo	dicemmo	facemmo	stemmo
foste	beveste	deste	diceste	faceste	steste
furono	bevvero	diedero (dettero)	dissero	fecero	stettero

- Most irregular verbs follow a 1-3-3 pattern: the first-person singular (**io**) and third-person singular and plural (**lui/lei, loro**) forms only are irregular. These forms have a different stem and their endings are **-i**, **-e**, and **-ero**.

Some irregular *passato remoto* first-person forms

avere	ebbi	conoscere	conobbi	nascere	nacqui	sapere	seppi
chiedere	chiesi	leggere	lessi	piacere	piacqui	scrivere	scrissi
chiudere	chiusi	mettere	misi	prendere	presi	venire	venni

Guide to Vocabulary

Abbreviations used in this glossary

adj.	adjective	fam.	familiar	*p.p.*	past participle
adv.	adverb	*form.*	formal	*pl.*	plural
art.	article	*imp.*	imperative	*poss.*	possessive
comp.	comparative	*indef.*	indefinite	*prep.*	preposition
conj.	conjunction	*interr.*	interrogative	*pron.*	pronoun
dbl.o.	double object	*invar.*	invariable	*refl.*	reflexive
def.	definite	*i.o.*	indirect object	*rel.*	relative
dem.	demonstrative	*m.*	masculine	*sing.*	singular
disj.	disjunctive	*n.*	noun	*sub.*	subject
d.o.	direct object	*obj.*	object	*super.*	superlative
f.	feminine	*part.*	partitive	*v.*	verb

Italiano-Inglese

A

a *prep.* at; in; to 1B
a casa at home 3A
a condizione che *conj.* provided that 12A
a destra *prep.* to the right 7A
A domani. See you tomorrow. 1A
A dopo. See you later. 1A
a due passi da not far from 9A
a letto in/to bed 3A
a lezione in class 1B
a meno che… non *conj.* unless 12A
a mezzanotte at midnight 3A
a patto che *conj.* provided that 12A
a piedi on foot 3A
A più tardi. See you later. 1A
A presto. See you soon. 1A
a righe *adj.* striped 4B
a scuola at/to school 3A
a sinistra *prep.* to the left 7A
a sụo agio *adv.* at ease 7B
a tạvola at the table 3A
a teatro at/to the theater 3A
a tempo parziale *adj.* part-time 11A
a tempo pieno *adj.* full-time 11A
a tinta unita *adj.* solid color 4B
a volte *adv.* sometimes 6A
al cịnema at/to the movies 3A
al completo *adj.* full; no vacancies 8B
al mare at/to the beach 3A
al sọlito sụo as he/she usually does 8A
al vapore *adj.* steamed 5A
alla griglia *adj.* grilled 5A
Alla prọssima! Until next time! 1A
all'ẹstero *adv.* abroad 8B
all'inizio *adv.* at first 2A
abbastanza *adv.* enough 1A
Abbastanza bene. Pretty well. 1A
abbigliamento *m.* clothing 4B
abbonamento *m.* subscription; pass 8A
abbracciare *v.* to hug 6A
abbracciarsi *v.* to hug each other 6A
abbronzarsi *v.* to tan 8B
abete *m.* fir 12A
abitare *v.* to live, to reside 2A
Dove ạbiti? Where do you live? 7A
ạbito *m.* dress 4B
accadere *v.* to happen 12A
accanto (a) *prep.* next to 7A
accappatọio *m.* bathrobe 6A
accẹndere *v.* to turn on 4A
acceso/a (accẹndere) *p.p., adj.* turned on 4B
Accidenti! Wow! 4B; Darn! 5B
accọrgersi *v.* to realize 12B
ạcido/a *adj.* acidic 12A
pioggia ạcida *f.* acid rain 12A
acqua (frizzante, naturale) *f.* (sparkling, still) water 5B
acquisito/a *adj.* acquired 3A
parenti acquisiti *m., pl.* in-laws 3A
addormentarsi *v.* to fall asleep 6A
adesso *adv.* now 5B
adorare *v.* to adore 2A
adottare *v.* to adopt 3A
aẹreo *m.* airplane 8B
aeroporto *m.* airport 8B
affatto *adv.* at all; completely 9B
non… affatto not at all 9B
affinché *conj.* so that 12A
affittare *v.* to rent (*owner*) 7A
affịttasi for rent 7A
affitto *m.* rent 7A
prẹndere in affitto *v.* to rent (*tenant*) 7A
affollato/a *adj.* crowded 8A
affumicato/a *adj.* smoked 5A
agenda *f.* planner 1B
agente *m., f.* agent 8B
agente di viaggio *m., f.* travel agent 8B
agente immobiliare *m., f.* real estate agent 11A
agenzịa *f.* agency 7A
agenzịa di somministrazione lavoro *f.* temp agency 11B
agenzịa immobiliare *f.* real estate agency 7A
aggiustare *v.* to fix 4A
agio *m.* ease 7B
a sụo agio *adv.* at ease 7B
aglio *m.* garlic 5A
agosto *m.* August 2B
agricoltore/agricoltrice *m., f.* farmer 11A
agricoltura *f.* agriculture 12A
agricoltura biolọgica *f.* organic farming 12A
agrodolce *adj.* sweet and sour 5A
aiuọla *f.* flower bed 9A
aiutare *v.* to help 2A
aiutarsi *v.* to help each other 6A
alba *f.* dawn; sunrise 12A
albergo (a cinque stelle) *m.* (five-star) hotel 8B
ạlbero *m.* tree 12A
alcuni/e *indef. adj., pron.* some, a few 5A
alimentari *m., pl.* foodstuffs 5A
negozio d'alimentari *m.* grocery store 5A
allacciare *v.* to buckle (*seatbelt*) 8A

allegramente *adv.* cheerfully 5B
allegro/a *adj.* cheerful 3B
allergico/a *adj.* allergic 6B
alloggi *m., pl.* lodgings 8B
allora *adv., adj.* so; then 1A
alluvione *f.* flood 12A
alto/a *adj.* tall 3B
altro *indef. pron.* something/anything else 9B
altro/a/i/e *indef. adj.* other 9B
l'altro ieri the day before yesterday 4B
l'un l'altro/a each other 6A
altri/e *indef. pron.* others
altroché *conj.* absolutely 9B
alunno/a *m., f.* pupil; student 1B
alzarsi *v.* to stand, to get (oneself) up 6A
amare *v.* to love 10A
amaro/a *adj.* bitter 3B
amarsi *v.* to love each other 6A
ambientalismo *m.* environmentalism 12A
ambiente *m.* environment 12A
ambulanza *f.* ambulance 6B
americano/a *adj.* American 1B
amico/a *m., f.* friend 1A
ananas *m.* pineapple 5A
anche *conj.* also; too; as well 1A
Anch'io. Me, too. 1A
ancora *adv.* still; yet; again 4B
non... ancora *adv.* not yet 4B
andare *v.* to go 2A
(non) andare di moda. to be/not be in fashion 4B
andare a cavallo to go horseback riding 2A
andare al cinema to go to the movies 2A
andare dal dottore to go to the doctor 6B
andare in bicicletta to ride a bicycle 2A
Come si va... How do you get to . . . ? 9A
Come va? How are things? 1A
Va moltissimo ora! It's very trendy now! 4B
andata e ritorno *adj.* round trip 8B
angolo *m.* corner 9A
dietro l'angolo around the corner 9A
animale *m.* animal 12A
animale domestico *m.* pet 3A
anno *m.* year 1A
avere... anni to be . . . years old 2B
annoiarsi *v.* to get/be bored 6A
annullare *v.* to cancel 8B
annuncio *m.* advertisement 11B
annuncio di lavoro *m.* job ad 11B
antipasto *m.* appetizer; starter 5B
antipatico/a *adj.* unpleasant 1B
ape *f.* bee 12A
aperto/a (aprire) *p.p., adj. (used as past participle)* opened; (*used as adjective*) open 4B
apparecchiare *v.* to set 7B
apparecchiare la tavola *v.* to set the table 7B
appartamento *m.* apartment 7A
appartamento arredato *m.* furnished apartment 7A
appena *adv., conj.* just; as soon as 6B
applaudire *v.* to applaud 10A
applauso *m.* applause 10A
appuntamento *m.* appointment; date 11B
prendere un appuntamento to make an appointment 11B
appunti *m., pl.* notes 1B
aprile *m.* April 2B
aprire *v.* to open 3A
arancia *f.* orange 5A
arancione *adj.* orange (*color*) 4B
arbitro *m.* referee 2A
architetto *m.* architect 3B
armadio *m.* closet 7A
aroma *m.* aroma; flavoring 10A
arrabbiarsi *v.* to get angry 6A
arrabbiato/a *adj.* angry 3B
arrampicata *f.* climbing 2A
arrendersi *v.* to surrender; to give up 2B
arricciare *v.* to curl 6A
arrivare *v.* to arrive 2A
Arrivo subito. I'll be right there. 1A
ArrivederLa/ci. *(form./fam.)* Good-bye. 1A
arrivi *m., pl.* arrivals 8B
arrosto *adj., invar.* roasted 5A
arte *f.* art 1A
belle arti *f., pl.* fine arts 10B
opera d'arte *f.* work of art 10B
visitare una galleria d'arte to visit an art gallery 10B
artistico/a *adj.* artistic 10B
ascensore *m.* elevator 8B
asciugacapelli *m., invar.* hair dryer 6A
asciugamano *m.* towel 6A
asciugatrice *f.* clothes dryer 7B
asciutto/a *adj.* dry 5A
pasta asciutta *f.* pasta
ascoltare *v.* to listen 2A
ascoltare la musica to listen to music 2A
aspettare *v.* to wait (for) 2A
aspirapolvere *m.* vacuum cleaner 7B
passare l'aspirapolvere to vacuum 7B
aspirina *f.* aspirin 6B
assaggiare *v.* to taste 5B
asse da stiro *f.* ironing board 7B
assegno *m.* check 9B
pagare con assegno to pay by check 9B
assicurazione (sulla vita) *f.* (life) insurance 11A
assistente amministrativo/a *m., f.* administrative assistant 11B
assolo *m.* solo 10A
assumere *v.* to hire 11A
assunzione *f.* hiring 11B
atletica *f.* track and field 2A
atletico/a *adj.* athletic 3B
attendere *v.* to wait for 11B
Attenda in linea, per favore. Please hold. 11B
attento/a *adj.* attentive 2A
attenzione *f.* attention 2A
fare attenzione to pay attention 2A
atterrare *v.* to land 8B
attesa *f.* waiting 11B
restare in attesa to be on hold 11B
attimo *m.* minute; moment 5A
attività *f.* activity 2A; business 12A
condurre un'attività to run a business 12A
attivo/a *adj.* active 3B
atto *m.* act 10A
attore/attrice *m., f.* actor/actress 1A
attraversare *v.* to cross (*street*) 9A
audace *adj.* audacious, bold 3B
aula *f.* lecture hall; classroom 1B
aumento *m.* raise 11A
autista *m., f.* driver 8A
autobus *m.* bus 1A
in autobus by bus 3A
automobile *f.* car 1A
automobilismo *m.* car racing 2A
autore/autrice *m., f.* author 10B
autostrada *f.* highway 8A
autunno *m.* fall, autumn 2B
avaro/a *adj.* greedy 3B
avere *v.* to have 2B
avercela con qualcuno to be angry at someone 6A
avere... anni to be . . . years old 2B
avere bisogno (di) to need 2B
avere caldo to feel hot 2B
avere fame to be hungry 2B
avere freddo to feel cold 2B
avere fretta to be in a hurry 2B
avere il raffreddore to have a cold 6B

avere la febbre to have a fever 6B
avere mal di pancia (schiena, testa) to have a stomachache (backache, headache) 6B
avere paura (di) to be afraid (of) 2B
avere ragione to be right 2B
avere sete to be thirsty 2B
avere sonno to be sleepy 2B
avere torto to be wrong 2B
avere un incidente to have/be in an accident 8A
avere voglia (di) to feel like 2B

avvocato *m.* lawyer 1A
azienda *f.* firm 11B
azzurro/a *adj.* (sky) blue 3B

B

bacca *f.* berry 12A
bacheca *f.* bulletin board 11B
baciare *v.* to kiss 6A
baciarsi *v.* to kiss each other 6A
bagaglio a mano *m.* carry-on baggage 8B
bagno *m.* bath 2A; bathroom 6A
  fare il bagno to take a bath 2A
  vasca da bagno *f.* bathtub 7A
baita *f.* cabin (*mountain shelter*) 12A
balconata *f.* theater balcony; dress circle 10A
balcone *m.* balcony 7A
balia *f.* nanny 7B
ballare *v.* to dance 2A
ballerino/a *m., f.* (ballet) dancer, ballerina 10A
balletto *m.* ballet 10A
balneare *adj.* bathing; beach 8B
  località balneare *f.* ocean resort 8B
bambino/a *m., f.* child; baby 3A
banana *f.* banana 5A
banca *f.* bank 9B
  in banca at/to the bank 3A
bancario/a *adj.* banking 9B
  conto bancario *m.* bank account 9B
banchiere/a *m., f.* banker 11A
banco *m.* desk 1B
bancomat *m.* ATM 9B
banconota *f.* bill (*banknote*) 9B
barba *f.* beard 6A
  farsi la barba to shave (*beard*) 6A
  schiuma da barba *f.* shaving cream 6A
barca *f.* boat 8A
barista *m., f.* bartender 11A
barocco/a *adj.* Baroque 10B
basket *m.* basketball 2A
basso/a *adj.* short (*height*) 3B
  salario basso *m.* low salary 11B
bastare *v.* to be enough 5B
batterịa *f.* drums 2A
batterista *m., f.* drummer 10A
bạule *m.* trunk 8A
beh *inter.* well 2A
beige *adj., invar.* beige 4B
bellezza *f.* beauty 9B
  salone di belleza *m.* beauty salon 9B
bellino/a *adj.* cute, pretty 10B
bello/a *adj.* beautiful, handsome 1B
  belle arti *f., pl.* fine arts 10B
  È bello. It's nice out. 2B
  Fa bel tempo. The weather is nice. 2B
benché *conj.* although 12A
bene *adj.* well 1A
  Abbastanza bene. Pretty well. 1A
  Sto (molto) bene. I am (very) well. 1A
  Tutto bene? Everything OK? 1A
Benvenuto/a/i/e! Welcome! 1A
benzina *f.* gas 8A
  fare benzina *v.* to get gas 8A
bere *v.* to drink 5A
bernọccolo *m.* bump 6B
biancherịa ịntima *f.* underwear 4B
bianco/a *adj.* white 3B
bịbita *f.* drink 5B
biblioteca *f.* library 1B
  in biblioteca at/to the library 3A
bicchiere *m.* glass 5B
bicicletta *f.* bicycle 2A
  in bicicletta by bicycle 3A
bidello/a *m., f.* caretaker; custodian 11A
biglietterịa *f.* ticket office/window 8A
biglietto *m.* ticket 8A
  biglietto a fascia chilomẹtrica *m.* kilometric zone ticket 8A
  biglietto intero *m.* full price ticket 10A
  biglietto ridotto *m.* reduced ticket 10A
bilocale *m.* two-room apartment 7A
binario *m.* track; platform 8A
biologịa *f.* biology 1A
biolọgico/a *adj.* biological; organic 12A
  agricoltura biolọgica *f.* organic farming 12A
biondo/a *adj.* blond(e) 3B
birra *f.* beer 5B
birrerịa *f.* pub; beer garden 5B
biscotto *m.* cookie 5A
bisnonno/a *m., f.* great grandfather/grandmother 3A
bisogna it's necessary 11A
bizantino/a *adj.* Byzantine 10B
blu *adj., invar.* blue 3B
bocca *f.* mouth 6A
  In bocca al lupo. Good luck. (*lit.* In the mouth of the wolf.) 1B
bocciare *v.* to fail (*exam*) 1B
boccuccia *f.* cute little mouth 10B
bollette *f., pl.* bills 7A
  pagare le bollette to pay the bills 9B
borsa *f.* handbag, purse 4B
borsetta *f.* small purse 10B
bottiglia *f.* bottle 5B
braccio (*pl.* braccia f.) *m.* arm 6A
bravo/a *adj.* good; skilled 1B
brịciola *f.* crumb 7B
brillante *adj.* bright 3B
brillare *v.* to sparkle 6B
brindisi *m.* toast 4A
bruciore di stọmaco *m.* heartburn 6B
bruno/a *adj.* dark-haired 3B
brutto/a *adj.* ugly 3B
bucare *v.* to puncture 8A
  bucare una gomma to get a flat tire 8A
bucato *m.* laundry 7B
  fare il bucato to do laundry 7B
buffo/a *adj.* funny 3B
buffone *m.* buffoon 10A
  fare il buffone to act the fool 10A
Buona giornata! Have a nice day! 1A
Buonanotte. Good night. 1A
Buonasera. Good evening. 1A
Buongiorno. Hello.; Good morning. 1A
buono/a *adj.* good 1B
  buon affare *m.* good deal 4B
burro *m.* butter 5A
busta *f.* envelope 9B
buttare vịa *v.* to throw away 12A
  Vietato buttare rifiuti. No littering. 12A

C

C.V. *m.* résumé 11B
cabina telefọnica *f.* phone booth 9A
cadere *v.* to fall 5A
caffè *m.* coffee 1A
caffettiera *f.* coffee maker 7B
cafone/a *m., f.* slob 7B
calciatore/calciatrice *m., f.* soccer player 2A
calcio *m.* soccer 2A
caldo/a *adj.* hot 2B
  avere caldo to feel hot 2B
  ondata di caldo *f.* heat wave 2B
calzino *m.* sock 4B
cambiare *v.* to change 2A
cạmera *f.* room 7A

camera da letto *f.* bedroom 7A
camera doppia *f.* double room 7A
camera singola *f.* single room 7A
servizio in camera *m.* room service 8B
cameriere/a *m., f.* waiter 3B
camicetta *f.* blouse 4B
camicia *f.* dress shirt 4B
camion *m.* truck 8A
camion della nettezza urbana *m.* garbage truck 12A
camionista *m., f.* truck driver 11A
camminare *v.* to walk 2A
campagna *f.* countryside 12A
campeggio *m.* camping 2A
campo *m.* field; court 2A
canadese *adj.* Canadian 1B
canale (televisivo) *m.* (television) channel 4A
canarino *m.* canary 3A
cancellare *v.* to erase 4A
candidato/a *m., f.* candidate 11B
cane *m.* dog 3A
canottiera *f.* tank top 4B
cantante *m., f.* singer 10A
cantare *v.* to sing 2A
canzone *f.* song 10A
capacità *f.* skill 11B
caparra *f.* deposit 7A
capelli *m., pl.* hair 6A
capelli a spazzola *m., pl.* crew cut 6A
capelli raccolti *m., pl.* pulled back hair 6A
capelli sciolti *m., pl.* loose hair 6A
spuntare i capelli *v.* to trim one's hair 6A
tagliare i capelli *v.* to cut one's hair 6A
capire *v.* to understand 3A
capodanno *m.* New Year's Day 8B
capolavoro *m.* masterpiece 10B
capolinea *m.* terminus 8A
cappello *m.* hat 4B
cappotto *m.* overcoat 4B
capra *f.* goat 12A
caraffa *f.* carafe 5B
carciofo *m.* artichoke 5A
carica batteria *m.* battery charger 4A
caricare *v.* to charge; to load 4A
carie *f., invar.* cavity 6B
carino/a *adj.* cute 3B
carne *f.* meat 5A
carne di maiale *f.* pork 5A
carne di manzo *f.* beef 5A
caro/a *adj.* expensive; dear 4B
carota *f.* carrot 5A
carriera *f.* career 11A
carta *f.* paper; card 2A
carta di credito/debito *f.* credit/debit card 9B
carta d'imbarco *f.* boarding pass 8B
foglio di carta *m.* sheet of paper 1B
carte *f., pl.* playing cards 2A
cartella *f.* folder 4A
cartina *f.* map 1B
cartoleria *f.* stationery store 9B
cartolina *f.* postcard 9B
cartone animato *m.* cartoon 10B
caruccio/a *adj.* sweet, very dear 10B
casa *f.* house 1A
a casa at home 3A
casalingo/a *m., f.* househusband/housewife 11A
cascata *f.* waterfall 12A
casino *m.* mess 7B
Che casino! What a mess! 7B
cassetta delle lettere *f.* mailbox 9B
cassettiera *f.* dresser 7A
cassetto *m.* drawer 7A
castano/a *adj.* brown (*hair, eyes*) 3B
catastrofe *f.* catastrophe 12A
cattivello/a *adj.* a little bit naughty 10B
cattivo/a *adj.* bad; naughty 1B
cavallo *m.* horse 2A
andare a cavallo to go horseback riding 2A
CD *m.* CD 4A
c'è there is 1A
C'è il temporale. It's stormy. 2B
C'è il/la signor(a)...? Is Mr./Mrs. . . . there? 11B
C'è il sole. It's sunny. 2B
C'è vento. It's windy. 2B
Che c'è di nuovo? What's new? 1A
Che cosa c'è? What's wrong? 1B
celibe *adj.* single (*male*) 3A
cellulare *m.* cell phone 4A
cena *f.* supper, dinner 5B
cenare *v.* to have dinner 2A
centesimo/a *adj.* hundreth 10B
cento *m., adj.* one hundred 1A
centomila *m., adj., invar.* one hundred thousand 2B
centrale nucleare *f.* nuclear power plant 12A
centro *m.* center; downtown 3A
centro commerciale *m.* mall; shopping center 9A
centro storico *m.* downtown 9A
in centro in town 3A
cercare v. to look for 2A; to try 10A 2A
certo/a *adj.* certain 11B
cespuglio *m.* bush 12A
cestino *m.* wastebasket 1B
che *interr. pron.* what 3B; *rel. pron.* who, whom, that, which 9A
Che casino! What a mess! 7B
Che c'è di nuovo? What's new? 1A
Che conciato/a! What a slob!, How badly dressed he/she is! 4B
Che cosa c'è? What's wrong? 1B
Che cos'è? *exp.* What is it? 1B
Che giorno è oggi? What's the date? 2B
Che noia! How boring! 1B
Che ora è/Che ore sono? What time is it? 1B
Che tempo fa? What is the weather like? 2B
prima che *conj.* Before 12A
chi *interr. pron.* who, whom 3B; *rel. pron.* those who, the one(s) who 9A
Chi è? Who is it? 1B
Chi parla? Who's calling? 11B
Da parte di chi? On behalf of whom? 11B
chiacchierone/a *m., f.* chatterbox 10B
chiamare *v.* to call 2A
chiamarsi *v.* to be called; to call each other 6A
Come si/ti chiama/i? (*form./fam.*) What is your name? 1A
Mi chiamo... My name is . . . 1A
chiaro/a *adj.* light 4B; clear 11B
chiave *f.* key 8B
chic *adj., invar.* chic 3B
chiedere *v.* to ask (for) 2B
chiedere un prestito to ask for a loan 9B
chiesa *f.* church 9A
chiesto/a (chiedere) *p.p., adj.* asked; requested 4B
chilo *m.* kilo 5A
chiosco *m.* newsstand; kiosk 9A
chiosco per le informazioni *m.* information booth 9A
chirurgo/a *m., f.* surgeon 6B
chitarra *f.* guitar 2A
chitarrista *m., f.* guitarist 10A
chiudere *v.* to close 2B
chiuso/a (chiudere) *p.p., adj.* closed 4B
ci *d.o. pron., pl.* us 5A; *i.o. pron., pl.* (to, for) us 5B; *adv.* there 6A
ci sono there are 1A
Ci sono 18 gradi. It's 18 degrees out. 2B
Ci vediamo! See you soon! 1A
Ciao. Hi.; Good-bye. 1A
ciascuno *adj., pron.* each (one) 4B
cibo *m.* food 5A

ciclismo *m.* cycling 2A
ciclone *m.* cyclone 2B
cielo *m.* sky 12A
ciglio (*pl.* ciglia *f.*) *m.* eyelashes 6A
Cin cin! Cheers! 1A
cinema *m.* cinema 2A
  al cinema at/to the movies 3A
cinese *adj.* Chinese 1B
cinquanta *m., adj., invar.* fifty 1A
cinque *m., adj., invar.* five 1A
cinquecentesimo/a *adj.* five hundreth 10B
cinquecento *m., adj., invar.* five hundred 2B
cinquemila *m., adj., invar.* five thousand 2B
cintura *f.* belt 4B
  cintura di sicurezza *f.* seatbelt 8A
ciò che *rel. pron.* that which, what 9A
cioccolateria *f.* café specializing in chocolate 5B
cipolla *f.* onion 5A
cipresso *m.* cypress 12A
città *f.* city 1A
ciuffo *m.* tuft of hair 6A
civile *adj.* civil 3A
  stato civile *m.* marital status 3A
clarinetto *m.* clarinet 10A
classe *f.* class; classroom 1B
  classe economica *f.* economy class 8B
  classe turistica *f.* tourist class 8B
  prima/seconda classe *f.* first/second class 8A
classico/a *adj.* classical; classic 10B
cliente *m., f.* customer; client 8B
clima *m.* climate 10A
coda *f.* ponytail 6A
cofano *m.* hood 8A
cognato/a *m., f.* brother-/sister-in-law 3A
cognome *m.* last name 3A
coincidenza *f.* connection 8A
coinquilino/a *m., f.* roommate 9A
colazione *f.* breakfast 5B
  fare colazione to have breakfast 2A
collaboratrice domestica f. maid 7B
collana *f.* necklace 4B
collezione *f.* collection 10B
collo *m.* neck 6A
colloquio di lavoro *m.* job interview 11B
colore *m.* color 4B
  Di che colore? What color? 4B
colpire *v.* to hit 8A
coltello *m.* knife 5B
come *adv.* how 3B
  Come si va... How do you get to . . . ? 9A
  Come si/ti chiama/i? *(form./fam.)* What is your name? 1A
  Come sta/stai? *(form./fam.)* How are you? 1A
  Come te la passi? How are you getting along? 1A
  Come va? How are things? 1A
cominciare *v.* to begin 2A; to start 4A
commedia *f.* comedy 10A
commesso/a *m., f.* salesperson 4B
commettere *v.* to commit 11B
commissioni *f., pl.* errands 9B
  fare delle commissioni to run errands 9B
commovente *adj.* touching, moving 10B
comodino *m.* night table 7A
compact disc *m.* CD 4A
compagno/a di classe *m., f.* classmate 1B
competenza *f.* competence; ability 11B
compiti *m., pl.* homework 1B
compleanno *m.* birthday 2B
  Quando è il tuo compleanno? When is your birthday? 2B
completo *m.* suit; matching outfit 4B
completo/a *adj.* complete 8B
  al completo *adj.* full; no vacancies 8B
comporre *v.* to dial; to compose 4A
compositore/compositrice *m., f.* composer 10A
composto (comporre) *p.p., adj.* composed 4B
comprare *v.* to buy 2A
compressa *f.* tablet 6B
compromesso *m.* compromise 12B
computer (portatile) *m.* (laptop) computer 4A
comune *m.* town hall 9B
comunque *conj., adv.* however 4A
con *prep.* with 3A
concerto *m.* concert 10A
condizione *f.* condition 12A
  a condizione che *conj.* provided that 12A
condurre *v.* to manage, to run 12A
  condurre un'attività to run a business 12A
congedo *m.* leave 11A
  prendere un congedo to take leave time 11A
congelatore *m.* freezer 7B
coniglio *m.* rabbit 12A
connesso/a *adj.* connected 4A
  essere connesso/a to be connected 4A
conoscere *v.* to know; to meet 4B
  conoscere di vista to know by sight 4B
  conoscere la strada to know the way 4B
  conoscere... a fondo to know something inside and out 4B
  Piacere di conoscerLa/ti. *(form./fam.)* Pleased to meet you. 1A
conoscersi *v.* to meet each other 6A
conservare *v.* to preserve 12A
consigliare *v.* to advise 5B
consiglio *m.* advice 11B
consulente *m., f.* consultant 11A
contabile *m., f.* accountant 11A
contanti *m., pl.* cash 9B
  pagare in contanti to pay in cash 9B
contemporaneo/a *adj.* contemporary; modern 10B
contento/a *adj.* content, happy 1B
continuare *v.* to continue 10A
conto *m.* bill 5A; account 9B
  conto bancario *m.* bank account 9B
  conto corrente *m.* checking account 9B
  conto risparmio *m.* savings account 9B
  rendersi conto (di) to realize, to become aware (of) 6A
contorno *m.* side dish 5B
contratto *m.* contract; lease 7A
contributi *m., pl.* contributions; taxes 11A
controllare *v.* to check 6B
  controllare la linea to watch one's weight 6B
controllo *m.* control 8B
  controllo passaporti *m.* passport control 8B
controllore *m.* ticket collector 8A
convalidare *v.* to validate (*ticket*) 8A
conversazione *f.* conversation 1B
convinto/a *adj.* earnest 3B
coperta *f.* blanket 7B
coperto/a *adj.* overcast 2B
coppia *f.* couple 3A
coraggioso/a *adj.* courageous 3B
cornetta *f.* phone receiver 11B
coro *m.* chorus 10A
corpo *m.* body 6A
corrente *adj.* current 9B
  conto corrente *m.* checking account 9B
correre *v.* to run 2B
corridoio *m.* hallway 7A

corso *m.* course 2A
corso/a (correre) *p.p., adj.* run 4B
cortese *adj.* courteous 3B
cortesia *f.* courtesy 1A
  forme di cortesia polite expressions 1A
cortile *m.* courtyard 7A
corto/a *adj.* short (*length*) 3B
cortometraggio *m.* short film 10B
cosa *interr. pron.* what 3B; *f.* thing 1A
  (Che) cos'è? *exp.* What is it? 1B
  Cosa vuol dire...? What does . . . mean? 4A
  La solita cosa. The usual. 1A
coscienza ambientale *f.* enviornmental awareness 12A
così *adv.* so 8A
  così... come *adv.* as . . . as 8A
  Così così. So-so. 1A
costa *f.* coast 12A
costare *v.* to cost, to be worth 5A
  Quanto costa...? How much is . . . ? 5A
costoso/a *adj.* expensive 4B
costruire *v.* to build 9A
costume da bagno *m.* bathing suit 4B
cotone *m.* cotton 4B
cottura *f.* cooking 7A
  piano cottura *m.* stovetop 7A
cravatta *f.* tie 4B
credenza *f.* cupboard 7A
credere *v.* to believe 10A
credito *m.* credit 9B
  pagare con carta di credito to pay with a credit card 9B
crema *f.* lotion 6A
Crepi. Thanks. (*lit.* May the wolf die.) 1B
cretino/a *m., f.* jerk 7A
crociera *f.* cruise 8B
crostata *f.* pie 5A
crudele *adj.* cruel 3B
cucchiaino *m.* teaspoon 5B
cucchiaio *m.* spoon 5B
cucina *f.* kitchen 7A
cucinare *v.* to cook 5A
cucitrice *f.* stapler 11B
cuffie *f., pl.* headphones 4A
cugino/a *m., f.* cousin 3A
cui *rel. pron.* whom, which 9A
cuoco/a *m., f.* cook, chef 5B
cuore *m.* heart 6A
curare *v.* to heal 6B
curioso/a *adj.* curious 3B
curriculum vitae *m.* résumé 11B
cuscino *m.* pillow 7B
cutaneo/a *adj.* skin 6B
  eruzione cutanea *f.* rash 6B

D

da *prep.* from; at; by; since 1B
  Da parte di chi? On behalf of whom? 11B
  Da quando... Since when 2B
  Da quanto tempo...? For how long . . . ? 2B
  Da questa parte. This way. 1A
danza classica *f.* classical dance 2A
dare *v.* to give 2A
  dare le dimissioni to resign 11A
  dare un passaggio to give (someone) a ride 9A
  dare un'occhiata to take a look 4B
  Ma dai! Oh, come on! 1A
darsi *v.* to give to each other 6A
  può darsi it's possible 11B
data *f.* date 2B
davanti (a) *prep.* in front (of) 7A
davvero *adv., adj.* really 5B
debito *m.* due; debt 9B
  pagare con carta di debito to pay with a debit card 9B
debole *adj.* weak 3B
debutto *m.* debut 10A
decidere *v.* to decide 10A
decimo/a *adj.* tenth 10B
decisione *f.* decision 2B
  prendere una decisione to make a decision 2B
deciso/a (decidere) *p.p., adj.* decided 4B
decollare *v.* to take off 8B
degrado *m.* deterioration 12A
deluso/a *adj.* disappointed 8A
denaro *m.* money 9B
  depositare il denaro to deposit money 9B
dente *m.* tooth 6A
  lavarsi i denti *v.* to brush one's teeth 6A
dentifricio *m.* toothpaste 6A
dentista *m., f.* dentist 6B
dentro *prep.* inside 7A
depositare *v.* to deposit 9B
  depositare il denaro to deposit money 9B
depressione *f.* depression 6B
depurare *v.* to purify 12A
descrizioni personali *f., pl.* personal descriptions 3B
deserto *m.* desert 12A
desiderare *v.* to desire, to want 2A to wish 10A
destra *f.* right 7A
  a destra *prep.* to the right 7A
detto (dire) *p.p., adj.* said 4B
di (d') *prep.* of, from 3A
  dei *part. art., m., pl.* some 5A
  degli *part. art., m., pl.* some 5A
  del *part. art., m., sing.* some 5A
  dell' *part. art., m., f., sing.* some 5A
  della *part. art., f., sing.* some 5A
  delle *part. art., f., pl.* some 5A
  dello *part. art., m., sing.* some 5A
  Di che colore? What color? 4B
  Di dove sei? Where are you from? 1B
  di fronte a *prep.* across from 9A
  di media statura *adj.* of average height 3B
  Di niente. You're welcome. 1A
  di nuovo *adv.* again 3B
  di solito *adv.* usually 5B
  di tanto in tanto off and on 4A
dicembre *m.* December 2B
diciannove *m., adj., invar.* nineteen 1A
diciassette *m., adj., invar.* seventeen 1A
diciottesimo/a *adj.* eighteenth 10B
diciotto *m., adj., invar.* eighteen 1A
dieci *m., adj., invar.* ten 1A
dieta *f.* diet 5B
  essere a dieta to be on a diet 5B
dietro (a) *prep.* behind 7A
  dietro l'angolo around the corner 9A
difficile *adj.* difficult 1B
digitale *adj.* digital
  macchina fotografica digitale *f.* digital camera 4A
dilemma *m.* dilemma, quandary 10A
diluvio *m.* torrential downpour; flood 2B
dimenticare *v.* to forget 2A
dimenticarsi (di) *v.* to forget 10A
dinamico/a *adj.* dynamic 3B
dipingere *v.* to paint 2B, 10A
diploma *m.* diploma; degree 10A
dire *v.* to say; to tell 4A
  Cosa vuol dire...? What does . . . mean? 4A
diretta *f.* live broadcast 7B
  in diretta *adv.* live 7B
direttore/direttrice (del personale) *m., f.* (personnel) manager 11B
dirigente *m., f.* executive; manager 11A
dirigere *v.* to manage 11A
diritto *prep.* straight 9A
disboscamento *m.* deforestation 12A
discarica *f.* dump 12A
disco rigido *m.* hard drive 4A
discreto/a *adj.* discreet 3B
disinvolto/a *adj.* confident 3B

disoccupato/a *adj.* unemployed 11A
ẹssere disoccupato/a to be unemployed 11A
disonesto/a *adj.* dishonest 1B
dispensa *f.* pantry 7A
dispiacere *v.* to be sorry 5B
disponịbile *adj.* helpful; available 3B
posto disponịbile *m.* vacancy 8B
dito (*pl.* dita *f.*) *m.* finger 6A
dito *m.* **del piede (*pl.* dita *f.*)** toe 6A
divano *m.* couch 7A
diventare *v.* to become 5A
divergenza *f.* difference 12A
divertente *adj.* fun 1B
divertirsi *v.* to have fun 6A
divorziato/a *adj.* divorced 3A
dizionario *m.* dictionary 1B
doccia *f.* shower 2A
fare la doccia to take a shower 2A
docente *m., f.* teacher, lecturer 11A
documentario *m.* documentary 10B
documento *m.* document 4A; ID 8B
dọdici *m., adj., invar.* twelve 1A
dogana *f.* customs 8B
dolce *adj.* sweet 3B; *m.* dessert 5B
dolore *m.* pain 6B
domanda *f.* question 1A
fare domanda to apply 11B
fare una domanda to ask a question 2A
domandare *v.* to ask 2B
domani *adv.* tomorrow 2B
A domani. See you tomorrow. 1A
domẹnica *f.* Sunday 1B
domẹstico/a *adj.* domestic 3A
animale domẹstico *m.* pet 3A
collaboratrice domẹstica *f.* maid 7B
donna *f.* woman 1A
donna d'affari *f.* businesswoman 3B
dono *m.* gift 10A
dopo *prep.* after 4A; *adv.* after, afterwards 5B
A dopo. See you later. 1A
dopodomani *adv.* the day after tomorrow 7A
dormire *v.* to sleep 3A
dotato/a *adj.* gifted; talented 10B
dottore(ssa) *m., f.* doctor 1A
andare dal dottore to go to the doctor's 2A
dove *adv.* where 3B
Di dove sei? Where are you from? 1B
Dove abiti? Where do you live? 7A
dovere *v.* to have to/must; to owe 4A
dramma *m.* drama; play 10A
dramma psicolọgico *m.* psychological drama 10B
drammạtico/a *adj.* dramatic 10B
drammaturgo/a *m., f.* playwright 10A
dubitare *v.* to doubt 10A
due *m., adj., invar.* two 1A
duecento *m., adj., invar.* two hundred 2B
duemila *m., adj., invar.* two thousand 2B
durante *prep.* during 7B
durare *v.* to last 7B
duro/a *adj.* hard; tough 3B

E

e *conj.* and 1B
E Lei/tu? *(form./fam.)* And you? 1A
ecco *adv.* here 1A
ecologịa *f.* ecology 12A
economịa *f.* economics 1B
edịcola *f.* newsstand 9B
editorịa *f.* publishing industry 10B
effetto *m.* effect 12B
effetto serra *m.* greenhouse effect 12B
egoista *adj.* selfish 3B
Ehilà! Hey there! 1A
elettricista *m., f.* electrician 11A
elettrodomẹstico *m.* appliance 7B
elevato/a *adj.* high 11B
salario elevato *m.* high salary 11B
e-mail *f.* e-mail message 4A
emicrania *f.* migraine 6B
energịa *f.* energy 12A
energịa eọlica *f.* wind power 12A
energịa nucleare *f.* nuclear energy 12A
energịa rinnovạbile *f.* renewable energy 12A
energịa solare *f.* solar energy 12A
energịa tẹrmica *f.* thermal energy 12A
enẹrgico/a *adj.* energetic 3B
enoteca *f.* store specializing in wine 5B
entrare *v.* to enter 5A
ẹpico/a *adj.* epic 10B
racconto ẹpico *m.* epic 10B
epifanịa *f.* Twelfth Night, Epiphany 8B
erba *f.* grass 12A
errore *m.* error 11B
eruzione *f.* eruption 2B
eruzione cutạnea *f.* rash 6B
eruzione vulcạnica *f.* volcanic eruption 2B
esame *m.* exam 1A
escursione *f.* outing 12A
esercitazione a scuola *f.* school project 10B
esercizio *m.* exercise 6B
fare esercizio to exercise 6B
esibizione *f.* performance 10A
esigente *adj.* demanding 11A
esperienza *f.* experience 11B
esperienza professionale *f.* professional experience 11B
esplorare *v.* to explore 12A
esposizione *f.* exhibit 10B
espressione *f.* expression 5A
ẹssere *v.* to be 1B
Che ora è/Che ore sono? What time is it? 1B
Di dove sei? Where are you from? 1B
È bello. It's nice out. 2B
È il 15 agosto. It's August 15th. 2B
È il 23 marzo. It's March 23rd. 2B
È un porcile! It's a pigsty! 7B
ẹssere a dieta to be on a diet 5B
ẹssere al verde to be broke 9B
ẹssere allẹrgico (a) to be allergic (to) 6B
ẹssere ben/mal pagato/a to be well/poorly paid 11A
ẹssere connesso/a to be connected 4A
ẹssere disoccupato/a to be unemployed 11A
ẹssere forte in... to be strong in . . . 1B
ẹssere in buona salute to be in good health 6B
ẹssere in lịnea to be online 4A
ẹssere in panne to break down 8A
ẹssere in tour to be on tour 10A
ẹssere in/fuori forma to be in/out of shape 6B
ẹssere incinta to be pregnant 6B
ẹssere nato nel... to be born in . . . 2B
ẹssere negato/a per to be no good at . . . 1B
est m. east 9A
estate *f.* summer 2B
ẹstero *m.* foreign countries 8B
all'ẹstero *adv.* abroad 8B
etto *m.* 100 grams 5A
evitare (di) *v.* to avoid 6B

F

fa *adv.* ago 4B
dieci giorni fa ten days ago 4B
un anno fa a year ago 4B
fạbbrica *f.* factory 12A
faccende *f., pl.* chores 7B
fare le faccende to do household chores 7B
faccia *f.* face 6A
fạcile *adj.* easy 1B
facoltà *f.* faculty; department 1B
fagiolino *m.* green bean 5A
falegname *m.* carpenter 7B
fallire *v.* to fail 11A
fame *f.* hunger 2B
avere fame to be hungry 2B
famiglia *f.* family 3A
fantascienza *f.* science-fiction 10B
film di fantascienza *m.* sci-fi film 10B
fare *v.* to do; to make 2A
Che tempo fa? What is the weather like? 2B
Fa bel/brutto tempo. The weather is nice/bad. 2B
Fa caldo/freddo/fresco. It's hot/cold/cool. 2B
Fammi vedere. Let me see. 2B
far soffrịggere to brown, to fry lightly 5A
far tostare to toast 5A
fare attenzione to pay attention 2A
fare benzina to get gas 8A
fare colazione to have breakfast 2A
fare delle commissioni to run errands 9B
fare domanda to apply 11B
fare due passi to take a short walk 2A
fare esercizio to exercise 6B
fare ginnạstica to exercise 6B
fare i mestieri/le faccende to do household chores 7B
fare il bagno to take a bath 2A
fare il bucato to do the laundry 7B
fare il buffone to act the fool 10A
fare il letto to make the bed 7B
fare il pendolare to commute 12A
fare il ponte to take a long weekend 8B
fare la doccia to take a shower 2A
fare la fila to wait in line 9B
fare la spesa/le spese to buy groceries/to shop 2A
fare la valigia to pack a suitcase 8B
fare progetti to make plans 11B
fare spese to go shopping 4B
fare un picnic to have a picnic 12A
fare un viaggio to take a trip 2A
fare una domanda to ask a question 2A
fare una foto to take a picture 2A
fare una gita to take a field trip 2A
fare una passeggiata to take a walk 2A
fare una puntura to give a shot 6B
farsi la barba to shave (*beard*) 6A
farsi male to hurt oneself 6A
farmacịa *f.* pharmacy 6A
farmacista *m., f.* pharmacist 6B
faro *m.* headlight 8A
fatto/a (fare) *p.p., adj.* done; made 4B
fatto/a in casa adj. homemade 5B
fattorịa *f.* farm 12A
fạvola *f.* fairy tale 10B
favore *m.* favor 1A
per favore please 1A
febbrạio *m.* February 2B
febbre *f.* fever 6B
avere la febbre to have a fever 6B
fedele *adj.* faithful 3B
felice *adj.* happy 1B
felpa *f.* sweatshirt 4B
fẹmmina *f.* female 3A
femminista *adj.* feminist 3B
ferie *f., pl.* paid vacation 11A
ferita *f.* injury; wound 6B
fermare *v.* to stop 6A
fermarsi *v.* to stop (*oneself*) 6A
fermata *f.* (*bus/train*) stop 8A
fermata a richiesta *f.* stop on request 8A
ferragosto *m.* August 15 holiday 8B
ferro (da stiro) *m.* iron 7B
fẹstival *m.* festival 10A
festivo *m.* public holiday 8B
fetta *f.* slice 5A
fidanzato/a *adj.* engaged 3A; *m., f.* fiancé(e); boyfriend/girlfriend 3A
fidarsi *v.* to trust 11A
fiducia *f.* trust 11A
fieno *m.* hay 12A
figliastro/a *m., f.* stepson/stepdaughter 3A
figlio/a *m., f.* son/daughter 3A
figlio/a ụnico/a *m., f.* only child 3A
fila *f.* line 9B
fare la fila to wait in line 9B
film (dell'orrore/di fantascienza) *m.* (horror/sci-fi) film 10B
filmino *m.* short film; home video 10B
fine *f.* end 10A
finestra *f.* window 1B
fịngere *v.* to pretend 10A
finire *v.* to finish 3A
fino a *prep.* until 2B
fiore *m.* flower 7A
fiorista *m.* flower shop; *m., f.* florist 9B
firmare *v.* to sign 9B
fisarmọnica *f.* accordion 10A
fiume *m.* river 12A
flauto *m.* flute 10A
focaccerịa *f.* store specializing in focaccia 5B
foglia *f.* leaf 12A
foglio di carta *m.* sheet of paper 1B
fondo *m.* bottom 4B
conọscere... a fondo *to* know something inside and out 4B
in fondo *prep.* at the end; bottom 9B
fontana *f.* fountain 9A
football americano *m.* football 2A
forchetta *f.* fork 5B
foresta *f.* forest 12A
forma *f.* shape 6B
ẹssere in/fuori forma to be in/out of shape 6B
forme di cortesịa polite expressions 1A
formaggio *m.* cheese 5A
formazione *f.* training 11B
fornelli *m., pl.* stovetop; burners 7B
forno *m.* oven 7B
(forno a) microonde *m.* microwave (oven) 7B
forse *adv.* maybe 3A
forte *adj.* strong 3B
ẹssere forte in... to be strong in . . . 1B
forụncolo *m.* pimple 6B
Forza! Come on! 5B
foschịa *f.* mist 2B
foto(grafịa) *f.* photo(graph) 1A
fare una foto to take a picture 2A
fotocopiare to photocopy 11B
fotọgrafo *m.* photo shop 9B
fotọgrafo/a *m., f.* photographer 9B
fra *prep.* among, between, in 3A
fra di loro *(between/among) each other* 6A
fra due giorni in two days 7A
fra poco in a little while 7A
fra una settimana in a week 7A
frạgola *f.* strawberry 5A
francese *adj.* French 1B
francobollo *m.* stamp 9B

frangia *f.* bang 6A
fratellastro *m.* stepbrother; half brother 3A
fratellino *m.* little/younger brother 3A
fratello *m.* brother 3A
frattura *f.* fracture 6B
freccette *f., pl.* darts 2A
freddo/a *adj.* cold 2B
avere freddo to feel cold 2B
frenare *v.* to brake 8A
freni *m., pl.* brakes 8A
frequentare *v.* to attend 2A
frequentare la lezione to attend class 1B
frequentemente *adv.* frequently 5B
fresco/a *adj.* cool, fresh 2B
fretta *f.* haste 2B
avere fretta to be in a hurry 2B
friggere *v.* to fry 5B
frigo(rifero) *m.* fridge, refrigerator 7B
fritto/a *adj.* fried 5A
frizione *f.* clutch 8A
frizzante *adj.* sparkling 5B
acqua frizzante *f.* sparkling water 5B
fronte *f.* front 9A
di fronte a *prep.* across from 9A
frutta *f.* fruit 5A
frutti di mare *m., pl.* seafood 5A
fulmine *m.* lightning 2B
fungo *m.* mushroom 5A
funzionare *v.* to work, to function 4A
funzionario/a *m., f.* civil servant 11A
fuori *prep.* outside 7A
furbo/a *adj.* shrewd, sly 3B
futurista *adj.* Futurist 10B
futuro *m.* future 7A
in futuro in the future 7A

G

gabbiano *m.* seagull 12A
gabinetto *m.* toilet 7A
galleria *f.* gallery 10A
visitare una galleria d'arte to visit an art gallery 10B
gamba *f.* leg 6A
in gamba *adj.* smart, sharp 3B
gamberetto *m.* shrimp 5A
garage *m., invar.* garage 7A
gatto *m.* cat 3A
gelateria *f.* ice cream shop 5A
geloso/a *adj.* jealous 3B
gemelli/e *m., f., pl.* twins 3A
genere *m.* kind; genre 10B
in genere *adv.* generally 3A
genero *m.* son-in-law 3A
generoso/a *adj.* generous 1B
genio/a *m., f.* genius 4A
genitori *m., pl.* parents 3A
gennaio *m.* January 2B
gente *f.* people 1B
gentile *adj.* kind 3B
gestore *m., f.* manager 11B
gettare *v.* to throw 12A
già *inter.* yeah 2A; *adv.* already 4B
giacca *f.* jacket 4B
giallo/a *adj.* yellow 4B
giapponese *adj.* Japanese 1B
giardiniere/a *m., f.* gardener 11A
ginnastica *f.* gymnastics 4B
fare ginnastica to exercise 6B
scarpa da ginnastica *f.* running shoe 4B
ginocchio (*pl.* ginocchia *f.*) *m.* knee 6A
giocare *v.* to play 2A
giocatore/giocatrice *m., f.* player 2A
gioielleria *f.* jewelry store 9B
giornalaccio *m.* trashy newspaper 10B
giornale *m.* newspaper 8B
giornalista *m., f.* journalist 3B
giornataccia *f.* bad day 10B
giorno *m.* day 1B
Che giorno è oggi? What's the date? 2B
fra due giorni in two days 7A
giorno festivo *m.* public holiday 8B
giovane *adj.* young 3B
giovedì *m.* Thursday 1B
gioventù *f.* youth 8B
ostello della gioventù *m.* youth hostel 8B
girare *v.* to turn 9A; to film, to shoot 10B
giro *m.* turn; tour 4B
in giro around; out and about 4B
prendere in giro to tease 8B
gita *f.* field trip 2A
fare una gita to take a field trip 2A
giudice *m., f.* judge 11A
giugno *m.* June 2B
giurisprudenza *f.* law 1B
giusto/a *adj.* right 11A
gli *def. art. m., pl.* the 1A; *i.o. pron., m., sing.* (to, for) him 5B; *i.o. pron., m., f., pl.* (to, for) them 5B
glielo/a/i/e/ne *dbl.o. pron. m., f., sing.* it (to, for) him/her 7A
gola *f.* throat 6A
mal di gola *m.* sore throat 6B
gomito *m.* elbow 6A
gomma *f.* eraser 1A; tire 8A
gonna *f.* skirt 4B
gotico/a *adj.* Gothic 10B
governo *m.* government 12A
gradinata *f.* tier 10A
gradino *m.* step 9A
grado *m.* degree 2B
Ci sono 18 gradi. It's 18 degrees out. 2B
graffetta *f.* paper clip; staple 11B
grande *adj.* big 2A
grande magazzino *m.* department store 9A
grandine *f.* hail 2B
grasso/a *adj.* fat 3B
gratis *adj.* free 10A
gratitudine *f.* gratitude 12A
grave *adj.* serious 6B
Grazie. Thank you. 1A
Grazie mille. Thanks a lot. 1A
greco/a *adj.* Greek 1B
grigio/a *adj.* gray 3B
griglia *f.* grill 5A
alla griglia *adj.* grilled 5A
gruppo rock *m.* rock band 10A
guadagnare *v.* to earn 11A
guanto *m.* glove 4B
guardare *v.* to look at 6A
guardare la TV to watch TV 2A
guardarsi *v.* to look at each other 6A
guarire *v.* to get better 6B
guidare *v.* to drive 2A
gusto *m.* flavor, taste 5B
gustoso/a *adj.* tasty 5B

I

i *def. art., m., pl.* the 1A
idea *f.* idea 1A
idraulico *m* plumber 7B
ieri *adv.* yesterday 4B
ieri sera last night 4B
l'altro ieri the day before yesterday 4B
il *def. art., m., sing.* the 1A
imbarco *m.* boarding 8B
carta d'imbarco *f.* boarding pass 8B
imbianchino *m.* painter 7B
imbucare *v.* to mail 9B
imbucare una lettera to mail a letter 9B
immaginare *v.* to imagine 11B
immobiliare *adj.* building 11A
agente immobiliare *m., f* real estate agent 11A
agenzia immobiliare *f.* real estate agency 7A
immondizia *f.* trash 12A
impanare *v.* to bread 5A
imparare (a) *v.* to learn (to) 2A
impeccabile *adj.* impeccable; perfectly clean 7B
impermeabile *m.* raincoat 2B

impianto *m.* system 4A
impianto stẹreo *m.* stereo system 4A
impiegato/a *m., f.* employee 11B
importante *adj.* important 1B
impossịbile *adj.* impossible 11A
impressione *f.* impression 11B
improbạbile *adj.* unlikely 11A
in *prep.* in; to; at 3A
in ạutobus by bus 3A
in banca at/to the bank 3A
in biblioteca at/to the library 3A
in bicicletta by bicycle 3A
In bocca al lupo. Good luck. (*lit.* In the mouth of the wolf.) 1B
in centro in town 3A
in diretta *adv.* live 7B
in fondo *prep.* at the end; bottom 9B
in futuro in the future 7A
in gamba *adj.* smart, sharp 3B
in gẹnere *adv.* generally 3A
in giro around; out and about 4B
in mạcchina by car 3A
in modo che *conj.* so that 12A
in montagna in/to the mountains 3A
in treno by train 3A
in ụmido *adj.* stewed 5A
in vacanza on vacation 3A
incidente *m.* accident 8A
avere un incidente to have/be in an accident 8A
incinta *adj.* pregnant 6B
ẹssere incinta to be pregnant 6B
incominciare *v.* to begin 2A
incontrare *v.* to meet with 2A
incontrarsi *v.* to meet each other 6A
incredịbile *adj.* incredible 11B
incrocio *m.* intersection 9A
indicazione *f.* direction 9A
indipendente *adj.* independent 1B
indirizzo *m.* address 9B
indossare *v.* to wear 4B
indovinare *v.* to guess 8A
infermiere/a *m., f.* nurse 6B
infezione *f.* infection 6B
influenza *f.* flu 6B
informạtica *f.* computer science 1B
ingegnere *m., f.* engineer 1A
ingenuo/a *adj.* naïve 3B
inglese *adj.* English 1B
ingolfare *v.* to flood 12B
innamorarsi *v.* to fall in love 6A
innanzitutto *adv.* first of all 9A
innovativo/a *adj.* innovative 10B
inopportuno/a *adj.* inappropriate 11A
inquietante *adj.* disturbing 10B
inquilino/a *m., f.* tenant 7A
inquinamento *m.* pollution 12A
insalata *f.* salad 5B
insegnante *m., f.* instructor 1B
insegnare *v.* to teach 2A
insensịbile *adj.* insensitive 3B
insetto *m.* insect 12A
insieme *adv.* together 2A
insipido/a *adj.* bland 5B
insịstere *v.* to insist 11B
insonnia *f.* insomnia 6B
intasato/a *adj.* crowded; clogged 6B, 8A
intelligente *adj.* intelligent 1B
interessante *adj.* interesting 1B
interesse *m.* interest 9B
tasso di interesse *m.* interest rate 9B
Internet café *m.* Internet café 9B
interpretare *v.* to perform 10A
intervallo *m.* intermission 10A
invece *adv.* instead; on the other hand 1B
inventare *v.* to invent 10A
inverno *m.* winter 2B
investimento *m.* investment 9B
inviare *v.* to send 9B
invitare *v.* to invite 10A
ịo *sub. pron.* I 1B
irresponsạbile *adj.* irresponsible 3B
ịsola *f.* island 12A
ịsola pedonale *f.* pedestrian area 9A
isolato *m.* block 9A
istantạneo/a *adj.* instantaneous 4A
messaggio istantạneo *m.* instant message, IM 4A
istruzione *f.* education 11B
italiano/a *adj.* Italian 1B

J

jeans *m., pl.* jeans 4B

L

l' *def. art., m., f., sing.* the 1A
la *def. art., f., sing.* the 1A; *d.o. pron., f., sing.* her/it 5A
La *d.o. pron., sing., form.* you 5A
là *adv.* there 1A
labbro (*pl.* labbra *f.*) *m.* lip 6A
laboratorio *m.* laboratory 5B
laboratorio di pasta fresca *m.* store specializing in homemade pasta 5B
lagna *f.* whiner 7B
lago *m.* lake 12A
lamentarsi (di) *v.* to complain (about) 6A
lamentoso/a *adj.* whiny 3B
lạmpada *f.* lamp 7A
lampo *m.* flash of lightning 2B
lampone *m.* raspberry 5A
lana *m.* wool 4B
largo/a *adj.* loose, big 4B
lasciare *v.* to allow, to let; to leave 10A
Lạsciami in pace. Leave me alone. 1A
lasciare un messaggio to leave a message 11B
lasciarsi *v.* to leave each other, to split up 6A
latte *m.* milk 5B
lattuga *f.* lettuce 5A
laurearsi *v.* to graduate from college 6A
lavagna *f.* (black)board 1B
lavanderịa *f.* laundromat 9B
lavare *v.* to wash 7B
lavare i piatti to wash the dishes 7B
lavarsi *v.* to wash oneself 6A
lavarsi i denti *v.* to brush one's teeth 6A
lavastoviglie *f.* dishwasher 7B
lavatrice *f.* washing machine 7B
lavavetri *m.* window cleaner 7B
lavello *m.* kitchen sink 7B
lavorare *v.* to work 2A
lavoro *m.* work; job 11B
agenzịa di somministrazione lavoro *f.* temp agency 11B
annuncio di lavoro *m.* job ad 11B
offerte di lavoro *f., pl.* job openings 11B
trovare lavoro *v.* to find a job 11B
le *def. art., f., pl.* the 1A; *d.o. pron., f., pl.* them 5A; *i.o. pron., f., sing.* (to, for) her 5B
Le *i.o. pron., sing., form.* (to, for) you 5B
legge *f.* law 12A
lẹggere *v.* to read 2A
lẹggere la mappa to read a map 8B
leggero/a *adj.* light 5B; slight 6B
legumi *m., pl.* legumes 5A
lei *sub. pron.* she 1B; *disj. pron., f., sing.* her 4A
Lei *sub. pron., sing., form.* you 1B; *disj. pron., sing., form.* you 4A
lentamente *adv.* slowly 5B
lento/a *adj.* slow 3B
lenzuolo (*pl.* lenzuola *f.*) *m.* sheet 7B
lẹttera *f.* letter 9B
imbucare una lẹttera *v.* to mail a letter 9B
lẹttera di referenze *f.* letter of reference 11B
letteratura *f.* literature 1A
lẹttere *f., pl.* arts; humanities 1B

letterona *f.* long letter 10B
letto *m.* bed 7A
a letto in/to bed 3A
fare il letto to make the bed 7B
letto/a (lẹggere) *p.p., adj.* read 4B
lettore *m.* reader 4A
lettore CD *m.* CD player 4A
lettore DVD *m.* DVD player 4A
lettore MP3 *m.* MP3 player 4A
lettura *f.* reading 1B
lezione *f.* lesson 1A
a lezione in class 1B
frequentare la lezione to attend class 1B
saltare la lezione to skip class 1B
li *d.o. pron., m., pl.* them 5A
lì *adv.* there 1A
libreṛia *f.* bookstore 1B
libro *m.* book 1A
licenziare *v.* to fire, to dismiss 11A
liceo *m.* high school 1B
lịmite di velocità *m.* speed limit 8A
lịnea *f.* line 4A
ẹssere in lịnea to be online 4A
lingue *f., pl.* languages (*subject*) 1B
liquidazione *f.* buyout; settlement 11A
liscio/a *adj.* straight (*hair*); smooth; plain 3B
livello *m.* level 11A
passaggio a livello *m.* level crossing 8A
lịvido *m.* bruise 6B
lo *def. art., m., sing.* the 1A; *d.o. pron., m., sing.* him/it 5A
locale notturno *m.* nightclub 9A
località *f.* resort 8B
località balneare *f.* ocean resort 8B
località montana *f.* mountain resort 8B
loggione *m.* upper circle 10A
lontano/a *adj.* far 9A
lontano da *prep.* far from 9A
Loro *sub. pron., pl., form.* you 1B
loro sub. pron., they 1B; *poss. adj., m., f.* their 3A; *disj. pron., m., f., pl.* themselves 4A; *i.o. pron., m., f., pl.* (to, for) them 5B
fra di loro (between/among) each other 6A
luglio *m.* July 2B
lui *sub. pron.* he 1B; *disj. pron., m., sing.* him 4A
luna *f.* moon 12A
lunedì *m.* Monday 1B
lungo/a *adj.* long 1B
luogo *m.* place 1B
lupo *m.* wolf 1B
In bocca al lupo. Good luck. (*lit.* In the mouth of the wolf.) 1B

M

ma *conj.* but 12A
Ma dai. Oh, come on. 1A
Ma quando mai! No way! 9A
macchiare *v.* to stain 6B
macchiato/a *adj.* stained 7B
mạcchina *f.* car 8A
in mạcchina by car 3A
mạcchina ịbrida *f.* hybrid car 12A
mạcchina fotogrạfica (digitale) *f.* (digital) camera 4A
macellạio/a *m., f.* butcher's shop 5A
macelleṛia *f.* butcher 5A
madre *f.* mother 3A
magazzino *m.* warehouse 9A
grande magazzino *m.* department store 9A
maggio *m.* May 2B
maggiore *adj.* elder 3A; bigger 8A
maglietta (a mạniche corte/lunghe) *f.* (short-/long-sleeved) T-shirt 4B
maglione *m.* sweater 4B
magro/a *adj.* thin 3B
mah *inter.* well 3A
mai *adv.* ever 2B
Ma quando mai! No way! 9A
non... mai *adv.* never 2B
maiale *m.* pork 5A
malato/a *adj.* ill 6B
malattịa *f.* ailment, sickness 6B
male *m.* evil; pain 6A
avere mal di pancia (schiena, testa) to have a stomachache (backache, headache) 6A
farsi male to hurt oneself 6A
mal di gola *m.* sore throat 6B
mal di mare *m.* sea-sickness 6B
Non c'è male. Not bad. 1A
Sto male. I am not well. 1A
maledetto/a *adj.* darned 12A
mamma *f.* mom 3A
mancare *v.* to miss 5B
mancia *f.* tip 5B
mandare *v.* to send 2A
mangiare *v.* to eat 2A
mạnica *f.* sleeve 4B
maglietta (a mạniche corte/lunghe) *f.* (short-/long-sleeved) T-shirt 4B
manierista *adj.* Mannerist 10B
manina *f.* little hand 10B
mano (*pl.* le mani) *f.* hand 6A
mansarda *f.* attic 7A
mantenersi *v.* to provide for oneself 11B
manzo *m.* beef 5A
mappa *f.* map 9A
lẹggere la mappa *v.* to read a map 8B
marca *f.* brand 4B
marciapiede *m.* sidewalk 9A
mare *m.* sea 8B
al mare at/to the beach 3A
frutti di mare *m., pl.* seafood 5A
mal di mare *m.* sea-sickness 6B
marea *f.* tide 2B
onda di marea *f.* tidal wave 2B
marito *m.* husband 3A
primo/secondo marito *m.* first/second husband 3A
marmellata *f.* jam 5A
marmo *m.* marble 8B
marocchino/a *adj.* Moroccan 1B
marrone *adj.* brown 3B
martedì *m.* Tuesday 1B
marzo *m.* March 2B
maschio *m.* male 3A
mạssimo/a *adj.* biggest, greatest 8A
matemạtica *f.* mathematics 1A
materia *f.* subject 1B
matita *f.* pencil 1B
matrigna *f.* stepmother 3A
matrimonio *m.* wedding; marriage 3A
mattina *f.* morning 1B
me *disj. pron., sing.* me, myself 4A
meccạnico/a *m., f.* mechanic 8A
media *m., pl.* media 10B
medicina *f.* medicine 1B; drug 6B
mẹdico (di famiglia) *m.* (family) doctor 6B
medio/a *adj.* average 3B
di media statura *adj.* of average height 3B
Medioẹvo *m.* Middle Ages 8B
meglio *adv.* better 8A
mela *f.* apple 5A
melanzana *f.* eggplant 5A
melone *m.* melon 5A
meno *prep.* minus 1B; *adv.* less 8A
a meno che... non *conj.* unless 12A
mensa *f.* cafeteria 1B
mensilità *f.* monthly paycheck; salary 11A
mentre *conj.* while 6B
menụ *m.* menu 5B
mercato *m.* market 5A
mercoledì *m.* Wednesday 1B
merenda *f.* afternoon snack 5B
meritare *v.* to earn 11A
mese *m.* month 2B
mese scorso last month 4B
messaggio *m.* message 11B
messaggio (di testo) *m.* text message 4A

messicano/a *adj.* Mexican 1B
messo/a (mẹttere) *p.p., adj.* put, placed 4B
mestiere *m.* occupation, trade 11B
mestieri *m., pl.* chores 7B
  fare i mestieri to do household chores 7B
metro(politana) *f.* subway 8A
mẹttere *v.* to put 2B
  mẹtterci *v.* to spend (*time*) 7B
  mẹttere in ọrdine *v.* to tidy up 7B
  mẹttere in scena *v.* to put on a show
mẹttersi *v.* to put on 6A
mezzanotte *f.* midnight 1B
  a mezzanotte at midnight 3A
mezzo/a *m., f.* half; half hour 1B
  mezzo di trasporto *m.* means of transportation 8A
mezzogiorno *m.* noon 1B
mi *d.o. pron., sing.* me 5A; *i.o. pron., sing.* (to, for) me 5B
  Mi chiamo... My name is . . . 1A
  Mi raccomando. Take care of yourself. 1B
micrọfono *m.* microphone 4A
microonda *f.* microwave 7B
  (forno a) microonde *m.* microwave (oven) 7B
miglio (*pl.* miglia *f.*) *m.* mile 10A
migliorare *v.* to improve 12A
migliore *adj.* better 8A
milione *m., adj., invar.* million 2B
mille *m., adj., invar.* thousand 2B
  Grazie mille. Thanks a lot. 1A
millẹsimo/a *adj.* thousandth 10B
minestrone *m.* thick soup 10B
mịnimo/a *adj.* smallest 8A
minore *adj.* younger 3A; smaller 8A
minuto *m.* minute 7B
mịo/a, miei, mịe *poss. adj., m., f.* my 3A
  i miei *m., pl.* my parents 3A
miseria *f.* fraction 10B
  Porca miseria! Darn! 8A
mọbili *m., pl.* furniture 7A
moda *f.* fashion 4B
  (non) andare di moda to be/not be in fashion 4B
modesto/a *adj.* modest 3B
modo *m.* way 12A
  in modo che *conj.* so that 12A
mọdulo *m.* form 9B
  riempire un mọdulo *v.* to fill out a form 9B
moglie *f.* wife 3A
molto/a/i/e *indef. adj., pron.* many, a lot of; much 5A
  Molto piacere. A real pleasure. 1A
moneta *f.* coin; change 9B
monolocale *m.* studio apartment 7A
montagna *f.* mountain 12A
  in montagna in/to the mountains 3A
montano/a *adj.* mountain 8B
  località montana *f.* mountain resort 8B
morbillo *m.* measles 6B
morire *v.* to die 5A
morso *m.* bit 7A
morto/a (morire) *p.p., adj.* *(used as past participle)* died; (*used as adjective*) dead 5A
mosso/a *adj.* wavy 3B
mostra *f.* show 10B
mostrare *v.* to show 5B
motore *m.* engine; motor 8A
motorino *m.* scooter 8A
mouse *m.* mouse (*computer*) 4A
mucca *f.* cow 12A
multa *f.* fine 8A
mura *f., pl.* city walls 9A
muratore *m.* bricklayer 7B
muschio *m.* moss 12A
muscoloso/a *adj.* muscular 3B
mụsica *f.* music 2A
  ascoltare la mụsica to listen to music 2A
musicale *adj.* musical 10A
  strumento musicale *m.* musical instrument 10A
musicista *m., f.* musician 3B

N

nạscere *v.* to be born 5A
nasino *m.* little nose 10B
naso *m.* nose 6A
  naso intasato *m.* stuffy nose 6B
Natale *m.* Christmas 8B
nato/a (nạscere) *p.p., adj.* born 5A
  ẹssere nato/a nel... to be born in . . . 2B
naturale *adj.* natural 5B
  acqua naturale *f.* still water 5B
nạusea *f.* nausea 6B
nave *f.* ship 8A
navigare *v.* to navigate 4A
  navigare in rete *v.* to surf the Web 4A
ne *pron.* some, any; of it/them 6A
né *conj.* neither; nor 9B
  non... né... né neither . . . nor 9B
neanche *adv.* not even 9B
  non... neanche not even 9B
necessario/a *adj.* necessary 11A
negato/a *adj.* denied 1B
  ẹssere negato/a per to be no good at . . . 1B
negozio *m.* store 9A
  negozio d'alimentari *m.* grocery store 5A
nemmeno *conj.* not even 9B
  non... nemmeno not even 9B
neoclạssico/a *adj.* Neoclassical 10B
neppure *conj.* not even 9B
  non... neppure not even 9B
nero/a *adj.* black 3B
nervoso/a *adj.* nervous 1B
nessuno/a *adj., pron.* *(used as adj.)* no; not; any; (*used as pron.*) nobody; anybody 9B
  non... nessuno *nobody* 9B
netturbino/a *m., pl.* garbage collector 12A
neve *f.* snow 2B
nevicare *v.* to snow 2B
niente *pron.* nothing 9B
  Di niente. You're welcome. 1A
  Niente di nuovo. Nothing new. 1A
  non... niente/nulla nothing 9B
nipote *m., f.* nephew/niece; grandson/granddaughter 3A
no *adv.* no 1B
noi *sub. pron.* we 1B; *disj. pron., m., f., pl.* us; ourselves 4A
nọia *f.* boredom 1B
  Che nọia! How boring! 1B
noioso/a *adj.* boring 1B
noleggiare *v.* to rent (*car*) 8A
non *adv.* not 1B
  Non c'è male. Not bad. 1A
  Non lo so. I don't know. 1A
  Non vedo l'ora. I can't wait. 5B
  non... affatto *adv.* not at all 9B
  non... ancora *adv.* not yet 4B
  non... mai *adv.* never 2B
  non... né... né neither . . . nor 9B
  non... neanche/nemmeno/neppure not even 9B
  non... nessuno nobody 9B
  non... niente/nulla nothing 9B
  non... più *adv.* no more, no longer 5B
nonno/a *m., f.* grandfather/grandmother 3A
nono/a *adj.* ninth 10B
nord *m.* north 9A
nostro/a/i/e *poss. adj. m., f.* our 3A
notte *f.* night 1A
novanta *m., adj., invar.* ninety 1A
nove *m., adj., invar.* nine 1A
novecento *m., adj., invar.* nine hundred 2B

novembre *m.* November 2B
nubile *adj.* single (*female*) 3A
nulla *pron.* nothing 9B
  non… nulla nothing 9B
numero *m.* number 11B
  numero di telefono *m.* phone number 11B
nuora *f.* daughter-in-law 3A
nuotare *v.* to swim 2A
nuoto *m.* swimming 2A
nuovo/a *adj.* new 1A
  Che c'è di nuovo? What's new? 1A
  di nuovo *adv.* again 3B
nuvola *f.* cloud 2B
nuvoloso/a *adj.* cloudy 2B

O

o *conj.* or 12A
obbligare *v.* to force, to compel 10A
occhiali (da sole) *m., pl.* (sun) glasses 4B
occhiata *f.* look 4B
  dare un'occhiata *v.* to take a look 4B
occhio *m.* eye 6A
occuparsi *v.* to be interested in 12B
occupazione *f.* occupation 11B
  prima occupazione *f.* first job 11B
oceano *m.* ocean 12A
odiare *v.* to hate 6A
odiarsi *v.* to hate each other 6A
offerta *f.* offer 11B
  offerte di lavoro *f., pl.* job openings 11B
offerto/a (offrire) *p.p., adj.* offered 4B
offrire *v.* to offer 3A
oggi *adv.* today 1B
  Che giorno è oggi? What's the date? 2B
ogni *adj.* each, every 9B
Ognissanti *m.* All Saints' Day 8B
olio (d'oliva) *m.* (olive) oil 5A
oliva *f.* olive 5A
ombrello *m.* umbrella 2B
onda *f.* wave 2B
  onda di marea *f.* tidal wave 2B
  ondata di caldo *f.* heat wave 2B
onesto/a *adj.* honest 1B
opera *f.* opera 10A; work 10B
  opera d'arte *f.* work of art 10B
operaio/a *m., f.* (factory) worker 11A
opportuno/a *adj.* appropriate 11A
oppure *conj.* or 12A
ora *f.* hour 1B
  A che ora? What time? 1B
  Che ora è?/Che ore sono? What time is it? 1B
  è ora it's time 11A
  Non vedo l'ora. I can't wait. 5B
orario *m.* schedule, timetable 8A
orchestra *f.* orchestra 10A
ordinare *v.* to order 5B
ordine *m.* order 7B
  mettere in ordine *v.* to tidy up 7B
orecchio (*pl.* orecchie *f.*) *m.* ear 6A
orientarsi *v.* to get one's bearings 9A
orizzonte *m.* horizon 12A
ormai *adv.* by now; already 2A
orologio *m.* clock; watch 1B
orrore *m.* horror 10B
  film dell'orrore *m.* horror film 10B
orticaria *f.* hives 6B
ospedale *m.* hospital 6B
ostello della gioventù *m.* youth hostel 8B
osteria *f.* small restaurant 5B
ottanta *m., adj., invar.* eighty 1A
ottantaduesimo/a *adj.* eighty-second 10B
ottantun(o) *m., adj.* eighty-one 1A
ottavo/a *adj.* eighth 10B
ottenere *v.* to get; to obtain 11B
ottimista *adj.* optimistic 3B
ottimo/a *adj.* excellent 8A
otto *m., adj., invar.* eight 1A
ottobre *m.* October 2B
ottocento *m. adj., invar.* eight hundred 2B
ovest *m.* west 9A
ovunque *adv.* wherever; all over 11A

P

pacco *m.* package 9B
padre *m.* father 3A
padrone/a di casa *m., f.* landlord/landlady 7A
paesaggio *m.* landscape 10B
paese *m.* town; country 9A
pagare *v.* to pay 2A
  pagare con assegno to pay by check 9B
  pagare con carta di credito/debito to pay with a credit/debit card 9B
  pagare in contanti to pay in cash 9B
  pagare le bollette to pay the bills 9B
pagato/a *adj.* paid 11A
  essere ben/mal pagato/a to be well/poorly paid 11A
paio (*pl.* paia *f.*) *m.* pair 10A
palazzo *m.* apartment building; palace 7A
palco *m.* box; stage 10A
palestra *f.* gymnasium 2A
pallacanestro *f.* basketball 2A
pallavolo *f.* volleyball 2A
pallone *m.* ball; soccer 2A
panchina *f.* bench 9A
pane *m.* bread 5A
panetteria *f.* bakery 5A
paninoteca *f.* sandwich shop 5B
panne *f., invar.* breakdown 8A
  essere in panne to break down 8A
pannello solare *m.* solar panel 12A
panorama *m.* panorama, landscape 10A
pantaloncini *m., pl.* shorts 4B
pantaloni *m., pl.* pants, trousers 4B
pantofole *f., pl.* slippers 6A
papà *m.* dad 3A
parapendio *m.* paragliding 2A
parcheggiare *v.* to park 8A
parenti *m., pl.* relatives 3A
  parenti acquisiti *m., pl.* in-laws 3A
parere *v.* to seem 11A
parete *f.* wall 7A
parlare *v.* to speak 2A
  Chi parla? Who's calling? 11B
parlarsi *v.* to speak to each other 6A
parrucchiere/a *m., f.* hairdresser 3B
parte *f.* part 7A
  Da parte di chi? On behalf of whom? 11B
  Da questa parte. This way. 1A
partenze *f., pl.* departures 8B
partire *v.* to leave, to depart 2A
  partire in vacanza *to leave for vacation* 8B
partita *f.* game; match 2A
parziale *adj.* partial 11A
  a tempo parziale *adj.* part-time 11A
pasqua *f.* Easter Sunday 8B
pasquetta *f.* Easter Monday 8B
passaggio *m.* passage 8A
  dare un passaggio *v.* to give (someone) a ride 9A
  passaggio a livello *m.* level crossing 8A
passaporto *m.* passport 8B
  controllo passaporti *m.* passport control 8B
passare *v.* to pass by; to spend time 12A
  Come te la passi? How are you getting along? 1A
  passare l'aspirapolvere to vacuum 7B

passeggero *m* passenger **8B**
passeggiata *f.* walk **2A**
fare una passeggiata to take a walk **2A**
passo *m.* step; pass **2A**
a due passi da not far from **9A**
fare due passi to take a short walk **2A**
password *f.* password **4A**
pasta (asciutta) *f.* pasta **5A**
laboratorio di pasta fresca *m.* store specializing in homemade pasta **5B**
pasticcerịa *f.* pastry shop **5A**
pasto *m.* meal **5B**
patata *f.* potato **5A**
patente *f.* driver's license **8A**
patrigno *m.* stepfather **3A**
patto *m.* deal **12A**
a patto che *conj.* provided that **12A**
paura *f.* fear **2B**
avere paura (di) to be afraid (of) **2B**
pavimento *m.* floor **6B**
paziente *adj.* patient **3B**; *m., f.* patient **6B**
pazzo/a *adj.* crazy **3B**
peccato *m.* pity **11A**
pẹcora *f.* sheep **12A**
pedone *m.* pedestrian **9A**
peggio *adv.* worse **8A**
peggiore *adj.* worse, worst **8A**
pelle *f.* leather **4B**; skin **6A**
pendolare *m., f.* commuter **12A**
fare il pendolare to commute **12A**
penna *f.* pen **1B**
pensare (a/di) *v.* to think (about/of doing) **2A**
pensionato/a *m., f.* retiree **11A**
pensione *f.* boarding house **8B**; pension **11A**
pepe *m.* pepper **5B**
peperone (rosso, verde) *m.* (red, green) pepper **5A**
per *prep.* for, through, in order to **3A**
per favore *please* **1A**
per quanto *conj.* although **12A**
percento *m.* percent **2B**
pera *f.* pear **5A**
perché *conj.* why **3B**; so that **12A**
perciò *conj.* so **9A**
pẹrdere *v.* to lose **2A**
pẹrdersi *v.* to get lost **9A**
perịcolo *m.* danger **12A**
pericoloso/a *adj.* dangerous **6B**
permẹttere *v.* to permit **10A**
perso/a (pẹrdere) *p.p., adj.* lost **4B**
persona *f.* person **1A**
personaggio (principale) *m.* (main) character **10A**
pesante *adj.* rich, heavy **5B**
pesca *f.* peach **5A**
pescare *v.* to go fishing **2A**
pesce *m.* fish **3A**
pescherịa *f.* fish/seafood shop **5A**
peso *m.* weight **9A**
pessimista *adj.* pessimistic **3B**
pẹssimo/a *adj.* very bad, awful **8A**
Il tempo è pẹssimo. The weather is dreadful. **2B**
pettinare *v.* to brush **6A**
pettinarsi *v.* to comb/brush one's hair **6A**
pẹttine *m.* comb **6A**
petto *m.* chest **6A**
piacere *v.* to please **2B**
(Non) mi piace... I (don't) like . . . **2A**
Molto piacere. A real pleasure. **1A**
Piacere di conọscerLa/ti. *(form./fam.)* Pleased to meet you. **1A**
Piacere mịo. My pleasure. **1A**
Piacere. Delighted. **1A**
piaciuto/a (piacere) *p.p., adj.* liked **5A**
pianeta *m.* planet **12A**
salvare il pianeta to save the planet **12A**
piạngere *v.* to cry **6B**
pianista *m., f.* pianist **10A**
piano *m.* piano **2A**
piano cottura *m.* stovetop **7A**
pianta *f.* plant **12A**
piatto *m.* plate **5B**
lavare i piatti to wash the dishes **7B**
primo/second piatto *m.* first/second course **5B**
piccante *adj.* spicy **5B**
piccolino/a *adj.* very small **10B**
pịccolo *adj.* little, small **4A**
picnic *m.* picnic **12A**
fare un picnic to have a picnic **12A**
piede *m.* foot **6A**
a piedi on foot **3A**
pieno/a *adj.* full **6B**
a tempo pieno *adj.* full-time **11A**
pietra *f.* rock **12A**
pigiama *m.* pajamas **6A**
pigro/a *adj.* lazy **1B**
pịllola *f.* pill **6B**
pineta *f.* pine forest **12A**
pioggia *f.* rain **2B**
pioggia ạcida *f.* acid rain **12A**
piọvere *v.* to rain **2B**
piovoso/a *adj.* rainy **2B**
piscina *f.* pool **9A**
pittore/pittrice *m., f.* painter **10B**
pittura *f.* painting; paint **10B**
più *adj., adv.* more; most **1A**; *prep.* plus **2B**
A più tardi. See you later. **1A**
non... più *adv.* no more, no longer **5B**
pizzerịa *f.* pizza shop **5B**
pịzzico *m.* pinch **5B**
platea *f.* stall **10A**
poco/a (po') *adj.* little, few **5A**, **9B**; *adv.* little, few, not much, not very **5B**
fra poco in a little while **7A**
un po' di a little bit of **5A**
poema *m.* poem **10A**
poesịa *f.* poem; poetry **10B**
poeta/poetessa *m., f.* poet **10B**
poi *adv.* then, later **5B**
poliziotto/a *m., f.* police officer **9A**
poltrona *f.* armchair **7A**; seat **10A**
pomeriggio *m.* afternoon **1B**
pomodoro *m.* tomato **5A**
pompiere/a *m., f.* firefighter **9A**
ponte *m.* bridge **9A**
fare il ponte to take a long weekend **8B**
Porca miseria! Darn! **8A**
porcile *m.* pigsty **7B**
È un porcile! It's a pigsty! **7B**
porta *f.* door **1B**
portare *v.* to bring **2A**; to wear **4B**
portare fuori la spazzatura to take out the trash **7B**
portare un vestito *v.* to wear a suit **4B**
portạtile *adj.* portable **4A**
(computer) portạtile laptop (computer) **4A**
lettore CD portạtile *m.* portable CD player **4A**
portiera *f.* door (*car*) **8A**
portiere/a *m., f.* doorman; caretaker **11A**
posizione *f.* position **7A**
possedere *v.* to possess; to own **10B**
possịbile *adj.* possible **11A**
posta *f.* mail **9B**
posta prioritaria *f.* priority mail **9B**
poster *m.* poster **7A**
postino/a *m., f.* mail carrier **9B**
posto *m.* room **8B**; job, position **11B**
posto disponịbile *m.* vacancy **11B**
potere *v.* to be able to/can **4A**
può darsi it's possible **11B**
poveraccio *m.* poor man **10B**
pọvero/a *adj.* poor **3B**
pranzo *m.* lunch **5B**
sala da pranzo *f.* dining room **7A**

praticare *v.* to practice, to play 2A
prato *m.* meadow 12A
preferịbile *adj.* preferable 11B
preferire *v.* to prefer 3A
preferito/a *adj.* favorite 3B
Prego. You're welcome. 1A
premio *m.* prize 2A
prẹndere *v.* to take 2B
prẹndere in affitto *v.* to rent (*tenant*) 7A
prẹndere in giro to tease 8B
prẹndere un appuntamento to make an appointment 11B
prẹndere un congedo. to take leave time 11A
prẹndere una decisione to make a decision 2B
prenotare *v.* to make a reservation 8B
prenotazione *f.* reservation 8A
preoccuparsi (di) *v.* to worry (about) 6A
preoccupato/a *adj.* worried 3B
preparare *v.* to prepare 5B
prepararsi *v.* to get oneself ready 6A
presentare *v.* to present; to introduce 1A
Le/Ti presento… (*form./fam.*) I would like to introduce [*name*] to you. 1A
presentazione *f.* introduction 1A
preservare *v.* to preserve 12A
preso/a (prẹndere) *p.p.*, *adj.* taken 4B
prestare *v.* to lend 5B
prẹstito *m.* loan 9B
presto *adv.* soon quickly 5B
A presto. See you soon. 1A
prima *prep.* before 4A; *adv.* before, first, beforehand 5B
prima che *conj.* before 12A
primavera *f.* spring 2B
primo *m.* first 2B
primo/a *adj.* first 10B
prima classe *f.* first class 8A
prima occupazione *f.* first job 11B
primo piatto *m.* first course 5B
primo marito *m.* first husband 3A
primogẹnito/a *m., f.* first-born 3A
principale *adj.* main 10A; *m., f.* boss; head 11A
personaggio (principale) *m.* (main) character 10A
prioritario/a *adj.* priority 9B
posta prioritaria *f.* priority mail 9B
probạbile *adj.* likely 11A
problema *m.* problem 10A
prof *m., f.* professor 1B
professionale *adj.* professional 11B
esperienza professionale *f.* professional experience 11B
professione *f.* profession 3B
professore(ssa) *m., f.* professor, teacher 1A
profumerịa *f.* perfume/cosmetics shop 9B
progetto *m.* plan 11B
fare progetti to make plans 11B
programma *m.* program 4A; plan 10A
proiezione *f.* screening 10A
promẹttere *v.* to promise 10A
promozione *f.* promotion 11A
pronto/a *adj.* ready 3B
pronto soccorso *m.* first aid; emergency room 6B
Pronto? Hello? (*on the phone*) 1A, 11B
proporre *v.* to propose 12A
proporre una soluzione to propose a solution 12A
proprietario/a *m., f.* owner 3B
prosciutto *m.* ham 5A
proseguire *v.* to continue 9A
prọssimo/a *adj.* next 7A
Alla prọssima! Until next time! 1A
settimana prọssima next week 7A
protẹggere *v.* to protect 12B
provare *v.* to try 10A
psicolọgico/a *adj.* psycological 10B
dramma psicolọgico *m.* psychological drama 10B
psicọlogo/a *m., f.* psychologist 11A
pubblicare *v.* to publish 10B
pụbblico *m.* public; audience 10A
pulire *v.* to clean 3A
pulito/a *adj.* clean 7B
pullman *m.* bus; coach 8A
puntuale *adj.* on-time 8B
puntura *f.* shot 6B
fare una puntura to give a shot 6B
purché *conj.* provided that 12A
pure *adv.* also; even 3B

Q

qua *adv.* here 1A
quaderno *m.* notebook 1A
quadro *m.* painting 7A
qualche *adj.* some, a few 5A, 9B
qualche volta *adv.* sometimes 5B
quale *adj., pron., adv.* which/what 3B
qualịfica *f.* qualification 11B
quando *conj., adv.* when 3B
Da quando… Since when . . . 2B
Ma quando mai! No way! 9A
Quando è il tuọ compleanno? When is your birthday? 2B
quanti/e *adj.* how many 1A
Quanti gradi ci sono? What is the temperature? 2B
quanto/a *adj., pron., adv.* how much 3B
Da quanto tempo…? For how long . . . ? 2B
Quanto costa…? How much is . . . ? 5A
tanto… quanto *adv.* as . . . as 8A
quaranta *m., adj., invar.* forty 1A
quarantaseiẹsimo/a *adj.* forty-sixth 10B
quartiere *m.* neighborhood 9A
quarto *m.* quarter hour 1B
quarto/a *adj.* fourth 10B
quattọrdici *m., adj., invar.* fourteen 1A
quattro *m., adj., invar.* four 1A
quattrocento *m., adj., invar.* four hundred 2B
quel che *rel. pron.* that which; what 9A
quello *rel. pron.* that which; what 9A
quello/a *adj.* that 3B
quercia *f.* oak 12A
questo/a *adj., pron.* this 3B
Da questa parte. This way. 1A
questo weekend this weekend 7A
questura *f.* police headquarters 9B
qui *adv.* here 1A
qui vicino *prep.* nearby 9A
quịndici *m., adj., invar.* fifteen 1A
quinto/a *adj.* fifth 10B

R

raccomandare *v.* to recommend; to urge 1B
Mi raccomando. Take care of yourself. 1B
raccomandata *f.* registered letter 9B
raccomandazione *f.* recommendation 11B
racconto *m.* short story 10B
racconto ẹpico *m.* epic 10B
rạdersi *v.* to shave 6A
radice *f.* root 12A
radura *f.* clearing 12A
raffreddore *m.* cold 6B
avere il raffreddore to have a cold 6B
rafting *m.* rafting 2A
ragazzaccio *m.* bad boy 10B
ragazzo/a *m., f.* boy/girl 1A; boyfriend/girlfriend 3A
ragione *f.* reason 2B

avere ragione to be right 2B
ramo *m.* branch 12A
rappresentazione dal vivo *f.* live performance 10A
raramente *adv.* rarely 5B
rasọio *m.* razor 6A
rata *f.* installment; payment 9B
recensione *f.* review 10B
recitare *v.* to recite; to act 10A
recitare un ruolo to play a role 10A
referenze *f., pl.* references 11B
lẹttera di referenze *f.* letter of reference 11B
regalare *v.* to give (*gift*) 5B
regista *m., f.* director 10A
registrare *v.* to record 4A
registratore DVR *m.* DVR 4A
remare *v.* to row 12A
rẹndersi *v.* to become 6A
rẹndersi conto (di) to realize, to become aware (of) 6A
responsạbile *adj.* responsible 3B
restare *v.* to stay, to remain 5A
restare in attesa to be on hold 11B
restituire *v.* to give back 5B
rete *f.* network; Internet 4A
navigare in rete *v.* to surf the Internet 4A
riattaccare *v.* to hang up 11B
riattaccare il telẹfono *v.* to hang up the phone 11B
riccio/a *adj.* curly 3B
ricco/a *adj.* rich 3B
ricetta *f.* prescription; recipe 6B
ricẹvere *v.* to receive 2B
richiesta *f.* request 8A
fermata a richiesta *f.* stop on request 8A
riciclaggio *m.* recycling 12A
riciclare *v.* to recycle 12A
riconọscere *v.* to recognize 4B; to acknowledge 11B
ricordare *v.* to remember 2A
ricordarsi *v.* to remember 10A
ridare *v.* to give back 10A
riempire *v.* to fill 9B
riempire un mọdulo *v.* to fill out a form 9B
rifiuti *m., pl.* garbage 12A
rifiuti tọssici *m., pl.* toxic waste 12A
Vietato buttare rifiuti. No littering. 12A
riga *f.* part; stripe 6A
a righe *adj.* striped 4B
rigido *adj.* rigid, hard 4A
disco rigido *m.* hard drive 4B
rimanere *v.* to remain, to stay 5A
rimasto/a (rimanere) *p.p., adj. (used as past participle)* remained; (*used as adjective*) remaining 5A
rimborso *m.* refund 8A
rinascimentale *adj.* Renaissance 10B
rincọrrere *v.* to chase 12B
riparare *v.* to repair 8A
ripẹtere *v.* to repeat 2B
riposarsi *v.* to rest 6A
riscaldamento globale *m.* global warming 12B
riso *m.* rice 5A
risorse umane *f., pl.* human resources 11B
risparmiare *v.* to save 7B
risparmio *m.* saving 9B
conto risparmio *m.* savings account 9B
rispettare *v.* to respect 5B
rispọndere *v.* to reply 2B; to answer 11B
risponde al telẹfono to answer the phone 11B
risposto/a (rispọndere) *p.p., adj.* answered 4B
ristorante *m.* restaurant 5B
ritardo *m.* delay 8B
ritirare *v.* to withdraw 9B
ritirare dei soldi *v.* to withdraw money 9B
ritornare *v.* to return 2A
ritorno *m.* return 8B
andata e ritorno *adj.* round-trip 8B
ritratto *m.* portrait 10B
riunione *f.* meeting 11A
riuscire *v.* to succeed; to manage 4A
rivedere *v.* to recognize 4B
rivista *f.* magazine 9B
rock *m.* rock (*music*) 10A
gruppo rock *m.* rock band 10A
romạnico/a *adj.* Romanesque 10B
romạntico/a *adj.* Romantic 10B
romanzo *m.* novel 10B
rọmpere *v.* to break 6B
rọmpersi un braccio *v.* to break an arm 6B
rọndine *f.* swallow 12A
rosa *adj., invar.* pink 4B
rosolare *v.* to brown 5B
rossetto *m.* lipstick 6A
rosso/a *adj.* red 3B
rotonda *f.* traffic circle, rotary 9A
rozzo/a *adj.* crude 9B
rubrica *f.* address book 11B
ruolo *m.* role 10A
recitare un ruolo to play a role 10A
ruscello *m.* stream 12A

S

sạbato *m.* Saturday 1B
sacco *m.* sack 5B
un sacco di a ton of 5A
sala *f.* room/hall 1A
sala da pranzo *f.* dining room 7A
salario (elevato/basso) *m.* (high/low) salary 11B
salato/a *adj.* salty 5B
saldi *m., pl.* sales 4B
sale *m.* salt 5B
salire *v.* to climb, to go up; to get on (*bus, train*) 5A
salire le scale *v.* to climb stairs 9A
salone di belleza *m.* beauty salon 9B
saltare *v.* to jump 1B
saltare la lezione to skip class 1B
salumerịa *f.* delicatessen 5A
salutare *v.* to greet 6A
salutarsi *v.* to greet each other 6A
salute *f.* health 6B
ẹssere in buona salute to be in good health 6B
saluto *m.* greeting 1A
salvare *v.* to save 4A
salvare il pianeta to save the planet 12A
Salve. Hello. 1A
sangue *m.* blood 6A
sano/a *adj.* healthy 6B
sapere *v.* to know 4B
Non lo so. I don't know. 1A
sapone *m.* soap 6A
saporito/a *adj.* tasty 5B
sasso *m.* stone 12A
sassọfono *m.* saxophone 10A
sbadigliare *v.* to yawn 6A
sbagliarsi *v.* to make a mistake 6A
sbagliato/a *adj.* wrong 6A
sbarazzarsi di *v.* to get rid of 12A
sbrigarsi *v.* to hurry up 4A
scacchi *m., pl.* chess 2A
scaffale *m.* bookshelf 7A
scalare *v.* to climb 12A
scala *f.* staircase 9A
salire le scale *v.* to climb stairs 9A
scẹndere le scale *v.* to go down the stairs 9A
scappamento *m.* exhaust 12A
scaricare *v.* to download 4A
scarpa (da ginnạstica) *f.* (running) shoe 4B
scạtola *f.* box 10A
scemo/a *adj.* dim-witted 3B
scena *f.* scene 10A
mẹttere in scena to put on a play 10A

scẹndere *v.* to go down 5A
scẹndere le scale *v.* to go down the stairs 9A
sceso/a (scẹndere) *p.p., adj.* descended 5A
schema *m.* scheme; diagram 10A
schermo *m.* screen 4A
scherzare *v.* to joke 4B
scherzo *m.* joke 8B
scherzoso/a *adj.* playful 3B
schiena *f.* back 6A
schifoso/a *adj.* disgusting 7B
schiuma da barba *f.* shaving cream 6A
sci *m.* skiing 2A
sciarpa *f.* scarf 4B
scienze *f., pl.* science 1B
scienziato/a *m., f.* scientist 11A
Sciò! Shoo! 5B
scodella *f.* bowl 5B
scogliera *f.* cliff 12A
scoiạttolo *m.* squirrel 12A
scolpire *v.* to carve; to sculpt 10B
scopa *f.* broom 7B
scoria *f.* waste 12A
scorso/a *adj.* last 4B
mese scorso last month 4B
scortese *adj.* discourteous 3B
scottatura *f.* burn 6B
scritto/a (scrịvere) *p.p., adj.* written 4B
scrittore/scrittrice *m., f.* writer 10B
scrivanịa *f.* desk 7A
scrịvere *v.* to write 2B
scrịversi *v.* to write to each other 6A
scultore/scultrice *m., f.* sculptor 10B
scultura *f.* sculpture 10B
scuola *f.* school 3A
a scuola at/to school 3A
scuro/a *adj.* dark 4B
scusare *v.* to excuse 1A
Scusi/a. *(form./fam.)* Excuse me. 1A
se *conj.* if 12A
sé *disj. pron., m., f., sing., pl.* yourself; himself/herself/itself; themselves 4A; *disj. pron., sing., form.* yourself 4A
sebbene *conj.* although 12A
secco/a *adj.* dry 2B
secondo *prep.* according to 4A
secondo/a *adj.* second 10B
seconda classe *f.* second class 8A
secondo marito *m.* second husband 3A
sedersi *v.* to sit down 6A
sedia *f.* chair 1B
sedicẹsimo/a *adj.* sixteenth 10B
sẹdici *m., adj., invar.* sixteen 1A
segretario/a *m., f.* secretary 11A
segreterịa telefọnica *f.* voicemail 4A
seguire *v.* to follow; to take *(a class)* 3A
sei *m., adj., invar.* six 1A
seicento *m., adj., invar.* six hundred 2B
semạforo *m.* traffic light 9A
sembrare *v.* to seem 5B
seminterrato *m.* basement; garden-level apartment 7A
sempre *adv.* always 2B
sensịbile *adj.* sensitive 3B
senso ụnico *m.* one way 8A
sentiero *m.* path 12A
sentire *v.* to feel; to hear 3A
sentirsi *v.* to feel 6A
senza *prep.* without 4A
senza che *conj.* without 12A
separato/a *adj.* separated 3A
sera *f.* evening 1B
ieri sera last night 4B
serata *f.* evening 3B
serio/a *adj.* serious 1B
serpente *m.* snake 12A
serra *f.* greenhouse 12B
effetto serra *m.* greenhouse effect 12B
servire *v.* to serve 3A
servizio *m.* service 5B
servizio in cạmera *m.* room service 8B
stazione di servizio *f.* service station 8A
sessanta *m., adj., invar.* sixty 1A
sesto/a *adj.* sixth 10B
seta *f.* silk 4B
sete *f.* thirst 2B
avere sete to be thirsty 2B
settanta *m., adj., invar.* seventy 1A
sette *m., adj., invar.* seven 1A
settecento *m., adj., invar.* seven hundred 2B
settembre *m.* September 2B
settimana *f.* week 1B
fra una settimana in a week 7A
settimana bianca *f.* ski vacation 8B
settimana prọssima next week 7A
settimana scorsa last week 4B
sẹttimo/a *adj.* seventh 10B
settore *m.* block of seats; section 10A; field; sector 11B
shampoo *m., invar.* shampoo 6A
si *ref. pron., m., f., sing., pl.* oneself/himself/herself/themselves/itself 6A; *pron.* one 9A
Come si va...? How do you get to . . . ? 9A
siccità *f.* drought 2B
sicuro/a *adj.* sure; safe; certain 11B
significare *v.* to mean 3A
signor(a)... *m., f.* Mr./Mrs. . . . 1A
C'è il/la signor(a)...? Is Mr./Mrs. . . . there? 11B
signorina... *f.* Miss . . . 1A
simpạtico/a *adj.* nice; likeable 1B
sincero/a *adj.* sincere 1B
sindacato *m.* (labor) union 11A
sịndaco *m.* mayor 9A
sinistra *f.* left 7A
a sinistra *prep.* to the left 7A
sịntomo *m.* symptom 6B
sistema *m.* system 10A
sistemare *v.* to put together 11B
sito Internet *m.* Web site 4A
smaltire *v.* to drain; to dispose of 12B
smartphone *m.* smartphone 4A
smẹttere *v.* to stop, to quit 10A
smog *m.* smog 12A
SMS *m.* text message 4A
sociẹvole *adj.* sociable; friendly 3B
socio/a *m., f.* partner 8B
socio/a d'affari *m., f.* business partner 8B
soffrịggere *v.* to brown; to fry lightly 5A
far soffriggere to brown; to fry lightly 5A
soffitto *m.* ceiling 7A
soggiorno *m.* living room 7A
sognare *v.* to dream 10A
solare *adj.* solar 12A
pannello solare *m.* solar panel 12A
soldi *m., pl.* money 9B
ritirare dei soldi *v.* to withdraw money 9B
sole *m.* sun 12A
C'è il sole. It's sunny. 2B
soleggiato/a *adj.* sunny 2B
sọlito/a *adj.* usual 5B
al sọlito sụo as he/she usually does 8A
di sọlito *adv.* usually 5B
La sọlita cosa. The usual. 1A
soltanto *adv.* only 2A
soluzione *f.* solution 12A
proporre una soluzione to propose a solution 12A
somministrazione *f.* administration 11B
agenzịa di somministrazione lavoro *f.* temp agency 11B
sonno *m.* sleep 2B
avere sonno to be sleepy 2B.
sopra *prep.* above, over 7A
sopracciglio (*pl.* sopracciglia *f.*) *m.* eyebrow 6A
sorella *f.* sister 3A

sorellastra *f.* stepsister; half sister **3A**
sorellina *f.* little/younger sister **3A**
sọrgere *v.* to rise (*sun*) **12A**
sottaceto *adj. invar.* pickled **5A**
sotto *prep.* under **4A, 7A**
sottolio *adj. invar.* in oil **5A**
sovrappopolazione *f.* overpopulation **12A**
spagnolo/a *adj.* Spanish **1B**
spalla *f.* shoulder **6A**
sparecchiare *v.* to clear **7B**
sparecchiare la tạvola to clear the table **7B**
spazzacamino *m.* chimney sweep **7B**
spazzare *v.* to sweep **7B**
spazzatura *f.* garbage **7B**
portare fuori la spazzatura to take out the trash **7B**
spazzino/a *m., f.* street sweeper; garbage collector **9A**
spạzzola *f.* hairbrush **6A**
spazzolino (da denti) *m.* tooth brush **6A**
specchio *m.* mirror **6A**
specialista *m., f.* specialist **11B**
specializzazione *f.* specialization **11B**
spedire *v.* to send **3A**
spẹgnere *v.* to turn off **4A**
spẹndere *v.* to spend (*money*) **2B**
spento/a (spẹgnere) *p.p., adj.* turned off **4B**
sperare *v.* to hope **10A**
spesa *f.* expense; purchase **2A**
fare la spesa to buy groceries **2A**
fare le spese to shop **2A**
speso/a (spẹndere) *p.p., adj.* spent **4B**
spesso *adv.* often **2B**
spettạcolo *m.* show **10A**
spettatore/spettatrice *m., f.* spectator **10A**
spiaggia *f.* beach **8B**
spiegare *v.* to explain **2A**
spiritoso/a *adj.* funny; clever **3B**
spogliarsi *v.* to undress **6A**
spolverare *v.* to dust **7B**
sporcare *v.* to soil **7B**
sporco/a *adj.* dirty **7B**
sport *m.* sport **1A**
sport estremi *m., pl.* extreme sports **2A**
sportello *m.* window (*teller*) **9B**
sportello automạtico *m.* ATM **9B**
sportivo/a *adj.* active **3B**
sposare *v.* to marry **6A**
sposarsi *v.* to get married/to marry each other **6A**
sposato/a *adj.* married **3A**
sprecare *v.* to waste **12A**
spuntare (i capelli) *v.* to trim (one's hair) **6A**
spuntino *m.* snack **5B**
squadra *f.* team **2A**
squillare *v.* to ring (*telephone*) **4A**
squisito/a *adj.* exquisite **2A**
stadio *m.* stadium **2A**
stage *m.* internship **11B**
stagione *f.* season **2B**
stagista *m., f.* intern **2A**
stamattina *adv.* this morning **6B**
stampante *f.* printer **4A**
stampare *v.* to print **4A**
stanco/a *adj.* tired **3B**
stanza *f.* room **7A**
stare *v.* to be; to stay **2A**
Come sta/stai? (*form./fam.*) How are you? **1A**
stare attento/a to pay attention **2A**
stare zitto/a to be/stay quiet **2A**
Sto (molto) bene. I am (very) well. **1A**
Sto male. I am not well. **1A**
starnutire *v.* to sneeze **6B**
stasera *adv.* tonight, this evening **5A**
stato (ẹssere; stare) *p.p.* been **5A**
stato civile *m.* marital status **3A**
statua *f.* statue **9A**
statura *f.* height **3B**
di media statura *adj.* of average height **3B**
stazione *f.* station **1A**
stazione di servizio *f.* service station **8A**
stella *f.* star **12A**
stẹreo/a *adj.* stereo(phonic) **4A**
impianto stẹreo *m.* stereo system **4A**
stilista *m., f.* designer **4B**
stipendio *m.* wage; salary **11A**
stirare *v.* to iron **7B**
stiro *m.* ironing **7B**
asse da stiro *f.* ironing board **7B**
ferro da stiro *m.* iron **7B**
stivale *m.* boot **4B**
stọmaco *m.* stomach **6A**
bruciore di stọmaco *m.* heartburn **6B**
storia *f.* history; story **1B**
strada *f.* street **9A**
conọscere la strada to know the way **4B**
strafare *v.* to overdo things **8A**
straniero/a *adj.* foreign **3B**
strano/a *adj.* weird, strange **3B**
stretto/a *adj.* tight-fitting **4B**
strisce (pedonali) *f., pl.* crosswalk **9A**
strumento musicale *m.* musical instrument **10A**
studente(ssa) *m., f.* student **1A**
studi *m., pl.* studies **1B**
studiare *v.* to study **2A**
studio *m.* office; study **7A**
studioso/a *adj.* studious **1B**
su *prep.* in; on **3A**
su Internet online/on the Internet **3A**
sul computer on the computer **3A**
sul giornale in the newspaper **3A**
subaffittare *v.* to sublet **7A**
sụbito *adv.* immediately; right away **5B**
succẹdere *v.* to happen **6A**
successo *m.* success **11A**
succo (d'arancia) *m.* (orange) juice **5B**
sud *m.* south **9A**
suggerire *v.* to suggest **10A**
sụo/a, suoi, sụe *poss. adj., m., f.* his, her, its **3A**
suọcero/a *m., f.* father-/mother-in-law **3A**
suonare *v.* to play (*instrument*) **2A**
superare *v.* to pass (*exam*) **1B**; to overcome **12B**
superato/a *adj.* old-fashioned **4B**
supermercato *m.* supermarket **5A**
supplemento *m.* supplement; excess fare **8A**
svago *m.* relaxation **7A**
svedese *adj.* Swedish **1B**
sveglia *f.* alarm clock **6A**
svegliare *v.* to wake **6A**
svegliarsi *v.* to wake up **6A**
sviluppare *v.* to develop **12A**
svịzzero/a *adj.* Swiss **1B**

T

tablet *m.* tablet **4A**
taglia *f.* clothing size **4B**
tagliare *v.* to cut **8B**
tagliare i capelli *v.* to cut one's hair **6A**
tailleur *m.* women's suit **4B**
tamburo *m.* drum **10A**
tanto/a *adj.* so much, so many **5A**; *adv.* so much, so many, so **5A**
di tanto in tanto off and on **4A**
tanto... quanto *adv.* as . . . as **8A**
tappeto *m.* carpet **7A**
tardi *adv.* late **5B**
A più tardi. See you later. **1A**
tariffa *f.* fare **8A**
tassì *m.* taxi **8A**
tassista *m., f.* taxi driver **11A**

tasso di interesse *m.* interest rate 9B
tastiera *f.* keyboard 4A
tạvola *f.* table 3A
a tạvola *at the table* 3A
sparecchiare la tạvola to clear the table 7B
tạvola calda *f.* snack bar; cafeteria 5B
tạvolo *m.* table 1A
taxi *m.* taxi 8A
tazza *f.* cup; mug 5B
te *disj. pron., sing., fam.* you, yourself 4A
tè *m.* tea 5B
teatrale *adj.* theatrical 10A
teatro *m.* theater 3A
a teatro at/to the theater 3A
tẹcnico *m., f.* technician 11A
tẹcnico del telẹfono/televisore/computer *m., f.* telephone/TV/computer repairman/woman 7B
tecnologịa *f.* technology 4A
tecnolọgico/a *adj.* tecnological 4A
tedesco/a *adj.* German 1B
telecomando *m.* remote control 4A
telefonare (a) *v.* to telephone 2A
telefonarsi *v.* to phone each other 6A
telefọnico/a *adj.* telephone 4A
cabina telefọnica *f.* phone booth 9A
segreterịa telefọnica *f.* answering machine 4A
telẹfono *m.* telephone 11B
rispọndere al telẹfono to answer the phone 11B
televisione *f.* television 1A
televisore *m.* TV set 4A
tema *m.* theme; essay 10A
temere *v.* to fear 10A
tempaccio *m.* bad weather 10B
tempo *m.* time; weather 2B
a tempo parziale *adj.* part-time 11A
Che tempo fa? What is the weather like? 2B
Fa bel/brutto tempo. The weather is nice/bad. 2B
Il tempo è pẹssimo. The weather is dreadful. 2B
tempo lịbero *m.* free time 2A
temporale *m.* storm 2B
C'è il temporale. It's stormy. 2B
tenace *adj.* tenacious 3B
tenda *f.* curtain 7A
tenere *v.* to keep 10B
tẹnero/a *adj.* sweet; tender 12A
tennis *m.* tennis 2A
teorema *m.* theorem 10A
tergicristallo *m.* windshield wiper 8A
tẹrmine *m.* term 4A
termọmetro *m.* thermometer 6B
terrazza *f.* terrace 7A
terremoto *m.* earthquake 2B
terzo/a *adj.* third 10B
tesina *f.* essay; term paper 5A
testa *f.* head 6A
mal di testa *m.* headache 6B
testardo/a *adj.* stubborn 3B
testo *m.* textbook 1B
tetto *m.* roof 7A
ti *d.o. pron., sing., fam.* you 5A; *i.o. pron., sing., fam.* (to, for) you 5B
Ti amo. I love you. 4A
Ti piace... ? Do you like ...? 2A
Ti voglio bene. I care for you. 4A
tifare *v.* to root for a team 2A
tịmido/a *adj.* timid; shy 1B
tinta *f.* dye; color 4B
a tinta unita *adj.* solid color 4B
tintorịa *f.* dry cleaner 9B
tipo *m.* guy 1B
tirocinio *m.* professional training 11B
Tocca a me. My turn. 3A
toccare *v.* to touch 3A
tonno *m.* tuna 5A
tonto/a *adj.* thick; dumb 3B
topolino *m.* little mouse 10B
tormenta *f.* blizzard 2B
tornado *m.* tornado 2B
tornare *v.* to return 2A
toro *m.* bull 12A
torto *m.* fault 2B
avere torto to be wrong 2B
tosse *f.* cough 6B
tọssico/a *adj.* toxic 12A
rifiuti tọssici *m., pl.* toxic waste 12A
tossire *v.* to cough 6B
tostapane *m.* toaster 7B
tostare *v.* to toast 5A
far tostare to toast 5A
tour *m.* tour 10A
ẹssere in tour to be on tour 10A
tovaglia *f.* tablecloth 5B
tovagliolo *m.* napkin 5B
tra *prep.* among, between, in 3A
trạffico *m.* traffic 8A
tragedia *f.* tragedy 10A
traghetto *m.* ferry 8A
trama *f.* plot 10B
tramontare *v.* to set (*sun*) 12A
tramonto *m.* sunset 12A
tranquillo/a *adj.* tranquil; calm 1B
trasferirsi *v.* to move 7A
traslocare *v.* to move 7A
trasporto *m.* transportation 8A
mezzo di trasporto *m.* means of transportation 8A
trasporto pụbblico *m.* public transportation 8A
trattenersi *v.* to restrain oneself 6B
trattorịa *f.* small restaurant 5B
trauma *m.* trauma 10A
tre *m., adj., invar.* three 1A
treccia *f.* braid 6A
treccine *f., pl.* dreadlocks 6A
trecento *m., adj., invar.* three hundred 2B
tredicẹsima *f.* year-end bonus 11A
trẹdici *m., adj., invar.* thirteen 1A
trendy *adj., invar.* trendy 3B
treno *m.* train 8A
in treno by train 3A
trenta *m., adj., invar.* thirty 1A
trentatreẹsimo/a *adj.* thirty-third 10B
tribuna *f.* stand 10A
triste *adj.* sad 1B
troppo/a *adj.* too much 5A, 9B; *adv.* too, too much 5B
trovare *v.* to find 2A
Dove si trova...? Where is . . . ? 9A
trovare lavoro to find a job 11B
truccarsi *v.* to put on makeup 6A
trucco *m.* makeup 6A
tu *sub. pron., sing., fam.* you 1B
tụo/a, tuoi, tụe *poss. adj., m., f.* your 3A
i tuoi *m., pl.* your parents 3A
tuono *m.* thunder 2B
turịstico/a *adj.* tourist 8B
villaggio turịstico *m.* resort 8B
tutto/a *adj., pron.* all 5A
tutti e due/tre *adj., pron.* both/all 7A
Tutto bene? Everything OK? 1A
TV *f.* TV 2A
guardare la TV to watch TV 2A

U

uccello *m.* bird 12A
ufficio *m.* office 1A
ufficio informazioni *m.* (*tourist*) information office 9B
ufficio postale *m.* post office 9B
ụltimo/a *adj.* last 5A
umano/a *adj.* human 11B
risorse umane *f., pl.* human resources 11B
umidità *f.* humidity 2B
ụmido/a *adj.* humid 2B
in ụmido *adj.* stewed 5A
un *indef. art., m., adj.* a; an 1A
l'un l'altro/a each other 6A

un' *indef. art., f., adj.* a; an **1A**
una *indef. art., f., adj.* a; an **1A**
undicesimo/a *adj.* eleventh **10B**
undici *m., adj., invar.* eleven **1A**
unico/a *adj.* only; unique **3A**
  figlio/a unico/a *m., f.* only child **3A**
  senso unico *m.* one way **8A**
unito/a *adj.* united **4B**
  a tinta unita *adj.* solid color **4B**
università *f.* university **1B**
un(o) *m., adj.* one **1A**; *indef. art., m.* a; an **1A**
uomo (*pl.* uomini) *m.* man **1A**
uomo d'affari *m.* businessman **3B**
uovo (*pl.* uova *f.*) *m.* egg **5A**
urbano/a *adj.* urban **8A**
  vigile urbano/a *m., f.* traffic officer **8A**
usare *v.* to use **2A**
uscire *v.* to go out; to leave **4A**
uscita *f.* exit **8B**
uva *f.* grapes **5A**

V

vacanza *f.* vacation **8B**
  in vacanza on vacation **3A**
  partire in vacanza to go on vacation **8B**
valigetta *f.* briefcase **4B**
valigia *f.* suitcase **8B**
  fare la valigia to pack a suitcase **8B**
valle *f.* valley **12A**
vapore *m.* steam **5A**
  al vapore *adj.* steamed **5A**
varicella *f.* chicken pox **6B**
vasca da bagno *f.* bathtub **7A**
vaso *m.* vase **7A**
vecchio/a *adj.* old **3B**
vedere *v.* to see **2B**
  Ci vediamo! See you soon! **1A**
  Fammi vedere. Let me see. **2B**
  Non vedo l'ora. I can't wait. **5B**
vedersi *v.* to see each other **6A**
vedovo/a *adj.* widowed **3A**
veloce *adj.* fast **3B**
velocemente *adv.* quickly **5B**
vendere *v.* to sell **2B**
  vendesi for sale **7A**
venerdì *m.* Friday **1B**
venire *v.* to come **4A**
ventesimo/a *adj.* twentieth **10B**
venti *m., adj., invar.* twenty **1A**
venticinque *m., adj., invar.* twenty-five **1A**
ventidue *m., adj., invar.* twenty-two **1A**
ventinove *m., adj., invar.* twenty-nine **1A**
ventiquattro *m., adj., invar.* twenty-four **1A**
ventisei *m., adj., invar.* twenty-six **1A**
ventisette *m., adj., invar.* twenty-seven **1A**
ventitré *m., adj., invar.* twenty-three **1A**
vento *m.* wind **2B**
  C'è vento. It's windy. **2B**
ventoso/a *adj.* windy **2B**
ventotto *m., adj., invar.* twenty-eight **1A**
ventre *m.* abdomen **6A**
ventun(o) *m., adj.* twenty-one **1A**
venuto (venire) *p.p., adj.* come **5A**
veramente *adv.* truly **5B**
verde *adj.* green **3B**
  essere al verde to be broke **9B**
verdura *f.* vegetable **5A**
verista *adj.* belonging to the *Verismo* movement **10B**
verso *prep.* toward **9A**
vestirsi *v.* to get dressed **6A**
vestiti *m., pl.* clothing **4A**
vestito *m.* dress; suit **4B**
  portare un vestito *v.* to wear a suit **4B**
veterinario/a *m., f.* veterinarian **11A**
vetrina *f.* shop window **8A**
vetro *m.* windshield **8A**
vi *d.o. pron., pl., fam., form.* you **5A**; *i.o. pron., pl., fam., form.* (to, for) you **5B**
via *f.* street **9A**
viaggiare *v.* to travel **2A**
viaggiatore/viaggiatrice *m., f.* traveler **8B**
viaggio *m.* trip **2A**
  agente di viaggio *m., f.* travel agent **8B**
  fare un viaggio to take a trip **2A**
vicino/a *adj.* near **9A**
  qui vicino *prep.* nearby **9A**
  vicino a *prep.* close to **9A**
vicolo *m.* alley **9A**
videogioco *m.* videogame **4A**
videoteca *f.* video store **9B**
Vietato buttare rifiuti. No littering. **12A**
vigile urbano/a *m., f.* traffic officer **8A**
villa *f.* single-family home; villa **7A**
villaggio turistico *m.* resort **8B**
vincere *v.* to win **2A**
vino (bianco, rosso) *m.* (white, red) wine **5B**
vinto/a (vincere) *p.p., adj.* won **4B**
viola *adj., invar.* purple **4B**
violinista *m., f.* violinist **10A**
violino *m.* violin **10A**
visitare *v.* to visit **10B**
  visitare una galleria d'arte *v.* to visit an art gallery **10B**
vissuto (vivere) *p.p., adj.* lived **5A**
vista *f.* sight **4B**
  conoscere di vista to know by sight **4B**
visto *m.* visa **8B**
visto/a (vedere) *p.p., adj.* seen **4B**
vita *f.* waist; life **6A**
vivere *v.* to live **2B**
vivo/a *adj.* alive **10A**
  rappresentazione dal vivo *f.* live performance **10A**
voglia *f.* desire **2B**
  avere voglia di to feel like **2B**
voi *sub. pron., pl., fam. you* **1B**; *disj. pron., pl., fam., form. you,* yourselves **4A**
volante *m.* steering wheel **8A**
volerci *v.* to take (*time*) **7B**
volere *v.* to want **4A**
  Cosa vuol dire...? What does . . . mean? **4A**
  Vorrei... I would like . . . **5B**
volo *m.* flight **8B**
volta *f.* time; turn **6A**
  a volte *adv.* sometimes **6A**
  qualche volta *adv.* sometimes **5B**
vongola *f.* clam **5A**
vostro/a/i/e *poss. adj. m., f.* your **3A**
voto *m.* grade **1B**
vulcanico/a *adj.* volcanic **2B**
  eruzione vulcanica *f.* volcanic eruption **2B**
vuoto/a *adj.* empty **10A**

W

windsurf *m.* windsurfing **2A**

Y

yogurt *m.* yogurt **5A**

Z

zaino *m.* backpack **1B**
zero *m., adj., invar.* zero **1A**
zio/a *m., f.* uncle/aunt **3A**
zitto/a *adj.* quiet **2A**
zuppa *f.* soup **5B**

Inglese-Italiano

A

a **un** *indef. art., m.* 1A; **un'** *indef. art., m., f.* 1A; **una** *indef. art., f.* 1A; **uno** *indef. art., m.* 1A
abdomen **ventre** *m.* 6A
ability **competenza** *f.* 11B
able: to be able **potere** *v.* 4A
above **sopra** *prep.* 7A
abroad **all'ẹstero** *adv.* 8B
absolutely **altroché** *conj.* 9B; **assolutamente** *adv.* 5B
accident **incidente** *m.* 8A
  to have/be in an accident **avere un incidente** *v.* 8A
according to **secondo** *prep.* 4A
accordion **fisarmọnica** *f.* 10A
account **conto** *m.* 9B
accountant **contạbile** *m., f.* 11A
acid rain **pioggia** *f.* **ạcida** 12A
acknowledge **riconọscere** *v.* 11B
across from **di fronte a** *prep.* 9A
act **atto** *m.* 10A; recitare *v.* 10A
active **attivo/a** *adj.* 3B; **sportivo/a** *adj.* 3B
actor **attore** *m.* 1A
actress **attrice** *f.* 1A
ad: job ad **annuncio** *m.* **di lavoro** 11B
address **indirizzo** *m.* 9B
  address book **rubrica** *f.* 11B
administrative assistant **assistente** *m., f.* **amministrativo/a** 11B
adopt **adottare** *v.* 3A
adore **adorare** *v.* 2A
advice **consiglio** *m.*
advise **consigliare** *v.* 10A
afraid: to be afraid (of) **avere paura (di)** *v.* 2B
after **dopo** *adv.* 5B
afternoon **pomeriggio** *m.* 1B
afterwards **dopo** *adv.* 5B
again **di nuovo** *adv.* 3B; **ancora** *adv.* 4B
agency **agenzịa** *f.* 7A
agent **agente** *m., f.* 8B
ago **fa** *adv.* 4B
  ten days ago **dieci giorni fa** 4B
  one year ago **un anno fa** 4B
agriculture **agricoltura** *f.* 12A
ailment **malattịa** *f.* 6B
airplane **aẹreo** *m.* 8B
airport **aeroporto** *m.* 8B
alarm clock **sveglia** *f.* 6A
all **tutto/a** *adj., pron.* 5A
  all over **ovunque** *adv.* 11A
  All Saints' Day **Ognissanti** *m.* 8B
  all three **tutti/e e tre** 7A
allergic: to be allergic (to) **ẹssere allẹrgico (a)** *v.* 6B
alley **vịcolo** *m.* 9A
allow **lasciare** *v.* 10A
already **già** *adv.* 4B
  by now, already **ormai** *adv.* 2A
also **pure** *adv.* 3B; **anche** *conj.* 1A
although **benché** *conj.* 12A; **per quanto** *conj.* 12A; **sebbene** *conj.* 12A
always **sempre** *adv.* 2B
ambulance **ambulanza** *f.* 6B
American **americano/a** *adj.* 1B
among **fra** *prep.* 3A; **tra** *prep.* 3A
an **un** *indef. art.* 1A; **un'** indef. art. 1A; **una** *indef. art.* 1A; **uno** *indef. art.* 1A
and **e** *conj.* 1B
  And you? **E Lei/tu?** *(form./fam.)* 1A
angry **arrabbiato/a** *adj.* 3B
  to be angry at someone **avẹrcela con qualcuno** *v.* 6A
  to get angry **arrabbiarsi** *v.* 6A
animal **animale** *m.* 12A
answer **rispọndere** *v.* 11B
  to answer the phone **rispọndere al telẹfono** *v.* 11B
answered **risposto/a (rispọndere)** *p.p., adj.* 4B
any **nessun(o)/a** *adj.* 9B
  some, any; of it/them **ne** *pron.* 6A
anybody **qualcuno** *pron.* 1A; **nessuno/a** *pron.* 9B
apartment **appartamento** *m.* 7A
  apartment building **palazzo** *m.* 7A
  studio apartment **monolocale** *m.* 7A
  two-room apartment **bilocale** *m.* 7A
appetizer **antipasto** *m.* 5B
applaud **applaudire** *v.* 10A
applause **applauso** *m.* 10A
apple **mela** *f.* 5A
appliance **elettrodomẹstico** *m.* 7B
apply **fare domanda** *v.* 11B
appointment: to make an appointment **prẹndere un appuntamento** *v.* 11B
appropriate **opportuno/a** *adj.* 11A
April **aprile** *m.* 2B
architect **architetto** *m.* 3B
arm **braccio (*pl.* braccia f.)** *m.* 6A
armchair **poltrona** *f.* 7A
aroma **aroma** *m.* 10A
around **intorno** *prep.* 9A
  around the corner **dietro l'ạngolo** 9A
  around; out and about **in giro** *4B*
arrivals **arrivi** *m., pl.* 8B
arrive **arrivare** *v.* 2A
art **arte** *f.* 1A
artichoke **carciofo** *m.* 5A
artistic **artịstico/a** *adj.* 10B
arts (*humanities*) **lẹttere** *f., pl.* 1B
as . . . as **così... come** *adv.* 8A; **tanto... quanto** *adv.* 8A
as well **anche** *conj.* 1A
ask **domandare** *v.* 2B
  to ask a question **fare una domanda** *v.* 2A
  to ask for **chiẹdere** *v.* 2B
asked **chiesto/a (chiẹdere)** *p.p., adj.* 4B
aspirin **aspirina** *f.* 6B
at **a** *prep.* 1B; **da** *prep.* 1B; **in** prep. 3A
athletic **atlẹtico/a** *adj.* 3B
ATM **bancomat** *m.* 9B; **sportello** *m.* **automạtico** 9B
attend **frequentare** *v.* 2A
attention: to pay attention **fare attenzione** *v.* 2A
attentive **attento/a** *adj.*
attic **mansarda** *f.* 7A
audacious **audace** *adj.* 3B
audience **pụbblico** *m.* 10A
August **agosto** *m.* 2B
  It's August 15th. **È il 15 agosto.** 2B
aunt **zịa** *f.* 3A
author **autore/autrice** *m., f.* 10B
autumn **autunno** *m.* 2B
average: of average height **di media statura** *adj.* 3B
avoid **evitare (di)** *v.* 6B
aware: to become aware (of) **rẹndersi conto (di)** *v.* 6A
awareness: evironmental awareness **coscienza** *f.* **ambientale** 12A
awful **pẹssimo/a** *adj.* 8A

B

baby **bambino/a** *m., f.* 3A
back **schiena** *f.* 6A
backache **mal** *m.* **di schiena** 6B
backpack **zaino** *m.* 1B
bad **cattivo/a** *adj.* 1B
  bad boy **ragazzaccio** *m.* 10B
  bad day **giornataccia** *f.* 10B
  bad weather **tempaccio** *m.* 10B
  very bad **pẹssimo/a** *adj.* 8A
bakery **panetterịa** *f.* 5A
balcony **balcone** *m.* 7A
ball **pallone** *m.* 2A
ballerina **ballerina** *f.* 10A
ballet **balletto** *m.* 10A
banana **banana** *f.* 5A
band: rock band **gruppo** *m.* **rock** 10A
bang **frangia** *f.* 6A
bank **banca** *f.* 9B
  bank account **conto** *m.* **bancario** 9B

banker **banchiere/a** *m., f.* 11A
Baroque **barocco/a** *adj.* 10B
bartender **barista** *m., f.* 11A
basement **seminterrato** *m.* 7A
basketball **pallacanestro** *f.* 2A; **basket** *m.* 2A
bath **bagno** *m.* 2A
bathing suit **costume** *m.* **da bagno** 4B
bathrobe **accappatọio** *m.* 6A
bathroom **bagno** *m.* 6A
bathtub **vasca** *f.* **da bagno** 7A
battery charger **cạrica batterịa** *m.* 4A
be **ẹssere** *v.* 1B; **stare** *v.* 2A
beach **spiaggia** *f.* 8B
  at/to the beach **al mare** 3A
beard **barba** *f.* 6A
bearings: to get one's bearings **orientarsi** *v.* 9A
beautiful **bello/a** *adj.* 1B
beauty salon **salone** *m.* **di belleza** 9B
become **diventare** *v.* 5A
bed **letto** *m.* 7A
  to make the bed **fare il letto** *v.* 7B
bedroom **cạmera** *f.* **da letto** 7A
bee **ape** *f.* 12A
beef **carne** *f.* **di manzo** 5A
beer **birra** *f.* 5B
beer garden **birrerịa** *f.* 5B
before **prima** *adv.* 5B; **prima che** *conj.* 12A; **prima** *prep.* 4A
beforehand **prima** *adv.* 5B
begin **(in)cominciare** *v.* 2A
behalf: On behalf of whom? **Da parte di chi?** 11B
behind **dietro (a)** *prep.* 7A
beige **beige** *adj., invar.* 4B
believe **crẹdere** *v.* 10A
below **sotto** *prep.* 7A
belt **cintura** *f.* 4B
bench **panchina** *f.* 9A
berry **bacca** *f.* 12A
best **migliore** *adj.* 8A
better **migliore** *adj.* 8A; **meglio** *adv.* 8A
  to get better **guarire** *v.* 6B
between **fra** *prep.* 3A; **tra** *prep.* 3A
bicycle **bicicletta** *f.* 2A
big **grande** *adj.* 2A
bigger **maggiore** *adj.* 8A
biggest **mạssimo/a** *adj.* 8A
bill **banconota** (*banknote*) f. 9B; **conto** *m.* 5B
bills **bollette** *f., pl.* 7A
  to pay the bills **pagare le bollette** *v.* 9B
biology **biologịa** *f.* 1A
bird **uccello** *m.* 12A
birthday **compleanno** *m.* 2B
bite **morso** *m.* 7A
bitter **amaro/a** *adj.* 3B
black **nero/a** *adj.* 3B
blackboard **lavagna** *f.* 1B
bland **insịpido/a** *adj.* 5B
blanket **coperta** *f.* 7B
blizzard **tormenta** *f.* 2B
block **isolato** *m.* 9A
  block of seats **settore** *m.* 10A
blond(e) **biondo/a** *adj.* 3B
blood **sangue** *m.* 6A
blouse **camicetta** *f.* 4B
blue **azzurro/a** *adj.* 3B; **blu** *adj., invar.* 3B
boarding house **pensione** *f.* 8B
boarding pass **carta** *f.* **d'imbarco** 8B
boat **barca** *f.* 8A
body **corpo** *m.* 6A
bold **audace** *adj.* 3B
book **libro** *m.* 1A
bookshelf **scaffale** *m.* 7A
bookstore **librerịa** *f.* 1B
boot **stivale** *m.* 4B
bored: to get bored **annoiarsi** *v.* 6A
boring **noioso/a** *adj.* 1B
  How boring! **Che nọia!** 1B
born **nato/a** *p.p., adj.* 5A
  to be born **nạscere** *v.* 5A
boss **principale** *m., f.* 11A
bottle **bottiglia** *f.* 5B
bottom **fondo** *m.* 4B; **in fondo** *prep.* 9B
bowl **scodella** *f.* 5B
box **palco** *m.* 10A; **scatola** *f.* 10A
boy **ragazzo** *m.* 1A
boyfriend **ragazzo** *m.* 3A; **fidanzato** *m.* 3A
braid **treccia** *f.* 6A
brake **frenare** *v.* 8A
brakes **freni** *m., pl.* 8A
branch **ramo** *m.* 12A
brand **marca** *f.* 4B
bread **pane** *m.* 5A; **impanare** *v.* 5A
break **rọmpere** *v.* 6B
  to break an arm **rọmpersi un braccio** *v.* 6B
break down **ẹssere in panne** *v.* 8A
breakfast **colazione** *f.* 5B
bricklayer **muratore** *m.* 7B
bridge **ponte** *m.* 9A
briefcase **valigetta** *f.* 4B
bright **brillante** *adj.* 3B
bring **portare** *v.* 2A
broke: to be broke **ẹssere al verde** *v.* 9B
broom **scopa** *f.* 7B
brother **fratello** *m.* 3A
  little/younger brother **fratellino** *m.* 3A
brother-in-law **cognato** *m.* 3A
brown **rosolare** *v.* 5B; **far soffrịggere** *v.* 5A
  brown **marrone** *adj.* 3B
  brown (*hair, eyes*) **castano/a** *adj.* 3B
bruise **lịvido** *m.* 6B
brush **pettinare** *v.* 6A
  to brush one's hair **pettinarsi** *v.* 6A
  to brush one's teeth **lavarsi i denti** *v.* 6A
buckle (*seatbelt*) **allacciare** *v.* 8A
build **costruire** *v.* 9A
bull **toro** *m.* 12A
bulletin board **bacheca** *f.* 11B
bump **bernọccolo** *m.* 6B
burn **scottatura** *f.* 6B
burners **fornelli** *m., pl.* 7B
bus **ạutobus** *m.* 1A; **pullman** *m.* 8A
bush **cespuglio** *m.* 12A
businessman **uomo** *m.* **d'affari** 3B
businesswoman **donna** *f.* **d'affari** 3B
but **ma** *conj.* 12A
butcher **macellạio/a** *m., f.* 5A
butcher's shop **macellerịa** *f.* 5A
butter **burro** *m.* 5A
buy **comprare** *v.* 2A
buyout **liquidazione** *f.* 11A
by **da; per** *prep.* 1B
  by now; already **ormai** *adv.* 2A
Byzantine **bizantino/a** *adj.* 10B

C

cabin (*mountain shelter*) **baita** *f.* 12A
cafè specializing in chocolate **cioccolaterịa** *f.* 5B
cafeteria **mensa** *f.* 1B; **tạvola** *f.* **calda** 5B
call **chiamare** *v.* 2A
  to be called/to call each other **chiamarsi** *v.* 6A
calm **tranquillo/a** *adj.* 1B
camera: digital camera **mạcchina** *f.* **fotogrạfica digitale** 4A
camping **campeggio** *m.* 2A
can **potere** *v.* 4A
Canadian **canadese** *adj.* 1B
canary **canarino** *m.* 3A
cancel **annullare** *v.* 8B
candidate **candidato** *m.* 11B
car **automọbile** *f.* 1A; **mạcchina** *f.* 8A
car door **portiera** *f.* 8A
car racing **automobilismo** *m.* 2A
carafe **caraffa** *f.* 5B
card **carta** *f.* 2A
  playing cards **carte** *f., pl.* 2A
care: I care for you. **Ti voglio bene.** 4A

Take care of yourself. **Mi raccomando.** 1B
career **carriera** *f.* 11A
caretaker **bidello/a** *m., f.* 11A; **portiere/a** *m., f.* 11A
carpenter **falegname** *m.* 7B
carpet **tappeto** *m.* 7A
carrot **carota** *f.* 5A
carry-on baggage **bagaglio** *m.* **a mano** 8B
cartoon **cartone** *m.* **animato** 10B
carve **scolpire** *v.* 10B
cash **contanti** *m., pl.* 9B
to pay in cash **pagare in contanti** *v.* 9B
cat **gatto** *m.* 3A
catastrophe **catạstrofe** *f.* 12A
cavity **carie** *f. invar.* 6B
CD **CD/compact disc** *m.* 4A
CD player **lettore** *m.* **CD** 4A
ceiling **soffitto** *m.* 7A
cell phone **cellulare** *m.* 4A
center **centro** *m.* 3A
certain **certo/a** *adj.* 11B; **sicuro** *adj.* 11B
chair **sedia** *f.* 1B
chalk **gesso** *m.* 1B
change **moneta** *f.* 9B; **cambiare** *v.* 2A
channel: television channel **canale** *m.* **(televisivo)** 4A
character: main character **personaggio** *m.* **principale** 10A
charge **caricare** *v.* 4A
chase **rincọrrere** *v.* 12B
chatterbox **chiacchierone/a** *m., f.* 10B
check **assegno** *m.* 9B; **controllare** *v.* 6B
to pay by check **pagare con assegno** *v.* 9B
checking account **conto** *m.* **corrente** *m.* 9B
cheerful **allegro/a** *adj.* 3B
cheerfully **allegramente** *adv.* 5B
Cheers! **Cin, cin!** 1A
cheese **formaggio** *m.* 5A
chef **cuoco/a** *m., f.* 5B
chess **scacchi** *m., pl.* 2A
chest **petto** *m.* 6A
chic **chic** *adj., invar.* 3B
chicken-pox **varicella** *f.* 6B
child **bambino/a** *m., f.* 3A
only child **figlio/a** *m., f.* **ụnico/a** 3A
chimney sweep **spazzacamino** *m.* 7B
Chinese **cinese** *adj.* 1B
chores **faccende** *f., pl.* 7B; **mestieri** *m., pl.* 7B
to do household chores **fare i mestieri/le faccende** *v.* 7B
chorus **coro** *m.* 10A
Christmas **Natale** *m.* 8B
church **chiesa** *f.* 9A
cinema **cịnema** *m.* 10B
city **città** *f.* 1A
city walls **mura** *f., pl.* 9A
civil servant **funzionario/a** *m., f.* 11A
clam **vọngola** *f.* 5A
clarinet **clarinetto** *m.* 10A
class **classe** *f.* 1B
in class **a lezione** 1B
classical; classic **clạssico/a** *adj.* 10B
classmate **compagno/a** *m., f.* **di classe** 1B
classroom **aula** *f.* 1B; **classe** *f.* 1B
clean **pulito/a** *adj.* 7B; **pulire** *v.* 3A
perfectly clean **impeccạbile** *adj.* 7B
clear **chiaro/a** *adj.* 11B
to clear the table **sparecchiare la tạvola** *v.* 7B
clearing **radura** *f.* 12A
clever **spiritoso/a** *adj.* 3B
client **cliente** *m., f.* 8B
cliff **scogliera** *f.* 12A
climate **clima** *m.* 10A
climb **scalare** *v.* 12A; **salire** *v.* 5A
to climb stairs **salire le scale** *v.* 9A
climbing **arrampicata** *f.* 2A
clock **orologio** *m.* 1B
close **chiụdere** *v.* 2B
close (to) **vicino (a)** *prep.* 9A
closed **chiuso** *p.p., adj.* 4B
closet **armadio** *m.* 7A
clothing **abbigliamento** *m.* 4A
cloud **nụvola** *f.* 2B
cloudy **nuvoloso/a** *adj.* 2B
clutch **frizione** *f.* 8A
coach **pullman** *m.* 8A
coast **costa** *f.* 12A
coffee **caffè** *m.* 1A
coffee maker **caffettiera** *f.* 7B
coin **moneta** *f.* 9B
cold **freddo/a** *adj.* 2B; **raffreddore** *m.* 6B
It's cold. **Fa freddo.** 2B
to feel cold **avere freddo** *v.* 2B
to have a cold **avere il raffreddore** *v.* 6B
collection **collezione** *f.* 10B
color **colore** *m.* **4B**
comb **pẹttine** *m.* 6A
to comb one's hair **pettinarsi** *v.* 6A
come **venuto/a** *p.p., adj.* 5A
come **venire** *v.* 4A
Come on! **Forza!** 5B
Oh, come on. **Ma dai.** 1A
comedy **commedia** *f.* 10A
commit **commẹttere** *v.* 11B
commute **fare il pendolare** *v.* 12A
compel **obbligare** *v.* 10A
competence **competenza** *f.* 11B
complain (about) **lamentarsi (di)** *v.* 6A
completely **affatto** *adv.* 9B
compose **comporre** *v.* 4A
composed **composto/a** *p.p., adj.* 4B
composer **compositore/compositrice** *m., f.* 10A
compromise **compromesso** *m.* 12B
computer **computer** *m.* 4A
computer science **informạtica** *f.* 1B
concert **concerto** *m.* 10A
condition **condizione** *f.* 12A
confident **disinvolto/a** *adj.* 3B
connected: to be connected **ẹssere connesso/a** *v.* 4A
connection **coincidenza** *f.* 8A
consultant **consulente** *m., f.* 11A
contemporary **contemporạneo/a** *adj.* 10B
content **contento/a** *adj.* 1B
continue **continuare** *v.* 10A; **proseguire** *v.* 9A
contract **contratto** *m.* 7A
contributions **contributi** *m., pl.* 11A
conversation **conversazione** *f.* 1B
cook **cuoco/a** *m., f.* 5B; **cucinare** *v.* 5A
cookie **biscotto** *m.* 5A
cool; **fresco/a** *adj.* 2B
It's cool. **Fa fresco.** *2B*
corner **ạngolo** *m.* 9A
cosmetics shop **profumerịa** *f.* 9B
cost **costare** *v.* 5A
cotton **cotone** *m.* 4B
couch **divano** *m.* 7A
cough **tosse** *f.* 6B; **tossire** *v.* 6B
countryside **campagna** *f.* 12A
couple **coppia** *f.* 3A
courageous **coraggioso/a** *adj.* 3B
course **piatto** *m.* 5B; **corso** *m.* 2A
first/second course **primo/secondo piatto** *m.* 5B
court **campo** *m.* 2A
courteous **cortese** *adj.* 3B
courtesy **cortesịa** *f.* 1A
courtyard **cortile** *m.* 7A
cousin **cugino/a** *m., f.* 3A
cow **mucca** *f.* 12A
crazy **pazzo/a** *adj.* 3B
credit card **carta** *f.* **di crẹdito** 9B
to pay with a credit card **pagare con carta di crẹdito** *v.* 9B
crew cut **capelli** *m., pl.* **a spạzzola** 6A

cross **attraversare** *v.* 9A
crosswalk **strisce** *f., pl.* **(pedonali)** 9A
crowded **affollato/a** *adj.* 8A; **intasato/a** *adj.* 8A
crude **rozzo/a** *adj.* 9B
cruel **crudele** *adj.* 3B
cruise **crociera** *f.* 8B
crumb **brịciola** *f.* 7B
cry **piạngere** *v.* 6B
cup **tazza** *f.* 5B
cupboard **credenza** *f.* 7A
curious **curioso/a** *adj.* 3B
curl **arricciare** *v.* 6A
curly **riccio/a** *adj.* 3B
curtain **tenda** *f.* 7A
custodian **bidello/a** *m., f.* 11A
customer **cliente** *m., f.* 8B
customs **dogana** *f.* 8B
cut **tagliare** *v.* 8B
  to cut one's hair **tagliare i capelli** *v.* 6A
cute **carino/a** *adj.* 3B; **bellino/a** *adj.* 10B
  cute little mouth **boccuccia** *f.* 10B
cycling **ciclismo** *m.* 2A
cyclone **ciclone** *m.* 2B
cypress **cipresso** *m.* 12A

D

dad **papà** *m.* 3A
dance **ballare** *v.* 2A
  classical dance **danza** *f.* **clạssica** 2A
danger **perịcolo** *m.* 12A
dangerous **pericoloso/a** *adj.* 6B
dark **scuro/a** *adj.* 4B
dark-haired **bruno/a** *adj.* 3B
Darn! **Accidenti!** 5B; **Porca miseria!** 8A
darned **maledetto/a** *adj.* 12A
darts **freccette** *f., pl.* 2A
date **data** *f.* 2B; **appuntamento** *m.* 11B
daughter **figlia** *f.* 3A
daughter-in-law **nuora** *f.* 3A
dawn **alba** *f.* 12A
day **giorno** *m.* 1B; **giornata** *f.* 1A
dead **morto/a** *p.p., adj.* 5A
deal **affare** *m.* 4B; **patto** *m.* 12A
  good deal **buon affare** *m.* 4B
dear **caro/a** *adj.* 4B
  very dear, sweet **caruccio/a** *adj.* 10B
debit card **carta** *f.* **di dẹbito** *f.* 9B
  to pay with a debit card **pagare con carta di dẹbito** *v.* 9B
debut **debutto** *m.* 10A
December **dicembre** *m.* 2B
decide **decịdere** *v.* 10A
decided **deciso/a** *p.p., adj.* 4B
decision: to make a decision **prẹndere una decisione** *v.* 2B
deforestation **disboscamento** *m.* 12A
degree **grado** *m.* 2B; **diploma** *m.* 10A
  It's 18 degrees out. **Ci sono 18 gradi.** 2B
delay **ritardo** *m.* 8B
delicatessen **salumerịa** *f.* 5A
Delighted. **Piacere.** 1A
demanding **esigente** *adj.* 11A
dentist **dentista** *m., f.* 6B
depart **partire** *v.* 2A
department **facoltà** *f.* 1B
department store **grande magazzino** *m.* 9A
departures **partenze** *f., pl.* 8B
deposit **caparra** *f.* 7A
  to deposit money **depositare il denaro** *v.* 9B
depression **depressione** *f.* 6B
desert **deserto** *m.* 12A
designer **stilista** *m., f.* 4B
desire **voglia** *f.* 2B; **desiderare** *v.* 2A
desk **banco** *m.* 1B; **scrivanịa** *f.* 7A
dessert **dolce** *m.* 5B
deterioration **degrado** *m.* 12A
develop **sviluppare** *v.* 12A
diagram **schema** *m.* 10A
dial **comporre** *v.* 4A
dictionary **dizionario** *m.* 1B
die **morire** *v.* 5A
died **morto (morire)** *p.p.* 5A
diet **dieta** *f.* 5B
  to be on a diet **ẹssere a dieta** *v.* 5B
difference **divergenza** *f.* 12A
difficult **diffịcile** *adj.* 1B
digital camera **mạcchina** *f.* **fotogrạfica (digitale)** 4A
dilemma **dilemma** *m.* 10A
dim-witted **scemo/a** *adj.* 3B
dining room **sala** *f.* **da pranzo** 7A
dinner **cena** *f.* 5B
  to have dinner **cenare** *v.* 2A
diploma **diploma** *m.* 10A
direction **indicazione** *f.* 9A
director **regista** *m., f.* 10A
dirty **sporco/a** *adj.* 7B
disappointed **deluso/a** *adj.* 8A
discourteous **scortese** *adj.* 3B
discreet **discreto/a** *adj.* 3B
disgusting **schifoso/a** *adj.* 7B
dishonest **disonesto/a** *adj.* 1B
dishwasher **lavastoviglie** *f.* 7B
dismiss **licenziare** *v.* 12B
dispose of **smaltire** *v.* 11A
disturbing **inquietante** *adj.* 10B
divided by **diviso** *adj.* 2B
divorced **divorziato/a** *adj.* 3A
do **fare** *v.* 2A
doctor **dottore(ssa)** *m., f.* 1A
  family doctor **mẹdico** *m.* **di famiglia** 6B
  to go to the doctor **andare dal dottore** *v.* 6B
document **documento** *m.* 4A
documentary **documentario** *m.* 10B
dog **cane** *m.* 3A
domestic **domẹstico/a** *adj.* 3A
done **fatto/a** *p.p., adj.* 4B
door **porta** *f.* 1B; **portiera** *f.* 8A
doorman **portiere/a** *m., f.* 11A
doubt **dubitare** *v.* 10A
download **scaricare** *v.* 4A
downtown **centro** *m.* **stọrico** 9A
drain **smaltire** *v.* 12B
drama **dramma** *m.* 10A
dramatic **drammạtico/a** *adj.* 10B
drawer **cassetto** *m.* 7A
dreadlocks **treccine** *f., pl.* 6A
dream **sognare** *v.* 10A; **sogno** *m.* 10A
dress **ạbito** *m.* 4B; **vestito** *m.* 4B
  to get dressed **vestirsi** *v.* 6A
dress circle **balconata** *f.* 10A
dress shirt **camicia** *f.* 4B
dresser **cassettiera** *f.* 7A
drink **bịbita** *f.* 5B; **bere** *v.* 5A
drive **guidare** *v.* 2A
driver **autista** *m., f.* 8A
driver's license **patente** *f.* 8A
drought **siccità** *f.* 2B
drug **medicina** *f.* 6B
drum **tamburo** *m.* 10A
drummer **batterista** *m., f.* 10A
drums **batterịa** *f.* 2A
dry **secco/a** *adj.* 2B
dry clearner **tintorịa** *f.* 9B
dryer (*clothes*) **asciugatrice** *f.* 7B
dumb **tonto/a** *adj.* 3B
dump **discạrica** *f.* 12A
during **durante** *prep.* 7B
dust **spolverare** *v.* 7B
DVD player **lettore** *m.* **DVD** 4A
DVR **registratore DVR** *m.* 4A
dynamic **dinạmico/a** *adj.* 3B

E

each **ogni** *adj.* 9B
  each one **ciascuno/a** *adj., pron.* 4B
  each other **l'un l'altro/a** 6A; **fra di loro** 6A
ear **orecchio (*pl.* orecchie *f.*)** *m.* 6A

earn **guadagnare** *v.* 11A; **meritare** *v.* 11A
earnest **convinto/a** *adj.* 3B
earthquake **terremoto** *m.* 2B
ease: at ease **a suo agio** 7B
east **est** *m.* 9A
Easter Monday **Pasquetta** *f.* 8B
Easter Sunday **Pasqua** *f.* 8B
easy **facile** *adj.* 1B
eat **mangiare** *v.* 2A
ecology **ecologia** *f.* 12A
economics **economia** *f.* 1B
economy class **classe** *f.* **economica** 8B
education **istruzione** *f.* 11B
effect **effetto** *m.* 12B
egg **uovo (*pl.* uova f.)** *m.* 5A
eggplant **melanzana** *f.* 5A
eight **otto** *m., adj.* 1A
eight hundred **ottocento** *m., adj.* 2B
eighteen **diciotto** *m., adj.* 1A
eighteenth **diciottesimo/a** *adj.* 10B
eighth **ottavo/a** *adj.* 10B
eighty **ottanta** *m., adj.* 1A
eighty-one **ottantun(o)** *m., adj.* 1A
eighty-second **ottantaduesimo/a** *adj.* 10B
elbow **gomito** *m.* 6A
elder **maggiore** *adj.* 3A
electrician **elettricista** *m., f.* 11A
elevator **ascensore** *m.* 8B
eleven **undici** *m., adj., invar.* 1A
eleventh **undicesimo/a** *adj.* 10B
e-mail message **e-mail** *f.* 4A
emergency room **pronto soccorso** *m.* 6B
employee **impiegato/a** *m., f.* 11B
empty **vuoto/a** *adj.* 10A
end **fine** *f.* 10A
at the end, bottom **in fondo** *prep.* 9B
energetic **energico/a** *adj.* 3B
energy **energia** *f.* 12A
engaged **fidanzato/a** *adj.* 3A
engine **motore** *m.* 8A
engineer **ingegnere** *m., f.* 1A
English **inglese** *adj.* 1B
enough **abbastanza** *adv.* 1A
to be enough **bastare** *v.* 5B
enter **entrare** *v.* 5A
envelope **busta** *f.* 9B
environment **ambiente** *m.* 12A
environmentalism **ambientalismo** *m.* 12A
epic **racconto** *m.* **epico** 10B
equal **uguale** *adj.* 2B
erase **cancellare** *v.* 4A
eraser **gomma** *f.* 1A
errands: to run errands **fare delle commissioni** *v.* 9B
error **errore** *m.* 11B
eruption **eruzione** *f.* 2B
essay **tesina** *f.* 5A; **tema** *m.* 10A
even **pure** *adv.* 3B
not even **non... neanche** *adv.* 9B; **non... nemmeno** *conj.* 9B; **non... neppure** *conj.* 9B
evening **sera** *f.* 1B, **serata** *f.* 3B
Good evening. **Buonasera.** 1A
this evening. **stasera** *adv.* 5A
ever **mai** *adv.* 2B
every **ogni** *adj.* 9B
everything **tutto** *pron.* 9B
Everything OK? **Tutto bene?** 1A
exam **esame** *m.* 1A
excuse **scusare** *v.* 1A
Excuse me. **Scusi/a.** *(form./fam.)* 1A
executive **dirigente** *m., f.* 11A
exercise **fare esercizio, fare ginnastica** *v.* 6B
exhaust **scappamento** *m.* 12A
exhibit **esposizione** *f.* 10B
exit **uscita** *f.* 8B
expensive **caro/a** *adj.* 4B; **costoso/a** *adj.* 4B
experience: professional experience **esperienza** *f.* **professionale** 11B
explain **spiegare** *v.* 2A
explore **esplorare** *v.* 12A
expression **espressione** *f.* 5A
exquisite **squisito/a** *adj.* 2A
extreme sports **sport** *m., pl.* **estremi** 2A
eye **occhio** *m.* 6A
eyebrow **sopracciglio (*pl.* sopracciglia f.)** *m.* 6A
eyelash **ciglio (*pl.* ciglia f.)** *m.* 6A

F

face **faccia** *f.* 6A
factory **fabbrica** *f.* 12A
factory worker **operaio/a** *m., f.* 11A
faculty **facoltà** *f.* 1B
fail **fallire** *v.* 11A
to fail (*exam*) **bocciare** *v.* 1B
fairy tale **favola** *f.* 10B
faithful **fedele** *adj.* 3B
fall **autunno** *m.* 2B; **cadere** *v.* 5A
to fall asleep **addormentarsi** *v.* 6A
to fall in love **innamorarsi** *v.* 6A
family **famiglia** *f.* 3A
family doctor **medico** *m.* **di famiglia** 6B
far (from) **lontano/a (da)** *adj.* 9A
not far from **a due passi da** 9A
fare **tariffa** *f.* 8A
excess fare **supplemento** *m.* 8A
farm **fattoria** *f.* 12A
farmer **agricoltore/agricoltrice** *m., f.* 11A
fashion **moda** *f.* 4B
to be/not be in fashion **(non) andare di moda** *v.* 4B
fast **veloce** *adj.* 3B
fat **grasso/a** *adj.* 3B
father **padre** *m.* 3A
father-in-law **suocero** *m.* 3A
favorite **preferito/a** *adj.* 3B
fear **paura** *f.* 2B; **temere** *v.* 10A
February **febbraio** *m.* 2B
feel **sentire** *v.* 3A; **sentirsi** *v.* 6A
to feel like **avere voglia di** *v.* 2B
female **femmina** *f.* 3A
feminist **femminista** *adj.* 3B
ferry **traghetto** *m.* 8A
festival **festival** *m.* 10A
fever **febbre** *f.* 6B
to have a fever **avere la febbre** *v.* 6B
few: a few **alcuni/e** *indef. adj., pron.* 5A, 9B; **qualche** *adj.* 5A, 9B; **pochi/e** *adj.* 5B, 9B
fiancé **fidanzato** *m.* 3A
fiancée **fidanzata** *f.* 3A
field **campo** *m.* 2A; **settore** *m.* 11B
fifteen **quindici** *m., adj.* 1A
fifth **quinto/a** *adj.* 10B
fifty **cinquanta** *m., adj.* 1A
fill: to fill out a form **riempire un modulo** *v.* 9B
film **film** *m.* 10B; **girare** *v.* 10B
horror/sci-fi film **film** *m.* **di fantascienza/dell'orrore** 10B
find **trovare** *v.* 2A
fine **multa** *f.* 8A
fine arts **belle arti** *f., pl.* 10B
finger **dito (*pl.* dita f.)** *m.* 6A
finish **finire** *v.* 3A
fir **abete** *m.* 12A
fire **licenziare** *v.* 11A
firefighter **pompiere/a** *m., f.* 9A
firm **azienda** *f.* 11B
first **primo** *m.* 2B; **primo/a** *adj.* 10B; **prima** *adv.* 5B
at first **all'inizio** *adv.* 2A
first class **prima classe** *f.* 8A
first of all **innanzitutto** *adv.* 9A
first aid **pronto soccorso** *m.* 6B
first-born **primogenito/a** *m., f.* 3A
fish **pesce** *m.* 3A
to go fishing **pescare** *v.* 2A
fish shop **pescheria** *f.* 5A
five **cinque** *m., adj.* 1A
five hundred **cinquecento** *m., adj.* 2B
five thousand **cinquemila** *m., adj.* 2B
five-hundredth **cinquecentesimo/a** *adj.* 10B

fix **aggiustare** *v.* 4A
flash of lightning **lampo** *m.* 2B
flat: to get a flat tire **bucare una gomma** *v.* 8A
flavor **gusto** *m.* 5B
flavoring **aroma** *m.* 10A
flight **volo** *m.* 8B
flood **alluvione** *f.* 12A; **ingolfare** *v.* 12B
floor **pavimento** *m.* 6B
florist **fiorista** *m., f.* 9B
flower **fiore** *m.* 7A
flower bed **aiuọla** *f.* 9A
flower shop **fiorista** *m.* 9B
flu **influenza** *f.* 6B
flute **flauto** *m.* 10A
folder **cartella** *f.* 4A
follow **seguire** *v.* 3A
food **cibo** *m.* 5A
fool: to act the fool **fare il buffone** *v.* 10A
foot **piede** *m.* 6A
on foot **a piedi** 3A
football **football** *m.* **americano** 2A
for **per** *prep.* 3A
For how long . . .? **Da quanto tempo...?** 2B
for rent **affịttasi** 7A
for sale **vẹndesi** 7A
force **obbligare** *v.* 10A
foreign **straniero/a** *adj.* 3B
forest **foresta** *f.* 12A
forget **dimenticare** *v.* 2A; **dimenticarsi** *v.* 10A
fork **forchetta** *f.* 5B
form **mọdulo** *m.* 9B
forty **quaranta** *m., adj.* 1A
forty-sixth **quarantaseiẹsimo/a** *adj.* 10B
fountain **fontana** *f.* 9A
four **quattro** *m., adj.* 1A
four hundred **quattrocento** *m., adj.* 2B
fourteen **quattọrdici** *m., adj.* 1A
fourth **quarto/a** *adj.* 10B
fraction **miseria** *f.* 10B
fracture **frattura** *f.* 6B
free **gratis** *adj., invar.* 10A
freezer **congelatore** *m.* 7B
French **francese** *adj.* 1B
frequently **frequentemente** *adv.* 5B
fresh **fresco/a** *adj.* 2B
Friday **venerdì** *m.* 1B
fridge **frigo(rịfero)** *m.* 7B
fried **fritto/a** *adj.* 5A
friend **amico/a** *m., f.* 1A
friendly **sociẹvole** *adj.* 3B
from **da** *prep.* 1B; **di (d')** *prep.* 3A
front: in front of **davanti (a)** *prep.* 7A
fruit **frutta** *f.* 5A
fry **frịggere** *v.* 5B
to fry lightly **soffrịggere** *v.* 5A
full **pieno/a** *adj.* 11A
full price ticket **biglietto** *m.* **intero** 10A
full-time **a tempo pieno** *adj.* 11A
no vacancies **al completo** *adj.* 8B
fun **divertente** *adj.* 1B
to have fun **divertirsi** *v.* 6A
function **funzionare** *v.* 4A
funny **buffo/a** *adj.* 3B; **spiritoso/a** *adj.* 3B
furnished apartment **appartamento** *m.* **arredato** 7A
furniture **mọbili** *m., pl.* 7A
future **futuro** *m.* 7A
Futurist **futurista** *adj.* 10B

G

gallery **gallerịa** *f.* 10A
game **partita** *f.* 2A
garage **garage** *m., invar.* 7A
garbage **spazzatura** *f.* 7B; **rifiuti** *m., pl.* 12A
garbage collector **netturbino/a** *m., f.* 12A; **spazzino/a** *m., f.* 9A
garbage truck **camion** *m.* **della nettezza urbana** 12A
gardener **giardiniere/a** *m., f.* 11A
garden-level apartment **seminterrato** *m.* 7A
garlic **aglio** *m.* 5A
gas **benzina** *f.* 8B
to get gas **fare benzina** *v.* 8B
generally **in gẹnere** *adv.* 3A
generous **generoso/a** *adj.* 1B
genius **genio/a** *m., f.* 4A
genre **gẹnere** *m.* 10B
German **tedesco/a** *adj.* 1B
get **ottenere** *v.* 11B
get on (*bus, train*) **salire** *v.* 5A
get up **alzarsi** *v.* 6A
gift **dono** *m.* 10A
gifted **dotato/a** *adj.* 10B
girl **ragazza** *f.* 1A
girlfriend **ragazza** *f.* 3A; **fidanzata** *f.* 3A
give **dare** *v.* 2A
to give (*gift*) **regalare** *v.* 5B
to give back **restituire** *v.* 5B
to give (someone) a ride **dare un passaggio** *v.* 9A
to give to each other **darsi** *v.* 6A
to give up **arrẹndersi** *v.* 2B
glass **bicchiere** *m.* 5B
glasses **occhiali** *m., pl.* 4B
global warming **riscaldamento** *m.* **globale** 12A
glove **guanto** *m.* 4B
go **andare** *v.* 2A
to go down (the stairs) **scẹndere (le scale)** *v.* 9A
to go out **uscire** *v.* 4A
to go up **salire** *v.* 5A
goat **capra** *f.* 12A
good **buono/a** *adj.* 1B; **bravo/a** *adj.* 1B
good deal **buon affare** *m.* 4B
Good evening. **Buonasera.** 1A
Good luck. **In bocca al lupo.** (lit. *In the mouth of the wolf.*) 1B
Good morning. **Buongiorno.** 1A
Good night. **Buonanotte.** 1A
to be no good at . . . **ẹssere negato/a per...** *v.* 1B
Good-bye. **ArrivederLa/ci.** 1A; **Ciao.** 1A
Gothic **gọtico/a** *adj.* 10B
government **governo** *m.* 12A
grade **voto** *m.* 1B
graduate: to graduate from college **laurearsi** *v.* 6A
granddaughter **nipote** *f.* 3A
grandfather **nonno** *m.* 3A
grandmother **nonna** *f.* 3A
grandson **nipote** *m.* 3A
grapes **uva** *f., sing.* 5A
grass **erba** *f.* 12A
gratitude **gratitụdine** *f.* 12A
gray **grigio/a** *adj.* 3B
great grandfather **bisnonno** *m.* 3A
great grandmother **bisnonna** *f.* 3A
greedy **avaro/a** *adj.* 3B
Greek **greco/a** *adj.* 1B
green **verde** *adj.* 3B
green bean **fagiolino** *m.* 5A
greenhouse effect **effetto** *m.* **serra** 12B
greet **salutare** *v.* 6A
to greet each other **salutarsi** *v.* 6A
greeting **saluto** *m.* 1A
grilled **alla griglia** *adj.* 5A
groceries: to buy groceries **fare la spesa** *v.* 2A
grocery store **negozio** *m.* **d'alimentari** 5A
group **gruppo** *m.* 10A
guess **indovinare** *v.* 8A
guitar **chitarra** *f.* 2A
guitarist **chitarrista** *m., f.* 10A
guy **tipo** *m.* 1B
gymnasium **palestra** *f.* 2A
gymnastics **ginnạstica** *f.* 4B

H

hail **grạndine** *f.* 2B
hair **capelli** *m., pl.* 6A
to cut one's hair **tagliare i capelli** *v.* 6A
hair dryer **asciugacapelli** *m., invar.* 6A

hairbrush **spạzzola** *f.* 6A
hairdresser **parrucchiere/a** *m., f.* 3B
half brother **fratellastro** *m.* 3A
half hour **mezzo/a** *m., f.* 1B
half sister **sorellastra** *f.* 3A
hall **sala** *f.* 1A
hallway **corridọio** *m.* 7A
ham **prosciutto** *m.* 5A
hand **mano (*pl.* le mani)** *f.* 6A
  little hand **manina** *f.* 10B
  on the other hand **invece** *adv.* 1B
handbag **borsa** *f.* 4B
handsome **bello/a** *adj.* 1B
hang: to hang up the phone **riattaccare il telẹfono** *v.* 11B
happen **accadere** *v.* 12A; **succẹdere** *v.* 6A
happy **contento/a** *adj.* 1B; **felice** *adj.* 1B
hard **duro/a** *adj.* 3B
hard drive **disco** *m.* **rịgido** 4A
hardly **appena** *adv., conj.* 6B
hardworking **laborioso/a** *adj.* 3B
hat **cappello** *m.* 4B
hate **odiare** *v.* 6A
  to hate each other **odiarsi** *v.* 6A
have **avere** *v.* 2B
  Have a nice day! **Buona giornata!** 1A
  to have to **dovere** *v.* 4A
hay **fieno** *m.* 12A
he **lui** *sub. pron.* 1B
head **testa** *f.* 6A; **principale** *m., f.* 11A
headache **mal** *m.* **di testa** 6B
headlight **faro** *m.* 8A
headphones **cuffie** *f., pl.* 4A
heal **curare** *v.* 6B
health **salute** *f.* 6B
  to be in good health **ẹssere in buona salute** *v.* 6B
healthy **sano/a** *adj.* 6B
hear **sentire** *v.* 3A
heart **cuore** *m.* 6A
heartburn **bruciore** *m.* **di stọmaco** 6B
heat wave **ondata** *f.* **di caldo** 2B
heavy **pesante** *adj.* 5B
height: of average height **di media statura** *adj.* 3B
Hello. **Salve.** 1A; **Buongiorno.** 1A
  (on the phone) **Pronto?** 1A, 11B
help **aiutare** *v.* 2A
  to help each other **aiutarsi** *v.* 6A
helpful **disponịbile** *adj.* 3B
her **la** *d.o. pron., f., sing.* 5A; **lei** *disj. pron., f., sing.* 4A; **glielo/a/i/e/ne** *dbl.o. pron., m., f., sing.* 7A; **le** *i.o. pron., f., pl.* 5B; **sụo/a, suoi, sụe** *poss. adj., m., f.* 3A
here **ecco** *adv.* 1A; **qua** *adv.* 1A; **qui** *adv.* 1A
herself **sé** *disj. pron., f., sing.* 4A; **si** *ref. pron. m., f., sing., pl.* 6A
Hey there! **Ehilà!** 1A
Hi. **Ciao.** 1A
high **elevato/a** *adj.* 11B
high school **liceo** *m.* 1B
highway **autostrada** *f.* 8A
him **lo** *d.o. pron., m. sing.* 5A; **lui** *disj. pron., m., sing.* 4A; **glielo/a/i/e/ne** *dbl.o. pron., m., f., sing.* 7A; **gli** *i.o. pron., m., sing.* 5B
himself **sé** *disj. pron., m., f., sing., pl.* 4A; **si** *ref. pron. m., f., sing., pl.* 6A
hire **assụmere** *v.* 11A
hiring **assunzione** *f.* 11B
his **sụo/a, suoi, sụe** *poss. adj., m., f.* 3A
history **storia** *f.* 1B
hit **colpire** *v.* 8A
hives **orticaria** *f.* 6B
hold: to be on hold **restare in attesa** *v.* 11B
  Please hold. **Attenda in lịnea, per favore.** 11B
holiday: public holiday **giorno** *m.* **festivo** 8B
home **casa** *f.* 3A
  single-family home **villa** *f.* 7A
homemade **fatto/a in casa** *adj.* 5B
homework **cọmpiti** *m., pl.* 1B
honest **onesto/a** *adj.* 1B
hood **cọfano** *m.* 8A
hope **sperare** *v.* 10A
horizon **orizzonte** *m.* 12A
horror film **film** *m.* **dell'orrore** 10B
horse **cavallo** *m.* 2A
  to go horseback riding **andare a cavallo** *v.* 2A
hospital **ospedale** *m.* 6B
hot **caldo/a** *adj.* 2B
  It's hot. **Fa caldo.** 2B
  to feel hot **avere caldo** *v.* 2B
hotel **albergo** *m.* 8B
  five-star hotel **albergo** *m.* **a cinque stelle** 8B
hour **ora** *f.* 1B
house **casa** *f.* 1A
househusband **casalingo** *m.* 11A
housewife **casalinga** *f.* 11A
how **come** *adv.* 3B
  For how long . . . ? **Da quanto tempo…?** 2B
  How are things? **Come va?** 1A
  How are you getting along? **Come te la passi?** 1A
  How are you? **Come sta/stai?** *(form./fam.)* 1A
  How do you get to . . . ? **Come si va…** 9A
  how many **quanti/e** *adj.* 1A
  how much **quanto/a** *adj., pron., adv.* 3B
  How much is . . . ? **Quanto costa…?** 5A
however **comunque** *conj., adv.* 4A
hug **abbracciare** *v.* 6A
  to hug each other **abbracciarsi** *v.* 6A
human resources **risorse** *f., pl.* **umane** 11B
humanities **lẹttere** *f., pl.* 1B
humid **ụmido/a** *adj.* 2B
humidity **umidità** *f.* 2B
hunger **fame** *f.* 2B
hungry: to be hungry **avere fame** *v.* 2B
hurry: to be in a hurry **avere fretta** *v.* 2B
  to hurry up **sbrigarsi** *v.* 4A
hurt: to hurt oneself **farsi male** *v.* 6A
husband **marito** *m.* 3A
  first/second husband **primo/secondo marito** *m.* 3A
hybrid car **mạcchina** *f.* **ịbrida** 12A

I

I **ịo** *sub. pron.* 1B
ice cream **gelato** *m.* 11A
ice cream shop **gelaterịa** *f.* 5A
ID **documento** *m.* 8B
idea **idea** *f.* 1A
if **se** *conj.* 12A
ill **malato/a** *adj.* 6B
imagine **immaginare** *v.* 11B
impeccable **impeccạbile** *adj.* 5B
immediately **sụbito** *adv.* 5B
important **importante** *adj.* 1B
impossible **impossịbile** *adj.* 11A
impression **impressione** *f.* 11B
improve **migliorare** *v.* 12A
in **fra** *prep.* 3A; **tra** *prep.* 3A; **a** *prep.* 1B; **su** *prep.* 3A; **in** *prep.* 3A
  in order to **per** *prep.* 3A
inappropriate **inopportuno/a** *adj.* 11A
incredible **incredịbile** *adj.* 11B
independent **indipendente** *adj.* 1B
infection **infezione** *f.* 6B
information booth **chiosco** *m.* **per le informazioni** 9A
injury **ferita** *f.* 6B
in-laws **parenti** *m., pl.* **acquisiti** 3A
innovative **innovativo/a** *adj.* 10B
insect **insetto** *m.* 12A
insensitive **insensịbile** *adj.* 3B
inside **dentro** *prep.* 7A
insist **insịstere** *v.* 11B

insomnia **insonnia** *f.* 6B
installment **rata** *f.* 9B
instead **invece** *adv.* 1B
instructor **insegnante** *m., f.* 1B
instrument: musical instrument **strumento** *m.* **musicale** 10A
insurance: life insurance **assicurazione** *f.* **sulla vita** 11A
intelligent **intelligente** *adj.* 1B
interest rate **tasso** *m.* **di interesse** 9B
interested: to be interested in **occuparsi** *v.* 12B
interesting **interessante** *adj.*
intermission **intervallo** *m.* 10A
intern **stagista** *m., f.* 2A
Internet: to surf the Internet **navigare in rete** *v.* 4A
Internet café **Internet café** *m.* 9B
internship **stage** *m.* 11B
intersection **incrocio** *m.* 9A
interview: job interview **colloquio** *m.* **di lavoro** 11B
introduce **presentare** *v.* 1A
  I would like to introduce [*name*] to you. **Le/Ti presento...** *(form./fam.)* 1A
introduction **presentazione** *f.* 1A
invent **inventare** *v.* 10A
investment **investimento** *m.* 9B
invite **invitare** *v.* 10A
iron **ferro** *m.* **da stiro** 7B; **stirare** *v.* 7B
ironing board **asse** *f.* **da stiro** 7A
irresponsible **irresponsạbile** *adj.* 3B
island **ịsola** *f.* 12A
it **la** *d.o. pron., f., sing.* 5A; **lo** *d.o. pron. m., sing.,* 5A
  some/any of it/them **ne** *pron.* 6A
Italian **italiano/a** *adj.* 1B
its **sụo/a, suoi, sụe** *poss. adj., m., f.* 3A
itself **sé** *disj. pron., m., f., sing.* 4A; **si** *ref. pron. m., f., sing., pl.* 6A

J

jacket **giacca** *f.* 4B
jam **marmellata** *f.* 5A
January **gennạio** *m.* 2B
Japanese **giapponese** *adj.* 1B
jealous **geloso/a** *adj.* 3B
jeans **jeans** *m., pl.* 4B
jerk **cretino/a** *m., f.* 7A
jewelry store **gioielleriạ** *f.* 9B
job **lavoro** *m.* 11B; **posto** *m.* 11B
  first job **prima occupazione** *f.* 11B
  to find a job **trovare lavoro** *v.* 11B
joke **scherzo** *m.* 8B; **scherzare** *v.* 4B
journalist **giornalista** *m., f.* 3B
judge **giụdice** *m., f.* 11A
juice **succo** *m.* 5B
July **luglio** *m.* 2B
jump **saltare** *v.* 1B
June **giugno** *m.* 2B
just **appena** *adv., conj.* 6B

K

keep **tenere** *v.* 10B
key **chiave** *f.* 8B
keyboard **tastiera** *f.* 4A
kilo **chilo** *m.* 5A
kilometric zone ticket **biglietto** *m.* **a fascia chilomẹtrica** 8A
kind **gentile** *adj.* 3B; **gẹnere** *m.* 10B
kiosk **chiosco** *m.* 9A
kiss **baciare** *v.* 6A
  to kiss each other **baciarsi** *v.* 6A
kitchen **cucina** *f.* 7A
knee **ginocchio (*pl.* ginocchia *f.*)** *m.* 6A
knife **coltello** *m.* 5B
know **sapere** *v.* 4B; **conọscere** *v.* 4B
  I don't know. **Non lo so.** 1A
  to know by sight **conọscere di vista** *v.* 4B
  to know something inside and out **conọscere... a fondo** *v.* 4B
  to know the way **conọscere la strada** *v.* 4B

L

lake **lago** *m.* 12A
lamp **lạmpada** *f.* 7A
land **atterrare** *v.* 8B
landlady **padrona** *f.* **di casa** 7A
landlord **padrone** *m.* **di casa** 7A
landscape **paesaggio** *m.* 10B; **panorama** *m.* 10A
languages **lingue** *f., pl.* 1B
laptop (computer) **(computer) portạtile** *m.* 4A
last **scorso/a** *adj.* 4B; **ụltimo/a** *adj.* 5A; **durare** *v.* 7B
  last name **cognome** *m.* 3A
  last night **ieri sera** 4B
late **tardi** *adv.* 5B
later **poi** *adv.* 5B
  See you later. **A dopo.** 1A; **A più tardi.** 1A
laundromat **lavanderịa** *f.* 9B
laundry **bucato** *m.* 7B
  to do the laundry **fare il bucato** *v.* 7B
law **giurisprudenza** *f.* 1B; **legge** *f.* 12A
lawyer **avvocato** *m.* 1A
lazy **pigro/a** *adj.* 1B
leaf **foglia** *f.* 12A
learn (to) **imparare (a)** *v.* 2A
lease **contratto** *m.* 7A
leather **pelle** *f.* 4B
leave **congedo** *m.* 11A; **lasciare** *v.* 10A; **partire** *v.* 2A; **uscire** *v.* 4A
  Leave me alone. **Lạsciami in pace.** 1A
  to leave a message **lasciare un messaggio** *v.* 11B
  to leave each other, to split up **lasciarsi** *v.* 6A
  to take leave time **prẹndere un congedo** *v.* 11A
lecture hall **aula** *f.* 1B
lecturer **docente** *m., f.* 11A
left **sinistra** *f.* 7A
leg **gamba** *f.* 6A
legumes **legumi** *m., pl.* 5A
lend **prestare** *v.* 5B
less **meno** *adv.* 8A
lesson **lezione** *f.* 1A
let **lasciare** *v.* 10A
  Let me see. **Fammi vedere.** 2B
letter **lẹttera** *f.* 9B
  letter of reference **lẹttera** *f.* **di referenze** 11B
  long letter **letterona** *f.* 10B
lettuce **lattuga** *f.* 5A
level **livello** *m.* 11A
level crossing **passaggio** *m.* **a livello** 8A
library **biblioteca** *f.* 1B
light **chiaro/a** *adj.* 4B; **leggero/a** *adj.* 5B
lightning **fụlmine** *m.* 2B
like **piacere** *v.* 2B, 5B
  Do you like . . . ? **Ti piace... ?** 2A
  I (don't) like . . . **(Non) mi piace...** 2A
  I would like . . . **Vorrei...** 5B
likeable **simpạtico/a** *adj.* 1B
liked **piaciuto/a (piacere)** *p.p., adj.* 5A
likely **probạbile** *adj.* 11A
line **fila** *f.* 8B; **lịnea** *f.* 4A
  to wait in line **fare la fila** *v.* 8B
lip **labbro (*pl.* labbra *f.*)** *m.* 6A
lipstick **rossetto** *m.* 6A
listen **ascoltare** *v.* 2A
  to listen to music **ascoltare la mụsica** *v.* 2A
literature **letteratura** *f.* 1A
littering: No littering. **Vietato buttare rifiuti.** 12A
little **pịccolo/a** *adj.* 4A; **poco/a** *adj.* 5A, 9B
  little (*not much*) (of) **po' (di)** *adj.* 5A

in a little while **fra poco** 7A
little brother **fratellino** *m.* 3A
little sister **sorellina** *f.* 3A
live **in diretta** *adv.* 7B; **abitare** *v.* 2A; **vịvere** *v.* 2B
live performance **rappresentazione** *f.* **dal vivo** 10A
Where do you live? **Dove ạbiti?** 7A
living room **soggiorno** *m.* 7A
load **caricare** *v.* 4A
loan: to ask for a loan **chiedere un prẹstito** *v.* 9B
lodgings **alloggi** *m., pl.* 8B
long **lungo/a** *adj.* 1B
no longer **non... più** *adv.* 5B
look **occhiata** *f.* 4B
to take a look **dare un'occhiata** *v.* 4B
look at **guardare** *v.* 6A
to look at oneself/each other **guardarsi** *v.* 6A
look for **cercare** *v.* 2A
loose **largo/a** *adj.* 4B
loose hair **capelli** *m., pl.* **sciolti** 6A
lose **pẹrdere** *v.* 2A
lost **perso/a** *p.p., adj.* 4B
to get lost **pẹrdersi** *v.* 9A
lot: a lot of **molto/a** *indef. adj.* 5A; **molto** *adv.* 5B
lotion **crema** *f.* 6A
love **amare** *v.* 10A
to fall in love **innamorarsi** *v.* 6A
to love each other **amarsi** *v.* 6A
luck: Good luck. **In bocca al lupo.** (lit. *In the mouth of the wolf.*) 1B
lunch **pranzo** *m.* 5B

M

made **fatto/a (fare)** *p.p., adj.* 4B
magazine **rivista** *f.* 9B
maid **collaboratrice** *f.* **domẹstica** 7B
mail **posta** *f.* 9B
to mail a letter **imbucare una lẹttera** *v.* 9B
mail carrier **postino/a** *m., f.* 9B
mailbox **cassetta** *f.* **delle lẹttere** 9B
main **principale** *adj.* 10A
make **fare** *v.* 2A
to make the bed **fare il letto** *v.* 7B
makeup **trucco** *m.* 6A
to put on makeup **truccarsi** *v.* 6A
male **maschio** *m.* 3A
mall **centro** *m.* **commerciale** 9A
man **uomo (*pl.* uọmini)** *m.* 1A
manage **dirịgere** *v.* 11A; **riuscire** *v.* 4A
manager **gestore** *m., f.* 11B; **dirigente** *m., f.* 11A
Mannerist **manierista** *adj.* 10B
many **molto/a** *adj.* 5A; **molto** *adv.* 5B, 9B
how many **quanti/e** *adj.* 1A
so many **tanti/e** *adj.* 5A
map **cartina** *f.* 1B; **mappa** *f.* 9A
marble **marmo** *m.* 8B
March **marzo** *m.* 2B
It's March 23rd. **È il 23 marzo.** 2B
marital status **stato** *m.* **civile** 3A
market **mercato** *m.* 5A
marriage **matrimonio** *m.* 3A
married **sposato/a** *adj.* 3A
marry **sposare** *v.* 6A
to get married **sposarsi** *v.* 6A
masterpiece **capolavoro** *m.* 10B
match **partita** *f.* 2A
mathematics **matemạtica** *f.* 1A
May **maggio** *m.* 2B
maybe **forse** *adv.* 3A
mayor **sịndaco** *m.* 9A
me **mi** *d.o. pron., sing.* 5A; **me** *disj. pron., sing.* 4A; **mi** *i.o. pron., sing.* 5B
Me, too. **Anch'ịo.** 1A
meadow **prato** *m.* 12A
meal **pasto** *m.* 5B
mean **significare** *v.* 3A
What does . . . mean? **Cosa vuol dire...?** 4A
means of transportation **mezzo** *m.* **di trasporto** 8A
measles **morbillo** *m.* 6B
meat **carne** *f.* 5A
mechanic **meccạnico/a** *m., f.* 8A
media **media** *m., pl.* 10B
medicine **medicina** *f.* 1B
meet **conọscere** *v.* 4B
to meet with **incontrare** *v.* 2A
to meet each other **incontrarsi** *v.* 6A
to meet each other **conọscersi** *v.* 6A
meeting **riunione** *f.* 11A
melon **melone** *m.* 5A
menu **menụ** *m.* 5B
mess: What a mess! **Che casino!** *7B*
message **messaggio** *m.* 11B
Mexican **messicano/a** *adj.* 1B
microphone **micrọfono** *m.* 4A
microwave (oven) **(forno a) microonde** *m.* 7B
Middle Ages **Medioẹvo** *m.* 8B
midnight **mezzanotte** *f.* 1B
migraine **emicrania** *f.* 6B
mile **miglio (*pl.* miglia *f.*)** *m.* 10A
milk **latte** *m.* 5B
minus **meno** *adv.* 1B
minute **minuto** *m.* 7B
in a minute **fra un ạttimo** 5A
mirror **specchio** *m.* 6A
miss **mancare** *v.* 5B
Miss . . . **signorina...** *f.* 1A
mist **foschịa** *f.* 2B
mistake: to make a mistake **sbagliarsi** *v.* 6A
modern **contemporạneo/a** *adj.* 10B
modest **modesto/a** *adj.* 3B
mom **mamma** *f.* 3A
moment **ạttimo** *m.* 5A
Monday **lunedì** *m.* 1B
money **denaro** *m.* 9B; **soldi** *m., pl.* 9B
month **mese** *m.* 2B
moon **luna** *f.* 12A
more **più** *adj., adv.* 1A
no more **non... più** *adv.* 5B
morning **mattina** *f.* 1B
Good morning. **Buongiorno.** 1A
this morning **stamattina** *adv.* 6B
Moroccan **marocchino/a** *adj.* 1B
moss **muschio** *m.* 12A
most **più** *adj., adv.* 1A
mother **madre** *f.* 3A
mother-in-law **suọcera** *f.* 3A
motor **motore** *m.* 8A
mountain **montagna** *f.* 12A
mouse (*computer*) **mouse** *m.* 4A
mouse: little mouse **topolino** *m.* 10B
mouth **bocca** *f.* 6A
move **trasferirsi** *v.* 7A; **traslocare** *v.* 7A
movie **film** *m.* 10B
moving **commovente** *adj.* 10B
MP3 player **lettore MP3** *m.* 4A
Mr. . . . **signor...** *m.* 1A
Mrs. . . . **signora...** *f.* 1A
much **molto/a/i/e** *indef. adj., pron.* 5A
how much **quanto** *adj., pron., adv.* 3B
How much is . . . ? **Quanto costa...?** 5A
not much **poco** *adv.* 5B
so much **tanto/a** *adj.* 5A; **tanto** *adv.* 5B
too much **troppo/a** *adj.* 5A; **troppo** *adv.* 5B
mug **tazza** *f.* 5B
muscular **muscoloso/a** *adj.* 3B
mushroom **fungo** *m.* 5A
music **mụsica** *f.* 2A
musician **musicista** *m., f.* 3B
must **dovere** *v.* 4A
my **mịo/a, miei, mịe** *poss. adj., m., f.* 3A
myself **me** *disj. pron., sing.* 4A

N

naïve **ingenuo/a** *adj.* 3B
name: My name is . . . **Mi chiamo...** 1A

last name **cognome** *m.* 3A
nanny **balia** *f.* 7B
napkin **tovagliolo** *m.* 5B
natural **naturale** *adj.* 5B
naughty **cattivo/a** *adj.* 1B
a little bit naughty **cattivello/a** *adj.* 10B
nausea **nausea** *f.* 6B
near **vicino/a** *adj.* 9A
nearby **qui vicino** *prep.* 9A
necessary **necessario/a** *adj.* 11A
neck **collo** *m.* 6A
necklace **collana** *f.* 4B
need **avere bisogno di** *v.* 2B
neighborhood **quartiere** *m.* 9A
neither . . . nor **non... né... né** *conj.* 9B
Neoclassical **neoclassico/a** *adj.* 10B
nephew **nipote** *m.* 3A
nervous **nervoso/a** *adj.* 1B
network **rete** *f.* 4A
never **non... mai** *adv.* 2B
new **nuovo/a** *adj.* 1A
What's new? **Che c'è di nuovo?** 1A
New Year's Day **capodanno** *m.* 8B
newspaper **giornale** *m.* 8B
trashy newspaper **giornalaccio** *m.* 10B
newsstand **edicola** *f.* 9B; **chiosco** *m.* 9A
next **prossimo/a** *adj.* 7A
next to **accanto (a)** *prep.* 7A
Until next time! **Alla prossima!** 1A
nice **simpatico/a** *adj.* 1B
Have a nice day **Buona giornata!** 1A
It's nice out. **È bello.** 2B
niece **nipote** *f.* 3A
night **notte** *f.* 1A
Good night. **Buonanotte.** 1A
night table **comodino** *m.* 7A
nightclub **locale** *m.* **notturno** 9A
nine **nove** *m., adj.* 1A
nine hundred **novecento** *m., adj.* 2B
nineteen **diciannove** *m., adj.* 1A
ninety **novanta** *m., adj.* 1A
ninth **nono/a** *adj.* 10B
no **nessuno/a** *adj.* 9B; **no** *adv.* 1B
no more, no longer **non... più** *adv.* 5B
No way! **Ma quando mai!** 9A
nobody **(non...) nessuno** *pron.* 9B
noon **mezzogiorno** *m.*
nor: neither . . . nor **non... né... né** *conj.* 9B
north **nord** *m.* 9A
nose **naso** *m.* 6A
little nose **nasino** *m.* 10B
stuffy nose **naso** *m.* **intasato** 6B
not **nessuno/a** *adj.* 9B; **non** *adv.* 1B
not at all **non... affatto** *adv.* 9B
Not bad. **Non c'è male.** 1A
not even **non... neanche/nemmeno/neppure** *adv.* 9B
not far from **a due passi da** 9A
not yet **non... ancora** *adv.* 4B
notebook **quaderno** *m.* 1A
notes **appunti** *m., pl.* 1B
nothing **niente** *pron.* 9B; **nulla** *pron.* 9B
Nothing new. **Niente di nuovo.** 1A
novel **romanzo** *m.* 10B
November **novembre** *m.* 2B
now **adesso** *adv.* 5B
nuclear energy **energia** *f.* **nucleare** 12A
nuclear power plant **centrale** *f.* **nucleare** 12A
number **numero** *m.* 11B
nurse **infermiere/a** *m., f.* 6B

O

oak **quercia** *f.* 12A
obtain **ottenere** *v.* 11B
occupation **occupazione** *f.* 11B
ocean **oceano** *m.* 12A
October **ottobre** *m.* 2B
of **di (d')** *prep.* 3A
off: off and on **di tanto in tanto** 4A
offer **offrire** *v.* 3A
offered **offerto/a (offrire)** *p.p., adj.* 4B
office **ufficio** *m.* 1A; **studio** *m.* 7A
often **spesso** *adv.* 2B
oil **olio** *m.* 5A
in oil **sottolio** *adj., invar.* 5A
old **vecchio/a** *adj.* 3B
to be . . . years old **avere... anni** *v.* 2B
old-fashioned **superato/a** *adj.* 4B
olive: olive oil **olio d'oliva** *m.* 5A
on **su** *prep.* 3A
one **un(o)** *m., adj.* 1A; **si** *pron.* 9A
those who, the one(s) who **chi** *rel. pron.* 9A
one hundred **cento** *m., adj.* 1A
one hundred grams **etto** *m.* 5A
one hundred thousand **centomila** *m., adj.* 2B
one million **milione** *m., adj.* 2B
one thousand **mille** *m., adj.* 2B
one way **senso** *m.* **unico** 8A
oneself **si** *ref. pron. m., f., sing., pl.* 6A
one-thousandth **millesimo/a** *adj.* 10B
onion **cipolla** *f.* 5A
online **su Internet** *3A*
to be online **essere in linea** *v.* 4A
only **soltanto** *adv.* 2A
only child **figlio/a** *m., f.* **unico/a** 3A
on-time **puntuale** *adj.* 8B
open **aperto/a** *adj.* 4B; **aprire** *v.* 3A
opened **aperto** *p.p.* 4B
opening: job openings **offerte** *f., pl.* **di lavoro** 11B
opera **opera** *f.* **(lirica)** 10A
optimistic **ottimista** *adj.* 3B
or **o** *conj.* 12A; **oppure** *conj.* 12A
orange **arancione** *adj.* 4B; **arancia** *f.* 5A
orange juice **succo** *m.* **d'arancia** 5B
orchestra **orchestra** *f.* 10A
order **ordinare** *v.* 5B
organic farming **agricoltura** *f.* **biologica** 12A
other **altro/a/i/e** *indef. adj.* 9B
others **altri/e** *indef. pron.* 9B
our **nostro/a/i/e** *poss. adj., m., f.* 3A
ourselves **noi** *disj. pron., m., f., pl.* 4A
outfit: matching outfit **completo** *m.* 4B
outing **escursione** *f.* 12A
outside **fuori** *prep.* 7A
oven **forno** *m.* 7B
over **sopra** *prep.* 7A
to overdo things **strafare** *v.* 8A
overcast **coperto/a** *adj.* 2B
overcoat **cappotto** *m.* 4B
overcome **superare** *v.* 12B
overpopulation **sovrappopolazione** *f.* 12A
owe **dovere** *v.* 4A
own **possedere** *v.* 10B
owner **proprietario/a** *m., f.* 3B

P

pack: to pack a suitcase **fare la valigia** *v.* 8B
package **pacco** *m.* 9B
paid: to be well/poorly paid **essere ben/mal pagato/a** *v.* 11A
pain **male** *m.* 6A; **dolore** *m.* 6B
paint **pittura** *f.* 10B; **dipingere** *v.* 2B
painter **imbianchino** *m.* 7B; **pittore/pittrice** *m., f.* 10B
painting **pittura** *f.* 10B; **quadro** *m.* 7A
pair **paio (*pl.* paia *f.*)** *m.* 10A
pajamas **pigiama** *m.* 6A
palace **palazzo** *m.* 7A
panorama **panorama** *m.* 10A
pantry **dispensa** *f.* 7A
pants **pantaloni** *m., pl.* 4B
paper **carta** *f.* 2A
paper clip **graffetta** *f.* 11B
paragliding **parapendio** *m.* 2A

parents **genitori** *m., pl.* 3A
my parents **i miei** *m., pl.* 3A
your parents **i tuoi** *m., pl.* 3A
park **parcheggiare** *v.* 8A
part **parte** *f.* 7A; **riga** *f.* 6A
partial **parziale** *adj.* 11A
partner **socio/a** *m.,f.* 8B
business partner **socio/a** *m., f.* **d'affari** 8B
part-time **a tempo parziale** *adj.* 11A
party **festa** *f.* 8B
pass **passo** *m.* 2A; **abbonamento** *m.* 8A
to pass (*exam*) **superare** *v.* 1B
to pass by **passare** *v.* 12A
passenger **passeggero** *m.* 8B
passport control **controllo** *m.* **passaporti** 8B
password **password** *f.* 4A
pasta **pasta (asciutta)** *f.* 5A
pastry shop **pasticceria** *f.* 5A
path **sentiero** *m.* 12A
patient **paziente** *adj.* 3B; **paziente** *m., f.* 6B
pay **pagare** *v.* 2A
to pay attention **fare attenzione** *v.* 2A
to pay by check **pagare con assegno** *v.* 9B
to pay in cash **pagare in contanti** *v.* 9B
to pay the bills **pagare le bollette** *v.* 9B
to pay with a credit/debit card **pagare con carta di credito/debito** *v.* 9B
paycheck: monthly paycheck **mensilità** *f.* 11A
payment **rata** *f.* 9B
peach **pesca** *f.* 5A
pear **pera** *f.* 5A
pedestrian **pedone** *m.* 9A
pen **penna** *f.* 1B
pencil **matita** *f.* 1B
pension **pensione** *f.* 11A
people **gente** *f.* 1B
pepper (*spice*) **pepe** *m.* 5B
(red, green) pepper **peperone (rosso, verde)** *m.* 5A
percent **percento** *m.* 2B
perform **interpretare** *v.* 10A
performance **esibizione** *f.* 10A
perfume shop **profumeria** *f.* 9B
permit **permettere** *v.* 10A
person **persona** *f.* 1A
personal descriptions **descrizioni** *f., pl.* **personali** 3B
personnel manager **direttore/direttrice** *m., f.* **del personale** 11B
pessimistic **pessimista** *adj.* 3B
pet **animale** *m.* **domestico** 3A
pharmacist **farmacista** *m., f.* 6B
pharmacy **farmacia** *f.* 6A
phone booth **cabina** *f.* **telefonica** 9A
phone number **numero** *m.* di **telefono** 11B
photo shop **fotografo** *m.* 9B
photo(graph) **foto(grafia)** *f.* 1A
photocopy **fotocopiare** *v.* 11B
photographer **fotografo/a** *m., f.* 9B
pianist **pianista** *m., f.* 10A
piano **piano** *m.* 2A
pickled **sottaceto** *adj., invar.* 5A
picnic: to have a picnic **fare un picnic** *v.* 12A
pie **crostata** *f.* 5A
pigsty: It's a pigsty! **È un porcile!** 7B
pill **pillola** *f.* 6B
pillow **cuscino** *m.* 7B
pimple **foruncolo** *m.* 6B
pinch **pizzico** *m.* 5B
pine forest **pineta** *f.* 12A
pineapple **ananas** *m.* 5A
pink **rosa** *adj., invar.* 4B
pity **peccato (che)** 11A
pizza shop **pizzeria** *f.* 5B
place **luogo** *m.* 1B
plan **programma** *m.* 10A
to make plans **fare progetti** *v.* 11B
planet **pianeta** *m.* 12A
planner **agenda** *f.* 1B
plant **pianta** *f.* 12A
plate **piatto** *m.* 5B
plus **più** *m.* 2B
play **dramma** *m.* 10A; **giocare, praticare** *v.* 2A
to play (*instrument*) **suonare** *v.* 2A
to play a role **recitare un ruolo** *v.* 10A
to put on a play **mettere in scena** *v.* 10A
player **giocatore/giocatrice** *m., f.* 2A
playful **scherzoso/a** *adj.* 3B
playwright **drammaturgo/a** *m., f.* 10A
please **per favore** *adv.* 1A
pleasure **piacere** *m.* 1A
A real pleasure. **Molto piacere.** 1A
My pleasure. **Piacere mio.** 1A
Pleased to meet you. **Piacere di conoscerLa/ti.** *(form./fam.)* 1A
plot **trama** *f.* 10B
plumber **idraulico** *m.* 7B
poem **poesia** *f.* 10B; **poema** *m.* 10A
poet **poeta/poetessa** *m., f.* 10Bpoetry poesia f. 10B
police headquarters **questura** *f.* 9B
police officer **poliziotto/a** *m., f.* 9A
polite expressions **forme** *f., pl.* **di cortesia** 1A
pollution **inquinamento** *m.* 12A
ponytail **coda** *f.* 6A
pool **piscina** *f.* 9A
poor **povero/a** *adj.* 3B
poor man **poveraccio** *m.* 10B
pork **carne** *f.* **di maiale** 5A
portable **portatile** *adj.* 4A
portrait **ritratto** *m.* 10B
position **posizione** *f.* 7A
possess **possedere** *v.* 10B
possible **possibile** *adj.* 11A
it's possible **può darsi** 11B
postcard **cartolina** *f.* 9B
post office **ufficio** *m.* **postale** 9B
poster **poster** *m.* 7A
potato **patata** *f.* 5A
pratice **praticare** *v.* 2A
prefer **preferire** *v.* 3A
preferable **preferibile** *adj.* 11B
pregnant: to be pregnant **essere incinta** *v.* 6B
prepare **preparare** *v.* 5B
prescription **ricetta** *f.* 6B
present **presentare** *v.* 1A
preserve **conservare** *v.* 12A; **preservare** *v.* 12A
pretend **fingere** *v.* 10A
pretty **bellino/a** *adj.* 10B
Pretty well. **Abbastanza bene.** 1A
print **stampare** *v.* 4A
printer **stampante** *f.* 4A
priority mail **posta** *f.* **prioritaria** 9B
prize **premio** *m.* 2A
problem **problema** *m.* 10A
profession **professione** *f.* 3B; **mestiere** *m.* 11B
professor **prof** *m., f.* 1B; **professore(ssa)** *m., f.* 1A
program **programma** *m.* 4A
promise **promettere** *v.* 10A
promotion **promozione** *f.* 11A
propose (a solution) **proporre (una soluzione)** *v.* 12A
protect **proteggere** *v.* 12B
provide: to provide for oneself **mantenersi** *v.* 11B
provided that **a condizione che, a patto che** *conj.* 12A; **purché** *conj.* 12A
psychological drama **dramma** *m* **psicologico** 10B
psychologist **psicologo/a** *m., f.* 11A
pub **birreria** *f.* 5B
public **pubblico** *m.* 10A
public transportation trasporto m. pubblico 8A
publish **pubblicare** *v.* 10B

publishing industry **editoria** *f.* 10B
pulled back hair **capelli** *m., pl.* **raccolti** 6A
pupil **alunno/a** *m., f.* 1B
purify **depurare** *v.* 12A
purple **viola** *adj., invar.* 4B
purse **borsa** *f.* 4B
small purse **borsetta** *f.* 10B
put **messo/a (mettere)** *p.p., adj.* 4B; **mettere** *v.* 2B
to put on **mettersi** *v.* 6A
to put on a play **mettere in scena** *v.* 10A
to put together **sistemare** *v.* 11B

Q

qualification **qualifica** *f.* 11B
quandary **dilemma** *m.* 10A
quarter hour **quarto** *m.* 1B
question **domanda** *f.* 1A
to ask a question **fare una domanda** *v.* 2A
quickly **velocemente** *adv.* 5B; **presto** *adv.* 5B
quiet **zitto/a** *adj.* 2A
to be/stay quiet **stare zitto/a** *v.* 2A
quit **smettere** *v.* 10A

R

rabbit **coniglio** *m.* 12A
race **corsa** *f.* 3A
rafting **rafting** *m.* 2A
rain **pioggia** *f.* 2B; **piovere** *v.* 2B
acid rain **pioggia** *f.* **acida** 12B
raincoat **impermeabile** *m.* 2B
rainy **piovoso/a** *adj.* 2B
raise **aumento** *m.* 11A
rarely **raramente** *adv.* 5B
rash **eruzione** *f.* **cutanea** 6B
raspberry **lampone** *m.* 5A
razor **rasoio** *m.* 6A
read **letto/a** *p.p., adj.* 4B; **leggere** *v.* 2A
to read a map **leggere la mappa** *v.* 8B
reading **lettura** *f.* 1B
ready **pronto/a** *adj.* 3B
to get oneself ready **prepararsi** *v.* 6A
real estate agency **agenzia** *f.* **immobiliare** 7A
real estate agent **agente immobiliare** *m., f.* 11A
realize **rendersi conto (di)** *v.* 6A, **accorgersi** *v.* 12B
really **davvero** *adv., adj.* 5B
reason **ragione** *f.* 2B
receive **ricevere** *v.* 2B
receiver **cornetta** *f.* 11B
recite **recitare** *v.* 10A
recognize **riconoscere** *v.* 4B; **rivedere** *v.* 4B
recommend **consigliare** *v.* 5B
recommendation **raccomandazione** *f.* 11B
record **registrare** *v.* 4A
recorder **registratore** *m.* 4A
recycle **riciclare** *v.* 12A
recycling **riciclaggio** *m.* 12A
red **rosso/a** *adj.* 3B
reduce: reduced ticket **biglietto** *m.* **ridotto** 10A
referee **arbitro** *m.* 2A
references **referenze** *f., pl.* 11B
refund **rimborso** *m.* 8A
registered letter **raccomandata** *f.* 9B
relatives **parenti** *m., pl.* 3A
relaxation **svago** *m.* 7A
remain **rimanere** *v.* 5A; **restare** *v.* 5A
remained **rimasto/a** *p.p.* 5A
remaining **rimasto/a** *adj.* 5A
remember **ricordare** *v.* 2A; **ricordarsi** *v.* 10A
remote control **telecomando** *m.* 4A
Renaissance **rinascimentale** *adj.* 10B
renewable energy **energia** *f.* **rinnovabile** 12A
rent **affitto** *m.* 7A
for rent **affittasi 7A**
to rent (*car*) **noleggiare** *v.* 8A
to rent (*owner*) **affittare** *v.* 7A
to rent (*tenant*) **prendere in affitto** *v.* 7A
repair **riparare** *v.* 8A
repairman: telephone/TV/computer repairman/woman **tecnico** *m., f.* **del telefono/televisore/ computer** 7B
repeat **ripetere** *v.* 2B
reply (to) **rispondere (a)** *v.* 2B
reservation **prenotazione** *f.* 8A
to make a reservation **prenotare** *v.* 8B
reside **abitare** *v.* 2A
resign **dare le dimissioni** *v.* 11A
resort **villaggio** *m.* **turistico** 8B
mountain resort **località** *f.* **montana** 8B
ocean resort **località** *f.* **balneare** 8B
respect **rispettare** *v.* 5B
responsible **responsabile** *adj.* 3B
rest **riposarsi** *v.* 6A
restaurant **ristorante** *m.* 5B
small restaurant **osteria** *f.* 5B
small restaurant **trattoria** *f.* 5B
restrain oneself **trattenersi** *v.* 6B
résumé **C.V.** *m.* 11B; **curriculum vitae** *m.* 11B
retiree **pensionato/a** *m., f.* 11A
return **ritornare** *v.* 2A; **tornare** *v.* 2A
review **recensione** *f.* 10B
rice **riso** *m.* 5A
rich **ricco/a** *adj.* 3B; **pesante** *adj.* 5B
rid: to get rid of **sbarazzarsi di** *v.* 12A
ride: to ride a bicycle **andare in bicicletta** *v.* 2A
to give (someone) a ride **dare un passaggio** *v.* 9A
right **giusto/a** *adj.* 11A; **destra** *f.* 7A
I'll be right there. **Arrivo subito.** 1A
right away **subito** *adv.* 5B
to be right **avere ragione** *v.* 2B
ring (*telephone*) **squillare** *v.* 4A
rise (*sun*) **sorgere** *v.* 12A
river **fiume** *m.* 12A
roasted **arrosto** *adj., invar.* 5A
rock **pietra** *f.* 12A
role **ruolo** *m.* 10A
Romanesque **romanico/a** *adj.* 10B
Romantic **romantico/a** *adj.* 10B
room **camera** *f.* 7A; **stanza** *f.* 7A; **sala** *f.* 1A
single/double room **camera** *f.* **singola/doppia** 7A
roof **tetto** *m.* 7A
room service **servizio** *m.* **in camera** 8B
roommate **coinquilino/a** *m., f.* 9A
root **radice** *f.* 12A
to root for a team **tifare** *v.* 2A
rotary **rotonda** *f.* 9A
round trip **andata e ritorno** *adj.* 8B
row **remare** *v.* 12A
run **condurre** *v.* 12A; **correre** *v.* 2B; **corsa** *f.* 3B; **corso/a** *p.p., adj.* 4B
running shoe **scarpa** *f.* **da ginnastica** 4B

S

sad **triste** *adj.* 1B
said **detto** *p.p., adj.* 4B
salad **insalata** *f.* 5B
salary **mensilità** *f.* 11A; **salario** *m.* 11B; **stipendio** *m.* 11A
high/low salary **salario elevato/ basso** *m.* 11B
sale: for sale **vendesi** 7A
sales **saldi** *m., pl.* 4B
salesperson **commesso/a** *m., f.* 4B

salt **sale** *m.* 5B
salty **salato/a** *adj.* 5B
sandwich shop **paninoteca** *f.* 5B
Saturday **sạbato** *m.* 1B
save **risparmiare** *v.* 7B; **salvare** *v.* 4A
to save the planet **salvare il pianeta** *v.* 12A
savings account **conto** *m.* **risparmio** 9B
saxophone **sassọfono** *m.* 10A
say **dire** *v.* 4A
scarf **sciarpa** *f.* 4B
scene **scena** *f.* 10A
scheme **schema** *m.* 10A
school **scuola** *f.* 3A
school project **esercitazione** *f.* **a scuola** 10B
science **scienze** *f., pl.* 1B
scientist **scienziato/a** *m., f.* 11A
sci-fi film **film** *m.* **di fantascienza** 10B
scooter **motorino** *m.* 8A
screen **schermo** *m.* 4A
screening **proiezione** *f.* 10A
sculpt **scolpire** *v.* 10B
sculptor **scultore/scultrice** *m., f.* 10B
sculpture **scultura** *f.* 10B
sea **mare** *m.* 8B
seafood **frutti** *m., pl.* **di mare** 5A
seafood shop **pescherịa** *f.* 5A
seagull **gabbiano** *m.* 12A
sea-sickness **mal** *m.* **di mare** 6B
season **stagione** *f.* 2B
seat **poltrona** *f.* 10A
block of seats **settore** *m.* 10A
seatbelt **cintura** *f.* **di sicurezza** 8A
second **secondo/a** *adj.* 10B
second class **seconda classe** *f.* 8A
secretary **segretario/a** *m., f.* 11A
sector **settore** *m.* 11B
see **vedere** *v.* 2B
Let me see. **Fammi vedere.** 2B
See you later. **A dopo.** 1A; **A più tardi.** 1A
See you soon! **Ci vediamo!** 1A
See you soon. **A presto.** 1A
See you tomorrow. **A domani.** 1A
to see each other **vedersi** *v.* 6A
seem **parere** *v.* 11A; **sembrare** *v.* 5B
seen **visto/a** *p.p., adj.* 4B
selfish **egoista** *adj.* 3B
sell **vẹndere** *v.* 2B
send **mandare** *v.* 2A; **spedire** *v.* 3A; **inviare** *v.* 9B
sensitive **sensịbile** *adj.* 3B
separated **separato/a** *adj.* 3A
September **settembre** *m.* 2B
serious **grave** *adj.* 6B; **serio/a** *adj.* 1B
serve **servire** *v.* 3A
service **servizio** *m.* 5B
service station **stazione** *f.* **di servizio** 8A
set (*sun*) **tramontare** *v.* 12A
set: to set the table **apparecchiare la tạvola** *v.* 7B
settlement **liquidazione** *f.* 11A
seven **sette** *m., adj.* 1A
seven hundred **settecento** *m., adj.* 2B
seventeen **diciassette** *m., adj.* 1A
seventh **sẹttimo/a** *adj.* 10B
seventy **settanta** *m., adj.* 1A
shampoo **shampoo** *m., invar.* 6A
shape: to be in/out of shape **ẹssere in/fuori forma** *v.* 6B
sharp **in gamba** *adj.* 3B
shave **rạdersi** *v.* 6A
to shave (*beard*) **farsi la barba** *v.* 6A
shaving cream **schiuma** *f.* **da barba** 6A
she **lei** *sub. pron.* 1B
sheep **pẹcora** *f.* 12A
sheet **lenzuolo (*pl.* lenzuola *f.*)** *m.* 7B
sheet of paper **foglio** *m.* **di carta** 1B
ship **nave** *f.* 8A
shoe **scarpa** *f.* 4B
Shoo! **Sciò!** *5B*
shoot **girare** *v.* 10B
shop **fare le spese** *v.* 2A
shopping center **centro** *m.* **commerciale** 9A
shopping: to go shopping **fare spese** *v.* 4B
short (*height*) **basso/a** *adj.* 3B
short (*length*) **corto/a** *adj.* 3B
short film **cortometraggio** *m.* 10B; **filmino** *m.* 10B
short story **racconto** *m.* 10B
shorts **pantaloncini** *m., pl.* 4B
shot: to give a shot **fare una puntura** *v.* 6B
shoulder **spalla** *f.* 6A
show **mostra** *f.* 10B; **spettạcolo** *m.* 10A; **mostrare** *v.* 5B
shower **doccia** *f.* 2A
shrewd **furbo/a** *adj.* 3B
shrimp **gamberetto** *m.* 5A
shy **tịmido/a** *adj.* 1B
side dish **contorno** *m.* 5B
sidewalk **marciapiede** *m.* 9A
sight: to know by sight **conọscere di vista** *v.* 4B
sign **firmare** *v.* 9B
silk **seta** *f.* 4B
since **da** *prep.* 1B
sincere **sincero/a** *adj.* 1B
sing **cantare** *v.* 2A
singer **cantante** *m., f.* 10A
single (*female*) **nụbile** *adj., f.* 3A; (*male*) **cẹlibe** *adj., m.* 3A
sink **lavello** *m.* 7B
sister **sorella** *f.* 3A
little/younger sister **sorellina** *f.* 3A
sister-in-law **cognata** *f.* 3A
sit down **sedersi** *v.* 6A
six **sei** *m., adj.* 1A
six hundred **seicento** *m., adj.* 2B
sixteen **sẹdici** *m., adj.* 1A
sixteenth **sedicẹsimo/a** *adj.* 10B
sixth **sesto/a** *adj.* 10B
sixty **sessanta** *m., adj.* 1A
size (*clothing*) **taglia** *f.* 4B
skiing **sci** *m.* 2A
skill **capacità** *f.* 11B
skilled **bravo/a** *adj.* 1B
skin **pelle** *f.* 6A
skip: to skip class **saltare la lezione** *v.* 1B
skirt **gonna** *f.* 4B
sky **cielo** *m.* 12A
sky blue **azzurro/a** *adj.* 3B
sleep **dormire** *v.* 3A
to be sleepy **avere sonno** *v.* 2B
to fall asleep **addormentarsi** *v.* 6A
sleeve **mạnica** *f.* 4B
slice **fetta** *f.* 5A
slight **leggero/a** *adj.* 6B
slippers **pantọfole** *f., pl.* 6A
slob **cafone/a** *m., f.* 7B
What a slob! **Com'è conciato/a!** 4B
slow **lento/a** *adj.* 3B
slowly **lentamente** *adv.* 5B
sly **furbo/a** *adj.* 3B
small **pịccolo/a** *m.* 4A
very small **piccolino/a** *adj.* 10B
smaller **minore** *adj.* 8A
smallest **mịnimo/a** *adj.* 8A
smart **in gamba** *adj.* 3B
smartphone **smartphone** *m.* 4A
smog **smog** *m.* 12A
smoked **affumicato/a** *adj.* 5A
snack **spuntino** *m.* 5B
afternoon snack **merenda** *f.* 5B
snack bar **tạvola** *f.* **calda** 5B
snake **serpente** *m.* 12A
sneeze **starnutire** *v.* 6B
snow **neve** *f.* 2B; **nevicare** *v.* 2B
so **allora** *adv., adj.* 1A; **perciò** *conj.* 9A; **tanto** *adv.* 5B
so much, so many **tanto/a** *adj.* 5A; **tanto** *adv.* 5B

so that **affinché** *conj.* 12A; **in modo che** *conj.* 12A; **perché** *conj.* 12A
soap **sapone** *m.* 6A
soccer **calcio** *m.* 2A; **pallone** *m.* 2A
soccer player **calciatore/calciatrice** *m., f.* 2A
sociable **socievole** *adj.* 3B
sock **calzino** *m.* 4B
soil **sporcare** *v.* 7B
solar energy **energia** *f.* **solare** 12A
solar panel **pannello** *m.* **solare** 12A
solid-color **a tinta unita** *adj.* 4B
solo **assolo** *m.* 10A
solution **soluzione** *f.* 12A
some **qualche** *adj.* 5A; **alcuni/e** *indef. adj., pron.* 5A; **dei** *part. art., m., pl.* 5A; **delle** *part. art., f., pl.* 5A; **della** *part. art., f., sing.* 5A; **dello** *part. art., m., sing.* 5A; **degli** *part. art., m., pl.* 5A; **del** *part. art., m., sing.* 5A; **dell'** *part. art., m., f., sing.* 5A; **ne** *pron.* 6A
something else **altro** *indef. pron.* 9B
sometimes **a volte** *adv.* 6A; **qualche volta** *adv.* 5B
son **figlio** *m.* 3A
song **canzone** *f.* 10A
son-in-law **genero** *m.* 3A
soon **presto** *adv.* 5B
See you soon! **Ci vediamo!** 1A
See you soon. **A presto.** 1A
sorry: to be sorry **dispiacere** *v.* 5B
So-so. **Così, così.** 1A
soup **zuppa** *f.* 5B
thick soup **minestrone** *m.* 10B
south **sud** *m.* 9A
Spanish **spagnolo/a** *adj.* 1B
sparkling water **acqua** *f.* **frizzante** 5B
speak **parlare** *v.* 2A
to speak to each other **parlarsi** *v.* 6A
specialist **specialista** *m., f.* 11B
specialization **specializzazione** *f.* 11B
spectator **spettatore/spettatrice** *m., f.* 10A
speed limit **limite** *m.* **di velocità** 8A
spend (*money*) **spendere** *v.* 2B
to spend (*time*) **metterci** *v.* 7B; **passare** *v.* 12A
spent **speso/a** *p.p., adj.* 4B
spicy **piccante** *adj.* 5B
split up **lasciarsi** *v.* 6A
spoon **cucchiaio** *m.* 5B
sport **sport** *m.* 1A
spring **primavera** *f.* 2B
squirrel **scoiattolo** *m.* 12A
stadium **stadio** *m.* 2A
stain **macchiare** *v.* 6B
stained **macchiato/a** *adj.* 7B
stair **scala** *f.* 9A
to climb/go down stairs **salire/scendere le scale** *v.* 9A
staircase **scala** *f.* 7A
stall **platea** *f.* 10A
stamp **francobollo** *m.* 9B
stand **tribuna** *f.* 10A
stand up **alzarsi** *v.* 6A
staple **graffetta** *f.* 11B
stapler **cucitrice** *f.* 11B
star **stella** *f.* 12A
start **cominciare** *v.* 4A
starter **antipasto** *m.* 5B
station **stazione** *f.* 1A
stationery store **cartoleria** *f.* 9B
statue **statua** *f.* 9A
stay **stare** *v.* 2A; **rimanere** *v.* 5A; **restare** *v.* 5A
steamed **al vapore** *adj.* 5A
steering wheel **volante** *m.* 8A
step **gradino** *m.* 9A; **passo** *m.* 2A
stepbrother **fratellastro** *m.* 3A
stepdaughter **figliastra** *f.* 3A
stepfather **patrigno** *m.* 3A
stepmother **matrigna** *f.* 3A
stepsister **sorellastra** *f.* 3A
stepson **figliastro** *m.* 3A
stereo system **impianto** *m.* **stereo** 4A
stewed **in umido** *adj.* 5A
still **ancora** *adv.* 4B
still water **acqua** *f.* **naturale** 5B
stomach **stomaco** *m.* 6A
stomachache **mal** *m.* **di pancia** 6B
stone **sasso** *m.* 12A
stop **fermare** *v.* 6A; **smettere** *v.* 10A
bus/train stop **fermata** *f.* 8A
stop on request **fermata** *f.* **a richiesta** 8A
to stop oneself **fermarsi** *v.* 6A
store **negozio** *m.* 9A
store specializing in focaccia **focacceria** *f.* 5B
store specializing in homemade pasta **laboratorio** *m.* **di pasta fresca** 5B
store specializing in wine **enoteca** *f.* 5B
storm **temporale** *m.* 2B
It's stormy. **C'è il temporale.** 2B
stovetop **piano** *m.* **cottura** 7A; **fornelli** *m., pl.* 7B
straight **diritto** *prep.* 9A
straight (*hair*) **liscio/a** *adj.* 3B
strange **strano/a** *adj.* 3B
strawberry **fragola** *f.* 5A
stream **ruscello** *m.* 12A
street **strada** *f.* 9A; **via** *f.* 9A
stripe **riga** *f.* 6A
striped **a righe** *adj.* 4B
strong **forte** *adj.* 3B
to be strong in . . . **essere forte in...** *v.* 1B
stubborn **testardo/a** *adj.* 3B
student **alunno/a** *m., f.* 1B; **studente(ssa)** *m., f.* 1A
studies **studi** *m., pl.* 1B
studio apartment **monolocale** *m.* 7A
studious **studioso/a** *adj.* 1B
study **studio** *m.* 7A; **studiare** *v.* 2A
stuffy nose **naso** *m.* **intasato** 6B
subject **materia** *f.* 1B
sublet **subaffittare** *v.* 7A
subscription **abbonamento** *m.* 10A
subway **metro(politana)** *f.* 8A
succeed **riuscire** *v.* 4A
success **successo** *m.* 11A
suggest **suggerire** *v.* 10A
suit (*man's*) **vestito** *m.* 4B; (*woman's*) **tailleur** *m.* 4B; **completo** *m.* 4B
suitcase **valigia** *f.* 1A
to pack a suitcase **fare la valigia** *v.* 8B
summer **estate** *f.* 2B
sun **sole** *m.* 12A
It's sunny. **C'è il sole. 2B**
Sunday **domenica** *f.* 1B
sunglasses **occhiali** *m., pl.* **da sole** 4B
sunny **soleggiato/a** *adj.* 2B
sunrise **alba** *f.* 12A
sunset **tramonto** *m.* 12A
supermarket **supermercato** *m.* 5A
supper **cena** *f.* 5B
supplement **supplemento** *m.* 8A
surf: to surf the Internet **navigare in rete** *v.* 4A
surgeon **chirurgo/a** *m., f.* 6B
surrender **arrendersi** *v.* 2B
swallow **rondine** *f.* 12A
sweater **maglione** *m.* 4B
sweatshirt **felpa** *f.* 4B
Swedish **svedese** *adj.* 1B
sweep **spazzare** *v.* 7B
street sweeper **spazzino/a** *m., f.* 9A
sweet **dolce** *adj.* 3B; **caruccio/a** *adj.* 10B; **tenero/a** *adj.* 12A
sweet and sour **agrodolce** *adj.* 5A
swim **nuotare** *v.* 2A
swimming **nuoto** *m.* 2A
Swiss **svizzero/a** *adj.* 1B
symptom **sintomo** *m.* 6B
system **sistema** *m.* 10A

T

table **tạvola** *f.* 3A; **tạvolo** *m.* 1A
to clear the table **sparecchiare la tạvola** *v.* 7B
tablecloth **tovaglia** *f.* 5B
tablet (*electronic*) **tablet** *m.* 4A; **compressa** *f.* 6B
take **prẹndere** *v.* 2B
Take care of yourself. **Mi raccomando.** 1B
to take (*class*) **seguire** *v.* 3A
to take (*time*) **volerci** *v.* 7B
to take a bath/shower **fare il bagno/la doccia** *v.* 2A
to take a field trip **fare una gita** *v.* 2A
to take a long weekend **fare il ponte** *v.* 8B
to take a picture **fare una foto** *v.* 2A
to take a short walk **fare due passi** *v.* 2A
to take a trip **fare un viaggio** *v.* 2A
to take a walk **fare una passeggiata** *v.* 2A
to take off **decollare** *v.* 8B
to take out the trash **portare fuori la spazzatura** *v.* 7B
taken **preso/a** *p.p., adj.* 4B
talented **dotato/a** *adj.* 10B
tall **alto/a** *adj.* 3B
tan **abbronzarsi** *v.* 8B
tank top **canottiera** *f.* 4B
taste **assaggiare** *v.* 5B; **gusto** *m.* 5B
tasty **gustoso/a** *adj.* 5B; **saporito/a** *adj.* 5B
taxes **contributi** *m., pl.* 11A
taxi **tassì** *m.* 8A; **taxi** *m.* 8A
taxi driver **tassista** *m., f.* 11A
tea **tè** *m.* 5B
teach **insegnare** *v.* 2A
teacher **professor(essa)** *m., f.* 1B; **docente** *m., f.* 11A
team **squadra** *f.* 2A
tease **prẹndere in giro** *v.* 8B
teaspoon **cucchiaịno** *m.* 5B
technician **tẹcnico** *m., f.* 11A
technology **tecnologịa** *f.* 4A
telephone **telẹfono** *m.* 11B; **telefonare (a)** *v.* 2A
to answer the phone **rispọndere al telẹfono** *v.* 11B
to phone each other **telefonarsi** *v.* 6A
television **televisione** *f.* 1A
television set **televisore** *m.* 4A
tell **dire** *v.* 4A
temp agency **agenzịa** *f.* **di somministrazione lavoro** 11B
ten **dieci** *m., adj., invar.* 1A
tenacious **tenace** *adj.* 3B
tenant **inquilino/a** *m., f.* 7A
tender **tẹnero/a** *adj.* 12A
tennis **tennis** *m.* 2A
tenth **dẹcimo/a** *adj.* 10B
term **tẹrmine** *m.* 4A
term paper **tesina** *f.* 5A
terminus **capolịnea** *m.* 8A
terrace **terrazza** *f.* 7A
text message **SMS** *m.* 4A
textbook **testo** *m.* 1B
Thank you. **Grazie.** 1A
Thanks a lot. **Grazie mille.** 1A
Thanks. (*answer to* ***In bocca al lupo.***) **Crepi.** (lit. *May the wolf die.*) 1B
that **quello/a** *adj.* 3B; **che** *rel. pron.* 9A
that which, what **ciò che** *rel. pron.* 9A; **quel che** *rel. pron.* 9A
the **le** *def. art., f., pl.* 1A; **la** *def. art., f., sing.* 1A; **l'** *def. art., m., f., sing.* 1A; **gli** *def. art., m., pl.* 1A; **i** *def. art., m., pl.* 1A; **il** *def. art., m., sing.* 1A; **lo** *def. art., m., sing.* 1A
theater **teatro** *m.* 3A
theatrical **teatrale** *adj.* 10A
their **loro** *poss. adj., m., f.* 3A
them **le** *d.o. pron., f., pl.* 5A; **li** *d.o. pron., m., pl.* 5A; **gli** *i.o. pron. m., f., pl.* 5B; **loro** *i.o. pron., m., f., pl.* 5B; **loro** *disj. pron., m., f., pl.* 4A
some/any of it/them **ne** *pron.* 6A
theme **tema** *m.* 10A
themselves **loro** *disj. pron., m., f., pl.* 4A; **sé** *disj. pron., m., f., sing., pl.* 4A; **si** *ref. pron. m., f., sing., pl.* 6A
then **poi** *adv.* 5B; **allora** *adv.* 1A
theorem **teorema** *m.* 10A
there **ci** *adv.* 6A; **là** *adv.* 1A; **lì** *adv.* 1A
I'll be right there **Arrivo sụbito.** 1A
Is Mr./Mrs. . . . There? **C'è il/la signor(a)...?** 11B
there are **ci sono** 1A
there is **c'è** 1A
thermal energy **energịa** *f.* **tẹrmica** 12A
thermometer **termọmetro** *m.* 6B
they **loro** *sub. pron.* 1B
thick **tonto/a** *adj.* 3B
thin **magro/a** *adj.* 3B
think (about/of doing) **pensare (a/di)** *v.* 2A
third **terzo/a** *adj.* 10B
thirst: to be thirsty **avere sete** *v.* 2B
thirteen **trẹdici** *m., adj.* 1A
thirty **trenta** *m., adj.* 1A
thirty-third **trentatreẹsimo/a** *adj.* 10B
this **questo/a** *adj., pron.* 3B
those **quelli/e** *rel. pron.* 9A
three **tre** *m., adj.* 1A
three hundred **trecento** *m., adj.* 2B
throat **gola** *f.* 6A
sore throat **mal** *m.* **di gola** 6B
through **per** *prep.* 3A
throw **gettare** *v.* 12A
to throw away **buttare vịa** *v.* 12A
thunder **tuono** *m.* 2B
Thursday **giovedì** *m.* 1B
ticket **biglietto** *m.* 8A
ticket collector **controllore** *m.* 8A
ticket office/window **biglietterịa** *f.* 8A
tidal wave **onda** *f.* **di marea** 2B
tidy: to tidy up **mẹttere in ọrdine** *v.* 7B
tie **cravatta** *f.* 4B
tier **gradinata** *f.* 10A
tight-fitting **stretto/a** *adj.* 4B
time **volta** *f.* 6A
free time **tempo** *m.* **lịbero** 2A
What time? **A che ora?** 1B
What time is it? **Che ora è?/Che ore sono?** 1B
times **per** *adv.* 2B
timetable **orario** *m.* 8A
timid **tịmido/a** *adj.* 1B
tip **mancia** *f.* 5B
tire **gomma** *f.* 8A
tired **stanco/a** *adj.* 3B
to **in** *prep.* 3A; **a** *prep.* 1B
toast **far tostare** *v.* 5A, **brindisi** *m.* 4A
toaster **tostapane** *m.* 7B
today **oggi** *adv.* 1B
toe **dito** *m.* **del piede (*pl.* dita *f.*)** 6A
together **insieme** *adv.* 2A
toilet **gabinetto** *m.* 7A
tomato **pomodoro** *m.* 5A
tomorrow **domani** *adv.* 1A
See you tomorrow. **A domani.** 1A
the day after tomorrow **dopodomani** *adv.* 7A
ton (of) **sacco (di)** *adj.* 5A
tonight **stasera** *adv.* 5A
too **anche** *conj.* 1A; **troppo** *adv.* 5B
too much **troppo** *adj.* 5A; **troppo** *adv.* 5B
tooth **dente** *m.* 6A
to brush one's teeth **lavarsi i denti** *v.* 6A
toothbrush **spazzolino (da denti)** *m.* 6A
toothpaste **dentifricio** *m.* 6A
tornado **tornado** *m.* 2B

torrential downpour **diluvio** *m.* 2B
touch **toccare** *v.* 3A
touching **commovente** *adj.* 10B
tough **duro/a** *adj.* 3B
tour **giro** *m.* 4B
  to be on tour **ẹssere in tour** *v.* 10A
tourist: tourist class **classe** *f.* **turịstica** 8B
  tourist information office **ufficio** *m.* **informazioni** 9B
toward **verso** *prep.* 9A
towel **asciugamano** *m.* 6A
town **paese** *m.* 9A
  in town **in centro 3A**
town hall **comune** *m.* 9B
toxic waste **rifiuti** *m., pl.* **tọssici** 12A
track **binario** *m.* 8A
track and field **atlẹtica** *m.* 2A
traffic **trạffico** *m.* 8A
traffic circle **rotonda** *f.* 9A
traffic light **semạforo** *m.* 9A
traffic officer **vịgile** *m., f.* **urbano/a** 8A
tragedy **tragedia** *f.* 10A
train **treno** *m.* 8A
training **formazione** *f.* 11B
  professional training **tirocinio** *m.* 11B
tranquil **tranquillo/a** *adj.* 1B
transportation **trasporto** *m.* 8A
trash **immondizia** *f.* 12A
  to take out the trash **portare fuori la spazzatura** *v.* 7B
trauma **trauma** *m.* 10A
travel **viaggiare** *v.* 2A
travel agent **agente** *m., f.* **di viaggio** 8B
traveler **viaggiatore/ viaggiatrice** *m., f.* 8B
tree **ạlbero** *m.* 12A
trendy **trendy** *adj., invar.* 3B
  It's very trendy now! **Va moltịssimo ora!** 4B
trim (one's hair) **spuntare (i capelli)** *v.* 6A
trip **viaggio** *m.* 2A
truck **camion** *m.* 8A
truck driver **camionista** *m., f.* 11A
truly **veramente** *adv.* 5B
trunk **baụle** *m.* 8A
trust **fiducia** *f.* 11A; **fidarsi** *v.* 11A
try **cercare** *v.* 10A; **provare** *v.* 10A
T-shirt **maglietta** *f.* 4B
  short-/long-sleeved T-shirt **maglietta** *f.* **a mạniche corte/ lunghe** 4B
Tuesday **martedì** *m.* 1B
tuft of hair **ciuffo** *m.* 6A
tuna **tonno** *m.* 5A
turn **volta** *f.* 6A; **giro** *m.* 4B; **girare** *v.* 9A
  My turn. **Tocca a me.** 3A
  to turn off **spẹgnere** *v.* 4A
  to turn on **accẹndere** *v.* 4A
  turned off **spento/a** *p.p., adj.* 4B
  turned on **acceso/a** *p.p., adj.* 4B
TV **TV** *f.* 2A
Twelfth Night **epifanịa** *f.* 8B
twelve **dọdici** *m., adj.* 1A
twentieth **ventẹsimo/a** *adj.* 10B
twenty **venti** *m., adj.* 1A
twenty-eight **ventotto** *m., adj.* 1A
twenty-five **venticinque** *m., adj.* 1A
twenty-four **ventiquattro** *m., adj.* 1A
twenty-nine **ventinove** *m., adj.,* 1A
twenty-one **ventun(o)** *m., adj.* 1A
twenty-seven **ventisette** *m., adj.* 1A
twenty-six **ventisei** *m., adj.* 1A
twenty-three **ventitré** *m., adj.* 1A
twenty-two **ventidue** *m., adj.* 1A
twins **gemelli/e** *m., f., pl.* 3A
two **due** *m., adj.* 1A
two hundred **duecento** *m., adj., invar.* 2B
two thousand **duemila** *m., adj.* 2B

U

ugly **brutto/a** *adj.* 3B
umbrella **ombrello** *m.* 2B
uncle **zịo** *m.* 3A
under **sotto** *prep.* 4A
understand **capire** *v.* 3A
underwear **biancherịa** *f.* **ịntima** 4B
undress **spogliarsi** *v.* 6A
unemployed **disoccupato/a** *adj.* 11A
  to be unemployed **ẹssere disoccupato/a** *v.* 11A
union **sindacato** *m.* 11A
united **unito/a** *adj.* 4B
university **università** *f.* 1B
unless **a meno che... non** *conj.* 12A
unlikely **improbạbile** *adj.* 11A
unpleasant **antipạtico/a** *adj.* 1B
until **fino a** *prep.* 2B
  Until next time! **Alla prọssima!** 1A
upper circle **loggione** *m.* 10A
us **ci** *d.o. pron., pl.* 5A; **noi** *disj. pron., m., f., pl.* 4A; **ci** *i.o. pron., pl.* 5B
use **usare** *v.* 2A
usual **sọlito/a** *adj.* 5B
  as usual **al sọlito sụo** 8A
  The usual. **La sọlita cosa.** 1A
usually **di sọlito** *adv.* 5B

V

vacancy **posto** *m.* **disponịbile** 8B
  no vacancies **al completo** *adj.* 8B
vacation **vacanza** *f.* 8B
  paid vacation **ferie** *f., pl.* 11A
  ski vacation **settimana** *f.* **bianca** 8B
  to go on vacation **partire in vacanza** *v.* 8B
vacuum cleaner **aspirapọlvere** *m.* 7B; **passare l'aspirapọlvere** *v.* 7B
validate (*ticket*) **convalidare** *v.* 8A
valley **valle** *f.* 12A
vase **vaso** *m.* 7A
vegetable **verdura** *f.* 5A
Verismo: belonging to the *Verismo* movement **verista** *adj.* 10B
veterinarian **veterinario/a** *m., f.* 11A
very **molto** *adv.* 5B
  not very **poco** *adv.* 5B
video game **videogioco** *m.* 4A
villa **villa** *f.* 7A
violin **violino** *m.* 10A
violinist **violinista** *m., f.* 10A
visa **visto** *m.* 8B
visit **visitare** *v.* 10B
  to visit an art gallery **visitare una gallerịa d'arte** *v.* 10B
voicemail **segreterịa** *f.* **telefọnica** 4A
volcanic eruption **eruzione** *f.* **vulcạnica** 2B
volleyball **pallavolo** *f.* 2A

W

wage **stipendio** *m.* 11A
waist **vita** *f.* 6A
wait (for) **aspettare** *v.* 2A; **attẹndere** *v.* 11B
  I can't wait. **Non vedo l'ora.** 5B
  to wait in line **fare la fila** *v.* 8B
waiter **cameriere/a** *m., f.* 3B
waiting **attesa** *f.* 11B
wake **svegliare** *v.* 6A
  to wake up **svegliarsi** *v.* 6A
walk **passeggiata** *f.* 2A; **camminare** *v.* 2A
wall **parete** *f.* 7A
want **volere** *v.* 4A; **desiderare** *v.* 2A
wash **lavare** *v.* 7B
  to wash oneself **lavarsi** *v.* 6A
  to wash the dishes **lavare i piatti** *v.* 7B
washing machine **lavatrice** *f.* 7B
waste **scoria** *f.* 12A; **sprecare** *v.* 12A

wastebasket **cestino** *m.* 1B
watch **orologio** *m.* 1B; **guardare** *v.* 2A
to watch one's weight **controllare la linea** *v.* 6B
to watch TV **guardare la TV** *v.* 2A
water **acqua** *f.* 5B
waterfall **cascata** *f.* 12A
wavy **mosso/a** *adj.* 3B
way **modo** *m.* 12A
No way! **Ma quando mai!** 9A
This way. **Da questa parte.** 1A
to know the way **conoscere la strada** *v.* 4B
we **noi** *sub. pron.* 1B
weak **debole** *adj.* 3B
wear **portare; indossare** *v.* 4B
to wear a suit **portare un vestito** *v.* 4B
weather **tempo** *m.* 2B
The weather is dreadful. **Il tempo è pessimo.** 2B
The weather is nice/bad. **Fa bel/brutto tempo.** 2B
Web site **sito** *m.* **Internet** 4A
wedding **matrimonio** *m.* 3A
Wednesday **mercoledì** *m.* 1B
week **settimana** *f.* 1B
weekend **fine** *m.* **settimana** 1A; **weekend** *m.* 7A
weight **peso** *m.* 9A
weird **strano/a** *adj.* 3B
Welcome! **Benvenuto!** *1A*
well **bene** *adj.* 1A; **beh** *inter.* 2A; **mah** *inter.* 3A
I am (very) well. **Sto (molto) bene.** 1A
I am not well. **Sto male.** 1A
Pretty well. **Abbastanza bene.** 1A
west **ovest** *m.* 9A
what **quale** *adj., pron., adv.* 3B; **che** *interr. pron.* 3B; **che cosa** *interr. pron.* 3B; **cosa** *interr. pron.* 3B
that which, what **ciò che** *rel. pron.* 9A; that which, what **quello/quel che** *rel. pron.* 9A
What color? **Di che colore?** 4B
What does . . . mean? **Cosa vuol dire...?** 4A
What is it? **(Che) cos'è?** 1B
What is the temperature? **Quanti gradi ci sono?** 2B
What is the weather like? **Che tempo fa?** 2B
What is your name? **Come si/ti chiama/i?** *(form./fam.)* 1A
What's new? **Che c'è di nuovo?** 1A
What's the date? **Che giorno è oggi?** 2B
What's wrong? **Che cosa c'è?** 1B
wheel: steering wheel **volante** *m.* 8A
when **quando** *conj., adv.* 3B
When is your birthday? **Quando è il tuo compleanno?** 2B
where **dove** *prep.* 3B
Where are you from? **Di dove sei?** 1B
Where do you live? **Dove abiti?** 7A
Where is . . . ? **Dove si trova...?** 9A
wherever **ovunque** *adv.* 11A
which **quale** *adj., pron., adv.* 3B; **che** *rel. pron.* 9A; **cui** *rel. pron.* 9A
that which **quello/quel che, ciò che** *rel. pron.* 9A
while **mentre** *conj.* 6B
whiner **lagna** *f.* 7B
whiny **lamentoso/a** *adj.* 3B
white **bianco/a** *adj.* 3B
who **chi** *interr. pron.* 3B; **che** *rel. pron.* 9A
those who, the one(s) who **chi** *rel. pron.* 9A
Who is it? **Chi è?** 1B
Who's calling? **Chi parla?** 11B
whom **chi** *interr. pron.* 3B; **che** *rel. pron.* 9A; **cui** *rel. pron.* 9A
why **perché** *conj.* 3B
widowed **vedovo/a** *adj.* 3A
wife **moglie** *f.* 3A
win **vincere** *v.* 2A
wind **vento** *m.* 2B
It's windy. **C'è vento.** 2B
wind power **energia** *f.* **eolica** 12A
window **finestra** *f.* 1B
shop window **vetrina** *f.* 4B
window *(teller)* **sportello** *m.* 9B
window cleaner **lavavetri** *m.* 7B
windshield **vetro** *m.* 8A
windshield wiper **tergicristallo** *m.* 8A
windsurfing **windsurf** *m.* 2A
windy **ventoso/a** *adj.* 2B
wine **vino** *m.* 5B
winter **inverno** *m.* 2B
wish **desiderare** *v.* 10A
with **con** *prep.* 3A
withdraw: to withdraw money **ritirare dei soldi** *v.* 9B
without **senza che** *conj.* 12A; **senza** *prep.* 4A
woman **donna** *f.* 1A
won **vinto/a** *p.p., adj.* 4B
wool **lana** *f.* 4B
work **opera** *f.* 10B; **lavoro** *m.* 8B; **lavorare** *v.* 2A; **funzionare** *v.* 4A
work of art **opera** *f.* **d'arte** *f.* 10B
worker **operaio/a** *m., f.* 11A
worried **preoccupato/a** *adj.* 3B
worry **preoccuparsi (di)** *v.* 6A
worse **peggiore** *adj.* 8A; **peggio** *adv.* 8A
worst **peggior(e)** *adj.* 8A
wound **ferita** *f.* 6B
Wow! **Accidenti!** 4B
write **scrivere** *v.* 2B
to write to each other **scriversi** *v.* 6A
writer **scrittore/scrittrice** *m., f.* 10B
written **scritto/a** *adj.* 4B
wrong **sbagliato/a** *adj.* 6A
to be wrong **avere torto** *v.* 2B

Y

yawn **sbadigliare** *v.* 6A
year **anno** *m.* 1A
to be . . . years old **avere... anni** *v.* 2B
year-end bonus **tredicesima** *f.* 11A
yellow **giallo/a** *adj.* 4B
yesterday **ieri** *adv.* 4B
the day before yesterday **l'altro ieri** *adv.* 4B
yet **ancora** *adv.* 4B
not yet **non... ancora** *adv.* 4B
yogurt **yogurt** *m.* 5A
you **vi** *d.o. pron., pl., fam., form.* 5A; **ti** *d.o. pron., sing., fam.* 5A; **La** *d.o. pron., sing., form.* 5A; **voi** *disj. pron., pl., fam., form.* 4A; **te** *disj. pron., sing., fam.* 4A; **vi** *i.o. pron., pl., fam., form.* 5B; **ti** *i.o. pron., sing., fam.* 5B; **Le** *i.o. pron., sing., form.* 5B; **voi** *sub. pron., pl., fam.* 1B; **Loro** *sub. pron., pl., form.* 1B; **tu** *sub. pron., sing., fam.* 1B; **Lei** *sub. pron., sing., form.* 1B; **Lei** *disj. pron., sing., form.* 4A
You're welcome. **Di niente., Prego.** 1A
young **giovane** *adj.* 3B
younger **minore** *adj.* 3A
younger brother **fratellino** *m.* 3A
younger sister **sorellina** *f.* 3A
your **tuo/a, tuoi, tue** *poss. adj., m., f.* 3A; **Suo/a, Suoi, Sue** *poss. adj., m., f., sing., form.* 3A; **vostro/a/i/e** *poss. adj., m., f.* 3A
yourself **sé** *disj. pron., sing., form.* 4A; **te** *disj. pron., sing., fam.* 4A
yourselves **voi** *disj. pron., pl., fam., form.* 4A
youth hostel **ostello** *m.* **della gioventù** 8B

Indice

E

F

G

H

I

J

K

L

About the Author

Julia Cozzarelli received her PhD and MA degrees in Italian Language and Literature from Yale University. She is an Associate Professor of Italian Studies and Chair of the Department of Modern Languages and Literatures at Ithaca College, where she teaches courses on Italian language, literature, and culture at all levels and leads a summer study-abroad program in Siena, Italy. She has also taught at Cornell University, Wells College, and the State University of New York at Buffalo. Professor Cozzarelli's prior publications include her contributions to an intermediate-level Italian text and its ancillaries as well as journal articles on the literature of Boccaccio, Ficino, Ariosto, and Tasso. In addition to language pedagogy, her research interests in Italian include Renaissance literature and the modern novel.

Photography Credits

All images ©Vista Higher Learning unless otherwise noted.

Cover: © Beyond/Corbis; **Frontmatter: iii** © Andresr/Shutterstock.

Unit 1: 1 Rafael Ríos; **4** Rossy Llano; **8** (t) © Robert Fried/Alamy; **8** (b) © Stephen Coburn/Shutterstock; **9** (t) © Jorge Villegas/Age Fotostock; **9** (b) Katie Wade; **11** (t) © Dmitry Kutlayev/iStockphoto; **11** (mtl) José Blanco; **11** (mtm) Ray Levesque; **11** (mtr) Ventus Pictures; **11** (mbl) VHL; **11** (mbm) Martín Bernetti; **11** (mbr) Ray Levesque; **11** (b) Martín Bernetti; **12** (t) Ventus Pictures; **12** (ml) VHL; **12** (mm) Martin Bernetti; **12** (mr) Oscar Artavia Solano; **12** (bl) Katie Wade; **12** (bm) Martin Bernetti; **12** (br) Rafael Ríos; **22** © Vaklav/Shutterstock; **23** (t) © PhotoBliss/Alamy; **23** (m) © Directphoto.org/Alamy; **23** (b) Anne Loubet; **24** (t) Anne Loubet; **24** (ml) Janet Dracksdorf; **24** (mm) Liliana Bobadilla; **24** (mr) José Blanco; **24** (bl) Martín Bernetti; **24** (bm) Martín Bernetti; **24** (br) © Digital Vision/Getty Images; **25** Anne Loubet; **26** (t) Martín Bernetti; **26** (ml) Martín Bernetti; **26** (mm) © Nancy Ney/Digital Vision/Getty Images; **26** (mr) Pascal Pernix; **26** (bl) Martín Bernetti; **26** (bm) Darío Eusse Tobón; **26** (br) Martín Bernetti; **27** (t) © Image Source/Photolibrary; **27** (ml) © Pixtal/Age Fotostock; **27** (mm) Anne Loubet; **27** (mr) Martín Bernetti; **27** (bl) Martín Bernetti; **27** (bm) Martín Bernetti; **27** (br) © Arena Creative/Fotolia; **30** Mauricio Osorio; **31** (left col: tl) © Pixtal/Age Fotostock; **31** (left col: tr) © Aspen Stock/Age Fotostock; **31** (left col: bl)© Marmion/Big Stock Photo; **31** (left col: br) Martín Bernetti; **31** (right col) © Herreneck/Fotolia; **32** (t) © Vaclav Volrab/Shutterstock; **32** (ml) Ana Cabezas Martín; **32** (mr) Nancy Camley; **32** (bottom box: t) © Alexia Bannister/iStockphoto; **32** (bottom box: b) © Peeter Viisimaa/iStockphoto; **33** (tl) Rafael Ríos; **33** (tr) Katie Wade; **33** (bl) Ana Cabezas Martín; **33** (br) © NICOLAS ASFOURI/AFP/Getty Images; **36** Martín Bernetti; **37** © StockLite/Shutterstock.

Unit 2: 39 Rafael Ríos; **46** © Auremar/Fotolia; **47** (l) © Anyka/Shutterstock; **47** (r) © Ezra Shaw/Staff/Getty Images; **50** (t) Martín Bernetti; **50** (ml) Anne Loubet; **50** (mr) Martín Bernetti; **50** (bl) José Blanco; **50** (br) Martín Bernetti; **56** Nancy Camley; **60** © Ekspansio/iStockphoto; **61** (l) © Stefano Oppo/Getty Images; **61** (r) © Gopal Chitrakar/Reuters/Corbis; **62** (bl) Martin Bernetti; **62** (br) Anne Loubet; **63** (l) Pascal Pernix; **63** (r) © Orange Line Media/Shutterstock; **65** (all) Martín Bernetti; **68** (l) Martín Bernetti; **68** (r) © Photos.com/Getty Images; **69** (tl) Martín Bernetti; **69** (tm) Anne Loubet; **69** (tr) Oscar Artavia Solano; **69** (ml) Katie Wade; **69** (mml) Martín Bernetti; **69** (mmr) © Dmitry Kutlayev/iStockphoto; **69** (mr) © NickyBlade/iStockphoto; **69** (b) Katie Wade; **70** (t) Jessica Beets; **70** (ml) Ana Cabezas Martín; **70** (mr) Rafael Ríos; **70** (b) Katie Wade; **71** (tl) © Pictorial Press Ltd/Alamy; **71** (tr) © Ian G Dagnall/Alamy; **71** (bl) Katie Wade; **71** (br) © Terry Smith Images/Alamy; **72** (background) © Anistidesign/Shutterstock; **72** (l) © Clodio/Dreamstime; **72** (ml) © Zocchi2/Dreamstime; **72** (mr) © Forcdan/Dreamstime; **72** (r) © Duncancampbell/Dreamstime; **73** © Clodio/Dreamstime; **74** © David R. Frazier Photolibrary, Inc./Alamy; **75** (t) © Yuri Arcurs/Shutterstock; **75** (b) © Image Source/Age Fotostock.

Unit 3: 77 José Blanco; **80** Martín Bernetti; **84** Pamela Martinoli; **85** (t) © James Leynse/Corbis; **85** (bl) Rachel Distler; **85** (br) Anne Loubet; **86** (t) Martín Bernetti; **86** (ml) Ray Levesque; **86** (mm) Martín Bernetti; **86** (mr) VHL; **86** (bl) Ray Levesque; **86** (bm) Katie Wade; **86** (br) VHL; **96** (tl) José Blanco; **96** (tm) Anne Loubet; **96** (tr) Ana Cabezas Martín; **96** (ml) © Vstock, LLC/Photolibrary; **96** (mml) Martín Bernetti; **96** (mmr) Anne Loubet; **96** (mr) Anne Loubet; **96** (bl) Martín Bernetti; **96** (br) Martín Bernetti; **100** © ImageGap/Alamy; **101** (tl) Oscar Artavia Solano; **101** (tr) © Tony Gentile/Reuters/Corbis; **101** (b) © Corbis; **105** (tl) Ana Cabezas Martín; 105 (tr) Katie Wade; **105** (tml) José Blanco; **105** (tmr) José Blanco; **105** (ml) VHL; **105** (mr) Katie Wade; **105** (bml) Ana Cabezas Martín; **105** (bmr) Ana Cabezas Martín; **105** (bl) Ray Levesque; **105** (br) Vanessa Bertozzi; **108** (tl) María Eugenia Corbo; **108** (tr) Brian Waite; **108** (m) Rachel Distler; **108** (b) © DNY59/iStockphoto; **109** (tl) María Eugenia Corbo; **109** (tr) © Philip Scalia/Alamy; **109** (bl) © Bureau L.A. Collection/Sygma/Corbis; **109** (br) © Dan Bachman/iStockphoto; **110**© Alvaro Calero/iStockphoto; **111** Ana Cabezas Martín; **112** © Thinkstock/Age Fotostock; **113** © Ephraim Ben-Shimon/Corbis.

Unit 4: **115** Rafael Ríos; **117** (tl) © Konstantin Shevtsov/Shutterstock; **117** (tm) © L. Amica/Shutterstock; **117** (tr) Ray Levesque; **117** (bl) Ray Levesque; **117** (bm) Ray Levesque; **117** (br) Robert Lehmann/Fotolia; **122** Ana Cabezas Martín; **123** (t) © Kevin Fleming/Corbis; **123** (b) © Burke/Triolo Productions/Brand X/Getty Images 128 (tl) VHL; **128** (tr) Anne Loubet; **128** (bl) © Index Open/Photolibrary; **128** (br) © Image Source Limited/Index Stock Imagery/Jupiterimages; **131** (tl) Nancy Camley; **131** (tm) Nancy Camley; **131** (tr) Nancy Camley; **131** (bl) Katie Wade; **131** (bm) © Baloncici/Shutterstock; **131** (br) Ray Levesque; **132** (tl) José Blanco; **132** (tm) José Blanco; **132** (tr) Ana Cabezas Martín; **132** (bl) Katie Wade; **132** (bml) Nancy Camley; **132** (bmr) Martín Bernetti; **132** (br) Katie Wade; **136** © Sabine Lubenow/Alamy; **137** (t) © Vittoriano Rastelli/Corbis; **137** (m) © PeskyMonkey/iStockphoto; **137** (b) © Ivanchenko/iStockphoto; **138** (t) VHL; **138** (ml) VHL; **138** (mm) © Terekhov Igor/Shutterstock; **138** (mr) VHL; **138** (bl) VHL; **138** (bm) VHL; **138** (br) VHL; **140** (t) © Simon Podgorsek/iStockphoto; **140** (ml) José Blanco; **140** (mm) Martín Bernetti; **140** (mr) Martín Bernetti; **140** (bl) Martín Bernetti; **140** (bm) © Lise Gagne/iStockphoto; **140** (br) Anne Loubet; **141** Brian Waite; **142** (l) Martín Bernetti; **142** (r) Anne Loubet; **143** (tl) Martín Bernetti; **143** (tr) Ana Cabezas Martín; **143** (bl) Katie Wade; **143** (br) Tom Delano; **144** (t) Nancy Camley; **144** (ml) © Claudio Arnese/iStockphoto; **144** (mr) Andrew Paradise; **144** (b) © Goodshoot/Alamy; **145** (tl) © Chris Moore/Catwalking/Getty Images; **145** (tr) Ray Levesque; **145** (bl) © Vincenzo Lombardo/Getty Images; **145** (br) © Amro/Fotolia; **146** Anne Loubet; **147** Martin Bernetti; **148** © Pumba1/iStockphoto; **149** © PSD photography/Shutterstock.

Unit 5: **151** Katie Wade; **153** Katie Wade; **154** (t) Nancy Camley; **154** (bl) Katie Wade; **154** (bml) José Blanco; **154** (bmr) Anne Loubet; **154** (br) Anne Loubet; **158** (t) Katie Wade; **158** (b) Janet Dracksdorf; **159** (t)Vanessa Bertozzi; **159** (m) Ana Cabezas Martín; **159** (b) Katie Wade; **170** Ventus Pictures; **174** (l) © Adrian Weinbrecht/Getty Images; **174** (r) © Picture Contact BV/Alamy; **175** (t) © Franco pizzochero/Age Fotostock; **175** (m) Rachel Distler; **175** (b) © Stockbroker/Age Fotostock; **176** (t) José Blanco; **176** (ml) Katie Wade; **176** (mm) © Gresei/Shutterstock; **176** (mr) VHL; **176** (bl) Nancy Camley; **176** (bm) Katie Wade; **176** (br) Oscar Artavia Solano; **179** Anne Loubet; **181** (l) Ventus Pictures; **181** (r) Katie Wade; **182** (tl) © N. Miskovic/Shutterstock; **182** (tr) John DeCarli; **182** (m) © NewPhotoService/Shutterstock; **182** (b) © Claudio Zaccherini/Shutterstock; **183** (tl) John DeCarli; **183** (tr) Katie Wade; **183** (bl) © CuboImages srl/Alamy; **183** (br) © Giulio Andreini/Age Fotostock; **184** (background) © Eric Gevaert/Shutterstock; **186** © Doco Dalfiano/Age Fotostock; **187** Anne Loubet.

Unit 6: **189** Katie Wade; **192** (t) © George Dolgikh/Shutterstock; **192** (ml) © Tatiana Popova/Shutterstock; **192** (mml) © Rafa Irusta/Shutterstock; **192** (mmr) © Slon1971/Shutterstock; **192** (mr) © Lusoimages/Shutterstock; **192** (bl) © SGame/Shutterstock; **192** (bml) © HomeStudio/Shutterstock; **192** (bmr) © Ljupco Smokovski/Shutterstock; **192** (br)© Brandon Blinkenberg/Shutterstock; **196** © Yuri Arcurs/Shutterstock; **197** (t) Katie Wade; **197** (b) Ventus Pictures; **200** (l) Martín Bernetti; **200** (r) © Yellowj/Shutterstock; **201** (left col) Martín Bernetti; **201** (right col: l) Paula Díez; **201** (right col: r) © Andresr/Shutterstock; **203** (t) Martín Bernetti; **203** (ml) Nancy Camley; **203** (mm) Martín Bernetti; **203** (mr) Janet Dracksdorf; **203** (bl) Darío Eusse Tobón; **203** (bm) José Blanco; **203** (br) Martín Bernetti; **207** (tl) © Vasiliy Koval/Shutterstock; **207** (tm) © Gabriel Blaj/Fotolia; **207** (tr) © Dmitriy Shironosov/Shutterstock; **207** (bl) © Diana Lundin/Shutterstock; **207** (bm) © Ricardo Verde Costa/Shutterstock; **207** (br) © Moodboard Premium/Fotolia; **212** (l) © Jochen Tack/Alamy; **212** (r) © Filippo Monteforte/AFP/Getty Images; **213** (t) © Catherine Cabrol/Kipa/Corbis; **213** (m) © Jason Stitt/Shutterstock; **213** (b) Ray Levesque; **218** (tl) Rafael Ríos; **218** (tr) Martín Bernetti; **218** (bl) © Visual Ideas/Camilo M/Age Fotostock; **218** (br) © Europhoto/Age Fotostock; **219** (l) © Olive/Age Fotostock; **219** (r) © Olive/Age Fotostock; **220** © Onoky/Fotolia; **221** (tl) Pascal Pernix; **221** (tr) Paula Díez; **221** (b) Martín Bernetti; **222** (t) John DeCarli; **222** (ml) Nancy Camley; **222** (mr) John DeCarli; **222** (b) © Marco Albonico/Age Fotostock; **223** (tl) John DeCarli; **223** (tr) © Gianni Furlan/123RF; **223** (bl) © Vuk8691/Dreamstime; **223** (br) © Vladimir Daragan/Shutterstock; **224** (t) © Kurhan/Shutterstock; **224** (b) © Monkey Business Images/Shutterstock; **225** © Andresr/Shutterstock; **226** © Directphoto Collection/Alamy; **227** Paula Díez.

Unit 7: **229** Katie Wade; **236** (l) © Photoroller/Shutterstock; **236** (r) Rafael Ríos; **237** © Thomas M Perkins/Shutterstock; **239** (t) © Ligak/Shutterstock; **239** (b) © Ivonne Wierink/Shutterstock; **241** Martín Bernetti; **243** © Supertrooper/Shutterstock; **244** (t) Ali Burafi; **244** (bl) VHL; **244** (bm) VHL; **244** (br) Anne Loubet; **252** © Hannamariah/Shutterstock; **253** (t) Katie Wade; **253** (m) © Anna Kaminska/Shutterstock; **253** (b) © Ace Stock Limited/Alamy; **260** © Dean Tomlinson/iStockphoto; **261** (t) Anne Loubet; **261** (bl) Martín Bernetti; **261** (br) Nancy Camley; **262** (t) © Karel Gallas/Shutterstock; **262** (ml) © Gmv/Dreamstime; **262** (mr) © Ollirg/Shutterstock; **262** (b) © MARCELLO PATERNOSTRO/AFP/Getty Images; **263** (tl) © Seraficus/iStockphoto; **263** (tr) © Lucamoi/Dreamstime; **263** (bl) © Cartographer/Fotolia; **263** (br) © Sarah Bossert/Shutterstock; **264** © Hedda Gjerpen/iStockphoto; **265** © Rocco Montoya/iStockphoto; **266** (l) Anne Loubet; **266** (tr) Anne Loubet; **266** (mr) Anne Loubet; **266** (br) Anne Loubet; **267** Anne Loubet.

Unit 8: **269** Katie Wade; **271** (tl) Vanessa Bertozzi; **271** (tm) Katie Wade; **271** (tr) Ray Levesque; **271** (bl) Katie Wade; **271** (bm) Oscar Artavia Solano; **271** (br) Vanessa Bertozzi; **272** Vanessa Bertozzi; **276** (l) Vanessa Bertozzi; **276** (r) Vanessa Bertozzi; **277** (t) © Keystone/Stringer/Getty Images; **277** (m) Nancy Camley; **277** (b) Vanessa Bertozzi; **278** (tl) © Jaimie Duplass/Shutterstock; **278** (tr) Vanessa Bertozzi; **278** (ml) Katie Wade; **278** (mr) Anne Loubet; **278** (bl) © Tom Grill/Corbis; **278** (br) Anne Loubet; **279** (left col: t) Jessica Beets; **279** (left col: b) Jessica Beets; **279** (right col: l) Pascal Pernix; **279** (right col: r) Martín Bernetti; **281** (tl) Katie Wade; **281** (tm) Katie Wade; **281** (tr) José Blanco; **281** (bl) © Pinosub/Shutterstock; **281** (bm) Katie Wade; **281** (br) Vanessa Bertozzi; **283** Rafael Ríos; **284** (tl) Martín Bernetti; **284** (tr) Martín Bernetti; **284** (bl) José Blanco; **284** (br) José Blanco; **292** © Atlantide Phototravel/Corbis; **293** (t) © San Clemente Palace Hotel & Resort/THI Collection-Luxury

Hotels & Resorts; **293** (b) Ana Cabezas Martín; **295** Nancy Camley; **296** (l) © Yuliya Gagina/Fotolia; **296** (r) © Yuliya Gagina/Fotolia; **297** (left col: tl) John DeCarli; **297** (left col: tr) John DeCarli; **297** (left col: bl) Martín Bernetti; **297** (left col: br) María Eugenia Corbo; **297** (right col: l) © Daltonartworks/Big Stock Photo; **297** (right col: r) © Bonniemari (Bonita Cheshier)/Dreamstime; **300** Andrew Paradise; **301** (tl) Nancy Camley; **301** (tm) Ana Cabezas Martín; **301** (tr) Andrew Paradise; **301** (ml) Nancy Camley; **301** (mml) Nancy Camley; **301** (mmr) Andrew Paradise; **301** (mr) Andrew Paradise; **301** (bl) © William Whitehurst/Corbis; **301** (br) Vanessa Bertozzi; **302** (t) © Evgeniapp/Shutterstock; **302** (ml) © Stepen B. Goodwin/Shutterstock; **302** (mr) © Andrei Nekrassov/Shutterstock; **302** (b) © Wildimage/Alamy; **303** (tl) © E.T./Fotolia; **303** (tr) © Luciano Mortula/Shutterstock; **303** (bl) © Carolyn M Carpenter/Shutterstock; **303** (br) © Drazen Vukelic/Shutterstock; **304** Andrew Paradise; **306** Vanessa Bertozzi; **307** Vanessa Bertozzi.

Unit 9: **309** Katie Wade; **311** (tl) Ana Cabezas Martín; **311** (tm) Katie Wade; **311** (tr) Katie Wade; **311** (bl) Ana Cabezas Martín; **311** (bm) John DeCarli; **311** (br) John DeCarli; **316** Katie Wade; **317** (t) © Rolf Richardson/Alamy; **317** (m) Vanessa Bertozzi; **317** (b) Piero della Francesca (c.1420–1492). Italian. View of an Ideal City. Loctation: Galleria Nazionale delle Marche, Urbino, Italy. Photo Credit: © Scala/Art Resource, NY.; **319** (all) Katie Wade; **322** (l) Martín Bernetti; **322** (m) José Blanco; **322** (r) María Eugenia Corbo; **325** (tl) Katie Wade; **325** (tm) © JTB Photo/Age Fotostock; **325** (tr) Janet Dracksdorf; **325** (bl) Martín Bernetti; **325** (bm) Vanessa Bertozzi; **325** (br) VHL; **326** Katie Wade; **330** (l) Katie Wade; **330** (r) Vanessa Bertozzi; **331** (t) © Vittoriano Rastelli/Corbis; **331** (m) Katie Wade; **331** (b) © Giulio Andreini/Age Fotostock; **334** (l) Katie Wade; **334** (r) Ventus Pictures; **335** Katie Wade; **336** Martín Bernetti; **337** (tl) Katie Wade; **337** (tr) Katie Wade; **337** (m) Oscar Artavia Solano; **337** (bl) Katie Wade; **337** (br) © Mario loisellei/iStockphoto; **338** (tl) © Vincenzo Vergelli/iStockphoto; **338** (tr) © Universal Images Group/DeAgostini/Alamy; **338** (m) © Richard Osbourne/Alamy; **338** (b) © Atlantide Phototravel/Corbis; **339** (tl) © Justin Guariglia/Corbis; **339** (tr) Katie Wade; **339** (bl) Interior view of the tomb of the Baron, Tarquinia, Etruscan, 510–500 BCE. Location: Photo Credit: © Scala/Art Resource, NY.; **339** (br) © Jaxpix/Alamy; **340** © Rob Bouwman/iStockphoto; **341** © Bonita Cheshier/Dreamstime; **342** Rossy Llano; **343** © Dmitriy Shironosov/Shutterstock.

Unit 10: **345** Katie Wade; **347** (tl) © Dennis Cox/Shutterstock; **347** (mr) © Dennis Cox/Shutterstock; **348** (l) © Niko Guido/iStockphoto; **348** (r) © Rasmus Rasmussen/iStockphoto; **352** © Siepmann/Age Fotostock; **353** (t) © Marka/Alamy; **353** (b) © Associazione Umbria Jazz; **356** (tl) © Karbunar/Shutterstock; **356** (tm) © Infomages/Shutterstock; **356** (tr) Janet Dracksdorf; **356** (bl) Anne Loubet; **356** (bm) VHL; **356** (br) Martín Bernetti; **358** Martín Bernetti; **359** By permission of PREMIUM FILMS; **364** Martín Bernetti; **368** (l) © Reed/Shutterstock; **368** (r) Rafael Ríos; **369** (t) © Stock Montage/Getty Images; **369** (m) Nancy Camley; **369** (b) Rossy Llano; **370** (tl) Anne Loubet; **370** (tm) © www.imagesource.com; **370** (tr) Martín Bernetti; **370** (bl) Janet Dracksdorf; **370** (bm) Carolina Zapata; **370** (br) Ventus Pictures; **373** Martín Bernetti; **374** (l) VHL; **374** (r) Martín Bernetti; **375** (l) Darío Eusse Tobón; **375** (r) © Corel/Corbis; **376** (tl) © Rafael Ramirez Lee/Shutterstock; **376** (tr) Jessica Beets; **376** (m) © Carlos Muñoz/Shutterstock; **376** (b) © WernerHilpert/Fotolia; **377** (tl) Jessica Beets; **377** (tr) © Shutterstock; **377** (bl) © Art Kowalsky/Alamy; **377** (br) Jessica Beets; **378** Rafael Ríos; **378–379** © Bpk, Berlin/Kupferstichkabinett, Staatliche Museen, Berlin, Germany/Volker-H. Photo credit: Bildarchiv Preussischer Kulturbesitz/Art Resource, NY.; **380** © Michael Ventura/Alamy; **381** © Roberto Benzi/Age Fotostock.

Unit 11: **383** Katie Wade; **385** (tl) Nancy Camley; **385** (tm) Vanessa Bertozzi; **385** (tr) Katie Wade; **385** (bl) Vanessa Bertozzi; **385** (bm) Katie Wade; **385** (br) Katie Wade; **386** Katie Wade; **390** (l) Vanessa Bertozzi; **390** (r) © Paolo Cavalli/Age Fotostock; **391** (t) © Courtesy of Premio Giornalistico Televisivo Ilaria Alpi; **391** (b) © Giulio Paolicchi/Alamy; **392** (l) © Kaarsten/Shutterstock; **392** (r) © Amana Images Inc./Alamy; **393** (tl) © Robert Gebbie Photography/Shutterstock; **393** (tr) © Monkey Business Images/Shutterstock; **393** (b) Anne Loubet; **395** © Damir Karan/iStockphoto; **397** By permission of Morgana Production; **401** (tl) © Ragnarock/Shutterstock; **401** (tm) © MarFot/Shutterstock; **401** (tr) © Dmitry Lavrenyuk/Shutterstock; **401** (bl) © Dusan Bartolovic/Shutterstock; **401** (bm) © Sergey Fedenko/Shutterstock; **401** (br) © Ewa Walicka/Shutterstock; **402** (t) Martín Bernetti; **402** (ml) © Andersen Ross/Blend Images; **402** (ml) © Georgy Markov/Shutterstock; **402** (bl) Martín Bernetti; **402** (br) © Avava/Shutterstock; **406** (l) José Blanco; **406** (r) Katie Wade; **407** (t) © Ettore Ferrari/epa/Corbis; **407** (b) © GeoM/Shutterstock; **411** (tl) Janet Dracksdorf; **411** (tm) VHL; **411** (tr) Janet Dracksdorf; **411** (bl) Martín Bernetti; **411** (bm) Martín Bernetti; **411**(br) Martín Bernetti; **412** Vanessa Bertozzi; **413** (tl) © Rafael Ramirez Lee/Shutterstock; **413** (tm) Jessica Beets; **413** (tr) Ana Cabezas Martín; **413** (ml) Ana Cabezas Martín; **413** (mml) Andrew Paradise; **413** (mmr) Andrew Paradise; **413** (mr) Nancy Camley; **413** (bl) Martín Bernetti; **413** (br) Martín Bernetti; **414** (t) © Giovanni/Shutterstock; **414** (ml) © NewPhotoService/Shutterstock; **414** (mr) © Pool/Getty Images; **414** (b) © Danilo Donadoni/Age Fotostock; **415** (tl) © Johner Images/Alamy; **415** (tr) © Barbara Pheby/Shutterstock; **415** (bl) © Alberto Ramella/Age Fotostock; **415** (br) © Maksim Toome/Shutterstock; **416** © Bettmann/Corbis; **416-417** © Leoks/Shutterstock; **418** © Image Source Pink/Alamy; **419** © Holbox/Shutterstock.

Unit 12: **421** Katie Wade; **423** (tl) John DeCarli; **423** (tr) Andrew Paradise; **423** (ml) Andrew Paradise; **423** (mr) Nancy Camley; **423** (bl) John DeCarli; **423** (br) Janet Dracksdorf; **424** (tl) Vanessa Bertozzi; **424** (tr) © Giovanni Benintende/Shutterstock; **424** (bl) Vanessa Bertozzi; **424** (bml) María Eugenia Corbo; **424** (bmr) Vanessa Bertozzi; **424** (br) VHL; **428** © Roca/Shutterstock; **429** (t) © Katye Famy/Fotolia; **429** (b) © Jakub Pavlinec/Shutterstock; **434** (t) Janet Dracksdorf; **434** (ml) © Brand X Pictures/Alamy; **434** (mm) Janet Dracksdorf; **434** (mr) Ali Burafi; **434** (bl) VHL; **434** (bm) Janet Dracksdorf; **434** (br) © Corel/Corbis; **435** By permission of Davide Rizzi; **439** (tl) © Morton Beebe/Corbis; **439** (tm) Rafael Ríos; **439** (tr)

© Antonio S./Shutterstock; **439** (bl) Anne Loubet; **439** (bm) Katie Wade; **439** (br) © Epsylon_Lyrae/Shutterstock; **440** © Mark Karrass/Corbis; **444** (l) © Franck Guizio/Age Fotostock; **444** (r) © Paolo Bona/Age Fotostock; **445** (t) © Frank Rothe/Alamy; **445** (m) Vanessa Bertozzi; **445** (b) Vanessa Bertozzi; **450** (t) Nancy Camley; **450** (ml) © Tomas Sereda/Shutterstock; **450** (mm) Vanessa Bertozzi; **450** (mr) Katie Wade; **450** (bl) © Royalty-Free/Corbis; **450** (bm) Martín Bernetti; **450** (br) © Index Open/Photolibrary; **451** (l) Vanessa Bertozzi; **451** (r) © Corel/Corbis; **452** (all) Vanessa Bertozzi; **453** (tl) © Vito Arcomano/Age Fotostock; **453** (tr) © The Print Collector/Alamy; **453** (bl) Vanessa Bertozzi; **453** (br) © Inacio Pires/Shutterstock; **454** © Gianni Giansanti/Sygma/Corbis; **455** © Will Parson/Shutterstock; **456** © Vincenzo Pinto/AFP/Getty Images; **457** © Ciro Fusco/Corbis.

Text Credits

454 By permission of RCS Libri S.p.A.

Film Credits

359 By permission of PREMIUM FILMS.
397 By permission of Morgana Production.
435 By permission of Davide Rizzi.

Television Credits

15 By permission of Zanichelli editore.
53 Video courtesy of Seat Pagine Gialle and stv DDB, for limited educational use only. No reuse allowed.
93 By permission of Valle Spluga S.p.A.
129 By permission of Telecom Italia, Santo and Indiana Production.
167 By permission of Sky Italia.
205 By permission of Sky Italia.
245 By permission of Leroy Merlin Italia.
285 By permission of Autoestrade per l'Italia S.p.A.
323 By permission of Consorzio "Le Città i Mercati".